Organizadores
Andre Roque • Fernando Gajardoni
Ivo Tomita • Luiz Dellore
Zulmar Duarte

2016
2ª Edição

NOVO CPC

ANOTADO E COMPARADO

LEI 13.105/2015
ATUALIZADO PELA LEI 13.256/2016

DIFERENCIAIS
- ✓ Comparativo Novo CPC x Antigo CPC
- ✓ Comparativo Antigo CPC x Novo CPC
- ✓ Notas remissivas aos artigos do NCPC, legislação extravagante, súmulas e enunciados
- ✓ Enunciados doutrinários da ENFAM, do CEAPRO e do FPPC sobre o Novo CPC

2016 © Wander Garcia

Organizadores: Andre Roque, Fernando Gajardoni, Ivo Tomita, Luiz Dellore, Zulmar Duarte
Editor: Márcio Dompieri
Gerente Editorial: Paula Tseng
Equipe Editora Foco: Georgia Renata Dias e Ivo Shigueru Tomita
Capa: R2 Editorial
Projeto Gráfico e Diagramação: Ladislau Lima
Impressão miolo e capa: Gráfica IMPRESSUL

Dados Internacionais de Catalogação na Publicação (CIP)
(Câmara Brasileira do Livro, SP, Brasil)

Tudo em um novo CPC anotado e comparado / organizadores Andre Roque...[et al.]. – 2. ed. – Indaiatuba, SP : Editora Foco Jurídico, 2016. – (Coleção tudo em um)

Outros organizadores: Fernando Gajardoni, Ivo Shigueru Tomita, Luiz Dellore, Zulmar Duarte.

ISBN 978-85-8242-155-0

1. Processo civil – Brasil 2. Processo civil – Leis e legislação – Brasil I. Roque, Andre. II. Gajardoni, Fernando. III. Tomita, Ivo Shigueru. IV. Dellore, Luiz. V. Duarte, Zulmar. VI. Série.

16-01513 CDU-347.9(81) (094.4)

Índices para Catálogo Sistemático:

1. Brasil : Código de processo civil 347.9(81) (094.4)

DIREITOS AUTORAIS: É proibida a reprodução parcial ou total desta publicação, por qualquer forma ou meio, sem a prévia autorização da Editora Foco, com exceção da legislação que, por se tratar de texto oficial, não são protegidas como Direitos Autorais, na forma do Artigo 8º, IV, da Lei 9.610/1998. Referida vedação se estende às características gráficas da obra e sua editoração. A punição para a violação dos Direitos Autorais é crime previsto no Artigo 184 do Código Penal e as sanções civis às violações dos Direitos Autorais estão previstas nos Artigos 101 a 110 da Lei 9.610/1998.

Atualizações e erratas: a presente obra é vendida como está, sem garantia de atualização futura. Porém, atualizações voluntárias e erratas são disponibilizadas no site www.editorafoco.com.br, na seção *Atualizações*. Esforçamo-nos ao máximo para entregar ao leitor uma obra com a melhor qualidade possível e sem erros técnicos ou de conteúdo. No entanto, nem sempre isso ocorre, seja por motivo de alteração de *software*, interpretação ou falhas de diagramação e revisão. Sendo assim, disponibilizamos em nosso site a seção mencionada (*Atualizações*), na qual relataremos, com a devida correção, os erros encontrados na obra. Solicitamos, outrossim, que o leitor faça a gentileza de colaborar com a perfeição da obra, comunicando eventual erro encontrado por meio de mensagem para contato@editorafoco.com.br.

Impresso no Brasil (03.2016)
Data de Fechamento (03.2016)

2016
Todos os direitos reservados à
Editora Foco Jurídico Ltda.

Al. Júpiter 542 – American Park Distrito Industrial
CEP 13347-653 – Indaiatuba – SP

E-mail: contato@editorafoco.com.br
www.editorafoco.com.br

APRESENTAÇÃO

Em março de 2015 foi sancionada a Lei 13.105/2015, o novo Código de Processo Civil (NCPC), em vigor a partir de 18 de março de 2016. Ainda que em parte haja repetição do texto anterior (CPC/1973), há muitas e profundas inovações. E antes mesmo do término da *vacatio legis*, em fevereiro de 2016 a Lei 13.256/2016 alterou alguns artigos do Código. O primeiro estudo em relação ao novo Código, sem dúvidas, deve ser a leitura da própria legislação. Tanto melhor se for possível comparar o novo texto com o sistema vigente.

Nesse sentido, a Editora Foco apresenta esta obra, agora na sua 2ª edição, fundamental para a compreensão do novo sistema processual, dividida em três partes:

(i) Novo CPC confrontado com o Antigo CPC, de modo que se visualize, facilmente, o texto novo em comparação ao antigo;

(ii) Antigo CPC confrontado com o Novo CPC, para que se possa conferir, a partir do sistema anterior, o que permanece e o que mudou;

(iii) Novo CPC com alterações destacadas e notas remissivas contendo: (a) indicação de outros artigos do próprio Código, de legislação extravagante correlata (inclusive da Lei de Mediação e do Estatuto da Pessoa com Deficiência), de súmulas (STJ e STF) e *(b)* os enunciados de encontros de processualistas que já iniciaram o debate quanto ao novo Código (tanto da Escola Nacional de Formação e Aperfeiçoamento de Magistrados – ENFAM, do Centro de Estudos Avançados de Processo – CEAPRO e do Fórum Permanente de Processualistas Civis – FPPC).

Por isso, a obra pode ser considerada **Tudo em Um** por conter:

• Comparativo Novo CPC x Antigo CPC,

• Comparativo Antigo CPC x Novo CPC,

• Redação integral do Novo CPC atualizado pela Lei 13.256/2016 com remissões a artigos do Novo CPC, legislação, súmulas, indicação de enunciados doutrinários; e

• Súmulas selecionadas do STF, STJ e Enunciados completos da ENFAM, do CEAPRO e do FPPC.

Além disso, esta obra traz:

• Exposição de motivos do Novo CPC;

• Índice sistemático do Novo CPC, para que o leitor tenha a visão do Código como um todo;

• Índice remissivo, para que possa se familiarizar com o novo Código; e

• Razões de veto.

O leitor encontrará, portanto, um material completo para o primeiro contato e atuação durante o início da vigência do Novo CPC, lembrando que o novo Código já poderá ser aplicado aos processos que foram ajuizados ao tempo da vigência do Código anterior (direito intertemporal).

Por fim, destaque-se que um dos organizadores da obra tem larga experiência no trabalho com textos legislativos e que os demais são docentes que acompanharam toda a tramitação do projeto no Congresso (debatendo, fazendo críticas e propostas ao projeto de lei, bem como participando dos encontros da ENFAM, do CEAPRO e do FPPC).

Assim, esta obra não traz ao leitor apenas o novo texto legislativo, servindo como primeira ferramenta para a compreensão e a interpretação do Novo CPC.

Sumário

APRESENTAÇÃO	**III**
COMPARATIVO – NOVO CÓDIGO DE PROCESSO CIVIL X ANTIGO CÓDIGO DE PROCESSO CIVIL	**3**
COMPARATIVO – ANTIGO CÓDIGO DE PROCESSO CIVIL X NOVO CÓDIGO DE PROCESSO CIVIL	**199**
NOVO CÓDIGO DE PROCESSO CIVIL – LEI 13.105/2015 ATUALIZADO PELA LEI 13.256/2016	**349**
ÍNDICE SISTEMÁTICO DO NOVO CÓDIGO DE PROCESSO CIVIL	351
EXPOSIÇÃO DE MOTIVOS DO NOVO CÓDIGO DE PROCESSO CIVIL	355
LEI 13.105/2015 – NOVO CÓDIGO DE PROCESSO CIVIL	363
ÍNDICE REMISSIVO DO NOVO CÓDIGO DE PROCESSO CIVIL	465
RAZÕES DE VETO	473
SÚMULAS SELECIONADAS E ENUNCIADOS	**475**
SÚMULAS VINCULANTES DO STF – STF	477
SUPREMO TRIBUNAL FEDERAL – STF	477
SUPERIOR TRIBUNAL DE JUSTIÇA – STJ	482
ENUNCIADOS DO FÓRUM PERMANENTE DE PROCESSUALISTAS CIVIS – FPPC	486
ENUNCIADOS DA ESCOLA NACIONAL DE FORMAÇÃO E APERFEIÇOAMENTO DE MAGISTRADOS – ENFAM	498
ENUNCIADOS DO CENTRO DE ESTUDOS AVANÇADOS DE PROCESSO – CEAPRO	499

COMPARATIVO
NOVO CPC x ANTIGO CPC

COMPARATIVO
Novo CPC x Antigo CPC

LEI 13.105, DE 16 DE MARÇO DE 2015.	LEI 5.869, DE 11 DE JANEIRO DE 1973.
Código de Processo Civil. **A PRESIDENTA DA REPÚBLICA:** Faço saber que o Congresso Nacional decreta e eu sanciono a seguinte lei:	Institui o Código de Processo Civil. **O PRESIDENTE DA REPÚBLICA** Faço saber que o Congresso Nacional decreta e eu sanciono a seguinte Lei:
PARTE GERAL **LIVRO I** **DAS NORMAS PROCESSUAIS CIVIS** **TÍTULO ÚNICO** Das Normas Fundamentais e da Aplicação das Normas Processuais **Capítulo I** **Das Normas Fundamentais do Processo Civil**	
Art. 1º O processo civil será ordenado, disciplinado e interpretado conforme os valores e as normas fundamentais estabelecidos na Constituição da República Federativa do Brasil, observando-se as disposições deste Código.	**Art. 1º** A jurisdição civil, contenciosa e voluntária, é exercida pelos juízes, em todo o território nacional, conforme as disposições que este Código estabelece.
Art. 2º O processo começa por iniciativa da **parte e se desenvolve por impulso oficial, salvo as exceções previstas em lei.**	**Art. 2º** Nenhum juiz prestará a tutela jurisdicional senão quando a parte ou o interessado a requerer, nos casos e formas legais. **Art. 262.** O processo civil começa por iniciativa da parte, mas se desenvolve por impulso oficial.
Art. 3º Não se excluirá da apreciação jurisdicional ameaça ou lesão a direito.	
§ 1º É permitida a arbitragem, na forma da lei.	
§ 2º O Estado promoverá, sempre que possível, a solução consensual dos conflitos.	
§ 3º A conciliação, a mediação e outros métodos de solução consensual de conflitos deverão ser estimulados por juízes, advogados, defensores públicos e membros do Ministério Público, inclusive no curso do processo judicial.	**Art. 125.** O juiz dirigirá o processo conforme as disposições deste Código, competindo-lhe: [...] IV – tentar, a qualquer tempo, conciliar as partes.
Art. 4º As partes têm o direito de obter em prazo razoável a solução integral do mérito, incluída a atividade satisfativa.	**Art. 125.** O juiz dirigirá o processo conforme as disposições deste Código, competindo-lhe: [...] II - velar pela rápida solução do litígio;
Art. 5º Aquele que de qualquer forma participa do processo deve comportar-se de acordo com a boa-fé.	**Art. 14.** São deveres das partes e de todos aqueles que de qualquer forma participam do processo: [...] II - proceder com lealdade e boa-fé;
Art. 6º Todos os sujeitos do processo devem cooperar entre si para que se obtenha, em tempo razoável, decisão de mérito justa e efetiva.	
Art. 7º É assegurada às partes paridade de tratamento **em relação ao exercício de direitos e faculdades processuais, aos meios de defesa, aos ônus, aos deveres e à aplicação de sanções processuais, competindo ao juiz zelar pelo efetivo contraditório.**	**Art. 125.** O juiz dirigirá o processo conforme as disposições deste Código, competindo-lhe: I – assegurar às partes igualdade de tratamento;
Art. 8º Ao aplicar o ordenamento jurídico, o juiz atenderá aos fins sociais e às exigências do bem comum, resguardando e promovendo a dignidade da pessoa humana e observando a proporcionalidade, a razoabilidade, a legalidade, a publicidade e a eficiência.	**Art. 126.** O juiz não se exime de sentenciar ou despachar alegando lacuna ou obscuridade da lei. No julgamento da lide caber-lhe-á aplicar as normas legais; não as havendo, recorrerá à analogia, aos costumes e aos princípios gerais de direito.
Art. 9º Não se proferirá decisão contra uma das partes sem que ela seja previamente ouvida.	

Parágrafo único. O disposto no *caput* não se aplica:	**Art. 797.** Só em casos excepcionais, expressamente autorizados por lei, determinará o juiz medidas cautelares sem a audiência das partes.
I – à tutela provisória de urgência;	
II – às hipóteses de tutela da evidência previstas no art. 311, incisos II e III;	**Art. 804.** É lícito ao juiz conceder liminarmente ou após justificação prévia a medida cautelar, sem ouvir o réu, quando verificar que este, sendo citado, poderá torná-la ineficaz; caso em que poderá determinar que o requerente preste caução real ou fidejussória de ressarcir os danos que o requerido possa vir a sofrer.
III – à decisão prevista no art. 701.	
Art. 10. O juiz não pode decidir, em grau algum de jurisdição, com base em fundamento a respeito do qual não se tenha dado às partes oportunidade de se manifestar, ainda que se trate de matéria sobre a qual deva decidir de ofício.	
Art. 11. Todos os julgamentos dos órgãos do Poder Judiciário serão públicos, e fundamentadas todas as decisões, sob pena de nulidade.	**Art. 155.** Os atos processuais são públicos. Correm, todavia, em segredo de justiça os processos:
Parágrafo único. Nos casos de segredo de justiça, pode ser autorizada a presença somente das partes, de seus advogados, de defensores públicos ou do Ministério Público.	I – em que o exigir o interesse público;
	II – que dizem respeito a casamento, filiação, separação dos cônjuges, conversão desta em divórcio, alimentos e guarda de menores.
	Parágrafo único. O direito de consultar os autos e de pedir certidões de seus atos é restrito às partes e a seus procuradores. O terceiro, que demonstrar interesse jurídico, pode requerer ao juiz certidão do dispositivo da sentença, bem como de inventário e partilha resultante do desquite.
	Art. 165. As sentenças e acórdãos serão proferidos com observância do disposto no art. 458; as demais decisões serão fundamentadas, ainda que de modo conciso.
Art. 12. Os juízes e os tribunais atenderão, preferencialmente, à ordem cronológica de conclusão para proferir sentença ou acórdão. → *Caput* com redação alterada pela Lei 13.256/2016, em vigor no início da vigência da Lei 13.105/2015 – Novo CPC (*v.* art. 4º da Lei 13.256/2016). → **Anterior redação:** Art. 12. Os juízes e os tribunais deverão obedecer à ordem cronológica de conclusão para proferir sentença ou acórdão.	
§ 1º A lista de processos aptos a julgamento deverá estar permanentemente à disposição para consulta pública em cartório e na rede mundial de computadores.	
§ 2º Estão excluídos da regra do *caput*:	
I – as sentenças proferidas em audiência, homologatórias de acordo ou de improcedência liminar do pedido;	
II – o julgamento de processos em bloco para aplicação de tese jurídica firmada em julgamento de casos repetitivos;	
III – o julgamento de recursos repetitivos ou de incidente de resolução de demandas repetitivas;	
IV – as decisões proferidas com base nos arts. 485 e 932;	
V – o julgamento de embargos de declaração;	
VI – o julgamento de agravo interno;	
VII – as preferências legais e as metas estabelecidas pelo Conselho Nacional de Justiça;	
VIII – os processos criminais, nos órgãos jurisdicionais que tenham competência penal;	
IX – a causa que exija urgência no julgamento, assim reconhecida por decisão fundamentada.	
§ 3º Após elaboração de lista própria, respeitar-se-á a ordem cronológica das conclusões entre as preferências legais.	
§ 4º Após a inclusão do processo na lista de que trata o § 1º, o requerimento formulado pela parte não altera a ordem cronológica para a decisão, exceto quando implicar a reabertura da instrução ou a conversão do julgamento em diligência.	
§ 5º Decidido o requerimento previsto no § 4º, o processo retornará à mesma posição em que anteriormente se encontrava na lista.	
§ 6º Ocupará o primeiro lugar na lista prevista no § 1º ou, conforme o caso, no § 3º, o processo que:	
I – tiver sua sentença ou acórdão anulado, salvo quando houver necessidade de realização de diligência ou de complementação da instrução;	
II – se enquadrar na hipótese do art. 1.040, inciso II.	

Novo CPC	Antigo CPC
Capítulo II **Da Aplicação das Normas Processuais**	
Art. 13. A jurisdição civil será regida pelas normas processuais brasileiras, ressalvadas as disposições específicas previstas em tratados, convenções ou acordos internacionais de que o Brasil seja parte.	**Art. 1º** A jurisdição civil, contenciosa e voluntária, é exercida pelos juízes, em todo o território nacional, conforme as disposições que este Código estabelece.
Art. 14. A norma processual não retroagirá e será aplicável imediatamente aos processos em curso, respeitados os atos processuais praticados e as situações jurídicas consolidadas sob a vigência da norma revogada.	**Art. 1.211.** Este Código regerá o processo civil em todo o território brasileiro. Ao entrar em vigor, suas disposições aplicar-se-ão desde logo aos processos pendentes.
Art. 15. Na ausência de normas que regulem processos eleitorais, trabalhistas ou administrativos, as disposições deste Código lhes serão aplicadas supletiva e subsidiariamente.	
LIVRO II **DA FUNÇÃO JURISDICIONAL**	**LIVRO I** **DO PROCESSO DE CONHECIMENTO**
TÍTULO I Da Jurisdição e da Ação	**TÍTULO I** Da Jurisdição e da Ação
	Capítulo I Da Jurisdição
Art. 16. A jurisdição civil é exercida pelos juízes e **pelos tribunais** em todo o território nacional, conforme as disposições deste Código.	**Art. 1º** A jurisdição civil, contenciosa e voluntária, é exercida pelos juízes, em todo o território nacional, conforme as disposições que este Código estabelece.
Art. 17. Para **postular em juízo** é necessário ter interesse e legitimidade.	**Art. 3º** Para propor ou contestar ação é necessário ter interesse e legitimidade.
Art. 18. Ninguém poderá pleitear direito alheio em nome próprio, salvo quando autorizado pelo **ordenamento jurídico**.	**Art. 6º** Ninguém poderá pleitear, em nome próprio, direito alheio, salvo quando autorizado por lei.
Parágrafo único. Havendo substituição processual, o substituído poderá intervir como assistente litisconsorcial.	
Art. 19. O interesse do autor pode limitar-se à declaração:	**Art. 4º** O interesse do autor pode limitar-se à declaração:
I – da existência, da inexistência ou **do modo de ser** de uma relação jurídica;	I – da existência ou da inexistência de relação jurídica;
II – da autenticidade ou da falsidade de documento.	II – da autenticidade ou falsidade de documento.
Art. 20. É admissível a ação **meramente** declaratória, ainda que tenha ocorrido a violação do direito.	**Art. 4º** [...] **Parágrafo único.** É admissível a ação declaratória, ainda que tenha ocorrido a violação do direito.
TÍTULO II Dos Limites da Jurisdição Nacional e da Cooperação Internacional	
Capítulo I Dos Limites da Jurisdição Nacional	**Capítulo II** Da Competência Internacional
Art. 21. Compete à autoridade judiciária brasileira **processar e julgar as ações em que**:	**Art. 88.** É competente a autoridade judiciária brasileira quando:
I – o réu, qualquer que seja a sua nacionalidade, estiver domiciliado no Brasil;	I – o réu, qualquer que seja a sua nacionalidade, estiver domiciliado no Brasil;
II – no Brasil tiver de ser cumprida a obrigação;	II – no Brasil tiver de ser cumprida a obrigação;
III – **o fundamento** seja fato ocorrido ou ato praticado no Brasil.	III – a ação se originar de fato ocorrido ou de ato praticado no Brasil.
Parágrafo único. Para o fim do disposto no inciso I, **considera-se** domiciliada no Brasil a pessoa jurídica estrangeira que nele tiver agência, filial ou sucursal.	**Parágrafo único.** Para o fim do disposto no n. I, reputa-se domiciliada no Brasil a pessoa jurídica estrangeira que aqui tiver agência, filial ou sucursal.
Art. 22. Compete, ainda, à autoridade judiciária brasileira processar e julgar as ações:	
I – de alimentos, quando:	
a) o credor tiver domicílio ou residência no Brasil;	
b) o réu mantiver vínculos no Brasil, tais como posse ou propriedade de bens, recebimento de renda ou obtenção de benefícios econômicos;	

II – decorrentes de relações de consumo, quando o consumidor tiver domicílio ou residência no Brasil;	
III – em que as partes, expressa ou tacitamente, se submeterem à jurisdição nacional.	
Art. 23. Compete à autoridade judiciária brasileira, com exclusão de qualquer outra:	**Art. 89.** Compete à autoridade judiciária brasileira, com exclusão de qualquer outra:
I – conhecer de ações relativas a imóveis situados no Brasil;	I – conhecer de ações relativas a imóveis situados no Brasil;
II – **em matéria de sucessão hereditária**, proceder à **confirmação de testamento particular** e ao inventário e à partilha de bens situados no Brasil, ainda que o autor da herança seja **de nacionalidade estrangeira** ou tenha domicílio fora do território nacional;	II – proceder a inventário e partilha de bens, situados no Brasil, ainda que o autor da herança seja estrangeiro e tenha residido fora do território nacional.
III – em divórcio, separação judicial ou dissolução de união estável, proceder à partilha de bens situados no Brasil, ainda que o titular seja de nacionalidade estrangeira ou tenha domicílio fora do território nacional.	
Art. 24. A ação **proposta** perante tribunal estrangeiro não induz litispendência e não obsta a que a autoridade judiciária brasileira conheça da mesma causa e das que lhe são conexas, **ressalvadas as disposições em contrário de tratados internacionais e acordos bilaterais em vigor no Brasil.**	**Art. 90.** A ação intentada perante tribunal estrangeiro não induz litispendência, nem obsta a que a autoridade judiciária brasileira conheça da mesma causa e das que lhe são conexas.
Parágrafo único. A pendência de causa perante a jurisdição brasileira não impede a homologação de sentença judicial estrangeira quando exigida para produzir efeitos no Brasil.	
Art. 25. Não compete à autoridade judiciária brasileira o processamento e o julgamento da ação quando houver cláusula de eleição de foro exclusivo estrangeiro em contrato internacional, arguida pelo réu na contestação.	
§ 1º Não se aplica o disposto no *caput* às hipóteses de competência internacional exclusiva previstas neste Capítulo.	
§ 2º Aplica-se à hipótese do caput o art. 63, §§ 1º a 4º.	
Capítulo II Da Cooperação Internacional	
Seção I *Disposições Gerais*	
Art. 26. A cooperação jurídica internacional será regida por tratado de que o Brasil faz parte e observará:	**Art. 210.** A carta rogatória obedecerá, quanto à sua admissibilidade e modo de seu cumprimento, ao disposto na convenção internacional; à falta desta, será remetida à autoridade judiciária estrangeira, por via diplomática, depois de traduzida para a língua do país em que há de praticar-se o ato.
I – o respeito às garantias do devido processo legal no Estado requerente;	
II – a igualdade de tratamento entre nacionais e estrangeiros, residentes ou não no Brasil, em relação ao acesso à justiça e à tramitação dos processos, assegurando-se assistência judiciária aos necessitados;	
III – a publicidade processual, exceto nas hipóteses de sigilo previstas na legislação brasileira ou na do Estado requerente;	
IV – a existência de autoridade central para recepção e transmissão dos pedidos de cooperação;	
V – a espontaneidade na transmissão de informações a autoridades estrangeiras.	
§ 1º Na ausência de tratado, a cooperação jurídica internacional poderá realizar-se com base em reciprocidade, manifestada por via diplomática.	
§ 2º Não se exigirá a reciprocidade referida no § 1º para homologação de sentença estrangeira.	
§ 3º Na cooperação jurídica internacional não será admitida a prática de atos que contrariem ou que produzam resultados incompatíveis com as normas fundamentais que regem o Estado brasileiro.	
§ 4º O Ministério da Justiça exercerá as funções de autoridade central na ausência de designação específica.	

Art. 27. A cooperação jurídica internacional terá por objeto:	
I – citação, intimação e notificação judicial e extrajudicial;	
II – colheita de provas e obtenção de informações;	
III – homologação e cumprimento de decisão;	
IV – concessão de medida judicial de urgência;	
V – assistência jurídica internacional;	
VI – qualquer outra medida judicial ou extrajudicial não proibida pela lei brasileira.	
Seção II *Do Auxílio Direto*	
Art. 28. Cabe auxílio direto quando a medida não decorrer diretamente de decisão de autoridade jurisdicional estrangeira a ser submetida a juízo de delibação no Brasil.	
Art. 29. A solicitação de auxílio direto será encaminhada pelo órgão estrangeiro interessado à autoridade central, cabendo ao Estado requerente assegurar a autenticidade e a clareza do pedido.	
Art. 30. Além dos casos previstos em tratados de que o Brasil faz parte, o auxílio direto terá os seguintes objetos:	
I – obtenção e prestação de informações sobre o ordenamento jurídico e sobre processos administrativos ou jurisdicionais findos ou em curso;	
II – colheita de provas, salvo se a medida for adotada em processo, em curso no estrangeiro, de competência exclusiva de autoridade judiciária brasileira;	
III – qualquer outra medida judicial ou extrajudicial não proibida pela lei brasileira.	
Art. 31. A autoridade central brasileira comunicar-se-á diretamente com suas congêneres e, se necessário, com outros órgãos estrangeiros responsáveis pela tramitação e pela execução de pedidos de cooperação enviados e recebidos pelo Estado brasileiro, respeitadas disposições específicas constantes de tratado.	
Art. 32. No caso de auxílio direto para a prática de atos que, segundo a lei brasileira, não necessitem de prestação jurisdicional, a autoridade central adotará as providências necessárias para seu cumprimento.	
Art. 33. Recebido o pedido de auxílio direto passivo, a autoridade central o encaminhará à Advocacia-Geral da União, que requererá em juízo a medida solicitada.	
Parágrafo único. O Ministério Público requererá em juízo a medida solicitada quando for autoridade central.	
Art. 34. Compete ao juízo federal do lugar em que deva ser executada a medida apreciar pedido de auxílio direto passivo que demande prestação de atividade jurisdicional.	
Seção III *Da Carta Rogatória*	
Art. 35. (*Vetado*). → **Redação vetada:** Art. 35. Dar-se-á por meio de carta rogatória o pedido de cooperação entre órgão jurisdicional brasileiro e órgão jurisdicional estrangeiro para prática de ato de citação, intimação, notificação judicial, colheita de provas, obtenção de informações e de cumprimento de decisão interlocutória, sempre que o ato estrangeiro constituir decisão a ser executada no Brasil.	**Art. 201.** Expedir-se-á carta de ordem se o juiz for subordinado ao tribunal de que ela emanar; carta rogatória, quando dirigida à autoridade judiciária estrangeira; e carta precatória nos demais casos.
Art. 36. O procedimento da carta rogatória perante o Superior Tribunal de Justiça é de jurisdição contenciosa e deve assegurar às partes as garantias do devido processo legal.	**Art. 211.** A concessão de exequibilidade às cartas rogatórias das justiças estrangeiras obedecerá ao disposto no Regimento Interno do Supremo Tribunal Federal.
§ 1º A defesa restringir-se-á à discussão quanto ao atendimento dos requisitos para que o pronunciamento judicial estrangeiro produza efeitos no Brasil.	
§ 2º Em qualquer hipótese, é vedada a revisão do mérito do pronunciamento judicial estrangeiro pela autoridade judiciária brasileira.	

Seção IV
Disposições Comuns às Seções Anteriores

Art. 37. O pedido de cooperação jurídica internacional oriundo de autoridade brasileira competente será encaminhado à autoridade central para posterior envio ao Estado requerido para lhe dar andamento.

Art. 38. O pedido de cooperação oriundo de autoridade brasileira competente e os documentos anexos que o instruem serão encaminhados à autoridade central, acompanhados de tradução para a língua oficial do Estado requerido.

Art. 39. O pedido passivo de cooperação jurídica internacional será recusado se configurar manifesta ofensa à ordem pública.

Art. 40. A cooperação jurídica internacional para execução de decisão estrangeira dar-se-á por meio de carta rogatória ou de ação de homologação de sentença estrangeira, de acordo com o art. 960.

Art. 41. Considera-se autêntico o documento que instruir pedido de cooperação jurídica internacional, inclusive tradução para a língua portuguesa, quando encaminhado ao Estado brasileiro por meio de autoridade central ou por via diplomática, dispensando-se ajuramentação, autenticação ou qualquer procedimento de legalização.

Parágrafo único. O disposto no *caput* não impede, quando necessária, a aplicação pelo Estado brasileiro do princípio da reciprocidade de tratamento.

TÍTULO IV
DOS ÓRGÃOS JUDICIÁRIOS E DOS AUXILIARES DA JUSTIÇA

TÍTULO III
DA COMPETÊNCIA INTERNA

CAPÍTULO I Da Competência	CAPÍTULO I Da Competência
Seção I **Disposições Gerais**	
Art. 42. As causas cíveis serão processadas e decididas pelo **juiz** nos limites de sua competência, ressalvado às **partes** o direito de instituir juízo arbitral, **na forma da lei**.	**Art. 86.** As causas cíveis serão processadas e decididas, ou simplesmente decididas, pelos órgãos jurisdicionais, nos limites de sua competência, ressalvada às partes a faculdade de instituírem juízo arbitral.
Art. 43. Determina-se a competência no momento **do registro ou** da **distribuição da petição inicial**, sendo irrelevantes as modificações do estado de fato ou de direito ocorridas posteriormente, salvo quando suprimirem órgão judiciário ou alterarem a **competência absoluta**.	**Art. 87.** Determina-se a competência no momento em que a ação é proposta. São irrelevantes as modificações do estado de fato ou de direito ocorridas posteriormente, salvo quando suprimirem o órgão judiciário ou alterarem a competência em razão da matéria ou da hierarquia.
Art. 44. Obedecidos os limites estabelecidos pela Constituição Federal, a competência é determinada pelas normas previstas neste Código ou em legislação especial, pelas normas de organização judiciária e, ainda, no que couber, pelas constituições dos Estados.	**Art. 91.** Regem a competência em razão do valor e da matéria as normas de organização judiciária, ressalvados os casos expressos neste Código. [...] **Art. 93.** Regem a competência dos tribunais as normas da Constituição da República e de organização judiciária. A competência funcional dos juízes de primeiro grau é disciplinada neste Código.
Art. 45. Tramitando o processo perante outro juízo, os autos serão remetidos ao juízo federal competente se nele intervier a União, suas empresas públicas, entidades autárquicas e fundações, ou conselho de fiscalização de atividade profissional, na qualidade de parte ou de terceiro interveniente, exceto as ações:	**Art. 99.** [...] **Parágrafo único.** Correndo o processo perante outro juiz, serão os autos remetidos ao juiz competente da Capital do Estado ou Território, tanto que neles intervenha uma das entidades mencionadas neste artigo. Excetuam-se:
I – de recuperação judicial, falência, insolvência civil e acidente de trabalho;	I – o processo de insolvência;
II – sujeitas à justiça eleitoral e à justiça do trabalho.	II – os casos previstos em lei.
§ 1º Os autos não serão remetidos se houver pedido cuja apreciação seja de competência do juízo perante o qual foi proposta a ação.	

§ 2º Na hipótese do § 1º, o juiz, ao não admitir a cumulação de pedidos em razão da incompetência para apreciar qualquer deles, não examinará o mérito daquele em que exista interesse da União, de suas entidades autárquicas ou de suas empresas públicas.	
§ 3º O juízo federal restituirá os autos ao juízo estadual sem suscitar conflito se o ente federal cuja presença ensejou a remessa for excluído do processo.	
	Capítulo III **Da Competência Interna**
	Seção III *Da Competência Territorial*
Art. 46. A ação fundada em direito pessoal **ou** em direito real sobre bens móveis será proposta, em regra, no foro de domicílio do réu.	**Art. 94.** A ação fundada em direito pessoal e a ação fundada em direito real sobre bens móveis serão propostas, em regra, no foro do domicílio do réu.
§ 1º Tendo mais de um domicílio, o réu será demandado no foro de qualquer deles.	§ 1º Tendo mais de um domicílio, o réu será demandado no foro de qualquer deles.
§ 2º Sendo incerto ou desconhecido o domicílio do réu, ele poderá ser demandado onde for encontrado ou no foro de domicílio do autor.	§ 2º Sendo incerto ou desconhecido o domicílio do réu, ele será demandado onde for encontrado ou no foro do domicílio do autor.
§ 3º Quando o réu não tiver domicílio **ou** residência no Brasil, a ação será proposta no foro de domicílio do autor, e, se este também residir fora do Brasil, a ação será proposta em qualquer foro.	§ 3º Quando o réu não tiver domicílio nem residência no Brasil, a ação será proposta no foro do domicílio do autor. Se este também residir fora do Brasil, a ação será proposta em qualquer foro.
§ 4º Havendo 2 (dois) ou mais réus com diferentes domicílios, serão demandados no foro de qualquer deles, à escolha do autor.	§ 4º Havendo dois ou mais réus, com diferentes domicílios, serão demandados no foro de qualquer deles, à escolha do autor.
§ 5º A execução fiscal será proposta no foro de domicílio do réu, no de sua residência ou no do lugar onde for encontrado.	**Art. 578.** A execução fiscal (art. 585, VI) será proposta no foro de domicílio do réu; se não o tiver, no de sua residência ou no lugar onde for encontrado.
Art. 47. Para as ações fundadas em direito real sobre imóveis é competente o foro de situação da coisa.	**Art. 95.** Nas ações fundadas em direito real sobre imóveis é competente o foro da situação da coisa. Pode o autor, entretanto, optar pelo foro do domicílio ou de eleição, não recaindo o litígio sobre direito de propriedade, vizinhança, servidão, posse, divisão e demarcação de terras e nunciação de obra nova.
§ 1º O autor pode optar pelo foro de domicílio do réu ou pelo foro de eleição se o litígio não recair sobre direito de propriedade, vizinhança, servidão, divisão e demarcação de terras e de nunciação de obra nova.	
§ 2º A ação possessória imobiliária será proposta no foro de situação da coisa, cujo juízo tem competência absoluta.	
Art. 48. O foro de domicílio do autor da herança, no Brasil, é o competente para o inventário, a partilha, a arrecadação, o cumprimento de disposições de última vontade, **a impugnação ou anulação de partilha extrajudicial** e **para** todas as ações em que o espólio for réu, ainda que o óbito tenha ocorrido no estrangeiro.	**Art. 96.** O foro do domicílio do autor da herança, no Brasil, é o competente para o inventário, a partilha, a arrecadação, o cumprimento de disposições de última vontade e todas as ações em que o espólio for réu, ainda que o óbito tenha ocorrido no estrangeiro.
Parágrafo único. Se o autor da herança não possuía domicílio certo, é competente:	**Parágrafo único.** É, porém, competente o foro:
I – o foro de situação dos bens imóveis;	I – da situação dos bens, se o autor da herança não possuía domicílio certo;
II – **havendo bens imóveis em foros diferentes, qualquer destes**; III – não havendo bens imóveis, **o foro do local de qualquer dos bens do espólio.**	II – do lugar em que ocorreu o óbito, se o autor da herança não tinha domicílio certo e possuía bens em lugares diferentes.
Art. 49. A ação em que o ausente for réu será proposta no foro de seu último domicílio, também competente para a arrecadação, o inventário, a partilha e o cumprimento de disposições testamentárias.	**Art. 97.** As ações em que o ausente for réu correm no foro de seu último domicílio, que é também o competente para a arrecadação, o inventário, a partilha e o cumprimento de disposições testamentárias.
Art. 50. A ação em que o incapaz for réu **será proposta** no foro de domicílio de seu representante **ou assistente**.	**Art. 98.** A ação em que o incapaz for réu se processará no foro do domicílio de seu representante.
Art. 51. É competente o **foro de domicílio do réu** para as causas em que seja autora a União.	**Art. 99.** O foro da Capital do Estado ou do Território é competente: I – para as causas em que a União for autora, ré ou interveniente;
Parágrafo único. Se a União for a demandada, **a ação** poderá **ser proposta no foro de domicílio do autor, no de ocorrência do ato ou fato que originou a demanda, no de situação da coisa ou no Distrito Federal.**	II – para as causas em que o Território for autor, réu ou interveniente.

Art. 52. É competente o foro de domicílio do réu para as causas em que seja autor Estado ou o Distrito Federal. **Parágrafo único.** Se Estado ou o Distrito Federal for o demandado, a ação poderá ser proposta no foro de domicílio do autor, no de ocorrência do ato ou fato que originou a demanda, no de situação da coisa ou na capital do respectivo ente federado.	
Art. 53. É competente o foro:	**Art. 100.** É competente o foro:
I – **para a ação de divórcio, separação, anulação de casamento** e **reconhecimento ou dissolução de união estável**:	I – da residência da mulher, para a ação de separação dos cônjuges e a conversão desta em divórcio, e para a anulação de casamento;
a) de domicílio do guardião de filho incapaz;	
b) **do último domicílio do casal**, caso não haja filho incapaz;	
c) de domicílio do réu, se nenhuma das partes residir no antigo domicílio do casal;	
II – de domicílio ou residência do alimentando, para a ação em que se pedem alimentos;	II – do domicílio ou da residência do alimentando, para a ação em que se pedem alimentos;
III – do lugar:	IV – do lugar:
a) onde está a sede, para a ação em que for ré pessoa jurídica;	*a)* onde está a sede, para a ação em que for ré a pessoa jurídica;
b) onde se acha agência ou sucursal, quanto às obrigações que a pessoa jurídica contraiu;	*b)* onde se acha a agência ou sucursal, quanto às obrigações que ela contraiu;
c) onde exerce **suas atividades, para a ação em que for ré sociedade ou associação sem personalidade jurídica;**	*c)* onde exerce a sua atividade principal, para a ação em que for ré a sociedade, que carece de personalidade jurídica;
d) onde a obrigação deve ser satisfeita, para a ação em que se lhe exigir o cumprimento;	*d)* onde a obrigação deve ser satisfeita, para a ação em que se lhe exigir o cumprimento;
e) de residência do idoso, para a causa que verse sobre direito previsto no respectivo estatuto;	
f) da sede da serventia notarial ou de registro, para a ação de reparação de dano por ato praticado em razão do ofício;	
IV – do lugar do ato ou fato para a ação:	V – do lugar do ato ou fato:
a) de reparação de dano;	*a)* para a ação de reparação do dano;
b) em que for réu administrador ou gestor de negócios alheios;	*b)* para a ação em que for réu o administrador ou gestor de negócios alheios.
V – de domicílio do autor ou do local do fato, para **a ação** de reparação de dano sofrido em razão de delito ou acidente de veículos, **inclusive aeronaves**.	**Parágrafo único.** Nas ações de reparação do dano sofrido em razão de delito ou acidente de veículos, será competente o foro do domicílio do autor ou do local do fato.
Seção II *Da Modificação da Competência*	Seção IV *Das Modificações da Competência*
Art. 54. A competência **relativa** poderá modificar-se pela conexão ou pela continência, observado o disposto **nesta Seção**.	**Art. 102.** A competência, em razão do valor e do território, poderá modificar-se pela conexão ou continência, observado o disposto nos artigos seguintes.
Art. 55. Reputam-se conexas 2 (duas) ou mais ações quando lhes for comum o pedido ou a causa de pedir.	**Art. 103.** Reputam-se conexas duas ou mais ações, quando lhes for comum o objeto ou a causa de pedir.
§ 1º Os processos de ações conexas serão reunidos para decisão conjunta, salvo se um deles já houver sido sentenciado.	
§ 2º Aplica-se o disposto no *caput*:	
I – à execução de título extrajudicial e à ação de conhecimento relativa ao mesmo ato jurídico;	
II – às execuções fundadas no mesmo título executivo.	
§ 3º Serão reunidos para julgamento conjunto os processos que possam gerar risco de prolação de decisões conflitantes ou contraditórias caso decididos separadamente, mesmo sem conexão entre eles.	
Art. 56. Dá-se a continência entre 2 (duas) ou mais ações quando houver identidade quanto às partes e à causa de pedir, mas o pedido de uma, por ser mais amplo, abrange o **das demais**.	**Art. 104.** Dá-se a continência entre duas ou mais ações sempre que há identidade quanto às partes e à causa de pedir, mas o objeto de uma, por ser mais amplo, abrange o das outras.

COMPARATIVO NOVO CPC X ANTIGO CPC 11

Novo CPC	Antigo CPC
Art. 57. Quando houver continência e a ação continente tiver sido proposta anteriormente, no **processo relativo à ação contida será proferida sentença sem resolução de mérito**, caso contrário, as ações serão necessariamente reunidas.	**Art. 105.** Havendo conexão ou continência, o juiz, de ofício ou a requerimento de qualquer das partes, pode ordenar a reunião de ações propostas em separado, a fim de que sejam decididas simultaneamente.
Art. 58. A reunião das ações propostas em separado far-se-á no juízo prevento, onde serão decididas simultaneamente.	
Art. 59. O registro ou a distribuição da petição inicial torna prevento o juízo.	**Art. 106.** Correndo em separado ações conexas perante juízes que têm a mesma competência territorial, considera-se prevento aquele que despachou em primeiro lugar.
	Art. 219. A citação válida torna prevento o juízo, induz litispendência e faz litigiosa a coisa; e, ainda quando ordenada por juiz incompetente, constitui em mora o devedor e interrompe a prescrição.
Art. 60. Se o imóvel se achar situado em mais de um Estado, comarca, **seção ou subseção judiciária**, a competência territorial do juízo prevento estender-se-á sobre a totalidade do imóvel.	**Art. 107.** Se o imóvel se achar situado em mais de um Estado ou comarca, determinar-se-á o foro pela prevenção, estendendo-se a competência sobre a totalidade do imóvel.
Art. 61. A ação acessória será proposta no juízo competente para a ação principal.	**Art. 108.** A ação acessória será proposta perante o juiz competente para a ação principal.
Art. 62. A competência determinada em razão da matéria, **da pessoa ou da função** é inderrogável por convenção das partes.	**Art. 111.** A competência em razão da matéria e da hierarquia é inderrogável por convenção das partes; mas estas podem modificar a competência em razão do valor e do território, elegendo foro onde serão propostas as ações oriundas de direitos e obrigações.
Art. 63. As partes podem modificar a competência em razão do valor e do território, elegendo foro onde será proposta ação oriunda de direitos e obrigações.	
§ 1º **A eleição de foro só produz efeito quando constar de instrumento escrito** e aludir expressamente a determinado negócio jurídico.	§ 1º O acordo, porém, só produz efeito, quando constar de contrato escrito e aludir expressamente a determinado negócio jurídico.
§ 2º O foro contratual obriga os herdeiros e sucessores das partes.	§ 2º O foro contratual obriga os herdeiros e sucessores das partes.
	Art. 112. [...]
§ 3º Antes da citação, a cláusula de eleição de foro, se abusiva, pode ser reputada ineficaz de ofício pelo juiz, que determinará a remessa dos autos ao juízo do foro de domicílio do réu.	**Parágrafo único.** A nulidade da cláusula de eleição de foro, em contrato de adesão, pode ser declarada de ofício pelo juiz, que declinará de competência para o juízo de domicílio do réu.
§ 4º Citado, incumbe ao réu alegar a abusividade da cláusula de eleição de foro na contestação, sob pena de preclusão.	**Art. 114.** Prorrogar-se-á a competência se dela o juiz não declinar na forma do parágrafo único do art. 112 desta Lei ou o réu não opuser exceção declinatória nos casos e prazos legais.
Seção III *Da Incompetência*	Seção V *Da Declaração de Incompetência*
Art. 64. A incompetência, absoluta ou relativa, será alegada como questão preliminar de contestação.	**Art. 112.** Argui-se, por meio de exceção, a incompetência relativa.
	Art. 301. Compete-lhe, porém, antes de discutir o mérito, alegar: [...]
§ 1º A incompetência absoluta pode ser alegada em qualquer tempo e grau de jurisdição e deve ser declarada de ofício.	**Art. 113.** A incompetência absoluta deve ser declarada de ofício e pode ser alegada, em qualquer tempo e grau de jurisdição, independentemente de exceção.
§ 2º **Após manifestação da parte contrária, o juiz decidirá imediatamente a alegação de incompetência.**	§ 2º Declarada a incompetência absoluta, somente os atos decisórios serão nulos, remetendo-se os autos ao juiz competente.
§ 3º Caso a alegação de incompetência seja acolhida, os autos serão remetidos ao juízo competente.	
§ 4º Salvo decisão judicial em sentido contrário, conservar-se-ão os efeitos de decisão proferida pelo juízo incompetente até que outra seja proferida, se for o caso, pelo juízo competente.	
Art. 65. Prorrogar-se-á a competência **relativa se o réu não alegar a incompetência em preliminar de contestação.**	**Art. 114.** Prorrogar-se-á a competência se dela o juiz não declinar na forma do parágrafo único do art. 112 desta Lei ou o réu não opuser exceção declinatória nos casos e prazos legais.
Parágrafo único. A incompetência relativa pode ser alegada pelo Ministério Público nas causas em que atuar.	
Art. 66. Há conflito de competência quando:	**Art. 115.** Há conflito de competência:
I – 2 (dois) ou mais juízes se declaram competentes;	I – quando dois ou mais juízes se declaram competentes;
II – 2 (dois) ou mais juízes se consideram incompetentes, **atribuindo um ao outro a competência;**	II – quando dois ou mais juízes se consideram incompetentes;
III – entre 2 (dois) ou mais juízes surge controvérsia acerca da reunião ou separação de processos.	III – quando entre dois ou mais juízes surge controvérsia acerca da reunião ou separação de processos.

Parágrafo único. O juiz que não acolher a competência declinada deverá suscitar o conflito, salvo se a atribuir a outro juízo.

CAPÍTULO II
Da Cooperação Nacional

Art. 67. Aos órgãos do Poder Judiciário, estadual ou federal, especializado ou comum, em todas as instâncias e graus de jurisdição, inclusive aos tribunais superiores, incumbe o dever de recíproca cooperação, por meio de seus magistrados e servidores.

Art. 68. Os juízos poderão formular entre si pedido de cooperação para prática de qualquer ato processual.

Art. 69. O pedido de cooperação jurisdicional deve ser prontamente atendido, prescinde de forma específica e pode ser executado como:

I – auxílio direto;

II – reunião ou apensamento de processos;

III – prestação de informações;

IV – atos concertados entre os juízes cooperantes.

§ 1º As cartas de ordem, precatória e arbitral seguirão o regime previsto neste Código.	**Art. 201.** Expedir-se-á carta de ordem se o juiz for subordinado ao tribunal de que ela emanar; carta rogatória, quando dirigida à autoridade judiciária estrangeira; e carta precatória nos demais casos.

§ 2º Os atos concertados entre os juízes cooperantes poderão consistir, além de outros, no estabelecimento de procedimento para:

I – a prática de citação, intimação ou notificação de ato;

II – a obtenção e apresentação de provas e a coleta de depoimentos;

III – a efetivação de tutela provisória;

IV – a efetivação de medidas e providências para recuperação e preservação de empresas;

V – a facilitação de habilitação de créditos na falência e na recuperação judicial;

VI – a centralização de processos repetitivos;

VII – a execução de decisão jurisdicional.

§ 3º O pedido de cooperação judiciária pode ser realizado entre órgãos jurisdicionais de diferentes ramos do Poder Judiciário.

LIVRO III
DOS SUJEITOS DO PROCESSO

TÍTULO I	TÍTULO II
DAS PARTES E DOS PROCURADORES	DAS PARTES E DOS PROCURADORES

CAPÍTULO I
Da Capacidade Processual

Art. 70. Toda pessoa que se encontre no exercício de seus direitos tem capacidade para estar em juízo.	**Art. 7º** Toda pessoa que se acha no exercício dos seus direitos tem capacidade para estar em juízo.
Art. 71. O incapaz será representado ou assistido por seus pais, por tutor ou por curador, na forma da lei.	**Art. 8º** Os incapazes serão representados ou assistidos por seus pais, tutores ou curadores, na forma da lei civil.
Art. 72. O juiz nomeará curador especial ao:	**Art. 9º** O juiz dará curador especial:
I – incapaz, se não tiver representante legal ou se os interesses deste colidirem com os daquele, **enquanto durar a incapacidade**;	I – ao incapaz, se não tiver representante legal, ou se os interesses deste colidirem com os daquele;
II – réu preso **revel**, bem como ao réu revel citado por edital ou com hora certa, **enquanto não for constituído advogado**.	II – ao réu preso, bem como ao revel citado por edital ou com hora certa.
Parágrafo único. A curatela especial será exercida pela Defensoria Pública, nos termos da lei.	**Parágrafo único.** Nas comarcas onde houver representante judicial de incapazes ou de ausentes, a este competirá a função de curador especial.
Art. 73. O cônjuge necessitará do consentimento do outro para propor ação que verse sobre direito real imobiliário, **salvo quando casados sob o regime de separação absoluta de bens**.	**Art. 10.** O cônjuge somente necessitará do consentimento do outro para propor ações que versem sobre direitos reais imobiliários.
§ 1º Ambos os cônjuges serão necessariamente citados para a ação:	§ 1º Ambos os cônjuges serão necessariamente citados para as ações:

I – que verse sobre direito real imobiliário, **salvo quando casados sob o regime de separação absoluta de bens;**	I – que versem sobre direitos reais imobiliários;
II – resultante de fato que diga respeito a ambos os cônjuges ou de ato praticado por eles;	II – resultantes de fatos que digam respeito a ambos os cônjuges ou de atos praticados por eles;
III – fundada em dívida contraída por um dos cônjuges a bem da família;	III – fundadas em dívidas contraídas pelo marido a bem da família, mas cuja execução tenha de recair sobre o produto do trabalho da mulher ou os seus bens reservados;
IV – que tenha por objeto o reconhecimento, a constituição ou a extinção de ônus sobre imóvel de um ou de ambos os cônjuges.	IV – que tenham por objeto o reconhecimento, a constituição ou a extinção de ônus sobre imóveis de um ou de ambos os cônjuges.
§ 2º Nas ações possessórias, a participação do cônjuge do autor ou do réu somente é indispensável nas hipóteses de composse ou de ato por ambos praticado.	§ 2º Nas ações possessórias, a participação do cônjuge do autor ou do réu somente é indispensável nos casos de composse ou de ato por ambos praticado.
§ 3º Aplica-se o disposto neste artigo à união estável comprovada nos autos.	
Art. 74. O consentimento previsto no art. 73 pode ser suprido judicialmente quando for negado por um dos cônjuges sem justo motivo, ou quando lhe seja impossível concedê-lo.	**Art. 11.** A autorização do marido e a outorga da mulher podem suprir-se judicialmente, quando um cônjuge a recuse ao outro sem justo motivo, ou lhe seja impossível dá-la.
Parágrafo único. A falta de consentimento, quando necessário e não suprido pelo juiz, invalida o processo.	**Parágrafo único.** A falta, não suprida pelo juiz, da autorização ou da outorga, quando necessária, invalida o processo.
Art. 75. Serão representados em juízo, ativa e passivamente:	**Art. 12.** Serão representados em juízo, ativa e passivamente:
I – a União, **pela Advocacia-Geral da União, diretamente ou mediante órgão vinculado;**	I – a União, os Estados, o Distrito Federal e os Territórios, por seus procuradores;
II – o Estado e o Distrito Federal, por seus procuradores;	
III – o Município, por seu prefeito ou procurador;	II – o Município, por seu Prefeito ou procurador;
IV – a autarquia e a fundação de direito público, por quem a lei do ente federado designar;	
V – a massa falida, pelo administrador judicial;	III – a massa falida, pelo síndico;
VI – a herança jacente ou vacante, por seu curador;	IV – a herança jacente ou vacante, por seu curador;
VII – o espólio, pelo inventariante;	V – o espólio, pelo inventariante;
VIII – a pessoa jurídica, por quem os respectivos **atos constitutivos** designarem ou, não havendo essa designação, por seus diretores;	VI – as pessoas jurídicas, por quem os respectivos estatutos designarem, ou, não os designando, por seus diretores;
IX – a sociedade **e a associação irregulares e outros entes organizados sem personalidade jurídica**, pela pessoa a quem couber a administração de seus bens;	VII – as sociedades sem personalidade jurídica, pela pessoa a quem couber a administração dos seus bens;
X – a pessoa jurídica estrangeira, pelo gerente, representante ou administrador de sua filial, agência ou sucursal aberta ou instalada no Brasil;	VIII – a pessoa jurídica estrangeira, pelo gerente, representante ou administrador de sua filial, agência ou sucursal aberta ou instalada no Brasil (art. 88, parágrafo único);
XI – o condomínio, pelo administrador ou síndico.	IX – o condomínio, pelo administrador ou pelo síndico.
§ 1º Quando o inventariante for dativo, os sucessores do falecido **serão intimados no processo** no qual o espólio seja parte.	§ 1º Quando o inventariante for dativo, todos os herdeiros e sucessores do falecido serão autores ou réus nas ações em que o espólio for parte.
§ 2º A sociedade ou **associação** sem personalidade jurídica não poderá opor a irregularidade de sua constituição quando demandada.	§ 2º As sociedades sem personalidade jurídica, quando demandadas, não poderão opor a irregularidade de sua constituição.
§ 3º O gerente de filial ou agência presume-se autorizado pela pessoa jurídica estrangeira a receber citação para **qualquer** processo.	§ 3º O gerente da filial ou agência presume-se autorizado, pela pessoa jurídica estrangeira, a receber citação inicial para o processo de conhecimento, de execução, cautelar e especial.
§ 4º Os Estados e o Distrito Federal poderão ajustar compromisso recíproco para prática de ato processual por seus procuradores em favor de outro ente federado, mediante convênio firmado pelas respectivas procuradorias.	
Art. 76. Verificada a incapacidade processual ou a irregularidade da representação da parte, **o juiz** suspenderá o processo e designará prazo razoável para que seja sanado o vício.	**Art. 13.** Verificando a incapacidade processual ou a irregularidade da representação das partes, o juiz, suspendendo o processo, marcará prazo razoável para ser sanado o defeito.
§ 1º Descumprida a determinação, caso o processo esteja na instância originária:	Não sendo cumprido o despacho dentro do prazo, se a providência couber:
I – **o processo será extinto**, se a providência couber ao autor;	I – ao autor, o juiz decretará a nulidade do processo;
II – o réu será considerado revel, **se a providência lhe couber;**	II – ao réu, reputar-se-á revel;
III – o terceiro **será considerado revel ou** excluído do processo, **dependendo do polo em que se encontre.**	III – ao terceiro, será excluído do processo.

§ 2º Descumprida a determinação em fase recursal perante tribunal de justiça, tribunal regional federal ou tribunal superior, o relator:	
I – não conhecerá do recurso, se a providência couber ao recorrente;	
II – determinará o desentranhamento das contrarrazões, se a providência couber ao recorrido.	
Capítulo II **Dos Deveres das Partes e de seus Procuradores**	**Capítulo II** **Dos Deveres das Partes e dos seus Procuradores**
Seção I *Dos Deveres*	*Seção I* *Dos Deveres*
Art. 77. Além de outros previstos neste Código, são deveres das partes, **de seus procuradores** e de todos aqueles que de qualquer forma participem do processo:	**Art. 14.** São deveres das partes e de todos aqueles que de qualquer forma participam do processo:
I – expor os fatos em juízo conforme a verdade;	I – expor os fatos em juízo conforme a verdade;
II – não formular pretensão **ou de apresentar** defesa quando cientes de que são destituídas de fundamento;	III – não formular pretensões, nem alegar defesa, cientes de que são destituídas de fundamento;
III – não produzir provas e não praticar atos inúteis ou desnecessários à declaração ou à defesa do direito;	IV – não produzir provas, nem praticar atos inúteis ou desnecessários à declaração ou defesa do direito;
IV – cumprir com exatidão **as decisões jurisdicionais**, de natureza provisória ou final, e não criar embaraços à sua efetivação;	V – cumprir com exatidão os provimentos mandamentais e não criar embaraços à efetivação de provimentos judiciais, de natureza antecipatória ou final.
V – declinar, **no primeiro momento que lhes couber falar nos autos**, o endereço residencial ou profissional onde receberão intimações, atualizando essa informação sempre que ocorrer qualquer modificação temporária ou definitiva;	**Art. 39.** Compete ao advogado, ou à parte quando postular em causa própria:
	I – declarar, na petição inicial ou na contestação, o endereço em que receberá intimação;
	II – comunicar ao escrivão do processo qualquer mudança de endereço.
	Parágrafo único. Se o advogado não cumprir o disposto no no I deste artigo, o juiz, antes de determinar a citação do réu, mandará que se supra a omissão no prazo de 48 (quarenta e oito) horas, sob pena de indeferimento da petição; se infringir o previsto no no II, reputar-se-ão válidas as intimações enviadas, em carta registrada, para o endereço constante dos autos.
VI – não praticar inovação ilegal no estado de fato de bem ou direito litigioso.	**Art. 879.** [...]
	III - pratica outra qualquer inovação ilegal no estado de fato.
§ 1º Nas hipóteses dos incisos IV e VI, o juiz advertirá qualquer das pessoas mencionadas no *caput* de que sua conduta poderá ser punida como ato atentatório à dignidade da justiça.	
§ 2º A violação ao disposto nos incisos IV e VI constitui ato atentatório à **dignidade da justiça, devendo** o juiz, sem prejuízo das sanções criminais, civis e processuais cabíveis, aplicar ao responsável multa de até vinte por cento do valor da causa, de acordo com a gravidade da conduta.	**Parágrafo único.** Ressalvados os advogados que se sujeitam exclusivamente aos estatutos da OAB, a violação do disposto no inciso V deste artigo constitui ato atentatório ao exercício da jurisdição, podendo o juiz, sem prejuízo das sanções criminais, civis e processuais cabíveis, aplicar ao responsável multa em montante a ser fixado de acordo com a gravidade da conduta e não superior a 20% (vinte por cento) do valor da causa; não sendo paga no prazo estabelecido, contado do trânsito em julgado da decisão final da causa, a multa será inscrita sempre como dívida ativa da União ou do Estado.
§ 3º Não sendo paga no prazo a ser fixado pelo juiz, **a multa prevista no § 2º será inscrita como dívida ativa da União ou do Estado após o trânsito em julgado da decisão que a fixou, e sua execução observará o procedimento da execução fiscal, revertendo-se** aos fundos previstos **no art. 97.**	
§ 4º A multa estabelecida no § 2º poderá ser fixada independentemente da incidência das previstas nos arts. 523, § 1º, e 536, § 1º.	
§ 5º Quando o valor da causa for irrisório ou inestimável, a multa prevista no § 2º poderá ser fixada em até 10 (dez) vezes o valor do salário mínimo.	
	Art. 14. [...]
§ 6º Aos advogados públicos ou privados e aos membros da Defensoria Pública e do Ministério Público não se aplica o disposto nos §§ 2º a 5º, devendo eventual responsabilidade disciplinar ser apurada pelo respectivo órgão de classe ou corregedoria, ao qual o juiz oficiará.	**Parágrafo único.** Ressalvados os advogados que se sujeitam exclusivamente aos estatutos da OAB, a violação do disposto no inciso V deste artigo constitui ato atentatório ao exercício da jurisdição, podendo o juiz, sem prejuízo das sanções criminais, civis e processuais cabíveis, aplicar ao responsável multa em montante a ser fixado de acordo com a gravidade da conduta e não superior a vinte por cento do valor da causa; não sendo paga no prazo estabelecido, contado do trânsito em julgado da decisão final da causa, a multa será inscrita sempre como dívida ativa da União ou do Estado

Novo CPC	Antigo CPC
§ 7º Reconhecida violação ao disposto no inciso VI, o juiz determinará o restabelecimento do estado anterior, podendo, ainda, proibir a parte de falar nos autos até a purgação do atentado, sem prejuízo da aplicação do § 2º.	**Art. 881.** A sentença, que julgar procedente a ação, ordenará o restabelecimento do estado anterior, a suspensão da causa principal e a proibição de o réu falar nos autos até a purgação do atentado. **Parágrafo único.** A sentença poderá condenar o réu a ressarcir à parte lesada as perdas e danos que sofreu em consequência do atentado.
§ 8º O representante judicial da parte não pode ser compelido a cumprir decisão em seu lugar.	
Art. 78. É vedado às partes, **a seus procuradores, aos juízes, aos membros do Ministério Público e da Defensoria Pública e a qualquer pessoa que participe do processo** empregar expressões ofensivas nos escritos apresentados.	**Art. 15.** É defeso às partes e seus advogados empregar expressões injuriosas nos escritos apresentados no processo, cabendo ao juiz, de ofício ou a requerimento do ofendido, mandar riscá-las.
§ 1º Quando expressões ou condutas ofensivas forem **manifestadas** oral ou **presencialmente**, o juiz advertirá o **ofensor** de que não as deve usar ou repetir, sob pena de lhe ser cassada a palavra.	**Parágrafo único.** Quando as expressões injuriosas forem proferidas em defesa oral, o juiz advertirá o advogado que não as use, sob pena de lhe ser cassada a palavra.
§ 2º De ofício ou a requerimento do ofendido, o juiz determinará que as expressões ofensivas sejam riscadas e, a requerimento do ofendido, determinará a expedição de certidão com inteiro teor das expressões ofensivas e a colocará à disposição da parte interessada.	**Art. 15.** É defeso às partes e seus advogados empregar expressões injuriosas nos escritos apresentados no processo, cabendo ao juiz, de ofício ou a requerimento do ofendido, mandar riscá-las.
Seção II *Da Responsabilidade das Partes por Dano Processual*	Seção II *Da Responsabilidade das Partes por Dano Processual*
Art. 79. Responde por perdas e danos aquele que **litigar de má-fé** como autor, réu ou interveniente.	**Art. 16.** Responde por perdas e danos aquele que pleitear de má-fé como autor, réu ou interveniente.
Art. 80. Considera-se litigante de má-fé aquele que:	**Art. 17.** Reputa-se litigante de má-fé aquele que:
I – deduzir pretensão ou defesa contra texto expresso de lei ou fato incontroverso;	I – deduzir pretensão ou defesa contra texto expresso de lei ou fato incontroverso;
II – alterar a verdade dos fatos;	II – alterar a verdade dos fatos;
III – usar do processo para conseguir objetivo ilegal;	III – usar do processo para conseguir objetivo ilegal;
IV – opuser resistência injustificada ao andamento do processo;	IV – opuser resistência injustificada ao andamento do processo;
V – proceder de modo temerário em qualquer incidente ou ato do processo;	V – proceder de modo temerário em qualquer incidente ou ato do processo;
VI – provocar incidente manifestamente infundado;	VI – provocar incidentes manifestamente infundados;
VII – interpuser recurso com intuito manifestamente protelatório.	VII – interpuser recurso com intuito manifestamente protelatório.
Art. 81. De ofício ou a requerimento, **o juiz** condenará o litigante de má-fé a pagar multa, **que deverá ser superior a um por cento e inferior a dez por cento do valor corrigido da causa**, a indenizar a parte contrária pelos prejuízos que esta sofreu e a arcar com os honorários advocatícios e com todas as despesas que efetuou.	**Art. 18.** O juiz ou tribunal, de ofício ou a requerimento, condenará o litigante de má-fé a pagar multa não excedente a 1% (um por cento) sobre o valor da causa e a indenizar a parte contrária dos prejuízos que esta sofreu, mais os honorários advocatícios e todas as despesas que efetuou.
§ 1º Quando forem 2 (dois) ou mais os litigantes de má-fé, o juiz condenará cada um na proporção de seu respectivo interesse na causa ou solidariamente aqueles que se coligaram para lesar a parte contrária.	§ 1º Quando forem dois ou mais os litigantes de má-fé, o juiz condenará cada um na proporção do seu respectivo interesse na causa, ou solidariamente aqueles que se coligaram para lesar a parte contrária.
§ 2º Quando o valor da causa for irrisório ou inestimável, a multa poderá ser fixada em até 10 (dez) vezes o valor do salário mínimo.	
§ 3º O valor da indenização será fixado pelo juiz ou, **caso não seja possível mensurá**-lo, liquidado por arbitramento **ou pelo procedimento comum, nos próprios autos.**	§ 2º O valor da indenização será desde logo fixado pelo juiz, em quantia não superior a 20% (vinte por cento) sobre o valor da causa, ou liquidado por arbitramento.
Seção III *Das Despesas, dos Honorários Advocatícios e das Multas*	Seção III *Das Despesas e das Multas*
Art. 82. Salvo as disposições concernentes à gratuidade da justiça, **incumbe** às partes prover as despesas dos atos que realizarem ou requererem no processo, antecipando-lhes o pagamento, desde o início **até a sentença final ou, na execução,** até a plena satisfação do direito **reconhecido no título.**	**Art. 19.** Salvo as disposições concernentes à justiça gratuita, cabe às partes prover as despesas dos atos que realizam ou requerem no processo, antecipando-lhes o pagamento desde o início até sentença final; e bem ainda, na execução, até a plena satisfação do direito declarado pela sentença.
§ 1º Incumbe ao autor adiantar as despesas relativas a ato cuja realização o juiz determinar de ofício ou a requerimento do Ministério Público, **quando sua intervenção ocorrer como fiscal da ordem jurídica.**	§ 2º Compete ao autor adiantar as despesas relativas a atos, cuja realização o juiz determinar de ofício ou a requerimento do Ministério Público.

§ 2º A sentença condenará o vencido a pagar ao vencedor as despesas que antecipou.	**Art. 20.** A sentença condenará o vencido a pagar ao vencedor as despesas que antecipou e os honorários advocatícios. Essa verba honorária será devida, também, nos casos em que o advogado funcionar em causa própria. (*caput*)
Art. 83. O autor, brasileiro ou estrangeiro, que residir fora do Brasil ou deixar de residir no país ao longo da tramitação de processo, prestará caução suficiente ao pagamento das custas e dos honorários de advogado da parte contrária nas ações que propuser, se não tiver no Brasil bens imóveis que lhes assegurem o pagamento.	**Art. 835.** O autor, nacional ou estrangeiro, que residir fora do Brasil ou dele se ausentar na pendência da demanda, prestará, nas ações que intentar, caução suficiente às custas e honorários de advogado da parte contrária, se não tiver no Brasil bens imóveis que lhes assegurem o pagamento.
§ 1º Não se exigirá a caução de que trata o *caput*:	**Art. 836.** Não se exigirá, porém, a caução, de que trata o artigo antecedente:
I – quando houver dispensa prevista em acordo ou tratado internacional de que o Brasil faz parte;	
II – na execução fundada em título extrajudicial e no cumprimento de sentença;	I – na execução fundada em título extrajudicial;
III – na reconvenção.	II – na reconvenção.
§ 2º Verificando-se no trâmite do processo que se desfalcou a garantia, poderá o interessado exigir reforço da caução, justificando seu pedido com a indicação da depreciação do bem dado em garantia e a importância do reforço que pretende obter.	**Art. 837.** Verificando-se no curso do processo que se desfalcou a garantia, poderá o interessado exigir reforço da caução. Na petição inicial, o requerente justificará o pedido, indicando a depreciação do bem dado em garantia e a importância do reforço que pretende obter.
	Art. 20. [...]
Art. 84. As despesas abrangem as custas dos atos do processo, a indenização de viagem, a remuneração do assistente técnico e a diária de testemunha.	§ 2º As despesas abrangem não só as custas dos atos do processo, como também a indenização de viagem, diária de testemunha e remuneração do assistente técnico.
Art. 85. A sentença condenará o vencido a pagar honorários ao advogado do vencedor.	**Art. 20.** A sentença condenará o vencido a pagar ao vencedor as despesas que antecipou e os honorários advocatícios. Esta verba honorária será devida, também, nos casos em que o advogado funcionar em causa própria.
§ 1º São devidos honorários advocatícios na reconvenção, no cumprimento de sentença, provisório ou definitivo, na execução, resistida ou não, e nos recursos interpostos, cumulativamente.	**Art. 34.** Aplicam-se à reconvenção, à oposição, à ação declaratória incidental e aos procedimentos de jurisdição voluntária, no que couber, as disposições constantes desta seção.
	Art. 20. [...]
§ 2º Os honorários serão fixados entre o mínimo de dez e o máximo de vinte por cento sobre o valor da condenação, **do proveito econômico obtido ou, não sendo possível mensurá-lo, sobre o valor atualizado da causa,** atendidos:	§ 3º Os honorários serão fixados entre o mínimo de 10% (dez por cento) e o máximo de 20% (vinte por cento) sobre o valor da condenação, atendidos:
I – o grau de zelo do profissional;	a) o grau de zelo do profissional;
II – o lugar de prestação do serviço;	b) o lugar de prestação do serviço;
III – a natureza e a importância da causa;	c) a natureza e importância da causa, o trabalho realizado pelo advogado e o tempo exigido para o seu serviço.
IV – o trabalho realizado pelo advogado e o tempo exigido para o seu serviço.	
§ 3º Nas causas em que a Fazenda Pública for parte, a fixação dos honorários observará os critérios estabelecidos nos incisos I a IV do § 2º e os seguintes percentuais:	§ 4º Nas causas de pequeno valor, nas de valor inestimável, naquelas em que não houver condenação ou for vencida a Fazenda Pública, e nas execuções, embargadas ou não, os honorários serão fixados consoante apreciação equitativa do juiz, atendidas as normas das alíneas a, b e c do parágrafo anterior.
I – mínimo de dez e máximo de vinte por cento sobre o valor da condenação ou do proveito econômico obtido até 200 (duzentos) salários mínimos;	
II – mínimo de oito e máximo de dez por cento sobre o valor da condenação ou do proveito econômico obtido acima de 200 (duzentos) salários mínimos até 2.000 (dois mil) salários mínimos;	
III – mínimo de cinco e máximo de oito por cento sobre o valor da condenação ou do proveito econômico obtido acima de 2.000 (dois mil) salários mínimos até 20.000 (vinte mil) salários mínimos;	
IV – mínimo de três e máximo de cinco por cento sobre o valor da condenação ou do proveito econômico obtido acima de 20.000 (vinte mil) salários mínimos até 100.000 (cem mil) salários mínimos;	
V – mínimo de um e máximo de três por cento sobre o valor da condenação ou do proveito econômico obtido acima de 100.000 (cem mil) salários mínimos.	

§ 4º Em qualquer das hipóteses do § 3º:	
I – os percentuais previstos nos incisos I a V devem ser aplicados desde logo, quando for líquida a sentença;	
II – não sendo líquida a sentença, a definição do percentual, nos termos previstos nos incisos I a V, somente ocorrerá quando liquidado o julgado;	
III – não havendo condenação principal ou não sendo possível mensurar o proveito econômico obtido, a condenação em honorários dar-se-á sobre o valor atualizado da causa;	
IV – será considerado o salário mínimo vigente quando prolatada sentença líquida ou o que estiver em vigor na data da decisão de liquidação.	
§ 5º Quando, conforme o caso, a condenação contra a Fazenda Pública ou o benefício econômico obtido pelo vencedor ou o valor da causa for superior ao valor previsto no inciso I do § 3º, a fixação do percentual de honorários deve observar a faixa inicial e, naquilo que a exceder, a faixa subsequente, e assim sucessivamente.	
§ 6º Os limites e critérios previstos nos §§ 2º e 3º aplicam-se independentemente de qual seja o conteúdo da decisão, inclusive aos casos de improcedência ou de sentença sem resolução de mérito.	
§ 7º Não serão devidos honorários no cumprimento de sentença contra a Fazenda Pública que enseje expedição de precatório, desde que não tenha sido impugnada.	
§ 8º Nas causas em que for inestimável ou **irrisório o proveito econômico ou, ainda, quando o valor da causa for muito baixo**, o juiz fixará o valor dos honorários por apreciação equitativa, observando o disposto nos incisos do § 2º.	**Art. 20.** [...] § 4º Nas causas de pequeno valor, nas de valor inestimável, naquelas em que não houver condenação ou for vencida a Fazenda Pública, e nas execuções, embargadas ou não, os honorários serão fixados consoante apreciação equitativa do juiz, atendidas as normas das alíneas *a*, *b* e *c* do parágrafo anterior.
§ 9º Na ação de indenização por ato ilícito contra pessoa, **o percentual de honorários incidirá sobre a soma das prestações vencidas acrescida de 12 (doze) prestações vincendas**.	§ 5º Nas ações de indenização por ato ilícito contra pessoa, o valor da condenação será a soma das prestações vencidas com o capital necessário a produzir a renda correspondente às prestações vincendas (art. 602), podendo estas ser pagas, também mensalmente, na forma do § 2º do referido art. 602, inclusive em consignação na folha de pagamentos do devedor.
§ 10. Nos casos de perda do objeto, os honorários serão devidos por quem deu causa ao processo.	
§ 11. O tribunal, ao julgar recurso, majorará os honorários fixados anteriormente levando em conta o trabalho adicional realizado em grau recursal, observando, conforme o caso, o disposto nos §§ 2º a 6º, sendo vedado ao tribunal, no cômputo geral da fixação de honorários devidos ao advogado do vencedor, ultrapassar os respectivos limites estabelecidos nos §§ 2º e 3º para a fase de conhecimento.	
§ 12. Os honorários referidos no § 11 são cumuláveis com multas e outras sanções processuais, inclusive as previstas no art. 77.	
§ 13. As verbas de sucumbência arbitradas em embargos à execução rejeitados ou julgados improcedentes e em fase de cumprimento de sentença serão acrescidas no valor do débito principal, para todos os efeitos legais.	
§ 14. Os honorários constituem direito do advogado e têm natureza alimentar, com os mesmos privilégios dos créditos oriundos da legislação do trabalho, sendo vedada a compensação em caso de sucumbência parcial.	
§ 15. O advogado pode requerer que o pagamento dos honorários que lhe caibam seja efetuado em favor da sociedade de advogados que integra na qualidade de sócio, aplicando-se à hipótese o disposto no § 14.	
§ 16. Quando os honorários forem fixados em quantia certa, os juros moratórios incidirão a partir da data do trânsito em julgado da decisão.	
§ 17. Os honorários serão devidos quando o advogado atuar em causa própria.	**Art. 20.** A sentença condenará o vencido a pagar ao vencedor as despesas que antecipou e os honorários advocatícios. Esta verba honorária será devida, também, nos casos em que o advogado funcionar em causa própria.

§ 18. Caso a decisão transitada em julgado seja omissa quanto ao direito aos honorários ou ao seu valor, é cabível ação autônoma para sua definição e cobrança.	
§ 19. Os advogados públicos perceberão honorários de sucumbência, nos termos da lei.	
Art. 86. Se cada litigante for, em parte, vencedor e vencido, serão proporcionalmente distribuídas entre eles as despesas.	**Art. 21.** Se cada litigante for em parte vencedor e vencido, serão recíproca e proporcionalmente distribuídos e compensados entre eles os honorários e as despesas.
Parágrafo único. Se um litigante **sucumbir** em parte mínima do pedido, o outro responderá, por inteiro, pelas despesas e pelos honorários.	**Parágrafo único.** Se um litigante decair de parte mínima do pedido, o outro responderá, por inteiro, pelas despesas e honorários.
Art. 87. Concorrendo diversos autores ou diversos réus, os vencidos respondem proporcionalmente pelas despesas e pelos honorários.	**Art. 23.** Concorrendo diversos autores ou diversos réus, os vencidos respondem pelas despesas e honorários em proporção.
§ 1º A sentença deverá distribuir entre os litisconsortes, de forma expressa, a responsabilidade proporcional pelo pagamento das verbas previstas no *caput*.	
§ 2º Se a distribuição de que trata o § 1º não for feita, os vencidos responderão solidariamente pelas despesas e pelos honorários.	
Art. 88. Nos procedimentos de jurisdição voluntária, as despesas serão adiantadas pelo requerente e rateadas entre os interessados.	**Art. 24.** Nos procedimentos de jurisdição voluntária, as despesas serão adiantadas pelo requerente, mas rateadas entre os interessados.
Art. 89. Nos juízos divisórios, não havendo litígio, os interessados pagarão as despesas proporcionalmente a seus quinhões.	**Art. 25.** Nos juízos divisórios, não havendo litígio, os interessados pagarão as despesas proporcionalmente aos seus quinhões.
Art. 90. Proferida sentença com fundamento em desistência, em **renúncia** ou em reconhecimento do pedido, as despesas e os honorários serão pagos pela parte que desistiu, renunciou ou reconheceu.	**Art. 26.** Se o processo terminar por desistência ou reconhecimento do pedido, as despesas e os honorários serão pagos pela parte que desistiu ou reconheceu.
§ 1º Sendo parcial a desistência, a renúncia ou o reconhecimento, a responsabilidade pelas despesas e pelos honorários será proporcional à parcela reconhecida, à qual se renunciou ou da qual se desistiu.	§ 1º Sendo parcial a desistência ou o reconhecimento, a responsabilidade pelas despesas e honorários será proporcional à parte de que se desistiu ou que se reconheceu.
§ 2º Havendo transação e nada tendo as partes disposto quanto às despesas, estas serão divididas igualmente.	§ 2º Havendo transação e nada tendo as partes disposto quanto às despesas, estas serão divididas igualmente.
§ 3º Se a transação ocorrer antes da sentença, as partes ficam dispensadas do pagamento das custas processuais remanescentes, se houver.	
§ 4º Se o réu reconhecer a procedência do pedido e, simultaneamente, cumprir integralmente a prestação reconhecida, os honorários serão reduzidos pela metade.	
Art. 91. As despesas dos atos processuais praticados a requerimento da Fazenda Pública, do Ministério Público **ou da Defensoria Pública** serão pagas ao final pelo vencido.	**Art. 27.** As despesas dos atos processuais, efetuados a requerimento do Ministério Público ou da Fazenda Pública, serão pagas a final pelo vencido.
§ 1º As perícias requeridas pela Fazenda Pública, pelo Ministério Público ou pela Defensoria Pública poderão ser realizadas por entidade pública ou, havendo previsão orçamentária, ter os valores adiantados por aquele que requerer a prova.	
§ 2º Não havendo previsão orçamentária no exercício financeiro para adiantamento dos honorários periciais, eles serão pagos no exercício seguinte ou ao final, pelo vencido, caso o processo se encerre antes do adiantamento a ser feito pelo ente público.	
Art. 92. Quando, a requerimento do réu, o juiz proferir sentença **sem resolver o mérito**, o autor não poderá **propor** novamente a ação sem pagar ou depositar em cartório as despesas e os honorários a que foi condenado.	**Art. 28.** Quando, a requerimento do réu, o juiz declarar extinto o processo sem julgar o mérito (art. 267, § 2º), o autor não poderá intentar de novo a ação, sem pagar ou depositar em cartório as despesas e os honorários, em que foi condenado.
Art. 93. As despesas de atos adiados ou cuja repetição for necessária ficarão a cargo da parte, do **auxiliar da justiça**, do órgão do Ministério Público **ou da Defensoria Pública** ou do juiz que, sem justo motivo, houver dado causa ao adiamento ou à repetição.	**Art. 29.** As despesas dos atos, que forem adiados ou tiverem de repetir-se, ficarão a cargo da parte, do serventuário, do órgão do Ministério Público ou do juiz que, sem justo motivo, houver dado causa ao adiamento ou à repetição.
Art. 94. Se o assistido for vencido, o assistente será condenado ao pagamento das custas em proporção à atividade que houver exercido no processo.	**Art. 32.** Se o assistido ficar vencido, o assistente será condenado nas custas em proporção à atividade que houver exercido no processo.
Art. 95. Cada parte **adiantará** a remuneração do assistente técnico que houver indicado, sendo a do perito **adiantada** pela parte que houver requerido a perícia **ou rateada quando a perícia for determinada de ofício ou requerida por ambas as partes**.	**Art. 33.** Cada parte pagará a remuneração do assistente técnico que houver indicado; a do perito será paga pela parte que houver requerido o exame, ou pelo autor, quando requerido por ambas as partes ou determinado de ofício pelo juiz.

Novo CPC	Antigo CPC
§ 1º O juiz poderá determinar que a parte responsável pelo pagamento dos honorários do perito deposite em juízo o valor correspondente.	**Parágrafo único.** O juiz poderá determinar que a parte responsável pelo pagamento dos honorários do perito deposite em juízo o valor correspondente a essa remuneração. O numerário, recolhido em depósito bancário à ordem do juízo e com correção monetária, será entregue ao perito após a apresentação do laudo, facultada a sua liberação parcial, quando necessária.
§ 2º A quantia recolhida em depósito bancário à ordem do juízo será corrigida monetariamente e paga de **acordo com o art. 465, § 4º**.	
§ 3º Quando o pagamento da perícia for de responsabilidade de beneficiário de gratuidade da justiça, ela poderá ser:	
I – custeada com recursos alocados no orçamento do ente público e realizada por servidor do Poder Judiciário ou por órgão público conveniado;	
II – paga com recursos alocados no orçamento da União, do Estado ou do Distrito Federal, no caso de ser realizada por particular, hipótese em que o valor será fixado conforme tabela do tribunal respectivo ou, em caso de sua omissão, do Conselho Nacional de Justiça.	
§ 4º Na hipótese do § 3º, o juiz, após o trânsito em julgado da decisão final, oficiará a Fazenda Pública para que promova, contra quem tiver sido condenado ao pagamento das despesas processuais, a execução dos valores gastos com a perícia particular ou com a utilização de servidor público ou da estrutura de órgão público, observando-se, caso o responsável pelo pagamento das despesas seja beneficiário de gratuidade da justiça, o disposto no art. 98, § 2º.	
§ 5º Para fins de aplicação do § 3º, é vedada a utilização de recursos do fundo de custeio da Defensoria Pública.	
Art. 96. O valor das sanções impostas **ao litigante de má-fé** reverterá em benefício da parte contrária, e o valor das sanções impostas aos serventuários pertencerá ao Estado **ou à União**.	**Art. 35.** As sanções impostas às partes em consequência de má-fé serão contadas como custas e reverterão em benefício da parte contrária; as impostas aos serventuários pertencerão ao Estado.
Art. 97. A União e os Estados podem criar fundos de modernização do Poder Judiciário, aos quais serão revertidos os valores das sanções pecuniárias processuais destinadas à União e aos Estados, e outras verbas previstas em lei.	
Seção IV *Da Gratuidade da Justiça*	
Art. 98. A pessoa natural ou jurídica, brasileira ou estrangeira, com insuficiência de recursos para pagar as custas, as despesas processuais e os honorários advocatícios tem direito à gratuidade da justiça, na forma da lei.	
§ 1º A gratuidade da justiça compreende:	
I – as taxas ou as custas judiciais;	
II – os selos postais;	
III – as despesas com publicação na imprensa oficial, dispensando-se a publicação em outros meios;	
IV – a indenização devida à testemunha que, quando empregada, receberá do empregador salário integral, como se em serviço estivesse;	
V – as despesas com a realização de exame de código genético – DNA e de outros exames considerados essenciais;	
VI – os honorários do advogado e do perito e a remuneração do intérprete ou do tradutor nomeado para apresentação de versão em português de documento redigido em língua estrangeira;	
VII – o custo com a elaboração de memória de cálculo, quando exigida para instauração da execução;	
VIII – os depósitos previstos em lei para interposição de recurso, para propositura de ação e para a prática de outros atos processuais inerentes ao exercício da ampla defesa e do contraditório;	
IX – os emolumentos devidos a notários ou registradores em decorrência da prática de registro, averbação ou qualquer outro ato notarial necessário à efetivação de decisão judicial ou à continuidade de processo judicial no qual o benefício tenha sido concedido.	
§ 2º A concessão de gratuidade não afasta a responsabilidade do beneficiário pelas despesas processuais e pelos honorários advocatícios decorrentes de sua sucumbência.	

§ 3º Vencido o beneficiário, as obrigações decorrentes de sua sucumbência ficarão sob condição suspensiva de exigibilidade e somente poderão ser executadas se, nos 5 (cinco) anos subsequentes ao trânsito em julgado da decisão que as certificou, o credor demonstrar que deixou de existir a situação de insuficiência de recursos que justificou a concessão de gratuidade, extinguindo-se, passado esse prazo, tais obrigações do beneficiário.

§ 4º A concessão de gratuidade não afasta o dever de o beneficiário pagar, ao final, as multas processuais que lhe sejam impostas.

§ 5º A gratuidade poderá ser concedida em relação a algum ou a todos os atos processuais, ou consistir na redução percentual de despesas processuais que o beneficiário tiver de adiantar no curso do procedimento.

§ 6º Conforme o caso, o juiz poderá conceder direito ao parcelamento de despesas processuais que o beneficiário tiver de adiantar no curso do procedimento.

§ 7º Aplica-se o disposto no art. 95, §§ 3º a 5º, ao custeio dos emolumentos previstos no § 1º, inciso IX, do presente artigo, observada a tabela e as condições da lei estadual ou distrital respectiva.

§ 8º Na hipótese do § 1º, inciso IX, havendo dúvida fundada quanto ao preenchimento atual dos pressupostos para a concessão de gratuidade, o notário ou registrador, após praticar o ato, pode requerer, ao juízo competente para decidir questões notariais ou registrais, a revogação total ou parcial do benefício ou a sua substituição pelo parcelamento de que trata o § 6º deste artigo, caso em que o beneficiário será citado para, em 15 (quinze) dias, manifestar-se sobre esse requerimento.

Art. 99. O pedido de gratuidade da justiça pode ser formulado na petição inicial, na contestação, na petição para ingresso de terceiro no processo ou em recurso.

§ 1º Se superveniente à primeira manifestação da parte na instância, o pedido poderá ser formulado por petição simples, nos autos do próprio processo, e não suspenderá seu curso.

§ 2º O juiz somente poderá indeferir o pedido se houver nos autos elementos que evidenciem a falta dos pressupostos legais para a concessão de gratuidade, devendo, antes de indeferir o pedido, determinar à parte a comprovação do preenchimento dos referidos pressupostos.

§ 3º Presume-se verdadeira a alegação de insuficiência deduzida exclusivamente por pessoa natural.

§ 4º A assistência do requerente por advogado particular não impede a concessão de gratuidade da justiça.

§ 5º Na hipótese do § 4º, o recurso que verse exclusivamente sobre valor de honorários de sucumbência fixados em favor do advogado de beneficiário estará sujeito a preparo, salvo se o próprio advogado demonstrar que tem direito à gratuidade.

§ 6º O direito à gratuidade da justiça é pessoal, não se estendendo a litisconsorte ou a sucessor do beneficiário, salvo requerimento e deferimento expressos.

§ 7º Requerida a concessão de gratuidade da justiça em recurso, o recorrente estará dispensado de comprovar o recolhimento do preparo, incumbindo ao relator, neste caso, apreciar o requerimento e, se indeferi-lo, fixar prazo para realização do recolhimento.

Art. 100. Deferido o pedido, a parte contrária poderá oferecer impugnação na contestação, na réplica, nas contrarrazões de recurso ou, nos casos de pedido superveniente ou formulado por terceiro, por meio de petição simples, a ser apresentada no prazo de 15 (quinze) dias, nos autos do próprio processo, sem suspensão de seu curso.

Parágrafo único. Revogado o benefício, a parte arcará com as despesas processuais que tiver deixado de adiantar e pagará, em caso de má-fé, até o décuplo de seu valor a título de multa, que será revertida em benefício da Fazenda Pública estadual ou federal e poderá ser inscrita em dívida ativa.

Novo CPC	Antigo CPC
Art. 101. Contra a decisão que indeferir a gratuidade ou a que acolher pedido de sua revogação caberá agravo de instrumento, exceto quando a questão for resolvida na sentença, contra a qual caberá apelação.	
§ 1º O recorrente estará dispensado do recolhimento de custas até decisão do relator sobre a questão, preliminarmente ao julgamento do recurso.	
§ 2º Confirmada a denegação ou a revogação da gratuidade, o relator ou o órgão colegiado determinará ao recorrente o recolhimento das custas processuais, no prazo de 5 (cinco) dias, sob pena de não conhecimento do recurso.	
Art. 102. Sobrevindo o trânsito em julgado de decisão que revoga a gratuidade, a parte deverá efetuar o recolhimento de todas as despesas de cujo adiantamento foi dispensada, inclusive as relativas ao recurso interposto, se houver, no prazo fixado pelo juiz, sem prejuízo de aplicação das sanções previstas em lei.	
Parágrafo único. Não efetuado o recolhimento, o processo será extinto sem resolução de mérito, tratando-se do autor, e, nos demais casos, não poderá ser deferida a realização de nenhum ato ou diligência requerida pela parte enquanto não efetuado o depósito.	

Capítulo III
Dos Procuradores

Novo CPC	Antigo CPC
Art. 103. A parte será representada em juízo por advogado **regularmente inscrito na Ordem dos Advogados do Brasil**. **Parágrafo único.** É lícito à parte postular em causa própria quando tiver habilitação legal.	**Art. 36.** A parte será representada em juízo por advogado legalmente habilitado. Ser-lhe-á lícito, no entanto, postular em causa própria, quando tiver habilitação legal ou, não a tendo, no caso de falta de advogado no lugar ou recusa ou impedimento dos que houver.
Art. 104. O advogado não será admitido a postular em juízo sem procuração, salvo para evitar **preclusão**, decadência ou prescrição, ou para praticar ato considerado urgente.	**Art. 37.** Sem instrumento de mandato, o advogado não será admitido a procurar em juízo. Poderá, todavia, em nome da parte, intentar ação, a fim de evitar decadência ou prescrição, bem como intervir, no processo, para praticar atos reputados urgentes. Nestes casos, o advogado se obrigará, independentemente de caução, a exibir o instrumento de mandato no prazo de 15 (quinze) dias, prorrogável até outros 15 (quinze), por despacho do juiz.
§ 1º Nas hipóteses previstas no *caput*, o advogado deverá, independentemente de caução, exibir a **procuração** no prazo de 15 (quinze) dias, prorrogável por igual período por despacho do juiz.	
§ 2º O ato não ratificado será considerado **ineficaz relativamente àquele em cujo nome foi praticado**, respondendo o advogado pelas despesas e por perdas e danos.	**Parágrafo único.** Os atos, não ratificados no prazo, serão havidos por inexistentes, respondendo o advogado por despesas e perdas e danos.
Art. 105. A procuração geral para o foro, **outorgada** por instrumento público ou particular assinado pela parte, habilita o advogado a praticar todos os atos do processo, exceto receber citação, confessar, reconhecer a procedência do pedido, transigir, desistir, renunciar ao direito sobre o qual se funda a ação, receber, dar quitação, firmar compromisso e assinar **declaração de hipossuficiência econômica, que devem constar de cláusula específica**.	**Art. 38.** A procuração geral para o foro, conferida por instrumento público, ou particular assinado pela parte, habilita o advogado a praticar todos os atos do processo, salvo para receber a citação inicial, confessar, reconhecer a procedência do pedido, transigir, desistir, renunciar ao direito sobre que se funda a ação, receber, dar quitação e firmar compromisso.
§ 1º A procuração pode ser assinada digitalmente, na forma da lei.	**Parágrafo único.** A procuração pode ser assinada digitalmente com base em certificado emitido por Autoridade Certificadora credenciada, na forma da lei específica.
§ 2º A procuração deverá conter o nome do advogado, seu número de inscrição na Ordem dos Advogados do Brasil e endereço completo.	
§ 3º Se o outorgado integrar sociedade de advogados, a procuração também deverá conter o nome dessa, seu número de registro na Ordem dos Advogados do Brasil e endereço completo.	
§ 4º Salvo disposição expressa em sentido contrário constante do próprio instrumento, a procuração outorgada na fase de conhecimento é eficaz para todas as fases do processo, inclusive para o cumprimento de sentença.	
Art. 106. Quando postular em causa própria, **incumbe** ao advogado:	**Art. 39.** Compete ao advogado, ou à parte quando postular em causa própria:
I – declarar, na petição inicial ou na contestação, o endereço, **seu número de inscrição na Ordem dos Advogados do Brasil e o nome da sociedade de advogados da qual participa, para o recebimento de intimações;**	I – declarar, na petição inicial ou na contestação, o endereço em que receberá intimação;
II – comunicar ao **juízo** qualquer mudança de endereço.	II – comunicar ao escrivão do processo qualquer mudança de endereço.

Novo CPC	Antigo CPC
§ 1º Se o advogado descumprir o disposto no inciso I, o juiz ordenará que se supra a omissão, **no prazo de 5 (cinco) dias, antes de determinar a citação do réu**, sob pena de indeferimento da petição.	**Parágrafo único.** Se o advogado não cumprir o disposto no n. I deste artigo, o juiz, antes de determinar a citação do réu, mandará que se supra a omissão no prazo de 48 (quarenta e oito) horas, sob pena de indeferimento da petição; se infringir o previsto no n. II, reputar-se-ão válidas as intimações enviadas, em carta registrada, para o endereço constante dos autos.
§ 2º Se o advogado infringir o previsto no inciso II, serão consideradas válidas as intimações enviadas por carta registrada **ou meio eletrônico ao endereço** constante dos autos.	
Art. 107. O advogado tem direito a:	**Art. 40.** O advogado tem direito de:
I – examinar, em cartório de **fórum** e secretaria de tribunal, **mesmo sem procuração, autos de qualquer processo, independentemente da fase de tramitação, assegurados a obtenção de cópias e o registro de anotações, salvo na hipótese de segredo de justiça, nas quais apenas o advogado constituído terá acesso aos autos;**	I – examinar, em cartório de justiça e secretaria de tribunal, autos de qualquer processo, salvo o disposto no art. 155;
II – requerer, como procurador, vista dos autos de qualquer processo, pelo prazo de 5 (cinco) dias;	II – requerer, como procurador, vista dos autos de qualquer processo pelo prazo de 5 (cinco) dias;
III – retirar os autos do cartório ou da secretaria, pelo prazo legal, sempre que neles lhe couber falar por determinação do juiz, nos casos previstos em lei.	III – retirar os autos do cartório ou secretaria, pelo prazo legal, sempre que lhe competir falar neles por determinação do juiz, nos casos previstos em lei.
§ 1º Ao receber os autos, o advogado assinará carga **em livro ou documento próprio**.	§ 1º Ao receber os autos, o advogado assinará carga no livro competente.
§ 2º Sendo o prazo comum às partes, os procuradores poderão retirar os autos somente em conjunto ou mediante prévio ajuste, por petição nos autos.	§ 2º Sendo comum às partes o prazo, só em conjunto ou mediante prévio ajuste por petição nos autos, poderão os seus procuradores retirar os autos, ressalvada a obtenção de cópias para a qual cada procurador poderá retirá-los pelo prazo de 1 (uma) hora independentemente de ajuste.
§ 3º Na hipótese do § 2º, **é lícito ao procurador retirar os autos para obtenção de cópias, pelo prazo de** 2 (**duas**) a 6 (**seis**) **horas**, independentemente de ajuste e sem prejuízo da continuidade do prazo.	
§ 4º O procurador perderá no mesmo processo o direito a que se refere o § 3º se não devolver os autos tempestivamente, salvo se o prazo for prorrogado pelo juiz.	**Art. 196.** É lícito a qualquer interessado cobrar os autos ao advogado que exceder o prazo legal. Se, intimado, não os devolver dentro em 24 (vinte e quatro) horas, perderá o direito à vista fora de cartório e incorrerá em multa, correspondente à metade do salário mínimo vigente na sede do juízo.
	Parágrafo único. Apurada a falta, o juiz comunicará o fato à seção local da Ordem dos Advogados do Brasil, para o procedimento disciplinar e imposição da multa.
Capítulo IV Da **Sucessão** das Partes e dos Procuradores	Capítulo IV Da Substituição das Partes e dos Procuradores
Art. 108. No curso do processo, somente é **lícita** a **sucessão** voluntária das partes nos casos expressos em lei.	**Art. 41.** Só é permitida, no curso do processo, a substituição voluntária das partes nos casos expressos em lei.
Art. 109. A alienação da coisa ou do direito litigioso **por ato entre vivos**, a título particular, não altera a legitimidade das partes.	**Art. 42.** A alienação da coisa ou do direito litigioso, a título particular, por ato entre vivos, não altera a legitimidade das partes.
§ 1º O adquirente ou cessionário não poderá ingressar em juízo, **sucedendo** o alienante ou cedente, sem que o consinta a parte contrária.	§ 1º O adquirente ou o cessionário não poderá ingressar em juízo, substituindo o alienante, ou o cedente, sem que o consinta a parte contrária.
§ 2º O adquirente ou cessionário poderá intervir no processo como **assistente litisconsorcial** do alienante ou cedente.	§ 2º O adquirente ou o cessionário poderá, no entanto, intervir no processo, assistindo o alienante ou o cedente.
§ 3º Estendem-se os efeitos da sentença proferida entre as partes originárias ao adquirente ou cessionário.	§ 3º A sentença, proferida entre as partes originárias, estende os seus efeitos ao adquirente ou ao cessionário.
Art. 110. Ocorrendo a morte de qualquer das partes, dar-se-á a **sucessão** pelo seu espólio ou pelos seus sucessores, observado o disposto no art. 313, §§ 1º e 2º.	**Art. 43.** Ocorrendo a morte de qualquer das partes, dar-se-á a substituição pelo seu espólio ou pelos seus sucessores, observado o disposto no art. 265.
Art. 111. A parte que revogar o mandato outorgado a seu advogado constituirá, no mesmo ato, outro que assuma o patrocínio da causa.	**Art. 44.** A parte, que revogar mandato outorgado ao seu advogado, no mesmo ato constituirá outro que assuma o patrocínio da causa.
Parágrafo único. Não sendo constituído novo procurador no prazo de 15 (quinze) dias, observar-se-á o disposto no art. 76.	
Art. 112. O advogado poderá renunciar ao mandato a qualquer tempo, provando, na forma prevista neste Código, que **comunicou** a renúncia ao mandante, a fim de que este nomeie sucessor.	**Art. 45.** O advogado poderá, a qualquer tempo, renunciar ao mandato, provando que cientificou o mandante a fim de que este nomeie substituto. Durante os 10 (dez) dias seguintes, o advogado continuará a representar o mandante, desde que necessário para lhe evitar prejuízo.
§ 1º Durante os 10 (dez) dias seguintes, o advogado continuará a representar o mandante, desde que necessário para lhe evitar prejuízo.	
§ 2º Dispensa-se a comunicação referida no *caput* quando a procuração tiver sido outorgada a vários advogados e a parte continuar representada por outro, apesar da renúncia.	

TÍTULO II Do Litisconsórcio	Capítulo V Do Litisconsórcio e da Assistência
	Seção I *Do Litisconsórcio*
Art. 113. Duas ou mais pessoas podem litigar, no mesmo processo, em conjunto, ativa ou passivamente, quando:	**Art. 46.** Duas ou mais pessoas podem litigar, no mesmo processo, em conjunto, ativa ou passivamente, quando:
I – entre elas houver comunhão de direitos ou de obrigações relativamente à lide;	I – entre elas houver comunhão de direitos ou de obrigações relativamente à lide;
II – entre as causas houver conexão pelo pedido ou pela causa de pedir;	III – entre as causas houver conexão pelo objeto ou pela causa de pedir;
III – ocorrer afinidade de questões por ponto comum de fato ou de direito.	IV – ocorrer afinidade de questões por um ponto comum de fato ou de direito.
§ 1º O juiz poderá limitar o litisconsórcio facultativo quanto ao número de litigantes **na fase de conhecimento, na liquidação de sentença ou na execução,** quando este comprometer a rápida solução do litígio ou dificultar a defesa ou o cumprimento da sentença.	**Parágrafo único.** O juiz poderá limitar o litisconsórcio facultativo quanto ao número de litigantes, quando este comprometer a rápida solução do litígio ou dificultar a defesa. O pedido de limitação interrompe o prazo para a resposta, que recomeça da intimação da decisão.
§ 2º O **requerimento** de limitação interrompe o prazo para **manifestação ou** resposta, que recomeçará da intimação da decisão **que o solucionar.**	
Art. 114. O litisconsórcio será necessário por disposição de lei ou quando, pela natureza da relação jurídica **controvertida**, a eficácia da sentença depender da citação de todos que devam ser litisconsortes.	**Art. 47.** Há litisconsórcio necessário, quando, por disposição de lei ou pela natureza da relação jurídica, o juiz tiver de decidir a lide de modo uniforme para todas as partes; caso em que a eficácia da sentença dependerá da citação de todos os litisconsortes no processo.
Art. 115. A sentença de mérito, quando proferida sem a integração do contraditório, será:	
I – nula, se a decisão deveria ser uniforme em relação a todos que deveriam ter integrado o processo;	
II – ineficaz, nos outros casos, apenas para os que não foram citados.	**Art. 47.** Há litisconsórcio necessário, quando, por disposição de lei ou pela natureza da relação jurídica, o juiz tiver de decidir a lide de modo uniforme para todas as partes; caso em que a eficácia da sentença dependerá da citação de todos os litisconsortes no processo.
	Parágrafo único. O juiz ordenará ao autor que promova a citação de todos os litisconsortes necessários, dentro do prazo que assinar, sob pena de declarar extinto o processo.
Parágrafo único. Nos casos de litisconsórcio passivo necessário, o juiz determinará ao autor que requeira a citação de todos que devam ser litisconsortes, dentro do prazo que assinar, sob pena de extinção do processo.	
Art. 116. O litisconsórcio será unitário quando, pela natureza da relação jurídica, o juiz tiver de decidir o mérito de modo uniforme para todos os litisconsortes.	**Art. 47.** Há litisconsórcio necessário, quando, por disposição de lei ou pela natureza da relação jurídica, o juiz tiver de decidir a lide de modo uniforme para todas as partes; caso em que a eficácia da sentença dependerá da citação de todos os litisconsortes no processo.
Art. 117. Os litisconsortes serão considerados, em suas relações com a parte adversa, como litigantes distintos, **exceto no litisconsórcio unitário**, caso em que os atos e as omissões de um não prejudicarão os outros, **mas os poderão beneficiar**.	**Art. 48.** Salvo disposição em contrário, os litisconsortes serão considerados, em suas relações com a parte adversa, como litigantes distintos; os atos e as omissões de um não prejudicarão nem beneficiarão os outros.
Art. 118. Cada litisconsorte tem o direito de promover o andamento do processo, e todos devem ser intimados dos respectivos atos.	**Art. 49.** Cada litisconsorte tem o direito de promover o andamento do processo e todos devem ser intimados dos respectivos atos.
TÍTULO III Da Intervenção de Terceiros	
Capítulo I Da Assistência	Seção II *Da Assistência*
Seção I *Das Disposições Comuns*	
Art. 119. Pendendo causa entre 2 (duas) ou mais pessoas, o terceiro **juridicamente interessado** em que a sentença seja favorável a uma delas poderá intervir no processo para assisti-la.	**Art. 50.** Pendendo uma causa entre duas ou mais pessoas, o terceiro, que tiver interesse jurídico em que a sentença seja favorável a uma delas, poderá intervir no processo para assisti-la.

Novo CPC	Antigo CPC
Parágrafo único. A assistência será admitida em **qualquer** procedimento e em todos os graus de jurisdição, recebendo o assistente o processo no estado em que se encontre.	**Parágrafo único.** A assistência tem lugar em qualquer dos tipos de procedimento e em todos os graus da jurisdição; mas o assistente recebe o processo no estado em que se encontra.
Art. 120. Não havendo impugnação **no prazo de 15 (quinze) dias**, o pedido do assistente será deferido, **salvo se for caso de rejeição liminar.** **Parágrafo único.** Se qualquer parte alegar que **falta** ao requerente interesse jurídico para intervir, o juiz decidirá o incidente, sem suspensão do processo.	**Art. 51.** Não havendo impugnação dentro de 5 (cinco) dias, o pedido do assistente será deferido. Se qualquer das partes alegar, no entanto, que falece ao assistente interesse jurídico para intervir a bem do assistido, o juiz: I – determinará, sem suspensão do processo, o desentranhamento da petição e da impugnação, a fim de serem autuadas em apenso; II – autorizará a produção de provas; III – decidirá, dentro de 5 (cinco) dias, o incidente.
Seção II ***Da Assistência Simples***	
Art. 121. O assistente **simples** atuará como auxiliar da parte principal, exercerá os mesmos poderes e sujeitar-se-á aos mesmos ônus processuais que o assistido.	**Art. 52.** O assistente atuará como auxiliar da parte principal, exercerá os mesmos poderes e sujeitar-se-á aos mesmos ônus processuais que o assistido.
Parágrafo único. Sendo revel ou, **de qualquer outro modo, omisso** o assistido, o assistente será considerado **seu substituto processual**.	**Parágrafo único.** Sendo revel o assistido, o assistente será considerado seu gestor de negócios.
Art. 122. A assistência **simples** não obsta a que a parte principal reconheça a procedência do pedido, desista da ação, **renuncie ao direito sobre o que se funda a ação** ou transija sobre direitos controvertidos.	**Art. 53.** A assistência não obsta a que a parte principal reconheça a procedência do pedido, desista da ação ou transija sobre direitos controvertidos; casos em que, terminando o processo, cessa a intervenção do assistente.
Art. 123. Transitada em julgado a sentença no processo em que interveio o assistente, este não poderá, em processo posterior, discutir a justiça da decisão, salvo se alegar e provar que:	**Art. 55.** Transitada em julgado a sentença, na causa em que interveio o assistente, este não poderá, em processo posterior, discutir a justiça da decisão, salvo se alegar e provar que:
I – pelo estado em que recebeu o processo ou pelas declarações e pelos atos do assistido, foi impedido de produzir provas suscetíveis de influir na sentença;	I – pelo estado em que recebera o processo, ou pelas declarações e atos do assistido, fora impedido de produzir provas suscetíveis de influir na sentença;
II – desconhecia a existência de alegações ou de provas das quais o assistido, por dolo ou culpa, não se valeu.	II – desconhecia a existência de alegações ou de provas, de que o assistido, por dolo ou culpa, não se valeu.
Seção III ***Da Assistência Litisconsorcial***	
Art. 124. Considera-se litisconsorte da parte principal o assistente sempre que a sentença influir na relação jurídica entre ele e o adversário do assistido.	**Art. 54.** Considera-se litisconsorte da parte principal o assistente, toda vez que a sentença houver de influir na relação jurídica entre ele e o adversário do assistido.
	Capítulo VI **Da Intervenção de Terceiros**
	[...]
Capítulo II **Da Denunciação da Lide**	**Seção III** ***Da Denunciação da Lide***
Art. 125. É **admissível** a denunciação da lide, **promovida por qualquer das partes**:	**Art. 70.** A denunciação da lide é obrigatória:
I – ao alienante **imediato, no processo relativo à coisa cujo domínio foi transferido ao denunciante**, a fim de que possa exercer os direitos que da evicção lhe resultam;	I – ao alienante, na ação em que terceiro reivindica a coisa, cujo domínio foi transferido à parte, a fim de que esta possa exercer o direito que da evicção lhe resulta;
II – àquele que estiver obrigado, por lei ou pelo contrato, a indenizar, em ação regressiva, o prejuízo de quem for **vencido no processo**.	III – àquele que estiver obrigado, pela lei ou pelo contrato, a indenizar, em ação regressiva, o prejuízo do que perder a demanda.
§ 1º O direito regressivo será exercido por ação autônoma quando a denunciação da lide for indeferida, deixar de ser promovida ou não for permitida.	
§ 2º Admite-se uma única denunciação sucessiva, promovida pelo denunciado, contra seu antecessor imediato na cadeia dominial ou quem seja responsável por indenizá-lo, não podendo o denunciado sucessivo promover nova denunciação, hipótese em que eventual direito de regresso será exercido por ação autônoma.	
Art. 126. A citação do denunciado será requerida na **petição inicial**, se o denunciante for autor, **ou na contestação**, se o denunciante for réu, **devendo ser realizada na forma e nos prazos previstos no art. 131.**	**Art. 71.** A citação do denunciado será requerida, juntamente com a do réu, se o denunciante for o autor; e, no prazo para contestar, se o denunciante for o réu.

Novo CPC	Antigo CPC
Art. 127. Feita a denunciação pelo autor, o denunciado **poderá** assumir a posição de litisconsorte do denunciante e **acrescentar novos argumentos** à petição inicial, procedendo-se em seguida à citação do réu.	**Art. 74.** Feita a denunciação pelo autor, o denunciado, comparecendo, assumirá a posição de litisconsorte do denunciante e poderá aditar a petição inicial, procedendo-se em seguida à citação do réu.
Art. 128. Feita a denunciação pelo réu:	**Art. 75.** Feita a denunciação pelo réu:
I – se o denunciado contestar o pedido formulado pelo autor, o processo prosseguirá tendo, na ação principal, em litisconsórcio, denunciante e denunciado;	I – se o denunciado a aceitar e contestar o pedido, o processo prosseguirá entre o autor, de um lado, e de outro, como litisconsortes, o denunciante e o denunciado;
II – se o denunciado for revel, **o denunciante pode deixar de prosseguir com sua defesa, eventualmente oferecida, e abster-se de recorrer, restringindo sua atuação à ação regressiva;**	II – se o denunciado for revel, ou comparecer apenas para negar a qualidade que lhe foi atribuída, cumprirá ao denunciante prosseguir na defesa até final;
III – se o denunciado confessar os fatos alegados pelo autor **na ação principal**, o denunciante poderá prosseguir com sua defesa **ou, aderindo a tal reconhecimento, pedir apenas a procedência da ação de regresso.**	III – se o denunciado confessar os fatos alegados pelo autor, poderá o denunciante prosseguir na defesa.
Parágrafo único. Procedente o pedido da ação principal, pode o autor, se for o caso, requerer o cumprimento da sentença também contra o denunciado, nos limites da condenação deste na ação regressiva.	
Art. 129. Se o denunciante for vencido na ação principal, o juiz passará ao julgamento da denunciação da lide.	
Parágrafo único. Se o denunciante for vencedor, a ação de denunciação não terá o seu pedido examinado, sem prejuízo da condenação do denunciante ao pagamento das verbas de sucumbência em favor do denunciado.	
Capítulo III Do Chamamento ao Processo	Seção IV *Do Chamamento ao Processo*
Art. 130. É admissível o chamamento ao processo, **requerido pelo réu:**	**Art. 77.** É admissível o chamamento ao processo:
I – **do afiançado**, na ação em que o fiador for réu;	I – do devedor, na ação em que o fiador for réu;
II – dos **demais** fiadores, na ação proposta contra um ou alguns deles;	II – dos outros fiadores, quando para a ação for citado apenas um deles;
III – dos **demais** devedores solidários, quando o credor exigir de um ou de alguns o pagamento da dívida comum.	III – de todos os devedores solidários, quando o credor exigir de um ou de alguns deles, parcial ou totalmente, a dívida comum.
Art. 131. A citação daqueles que devam figurar em litisconsórcio passivo será requerida pelo réu na contestação e deve ser promovida **no prazo de 30 (trinta) dias, sob pena de ficar sem efeito o chamamento.**	**Art. 78.** Para que o juiz declare, na mesma sentença, as responsabilidades dos obrigados, a que se refere o artigo antecedente, o réu requererá, no prazo para contestar, a citação do chamado. **Art. 79.** O juiz suspenderá o processo, mandando observar, quanto à citação e aos prazos, o disposto nos arts. 72 e 74. **Art. 72.** Ordenada a citação, ficará suspenso o processo.
Parágrafo único. Se o chamado residir em outra comarca, seção ou subseção judiciárias, ou em lugar incerto, o prazo será de 2 (dois) meses.	**Art. 79.** O juiz suspenderá o processo, mandando observar, quanto à citação e aos prazos, o disposto nos arts. 72 e 74. **Art. 72.** Ordenada a citação, ficará suspenso o processo.
Art. 132. A sentença de procedência valerá como título executivo em favor **do réu** que satisfizer a dívida, a fim de que possa exigi-la, por inteiro, do devedor principal, ou, de cada um dos codevedores, a sua quota, na proporção que lhes tocar.	**Art. 80.** A sentença, que julgar procedente a ação, condenando os devedores, valerá como título executivo, em favor do que satisfizer a dívida, para exigi-la, por inteiro, do devedor principal, ou, de cada um dos codevedores a sua cota, na proporção que lhes tocar.
Capítulo IV Do Incidente de Desconsideração da Personalidade Jurídica	
Art. 133. O incidente de desconsideração da personalidade jurídica será instaurado a pedido da parte ou do Ministério Público, quando lhe couber intervir no processo.	
§ 1º O pedido de desconsideração da personalidade jurídica observará os pressupostos previstos em lei.	
§ 2º Aplica-se o disposto neste Capítulo à hipótese de desconsideração inversa da personalidade jurídica.	
Art. 134. O incidente de desconsideração é cabível em todas as fases do processo de conhecimento, no cumprimento de sentença e na execução fundada em título executivo extrajudicial.	

§ 1º A instauração do incidente será imediatamente comunicada ao distribuidor para as anotações devidas.	
§ 2º Dispensa-se a instauração do incidente se a desconsideração da personalidade jurídica for requerida na petição inicial, hipótese em que será citado o sócio ou a pessoa jurídica.	
§ 3º A instauração do incidente suspenderá o processo, salvo na hipótese do § 2º.	
§ 4º O requerimento deve demonstrar o preenchimento dos pressupostos legais específicos para desconsideração da personalidade jurídica.	
Art. 135. Instaurado o incidente, o sócio ou a pessoa jurídica será citado para manifestar-se e requerer as provas cabíveis no prazo de 15 (quinze) dias.	
Art. 136. Concluída a instrução, se necessária, o incidente será resolvido por decisão interlocutória.	
Parágrafo único. Se a decisão for proferida pelo relator, cabe agravo interno.	
Art. 137. Acolhido o pedido de desconsideração, a alienação ou a oneração de bens, havida em fraude de execução, será ineficaz em relação ao requerente.	
CAPÍTULO V Do *Amicus Curiae*	
Art. 138. O juiz ou o relator, considerando a relevância da matéria, a especificidade do tema objeto da demanda ou a repercussão social da controvérsia, poderá, por decisão irrecorrível, de ofício ou a requerimento das partes ou de quem pretenda manifestar-se, solicitar ou admitir a participação de pessoa natural ou jurídica, órgão ou entidade especializada, com representatividade adequada, no prazo de 15 (quinze) dias de sua intimação.	
§ 1º A intervenção de que trata o *caput* não implica alteração de competência nem autoriza a interposição de recursos, ressalvadas a oposição de embargos de declaração e a hipótese do § 3º.	
§ 2º Caberá ao juiz ou ao relator, na decisão que solicitar ou admitir a intervenção, definir os poderes do *amicus curiae*.	
§ 3º O *amicus curiae* pode recorrer da decisão que julgar o incidente de resolução de demandas repetitivas.	
TÍTULO IV Do Juiz E DOS AUXILIARES DA JUSTIÇA	TÍTULO IV DOS ÓRGÃOS JUDICIÁRIOS E DOS AUXILIARES DA JUSTIÇA
	CAPÍTULO IV Do juiz
CAPÍTULO I Dos Poderes, dos Deveres e da Responsabilidade do Juiz	Seção I *Dos Poderes, dos Deveres e da Responsabilidade do Juiz*
Art. 139. O juiz dirigirá o processo conforme as disposições deste Código, **incumbindo-lhe:**	**Art. 125.** O juiz dirigirá o processo conforme as disposições deste Código, competindo-lhe:
I – assegurar às partes igualdade de tratamento;	I – assegurar às partes igualdade de tratamento;
II – velar pela duração **razoável do processo**;	II – velar pela rápida solução do litígio;
III – prevenir ou reprimir qualquer ato contrário à dignidade da justiça **e indeferir postulações meramente protelatórias**;	III – prevenir ou reprimir qualquer ato contrário à dignidade da justiça;
IV – determinar todas as medidas indutivas, coercitivas, mandamentais ou sub-rogatórias necessárias para assegurar o cumprimento de ordem judicial, inclusive nas ações que tenham por objeto prestação pecuniária;	
V – **promover**, a qualquer tempo, **a autocomposição, preferencialmente com auxílio de conciliadores e mediadores judiciais;**	IV – tentar, a qualquer tempo, conciliar as partes.
VI – dilatar os prazos processuais e alterar a ordem de produção dos meios de prova, adequando-os às necessidades do conflito de modo a conferir maior efetividade à tutela do direito;	

VII – exercer o poder de polícia, requisitando, quando necessário, força policial, além da segurança interna dos fóruns e tribunais;	**Art. 445.** O juiz exerce o poder de polícia, competindo-lhe:
	I – manter a ordem e o decoro na audiência;
	II – ordenar que se retirem da sala da audiência os que se comportarem inconvenientemente;
	III – requisitar, quando necessário, a força policial.
VIII – determinar, a qualquer tempo, o comparecimento pessoal das partes, para inquiri-las sobre os fatos da causa, **hipótese em que não incidirá a pena de confesso;**	**Art. 342.** O juiz pode, de ofício, em qualquer estado do processo, determinar o comparecimento pessoal das partes, a fim de interrogá-las sobre os fatos da causa.
IX – determinar o suprimento de pressupostos processuais e o saneamento de outros vícios processuais;	
X – quando se deparar com diversas demandas individuais repetitivas, oficiar o Ministério Público, a Defensoria Pública e, na medida do possível, outros legitimados a que se referem o art. 5º da Lei nº 7.347, de 24 de julho de 1985, e o art. 82 da Lei nº 8.078, de 11 de setembro de 1990, para, se for o caso, promover a propositura da ação coletiva respectiva.	
Parágrafo único. A dilação de prazos prevista no inciso VI somente pode ser determinada antes de encerrado o prazo regular.	
Art. 140. O juiz não se exime de **decidir** sob a alegação de lacuna ou obscuridade do ordenamento jurídico.	**Art. 126.** O juiz não se exime de sentenciar ou despachar alegando lacuna ou obscuridade da lei. No julgamento da lide caber-lhe-á aplicar as normas legais; não as havendo, recorrerá à analogia, aos costumes e aos princípios gerais de direito.
Parágrafo único. O juiz só decidirá por equidade nos casos previstos em lei.	**Art. 127.** O juiz só decidirá por equidade nos casos previstos em lei.
Art. 141. O juiz decidirá o **mérito** nos limites propostos pelas partes, sendo-lhe vedado conhecer de questões não suscitadas a cujo respeito a lei exige iniciativa da parte.	**Art. 128.** O juiz decidirá a lide nos limites em que foi proposta, sendo-lhe defeso conhecer de questões, não suscitadas, a cujo respeito a lei exige a iniciativa da parte.
Art. 142. Convencendo-se, pelas circunstâncias, de que autor e réu se serviram do processo para praticar ato simulado ou conseguir fim **vedado** por lei, o juiz proferirá decisão que **impeça** os objetivos das partes, **aplicando, de ofício, as penalidades da litigância de má-fé.**	**Art. 129.** Convencendo-se, pelas circunstâncias da causa, de que autor e réu se serviram do processo para praticar ato simulado ou conseguir fim proibido por lei, o juiz proferirá sentença que obste aos objetivos das partes.
Art. 143. O juiz responderá, **civil e regressivamente**, por perdas e danos quando:	**Art. 133.** Responderá por perdas e danos o juiz, quando:
I – no exercício de suas funções, proceder com dolo ou fraude;	I – no exercício de suas funções, proceder com dolo ou fraude;
II – recusar, omitir ou retardar, sem justo motivo, providência que deva ordenar de ofício ou a requerimento da parte.	II – recusar, omitir ou retardar, sem justo motivo, providência que deva ordenar de ofício, ou a requerimento da parte.
Parágrafo único. As hipóteses previstas no inciso II somente serão verificadas depois que a parte requerer ao juiz que determine a providência e o requerimento não for apreciado no prazo de 10 (dez) dias.	**Parágrafo único.** Reputar-se-ão verificadas as hipóteses previstas no n. II só depois que a parte, por intermédio do escrivão, requerer ao juiz que determine a providência e este não lhe atender o pedido dentro de 10 (dez) dias.
	Capítulo IV Do Juiz
	[...]
Capítulo II Dos Impedimentos e da Suspeição	Seção II *Dos Impedimentos e da Suspeição*
Art. 144. Há impedimento do juiz, sendo-lhe vedado exercer **suas funções no processo:**	**Art. 134.** É defeso ao juiz exercer as suas funções no processo contencioso ou voluntário:
I – em que interveio como mandatário da parte, oficiou como perito, funcionou como **membro** do Ministério Público ou prestou depoimento como testemunha;	II – em que interveio como mandatário da parte, oficiou como perito, funcionou como órgão do Ministério Público, ou prestou depoimento como testemunha;
II – de que conheceu em **outro** grau de jurisdição, tendo proferido decisão;	III – que conheceu em primeiro grau de jurisdição, tendo-lhe proferido sentença ou decisão;
III – quando nele estiver postulando, como **defensor público**, advogado ou **membro do Ministério Público**, seu cônjuge **ou companheiro**, ou qualquer parente, consanguíneo ou afim, em linha reta ou colateral, **até o terceiro grau, inclusive**;	IV – quando nele estiver postulando, como advogado da parte, o seu cônjuge ou qualquer parente seu, consanguíneo ou afim, em linha reta; ou na linha colateral até o segundo grau;
IV – **quando for parte no processo ele próprio,** seu cônjuge **ou companheiro,** ou parente, consanguíneo ou afim, em linha reta ou colateral, até o terceiro grau, **inclusive**;	V – quando cônjuge, parente, consanguíneo ou afim, de alguma das partes, em linha reta ou, na colateral, até o terceiro grau;

V – quando for **sócio ou membro** de direção ou de administração de pessoa jurídica parte no processo;	VI – quando for órgão de direção ou administração de pessoa jurídica, parte na causa.
VI – quando for herdeiro presuntivo, donatário ou empregador de qualquer das partes;	**Art. 135.** Reputa-se fundada a suspeição de parcialidade do juiz, quando: [...] III – herdeiro presuntivo, donatário ou empregador de alguma das partes;
VII – em que figure como parte instituição de ensino com a qual tenha relação de emprego ou decorrente de contrato de prestação de serviços;	
VIII – em que figure como parte cliente do escritório de advocacia de seu cônjuge, companheiro ou parente, consanguíneo ou afim, em linha reta ou colateral, até o terceiro grau, inclusive, mesmo que patrocinado por advogado de outro escritório;	
IX – quando promover ação contra a parte ou seu advogado.	
§ 1º Na hipótese do inciso III, o impedimento só se verifica quando o **defensor público, o advogado ou o membro do Ministério Público já integrava o processo antes do início da atividade judicante do juiz.**	**Parágrafo único.** No caso do n. IV, o impedimento só se verifica quando o advogado já estava exercendo o patrocínio da causa; é, porém, vedado ao advogado pleitear no processo, a fim de criar o impedimento do juiz.
§ 2º É vedada a criação de fato superveniente a fim de caracterizar impedimento do juiz.	
§ 3º O impedimento previsto no inciso III também se verifica no caso de mandato conferido a membro de escritório de advocacia que tenha em seus quadros advogado que individualmente ostente a condição nele prevista, mesmo que não intervenha diretamente no processo.	
Art. 145. Há suspeição do juiz:	**Art. 135.** Reputa-se fundada a suspeição de parcialidade do juiz, quando:
I – amigo íntimo ou inimigo de qualquer das partes **ou de seus advogados**;	I – amigo íntimo ou inimigo capital de qualquer das partes;
II – que receber **presentes de pessoas que tiverem interesse na causa** antes ou depois de iniciado o processo, que aconselhar alguma das partes acerca do objeto da causa ou que subministrar meios para atender às despesas do litígio;	IV – receber dádivas antes ou depois de iniciado o processo; aconselhar alguma das partes acerca do objeto da causa, ou subministrar meios para atender às despesas do litígio;
III – **quando qualquer das partes** for sua credora ou devedora, de seu cônjuge **ou companheiro** ou de parentes destes, em linha reta até o terceiro grau, **inclusive**;	II – alguma das partes for credora ou devedora do juiz, de seu cônjuge ou de parentes destes, em linha reta ou na colateral até o terceiro grau;
IV – interessado no julgamento do processo em favor de qualquer das partes.	V – interessado no julgamento da causa em favor de uma das partes.
§ 1º Poderá o juiz declarar-se suspeito por motivo de foro íntimo, **sem necessidade de declarar suas razões.**	**Parágrafo único.** Poderá ainda o juiz declarar-se suspeito por motivo íntimo.
§ 2º Será ilegítima a alegação de suspeição quando:	
I – houver sido provocada por quem a alega;	
II – a parte que a alega houver praticado ato que signifique manifesta aceitação do arguido.	
Art. 146. No prazo de 15 (**quinze**) **dias**, a contar do conhecimento do fato, a parte alegará o impedimento ou a suspeição, em petição específica dirigida ao juiz do processo, na qual indicará o fundamento da recusa, podendo instruí-la com documentos em que se fundar a alegação e com rol de testemunhas.	**Art. 138.** [...] § 1º A parte interessada deverá arguir o impedimento ou a suspeição, em petição fundamentada e devidamente instruída, na primeira oportunidade em que lhe couber falar nos autos; o juiz mandará processar o incidente em separado e sem suspensão da causa, ouvindo o arguido no prazo de 5 (cinco) dias, facultando a prova quando necessária e julgando o pedido.
§ 1º Se reconhecer o impedimento ou a suspeição ao receber a petição, o juiz ordenará **imediatamente** a remessa dos autos a seu substituto legal, caso contrário, determinará a autuação em apartado da petição e, no prazo de 15 (**quinze**) **dias**, apresentará suas razões, acompanhadas de documentos e de rol de testemunhas, se houver, ordenando a remessa do **incidente** ao tribunal.	**Art. 313.** Despachando a petição, o juiz, se reconhecer o impedimento ou a suspeição, ordenará a remessa dos autos ao seu substituto legal; em caso contrário, dentro de 10 (dez) dias, dará as suas razões, acompanhadas de documentos e de rol de testemunhas, se houver, ordenando a remessa dos autos ao tribunal.
§ 2º Distribuído o incidente, o relator deverá declarar os seus efeitos, sendo que, se o incidente for recebido:	
I – sem efeito suspensivo, o processo voltará a correr;	
II – com efeito suspensivo, o processo permanecerá suspenso até o julgamento do incidente.	

COMPARATIVO NOVO CPC X ANTIGO CPC

§ 3º Enquanto não for declarado o efeito em que é recebido o incidente ou quando este for recebido com efeito suspensivo, a tutela de urgência será requerida ao substituto legal.	
§ 4º Verificando que a **alegação de impedimento ou de suspeição é improcedente, o tribunal rejeitá-la-á**.	**Art. 314.** Verificando que a exceção não tem fundamento legal, o tribunal determinará o seu arquivamento; no caso contrário, condenará o juiz nas custas, mandando remeter os autos ao seu substituto legal.
§ 5º Acolhida a alegação, tratando-se de impedimento ou de manifesta suspeição, o tribunal condenará o juiz nas custas e remeterá os autos ao seu substituto legal, podendo o juiz recorrer da decisão.	
§ 6º Reconhecido o impedimento ou a suspeição, o tribunal fixará o momento a partir do qual o juiz não poderia ter atuado.	
§ 7º O tribunal decretará a nulidade dos atos do juiz, se praticados quando já presente o motivo de impedimento ou de suspeição.	
Art. 147. Quando 2 (dois) ou mais juízes forem parentes, consanguíneos ou afins, em linha reta ou colateral, **até o terceiro grau**, inclusive, o primeiro que conhecer do processo impede que o outro nele **atue**, caso em que o segundo se escusará, remetendo os autos ao seu substituto legal.	**Art. 136.** Quando dois ou mais juízes forem parentes, consanguíneos ou afins, em linha reta e no segundo grau na linha colateral, o primeiro, que conhecer da causa no tribunal, impede que o outro participe do julgamento; caso em que o segundo se escusará, remetendo o processo ao seu substituto legal.
Art. 148. Aplicam-se os motivos de impedimento e de suspeição:	**Art. 138.** Aplicam-se também os motivos de impedimento e de suspeição:
I – ao membro do Ministério Público;	I – ao órgão do Ministério Público, quando não for parte, e, sendo parte, nos casos previstos nos ns. I a IV do art. 135;
II – aos auxiliares da justiça; III – aos demais sujeitos imparciais do processo.	II – ao serventuário de justiça; III – ao perito; IV – ao intérprete.
§ 1º A parte interessada deverá arguir o impedimento ou a suspeição, em petição fundamentada e devidamente instruída, na primeira oportunidade em que lhe couber falar nos autos.	§ 1º A parte interessada deverá arguir o impedimento ou a suspeição, em petição fundamentada e devidamente instruída, na primeira oportunidade em que lhe couber falar nos autos; o juiz mandará processar o incidente em separado e sem suspensão da causa, ouvindo o arguido no prazo de 5 (cinco) dias, facultando a prova quando necessária e julgando o pedido.
§ 2º O juiz mandará processar o incidente em separado e sem suspensão do processo, ouvindo o arguido **no prazo de 15 (quinze) dias** e facultando a produção de prova, quando necessária.	
§ 3º Nos tribunais, a **arguição a que se refere o § 1º será disciplinada pelo regimento interno**.	§ 2º Nos tribunais caberá ao relator processar e julgar o incidente.
§ 4º O disposto nos §§ 1º e 2º não se aplica à arguição de impedimento ou de suspeição de testemunha.	
Capítulo III Dos Auxiliares da Justiça	Capítulo V Dos Auxiliares da Justiça
Art. 149. São auxiliares **da Justiça**, além de outros cujas atribuições sejam determinadas pelas normas de organização judiciária, o escrivão, **o chefe de secretaria**, o oficial de justiça, o perito, o depositário, o administrador, o intérprete, o **tradutor, o mediador, o conciliador judicial, o partidor, o distribuidor, o contabilista e o regulador de avarias.**	**Art. 139.** São auxiliares do juízo, além de outros, cujas atribuições são determinadas pelas normas de organização judiciária, o escrivão, o oficial de justiça, o perito, o depositário, o administrador e o intérprete.
Seção I *Do Escrivão, do Chefe de Secretaria e do Oficial de Justiça*	Seção I *Do Serventuário e do Oficial de Justiça*
Art. 150. Em cada juízo haverá um ou mais ofícios de justiça, cujas atribuições serão determinadas pelas normas de organização judiciária.	**Art. 140.** Em cada juízo haverá um ou mais ofícios de justiça, cujas atribuições são determinadas pelas normas de organização judiciária.
Art. 151. Em cada comarca, seção ou subseção judiciária haverá, no mínimo, tantos oficiais de justiça quantos sejam os juízos.	
Art. 152. Incumbe ao escrivão **ou ao chefe de secretaria:**	**Art. 141.** Incumbe ao escrivão:
I – redigir, na forma legal, os ofícios, os mandados, as cartas precatórias e os **demais** atos que pertençam ao seu ofício;	I – redigir, em forma legal, os ofícios, mandados, cartas precatórias e mais atos que pertençam ao seu ofício;
II – **efetivar** as ordens judiciais, **realizar** citações e intimações, bem como praticar todos os demais atos que lhe forem atribuídos pelas normas de organização judiciária;	II – executar as ordens judiciais, promovendo citações e intimações, bem como praticando todos os demais atos, que lhe forem atribuídos pelas normas de organização judiciária;

III – comparecer às audiências ou, não podendo fazê-lo, designar servidor para substituí-lo;	III – comparecer às audiências, ou, não podendo fazê-lo, designar para substituí-lo escrevente juramentado, de preferência datilógrafo ou taquígrafo;
IV – manter sob sua guarda e responsabilidade os autos, não permitindo que saiam do cartório, exceto:	IV – ter, sob sua guarda e responsabilidade, os autos, não permitindo que saiam de cartório, exceto:
a) quando tenham de **seguir** à conclusão do juiz;	a) quando tenham de subir à conclusão do juiz;
b) com vista a procurador, **à Defensoria Pública**, ao Ministério Público ou à Fazenda Pública;	b) com vista aos procuradores, ao Ministério Público ou à Fazenda Pública;
c) quando devam ser remetidos ao contabilista ou ao partidor;	c) quando devam ser remetidos ao contador ou ao partidor;
d) quando forem remetidos a outro juízo em razão da modificação da competência;	d) quando, modificando-se a competência, forem transferidos a outro juízo;
V – **fornecer** certidão de qualquer ato ou termo do processo, independentemente de despacho, observadas as disposições referentes ao segredo de justiça;	V – dar, independentemente de despacho, certidão de qualquer ato ou termo do processo, observado o disposto no art. 155.
VI – praticar, de ofício, os atos meramente ordinatórios.	**Art. 162.** [...]
	§ 4º Os atos meramente ordinatórios, como a juntada e a vista obrigatória, independem de despacho, devendo ser praticados de ofício pelo servidor e revistos pelo juiz quando necessários.
§ 1º O juiz titular editará ato a fim de regulamentar a atribuição prevista no inciso VI.	
§ 2º No impedimento do escrivão **ou chefe de secretaria**, o juiz convocará substituto e, não o havendo, nomeará pessoa idônea para o ato.	**Art. 142.** No impedimento do escrivão, o juiz convocar-lhe-á o substituto, e, não o havendo, nomeará pessoa idônea para o ato.
Art. 153. O escrivão ou o chefe de secretaria atenderá, preferencialmente, à ordem cronológica de recebimento para publicação e efetivação dos pronunciamentos judiciais. → *Caput* com redação alterada pela Lei 13.256/2016, em vigor no início da vigência da Lei 13.105/2015 – Novo CPC (*v.* art. 4º da Lei 13.256/2016). → **Anterior redação:** Art. 153. O escrivão ou chefe de secretaria deverá obedecer à ordem cronológica de recebimento para publicação e efetivação dos pronunciamentos judiciais.	
§ 1º A lista de processos recebidos deverá ser disponibilizada, de forma permanente, para consulta pública.	
§ 2º Estão excluídos da regra do *caput*:	
I – os atos urgentes, assim reconhecidos pelo juiz no pronunciamento judicial a ser efetivado;	
II – as preferências legais.	
§ 3º Após elaboração de lista própria, respeitar-se-ão a ordem cronológica de recebimento entre os atos urgentes e as preferências legais.	
§ 4º A parte que se considerar preterida na ordem cronológica poderá reclamar, nos próprios autos, ao juiz do processo, que requisitará informações ao servidor, a serem prestadas no prazo de 2 (dois) dias.	
§ 5º Constatada a preterição, o juiz determinará o imediato cumprimento do ato e a instauração de processo administrativo disciplinar contra o servidor.	
Art. 154. Incumbe ao oficial de justiça:	**Art. 143.** Incumbe ao oficial de justiça:
I – fazer pessoalmente citações, prisões, penhoras, arrestos e demais diligências próprias do seu ofício, sempre que possível na presença de 2 (duas) testemunhas, certificando no mandado o ocorrido, com menção ao lugar, ao dia e à hora;	I – fazer pessoalmente as citações, prisões, penhoras, arrestos e mais diligências próprias do seu ofício, certificando no mandado o ocorrido, com menção de lugar, dia e hora. A diligência, sempre que possível, realizar-se-á na presença de duas testemunhas;
II – executar as ordens do juiz a que estiver subordinado;	II – executar as ordens do juiz a que estiver subordinado;
III – entregar o mandado em cartório **após** seu cumprimento;	III – entregar, em cartório, o mandado, logo depois de cumprido;
IV – **auxiliar** o juiz na manutenção da ordem;	IV – estar presente às audiências *e coadjuvar* o juiz na manutenção da ordem.
V – efetuar avaliações, **quando for o caso**;	V – efetuar avaliações.
VI – certificar, em mandado, proposta de autocomposição apresentada por qualquer das partes, na ocasião de realização de ato de comunicação que lhe couber.	
Parágrafo único. Certificada a proposta de autocomposição prevista no inciso VI, o juiz ordenará a intimação da parte contrária para manifestar-se, no prazo de 5 (cinco) dias, sem prejuízo do andamento regular do processo, entendendo-se o silêncio como recusa.	

COMPARATIVO NOVO CPC X ANTIGO CPC

Art. 155. O escrivão, **o chefe de secretaria** e o oficial de justiça são responsáveis, **civil e regressivamente,** quando:	**Art. 144.** O escrivão e o oficial de justiça são civilmente responsáveis:
I – sem justo motivo, se recusarem a cumprir no prazo os atos impostos pela lei ou pelo juiz a que estão subordinados;	I – quando, sem justo motivo, se recusarem a cumprir, dentro do prazo, os atos que lhes impõe a lei, ou os que o juiz, a que estão subordinados, lhes comete;
II – praticarem ato nulo com dolo ou culpa.	II – quando praticarem ato nulo com dolo ou culpa.
Seção II *Do Perito*	Seção II *Do Perito*
Art. 156. O juiz será assistido por perito quando a prova do fato depender de conhecimento técnico ou científico.	**Art. 145.** Quando a prova do fato depender de conhecimento técnico ou científico, o juiz será assistido por perito, segundo o disposto no art. 421.
§ 1º Os peritos serão **nomeados** entre os profissionais **legalmente habilitados e os órgãos técnicos ou científicos devidamente inscritos em cadastro mantido pelo tribunal ao qual o juiz está vinculado.**	§ 1º Os peritos serão escolhidos entre profissionais de nível universitário, devidamente inscritos no órgão de classe competente, respeitado o disposto no Capítulo VI, seção VII, deste Código.
§ 2º Para formação do cadastro, os tribunais devem realizar consulta pública, por meio de divulgação na rede mundial de computadores ou em jornais de grande circulação, além de consulta direta a universidades, a conselhos de classe, ao Ministério Público, à Defensoria Pública e à Ordem dos Advogados do Brasil, para a indicação de profissionais ou de órgãos técnicos interessados.	
§ 3º Os tribunais realizarão avaliações e reavaliações periódicas para manutenção do cadastro, considerando a formação profissional, a atualização do conhecimento e a experiência dos peritos interessados.	
§ 4º Para verificação de eventual impedimento ou motivo de suspeição, nos termos dos arts. 148 e 467, o órgão técnico ou científico nomeado para realização da perícia informará ao juiz os nomes e os dados de qualificação dos profissionais que participarão da atividade.	
§ 5º Na localidade onde não houver **inscrito no cadastro disponibilizado pelo tribunal, a nomeação** do perito é de livre escolha pelo juiz **e deverá recair sobre profissional ou órgão técnico ou científico comprovadamente detentor do conhecimento necessário à realização da perícia.**	[...] § 3º Nas localidades onde não houver profissionais qualificados que preencham os requisitos dos parágrafos anteriores, a indicação dos peritos será de livre escolha do juiz.
Art. 157. O perito tem o dever de cumprir o ofício **no prazo que lhe designar o juiz**, empregando toda sua diligência, podendo escusar-se do encargo alegando motivo legítimo.	**Art. 146.** O perito tem o dever de cumprir o ofício, no prazo que lhe assina a lei, empregando toda a sua diligência; pode, todavia, escusar-se do encargo alegando motivo legítimo.
§ 1º A escusa será apresentada **no prazo de 15 (quinze) dias**, contado da intimação, **da suspeição** ou do impedimento supervenientes, sob pena de renúncia ao direito a alegá-la.	**Parágrafo único.** A escusa será apresentada dentro de 5 (cinco) dias, contados da intimação ou do impedimento superveniente, sob pena de se reputar renunciado o direito a alegá-la (art. 423).
§ 2º Será organizada lista de peritos na vara ou na secretaria, com disponibilização dos documentos exigidos para habilitação à consulta de interessados, para que a nomeação seja distribuída de modo equitativo, observadas a capacidade técnica e a área de conhecimento.	
Art. 158. O perito que, por dolo ou culpa, prestar informações inverídicas responderá pelos prejuízos que causar à parte **e ficará inabilitado para atuar em outras perícias no prazo de 2 (dois) a 5 (cinco) anos, independentemente das demais sanções previstas em lei, devendo o juiz comunicar o fato ao respectivo órgão de classe para adoção das medidas que entender cabíveis.**	**Art. 147.** O perito que, por dolo ou culpa, prestar informações inverídicas, responderá pelos prejuízos que causar à parte, ficará inabilitado, por 2 (dois) anos, a funcionar em outras perícias e incorrerá na sanção que a lei penal estabelecer.
Seção III *Do Depositário e do Administrador*	Seção III *Do Depositário e do Administrador*
Art. 159. A guarda e a conservação de bens penhorados, arrestados, sequestrados ou arrecadados serão confiadas a depositário ou a administrador, não dispondo a lei de outro modo.	**Art. 148.** A guarda e conservação de bens penhorados, arrestados, sequestrados ou arrecadados serão confiadas a depositário ou a administrador, não dispondo a lei de outro modo.
Art. 160. Por seu trabalho o depositário ou o administrador perceberá remuneração que o juiz fixará levando em conta a situação dos bens, ao tempo do serviço e às dificuldades de sua execução.	**Art. 149.** O depositário ou o administrador perceberá, por seu trabalho, remuneração que o juiz fixará, atendendo à situação dos bens, ao tempo do serviço e às dificuldades de sua execução.
Parágrafo único. O juiz poderá nomear um ou mais prepostos por indicação do depositário ou do administrador.	**Parágrafo único.** O juiz poderá nomear, por indicação do depositário ou do administrador, um ou mais prepostos.

Novo CPC	Antigo CPC
Art. 161. O depositário ou o administrador responde pelos prejuízos que, por dolo ou culpa, causar à parte, perdendo a remuneração que lhe foi arbitrada, mas tem o direito a haver o que legitimamente despendeu no exercício do encargo.	**Art. 150.** O depositário ou o administrador responde pelos prejuízos que, por dolo ou culpa, causar à parte, perdendo a remuneração que lhe for arbitrada; mas tem o direito a haver o que legitimamente despendeu no exercício do encargo.
Parágrafo único. O depositário infiel responde civilmente pelos prejuízos causados, sem prejuízo de sua responsabilidade penal e da imposição de sanção por ato atentatório à dignidade da justiça.	
Seção IV *Do Intérprete e do Tradutor*	**Seção IV** *Do Intérprete*
Art. 162. O juiz nomeará intérprete ou tradutor quando necessário para:	**Art. 151.** O juiz nomeará intérprete toda vez que o repute necessário para:
I – **traduzir** documento redigido em língua estrangeira;	I – analisar documento de entendimento duvidoso, redigido em língua estrangeira;
II – verter para o português as declarações das partes e das testemunhas que não conhecerem o idioma nacional;	II – verter em português as declarações das partes e das testemunhas que não conhecerem o idioma nacional;
III – **realizar a interpretação simultânea dos depoimentos das partes e testemunhas com deficiência auditiva que se comuniquem por meio da Língua Brasileira de Sinais, ou equivalente, quando assim for solicitado.**	III – traduzir a linguagem mímica dos surdos-mudos, que não puderem transmitir a sua vontade por escrito.
Art. 163. Não pode ser intérprete **ou tradutor** quem:	**Art. 152.** Não pode ser intérprete quem:
I – não tiver a livre administração de seus bens;	I – não tiver a livre administração dos seus bens;
II – for arrolado como testemunha ou **atuar** como perito no processo;	II – for arrolado como testemunha ou serve como perito no processo;
III – estiver inabilitado para o exercício da profissão por sentença penal condenatória, enquanto durarem seus efeitos.	III – estiver inabilitado ao exercício da profissão por sentença penal condenatória, enquanto durar o seu efeito.
Art. 164. O intérprete **ou tradutor**, oficial ou não, é obrigado a desempenhar seu ofício, aplicando-se-lhe o disposto nos arts. 157 e 158.	**Art. 153.** O intérprete, oficial ou não, é obrigado a prestar o seu ofício, aplicando-se-lhe o disposto nos arts. 146 e 147.
Seção V *Dos Conciliadores e Mediadores Judiciais*	
Art. 165. Os tribunais criarão centros judiciários de solução consensual de conflitos, responsáveis pela realização de sessões e audiências de conciliação e mediação e pelo desenvolvimento de programas destinados a auxiliar, orientar e estimular a autocomposição.	
§ 1º A composição e a organização dos centros serão definidas pelo respectivo tribunal, observadas as normas do Conselho Nacional de Justiça.	
§ 2º O conciliador, que atuará preferencialmente nos casos em que não houver vínculo anterior entre as partes, poderá sugerir soluções para o litígio, sendo vedada a utilização de qualquer tipo de constrangimento ou intimidação para que as partes conciliem.	
§ 3º O mediador, que atuará preferencialmente nos casos em que houver vínculo anterior entre as partes, auxiliará aos interessados a compreender as questões e os interesses em conflito, de modo que eles possam, pelo restabelecimento da comunicação, identificar, por si próprios, soluções consensuais que gerem benefícios mútuos.	
Art. 166. A conciliação e a mediação são informadas pelos princípios da independência, da imparcialidade, da autonomia da vontade, da confidencialidade, da oralidade, da informalidade e da decisão informada.	
§ 1º A confidencialidade estende-se a todas as informações produzidas no curso do procedimento, cujo teor não poderá ser utilizado para fim diverso daquele previsto por expressa deliberação das partes.	
§ 2º Em razão do dever de sigilo, inerente às suas funções, o conciliador e o mediador, assim como os membros de suas equipes, não poderão divulgar ou depor acerca de fatos ou elementos oriundos da conciliação ou da mediação.	
§ 3º Admite-se a aplicação de técnicas negociais, com o objetivo de proporcionar ambiente favorável à autocomposição.	

§ 4º A mediação e a conciliação serão regidas conforme a livre autonomia dos interessados, inclusive no que diz respeito à definição das regras procedimentais.	
Art. 167. Os conciliadores, os mediadores e as câmaras privadas de conciliação e mediação serão inscritos em cadastro nacional e em cadastro de tribunal de justiça ou de tribunal regional federal, que manterá registro de profissionais habilitados, com indicação de sua área profissional.	
§ 1º Preenchendo o requisito da capacitação mínima, por meio de curso realizado por entidade credenciada, conforme parâmetro curricular definido pelo Conselho Nacional de Justiça em conjunto com o Ministério da Justiça, o conciliador ou o mediador, com o respectivo certificado, poderá requerer sua inscrição no cadastro nacional e no cadastro de tribunal de justiça ou de tribunal regional federal.	
§ 2º Efetivado o registro, que poderá ser precedido de concurso público, o tribunal remeterá ao diretor do foro da comarca, seção ou subseção judiciária onde atuará o conciliador ou o mediador os dados necessários para que seu nome passe a constar da respectiva lista, a ser observada na distribuição alternada e aleatória, respeitado o princípio da igualdade dentro da mesma área de atuação profissional.	
§ 3º Do credenciamento das câmaras e do cadastro de conciliadores e mediadores constarão todos os dados relevantes para a sua atuação, tais como o número de processos de que participou, o sucesso ou insucesso da atividade, a matéria sobre a qual versou a controvérsia, bem como outros dados que o tribunal julgar relevantes.	
§ 4º Os dados colhidos na forma do § 3º serão classificados sistematicamente pelo tribunal, que os publicará, ao menos anualmente, para conhecimento da população e para fins estatísticos e de avaliação da conciliação, da mediação, das câmaras privadas de conciliação e de mediação, dos conciliadores e dos mediadores.	
§ 5º Os conciliadores e mediadores judiciais cadastrados na forma do *caput*, se advogados, estarão impedidos de exercer a advocacia nos juízos em que desempenhem suas funções.	
§ 6º O tribunal poderá optar pela criação de quadro próprio de conciliadores e mediadores, a ser preenchido por concurso público de provas e títulos, observadas as disposições deste Capítulo.	
Art. 168. As partes podem escolher, de comum acordo, o conciliador, o mediador ou a câmara privada de conciliação e de mediação.	
§ 1º O conciliador ou mediador escolhido pelas partes poderá ou não estar cadastrado no tribunal.	
§ 2º Inexistindo acordo quanto à escolha do mediador ou conciliador, haverá distribuição entre aqueles cadastrados no registro do tribunal, observada a respectiva formação.	
§ 3º Sempre que recomendável, haverá a designação de mais de um mediador ou conciliador.	
Art. 169. Ressalvada a hipótese do art. 167, § 6º, o conciliador e o mediador receberão pelo seu trabalho remuneração prevista em tabela fixada pelo tribunal, conforme parâmetros estabelecidos pelo Conselho Nacional de Justiça.	
§ 1º A mediação e a conciliação podem ser realizadas como trabalho voluntário, observada a legislação pertinente e a regulamentação do tribunal.	
§ 2º Os tribunais determinarão o percentual de audiências não remuneradas que deverão ser suportadas pelas câmaras privadas de conciliação e mediação, com o fim de atender aos processos em que deferida gratuidade da justiça, como contrapartida de seu credenciamento.	
Art. 170. No caso de impedimento, o conciliador ou mediador o comunicará imediatamente, de preferência por meio eletrônico, e devolverá os autos ao juiz do processo ou ao coordenador do centro judiciário de solução de conflitos, devendo este realizar nova distribuição.	

Parágrafo único. Se a causa de impedimento for apurada quando já iniciado o procedimento, a atividade será interrompida, lavrando-se ata com relatório do ocorrido e solicitação de distribuição para novo conciliador ou mediador.	
Art. 171. No caso de impossibilidade temporária do exercício da função, o conciliador ou mediador informará o fato ao centro, preferencialmente por meio eletrônico, para que, durante o período em que perdurar a impossibilidade, não haja novas distribuições.	
Art. 172. O conciliador e o mediador ficam impedidos, pelo prazo de 1 (um) ano, contado do término da última audiência em que atuaram, de assessorar, representar ou patrocinar qualquer das partes.	
Art. 173. Será excluído do cadastro de conciliadores e mediadores aquele que:	
I – agir com dolo ou culpa na condução da conciliação ou da mediação sob sua responsabilidade ou violar qualquer dos deveres decorrentes do art. 166, §§ 1º e 2º;	
II – atuar em procedimento de mediação ou conciliação, apesar de impedido ou suspeito.	
§ 1º Os casos previstos neste artigo serão apurados em processo administrativo.	
§ 2º O juiz do processo ou o juiz coordenador do centro de conciliação e mediação, se houver, verificando atuação inadequada do mediador ou conciliador, poderá afastá-lo de suas atividades por até 180 (cento e oitenta) dias, por decisão fundamentada, informando o fato imediatamente ao tribunal para instauração do respectivo processo administrativo.	
Art. 174. A União, os Estados, o Distrito Federal e os Municípios criarão câmaras de mediação e conciliação, com atribuições relacionadas à solução consensual de conflitos no âmbito administrativo, tais como:	
I – dirimir conflitos envolvendo órgãos e entidades da administração pública;	
II – avaliar a admissibilidade dos pedidos de resolução de conflitos, por meio de conciliação, no âmbito da administração pública;	
III – promover, quando couber, a celebração de termo de ajustamento de conduta.	
Art. 175. As disposições desta Seção não excluem outras formas de conciliação e mediação extrajudiciais vinculadas a órgãos institucionais ou realizadas por intermédio de profissionais independentes, que poderão ser regulamentadas por lei específica.	
Parágrafo único. Os dispositivos desta Seção aplicam-se, no que couber, às câmaras privadas de conciliação e mediação.	
TÍTULO V Do Ministério Público	**TÍTULO III** Do Ministério Público
Art. 176. O Ministério Público atuará na defesa da ordem jurídica, do regime democrático e dos interesses e direitos sociais e individuais indisponíveis.	
Art. 177. O Ministério Público exercerá o direito de ação **em conformidade com suas atribuições constitucionais.**	**Art. 81.** O Ministério Público exercerá o direito de ação nos casos previstos em lei, cabendo-lhe, no processo, os mesmos poderes e ônus que às partes.
Art. 178. O Ministério Público será intimado para, no prazo de 30 **(trinta) dias,** intervir **como fiscal da ordem jurídica** nas hipóteses previstas em lei ou na Constituição Federal e nos processos que envolvam:	**Art. 82.** Compete ao Ministério Público intervir:
I – interesse público ou social;	III – nas ações que envolvam litígios coletivos pela posse da terra rural e nas demais causas em que há interesse público evidenciado pela natureza da lide ou qualidade da parte.
II – interesse de incapaz;	I – nas causas em que há interesses de incapazes;
III – litígios coletivos pela posse de terra rural ou urbana.	III – nas ações que envolvam litígios coletivos pela posse da terra rural e nas demais causas em que há interesse público evidenciado pela natureza da lide ou qualidade da parte.

COMPARATIVO NOVO CPC X ANTIGO CPC

Parágrafo único. A participação da Fazenda Pública não configura, por si só, hipótese de intervenção do Ministério Público.	
Art. 179. Nos casos de intervenção como **fiscal da ordem jurídica**, o Ministério Público:	**Art. 83.** Intervindo como fiscal da lei, o Ministério Público:
I – terá vista dos autos depois das partes, sendo intimado de todos os atos do processo;	I – terá vista dos autos depois das partes, sendo intimado de todos os atos do processo;
II – poderá produzir provas, requerer as medidas **processuais pertinentes e recorrer**.	II – poderá juntar documentos e certidões, produzir prova em audiência e requerer medidas ou diligências necessárias ao descobrimento da verdade.
Art. 180. O Ministério Público gozará de prazo em dobro para manifestar-se nos autos, que terá início a partir de sua intimação pessoal, nos termos do art. 183, § 1º.	**Art. 188.** Computar-se-á em quádruplo o prazo para contestar e em dobro para recorrer quando a parte for a Fazenda Pública ou o Ministério Público.
§ 1º Findo o prazo para manifestação do Ministério Público sem o oferecimento de parecer, o juiz requisitará os autos e dará andamento ao processo.	
§ 2º Não se aplica o benefício da contagem em dobro quando a lei estabelecer, de forma expressa, prazo próprio para o Ministério Público.	
Art. 181. O **membro** do Ministério Público será civil e **regressivamente** responsável quando agir com dolo ou fraude no exercício de suas funções.	**Art. 85.** O órgão do Ministério Público será civilmente responsável quando, no exercício de suas funções, proceder com dolo ou fraude.
TÍTULO VI Da Advocacia Pública	
Art. 182. Incumbe à Advocacia Pública, na forma da lei, defender e promover os interesses públicos da União, dos Estados, do Distrito Federal e dos Municípios, por meio da representação judicial, em todos os âmbitos federativos, das pessoas jurídicas de direito público que integram a administração direta e indireta.	
Art. 183. A União, os Estados, o Distrito Federal, os Municípios e suas respectivas autarquias e fundações de direito público gozarão de prazo em dobro para todas as suas manifestações processuais, cuja contagem terá início a partir da intimação pessoal.	**Art. 188.** Computar-se-á em quádruplo o prazo para contestar e em dobro para recorrer quando a parte for a Fazenda Pública ou o Ministério Público.
§ 1º A intimação pessoal far-se-á por carga, remessa ou meio eletrônico.	
§ 2º Não se aplica o benefício da contagem em dobro quando a lei estabelecer, de forma expressa, prazo próprio para o ente público.	
Art. 184. O membro da Advocacia Pública será civil e regressivamente responsável quando agir com dolo ou fraude no exercício de suas funções.	
TÍTULO VII Da Defensoria Pública	
Art. 185. A Defensoria Pública exercerá a orientação jurídica, a promoção dos direitos humanos e a defesa dos direitos individuais e coletivos dos necessitados, em todos os graus, de forma integral e gratuita.	
Art. 186. A Defensoria Pública gozará de prazo em dobro para todas as suas manifestações processuais.	
§ 1º O prazo tem início com a intimação pessoal do defensor público, nos termos do art. 183, § 1º.	
§ 2º A requerimento da Defensoria Pública, o juiz determinará a intimação pessoal da parte patrocinada quando o ato processual depender de providência ou informação que somente por ela possa ser realizada ou prestada.	
§ 3º O disposto no *caput* aplica-se aos escritórios de prática jurídica das faculdades de Direito reconhecidas na forma da lei e às entidades que prestam assistência jurídica gratuita em razão de convênios firmados com a Defensoria Pública.	
§ 4º Não se aplica o benefício da contagem em dobro quando a lei estabelecer, de forma expressa, prazo próprio para a Defensoria Pública.	
Art. 187. O membro da Defensoria Pública será civil e regressivamente responsável quando agir com dolo ou fraude no exercício de suas funções.	

LIVRO IV DOS ATOS PROCESSUAIS	
TÍTULO I **DA FORMA, DO TEMPO E DO LUGAR DOS ATOS PROCESSUAIS**	TÍTULO V DOS ATOS PROCESSUAIS
CAPÍTULO I Da Forma dos Atos Processuais	CAPÍTULO I Da Forma dos Atos Processuais
Seção I *Dos Atos em Geral*	Seção I *Dos Atos em Geral*
Art. 188. Os atos e os termos processuais independem de forma determinada, salvo quando a lei expressamente a exigir, considerando-se válidos os que, realizados de outro modo, lhe preencham a finalidade essencial.	**Art. 154.** Os atos e termos processuais não dependem de forma determinada senão quando a lei expressamente a exigir, reputando-se válidos os que, realizados de outro modo, lhe preencham a finalidade essencial.
Art. 189. Os atos processuais são públicos, todavia tramitam em segredo de justiça os processos:	**Art. 155.** Os atos processuais são públicos. Correm, todavia, em segredo de justiça os processos:
I – em que o exija o interesse público **ou social**;	I – em que o exigir o interesse público;
II – que versem sobre casamento, **separação de corpos, divórcio**, separação, **união estável**, filiação, alimentos e guarda de crianças e adolescentes;	II – que dizem respeito a casamento, filiação, separação dos cônjuges, conversão desta em divórcio, alimentos e guarda de menores.
III – em que constem dados protegidos pelo direito constitucional à intimidade;	
IV – que versem sobre arbitragem, inclusive sobre cumprimento de carta arbitral, desde que a confidencialidade estipulada na arbitragem seja comprovada perante o juízo.	
§ 1º O direito de consultar os autos de **processo que tramite em segredo de justiça e** de pedir certidões de seus atos é restrito às partes e aos seus procuradores.	**Parágrafo único.** O direito de consultar os autos e de pedir certidões de seus atos é restrito às partes e a seus procuradores. O terceiro, que demonstrar interesse jurídico, pode requerer ao juiz certidão do dispositivo da sentença, bem como de inventário e partilha resultante do desquite.
§ 2º O terceiro que demonstrar interesse jurídico pode requerer ao juiz certidão do dispositivo da sentença, bem como de inventário e de partilha resultantes de **divórcio ou separação**.	**Parágrafo único.** O direito de consultar os autos e de pedir certidões de seus atos é restrito às partes e a seus procuradores. O terceiro, que demonstrar interesse jurídico, pode requerer ao juiz certidão do dispositivo da sentença, bem como de inventário e partilha resultante do desquite.
Art. 190. Versando o processo sobre direitos que admitam autocomposição, é lícito às partes plenamente capazes estipular mudanças no procedimento para ajustá-lo às especificidades da causa e convencionar sobre os seus ônus, poderes, faculdades e deveres processuais, antes ou durante o processo.	
Parágrafo único. De ofício ou a requerimento, o juiz controlará a validade das convenções previstas neste artigo, recusando-lhes aplicação somente nos casos de nulidade ou de inserção abusiva em contrato de adesão ou em que alguma parte se encontre em manifesta situação de vulnerabilidade.	
Art. 191. De comum acordo, o juiz e as partes podem fixar calendário para a prática dos atos processuais, quando for o caso.	
§ 1º O calendário vincula as partes e o juiz, e os prazos nele previstos somente serão modificados em casos excepcionais, devidamente justificados.	
§ 2º Dispensa-se a intimação das partes para a prática de ato processual ou a realização de audiência cujas datas tiverem sido designadas no calendário.	
Art. 192. Em todos os atos e termos do processo é obrigatório o uso **da língua portuguesa**.	**Art. 156.** Em todos os atos e termos do processo é obrigatório o uso do vernáculo.
Parágrafo único. O documento redigido em língua estrangeira somente poderá ser juntado aos autos quando acompanhado de versão **para a língua portuguesa tramitada por via diplomática ou pela autoridade central**, ou firmada por tradutor juramentado.	**Art. 157.** Só poderá ser junto aos autos documento redigido em língua estrangeira, quando acompanhado de versão em vernáculo, firmada por tradutor juramentado.

Seção II Da Prática Eletrônica de Atos Processuais	
Art. 193. Os atos processuais podem ser total ou parcialmente digitais, de forma a permitir que sejam produzidos, comunicados, armazenados e validados por meio eletrônico, na forma da lei.	**Art. 154.** Os atos e termos processuais não dependem de forma determinada senão quando a lei expressamente a exigir, reputando-se válidos os que, realizados de outro modo, lhe preencham a finalidade essencial. § 1º Os tribunais, no âmbito da respectiva jurisdição, poderão disciplinar a prática e a comunicação oficial dos atos processuais por meios eletrônicos, atendidos os requisitos de autenticidade, integridade, validade jurídica e interoperabilidade da Infraestrutura de Chaves Públicas Brasileira - ICP - Brasil. § 2º Todos os atos e termos do processo podem ser produzidos, transmitidos, armazenados e assinados por meio eletrônico, na forma da lei.
Parágrafo único. O disposto nesta Seção aplica-se, no que for cabível, à prática de atos notariais e de registro.	
Art. 194. Os sistemas de automação processual respeitarão a publicidade dos atos, o acesso e a participação das partes e de seus procuradores, inclusive nas audiências e sessões de julgamento, observadas as garantias da disponibilidade, independência da plataforma computacional, acessibilidade e interoperabilidade dos sistemas, serviços, dados e informações que o Poder Judiciário administre no exercício de suas funções.	
Art. 195. O registro de ato processual eletrônico deverá ser feito em padrões abertos, que atenderão aos requisitos de autenticidade, integridade, temporalidade, não repúdio, conservação e, nos casos que tramitem em segredo de justiça, confidencialidade, observada a infraestrutura de chaves públicas unificada nacionalmente, nos termos da lei.	**Art. 154.** [...]. § 1º Os tribunais, no âmbito da respectiva jurisdição, poderão disciplinar a prática e a comunicação oficial dos atos processuais por meios eletrônicos, atendidos os requisitos de autenticidade, integridade, validade jurídica e interoperabilidade da Infraestrutura de Chaves Públicas Brasileira - ICP - Brasil.
Art. 196. Compete ao Conselho Nacional de Justiça e, supletivamente, aos tribunais, regulamentar a prática e a comunicação oficial de atos processuais por meio eletrônico e velar pela compatibilidade dos sistemas, disciplinando a incorporação progressiva de novos avanços tecnológicos e editando, para esse fim, os atos que forem necessários, respeitadas as normas fundamentais deste Código.	**Art. 154.** [...]. § 2º Todos os atos e termos do processo podem ser produzidos, transmitidos, armazenados e assinados por meio eletrônico, na forma da lei.
Art. 197. Os tribunais divulgarão as informações constantes de seu sistema de automação em página própria na rede mundial de computadores, gozando a divulgação de presunção de veracidade e confiabilidade.	
Parágrafo único. Nos casos de problema técnico do sistema e de erro ou omissão do auxiliar da justiça responsável pelo registro dos andamentos, poderá ser configurada a justa causa prevista no art. 223, *caput* e § 1º.	
Art. 198. As unidades do Poder Judiciário deverão manter gratuitamente, à disposição dos interessados, equipamentos necessários à prática de atos processuais e à consulta e ao acesso ao sistema e aos documentos dele constantes.	
Parágrafo único. Será admitida a prática de atos por meio não eletrônico no local onde não estiverem disponibilizados os equipamentos previstos no *caput*.	
Art. 199. As unidades do Poder Judiciário assegurarão às pessoas com deficiência acessibilidade aos seus sítios na rede mundial de computadores, ao meio eletrônico de prática de atos judiciais, à comunicação eletrônica dos atos processuais e à assinatura eletrônica.	
Seção III Dos Atos da Parte	Seção II Dos Atos da Parte
Art. 200. Os atos das partes consistentes em declarações unilaterais ou bilaterais de vontade produzem imediatamente a constituição, modificação ou extinção de direitos processuais.	**Art. 158.** Os atos das partes, consistentes em declarações unilaterais ou bilaterais de vontade, produzem imediatamente a constituição, a modificação ou a extinção de direitos processuais.

Parágrafo único. A desistência da ação só produzirá efeitos após homologação judicial.	**Parágrafo único.** A desistência da ação só produzirá efeito depois de homologada por sentença.
Art. 201. As partes poderão exigir recibo de petições, arrazoados, papéis e documentos que entregarem em cartório.	**Art. 160.** Poderão as partes exigir recibo de petições, arrazoados, papéis e documentos que entregarem em cartório.
Art. 202. É **vedado** lançar nos autos cotas marginais ou interlineares, as quais o juiz mandará riscar, impondo a quem as escrever multa correspondente à metade do salário mínimo.	**Art. 161.** É defeso lançar, nos autos, cotas marginais ou interlineares; o juiz mandará riscá-las, impondo a quem as escrever multa correspondente à metade do salário mínimo vigente na sede do juízo.
Seção IV *Dos Pronunciamentos do Juiz*	Seção III *Dos Atos do Juiz*
Art. 203. Os **pronunciamentos** do juiz consistirão em sentenças, decisões interlocutórias e despachos.	**Art. 162.** Os atos do juiz consistirão em sentenças, decisões interlocutórias e despachos.
§ 1º **Ressalvadas as disposições expressas** dos **procedimentos especiais**, sentença é o pronunciamento por meio do qual o juiz, **com fundamento nos arts. 485 e 487**, põe fim à fase cognitiva do procedimento comum, bem como extingue a execução.	§ 1º Sentença é o ato do juiz que implica alguma das situações previstas nos arts. 267 e 269 desta Lei.
§ 2º Decisão interlocutória **é todo pronunciamento judicial de natureza decisória que não se enquadre no § 1º**.	§ 2º Decisão interlocutória é o ato pelo qual o juiz, no curso do processo, resolve questão incidente.
§ 3º São despachos todos os demais **pronunciamentos** do juiz praticados no processo, de ofício ou a requerimento da parte.	§ 3º São despachos todos os demais atos do juiz praticados no processo, de ofício ou a requerimento da parte, a cujo respeito a lei não estabelece outra forma.
§ 4º Os atos meramente ordinatórios, como a juntada e a vista obrigatória, independem de despacho, devendo ser praticados de ofício pelo servidor e revistos pelo juiz quando necessário.	§ 4º Os atos meramente ordinatórios, como a juntada e a vista obrigatória, independem de despacho, devendo ser praticados de ofício pelo servidor e revistos pelo juiz quando necessário.
Art. 204. Acórdão é o julgamento **colegiado** proferido pelos tribunais.	**Art. 163.** Recebe a denominação de acórdão o julgamento proferido pelos tribunais.
Art. 205. Os despachos, as decisões, as sentenças e os acórdãos serão redigidos, datados e assinados pelos juízes.	**Art. 164.** Os despachos, decisões, sentenças e acórdãos serão redigidos, datados e assinados pelos juízes. Quando forem proferidos, verbalmente, o taquígrafo ou o datilógrafo os registrará, submetendo-os aos juízes para revisão e assinatura.
§ 1º Quando os pronunciamentos **previstos no *caput*** forem proferidos oralmente, o **servidor** os documentará, submetendo-os aos juízes para revisão e assinatura.	
§ 2º A assinatura dos juízes, em todos os graus de jurisdição, pode ser feita eletronicamente, na forma da lei.	**Parágrafo único.** A assinatura dos juízes, em todos os graus de jurisdição, pode ser feita eletronicamente, na forma da lei.
§ 3º Os despachos, as decisões interlocutórias, o dispositivo das sentenças e a ementa dos acórdãos serão publicados no Diário de Justiça Eletrônico.	**Art. 506.** O prazo para a interposição do recurso, aplicável em todos os casos o disposto no art. 184 e seus parágrafos, contar-se-á da data: [...] III – da publicação do dispositivo do acórdão no órgão oficial.
Seção V *Dos Atos do Escrivão ou do Chefe de Secretaria*	Seção IV *Dos Atos do Escrivão ou do Chefe de Secretaria*
Art. 206. Ao receber a petição inicial de processo, o escrivão **ou o chefe de secretaria** a autuará, mencionando o juízo, a natureza do processo, o número de seu registro, os nomes das partes e a data de seu início, e procederá do mesmo modo em relação aos volumes em formação.	**Art. 166.** Ao receber a petição inicial de qualquer processo, o escrivão a autuará, mencionando o juízo, a natureza do feito, o número de seu registro, os nomes das partes e a data do seu início; e procederá do mesmo modo quanto aos volumes que se forem formando.
Art. 207. O escrivão ou **o chefe de secretaria** numerará e rubricará todas as folhas dos autos.	**Art. 167.** O escrivão numerará e rubricará todas as folhas dos autos, procedendo da mesma forma quanto aos suplementares.
Parágrafo único. À parte, **ao procurador, ao membro** do Ministério Público, **ao defensor público e aos auxiliares da justiça** é facultado rubricar as folhas correspondentes aos atos em que intervierem.	**Parágrafo único.** Às partes, aos advogados, aos órgãos do Ministério Público, aos peritos e às testemunhas é facultado rubricar as folhas correspondentes aos atos em que intervieram.
Art. 208. Os termos de juntada, vista, conclusão e outros semelhantes constarão de notas datadas e rubricadas pelo escrivão **ou pelo chefe de secretaria**.	**Art. 168.** Os termos de juntada, vista, conclusão e outros semelhantes constarão de notas datadas e rubricadas pelo escrivão.
Art. 209. Os atos e os termos do processo serão assinados pelas pessoas que neles intervierem, todavia, quando essas não puderem ou não quiserem firmá-los, o escrivão **ou o chefe de secretaria** certificará a ocorrência.	**Art. 169.** Os atos e termos do processo serão datilografados ou escritos com tinta escura e indelével, assinando-os as pessoas que neles intervieram. Quando estas não puderem ou não quiserem firmá-los, o escrivão certificará, nos autos, a ocorrência.
	[...]
§ 1º Quando se tratar de processo total ou parcialmente documentado **em autos** eletrônicos, os atos processuais praticados na presença do juiz poderão ser produzidos e armazenados de modo integralmente digital em arquivo eletrônico inviolável, na forma da lei, mediante registro em termo, que será assinado digitalmente pelo juiz e pelo escrivão ou chefe de secretaria, bem como pelos advogados das partes.	§ 2º Quando se tratar de processo total ou parcialmente eletrônico, os atos processuais praticados na presença do juiz poderão ser produzidos e armazenados de modo integralmente digital em arquivo eletrônico inviolável, na forma da lei, mediante registro em termo que será assinado digitalmente pelo juiz e pelo escrivão ou chefe de secretaria, bem como pelos advogados das partes.

§ 2º Na hipótese do § 1º, eventuais contradições na transcrição deverão ser suscitadas oralmente no momento de realização do ato, sob pena de preclusão, devendo o juiz decidir de plano e ordenar o registro, no termo, da alegação e da decisão.	§ 3º No caso do § 2º deste artigo, eventuais contradições na transcrição deverão ser suscitadas oralmente no momento da realização do ato, sob pena de preclusão, devendo o juiz decidir de plano, registrando-se a alegação e a decisão no termo.
Art. 210. É lícito o uso da taquigrafia, da estenotipia ou de outro método idôneo em qualquer juízo ou tribunal.	**Art. 170.** É lícito o uso da taquigrafia, da estenotipia, ou de outro método idôneo, em qualquer juízo ou tribunal.
Art. 211. Não se admitem nos atos e termos **processuais** espaços em branco, salvo os que forem inutilizados, assim como entrelinhas, emendas ou rasuras, exceto quando expressamente ressalvadas.	**Art. 171.** Não se admitem, nos atos e termos, espaços em branco, bem como entrelinhas, emendas ou rasuras, salvo se aqueles forem inutilizados e estas expressamente ressalvadas.
CAPÍTULO II Do Tempo e do Lugar dos Atos Processuais	CAPÍTULO II Do Tempo e do Lugar dos Atos Processuais
Seção I *Do Tempo*	Seção I *Do Tempo*
Art. 212. Os atos processuais serão realizados em dias úteis, das 6 (seis) às 20 (vinte) horas.	**Art. 172.** Os atos processuais realizar-se-ão em dias úteis, das seis às vinte horas.
§ 1º Serão concluídos após as 20 (vinte) horas os atos iniciados antes, quando o adiamento prejudicar a diligência ou causar grave dano.	§ 1º Serão, todavia, concluídos, depois das 20 (vinte) horas, os atos iniciados antes, quando o adiamento prejudicar a diligência ou causar grave dano.
§ 2º **Independentemente de autorização judicial**, as citações, intimações e penhoras poderão realizar-se **no período de férias forenses, onde as houver**, e nos feriados ou dias úteis fora do horário estabelecido neste artigo, observado o disposto no art. 5º, inciso XI, da Constituição Federal.	§ 2º A citação e a penhora poderão, em casos excepcionais, e mediante autorização expressa do juiz, realizar-se em domingos e feriados, ou nos dias úteis, fora do horário estabelecido neste artigo, observado o disposto no art. 5º, inciso XI, da Constituição Federal.
§ 3º Quando o ato tiver de ser praticado **por meio de petição em autos não eletrônicos**, essa deverá ser protocolada no horário de funcionamento do fórum ou tribunal, conforme o disposto na lei de organização judiciária local.	§ 3º Quando o ato tiver que ser praticado em determinado prazo, por meio de petição, esta deverá ser apresentada no protocolo, dentro do horário de expediente, nos termos da lei de organização judiciária local.
Art. 213. A prática eletrônica de ato processual pode ocorrer em qualquer horário até as 24 (vinte e quatro) horas do último dia do prazo.	
Parágrafo único. O horário vigente no juízo perante o qual o ato deve ser praticado será considerado para fins de atendimento do prazo.	
Art. 214. Durante as férias forenses e nos feriados, não se praticarão atos processuais, excetuando-se:	**Art. 173.** Durante as férias e nos feriados não se praticarão atos processuais. Excetuam-se:
I – os atos previstos no art. 212, § 2º;	II – a citação, a fim de evitar o perecimento de direito; e bem assim o arresto, o sequestro, a penhora, a arrecadação, a busca e apreensão, o depósito, a prisão, a separação de corpos, a abertura de testamento, os embargos de terceiro, a nunciação de obra nova e outros atos análogos.
II – a tutela de urgência.	
Art. 215. Processam-se durante as férias forenses, **onde as houver**, e não se suspendem pela superveniência delas:	**Art. 174.** Processam-se durante as férias e não se suspendem pela superveniência delas:
I – os **procedimentos** de jurisdição voluntária e os necessários à conservação de direitos, quando puderem ser prejudicados pelo adiamento;	I – os atos de jurisdição voluntária bem como os necessários à conservação de direitos, quando possam ser prejudicados pelo adiamento;
II – **a ação de alimentos** e os processos de nomeação ou remoção de tutor e curador;	II – as causas de alimentos provisionais, de dação ou remoção de tutores e curadores, bem como as mencionadas no art. 275;
III – os processos que a lei determinar.	III – todas as causas que a lei federal determinar.
Art. 216. Além dos declarados em lei, são feriados, para efeito forense, **os sábados**, os domingos **e os dias em que não haja expediente forense.**	**Art. 175.** São feriados, para efeito forense, os domingos e os dias declarados por lei.
Seção II *Do Lugar*	Seção II *Do Lugar*
Art. 217. Os atos processuais realizar-se-ão ordinariamente na sede do juízo, ou, **excepcionalmente**, em outro lugar em razão de deferência, de interesse da justiça, da natureza do ato ou de obstáculo arguido pelo interessado e acolhido pelo juiz.	**Art. 176.** Os atos processuais realizam-se de ordinário na sede do juízo. Podem, todavia, efetuar-se em outro lugar, em razão de deferência, de interesse da justiça, ou de obstáculo arguido pelo interessado e acolhido pelo juiz.
CAPÍTULO III Dos Prazos	CAPÍTULO III Dos Prazos
Seção I *Das Disposições Gerais*	Seção I *Das Disposições Gerais*
Art. 218. Os atos processuais serão realizados nos prazos prescritos em lei.	**Art. 177.** Os atos processuais realizar-se-ão nos prazos prescritos em lei.
§ 1º Quando a lei for omissa, o juiz determinará os prazos em consideração à complexidade do ato.	Quando esta for omissa, o juiz determinará os prazos, tendo em conta a complexidade da causa.

§ 2º Quando a lei **ou o juiz** não determinar prazo, as intimações somente obrigarão a comparecimento após decorridas 48 (**quarenta e oito**) **horas**.	**Art. 192.** Quando a lei não marcar outro prazo, as intimações somente obrigarão a comparecimento depois de decorridas 24 (vinte e quatro) horas.
§ 3º Inexistindo preceito legal **ou prazo determinado pelo juiz**, será de 5 (cinco) dias o prazo para a prática de ato processual a cargo da parte.	**Art. 185.** Não havendo preceito legal nem assinação pelo juiz, será de 5 (cinco) dias o prazo para a prática de ato processual a cargo da parte.
§ 4º Será considerado tempestivo o ato praticado antes do termo inicial do prazo.	
Art. 219. Na contagem de prazo em dias, estabelecido por lei ou pelo juiz, computar-se-ão somente os dias úteis.	**Art. 178.** O prazo, estabelecido pela lei ou pelo juiz, é contínuo, não se interrompendo nos feriados.
Parágrafo único. O disposto neste artigo aplica-se somente aos prazos processuais.	
Art. 220. Suspende-se o curso do prazo processual **nos dias compreendidos entre 20 de dezembro e 20 de janeiro, inclusive**.	**Art. 179.** A superveniência de férias suspenderá o curso do prazo; o que lhe sobejar recomeçará a correr do primeiro dia útil seguinte ao termo das férias.
§ 1º Ressalvadas as férias individuais e os feriados instituídos por lei, os juízes, os membros do Ministério Público, da Defensoria Pública e da Advocacia Pública e os auxiliares da Justiça exercerão suas atribuições durante o período previsto no *caput*.	
§ 2º Durante a suspensão do prazo, não se realizarão audiências nem sessões de julgamento.	
Art. 221. Suspende-se o curso do prazo por obstáculo criado em detrimento da parte ou ocorrendo qualquer das hipóteses do art. 313, devendo o prazo ser restituído por tempo igual ao que faltava para sua complementação.	**Art. 180.** Suspende-se também o curso do prazo por obstáculo criado pela parte ou ocorrendo qualquer das hipóteses do art. 265, ns. I e III; casos em que o prazo será restituído por tempo igual ao que faltava para a sua complementação.
Parágrafo único. Suspendem-se os prazos durante a execução de programa instituído pelo Poder Judiciário para promover a autocomposição, incumbindo aos tribunais especificar, com antecedência, a duração dos trabalhos.	
Art. 222. Na comarca, **seção ou subseção judiciária** onde for difícil o transporte, o juiz poderá prorrogar os prazos **por até 2** (**dois**) **meses**.	**Art. 182.** É defeso às partes, ainda que todas estejam de acordo, reduzir ou prorrogar os prazos peremptórios. O juiz poderá, nas comarcas onde for difícil o transporte, prorrogar quaisquer prazos, mas nunca por mais de 60 (sessenta) dias.
§ 1º Ao juiz é vedado reduzir prazos peremptórios sem anuência das partes.	
§ 2º Havendo calamidade pública, o limite previsto no *caput* para prorrogação de prazos poderá ser excedido.	**Parágrafo único.** Em caso de calamidade pública, poderá ser excedido o limite previsto neste artigo para a prorrogação de prazos.
Art. 223. Decorrido o prazo, extingue-se o direito de praticar **ou de emendar** o ato processual, independentemente de declaração judicial, ficando assegurado, porém, à parte provar que não o realizou por justa causa.	**Art. 183.** Decorrido o prazo, extingue-se, independentemente de declaração judicial, o direito de praticar o ato, ficando salvo, porém, à parte provar que o não realizou por justa causa.
§ 1º **Considera-se** justa causa o evento alheio à vontade da parte e que a impediu de praticar o ato por si ou por mandatário.	§ 1º Reputa-se justa causa o evento imprevisto, alheio à vontade da parte, e que a impediu de praticar o ato por si ou por mandatário.
§ 2º Verificada a justa causa, o juiz permitirá à parte a prática do ato no prazo que lhe assinar.	§ 2º Verificada a justa causa o juiz permitirá à parte a prática do ato no prazo que lhe assinar.
Art. 224. Salvo disposição em contrário, os prazos serão contados excluindo o dia do começo e incluindo o dia do vencimento.	**Art. 184.** Salvo disposição em contrário, computar-se-ão os prazos, excluindo o dia do começo e incluindo o do vencimento.
§ 1º Os dias do começo e do vencimento do prazo serão protraídos para o primeiro dia útil seguinte, se coincidirem com dia em que o expediente forense for encerrado antes ou iniciado depois da hora normal ou houver indisponibilidade da comunicação eletrônica.	§ 1º Considera-se prorrogado o prazo até o primeiro dia útil se o vencimento cair em feriado ou em dia em que: I – for determinado o fechamento do fórum; II – o expediente forense for encerrado antes da hora normal.
§ 2º Considera-se como data de publicação o primeiro dia útil seguinte ao da disponibilização da informação no Diário da Justiça eletrônico.	
§ 3º A contagem do prazo terá início no primeiro dia útil **que seguir ao da publicação**.	§ 2º Os prazos somente começam a correr do primeiro dia útil após a intimação (art. 240 e parágrafo único).
Art. 225. A parte poderá renunciar ao prazo estabelecido exclusivamente em seu favor, **desde que o faça de maneira expressa**.	**Art. 186.** A parte poderá renunciar ao prazo estabelecido exclusivamente em seu favor.
Art. 226. O juiz proferirá:	**Art. 189.** O juiz proferirá:
I – os despachos **no prazo de 5** (**cinco**) **dias**;	I – os despachos de expediente, no prazo de 2 (dois) dias;

II – as decisões **interlocutórias** no prazo de 10 (dez) dias;	II – as decisões, no prazo de 10 (dez) dias.
III – as sentenças no prazo de 30 (trinta) dias.	
Art. 227. Em qualquer grau de jurisdição, havendo motivo justificado, pode o juiz exceder, por igual tempo, os prazos **a que está submetido**.	**Art. 187.** Em qualquer grau de jurisdição, havendo motivo justificado, pode o juiz exceder, por igual tempo, os prazos que este Código lhe assina.
Art. 228. Incumbirá ao serventuário remeter os autos conclusos **no prazo de 1 (um) dia** e executar os atos processuais no prazo de 5 **(cinco) dias**, contado da data em que:	**Art. 190.** Incumbirá ao serventuário remeter os autos conclusos no prazo de 24 (vinte e quatro) horas e executar os atos processuais no prazo de 48 (quarenta e oito) horas, contados:
I – houver concluído o ato processual anterior, se lhe foi imposto pela lei;	I – da data em que houver concluído o ato processual anterior, se lhe foi imposto pela lei;
II – tiver ciência da ordem, quando determinada pelo juiz.	II – da data em que tiver ciência da ordem, quando determinada pelo juiz.
§ 1º Ao receber os autos, o serventuário certificará o dia e a hora em que teve ciência da ordem referida no inciso II.	**Parágrafo único.** Ao receber os autos, certificará o serventuário o dia e a hora em que ficou ciente da ordem, referida no n. II.
§ 2º Nos processos em autos eletrônicos, a juntada de petições ou de manifestações em geral ocorrerá de forma automática, independentemente de ato de serventuário da justiça.	
Art. 229. Os litisconsortes que tiverem diferentes procuradores, **de escritórios de advocacia distintos**, terão prazos contados em dobro **para todas as suas manifestações, em qualquer juízo ou tribunal, independentemente de requerimento.**	**Art. 191.** Quando os litisconsortes tiverem diferentes procuradores, ser-lhes-ão contados em dobro os prazos para contestar, para recorrer e, de modo geral, para falar nos autos.
§ 1º Cessa a contagem do prazo em dobro se, havendo apenas 2 (dois) réus, é oferecida defesa por apenas um deles.	
§ 2º Não se aplica o disposto no *caput* aos processos em autos eletrônicos.	
Art. 230. O prazo para a parte, o procurador, a Advocacia Pública, a Defensoria Pública e o Ministério Público será contado da citação, da intimação ou da notificação.	
	CAPÍTULO III DOS PRAZOS [...] Seção IV *Das Intimações* [...]
Art. 231. Salvo disposição em sentido diverso, considera-se dia do começo do prazo:	**Art. 241.** Começa a correr o prazo:
I – a data de juntada aos autos do aviso de recebimento, quando a citação ou a intimação for pelo correio;	I – quando a citação ou intimação for pelo correio, da data de juntada aos autos do aviso de recebimento;
II – a data de juntada aos autos do mandado cumprido, quando a citação ou a intimação for por oficial de justiça;	II – quando a citação ou intimação for por oficial de justiça, da data de juntada aos autos do mandado cumprido;
III – a data de ocorrência da citação ou da intimação, quando ela se der por ato do escrivão ou do chefe de secretaria;	
IV – **o dia útil seguinte ao fim da** dilação assinada pelo juiz, quando a citação ou a intimação for por edital;	V – quando a citação for por edital, finda a dilação assinada pelo juiz.
V – o dia útil seguinte à consulta ao teor da citação ou da intimação ou ao término do prazo para que a consulta se dê, quando a citação ou a intimação for eletrônica;	
VI – a data de juntada **do comunicado de que trata o art. 232** ou, não havendo esse, a data de juntada da carta aos autos de origem devidamente cumprida, quando a citação ou a intimação se realizar em cumprimento de carta.	IV – quando o ato se realizar em cumprimento de carta de ordem, precatória ou rogatória, da data de sua juntada aos autos devidamente cumprida;
VII – a data de publicação, quando a intimação se der pelo Diário da Justiça impresso ou eletrônico;	
VIII – o dia da carga, quando a intimação se der por meio da retirada dos autos, em carga, do cartório ou da secretaria.	
§ 1º Quando houver **mais de um réu**, o dia do começo do prazo para contestar corresponderá **à última das datas a que se referem os incisos I a VI do *caput*.**	III – quando houver vários réus, da data de juntada aos autos do último aviso de recebimento ou mandado citatório cumprido;

§ 2º Havendo mais de um intimado, o prazo para cada um é contado individualmente.	
§ 3º Quando o ato tiver de ser praticado diretamente pela parte ou por quem, de qualquer forma, participe do processo, sem a intermediação de representante judicial, o dia do começo do prazo para cumprimento da determinação judicial corresponderá à data em que se der a comunicação.	
§ 4º Aplica-se o disposto no inciso II do *caput* à citação com hora certa.	
Art. 232. Nos atos de comunicação por carta precatória, rogatória ou de ordem, a realização da citação ou da intimação será imediatamente informada, por meio eletrônico, pelo juiz deprecado ao juiz deprecante.	

Capítulo III
Dos Prazos

[...]

Seção II *Da Verificação dos Prazos e das Penalidades*	Seção II *Da Verificação dos Prazos e das Penalidades*
Art. 233. Incumbe ao juiz verificar se o serventuário excedeu, sem motivo legítimo, **os prazos estabelecidos em lei.**	**Art. 193.** Compete ao juiz verificar se o serventuário excedeu, sem motivo legítimo, os prazos que este Código estabelece.
§ 1º Constatada a falta, o juiz ordenará a instauração de processo administrativo, na forma da lei.	**Art. 194.** Apurada a falta, o juiz mandará instaurar procedimento administrativo, na forma da Lei de Organização Judiciária.
§ 2º Qualquer das partes, o Ministério Público ou a Defensoria Pública poderá representar ao juiz contra o serventuário que injustificadamente exceder os prazos previstos em lei.	
Art. 234. Os advogados públicos ou privados, **o defensor público e o membro do Ministério** Público devem restituir os autos no prazo **do ato a ser praticado.**	**Art. 195.** O advogado deve restituir os autos no prazo legal. Não o fazendo, mandará o juiz, de ofício, riscar o que neles houver escrito e desentranhar as alegações e documentos que apresentar.
§ 1º É lícito a qualquer interessado **exigir** os autos do advogado que exceder prazo legal.	**Art. 196.** É lícito a qualquer interessado cobrar os autos ao advogado que exceder o prazo legal. Se, intimado, não os devolver dentro em 24 (vinte e quatro) horas, perderá o direito à vista fora de cartório e incorrerá em multa, correspondente à metade do salário mínimo vigente na sede do juízo.
§ 2º Se, intimado, o advogado não devolver os autos **no prazo de 3 (três) dias**, perderá o direito à vista fora de cartório e incorrerá em multa correspondente à metade do salário mínimo.	
§ 3º **Verificada** a falta, o juiz comunicará o fato à seção local da Ordem dos Advogados do Brasil para procedimento disciplinar e imposição de multa.	**Parágrafo único.** Apurada a falta, o juiz comunicará o fato à seção local da Ordem dos Advogados do Brasil, para o procedimento disciplinar e imposição da multa.
§ 4º Se a situação envolver membro do Ministério Público, **da Defensoria Pública ou da Advocacia Pública, a multa, se for o caso, será aplicada ao agente público responsável pelo ato.**	**Art. 197.** Aplicam-se ao órgão do Ministério Público e ao representante da Fazenda Pública as disposições constantes dos arts. 195 e 196.
§ 5º Verificada a falta, o juiz comunicará o fato ao órgão competente responsável pela instauração de procedimento disciplinar contra o membro que atuou no feito.	
Art. 235. Qualquer parte, o Ministério Público **ou a Defensoria Pública** poderá representar ao **corregedor** do tribunal **ou ao Conselho Nacional de Justiça** contra juiz ou relator que injustificadamente exceder os prazos previstos em lei, regulamento ou regimento interno.	**Art. 198.** Qualquer das partes ou o órgão do Ministério Público poderá representar ao Presidente do Tribunal de Justiça contra o juiz que excedeu os prazos previstos em lei. Distribuída a representação ao órgão competente, instaurar-se-á procedimento para apuração da responsabilidade. O relator, conforme as circunstâncias, poderá avocar os autos em que ocorreu excesso de prazo, designando outro juiz para decidir a causa.
§ 1º Distribuída a representação ao órgão competente **e ouvido previamente o juiz, não sendo caso de arquivamento liminar**, será instaurado procedimento para apuração da responsabilidade, **com intimação do representado por meio eletrônico para, querendo, apresentar justificativa no prazo de 15 (quinze) dias.**	
§ 2º Sem prejuízo das sanções administrativas cabíveis, em até 48 (quarenta e oito) horas após a apresentação ou não da justificativa de que trata o § 1º, se for o caso, o corregedor do tribunal ou o relator no Conselho Nacional de Justiça determinará a intimação do representado por meio eletrônico para que, em 10 (dez) dias, pratique o ato.	
§ 3º Mantida a inércia, os autos serão remetidos ao substituto legal do juiz ou do relator contra o qual se representou para decisão em 10 (dez) dias.	

TÍTULO II Da Comunicação dos Atos Processuais	Capítulo IV Das Comunicações dos Atos
Capítulo I Disposições Gerais	Seção I *Das Disposições Gerais*
Art. 236. Os atos processuais serão cumpridos por ordem judicial.	**Art. 200.** Os atos processuais serão cumpridos por ordem judicial ou requisitados por carta, conforme hajam de realizar-se dentro ou fora dos limites territoriais da comarca.
§ 1º Será expedida carta para a prática de atos fora dos limites territoriais do tribunal, **da comarca, da seção ou da subseção judiciárias, ressalvadas as hipóteses previstas em lei.**	
§ 2º O tribunal poderá expedir carta para juízo **a ele vinculado, se o ato houver de se realizar fora dos limites territoriais do local de sua sede.**	**Art. 201.** Expedir-se-á carta de ordem se o juiz for subordinado ao tribunal de que ela emanar; carta rogatória, quando dirigida à autoridade judiciária estrangeira; e carta precatória, nos demais casos.
§ 3º Admite-se a prática de atos processuais por meio de videoconferência ou outro recurso tecnológico de transmissão de sons e imagens em tempo real.	
Art. 237. Será expedida carta:	**Art. 201.** Expedir-se-á carta de ordem se o juiz for subordinado ao tribunal de que ela emanar; carta rogatória, quando dirigida à autoridade judiciária estrangeira; e carta precatória, nos demais casos.
I – de ordem, pelo tribunal, na hipótese do § 2º do art. 236;	
II – rogatória, **para que órgão jurisdicional estrangeiro pratique ato de cooperação jurídica internacional, relativo a processo em curso perante órgão jurisdicional brasileiro**;	
III – precatória, **para que órgão jurisdicional brasileiro pratique ou determine o cumprimento, na área de sua competência territorial, de ato relativo a pedido de cooperação judiciária formulado por órgão jurisdicional de competência territorial diversa;**	
IV – arbitral, para que órgão do Poder Judiciário pratique ou determine o cumprimento, na área de sua competência territorial, de ato objeto de pedido de cooperação judiciária formulado por juízo arbitral, inclusive os que importem efetivação de tutela provisória.	
Parágrafo único. Se o ato relativo a processo em curso na justiça federal ou em tribunal superior houver de ser praticado em local onde não haja vara federal, a carta poderá ser dirigida ao juízo estadual da respectiva comarca.	
Capítulo II Da Citação	Seção III *Das Citações*
Art. 238. Citação é o ato pelo qual **são convocados o réu, o executado ou o interessado para integrar a relação processual.**	**Art. 213.** Citação é o ato pelo qual se chama a juízo o réu ou o interessado a fim de se defender.
Art. 239. Para a validade do processo é indispensável a citação do réu **ou do executado, ressalvadas as hipóteses de indeferimento da petição inicial ou de improcedência liminar do pedido.**	**Art. 214.** Para a validade do processo, é indispensável a citação inicial do réu.
§ 1º O comparecimento espontâneo do réu **ou do executado** supre a falta **ou a nulidade** da citação, **fluindo a partir desta data o prazo para apresentação de contestação ou de embargos à execução.**	§ 1º O comparecimento espontâneo do réu supre, entretanto, a falta de citação.
§ 2º Rejeitada a alegação de nulidade, tratando-se de processo de:	
I – conhecimento, o réu será considerado revel;	
II – execução, o feito terá seguimento.	
Art. 240. A citação válida, ainda quando ordenada por juízo incompetente, induz litispendência, torna litigiosa a coisa e constitui em mora o devedor, ressalvado o disposto nos arts. 397 e 398 da Lei n. 10.406, de 10 de janeiro de 2002 (Código Civil).	**Art. 219.** A citação válida torna prevento o juízo, induz litispendência e faz litigiosa a coisa; e, ainda quando ordenada por juiz incompetente, constitui em mora o devedor e interrompe a prescrição.
§ 1º A interrupção da prescrição, **operada pelo despacho que ordena a citação, ainda que proferido por juízo incompetente,** retroagirá à data de propositura da ação.	§ 1º A interrupção da prescrição retroagirá à data da propositura da ação.
§ 2º Incumbe **ao autor adotar**, no prazo de 10 (dez) dias, **as providências necessárias para viabilizar a citação, sob pena de não se aplicar o disposto no § 1º.**	§ 2º Incumbe à parte promover a citação do réu nos 10 (dez) dias subsequentes ao despacho que a ordenar, não ficando prejudicada pela demora imputável exclusivamente ao serviço judiciário.
§ 3º **A parte** não será prejudicada pela demora imputável exclusivamente ao serviço judiciário.	

§ 4º O efeito retroativo a que se refere o § 1º aplica-se à decadência e aos demais prazos extintivos previstos em lei.	**Art. 220.** O disposto no artigo anterior aplica-se a todos os prazos extintivos previstos na lei.
Art. 241. Transitada em julgado a sentença de mérito proferida em favor do réu antes da citação, incumbe ao escrivão ou ao chefe de secretaria comunicar-lhe o resultado do julgamento.	
Art. 242. A citação será pessoal, podendo, no entanto, ser feita na pessoa do representante legal ou do **procurador do réu, do executado ou do interessado**.	**Art. 215.** Far-se-á a citação pessoalmente ao réu, ao seu representante legal ou ao procurador legalmente autorizado.
§ 1º Na **ausência** do citando, a citação será feita na pessoa de seu mandatário, **administrador, preposto** ou gerente, quando a ação se originar de atos por eles praticados.	§ 1º Estando o réu ausente, a citação far-se-á na pessoa de seu mandatário, administrador, feitor ou gerente, quando a ação se originar de atos por eles praticados.
§ 2º O locador que se ausentar do Brasil sem cientificar o locatário de que deixou, na localidade onde estiver situado o imóvel, procurador com poderes para receber citação será citado na pessoa do administrador do imóvel encarregado do recebimento dos aluguéis, **que será considerado habilitado para representar o locador em juízo**.	§ 2º O locador que se ausentar do Brasil sem cientificar o locatário de que deixou na localidade, onde estiver situado o imóvel, procurador com poderes para receber citação, será citado na pessoa do administrador do imóvel encarregado do recebimento dos aluguéis.
§ 3º A **citação** da União, dos Estados, do Distrito Federal, dos Municípios e de **suas** respectivas autarquias e fundações de direito público será realizada **perante** o órgão de Advocacia Pública responsável por sua representação judicial.	
Art. 243. A citação **poderá** ser feita em qualquer lugar em que se encontre o réu, **o executado ou o interessado**.	**Art. 216.** A citação efetuar-se-á em qualquer lugar em que se encontre o réu.
Parágrafo único. O militar em serviço ativo será citado na unidade em que estiver **servindo**, se não for conhecida sua residência ou nela não for encontrado.	**Parágrafo único.** O militar, em serviço ativo, será citado na unidade em que estiver servindo se não for conhecida a sua residência ou nela não for encontrado.
Art. 244. Não se fará a citação, salvo para evitar o perecimento do direito:	**Art. 217.** Não se fará, porém, a citação, salvo para evitar o perecimento do direito:
I – de quem estiver **participando** de ato de culto religioso;	I – a quem estiver assistindo a qualquer ato de culto religioso;
II – de cônjuge, de **companheiro** ou de qualquer parente do morto, consanguíneo ou afim, em linha reta ou na linha colateral em segundo grau, no dia do falecimento e nos 7 (sete) dias seguintes;	II – ao cônjuge ou a qualquer parente do morto, consanguíneo ou afim, em linha reta, ou na linha colateral em segundo grau, no dia do falecimento e nos 7 (sete) dias seguintes;
III – de noivos, nos 3 (três) primeiros dias **seguintes ao casamento;**	III – aos noivos, nos três primeiros dias de bodas;
IV – de doente, enquanto grave o seu estado.	IV – aos doentes, enquanto grave o seu estado.
Art. 245. Não se fará citação quando se verificar que o citando é **mentalmente incapaz** ou está impossibilitado de recebê-la.	**Art. 218.** Também não se fará citação, quando se verificar que o réu é demente ou está impossibilitado de recebê-la.
§ 1º O oficial de justiça descreverá e certificará minuciosamente a ocorrência.	§ 1º O oficial de justiça passará certidão, descrevendo minuciosamente a ocorrência. O juiz nomeará um médico, a fim de examinar o citando. O laudo será apresentado em 5 (cinco) dias.
§ 2º Para examinar o citando, o juiz nomeará médico, que apresentará laudo no prazo de 5 (cinco) dias.	
§ 3º Dispensa-se a nomeação de que trata o § 2º se pessoa da família apresentar declaração do médico do citando que ateste a incapacidade deste.	
§ 4º Reconhecida a impossibilidade, o juiz **nomeará** curador ao citando, observando, quanto à sua escolha, a preferência estabelecida em lei e restringindo a nomeação à causa.	§ 2º Reconhecida a impossibilidade, o juiz dará ao citando um curador, observando, quanto à sua escolha, a preferência estabelecida na lei civil. A nomeação é restrita à causa.
§ 5º A citação será feita na pessoa do curador, a quem incumbirá a defesa **dos interesses do citando**.	§ 3º A citação será feita na pessoa do curador, a quem incumbirá a defesa do réu.
Art. 246. A citação será feita:	**Art. 221.** A citação far-se-á:
I – pelo correio;	I – pelo correio;
II – por oficial de justiça;	II – por oficial de justiça;
III – pelo escrivão ou chefe de secretaria, se o citando comparecer em cartório;	
IV – por edital;	III – por edital;
V – por meio eletrônico, conforme regulado em lei.	IV – por meio eletrônico, conforme regulado em lei própria.
§ 1º Com exceção das microempresas e das empresas de pequeno porte, as empresas públicas e privadas são obrigadas a manter cadastro nos sistemas de processo em autos eletrônicos, para efeito de recebimento de citações e intimações, as quais serão efetuadas preferencialmente por esse meio.	

COMPARATIVO NOVO CPC X ANTIGO CPC

§ 2º O disposto no § 1º aplica-se à União, aos Estados, ao Distrito Federal, aos Municípios e às entidades da administração indireta.	
§ 3º Na ação de usucapião de imóvel, os confinantes serão citados pessoalmente, exceto quando tiver por objeto unidade autônoma de prédio em condomínio, caso em que tal citação é dispensada.	
Art. 247. A citação será feita pelo correio para qualquer comarca do país, exceto:	**Art. 222.** A citação será feita pelo correio, para qualquer comarca do País, exceto:
I – nas ações de **estado, observado o disposto no art. 695, § 3º**;	a) nas ações de estado;
II – quando o **citando** for incapaz;	b) quando for ré pessoa incapaz;
III – quando o citando for pessoa de direito público;	c) quando for ré pessoa de direito público; [...]
IV – quando o citando residir em local não atendido pela entrega domiciliar de correspondência;	e) quando o réu residir em local não atendido pela entrega domiciliar de correspondência;
V – quando o autor, **justificadamente**, a requerer de outra forma.	f) quando o autor a requerer de outra forma.
Art. 248. Deferida a citação pelo correio, o escrivão ou o chefe de secretaria remeterá ao citando cópias da petição inicial e do despacho do juiz e comunicará o prazo para resposta, o endereço do juízo e o respectivo cartório.	**Art. 223.** Deferida a citação pelo correio, o escrivão ou chefe da secretaria remeterá ao citando cópias da petição inicial e do despacho do juiz, expressamente consignado em seu inteiro teor a advertência a que se refere o art. 285, segunda parte, comunicando, ainda, o prazo para a resposta e o juízo e cartório, com o respectivo endereço.
§ 1º A carta será registrada para entrega ao citando, exigindo-lhe o carteiro, ao fazer a entrega, que assine o recibo.	**Parágrafo único.** A carta será registrada para entrega ao citando, exigindo-lhe o carteiro, ao fazer a entrega, que assine o recibo. Sendo o réu pessoa jurídica, será válida a entrega a pessoa com poderes de gerência geral ou de administração.
§ 2º Sendo o **citando** pessoa jurídica, será válida a entrega do mandado a pessoa com poderes de gerência geral ou de administração **ou, ainda, a funcionário responsável pelo recebimento de correspondências.**	
§ 3º Da carta de citação no processo de conhecimento constarão os requisitos do art. 250.	
§ 4º Nos condomínios edilícios ou nos loteamentos com controle de acesso, será válida a entrega do mandado a funcionário da portaria responsável pelo recebimento de correspondência, que, entretanto, poderá recusar o recebimento, se declarar, por escrito, sob as penas da lei, que o destinatário da correspondência está ausente.	
Art. 249. A citação será feita por meio de oficial de justiça nas hipóteses previstas neste Código ou em lei, ou quando frustrada a citação pelo correio.	**Art. 224.** Far-se-á a citação por meio de oficial de justiça nos casos ressalvados no art. 222, ou quando frustrada a citação pelo correio.
Art. 250. O mandado que o oficial de justiça tiver de cumprir conterá:	**Art. 225.** O mandado, que o oficial de justiça tiver de cumprir, deverá conter:
I – os nomes do autor e **do citando** e seus respectivos domicílios ou residências;	I – os nomes do autor e do réu, bem como os respectivos domicílios ou residências;
II – a finalidade da citação, com todas as especificações constantes da petição inicial, **bem como a menção do prazo para contestar, sob pena de revelia, ou para embargar a execução;**	II – o fim da citação, com todas as especificações constantes da petição inicial, bem como a advertência a que se refere o art. 285, segunda parte, se o litígio versar sobre direitos disponíveis;
III – a **aplicação de sanção para o caso de descumprimento da ordem**, se houver;	III – a cominação, se houver;
IV – **se for o caso, a intimação do citando para comparecer, acompanhado de advogado ou de defensor público, à audiência de conciliação ou de mediação,** com a menção do dia, da hora e do lugar do comparecimento;	IV – o dia, hora e lugar do comparecimento;
V – a cópia **da petição inicial**, do despacho **ou da decisão que deferir tutela provisória;**	V – a cópia do despacho;
VI – a assinatura do escrivão **ou do chefe de secretaria** e a declaração de que o subscreve por ordem do juiz.	VII – a assinatura do escrivão e a declaração de que o subscreve por ordem do juiz.
Art. 251. Incumbe ao oficial de justiça procurar o citando e, onde o encontrar, citá-lo:	**Art. 226.** Incumbe ao oficial de justiça procurar o réu e, onde o encontrar, citá-lo:
I – lendo-lhe o mandado e entregando-lhe a contrafé;	I – lendo-lhe o mandado e entregando-lhe a contrafé;
II – portando por fé se recebeu ou recusou a contrafé;	II – portando por fé se recebeu ou recusou a contrafé;
III – obtendo a nota de ciente ou certificando que o citando não a após no mandado.	III – obtendo a nota de ciente, ou certificando que o réu não a após no mandado.

Art. 252. Quando, **por 2 (duas) vezes**, o oficial de justiça houver procurado **o citando** em seu domicílio ou residência sem o encontrar, deverá, havendo suspeita de ocultação, intimar qualquer pessoa da família ou, em sua falta, qualquer vizinho de que, no dia útil imediato, voltará a fim de efetuar a citação, na hora que designar.	**Art. 227.** Quando, por três vezes, o oficial de justiça houver procurado o réu em seu domicílio ou residência, sem o encontrar, deverá, havendo suspeita de ocultação, intimar a qualquer pessoa da família, ou em sua falta a qualquer vizinho, que, no dia imediato, voltará, a fim de efetuar a citação, na hora que designar.
Parágrafo único. Nos condomínios edilícios ou nos loteamentos com controle de acesso, será válida a intimação a que se refere o *caput* feita a funcionário da portaria responsável pelo recebimento de correspondência.	
Art. 253. No dia e na hora designados, o oficial de justiça, independentemente de novo despacho, comparecerá ao domicílio ou à residência do citando a fim de realizar a diligência.	**Art. 228.** No dia e hora designados, o oficial de justiça, independentemente de novo despacho, comparecerá ao domicílio ou residência do citando, a fim de realizar a diligência.
§ 1º Se o citando não estiver presente, o oficial de justiça procurará informar-se das razões da ausência, dando por feita a citação, ainda que o citando se tenha ocultado em outra comarca, **seção ou subseção judiciárias**.	§ 1º Se o citando não estiver presente, o oficial de justiça procurará informar-se das razões da ausência, dando por feita a citação, ainda que o citando se tenha ocultado em outra comarca.
§ 2º A citação com hora certa será efetivada mesmo que a pessoa da família ou o vizinho que houver sido intimado esteja ausente, ou se, embora presente, a pessoa da família ou o vizinho se recusar a receber o mandado.	
§ 3º Da certidão da ocorrência, o oficial de justiça deixará contrafé com qualquer pessoa da família ou vizinho, conforme o caso, declarando-lhe o nome.	§ 2º Da certidão da ocorrência, o oficial de justiça deixará contrafé com pessoa da família ou com qualquer vizinho, conforme o caso, declarando-lhe o nome.
§ 4º O oficial de justiça fará constar do mandado a advertência de que será nomeado curador especial se houver revelia.	
Art. 254. Feita a citação com hora certa, o escrivão **ou chefe de secretaria** enviará ao réu, **executado ou interessado, no prazo de** 10 **(dez) dias, contado da data da juntada do mandado aos autos**, carta, telegrama ou **correspondência eletrônica**, dando-lhe de tudo ciência.	**Art. 229.** Feita a citação com hora certa, o escrivão enviará ao réu carta, telegrama ou radiograma, dando-lhe de tudo ciência.
Art. 255. Nas comarcas contíguas de fácil comunicação e nas que se situem na mesma região metropolitana, o oficial de justiça poderá efetuar, em qualquer delas, citações, intimações, **notificações, penhoras e quaisquer outros atos executivos.**	**Art. 230.** Nas comarcas contíguas, de fácil comunicação, e nas que se situem na mesma região metropolitana, o oficial de justiça poderá efetuar citações ou intimações em qualquer delas.
Art. 256. A citação por edital será feita:	**Art. 231.** Far-se-á a citação por edital:
I – quando desconhecido ou incerto o citando;	I – quando desconhecido ou incerto o réu;
II – quando ignorado, incerto ou inacessível o lugar em que se encontrar o citando;	II – quando ignorado, incerto ou inacessível o lugar em que se encontrar;
III – nos casos expressos em lei.	III – nos casos expressos em lei.
§ 1º Considera-se inacessível, para efeito de citação por edital, o país que recusar o cumprimento de carta rogatória.	§ 1º Considera-se inacessível, para efeito de citação por edital, o país que recusar o cumprimento de carta rogatória.
§ 2º No caso de ser inacessível o lugar em que se encontrar o réu, a notícia de sua citação será divulgada também pelo rádio, se na comarca houver emissora de radiodifusão.	§ 2º No caso de ser inacessível o lugar em que se encontrar o réu, a notícia de sua citação será divulgada também pelo rádio, se na comarca houver emissora de radiodifusão.
§ 3º O réu será considerado em local ignorado ou incerto se infrutíferas as tentativas de sua localização, inclusive mediante requisição pelo juízo de informações sobre seu endereço nos cadastros de órgãos públicos ou de concessionárias de serviços públicos.	
Art. 257. São requisitos da citação por edital:	**Art. 232.** São requisitos da citação por edital:
I – a afirmação do autor ou a certidão do oficial informando a presença das circunstâncias autorizadoras;	I – a afirmação do autor, ou a certidão do oficial, quanto às circunstâncias previstas nos ns. I e II do artigo antecedente;
II – a publicação do **edital na rede mundial de computadores, no sítio do respectivo tribunal e na plataforma de editais do Conselho Nacional** de Justiça, que deve ser certificada nos autos;	II – a afixação do edital, na sede do juízo, certificada pelo escrivão; III – a publicação do edital no prazo máximo de 15 (quinze) dias, uma vez no órgão oficial e pelo menos duas vezes em jornal local, onde houver;
III – a determinação, pelo juiz, do prazo, que variará entre 20 (vinte) e 60 (sessenta) dias, **fluindo da data da publicação única ou, havendo mais de uma**, da primeira;	IV – a determinação, pelo juiz, do prazo, que variará entre 20 (vint*e*) e 60 (sessent*a*) dias, correndo da data da primeira publicação;
IV – a advertência de que será nomeado curador especial em caso de revelia.	

Novo CPC	Antigo CPC
Parágrafo único. O juiz poderá determinar que a publicação do edital seja feita também em jornal local de ampla circulação ou por outros meios, considerando as peculiaridades da comarca, da seção ou da subseção judiciárias.	
Art. 258. A parte que requerer a citação por edital, alegando dolosamente **a ocorrência das circunstâncias autorizadoras para sua realização**, incorrerá em multa de 5 (cinco) vezes o salário mínimo.	**Art. 233.** A parte que requerer a citação por edital, alegando dolosamente os requisitos do art. 231, I e II, incorrerá em multa de cinco vezes o salário mínimo vigente na sede do juízo.
Parágrafo único. A multa reverterá em benefício do citando.	**Parágrafo único.** A multa reverterá em benefício do citando.
Art. 259. Serão publicados editais: I – na ação de usucapião de imóvel; II – na ação de recuperação ou substituição de título ao portador; III – em qualquer ação em que seja necessária, por determinação legal, a provocação, para participação no processo, de interessados incertos ou desconhecidos.	
	Capítulo III **Dos Prazos** [...]
Capítulo III **Das Cartas**	**Seção II** *Das Cartas*
Art. 260. São requisitos das cartas de ordem, precatória e rogatória:	**Art. 202.** São requisitos essenciais da carta de ordem, da carta precatória e da carta rogatória:
I – a indicação dos juízes de origem e de cumprimento do ato;	I – a indicação dos juízes de origem e de cumprimento do ato;
II – o inteiro teor da petição, do despacho judicial e do instrumento do mandato conferido ao advogado;	II – o inteiro teor da petição, do despacho judicial e do instrumento do mandato conferido ao advogado;
III – a menção do ato processual que lhe constitui o objeto;	III – a menção do ato processual, que lhe constitui o objeto;
IV – o encerramento com a assinatura do juiz.	IV – o encerramento com a assinatura do juiz.
§ 1º O juiz mandará trasladar para a carta quaisquer outras peças, bem como instruí-la com mapa, desenho ou gráfico, sempre que esses documentos devam ser examinados, na diligência, pelas partes, pelos peritos ou pelas testemunhas.	§ 1º O juiz mandará trasladar, na carta, quaisquer outras peças, bem como instruí-la com mapa, desenho ou gráfico, sempre que estes documentos devam ser examinados, na diligência, pelas partes, peritos ou testemunhas.
§ 2º Quando o objeto da carta for exame pericial sobre documento, este será remetido em original, ficando nos autos reprodução fotográfica.	§ 2º Quando o objeto da carta for exame pericial sobre documento, este será remetido em original, ficando nos autos reprodução fotográfica.
§ 3º A carta arbitral atenderá, no que couber, aos requisitos a que se refere o *caput* e será instruída com a convenção de arbitragem e com as provas da nomeação do árbitro e de sua aceitação da função.	
Art. 261. Em todas as cartas o juiz **fixará** o prazo para cumprimento, atendendo à facilidade das comunicações e à natureza da diligência.	**Art. 203.** Em todas as cartas declarará o juiz o prazo dentro do qual deverão ser cumpridas, atendendo à facilidade das comunicações e à natureza da diligência.
§ 1º As partes deverão ser intimadas pelo juiz do ato de expedição da carta.	
§ 2º Expedida a carta, as partes acompanharão o cumprimento da diligência perante o juízo destinatário, ao qual compete a prática dos atos de comunicação.	
§ 3º A parte a quem interessar o cumprimento da diligência cooperará para que o prazo a que se refere o *caput* seja cumprido.	
Art. 262. A carta tem caráter itinerante, podendo, antes ou depois de lhe ser ordenado o cumprimento, ser encaminhada a juízo diverso do que dela consta, a fim de se praticar o ato.	**Art. 204.** A carta tem caráter itinerante; antes ou depois de lhe ser ordenado o cumprimento, poderá ser apresentada a juízo diverso do que dela consta, a fim de se praticar o ato.
Parágrafo único. O encaminhamento da carta a outro juízo será imediatamente comunicado ao órgão expedidor, que intimará as partes.	
Art. 263. As cartas deverão, **preferencialmente, ser expedidas por meio eletrônico, caso em que a assinatura do juiz deverá ser eletrônica, na forma da lei.**	**Art. 205.** Havendo urgência, transmitir-se-ão a carta de ordem e a carta precatória por telegrama, radiograma ou telefone.
Art. 264. A carta de ordem e a carta precatória **por meio eletrônico**, por telefone ou por telegrama conterão, em resumo substancial, **os requisitos mencionados no art. 250, especialmente no que se refere à aferição da autenticidade.**	**Art. 206.** A carta de ordem e a carta precatória, por telegrama ou radiograma, conterão, em resumo substancial, os requisitos mencionados no art. 202, bem como a declaração, pela agência expedidora, de estar reconhecida a assinatura do juiz.

Art. 265. O secretário do tribunal, o escrivão **ou o chefe de secretaria** do juízo deprecante transmitirá, por telefone, a carta de ordem ou a carta precatória ao juízo em que houver de se cumprir o ato, **por intermédio do escrivão do primeiro ofício da primeira vara**, se houver na comarca mais de um ofício ou de uma vara, observando-se, quanto aos requisitos, o disposto no art. 264.	**Art. 207.** O secretário do tribunal ou o escrivão do juízo deprecante transmitirá, pelo telefone, a carta de ordem, ou a carta precatória ao juízo, em que houver de cumprir-se o ato, por intermédio do escrivão do primeiro ofício da primeira vara, se houver na comarca mais de um ofício ou de uma vara, observando, quanto aos requisitos, o disposto no artigo antecedente.
§ 1º O escrivão **ou o chefe de secretaria**, no mesmo dia ou no dia útil imediato, telefonará **ou enviará mensagem eletrônica** ao secretário do tribunal, ao escrivão **ou ao chefe de secretaria** do juízo deprecante, lendo-lhe os termos da carta e solicitando-lhe que os confirme.	§ 1º O escrivão, no mesmo dia ou no dia útil imediato, telefonará ao secretário do tribunal ou ao escrivão do juízo deprecante, lendo-lhe os termos da carta e solicitando-lhe que lha confirme.
§ 2º Sendo confirmada, o escrivão **ou o chefe de secretaria** submeterá a carta a despacho.	§ 2º Sendo confirmada, o escrivão submeterá a carta a despacho.
Art. 266. Serão praticados de ofício os atos requisitados por **meio eletrônico e de** telegrama, devendo a parte depositar, contudo, na secretaria do tribunal ou no cartório do juízo deprecante, a importância correspondente às despesas que serão feitas no juízo em que houver de praticar-se o ato.	**Art. 208.** Executar-se-ão, de ofício, os atos requisitados por telegrama, radiograma ou telefone. A parte depositará, contudo, na secretaria do tribunal ou no cartório do juízo deprecante, a importância correspondente às despesas que serão feitas no juízo em que houver de praticar-se o ato.
Art. 267. O juiz recusará cumprimento a carta precatória **ou arbitral**, devolvendo-a com **decisão** motivada quando:	**Art. 209.** O juiz recusará cumprimento à carta precatória, devolvendo-a com despacho motivado:
I – a carta não estiver revestida dos requisitos legais;	I – quando não estiver revestida dos requisitos legais;
II – faltar ao juiz competência em razão da matéria ou da hierarquia;	II – quando carecer de competência, em razão da matéria ou da hierarquia;
III – o juiz tiver dúvida acerca de sua autenticidade.	III – quando tiver dúvida acerca de sua autenticidade.
Parágrafo único. No caso de incompetência em razão da matéria ou da hierarquia, o juiz deprecado, conforme o ato a ser praticado, poderá remeter a carta ao juiz ou ao tribunal competente.	
Art. 268. Cumprida a carta, será devolvida ao juízo de origem no prazo de 10 (dez) dias, independentemente de traslado, pagas as custas pela parte.	**Art. 212.** Cumprida a carta, será devolvida ao juízo de origem, no prazo de 10 (dez) dias, independentemente de traslado, pagas as custas pela parte.
	Capítulo III **Dos Prazos** [...]
Capítulo IV **Das Intimações**	**Seção IV** *Das Intimações*
Art. 269. Intimação é o ato pelo qual se dá ciência a alguém dos atos e dos termos do processo.	**Art. 234.** Intimação é o ato pelo qual se dá ciência a alguém dos atos e termos do processo, para que faça ou deixe de fazer alguma coisa.
§ 1º É facultado aos advogados promover a intimação do advogado da outra parte por meio do correio, juntando aos autos, a seguir, cópia do ofício de intimação e do aviso de recebimento.	
§ 2º O ofício de intimação deverá ser instruído com cópia do despacho, da decisão ou da sentença.	
§ 3º A intimação da União, dos Estados, do Distrito Federal, dos Municípios e de suas respectivas autarquias e fundações de direito público será realizada perante o órgão de Advocacia Pública responsável por sua representação judicial.	
Art. 270. As intimações **realizam-se, sempre que possível**, por meio eletrônico, na forma da lei.	**Art. 237.** [...] **Parágrafo único.** As intimações podem ser feitas de forma eletrônica, conforme regulado em lei própria.
Parágrafo único. Aplica-se ao Ministério Público, à Defensoria Pública e à Advocacia Pública o disposto no § 1º do art. 246.	
Art. 271. O juiz determinará de ofício as intimações em processos pendentes, salvo disposição em contrário.	**Art. 235.** As intimações efetuam-se de ofício, em processos pendentes, salvo disposição em contrário.
Art. 272. Quando não realizadas por meio eletrônico, consideram-se feitas as intimações pela publicação dos atos no órgão oficial.	**Art. 236.** No Distrito Federal e nas Capitais dos Estados e dos Territórios, consideram-se feitas as intimações pela só publicação dos atos no órgão oficial.

§ 1º Os advogados poderão requerer que, na intimação a eles dirigida, figure apenas o nome da sociedade a que pertençam, desde que devidamente registrada na Ordem dos Advogados do Brasil.	
§ 2º Sob pena de nulidade, é indispensável que da publicação constem os nomes das partes e de seus advogados, **com o respectivo número de inscrição na Ordem dos Advogados do Brasil, ou, se assim requerido, da sociedade de advogados**.	§ 1º É indispensável, sob pena de nulidade, que da publicação constem os nomes das partes e de seus advogados, suficientes para sua identificação.
§ 3º A grafia dos nomes das partes não deve conter abreviaturas.	
§ 4º A grafia dos nomes dos advogados deve corresponder ao nome completo e ser a mesma que constar da procuração ou que estiver registrada na Ordem dos Advogados do Brasil.	
§ 5º Constando dos autos pedido expresso para que as comunicações dos atos processuais sejam feitas em nome dos advogados indicados, o seu desatendimento implicará nulidade.	
§ 6º A retirada dos autos do cartório ou da secretaria em carga pelo advogado, por pessoa credenciada a pedido do advogado ou da sociedade de advogados, pela Advocacia Pública, pela Defensoria Pública ou pelo Ministério Público implicará intimação de qualquer decisão contida no processo retirado, ainda que pendente de publicação.	
§ 7º O advogado e a sociedade de advogados deverão requerer o respectivo credenciamento para a retirada de autos por preposto.	
§ 8º A parte arguirá a nulidade da intimação em capítulo preliminar do próprio ato que lhe caiba praticar, o qual será tido por tempestivo se o vício for reconhecido.	
§ 9º Não sendo possível a prática imediata do ato diante da necessidade de acesso prévio aos autos, a parte limitar-se-á a arguir a nulidade da intimação, caso em que o prazo será contado da intimação da decisão que a reconheça.	
Art. 273. Se inviável a intimação por meio eletrônico e não houver na localidade publicação em órgão oficial, incumbirá ao escrivão **ou chefe de secretaria** intimar de todos os atos do processo os advogados das partes:	**Art. 237.** Nas demais comarcas aplicar-se-á o disposto no artigo antecedente, se houver órgão de publicação dos atos oficiais; não o havendo, competirá ao escrivão intimar, de todos os atos do processo, os advogados das partes:
I – pessoalmente, se tiverem domicílio na sede do juízo;	I – pessoalmente, tendo domicílio na sede do juízo;
II – por carta registrada, com aviso de recebimento, quando forem domiciliados fora do juízo.	II – por carta registrada, com aviso de recebimento quando domiciliado fora do juízo.
Art. 274. Não dispondo a lei de outro modo, as intimações serão feitas às partes, aos seus representantes legais, aos advogados e aos demais sujeitos do processo pelo correio ou, se presentes em cartório, diretamente pelo escrivão **ou chefe de secretaria**.	**Art. 238.** Não dispondo a lei de outro modo, as intimações serão feitas às partes, aos seus representantes legais e aos advogados pelo correio ou, se presentes em cartório, diretamente pelo escrivão ou chefe de secretaria.
Parágrafo único. Presumem-se válidas as intimações dirigidas ao endereço **constante dos autos, ainda que não recebidas pessoalmente pelo interessado, se a modificação temporária ou definitiva não tiver sido devidamente comunicada ao juízo, fluindo os prazos a partir da juntada aos autos do comprovante de entrega da correspondência no primitivo endereço.**	**Parágrafo único.** Presumem-se válidas as comunicações e intimações dirigidas ao endereço residencial ou profissional declinado na inicial, contestação ou embargos, cumprindo às partes atualizar o respectivo endereço sempre que houver modificação temporária ou definitiva.
Art. 275. A intimação será feita por oficial de justiça quando frustrada a realização **por meio eletrônico ou** pelo correio.	**Art. 239.** Far-se-á a intimação por meio de oficial de justiça quando frustrada a realização pelo correio.
§ 1º A certidão de intimação deve conter:	**Parágrafo único.** A certidão de intimação deve conter:
I – a indicação do lugar e a descrição da pessoa intimada, mencionando, quando possível, o número de seu documento de identidade e o órgão que o expediu;	I – a indicação do lugar e a descrição da pessoa intimada, mencionando, quando possível, o número de sua carteira de identidade e o órgão que a expediu;
II – a declaração de entrega da contrafé;	II – a declaração de entrega da contrafé;
III – a nota de ciente ou a certidão de que o interessado não a apôs no mandado.	III – a nota de ciente ou certidão de que o interessado não a apôs no mandado.
§ 2º Caso necessário, a intimação poderá ser efetuada com hora certa ou por edital.	
TÍTULO III Das Nulidades	**Capítulo V** Das Nulidades
Art. 276. Quando a lei prescrever determinada forma sob pena de nulidade, a decretação desta não pode ser requerida pela parte que lhe deu causa.	**Art. 243.** Quando a lei prescrever determinada forma, sob pena de nulidade, a decretação desta não pode ser requerida pela parte que lhe deu causa.

Art. 277. Quando a lei prescrever determinada forma, o juiz considerará válido o ato se, realizado de outro modo, lhe alcançar a finalidade.	**Art. 244.** Quando a lei prescrever determinada forma, sem cominação de nulidade, o juiz considerará válido o ato se, realizado de outro modo, lhe alcançar a finalidade.
Art. 278. A nulidade dos atos deve ser alegada na primeira oportunidade em que couber à parte falar nos autos, sob pena de preclusão.	**Art. 245.** A nulidade dos atos deve ser alegada na primeira oportunidade em que couber à parte falar nos autos, sob pena de preclusão.
Parágrafo único. Não se aplica o disposto no *caput* às nulidades que o juiz deva decretar de ofício, nem prevalece a preclusão provando a parte legítimo impedimento.	**Parágrafo único.** Não se aplica esta disposição às nulidades que o juiz deva decretar de ofício, nem prevalece a preclusão, provando a parte legítimo impedimento.
Art. 279. É nulo o processo quando o membro do Ministério Público não for intimado a acompanhar o feito em que deva intervir.	**Art. 246.** É nulo o processo, quando o Ministério Público não for intimado a acompanhar o feito em que deva intervir.
§ 1º Se o processo tiver tramitado sem conhecimento do **membro do Ministério Público**, o juiz **invalidará os atos praticados** a partir do momento em que ele deveria ter sido intimado.	**Parágrafo único.** Se o processo tiver corrido, sem conhecimento do Ministério Público, o juiz o anulará a partir do momento em que o órgão devia ter sido intimado.
§ 2º A nulidade só pode ser decretada após a intimação do Ministério Público, que se manifestará sobre a existência ou a inexistência de prejuízo.	
Art. 280. As citações e as intimações serão nulas quando feitas sem observância das prescrições legais.	**Art. 247.** As citações e as intimações serão nulas, quando feitas sem observância das prescrições legais.
Art. 281. Anulado o ato, **consideram-se** de nenhum efeito todos os subsequentes que dele dependam, todavia, a nulidade de uma parte do ato não prejudicará as outras que dela sejam independentes.	**Art. 248.** Anulado o ato, reputam-se de nenhum efeito todos os subsequentes, que dele dependam; todavia, a nulidade de uma parte do ato não prejudicará as outras, que dela sejam independentes.
Art. 282. Ao pronunciar a nulidade, o juiz declarará que atos são atingidos e ordenará as providências necessárias a fim de que sejam repetidos ou retificados.	**Art. 249.** O juiz, ao pronunciar a nulidade, declarará que atos são atingidos, ordenando as providências necessárias, a fim de que sejam repetidos, ou retificados.
§ 1º O ato não será repetido nem sua falta será suprida quando não prejudicar a parte.	§ 1º O ato não se repetirá nem se lhe suprirá a falta quando não prejudicar a parte.
§ 2º Quando puder decidir o mérito a favor da parte a quem aproveite a decretação da nulidade, o juiz não a pronunciará nem mandará repetir o ato ou suprir-lhe a falta.	§ 2º Quando puder decidir do mérito a favor da parte a quem aproveite a declaração da nulidade, o juiz não a pronunciará nem mandará repetir o ato, ou suprir-lhe a falta.
Art. 283. O erro de forma do processo acarreta unicamente a anulação dos atos que não possam ser aproveitados, devendo ser praticados os que forem necessários a fim de se observarem as prescrições legais.	**Art. 250.** O erro de forma do processo acarreta unicamente a anulação dos atos que não possam ser aproveitados, devendo praticar-se os que forem necessários, a fim de se observarem, quanto possível, as prescrições legais.
Parágrafo único. Dar-se-á o aproveitamento dos atos praticados desde que não resulte prejuízo à defesa de qualquer parte.	**Parágrafo único.** Dar-se-á o aproveitamento dos atos praticados, desde que não resulte prejuízo à defesa.
	Capítulo VI **De outros Atos Processuais**
TÍTULO IV **Da Distribuição e do Registro**	**Seção I** *Da Distribuição e do Registro*
Art. 284. Todos os processos estão sujeitos a registro, devendo ser distribuídos onde houver mais de um juiz.	**Art. 251.** Todos os processos estão sujeitos a registro, devendo ser distribuídos onde houver mais de um juiz ou mais de um escrivão.
Art. 285. A distribuição, **que poderá ser eletrônica**, será alternada **e aleatória**, obedecendo-se rigorosa igualdade.	**Art. 252.** Será alternada a distribuição entre juízes e escrivães, obedecendo a rigorosa igualdade.
Parágrafo único. A lista de distribuição deverá ser publicada no Diário de Justiça.	
Art. 286. Serão distribuídas por dependência as causas de qualquer natureza:	**Art. 253.** Distribuir-se-ão por dependência as causas de qualquer natureza:
I – quando se relacionarem, por conexão ou continência, com outra já ajuizada;	I – quando se relacionarem, por conexão ou continência, com outra já ajuizada;
II – quando, tendo sido extinto o processo **sem resolução de mérito**, for reiterado o pedido, ainda que em litisconsórcio com outros autores ou que sejam parcialmente alterados os réus da demanda;	II – quando, tendo sido extinto o processo, sem julgamento de mérito, for reiterado o pedido, ainda que em litisconsórcio com outros autores ou que sejam parcialmente alterados os réus da demanda;
III – quando houver ajuizamento de ações nos termos do art. 55, § 3º, ao juízo prevento.	III – quando houver ajuizamento de ações idênticas, ao juízo prevento.

Novo CPC	Antigo CPC
Parágrafo único. Havendo intervenção de terceiro, reconvenção **ou outra hipótese de ampliação objetiva do processo**, o juiz, de ofício, mandará proceder à respectiva anotação pelo distribuidor.	**Parágrafo único.** Havendo reconvenção ou intervenção de terceiro, o juiz, de ofício, mandará proceder à respectiva anotação pelo distribuidor.
Art. 287. A petição inicial deve vir acompanhada de procuração, que conterá os endereços do advogado, eletrônico e não eletrônico.	**Art. 254.** É defeso distribuir a petição não acompanhada do instrumento do mandato, salvo:
Parágrafo único. Dispensa-se a juntada da procuração:	
I – no caso previsto no art. 104;	III – no caso previsto no art. 37.
II – se a parte estiver representada pela Defensoria Pública;	
III – se a representação decorrer diretamente de norma prevista na Constituição Federal ou em lei.	
Art. 288. O juiz, de ofício ou a requerimento do interessado, corrigirá o erro ou compensará a falta de distribuição.	**Art. 255.** O juiz, de ofício ou a requerimento do interessado, corrigirá o erro ou a falta de distribuição, compensando-a.
Art. 289. A distribuição poderá ser fiscalizada pela parte, por seu procurador, **pelo Ministério Público e pela Defensoria Pública**.	**Art. 256.** A distribuição poderá ser fiscalizada pela parte ou por seu procurador.
Art. 290. Será cancelada a distribuição do feito **se a parte, intimada na pessoa de seu advogado, não realizar o pagamento das custas e despesas de ingresso em 15 (quinze) dias.**	**Art. 257.** Será cancelada a distribuição do feito que, em 30 (trinta) dias, não for preparado no cartório em que deu entrada.
TÍTULO V Do Valor da Causa	**Seção II** *Do Valor da Causa*
Art. 291. A toda causa será atribuído valor certo, ainda que não tenha conteúdo econômico **imediatamente aferível**.	**Art. 258.** A toda causa será atribuído um valor certo, ainda que não tenha conteúdo econômico imediato.
Art. 292. O valor da causa constará da petição inicial **ou da reconvenção** e será:	**Art. 259.** O valor da causa constará sempre da petição inicial e será:
I – na ação de cobrança de dívida, a soma **monetariamente corrigida** do principal, dos juros de mora vencidos e de outras penalidades, **se houver**, até a data de propositura da ação;	I – na ação de cobrança de dívida, a soma do principal, da pena e dos juros vencidos até a propositura da ação;
II – na ação que tiver por objeto a existência, a validade, o cumprimento, a modificação, a **resolução, a resilição** ou a rescisão de ato jurídico, **o valor do ato ou o de sua parte controvertida;**	[...] V – quando o litígio tiver por objeto a existência, validade, cumprimento, modificação ou *rescisão* de negócio jurídico, o valor do contrato;
III – na ação de alimentos, a soma de 12 (doze) prestações mensais pedidas pelo autor;	VI – na ação de alimentos, a soma de doze prestações mensais, pedidas pelo autor;
IV – na ação de divisão, de demarcação e de reivindicação, **o valor de avaliação da área ou** do **bem objeto do pedido**;	VII – na ação de divisão, de demarcação e de reivindicação, a estimativa oficial para lançamento do imposto.
V – na ação indenizatória, inclusive a fundada em dano moral, o valor pretendido;	
VI – na ação em que há cumulação de pedidos, a quantia correspondente à soma dos valores de todos eles;	II – havendo cumulação de pedidos, a quantia correspondente à soma dos valores de todos eles;
VII – na ação em que os pedidos são alternativos, o de maior valor;	III – sendo alternativos os pedidos, o de maior valor;
VIII – na ação em que houver pedido subsidiário, o valor do pedido principal.	IV – se houver também pedido subsidiário, o valor do pedido principal;
§ 1º Quando se pedirem prestações vencidas e vincendas, considerar-se-á o valor de umas e outras.	**Art. 260.** Quando se pedirem prestações vencidas e vincendas, tomar-se-á em consideração o valor de umas e outras. O valor das prestações vincendas será igual a uma prestação anual, se a obrigação for por tempo indeterminado, ou por tempo superior a 1 (um) ano; se, por tempo inferior, será igual à soma das prestações.
§ 2º O valor das prestações vincendas será igual a uma prestação anual, se a obrigação for por tempo indeterminado ou por tempo superior a 1 (um) ano, e, se por tempo inferior, será igual à soma das prestações.	
§ 3º O juiz corrigirá, de ofício e por arbitramento, o valor da causa quando verificar que não corresponde ao conteúdo patrimonial em discussão ou ao proveito econômico perseguido pelo autor, caso em que se procederá ao recolhimento das custas correspondentes.	
Art. 293. O réu poderá impugnar, em preliminar da contestação, o valor atribuído à causa pelo autor, **sob pena de preclusão**, e **o juiz decidirá a respeito, impondo, se for o caso, a complementação das custas**.	**Art. 261.** O réu poderá impugnar, no prazo da contestação, o valor atribuído à causa pelo autor. A impugnação será autuada em apenso, ouvindo-se o autor no prazo de 5 (cinco) dias. Em seguida o juiz, sem suspender o processo, servindo-se, quando necessário, do auxílio de perito, determinará, no prazo de 10 (dez) dias, o valor da causa.

LIVRO V DA TUTELA PROVISÓRIA	LIVRO III DO PROCESSO CAUTELAR
TÍTULO I DISPOSIÇÕES GERAIS	**TÍTULO ÚNICO** DAS MEDIDAS CAUTELARES
	CAPÍTULO I Das Disposições Gerais
Art. 294. A tutela provisória pode fundamentar-se em urgência ou evidência.	**Art. 273.** O juiz poderá, a requerimento da parte, antecipar, total ou parcialmente, os efeitos da tutela pretendida no pedido inicial, desde que, existindo prova inequívoca, se convença da verossimilhança da alegação e: [...] **Art. 796.** O procedimento cautelar pode ser instaurado antes ou no curso do processo principal e deste é sempre dependente.
Parágrafo único. A tutela provisória de urgência, cautelar ou antecipada, pode ser concedida em caráter antecedente ou incidental.	
Art. 295. A tutela provisória requerida em caráter incidental independe do pagamento de custas.	
Art. 296. A tutela provisória conserva sua eficácia na pendência do processo, mas pode, a qualquer tempo, ser revogada ou modificada.	**Art. 273.** [...] § 4º A tutela antecipada poderá ser revogada ou modificada a qualquer tempo, em decisão fundamentada. **Art. 807.** As medidas cautelares conservam a sua eficácia no prazo do artigo antecedente e na pendência do processo principal; mas podem, a qualquer tempo, ser revogadas ou modificadas
Parágrafo único. Salvo decisão judicial em contrário, a tutela provisória conservará a eficácia durante o período de suspensão do processo.	
Art. 297. O juiz poderá determinar as medidas que **considerar** adequadas para efetivação da tutela provisória.	**Art. 798.** Além dos procedimentos cautelares específicos, que este Código regula no Capítulo II deste Livro, poderá o juiz determinar as medidas provisórias que julgar adequadas, quando houver fundado receio de que uma parte, antes do julgamento da lide, cause ao direito da outra lesão grave e de difícil reparação.
Parágrafo único. A efetivação da tutela provisória observará as normas referentes ao cumprimento provisório da sentença, no que couber.	**Art. 273** [...] § 3º A efetivação da tutela antecipada observará, no que couber e conforme sua natureza, as normas previstas nos arts. 588, 461, §§ 4o e 5o, e 461-A.
Art. 298. Na decisão que **conceder, negar, modificar ou revogar** a tutela provisória, o juiz motivará seu convencimento de modo claro e preciso.	**Art. 273.** [...] § 1º Na decisão que antecipar a tutela, o juiz indicará, de modo claro e preciso, as razões do seu convencimento.
Art. 299. A tutela provisória será requerida ao juízo da causa e, **quando antecedente**, ao juízo competente para conhecer do pedido principal.	**Art. 800.** As medidas cautelares serão requeridas ao juiz da causa; e, quando preparatórias, ao juiz competente para conhecer da ação principal.
Parágrafo único. Ressalvada disposição especial, na ação de competência originária de tribunal e nos recursos a tutela provisória será requerida ao órgão jurisdicional competente para apreciar o mérito.	**Parágrafo único.** Interposto o recurso, a medida cautelar será requerida diretamente ao tribunal.
TÍTULO II DA TUTELA DE URGÊNCIA	
CAPÍTULO I Disposições Gerais	
Art. 300. A tutela de urgência será concedida quando houver **elementos que** evidenciem **a probabilidade do direito e o perigo de dano ou o risco ao resultado útil do processo.**	**Art. 273.** O juiz poderá, a requerimento da parte, antecipar, total ou parcialmente, os efeitos da tutela pretendida no pedido inicial, desde que, existindo prova inequívoca, se convença da verossimilhança da alegação e: I – haja fundado receio de dano irreparável ou de difícil reparação; ou **Art. 804.** É lícito ao juiz conceder liminarmente ou após justificação prévia a medida cautelar, sem ouvir o réu, quando verificar que este, sendo citado, poderá torná-la ineficaz; caso em que poderá determinar que o requerente preste caução real ou fidejussória de ressarcir os danos que o requerido possa vir a sofrer.

Novo CPC	Antigo CPC
§ 1º Para a concessão da tutela de urgência, o juiz pode, conforme o caso, exigir caução real ou fidejussória idônea para ressarcir os danos que a outra parte possa vir a sofrer, podendo **a caução ser dispensada se a parte economicamente hipossuficiente não puder oferecê-la**.	**Art. 804.** É lícito ao juiz conceder liminarmente ou após justificação prévia a medida cautelar, sem ouvir o réu, quando verificar que este, sendo citado, poderá torná-la ineficaz, caso em que poderá determinar que o requerente preste caução real ou fidejussória de ressarcir os danos que o requerido possa vir a sofrer.
§ 2º A tutela de urgência pode ser concedida liminarmente ou após justificação prévia.	
§ 3º A tutela de urgência de natureza antecipada não será concedida quando houver perigo de irreversibilidade dos efeitos da decisão.	**Art. 273** [...]. § 2º Não se concederá a antecipação da tutela quando houver perigo de irreversibilidade do provimento antecipado.
Art. 301. A tutela de urgência de natureza cautelar pode ser efetivada mediante arresto, sequestro, arrolamento de bens, registro de protesto contra alienação de bem e qualquer outra medida idônea para asseguração do direito.	**Art. 813.** O arresto tem lugar: I - quando o devedor sem domicílio certo intenta ausentar-se ou alienar os bens que possui, ou deixa de pagar a obrigação no prazo estipulado; II - quando o devedor, que tem domicílio: a) se ausenta ou tenta ausentar-se furtivamente; b) caindo em insolvência, aliena ou tenta alienar bens que possui; contrai ou tenta contrair dívidas extraordinárias; põe ou tenta pôr os seus bens em nome de terceiros; ou comete outro qualquer artifício fraudulento, a fim de frustrar a execução ou lesar credores; III - quando o devedor, que possui bens de raiz, intenta aliená-los, hipotecá-los ou dá-los em anticrese, sem ficar com algum ou alguns, livres e desembargados, equivalentes às dívidas; IV - nos demais casos expressos em lei. [...] **Art. 822.** O juiz, a requerimento da parte, pode decretar o sequestro: I – de bens móveis, semoventes ou imóveis, quando lhes for disputada a propriedade ou a posse, havendo fundado receio de rixas ou danificações; II – dos frutos e rendimentos do imóvel reivindicando, se o réu, depois de condenado por sentença ainda sujeita a recurso, os dissipar; III – dos bens do casal, nas ações de separação judicial e de anulação de casamento, se o cônjuge os estiver dilapidando; IV - nos demais casos expressos em lei. [...] **Art. 855.** Procede-se ao arrolamento sempre que há fundado receio de extravio ou de dissipação de bens. **Art. 870.** [...]. **Parágrafo único.** Quando se tratar de protesto contra a alienação de bens, pode o juiz ouvir, em 3 (três) dias, aquele contra quem foi dirigido, desde que lhe pareça haver no pedido ato emulativo, tentativa de extorsão, ou qualquer outro fim ilícito, decidindo em seguida sobre o pedido de publicação de editais.
Art. 302. Independentemente da reparação por dano processual, a **parte** responde pelo prejuízo que a **efetivação da tutela de urgência** causar à parte adversa, se:	**Art. 811.** Sem prejuízo do disposto no art. 16, o requerente do procedimento cautelar responde ao requerido pelo prejuízo que lhe causar a execução da medida:
I – a sentença lhe for desfavorável;	I – se a sentença no processo principal lhe for desfavorável;
II – obtida liminarmente a tutela em caráter antecedente, **não fornecer os meios necessários para a citação do requerido** no prazo de 5 (cinco) dias;	II – se, obtida liminarmente a medida no caso do art. 804 deste Código, não promover a citação do requerido dentro em 5 (cinco) dias;
III – ocorrer a cessação da eficácia da medida **em qualquer hipótese legal**;	III – se ocorrer a cessação da eficácia da medida, em qualquer dos casos previstos no art. 808 deste Código;
IV – o juiz acolher a alegação de decadência ou prescrição da **pretensão** do autor.	IV – se o juiz acolher, no procedimento cautelar, a alegação de decadência ou prescrição do direito do autor (art. 810).
Parágrafo único. A indenização será liquidada nos **autos em que a medida tiver sido concedida, sempre que possível**.	**Parágrafo único.** A indenização será liquidada nos autos do procedimento cautelar.
Capítulo II **Do Procedimento da Tutela Antecipada Requerida em Caráter Antecedente**	
Art. 303. Nos casos em que a urgência for contemporânea à propositura da ação, a petição inicial pode limitar-se ao requerimento da tutela antecipada e à indicação do pedido de tutela final, com a exposição da lide, do direito que se busca realizar e do perigo de dano ou do risco ao resultado útil do processo.	

§ 1º Concedida a tutela antecipada a que se refere o *caput* deste artigo:	
I – o autor deverá aditar a petição inicial, com a complementação de sua argumentação, a juntada de novos documentos e a confirmação do pedido de tutela final, em 15 (quinze) dias ou em outro prazo maior que o juiz fixar;	
II – o réu será citado e intimado para a audiência de conciliação ou de mediação na forma do art. 334;	
III – não havendo autocomposição, o prazo para contestação será contado na forma do art. 335.	
§ 2º Não realizado o aditamento a que se refere o inciso I do § 1º deste artigo, o processo será extinto sem resolução do mérito.	
§ 3º O aditamento a que se refere o inciso I do § 1º deste artigo dar-se-á nos mesmos autos, sem incidência de novas custas processuais.	
§ 4º Na petição inicial a que se refere o caput deste artigo, o autor terá de indicar o valor da causa, que deve levar em consideração o pedido de tutela final.	
§ 5º O autor indicará na petição inicial, ainda, que pretende valer-se do benefício previsto no *caput* deste artigo.	
§ 6º Caso entenda que não há elementos para a concessão de tutela antecipada, o órgão jurisdicional determinará a emenda da petição inicial em até 5 (cinco) dias, sob pena de ser indeferida e de o processo ser extinto sem resolução de mérito.	
Art. 304. A tutela antecipada, concedida nos termos do art. 303, torna-se estável se da decisão que a conceder não for interposto o respectivo recurso.	
§ 1º No caso previsto no *caput*, o processo será extinto.	
§ 2º Qualquer das partes poderá demandar a outra com o intuito de rever, reformar ou invalidar a tutela antecipada estabilizada nos termos do *caput*.	
§ 3º A tutela antecipada conservará seus efeitos enquanto não revista, reformada ou invalidada por decisão de mérito proferida na ação de que trata o § 2º.	**Art. 273.** [...] § 5º Concedida ou não a antecipação da tutela, prosseguirá o processo até final julgamento.
§ 4º Qualquer das partes poderá requerer o desarquivamento dos autos em que foi concedida a medida, para instruir a petição inicial da ação a que se refere o § 2º, prevento o juízo em que a tutela antecipada foi concedida.	
§ 5º O direito de rever, reformar ou invalidar a tutela antecipada, previsto no § 2º deste artigo, extingue-se após 2 (dois) anos, contados da ciência da decisão que extinguiu o processo, nos termos do § 1º.	
§ 6º A decisão que concede a tutela não fará coisa julgada, mas a estabilidade dos respectivos efeitos só será afastada por decisão que a revir, reformar ou invalidar, proferida em ação ajuizada por uma das partes, nos termos do § 2º deste artigo.	
CAPÍTULO III Do Procedimento da Tutela Cautelar Requerida em Caráter Antecedente	
Art. 305. A petição inicial da ação que visa à prestação de tutela cautelar em caráter antecedente indicará a lide e seu fundamento, a exposição sumária do direito que se objetiva assegurar e o perigo de dano ou o risco ao resultado útil do processo.	**Art. 801.** O requerente pleiteará a medida cautelar em petição escrita, que indicará: I – a autoridade judiciária, a que for dirigida; II – o nome, o estado civil, a profissão e a residência do requerente e do requerido; III – a lide e seu fundamento; IV – a exposição sumária do direito ameaçado e o receio da lesão; V – as provas que serão produzidas. **Parágrafo único.** Não se exigirá o requisito do no III senão quando a medida cautelar for requerida em procedimento preparatório.

COMPARATIVO NOVO CPC X ANTIGO CPC

Parágrafo único. Caso entenda que o pedido a que se refere o *caput* tem natureza antecipada, o juiz observará o disposto no art. 303.	**Art. 273.** [...] § 7º Se o autor, a título de antecipação de tutela, requerer providência de natureza cautelar, poderá o juiz, quando presentes os respectivos pressupostos, deferir a medida cautelar em caráter incidental do processo ajuizado.
Art. 306. O réu será citado para, no prazo de 5 (cinco) dias, contestar o pedido e indicar as provas que pretende produzir.	**Art. 802.** O requerido será citado, **qualquer que seja o procedimento cautelar**, para, no prazo de 5 (cinco) dias, contestar o pedido, indicando as provas que pretende produzir.
Art. 307. Não sendo contestado o pedido, os fatos alegados **pelo autor** presumir-se-ão aceitos pelo réu como ocorridos, caso em que o juiz decidirá dentro de 5 (cinco) dias.	**Art. 803.** Não sendo contestado o pedido, presumir-se-ão aceitos pelo requerido, como verdadeiros, os fatos alegados pelo requerente (arts. 285 e 319); caso em que o juiz decidirá dentro em 5 (cinco) dias.
Parágrafo único. Contestado o pedido no prazo legal, observar-se-á o procedimento comum.	**Parágrafo único.** Se o requerido contestar no prazo legal, o juiz designará audiência de instrução e julgamento, havendo prova a ser nela produzida.
Art. 308. Efetivada a tutela cautelar, o pedido principal terá de ser formulado pelo autor no prazo de 30 (trinta) dias, **caso em que será apresentado nos mesmos autos em que deduzido o pedido de tutela cautelar, não dependendo do adiantamento de novas custas processuais.**	**Art. 806.** Cabe à parte propor a ação, no prazo de 30 (trinta) dias, contados da data da efetivação da medida cautelar, quando esta for concedida em procedimento preparatório.
§ 1º O pedido principal pode ser formulado conjuntamente com o pedido de tutela cautelar.	
§ 2º A causa de pedir poderá ser aditada no momento de formulação do pedido principal.	
§ 3º Apresentado o pedido principal, as partes serão intimadas para a audiência de conciliação ou de mediação, na forma do art. 334, por seus advogados ou pessoalmente, sem necessidade de nova citação do réu.	
§ 4º Não havendo autocomposição, o prazo para contestação será contado na forma do art. 335.	
Art. 309. Cessa a eficácia da tutela concedida em caráter antecedente, se:	**Art. 808.** Cessa a eficácia da medida cautelar:
I – o autor não deduzir o **pedido principal** no prazo legal;	I – se a parte não intentar a ação no prazo estabelecido no art. 806;
II – não for **efetivada** dentro de 30 (trinta) dias;	II – se não for executada dentro de 30 (trinta) dias;
III – o juiz **julgar improcedente o pedido principal** formulado pelo autor ou extinguir o processo sem resolução de mérito.	III – se o juiz declarar extinto o processo principal, com ou sem julgamento do mérito.
Parágrafo único. Se por qualquer motivo cessar a eficácia da tutela cautelar, é vedado à parte renovar o pedido, salvo sob novo fundamento.	**Parágrafo único.** Se por qualquer motivo cessar a medida, é defeso à parte repetir o pedido, salvo por novo fundamento.
Art. 310. O indeferimento da **tutela cautelar** não obsta a que a parte **formule o pedido principal**, nem influi no julgamento desse, salvo se o motivo do indeferimento for o reconhecimento de decadência ou de prescrição.	**Art. 810.** O indeferimento da medida não obsta a que a parte intente a ação, nem influi no julgamento desta, salvo se o juiz, no procedimento cautelar, acolher a alegação de decadência ou de prescrição do direito do autor.
TÍTULO III **DA TUTELA DA EVIDÊNCIA**	
Art. 311. A tutela da evidência será concedida, **independentemente da demonstração de perigo de dano ou de risco ao resultado útil do processo, quando:**	**Art. 273.** O juiz poderá, a requerimento da parte, antecipar, total ou parcialmente, os efeitos da tutela pretendida no pedido inicial, desde que, existindo prova inequívoca, se convença da verossimilhança da alegação e:
I – ficar caracterizado o abuso do direito de defesa ou o manifesto propósito protelatório da parte;	II – fique caracterizado o abuso de direito de defesa ou o manifesto propósito protelatório do réu.
II – as alegações de fato puderem ser comprovadas apenas documentalmente e houver tese firmada em julgamento de casos repetitivos ou em súmula vinculante;	
III – se tratar de pedido reipersecutório fundado em prova documental adequada do contrato de depósito, caso em que será decretada a ordem de entrega do objeto custodiado, sob cominação de multa;	

IV – a petição inicial for instruída com prova documental suficiente dos fatos constitutivos do direito do autor, a que o réu não oponha prova capaz de gerar dúvida razoável.	
Parágrafo único. Nas hipóteses dos incisos II e III, o juiz poderá decidir liminarmente.	

LIVRO VI DA FORMAÇÃO, DA SUSPENSÃO E DA EXTINÇÃO DO PROCESSO	TÍTULO VI Da Formação, da Suspensão e da Extinção do Processo
TÍTULO I Da Formação Do Processo	Capítulo I Da Formação do Processo
Art. 312. Considera-se proposta a ação quando a petição inicial **for protocolada**, todavia, a propositura da ação só produz quanto ao réu os efeitos mencionados no art. 240 depois que for validamente citado.	**Art. 263.** Considera-se proposta a ação, tanto que a petição inicial seja despachada pelo juiz, ou simplesmente distribuída, onde houver mais de uma vara. A propositura da ação, todavia, só produz, quanto ao réu, os efeitos mencionados no art. 219 depois que for validamente citado.
TÍTULO II Da Suspensão do Processo	Capítulo II Da Suspensão do Processo
Art. 313. Suspende-se o processo:	**Art. 265.** Suspende-se o processo:
I – pela morte ou pela perda da capacidade processual de qualquer das partes, de seu representante legal ou de seu procurador;	I – pela morte ou perda da capacidade processual de qualquer das partes, de seu representante legal ou de seu procurador;
II – pela convenção das partes;	II – pela convenção das partes;
III – pela **arguição de impedimento ou** de **suspeição**;	III – quando for oposta exceção de incompetência do juízo, da câmara ou do tribunal, bem como de suspeição ou impedimento do juiz;
IV – pela admissão de incidente de resolução de demandas repetitivas;	
V – quando a sentença de mérito:	IV – quando a sentença de mérito:
a) depender do julgamento de outra causa ou da declaração de existência ou de inexistência de relação jurídica que constitua o objeto principal de outro processo pendente;	a) depender do julgamento de outra causa, ou da declaração da existência ou inexistência da relação jurídica, que constitua o objeto principal de outro processo pendente;
b) **tiver de ser proferida somente** após a verificação de determinado fato ou a produção de certa prova, requisitada a outro juízo;	b) não puder ser proferida senão depois de verificado determinado fato, ou de produzida certa prova, requisitada a outro juízo;
VI – por motivo de força maior;	V – por motivo de força maior;
VII – quando se discutir em juízo questão decorrente de acidentes e fatos da navegação de competência do Tribunal Marítimo;	
VIII – nos demais casos que este Código regula.	VI – nos demais casos, que este Código regula.
§ 1º Na hipótese do inciso I, o juiz suspenderá o processo, nos termos do art. 689.	§ 1º No caso de morte ou perda da capacidade processual de qualquer das partes, ou de seu representante legal, provado o falecimento ou a incapacidade, o juiz suspenderá o processo, salvo se já tiver iniciado a audiência de instrução e julgamento; caso em que:
§ 2º Não ajuizada ação de habilitação, ao tomar conhecimento da morte, o juiz determinará a suspensão do processo e observará o seguinte:	
I – falecido o réu, ordenará a intimação do autor para que promova a citação do respectivo espólio, de quem for o sucessor ou, se for o caso, dos herdeiros, no prazo que designar, de no mínimo 2 (dois) e no máximo 6 (seis) meses;	
II – falecido o autor e sendo transmissível o direito em litígio, determinará a intimação de seu espólio, de quem for o sucessor ou, se for o caso, dos herdeiros, pelos meios de divulgação que reputar mais adequados, para que manifestem interesse na sucessão processual e promovam a respectiva habilitação no prazo designado, sob pena de extinção do processo sem resolução de mérito.	
§ 3º No caso de morte do procurador de qualquer das partes, ainda que iniciada a audiência de instrução e julgamento, o juiz **determinará** que a parte constitua novo mandatário, **no prazo de** 15 **(quinze) dias**, ao final do qual extinguirá o processo sem **resolução** de mérito, se o autor não nomear novo mandatário, ou ordenará o prosseguimento do processo à revelia do réu, se falecido o **procurador** deste.	§ 2º No caso de morte do procurador de qualquer das partes, ainda que iniciada a audiência de instrução e julgamento, o juiz marcará, a fim de que a parte constitua novo mandatário, o prazo de 20 (vinte) dias, findo o qual extinguirá o processo sem julgamento do mérito, se o autor não nomear novo mandatário, ou mandará prosseguir no processo, à revelia do réu, tendo falecido o advogado deste.

§ 4º O prazo de suspensão do processo nunca poderá exceder 1 (um) ano nas hipóteses do inciso V e 6 (seis) meses naquela prevista no inciso II.	§ 3º A suspensão do processo por convenção das partes, de que trata o no II, nunca poderá exceder 6 (seis) meses; findo o prazo, o escrivão fará os autos conclusos ao juiz, que ordenará o prosseguimento do processo.
§ 5º O juiz determinará o prosseguimento do processo assim que esgotados os prazos previstos no § 4º.	§ 4º No caso do nº III, a exceção, em primeiro grau da jurisdição, será processada na forma do disposto neste Livro, Título VIII, Capítulo II, Seção III; e, no tribunal, consoante lhe estabelecer o regimento interno.
Art. 314. Durante a suspensão é vedado praticar qualquer ato processual, podendo o juiz, todavia, determinar a realização de atos urgentes a fim de evitar dano irreparável, **salvo no caso de arguição de impedimento e de suspeição**.	**Art. 266.** Durante a suspensão é defeso praticar qualquer ato processual; poderá o juiz, todavia, determinar a realização de atos urgentes, a fim de evitar dano irreparável.
Art. 315. Se o conhecimento do mérito depender de verificação da existência de fato delituoso, o juiz pode determinar a suspensão do processo até que se pronuncie a justiça criminal.	**Art. 110.** Se o conhecimento da lide depender necessariamente da verificação da existência de fato delituoso, pode o juiz mandar sobrestar no andamento do processo até que se pronuncie a justiça criminal.
§ 1º Se a ação penal não for proposta no prazo de 3 (três) meses, contado da intimação do ato de suspensão, cessará o efeito desse, incumbindo ao juiz cível examinar incidentemente a questão prévia.	**Parágrafo único.** Se a ação penal não for exercida dentro de 30 (trinta) dias, contados da intimação do despacho de sobrestamento, cessará o efeito deste, decidindo o juiz cível a questão prejudicial.
§ 2º Proposta a ação penal, o processo ficará suspenso pelo prazo máximo de 1 (um) ano, ao final do qual aplicar-se-á o disposto na parte final do § 1º.	**Art. 265.** Suspende-se o processo: [...] IV – quando a sentença de mérito: a) depender do julgamento de outra causa, ou da declaração da existência ou inexistência da relação jurídica, que constitua o objeto principal de outro processo pendente;
TÍTULO III Da Extinção do Processo	
Art. 316. A extinção do processo dar-se-á por sentença.	
Art. 317. Antes de proferir decisão sem resolução de mérito, o juiz deverá conceder à parte oportunidade para, se possível, corrigir o vício.	

PARTE ESPECIAL **LIVRO I** **DO PROCESSO DE CONHECIMENTO E DO CUMPRIMENTO DE SENTENÇA**	
TÍTULO I Do Procedimento Comum	**TÍTULO VII** Do Processo e do Procedimento
Capítulo I Das Disposições Gerais	Capítulo I Das Disposições Gerais
Art. 318. Aplica-se a todas as causas o procedimento comum, salvo disposição em contrário deste Código ou de lei.	**Art. 271.** Aplica-se a todas as causas o procedimento comum, salvo disposição em contrário deste Código ou de lei especial.
Parágrafo único. O procedimento comum aplica-se subsidiariamente **aos demais procedimentos especiais e ao processo de execução**.	**Art. 272.** O procedimento comum é ordinário ou sumário. **Parágrafo único.** O procedimento especial e o procedimento sumário regem-se pelas disposições que lhes são próprias, aplicando-se-lhes, subsidiariamente, as disposições gerais do procedimento ordinário.
	TÍTULO VIII Do Procedimento Ordinário
Capítulo II Da Petição Inicial	Capítulo I Da Petição Inicial
Seção I *Dos Requisitos da Petição Inicial*	Seção I *Dos Requisitos da Petição Inicial*
Art. 319. A petição inicial indicará:	**Art. 282.** A petição inicial indicará:
I – o juízo a que é dirigida;	I – o juiz ou tribunal, a que é dirigida;
II – os nomes, os prenomes, o estado civil, **a existência de união estável, a profissão, o número de inscrição no Cadastro de Pessoas Físicas ou no Cadastro Nacional da Pessoa Jurídica, o endereço eletrônico,** o domicílio e a residência do autor e do réu;	II – os nomes, prenomes, estado civil, profissão, domicílio e residência do autor e do réu;

III – o fato e os fundamentos jurídicos do pedido;	III – o fato e os fundamentos jurídicos do pedido;
IV – o pedido com as suas especificações;	IV – o pedido, com as suas especificações;
V – o valor da causa;	V – o valor da causa;
VI – as provas com que o autor pretende demonstrar a verdade dos fatos alegados;	VI – as provas com que o autor pretende demonstrar a verdade dos fatos alegados;
VII – a opção do autor pela realização ou não de audiência de conciliação ou de mediação.	
§ 1º Caso não disponha das informações previstas no inciso II, poderá o autor, na petição inicial, requerer ao juiz diligências necessárias a sua obtenção.	
§ 2º A petição inicial não será indeferida se, a despeito da falta de informações a que se refere o inciso II, for possível a citação do réu.	
§ 3º A petição inicial não será indeferida, pelo não atendimento ao disposto no inciso II deste artigo se a obtenção de tais informações tornar impossível ou excessivamente oneroso o acesso à justiça.	
Art. 320. A petição inicial será instruída com os documentos indispensáveis à propositura da ação.	**Art. 283.** A petição inicial será instruída com os documentos indispensáveis à propositura da ação.
Art. 321. O juiz, ao verificar que a petição inicial não preenche os requisitos dos arts. 319 e 320 ou que apresenta defeitos e irregularidades capazes de dificultar o julgamento de mérito, determinará que o autor, **no prazo de 15 (quinze) dias**, a emende ou a complete, **indicando com precisão o que deve ser corrigido ou completado**.	**Art. 284.** Verificando o juiz que a petição inicial não preenche os requisitos exigidos nos arts. 282 e 283, ou que apresenta defeitos e irregularidades capazes de dificultar o julgamento de mérito, determinará que o autor a emende, ou a complete, no prazo de 10 (dez) dias.
Parágrafo único. Se o autor não cumprir a diligência, o juiz indeferirá a petição inicial.	**Parágrafo único.** Se o autor não cumprir a diligência, o juiz indeferirá a petição inicial.
Seção II *Do Pedido*	Seção II *Do Pedido*
Art. 322. O pedido deve ser certo.	**Art. 286.** O pedido deve ser certo ou determinado. É lícito, porém, formular pedido genérico:
§ 1º Compreendem-se no principal os juros legais, a correção monetária e as verbas de sucumbência, inclusive os honorários advocatícios.	**Art. 293.** Os pedidos são interpretados restritivamente, compreendendo-se, entretanto, no principal os juros legais.
§ 2º A interpretação do pedido considerará o conjunto da postulação e observará o princípio da boa-fé.	
Art. 323. Na ação que tiver por objeto cumprimento de obrigação em prestações **sucessivas**, essas serão consideradas incluídas no pedido, independentemente de declaração expressa do autor, e serão incluídas na condenação, enquanto durar a obrigação, se o devedor, no curso do processo, deixar de pagá-las ou de consigná-las.	**Art. 290.** Quando a obrigação consistir em prestações periódicas, considerar-se-ão elas incluídas no pedido, independentemente de declaração expressa do autor; se o devedor, no curso do processo, deixar de pagá-las ou de consigná-las, a sentença as incluirá na condenação, enquanto durar a obrigação.
Art. 324. O pedido deve ser determinado.	**Art. 286.** O pedido deve ser certo ou determinado. É lícito, porém, formular pedido genérico:
§ 1º É lícito, porém, formular pedido genérico:	
I – nas ações universais, se o autor não puder individuar os bens demandados;	I – nas ações universais, se não puder o autor individuar na petição os bens demandados;
II – quando não for possível determinar, **desde logo**, as consequências do ato ou do fato;	II – quando não for possível determinar, de modo definitivo, as consequências do ato ou do fato ilícito;
III – quando a determinação **do objeto** ou do valor da condenação depender de ato que deva ser praticado pelo réu.	III – quando a determinação do valor da condenação depender de ato que deva ser praticado pelo réu.
§ 2º O disposto neste artigo aplica-se à reconvenção.	
Art. 325. O pedido será alternativo quando, pela natureza da obrigação, o devedor puder cumprir a prestação de mais de um modo.	**Art. 288.** O pedido será alternativo, quando, pela natureza da obrigação, o devedor puder cumprir a prestação de mais de um modo.
Parágrafo único. Quando, pela lei ou pelo contrato, a escolha couber ao devedor, o juiz lhe assegurará o direito de cumprir a prestação de um ou de outro modo, ainda que o autor não tenha formulado pedido alternativo.	**Parágrafo único.** Quando, pela lei ou pelo contrato, a escolha couber ao devedor, o juiz lhe assegurará o direito de cumprir a prestação de um ou de outro modo, ainda que o autor não tenha formulado pedido alternativo.
Art. 326. É lícito formular mais de um pedido em ordem **subsidiária**, a fim de que o juiz conheça do posterior, quando não acolher o anterior.	**Art. 289.** É lícito formular mais de um pedido em ordem sucessiva, a fim de que o juiz conheça do posterior, em não podendo acolher o anterior.
Parágrafo único. É lícito formular mais de um pedido, alternativamente, para que o juiz acolha um deles.	

Novo CPC	Antigo CPC
Art. 327. É **lícita** a cumulação, em um único processo, contra o mesmo réu, de vários pedidos, ainda que entre eles não haja conexão.	**Art. 292.** É permitida a cumulação, num único processo, contra o mesmo réu, de vários pedidos, ainda que entre eles não haja conexão.
§ 1º São requisitos de admissibilidade da cumulação que:	§ 1º São requisitos de admissibilidade da cumulação:
I – os pedidos sejam compatíveis entre si;	I – que os pedidos sejam compatíveis entre si;
II – seja competente para conhecer deles o mesmo juízo;	II – que seja competente para conhecer deles o mesmo juízo;
III – seja adequado para todos os pedidos o tipo de procedimento.	III – que seja adequado para todos os pedidos o tipo de procedimento.
§ 2º Quando, para cada pedido, corresponder tipo diverso de procedimento, será admitida a cumulação se o autor empregar o **procedimento comum, sem prejuízo do emprego das técnicas processuais diferenciadas previstas nos procedimentos especiais a que se sujeitam um ou mais pedidos cumulados, que não forem incompatíveis com as disposições sobre o procedimento comum.**	§ 2º Quando, para cada pedido, corresponder tipo diverso de procedimento, admitir-se-á a cumulação, se o autor empregar o procedimento ordinário.
§ 3º O inciso I do § 1º não se aplica às cumulações de pedidos de que trata o art. 326.	
Art. 328. Na obrigação indivisível com pluralidade de credores, aquele que não participou do processo receberá sua parte, deduzidas as despesas na proporção de seu crédito.	**Art. 291.** Na obrigação indivisível com pluralidade de credores, aquele que não participou do processo receberá a sua parte, deduzidas as despesas na proporção de seu crédito.
Art. 329. O autor poderá:	**Art. 294.** Antes da citação, o autor poderá aditar o pedido, correndo à sua conta as custas acrescidas em razão dessa iniciativa.
I – até a citação, aditar **ou alterar** o pedido ou a causa de pedir, **independentemente** de **consentimento do réu;**	
II – até o saneamento do processo, aditar **ou alterar o pedido e a causa de pedir, com consentimento do réu, assegurado o contraditório mediante a possibilidade de manifestação deste no prazo mínimo de 15 (quinze) dias, facultado o requerimento de prova suplementar.**	**Art. 264.** Feita a citação, é defeso ao autor modificar o pedido ou a causa de pedir, sem o consentimento do réu, mantendo-se as mesmas partes, salvo as substituições permitidas por lei. **Parágrafo único.** A alteração do pedido ou da causa de pedir em nenhuma hipótese será permitida após o saneamento do processo.
Parágrafo único. Aplica-se o disposto neste artigo à reconvenção e à respectiva causa de pedir.	
Seção III *Do Indeferimento da Petição Inicial*	Seção III *Do Indeferimento da Petição Inicial*
Art. 330. A petição inicial será indeferida quando:	**Art. 295.** A petição inicial será indeferida:
I – for inepta;	I – quando for inepta;
II – a parte for manifestamente ilegítima;	II – quando a parte for manifestamente ilegítima;
III – o autor carecer de interesse processual;	III – quando o autor carecer de interesse processual;
IV – não atendidas as prescrições dos arts. 106 e 321.	VI – quando não atendidas as prescrições dos arts. 39, parágrafo único, primeira parte, e 284.
§ 1º Considera-se inepta a petição inicial quando:	**Parágrafo único.** Considera-se inepta a petição inicial quando:
I – lhe faltar pedido ou causa de pedir;	I – lhe faltar pedido ou causa de pedir;
II – o pedido for indeterminado, ressalvadas as hipóteses legais em que se permite o pedido genérico;	
III – da narração dos fatos não decorrer logicamente a conclusão;	II – da narração dos fatos não decorrer logicamente a conclusão;
IV – contiver pedidos incompatíveis entre si.	IV – contiver pedidos incompatíveis entre si.
§ 2º Nas ações que tenham por objeto a revisão de obrigação decorrente de empréstimo, de financiamento ou de alienação de bens, o autor terá de, sob pena de inépcia, discriminar na petição inicial, dentre as obrigações contratuais, aquelas que pretende controverter, além de quantificar o valor incontroverso do débito.	**Art. 285-B.** Nos litígios que tenham por objeto obrigações decorrentes de empréstimo, financiamento ou arrendamento mercantil, o autor deverá discriminar na petição inicial, dentre as obrigações contratuais, aquelas que pretende controverter, quantificando o valor incontroverso.
§ 3º Na hipótese do § 2º, o valor incontroverso deverá continuar a ser pago no tempo e modo contratados.	§ 1º O valor incontroverso deverá continuar sendo pago no tempo e modo contratados
Art. 331. Indeferida a petição inicial, o autor poderá apelar, facultado ao juiz, no prazo de 5 (cinco) dias, retratar-se.	**Art. 296.** Indeferida a petição inicial, o autor poderá apelar, facultado ao juiz, no prazo de 48 (quarenta e oito) horas, reformar sua decisão.
§ 1º Se não houver retratação, o juiz mandará citar o réu para responder ao recurso.	**Parágrafo único.** Não sendo reformada a decisão, os autos serão imediatamente encaminhados ao tribunal competente.
§ 2º Sendo a sentença reformada pelo tribunal, o prazo para a contestação começará a correr da intimação do retorno dos autos, observado o disposto no art. 334.	
§ 3º Não interposta a apelação, o réu será intimado do trânsito em julgado da sentença.	

CAPÍTULO III **Da Improcedência Liminar do Pedido**	
Art. 332. Nas causas que dispensem a fase instrutória, o juiz, independentemente da citação do réu, julgará liminarmente improcedente o pedido que contrariar:	**Art. 285-A.** Quando a matéria controvertida for unicamente de direito e no juízo já houver sido proferida sentença de total improcedência em outros casos idênticos, poderá ser dispensada a citação e proferida sentença, reproduzindo-se o teor da anteriormente prolatada.
I – enunciado de súmula do Supremo Tribunal Federal ou do Superior Tribunal de Justiça;	
II – acórdão proferido pelo Supremo Tribunal Federal ou pelo Superior Tribunal de Justiça em julgamento de recursos repetitivos;	
III – entendimento firmado em incidente de resolução de demandas repetitivas ou de assunção de competência;	
IV – enunciado de súmula de tribunal de justiça sobre direito local.	
§ 1º O juiz também poderá julgar liminarmente improcedente o pedido se verificar, desde logo, a ocorrência de decadência ou de prescrição.	**Art. 295.** A petição inicial será indeferida: [...] IV – quando o juiz verificar, desde logo, a decadência ou a prescrição (art. 219, § 5º);
§ 2º Não interposta a apelação, o réu será intimado do trânsito em julgado da sentença, nos termos do art. 241.	
§ 3º Interposta a apelação, o juiz poderá retratar-se em 5 (cinco) dias.	**Art. 285-A.** [...] § 1º Se o autor apelar, é facultado ao juiz decidir, no prazo de 5 (cinco) dias, não manter a sentença e determinar o prosseguimento da ação.
§ 4º **Se houver retratação**, o juiz determinará o prosseguimento do processo, com a citação do réu, e, **se não houver retratação, determinará a citação do réu para apresentar contrarrazões, no prazo de 15 (quinze) dias.**	**Art. 285-A.** [...] § 2º Caso seja mantida a sentença, será ordenada a citação do réu para responder ao recurso.
CAPÍTULO IV **Da Conversão da Ação Individual em Ação Coletiva**	
Art. 333. (*Vetado*). **Redação vetada:** "Art. 333. Atendidos os pressupostos da relevância social e da dificuldade de formação do litisconsórcio, o juiz, a requerimento do Ministério Público ou da Defensoria Pública, ouvido o autor, poderá converter em coletiva a ação individual que veicule pedido que: I – tenha alcance coletivo, em razão da tutela de bem jurídico difuso ou coletivo, assim entendidos aqueles definidos pelo art. 81, parágrafo único, incisos I e II, da Lei nº 8.078, de 11 de setembro de 1990 (Código de Defesa do Consumidor), e cuja ofensa afete, a um só tempo, as esferas jurídicas do indivíduo e da coletividade; II – tenha por objetivo a solução de conflito de interesse relativo a uma mesma relação jurídica plurilateral, cuja solução, por sua natureza ou por disposição de lei, deva ser necessariamente uniforme, assegurando-se tratamento isonômico para todos os membros do grupo. § 1º Além do Ministério Público e da Defensoria Pública, podem requerer a conversão os legitimados referidos no art. 5º da Lei nº 7.347, de 24 de julho de 1985, e no art. 82 da Lei nº 8.078, de 11 de setembro de 1990 (Código de Defesa do Consumidor). § 2º A conversão não pode implicar a formação de processo coletivo para a tutela de direitos individuais homogêneos. § 3º Não se admite a conversão, ainda, se: I – já iniciada, no processo individual, a audiência de instrução e julgamento; ou II – houver processo coletivo pendente com o mesmo objeto; ou III – o juízo não tiver competência para o processo coletivo que seria formado. § 4º Determinada a conversão, o juiz intimará o autor do requerimento para que, no prazo fixado, adite ou emende a petição inicial, para adaptá-la à tutela coletiva. § 5º Havendo aditamento ou emenda da petição inicial, o juiz determinará a intimação do réu para, querendo, manifestar-se no prazo de 15 (quinze) dias. § 6º O autor originário da ação individual atuará na condição de litisconsorte unitário do legitimado para condução do processo coletivo. § 7º O autor originário não é responsável por nenhuma despesa processual decorrente da conversão do processo individual em coletivo. § 8º Após a conversão, observar-se-ão as regras do processo coletivo. § 9º A conversão poderá ocorrer mesmo que o autor tenha cumulado pedido de natureza estritamente individual, hipótese em que o processamento desse pedido dar-se-á em autos apartados. § 10. O Ministério Público deverá ser ouvido sobre o requerimento previsto no *caput*, salvo quando ele próprio o houver formulado."	

Capítulo V **Da Audiência de Conciliação ou de Mediação**	
Art. 334. Se a petição inicial preencher os requisitos essenciais e não for o caso de improcedência liminar do pedido, o juiz designará audiência de conciliação ou de mediação com antecedência mínima de 30 (trinta) dias, devendo ser citado o réu com pelo menos 20 (vinte) dias de antecedência.	**Art. 285.** Estando em termos a petição inicial, o juiz a despachará, ordenando a citação do réu, para responder; do mandado constará que, não sendo contestada a ação, se presumirão aceitos pelo réu, como verdadeiros, os fatos articulados pelo autor.
§ 1º O conciliador ou mediador, onde houver, atuará necessariamente na audiência de conciliação ou de mediação, observando o disposto neste Código, bem como as disposições da lei de organização judiciária.	
§ 2º Poderá haver mais de uma sessão destinada à conciliação e à mediação, não podendo exceder a 2 (dois) meses da data de realização da primeira sessão, desde que necessárias à composição das partes.	
§ 3º A intimação do autor para a audiência será feita na pessoa de seu advogado.	
§ 4º A audiência não será realizada:	
I – se ambas as partes manifestarem, expressamente, desinteresse na composição consensual;	
II – quando não se admitir a autocomposição.	
§ 5º O autor deverá indicar, na petição inicial, seu desinteresse na autocomposição, e o réu deverá fazê-lo, por petição, apresentada com 10 (dez) dias de antecedência, contados da data da audiência.	
§ 6º Havendo litisconsórcio, o desinteresse na realização da audiência deve ser manifestado por todos os litisconsortes.	
§ 7º A audiência de conciliação ou de mediação pode realizar-se por meio eletrônico, nos termos da lei.	
§ 8º O não comparecimento injustificado do autor ou do réu à audiência de conciliação é considerado ato atentatório à dignidade da justiça e será sancionado com multa de até dois por cento da vantagem econômica pretendida ou do valor da causa, revertida em favor da União ou do Estado.	
§ 9º As partes devem estar acompanhadas por seus advogados ou defensores públicos.	
§ 10. A parte poderá constituir representante, por meio de procuração específica, com poderes para negociar e transigir.	
§ 11. A autocomposição obtida será reduzida a termo e homologada por sentença.	
§ 12. A pauta das audiências de conciliação ou de mediação será organizada de modo a respeitar o intervalo mínimo de 20 (vinte) minutos entre o início de uma e o início da seguinte.	
Capítulo VI **Da Contestação**	**Capítulo II** **Da Resposta do Réu**
	Seção I *Das Disposições Gerais*
Art. 335. O réu poderá **oferecer contestação**, por petição, no prazo de 15 (quinze) dias, cujo termo inicial será a data:	**Art. 297.** O réu poderá oferecer, no prazo de 15 (quinze) dias, em petição escrita, dirigida ao juiz da causa, contestação, *exceção e reconvenção*.
I – da audiência de conciliação ou de mediação, ou da última sessão de conciliação, quando qualquer parte não comparecer ou, comparecendo, não houver autocomposição;	
II – do protocolo do pedido de cancelamento da audiência de conciliação ou de mediação apresentado pelo réu, quando ocorrer a hipótese do art. 334, § 4º, inciso I;	
III – prevista no art. 231, de acordo com o modo como foi feita a citação, nos demais casos.	
§ 1º No caso de litisconsórcio passivo, **ocorrendo a hipótese do art. 334, § 6º, o termo inicial previsto no inciso II será, para cada um dos réus, a data de apresentação de seu respectivo pedido de cancelamento da audiência.**	**Art. 298.** Quando forem citados para a ação vários réus, o prazo para responder ser-lhes-á comum, salvo o disposto no art. 191.

Novo CPC	Antigo CPC
§ 2º Quando ocorrer a hipótese do art. 334, § 4º, inciso II, havendo **litisconsórcio passivo** e o autor desistir da ação em relação a réu ainda não citado, o prazo para resposta correrá **da data de intimação** da decisão que **homologar** a desistência.	**Parágrafo único.** Se o autor desistir da ação quanto a algum réu ainda não citado, o prazo para a resposta correrá da intimação do despacho que deferir a desistência.
Art. 336. Incumbe ao réu alegar, na contestação, toda a matéria de defesa, expondo as razões de fato e de direito com que impugna o pedido do autor e especificando as provas que pretende produzir.	**Art. 300.** Compete ao réu alegar, na contestação, toda a matéria de defesa, expondo as razões de fato e de direito, com que impugna o pedido do autor e especificando as provas que pretende produzir.
Art. 337. Incumbe ao réu, antes de discutir o mérito, alegar:	**Art. 301.** Compete-lhe, porém, antes de discutir o mérito, alegar:
I – inexistência ou nulidade da citação;	I – inexistência ou nulidade da citação;
II – incompetência absoluta **e relativa**;	II – incompetência absoluta;
III – incorreção do valor da causa;	**Art. 261.** O réu poderá impugnar, no prazo da contestação, o valor atribuído à causa pelo autor. A impugnação será autuada em apenso, ouvindo-se o autor no prazo de 5 (cinco) dias. Em seguida o juiz, sem suspender o processo, servindo-se, quando necessário, do auxílio de perito, determinará, no prazo de 10 (dez) dias, o valor da causa. **Parágrafo único.** Não havendo impugnação, presume-se aceito o valor atribuído à causa na petição inicial.
IV – inépcia da petição inicial;	III – inépcia da petição inicial;
V – perempção;	IV – perempção;
VI – litispendência;	V – litispendência;
VII – coisa julgada;	VI – coisa julgada;
VIII – conexão;	VII – conexão;
IX – incapacidade da parte, defeito de representação ou falta de autorização;	VIII – incapacidade da parte, defeito de representação ou falta de autorização;
X – convenção de arbitragem;	IX– convenção de arbitragem;
XI – **ausência de legitimidade ou de interesse processual**;	**X – carência da ação;**
XII – falta de caução ou de outra prestação que a lei exige como preliminar;	XI – falta de caução ou de outra prestação, que a lei exige como preliminar.
XIII – indevida concessão do benefício de gratuidade de justiça.	
§ 1º Verifica-se a litispendência ou a coisa julgada quando se reproduz ação anteriormente ajuizada.	§ 1º Verifica-se a litispendência ou a coisa julgada, quando se reproduz ação anteriormente ajuizada.
§ 2º Uma ação é idêntica a outra quando possui as mesmas partes, a mesma causa de pedir e o mesmo pedido.	§ 2º Uma ação é idêntica à outra quando tem as mesmas partes, a mesma causa de pedir e o mesmo pedido.
§ 3º Há litispendência quando se repete ação que está em curso.	§ 3º Há litispendência, quando se repete ação, que está em curso; há coisa julgada, quando se repete ação que já foi decidida por sentença, de que não caiba recurso.
§ 4º Há coisa julgada quando se repete ação que já foi decidida por **decisão transitada em julgado**.	
§ 5º Excetuadas a **convenção de arbitragem e a incompetência relativa**, o juiz conhecerá de ofício das matérias enumeradas neste artigo.	§ 4º Com exceção *do* compromisso arbitral, o juiz conhecerá de ofício da matéria enumerada neste artigo.
§ 6º A ausência de alegação da existência de convenção de arbitragem, na forma prevista neste Capítulo, implica aceitação da jurisdição estatal e renúncia ao juízo arbitral.	
Art. 338. Alegando o réu, na contestação, ser parte ilegítima ou não ser o responsável pelo prejuízo invocado, o juiz facultará ao autor, em 15 (quinze) dias, a alteração da petição inicial para substituição do réu.	**Art. 62.** Aquele que detiver a coisa em nome alheio, sendo-lhe demandada em nome próprio, deverá nomear à autoria o proprietário ou o possuidor.
	Art. 63. Aplica-se também o disposto no artigo antecedente à ação de indenização, intentada pelo proprietário ou pelo titular de um direito sobre a coisa, toda vez que o responsável pelos prejuízos alegar que praticou o ato por ordem, ou em cumprimento de instruções de terceiro.
Parágrafo único. Realizada a substituição, o autor reembolsará as despesas e pagará os honorários ao procurador do réu excluído, que serão fixados entre três e cinco por cento do valor da causa ou, sendo este irrisório, nos termos do art. 85, § 8º.	
Art. 339. Quando alegar sua ilegitimidade, incumbe ao réu indicar o sujeito passivo da relação jurídica discutida sempre que tiver conhecimento, sob pena de arcar com as despesas processuais e de indenizar o autor pelos prejuízos decorrentes da falta de indicação.	**Art. 69.** Responderá por perdas e danos aquele a quem incumbia a nomeação: I – deixando de nomear à autoria, quando lhe competir; II – nomeando pessoa diversa daquela em cujo nome detém a coisa demandada.

§ 1º O autor, ao aceitar a indicação, procederá, no prazo de 15 (quinze) dias, à alteração da petição inicial para a substituição do réu, observando-se, ainda, o parágrafo único do art. 338.	**Art. 65.** Aceitando o nomeado, ao autor incumbirá promover-lhe a citação; recusando-o, ficará sem efeito a nomeação.
§ 2º No prazo de 15 (quinze) dias, o autor pode optar por alterar a petição inicial para incluir, como litisconsorte passivo, o sujeito indicado pelo réu.	
Art. 340. Havendo alegação de incompetência relativa ou absoluta, a contestação poderá ser protocolada no foro de domicílio do réu, fato que será imediatamente comunicado ao juiz da causa, preferencialmente por meio eletrônico.	**Art. 305.** [...] **Parágrafo único.** Na exceção de incompetência (art. 112 desta Lei), a petição pode ser protocolizada no juízo de domicílio do réu, com requerimento de sua imediata remessa ao juízo que determinou a citação.
§ 1º A contestação será submetida a livre distribuição ou, se o réu houver sido citado por meio de carta precatória, juntada aos autos dessa carta, seguindo-se a sua imediata remessa para o juízo da causa.	
§ 2º Reconhecida a competência do foro indicado pelo réu, o juízo para o qual for distribuída a contestação ou a carta precatória será considerado prevento.	
§ 3º Alegada a incompetência nos termos do *caput*, será suspensa a realização da audiência de conciliação ou de mediação, se tiver sido designada.	**Art. 306.** Recebida a exceção, o processo ficará suspenso (art. 265, III), até que seja definitivamente julgada.
§ 4º Definida a competência, o juízo competente designará nova data para a audiência de conciliação ou de mediação.	
Art. 341. Incumbe também ao réu manifestar-se precisamente sobre as **alegações** de fato constantes da petição inicial, presumindo-se verdadeiras as não impugnadas, salvo se:	**Art. 302.** Cabe também ao réu manifestar-se precisamente sobre os fatos narrados na petição inicial. Presumem-se verdadeiros os fatos não impugnados, salvo:
I – não for admissível, a seu respeito, a confissão;	I – se não for admissível, a seu respeito, a confissão;
II – a petição inicial não estiver acompanhada de instrumento que a lei considerar da substância do ato;	II – se a petição inicial não estiver acompanhada do instrumento público que a lei considerar da substância do ato;
III – estiverem em contradição com a defesa, considerada em seu conjunto.	III – se estiverem em contradição com a defesa, considerada em seu conjunto.
Parágrafo único. O ônus da impugnação especificada dos fatos não se aplica ao **defensor público**, ao advogado dativo e ao curador especial.	**Parágrafo único.** Esta regra, quanto ao ônus da impugnação especificada dos fatos, não se aplica ao advogado dativo, ao curador especial e ao órgão do Ministério Público.
Art. 342. Depois da contestação, só é lícito ao réu deduzir novas alegações quando:	**Art. 303.** Depois da contestação, só é lícito deduzir novas alegações quando:
I – relativas a direito ou a fato superveniente;	I – relativas a direito superveniente;
II – competir ao juiz conhecer delas de ofício;	II – competir ao juiz conhecer delas de ofício;
III – por expressa autorização legal, puderem ser formuladas em qualquer tempo **e grau de jurisdição**.	III – por expressa autorização legal, puderem ser formuladas em qualquer tempo e juízo.
Capítulo VII *Da Reconvenção*	Seção IV *Da Reconvenção*
Art. 343. Na contestação, é lícito ao réu propor reconvenção para **manifestar pretensão própria**, conexa com a ação principal ou com o fundamento da defesa.	**Art. 315.** O réu pode reconvir ao autor no mesmo processo, toda vez que a reconvenção seja conexa com a ação principal ou com o fundamento da defesa.
§ 1º **Proposta** a reconvenção, o autor será intimado, na pessoa de seu **advogado**, para apresentar resposta no prazo de 15 (quinze) dias.	**Art. 316.** Oferecida a reconvenção, o autor reconvindo será intimado, na pessoa do seu procurador, para contestá-la no prazo de 15 (quin*ze*) dias.
§ 2º A desistência da ação ou a **ocorrência de causa extintiva que impeça o exame de seu mérito** não obsta ao prosseguimento do processo quanto à reconvenção.	**Art. 317.** A desistência da ação, ou a existência de qualquer causa que a extinga, não obsta ao prosseguimento da reconvenção.
§ 3º A reconvenção pode ser proposta contra o autor e terceiro.	
§ 4º A reconvenção pode ser proposta pelo réu em litisconsórcio com terceiro.	
§ 5º Se o autor for substituto processual, o reconvinte deverá afirmar ser titular de direito em face do substituído, e a reconvenção deverá ser proposta em face do autor, também na qualidade de substituto processual.	
§ 6º O réu pode propor reconvenção independentemente de oferecer contestação.	

Capítulo VIII Da Revelia	Capítulo III Da Revelia
Art. 344. Se o réu não contestar a ação, **será considerado revel** e presumir-se-ão verdadeiras as alegações de fato formuladas pelo autor.	**Art. 319.** Se o réu não contestar a ação, reputar-se-ão verdadeiros os fatos afirmados pelo autor.
Art. 345. A revelia não produz o efeito mencionado no art. 344 se:	**Art. 320.** A revelia não induz, contudo, o efeito mencionado no artigo antecedente:
I – havendo pluralidade de réus, algum deles contestar a ação;	I – se, havendo pluralidade de réus, algum deles contestar a ação;
II – o litígio versar sobre direitos indisponíveis;	II – se o litígio versar sobre direitos indisponíveis;
III – a petição inicial não estiver acompanhada de instrumento que a lei considere indispensável à prova do ato;	III – se a petição inicial não estiver acompanhada do instrumento público, que a lei considere indispensável à prova do ato.
IV – as alegações de fato formuladas pelo autor forem inverossímeis ou estiverem em contradição com prova constante dos autos.	
Art. 346. Os prazos contra o revel que não tenha patrono nos autos fluirão da data de publicação do ato decisório no órgão oficial.	**Art. 322.** Contra o revel que não tenha patrono nos autos, correrão os prazos independentemente de intimação, a partir da publicação de cada ato decisório.
Parágrafo único. O revel poderá intervir no processo em qualquer fase, recebendo-o no estado em que se encontrar.	**Parágrafo único.** O revel poderá intervir no processo em qualquer fase, recebendo-o no estado em que se encontrar.
Capítulo IX Das Providências Preliminares **e do Saneamento**	Capítulo IV Das Providências Preliminares
Art. 347. Findo o prazo para a **contestação**, o juiz tomará, conforme o caso, as providências preliminares constantes das seções deste Capítulo.	**Art. 323.** Findo o prazo para a resposta do réu, o escrivão fará a conclusão dos autos. O juiz, no prazo de 10 (dez) dias, determinará, conforme o caso, as providências preliminares, que constam das seções deste Capítulo.
Seção I **Da Não Incidência** dos Efeitos da Revelia	Seção I Do Efeito da Revelia
Art. 348. Se o réu não contestar a ação, o juiz, verificando a inocorrência do efeito da revelia **previsto no art. 344**, **ordenará** que o autor especifique as provas que pretenda produzir, se ainda não as tiver indicado.	**Art. 324.** Se o réu não contestar a ação, o juiz, verificando que não ocorreu o efeito da revelia, mandará que o autor especifique as provas que pretenda produzir na audiência.
Art. 349. Ao réu revel será lícita a produção de provas, contrapostas às alegações do autor, desde que se faça representar nos autos a tempo de praticar os atos processuais indispensáveis a essa produção.	
Seção II **Do Fato Impeditivo, Modificativo ou Extintivo do Direito do Autor**	Seção III Dos fatos impeditivos, Modificativos ou Extintivos do Pedido
Art. 350. Se o réu alegar fato impeditivo, modificativo ou extintivo do direito do autor, este será ouvido **no prazo de 15 (quinze) dias**, permitindo-lhe o juiz a produção de prova.	**Art. 326.** Se o réu, reconhecendo o fato em que se fundou a ação, outro lhe opuser impeditivo, modificativo ou extintivo do direito do autor, este será ouvido no prazo de 10 (dez) dias, facultando-lhe o juiz a produção de prova documental.
Seção III Das Alegações do Réu	Seção IV Das Alegações do Réu
Art. 351. Se o réu alegar qualquer das matérias enumeradas no art. 337, o juiz determinará a oitiva do autor **no prazo de 15 (quinze) dias**, permitindo-lhe a produção de prova.	**Art. 327.** Se o réu alegar qualquer das matérias enumeradas no art. 301, o juiz mandará ouvir o autor no prazo de 10 (dez) dias, permitindo-lhe a produção de prova documental. Verificando a existência de irregularidades ou de nulidades sanáveis, o juiz mandará supri-las, fixando à parte prazo nunca superior a 30 (trinta) dias.
Art. 352. Verificando a existência de irregularidades ou de **vícios sanáveis**, o juiz determinará sua correção em prazo nunca superior a 30 (trinta) dias.	
Art. 353. Cumpridas as providências preliminares ou não havendo necessidade delas, o juiz proferirá julgamento conforme o estado do processo, observando o que dispõe o Capítulo X.	**Art. 328.** Cumpridas as providências preliminares, ou não havendo necessidade delas, o juiz proferirá julgamento conforme o estado do processo, observando o que dispõe o capítulo seguinte.
Capítulo X Do Julgamento Conforme o Estado do Processo	Capítulo V Do Julgamento Conforme o Estado do Processo
Seção I Da Extinção do Processo	Seção I Da Extinção do Processo
Art. 354. Ocorrendo qualquer das hipóteses previstas nos arts. 485 e 487, incisos II e III, o juiz **proferirá sentença**.	**Art. 329.** Ocorrendo qualquer das hipóteses previstas nos arts. 267 e 269, ns. II a V, o juiz declarará extinto o processo.

Novo CPC	Antigo CPC
Parágrafo único. A decisão a que se refere o *caput* pode dizer respeito a apenas parcela do processo, caso em que será impugnável por agravo de instrumento.	
Seção II *Do Julgamento Antecipado do Mérito*	**Seção II** *Do Julgamento Antecipado da Lide*
Art. 355. O juiz **julgará antecipadamente** o pedido, proferindo sentença **com resolução de mérito, quando:**	**Art. 330.** O juiz conhecerá diretamente do pedido, proferindo sentença:
I – não houver necessidade de produção de outras provas;	I – quando a questão de mérito for unicamente de direito, ou, sendo de direito e de fato, não houver necessidade de produzir prova em audiência;
II – o réu for revel, **ocorrer o efeito previsto no art. 344 e não houver requerimento de prova, na forma do art. 349.**	II – quando ocorrer a revelia (art. 319).
Seção III *Do Julgamento Antecipado Parcial do Mérito*	
Art. 356. O juiz decidirá **parcialmente o mérito quando um ou mais dos pedidos formulados ou parcela deles**:	
I – mostrar-se incontroverso;	**Art. 273.** [...] § 6º A tutela antecipada também poderá ser concedida quando um ou mais dos pedidos cumulados, ou parcela deles, mostrar-se incontroverso.
II – estiver em condições de imediato julgamento, nos termos do art. 355.	
§ 1º A decisão que julgar parcialmente o mérito poderá reconhecer a existência de obrigação líquida ou ilíquida.	
§ 2º A parte poderá liquidar ou executar, desde logo, a obrigação reconhecida na decisão que julgar parcialmente o mérito, independentemente de caução, ainda que haja recurso contra essa interposto.	
§ 3º Na hipótese do § 2º, se houver trânsito em julgado da decisão, a execução será definitiva.	
§ 4º A liquidação e o cumprimento da decisão que julgar parcialmente o mérito poderão ser processados em autos suplementares, a requerimento da parte ou a critério do juiz.	
§ 5º A decisão proferida com base neste artigo é impugnável por agravo de instrumento.	
Seção IV *Do Saneamento e da Organização do Processo*	**Seção III** *Da Audiência Preliminar*
Art. 357. Não ocorrendo nenhuma das hipóteses deste Capítulo, deverá o juiz, em decisão de saneamento e de organização do processo:	**Art. 331.** Se não ocorrer qualquer das hipóteses previstas nas seções precedentes, e versar a causa sobre direitos que admitam transação, o juiz designará audiência preliminar, a realizar-se no prazo de 30 (trinta) dias, para a qual serão as partes intimadas a comparecer, podendo fazer-se representar por procurador ou preposto, com poderes para transigir. [...] § 2º Se, por qualquer motivo, não for obtida a conciliação, o juiz fixará os pontos controvertidos, decidirá as questões processuais pendentes e determinará as provas a serem produzidas, designando audiência de instrução e julgamento, se necessário.
I – resolver as questões processuais pendentes, se houver;	
II – delimitar as questões de fato sobre as quais recairá a atividade probatória, especificando os meios de prova admitidos;	
III – definir a distribuição do ônus da prova, observado o art. 373;	
IV – delimitar as questões de direito relevantes para a decisão do mérito;	
V – designar, se necessário, audiência de instrução e julgamento.	
§ 1º Realizado o saneamento, as partes têm o direito de pedir esclarecimentos ou solicitar ajustes, no prazo comum de 5 (cinco) dias, findo o qual a decisão se torna estável.	
§ 2º As partes podem apresentar ao juiz, para homologação, delimitação consensual das questões de fato e de direito a que se referem os incisos II e IV, a qual, se homologada, vincula as partes e o juiz.	
§ 3º Se a causa apresentar complexidade em matéria de fato ou de direito, deverá o juiz designar audiência para que o saneamento seja feito em cooperação com as partes, oportunidade em que o juiz, se for o caso, convidará as partes a integrar ou esclarecer suas alegações.	

§ 4º Caso tenha sido determinada a produção de prova testemunhal, o juiz fixará prazo comum não superior a 15 (quinze) dias para que as partes apresentem rol de testemunhas.	**Art. 407.** Incumbe às partes, no prazo que o juiz fixará ao designar a data da audiência, depositar em cartório o rol de testemunhas, precisando-lhes o nome, profissão, residência e o local de trabalho; omitindo-se o juiz, o rol será apresentado até 10 (dez) dias antes da audiência.
§ 5º Na hipótese do § 3º, as partes devem levar, para a audiência prevista, o respectivo rol de testemunhas.	
§ 6º O número de testemunhas arroladas não pode ser superior a 10 (dez), sendo 3 (três), no máximo, para a prova de cada fato.	**Parágrafo único.** É lícito a cada parte oferecer, no máximo, dez testemunhas; quando qualquer das partes oferecer mais de três testemunhas para a prova de cada fato, o juiz poderá dispensar as restantes.
§ 7º O juiz poderá limitar o número de testemunhas levando em conta a complexidade da causa e dos fatos individualmente considerados.	
§ 8º Caso tenha sido determinada a produção de prova pericial, o juiz deve observar o disposto no art. 465 e, se possível, estabelecer, desde logo, calendário para sua realização.	
§ 9º As pautas deverão ser preparadas com intervalo mínimo de 1 (uma) hora entre as audiências.	
Capítulo XI Da Audiência **de Instrução e Julgamento**	Capítulo VII Da Audiência
	Seção III *Da Instrução e Julgamento*
Art. 358. No dia e na hora designados, o juiz declarará aberta a audiência de instrução e julgamento e mandará apregoar as partes e os respectivos advogados, **bem como outras pessoas que dela devam participar**.	**Art. 450.** No dia e hora designados, o juiz declarará aberta a audiência, mandando apregoar as partes e os seus respectivos advogados.
Art. 359. **Instalada** a audiência, o juiz tentará conciliar as partes, **independentemente do emprego anterior de outros métodos de solução consensual de conflitos, como a mediação e a arbitragem**.	**Art. 448.** Antes de iniciar a instrução, o juiz tentará conciliar as partes. Chegando a acordo, o juiz mandará tomá-lo por termo.
Art. 360. O juiz exerce o poder de polícia, **incumbindo-lhe**:	**Art. 445.** O juiz exerce o poder de polícia, competindo-lhe:
I – manter a ordem e o decoro na audiência;	I – manter a ordem e o decoro na audiência;
II – ordenar que se retirem da sala de audiência os que se comportarem inconvenientemente;	II – ordenar que se retirem da sala da audiência os que se comportarem inconvenientemente;
III – requisitar, quando necessário, força policial;	III – requisitar, quando necessário, a força policial.
IV – tratar com urbanidade as partes, os advogados, os membros do Ministério Público e da **Defensoria Pública e qualquer pessoa que participe do processo**;	**Art. 446.** Compete ao juiz em especial: [...] III - exortar os advogados e o órgão do Ministério Público a que discutam a causa com elevação e urbanidade.
V – registrar em ata, com exatidão, todos os requerimentos apresentados em audiência.	**Art. 457.** O escrivão lavrará, sob ditado do juiz, termo que conterá, em resumo, o ocorrido na audiência, bem como, por extenso, os despachos e a sentença, se esta for proferida no ato.
Art. 361. As provas **orais** serão produzidas em audiência, ouvindo-se nesta ordem, preferencialmente:	**Art. 452.** As provas serão produzidas na audiência nesta ordem:
I – o perito e os assistentes técnicos, que responderão aos quesitos de esclarecimentos requeridos no prazo e na forma do **art. 477**, **caso não respondidos anteriormente por escrito**;	I – o perito e os assistentes técnicos responderão aos quesitos de esclarecimentos, requeridos no prazo e na forma do art. 435;
II – o autor e, em seguida, o réu, que prestarão depoimentos pessoais;	II – o juiz tomará os depoimentos pessoais, primeiro do autor e depois do réu;
III – as testemunhas arroladas pelo autor e pelo réu, que serão inquiridas.	III – finalmente, serão inquiridas as testemunhas arroladas pelo autor e pelo réu.
Parágrafo único. Enquanto depuserem o perito, os assistentes técnicos, as partes e as testemunhas, não poderão os advogados **e o Ministério Público** intervir ou apartear, sem licença do juiz.	**Art. 446.** [...] **Parágrafo único.** Enquanto depuserem as partes, o perito, os assistentes técnicos e as testemunhas, os advogados não podem intervir ou apartear, sem licença do juiz.
Art. 362. A audiência poderá ser adiada:	**Art. 453.** A audiência poderá ser adiada:
I – por convenção das partes;	I – por convenção das partes, caso em que só será admissível uma vez;

Novo CPC	Antigo CPC
II – se não puder comparecer, por motivo justificado, **qualquer pessoa que dela deva necessariamente participar**;	II – se não puderem comparecer, por motivo justificado, o perito, as partes, as testemunhas ou os advogados.
III – por atraso injustificado de seu início em tempo superior a 30 (trinta) minutos do horário marcado.	
§ 1º O impedimento **deverá ser comprovado até a abertura da audiência**, e, não o sendo, o juiz procederá à instrução.	§ 1º Incumbe ao advogado provar o impedimento até a abertura da audiência; não o fazendo, o juiz procederá à instrução.
§ 2º O juiz poderá dispensar a produção das provas requeridas pela parte cujo advogado ou **defensor público** não tenha comparecido à audiência, **aplicando-se a mesma regra ao Ministério Público**.	§ 2º Pode ser dispensada pelo juiz a produção das provas requeridas pela parte cujo advogado não compareceu à audiência.
§ 3º Quem der causa ao adiamento responderá pelas despesas acrescidas.	§ 3º Quem der causa ao adiamento responderá pelas despesas acrescidas.
Art. 363. Havendo antecipação ou adiamento da audiência, o juiz, de ofício ou a requerimento da parte, determinará a intimação dos advogados ou da sociedade de advogados para ciência da nova designação.	**Art. 242.** [...] § 2º Havendo antecipação da audiência, o juiz, de ofício ou a requerimento da parte, mandará intimar pessoalmente os advogados para ciência da nova designação.
Art. 364. Finda a instrução, o juiz dará a palavra ao advogado do autor e do réu, bem como ao **membro** do Ministério Público, **se for o caso de sua intervenção**, sucessivamente, pelo prazo de 20 (vinte) minutos para cada um, prorrogável por 10 (dez) minutos, a critério do juiz.	**Art. 454.** Finda a instrução, o juiz dará a palavra ao advogado do autor e ao do réu, bem como ao órgão do Ministério Público, sucessivamente, pelo prazo de 20 (vinte) minutos para cada um, prorrogável por 10 (dez), a critério do juiz.
§ 1º Havendo litisconsorte ou **terceiro interveniente**, o prazo, que formará com o da prorrogação um só todo, dividir-se-á entre os do mesmo grupo, se não convencionarem de modo diverso.	§ 1º Havendo litisconsorte ou terceiro, o prazo, que formará com o da prorrogação um só todo, dividir-se-á entre os do mesmo grupo, se não convencionarem de modo diverso.
§ 2º Quando a causa apresentar questões complexas de fato ou de direito, o debate oral poderá ser substituído **por razões finais escritas, que serão apresentadas pelo autor e pelo réu, bem como pelo Ministério Público, se for o caso de sua intervenção, em prazos sucessivos de 15 (quinze) dias, assegurada vista dos autos**.	§ 3º Quando a causa apresentar questões complexas de fato ou de direito, o debate oral poderá ser substituído por memoriais, caso em que o juiz designará dia e hora para o seu oferecimento.
Art. 365. A audiência é una e contínua, **podendo ser excepcional e justificadamente cindida na ausência de perito ou de testemunha, desde que haja concordância das partes**.	**Art. 455.** A audiência é una e contínua. Não sendo possível concluir, num só dia, a instrução, o debate e o julgamento, o juiz marcará o seu prosseguimento para dia próximo.
Parágrafo único. Diante da impossibilidade de realização da instrução, do debate e do julgamento no mesmo dia, o juiz marcará seu prosseguimento para a data mais próxima possível, **em pauta preferencial**.	
Art. 366. Encerrado o debate ou oferecidas as razões finais, o juiz proferirá sentença em audiência **ou no prazo de** 30 (**trinta**) **dias**.	**Art. 456.** Encerrado o debate ou oferecidos os memoriais, o juiz proferirá a sentença desde logo ou no prazo de 10 (dez) dias.
Art. 367. O **servidor** lavrará, sob ditado do juiz, termo que conterá, em resumo, o ocorrido na audiência, bem como, por extenso, os despachos, as decisões e a sentença, se proferida no ato.	**Art. 457.** O escrivão lavrará, sob ditado do juiz, termo que conterá, em resumo, o ocorrido na audiência, bem como, por extenso, os despachos e a sentença, se esta for proferida no ato.
§ 1º Quando o termo **não for registrado em meio eletrônico**, o juiz rubricar-lhe-á as folhas, que serão encadernadas em volume próprio.	§ 1º Quando o termo for datilografado, o juiz lhe rubricará as folhas, ordenando que sejam encadernadas em volume próprio.
§ 2º Subscreverão o termo o juiz, os advogados, o **membro** do Ministério Público e o escrivão **ou chefe de secretaria, dispensadas as partes, exceto quando houver ato de disposição para cuja prática os advogados não tenham poderes**.	§ 2º Subscreverão o termo o juiz, os advogados, o órgão do Ministério Público e o escrivão.
§ 3º O escrivão ou chefe de secretaria trasladará para os autos cópia autêntica do termo de audiência.	§ 3º O escrivão trasladará para os autos cópia autêntica do termo de audiência.
§ 4º Tratando-se de autos eletrônicos, observar-se-á o disposto neste Código, **em legislação específica e nas normas internas dos tribunais**.	§ 4º Tratando-se de processo eletrônico, observar-se-á o disposto nos §§ 2º e 3º do art. 169 desta Lei.
§ 5º A audiência poderá ser integralmente gravada em imagem e em áudio, em meio digital ou analógico, desde que assegure o rápido acesso das partes e dos órgãos julgadores, observada a legislação específica.	**Art. 417.** O depoimento, datilografado ou registrado por taquigrafia, estenotipia ou outro método idôneo de documentação, será assinado pelo juiz, pelo depoente e pelos procuradores, facultando-se às partes a sua gravação.
§ 6º A gravação a que se refere o § 5º também pode ser realizada diretamente por qualquer das partes, independentemente de autorização judicial.	
Art. 368. A audiência será pública, ressalvadas as exceções legais.	**Art. 444.** A audiência será pública; nos casos de que trata o art. 155, realizar-se-á a portas fechadas.

Capítulo XII Das Provas	Capítulo VI Das Provas
Seção I *Das Disposições Gerais*	Seção I *Das Disposições Gerais*
Art. 369. As partes têm o **direito** de empregar todos os meios legais, bem como os moralmente legítimos, ainda que não especificados neste Código, para provar a verdade dos fatos em que se funda o **pedido** ou a defesa **e influir eficazmente na convicção do juiz.**	**Art. 332.** Todos os meios legais, bem como os moralmente legítimos, ainda que não especificados neste Código, são hábeis para provar a verdade dos fatos, em que se funda a ação ou a defesa.
Art. 370. Caberá ao juiz, de ofício ou a requerimento da parte, determinar as provas necessárias ao julgamento do mérito. **Parágrafo único.** O juiz indeferirá, em decisão fundamentada, as diligências inúteis ou meramente protelatórias.	**Art. 130.** Caberá ao juiz, de ofício ou a requerimento da parte, determinar as provas necessárias à instrução do processo, indeferindo as diligências inúteis ou meramente protelatórias.
Art. 371. O juiz apreciará a prova constante dos autos, independentemente do sujeito que a tiver promovido, e indicará na decisão as razões da formação de seu convencimento.	**Art. 131.** O juiz apreciará livremente a prova, atendendo aos fatos e circunstâncias constantes dos autos, ainda que não alegados pelas partes; mas deverá indicar, na sentença, os motivos que lhe formaram o convencimento.
Art. 372. O juiz poderá admitir a utilização de prova produzida em outro processo, atribuindo-lhe o valor que considerar adequado, observado o contraditório.	
Art. 373. O ônus da prova incumbe:	**Art. 333.** O ônus da prova incumbe:
I – ao autor, quanto ao fato constitutivo de seu direito;	I – ao autor, quanto ao fato constitutivo do seu direito;
II – ao réu, quanto à existência de fato impeditivo, modificativo ou extintivo do direito do autor.	II – ao réu, quanto à existência de fato impeditivo, modificativo ou extintivo do direito do autor.
§ 1º Nos casos previstos em lei ou diante de peculiaridades da causa relacionadas à impossibilidade ou à excessiva dificuldade de cumprir o encargo nos termos do caput ou à maior facilidade de obtenção da prova do fato contrário, poderá o juiz atribuir o ônus da prova de modo diverso, desde que o faça por decisão fundamentada, caso em que deverá dar à parte a oportunidade de se desincumbir do ônus que lhe foi atribuído.	
§ 2º A decisão prevista no § 1º deste artigo não pode gerar situação em que a desincumbência do encargo pela parte seja impossível ou excessivamente difícil.	
§ 3º A distribuição diversa do ônus da prova **também pode ocorrer por convenção das partes**, salvo quando:	**Art. 333.** [...]. **Parágrafo único.** É nula a convenção que distribui de maneira diversa o ônus da prova quando:
I – recair sobre direito indisponível da parte;	I – recair sobre direito indisponível da parte;
II – tornar excessivamente difícil a uma parte o exercício do direito.	II – tornar excessivamente difícil a uma parte o exercício do direito.
§ 4º A convenção de que trata o § 3º pode ser celebrada antes ou durante o processo.	
Art. 374. Não dependem de prova os fatos:	**Art. 334.** Não dependem de prova os fatos:
I – notórios;	I – notórios;
II – afirmados por uma parte e confessados pela parte contrária;	II – afirmados por uma parte e confessados pela parte contrária;
III – admitidos no processo como incontroversos;	III – admitidos, no processo, como incontroversos;
IV – em cujo favor milita presunção legal de existência ou de veracidade.	IV – em cujo favor milita presunção legal de existência ou de veracidade.
Art. 375. O juiz aplicará as regras de experiência comum subministradas pela observação do que ordinariamente acontece e, ainda, as regras de experiência técnica, ressalvado, quanto a estas, o exame pericial.	**Art. 335.** Em falta de normas jurídicas particulares, o juiz aplicará as regras de experiência comum subministradas pela observação do que ordinariamente acontece e ainda as regras de experiência técnica, ressalvado, quanto a esta, o exame pericial.
Art. 376. A parte que alegar direito municipal, estadual, estrangeiro ou consuetudinário provar-lhe-á o teor e a vigência, se assim o juiz determinar.	**Art. 337.** A parte, que alegar direito municipal, estadual, estrangeiro ou consuetudinário, provar-lhe-á o teor e a vigência, se assim o determinar o juiz.
Art. 377. A carta precatória, a carta rogatória **e o auxílio direto** suspenderão o julgamento da causa no caso previsto no art. 313, inciso V, alínea "*b*", quando, tendo sido requeridos antes da decisão de saneamento, a prova neles solicitada for imprescindível.	**Art. 338.** A carta precatória e a carta rogatória suspenderão o processo, no caso previsto na *alínea b* do inciso IV do art. 265 desta Lei, quando, tendo sido requeridas antes da decisão de saneamento, a prova nelas solicitada apresentar-se imprescindível.

Novo CPC	Antigo CPC
Parágrafo único. A carta precatória e a carta rogatória não devolvidas no prazo ou concedidas sem efeito suspensivo **poderão ser juntadas aos autos a qualquer momento.**	**Parágrafo único.** A carta precatória e a carta rogatória, não devolvidas dentro do prazo ou concedidas sem efeito suspensivo, poderão ser juntas aos autos até o julgamento final.
Art. 378. Ninguém se exime do dever de colaborar com o Poder Judiciário para o descobrimento da verdade.	**Art. 339.** Ninguém se exime do dever de colaborar com o Poder Judiciário para o descobrimento da verdade.
Art. 379. Preservado o direito de não produzir prova contra si própria, incumbe à parte:	**Art. 340.** Além dos deveres enumerados no art. 14, compete à parte:
I – comparecer em juízo, respondendo ao que lhe for interrogado;	I – comparecer em juízo, respondendo ao que lhe for interrogado;
II – **colaborar com o juízo na realização** de inspeção judicial que for considerada necessária;	II – submeter-se à inspeção judicial, que for julgada necessária;
III – praticar o ato que lhe for determinado.	III – praticar o ato que lhe for determinado.
Art. 380. Incumbe ao terceiro, em relação a qualquer causa:	**Art. 341.** Compete ao terceiro, em relação a qualquer pleito:
I – informar ao juiz os fatos e as circunstâncias de que tenha conhecimento;	I – informar ao juiz os fatos e as circunstâncias, de que tenha conhecimento;
II – exibir coisa ou documento que esteja em seu poder.	II – exibir coisa ou documento, que esteja em seu poder.
Parágrafo único. Poderá o juiz, em caso de descumprimento, determinar, além da imposição de multa, outras medidas indutivas, coercitivas, mandamentais ou sub-rogatórias.	
Seção II *Da Produção Antecipada da Prova*	**Seção VI** *Da Produção Antecipada de Provas*
Art. 381. A produção antecipada da prova será admitida nos casos em que:	**Art. 846.** A produção antecipada da prova pode consistir em interrogatório da parte, inquirição de testemunhas e exame pericial.
I – **haja fundado receio de que venha a tornar-se impossível ou muito difícil a verificação de certos fatos na pendência da ação;**	**Art. 847.** Far-se-á o interrogatório da parte ou a inquirição das testemunhas antes da propositura da ação, ou na pendência desta, mas antes da audiência de instrução:
II – **a prova a ser produzida seja suscetível de viabilizar a autocomposição ou outro meio adequado de solução de conflito;**	I – se tiver de ausentar-se;
	II – se por motivo de idade ou de moléstia grave, houver justo receio de que ao tempo da prova já não exista, ou esteja impossibilitada de depor.
III – o prévio conhecimento dos fatos possa justificar ou evitar o ajuizamento de ação.	
§ 1º O arrolamento de bens observará o disposto nesta Seção quando tiver por finalidade apenas a realização de documentação e não a prática de atos de apreensão.	**Art. 855.** Procede-se ao arrolamento sempre que há fundado receio de extravio ou de dissipação de bens.
§ 2º A produção antecipada da prova é da competência do juízo do foro onde esta deva ser produzida ou do foro de domicílio do réu.	
§ 3º A produção antecipada da prova não previne a competência do juízo para a ação que venha a ser proposta.	
§ 4º O juízo estadual tem competência para produção antecipada de prova requerida em face da União, de entidade autárquica ou de empresa pública federal se, na localidade, não houver vara federal.	
§ 5º Aplica-se o disposto nesta Seção àquele que pretender justificar a existência de algum fato ou relação jurídica para simples documento e sem caráter contencioso, que exporá, em petição circunstanciada, a sua intenção.	**Art. 861.** Quem pretender justificar a existência de algum fato ou relação jurídica, seja para simples documento e sem caráter contencioso, seja para servir de prova em processo regular, exporá, em petição circunstanciada, a sua intenção.
Art. 382. Na petição, o requerente apresentará as razões que justificam a necessidade de antecipação da prova e mencionará com precisão os fatos sobre os quais a prova há de recair.	**Art. 848.** O requerente justificará sumariamente a necessidade da antecipação e mencionará com precisão os fatos sobre que há de recair a prova.
§ 1º O juiz determinará, de ofício ou a requerimento da parte, a citação de interessados na produção da prova ou no fato a ser provado, salvo se inexistente caráter contencioso.	
§ 2º O juiz não se pronunciará sobre a ocorrência ou a inocorrência do fato, nem sobre as respectivas consequências jurídicas.	
§ 3º Os interessados poderão requerer a produção de qualquer prova no mesmo procedimento, desde que relacionada ao mesmo fato, salvo se a sua produção conjunta acarretar excessiva demora.	
§ 4º Neste procedimento, não se admitirá defesa ou recurso, salvo contra decisão que indeferir totalmente a produção da prova pleiteada pelo requerente originário.	

Art. 383. Os autos permanecerão em cartório **durante 1 (um) mês para extração de cópias e certidões pelos interessados.**	**Art. 851.** Tomado o depoimento ou feito exame pericial, os autos permanecerão em cartório, sendo lícito aos interessados solicitar as certidões que quiserem.
Parágrafo único. Findo o prazo, os autos serão entregues ao promovente da medida.	
Seção III *Da Ata Notarial*	
Art. 384. A existência e o modo de existir de algum fato podem ser atestados ou documentados, a requerimento do interessado, mediante ata lavrada por tabelião.	
Parágrafo único. Dados representados por imagem ou som gravados em arquivos eletrônicos poderão constar da ata notarial.	
Seção IV *Do Depoimento Pessoal*	**Seção II** *Do Depoimento Pessoal*
Art. 385. Cabe à parte requerer o depoimento pessoal da outra parte, a fim de que esta seja interrogada na audiência de instrução e julgamento, sem prejuízo do poder do juiz de ordená-lo de ofício.	**Art. 343.** Quando o juiz não o determinar de ofício, compete a cada parte requerer o depoimento pessoal da outra, a fim de interrogá-la na audiência de instrução e julgamento. **Art. 342.** O juiz pode, de ofício, em qualquer estado do processo, determinar o comparecimento pessoal das partes, a fim de interrogá-las sobre os fatos da causa.
§ 1º Se a parte, pessoalmente intimada para prestar depoimento pessoal e advertida da pena de confesso, não comparecer ou, comparecendo, se recusar a depor, o juiz aplicar-lhe-á a pena.	§ 1º A parte será intimada pessoalmente, constando do mandado que se presumirão confessados os fatos contra ela alegados, caso não compareça ou, comparecendo, se recuse a depor. § 2º Se a parte intimada não comparecer, ou comparecendo, se recusar a depor, o juiz lhe aplicará a pena de confissão.
§ 2º É vedado a quem ainda não depôs assistir ao interrogatório da outra parte.	**Art. 344.** [...]. **Parágrafo único.** É defeso, a quem ainda não depôs, assistir ao interrogatório da outra parte.
§ 3º O depoimento pessoal da parte que residir em comarca, seção ou subseção judiciária diversa daquela onde tramita o processo poderá ser colhido por meio de videoconferência ou outro recurso tecnológico de transmissão de sons e imagens em tempo real, o que poderá ocorrer, inclusive, durante a realização da audiência de instrução e julgamento.	
Art. 386. Quando a parte, sem motivo justificado, deixar de responder ao que lhe for perguntado ou empregar evasivas, o juiz, apreciando as demais circunstâncias e os elementos de prova, declarará, na sentença, se houve recusa de depor.	**Art. 345.** Quando a parte, sem motivo justificado, deixar de responder ao que lhe for perguntado, ou empregar evasivas, o juiz, apreciando as demais circunstâncias e elementos de prova, declarará, na sentença, se houve recusa de depor.
Art. 387. A parte responderá pessoalmente sobre os fatos articulados, não podendo servir-se de escritos anteriormente preparados, permitindo-lhe o juiz, todavia, a consulta a notas breves, desde que objetivem completar esclarecimentos.	**Art. 346.** A parte responderá pessoalmente sobre os fatos articulados, não podendo servir-se de escritos adrede preparados; o juiz lhe permitirá, todavia, a consulta a notas breves, desde que objetivem completar esclarecimentos.
Art. 388. A parte não é obrigada a depor sobre fatos:	**Art. 347.** A parte não é obrigada a depor de fatos:
I – criminosos ou torpes que lhe forem imputados;	I – criminosos ou torpes, que lhe forem imputados;
II – a cujo respeito, por estado ou profissão, deva guardar sigilo;	II – a cujo respeito, por estado ou profissão, deva guardar sigilo.
III – acerca dos quais não possa responder sem desonra própria, de seu cônjuge, de seu companheiro ou de parente em grau sucessível;	
IV – que coloquem em perigo a vida do depoente ou das pessoas referidas no inciso III.	
Parágrafo único. Esta disposição não se aplica **às ações de estado e de família.**	**Parágrafo único.** Esta disposição não se aplica às ações de filiação, de desquite e de anulação de casamento.
Seção V *Da Confissão*	**Seção III** *Da Confissão*
Art. 389. Há confissão, judicial ou extrajudicial, quando a parte admite a verdade de fato contrário ao seu interesse e favorável ao do adversário.	**Art. 348.** Há confissão, quando a parte admite a verdade de um fato, contrário ao seu interesse e favorável ao adversário. A confissão é judicial ou extrajudicial.

Art. 390. A confissão judicial pode ser espontânea ou provocada.	**Art. 349.** A confissão judicial pode ser espontânea ou provocada. Da confissão espontânea, tanto que requerida pela parte, se lavrará o respectivo termo nos autos; a confissão provocada constará do depoimento pessoal prestado pela parte.
§ 1º A confissão espontânea pode ser feita pela própria parte ou por **representante** com poder especial.	**Parágrafo único.** A confissão espontânea pode ser feita pela própria parte, ou por mandatário com poderes especiais.
§ 2º A confissão provocada constará do termo de depoimento pessoal.	
Art. 391. A confissão judicial faz prova contra o confitente, não prejudicando, todavia, os litisconsortes.	**Art. 350.** A confissão judicial faz prova contra o confitente, não prejudicando, todavia, os litisconsortes.
Parágrafo único. Nas ações que versarem sobre bens imóveis ou **direitos reais** sobre imóveis alheios, a confissão de um cônjuge **ou companheiro** não valerá sem a do outro, **salvo se o regime de casamento for o de separação absoluta de bens.**	**Parágrafo único.** Nas ações que versarem sobre bens imóveis ou direitos sobre imóveis alheios, a confissão de um cônjuge não valerá sem a do outro.
Art. 392. Não vale como confissão a admissão, em juízo, de fatos relativos a direitos indisponíveis.	**Art. 351.** Não vale como confissão a admissão, em juízo, de fatos relativos a direitos indisponíveis.
§ 1º A confissão será ineficaz se feita por quem não for capaz de dispor do direito a que se referem os fatos confessados.	
§ 2º A confissão feita por um representante somente é eficaz nos limites em que este pode vincular o representado.	
Art. 393. A confissão é irrevogável, mas pode ser anulada se decorreu de erro de fato ou de coação.	**Art. 352.** A confissão, quando emanar de erro, dolo ou coação, pode ser revogada: I – por ação anulatória, se pendente o processo em que foi feita; II – por ação rescisória, depois de transitada em julgado a sentença, da qual constituir o único fundamento.
Parágrafo único. A legitimidade para a ação prevista no *caput* é **exclusiva** do confitente e pode ser transferida a seus herdeiros **se ele falecer após a propositura.**	**Parágrafo único.** Cabe ao confitente o direito de propor a ação, nos casos de que trata este artigo; mas, uma vez iniciada, passa aos seus herdeiros.
	Art. 353. [...].
Art. 394. A confissão extrajudicial, quando feita oralmente, só terá eficácia nos casos em que a lei não exija prova literal.	**Parágrafo único.** Todavia, quando feita verbalmente, só terá eficácia nos casos em que a lei não exija prova literal.
Art. 395. A confissão é, em regra, indivisível, não podendo a parte que a quiser invocar como prova aceitá-la no tópico que a beneficiar e rejeitá-la no que lhe for desfavorável, porém cindir-se-á quando o confitente a ela aduzir fatos novos, **capazes** de constituir fundamento de defesa de direito material ou de reconvenção.	**Art. 354.** A confissão é, de regra, indivisível, não podendo a parte, que a quiser invocar como prova, aceitá-la no tópico que a beneficiar e rejeitá-la no que lhe for desfavorável. Cindir-se-á, todavia, quando o confitente lhe aduzir fatos novos, suscetíveis de constituir fundamento de defesa de direito material ou de reconvenção.
Seção VI *Da Exibição de Documento ou Coisa*	**Seção IV** *Da Exibição de Documento ou Coisa*
Art. 396. O juiz pode ordenar que a parte exiba documento ou coisa que se encontre em seu poder.	**Art. 355.** O juiz pode ordenar que a parte exiba documento ou coisa, que se ache em seu poder.
Art. 397. O pedido formulado pela parte conterá:	**Art. 356.** O pedido formulado pela parte conterá:
I – a individuação, tão completa quanto possível, do documento ou da coisa;	I – a individuação, tão completa quanto possível, do documento ou da coisa;
II – a finalidade da prova, indicando os fatos que se relacionam com o documento ou com a coisa;	II – a finalidade da prova, indicando os fatos que se relacionam com o documento ou a coisa;
III – as circunstâncias em que se funda o requerente para afirmar que o documento ou a coisa existe e se acha em poder da parte contrária.	III – as circunstâncias em que se funda o requerente para afirmar que o documento ou a coisa existe e se acha em poder da parte contrária.
Art. 398. O requerido dará sua resposta nos 5 (cinco) dias subsequentes à sua intimação.	**Art. 357.** O requerido dará a sua resposta nos 5 (cinco) dias subsequentes à sua intimação. Se afirmar que não possui o documento ou a coisa, o juiz permitirá que o requerente prove, por qualquer meio, que a declaração não corresponde à verdade.
Parágrafo único. Se o requerido afirmar que não possui o documento ou a coisa, o juiz permitirá que o requerente prove, por qualquer meio, que a declaração não corresponde à verdade.	
Art. 399. O juiz não admitirá a recusa se:	**Art. 358.** O juiz não admitirá a recusa:
I – o requerido tiver obrigação legal de exibir;	I – se o requerido tiver obrigação legal de exibir;
II – o requerido tiver aludido ao documento ou coisa, no processo, com o intuito de constituir prova;	II – se o requerido aludiu ao documento ou à coisa no processo, com o intuito de constituir prova;
III – o documento, por seu conteúdo, for comum às partes.	III – se o documento, por seu conteúdo, for comum às partes.

Art. 400. Ao decidir o pedido, o juiz admitirá como verdadeiros os fatos que, por meio do documento ou da coisa, a parte pretendia provar se:	**Art. 359.** Ao decidir o pedido, o juiz admitirá como verdadeiros os fatos que, por meio do documento ou da coisa, a parte pretendia provar:
I – o requerido não efetuar a exibição nem fizer nenhuma declaração no prazo do art. 398;	I – se o requerido não efetuar a exibição, nem fizer qualquer declaração no prazo do art. 357;
II – a recusa for havida por ilegítima.	II – se a recusa for havida por ilegítima.
Parágrafo único. Sendo necessário, o juiz pode adotar medidas indutivas, coercitivas, mandamentais ou sub-rogatórias para que o documento seja exibido.	
Art. 401. Quando o documento ou a coisa estiver em poder de terceiro, o juiz ordenará sua citação para responder **no prazo de** 15 **(quinze) dias**.	**Art. 360.** Quando o documento ou a coisa estiver em poder de terceiro, o juiz mandará citá-lo para responder no prazo de 10 (dez) dias.
Art. 402. Se o terceiro negar a obrigação de exibir ou a posse do documento ou da coisa, o juiz designará audiência especial, tomando-lhe o depoimento, bem como o das partes e, se necessário, o de testemunhas, e em seguida proferirá decisão.	**Art. 361.** Se o terceiro negar a obrigação de exibir, ou a posse do documento ou da coisa, o juiz designará audiência especial, tomando-lhe o depoimento, bem como o das partes e, se necessário, de testemunhas; em seguida proferirá a sentença.
Art. 403. Se o terceiro, sem justo motivo, se recusar a efetuar a exibição, o juiz ordenar-lhe-á que proceda ao respectivo depósito em cartório ou em outro lugar designado, no prazo de 5 (cinco) dias, impondo ao requerente que o ressarça pelas despesas que tiver.	**Art. 362.** Se o terceiro, sem justo motivo, se recusar a efetuar a exibição, o juiz lhe ordenará que proceda ao respectivo depósito em cartório ou noutro lugar designado, no prazo de 5 (cinco) dias, impondo ao requerente que o embolse das despesas que tiver; se o terceiro descumprir a ordem, o juiz expedirá mandado de apreensão, requisitando, se necessário, força policial, tudo sem prejuízo da responsabilidade por crime de desobediência.
Parágrafo único. Se o terceiro descumprir a ordem, o juiz expedirá mandado de apreensão, requisitando, se necessário, força policial, sem prejuízo da responsabilidade por crime de desobediência, **pagamento de multa e outras medidas indutivas, coercitivas, mandamentais ou sub-rogatórias necessárias para assegurar a efetivação da decisão.**	
Art. 404. A parte e o terceiro se escusam de exibir, em juízo, o documento ou a coisa se:	**Art. 363.** A parte e o terceiro se escusam de exibir, em juízo, o documento ou a coisa:
I – concernente a negócios da própria vida da família;	I – se concernente a negócios da própria vida da família;
II – sua apresentação puder violar dever de honra;	II – se a sua apresentação puder violar dever de honra;
III – sua publicidade redundar em desonra à parte ou ao terceiro, bem como a seus parentes consanguíneos ou afins até o terceiro grau, ou lhes representar perigo de ação penal;	III – se a publicidade do documento redundar em desonra à parte ou ao terceiro, bem como a seus parentes consanguíneos ou afins até o terceiro grau; ou lhes representar perigo de ação penal;
IV – sua exibição acarretar a divulgação de fatos a cujo respeito, por estado ou profissão, devam guardar segredo;	IV – se a exibição acarretar a divulgação de fatos, a cujo respeito, por estado ou profissão, devam guardar segredo;
V – subsistirem outros motivos graves que, segundo o prudente arbítrio do juiz, justifiquem a recusa da exibição;	V – se subsistirem outros motivos graves que, segundo o prudente arbítrio do juiz, justifiquem a recusa da exibição.
VI – houver disposição legal que justifique a recusa da exibição.	
Parágrafo único. Se os motivos de que tratam os incisos I a VI do *caput* disserem respeito a apenas uma parcela do documento, **a parte ou o terceiro exibirá a outra em cartório, para dela ser extraída cópia reprográfica, de tudo sendo lavrado auto circunstanciado.**	**Parágrafo único.** Se os motivos de que tratam os ns. I a *V* disserem respeito só a uma parte do conteúdo do documento, da outra se extrairá uma suma para ser apresentada em juízo.
Seção VII *Da Prova Documental*	Seção V *Da Prova Documental*
Subseção I *Da Força Probante dos Documentos*	*Subseção I* *Da Força Probante dos Documentos*
Art. 405. O documento público faz prova não só da sua formação, mas também dos fatos que o escrivão, **o chefe de secretaria**, o tabelião ou o servidor declarar que ocorreram em sua presença.	**Art. 364.** O documento público faz prova não só da sua formação, mas também dos fatos que o escrivão, o tabelião, ou o funcionário declarar que ocorreram em sua presença.
Art. 406. Quando a lei exigir instrumento público como da substância do ato, nenhuma outra prova, por mais especial que seja, pode suprir-lhe a falta.	**Art. 366.** Quando a lei exigir, como da substância do ato, o instrumento público, nenhuma outra prova, por mais especial que seja, pode suprir-lhe a falta.
Art. 407. O documento feito por oficial público incompetente ou sem a observância das formalidades legais, sendo subscrito pelas partes, tem a mesma eficácia probatória do documento particular.	**Art. 367.** O documento, feito por oficial público incompetente, ou sem a observância das formalidades legais, sendo subscrito pelas partes, tem a mesma eficácia probatória do documento particular.
Art. 408. As declarações constantes do documento particular escrito e assinado ou somente assinado presumem-se verdadeiras em relação ao signatário.	**Art. 368.** As declarações constantes do documento particular, escrito e assinado, ou somente assinado, presumem-se verdadeiras em relação ao signatário.

Novo CPC	Antigo CPC
Parágrafo único. Quando, todavia, contiver declaração de ciência de determinado fato, o documento particular prova a **ciência, mas não o fato em si**, incumbindo o ônus de prová-lo ao interessado em sua veracidade.	**Parágrafo único.** Quando, todavia, contiver declaração de ciência, relativa a determinado fato, o documento particular prova a declaração, mas não o fato declarado, competindo ao interessado em sua veracidade o ônus de provar o fato.
Art. 409. A data do documento particular, quando a seu respeito surgir dúvida ou impugnação entre os litigantes, provar-se-á por todos os meios de direito.	**Art. 370.** A data do documento particular, quando a seu respeito surgir dúvida ou impugnação entre os litigantes, provar-se-á por todos os meios de direito. Mas, em relação a terceiros, considerar-se-á datado o documento particular:
Parágrafo único. Em relação a terceiros, considerar-se-á datado o documento particular:	
I – no dia em que foi registrado;	I – no dia em que foi registrado;
II – desde a morte de algum dos signatários;	II – desde a morte de algum dos signatários;
III – a partir da impossibilidade física que sobreveio a qualquer dos signatários;	III – a partir da impossibilidade física, que sobreveio a qualquer dos signatários;
IV – da sua apresentação em repartição pública ou em juízo;	IV – da sua apresentação em repartição pública ou em juízo;
V – do ato ou do fato que estabeleça, de modo certo, a anterioridade da formação do documento.	V – do ato ou fato que estabeleça, de modo certo, a anterioridade da formação do documento.
Art. 410. Considera-se autor do documento particular:	**Art. 371.** Reputa-se autor do documento particular:
I – aquele que o fez e o assinou;	I – aquele que o fez e o assinou;
II – aquele por conta de quem ele foi feito, estando assinado;	II – aquele, por conta de quem foi feito, estando assinado;
III – aquele que, mandando compô-lo, não o firmou porque, conforme a experiência comum, não se costuma assinar, como livros empresariais e assentos domésticos.	III – aquele que, mandando compô-lo, não o firmou, porque, conforme a experiência comum, não se costuma assinar, como livros comerciais e assentos domésticos.
Art. 411. Considera-se autêntico o documento quando:	**Art. 369.** Reputa-se autêntico o documento, quando o tabelião reconhecer a firma do signatário, declarando que foi aposta em sua presença.
I – o tabelião reconhecer a firma do signatário;	
II – a autoria estiver identificada por qualquer outro meio legal de certificação, inclusive eletrônico, nos termos da lei;	
III – não houver impugnação da parte contra quem foi produzido o documento.	
Art. 412. O documento particular de cuja autenticidade não se duvida prova que o seu autor fez a declaração que lhe é atribuída.	**Art. 373.** Ressalvado o disposto no parágrafo único do artigo anterior, o documento particular, de cuja autenticidade se não duvida, prova que o seu autor fez a declaração, que lhe é atribuída.
Parágrafo único. O documento particular admitido expressa ou tacitamente é indivisível, sendo vedado à parte que pretende utilizar-se dele aceitar os fatos que lhe são favoráveis e recusar os que são contrários ao seu interesse, **salvo se provar que estes não ocorreram.**	**Parágrafo único.** O documento particular, admitido expressa ou tacitamente, é indivisível, sendo defeso à parte, que pretende utilizar-se dele, aceitar os fatos que lhe são favoráveis e recusar os que são contrários ao seu interesse, salvo se provar que estes se não verificaram.
Art. 413. O telegrama, o radiograma ou qualquer outro meio de transmissão tem a mesma força probatória do documento particular se o original constante da estação expedidora tiver sido assinado pelo remetente.	**Art. 374.** O telegrama, o radiograma ou qualquer outro meio de transmissão tem a mesma força probatória do documento particular, se o original constante da estação expedidora foi assinado pelo remetente.
Parágrafo único. A firma do remetente poderá ser reconhecida pelo tabelião, declarando-se essa circunstância no original depositado na estação expedidora.	**Parágrafo único.** A firma do remetente poderá ser reconhecida pelo tabelião, declarando-se essa circunstância no original depositado na estação expedidora.
Art. 414. O telegrama ou o radiograma presume-se conforme com o original, provando as datas de sua expedição e de seu recebimento pelo destinatário.	**Art. 375.** O telegrama ou o radiograma presume-se conforme com o original, provando a data de sua expedição e do recebimento pelo destinatário.
Art. 415. As cartas e os registros domésticos provam contra quem os escreveu quando:	**Art. 376.** As cartas, bem como os registros domésticos, provam contra quem os escreveu quando:
I – enunciam o recebimento de um crédito;	I – enunciam o recebimento de um crédito;
II – contêm anotação que visa a suprir a falta de título em favor de quem é apontado como credor;	II – contêm anotação, que visa a suprir a falta de título em favor de quem é apontado como credor;
III – expressam conhecimento de fatos para os quais não se exija determinada prova.	III – expressam conhecimento de fatos para os quais não se exija determinada prova.
Art. 416. A nota escrita pelo credor em qualquer parte de documento representativo de obrigação, ainda que não assinada, faz prova em benefício do devedor.	**Art. 377.** A nota escrita pelo credor em qualquer parte de documento representativo de obrigação, ainda que não assinada, faz prova em benefício do devedor.
Parágrafo único. Aplica-se essa regra tanto para o documento que o credor conservar em seu poder quanto para aquele que se achar em poder do devedor ou de terceiro.	**Parágrafo único.** Aplica-se esta regra tanto para o documento, que o credor conservar em seu poder, como para aquele que se achar em poder do devedor.

Art. 417. Os livros **empresariais** provam contra seu autor, sendo lícito ao **empresário**, todavia, demonstrar, por todos os meios permitidos em direito, que os lançamentos não correspondem à verdade dos fatos.	**Art. 378.** Os livros comerciais provam contra o seu autor. É lícito ao comerciante, todavia, demonstrar, por todos os meios permitidos em direito, que os lançamentos não correspondem à verdade dos fatos.
Art. 418. Os livros **empresariais** que preencham os requisitos exigidos por lei provam a favor de seu autor no litígio entre **empresários**.	**Art. 379.** Os livros comerciais, que preencham os requisitos exigidos por lei, provam também a favor do seu autor no litígio entre comerciantes.
Art. 419. A escrituração contábil é indivisível, e, se dos fatos que resultam dos lançamentos, uns são favoráveis ao interesse de seu autor e outros lhe são contrários, ambos serão considerados em conjunto, como unidade.	**Art. 380.** A escrituração contábil é indivisível; se dos fatos que resultam dos lançamentos, uns são favoráveis ao interesse de seu autor e outros lhe são contrários, ambos serão considerados em conjunto como unidade.
Art. 420. O juiz pode ordenar, a requerimento da parte, a exibição integral dos livros empresariais e dos documentos do arquivo:	**Art. 381.** O juiz pode ordenar, a requerimento da parte, a exibição integral dos livros comerciais e dos documentos do arquivo:
I – na liquidação de sociedade; II – na sucessão por morte de sócio; III – quando e como determinar a lei.	I – na liquidação de sociedade; II – na sucessão por morte de sócio; III – quando e como determinar a lei.
Art. 421. O juiz pode, de ofício, ordenar à parte a exibição parcial dos livros e dos documentos, extraindo-se deles a suma que interessar ao litígio, bem como reproduções autenticadas.	**Art. 382.** O juiz pode, de ofício, ordenar à parte a exibição parcial dos livros e documentos, extraindo-se deles a suma que interessar ao litígio, bem como reproduções autenticadas.
Art. 422. Qualquer reprodução mecânica, como a fotográfica, a cinematográfica, a fonográfica ou de outra espécie, tem aptidão para fazer prova dos fatos ou das coisas representadas, **se a sua conformidade com o documento original não for impugnada por aquele contra quem foi produzida**.	**Art. 383.** Qualquer reprodução mecânica, como a fotográfica, cinematográfica, fonográfica ou de outra espécie, faz prova dos fatos ou das coisas representadas, se aquele contra quem foi produzida lhe admitir a conformidade.
§ 1º As fotografias digitais e as extraídas da rede mundial de computadores fazem prova das imagens que reproduzem, devendo, se impugnadas, ser apresentada a respectiva autenticação eletrônica ou, não sendo possível, realizada perícia.	
§ 2º Se se tratar de fotografia publicada em jornal ou revista, será exigido um exemplar original do periódico, caso impugnada a veracidade pela outra parte.	**Art. 385.** [...]. § 2º Se a prova for uma fotografia publicada em jornal, exigir-se-ão o original e o negativo.
§ 3º Aplica-se o disposto neste artigo à forma impressa de mensagem eletrônica.	
Art. 423. As reproduções dos documentos particulares, fotográficas ou obtidas por outros processos de repetição, valem como certidões sempre que o escrivão ou o chefe de secretaria certificar sua conformidade com o original.	**Art. 384.** As reproduções fotográficas ou obtidas por outros processos de repetição, dos documentos particulares, valem como certidões, sempre que o escrivão portar por fé a sua conformidade com o original.
Art. 424. A cópia de documento particular tem o mesmo valor probante que o original, cabendo ao escrivão, intimadas as partes, proceder à conferência e certificar a conformidade entre a cópia e o original.	**Art. 385.** A cópia de documento particular tem o mesmo valor probante que o original, cabendo ao escrivão, intimadas as partes, proceder à conferência e certificar a conformidade entre a cópia e o original.
Art. 425. Fazem a mesma prova que os originais:	**Art. 365.** Fazem a mesma prova que os originais:
I – as certidões textuais de qualquer peça dos autos, do protocolo das audiências ou de outro livro a cargo do escrivão **ou do chefe de secretaria**, se extraídas por ele ou sob sua vigilância e por ele subscritas;	I – as certidões textuais de qualquer peça dos autos, do protocolo das audiências, ou de outro livro a cargo do escrivão, sendo extraídas por ele ou sob sua vigilância e por ele subscritas;
II – os traslados e as certidões extraídas por oficial público de instrumentos ou documentos lançados em suas notas;	II – os traslados e as certidões extraídas por oficial público, de instrumentos ou documentos lançados em suas notas;
III – as reproduções dos documentos públicos, desde que autenticadas por oficial público ou conferidas em cartório com os respectivos originais;	III – as reproduções dos documentos públicos, desde que autenticadas por oficial público ou conferidas em cartório, com os respectivos originais;
IV – as cópias reprográficas de peças do próprio processo judicial declaradas autênticas pelo advogado, sob sua responsabilidade pessoal, se não lhes for impugnada a autenticidade;	IV – as cópias reprográficas de peças do próprio processo judicial declaradas autênticas pelo próprio advogado sob sua responsabilidade pessoal, se não lhes for impugnada a autenticidade.
V – os extratos digitais de bancos de dados públicos e privados, desde que atestado pelo seu emitente, sob as penas da lei, que as informações conferem com o que consta na origem;	V – os extratos digitais de bancos de dados, públicos e privados, desde que atestado pelo seu emitente, sob as penas da lei, que as informações conferem com o que consta na origem.
VI – as reproduções digitalizadas de qualquer documento público ou particular, quando juntadas aos autos pelos órgãos da justiça e seus auxiliares, pelo Ministério Público e seus auxiliares, **pela Defensoria Pública e seus auxiliares, pelas procuradorias**, pelas repartições públicas em geral e por advogados, ressalvada a alegação motivada e fundamentada de adulteração.	VI – as reproduções digitalizadas de qualquer documento, público ou particular, quando juntadas aos autos pelos órgãos da Justiça e seus auxiliares, pelo Ministério Público e seus auxiliares, pelas procuradorias, pelas repartições públicas em geral e por advogados públicos ou privados, ressalvada a alegação motivada e fundamentada de adulteração antes ou durante o processo de digitalização.

§ 1º Os originais dos documentos digitalizados mencionados no inciso VI deverão ser preservados pelo seu detentor até o final do prazo para propositura de ação rescisória.	§ 1º Os originais dos documentos digitalizados, mencionados no inciso VI do *caput* deste artigo, deverão ser preservados pelo seu detentor até o final do prazo para interposição de ação rescisória.
§ 2º Tratando-se de cópia digital de título executivo extrajudicial ou de documento relevante à instrução do processo, o juiz poderá determinar seu depósito em cartório ou secretaria.	§ 2º Tratando-se de cópia digital de título executivo extrajudicial ou outro documento relevante à instrução do processo, o juiz poderá determinar o seu depósito em cartório ou secretaria.
Art. 426. O juiz apreciará **fundamentadamente** a fé que deva merecer o documento, quando em ponto substancial e sem ressalva contiver entrelinha, emenda, borrão ou cancelamento.	**Art. 386.** O juiz apreciará livremente a fé que deva merecer o documento, quando em ponto substancial e sem ressalva contiver entrelinha, emenda, borrão ou cancelamento.
Art. 427. Cessa a fé do documento público ou particular sendo-lhe declarada judicialmente a falsidade.	**Art. 387.** Cessa a fé do documento, público ou particular, sendo-lhe declarada judicialmente a falsidade.
Parágrafo único. A falsidade consiste em:	**Parágrafo único.** A falsidade consiste:
I – formar documento não verdadeiro;	I – em formar documento não verdadeiro;
II – alterar documento verdadeiro.	II – em alterar documento verdadeiro.
Art. 428. Cessa a fé do documento particular quando:	**Art. 388.** Cessa a fé do documento particular quando:
I – for **impugnada** sua autenticidade e enquanto não se comprovar sua veracidade;	I – lhe for contestada a assinatura e enquanto não se lhe comprovar a veracidade;
II – assinado em branco, **for impugnado seu conteúdo**, por preenchimento abusivo.	II – assinado em branco, for abusivamente preenchido.
Parágrafo único. Dar-se-á abuso quando aquele que recebeu documento assinado com texto não escrito no todo ou em parte formá-lo ou completá-lo por si ou por meio de outrem, violando o pacto feito com o signatário.	**Parágrafo único.** Dar-se-á abuso quando aquele, que recebeu documento assinado, com texto não escrito no todo ou em parte, o formar ou o completar, por si ou por meio de outrem, violando o pacto feito com o signatário.
Art. 429. Incumbe o ônus da prova quando:	**Art. 389.** Incumbe o ônus da prova quando:
I – se tratar de falsidade de documento **ou de preenchimento abusivo**, à parte que a arguir;	I – se tratar de falsidade de documento, à parte que a arguir;
II – se tratar de **impugnação da autenticidade**, à parte que produziu o documento.	II – se tratar de contestação de assinatura, à parte que produziu o documento.
<center>Subseção II *Da Arguição de Falsidade*</center>	<center>Subseção II *Da arguição de falsidade*</center>
Art. 430. A falsidade deve ser suscitada na contestação, **na réplica ou no prazo de** 15 (**quinze**) **dias**, contado a partir da intimação da juntada do documento aos autos.	**Art. 390.** O incidente de falsidade tem lugar em qualquer tempo e grau de jurisdição, incumbindo à parte, contra quem foi produzido o documento, suscitá-lo na contestação ou no prazo de 10 (dez) dias, contados da intimação da sua juntada aos autos.
Parágrafo único. Uma vez arguida, a falsidade será resolvida como questão incidental, salvo se a parte requerer que o juiz a decida como questão principal, nos termos do inciso II do art. 19.	
Art. 431. A parte arguirá a **falsidade** expondo os motivos em que funda a sua pretensão e os meios com que provará o alegado.	**Art. 391.** Quando o documento for oferecido antes de encerrada a instrução, a parte o arguirá de falso, em petição dirigida ao juiz da causa, expondo os motivos em que funda a sua pretensão e os meios com que provará o alegado.
Art. 432. Depois de ouvida a outra parte **no prazo de** 15 (**quinze**) **dias**, será realizado o exame pericial.	**Art. 392.** Intimada a parte, que produziu o documento, a responder no prazo de 10 (dez) dias, o juiz ordenará o exame pericial.
Parágrafo único. Não se procederá ao exame pericial se a parte que produziu o documento concordar em retirá-lo.	**Parágrafo único.** Não se procederá ao exame pericial, se a parte, que produziu o documento, concordar em retirá-lo e a parte contrária não se opuser ao desentranhamento.
Art. 433. A declaração sobre a falsidade do documento, **quando suscitada como questão principal, constará da parte dispositiva da sentença e sobre ela incidirá também a autoridade** da coisa julgada.	**Art. 395.** A sentença, que resolver o incidente, declarará a falsidade ou autenticidade do documento.
<center>Subseção III *Da Produção da Prova Documental*</center>	<center>Subseção III *Da Produção da Prova Documental*</center>
Art. 434. Incumbe à parte instruir a petição inicial ou **a contestação** com os documentos destinados a provar suas alegações.	**Art. 396.** Compete à parte instruir a petição inicial (art. 283), ou a resposta (art. 297), com os documentos destinados a provar-lhe as alegações.

Parágrafo único. Quando o documento consistir em reprodução cinematográfica ou fonográfica, a parte deverá trazê-lo nos termos do *caput*, mas sua exposição será realizada em audiência, intimando-se previamente as partes.	
Art. 435. É lícito às partes, em qualquer tempo, juntar aos autos documentos novos, quando destinados a fazer prova de fatos ocorridos depois dos articulados ou para contrapô-los aos que foram produzidos nos autos.	**Art. 397.** É lícito às partes, em qualquer tempo, juntar aos autos documentos novos, quando destinados a fazer prova de fatos ocorridos depois dos articulados, ou para contrapô-los aos que foram produzidos nos autos.
Parágrafo único. Admite-se também a juntada posterior de documentos formados após a petição inicial ou a contestação, bem como dos que se tornaram conhecidos, acessíveis ou disponíveis após esses atos, cabendo à parte que os produzir comprovar o motivo que a impediu de juntá-los anteriormente e incumbindo ao juiz, em qualquer caso, avaliar a conduta da parte de acordo com o art. 5º.	
Art. 436. A parte, intimada a falar sobre documento constante dos autos, poderá:	
I – impugnar a admissibilidade da prova documental;	
II – impugnar sua autenticidade;	
III – suscitar sua falsidade, com ou sem deflagração do incidente de arguição de falsidade;	
IV – manifestar-se sobre seu conteúdo.	
Parágrafo único. Nas hipóteses dos incisos II e III, a impugnação deverá basear-se em argumentação específica, não se admitindo alegação genérica de falsidade.	
Art. 437. O réu manifestar-se-á na contestação sobre os documentos anexados à inicial, e o autor manifestar-se-á na réplica sobre os documentos anexados à contestação.	
§ 1º Sempre que uma das partes requerer a juntada de documento aos autos, o juiz ouvirá, a seu respeito, a outra parte, **que disporá do prazo de** 15 **(quinze) dias para adotar qualquer das posturas indicadas no art.** 436.	**Art. 398.** Sempre que uma das partes requerer a juntada de documento aos autos, o juiz ouvirá, a seu respeito, a outra, no prazo de 5 (cinco) dias.
§ 2º Poderá o juiz, a requerimento da parte, dilatar o prazo para manifestação sobre a prova documental produzida, levando em consideração a quantidade e a complexidade da documentação.	
Art. 438. O juiz requisitará às repartições públicas, em qualquer tempo ou grau de jurisdição:	**Art. 399.** O juiz requisitará às repartições públicas em qualquer tempo ou grau de jurisdição:
I – as certidões necessárias à prova das alegações das partes;	I – as certidões necessárias à prova das alegações das partes;
II – os procedimentos administrativos nas causas em que forem interessados a União, os Estados, **o Distrito Federal**, os Municípios ou entidades da administração indireta.	II – os procedimentos administrativos nas causas em que forem interessados a União, o Estado, o Município, ou as respectivas entidades da administração indireta.
§ 1º Recebidos os autos, o juiz mandará extrair, **no prazo máximo e improrrogável de 1 (um) mês**, certidões ou reproduções fotográficas das peças que indicar e das que forem indicadas pelas partes, e, em seguida, devolverá os autos à repartição de origem.	§ 1º Recebidos os autos, o juiz mandará extrair, no prazo máximo e improrrogável de 30 (trinta) dias, certidões ou reproduções fotográficas das peças indicadas pelas partes ou de ofício; findo o prazo, devolverá os autos à repartição de origem.
§ 2º As repartições públicas poderão fornecer todos os documentos em meio eletrônico, conforme disposto em lei, certificando, pelo mesmo meio, que se trata de extrato fiel do que consta em seu banco de dados ou no documento digitalizado.	§ 2º As repartições públicas poderão fornecer todos os documentos em meio eletrônico conforme disposto em lei, certificando, pelo mesmo meio, que se trata de extrato fiel do que consta em seu banco de dados ou do documento digitalizado.
Seção VIII *Dos Documentos Eletrônicos*	
Art. 439. A utilização de documentos eletrônicos no processo convencional dependerá de sua conversão à forma impressa e da verificação de sua autenticidade, na forma da lei.	
Art. 440. O juiz apreciará o valor probante do documento eletrônico não convertido, assegurado às partes o acesso ao seu teor.	
Art. 441. Serão admitidos documentos eletrônicos produzidos e conservados com a observância da legislação específica.	

Seção IX Da Prova Testemunhal	Seção VI Da Prova Testemunhal
Subseção I Da Admissibilidade e do Valor da Prova Testemunhal	*Subseção I* Da Admissibilidade e do Valor da Prova Testemunhal
Art. 442. A prova testemunhal é sempre admissível, não dispondo a lei de modo diverso. **Art. 443.** O juiz indeferirá a inquirição de testemunhas sobre fatos: I – já provados por documento ou confissão da parte; II – que só por documento ou por exame pericial puderem ser provados.	**Art. 400.** A prova testemunhal é sempre admissível, não dispondo a lei de modo diverso. O juiz indeferirá a inquirição de testemunhas sobre fatos: I – já provados por documento ou confissão da parte; II – que só por documento ou por exame pericial puderem ser provados.
Art. 444. Nos casos em que a lei exigir prova escrita da obrigação, é admissível a prova testemunhal quando houver começo de prova por escrito, emanado da parte contra a qual se pretende produzir a prova.	**Art. 402.** Qualquer que seja o valor do contrato, é admissível a prova testemunhal, quando: I – houver começo de prova por escrito, reputando-se tal o documento emanado da parte contra quem se pretende utilizar o documento como prova;
Art. 445. Também se admite a prova testemunhal quando o credor não pode ou não podia, moral ou materialmente, obter a prova escrita da obrigação, em casos como o de parentesco, de depósito necessário ou de hospedagem em hotel **ou em razão das práticas comerciais do local onde contraída a obrigação.**	II – o credor não pode ou não podia, moral ou materialmente, obter a prova escrita da obrigação, em casos como o de parentesco, depósito necessário ou hospedagem em hotel.
Art. 446. É lícito à parte provar com testemunhas: I – nos contratos simulados, a divergência entre a vontade real e a vontade declarada; II – nos contratos em geral, os vícios de consentimento.	**Art. 404.** É lícito à parte inocente provar com testemunhas: I – nos contratos simulados, a divergência entre a vontade real e a vontade declarada; II – nos contratos em geral, os vícios do consentimento.
Art. 447. Podem depor como testemunhas todas as pessoas, exceto as incapazes, impedidas ou suspeitas.	**Art. 405.** Podem depor como testemunhas todas as pessoas, exceto as incapazes, impedidas ou suspeitas.
§ 1º São incapazes:	§ 1º São incapazes:
I – o interdito **por enfermidade ou deficiência** mental;	I – o interdito por demência;
II – o que, acometido por enfermidade ou **retardamento mental**, ao tempo em que ocorreram os fatos, não podia discerni-los, ou, ao tempo em que deve depor, não está habilitado a transmitir as percepções;	II – o que, acometido por enfermidade, ou debilidade mental, ao tempo em que ocorreram os fatos, não podia discerni-los; ou, ao tempo em que deve depor, não está habilitado a transmitir as percepções;
III – o **que** tiver **menos de** 16 (dezesseis) anos;	III – o menor de 16 (dezesseis) anos;
IV – o cego e o surdo, quando a ciência do fato depender dos sentidos que lhes faltam.	IV – o cego e o surdo, quando a ciência do fato depender dos sentidos que lhes faltam.
§ 2º São impedidos:	§ 2º São impedidos:
I – o cônjuge, **o companheiro**, o ascendente e o descendente em qualquer grau e o colateral, até o terceiro grau, de alguma das partes, por consanguinidade ou afinidade, salvo se o exigir o interesse público ou, tratando-se de causa relativa ao estado da pessoa, não se puder obter de outro modo a prova que o juiz repute necessária ao julgamento do mérito;	I – o cônjuge, bem como o ascendente e o descendente em qualquer grau, ou colateral, até o terceiro grau, de alguma das partes por consanguinidade ou afinidade, salvo se o exigir o interesse público, ou, tratando-se de causa relativa ao estado da pessoa, não se puder obter de outro modo a prova, que o juiz repute necessária ao julgamento do mérito;
II – o que é parte na causa;	II – o que é parte na causa;
III – o que intervém em nome de uma parte, como o tutor, o representante legal da pessoa jurídica, o juiz, o advogado e outros que assistam ou tenham assistido as partes.	III – o que intervém em nome de uma parte, como o tutor na causa do menor, o representante legal da pessoa jurídica, o juiz, o advogado e outros, que assistam ou tenham assistido as partes.
§ 3º São suspeitos:	§ 3º São suspeitos:
I – o inimigo da parte ou o seu amigo íntimo;	III – o inimigo capital da parte, ou seu amigo íntimo;
II – o que tiver interesse no litígio.	IV – o que tiver interesse no litígio.
§ 4º Sendo necessário, **pode o juiz admitir** o depoimento das testemunhas **menores**, impedidas ou suspeitas. § 5º Os depoimentos referidos no § 4º serão prestados independentemente de compromisso, e o juiz lhes atribuirá o valor que possam merecer.	§ 4º Sendo estritamente necessário, o juiz ouvirá testemunhas impedidas ou suspeitas; mas os seus depoimentos serão prestados independentemente de compromisso (art. 415) e o juiz lhes atribuirá o valor que possam merecer.
Art. 448. A testemunha não é obrigada a depor sobre fatos:	**Art. 406.** A testemunha não é obrigada a depor de fatos:

Novo CPC	Antigo CPC
I – que lhe acarretem grave dano, bem como ao seu cônjuge **ou companheiro** e aos seus parentes consanguíneos ou afins, em linha reta ou colateral, **até o terceiro grau;**	I – que lhe acarretem grave dano, bem como ao seu cônjuge e aos seus parentes consanguíneos ou afins, em linha reta, ou na colateral em segundo grau;
II – a cujo respeito, por estado ou profissão, deva guardar sigilo.	II – a cujo respeito, por estado ou profissão, deva guardar sigilo.
Art. 449. Salvo disposição especial em contrário, as **testemunhas** devem ser ouvidas na sede do juízo.	**Art. 336.** Salvo disposição especial em contrário, as provas devem ser produzidas em audiência.
Parágrafo único. Quando a parte ou a testemunha, por enfermidade ou por outro motivo relevante, estiver impossibilitada de comparecer, mas não de prestar depoimento, o juiz designará, conforme as circunstâncias, dia, hora e lugar para inquiri-la.	**Parágrafo único.** Quando a parte, ou a testemunha, por enfermidade, ou por outro motivo relevante, estiver impossibilitada de comparecer à audiência, mas não de prestar depoimento, o juiz designará, conforme as circunstâncias, dia, hora e lugar para inquiri-la.
Subseção II *Da Produção da Prova Testemunhal*	*Subseção II* *Da Produção da Prova Testemunhal*
Art. 450. O rol de testemunhas conterá, sempre que possível, o nome, a profissão, **o estado civil, a idade, o número** de inscrição no Cadastro de Pessoas Físicas, o número de **registro de identidade** e o endereço completo da residência e do local de trabalho.	**Art. 407.** Incumbe às partes, no prazo que o juiz fixará ao designar a data da audiência, depositar em cartório o rol de testemunhas, precisando-lhes o nome, profissão, residência e o local de trabalho; omitindo-se o juiz, o rol será apresentado até 10 (dez) dias antes da audiência.
Art. 451. Depois de apresentado o rol de que tratam os §§ 4º e 5º do art. 357, a parte só pode substituir a testemunha:	**Art. 408.** Depois de apresentado o rol, *de que trata o artigo antecedente*, a parte só pode substituir a testemunha:
I – que falecer;	I – que falecer;
II – que, por enfermidade, não estiver em condições de depor;	II – que, por enfermidade, não estiver em condições de depor;
III – que, tendo mudado de residência ou de local de trabalho, não for encontrada.	III – que, tendo mudado de residência, não for encontrada pelo oficial de justiça.
Art. 452. Quando for arrolado como testemunha, o juiz da causa:	**Art. 409.** Quando for arrolado como testemunha o juiz da causa, este:
I – declarar-se-á impedido, se tiver conhecimento de fatos que possam influir na decisão, caso em que será vedado à parte que o incluiu no rol desistir de seu depoimento;	I – declarar-se-á impedido, se tiver conhecimento de fatos, que possam influir na decisão; caso em que será defeso à parte, que o incluiu no rol, desistir de seu depoimento;
II – se nada souber, mandará excluir o seu nome.	II – se nada souber, mandará excluir o seu nome.
Art. 453. As testemunhas depõem, na audiência de instrução **e julgamento**, perante o juiz da causa, exceto:	**Art. 410.** As testemunhas depõem, na audiência de instrução, perante o juiz da causa, exceto:
I – as que prestam depoimento antecipadamente;	I – as que prestam depoimento antecipadamente;
II – as que são inquiridas por carta.	II – as que são inquiridas por carta;
§ 1º A oitiva de testemunha que residir em comarca, seção ou subseção judiciária diversa daquela onde tramita o processo poderá ser realizada por meio de videoconferência ou outro recurso tecnológico de transmissão e recepção de sons e imagens em tempo real, o que poderá ocorrer, inclusive, durante a audiência de instrução e julgamento.	
§ 2º Os juízos deverão manter equipamento para a transmissão e recepção de sons e imagens a que se refere o § 1º.	
Art. 454. São inquiridos em sua residência ou onde exercem sua função:	**Art. 411.** São inquiridos em sua residência, ou onde exercem a sua função:
I – o presidente e o vice-presidente da República;	I – o Presidente e o Vice-Presidente da República;
II – os ministros de Estado;	III – os Ministros de Estado;
III – os ministros do Supremo Tribunal Federal, **os conselheiros do Conselho Nacional de Justiça** e os ministros do Superior Tribunal de Justiça, do Superior Tribunal Militar, do Tribunal Superior Eleitoral, do Tribunal Superior do Trabalho e do Tribunal de Contas da União;	IV – os ministros do Supremo Tribunal Federal, do Superior Tribunal de Justiça, do Superior Tribunal Militar, do Tribunal Superior Eleitoral, do Tribunal Superior do Trabalho e do Tribunal de Contas da União;
IV – o procurador-geral da República **e os conselheiros do Conselho Nacional do Ministério Público;**	V – o Procurador-Geral da República;
V – o advogado-geral da União, o procurador-geral do Estado, o procurador-geral do Município, o defensor público-geral federal e o defensor público-geral do Estado;	
VI – os senadores e os deputados federais;	VI – os Senadores e Deputados Federais;
VII – os governadores dos Estados e do Distrito Federal;	VII – os Governadores dos Estados, dos Territórios e do Distrito Federal;
VIII – o prefeito;	
IX – os deputados estaduais **e distritais;**	VIII – os Deputados Estaduais;

COMPARATIVO NOVO CPC X ANTIGO CPC

X – os desembargadores dos Tribunais de Justiça, dos Tribunais Regionais Federais, dos Tribunais Regionais do Trabalho e dos Tribunais Regionais Eleitorais e os conselheiros dos Tribunais de Contas dos Estados e do Distrito Federal;	IX – os Desembargadores dos Tribunais de Justiça, os juízes dos Tribunais de Alçada, os juízes dos Tribunais Regionais do Trabalho e dos Tribunais Regionais Eleitorais e os Conselheiros dos Tribunais de Contas dos Estados e do Distrito Federal;
XI – o procurador-geral de justiça;	
XII – o embaixador de país que, por lei ou tratado, concede idêntica prerrogativa a agente diplomático do Brasil.	X – o embaixador de país que, por lei ou tratado, concede idêntica prerrogativa ao agente diplomático do Brasil.
§ 1º O juiz solicitará à autoridade que indique dia, hora e local a fim de ser inquirida, remetendo-lhe cópia da petição inicial ou da defesa oferecida pela parte que a arrolou como testemunha.	**Parágrafo único.** O juiz solicitará à autoridade que designe dia, hora e local a fim de ser inquirida, remetendo-lhe cópia da petição inicial ou da defesa oferecida pela parte, que a arrolou como testemunha.
§ 2º Passado 1 (um) mês sem manifestação da autoridade, o juiz designará dia, hora e local para o depoimento, preferencialmente na sede do juízo.	
§ 3º O juiz também designará dia, hora e local para o depoimento, quando a autoridade não comparecer, injustificadamente, à sessão agendada para a colheita de seu testemunho no dia, hora e local por ela mesma indicados.	
Art. 455. Cabe ao advogado da parte informar ou intimar a testemunha por ele arrolada do dia, da hora e do local da audiência designada, dispensando-se a intimação do juízo.	
	Art. 412. [...].
§ 1º A intimação **deverá** ser realizada por carta com **aviso de recebimento, cumprindo ao advogado juntar aos autos, com antecedência de pelo menos 3 (três) dias da data da audiência, cópia da correspondência de intimação e do comprovante de recebimento.**	§ 3º A intimação poderá ser feita pelo correio, sob registro ou com entrega em mão própria, quando a testemunha tiver residência certa.
	Art. 412. [...].
§ 2º A parte pode comprometer-se a levar a testemunha à audiência, independentemente da intimação de que trata o § 1º, presumindo-se, caso a testemunha não compareça, que a parte desistiu de sua inquirição.	§ 1º A parte pode comprometer-se a levar à audiência a testemunha, independentemente de intimação; presumindo-se, caso não compareça, que desistiu de ouvi-la.
§ 3º A inércia na realização da intimação a que se refere o § 1º importa desistência da inquirição da testemunha.	
§ 4º A intimação será feita pela via judicial quando:	
I – for frustrada a intimação prevista no § 1º deste artigo;	
II – sua necessidade for devidamente demonstrada pela parte ao juiz;	
	Art. 412. [...].
III – figurar no rol de testemunhas servidor público ou militar, hipótese em que o juiz o requisitará ao chefe da repartição ou ao comando do corpo em que servir;	§ 2º Quando figurar no rol de testemunhas funcionário público ou militar, o juiz o requisitará ao chefe da repartição ou ao comando do corpo em que servir.
IV – a testemunha houver sido arrolada pelo Ministério Público ou pela Defensoria Pública;	
V – a testemunha for uma daquelas previstas no art. 454.	
§ 5º A testemunha que, intimada na forma do § 1º ou do § 4º, deixar de comparecer sem motivo justificado será conduzida e responderá pelas despesas do adiamento.	**Art. 412.** A testemunha é intimada a comparecer à audiência, constando do mandado dia, hora e local, bem como os nomes das partes e a natureza da causa. Se a testemunha deixar de comparecer, sem motivo justificado, será conduzida, respondendo pelas despesas do adiamento.
Art. 456. O juiz inquirirá as testemunhas separada e sucessivamente, primeiro as do autor e depois as do réu, e providenciará para que uma não ouça o depoimento das outras.	**Art. 413.** O juiz inquirirá as testemunhas separada e sucessivamente; primeiro as do autor e depois as do réu, providenciando de modo que uma não ouça o depoimento das outras.
Parágrafo único. O juiz poderá alterar a ordem estabelecida no *caput* se as partes concordarem.	
Art. 457. Antes de depor, a testemunha será qualificada, declarará ou confirmará seus dados e informará se tem relações de parentesco com a parte ou interesse no objeto do processo.	**Art. 414.** Antes de depor, a testemunha será qualificada, declarando o nome por inteiro, a profissão, a residência e o estado civil, bem como se tem relações de parentesco com a parte, ou interesse no objeto do processo.
§ 1º É lícito à parte contraditar a testemunha, arguindo-lhe a incapacidade, o impedimento ou a suspeição, bem como, caso a testemunha negue os fatos que lhe são imputados, provar a contradita com documentos ou com testemunhas, até 3 (três), apresentadas no ato e inquiridas em separado.	§ 1º É lícito à parte contraditar a testemunha, arguindo-lhe a incapacidade, o impedimento ou a suspeição. Se a testemunha negar os fatos que lhe são imputados, a parte poderá provar a contradita com documentos ou com testemunhas, até três, apresentadas no ato e inquiridas em separado. Sendo provados ou confessados os fatos, o juiz dispensará a testemunha, ou lhe tomará o depoimento, observando o disposto no art. 405, § 4º.

§ 2º Sendo provados ou confessados os fatos a que se refere o § 1º, o juiz dispensará a testemunha ou lhe tomará o depoimento como informante.	
§ 3º A testemunha pode requerer ao juiz que a escuse de depor, alegando os motivos previstos neste Código, decidindo o juiz de plano após ouvidas as partes.	§ 2º A testemunha pode requerer ao juiz que a escuse de depor, alegando os motivos de que trata o art. 406; ouvidas as partes, o juiz decidirá de plano.
Art. 458. Ao início da inquirição, a testemunha prestará o compromisso de dizer a verdade do que souber e lhe for perguntado.	**Art. 415.** Ao início da inquirição, a testemunha prestará o compromisso de dizer a verdade do que souber e lhe for perguntado.
Parágrafo único. O juiz advertirá à testemunha que incorre em sanção penal quem faz afirmação falsa, cala ou oculta a verdade.	**Parágrafo único.** O juiz advertirá à testemunha que incorre em sanção penal quem faz afirmação falsa, cala ou oculta a verdade.
Art. 459. As perguntas serão formuladas pelas partes diretamente à testemunha, começando pela que a arrolou, não admitindo o juiz aquelas que puderem induzir a resposta, não tiverem relação com as questões de fato objeto da atividade probatória ou importarem repetição de outra já respondida.	**Art. 416.** O juiz interrogará a testemunha sobre os fatos articulados, cabendo, primeiro à parte, que a arrolou, e depois à parte contrária, formular perguntas tendentes a esclarecer ou completar o depoimento.
§ 1º O juiz poderá inquirir a testemunha tanto antes quanto depois da inquirição feita pelas partes.	
§ 2º As testemunhas devem ser tratadas com urbanidade, não se lhes fazendo perguntas ou considerações impertinentes, capciosas ou vexatórias.	§ 1º As partes devem tratar as testemunhas com urbanidade, não lhes fazendo perguntas ou considerações impertinentes, capciosas ou vexatórias.
§ 3º As perguntas que o juiz indeferir serão transcritas no termo, se a parte o requerer.	§ 2º As perguntas que o juiz indeferir serão obrigatoriamente transcritas no termo se a parte o requerer.
Art. 460. O depoimento poderá ser documentado por meio de gravação.	**Art. 417.** O depoimento, datilografado ou registrado por taquigrafia, estenotipia ou outro método idôneo de documentação, será assinado pelo juiz, pelo depoente e pelos procuradores, facultando-se às partes a sua gravação.
§ 1º Quando digitado ou registrado por taquigrafia, estenotipia ou outro método idôneo de documentação, o depoimento será assinado pelo juiz, pelo depoente e pelos procuradores.	
§ 2º Se houver recurso em processo em autos não eletrônicos, o depoimento somente será digitado quando for impossível o envio de sua documentação eletrônica.	
§ 3º Tratando-se de autos eletrônicos, observar-se-á o disposto neste Código **e na legislação específica sobre a prática eletrônica de atos processuais.**	§ 2º Tratando-se de processo eletrônico, observar-se-á o disposto nos §§ 2º e 3º do art. 169 desta Lei.
Art. 461. O juiz pode ordenar, de ofício ou a requerimento da parte:	**Art. 418.** O juiz pode ordenar, de ofício ou a requerimento da parte:
I – a inquirição de testemunhas referidas nas declarações da parte ou das testemunhas;	I – a inquirição de testemunhas referidas nas declarações da parte ou das testemunhas;
II – a acareação de 2 (duas) ou mais testemunhas ou de alguma delas com a parte, quando, sobre fato determinado que possa influir na decisão da causa, divergirem as suas declarações.	II – a acareação de duas ou mais testemunhas ou de alguma delas com a parte, quando, sobre fato determinado, que possa influir na decisão da causa, divergirem as suas declarações.
§ 1º Os acareados serão reperguntados para que expliquem os pontos de divergência, reduzindo-se a termo o ato de acareação.	
§ 2º A acareação pode ser realizada por videoconferência ou por outro recurso tecnológico de transmissão de sons e imagens em tempo real.	
Art. 462. A testemunha pode requerer ao juiz o pagamento da despesa que efetuou para comparecimento à audiência, devendo a parte pagá-la logo que arbitrada ou depositá-la em cartório dentro de 3 (três) dias.	**Art. 419.** A testemunha pode requerer ao juiz o pagamento da despesa que efetuou para comparecimento à audiência, devendo a parte pagá-la logo que arbitrada, ou depositá-la em cartório dentro de 3 (três) dias.
Art. 463. O depoimento prestado em juízo é considerado serviço público. **Parágrafo único.** A testemunha, quando sujeita ao regime da legislação trabalhista, não sofre, por comparecer à audiência, perda de salário nem desconto no tempo de serviço.	**Parágrafo único.** O depoimento prestado em juízo é considerado serviço público. A testemunha, quando sujeita ao regime da legislação trabalhista, não sofre, por comparecer à audiência, perda de salário nem desconto no tempo de serviço.
Seção X ***Da Prova Pericial***	**Seção VII** ***Da Prova Pericial***
Art. 464. A prova pericial consiste em exame, vistoria ou avaliação.	**Art. 420.** A prova pericial consiste em exame, vistoria ou avaliação.
§ 1º O juiz indeferirá a perícia quando:	**Parágrafo único.** O juiz indeferirá a perícia quando:
I – a prova do fato não depender de conhecimento especial de técnico;	I – a prova do fato não depender do conhecimento especial de técnico;

II – for desnecessária em vista de outras provas produzidas;	II – for desnecessária em vista de outras provas produzidas;
III – a verificação for impraticável.	III – a verificação for impraticável.
§ 2º De ofício ou a requerimento das partes, o juiz poderá, em substituição à perícia, determinar a produção de prova técnica simplificada, quando o ponto controvertido for de menor complexidade.	**Art. 421.** O juiz nomeará o perito, fixando de imediato o prazo para a entrega do laudo.
§ 3º A prova técnica simplificada consistirá apenas na inquirição de especialista, pelo juiz, sobre ponto controvertido da causa que demande especial conhecimento científico ou técnico.	§ 1º Incumbe às partes, dentro em 5 (cinco) dias, contados da intimação do despacho de nomeação do perito:
	I – indicar o assistente técnico;
	II – apresentar quesitos.
§ 4º Durante a arguição, o especialista, que deverá ter formação acadêmica específica na área objeto de seu depoimento, poderá valer-se de qualquer recurso tecnológico de transmissão de sons e imagens com o fim de esclarecer os pontos controvertidos da causa.	
Art. 465. O juiz nomeará perito **especializado no objeto da perícia** e fixará de imediato o prazo para a entrega do laudo.	**Art. 421.** O juiz nomeará o perito, fixando de imediato o prazo para a entrega do laudo.
§ 1º Incumbe às partes, **dentro de** 15 (**quinze**) **dias** contados da intimação do despacho de nomeação do perito:	§ 1º Incumbe às partes, dentro em 5 (cinco) dias, contados da intimação do despacho de nomeação do perito:
I – arguir o impedimento ou a suspeição do perito, se for o caso;	**Art. 138.** [...]
	§ 1º A parte interessada deverá arguir o impedimento ou a suspeição, em petição fundamentada e devidamente instruída, na primeira oportunidade em que lhe couber falar nos autos; o juiz mandará processar o incidente em separado e sem suspensão da causa, ouvindo o arguido no prazo de 5 (cinco) dias, facultando a prova quando necessária e julgando o pedido.
II – indicar assistente técnico;	I – indicar o assistente técnico;
III – apresentar quesitos.	II – apresentar quesitos.
§ 2º Ciente da nomeação, o perito apresentará em 5 (cinco) dias:	
I – proposta de honorários;	
II – currículo, com comprovação de especialização;	
III – contatos profissionais, em especial o endereço eletrônico, para onde serão dirigidas as intimações pessoais.	
§ 3º As partes serão intimadas da proposta de honorários para, querendo, manifestar-se no prazo comum de 5 (cinco) dias, após o que o juiz arbitrará o valor, intimando-se as partes para os fins do art. 95.	
§ 4º O juiz poderá autorizar o pagamento de até cinquenta por cento dos honorários arbitrados a favor do perito no início dos trabalhos, devendo o remanescente ser pago apenas ao final, depois de entregue o laudo e prestados todos os esclarecimentos necessários.	**Art. 33.** [...]. **Parágrafo único.** O juiz poderá determinar que a parte responsável pelo pagamento dos honorários do perito deposite em juízo o valor correspondente a essa remuneração. O numerário, recolhido em depósito bancário à ordem do juízo e com correção monetária, será entregue ao perito após a apresentação do laudo, facultada a sua liberação parcial, quando necessária.
§ 5º Quando a perícia for inconclusiva ou deficiente, o juiz poderá reduzir a remuneração inicialmente arbitrada para o trabalho.	
§ 6º Quando tiver de realizar-se por carta, poder-se-á proceder à nomeação de perito e à indicação de assistentes técnicos no juízo ao qual se requisitar a perícia.	**Art. 428.** Quando a prova tiver de realizar-se por carta, poderá proceder-se à nomeação de perito e indicação de assistentes técnicos no juízo, ao qual se requisitar a perícia.
Art. 466. O perito cumprirá escrupulosamente o encargo que lhe foi cometido, independentemente de termo de compromisso.	**Art. 422.** O perito cumprirá escrupulosamente o encargo que lhe foi cometido, independentemente de termo de compromisso. Os assistentes técnicos são de confiança da parte, não sujeitos a impedimento ou suspeição.
§ 1º Os assistentes técnicos são de confiança da parte e não estão sujeitos a impedimento ou suspeição.	
§ 2º O perito deve assegurar aos assistentes das partes o acesso e o acompanhamento das diligências e dos exames que realizar, com prévia comunicação, comprovada nos autos, com antecedência mínima de 5 (cinco) dias.	**Art. 431-A.** As partes terão ciência da data e local designados pelo juiz ou indicados pelo perito para ter início a produção da prova.
Art. 467. O perito pode escusar-se ou ser recusado por impedimento ou suspeição.	**Art. 423.** O perito pode escusar-se (art. 146), ou ser recusado por impedimento ou suspeição (art. 138, III); ao aceitar a escusa ou ao julgar procedente a impugnação, o juiz nomeará novo perito.
Parágrafo único. O juiz, ao aceitar a escusa ou ao julgar procedente a impugnação, nomeará novo perito.	

Art. 468. O perito pode ser substituído quando:	**Art. 424.** O perito pode ser substituído quando:
I – faltar-lhe conhecimento técnico ou científico;	I – carecer de conhecimento técnico ou científico;
II – sem motivo legítimo, deixar de cumprir o encargo no prazo que lhe foi assinado.	II – sem motivo legítimo, deixar de cumprir o encargo no prazo que lhe foi assinado.
§ 1º No caso previsto no inciso II, o juiz comunicará a ocorrência à corporação profissional respectiva, podendo, ainda, impor multa ao perito, fixada tendo em vista o valor da causa e o possível prejuízo decorrente do atraso no processo.	**Parágrafo único.** No caso previsto no inciso II, o juiz comunicará a ocorrência à corporação profissional respectiva, podendo, ainda, impor multa ao perito, fixada tendo em vista o valor da causa e o possível prejuízo decorrente do atraso no processo.
§ 2º O perito substituído restituirá, no prazo de 15 (quinze) dias, os valores recebidos pelo trabalho não realizado, sob pena de ficar impedido de atuar como perito judicial pelo prazo de 5 (cinco) anos.	
§ 3º Não ocorrendo a restituição voluntária de que trata o § 2º, a parte que tiver realizado o adiantamento dos honorários poderá promover execução contra o perito, na forma dos arts. 513 e seguintes deste Código, com fundamento na decisão que determinar a devolução do numerário.	
Art. 469. As partes poderão apresentar quesitos suplementares durante a diligência, **que poderão ser respondidos pelo perito previamente ou na audiência de instrução e julgamento**. **Parágrafo único.** O escrivão dará à parte contrária ciência da juntada dos quesitos aos autos.	**Art. 425.** Poderão as partes apresentar, durante a diligência, quesitos suplementares. Da juntada dos quesitos aos autos dará o escrivão ciência à parte contrária.
Art. 470. Incumbe ao juiz:	**Art. 426.** Compete ao juiz:
I – indeferir quesitos impertinentes;	I – indeferir quesitos impertinentes;
II – formular **os quesitos** que entender necessários ao esclarecimento da causa.	II – formular os que entender necessários ao esclarecimento da causa.
Art. 471. As partes podem, de comum acordo, escolher o perito, indicando-o mediante requerimento, desde que:	
I – sejam plenamente capazes;	
II – a causa possa ser resolvida por autocomposição.	
§ 1º As partes, ao escolher o perito, já devem indicar os respectivos assistentes técnicos para acompanhar a realização da perícia, que se realizará em data e local previamente anunciados.	
§ 2º O perito e os assistentes técnicos devem entregar, respectivamente, laudo e pareceres em prazo fixado pelo juiz.	
§ 3º A perícia consensual substitui, para todos os efeitos, a que seria realizada por perito nomeado pelo juiz.	
Art. 472. O juiz poderá dispensar prova pericial quando as partes, na inicial e na contestação, apresentarem, sobre as questões de fato, pareceres técnicos ou documentos elucidativos que considerar suficientes.	**Art. 427.** O juiz poderá dispensar prova pericial quando as partes, na inicial e na contestação, apresentarem sobre as questões de fato pareceres técnicos ou documentos elucidativos que considerar suficientes.
Art. 473. O laudo pericial deverá conter:	
I – a exposição do objeto da perícia;	
II – a análise técnica ou científica realizada pelo perito;	
III – a indicação do método utilizado, esclarecendo-o e demonstrando ser predominantemente aceito pelos especialistas da área do conhecimento da qual se originou;	
IV – resposta conclusiva a todos os quesitos apresentados pelo juiz, pelas partes e pelo órgão do Ministério Público.	
§ 1º No laudo, o perito deve apresentar sua fundamentação em linguagem simples e com coerência lógica, indicando como alcançou suas conclusões.	
§ 2º É vedado ao perito ultrapassar os limites de sua designação, bem como emitir opiniões pessoais que excedam o exame técnico ou científico do objeto da perícia.	
§ 3º Para o desempenho de sua função, o perito e os assistentes técnicos podem valer-se de todos os meios necessários, ouvindo testemunhas, obtendo informações, solicitando documentos que estejam em poder da parte, **de terceiros** ou em repartições públicas, bem como instruir o laudo com **planilhas, mapas,** plantas, desenhos, fotografias **ou outros elementos necessários ao esclarecimento do objeto da perícia.**	**Art. 429.** Para o desempenho de sua função, podem o perito e os assistentes técnicos utilizar-se de todos os meios necessários, ouvindo testemunhas, obtendo informações, solicitando documentos que estejam em poder de parte ou em repartições públicas, bem como instruir o laudo com plantas, desenhos, fotografias e outras quaisquer peças.

Art. 474. As partes terão ciência da data e do local designados pelo juiz ou indicados pelo perito para ter início a produção da prova.	**Art. 431-A.** As partes terão ciência da data e local designados pelo juiz ou indicados pelo perito para ter início a produção da prova.
Art. 475. Tratando-se de perícia complexa que abranja mais de uma área de conhecimento especializado, o juiz poderá nomear mais de um perito, e a parte, indicar mais de um assistente técnico.	**Art. 431-B.** Tratando-se de perícia complexa, que abranja mais de uma área de conhecimento especializado, o juiz poderá nomear mais de um perito e a parte indicar mais de um assistente técnico.
Art. 476. Se o perito, por motivo justificado, não puder apresentar o laudo dentro do prazo, o juiz poderá conceder-lhe, por uma vez, prorrogação pela metade do prazo originalmente fixado.	**Art. 432.** Se o perito, por motivo justificado, não puder apresentar o laudo dentro do prazo, o juiz conceder-lhe-á, por uma vez, prorrogação, segundo o seu prudente arbítrio.
Art. 477. O perito **protocolará o laudo em juízo**, no prazo fixado pelo juiz, pelo menos 20 (vinte) dias antes da audiência de instrução e julgamento.	**Art. 433.** O perito apresentará o laudo em cartório, no prazo fixado pelo juiz, pelo menos 20 (vint*e*) dias antes da audiência de instrução e julgamento.
§ 1º As partes serão intimadas para, querendo, manifestar-se sobre o laudo do perito do juízo **no prazo comum de** 15 (**quinze**) **dias**, podendo o assistente técnico de cada uma das partes, em igual prazo, apresentar seu respectivo parecer.	**Parágrafo único.** Os assistentes técnicos oferecerão seus pareceres no prazo comum de 10 (dez) dias, após intimadas as partes da apresentação do laudo.
§ 2º O perito do juízo tem o dever de, no prazo de 15 (quinze) dias, esclarecer ponto:	
I – sobre o qual exista divergência ou dúvida de qualquer das partes, do juiz ou do órgão do Ministério Público;	
II – divergente apresentado no parecer do assistente técnico da parte.	
§ 3º Se ainda houver necessidade de esclarecimentos, a parte requererá ao juiz que mande intimar o perito ou o assistente técnico a comparecer à audiência de instrução e julgamento, formulando, desde logo, as perguntas, sob forma de quesitos.	**Art. 435.** A parte, que desejar esclarecimento do perito e do assistente técnico, requererá ao juiz que mande intimá-lo a comparecer à audiência, formulando desde logo as perguntas, sob forma de quesitos.
§ 4º O perito ou o assistente técnico será intimado **por meio eletrônico, com pelo menos** 10 (**dez**) **dias de antecedência da audiência.**	**Parágrafo único.** O perito e o assistente técnico só estarão obrigados a prestar os esclarecimentos a que se refere este artigo, quando intimados 5 (cinco) dias antes da audiência.
Art. 478. Quando o exame tiver por objeto a autenticidade ou a falsidade de documento ou for de natureza médico-legal, o perito será escolhido, de preferência, entre os técnicos dos estabelecimentos oficiais especializados, a cujos diretores o juiz autorizará a remessa dos autos, bem como do material sujeito a exame.	**Art. 434.** Quando o exame tiver por objeto a autenticidade ou a falsidade de documento, ou for de natureza médico-legal, o perito será escolhido, de preferência, entre os técnicos dos estabelecimentos oficiais especializados. O juiz autorizará a remessa dos autos, bem como do material sujeito a exame, ao diretor do estabelecimento.
§ 1º Nas hipóteses de gratuidade de justiça, os órgãos e as repartições oficiais deverão cumprir a determinação judicial com preferência, no prazo estabelecido.	
§ 2º A prorrogação do prazo referido no § 1º pode ser requerida motivadamente.	
§ 3º Quando o exame tiver por objeto a autenticidade da letra e da firma, o perito poderá requisitar, para efeito de comparação, documentos existentes em repartições públicas e, na falta destes, poderá requerer ao juiz que a pessoa a quem se atribuir a autoria do documento lance em folha de papel, por cópia ou sob ditado, dizeres diferentes, para fins de comparação.	**Art. 434.** [...]. **Parágrafo único.** Quando o exame tiver por objeto a autenticidade da letra e firma, o perito poderá requisitar, para efeito de comparação, documentos existentes em repartições públicas; na falta destes, poderá requerer ao juiz que a pessoa, a quem se atribuir a autoria do documento, lance em folha de papel por cópia, ou sob ditado, dizeres diferentes, para fins de comparação.
Art. 479. O juiz **apreciará a prova pericial de acordo com o disposto no art.** 371, indicando na sentença os motivos que o levaram a considerar ou a deixar de considerar as conclusões do laudo, levando em conta o método utilizado pelo perito.	**Art. 436.** O juiz não está adstrito ao laudo pericial, podendo formar a sua convicção com outros elementos ou fatos provados nos autos.
Art. 480. O juiz **determinará**, de ofício ou a requerimento da parte, a realização de nova perícia quando a matéria não estiver suficientemente esclarecida.	**Art. 437.** O juiz poderá determinar, de ofício ou a requerimento da parte, a realização de nova perícia, quando a matéria não lhe parecer suficientemente esclarecida.
§ 1º A segunda perícia tem por objeto os mesmos fatos sobre os quais recaiu a primeira e destina-se a corrigir eventual omissão ou inexatidão dos resultados a que esta conduziu.	**Art. 438.** A segunda perícia tem por objeto os mesmos fatos sobre que recaiu a primeira e destina-se a corrigir eventual omissão ou inexatidão dos resultados a que esta conduziu.
§ 2º A segunda perícia rege-se pelas disposições estabelecidas para a primeira.	**Art. 439.** A segunda perícia rege-se pelas disposições estabelecidas para a primeira.
§ 3º A segunda perícia não substitui a primeira, cabendo ao juiz apreciar o valor de uma e de outra.	**Parágrafo único.** A segunda perícia não substitui a primeira, cabendo ao juiz apreciar livremente o valor de uma e outra.

Seção XI *Da Inspeção Judicial*	Seção VIII *Da Inspeção Judicial*
Art. 481. O juiz, de ofício ou a requerimento da parte, pode, em qualquer fase do processo, inspecionar pessoas ou coisas, a fim de se esclarecer sobre fato que interesse à decisão da causa.	**Art. 440.** O juiz, de ofício ou a requerimento da parte, pode, em qualquer fase do processo, inspecionar pessoas ou coisas, a fim de se esclarecer sobre fato, que interesse à decisão da causa.
Art. 482. Ao realizar a inspeção, o juiz poderá ser assistido por um ou mais peritos.	**Art. 441.** Ao realizar a inspeção direta, o juiz poderá ser assistido de um ou mais peritos.
Art. 483. O juiz irá ao local onde se encontre a pessoa ou a coisa quando:	**Art. 442.** O juiz irá ao local, onde se encontre a pessoa ou coisa, quando:
I – julgar necessário para a melhor verificação ou interpretação dos fatos que deva observar;	I – julgar necessário para a melhor verificação ou interpretação dos fatos que deva observar;
II – a coisa não puder ser apresentada em juízo sem consideráveis despesas ou graves dificuldades;	II – a coisa não puder ser apresentada em juízo, sem consideráveis despesas ou graves dificuldades;
III – determinar a reconstituição dos fatos.	III – determinar a reconstituição dos fatos.
Parágrafo único. As partes têm sempre direito a assistir à inspeção, prestando esclarecimentos e fazendo observações que considerem de interesse para a causa.	**Parágrafo único.** As partes têm sempre direito a assistir à inspeção, prestando esclarecimentos e fazendo observações que reputem de interesse para a causa.
Art. 484. Concluída a diligência, o juiz mandará lavrar auto circunstanciado, mencionando nele tudo quanto for útil ao julgamento da causa.	**Art. 443.** Concluída a diligência, o juiz mandará lavrar auto circunstanciado, mencionando nele tudo quanto for útil ao julgamento da causa.
Parágrafo único. O auto poderá ser instruído com desenho, gráfico ou fotografia.	**Parágrafo único.** O auto poderá ser instruído com desenho, gráfico ou fotografia.
Capítulo XIII **Da Sentença e da Coisa Julgada**	Capítulo III **Da Extinção do Processo**
Seção I *Disposições Gerais*	
Art. 485. O juiz não resolverá o mérito quando:	**Art. 267.** Extingue-se o processo, sem resolução de mérito:
I – indeferir a petição inicial;	I – quando o juiz indeferir a petição inicial;
II – o processo ficar parado durante mais de 1 (um) ano por negligência das partes;	II – quando ficar parado durante mais de 1 (um) ano por negligência das partes;
III – por não promover os atos e as diligências que lhe incumbir, o autor abandonar a causa por mais de 30 (trinta) dias;	III – quando, por não promover os atos e diligências que lhe competir, o autor abandonar a causa por mais de 30 (trint*a*) dias;
IV – verificar a ausência de pressupostos de constituição e de desenvolvimento válido e regular do processo;	IV – quando se verificar a ausência de pressupostos de constituição e de desenvolvimento válido e regular do processo;
V – **reconhecer a existência** de peremptação, de litispendência ou de coisa julgada;	V – quando o juiz acolher a alegação de peremptação, litispendência ou de coisa julgada;
VI – verificar ausência de legitimidade ou de interesse processual;	VI – quando não concorrer qualquer das condições da ação, como a possibilidade jurídica, a legitimidade das partes e o interesse processual;
VII – **acolher a alegação de existência de** convenção de arbitragem **ou quando o juízo arbitral reconhecer sua competência;**	VII – pela convenção de arbitragem;
VIII – **homologar** a desistência da ação;	VIII – quando o autor desistir da ação;
IX – **em caso de morte da parte,** a ação for considerada intransmissível por disposição legal; e	IX – quando a ação for considerada intransmissível por disposição legal;
X – nos demais casos prescritos neste Código.	XI – nos demais casos prescritos neste Código.
§ 1º Nas hipóteses descritas nos incisos II e III, a parte será intimada pessoalmente **para suprir a falta no prazo de** 5 (**cinco**) **dias.**	§ 1º O juiz ordenará, nos casos dos ns. II e III, o arquivamento dos autos, declarando a extinção do processo, se a parte, intimada pessoalmente, não suprir a falta em 48 (quarenta e oito) horas.
§ 2º No caso do § 1º, quanto ao inciso II, as partes pagarão proporcionalmente as custas, e, quanto ao inciso III, o autor será condenado ao pagamento das despesas e dos honorários de advogado.	§ 2º No caso do parágrafo anterior, quanto ao n. II, as partes pagarão proporcionalmente as custas e, quanto ao n. III, o autor será condenado ao pagamento das despesas e honorários de advogado (art. 28).
§ 3º O juiz conhecerá de ofício da matéria constante dos incisos IV, V, VI e IX, em qualquer tempo e grau de jurisdição, **enquanto não ocorrer o trânsito em julgado.**	§ 3º O juiz conhecerá de ofício, em qualquer tempo e grau de jurisdição, enquanto não proferida a sentença de mérito, da matéria constante dos ns. IV, V e VI; todavia, o réu que a não alegar, na primeira oportunidade em que lhe caiba falar nos autos, responderá pelas custas de retardamento.

§ 4º **Oferecida a contestação**, o autor não poderá, sem o consentimento do réu, desistir da ação.	§ 4º Depois de decorrido o prazo para a resposta, o autor não poderá, sem o consentimento do réu, desistir da ação.
§ 5º A desistência da ação pode ser apresentada até a sentença.	
§ 6º Oferecida a contestação, a extinção do processo por abandono da causa pelo autor depende de requerimento do réu.	
§ 7º Interposta a apelação em qualquer dos casos de que tratam os incisos deste artigo, o juiz terá 5 (cinco) dias para retratar-se.	
Art. 486. O pronunciamento judicial que não resolve o mérito não obsta a que a parte proponha de novo a ação.	**Art. 268.** Salvo o disposto no art. 267, V, a extinção do processo não obsta a que o autor intente de novo a ação. A petição inicial, todavia, não será despachada sem a prova do pagamento ou do depósito das custas e dos honorários de advogado.
§ 1º No caso de extinção em razão de litispendência e nos casos dos incisos I, IV, VI e VII do art. 485, a propositura da nova ação depende da correção do vício que levou à sentença sem resolução do mérito.	
§ 2º A petição inicial, todavia, não será despachada sem a prova do pagamento ou do depósito das custas e dos honorários de advogado.	**Art. 268.** Salvo o disposto no art. 267, V, a extinção do processo não obsta a que o autor intente de novo a ação. A petição inicial, todavia, não será despachada sem a prova do pagamento ou do depósito das custas e dos honorários de advogado.
§ 3º Se o autor der causa, por 3 (três) vezes, a sentença fundada em abandono da causa, não poderá propor nova ação contra o réu com o mesmo objeto, ficando-lhe ressalvada, entretanto, a possibilidade de alegar em defesa o seu direito.	**Parágrafo único.** Se o autor der causa, por três vezes, à extinção do processo pelo fundamento previsto no n. III do artigo anterior, não poderá intentar nova ação contra o réu com o mesmo objeto, ficando-lhe ressalvada, entretanto, a possibilidade de alegar em defesa o seu direito.
Art. 487. Haverá resolução de mérito quando **o juiz**:	**Art. 269.** Haverá resolução de mérito:
I – acolher ou rejeitar o pedido formulado **na ação ou na reconvenção**;	I – quando o juiz acolher ou rejeitar o pedido do autor;
II – decidir, **de ofício ou a requerimento**, sobre a ocorrência de decadência ou prescrição;	IV – quando o juiz pronunciar a decadência ou a prescrição;
III – **homologar**:	
a) o reconhecimento da procedência do pedido formulado na ação **ou na reconvenção**;	II – quando o réu reconhecer a procedência do pedido;
b) a transação;	III – quando as partes transigirem;
c) a renúncia à pretensão formulada na ação **ou na reconvenção**.	V – quando o autor renunciar ao direito sobre que se funda a ação.
Parágrafo único. Ressalvada a hipótese do § 1º do art. 332, a prescrição e a decadência não serão reconhecidas sem que antes seja dada às partes oportunidade de manifestar-se.	
Art. 488. Desde que possível, o juiz resolverá o mérito sempre que a decisão for favorável à parte a quem aproveitaria eventual pronunciamento nos termos do art. 485.	**Art. 249.** [...] § 2º Quando puder decidir do mérito a favor da parte a quem aproveite a declaração da nulidade, o juiz não a pronunciará nem mandará repetir o ato, ou suprir-lhe a falta.
	Capítulo VIII **Da Sentença e da Coisa Julgada**
Seção II *Dos **Elementos** e dos Efeitos da Sentença*	Seção I *Dos Requisitos e dos Efeitos da Sentença*
Art. 489. São **elementos** essenciais da sentença:	**Art. 458.** São requisitos essenciais da sentença:
I – o relatório, que conterá os nomes das partes, a identificação do caso, com a suma do pedido e da **contestação**, e o registro das principais ocorrências havidas no andamento do processo;	I – o relatório, que conterá os nomes das partes, a suma do pedido e da resposta do réu, bem como o registro das principais ocorrências havidas no andamento do processo;
II – os fundamentos, em que o juiz analisará as questões de fato e de direito;	II – os fundamentos, em que o juiz analisará as questões de fato e de direito;
III – o dispositivo, em que o juiz resolverá as questões principais que as partes lhe submeterem.	III – o dispositivo, em que o juiz resolverá as questões, que as partes lhe submeterem.
§ 1º Não se considera fundamentada qualquer decisão judicial, seja ela interlocutória, sentença ou acórdão, que:	

I – se limitar à indicação, à reprodução ou à paráfrase de ato normativo, sem explicar sua relação com a causa ou a questão decidida;	
II – empregar conceitos jurídicos indeterminados, sem explicar o motivo concreto de sua incidência no caso;	
III – invocar motivos que se prestariam a justificar qualquer outra decisão;	
IV – não enfrentar todos os argumentos deduzidos no processo capazes de, em tese, infirmar a conclusão adotada pelo julgador;	
V – se limitar a invocar precedente ou enunciado de súmula, sem identificar seus fundamentos determinantes nem demonstrar que o caso sob julgamento se ajusta àqueles fundamentos;	
VI – deixar de seguir enunciado de súmula, jurisprudência ou precedente invocado pela parte, sem demonstrar a existência de distinção no caso em julgamento ou a superação do entendimento.	
§ 2º No caso de colisão entre normas, o juiz deve justificar o objeto e os critérios gerais da ponderação efetuada, enunciando as razões que autorizam a interferência na norma afastada e as premissas fáticas que fundamentam a conclusão.	
§ 3º A decisão judicial deve ser interpretada a partir da conjugação de todos os seus elementos e em conformidade com o princípio da boa-fé.	
Art. 490. O **juiz resolverá o mérito** acolhendo ou rejeitando, no todo ou em parte, os pedidos formulados pelas **partes**.	**Art. 459.** O juiz proferirá a sentença, acolhendo ou rejeitando, no todo ou em parte, o pedido formulado pelo autor. Nos casos de extinção do processo sem julgamento do mérito, o juiz decidirá em forma concisa.
Art. 491. Na ação relativa à obrigação de pagar quantia, ainda que formulado pedido genérico, a decisão definirá desde logo a extensão da obrigação, o índice de correção monetária, a taxa de juros, o termo inicial de ambos e a periodicidade da capitalização dos juros, se for o caso, salvo quando:	
I – não for possível determinar, de modo definitivo, o montante devido;	
II – a apuração do valor devido depender da produção de prova de realização demorada ou excessivamente dispendiosa, assim reconhecida na sentença.	
§ 1º Nos casos previstos neste artigo, seguir-se-á a apuração do valor devido por liquidação.	
§ 2º O disposto no *caput* também se aplica quando o acórdão alterar a sentença.	
Art. 492. É vedado ao juiz proferir **decisão** de natureza diversa da pedida, bem como condenar a parte em quantidade superior ou em objeto diverso do que lhe foi demandado.	**Art. 460.** É defeso ao juiz proferir sentença, a favor do autor, de natureza diversa da pedida, bem como condenar o réu em quantidade superior ou em objeto diverso do que lhe foi demandado.
Parágrafo único. A **decisão** deve ser certa, ainda que resolva relação jurídica condicional.	**Parágrafo único.** A sentença deve ser certa, ainda quando decida relação jurídica condicional.
Art. 493. Se, depois da propositura da ação, algum fato constitutivo, modificativo ou extintivo do direito influir no julgamento do mérito, caberá ao **juiz** tomá-lo em consideração, de ofício ou a requerimento da parte, no momento de proferir a **decisão**.	**Art. 462.** Se, depois da propositura da ação, algum fato constitutivo, modificativo ou extintivo do direito influir no julgamento da lide, caberá ao juiz tomá-lo em consideração, de ofício ou a requerimento da parte, no momento de proferir a sentença.
Parágrafo único. Se constatar de ofício o fato novo, o juiz ouvirá as partes sobre ele antes de decidir.	
Art. 494. Publicada a sentença, o juiz só poderá alterá-la:	**Art. 463.** Publicada a sentença, o juiz só poderá alterá-la:
I – para corrigir-lhe, de ofício ou a requerimento da parte, inexatidões materiais ou erros de cálculo;	I – para lhe corrigir, de ofício ou a requerimento da parte, inexatidões materiais, ou lhe retificar erros de cálculo;
II – por meio de embargos de declaração.	II – por meio de embargos de declaração.
Art. 495. A **decisão** que condenar o réu ao pagamento de prestação consistente em dinheiro **e a que determinar a conversão de prestação de fazer, de não fazer ou de dar coisa em prestação pecuniária** valerão como título constitutivo de hipoteca judiciária.	**Art. 466.** A sentença que condenar o réu no pagamento de uma prestação, consistente em dinheiro ou em coisa, valerá como título constitutivo de hipoteca judiciária, cuja inscrição será ordenada pelo juiz na forma prescrita na Lei de Registros Públicos.

§ 1º A **decisão** produz a hipoteca judiciária:	**Parágrafo único.** A sentença condenatória produz a hipoteca judiciária:
I – embora a condenação seja genérica;	I – embora a condenação seja genérica;
II – ainda que o credor possa promover o cumprimento provisório da sentença ou esteja pendente arresto sobre bem do devedor;	II – pendente arresto de bens do devedor; III – ainda quando o credor possa promover a execução provisória da sentença.
III – mesmo que impugnada por recurso dotado de efeito suspensivo.	
§ 2º A hipoteca judiciária poderá ser realizada mediante apresentação de cópia da sentença perante o cartório de registro imobiliário, independentemente de ordem judicial, de declaração expressa do juiz ou de demonstração de urgência.	
§ 3º No prazo de até 15 (quinze) dias da data de realização da hipoteca, a parte informá-la-á ao juízo da causa, que determinará a intimação da outra parte para que tome ciência do ato.	
§ 4º A hipoteca judiciária, uma vez constituída, implicará, para o credor hipotecário, o direito de preferência, quanto ao pagamento, em relação a outros credores, observada a prioridade no registro.	
§ 5º Sobrevindo a reforma ou a invalidação da decisão que impôs o pagamento de quantia, a parte responderá, independentemente de culpa, pelos danos que a outra parte tiver sofrido em razão da constituição da garantia, devendo o valor da indenização ser liquidado e executado nos próprios autos.	

Seção III
Da Remessa Necessária

Art. 496. Está sujeita ao duplo grau de jurisdição, não produzindo efeito senão depois de confirmada pelo tribunal, a sentença:	**Art. 475.** Está sujeita ao duplo grau de jurisdição, não produzindo efeito senão depois de confirmada pelo tribunal, a sentença:
I – proferida contra a União, os Estados, o Distrito Federal, os Municípios e suas respectivas autarquias e fundações de direito público;	I – proferida contra a União, o Estado, o Distrito Federal, o Município, e as respectivas autarquias e fundações de direito público;
II – que julgar procedentes, no todo ou em parte, os embargos à **execução fiscal**.	II – que julgar procedentes, no todo ou em parte, os embargos à execução de dívida ativa da Fazenda Pública (art. 585, VI).
§ 1º Nos casos previstos neste artigo, não interposta **a apelação** no prazo legal, o juiz ordenará a remessa dos autos ao tribunal, e, se não o fizer, o presidente do respectivo tribunal avocá-los-á.	§ 1º Nos casos previstos neste artigo, o juiz ordenará a remessa dos autos ao tribunal, haja ou não apelação; não o fazendo, deverá o presidente do tribunal avocá-los.
§ 2º **Em qualquer** dos **casos** referidos no § 1º, **o tribunal julgará a remessa necessária**.	
§ 3º Não se aplica o disposto neste artigo quando a condenação ou o proveito econômico obtido na causa for de valor certo e **líquido** inferior a:	§ 2º Não se aplica o disposto neste artigo sempre que a condenação, ou o direito controvertido, for de valor certo não excedente a **sessenta salários mínimos, bem como no caso de procedência dos embargos do devedor na execução de dívida ativa do mesmo valor.**
I – 1.000 (mil) salários mínimos para a União e as respectivas autarquias e fundações de direito público;	
II – 500 (quinhentos) salários mínimos para os Estados, o Distrito Federal, as respectivas autarquias e fundações de direito público e os Municípios que constituam capitais dos Estados;	
III – 100 **(cem) salários mínimos para todos os demais** Municípios e respectivas autarquias e fundações de direito público.	
§ 4º Também não se aplica o disposto neste artigo quando a sentença estiver fundada em:	§ 3º Também não se aplica o disposto neste artigo quando a sentença estiver fundada em jurisprudência do plenário do Supremo Tribunal Federal ou em súmula deste Tribunal ou do tribunal superior competente.
I – súmula de tribunal superior;	
II – acórdão proferido pelo Supremo Tribunal Federal ou pelo Superior Tribunal de Justiça em julgamento de recursos repetitivos;	
III – entendimento firmado em incidente de resolução de demandas repetitivas ou de assunção de competência;	
IV – entendimento coincidente com orientação vinculante firmada no âmbito administrativo do próprio ente público, consolidada em manifestação, parecer ou súmula administrativa.	

Novo CPC	Antigo CPC
Seção IV **Do Julgamento das Ações Relativas às Prestações de Fazer, de Não Fazer e de Entregar Coisa**	
Art. 497. Na ação que tenha por objeto **a prestação de fazer ou de não fazer**, o juiz, se procedente o pedido, concederá a tutela específica ou determinará providências que assegurem a obtenção de tutela pelo resultado prático equivalente.	**Art. 461.** Na ação que tenha por objeto o cumprimento de obrigação de fazer ou não fazer, o juiz concederá a tutela específica da obrigação ou, se procedente o pedido, determinará providências que assegurem o resultado prático equivalente ao do **adimplemento**.
Parágrafo único. Para a concessão da tutela específica destinada a inibir a prática, a reiteração ou a continuação de um ilícito, ou a sua remoção, é irrelevante a demonstração da ocorrência de dano ou da existência de culpa ou dolo.	
Art. 498. Na ação que tenha por objeto a entrega de coisa, o juiz, ao conceder a tutela específica, fixará o prazo para o cumprimento da obrigação.	**Art. 461-A.** Na ação que tenha por objeto a entrega de coisa, o juiz, ao conceder a tutela específica, fixará o prazo para o cumprimento da obrigação.
Parágrafo único. Tratando-se de entrega de coisa determinada pelo gênero e pela quantidade, o autor individualizá-la-á na petição inicial, se lhe couber a escolha, ou, se a escolha couber ao réu, este a entregará individualizada, no prazo fixado pelo juiz.	§ 1º Tratando-se de entrega de coisa determinada pelo gênero e quantidade, o credor a individualizará na petição inicial, se lhe couber a escolha; cabendo ao devedor escolher, este a entregará individualizada, no prazo fixado pelo juiz.
Art. 499. A obrigação somente será convertida em perdas e danos se o autor o requerer ou se impossível a tutela específica ou a obtenção de tutela pelo resultado prático **equivalente**.	**Art. 461.** [...]. § 1º A obrigação somente se converterá em perdas e danos se o autor o requerer ou se impossível a tutela específica ou a obtenção do resultado prático correspondente.
Art. 500. A indenização por perdas e danos dar-se-á sem prejuízo da multa **fixada periodicamente para compelir o réu ao cumprimento específico da obrigação.**	§ 2º A indenização por perdas e danos dar-se-á sem prejuízo da multa (art. 287).
Art. 501. Na ação que tenha por objeto a emissão de declaração de vontade, a sentença que julgar **procedente o pedido**, uma vez transitada em julgado, produzirá todos os efeitos da declaração não emitida.	**Art. 466-A.** Condenado o devedor a emitir declaração de vontade, a sentença, uma vez transitada em julgado, produzirá todos os efeitos da declaração não emitida.
Seção V *Da Coisa Julgada*	**Seção II** *Da Coisa Julgada*
Art. 502. Denomina-se coisa julgada material a **autoridade** que torna imutável e indiscutível a decisão de mérito não mais sujeita a recurso.	**Art. 467.** Denomina-se coisa julgada material a **eficácia**, que torna imutável e indiscutível a sentença, não mais sujeita a recurso **ordinário ou extraordinário**.
Art. 503. A decisão que julgar total ou parcialmente **o mérito** tem força de lei nos limites da **questão principal expressamente** decidida.	**Art. 468.** A sentença, que julgar total ou parcialmente **a lide**, tem força de lei nos limites da lide e das questões decididas.
§ 1º O disposto no *caput* aplica-se à resolução de questão prejudicial, decidida expressa e incidentemente no processo, se:	
I – dessa resolução depender o julgamento do mérito;	
II – a seu respeito tiver havido contraditório prévio e efetivo, não se aplicando no caso de revelia;	
III – o juízo tiver competência em razão da matéria e da pessoa para resolvê-la como questão principal.	
§ 2º A hipótese do § 1º não se aplica se no processo houver restrições probatórias ou limitações à cognição que impeçam o aprofundamento da análise da questão prejudicial.	
Art. 504. Não fazem coisa julgada:	**Art. 469.** Não fazem coisa julgada:
I – os motivos, ainda que importantes para determinar o alcance da parte dispositiva da sentença;	I – os motivos, ainda que importantes para determinar o alcance da parte dispositiva da sentença;
II – a verdade dos fatos, estabelecida como fundamento da sentença.	II – a verdade dos fatos, estabelecida como fundamento da sentença;
Art. 505. Nenhum juiz decidirá novamente as questões já decididas relativas à mesma lide, salvo:	**Art. 471.** Nenhum juiz decidirá novamente as questões já decididas, relativas à mesma lide, salvo:
I – se, tratando-se de relação jurídica **de trato continuado**, sobreveio modificação no estado de fato ou de direito, caso em que poderá a parte pedir a revisão do que foi estatuído na sentença;	I – se, tratando-se de relação jurídica continuativa, sobreveio modificação no estado de fato ou de direito; caso em que poderá a parte pedir a revisão do que foi estatuído na sentença;

II – nos demais casos prescritos em lei.	II – nos demais casos prescritos em lei.
Art. 506. A sentença faz coisa julgada às partes entre as quais é dada, não prejudicando terceiros.	**Art. 472.** A sentença faz coisa julgada às partes entre as quais é dada, não beneficiando, nem prejudicando terceiros. Nas causas relativas ao estado de pessoa, se houverem sido citados no processo, em litisconsórcio necessário, todos os interessados, a sentença produz coisa julgada em relação a terceiros.
Art. 507. É vedado à parte discutir no curso do processo as questões já decididas a cujo respeito se operou a preclusão.	**Art. 473.** É defeso à parte discutir, no curso do processo, as questões já decididas, a cujo respeito se operou a preclusão.
Art. 508. Transitada em julgado a decisão de mérito, considerar-se-ão deduzidas e repelidas todas as alegações e as defesas que a parte poderia opor tanto ao acolhimento quanto à rejeição do pedido.	**Art. 474.** Passada em julgado a sentença de mérito, reputar-se-ão deduzidas e repelidas todas as alegações e defesas, que a parte poderia opor assim ao acolhimento como à rejeição do pedido.
Capítulo XIV **Da Liquidação de Sentença**	**Capítulo IX** **Da Liquidação de Sentença**
Art. 509. Quando a sentença **condenar ao pagamento de quantia ilíquida**, proceder-se-á à sua liquidação, a **requerimento do credor ou** do **devedor**:	**Art. 475-A.** Quando a sentença não determinar o valor devido, procede-se à sua liquidação.
I – por arbitramento, quando determinado pela sentença, convencionado pelas partes ou exigido pela natureza do objeto da liquidação;	**Art. 475-C.** Far-se-á a liquidação por arbitramento quando: I – determinado pela sentença ou convencionado pelas partes; II – o exigir a natureza do objeto da liquidação.
II – pelo procedimento comum, quando houver necessidade de alegar e provar fato novo.	**Art. 475-E.** Far-se-á a liquidação por artigos, quando, para determinar o valor da condenação, houver necessidade de alegar e provar fato novo. **Art. 475-F.** Na liquidação por artigos, observar-se-á, no que couber, o procedimento comum (art. 272).
	Capítulo X **Do Cumprimento da Sentença**
	[...]
§ 1º Quando na sentença houver uma parte líquida e outra ilíquida, ao credor é lícito promover simultaneamente a execução daquela e, em autos apartados, a liquidação desta.	**Art. 475-I.** [...]. § 2º Quando na sentença houver uma parte líquida e outra ilíquida, ao credor é lícito promover simultaneamente a execução daquela e, em autos apartados, a liquidação desta.
§ 2º Quando a apuração do valor depender apenas de cálculo aritmético, **o credor poderá promover, desde logo**, o cumprimento da sentença.	**Art. 475-B.** Quando a determinação do valor da condenação depender apenas de cálculo aritmético, o credor requererá o cumprimento da sentença, na forma do art. 475-J desta Lei, instruindo o pedido com a memória discriminada e atualizada do cálculo.
§ 3º O Conselho Nacional de Justiça desenvolverá e colocará à disposição dos interessados programa de atualização financeira.	
§ 4º Na liquidação é vedado discutir de novo a lide ou modificar a sentença que a julgou.	**Art. 475-G.** É defeso, na liquidação, discutir de novo a lide ou modificar a sentença que a julgou.
Art. 510. Na liquidação por arbitramento, o juiz intimará as partes para a apresentação de pareceres ou documentos elucidativos, no prazo que fixar, e, caso não possa decidir de plano, nomeará perito, observando-se, no que couber, o procedimento da prova pericial.	**Art. 475-D.** Requerida a liquidação por arbitramento, o juiz nomeará o perito e fixará o prazo para a entrega do laudo. **Parágrafo único.** Apresentado o laudo, sobre o qual poderão as partes manifestar-se no prazo de dez dias, o juiz proferirá decisão ou designará, se necessário, audiência.
Art. 511. Na liquidação pelo procedimento comum, o juiz determinará a intimação do requerido, na pessoa de seu advogado ou da sociedade de advogados a que estiver vinculado, para, querendo, apresentar contestação no prazo de 15 (quinze) dias, observando-se, a seguir, no que couber, o disposto no Livro I da Parte Especial deste Código.	
Art. 512. A liquidação poderá ser **realizada** na pendência de recurso, processando-se em autos apartados no juízo de origem, cumprindo ao liquidante instruir o pedido com cópias das peças processuais pertinentes.	**Art. 475-A.** [...] § 2º A liquidação poderá ser requerida na pendência de recurso, processando-se em autos apartados, no juízo de origem, cumprindo ao liquidante instruir o pedido com cópias das peças processuais pertinentes.

TÍTULO II Do Cumprimento da Sentença	Capítulo X Do Cumprimento da Sentença
Capítulo I **Disposições Gerais**	
Art. 513. O cumprimento da sentença será feito segundo as regras deste Título, observando-se, no que couber e conforme a natureza da obrigação, o disposto no Livro II da Parte Especial deste Código.	**Art. 475-I.** O cumprimento da sentença far-se-á conforme os arts. 461 e 461-A desta Lei ou, tratando-se de obrigação por quantia certa, por execução, nos termos dos demais artigos deste Capítulo.
§ 1º O cumprimento da sentença que reconhece o dever de pagar quantia, provisório ou definitivo, far-se-á a requerimento do exequente.	
§ 2º O devedor será intimado para cumprir a sentença:	
I – pelo Diário da Justiça, na pessoa de seu advogado constituído nos autos;	
II – por carta com aviso de recebimento, quando representado pela Defensoria Pública ou quando não tiver procurador constituído nos autos, ressalvada a hipótese do inciso IV;	
III – por meio eletrônico, quando, no caso do § 1º do art. 246, não tiver procurador constituído nos autos;	
IV – por edital, quando, citado na forma do art. 256, tiver sido revel na fase de conhecimento.	
§ 3º Na hipótese do § 2º, incisos II e III, considera-se realizada a intimação quando o devedor houver mudado de endereço sem prévia comunicação ao juízo, observado o disposto no parágrafo único do art. 274.	
§ 4º Se o requerimento a que alude o § 1º for formulado após 1 (um) ano do trânsito em julgado da sentença, a intimação será feita na pessoa do devedor, por meio de carta com aviso de recebimento encaminhada ao endereço constante dos autos, observado o disposto no parágrafo único do art. 274 e no § 3º deste artigo.	
§ 5º O cumprimento da sentença não poderá ser promovido em face do fiador, do coobrigado ou do corresponsável que não tiver participado da fase de conhecimento.	
	LIVRO II **DO PROCESSO DE EXECUÇÃO** **TÍTULO I** Da Execução Em Geral **Capítulo I** **Das Partes**
Art. 514. Quando o juiz decidir relação jurídica sujeita a condição ou termo, **o cumprimento da sentença dependerá de demonstração de que se realizou a** condição ou de que ocorreu o termo.	**Art. 572.** Quando o juiz decidir relação jurídica sujeita a condição ou termo, o credor não poderá executar a sentença sem provar que se realizou a condição ou que ocorreu o termo.
Art. 515. São títulos executivos judiciais, **cujo cumprimento dar-se-á de acordo com os artigos previstos neste Título:**	**Art. 475-N.** São títulos executivos judiciais:
I – as **decisões** proferidas no processo civil que reconheçam a exigibilidade de obrigação de pagar quantia, de fazer, de não fazer ou de entregar coisa;	I – a sentença proferida no processo civil que reconheça a existência de obrigação de fazer, não fazer, entregar coisa ou pagar quantia;
II – a decisão homologatória de **autocomposição judicial**;	III – a sentença homologatória de conciliação ou de transação, ainda que inclua matéria não posta em juízo;
III – a **decisão homologatória de autocomposição** extrajudicial de qualquer natureza;	V – o acordo extrajudicial, de qualquer natureza, homologado judicialmente;
IV – o formal e a certidão de partilha, exclusivamente em relação ao inventariante, aos herdeiros e aos sucessores a título singular ou universal;	VII – o formal e a certidão de partilha, exclusivamente em relação ao inventariante, aos herdeiros e aos sucessores a título singular ou universal;
	Art. 585. São títulos executivos extrajudiciais: [...]
V – o crédito de auxiliar da justiça, quando as custas, emolumentos ou honorários tiverem sido aprovados por decisão judicial;	VI – o crédito de serventuário de justiça, de perito, de intérprete, ou de tradutor, quando as custas, emolumentos ou honorários forem aprovados por decisão judicial;

VI – a sentença penal condenatória transitada em julgado;	II – a sentença penal condenatória transitada em julgado;
VII – a sentença arbitral;	IV – a sentença arbitral;
VIII – a sentença estrangeira homologada pelo Superior Tribunal de Justiça;	VI – a sentença estrangeira, homologada pelo Superior Tribunal de Justiça;
IX – a decisão interlocutória estrangeira, após a concessão do *exequatur* à carta rogatória pelo Superior Tribunal de Justiça;	
X – (*Vetado*). → **Redação vetada:** "X – o acórdão proferido pelo Tribunal Marítimo quando do julgamento de acidentes e fatos da navegação."	
§ 1º Nos casos dos incisos VI a IX, o devedor será citado no juízo cível **para o cumprimento da sentença ou para a liquidação no prazo de 15 (quinze) dias.**	**Parágrafo único.** Nos casos dos incisos II, IV e VI, o mandado inicial (art. 475-J) incluirá a ordem de citação do devedor, no juízo cível, para liquidação ou execução, conforme o caso.
§ 2º A **autocomposição judicial pode envolver sujeito estranho ao processo** e versar sobre relação jurídica que não tenha sido deduzida em juízo.	**Art. 475-N.** São título executivos judiciais: [...] II – a sentença homologatória de conciliação ou de transação, ainda que inclua matéria não posta em juízo;
Art. 516. O cumprimento da sentença efetuar-se-á perante:	**Art. 475-P.** O cumprimento da sentença efetuar-se-á perante:
I – os tribunais, nas causas de sua competência originária;	I – os tribunais, nas causas de sua competência originária;
II – o juízo que **decidiu** a causa no primeiro grau de jurisdição;	II – o juízo que processou a causa no primeiro grau de jurisdição;
III – o juízo cível competente, quando se tratar de sentença penal condenatória, de sentença arbitral, de sentença estrangeira **ou de acórdão proferido pelo Tribunal Marítimo.**	III – o juízo cível competente, quando se tratar de sentença penal condenatória, de sentença arbitral ou de sentença estrangeira.
Parágrafo único. Nas hipóteses dos incisos II e III, o exequente poderá optar pelo juízo do atual domicílio do executado, pelo juízo do local onde se encontrem os bens sujeitos à **execução** ou pelo juízo do local **onde deva ser executada a obrigação de fazer ou de não fazer,** casos em que a remessa dos autos do processo será solicitada ao juízo de origem.	**Parágrafo único.** No caso do inciso II do *caput* deste artigo, o exequente poderá optar pelo juízo do local onde se encontram bens sujeitos à expropriação ou pelo do atual domicílio do executado, casos em que a remessa dos autos do processo será solicitada ao juízo de origem.
Art. 517. A decisão judicial transitada em julgado poderá ser levada a protesto, nos termos da lei, depois de transcorrido o prazo para pagamento voluntário previsto no art. 523.	
§ 1º Para efetivar o protesto, incumbe ao exequente apresentar certidão de teor da decisão.	
§ 2º A certidão de teor da decisão deverá ser fornecida no prazo de 3 (três) dias e indicará o nome e a qualificação do exequente e do executado, o número do processo, o valor da dívida e a data de decurso do prazo para pagamento voluntário.	
§ 3º O executado que tiver proposto ação rescisória para impugnar a decisão exequenda pode requerer, a suas expensas e sob sua responsabilidade, a anotação da propositura da ação à margem do título protestado.	
§ 4º A requerimento do executado, o protesto será cancelado por determinação do juiz, mediante ofício a ser expedido ao cartório, no prazo de 3 (três) dias, contado da data de protocolo do requerimento, desde que comprovada a satisfação integral da obrigação.	
Art. 518. Todas as questões relativas à validade do procedimento de cumprimento da sentença e dos atos executivos subsequentes poderão ser arguidas pelo executado nos próprios autos e nestes serão decididas pelo juiz.	
Art. 519. Aplicam-se as disposições relativas ao cumprimento da sentença, provisório ou definitivo, e à liquidação, no que couber, às decisões que concederem tutela provisória.	**Art. 273.** [...] § 3º A efetivação da tutela antecipada observará, no que couber e conforme sua natureza, as normas previstas nos arts. 588, 461, §§ 4º e 5º, e 461-A.

Capítulo II
Do Cumprimento Provisório da Sentença que Reconhece a Exigibilidade de Obrigação de Pagar Quantia Certa

Art. 520. O **cumprimento** provisório da sentença **impugnada por recurso desprovido de efeito suspensivo** será realizado da mesma forma que o **cumprimento** definitivo, sujeitando-se ao seguinte regime:	**Art. 475-O.** A execução provisória da sentença far-se-á, no que couber, do mesmo modo que a definitiva, observadas as seguintes normas:

Novo CPC	Antigo CPC
I – corre por iniciativa e responsabilidade do exequente, que se obriga, se a sentença for reformada, a reparar os danos que o executado haja sofrido;	I – corre por iniciativa, conta e responsabilidade do exequente, que se obriga, se a sentença for reformada, a reparar os danos que o executado haja sofrido;
II – fica sem efeito, sobrevindo **decisão** que modifique ou anule a sentença objeto da execução, restituindo-se as partes ao estado anterior e liquidando-se eventuais prejuízos nos mesmos autos;	II – fica sem efeito, sobrevindo acórdão que modifique ou anule a sentença objeto da execução, restituindo-se as partes ao estado anterior e liquidados eventuais prejuízos nos mesmos autos, por arbitramento;
III – se a sentença objeto de cumprimento provisório for modificada ou anulada apenas em parte, somente nesta ficará sem efeito a execução;	
IV – o levantamento de depósito em dinheiro e a prática de atos que importem **transferência de posse ou** alienação de propriedade **ou de outro direito real**, ou dos quais possa resultar grave dano ao executado, dependem de caução suficiente e idônea, arbitrada de plano pelo juiz e prestada nos próprios autos.	III – o levantamento de depósito em dinheiro e a prática de atos que importem alienação de propriedade ou dos quais possa resultar grave dano ao executado dependem de caução suficiente e idônea, arbitrada de plano pelo juiz e prestada nos próprios autos.
§ 1º No cumprimento provisório da sentença, o executado poderá apresentar impugnação, se quiser, nos termos do art. 525.	
§ 2º A multa e os honorários a que se refere o § 1º do art. 523 são devidos no cumprimento provisório de sentença condenatória ao pagamento de quantia certa.	
§ 3º Se o executado comparecer tempestivamente e depositar o valor, com a finalidade de isentar-se da multa, o ato não será havido como incompatível com o recurso por ele interposto.	
§ 4º A restituição ao estado anterior a que se refere o inciso II não implica o desfazimento da transferência de posse ou da alienação de propriedade ou de outro direito real eventualmente já realizada, ressalvado, sempre, o direito à reparação dos prejuízos causados ao executado.	
§ 5º Ao cumprimento provisório de sentença que reconheça obrigação de fazer, de não fazer ou de dar coisa aplica-se, no que couber, o disposto neste Capítulo.	
Art. 521. A caução prevista no inciso IV do art. 520 poderá ser dispensada nos casos em que:	**Art. 475-O.** [...]. § 2º A caução a que se refere o inciso III do caput deste artigo poderá ser dispensada:
I – o crédito for de natureza alimentar, independentemente de sua origem;	I – quando, nos casos de crédito de natureza alimentar ou decorrente de ato ilícito, até o limite de sessenta vezes o valor do salário mínimo, o exequente demonstrar situação de necessidade;
II – o credor demonstrar situação de necessidade;	
III – pender o agravo do art. 1.042; → Inciso III com redação alterada pela Lei 13.256/2016, em vigor no início da vigência da Lei 13.105/2015 – Novo CPC (v. art. 4º da Lei 13.256/2016). → **Anterior redação:** III – pender o agravo fundado nos incisos II e III do art. 1.042; (...).	II - nos casos de execução provisória em que penda agravo perante o Supremo Tribunal Federal ou o Superior Tribunal de Justiça (art. 544), salvo quando da dispensa possa manifestamente resultar risco de grave dano, de difícil ou incerta reparação.
IV – a sentença a ser provisoriamente cumprida estiver em consonância com súmula da jurisprudência do Supremo Tribunal Federal ou do Superior Tribunal de Justiça ou em conformidade com acórdão proferido no julgamento de casos repetitivos.	
Parágrafo único. A exigência de caução será mantida quando da dispensa possa resultar manifesto risco de grave dano de difícil ou incerta reparação.	**Art. 475-O.** [...]. II – nos casos de execução provisória em que penda agravo perante o Supremo Tribunal Federal ou o Superior Tribunal de Justiça (art. 544), salvo quando da dispensa possa manifestamente resultar risco de grave dano, de difícil ou incerta reparação.
Art. 522. O cumprimento provisório da sentença será requerido por petição dirigida ao juízo competente. **Parágrafo único. Não sendo eletrônicos os autos, a** petição será acompanhada de cópias das seguintes peças do processo, cuja autenticidade poderá ser certificado pelo próprio advogado, sob sua responsabilidade pessoal:	**Art. 475-O.** [...]. § 3º Ao requerer a execução provisória, o exequente instruirá a petição com cópias autenticadas das seguintes peças do processo, podendo o advogado declarar a autenticidade, sob sua responsabilidade pessoal:
I – **decisão** exequenda;	I – sentença ou acórdão exequendo;
II – certidão de interposição do recurso não dotado de efeito suspensivo;	II – certidão de interposição do recurso não dotado de efeito suspensivo;
III – procurações outorgadas pelas partes;	III – procurações outorgadas pelas partes;
IV – decisão de habilitação, se for o caso;	IV – decisão de habilitação, se for o caso;
V – facultativamente, outras peças processuais consideradas necessárias **para demonstrar a existência do crédito**.	V – facultativamente, outras peças processuais que o exequente considere necessárias.

Capítulo III
Do Cumprimento Definitivo da Sentença que Reconhece a Exigibilidade de Obrigação de Pagar Quantia Certa

Novo CPC	Antigo CPC
Art. 523. No caso de condenação em quantia certa, ou já fixada em liquidação, e no caso de decisão **sobre parcela incontroversa**, o cumprimento definitivo da sentença far-se-á a requerimento do exequente, sendo o executado intimado para pagar o débito, no prazo de 15 (quinze) dias, acrescido de custas, se houver.	**Art. 475-J.** Caso o devedor, condenado ao pagamento de quantia certa ou já fixada em liquidação, não o efetue no prazo de 15 (quinze) dias, o montante da condenação será acrescido de multa no percentual de 10% (dez por cento) e, a requerimento do credor e observado o disposto no art. 614, inciso II, desta Lei, expedir-se-á mandado de penhora e avaliação.
§ 1º Não ocorrendo pagamento voluntário no prazo do *caput*, o débito será acrescido de multa de dez por cento e, também, de honorários de advogado de dez por cento.	
§ 2º Efetuado o pagamento parcial no prazo previsto no *caput*, a multa e os honorários previstos no § 1º incidirão sobre o restante.	§ 4º Efetuado o pagamento parcial no prazo previsto no *caput* deste artigo, a multa de 10% (dez por cento) incidirá sobre o restante.
§ 3º Não efetuado tempestivamente o pagamento voluntário, será expedido, desde logo, mandado de penhora e avaliação, seguindo-se os atos de expropriação.	**Art. 475-J.** Caso o devedor, condenado ao pagamento de quantia certa ou já fixada em liquidação, não o efetue no prazo de 15 (quinze) dias, o montante da condenação será acrescido de multa no percentual de 10% (dez por cento) e, a requerimento do credor e observado o disposto no art. 614, inciso II, desta Lei, expedir-se-á mandado de penhora e avaliação.
Art. 524. O requerimento previsto no art. 523 será instruído com demonstrativo discriminado e atualizado do crédito, devendo a petição conter:	
I – o nome completo, o número de inscrição no Cadastro de Pessoas Físicas ou no Cadastro Nacional da Pessoa Jurídica do exequente e do executado, observado o disposto no art. 319, §§ 1º a 3º;	
II – o índice de correção monetária adotado;	
III – os juros aplicados e as respectivas taxas;	
IV – o termo inicial e o termo final dos juros e da correção monetária utilizados;	
V – a periodicidade da capitalização dos juros, se for o caso;	
VI – especificação dos eventuais descontos obrigatórios realizados;	
VII – indicação dos bens passíveis de penhora, **sempre que possível**.	**Art. 475-J.** [...] § 3º O exequente poderá, em seu requerimento, indicar desde logo os bens a serem penhorados.
§ 1º Quando o valor apontado no demonstrativo aparentemente exceder os limites da condenação, a execução será iniciada pelo valor pretendido, mas a penhora terá por base a importância que o juiz entender adequada.	**Art. 475-B.** [...] § 4º Se o credor não concordar com os cálculos feitos nos termos do § 3º deste artigo, far-se-á a execução pelo valor originariamente pretendido, mas a penhora terá por base o valor encontrado pelo contador.
§ 2º Para a verificação dos cálculos, o juiz poderá valer-se de contabilista do juízo, que terá o prazo máximo de 30 (trinta) dias para efetuá-la, exceto se outro lhe for determinado.	**Art. 475-B.** [...] § 3º Poderá o juiz valer-se do contador do juízo, quando a memória apresentada pelo credor aparentemente exceder os limites da decisão exequenda e, ainda, nos casos de assistência judiciária.
§ 3º Quando a elaboração do demonstrativo depender de dados em poder de terceiros ou do executado, o juiz poderá requisitá-los, sob cominação do crime de desobediência.	**Art. 475-B.** [...] § 1º Quando a elaboração da memória do cálculo depender de dados existentes em poder do devedor ou terceiro, o juiz, a requerimento do credor, poderá requisitá-los, fixando prazo de até trinta dias para o cumprimento da diligência.
§ 4º Quando a complementação do demonstrativo depender de dados adicionais em poder do executado, o juiz poderá, a requerimento do exequente, requisitá-los, fixando prazo de até 30 (trinta) dias para o cumprimento da diligência.	
§ 5º Se os dados adicionais a que se refere o § 4º não forem apresentados pelo executado, sem justificativa, no prazo designado, reputar-se-ão corretos os cálculos apresentados pelo exequente apenas com base nos dados de que dispõe.	**Art. 475-B.** [...] § 2º Se os dados não forem, injustificadamente, apresentados pelo devedor, reputar-se-ão corretos os cálculos apresentados pelo credor, e, se não o forem pelo terceiro, configurar-se-á a situação prevista no art. 362.

Art. 525. Transcorrido o prazo previsto no art. 523 sem o pagamento voluntário, inicia-se o prazo de 15 (quinze) dias para que o executado, independentemente de penhora ou nova intimação, apresente, nos próprios autos, sua impugnação.	**Art. 475-L.** A impugnação somente poderá versar sobre:
§ 1º Na impugnação, o executado **poderá** alegar:	
I – falta ou nulidade da citação se, **na fase de conhecimento**, o processo correu à revelia;	I – falta ou nulidade da citação, se o processo correu à revelia;
II – ilegitimidade de **parte**;	IV – ilegitimidade das partes;
III – **inexequibilidade** do título ou **inexigibilidade da obrigação**;	II – inexigibilidade do título;
IV – penhora incorreta ou avaliação errônea;	III – penhora incorreta ou avaliação errônea;
V – excesso de execução **ou cumulação indevida de execuções**;	V – excesso de execução;
VI – incompetência absoluta ou relativa do juízo da execução;	
VII – qualquer causa modificativa ou extintiva da obrigação, como pagamento, novação, compensação, transação ou prescrição, desde que supervenientes à sentença.	VI – qualquer causa impeditiva, modificativa ou extintiva da obrigação, como pagamento, novação, compensação, transação ou prescrição, desde que superveniente à sentença.
§ 2º A alegação de impedimento ou suspeição observará o disposto nos arts. 146 e 148.	
§ 3º Aplica-se à impugnação o disposto no art. 229.	
§ 4º Quando o executado alegar que o exequente, em excesso de execução, pleiteia quantia superior à resultante da sentença, cumprir-lhe-á declarar de imediato o valor que entende correto, **apresentando demonstrativo discriminado e atualizado de seu cálculo.**	§ 2º Quando o executado alegar que o exequente, em excesso de execução, pleiteia quantia superior à resultante da sentença, cumprir-lhe-á declarar de imediato o valor que entende correto, sob pena de rejeição liminar dessa impugnação.
§ 5º Na hipótese do § 4º, não **apontado o valor correto ou não apresentado o demonstrativo,** a impugnação será liminarmente rejeitada, se o excesso de execução for o seu único fundamento, ou, se houver outro, a impugnação será processada, mas o juiz não examinará a alegação de excesso de execução.	
§ 6º **A apresentação de impugnação não impede a prática dos atos executivos, inclusive os de expropriação,** podendo o juiz, **a requerimento do executado e desde que garantido o juízo com penhora, caução ou depósito suficientes, atribuir-**lhe **efeito suspensivo,** se seus fundamentos forem relevantes e se o prosseguimento da execução for manifestamente suscetível de causar ao executado grave dano de difícil ou incerta reparação.	**Art. 475-M.** A impugnação não terá efeito suspensivo, podendo o juiz atribuir-lhe tal efeito desde que relevantes seus fundamentos e o prosseguimento da execução seja manifestamente suscetível de causar ao executado grave dano de difícil ou incerta reparação.
§ 7º **A concessão de efeito suspensivo a que se refere o § 6º não impedirá a efetivação dos atos de substituição, de reforço ou de redução da penhora e de avaliação dos bens.**	
§ 8º Quando o efeito suspensivo atribuído à impugnação disser respeito apenas a parte do objeto da execução, esta prosseguirá quanto à parte restante.	
§ 9º A concessão de efeito suspensivo à impugnação deduzida por um dos executados não suspenderá a execução contra os que não impugnaram, quando o respectivo fundamento disser respeito exclusivamente ao impugnante.	
§ 10. Ainda que atribuído efeito suspensivo à impugnação, é lícito ao exequente requerer o prosseguimento da execução, oferecendo e prestando, **nos próprios autos**, caução suficiente e idônea a ser arbitrada pelo juiz.	§ 1º Ainda que atribuído efeito suspensivo à impugnação, é lícito ao exequente requerer o prosseguimento da execução, oferecendo e prestando caução suficiente e idônea, arbitrada pelo juiz e prestada nos próprios autos.
§ 11. As questões relativas a fato superveniente ao término do prazo para apresentação da impugnação, assim como aquelas relativas à validade e à adequação da penhora, da avaliação e dos atos executivos subsequentes, podem ser arguidas por simples petição, tendo o executado, em qualquer dos casos, o prazo de 15 (quinze) dias para formular esta arguição, contado da comprovada ciência do fato ou da intimação do ato.	
	Art. 475-L. [...].
§ 12. Para efeito do disposto no inciso III do § 1º deste artigo, considera-se também inexigível a obrigação reconhecida em título executivo judicial fundado em lei ou ato normativo considerado inconstitucional pelo Supremo Tribunal Federal, ou fundado em aplicação ou interpretação da lei ou do ato normativo tido pelo Supremo Tribunal Federal como incompatível com a Constituição Federal, em controle de constitucionalidade concentrado ou difuso.	§ 1º Para efeito do disposto no inciso II do *caput* deste artigo, considera-se também inexigível o título judicial fundado em lei ou ato normativo declarados inconstitucionais pelo Supremo Tribunal Federal, ou fundado em aplicação ou interpretação da lei ou ato normativo tidas pelo Supremo Tribunal Federal como incompatíveis com a Constituição Federal.

§ 13. No caso do § 12, os efeitos da decisão do Supremo Tribunal Federal poderão ser modulados no tempo, em atenção à segurança jurídica.	
§ 14. A decisão do Supremo Tribunal Federal referida no § 12 deve ser anterior ao trânsito em julgado da decisão exequenda.	
§ 15. Se a decisão referida no § 12 for proferida após o trânsito em julgado da decisão exequenda, caberá ação rescisória, cujo prazo será contado do trânsito em julgado da decisão proferida pelo Supremo Tribunal Federal.	
Art. 526. É lícito ao réu, antes de ser intimado para o cumprimento da sentença, comparecer em juízo e oferecer em pagamento o valor que entender devido, apresentando memória discriminada do cálculo.	
§ 1º O autor será ouvido no prazo de 5 (cinco) dias, podendo impugnar o valor depositado, sem prejuízo do levantamento do depósito a título de parcela incontroversa.	
§ 2º Concluindo o juiz pela insuficiência do depósito, sobre a diferença incidirão multa de dez por cento e honorários advocatícios, também fixados em dez por cento, seguindo-se a execução com penhora e atos subsequentes.	
§ 3º Se o autor não se opuser, o juiz declarará satisfeita a obrigação e extinguirá o processo.	
Art. 527. Aplicam-se as disposições deste Capítulo ao cumprimento provisório da sentença, no que couber.	
Capítulo IV **Do Cumprimento de Sentença que Reconheça a Exigibilidade de Obrigação de Prestar Alimentos**	**LIVRO II** **DO PROCESSO DE EXECUÇÃO** [...] **TÍTULO II** Das Diversas Espécies De Execução [...] **Capítulo V** **Da Execução da Prestação Alimentícia**
Art. 528. No **cumprimento** de sentença que condene ao pagamento de prestação alimentícia ou de decisão interlocutória que fixe alimentos, o juiz, a requerimento do exequente, mandará intimar o executado pessoalmente para, em 3 (três) dias, pagar o débito, provar que o fez ou justificar a impossibilidade de efetuá-lo.	**Art. 733.** Na execução de sentença ou de decisão, que fixa os alimentos provisionais, o juiz mandará citar o devedor para, em 3 (três) dias, efetuar o pagamento, provar que o fez ou justificar a impossibilidade de efetuá-lo.
§ 1º Caso o executado, no prazo referido no *caput*, não efetue o pagamento, não prove que o efetuou ou não apresente justificativa da impossibilidade de efetuá-lo, o juiz mandará protestar o pronunciamento judicial, aplicando-se, no que couber, o disposto no art. 517.	
§ 2º Somente a comprovação de fato que gere a impossibilidade absoluta de pagar justificará o inadimplemento.	
§ 3º Se o **executado** não pagar **ou se a** justificativa **apresentada** não for aceita, **o juiz, além de mandar protestar o pronunciamento judicial na forma do** § 1º, decretar-lhe-á a prisão pelo prazo de 1 (um) a 3 (três) meses.	§ 1º Se o devedor não pagar, nem se escusar, o juiz decretar-lhe-á a prisão pelo prazo de 1 (um) a 3 (três) meses.
§ 4º A prisão será cumprida em regime fechado, devendo o preso ficar separado dos presos comuns.	
§ 5º O cumprimento da pena não exime o **executado** do pagamento das prestações vencidas e vincendas.	§ 2º O cumprimento da pena não exime o devedor do pagamento das prestações vencidas e vincendas.
§ 6º Paga a prestação alimentícia, o juiz suspenderá o cumprimento da ordem de prisão.	§ 3º Paga a prestação alimentícia, o juiz suspenderá o cumprimento da ordem de prisão.
§ 7º O débito alimentar que autoriza a prisão civil do alimentante é o que compreende até as 3 (três) prestações anteriores ao ajuizamento da execução e as que se vencerem no curso do processo.	
§ 8º O exequente pode optar por promover o cumprimento da sentença ou decisão desde logo, nos termos do disposto neste Livro, Título II, Capítulo III, caso em que não será admissível a prisão do executado, e, recaindo a penhora em dinheiro, a concessão de efeito suspensivo à impugnação não obsta a que o exequente levante mensalmente a importância da prestação.	**Art. 732.** A execução de sentença, que condena ao pagamento de prestação alimentícia, far-se-á conforme o disposto no Capítulo IV deste Título. **Parágrafo único.** Recaindo a penhora em dinheiro, o oferecimento de embargos não obsta a que o exequente levante mensalmente a importância da prestação.

§ 9º Além das opções previstas no art. 516, parágrafo único, o exequente pode promover o cumprimento da sentença ou decisão que condena ao pagamento de prestação alimentícia no juízo de seu domicílio.	
Art. 529. Quando o **executado** for funcionário público, militar, diretor ou gerente de empresa ou empregado sujeito à legislação do trabalho, o **exequente poderá requerer** o desconto em folha de pagamento da importância da prestação alimentícia.	**Art. 734.** Quando o devedor for funcionário público, militar, diretor ou gerente de empresa, bem como empregado sujeito à legislação do trabalho, **o juiz mandará** descontar em folha de pagamento a importância da prestação alimentícia.
§ 1º Ao proferir a decisão, o juiz oficiará à autoridade, à empresa ou ao empregador, determinando, sob pena de crime de desobediência, o desconto a partir da primeira remuneração posterior do executado, a contar do protocolo do ofício.	
§ 2º O **ofício** conterá o nome e o número de inscrição no Cadastro de Pessoas Físicas do **exequente** e do **executado**, a importância a ser descontada mensalmente, o tempo de sua duração e a conta na qual deve ser feito o depósito.	**Art. 734.** [...] **Parágrafo único.** A comunicação será feita à autoridade, à empresa ou ao empregador por ofício, de que constarão os nomes do credor, do devedor, a importância da prestação e o tempo de sua duração.
§ 3º Sem prejuízo do pagamento dos alimentos vincendos, o débito objeto de execução pode ser descontado dos rendimentos ou rendas do executado, de forma parcelada, nos termos do *caput* deste artigo, contanto que, somado à parcela devida, não ultrapasse cinquenta por cento de seus ganhos líquidos.	
Art. 530. Não cumprida a obrigação, observar-se-á o disposto nos arts. 831 e seguintes.	
Art. 531. O disposto neste Capítulo aplica-se aos alimentos definitivos ou provisórios.	
§ 1º A execução dos alimentos provisórios, bem como a dos alimentos fixados em sentença ainda não transitada em julgado, se processa em autos apartados.	
§ 2º O cumprimento definitivo da obrigação de prestar alimentos será processado nos mesmos autos em que tenha sido proferida a sentença.	
Art. 532. Verificada a conduta procrastinatória do executado, o juiz deverá, se for o caso, dar ciência ao Ministério Público dos indícios da prática do crime de abandono material.	
Art. 533. Quando a indenização por ato ilícito incluir prestação de alimentos, **caberá ao executado, a requerimento do exequente**, constituir capital cuja renda assegure o pagamento do valor mensal da pensão.	**Art. 475-Q.** Quando a indenização por ato ilícito incluir prestação de alimentos, o juiz, quanto a esta parte, poderá ordenar ao devedor constituição de capital, cuja renda assegure o pagamento do valor mensal da pensão.
§ 1º O capital a que se refere o *caput*, representado por imóveis **ou por direitos reais sobre imóveis suscetíveis de alienação**, títulos da dívida pública ou aplicações financeiras em banco oficial, será inalienável e impenhorável enquanto durar a obrigação do **executado, além de constituir-se em patrimônio de afetação.**	§ 1º Este capital, representado por imóveis, títulos da dívida pública ou aplicações financeiras em banco oficial, será inalienável e impenhorável enquanto durar a obrigação do devedor.
§ 2º O juiz poderá substituir a constituição do capital pela inclusão do **exequente** em folha de pagamento de pessoa jurídica de notória capacidade econômica, ou, a requerimento do executado, por fiança bancária ou garantia real, em valor a ser arbitrado de imediato pelo juiz.	§ 2º O juiz poderá substituir a constituição do capital pela inclusão do beneficiário da prestação em folha de pagamento de entidade de direito público ou de empresa de direito privado de notória capacidade econômica, ou, a requerimento do devedor, por fiança bancária ou garantia real, em valor a ser arbitrado de imediato pelo juiz.
§ 3º Se sobrevier modificação nas condições econômicas, poderá a parte requerer, conforme as circunstâncias, redução ou aumento da prestação.	§ 3º Se sobrevier modificação nas condições econômicas, poderá a parte requerer, conforme as circunstâncias, redução ou aumento da prestação.
§ 4º A prestação alimentícia poderá ser fixada tomando por base o salário mínimo.	§ 4º Os alimentos podem ser fixados tomando por base o salário mínimo.
§ 5º **Finda** a obrigação de prestar alimentos, o juiz mandará liberar o capital, cessar o desconto em folha ou cancelar as garantias prestadas.	§ 5º Cessada a obrigação de prestar alimentos, o juiz mandará liberar o capital, cessar o desconto em folha ou cancelar as garantias prestadas.
Capítulo V **Do Cumprimento de Sentença que Reconheça A Exigibilidade de Obrigação de Pagar Quantia Certa pela Fazenda Pública**	
Art. 534. No cumprimento de sentença que impuser à Fazenda Pública o dever de pagar quantia certa, o exequente apresentará demonstrativo discriminado e atualizado do crédito contendo:	

Novo CPC	Antigo CPC
I – o nome completo e o número de inscrição no Cadastro de Pessoas Físicas ou no Cadastro Nacional da Pessoa Jurídica do exequente;	
II – o índice de correção monetária adotado;	
III – os juros aplicados e as respectivas taxas;	
IV – o termo inicial e o termo final dos juros e da correção monetária utilizados;	
V – a periodicidade da capitalização dos juros, se for o caso;	
VI – a especificação dos eventuais descontos obrigatórios realizados.	
§ 1º Havendo pluralidade de exequentes, cada um deverá apresentar o seu próprio demonstrativo, aplicando-se à hipótese, se for o caso, o disposto nos §§ 1º e 2º do art. 113.	
§ 2º A multa prevista no § 1º do art. 523 não se aplica à Fazenda Pública.	
Art. 535. A Fazenda Pública será intimada na pessoa de seu representante judicial, por carga, remessa ou meio eletrônico, para, querendo, no prazo de 30 (trinta) dias e nos próprios autos, impugnar a execução, podendo arguir:	**Art. 730.** Na execução por quantia certa contra a Fazenda Pública, citar-se-á a devedora para opor embargos em 10 (dez) dias; se esta não os opuser, no prazo legal, observar-se-ão as seguintes regras: [...] **Art. 741.** Na execução contra a Fazenda Pública, os embargos só poderão versar sobre:
I – falta ou nulidade da citação se, na fase de conhecimento, o processo correu à revelia;	I – falta ou nulidade da citação, se o processo correu à revelia;
II – ilegitimidade de parte;	II – inexigibilidade do título;
III – inexequibilidade do título ou inexigibilidade da obrigação;	III – ilegitimidade das partes;
IV – excesso de execução ou cumulação indevida de execuções;	IV – cumulação indevida de execuções; V – excesso de execução;
V – incompetência absoluta ou relativa do juízo da execução;	VII – incompetência do juízo da execução, bem como suspeição ou impedimento do juiz.
VI – qualquer causa modificativa ou extintiva da obrigação, como pagamento, novação, compensação, transação ou prescrição, desde que supervenientes ao trânsito em julgado da sentença.	VI – qualquer causa impeditiva, modificativa ou extintiva da obrigação, como pagamento, novação, compensação, transação ou prescrição, desde que superveniente à sentença;
§ 1º A alegação de impedimento ou suspeição observará o disposto nos arts. 146 e 148.	**Art. 742.** Será oferecida, juntamente com os embargos, a exceção de incompetência do juízo, bem como a de suspeição ou de impedimento do juiz.
§ 2º Quando se alegar que o exequente, em excesso de execução, pleiteia quantia superior à resultante do título, cumprirá à executada declarar de imediato o valor que entende correto, sob pena de não conhecimento da arguição.	
§ 3º Não impugnada a execução ou rejeitadas as arguições da executada:	**Art. 730.** Na execução por quantia certa contra a Fazenda Pública, citar-se-á a devedora para opor embargos em 10 (dez) dias; se esta não os opuser, no prazo legal, observar-se-ão as seguintes regras:
I – expedir-se-á, por intermédio do presidente do tribunal competente, precatório em favor do exequente, observando-se o disposto na Constituição Federal;	I – o juiz requisitará o pagamento por intermédio do presidente do tribunal competente; II – far-se-á o pagamento na ordem de apresentação do precatório e à conta do respectivo crédito.
II – por ordem do juiz, dirigida à autoridade na pessoa de quem o ente público foi citado para o processo, o pagamento de obrigação de pequeno valor será realizado no prazo de 2 (dois) meses contado da entrega da requisição, mediante depósito na agência de banco oficial mais próxima da residência do exequente.	
§ 4º Tratando-se de impugnação parcial, a parte não questionada pela executada será, desde logo, objeto de cumprimento.	
§ 5º Para efeito do disposto no inciso III do *caput* deste artigo, considera-se também inexigível a obrigação reconhecida em título executivo judicial fundado em lei ou ato normativo considerado inconstitucional pelo Supremo Tribunal Federal, ou fundado em aplicação ou interpretação da lei ou do ato normativo tido pelo Supremo Tribunal Federal como incompatível com a Constituição Federal, em controle de constitucionalidade concentrado ou difuso.	**Art. 741.** [...] **Parágrafo único.** Para efeito do disposto no inciso II do *caput* deste artigo, considera-se também inexigível o título judicial fundado em lei ou ato normativo declarados inconstitucionais pelo Supremo Tribunal Federal, ou fundado em aplicação ou interpretação da lei ou ato normativo tidas pelo Supremo Tribunal Federal como incompatíveis com a Constituição Federal.
§ 6º No caso do § 5º, os efeitos da decisão do Supremo Tribunal Federal poderão ser modulados no tempo, de modo a favorecer a segurança jurídica.	

§ 7º A decisão do Supremo Tribunal Federal referida no § 5º deve ter sido proferida antes do trânsito em julgado da decisão exequenda.	
§ 8º Se a decisão referida no § 5º for proferida após o trânsito em julgado da decisão exequenda, caberá ação rescisória, cujo prazo será contado do trânsito em julgado da decisão proferida pelo Supremo Tribunal Federal.	
Capítulo VI **Do Cumprimento de Sentença que Reconheça A Exigibilidade de Obrigação de Fazer, de Não Fazer ou de Entregar Coisa** **Seção I** *Do Cumprimento de Sentença que Reconheça a Exigibilidade de Obrigação de Fazer ou de Não Fazer*	
Art. 536. No cumprimento de sentença que reconheça a exigibilidade de obrigação de fazer ou de não fazer, o juiz **poderá, de ofício ou a requerimento, para a efetivação da tutela específica ou a obtenção de tutela pelo resultado prático equivalente, determinar as medidas necessárias à satisfação do exequente.**	**Art. 461.** Na ação que tenha por objeto o cumprimento de obrigação de fazer ou não fazer, o juiz concederá a tutela específica da obrigação ou, se procedente o pedido, determinará providências que assegurem o resultado prático equivalente ao do adimplemento.
§ 1º **Para atender ao disposto no *caput*, o juiz poderá determinar, entre outras medidas,** a imposição de multa, a busca e apreensão, a remoção de pessoas e coisas, o desfazimento de obras e o impedimento de atividade nociva, podendo, caso necessário, requisitar o auxílio de força policial.	**Art. 461.** [...]. § 5º Para a efetivação da tutela específica ou a obtenção do resultado prático equivalente, poderá o juiz, de ofício ou a requerimento, determinar as medidas necessárias, tais como a imposição de multa por tempo de atraso, busca e apreensão, remoção de pessoas e coisas, desfazimento de obras e impedimento de atividade nociva, se necessário com requisição de força policial.
§ 2º O mandado de busca e apreensão de pessoas e coisas será cumprido por 2 (dois) oficiais de justiça, observando-se o disposto no art. 846, §§ 1º a 4º, se houver necessidade de arrombamento.	
§ 3º O executado incidirá nas penas de litigância de má-fé quando injustificadamente descumprir a ordem judicial, sem prejuízo de sua responsabilização por crime de desobediência.	
§ 4º No cumprimento de sentença que reconheça a exigibilidade de obrigação de fazer ou de não fazer, aplica-se o art. 525, no que couber.	
§ 5º O disposto neste artigo aplica-se, no que couber, ao cumprimento de sentença que reconheça deveres de fazer e de não fazer de natureza não obrigacional.	
Art. 537. A multa independe de requerimento da parte e poderá ser aplicada na fase de conhecimento, em tutela provisória ou na sentença, ou na fase de execução, desde que seja suficiente e compatível com a obrigação e que se determine prazo razoável para cumprimento do preceito.	
§ 1º O juiz poderá, de ofício ou **a requerimento**, modificar o valor ou a periodicidade da multa **vincenda ou excluí-la**, caso verifique que:	**Art. 461.** [...]. § 6º O juiz poderá, de ofício, modificar o valor ou a periodicidade da multa, caso verifique que se tornou insuficiente ou excessiva.
I – se tornou insuficiente ou excessiva;	
II – o obrigado demonstrou cumprimento parcial superveniente da obrigação ou justa causa para o descumprimento.	
§ 2º O valor da multa será devido ao exequente.	
§ 3º A decisão que fixa a multa é passível de cumprimento provisório, devendo ser depositada em juízo, permitido o levantamento do valor após o trânsito em julgado da sentença favorável à parte. → § 3º com redação alterada pela Lei 13.256/2016, em vigor no início da vigência da Lei 13.105/2015 – Novo CPC (*v.* art. 4º da Lei 13.256/2016). → **Anterior redação:** § 3º A decisão que fixa a multa é passível de cumprimento provisório, devendo ser depositada em juízo, permitido o levantamento do valor após o trânsito em julgado da sentença favorável à parte ou na pendência do agravo fundado nos incisos II ou III do art. 1.042.	
§ 4º A multa será devida desde o dia em que se configurar o descumprimento da decisão e incidirá enquanto não for cumprida a decisão que a tiver cominado.	
§ 5º O disposto neste artigo aplica-se, no que couber, ao cumprimento de sentença que reconheça deveres de fazer e de não fazer de natureza não obrigacional.	

Seção II **Do Cumprimento de Sentença que Reconheça a Exigibilidade de Obrigação de Entregar Coisa**	
Art. 538. Não cumprida a obrigação **de entregar coisa** no prazo estabelecido **na sentença**, será expedido mandado de busca e apreensão ou de imissão na posse em favor do credor, conforme se tratar de coisa móvel ou imóvel.	**Art. 461-A.** [...]. § 2º Não cumprida a obrigação no prazo estabelecido, expedir-se-á em favor do credor mandado de busca e apreensão ou de imissão na posse, conforme se tratar de coisa móvel ou imóvel.
§ 1º A existência de benfeitorias deve ser alegada na fase de conhecimento, em contestação, de forma discriminada e com atribuição, sempre que possível e justificadamente, do respectivo valor.	
§ 2º O direito de retenção por benfeitorias deve ser exercido na contestação, na fase de conhecimento.	
§ 3º Aplicam-se ao procedimento previsto neste artigo, no que couber, as disposições sobre o cumprimento de obrigação de fazer ou de não fazer.	**Art. 461-A.** [...]. § 3º Aplica-se à ação prevista neste artigo o disposto nos §§ 1º a 6º do art. 461.
	LIVRO IV **DOS PROCEDIMENTOS ESPECIAIS**
TÍTULO III Dos Procedimentos Especiais	**TÍTULO I** Dos Procedimentos Especiais de Jurisdição Contenciosa
Capítulo I Da Ação de Consignação em Pagamento	Capítulo I Da Ação de Consignação em Pagamento
Art. 539. Nos casos previstos em lei, poderá o devedor ou terceiro requerer, com efeito de pagamento, a consignação da quantia ou da coisa devida.	**Art. 890.** Nos casos previstos em lei, poderá o devedor ou terceiro requerer, com efeito de pagamento, a consignação da quantia ou da coisa devida.
§ 1º Tratando-se de obrigação em dinheiro, poderá o valor ser depositado em estabelecimento bancário, oficial onde houver, situado no lugar do pagamento, cientificando-se o credor por carta com aviso de recebimento, assinado o prazo de 10 (dez) dias para a manifestação de recusa.	§ 1º Tratando-se de obrigação em dinheiro, poderá o devedor ou terceiro optar pelo depósito da quantia devida, em estabelecimento bancário oficial, onde houver, situado no lugar do pagamento, em conta com correção monetária, cientificando-se o credor por carta com aviso de recepção, assinado o prazo de 10 (dez) dias para a manifestação de recusa.
§ 2º Decorrido o prazo do § 1º, contado do retorno do aviso de recebimento, sem a manifestação de recusa, considerar-se-á o devedor liberado da obrigação, ficando à disposição do credor a quantia depositada.	§ 2º Decorrido o prazo referido no parágrafo anterior, sem a manifestação de recusa, reputar-se-á o devedor liberado da obrigação, ficando à disposição do credor a quantia depositada.
§ 3º Ocorrendo a recusa, manifestada por escrito ao estabelecimento bancário, poderá ser proposta, **dentro de 1 (um) mês**, a ação de consignação, instruindo-se a inicial com a prova do depósito e da recusa.	§ 3º Ocorrendo a recusa, manifestada por escrito ao estabelecimento bancário, o devedor ou terceiro poderá propor, dentro de 30 (trinta) dias, a ação de consignação, instruindo a inicial com a prova do depósito e da recusa.
§ 4º Não proposta a ação no prazo do § 3º, ficará sem efeito o depósito, podendo levantá-lo o depositante.	§ 4º Não proposta a ação no prazo do parágrafo anterior, ficará sem efeito o depósito, podendo levantá-lo o depositante.
Art. 540. Requerer-se-á a consignação no lugar do pagamento, cessando para o devedor, **à data do depósito**, os juros e os riscos, salvo se a demanda for julgada improcedente.	**Art. 891.** Requerer-se-á a consignação no lugar do pagamento, cessando para o devedor, tanto que se efetue o depósito, os juros e os riscos, salvo se for julgada improcedente.
Art. 541. Tratando-se de prestações **sucessivas, consignada uma delas**, pode o devedor continuar a depositar, no mesmo processo e sem mais formalidades, as que se forem vencendo, desde que o faça em até 5 (cinco) dias contados da data do respectivo vencimento.	**Art. 892.** Tratando-se de prestações periódicas, uma vez consignada a primeira, pode o devedor continuar a consignar, no mesmo processo e sem mais formalidades, as que se forem vencendo, desde que os depósitos sejam efetuados até 5 (cinco) dias, contados da data do vencimento.
Art. 542. Na petição inicial, o autor requererá:	**Art. 893.** O autor, na petição inicial, requererá:
I – o depósito da quantia ou da coisa devida, a ser efetivado no prazo de 5 (cinco) dias contados do deferimento, ressalvada a hipótese do art. 539, § 3º;	I – o depósito da quantia ou da coisa devida, a ser efetivado no prazo de 5 (cinco) dias contados do deferimento, ressalvada a hipótese do § 3º do art. 890;
II – a citação do réu para levantar o depósito ou oferecer **contestação**.	II – a citação do réu para levantar o depósito ou oferecer resposta.
Parágrafo único. Não realizado o depósito no prazo do inciso I, o processo será extinto sem resolução do mérito.	

Art. 543. Se o objeto da prestação for coisa indeterminada e a escolha couber ao credor, será este citado para exercer o direito dentro de 5 (cinco) dias, se outro prazo não constar de lei ou do contrato, ou para aceitar que o devedor o faça, devendo o juiz, ao despachar a petição inicial, fixar lugar, dia e hora em que se fará a entrega, sob pena de depósito.	**Art. 894.** Se o objeto da prestação for coisa indeterminada e a escolha couber ao credor, será este citado para exercer o direito dentro de 5 (cinco) dias, se outro prazo não constar de lei ou do contrato, ou para aceitar que o devedor o faça, devendo o juiz, ao despachar a petição inicial, fixar lugar, dia e hora em que se fará a entrega, sob pena de depósito.
Art. 544. Na contestação, o réu poderá alegar que:	**Art. 896.** Na contestação, o réu poderá alegar que:
I – não houve recusa ou mora em receber a quantia ou a coisa devida;	I – não houve recusa ou mora em receber a quantia ou coisa devida;
II – foi justa a recusa;	II – foi justa a recusa;
III – o depósito não se efetuou no prazo ou no lugar do pagamento;	III – o depósito não se efetuou no prazo ou no lugar do pagamento;
IV – o depósito não é integral.	IV – o depósito não é integral.
Parágrafo único. No caso do inciso IV, a alegação somente será admissível se o réu indicar o montante que entende devido.	**Parágrafo único.** No caso do inciso IV, a alegação será admissível se o réu indicar o montante que entende devido.
Art. 545. Alegada a **insuficiência do depósito,** é lícito ao autor completá-lo, **em 10 (dez) dias,** salvo se corresponder a prestação cujo inadimplemento acarrete a rescisão do contrato.	**Art. 899.** Quando na contestação o réu alegar que o depósito não é integral, é lícito ao autor completá-lo, dentro em 10 (dez) dias, salvo se corresponder a prestação, cujo inadimplemento acarrete a rescisão do contrato.
§ 1º No caso do *caput*, poderá o réu levantar, desde logo, a quantia ou a coisa depositada, com a consequente liberação parcial do autor, prosseguindo o processo quanto à parcela controvertida.	§ 1º Alegada a insuficiência do depósito, poderá o réu levantar, desde logo, a quantia ou a coisa depositada, com a consequente liberação parcial do autor, prosseguindo o processo quanto à parcela controvertida.
§ 2º A sentença que concluir pela insuficiência do depósito determinará, sempre que possível, o montante devido e valerá como título executivo, facultado ao credor promover-lhe o cumprimento nos mesmos autos, **após liquidação, se necessária**.	§ 2º A sentença que concluir pela insuficiência do depósito determinará, sempre que possível, o montante devido, e, neste caso, valerá como título executivo, facultado ao credor promover-lhe a execução nos mesmos autos.
Art. 546. Julgado procedente o pedido, o juiz declarará extinta a obrigação e condenará o réu ao pagamento de custas e honorários advocatícios.	**Art. 897.** Não oferecida a contestação, e ocorrentes os efeitos da revelia, o juiz julgará procedente o pedido, declarará extinta a obrigação e condenará o réu nas custas e honorários advocatícios.
Parágrafo único. Proceder-se-á do mesmo modo se o credor receber e der quitação.	**Parágrafo único.** Proceder-se-á do mesmo modo se o credor receber e der quitação.
Art. 547. Se ocorrer dúvida sobre quem deva legitimamente receber o pagamento, o autor requererá o depósito e a citação dos possíveis titulares do crédito para provarem o seu direito.	**Art. 895.** Se ocorrer dúvida sobre quem deva legitimamente receber o pagamento, o autor requererá o depósito e a citação dos que se disputam para provarem o seu direito.
Art. 548. No caso do art. 547:	**Art. 898.** Quando a consignação se fundar em dúvida sobre quem deva legitimamente receber, não comparecendo nenhum pretendente, converter-se-á o depósito em arrecadação de bens de ausentes; comparecendo apenas um, o juiz decidirá de plano; comparecendo mais de um, o juiz declarará efetuado o depósito e extinta a obrigação, continuando o processo a correr unicamente entre os credores; caso em que se observará o procedimento ordinário.
I – não comparecendo pretendente algum, converter-se-á o depósito em arrecadação de coisas vagas;	
II – comparecendo apenas um, o juiz decidirá de plano;	
III – comparecendo mais de um, o juiz declarará efetuado o depósito e extinta a obrigação, continuando o processo a correr unicamente entre os presuntivos credores, observado o procedimento comum.	
Art. 549. Aplica-se o procedimento estabelecido neste Capítulo, no que couber, ao resgate do aforamento.	**Art. 900.** Aplica-se o procedimento estabelecido neste Capítulo, no que couber, ao resgate do aforamento.
Capítulo II Da Ação de **Exigir** Contas	**Capítulo IV** Da Ação de Prestação de Contas
Art. 550. Aquele que **afirmar ser titular do direito de exigir** contas requererá a citação do réu para que as preste ou ofereça contestação no prazo de **15 (quinze) dias**.	**Art. 915.** Aquele que pretender exigir a prestação de contas requererá a citação do réu para, no prazo de 5 (cinco) dias, as apresentar ou contestar a ação.
§ 1º Na petição inicial, o autor especificará, detalhadamente, as razões pelas quais exige as contas, instruindo-a com documentos comprobatórios dessa necessidade, se existirem.	
§ 2º Prestadas as contas, o autor terá **15 (quinze) dias** para se manifestar, **prosseguindo-se o processo na forma do Capítulo X do Título I deste Livro**.	§ 1º Prestadas as contas, terá o autor 5 (cinco) dias para dizer sobre elas; havendo necessidade de produzir provas, o juiz designará audiência de instrução e julgamento; em caso contrário, proferirá desde logo a sentença.
§ 3º A impugnação das contas apresentadas pelo réu deverá ser fundamentada e específica, com referência expressa ao lançamento questionado.	

Novo CPC	Antigo CPC
§ 4º Se o réu não contestar o pedido, observar-se-á o disposto no art. 355.	§ 2º Se o réu não contestar a ação ou não negar a obrigação de prestar contas, observar-se-á o disposto no art. 330; a sentença, que julgar procedente a ação, condenará o réu a prestar as contas no prazo de 48 (quarenta e oito) horas, sob pena de não lhe ser lícito impugnar as que o autor apresentar.
§ 5º A **decisão** que julgar procedente o pedido condenará o réu a prestar as contas no **prazo de 15 (quinze) dias**, sob pena de não lhe ser lícito impugnar as que o autor apresentar.	
§ 6º Se o réu apresentar as contas no prazo previsto no § 5º, seguir-se-á o procedimento do § 2º, caso contrário, o autor apresentá-las-á no **prazo de 15 (quinze) dias**, podendo o juiz determinar a realização de exame pericial, se necessário.	§ 3º Se o réu apresentar as contas dentro do prazo estabelecido no parágrafo anterior, seguir-se-á o procedimento do § 1º deste artigo; em caso contrário, apresentá-las-á o autor dentro em 10 (dez) dias, **sendo as contas julgadas segundo o prudente arbítrio do juiz**, que poderá determinar, se necessário, a realização do exame pericial contábil.
Art. 551. As contas do réu serão apresentadas na forma **adequada**, especificando-se as receitas, a aplicação das despesas e os investimentos, se houver.	Art. 917. As contas assim do autor como do réu serão apresentadas em forma **mercantil**, especificando-se as receitas e a aplicação das despesas, **bem como o respectivo saldo; e serão instruídas com os documentos justificativos**.
§ 1º Havendo impugnação específica e fundamentada pelo autor, o juiz estabelecerá prazo razoável para que o réu apresente os documentos justificativos dos lançamentos individualmente impugnados.	
§ 2º As contas do autor, para os fins do art. 550, § 5º, serão apresentadas na forma **adequada**, já instruídas com os documentos justificativos, especificando-se as receitas, a aplicação das despesas **e os investimentos, se houver**, bem como o respectivo saldo.	Art. 917. As contas assim do autor como do réu serão apresentadas em forma **mercantil**, especificando-se as receitas e a aplicação das despesas, bem como o respectivo saldo; e serão instruídas com os documentos justificativos.
Art. 552. A sentença apurará o saldo **e constituirá título executivo judicial**.	Art. 918. O saldo credor declarado na sentença poderá ser cobrado em execução forçada.
Art. 553. As contas do inventariante, do tutor, do curador, do depositário e de qualquer outro administrador serão prestadas em apenso aos autos do processo em que tiver sido nomeado.	Art. 919. As contas do inventariante, do tutor, do curador, do depositário e de outro qualquer administrador serão prestadas em apenso aos autos do processo em que tiver sido nomeado. Sendo condenado a pagar o saldo e não o fazendo no prazo legal, o juiz poderá destituí-lo, sequestrar os bens sob sua guarda e glosar o prêmio ou gratificação a que teria direito.
Parágrafo único. Se qualquer dos referidos no *caput* for condenado a pagar o saldo e não o fizer no prazo legal, o juiz poderá destituí-lo, sequestrar os bens sob sua guarda, glosar o prêmio ou a gratificação a que teria direito **e determinar as medidas executivas necessárias à recomposição do prejuízo**.	
Capítulo III Das Ações Possessórias	**Capítulo V** Das Ações Possessórias
Seção I *Das Disposições Gerais*	Seção I *Das Disposições Gerais*
Art. 554. A propositura de uma ação possessória em vez de outra não obstará a que o juiz conheça do pedido e outorgue a proteção legal correspondente àquela cujos pressupostos estejam provados.	Art. 920. A propositura de uma ação possessória em vez de outra não obstará a que o juiz conheça do pedido e outorgue a proteção legal correspondente àquela, cujos requisitos estejam provados.
§ 1º No caso de ação possessória em que figure no polo passivo grande número de pessoas, serão feitas a citação pessoal dos ocupantes que forem encontrados no local e a citação por edital dos demais, determinando-se, ainda, a intimação do Ministério Público e, se envolver pessoas em situação de hipossuficiência econômica, da Defensoria Pública.	
§ 2º Para fim da citação pessoal prevista no § 1º, o oficial de justiça procurará os ocupantes no local por uma vez, citando-se por edital os que não forem encontrados.	
§ 3º O juiz deverá determinar que se dê ampla publicidade da existência da ação prevista no § 1º e dos respectivos prazos processuais, podendo, para tanto, valer-se de anúncios em jornal ou rádio locais, da publicação de cartazes na região do conflito e de outros meios.	
Art. 555. É lícito ao autor cumular ao pedido possessório o de:	Art. 921. É lícito ao autor cumular ao pedido possessório o de:
I – condenação em perdas e danos;	I – condenação em perdas e danos;
II – indenização dos frutos.	
Parágrafo único. Pode o autor requerer, ainda, imposição de medida necessária e adequada para:	
I – evitar nova turbação ou esbulho;	Art. 921. [...]. II – cominação de pena para caso de nova turbação ou esbulho;
II – cumprir-se a tutela provisória ou final.	

Art. 556. É lícito ao réu, na contestação, alegando que foi o ofendido em sua posse, demandar a proteção possessória e a indenização pelos prejuízos resultantes da turbação ou do esbulho cometido pelo autor.	**Art. 922.** É lícito ao réu, na contestação, alegando que foi o ofendido em sua posse, demandar a proteção possessória e a indenização pelos prejuízos resultantes da turbação ou do esbulho cometido pelo autor.
Art. 557. Na pendência de **ação possessória** é vedado, tanto ao autor quanto ao réu, propor ação de reconhecimento do domínio, **exceto se a pretensão for deduzida em face de terceira pessoa**.	**Art. 923.** Na pendência do processo possessório é defeso, assim ao autor como ao réu, intentar ação de reconhecimento do domínio.
Parágrafo único. Não obsta à manutenção ou à reintegração de posse a alegação de propriedade ou de outro direito sobre a coisa.	
Art. 558. Regem o procedimento de manutenção e de reintegração de posse as normas da Seção II deste Capítulo quando a ação for proposta dentro de ano e dia da turbação ou do esbulho **afirmado na petição inicial**.	**Art. 924.** Regem o procedimento de manutenção e de reintegração de posse as normas da seção seguinte, quando intentado dentro de ano e dia da turbação ou do esbulho; passado esse prazo, será ordinário, não perdendo, contudo, o caráter possessório.
Parágrafo único. Passado o prazo referido no *caput*, será comum o procedimento, não perdendo, contudo, o caráter possessório.	
Art. 559. Se o réu provar, em qualquer tempo, que o autor provisoriamente mantido ou reintegrado na posse carece de idoneidade financeira para, no caso de sucumbência, responder por perdas e danos, o juiz designar-lhe-á o prazo de 5 (cinco) dias para requerer caução, real ou fidejussória, sob pena de ser depositada a coisa litigiosa, **ressalvada a impossibilidade da parte economicamente hipossuficiente**.	**Art. 925.** Se o réu provar, em qualquer tempo, que o autor provisoriamente mantido ou reintegrado na posse carece de idoneidade financeira para, no caso de decair da ação, responder por perdas e danos, o juiz assinar-lhe-á o prazo de 5 (cinco) dias para requerer caução sob pena de ser depositada a coisa litigiosa.
Seção II Da Manutenção e da Reintegração de Posse	Seção II Da Manutenção e da Reintegração de Posse
Art. 560. O possuidor tem direito a ser mantido na posse em caso de turbação e reintegrado em caso de esbulho.	**Art. 926.** O possuidor tem direito a ser mantido na posse em caso de turbação e reintegrado no de esbulho.
Art. 561. Incumbe ao autor provar:	**Art. 927.** Incumbe ao autor provar:
I – a sua posse;	I – a sua posse;
II – a turbação ou o esbulho praticado pelo réu;	II – a turbação ou o esbulho praticado pelo réu;
III – a data da turbação ou do esbulho;	III – a data da turbação ou do esbulho;
IV – a continuação da posse, embora turbada, na ação de manutenção, ou a perda da posse, na ação de reintegração.	IV – a continuação da posse, embora turbada, na ação de manutenção; a perda da posse, na ação de reintegração.
Art. 562. Estando a petição inicial devidamente instruída, o juiz deferirá, sem ouvir o réu, a expedição do mandado liminar de manutenção ou de reintegração, caso contrário, determinará que o autor justifique previamente o alegado, citando-se o réu para comparecer à audiência que for designada.	**Art. 928.** Estando a petição inicial devidamente instruída, o juiz deferirá, sem ouvir o réu, a expedição do mandado liminar de manutenção ou de reintegração; no caso contrário, determinará que o autor justifique previamente o alegado, citando-se o réu para comparecer à audiência que for designada.
Parágrafo único. Contra as pessoas jurídicas de direito público não será deferida a manutenção ou a reintegração liminar sem prévia audiência dos respectivos representantes judiciais.	**Parágrafo único.** Contra as pessoas jurídicas de direito público não será deferida a manutenção ou a reintegração liminar sem prévia audiência dos respectivos representantes judiciais.
Art. 563. Considerada suficiente a justificação, o juiz fará logo expedir mandado de manutenção ou de reintegração.	**Art. 929.** Julgada procedente a justificação, o juiz fará logo expedir mandado de manutenção ou de reintegração.
Art. 564. Concedido ou não o mandado liminar de manutenção ou de reintegração, o autor promoverá, nos 5 (cinco) dias subsequentes, a citação do réu para, querendo, contestar a ação **no prazo de 15 (quinze) dias**.	**Art. 930.** Concedido ou não o mandado liminar de manutenção ou de reintegração, o autor promoverá, nos 5 (cinco) dias subsequentes, a citação do réu para contestar a ação.
Parágrafo único. Quando for ordenada a justificação prévia, o prazo para contestar será contado da intimação **da decisão** que deferir ou não a medida liminar.	**Parágrafo único.** Quando for ordenada a justificação prévia (art. 928), o prazo para contestar contar-se-á da intimação do despacho que deferir ou não a medida liminar.
Art. 565. No litígio coletivo pela posse de imóvel, quando o esbulho ou a turbação afirmado na petição inicial houver ocorrido há mais de ano e dia, o juiz, antes de apreciar o pedido de concessão da medida liminar, deverá designar audiência de mediação, a realizar-se em até 30 (trinta) dias, que observará o disposto nos §§ 2º e 4º.	
§ 1º Concedida a liminar, se essa não for executada no prazo de 1 (um) ano, a contar da data de distribuição, caberá ao juiz designar audiência de mediação, nos termos dos §§ 2º a 4º deste artigo.	
§ 2º O Ministério Público será intimado para comparecer à audiência, e a Defensoria Pública será intimada sempre que houver parte beneficiária de gratuidade da justiça.	

§ 3º O juiz poderá comparecer à área objeto do litígio quando sua presença se fizer necessária à efetivação da tutela jurisdicional.	
§ 4º Os órgãos responsáveis pela política agrária e pela política urbana da União, de Estado ou do Distrito Federal e de Município onde se situe a área objeto do litígio poderão ser intimados para a audiência, a fim de se manifestarem sobre seu interesse no processo e sobre a existência de possibilidade de solução para o conflito possessório.	
§ 5º Aplica-se o disposto neste artigo ao litígio sobre propriedade de imóvel.	
Art. 566. Aplica-se, quanto ao mais, o procedimento **comum**.	**Art. 931.** Aplica-se, quanto ao mais, o procedimento ordinário.
Seção III *Do Interdito Proibitório*	Seção III *Do Interdito proibitório*
Art. 567. O possuidor direto ou indireto que tenha justo receio de ser molestado na posse poderá requerer ao juiz que o segure da turbação ou esbulho iminente, mediante mandado proibitório em que se comine ao réu determinada pena pecuniária caso transgrida o preceito.	**Art. 932.** O possuidor direto ou indireto, que tenha justo receio de ser molestado na posse, poderá impetrar ao juiz que o segure da turbação ou esbulho iminente, mediante mandado proibitório, em que se comine ao réu determinada pena pecuniária, caso transgrida o preceito.
Art. 568. Aplica-se ao interdito proibitório o disposto na Seção II deste Capítulo.	**Art. 933.** Aplica-se ao interdito proibitório o disposto na seção anterior.
	[...]
Capítulo IV Da Ação de Divisão e da Demarcação de Terras Particulares	Capítulo VIII Da Ação de Divisão e da Demarcação de Terras Particulares
Seção I *Das Disposições Gerais*	Seção I *Das Disposições Gerais*
Art. 569. Cabe:	**Art. 946.** Cabe:
I – ao proprietário a ação de demarcação, para obrigar o seu confinante a estremar os respectivos prédios, fixando-se novos limites entre eles ou aviventando-se os já apagados;	I – a ação de demarcação ao proprietário para obrigar o seu confinante a estremar os respectivos prédios, fixando-se novos limites entre eles ou aviventando-se os já apagados;
II – ao condômino a ação de divisão, para obrigar os demais consortes a **estremar os quinhões**.	II – a ação de divisão, ao condômino para obrigar os demais consortes, a partilhar a coisa comum.
Art. 570. É lícita a cumulação dessas ações, caso em que deverá processar-se primeiramente a demarcação total ou parcial da coisa comum, citando-se os confinantes e os condôminos.	**Art. 947.** É lícita a cumulação destas ações; caso em que deverá processar-se primeiramente a demarcação total ou parcial da coisa comum, citando-se os confinantes e condôminos.
Art. 571. A demarcação e a divisão poderão ser realizadas por escritura pública, desde que maiores, capazes e concordes todos os interessados, observando-se, no que couber, os dispositivos deste Capítulo.	
Art. 572. Fixados os marcos da linha de demarcação, os confinantes considerar-se-ão terceiros quanto ao processo divisório, ficando-lhes, porém, ressalvado o direito de vindicar os terrenos de que se julguem despojados por invasão das linhas limítrofes constitutivas do perímetro ou de reclamar indenização correspondente ao seu valor.	**Art. 948.** Fixados os marcos da linha de demarcação, os confinantes considerar-se-ão terceiros quanto ao processo divisório; fica-lhes, porém, ressalvado o direito de vindicarem os terrenos de que se julguem despojados por invasão das linhas limítrofes constitutivas do perímetro ou a reclamarem uma indenização pecuniária correspondente ao seu valor.
§ 1º **No caso do** *caput*, serão citados para a ação todos os condôminos, se a sentença homologatória da divisão ainda não houver transitado em julgado, e todos os quinhoeiros dos terrenos vindicados, se a ação for proposta posteriormente.	**Art. 949.** Serão citados para a ação todos os condôminos, se ainda não transitou em julgado a sentença homologatória da divisão; e todos os quinhoeiros dos terrenos vindicados, se proposta posteriormente.
§ 2º Neste último caso, a sentença que julga procedente a ação, condenando a restituir os terrenos ou a pagar a indenização, valerá como título executivo em favor dos quinhoeiros para haverem dos outros condôminos que forem parte na divisão ou de seus sucessores a título universal, na proporção que lhes tocar, a composição pecuniária do desfalque sofrido.	**Parágrafo único.** Neste último caso, a sentença que julga procedente a ação, condenando a restituir os terrenos ou a pagar a indenização, valerá como título executivo em favor dos quinhoeiros para haverem dos outros condôminos, que forem parte na divisão, ou de seus sucessores por título universal, na proporção que lhes tocar, a composição pecuniária do desfalque sofrido.
Art. 573. Tratando-se de imóvel georreferenciado, com averbação no registro de imóveis, pode o juiz dispensar a realização de prova pericial.	
Seção II *Da Demarcação*	Seção II *Da Demarcação*
Art. 574. Na petição inicial, instruída com os títulos da propriedade, designar-se-á o imóvel pela situação e pela denominação, descrever-se-ão os limites por constituir, aviventar ou renovar e nomear-se-ão todos os confinantes da linha demarcanda.	**Art. 950.** Na petição inicial, instruída com os títulos da propriedade, designar-se-á o imóvel pela situação e denominação, descrever-se-ão os limites por constituir, aviventar ou renovar e nomear-se-ão todos os confinantes da linha demarcanda.

Art. 575. Qualquer condômino é parte legítima para promover a demarcação do imóvel comum, requerendo a intimação dos demais para, querendo, **intervir no processo**.	**Art. 952.** Qualquer condômino é parte legítima para promover a demarcação do imóvel comum, citando-se os demais como litisconsortes.
Art. 576. A citação dos réus **será feita por correio**, observado o disposto no art. 247.	**Art. 953.** Os réus que residirem na comarca serão citados pessoalmente; os demais, por edital.
Parágrafo único. Será publicado edital, nos termos do inciso III do art. 259.	
Art. 577. Feitas as citações, terão os réus o prazo comum de **15 (quinze) dias para contestar**.	**Art. 954.** Feitas as citações, terão os réus o prazo comum de 20 (vinte) dias para contestar.
Art. 578. Após o prazo de resposta do réu, observar-se-á o procedimento comum.	**Art. 955.** Havendo contestação, observar-se-á o procedimento ordinário; não havendo, aplica-se o disposto no art. 330, n. II.
Art. 579. Antes de proferir a sentença, o juiz nomeará **um ou mais peritos** para levantar o traçado da linha demarcanda.	**Art. 956.** Em qualquer dos casos do artigo anterior, o juiz, antes de proferir a sentença definitiva, nomeará dois arbitradores e um agrimensor para levantarem o traçado da linha demarcanda.
Art. 580. Concluídos os estudos, os peritos apresentarão minucioso laudo sobre o traçado da linha demarcanda, considerando os títulos, os marcos, os rumos, a fama da vizinhança, as informações de antigos moradores do lugar e outros elementos que coligirem.	**Art. 957.** Concluídos os estudos, apresentarão os arbitradores minucioso laudo sobre o traçado da linha demarcanda, tendo em conta os títulos, marcos, rumos, a fama da vizinhança, as informações de antigos moradores do lugar e outros elementos que coligirem.
Art. 581. A sentença que julgar procedente o pedido determinará o traçado da linha demarcanda.	**Art. 958.** A sentença, que julgar procedente a ação, determinará o traçado da linha demarcanda.
Parágrafo único. A sentença proferida na ação demarcatória determinará a restituição da área invadida, se houver, declarando o domínio ou a posse do prejudicado, ou ambos.	
Art. 582. Transitada em julgado a sentença, o perito efetuará a demarcação e colocará os marcos necessários.	**Art. 959.** Tanto que passe em julgado a sentença, o agrimensor efetuará a demarcação, colocando os marcos necessários. Todas as operações serão consignadas em planta e memorial descritivo com as referências convenientes para a identificação, em qualquer tempo, dos pontos assinalados.
Parágrafo único. Todas as operações serão consignadas em planta e memorial descritivo com as referências convenientes para a identificação, em qualquer tempo, dos pontos assinalados, **observada a legislação especial que dispõe sobre a identificação do imóvel rural**.	
Art. 583. As plantas serão acompanhadas das cadernetas de operações de campo e do memorial descritivo, que conterá:	**Art. 962.** Acompanharão as plantas as cadernetas de operações de campo e o memorial descritivo, que conterá:
I – o ponto de partida, os rumos seguidos e a aviventação dos antigos com os respectivos cálculos;	I – o ponto de partida, os rumos seguidos e a aviventação dos antigos com os respectivos cálculos;
II – os acidentes encontrados, as cercas, os valos, os marcos antigos, os córregos, os rios, as lagoas e outros;	II – os acidentes encontrados, as cercas, valos, marcos antigos, córregos, rios, lagoas e outros;
III – a indicação minuciosa dos novos marcos cravados, **dos antigos aproveitados**, das culturas existentes e da sua produção anual;	III – a indicação minuciosa dos novos marcos cravados, das culturas existentes e sua produção anual;
IV – a composição geológica dos terrenos, bem como a qualidade e a extensão dos campos, das matas e das capoeiras;	IV – a composição geológica dos terrenos, bem como a qualidade e extensão dos campos, matas e capoeiras;
V – as vias de comunicação;	V – as vias de comunicação;
VI – as distâncias **a pontos de referência, tais como rodovias federais e estaduais, ferrovias, portos, aglomerações urbanas e polos comerciais**;	VI – as distâncias à estação da estrada de ferro, ao porto de embarque e ao mercado mais próximo;
VII – a indicação de tudo o mais que for útil para o levantamento da linha ou para a identificação da linha já levantada.	VII – a indicação de tudo o mais que for útil para o levantamento da linha ou para a identificação da linha já levantada.
Art. 584. É obrigatória a colocação de marcos tanto na estação inicial, dita marco primordial, quanto nos vértices dos ângulos, salvo se algum desses últimos pontos for assinalado por acidentes naturais de difícil remoção ou destruição.	**Art. 963.** É obrigatória a colocação de marcos assim na estação inicial – marco primordial – como nos vértices dos ângulos, salvo se algum destes últimos pontos for assinalado por acidentes naturais de difícil remoção ou destruição.
Art. 585. A linha será percorrida pelos peritos, que examinarão os marcos e os rumos, consignando em relatório escrito a exatidão do memorial e da planta apresentados pelo agrimensor ou as divergências porventura encontradas.	**Art. 964.** A linha será percorrida pelos arbitradores, que examinarão os marcos e rumos, consignando em relatório escrito a exatidão do memorial e planta apresentados pelo agrimensor ou as divergências porventura encontradas.
Art. 586. Juntado aos autos o relatório dos peritos, o juiz determinará que as partes se manifestem sobre ele no prazo comum **de 15 (quinze) dias**.	**Art. 965.** Junto aos autos o relatório dos arbitradores, determinará o juiz que as partes se manifestem sobre ele no prazo comum de 10 (dez) dias. Em seguida, executadas as correções e retificações que ao juiz pareçam necessárias, lavrar-se-á o auto de demarcação em que os limites demarcandos serão minuciosamente descritos de acordo com o memorial e a planta.
Parágrafo único. Executadas as correções e as retificações que o juiz **determinar**, lavrar-se-á, em seguida, o auto de demarcação em que os limites demarcandos serão minuciosamente descritos de acordo com o memorial e a planta.	

COMPARATIVO NOVO CPC X ANTIGO CPC

Art. 587. Assinado o auto pelo juiz e **pelos peritos**, será proferida a sentença homologatória da demarcação.	**Art. 966.** Assinado o auto pelo juiz, arbitradores e agrimensor, será proferida a sentença homologatória da demarcação.
Seção III Da Divisão	Seção III Da Divisão
Art. 588. A petição inicial será instruída com os títulos de domínio do promovente e conterá:	**Art. 967.** A petição inicial, **elaborada com observância dos requisitos do art. 282 e** instruída com os títulos de domínio do promovente, conterá:
I – a indicação da origem da comunhão e a denominação, a situação, os limites e as características do imóvel;	I – a indicação da origem da comunhão e a denominação, situação, limites e característicos do imóvel;
II – o nome, o estado civil, a profissão e a residência de todos os condôminos, especificando-se os estabelecidos no imóvel com benfeitorias e culturas;	II – o nome, o estado civil, a profissão e a residência de todos os condôminos, especificando-se os estabelecidos no imóvel com benfeitorias e culturas;
III – as benfeitorias comuns.	III – as benfeitorias comuns.
Art. 589. Feitas as citações como preceitua o art. 576, prosseguir-se-á na forma dos arts. 577 e 578.	**Art. 968.** Feitas as citações como preceitua o art. 953, prosseguir-se-á na forma dos arts. 954 e 955.
Art. 590. O juiz nomeará um ou mais peritos para promover a medição do imóvel e as operações de divisão, observada a legislação especial que dispõe sobre a identificação do imóvel rural.	**Art. 969.** Prestado o compromisso pelos arbitradores e agrimensor, terão início, pela medição do imóvel, as operações de divisão.
Parágrafo único. O perito deverá indicar as vias de comunicação existentes, as construções e as benfeitorias, com a indicação dos seus valores e dos respectivos proprietários e ocupantes, as águas principais que banham o imóvel e quaisquer outras informações que possam concorrer para facilitar a partilha.	
Art. 591. Todos os condôminos serão intimados a apresentar, dentro de 10 (dez) dias, os seus títulos, se ainda não o tiverem feito, e a formular os seus pedidos sobre a constituição dos quinhões.	**Art. 970.** Todos os condôminos serão intimados a apresentar, dentro em 10 (dez) dias, os seus títulos, se ainda não o tiverem feito; e a formular os seus pedidos sobre a constituição dos quinhões.
Art. 592. O juiz ouvirá as partes **no prazo comum de 15 (quinze) dias**.	**Art. 971.** O juiz ouvirá as partes no prazo comum de 10 (dez) dias.
§ 1º Não havendo impugnação, o juiz determinará a divisão geodésica do imóvel.	**Parágrafo único.** Não havendo impugnação, o juiz determinará a divisão geodésica do imóvel; se houver, proferirá, no prazo de 10 (dez) dias, decisão sobre os pedidos e os títulos que devam ser atendidos na formação dos quinhões.
§ 2º Havendo impugnação, o juiz proferirá, no prazo de 10 (dez) dias, decisão sobre os pedidos e os títulos que devam ser atendidos na formação dos quinhões.	
Art. 593. Se qualquer linha do perímetro atingir benfeitorias permanentes dos confinantes feitas há mais de 1 (um) ano, serão elas respeitadas, bem como os terrenos onde estiverem, os quais não se computarão na área dividenda.	**Art. 973.** Se qualquer linha do perímetro atingir benfeitorias permanentes dos confinantes, feitas há mais de 1 (um) ano, serão elas respeitadas, bem como os terrenos onde estiverem, os quais não se computarão na área dividenda.
Art. 594. Os confinantes do imóvel dividendo podem demandar a restituição dos terrenos que lhes tenham sido usurpados.	**Art. 974.** É lícito aos confinantes do imóvel dividendo demandar a restituição dos terrenos que lhes tenham sido usurpados.
§ 1º Serão citados para a ação todos os condôminos, se a sentença homologatória da divisão ainda não houver transitado em julgado, e todos os quinhoeiros dos terrenos vindicados, se a ação for proposta posteriormente.	§ 1º Serão citados para a ação todos os condôminos, se ainda não transitou em julgado a sentença homologatória da divisão; e todos os quinhoeiros dos terrenos vindicados, se proposta posteriormente.
§ 2º Nesse último caso terão os quinhoeiros o direito, pela mesma sentença que os obrigar à restituição, a haver dos outros condôminos do processo divisório ou de seus sucessores a título universal a composição pecuniária proporcional ao desfalque sofrido.	§ 2º Neste último caso terão os quinhoeiros o direito, pela mesma sentença que os obrigar à restituição, a haver dos outros condôminos do processo divisório, ou de seus sucessores a título universal, a composição pecuniária proporcional ao desfalque sofrido.
Art. 595. Os peritos proporão, em laudo fundamentado, a forma da divisão, devendo consultar, quanto possível, a comodidade das partes, respeitar, para adjudicação a cada condômino, a preferência dos terrenos contíguos às suas residências e benfeitorias e evitar o retalhamento dos quinhões em glebas separadas.	**Art. 978.** Em seguida os arbitradores e o agrimensor proporão, em laudo fundamentado, a forma da divisão, devendo consultar, quanto possível, a comodidade das partes, respeitar, para adjudicação a cada condômino, a preferência dos terrenos contíguos às suas residências e benfeitorias e evitar o retalhamento dos quinhões em glebas separadas.
Art. 596. Ouvidas as partes, **no prazo comum de 15 (quinze) dias**, sobre o cálculo e o plano da divisão, o juiz deliberará a partilha.	**Art. 979.** Ouvidas as partes, no prazo comum de 10 (dez) dias, sobre o cálculo e o plano da divisão, deliberará o juiz a partilha. Em cumprimento desta decisão, procederá o agrimensor, assistido pelos arbitradores, à demarcação dos quinhões, observando, além do disposto nos arts. 963 e 964, as seguintes regras:
Parágrafo único. Em cumprimento dessa decisão, o perito procederá à demarcação dos quinhões, observando, além do disposto nos arts. 584 e 585, as seguintes regras:	
I – as benfeitorias comuns que não comportarem divisão cômoda serão adjudicadas a um dos condôminos mediante compensação;	I – as benfeitorias comuns, que não comportarem divisão cômoda, serão adjudicadas a um dos condôminos mediante compensação;

Novo CPC	Antigo CPC
II – instituir-se-ão as servidões que forem indispensáveis em favor de uns quinhões sobre os outros, incluindo o respectivo valor no orçamento para que, não se tratando de servidões naturais, seja compensado o condômino aquinhoado com o prédio serviente;	II – instituir-se-ão as servidões que forem indispensáveis, em favor de uns quinhões sobre os outros, incluindo o respectivo valor no orçamento para que, não se tratando de servidões naturais, seja compensado o condômino aquinhoado com o prédio serviente;
III – as benfeitorias particulares dos condôminos que excederem à área a que têm direito serão adjudicadas ao quinhoeiro vizinho mediante reposição;	III – as benfeitorias particulares dos condôminos, que excederem a área a que têm direito, serão adjudicadas ao quinhoeiro vizinho mediante reposição;
IV – se outra coisa não acordarem as partes, as compensações e as reposições serão feitas em dinheiro.	IV – se outra coisa não acordarem as partes, as compensações e reposições serão feitas em dinheiro.
Art. 597. Terminados os trabalhos e desenhados na planta os quinhões e as servidões aparentes, o perito organizará o memorial descritivo.	**Art. 980.** Terminados os trabalhos e desenhados na planta os quinhões e as servidões aparentes, organizará o agrimensor o memorial descritivo. Em seguida, cumprido o disposto no art. 965, o escrivão lavrará o auto de divisão, seguido de uma folha de pagamento para cada condômino. Assinado o auto pelo juiz, agrimensor e arbitradores, será proferida sentença homologatória da divisão.
§ 1º Cumprido o disposto no art. 586, o escrivão, em seguida, lavrará o auto de divisão, acompanhado de uma folha de pagamento para cada condômino.	
§ 2º Assinado o auto pelo juiz e pelo perito, será proferida sentença homologatória da divisão.	
§ 3º O auto conterá:	§ 1º O auto conterá:
I – a confinação e a extensão superficial do imóvel;	I – a confinação e a extensão superficial do imóvel;
II – a classificação das terras com o cálculo das áreas de cada consorte e com a respectiva avaliação ou, quando a homogeneidade das terras não determinar diversidade de valores, a avaliação do imóvel na sua integridade;	II – a classificação das terras com o cálculo das áreas de cada consorte e a respectiva avaliação, ou a avaliação do imóvel na sua integridade, quando a homogeneidade das terras não determinar diversidade de valores;
III – o valor e a quantidade geométrica que couber a cada condômino, declarando-se as reduções e as compensações resultantes da diversidade de valores das glebas componentes de cada quinhão.	III – o valor e a quantidade geométrica que couber a cada condômino, declarando-se as reduções e compensações resultantes da diversidade de valores das glebas componentes de cada quinhão.
§ 4º Cada folha de pagamento conterá:	§ 2º Cada folha de pagamento conterá:
I – a descrição das linhas divisórias do quinhão, mencionadas as confinantes;	I – a descrição das linhas divisórias do quinhão, mencionadas as confinantes;
II – a relação das benfeitorias e das culturas do próprio quinhoeiro e das que lhe foram adjudicadas por serem comuns ou mediante compensação;	II – a relação das benfeitorias e culturas do próprio quinhoeiro e das que lhe foram adjudicadas por serem comuns ou mediante compensação;
III – a declaração das servidões instituídas, especificados os lugares, a extensão e o modo de exercício.	III – a declaração das servidões instituídas, especificados os lugares, a extensão e modo de exercício.
Art. 598. Aplica-se às divisões o disposto nos arts. 575 a 578.	**Art. 981.** Aplica-se às divisões o disposto nos arts. 952 a 955.
Capítulo V **Da Ação de Dissolução Parcial de Sociedade**	
Art. 599. A ação de dissolução parcial de sociedade pode ter por objeto:	
I – a resolução da sociedade empresária contratual ou simples em relação ao sócio falecido, excluído ou que exerceu o direito de retirada ou recesso; e	
II – a apuração dos haveres do sócio falecido, excluído ou que exerceu o direito de retirada ou recesso; ou	
III – somente a resolução ou a apuração de haveres.	
§ 1º A petição inicial será necessariamente instruída com o contrato social consolidado.	**Art. 656.** A petição inicial será instruída com o contrato social ou com os estatutos. [Artigo correspondente ao CPC de 1939]
§ 2º A ação de dissolução parcial de sociedade pode ter também por objeto a sociedade anônima de capital fechado quando demonstrado, por acionista ou acionistas que representem cinco por cento ou mais do capital social, que não pode preencher o seu fim.	
Art. 600. A ação pode ser proposta:	**Art. 655.** A dissolução de sociedade civil, ou mercantil, nos casos previstos em lei ou no contrato social, poderá ser declarada, a requerimento de qualquer interessado, para o fim de ser promovida a liquidação judicial. [Artigo correspondente ao CPC de 1939]
I – pelo espólio do sócio falecido, quando a totalidade dos sucessores não ingressar na sociedade;	

II – pelos sucessores, após concluída a partilha do sócio falecido;	
III – pela sociedade, se os sócios sobreviventes não admitirem o ingresso do espólio ou dos sucessores do falecido na sociedade, quando esse direito decorrer do contrato social;	
IV – pelo sócio que exerceu o direito de retirada ou recesso, se não tiver sido providenciada, pelos demais sócios, a alteração contratual consensual formalizando o desligamento, depois de transcorridos 10 (dez) dias do exercício do direito;	
V – pela sociedade, nos casos em que a lei não autoriza a exclusão extrajudicial; ou	
VI – pelo sócio excluído.	
Parágrafo único. O cônjuge ou companheiro do sócio cujo casamento, união estável ou convivência terminou poderá requerer a apuração de seus haveres na sociedade, que serão pagos à conta da quota social titulada por este sócio.	
Art. 601. Os sócios e a sociedade serão citados para, no prazo de 15 (quinze) dias, concordar com o pedido ou apresentar contestação.	**Art. 656.** [...] § 1º Nos casos de dissolução de pleno direito, o juiz ouvirá os interessados no prazo de quarenta e oito (48) horas e decidirá. § 2º Nos casos de dissolução contenciosa, apresentada a petição e ouvidos os interessados no prazo de cinco (5) dias, o juiz proferirá imediatamente a sentença, se julgar provadas as alegações do requerente. [Artigo correspondente ao CPC de 1939]
Parágrafo único. A sociedade não será citada se todos os seus sócios o forem, mas ficará sujeita aos efeitos da decisão e à coisa julgada.	
Art. 602. A sociedade poderá formular pedido de indenização compensável com o valor dos haveres a apurar.	
Art. 603. Havendo manifestação expressa e unânime pela concordância da dissolução, o juiz a decretará, passando-se imediatamente à fase de liquidação.	
§ 1º Na hipótese prevista no *caput*, não haverá condenação em honorários advocatícios de nenhuma das partes, e as custas serão rateadas segundo a participação das partes no capital social.	
§ 2º Havendo contestação, observar-se-á o procedimento comum, mas a liquidação da sentença seguirá o disposto neste Capítulo.	
Art. 604. Para apuração dos haveres, o juiz:	
I – fixará a data da resolução da sociedade;	
II – definirá o critério de apuração dos haveres à vista do disposto no contrato social; e	
III – nomeará o perito.	
§ 1º O juiz determinará à sociedade ou aos sócios que nela permanecerem que depositem em juízo a parte incontroversa dos haveres devidos.	
§ 2º O depósito poderá ser, desde logo, levantando pelo ex-sócio, pelo espólio ou pelos sucessores.	
§ 3º Se o contrato social estabelecer o pagamento dos haveres, será observado o que nele se dispôs no depósito judicial da parte incontroversa.	
Art. 605. A data da resolução da sociedade será:	
I – no caso de falecimento do sócio, a do óbito;	
II – na retirada imotivada, o sexagésimo dia seguinte ao do recebimento, pela sociedade, da notificação do sócio retirante;	
III – no recesso, o dia do recebimento, pela sociedade, da notificação do sócio dissidente;	
IV – na retirada por justa causa de sociedade por prazo determinado e na exclusão judicial de sócio, a do trânsito em julgado da decisão que dissolver a sociedade; e	
V – na exclusão extrajudicial, a data da assembleia ou da reunião de sócios que a tiver deliberado.	

Art. 606. Em caso de omissão do contrato social, o juiz definirá, como critério de apuração de haveres, o valor patrimonial apurado em balanço de determinação, tomando-se por referência a data da resolução e avaliando-se bens e direitos do ativo, tangíveis e intangíveis, a preço de saída, além do passivo também a ser apurado de igual forma.

Parágrafo único. Em todos os casos em que seja necessária a realização de perícia, a nomeação do perito recairá preferencialmente sobre especialista em avaliação de sociedades.

Art. 607. A data da resolução e o critério de apuração de haveres podem ser revistos pelo juiz, a pedido da parte, a qualquer tempo antes do início da perícia.

Art. 608. Até a data da resolução, integram o valor devido ao ex-sócio, ao espólio ou aos sucessores a participação nos lucros ou os juros sobre o capital próprio declarados pela sociedade e, se for o caso, a remuneração como administrador.

Parágrafo único. Após a data da resolução, o ex-sócio, o espólio ou os sucessores terão direito apenas à correção monetária dos valores apurados e aos juros contratuais ou legais.

Art. 609. Uma vez apurados, os haveres do sócio retirante serão pagos conforme disciplinar o contrato social e, no silêncio deste, nos termos do § 2º do art. 1.031 da Lei nº 10.406, de 10 de janeiro de 2002 (Código Civil).

Capítulo VI
Do Inventário e da Partilha

Seção I *Disposições Gerais*	Seção I *Das Disposições Gerais*
Art. 610. Havendo testamento ou interessado incapaz, proceder-se-á ao inventário judicial.	**Art. 982.** Havendo testamento ou interessado incapaz, proceder-se-á ao inventário judicial; se todos forem capazes e concordes, poderá fazer-se o inventário e a partilha por escritura pública, a qual constituirá título hábil para o registro imobiliário.
§ 1º Se todos forem capazes e concordes, o inventário e a partilha poderão ser feitos por escritura pública, a qual constituirá documento hábil **para qualquer ato de registro, bem como para levantamento de importância depositada em instituições financeiras.**	
§ 2º O tabelião somente lavrará a escritura pública se todas as partes interessadas estiverem assistidas por advogado ou por defensor público, cuja qualificação e assinatura constarão do ato notarial.	§ 1º O tabelião somente lavrará a escritura pública se todas as partes interessadas estiverem assistidas por advogado comum ou advogados de cada uma delas ou por defensor público, cuja qualificação e assinatura constarão do ato notarial.
Art. 611. O processo de inventário e de partilha deve ser instaurado dentro de 2 (dois) meses, a contar da abertura da sucessão, ultimando-se nos 12 (doze) meses subsequentes, podendo o juiz prorrogar esses prazos, de ofício ou a requerimento de parte.	**Art. 983.** O processo de inventário e partilha deve ser aberto dentro de 60 (sessenta) dias a contar da abertura da sucessão, ultimando-se nos 12 (doze) meses subsequentes, podendo o juiz prorrogar tais prazos, de ofício ou a requerimento de parte.
Art. 612. O juiz decidirá todas as questões de direito **desde que os fatos relevantes estejam provados por documento**, só remetendo para as vias ordinárias as questões que dependerem de outras provas.	**Art. 984.** O juiz decidirá todas as questões de direito e também as questões de fato, quando este se achar provado por documento, só remetendo para os meios ordinários as que demandarem alta indagação ou dependerem de outras provas.
Art. 613. Até que o inventariante preste o compromisso, continuará o espólio na posse do administrador provisório.	**Art. 985.** Até que o inventariante preste o compromisso (art. 990, parágrafo único), continuará o espólio na posse do administrador provisório.
Art. 614. O administrador provisório representa ativa e passivamente o espólio, é obrigado a trazer ao acervo os frutos que desde a abertura da sucessão percebeu, tem direito ao reembolso das despesas necessárias e úteis que fez e responde pelo dano a que, por dolo ou culpa, der causa.	**Art. 986.** O administrador provisório representa ativa e passivamente o espólio, é obrigado a trazer ao acervo os frutos que desde a abertura da sucessão percebeu, tem direito ao reembolso das despesas necessárias e úteis que fez e responde pelo dano a que, por dolo ou culpa, der causa.
Seção II *Da Legitimidade para Requerer o Inventário*	Seção II *Da Legitimidade para Requerer o Inventário*
Art. 615. O requerimento de inventário e de partilha incumbe a quem estiver na posse e na administração do espólio, no prazo estabelecido no art. 611.	**Art. 987.** A quem estiver na posse e administração do espólio incumbe, no prazo estabelecido no art. 983, requerer o inventário e a partilha.
Parágrafo único. O requerimento será instruído com a certidão de óbito do autor da herança.	**Parágrafo único.** O requerimento será instruído com a certidão de óbito do autor da herança.

Novo CPC	Antigo CPC
Art. 616. Têm, contudo, legitimidade concorrente:	**Art. 988.** Tem, contudo, legitimidade concorrente:
I – o cônjuge ou **companheiro** supérstite;	I – o cônjuge supérstite;
II – o herdeiro;	II – o herdeiro;
III – o legatário;	III – o legatário;
IV – o testamenteiro;	IV – o testamenteiro;
V – o cessionário do herdeiro ou do legatário;	V – o cessionário do herdeiro ou do legatário;
VI – o credor do herdeiro, do legatário ou do autor da herança;	VI – o credor do herdeiro, do legatário ou do autor da herança;
VII – o Ministério Público, havendo herdeiros incapazes;	VIII – o Ministério Público, havendo herdeiros incapazes;
VIII – a Fazenda Pública, quando tiver interesse;	IX – a Fazenda Pública, quando tiver interesse.
IX – o **administrador judicial** da falência do herdeiro, do legatário, do autor da herança ou do cônjuge ou **companheiro** supérstite.	VII – o síndico da falência do herdeiro, do legatário, do autor da herança ou do cônjuge supérstite;
Seção III *Do Inventariante e das Primeiras Declarações*	Seção III *Do Inventariante e das Primeiras Declarações*
Art. 617. O juiz nomeará inventariante **na seguinte ordem**:	**Art. 990.** O juiz nomeará inventariante:
I – o cônjuge ou companheiro sobrevivente, desde que estivesse convivendo com o outro ao tempo da morte deste;	I – o cônjuge ou companheiro sobrevivente, desde que estivesse convivendo com o outro ao tempo da morte deste;
II – o herdeiro que se achar na posse e na administração do espólio, se não houver cônjuge ou companheiro sobrevivente ou se estes não puderem ser nomeados;	II – o herdeiro que se achar na posse e administração do espólio, se não houver cônjuge ou companheiro sobrevivente ou estes não puderem ser nomeados;
III – qualquer herdeiro, quando nenhum deles estiver na posse e na administração do espólio;	III – qualquer herdeiro, nenhum estando na posse e administração do espólio;
IV – o herdeiro menor, por seu representante legal;	
V – o testamenteiro, se lhe tiver sido confiada a administração do espólio ou se toda a herança estiver distribuída em legados;	IV – o testamenteiro, se lhe foi confiada a administração do espólio ou toda a herança estiver distribuída em legados;
VI – o cessionário do herdeiro ou do legatário;	
VII – o inventariante judicial, se houver;	V – o inventariante judicial, se houver;
VIII – pessoa estranha idônea, quando não houver inventariante judicial.	VI – pessoa estranha idônea, onde não houver inventariante judicial.
Parágrafo único. O inventariante, intimado da nomeação, prestará, dentro de 5 (cinco) dias, o compromisso de bem e fielmente desempenhar a função.	**Parágrafo único.** O inventariante, intimado da nomeação, prestará, dentro de 5 (cinco) dias, o compromisso de bem e fielmente desempenhar o cargo.
Art. 618. Incumbe ao inventariante:	**Art. 991.** Incumbe ao inventariante:
I – representar o espólio ativa e passivamente, em juízo ou fora dele, observando-se, quanto ao dativo, o disposto no art. 75, § 1º;	I – representar o espólio ativa e passivamente, em juízo ou fora dele, observando-se, quanto ao dativo, o disposto no art. 12, § 1º;
II – administrar o espólio, velando-lhe os bens com a mesma diligência que teria se seus fossem;	II – administrar o espólio, velando-lhe os bens com a mesma diligência como se seus fossem;
III – prestar as primeiras e as últimas declarações pessoalmente ou por procurador com poderes especiais;	III – prestar as primeiras e últimas declarações pessoalmente ou por procurador com poderes especiais;
IV – exibir em cartório, a qualquer tempo, para exame das partes, os documentos relativos ao espólio;	IV – exibir em cartório, a qualquer tempo, para exame das partes, os documentos relativos ao espólio;
V – juntar aos autos certidão do testamento, se houver;	V – juntar aos autos certidão do testamento, se houver;
VI – trazer à colação os bens recebidos pelo herdeiro ausente, renunciante ou excluído;	VI – trazer à colação os bens recebidos pelo herdeiro ausente, renunciante ou excluído;
VII – prestar contas de sua gestão ao deixar o cargo ou sempre que o juiz lhe determinar;	VII – prestar contas de sua gestão ao deixar o cargo ou sempre que o juiz lhe determinar;
VIII – requerer a declaração de insolvência.	VIII – requerer a declaração de insolvência (art. 748).
Art. 619. Incumbe ainda ao inventariante, ouvidos os interessados e com autorização do juiz:	**Art. 992.** Incumbe ainda ao inventariante, ouvidos os interessados e com autorização do juiz:
I – alienar bens de qualquer espécie;	I – alienar bens de qualquer espécie;
II – transigir em juízo ou fora dele;	II – transigir em juízo ou fora dele;
III – pagar dívidas do espólio;	III – pagar dívidas do espólio;
IV – fazer as despesas necessárias para a conservação e o melhoramento dos bens do espólio.	IV – fazer as despesas necessárias com a conservação e o melhoramento dos bens do espólio.

Art. 620. Dentro de 20 (vinte) dias contados da data em que prestou o compromisso, o inventariante fará as primeiras declarações, das quais se lavrará termo circunstanciado, assinado pelo juiz, pelo escrivão e pelo inventariante, no qual serão exarados:	**Art. 993.** Dentro de 20 (vinte) dias, contados da data em que prestou o compromisso, fará o inventariante as primeiras declarações, das quais se lavrará termo circunstanciado. No termo, assinado pelo juiz, escrivão e inventariante, serão exarados:
I – o nome, o estado, a idade e o domicílio do autor da herança, o dia e o lugar em que faleceu e se deixou testamento;	I – o nome, estado, idade e domicílio do autor da herança, dia e lugar em que faleceu e bem ainda se deixou testamento;
II – o nome, o estado, a idade, o **endereço eletrônico** e a residência dos herdeiros e, havendo cônjuge ou **companheiro** supérstite, **além dos respectivos dados pessoais**, o regime de bens do casamento ou da **união estável**;	II – o nome, estado, idade e residência dos herdeiros e, havendo cônjuge supérstite, o regime de bens do casamento;
III – a qualidade dos herdeiros e o grau de parentesco com o inventariado;	III – a qualidade dos herdeiros e o grau de seu parentesco com o inventariado;
IV – a relação completa e individualizada de todos os bens do espólio, **inclusive aqueles que devem ser conferidos à colação**, e dos bens alheios que nele forem encontrados, descrevendo-se:	IV – a relação completa e individuada de todos os bens do espólio e dos alheios que nele forem encontrados, descrevendo-se:
a) os imóveis, com as suas especificações, nomeadamente local em que se encontram, extensão da área, limites, confrontações, benfeitorias, origem dos títulos, números das matrículas e ônus que os gravam;	a) os imóveis, com as suas especificações, nomeadamente local em que se encontram, extensão da área, limites, confrontações, benfeitorias, origem dos títulos, números das transcrições aquisitivas e ônus que os gravam;
b) os móveis, com os sinais característicos;	b) os móveis, com os sinais característicos;
c) os semoventes, seu número, suas espécies, suas marcas e seus sinais distintivos;	c) os semoventes, seu número, espécies, marcas e sinais distintivos;
d) o dinheiro, as joias, os objetos de ouro e prata e as pedras preciosas, declarando-se-lhes especificamente a qualidade, o peso e a importância;	d) o dinheiro, as joias, os objetos de ouro e prata, e as pedras preciosas, declarando-se-lhes especificamente a qualidade, o peso e a importância;
e) os títulos da dívida pública, bem como as ações, as quotas e os títulos de sociedade, mencionando-se-lhes o número, o valor e a data;	e) os títulos da dívida pública, bem como as ações, cotas e títulos de sociedade, mencionando-se-lhes o número, o valor e a data;
f) as dívidas ativas e passivas, indicando-se-lhes as datas, os títulos, a origem da obrigação e os nomes dos credores e dos devedores;	f) as dívidas ativas e passivas, indicando-se-lhes as datas, títulos, origem da obrigação, bem como os nomes dos credores e dos devedores;
g) direitos e ações;	g) direitos e ações;
h) o valor corrente de cada um dos bens do espólio.	h) o valor corrente de cada um dos bens do espólio.
§ 1º O juiz determinará que se proceda:	**Parágrafo único.** O juiz determinará que se proceda:
I – ao balanço do estabelecimento, se o autor da herança era empresário individual;	I – ao balanço do estabelecimento, se o autor da herança era comerciante em nome individual;
II – à apuração de haveres, se o autor da herança era sócio de sociedade que não anônima.	II – a apuração de haveres, se o autor da herança era sócio de sociedade que não anônima.
§ 2º As declarações podem ser prestadas mediante petição, firmada por procurador com poderes especiais, à qual o termo se reportará.	
Art. 621. Só se pode arguir sonegação ao inventariante depois de encerrada a descrição dos bens, com a declaração, por ele feita, de não existirem outros por inventariar.	**Art. 994.** Só se pode arguir de sonegação ao inventariante depois de encerrada a descrição dos bens, com a declaração, por ele feita, de não existirem outros por inventariar.
Art. 622. O inventariante será removido **de ofício ou a requerimento:**	**Art. 995.** O inventariante será removido:
I – se não prestar, no prazo legal, as primeiras ou as últimas declarações;	I – se não prestar, no prazo legal, as primeiras e as últimas declarações;
II – se não der ao inventário andamento regular, se suscitar dúvidas infundadas ou se praticar atos meramente protelatórios;	II – se não der ao inventário andamento regular, suscitando dúvidas infundadas ou praticando atos meramente protelatórios;
III – se, por culpa sua, bens do espólio se deteriorarem, forem dilapidados ou sofrerem dano;	III – se, por culpa sua, se deteriorarem, forem dilapidados ou sofrerem dano bens do espólio;
IV – se não defender o espólio nas ações em que for citado, se deixar de cobrar dívidas ativas ou se não promover as medidas necessárias para evitar o perecimento de direitos;	IV – se não defender o espólio nas ações em que for citado, deixar de cobrar dívidas ativas ou não promover as medidas necessárias para evitar o perecimento de direitos;
V – se não prestar contas ou se as que prestar não forem julgadas boas;	V – se não prestar contas ou as que prestar não forem julgadas boas;
VI – se sonegar, ocultar ou desviar bens do espólio.	VI – se sonegar, ocultar ou desviar bens do espólio.
Art. 623. Requerida a remoção com fundamento em qualquer dos incisos do art. 622, será intimado o inventariante para, **no prazo de 15 (quinze) dias**, defender-se e produzir provas.	**Art. 996.** Requerida a remoção com fundamento em qualquer dos números do artigo antecedente, será intimado o inventariante para, no prazo de 5 (cinco) dias, defender-se e produzir provas.

Novo CPC	Antigo CPC
Parágrafo único. O incidente da remoção correrá em apenso aos autos do inventário.	**Parágrafo único.** O incidente da remoção correrá em apenso aos autos do inventário.
Art. 624. Decorrido o prazo, com a defesa do inventariante ou sem ela, o juiz decidirá.	**Art. 997.** Decorrido o prazo com a defesa do inventariante ou sem ela, o juiz decidirá. Se remover o inventariante, nomeará outro, observada a ordem estabelecida no art. 990.
Parágrafo único. Se remover o inventariante, o juiz nomeará outro, observada a ordem estabelecida no art. 617.	
Art. 625. O inventariante removido entregará imediatamente ao substituto os bens do espólio e, caso deixe de fazê-lo, será compelido mediante mandado de busca e apreensão ou de imissão na posse, conforme se tratar de bem móvel ou imóvel, **sem prejuízo da multa a ser fixada pelo juiz em montante não superior a três por cento do valor dos bens inventariados.**	**Art. 998.** O inventariante removido entregará imediatamente ao substituto os bens do espólio; deixando de fazê-lo, será compelido mediante mandado de busca e apreensão, ou de imissão na posse, conforme se tratar de bem móvel ou imóvel.
Seção IV *Das Citações e das Impugnações*	Seção IV *Das Citações e das Impugnações*
Art. 626. Feitas as primeiras declarações, o juiz mandará citar, para os termos do inventário e da partilha, o cônjuge, o companheiro, os herdeiros e os legatários e intimar a Fazenda Pública, o Ministério Público, se houver herdeiro incapaz ou ausente, e o testamenteiro, se houver testamento.	**Art. 999.** Feitas as primeiras declarações, o juiz mandará citar, para os termos do inventário e partilha, o cônjuge, os herdeiros, os legatários, a Fazenda Pública, o Ministério Público, se houver herdeiro incapaz ou ausente, e o testamenteiro, se o finado deixou testamento.
§ 1º **O cônjuge ou o companheiro,** os herdeiros **e** os legatários **serão citados pelo correio,** observado o disposto no art. 247, sendo, ainda, publicado edital, nos termos do inciso III do art. 259.	§ 1º Citar-se-ão, conforme o disposto nos arts. 224 a 230, somente as pessoas domiciliadas na comarca por onde corre o inventário ou que aí forem encontradas; e por edital, com prazo de 20 (vinte) a 60 (sessenta) dias, todas as demais, residentes, assim no Brasil como no estrangeiro.
§ 2º Das primeiras declarações extrair-se-ão tantas cópias quantas forem as partes.	§ 2º Das primeiras declarações extrair-se-ão tantas cópias quantas forem as partes.
§ 3º A citação será acompanhada de cópia das primeiras declarações.	§ 3º O oficial de justiça, ao proceder à citação, entregará um exemplar a cada parte.
§ 4º Incumbe ao escrivão remeter cópias à Fazenda Pública, ao Ministério Público, ao testamenteiro, se houver, e ao advogado, se a parte já estiver representada nos autos.	§ 4º Incumbe ao escrivão remeter cópias à Fazenda Pública, ao Ministério Público, ao testamenteiro se houver, e ao advogado, se a parte já estiver representada nos autos.
Art. 627. Concluídas as citações, abrir-se-á vista às partes, em cartório e **pelo prazo comum de 15 (quinze) dias,** para que se manifestem sobre as primeiras declarações, incumbindo às partes:	**Art. 1.000.** Concluídas as citações, abrir-se-á vista às partes, em cartório e pelo prazo comum de 10 (dez) dias, para dizerem sobre as primeiras declarações. Cabe à parte:
I – arguir erros, omissões e sonegação de bens;	I – arguir erros e omissões;
II – reclamar contra a nomeação de inventariante;	II – reclamar contra a nomeação do inventariante;
III – contestar a qualidade de quem foi incluído no título de herdeiro.	III – contestar a qualidade de quem foi incluído no título de herdeiro.
§ 1º Julgando procedente a impugnação referida no inciso I, o juiz mandará retificar as primeiras declarações.	**Parágrafo único.** Julgando procedente a impugnação referida no n. I, o juiz mandará retificar as primeiras declarações. Se acolher o pedido, de que trata o n. II, nomeará outro inventariante, observada a preferência legal. Verificando que a disputa sobre a qualidade de herdeiro, a que alude o n. III, constitui matéria de alta indagação, remeterá a parte para os meios ordinários e sobrestará, até o julgamento da ação, na entrega do quinhão que na partilha couber ao herdeiro admitido.
§ 2º Se acolher o pedido de que trata o inciso II, o juiz nomeará outro inventariante, observada a preferência legal.	
§ 3º Verificando que a disputa sobre a qualidade de herdeiro a que alude o inciso III **demanda produção de provas que não a documental, o juiz remeterá** a parte às vias ordinárias e sobrestará, até o julgamento da ação, a entrega do quinhão que na partilha couber ao herdeiro admitido.	
Art. 628. Aquele que se julgar preterido poderá demandar sua admissão no inventário, requerendo-a antes da partilha.	**Art. 1.001.** Aquele que se julgar preterido poderá demandar a sua admissão no inventário, requerendo-o antes da partilha. Ouvidas as partes no prazo de 10 (dez) dias, o juiz decidirá. Se não acolher o pedido, remeterá o requerente para os meios ordinários, mandando reservar, em poder do inventariante, o quinhão do herdeiro excluído, até que se decida o litígio.
§ 1º Ouvidas as partes **no prazo de 15 (quinze) dias,** o juiz decidirá.	
§ 2º **Se para solução da questão for necessária a produção de provas que não a documental,** o juiz remeterá o requerente às vias ordinárias, mandando reservar, em poder do inventariante, o quinhão do herdeiro excluído até que se decida o litígio.	
Art. 629. A Fazenda Pública, **no prazo de 15 (quinze) dias,** após a vista de que trata o art. 627, informará ao juízo, de acordo com os dados que constam de seu cadastro imobiliário, o valor dos bens de raiz descritos nas primeiras declarações.	**Art. 1.002.** A Fazenda Pública, no prazo de 20 (vinte) dias, após a vista de que trata o art. 1.000, informará ao juízo, de acordo com os dados que constam de seu cadastro imobiliário, o valor dos bens de raiz descritos nas primeiras declarações.

Seção V Da Avaliação e do Cálculo do Imposto	Seção V Da Avaliação e do Cálculo do Imposto
Art. 630. Findo o prazo previsto no art. 627 sem impugnação ou decidida a impugnação que houver sido oposta, o juiz nomeará, se for o caso, perito para avaliar os bens do espólio, se não houver na comarca avaliador judicial.	**Art. 1.003.** Findo o prazo do art. 1.000, sem impugnação ou decidida a que houver sido oposta, o juiz nomeará um perito para avaliar os bens do espólio, se não houver na comarca avaliador judicial.
Parágrafo único. Na hipótese prevista no art. 620, § 1º, o juiz nomeará perito para avaliação das quotas sociais ou apuração dos haveres.	**Parágrafo único.** No caso previsto no art. 993, parágrafo único, o juiz nomeará um contador para levantar o balanço ou apurar os haveres.
Art. 631. Ao avaliar os bens do espólio, o perito observará, no que for aplicável, o disposto nos arts. 872 e 873.	**Art. 1.004.** Ao avaliar os bens do espólio, observará o perito, no que for aplicável, o disposto nos arts. 681 a 683
Art. 632. Não se expedirá carta precatória para a avaliação de bens situados fora da comarca onde corre o inventário se eles forem de pequeno valor ou perfeitamente conhecidos do perito nomeado.	**Art. 1.006.** Não se expedirá carta precatória para a avaliação de bens situados fora da comarca por onde corre o inventário, se eles forem de pequeno valor ou perfeitamente conhecidos do perito nomeado.
Art. 633. Sendo capazes todas as partes, não se procederá à avaliação se a Fazenda Pública, intimada **pessoalmente**, concordar de forma expressa com o valor atribuído, nas primeiras declarações, aos bens do espólio.	**Art. 1.007.** Sendo capazes todas as partes, não se procederá à avaliação, se a Fazenda Pública, intimada na forma do art. 237, n. I, concordar expressamente com o valor atribuído, nas primeiras declarações, aos bens do espólio.
Art. 634. Se os herdeiros concordarem com o valor dos bens declarados pela Fazenda Pública, a avaliação cingir-se-á aos demais.	**Art. 1.008.** Se os herdeiros concordarem com o valor dos bens declarados pela Fazenda Pública, a avaliação cingir-se-á aos demais.
Art. 635. Entregue o laudo de avaliação, o juiz mandará que as partes se manifestem no prazo de **15 (quinze) dias**, que correrá em cartório.	**Art. 1.009.** Entregue o laudo de avaliação, o juiz mandará que sobre ele se manifestem as partes no prazo de 10 (dez) dias, que correrá em cartório.
§ 1º Versando a impugnação sobre o valor dado pelo perito, o juiz a decidirá de plano, à vista do que constar dos autos.	§ 1º Versando a impugnação sobre o valor dado pelo perito, o juiz a decidirá de plano, à vista do que constar dos autos.
§ 2º Julgando procedente a impugnação, o juiz determinará que o perito retifique a avaliação, observando os fundamentos da decisão.	§ 2º Julgando procedente a impugnação, determinará o juiz que o perito retifique a avaliação, observando os fundamentos da decisão.
Art. 636. Aceito o laudo ou resolvidas as impugnações suscitadas a seu respeito, lavrar-se-á em seguida o termo de últimas declarações, no qual o inventariante poderá emendar, aditar ou completar as primeiras.	**Art. 1.011.** Aceito o laudo ou resolvidas as impugnações suscitadas a seu respeito lavrar-se-á em seguida o termo de últimas declarações, no qual o inventariante poderá emendar, aditar ou completar as primeiras.
Art. 637. Ouvidas as partes sobre as últimas declarações **no prazo comum de 15 (quinze) dias**, proceder-se-á ao cálculo do tributo.	**Art. 1.012.** Ouvidas as partes sobre as últimas declarações no prazo comum de 10 (dez) dias, proceder-se-á ao cálculo do imposto.
Art. 638. Feito o cálculo, sobre ele serão ouvidas todas as partes no prazo comum de 5 (cinco) dias, que correrá em cartório, e, em seguida, a Fazenda Pública.	**Art. 1.013.** Feito o cálculo, sobre ele serão ouvidas todas as partes no prazo comum de 5 (cinco) dias, que correrá em cartório e, em seguida, a Fazenda Pública.
§ 1º Se acolher eventual impugnação, o juiz ordenará nova remessa dos autos ao contabilista, determinando as alterações que devam ser feitas no cálculo.	§ 1º Se houver impugnação julgada procedente, ordenará o juiz novamente a remessa dos autos ao contador, determinando as alterações que devam ser feitas no cálculo.
§ 2º Cumprido o despacho, o juiz julgará o **cálculo do tributo**.	§ 2º Cumprido o despacho, o juiz julgará o cálculo do imposto.
Seção VI Das Colações	Seção VI Das Colações
Art. 639. No prazo estabelecido no art. 627, o herdeiro obrigado à colação conferirá por termo nos autos ou **por petição à qual o termo se reportará** os bens que recebeu ou, se já não os possuir, trar-lhes-á o valor.	**Art. 1.014.** No prazo estabelecido no art. 1.000, o herdeiro obrigado à colação conferirá por termo nos autos os bens que recebeu ou, se já não possuir, trar-lhes-á o valor.
Parágrafo único. Os bens a serem conferidos na partilha, assim como as acessões e as benfeitorias que o donatário fez, calcular-se-ão pelo valor que tiverem ao tempo da abertura da sucessão.	**Parágrafo único.** Os bens que devem ser conferidos na partilha, assim como as acessões e benfeitorias que o donatário fez, calcular-se-ão pelo valor que tiverem ao tempo da abertura da sucessão.
Art. 640. O herdeiro que renunciou à herança ou o que dela foi excluído não se exime, pelo fato da renúncia ou da exclusão, de conferir, para o efeito de repor a parte inoficiosa, as liberalidades que obteve do doador.	**Art. 1.015.** O herdeiro que renunciou à herança ou o que dela foi excluído não se exime, pelo fato da renúncia ou da exclusão, de conferir, para o efeito de repor a parte inoficiosa, as liberalidades que houve do doador.
§ 1º É lícito ao donatário escolher, dentre os bens doados, tantos quantos bastem para perfazer a legítima e a metade disponível, entrando na partilha o excedente para ser dividido entre os demais herdeiros.	§ 1º É lícito ao donatário escolher, dos bens doados, tantos quantos bastem para perfazer a legítima e a metade disponível, entrando na partilha o excedente para ser dividido entre os demais herdeiros.
§ 2º Se a parte inoficiosa da doação recair sobre bem imóvel que não comporte divisão cômoda, o juiz determinará que sobre ela se proceda a licitação entre os herdeiros.	§ 2º Se a parte inoficiosa da doação recair sobre bem imóvel, que não comporte divisão cômoda, o juiz determinará que sobre ela se proceda entre os herdeiros à licitação; o donatário poderá concorrer na licitação e, em igualdade de condições, preferirá aos herdeiros.
§ 3º O donatário poderá concorrer na licitação referida no § 2º e, em igualdade de condições, terá preferência sobre os herdeiros.	

Novo CPC	Antigo CPC
Art. 641. Se o herdeiro negar o recebimento dos bens ou a obrigação de os conferir, o juiz, ouvidas as partes no prazo comum de **15 (quinze) dias**, decidirá à vista das alegações e das provas produzidas.	**Art. 1.016.** Se o herdeiro negar o recebimento dos bens ou a obrigação de os conferir, o juiz, ouvidas as partes no prazo comum de 5 (cinco) dias, decidirá à vista das alegações e provas produzidas.
§ 1º Declarada improcedente a oposição, se o herdeiro, **no prazo improrrogável de 15 (quinze) dias**, não proceder à conferência, o juiz mandará sequestrar-lhe, para serem inventariados e partilhados, os bens sujeitos à colação ou imputar ao seu quinhão hereditário o valor deles, se já não os possuir.	§ 1º Declarada improcedente a oposição, se o herdeiro, no prazo improrrogável de 5 (cinco) dias, não proceder à conferência, o juiz mandará sequestrar-lhe, para serem inventariados e partilhados, os bens sujeitos à colação, ou imputar ao seu quinhão hereditário o valor deles, se já os não possuir.
§ 2º Se a matéria **exigir dilação probatória diversa da documental**, o juiz remeterá as partes às **vias** ordinárias, não podendo o herdeiro receber o seu quinhão hereditário, enquanto pender a demanda, sem prestar caução correspondente ao valor dos bens sobre os quais versar a conferência.	§ 2º Se a matéria for de alta indagação, o juiz remeterá as partes para os meios ordinários, não podendo o herdeiro receber o seu quinhão hereditário, enquanto pender a demanda, sem prestar caução correspondente ao valor dos bens sobre que versar a conferência.
Seção VII *Do Pagamento das Dívidas*	**Seção VII** *Do Pagamento das Dívidas*
Art. 642. Antes da partilha, poderão os credores do espólio requerer ao juízo do inventário o pagamento das dívidas vencidas e exigíveis.	**Art. 1.017.** Antes da partilha, poderão os credores do espólio requerer ao juízo do inventário o pagamento das dívidas vencidas e exigíveis.
§ 1º A petição, acompanhada de prova literal da dívida, será distribuída por dependência e autuada em apenso aos autos do processo de inventário.	§ 1º A petição, acompanhada de prova literal da dívida, será distribuída por dependência e autuada em apenso aos autos do processo de inventário.
§ 2º Concordando as partes com o pedido, o juiz, ao declarar habilitado o credor, mandará que se faça a separação de dinheiro ou, em sua falta, de bens suficientes para o pagamento.	§ 2º Concordando as partes com o pedido, o juiz, ao declarar habilitado o credor, mandará que se faça a separação de dinheiro ou, em sua falta, de bens suficientes para o seu pagamento.
§ 3º Separados os bens, tantos quantos forem necessários para o pagamento dos credores habilitados, o juiz mandará aliená-los, **observando-se as disposições deste Código relativas à expropriação**.	§ 3º Separados os bens, tantos quantos forem necessários para o pagamento dos credores habilitados, o juiz mandará aliená-los em praça ou leilão, observadas, no que forem aplicáveis, as regras do Livro II, Título II, Capítulo IV, Seção I, Subseção VII e Seção II, Subseções I e II.
§ 4º Se o credor requerer que, em vez de dinheiro, lhe sejam adjudicados, para o seu pagamento, os bens já reservados, o juiz deferir-lhe-á o pedido, concordando todas as partes.	§ 4º Se o credor requerer que, em vez de dinheiro, lhe sejam adjudicados, para o seu pagamento, os bens já reservados, o juiz deferir-lhe-á o pedido, concordando todas as partes.
§ 5º Os donatários serão chamados a pronunciar-se sobre a aprovação das dívidas, sempre que haja possibilidade de resultar delas a redução das liberalidades.	
Art. 643. Não havendo concordância de todas as partes sobre o pedido de pagamento feito pelo credor, será o pedido remetido às vias ordinárias.	**Art. 1.018.** Não havendo concordância de todas as partes sobre o pedido de pagamento feito pelo credor, será ele remetido para os meios ordinários.
Parágrafo único. O juiz mandará, porém, reservar, em poder do inventariante, bens suficientes para pagar o credor quando a dívida constar de documento que comprove suficientemente a obrigação e a impugnação não se fundar em quitação.	**Parágrafo único.** O juiz mandará, porém, reservar em poder do inventariante bens suficientes para pagar o credor, quando a dívida constar de documento que comprove suficientemente a obrigação e a impugnação não se fundar em quitação.
Art. 644. O credor de dívida líquida e certa, ainda não vencida, pode requerer habilitação no inventário.	**Art. 1.019.** O credor de dívida líquida e certa, ainda não vencida, pode requerer habilitação no inventário. Concordando as partes com o pedido, o juiz, ao julgar habilitado o crédito, mandará que se faça separação de bens para o futuro pagamento.
Parágrafo único. Concordando as partes com o pedido referido no *caput*, o juiz, ao julgar habilitado o crédito, mandará que se faça separação de bens para o futuro pagamento.	
Art. 645. O legatário é parte legítima para manifestar-se sobre as dívidas do espólio:	**Art. 1.020.** O legatário é parte legítima para manifestar-se sobre as dívidas do espólio:
I – quando toda a herança for dividida em legados;	I – quando toda a herança for dividida em legados;
II – quando o reconhecimento das dívidas importar redução dos legados.	II – quando o reconhecimento das dívidas importar redução dos legados.
Art. 646. Sem prejuízo do disposto no art. 860, é lícito aos herdeiros, ao separarem bens para o pagamento de dívidas, autorizar que o inventariante os indique à penhora no processo em que o espólio for executado.	**Art. 1.021.** Sem prejuízo do disposto no art. 674, é lícito aos herdeiros, ao separarem bens para o pagamento de dívidas, autorizar que o inventariante os nomeie à penhora no processo em que o espólio for executado.
Seção VIII *Da Partilha*	**Seção VIII** *Da partilha*
Art. 647. Cumprido o disposto no art. 642, § 3º, o juiz facultará às partes que, **no prazo comum de 15 (quinze) dias**, formulem o pedido de quinhão e, em seguida, proferirá a decisão de deliberação da partilha, resolvendo os pedidos das partes e designando os bens que devam constituir quinhão de cada herdeiro e legatário.	**Art. 1.022.** Cumprido o disposto no art. 1.017, § 3º, o juiz facultará às partes que, no prazo comum de 10 (dez) dias, formulem o pedido de quinhão; em seguida proferirá, no prazo de 10 (dez) dias, o despacho de deliberação da partilha, resolvendo os pedidos das partes e designando os bens que devam constituir quinhão de cada herdeiro e legatário.

Parágrafo único. O juiz poderá, em decisão fundamentada, deferir antecipadamente a qualquer dos herdeiros o exercício dos direitos de usar e de fruir de determinado bem, com a condição de que, ao término do inventário, tal bem integre a cota desse herdeiro, cabendo a este, desde o deferimento, todos os ônus e bônus decorrentes do exercício daqueles direitos.	
Art. 648. Na partilha, serão observadas as seguintes regras:	
I – a máxima igualdade possível quanto ao valor, à natureza e à qualidade dos bens;	
II – a prevenção de litígios futuros;	
III – a máxima comodidade dos coerdeiros, do cônjuge ou do companheiro, se for o caso.	
Art. 649. Os bens insuscetíveis de divisão cômoda que não couberem na parte do cônjuge ou companheiro supérstite ou no quinhão de um só herdeiro serão licitados entre os interessados ou vendidos judicialmente, partilhando-se o valor apurado, salvo se houver acordo para que sejam adjudicados a todos.	
Art. 650. Se um dos interessados for nascituro, o quinhão que lhe caberá será reservado em poder do inventariante até o seu nascimento.	
Art. 651. O partidor organizará o esboço da partilha de acordo com a decisão judicial, observando nos pagamentos a seguinte ordem:	**Art. 1.023.** O partidor organizará o esboço da partilha de acordo com a decisão, observando nos pagamentos a seguinte ordem:
I – dívidas atendidas;	I – dívidas atendidas;
II – meação do cônjuge;	II – meação do cônjuge;
III – meação disponível;	III – meação disponível;
IV – quinhões hereditários, a começar pelo coerdeiro mais velho.	IV – quinhões hereditários, a começar pelo coerdeiro mais velho.
Art. 652. Feito o esboço, as partes manifestar-se-ão sobre esse no prazo comum de 15 (quinze) dias, e, resolvidas as reclamações, a partilha será lançada nos autos.	**Art. 1.024.** Feito o esboço, dirão sobre ele as partes no prazo comum de 5 (cinco) dias. Resolvidas as reclamações, será a partilha lançada nos autos.
Art. 653. A partilha constará:	**Art. 1.025.** A partilha constará:
I – de auto de orçamento, que mencionará:	I – de um auto de orçamento, que mencionará:
a) os nomes do autor da herança, do inventariante, do cônjuge ou **companheiro** supérstite, dos herdeiros, dos legatários e dos credores admitidos;	*a)* os nomes do autor da herança, do inventariante, do cônjuge supérstite, dos herdeiros, dos legatários e dos credores admitidos;
b) o ativo, o passivo e o líquido partível, com as necessárias especificações;	*b)* o ativo, o passivo e o líquido partível, com as necessárias especificações;
c) o valor de cada quinhão;	*c)* o valor de cada quinhão;
II – de folha de pagamento para cada parte, declarando a quota a pagar-lhe, a razão do pagamento e a relação dos bens que lhe compõem o quinhão, as características que os individualizam e os ônus que os gravam.	II – de uma folha de pagamento para cada parte, declarando a cota a pagar-lhe, a razão do pagamento, a relação dos bens que lhe compõem o quinhão, as características que os individualizam e os ônus que os gravam.
Parágrafo único. O auto e cada uma das folhas serão assinados pelo juiz e pelo escrivão.	**Parágrafo único.** O auto e cada uma das folhas serão assinados pelo juiz e pelo escrivão.
Art. 654. Pago o imposto de transmissão a título de morte e juntada aos autos certidão ou informação negativa de dívida para com a Fazenda Pública, o juiz julgará por sentença a partilha.	**Art. 1.026.** Pago o imposto de transmissão a título de morte, e junta aos autos certidão ou informação negativa de dívida para com a Fazenda Pública, o juiz julgará por sentença a partilha.
Parágrafo único. A existência de dívida para com a Fazenda Pública não impedirá o julgamento da partilha, desde que o seu pagamento esteja devidamente garantido.	
Art. 655. Transitada em julgado a sentença mencionada no art. 654, receberá o herdeiro os bens que lhe tocarem e um formal de partilha, do qual constarão as seguintes peças:	**Art. 1.027.** Passada em julgado a sentença mencionada no artigo antecedente, receberá o herdeiro os bens que lhe tocarem e um formal de partilha, do qual constarão as seguintes peças:
I – termo de inventariante e título de herdeiros;	I – termo de inventariante e título de herdeiros;
II – avaliação dos bens que constituíram o quinhão do herdeiro;	II – avaliação dos bens que constituíram o quinhão do herdeiro;
III – pagamento do quinhão hereditário;	III – pagamento do quinhão hereditário;
IV – quitação dos impostos;	IV – quitação dos impostos;
V – sentença.	V – sentença.

Novo CPC	Antigo CPC
Parágrafo único. O formal de partilha poderá ser substituído por certidão de pagamento do quinhão hereditário quando esse não exceder a 5 (cinco) vezes o salário mínimo, caso em que se transcreverá nela a sentença de partilha transitada em julgado.	**Parágrafo único.** O formal de partilha poderá ser substituído por certidão do pagamento do quinhão hereditário, quando este não exceder cinco vezes o salário mínimo vigente na sede do juízo; caso em que se transcreverá nela a sentença de partilha transitada em julgado.
Art. 656. A partilha, mesmo depois de transitada em julgado a sentença, pode ser emendada nos mesmos autos do inventário, convindo todas as partes, quando tenha havido erro de fato na descrição dos bens, podendo o juiz, de ofício ou a requerimento da parte, a qualquer tempo, corrigir-lhe as inexatidões materiais.	**Art. 1.028.** A partilha, ainda depois de passar em julgado a sentença (art. 1.026), pode ser emendada nos mesmos autos do inventário, convindo todas as partes, quando tenha havido erro de fato na descrição dos bens; o juiz, de ofício ou a requerimento da parte, poderá, a qualquer tempo, corrigir-lhe as inexatidões materiais.
Art. 657. A partilha amigável, lavrada em instrumento público, reduzida a termo nos autos do inventário ou constante de escrito particular homologado pelo juiz, pode ser anulada por dolo, coação, erro essencial ou intervenção de incapaz, **observado o disposto no § 4º do art. 966.**	**Art. 1.029.** A partilha amigável, lavrada em instrumento público, reduzida a termo nos autos do inventário ou constante de escrito particular homologado pelo juiz, pode ser anulada, por dolo, coação, erro essencial ou intervenção de incapaz.
Parágrafo único. O direito à anulação de partilha amigável extingue-se em 1 (um) ano, contado esse prazo:	**Parágrafo único.** O direito de propor ação anulatória de partilha amigável prescreve em 1 (um) ano, contado este prazo:
I – no caso de coação, do dia em que ela cessou;	I – no caso de coação, do dia em que ela cessou;
II – no caso de erro ou dolo, do dia em que se realizou o ato;	II – no de erro ou dolo, do dia em que se realizou o ato;
III – quanto ao incapaz, do dia em que cessar a incapacidade.	III – quanto ao incapaz, do dia em que cessar a incapacidade.
Art. 658. É rescindível a partilha julgada por sentença:	**Art. 1.030.** É rescindível a partilha julgada por sentença:
I – nos casos mencionados no art. 657;	I – nos casos mencionados no artigo antecedente;
II – se feita com preterição de formalidades legais;	II – se feita com preterição de formalidades legais;
III – se preteriu herdeiro ou incluiu quem não o seja.	III – se preteriu herdeiro ou incluiu quem não o seja.
Seção IX *Do Arrolamento*	**Seção IX** *Do Arrolamento*
Art. 659. A partilha amigável, celebrada entre partes capazes, **nos termos da lei**, será homologada de plano pelo juiz, **com observância dos arts. 660 a 663.**	**Art. 1.031.** A partilha amigável, celebrada entre partes capazes, nos termos do art. 2.015 da Lei 10.406, de 10 de janeiro de 2002 – Código Civil, será homologada de plano pelo juiz, mediante a prova da quitação dos tributos relativos aos bens do espólio e às suas rendas, com observância dos arts. 1.032 a 1.035 desta Lei.
§ 1º O disposto neste artigo aplica-se, também, ao pedido de adjudicação, quando houver herdeiro único.	§ 1º O disposto neste artigo aplica-se, também, ao pedido de adjudicação, quando houver herdeiro único.
§ 2º Transitada em julgado a sentença de homologação de partilha ou de adjudicação, **será lavrado o formal de partilha ou elaborada a carta de adjudicação** e, em seguida, serão expedidos os alvarás referentes aos bens e às rendas por ele abrangidos, intimando-se o fisco para lançamento administrativo do imposto de transmissão e de outros tributos porventura incidentes, conforme dispuser a legislação tributária, nos termos do § 2º do art. 662.	§ 2º Transitada em julgado a sentença de homologação de partilha ou adjudicação, o respectivo formal, bem como os alvarás referentes aos bens por ele abrangidos, só serão expedidos e entregues às partes após a comprovação, verificada pela Fazenda Pública, do pagamento de todos os tributos.
Art. 660. Na petição de inventário, que se processará na forma de arrolamento sumário, independentemente da lavratura de termos de qualquer espécie, os herdeiros:	**Art. 1.032.** Na petição de inventário, que se processará na forma de arrolamento sumário, independentemente da lavratura de termos de qualquer espécie, os herdeiros:
I – requererão ao juiz a nomeação do inventariante que designarem;	I – requererão ao juiz a nomeação do inventariante que designarem;
II – declararão os títulos dos herdeiros e os bens do espólio, **observado o disposto no art. 630;**	II – declararão os títulos dos herdeiros e os bens do espólio, observado o disposto no art. 993 desta Lei;
III – atribuirão valor aos bens do espólio, para fins de partilha.	III – atribuirão o valor dos bens do espólio, para fins de partilha.
Art. 661. Ressalvada a hipótese prevista no parágrafo único do art. 663, não se procederá à avaliação dos bens do espólio para nenhuma finalidade.	**Art. 1.033.** Ressalvada a hipótese prevista no parágrafo único do art. 1.035 desta Lei, não se procederá à avaliação dos bens do espólio para qualquer finalidade.
Art. 662. No arrolamento, não serão conhecidas ou apreciadas questões relativas ao lançamento, ao pagamento ou à quitação de taxas judiciárias e de tributos incidentes sobre a transmissão da propriedade dos bens do espólio.	**Art. 1.034.** No arrolamento, não serão conhecidas ou apreciadas questões relativas ao lançamento, ao pagamento ou à quitação de taxas judiciárias e de tributos incidentes sobre a transmissão da propriedade dos bens do espólio.
§ 1º A taxa judiciária, se devida, será calculada com base no valor atribuído pelos herdeiros, cabendo ao fisco, se apurar em processo administrativo valor diverso do estimado, exigir a eventual diferença pelos meios adequados ao lançamento de créditos tributários em geral.	§ 1º A taxa judiciária, se devida, será calculada com base no valor atribuído pelos herdeiros, cabendo ao fisco, se apurar em processo administrativo valor diverso do estimado, exigir a eventual diferença pelos meios adequados ao lançamento de créditos tributários em geral.
§ 2º O imposto de transmissão será objeto de lançamento administrativo, conforme dispuser a legislação tributária, não ficando as autoridades fazendárias adstritas aos valores dos bens do espólio atribuídos pelos herdeiros.	§ 2º O imposto de transmissão será objeto de lançamento administrativo, conforme dispuser a legislação tributária, não ficando as autoridades fazendárias adstritas aos valores dos bens do espólio atribuídos pelos herdeiros.

Art. 663. A existência de credores do espólio não impedirá a homologação da partilha ou da adjudicação, se forem reservados bens suficientes para o pagamento da dívida.	**Art. 1.035.** A existência de credores do espólio não impedirá a homologação da partilha ou da adjudicação, se forem reservados bens suficientes para o pagamento da dívida.
Parágrafo único. A reserva de bens será realizada pelo valor estimado pelas partes, salvo se o credor, regularmente notificado, impugnar a estimativa, caso em que se promoverá a avaliação dos bens a serem reservados.	**Parágrafo único.** A reserva de bens será realizada pelo valor estimado pelas partes, salvo se o credor, regularmente notificado, impugnar a estimativa, caso em que se promoverá a avaliação dos bens a serem reservados.
Art. 664. Quando o valor dos bens do espólio for igual ou inferior a **1.000 (mil) salários mínimos**, o inventário processar-se-á na forma de arrolamento, cabendo ao inventariante nomeado, independentemente de assinatura de termo de compromisso, apresentar, com suas declarações, a atribuição de valor aos bens do espólio e o plano da partilha.	**Art. 1.036.** Quando o valor dos bens do espólio for igual ou inferior a 2.000 (duas mil) Obrigações Reajustáveis do Tesouro Nacional – ORTN, o inventário processar-se-á na forma de arrolamento, cabendo ao inventariante nomeado, independentemente da assinatura de termo de compromisso, apresentar, com suas declarações, a atribuição do valor dos bens do espólio e o plano da partilha.
§ 1º Se qualquer das partes ou o Ministério Público impugnar a estimativa, o juiz nomeará avaliador, que oferecerá laudo em 10 (dez) dias.	§ 1º Se qualquer das partes ou o Ministério Público impugnar a estimativa, o juiz nomeará um avaliador que oferecerá laudo em 10 (dez) dias.
§ 2º Apresentado o laudo, o juiz, em audiência que designar, deliberará sobre a partilha, decidindo de plano todas as reclamações e mandando pagar as dívidas não impugnadas.	§ 2º Apresentado o laudo, o juiz, em audiência que designar, deliberará sobre a partilha, decidindo de plano todas as reclamações e mandando pagar as dívidas não impugnadas.
§ 3º Lavrar-se-á de tudo um só termo, assinado pelo juiz, **pelo inventariante** e pelas partes presentes **ou por seus advogados**.	§ 3º Lavrar-se-á de tudo um só termo, assinado pelo juiz e pelas partes presentes.
§ 4º Aplicam-se a essa espécie de arrolamento, no que couber, as disposições do art. 672, relativamente ao lançamento, ao pagamento e à quitação da taxa judiciária e do imposto sobre a transmissão da propriedade dos bens do espólio.	§ 4º Aplicam-se a esta espécie de arrolamento, no que couberem, as disposições do art. 1.034 e seus parágrafos, relativamente ao lançamento, ao pagamento e à quitação da taxa judiciária e do imposto sobre a transmissão da propriedade dos bens do espólio.
§ 5º Provada a quitação dos tributos relativos aos bens do espólio e às suas rendas, o juiz julgará a partilha.	§ 5º Provada a quitação dos tributos relativos aos bens do espólio e às suas rendas, o juiz julgará a partilha.
Art. 665. O inventário processar-se-á também na forma do art. 664, ainda que haja interessado incapaz, desde que concordem todas as partes e o Ministério Público.	
Art. 666. Independerá de inventário ou de arrolamento o pagamento dos valores previstos na Lei nº 6.858, de 24 de novembro de 1980.	**Art. 1.037.** Independerá de inventário ou arrolamento o pagamento dos valores previstos na Lei 6.858, de 24 de novembro de 1980.
Art. 667. Aplicam-se subsidiariamente a esta Seção as disposições das **Seções VII e VIII deste Capítulo**.	**Art. 1.038.** Aplicam-se subsidiariamente a esta seção as disposições das seções antecedentes, bem como as da seção subsequente.
Seção X *Disposições Comuns a **Todas** as Seções*	Seção X *Das Disposições Comuns às Seções Precedentes*
Art. 668. Cessa a eficácia da **tutela provisória** prevista nas Seções deste Capítulo:	**Art. 1.039.** Cessa a eficácia das medidas cautelares previstas nas várias seções deste Capítulo:
I – se a ação não for proposta em 30 (trinta) dias contados da data em que da decisão foi intimado o impugnante, o herdeiro excluído ou o credor não admitido;	I – se a ação não for proposta em 30 (trinta) dias, contados da data em que da decisão foi intimado o impugnante (art. 1.000, parágrafo único), o herdeiro excluído (art. 1.001) ou o credor não admitido (art. 1.018);
II – se o juiz extinguir o processo de inventário com ou sem **resolução de mérito**.	II – se o juiz declarar extinto o processo de inventário com ou sem julgamento do mérito.
Art. 669. São sujeitos à sobrepartilha os bens:	**Art. 1.040.** Ficam sujeitos à sobrepartilha os bens:
I – sonegados;	I – sonegados;
II – da herança descobertos após a partilha;	II – da herança que se descobrirem depois da partilha;
III – litigiosos, assim como os de liquidação difícil ou morosa;	III – litigiosos, assim como os de liquidação difícil ou morosa;
IV – situados em lugar remoto da sede do juízo onde se processa o inventário.	IV – situados em lugar remoto da sede do juízo onde se processa o inventário.
Parágrafo único. Os bens mencionados nos incisos III e IV serão reservados à sobrepartilha sob a guarda e a administração do mesmo ou de diverso inventariante, a consentimento da maioria dos herdeiros.	**Parágrafo único.** Os bens mencionados nos ns. III e IV deste artigo serão reservados à sobrepartilha sob a guarda e administração do mesmo ou de diverso inventariante, a aprazimento da maioria dos herdeiros.
Art. 670. Na sobrepartilha dos bens, observar-se-á o processo de inventário e de partilha.	**Art. 1.041.** Observar-se-á na sobrepartilha dos bens o processo de inventário e partilha.
Parágrafo único. A sobrepartilha correrá nos autos do inventário do autor da herança.	**Parágrafo único.** A sobrepartilha correrá nos autos do inventário do autor da herança.
Art. 671. O juiz nomeará curador especial:	**Art. 1.042.** O juiz dará curador especial:

I – ao ausente, se não o tiver;	I – ao ausente, se o não tiver;
II – ao incapaz, se concorrer na partilha com o seu representante, **desde que exista colisão de interesses.**	II – ao incapaz, se concorrer na partilha com o seu representante.
Art. 672. É lícita a cumulação de inventários para a partilha de heranças de pessoas diversas quando houver:	
I – identidade de pessoas entre as quais devam ser repartidos os bens;	
II – heranças deixadas pelos dois cônjuges ou companheiros;	**Art. 1.043.** Falecendo o cônjuge meeiro supérstite antes da partilha dos bens do pré-morto, as duas heranças serão cumulativamente inventariadas e partilhadas, se os herdeiros de ambos forem os mesmos.
III – dependência de uma das partilhas em relação à outra.	**Art. 1.044.** Ocorrendo a morte de algum herdeiro na pendência do inventário em que foi admitido e não possuindo outros bens além do seu quinhão na herança, poderá este ser partilhado juntamente com os bens do monte.
Parágrafo único. No caso previsto no inciso III, se a dependência for parcial, por haver outros bens, o juiz pode ordenar a tramitação separada, se melhor convier ao interesse das partes ou à celeridade processual.	
Art. 673. No caso previsto no art. 672, inciso II, prevalecerão as primeiras declarações, assim como o laudo de avaliação, salvo se alterado o valor dos bens.	**Art. 1.045.** Nos casos previstos nos dois artigos antecedentes prevalecerão as primeiras declarações, assim como o laudo de avaliação, salvo se se alterou o valor dos bens.
Capítulo VII **Dos Embargos de Terceiro**	**Capítulo X** **Dos Embargos de Terceiro**
Art. 674. Quem, não sendo parte no processo, sofrer **constrição ou ameaça de constrição sobre bens que possua ou sobre os quais tenha direito incompatível com o ato constritivo, poderá requerer seu desfazimento** ou sua inibição **por meio de embargos de terceiro.**	**Art. 1.046.** Quem, não sendo parte no processo, sofrer turbação ou esbulho na posse de seus bens por ato de apreensão judicial, em casos como o de penhora, depósito, arresto, sequestro, alienação judicial, arrecadação, arrolamento, inventário, partilha, poderá requerer lhes sejam manutenidos ou restituídos por meio de embargos.
§ 1º Os embargos podem ser de **terceiro proprietário, inclusive fiduciário**, ou possuidor.	§ 1º Os embargos podem ser de terceiro senhor e possuidor, ou apenas possuidor.
§ 2º Considera-se terceiro, para ajuizamento dos embargos:	§ 3º Considera-se também terceiro o cônjuge quando defende a posse de bens dotais, próprios, reservados ou de sua meação.
I – o cônjuge ou **companheiro**, quando defende a posse de bens próprios ou de sua meação, **ressalvado o disposto no art. 843**;	
II – o adquirente de bens cuja constrição decorreu de decisão que declara a ineficácia da alienação realizada em fraude à execução;	
III – quem sofre constrição judicial de seus bens por força de desconsideração da personalidade jurídica, de cujo incidente não fez parte;	
IV – o credor com garantia real para obstar **expropriação** judicial do objeto **de direito real de garantia, caso não tenha sido intimado, nos termos legais dos atos expropriatórios respectivos.**	**Art. 1.047.** Admitem-se ainda embargos de terceiro: [...] II – para o credor com garantia real obstar alienação judicial do objeto da hipoteca, penhor ou anticrese.
Art. 675. Os embargos podem ser opostos a qualquer tempo no processo de conhecimento enquanto não transitada em julgado a sentença, **e, no cumprimento de sentença** ou no processo de execução, até 5 (cinco) dias depois da adjudicação, da alienação **por iniciativa particular ou da arrematação**, mas sempre antes da assinatura da respectiva carta.	**Art. 1.048.** Os embargos podem ser opostos a qualquer tempo no processo de conhecimento enquanto não transitada em julgado a sentença, e, no processo de execução, até 5 (cinco) dias depois da arrematação, adjudicação ou remição, mas sempre antes da assinatura da respectiva carta.
Parágrafo único. Caso identifique a existência de terceiro titular de interesse em embargar o ato, o juiz mandará intimá-lo pessoalmente.	
Art. 676. Os embargos serão distribuídos por dependência ao **juízo** que ordenou a constrição e autuados em apartado.	**Art. 1.049.** Os embargos serão distribuídos por dependência e correrão em autos distintos perante o mesmo juiz que ordenou a apreensão.
Parágrafo único. Nos casos de ato de constrição realizado por carta, os embargos serão oferecidos no juízo deprecado, salvo se indicado pelo juízo deprecante o bem constrito ou se já devolvida a carta.	
Art. 677. Na petição inicial, o embargante fará a prova sumária de sua posse **ou de seu domínio** e da qualidade de terceiro, oferecendo documentos e rol de testemunhas.	**Art. 1.050.** O embargante, em petição elaborada com observância do disposto no art. 282, fará a prova sumária de sua posse e a qualidade de terceiro, oferecendo documentos e rol de testemunhas.
§ 1º É facultada a prova da posse em audiência preliminar designada pelo juiz.	§ 1º É facultada a prova da posse em audiência preliminar designada pelo juiz.

§ 2º O possuidor direto pode alegar, além da sua posse, o domínio alheio.	§ 2º O possuidor direto pode alegar, com a sua posse, domínio alheio.
§ 3º A citação será pessoal, se o embargado não tiver procurador constituído nos autos da ação principal.	§ 3º A citação será pessoal, se o embargado não tiver procurador constituído nos autos da ação principal.
§ 4º Será legitimado passivo o sujeito a quem o ato de constrição aproveita, assim como o será seu adversário no processo principal quando for sua a indicação do bem para a constrição judicial.	
Art. 678. A decisão que reconhecer suficientemente provado o domínio ou a posse determinará a suspensão **das medidas constritivas sobre os bens litigiosos objeto dos embargos**, bem como a manutenção ou a reintegração provisória da posse, se o embargante a houver requerido.	**Art. 1.052.** Quando os embargos versarem sobre todos os bens, determinará o juiz a suspensão do curso do processo principal; versando sobre alguns deles, prosseguirá o processo principal somente quanto aos bens não embargados.
Parágrafo único. O juiz poderá condicionar a ordem de manutenção ou de reintegração provisória de posse à prestação de caução pelo requerente, **ressalvada a impossibilidade da parte economicamente hipossuficiente**.	**Art. 1.051.** Julgando suficientemente provada a posse, o juiz deferirá liminarmente os embargos e ordenará a expedição de mandado de manutenção ou de restituição em favor do embargante, que só receberá os bens depois de prestar caução de os devolver com seus rendimentos, caso sejam a final declarados improcedentes.
Art. 679. Os embargos poderão ser contestados no **prazo de 15 (quinze) dias**, findo o qual se seguirá o procedimento comum.	**Art. 1.053.** Os embargos poderão ser contestados no prazo de 10 (dez) dias, findo o qual proceder-se-á de acordo com o disposto no art. 803.
Art. 680. Contra os embargos do credor com garantia real, o embargado somente poderá alegar que:	**Art. 1.054.** Contra os embargos do credor com garantia real, somente poderá o embargado alegar que:
I – o devedor comum é insolvente;	I – o devedor comum é insolvente;
II – o título é nulo ou não obriga a terceiro;	II – o título é nulo ou não obriga a terceiro;
III – outra é a coisa dada em garantia.	III – outra é a coisa dada em garantia.
Art. 681. Acolhido o pedido inicial, o ato de constrição judicial indevida será cancelado, com o reconhecimento do domínio, da manutenção da posse ou da reintegração definitiva do bem ou do direito ao embargante.	
Capítulo VIII **Da Oposição**	**Seção I** **Da Oposição**
Art. 682. Quem pretender, no todo ou em parte, a coisa ou o direito sobre que controvertem autor e réu poderá, até ser proferida a sentença, oferecer oposição contra ambos.	**Art. 56.** Quem pretender, no todo ou em parte, a coisa ou o direito sobre que controvertem autor e réu, poderá, até ser proferida a sentença, oferecer oposição contra ambos.
Art. 683. O opoente deduzirá o pedido em observação aos requisitos exigidos para propositura da ação.	**Art. 57.** O opoente deduzirá o seu pedido, observando os requisitos exigidos para a propositura da ação (arts. 282 e 283). Distribuída a oposição por dependência, serão os opostos citados, na pessoa dos seus respectivos advogados, para contestar o pedido no prazo comum de 15 (quinze) dias.
Parágrafo único. Distribuída a oposição por dependência, serão os opostos citados, na pessoa de seus respectivos advogados, para contestar o pedido no prazo comum de 15 (quinze) dias.	
Art. 684. Se um dos opostos reconhecer a procedência do pedido, contra o outro prosseguirá o opoente.	**Art. 58.** Se um dos opostos reconhecer a procedência do pedido, contra o outro prosseguirá o opoente.
Art. 685. Admitido o processamento, a **oposição** será apensada aos autos e tramitará simultaneamente à ação originária, sendo ambas julgadas pela mesma sentença.	**Art. 59.** A oposição, oferecida antes da audiência, será apensada aos autos principais e correrá simultaneamente com a ação, sendo ambas julgadas pela mesma sentença.
Parágrafo único. Se a oposição for proposta após o início da audiência de instrução, **o juiz suspenderá o curso do processo ao fim da produção das provas, salvo se concluir que a unidade da instrução atende** melhor **ao princípio da duração razoável do processo**.	**Art. 60.** Oferecida depois de iniciada a audiência, seguirá a oposição o procedimento ordinário, sendo julgada sem prejuízo da causa principal. Poderá o juiz, todavia, sobrestar no andamento do processo, por prazo nunca superior a 90 (noventa) dias, a fim de julgá-la conjuntamente com a oposição.
Art. 686. Cabendo ao juiz decidir simultaneamente a ação **originária** e a oposição, desta conhecerá em primeiro lugar.	**Art. 61.** Cabendo ao juiz decidir simultaneamente a ação e a oposição, desta conhecerá em primeiro lugar.
Capítulo IX **Da Habilitação**	**Capítulo XI** **Da Habilitação**
Art. 687. A habilitação ocorre quando, por falecimento de qualquer das partes, os interessados houverem de suceder-lhe no processo.	**Art. 1.055.** A habilitação tem lugar quando, por falecimento de qualquer das partes, os interessados houverem de suceder-lhe no processo.
Art. 688. A habilitação pode ser requerida:	**Art. 1.056.** A habilitação pode ser requerida:

I – pela parte, em relação aos sucessores do falecido;	I – pela parte, em relação aos sucessores do falecido;
II – pelos sucessores do falecido, em relação à parte.	II – pelos sucessores do falecido, em relação à parte.
Art. 689. Proceder-se-á à habilitação nos autos do processo principal, **na instância em que** estiver, **suspendendo-se, a partir de então, o processo**.	**Art. 1.060.** Proceder-se-á à habilitação nos autos da causa principal e independentemente de sentença quando: [...]
Art. 690. Recebida a petição, o juiz ordenará a citação dos requeridos **para se pronunciarem** no prazo de 5 (cinco) dias.	**Art. 1.057.** Recebida a petição inicial, ordenará o juiz a citação dos requeridos para contestar a ação no prazo de 5 (cinco) dias.
Parágrafo único. A citação será pessoal, se a parte não tiver procurador constituído nos autos.	**Parágrafo único.** A citação será pessoal, se a parte não tiver procurador constituído na causa.
Art. 691. O juiz decidirá o pedido de habilitação imediatamente, salvo se este for impugnado e houver necessidade de dilação probatória diversa da documental, caso em que determinará que o pedido seja autuado em apartado e disporá sobre a instrução.	
Art. 692. Transitada em julgado a sentença de habilitação, o processo principal retomará o seu curso, e **cópia** da **sentença será juntada aos autos respectivos**.	**Art. 1.062.** Passada em julgado a sentença de habilitação, ou admitida a habilitação, nos casos em que independer de sentença, a causa principal retomará o seu curso.
<center>CAPÍTULO X Das Ações de Família</center>	
Art. 693. As normas deste Capítulo aplicam-se aos processos contenciosos de divórcio, separação, reconhecimento e extinção de união estável, guarda, visitação e filiação.	
Parágrafo único. A ação de alimentos e a que versar sobre interesse de criança ou de adolescente observarão o procedimento previsto em legislação específica, aplicando-se, no que couber, as disposições deste Capítulo.	
Art. 694. Nas ações de família, todos os esforços serão empreendidos para a solução consensual da controvérsia, devendo o juiz dispor do auxílio de profissionais de outras áreas de conhecimento para a mediação e conciliação.	
Parágrafo único. A requerimento das partes, o juiz pode determinar a suspensão do processo enquanto os litigantes se submetem a mediação extrajudicial ou a atendimento multidisciplinar.	
Art. 695. Recebida a petição inicial, e, se for o caso, tomadas as providências referentes à tutela provisória, o juiz ordenará a citação do réu para comparecer à audiência de mediação e conciliação, observado o disposto no art. 694.	
§ 1º O mandado de citação conterá apenas os dados necessários à audiência e deverá estar desacompanhado de cópia da petição inicial, assegurado ao réu o direito de examinar seu conteúdo a qualquer tempo.	
§ 2º A citação ocorrerá com antecedência mínima de 15 (quinze) dias da data designada para a audiência.	
§ 3º A citação será feita na pessoa do réu.	
§ 4º Na audiência, as partes deverão estar acompanhadas de seus advogados ou de defensores públicos.	
Art. 696. A audiência de mediação e conciliação poderá dividir-se em tantas sessões quantas sejam necessárias para viabilizar a solução consensual, sem prejuízo de providências jurisdicionais para evitar o perecimento do direito.	
Art. 697. Não realizado o acordo, passarão a incidir, a partir de então, as normas do procedimento comum, observado o art. 335.	
Art. 698. Nas ações de família, o Ministério Público somente intervirá quando houver interesse de incapaz e deverá ser ouvido previamente à homologação de acordo.	
Art. 699. Quando o processo envolver discussão sobre fato relacionado a abuso ou a alienação parental, o juiz, ao tomar o depoimento do incapaz, deverá estar acompanhado por especialista.	

Capítulo XI Da Ação Monitória	Capítulo XV Da Ação Monitória
Art. 700. A ação monitória pode ser proposta por **aquele que afirmar**, com base em prova escrita sem eficácia de título executivo, **ter direito de exigir do devedor capaz**: I – o pagamento de quantia em dinheiro; II – a entrega de coisa fungível ou infungível ou de bem móvel ou imóvel; **III – o adimplemento de obrigação de fazer ou de não fazer.**	**Art. 1.102-A.** A ação monitória compete a quem pretender, com base em prova escrita sem eficácia de título executivo, pagamento de soma em dinheiro, entrega de coisa fungível ou de determinado bem móvel.
§ 1º A prova escrita pode consistir em prova oral documentada, produzida antecipadamente nos termos do art. 381.	
§ 2º Na petição inicial, incumbe ao autor explicitar, conforme o caso:	
I – a importância devida, instruindo-a com memória de cálculo;	
II – o valor atual da coisa reclamada;	
III – o conteúdo patrimonial em discussão ou o proveito econômico perseguido.	
§ 3º O valor da causa deverá corresponder à importância prevista no § 2º, incisos I a III.	
§ 4º Além das hipóteses do art. 330, a petição inicial será indeferida quando não atendido o disposto no § 2º deste artigo.	
§ 5º Havendo dúvida quanto à idoneidade de prova documental apresentada pelo autor, o juiz intimá-lo-á para, querendo, emendar a petição inicial, adaptando-a ao procedimento comum.	
§ 6º É admissível ação monitória em face da Fazenda Pública.	
§ 7º Na ação monitória, admite-se citação por qualquer dos meios permitidos para o procedimento comum.	
Art. 701. Sendo evidente o direito do autor, o juiz deferirá a expedição de mandado de pagamento, de entrega de coisa **ou para execução de obrigação de fazer ou de não fazer**, concedendo ao réu prazo de 15 (quinze) dias para o cumprimento e o pagamento de honorários advocatícios de cinco por cento do valor atribuído à causa.	**Art. 1.102-B.** Estando a petição inicial devidamente instruída, o juiz deferirá de plano a expedição do mandado de pagamento ou de entrega da coisa no prazo de 15 (quinze) dias.
	Art. 1.102-C. [...]
§ 1º O réu será isento do pagamento de custas processuais se cumprir o mandado no prazo.	§ 1º Cumprindo o réu o mandado, ficará isento de custas e honorários advocatícios.
§ 2º Constituir-se-á de pleno direito o título executivo judicial, independentemente de qualquer formalidade, se não realizado o pagamento e não apresentados os embargos previstos no art. 702, observando-se, no que couber, o Título II do Livro I da Parte Especial.	**Art. 1.102-C.** No prazo previsto no art. 1.102-B, poderá o réu oferecer embargos, que suspenderão a eficácia do mandado inicial. Se os embargos não forem opostos, constituir-se-á, de pleno direito, o título executivo judicial, convertendo-se o mandado inicial em mandado executivo e prosseguindo-se na forma do Livro I, Título VIII, Capítulo X, desta Lei.
§ 3º É cabível ação rescisória da decisão prevista no *caput* quando ocorrer a hipótese do § 2º.	
§ 4º Sendo a ré Fazenda Pública, não apresentados os embargos previstos no art. 702, aplicar-se-á o disposto no art. 496, observando-se, a seguir, no que couber, o Título II do Livro I da Parte Especial.	
§ 5º Aplica-se à ação monitória, no que couber, o art. 916.	
Art. 702. Independentemente de prévia segurança do juízo, o réu poderá opor, nos próprios autos, no prazo previsto no art. 701, embargos à ação monitória.	**Art. 1.102-C.** No prazo previsto no art. 1.102-B, poderá o réu oferecer embargos, que suspenderão a eficácia do mandado inicial. Se os embargos não forem opostos, constituir-se-á, de pleno direito, o título executivo judicial, convertendo-se o mandado inicial em mandado executivo e prosseguindo-se na forma do Livro I, Título VIII, Capítulo X, desta Lei. [...] § 2º Os embargos independem de prévia segurança do juízo e serão processados nos próprios autos, pelo procedimento ordinário.
§ 1º Os embargos podem se fundar em matéria passível de alegação como defesa no procedimento comum.	
§ 2º Quando o réu alegar que o autor pleiteia quantia superior à devida, cumprir-lhe-á declarar de imediato o valor que entende correto, apresentando demonstrativo discriminado e atualizado da dívida.	

§ 3º Não apontado o valor correto ou não apresentado o demonstrativo, os embargos serão liminarmente rejeitados, se esse for o seu único fundamento, e, se houver outro fundamento, os embargos serão processados, mas o juiz deixará de examinar a alegação de excesso.	
§ 4º A oposição dos embargos suspende a **eficácia da decisão referida no *caput* do art. 701 até o julgamento em primeiro grau**.	**Art. 1.102-C.** No prazo previsto no art. 1.102-B, poderá o réu oferecer embargos, que suspenderão a eficácia do mandado inicial. Se os embargos não forem opostos, constituir-se-á, de pleno direito, o título executivo judicial, convertendo-se o mandado inicial em mandado executivo e prosseguindo-se na forma do Livro I, Título VIII, Capítulo X, desta Lei.
§ 5º O autor será intimado para responder aos embargos no prazo de 15 (quinze) dias.	
§ 6º Na ação monitória admite-se a reconvenção, sendo vedado o oferecimento de reconvenção à reconvenção.	
§ 7º A critério do juiz, os embargos serão autuados em apartado, se parciais, constituindo-se de pleno direito o título executivo judicial em relação à parcela incontroversa.	
§ 8º Rejeitados os embargos, constituir-se-á de pleno direito o título executivo judicial, prosseguindo-se o processo em observância ao disposto no **Título II do Livro I da Parte Especial, no que for cabível**.	**Art. 1.102-C.** [...] § 3º Rejeitados os embargos, constituir-se-á, de pleno direito, o título executivo judicial, intimando-se o devedor e prosseguindo-se na forma prevista no Livro I, Título VIII, Capítulo X, desta Lei.
§ 9º Cabe apelação contra a sentença que acolhe ou rejeita os embargos.	
§ 10. O juiz condenará o autor de ação monitória proposta indevidamente e de má-fé ao pagamento, em favor do réu, de multa de até dez por cento sobre o valor da causa.	
§ 11. O juiz condenará o réu que de má-fé opuser embargos à ação monitória ao pagamento de multa de até dez por cento sobre o valor atribuído à causa, em favor do autor.	
CAPÍTULO XII Da Homologação Do Penhor Legal	LIVRO III DO PROCESSO CAUTELAR [...] CAPÍTULO II Dos Procedimentos Cautelares Específicos [...] Seção XI Da Homologação do Penhor Legal
Art. 703. Tomado o penhor legal nos casos previstos em lei, requererá o credor, ato contínuo, a homologação.	**Art. 874.** Tomado o penhor legal nos casos previstos em lei, requererá o credor, ato contínuo, a homologação. Na petição inicial, instruída com a conta pormenorizada das despesas, a tabela dos preços e a relação dos objetos retidos, pedirá a citação do devedor para, em 24 (vinte e quatro) horas, pagar ou alegar defesa.
§ 1º Na petição inicial, instruída com o **contrato de locação** ou a conta pormenorizada das despesas, a tabela dos preços e a relação dos objetos retidos, o credor pedirá a citação do devedor para pagar ou contestar **na audiência preliminar que for designada**.	
§ 2º A homologação do penhor legal poderá ser promovida pela via extrajudicial mediante requerimento, que conterá os requisitos previstos no § 1º deste artigo, do credor a notário de sua livre escolha.	
§ 3º Recebido o requerimento, o notário promoverá a notificação extrajudicial do devedor para, no prazo de 5 (cinco) dias, pagar o débito ou impugnar sua cobrança, alegando por escrito uma das causas previstas no art. 704, hipótese em que o procedimento será encaminhado ao juízo competente para decisão.	
§ 4º Transcorrido o prazo sem manifestação do devedor, o notário formalizará a homologação do penhor legal por escritura pública.	
Art. 704. A defesa só pode consistir em:	**Art. 875.** A defesa só pode consistir em:
I – nulidade do processo;	I – nulidade do processo;
II – extinção da obrigação;	II – extinção da obrigação;

Novo CPC	Antigo CPC
III – não estar a dívida compreendida entre as previstas em lei ou não estarem os bens sujeitos a penhor legal;	III – não estar a dívida compreendida entre as previstas em lei ou não estarem os bens sujeitos a penhor legal.
IV – alegação de haver sido ofertada caução idônea, rejeitada pelo credor.	
Art. 705. A partir da audiência preliminar, observar-se-á o procedimento comum.	
Art. 706. Homologado **judicialmente** o penhor legal, **consolidar-se-á a posse do autor sobre o objeto**. § 1º Negada a homologação, o objeto será entregue ao réu, ressalvado ao autor o direito de cobrar a dívida **pelo procedimento comum, salvo se acolhida a alegação de extinção da obrigação**.	**Art. 876.** Em seguida, o juiz decidirá; homologando o penhor, serão os autos entregues ao requerente 48 (quarenta e oito) horas depois, independentemente de traslado, salvo se, dentro desse prazo, a parte houver pedido certidão; não sendo homologado, o objeto será entregue ao réu, ressalvado ao autor o direito de cobrar a conta por ação ordinária.
§ 2º Contra a sentença caberá apelação, e, na pendência de recurso, poderá o relator ordenar que a coisa permaneça depositada ou em poder do autor.	
Capítulo XIII **Da Regulação de Avaria Grossa**	
Art. 707. Quando inexistir consenso acerca da nomeação de um regulador de avarias, o juiz de direito da comarca do primeiro porto onde o navio houver chegado, provocado por qualquer parte interessada, nomeará um de notório conhecimento.	
Art. 708. O regulador declarará justificadamente se os danos são passíveis de rateio na forma de avaria grossa e exigirá das partes envolvidas a apresentação de garantias idôneas para que possam ser liberadas as cargas aos consignatários.	
§ 1º A parte que não concordar com o regulador quanto à declaração de abertura da avaria grossa deverá justificar suas razões ao juiz, que decidirá no prazo de 10 (dez) dias.	
§ 2º Se o consignatário não apresentar garantia idônea a critério do regulador, este fixará o valor da contribuição provisória com base nos fatos narrados e nos documentos que instruírem a petição inicial, que deverá ser caucionado sob a forma de depósito judicial ou de garantia bancária.	
§ 3º Recusando-se o consignatário a prestar caução, o regulador requererá ao juiz a alienação judicial de sua carga na forma dos arts. 879 a 903.	
§ 4º É permitido o levantamento, por alvará, das quantias necessárias ao pagamento das despesas da alienação a serem arcadas pelo consignatário, mantendo-se o saldo remanescente em depósito judicial até o encerramento da regulação.	
Art. 709. As partes deverão apresentar nos autos os documentos necessários à regulação da avaria grossa em prazo razoável a ser fixado pelo regulador.	**Art. 766.** Nos prazos de sessenta (60) dias, si se tratar de embarcadores residentes no Brasil, e de cento e vinte (120), si de residentes no estrangeiro, contados do dia em que tiver sido requerida a caução de que trata o artigo antecedente, o armador fornecerá os documentos necessários ao ajustador para regular a avaria, sob pena de ficar sujeito aos juros da mora. [Artigo correspondente ao CPC de 1939]
Art. 710. O regulador apresentará o regulamento da avaria grossa no prazo de até 12 (doze) meses, contado da data da entrega dos documentos nos autos pelas partes, podendo o prazo ser estendido a critério do juiz.	O ajustador terá o prazo de um ano, contado da data da entrega dos documentos, para apresentar o regulamento da avaria, sob pena de desconto de dez por cento (10%) dos honorários, por mês de retardamento, aplicada pelo juiz, ex-officio, e cobrável em sêlos, quando conclusos os autos para o despacho de homologação. [Artigo correspondente ao CPC de 1939]
§ 1º Oferecido o regulamento da avaria grossa, dele terão vista as partes pelo prazo comum de 15 (quinze) dias, e, não havendo impugnação, o regulamento será homologado por sentença.	**Art. 767.** Oferecido o regulamento da avaria, dele terão vista os interessados em cartório, por vinte (20) dias. Não havendo impugnação, o regulamento será homologado; em caso contrário, terá o ajustador o prazo de dez (10) dias para contrariá-la, subindo o processo, em seguida, ao juiz. [Artigo correspondente ao CPC de 1939]
§ 2º Havendo impugnação ao regulamento, o juiz decidirá no prazo de 10 (dez) dias, após a oitiva do regulador.	
Art. 711. Aplicam-se ao regulador de avarias os arts. 156 a 158, no que couber.	

Capítulo XIV Da Restauração de Autos	Capítulo XII Da Restauração de Autos
Art. 712. Verificado o desaparecimento dos autos, **eletrônicos ou não**, pode **o juiz, de ofício**, qualquer das partes **ou o Ministério Público**, se for o caso, promover-lhes a restauração.	**Art. 1.063.** Verificado o desaparecimento dos autos, pode qualquer das partes promover-lhes a restauração.
Parágrafo único. Havendo autos suplementares, nesses prosseguirá o processo.	**Parágrafo único.** Havendo autos suplementares, nestes prosseguirá o processo.
Art. 713. Na petição inicial, declarará a parte o estado do processo ao tempo do desaparecimento dos autos, oferecendo:	**Art. 1.064.** Na petição inicial declarará a parte o estado da causa ao tempo do desaparecimento dos autos, oferecendo:
I – certidões dos atos constantes do protocolo de audiências do cartório por onde haja corrido o processo;	I – certidões dos atos constantes do protocolo de audiências do cartório por onde haja corrido o processo;
II – cópia **das peças que tenha em seu poder**;	II – cópia dos requerimentos que dirigiu ao juiz;
III – qualquer outro documento que facilite a restauração.	III – quaisquer outros documentos que facilitem a restauração.
Art. 714. A parte contrária será citada para contestar o pedido no prazo de 5 (cinco) dias, cabendo-lhe exibir as cópias, as contrafés e as reproduções dos atos e dos documentos que estiverem em seu poder.	**Art. 1.065.** A parte contrária será citada para contestar o pedido no prazo de 5 (cinco) dias, cabendo-lhe exibir as cópias, contrafés e mais reproduções dos atos e documentos que estiverem em seu poder.
§ 1º Se a parte concordar com a restauração, lavrar-se-á o auto que, assinado pelas partes e homologado pelo juiz, suprirá o processo desaparecido.	§ 1º Se a parte concordar com a restauração, lavrar-se-á o respectivo auto que, assinado pelas partes e homologado pelo juiz, suprirá o processo desaparecido.
§ 2º Se a parte não contestar ou se a concordância for parcial, observar-se-á o **procedimento comum**.	§ 2º Se a parte não contestar ou se a concordância for parcial, observar-se-á o disposto no art. 803.
Art. 715. Se a **perda** dos autos tiver ocorrido depois da produção das provas em audiência, o juiz, **se necessário**, mandará repeti-las.	**Art. 1.066.** Se o desaparecimento dos autos tiver ocorrido depois da produção das provas em audiência, o juiz mandará repeti-las.
§ 1º Serão reinquiridas as mesmas testemunhas, que, em caso de impossibilidade, poderão ser substituídas de ofício ou a requerimento.	§ 1º Serão reinquiridas as mesmas testemunhas; mas se estas tiverem falecido ou se acharem impossibilitadas de depor e não houver meio de comprovar de outra forma o depoimento, poderão ser substituídas.
§ 2º Não havendo certidão ou cópia do laudo, far-se-á nova perícia, sempre que possível pelo mesmo perito.	§ 2º Não havendo certidão ou cópia do laudo, far-se-á nova perícia, sempre que for possível e de preferência pelo mesmo perito.
§ 3º Não havendo certidão de documentos, esses serão reconstituídos mediante cópias ou, na falta dessas, pelos meios ordinários de prova.	§ 3º Não havendo certidão de documentos, estes serão reconstituídos mediante cópias e, na falta, pelos meios ordinários de prova.
§ 4º Os serventuários e os auxiliares da justiça não podem eximir-se de depor como testemunhas a respeito de atos que tenham praticado ou assistido.	§ 4º Os serventuários e auxiliares da justiça não podem eximir-se de depor como testemunhas a respeito de atos que tenham praticado ou assistido.
§ 5º Se o juiz houver proferido sentença da qual ele próprio **ou o escrivão** possua cópia, esta será juntada aos autos e terá a mesma autoridade da original.	§ 5º Se o juiz houver proferido sentença da qual possua cópia, esta será junta aos autos e terá a mesma autoridade da original.
Art. 716. Julgada a restauração, seguirá o processo os seus termos.	**Art. 1.067.** Julgada a restauração, seguirá o processo os seus termos.
Parágrafo único. Aparecendo os autos originais, neles se prosseguirá, sendo-lhes apensados os autos da restauração.	§ 1º Aparecendo os autos originais, nestes se prosseguirá sendo-lhes apensados os autos da restauração.
Art. 717. Se o desaparecimento dos autos tiver ocorrido no tribunal, o **processo de restauração** será distribuído, sempre que possível, ao relator do processo.	**Art. 1.068.** Se o desaparecimento dos autos tiver ocorrido no tribunal, a ação será distribuída, sempre que possível, ao relator do processo.
§ 1º A restauração far-se-á no juízo de origem quanto aos atos nele realizados.	§ 1º A restauração far-se-á no juízo de origem quanto aos atos que neste se tenham realizado.
§ 2º Remetidos os autos ao tribunal, nele completar-se-á a restauração e proceder-se-á ao julgamento.	§ 2º Remetidos os autos ao tribunal, aí se completará a restauração e se procederá ao julgamento.
Art. 718. Quem houver dado causa ao desaparecimento dos autos responderá pelas custas da restauração e pelos honorários de advogado, sem prejuízo da responsabilidade civil ou penal em que incorrer.	**Art. 1.069.** Quem houver dado causa ao desaparecimento dos autos responderá pelas custas da restauração e honorários de advogado, sem prejuízo da responsabilidade civil ou penal em que incorrer.
Capítulo XV Dos Procedimentos de Jurisdição Voluntária	Título II Dos Procedimentos Especiais de Jurisdição Voluntária
Seção I *Disposições Gerais*	Capítulo I Das Disposições Gerais
Art. 719. Quando este Código não estabelecer procedimento especial, regem os procedimentos de jurisdição voluntária as disposições constantes desta **Seção**.	**Art. 1.103.** Quando este Código não estabelecer procedimento especial, regem a jurisdição voluntária as disposições constantes deste Capítulo.

Art. 720. O procedimento terá início por provocação do interessado, do Ministério Público ou **da Defensoria Pública**, cabendo-lhes formular o pedido devidamente instruído com os documentos necessários e com a indicação da providência judicial.	**Art. 1.104.** O procedimento terá início por provocação do interessado ou do Ministério Público, cabendo-lhes formular o pedido em requerimento dirigido ao juiz, devidamente instruído com os documentos necessários e com a indicação da providência judicial.
Art. 721. Serão citados todos os interessados, bem como intimado o Ministério Público, nos casos do art. 178, **para que se manifestem, querendo, no prazo de 15 (quinze) dias.**	**Art. 1.105.** Serão citados, sob pena de nulidade, todos os interessados, bem como o Ministério Público. **Art. 1.106.** O prazo para responder é de 10 (dez) dias.
Art. 722. A Fazenda Pública será sempre ouvida nos casos em que tiver interesse.	**Art. 1.108.** A Fazenda Pública será sempre ouvida nos casos em que tiver interesse.
Art. 723. O juiz decidirá o pedido no prazo de 10 (dez) dias. **Parágrafo único.** O juiz não é obrigado a observar critério de legalidade estrita, podendo adotar em cada caso a solução que considerar mais conveniente ou oportuna.	**Art. 1.109.** O juiz decidirá o pedido no prazo de 10 (dez) dias; não é, porém, obrigado a observar critério de legalidade estrita, podendo adotar em cada caso a solução que reputar mais conveniente ou oportuna.
Art. 724. Da sentença caberá apelação.	**Art. 1.110.** Da sentença caberá apelação.
Art. 725. Processar-se-á na forma estabelecida nesta Seção o pedido de:	**Art. 1.112.** Processar-se-á na forma estabelecida neste Capítulo o pedido de:
I – emancipação;	I – emancipação;
II – sub-rogação;	II – sub-rogação;
III – alienação, arrendamento ou oneração de bens de crianças ou adolescentes, de órfãos e de interditos;	III – alienação, arrendamento ou oneração de bens dotais de menores, de órfãos e de interditos;
IV – alienação, locação e administração da coisa comum;	IV – alienação, locação e administração da coisa comum;
V – alienação de quinhão em coisa comum;	V – alienação de quinhão em coisa comum;
VI – extinção de usufruto, **quando não decorrer da morte do usufrutuário, do termo da sua duração ou da consolidação,** e de fideicomisso, **quando decorrer de renúncia ou quando ocorrer antes do evento que caracterizar a condição resolutória**;	VI – extinção de usufruto e de fideicomisso.
VII – expedição de alvará judicial;	
VIII – homologação de autocomposição extrajudicial, de qualquer natureza ou valor.	
Parágrafo único. As normas desta Seção aplicam-se, no que couber, aos procedimentos regulados nas seções seguintes.	
	LIVRO III **DO PROCESSO CAUTELAR** [...] CAPÍTULO II Dos Procedimentos Cautelares Específicos
Seção II *Da Notificação e da Interpelação*	Seção X *Dos Protestos, Notificações e Interpelações*
Art. 726. Quem tiver interesse em manifestar formalmente sua vontade a outrem sobre assunto juridicamente relevante poderá notificar pessoas participantes da mesma relação jurídica para dar-lhes ciência de seu propósito.	**Art. 867.** Todo aquele que desejar prevenir responsabilidade, prover a conservação e ressalva de seus direitos ou manifestar qualquer intenção de modo formal, poderá fazer por escrito o seu protesto, em petição dirigida ao juiz, e requerer que do mesmo se intime a quem de direito.
	Art. 870. Far-se-á a intimação por editais:
§ 1º Se a pretensão for a de dar conhecimento geral ao público, mediante edital, o juiz só a deferirá se a tiver por fundada e necessária ao resguardo de direito.	I – se o protesto for para conhecimento do público em geral, nos casos previstos em lei, ou quando a publicidade seja essencial para que o protesto, notificação ou interpelação atinja seus fins;
§ 2º Aplica-se o disposto nesta Seção, no que couber, ao protesto judicial.	
Art. 727. Também poderá o interessado interpelar o requerido, no caso do art. 726, para que faça ou deixe de fazer o que o requerente entenda ser de seu direito.	
Art. 728. O requerido será previamente ouvido antes do deferimento da notificação ou do respectivo edital:	

Novo CPC	Antigo CPC
I – se houver suspeita de que o requerente, por meio da notificação ou do edital, pretende alcançar fim ilícito;	
II – se tiver sido requerida a averbação da notificação em registro público.	
Art. 729. Deferida e realizada a notificação ou interpelação, os autos serão entregues ao requerente.	**Art. 872.** Feita a intimação, ordenará o juiz que, pagas as custas, e decorridas 48 (quarenta e oito) horas, sejam os autos entregues à parte independentemente de traslado.
Seção III *Da Alienação Judicial*	**Capítulo II** Das Alienações Judiciais
Art. 730. Nos casos expressos em lei, **não havendo acordo entre os interessados sobre o modo como** se **deve realizar a alienação do bem**, o juiz, de ofício ou a requerimento dos interessados ou do depositário, mandará aliená-lo em leilão, **observando-se o disposto na Seção I deste Capítulo e, no que couber, o disposto nos arts. 879 a 903.**	**Art. 1.113.** Nos casos expressos em lei e sempre que os bens depositados judicialmente forem de fácil deterioração, estiverem avariados ou exigirem grandes despesas para a sua guarda, o juiz, de ofício ou a requerimento do depositário ou de qualquer das partes, mandará aliená-los em leilão.
Seção IV **Do Divórcio e** da Separação Consensuais, da **Extinção Consensual de União Estável e da Alteração do Regime de Bens do Matrimônio**	**Capítulo III** Da Separação Consensual
Art. 731. A **homologação do divórcio ou da** separação consensuais, **observados os requisitos legais,** poderá ser requerida em petição assinada por ambos os cônjuges, da qual constarão:	**Art. 1.120.** A separação consensual será requerida em petição assinada por ambos os cônjuges. **Art. 1.121.** A petição, instruída com a certidão de casamento e o contrato antenupcial se houver, conterá:
I – as disposições relativas à descrição e à partilha dos bens comuns;	I – a descrição dos bens do casal e a respectiva partilha;
II – as disposições relativas à pensão alimentícia entre os cônjuges;	IV – a pensão alimentícia do marido à mulher, se esta não possuir bens suficientes para se manter.
III – o acordo relativo à guarda dos filhos incapazes e ao regime de visitas; e	II – o acordo relativo à guarda dos filhos menores e ao regime de visitas;
IV – o valor da contribuição para criar e educar os filhos.	III – o valor da contribuição para criar e educar os filhos;
Parágrafo único. Se os cônjuges não acordarem sobre a partilha dos bens, far-se-á esta depois de **homologado o divórcio**, na forma estabelecida nos **arts. 647 a 658**.	§ 1º Se os cônjuges não acordarem sobre a partilha dos bens, far-se-á esta, depois de homologada a separação consensual, na forma estabelecida neste Livro, Título I, Capítulo IX.
Art. 732. As disposições relativas ao processo de homologação judicial de divórcio ou de separação consensuais aplicam-se, no que couber, ao processo de homologação da extinção consensual de união estável.	
Art. 733. O divórcio consensual, a separação consensual **e a extinção consensual de união estável**, não havendo **nascituro** ou filhos incapazes e observados os requisitos legais, poderão ser realizados por escritura pública, da qual constarão as disposições de que trata o art. 731.	**Art. 1.124-A.** A separação consensual e o divórcio consensual, não havendo filhos menores ou incapazes do casal e observados os requisitos legais quanto aos prazos, poderão ser realizados por escritura pública, da qual constarão as disposições relativas à descrição e à partilha dos bens comuns e à pensão alimentícia e, ainda, ao acordo quanto à retomada pelo cônjuge de seu nome de solteiro ou à manutenção do nome adotado quando se deu o casamento.
§ 1º A escritura não depende de homologação judicial e constitui título hábil para qualquer ato de registro, **bem como para levantamento de importância depositada em instituições financeiras**.	§ 1º A escritura não depende de homologação judicial e constitui título hábil para o registro civil e o registro de imóveis.
§ 2º O tabelião somente lavrará a escritura se os **interessados** estiverem assistidos por advogado ou por defensor público, cuja qualificação e assinatura constarão do ato notarial.	§ 2º O tabelião somente lavrará a escritura se os contratantes estiverem assistidos por advogado comum ou advogados de cada um deles ou por defensor público, cuja qualificação e assinatura constarão do ato notarial.
Art. 734. A alteração do regime de bens do casamento, observados os requisitos legais, poderá ser requerida, motivadamente, em petição assinada por ambos os cônjuges, na qual serão expostas as razões que justificam a alteração, ressalvados os direitos de terceiros.	
§ 1º Ao receber a petição inicial, o juiz determinará a intimação do Ministério Público e a publicação de edital que divulgue a pretendida alteração de bens, somente podendo decidir depois de decorrido o prazo de 30 (trinta) dias da publicação do edital.	
§ 2º Os cônjuges, na petição inicial ou em petição avulsa, podem propor ao juiz meio alternativo de divulgação da alteração do regime de bens, a fim de resguardar direitos de terceiros.	

§ 3º Após o trânsito em julgado da sentença, serão expedidos mandados de averbação aos cartórios de registro civil e de imóveis e, caso qualquer dos cônjuges seja empresário, ao Registro Público de Empresas Mercantis e Atividades Afins.	
Seção V *Dos Testamentos e Codicilos*	**Capítulo IV** **Dos Testamentos e Codicilos**
	Seção I *Da Abertura, do Registro e do Cumprimento*
Art. 735. Recebendo testamento cerrado, o juiz, **se não achar vício externo que o torne suspeito de nulidade ou falsidade**, o abrirá e mandará que o escrivão o leia em presença do apresentante.	**Art. 1.125.** Ao receber testamento cerrado, o juiz, após verificar se está intacto, o abrirá e mandará que o escrivão o leia em presença de quem o entregou.
§ 1º Do termo de abertura constarão o nome do apresentante e como ele obteve o testamento, a data e o lugar do falecimento do testador, com as respectivas provas, e qualquer circunstância digna de nota.	**Parágrafo único.** Lavrar-se-á em seguida o ato de abertura que, rubricado pelo juiz e assinado pelo apresentante, mencionará: I – a data e o lugar em que o testamento foi aberto; II – o nome do apresentante e como houve ele o testamento; III – a data e o lugar do falecimento do testador; IV – qualquer circunstância digna de nota, encontrada no invólucro ou no interior do testamento.
§ 2º Depois de ouvido o Ministério Público, **não havendo dúvidas a serem esclarecidas**, o juiz mandará registrar, arquivar e cumprir o testamento.	**Art. 1.126.** Conclusos os autos, o juiz, ouvido o órgão do Ministério Público, mandará registrar, arquivar e cumprir o testamento, se lhe não achar vício externo, que o torne suspeito de nulidade ou falsidade.
§ 3º Feito o registro, será intimado o testamenteiro para assinar o termo da testamentária.	**Art. 1.127.** Feito o registro, o escrivão intimará o testamenteiro nomeado a assinar, no prazo de 5 (cinco) dias, o termo da testamentaria; se não houver testamenteiro nomeado, estiver ele ausente ou não aceitar o encargo, o escrivão certificará a ocorrência e fará os autos conclusos; caso em que o juiz nomeará testamenteiro dativo, observando-se a preferência legal.
§ 4º Se não houver testamenteiro nomeado ou se ele estiver ausente ou não aceitar o encargo, o juiz nomeará testamenteiro dativo, observando-se a preferência legal.	
§ 5º O testamenteiro deverá cumprir as disposições testamentárias e prestar contas em juízo do que recebeu e despendeu, observando-se o disposto em lei.	**Art. 1.**135. O testamenteiro deverá cumprir as disposições testamentárias no prazo legal, se outro não tiver sido assinado pelo testador e prestar contas, no juízo do inventário, do que recebeu e despendeu.
Art. 736. Qualquer interessado, exibindo o traslado ou a certidão de testamento público, poderá requerer ao juiz que ordene o seu cumprimento, **observando-se, no que couber, o disposto nos parágrafos do art. 735.**	**Art. 1.128.** Quando o testamento for público, qualquer interessado, exibindo-lhe o traslado ou certidão, poderá requerer ao juiz que ordene o seu cumprimento.
	Seção II *Da Confirmação do Testamento Particular*
Art. 737. A publicação do testamento particular poderá ser requerida, depois da morte do testador, pelo herdeiro, pelo legatário ou pelo testamenteiro, **bem como pelo terceiro detentor do testamento, se impossibilitado de entregá-lo a algum dos outros legitimados para requerê-la.**	**Art. 1.130.** O herdeiro, o legatário ou o testamenteiro poderá requerer, depois da morte do testador, a publicação em juízo do testamento particular, inquirindo-se as testemunhas que lhe ouviram a leitura e, depois disso, o assinaram.
§ 1º Serão intimados os herdeiros que não tiverem requerido a publicação do testamento.	**Art. 1.131.** Serão intimados para a inquirição: I – aqueles a quem caberia a sucessão legítima; II – o testamenteiro, os herdeiros e os legatários que não tiverem requerido a publicação; III – o Ministério Público.
§ 2º **Verificando a presença dos requisitos da lei, ouvido o** Ministério Público, o juiz confirmará o testamento.	**Art. 1.133.** Se pelo menos três testemunhas contestes reconhecerem que é autêntico o testamento, o juiz, ouvido o órgão do Ministério Público, o confirmará, observando-se quanto ao mais o disposto nos arts. 1.126 e 1.127.
	Seção III *Do Testamento Militar, Marítimo, Nuncupativo e do Codicilo*
§ 3º Aplica-se o disposto neste artigo ao codicilo e aos testamentos marítimo, aeronáutico, militar e nuncupativo.	**Art. 1.134.** As disposições da seção precedente aplicam-se: I – ao testamento marítimo; II – ao testamento militar; III – ao testamento nuncupativo; IV – ao codicilo.

§ 4º Observar-se-á, no cumprimento do testamento, o disposto nos parágrafos do art. 735.	
Seção VI *Da Herança Jacente*	Capítulo V Da Herança Jacente
Art. 738. Nos casos em que a lei considere jacente a herança, o juiz em cuja comarca tiver domicílio o falecido procederá **imediatamente** à arrecadação dos respectivos bens.	**Art. 1.142.** Nos casos em que a lei civil considere jacente a herança, o juiz, em cuja comarca tiver domicílio o falecido, procederá sem perda de tempo à arrecadação de todos os seus bens.
Art. 739. A herança jacente ficará sob a guarda, a conservação e a administração de um curador até a respectiva entrega ao sucessor legalmente habilitado ou até a declaração de vacância.	**Art. 1.143.** A herança jacente ficará sob a guarda, conservação e administração de um curador até a respectiva entrega ao sucessor legalmente habilitado, ou até a declaração de vacância; caso em que será incorporada ao domínio da União, do Estado ou do Distrito Federal.
§ 1º Incumbe ao curador:	**Art. 1.144.** Incumbe ao curador:
I – representar a herança em juízo ou fora dele, com intervenção do Ministério Público;	I – representar a herança em juízo ou fora dele, com assistência do órgão do Ministério Público;
II – ter em boa guarda e conservação os bens arrecadados e promover a arrecadação de outros porventura existentes;	II – ter em boa guarda e conservação os bens arrecadados e promover a arrecadação de outros porventura existentes;
III – executar as medidas conservatórias dos direitos da herança;	III – executar as medidas conservatórias dos direitos da herança;
IV – apresentar mensalmente ao juiz balancete da receita e da despesa;	IV – apresentar mensalmente ao juiz um balancete da receita e da despesa;
V – prestar contas ao final de sua gestão.	V – prestar contas a final de sua gestão.
§ 2º Aplica-se ao curador o disposto nos arts. 159 a 161.	**Parágrafo único.** Aplica-se ao curador o disposto nos arts. 148 a 150.
Art. 740. O juiz ordenará que o oficial de justiça, acompanhado do escrivão **ou do chefe de secretaria** e do curador, arrole os bens e descreva-os em auto circunstanciado.	**Art. 1.145.** Comparecendo à residência do morto, acompanhado do escrivão e do curador, o juiz mandará arrolar os bens e descrevê-los em auto circunstanciado.
§ 1º Não podendo comparecer ao local, o juiz requisitará à autoridade policial que proceda à arrecadação e ao arrolamento dos bens, com 2 (duas) testemunhas, que assistirão às diligências.	
§ 2º Não estando ainda nomeado o curador, o juiz designará depositário e lhe entregará os bens, mediante simples termo nos autos, depois de compromissado.	§ 1º Não estando ainda nomeado o curador, o juiz designará um depositário e lhe entregará os bens, mediante simples termo nos autos, depois de compromissado.
§ 3º Durante a arrecadação, o juiz **ou a autoridade policial** inquirirá os moradores da casa e da vizinhança sobre a qualificação do falecido, o paradeiro de seus sucessores e a existência de outros bens, lavrando-se de tudo auto de inquirição e informação.	**Art. 1.150.** Durante a arrecadação o juiz inquirirá os moradores da casa e da vizinhança sobre a qualificação do falecido, o paradeiro de seus sucessores e a existência de outros bens, lavrando-se de tudo um auto de inquirição e informação.
§ 4º O juiz examinará reservadamente os papéis, as cartas missivas e os livros domésticos e, verificando que não apresentam interesse, mandará empacotá-los e lacrá-los para serem assim entregues aos sucessores do falecido ou queimados quando os bens forem declarados vacantes.	**Art. 1.147.** O juiz examinará reservadamente os papéis, cartas missivas e os livros domésticos, verificando que não apresentam interesse, mandará empacotá-los e lacrá-los para serem assim entregues aos sucessores do falecido, ou queimados quando os bens forem declarados vacantes.
§ 5º Se constar ao juiz a existência de bens em outra comarca, mandará expedir carta precatória a fim de serem arrecadados.	**Art. 1.149.** Se constar ao juiz a existência de bens em outra comarca, mandará expedir carta precatória a fim de serem arrecadados.
§ 6º Não se fará a arrecadação, ou essa será suspensa, quando, iniciada, apresentarem-se para reclamar os bens o cônjuge **ou companheiro**, o herdeiro ou testamenteiro notoriamente reconhecido e não houver oposição motivada do curador, de qualquer interessado, do Ministério Público ou do representante da Fazenda Pública.	**Art. 1.151.** Não se fará a arrecadação ou suspender-se-á esta quando iniciada, se se apresentar para reclamar os bens o cônjuge, herdeiro ou testamenteiro notoriamente reconhecido e não houver oposição motivada do curador, de qualquer interessado, do órgão do Ministério Público ou do representante da Fazenda Pública.
Art. 741. Ultimada a arrecadação, o juiz mandará expedir edital, que será publicado **na rede mundial de computadores, no sítio do tribunal a que estiver vinculado o juízo e na plataforma de editais do Conselho Nacional de Justiça, onde permanecerá por 3 (três) meses, ou, não havendo sítio, no órgão oficial e** na imprensa da comarca, por 3 (três) vezes com intervalos **de 1 (um) mês**, para que os sucessores do falecido venham a habilitar-se no prazo de 6 (seis) meses contado da primeira publicação.	**Art. 1.152.** Ultimada a arrecadação, o juiz mandará expedir edital, que será estampado três vezes, com intervalo de 30 (trinta) dias para cada um, no órgão oficial e na imprensa da comarca, para que venham a habilitar-se os sucessores do finado no prazo de 6 (seis) meses contados da primeira publicação.
§ 1º Verificada a existência de sucessor ou de testamenteiro em lugar certo, far-se-á a sua citação, sem prejuízo do edital.	§ 1º Verificada a existência de sucessor ou testamenteiro em lugar certo, far-se-á a sua citação, sem prejuízo do edital.

Novo CPC	Antigo CPC
§ 2º Quando o **falecido** for estrangeiro, será também comunicado o fato à autoridade consular.	§ 2º Quando o finado for estrangeiro, será também comunicado o fato à autoridade consular.
§ 3º Julgada a habilitação do herdeiro, reconhecida a qualidade do testamenteiro ou provada a identidade do cônjuge **ou companheiro**, a arrecadação converter-se-á em inventário.	**Art. 1.153.** Julgada a habilitação do herdeiro, reconhecida a qualidade do testamenteiro ou provada a identidade do cônjuge, a arrecadação converter-se-á em inventário.
§ 4º Os credores da herança poderão habilitar-se como nos inventários ou propor a ação de cobrança.	**Art. 1.154.** Os credores da herança poderão habilitar-se como nos inventários ou propor a ação de cobrança.
Art. 742. O juiz poderá autorizar a alienação:	**Art. 1.155.** O juiz poderá autorizar a alienação:
I – de bens móveis, se forem de conservação difícil ou dispendiosa;	I – de bens móveis, se forem de conservação difícil ou dispendiosa;
II – de semoventes, quando não empregados na exploração de alguma indústria;	II – de semoventes, quando não empregados na exploração de alguma indústria;
III – de títulos e papéis de crédito, havendo fundado receio de depreciação;	III – de títulos e papéis de crédito, havendo fundado receio de depreciação;
IV – de ações de sociedade quando, reclamada a integralização, não dispuser a herança de dinheiro para o pagamento;	IV – de ações de sociedade quando, reclamada a integralização, não dispuser a herança de dinheiro para o pagamento;
V – de bens imóveis:	V – de bens imóveis:
a) se ameaçarem ruína, não convindo a reparação;	a) se ameaçarem ruína, não convindo a reparação;
b) se estiverem hipotecados e vencer-se a dívida, não havendo dinheiro para o pagamento.	b) se estiverem hipotecados e vencer-se a dívida, não havendo dinheiro para o pagamento.
§ 1º Não se procederá, entretanto, à venda se a Fazenda Pública ou o habilitando adiantar a importância para as despesas.	**Parágrafo único.** Não se procederá, entretanto, à venda se a Fazenda Pública ou o habilitando adiantar a importância para as despesas.
§ 2º Os bens com valor de afeição, como retratos, objetos de uso pessoal, livros e obras de arte, só serão alienados depois de declarada a vacância da herança.	**Art. 1.156.** Os bens com valor de afeição, como retratos, objetos de uso pessoal, livros e obras de arte, só serão alienados depois de declarada a vacância da herança.
Art. 743. Passado 1 (um) ano da primeira publicação do edital e não havendo herdeiro habilitado nem habilitação pendente, será a herança declarada vacante.	**Art. 1.157.** Passado 1 (um) ano da primeira publicação do edital (art. 1.152) e não havendo herdeiro habilitado nem habilitação pendente, será a herança declarada vacante.
§ 1º Pendendo habilitação, a vacância será declarada pela mesma sentença que a julgar improcedente, aguardando-se, no caso de serem diversas as habilitações, o julgamento da última.	**Parágrafo único.** Pendendo habilitação, a vacância será declarada pela mesma sentença que a julgar improcedente. Sendo diversas as habilitações, aguardar-se-á o julgamento da última.
§ 2º Transitada em julgado a sentença que declarou a vacância, o cônjuge, o companheiro, os herdeiros e os credores só poderão reclamar o seu direito por ação direta.	**Art. 1.158.** Transitada em julgado a sentença que declarou a vacância, o cônjuge, os herdeiros e os credores só poderão reclamar o seu direito por ação direta.
Seção VII **Dos Bens dos Ausentes**	**Capítulo VI** Dos Bens dos Ausentes
Art. 744. Declarada a ausência nos casos previstos em lei, o juiz mandará arrecadar os bens do ausente e nomear-lhes-á curador na forma estabelecida na **Seção VI, observando-se o disposto** em **lei**.	**Art. 1.159.** Desaparecendo alguém do seu domicílio sem deixar representante a quem caiba administrar-lhe os bens, ou deixando mandatário que não queira ou não possa continuar a exercer o mandato, declarar-se-á a sua ausência. **Art. 1.160.** O juiz mandará arrecadar os bens do ausente e nomear-lhe-á curador na forma estabelecida no Capítulo antecedente.
Art. 745. Feita a arrecadação, o juiz mandará publicar editais **na rede mundial de computadores, no sítio do tribunal a que estiver vinculado e na plataforma de editais do Conselho Nacional de Justiça,** onde permanecerá por 1 (um) ano, ou, **não havendo sítio**, no órgão oficial e na imprensa da comarca, durante 1 (um) ano, reproduzida de 2 (dois) em 2 (dois) meses, anunciando a arrecadação e chamando o ausente a entrar na posse de seus bens.	**Art. 1.161.** Feita a arrecadação, o juiz mandará publicar editais durante 1 (um) ano, reproduzidos de dois em dois meses, anunciando a arrecadação e chamando o ausente a entrar na posse de seus bens.
§ 1º **Findo o prazo previsto no edital**, poderão os interessados requerer a abertura da sucessão provisória, **observando-se o disposto em lei**.	**Art. 1.163.** Passado um ano da publicação do primeiro edital sem que se saiba do ausente e não tendo comparecido seu procurador ou representante, poderão os interessados requerer que se abra provisoriamente a sucessão.
§ 2º O interessado, ao requerer a abertura da sucessão provisória, pedirá a citação pessoal dos herdeiros presentes e do curador e, por editais, a dos ausentes para requererem habilitação, **na forma dos arts. 689 a 692.**	**Art. 1.164.** O interessado, ao requerer a abertura da sucessão provisória, pedirá a citação pessoal dos herdeiros presentes e do curador e, por editais, a dos ausentes para oferecerem artigos de habilitação.

§ 3º **Presentes os requisitos legais**, poderá ser requerida a conversão da sucessão provisória em definitiva.	**Art. 1.167.** A sucessão provisória cessará pelo comparecimento do ausente e converter-se-á em definitiva: I – quando houver certeza da morte do ausente; II – 10 (dez) anos depois de passada em julgado a sentença de abertura da sucessão provisória; III – quando o ausente contar 80 (oitenta) anos de idade e houverem decorrido 5 (cinco) anos das últimas notícias suas.
§ 4º Regressando o ausente ou algum de seus descendentes ou ascendentes para requerer ao juiz a entrega de bens, **serão citados para contestar o pedido os sucessores provisórios ou definitivos, o Ministério Público e o representante da Fazenda Pública, seguindo-se o procedimento comum**.	**Art. 1.168.** Regressando o ausente nos 10 (dez) anos seguintes à abertura da sucessão definitiva ou algum dos seus descendentes ou ascendentes, aquele ou estes só poderão requerer ao juiz a entrega dos bens existentes no estado em que se acharem, os sub-rogados em seu lugar ou o preço que os herdeiros e demais interessados houverem recebido pelos alienados depois daquele tempo. **Art. 1.169.** Serão citados para lhe contestarem o pedido os sucessores provisórios ou definitivos, o órgão do Ministério Público e o representante da Fazenda Pública. **Parágrafo único.** Havendo contestação, seguir-se-á o procedimento ordinário.
Seção VIII *Das Coisas Vagas*	Capítulo VII Das Coisas Vagas
Art. 746. Recebendo do descobridor coisa alheia perdida, **o juiz mandará** lavrar o respectivo auto, do qual constará a descrição do bem e as declarações do descobridor.	**Art. 1.170.** Aquele que achar coisa alheia perdida, não lhe conhecendo o dono ou legítimo possuidor, a entregará à autoridade judiciária ou policial, que a arrecadará, mandando lavrar o respectivo auto, dele constando a sua descrição e as declarações do inventor.
§ 1º **Recebida a coisa por autoridade policial**, esta a remeterá em seguida ao juízo competente.	**Parágrafo único.** A coisa, com o auto, será logo remetida ao juiz competente, quando a entrega tiver sido feita à autoridade policial ou a outro juiz.
§ 2º Depositada a coisa, o juiz mandará publicar edital **na rede mundial de computadores, no sítio do tribunal a que estiver vinculado e na plataforma de editais do Conselho Nacional de Justiça ou, não havendo sítio, no órgão oficial** e na imprensa da comarca, para que o dono ou o legítimo possuidor a reclame, salvo se se tratar de coisa de pequeno valor **e não** for **possível a publicação no sítio do tribunal**, caso em que o edital será apenas afixado no átrio do edifício do fórum.	**Art. 1.171.** Depositada a coisa, o juiz mandará publicar edital, por duas vezes, no órgão oficial, com intervalo de 10 (dez) dias, para que o dono ou legítimo possuidor a reclame. [...] § 2º Tratando-se de coisa de pequeno valor, o edital será apenas afixado no átrio do edifício do fórum.
§ 3º Observar-se-á, quanto ao mais, o disposto em lei.	
Seção IX *Da Interdição*	
Art. 747. A interdição pode ser promovida:	**Art. 1.177.** A interdição pode ser promovida:
I – pelo cônjuge **ou companheiro**;	II – pelo cônjuge ou algum parente próximo;
II – **pelos parentes** ou tutores;	I – pelo pai, mãe ou tutor;
III – pelo representante da entidade em que se encontra abrigado o interditando;	
IV – pelo Ministério Público.	III – pelo órgão do Ministério Público.
Parágrafo único. A legitimidade deverá ser comprovada por documentação que acompanhe a petição inicial.	
Art. 748. O Ministério Público só promoverá interdição **em caso de doença mental grave**:	**Art. 1.178.** O órgão do Ministério Público só requererá a interdição: I – no caso de anomalia psíquica;
I – se as pessoas designadas nos incisos I, II e III do art. 747 não existirem ou não promoverem a interdição;	II – se não existir ou não promover a interdição alguma das pessoas designadas no artigo antecedente, ns. I e II;
II – se, existindo, forem incapazes as pessoas mencionadas nos incisos I e II do art. 747.	III – se, existindo, forem menores ou incapazes.
Art. 749. Incumbe ao autor, na petição inicial, **especificar os fatos que demonstram a incapacidade do interditando para administrar seus bens e, se for o caso,** para **praticar** atos **da vida civil, bem como o momento em que a incapacidade se revelou**.	**Art. 1.180.** Na petição inicial, o interessado provará a sua legitimidade, especificará os fatos que revelam a anomalia psíquica e assinalará a incapacidade do interditando para reger a sua pessoa e administrar os seus bens.
Parágrafo único. Justificada a urgência, o juiz pode nomear curador provisório ao interditando para a prática de determinados atos.	

Novo CPC	Antigo CPC
Art. 750. O requerente deverá juntar laudo médico para fazer prova de suas alegações ou informar a impossibilidade de fazê-lo.	
Art. 751. O interditando será citado para, em dia designado, comparecer perante o juiz, que o **entrevistará** minuciosamente acerca de sua vida, negócios, bens, **vontades, preferências** e **laços familiares e afetivos** e sobre o que mais lhe parecer necessário para **convencimento quanto** à **sua capacidade para** praticar **atos da vida civil**, devendo ser reduzidas a termo as perguntas e respostas.	**Art. 1.181.** O interditando será citado para, em dia designado, comparecer perante o juiz, que o examinará, interrogando-o minuciosamente acerca de sua vida, negócios, bens e do mais que lhe parecer necessário para ajuizar do seu estado mental, reduzidas a auto as perguntas e respostas.
§ 1º Não podendo o interditando deslocar-se, o juiz o ouvirá no local onde estiver.	
§ 2º A entrevista poderá ser acompanhada por especialista.	
§ 3º Durante a entrevista, é assegurado o emprego de recursos tecnológicos capazes de permitir ou de auxiliar o interditando a expressar suas vontades e preferências e a responder às perguntas formuladas.	
§ 4º A critério do juiz, poderá ser requisitada a oitiva de parentes e de pessoas próximas.	
Art. 752. Dentro do **prazo de 15 (quinze) dias** contado da entrevista, o interditando poderá impugnar o pedido.	**Art. 1.182.** Dentro do prazo de 5 (cinco) dias contados da audiência de interrogatório, poderá o interditando impugnar o pedido.
§ 1º O Ministério Público **intervirá como fiscal da ordem jurídica**.	§ 1º Representará o interditando nos autos do procedimento o órgão do Ministério Público ou, quando for este o requerente, o curador à lide.
§ 2º O interditando poderá constituir advogado, e, caso não o faça, deverá ser nomeado **curador especial**.	§ 2º Poderá o interditando constituir advogado para defender-se.
§ 3º Caso o interditando não constitua advogado, o seu cônjuge, companheiro ou qualquer parente sucessível poderá intervir como assistente.	
Art. 753. Decorrido o prazo previsto no art. 752, o juiz determinará a produção de prova pericial para **avaliação da capacidade do interditando para** praticar **atos da vida civil**.	**Art. 1.183.** Decorrido o prazo a que se refere o artigo antecedente, o juiz nomeará perito para proceder ao exame do interditando. Apresentado o laudo, o juiz designará audiência de instrução e julgamento.
§ 1º A perícia pode ser realizada por equipe composta por expertos com formação multidisciplinar.	
§ 2º O laudo pericial indicará especificadamente, se for o caso, os atos para os quais haverá necessidade de curatela.	
Art. 754. Apresentado o laudo, produzidas as demais provas e ouvidos os interessados, o juiz proferirá sentença.	
Art. 755. Na sentença que decretar a interdição, o juiz:	
I – nomeará curador, **que poderá ser o requerente da interdição, e fixará os limites da curatela, segundo o estado e o desenvolvimento mental** do interdito;	**Art. 1.183.** [...] **Parágrafo único.** Decretando a interdição, o juiz nomeará curador ao interdito.
II – considerará as características pessoais do interdito, observando suas potencialidades, habilidades, vontades e preferências.	
§ 1º A curatela deve ser atribuída a quem melhor possa atender aos interesses do curatelado.	
§ 2º Havendo, ao tempo da interdição, pessoa incapaz sob a guarda e a responsabilidade do interdito, o juiz atribuirá a curatela a quem melhor puder atender aos interesses do interdito e do incapaz.	
§ 3º A sentença de interdição **será inscrita no registro de pessoas naturais e imediatamente publicada na rede mundial de computadores, no sítio do tribunal a que estiver vinculado o juízo e na plataforma de editais do Conselho Nacional de Justiça, onde permanecerá por 6 (seis) meses**, na imprensa local, 1 (uma) vez, e no órgão oficial, por 3 (três) vezes, com intervalo de 10 (dez) dias, constando do edital os nomes do interdito e do curador, a causa da interdição, os limites da curatela e, não sendo total a interdição, os atos que o interdito poderá praticar autonomamente.	**Art. 1.184.** A sentença de interdição produz efeito desde logo, embora sujeita a apelação. Será inscrita no Registro de Pessoas Naturais e publicada pela imprensa local e pelo órgão oficial por três vezes, com intervalo de 10 (dez) dias, constando do edital os nomes do interdito e do curador, a causa da interdição e os limites da curatela.
Art. 756. Levantar-se-á a curatela quando cessar a causa que a determinou.	**Art. 1.186.** Levantar-se-á a interdição, cessando a causa que a determinou.

Novo CPC	Antigo CPC
§ 1º O pedido de levantamento da curatela poderá ser feito pelo interdito, **pelo curador ou pelo Ministério Público** e será apensado aos autos da interdição.	§ 1º O pedido de levantamento poderá ser feito pelo interditado e será apensado aos autos da interdição. O juiz nomeará perito para proceder ao exame de sanidade no interditado e após a apresentação do laudo designará audiência de instrução e julgamento.
§ 2º O juiz nomeará perito **ou equipe multidisciplinar** para proceder ao exame do interdito e designará audiência de instrução e julgamento após a apresentação do laudo.	
§ 3º Acolhido o pedido, o juiz decretará o levantamento da interdição e **determinará** a publicação da sentença, após o trânsito em julgado, **na forma do art. 755, § 3º, ou, não sendo possível**, na imprensa local e no órgão oficial, por 3 (três) vezes, com intervalo de 10 (dez) dias, seguindo-se a averbação no registro de pessoas naturais.	§ 2º Acolhido o pedido, o juiz decretará o levantamento da interdição e mandará publicar a sentença, após o trânsito em julgado, pela imprensa local e órgão oficial por três vezes, com intervalo de 10 (dez) dias, seguindo-se a averbação no Registro de Pessoas Naturais.
§ 4º A interdição poderá ser levantada parcialmente quando demonstrada a capacidade do interdito para praticar alguns atos da vida civil.	
Art. 757. A autoridade do curador estende-se à pessoa e aos bens do incapaz que se encontrar sob a guarda e a responsabilidade do curatelado ao tempo da interdição, salvo se o juiz considerar outra solução como mais conveniente aos interesses do incapaz.	
Art. 758. O curador deverá buscar tratamento e apoio apropriados à conquista da autonomia pelo interdito.	
Seção X *Disposições Comuns à Tutela e à Curatela*	Capítulo IX Das Disposições Comuns à Tutela e à Curatela
	Seção I *Da Nomeação do Tutor ou Curador*
Art. 759. O tutor ou o curador será intimado a prestar compromisso no prazo de 5 (cinco) dias contado da:	**Art. 1.187.** O tutor ou curador será intimado a prestar compromisso no prazo de 5 (cinco) dias contados:
I – nomeação feita em conformidade com a lei;	I – da nomeação feita na conformidade da lei civil;
II – intimação do despacho que mandar cumprir o testamento ou o instrumento público que o houver instituído.	II – da intimação do despacho que mandar cumprir o testamento ou o instrumento público que o houver instituído.
§ 1º O tutor ou o curador prestará o compromisso por termo em livro rubricado pelo juiz.	**Art. 1.188.** Prestado o compromisso por termo em livro próprio rubricado pelo juiz, o tutor ou curador, antes de entrar em exercício, requererá, dentro em 10 (dez) dias, a especialização em hipoteca legal de imóveis necessários para acautelar os bens que serão confiados à sua administração.
§ 2º Prestado o compromisso, o tutor ou o curador assume a administração dos bens do tutelado ou do interditado.	
Art. 760. O tutor ou o curador poderá eximir-se do encargo apresentando escusa ao juiz no prazo de 5 (cinco) dias contado:	**Art. 1.192.** O tutor ou curador poderá eximir-se do encargo, apresentando escusa ao juiz no prazo de 5 (cinco) dias. Contar-se-á o prazo:
I – antes de aceitar o encargo, da intimação para prestar compromisso;	I – antes de aceitar o encargo, da intimação para prestar compromisso;
II – depois de entrar em exercício, do dia em que sobrevier o motivo da escusa.	II – depois de entrar em exercício, do dia em que sobrevier o motivo da escusa.
§ 1º Não sendo requerida a escusa no prazo estabelecido neste artigo, considerar-se-á renunciado o direito de alegá-la.	**Parágrafo único.** Não sendo requerida a escusa no prazo estabelecido neste artigo, reputar-se-á renunciado o direito de alegá-la.
§ 2º O juiz decidirá de plano o pedido de escusa, e, não o admitindo, exercerá o nomeado a tutela ou a curatela enquanto não for dispensado por sentença transitada em julgado.	**Art. 1.193.** O juiz decidirá de plano o pedido de escusa. Se não a admitir, exercerá o nomeado a tutela ou curatela enquanto não for dispensado por sentença transitada em julgado.
	Seção II *Da Remoção e Dispensa de Tutor ou Curador*
Art. 761. Incumbe ao Ministério Público ou a quem tenha legítimo interesse requerer, nos casos previstos em lei, a remoção do tutor ou do curador.	**Art. 1.194.** Incumbe ao órgão do Ministério Público, ou a quem tenha legítimo interesse, requerer, nos casos previstos na lei civil, a remoção do tutor ou curador.
Parágrafo único. O tutor ou o curador será citado para contestar a arguição no prazo de 5 (cinco) dias, findo o qual **observar-se-á o procedimento comum**.	**Art. 1.195.** O tutor ou curador será citado para contestar a arguição no prazo de 5 (cinco) dias. **Art. 1.196.** Findo o prazo, observar-se-á o disposto no art. 803.
Art. 762. Em caso de extrema gravidade, o juiz poderá suspender o tutor ou curador do exercício de suas funções, nomeando substituto interino.	**Art. 1.197.** Em caso de extrema gravidade, poderá o juiz suspender do exercício de suas funções o tutor ou curador, nomeando-lhe interinamente substituto.

Novo CPC	Antigo CPC
Art. 763. Cessando as funções do tutor ou do curador pelo decurso do prazo em que era obrigado a servir, ser-lhe-á lícito requerer a exoneração do encargo. § 1º Caso o tutor ou o curador não requeira a exoneração do encargo dentro dos 10 (dez) dias seguintes à expiração do termo, entender-se-á reconduzido, salvo se o juiz o dispensar. § 2º Cessada a tutela ou a curatela, é indispensável a prestação de contas pelo tutor ou pelo curador, na forma da lei civil.	**Art. 1.198.** Cessando as funções do tutor ou curador pelo decurso do prazo em que era obrigado a servir, ser-lhe-á lícito requerer a exoneração do encargo; não o fazendo dentro dos 10 (dez) dias seguintes à expiração do termo, entender-se-á reconduzido, salvo se o juiz o dispensar.
Seção XI *Da Organização e da Fiscalização das Fundações*	**Capítulo X** Da Organização e da Fiscalização das Fundações
Art. 764. O juiz decidirá sobre a aprovação do estatuto das fundações e de suas alterações sempre que o requeira o interessado, quando: I – ela for negada previamente pelo Ministério Público ou por este forem exigidas modificações com as quais o interessado não concorde; II – o interessado discordar do estatuto elaborado pelo Ministério Público. § 1º O estatuto das fundações deve observar o disposto na Lei n. 10.406, de 10 de janeiro de 2002 (Código Civil). § 2º Antes de suprir a aprovação, o juiz poderá mandar fazer no estatuto modificações a fim de adaptá-lo ao objetivo do instituidor.	**Art. 1.201.** Autuado o pedido, o órgão do Ministério Público, no prazo de 15 (quinze) dias, aprovará o estatuto, indicará as modificações que entender necessárias ou lhe denegará a aprovação. § 1º Nos dois últimos casos, pode o interessado, em petição motivada, requerer ao juiz o suprimento da aprovação. § 2º O juiz, antes de suprir a aprovação, poderá mandar fazer no estatuto modificações a fim de adaptá-lo ao objetivo do instituidor.
Art. 765. Qualquer interessado ou o Ministério Público promoverá em juízo a extinção da fundação quando: I – se tornar ilícito o seu objeto; II – for impossível a sua manutenção; III – vencer o prazo de sua existência.	**Art. 1.204.** Qualquer interessado ou o órgão do Ministério Público promoverá a extinção da fundação quando: I – se tornar ilícito o seu objeto; II – for impossível a sua manutenção; III – se vencer o prazo de sua existência.
Seção XII *Da Ratificação dos Protestos Marítimos e dos Processos Testemunháveis Formados a Bordo*	
Art. 766. Todos os protestos e os processos testemunháveis formados a bordo e lançados no livro Diário da Navegação deverão ser apresentados pelo comandante ao juiz de direito do primeiro porto, nas primeiras 24 (vinte e quatro) horas de chegada da embarcação, para sua ratificação judicial.	**Art. 727.** Dentro das vinte e quatro (24) horas úteis da entrada do navio no porto, o capitão se apresentará ao juiz, fazendo-lhe entrega do protesto ou processo testemunhável, formado a bordo, e do diário de navegação. O juiz não admitirá a ratificação, se a ata não constar do diário. [Artigo correspondente ao CPC de 1939]
Art. 767. A petição inicial conterá a transcrição dos termos lançados no livro Diário da Navegação e deverá ser instruída com cópias das páginas que contenham os termos que serão ratificados, dos documentos de identificação do comandante e das testemunhas arroladas, do rol de tripulantes, do documento de registro da embarcação e, quando for o caso, do manifesto das cargas sinistradas e a qualificação de seus consignatários, traduzidos, quando for o caso, de forma livre para o português.	**Art. 725.** O protesto ou processo testemunhável formado a bordo declarará os motivos da determinação do capitão, conterá relatório circunstanciado do sinistro e referirá, em resumo, a derrota até o ponto do mesmo sinistro, declarando a altura em que ocorreu. **Art. 726.** O protesto ou processo testemunhável será escrito pelo piloto, datado e assinado pelo capitão, pelos maiores da tripulação – imediato, chefe de máquina, médico, pilotos, mestres, e por igual número de passageiros, com a indicação dos respectivos domicílios. **Parágrafo único.** Lavrar-se-á no diário de navegação ata, que precederá o protesto e conterá a determinação motivada do capitão. [Artigo correspondente ao CPC de 1939]
Art. 768. A petição inicial deverá ser distribuída com urgência e encaminhada ao juiz, que ouvirá, sob compromisso a ser prestado no mesmo dia, o comandante e as testemunhas em número mínimo de 2 (duas) e máximo de 4 (quatro), que deverão comparecer ao ato independentemente de intimação. § 1º Tratando-se de estrangeiros que não dominem a língua portuguesa, o autor deverá fazer-se acompanhar por tradutor, que prestará compromisso em audiência. § 2º Caso o autor não se faça acompanhar por tradutor, o juiz deverá nomear outro que preste compromisso em audiência.	
Art. 769. Aberta a audiência, o juiz mandará apregoar os consignatários das cargas indicados na petição inicial e outros eventuais interessados, nomeando para os ausentes curador para o ato.	**Art. 728.** Feita a notificação dos interessados, o juiz, nomeando curador aos ausentes, procederá na forma do art. 685. [Artigo correspondente ao CPC de 1939]

Art. 770. Inquiridos o comandante e as testemunhas, o juiz, convencido da veracidade dos termos lançados no Diário da Navegação, em audiência, ratificará por sentença o protesto ou o processo testemunhável lavrado a bordo, dispensado o relatório.	**Art. 729.** Finda a inquirição e conclusos os autos, o juiz, por sentença, ratificará o protesto, mandando dar instrumento à parte. [Artigo correspondente ao CPC de 1939]
Parágrafo único. Independentemente do trânsito em julgado, o juiz determinará a entrega dos autos ao autor ou ao seu advogado, mediante a apresentação de traslado.	
LIVRO II **DO PROCESSO DE EXECUÇÃO**	**Livro II** Do Processo de Execução
TÍTULO I Da Execução em Geral	**TÍTULO I** Da Execução em Geral
	[...]
Capítulo I Das Disposições Gerais	Capítulo V Das Disposições Gerais
Art. 771. Este Livro regula o procedimento da execução fundada em título extrajudicial, e suas disposições aplicam-se, também, no que couber, aos procedimentos especiais de execução, **aos atos executivos realizados no procedimento de cumprimento de sentença, bem como aos efeitos de atos ou fatos processuais a que a lei atribuir força executiva.**	**Art. 475-R.** Aplicam-se subsidiariamente ao cumprimento da sentença, no que couber, as normas que regem o processo de execução de título extrajudicial.
Parágrafo único. Aplicam-se subsidiariamente à execução as disposições do **Livro I da Parte Especial.**	**Art. 598.** Aplicam-se subsidiariamente à execução as disposições que regem o processo de conhecimento
Art. 772. O juiz pode, em qualquer momento do processo:	**Art. 599.** O juiz pode, em qualquer momento do processo:
I – ordenar o comparecimento das partes;	I – ordenar o comparecimento das partes;
II – advertir o **executado** de que seu procedimento constitui ato atentatório à dignidade da justiça;	II – advertir ao devedor que o seu procedimento constitui ato atentatório à dignidade da justiça.
III – determinar que sujeitos indicados pelo exequente forneçam informações em geral relacionadas ao objeto da execução, tais como documentos e dados que tenham em seu poder, assinando-lhes prazo razoável.	
Art. 773. O juiz poderá, de ofício ou a requerimento, determinar as medidas necessárias ao cumprimento da ordem de entrega de documentos e dados.	
Parágrafo único. Quando, em decorrência do disposto neste artigo, o juízo receber dados sigilosos para os fins da execução, o juiz adotará as medidas necessárias para assegurar a confidencialidade.	
Art. 774. Considera-se atentatória à dignidade da justiça **a conduta comissiva ou omissiva** do executado que:	**Art. 600.** Considera-se atentatório à dignidade da Justiça o ato do executado que:
I – frauda a execução;	I – frauda a execução;
II – se opõe maliciosamente à execução, empregando ardis e meios artificiosos;	II – se opõe maliciosamente à execução, empregando ardis e meios artificiosos;
III – dificulta ou embaraça a realização da penhora;	
IV – resiste injustificadamente às ordens judiciais;	III – resiste injustificadamente às ordens judiciais;
V – intimado, não indica ao juiz quais são e onde estão os bens sujeitos à penhora e os respectivos valores, nem **exibe prova de sua propriedade e, se for o caso, certidão negativa de ônus**.	IV – intimado, não indica ao juiz, em 5 (cinco) dias, quais são e onde se encontram os bens sujeitos à penhora e seus respectivos valores.
Parágrafo único. Nos casos previstos **neste artigo**, o juiz **fixará multa** em montante não superior a vinte por cento do valor atualizado do débito **em execução**, a qual será revertida em proveito do exequente, exigível nos próprios autos do processo, sem prejuízo de outras sanções de natureza processual ou material.	**Art. 601.** Nos casos previstos no artigo anterior, o devedor incidirá em multa fixada pelo juiz, em montante não superior a 20% (vinte por cento) do valor atualizado do débito em execução, sem prejuízo de outras sanções de natureza processual ou material, multa essa que reverterá em proveito do credor, exigível na própria execução.
Art. 775. O exequente tem o **direito** de desistir de toda a execução ou de apenas alguma medida executiva.	**Art. 569.** O credor tem a faculdade de desistir de toda a execução ou de apenas algumas medidas executivas.
Parágrafo único. Na desistência da execução, observar-se-á o seguinte:	**Parágrafo único.** Na desistência da execução, observar-se-á o seguinte:

Novo CPC	Antigo CPC
I – serão extintos **a impugnação e** os embargos que versarem apenas sobre questões processuais, pagando o **exequente** as custas **processuais** e os honorários advocatícios;	a) serão extintos os embargos que versarem apenas sobre questões processuais, pagando o credor as custas e os honorários advocatícios;
II – nos demais casos, a extinção dependerá da concordância do **impugnante** ou do embargante.	b) nos demais casos, a extinção dependerá da concordância do embargante.
Art. 776. O **exequente** ressarcirá ao **executado** os danos que este sofreu, quando a sentença, transitada em julgado, declarar inexistente, no todo ou em parte, a obrigação que ensejou a execução.	**Art. 574.** O credor ressarcirá ao devedor os danos que este sofreu, quando a sentença, passada em julgado, declarar inexistente, no todo ou em parte, a obrigação, que deu lugar à execução.
Art. 777. A cobrança de multas ou de indenizações decorrentes de litigância de má-fé ou de prática de ato atentatório à dignidade da justiça será promovida nos próprios autos do processo.	**Art. 739-B.** A cobrança de multa ou de indenizações decorrentes de litigância de má-fé (arts. 17 e 18) será promovida no próprio processo de execução, em autos apensos, operando-se por compensação ou por execução.
CAPÍTULO II Das Partes	**CAPÍTULO I** Das Partes
Art. 778. Pode promover a execução forçada o credor a quem a lei confere título executivo.	**Art. 566.** Podem promover a execução forçada: I – o credor a quem a lei confere título executivo
§ 1º Podem promover a execução forçada ou nela prosseguir, **em sucessão ao exequente originário**:	
I – o Ministério Público, nos casos previstos em lei;	II – o Ministério Público, nos casos prescritos em lei.
	Art. 567. Podem também promover a execução, ou nela prosseguir:
II – o espólio, os herdeiros ou os sucessores do credor, sempre que, por morte deste, lhes for transmitido o direito resultante do título executivo;	I – o espólio, os herdeiros ou os sucessores do credor, sempre que, por morte deste, lhes for transmitido o direito resultante do título executivo;
III – o cessionário, quando o direito resultante do título executivo lhe for transferido por ato entre vivos;	II – o cessionário, quando o direito resultante do título executivo lhe foi transferido por ato entre vivos;
IV – o sub-rogado, nos casos de sub-rogação legal ou convencional.	III – o sub-rogado, nos casos de sub-rogação legal ou convencional.
§ 2º A sucessão prevista no § 1º independe de consentimento do executado.	
Art. 779. A execução pode ser promovida contra:	**Art. 568.** São sujeitos passivos na execução:
I – o devedor, reconhecido como tal no título executivo;	I – o devedor, reconhecido como tal no título executivo;
II – o espólio, os herdeiros ou os sucessores do devedor;	II – o espólio, os herdeiros ou os sucessores do devedor;
III – o novo devedor que assumiu, com o consentimento do credor, a obrigação resultante do título executivo;	III – o novo devedor, que assumiu, com o consentimento do credor, a obrigação resultante do título executivo;
IV – o fiador **do débito constante em título extrajudicial**;	**IV – o fiador judicial;**
V – o responsável titular do bem vinculado por garantia real ao pagamento do débito;	
VI – o responsável tributário, assim definido em lei.	V – o responsável tributário, assim definido na legislação própria.
Art. 780. O exequente pode cumular várias execuções, ainda que fundadas em títulos diferentes, quando o executado for o mesmo e desde que para todas elas seja competente o mesmo juízo e idêntico o procedimento.	**Art. 573.** É lícito ao credor, sendo o mesmo o devedor, cumular várias execuções, ainda que fundadas em títulos diferentes, desde que para todas elas seja competente o juiz e idêntica a forma do processo.
CAPÍTULO III Da Competência	**CAPÍTULO II** Da Competência
Art. 781. A execução fundada em título extrajudicial será processada perante o juízo competente, **observando-se o seguinte**:	**Art. 576.** A execução, fundada em título extrajudicial, será processada perante o juízo competente, na conformidade do disposto no Livro I, Título IV, Capítulos II e III.
I – a execução poderá ser proposta no foro de domicílio do executado, de eleição constante do título ou, ainda, de situação dos bens a ela sujeitos;	
II – tendo mais de um domicílio, o executado poderá ser demandado no foro de qualquer deles;	
III – sendo incerto ou desconhecido o domicílio do executado, a execução poderá ser proposta no lugar onde for encontrado ou no foro de domicílio do exequente;	
IV – havendo mais de um devedor, com diferentes domicílios, a execução será proposta no foro de qualquer deles, à escolha do exequente;	

V – a execução poderá ser proposta no foro do lugar em que se praticou o ato ou em que ocorreu o fato que deu origem ao título, mesmo que nele não mais resida o executado.	
Art. 782. Não dispondo a lei de modo diverso, o juiz determinará os atos executivos, e o oficial de justiça os cumprirá.	**Art. 577.** Não dispondo a lei de modo diverso, o juiz determinará os atos executivos e os oficiais de justiça os cumprirão.
§ 1º O oficial de justiça poderá cumprir os atos executivos determinados pelo juiz também nas comarcas contíguas, de fácil comunicação, e nas que se situem na mesma região metropolitana.	
§ 2º Sempre que, para efetivar a execução, for necessário o emprego de força policial, o juiz a requisitará.	**Art. 579.** Sempre que, para efetivar a execução, for necessário o emprego da força policial, o juiz a requisitará.
§ 3º A requerimento da parte, o juiz pode determinar a inclusão do nome do executado em cadastros de inadimplentes.	
§ 4º A inscrição será cancelada imediatamente se for efetuado o pagamento, se for garantida a execução ou se a execução for extinta por qualquer outro motivo.	
§ 5º O disposto nos §§ 3º e 4º aplica-se à execução definitiva de título judicial.	
Capítulo IV **Dos Requisitos Necessários** **para Realizar Qualquer Execução**	**Capítulo III** **Dos Requisitos Necessários** **para Realizar Qualquer Execução**
Seção I *Do Título Executivo*	
Art. 783. A execução para cobrança de crédito fundar-se-á sempre em título de obrigação certa, líquida e exigível.	**Art. 586.** A execução para cobrança de crédito fundar-se-á sempre em título de obrigação certa, líquida e exigível.
Art. 784. São títulos executivos extrajudiciais:	**Art. 585.** São títulos executivos extrajudiciais:
I – a letra de câmbio, a nota promissória, a duplicata, a debênture e o cheque;	I – a letra de câmbio, a nota promissória, a duplicata, a debênture e o cheque;
II – a escritura pública ou outro documento público assinado pelo devedor;	II – a escritura pública ou outro documento público assinado pelo devedor; o documento particular assinado pelo devedor e por duas testemunhas; o instrumento de transação referendado pelo Ministério Público, pela Defensoria Pública ou pelos advogados dos transatores;
III – o documento particular assinado pelo devedor e por 2 (duas) testemunhas;	
IV – o instrumento de transação referendado pelo Ministério Público, pela Defensoria Pública, **pela Advocacia Pública**, pelos advogados dos transatores ou **por conciliador ou mediador credenciado por tribunal**;	
V – o contrato garantido por hipoteca, penhor, anticrese **ou outro direito real de garantia** e aquele garantido por caução;	III – os contratos garantidos por hipoteca, penhor, anticrese e caução, bem como os de seguro de vida;
VI – o contrato de seguro de vida **em caso de morte**;	
VII – o crédito decorrente de foro e laudêmio;	IV – o crédito decorrente de foro e laudêmio;
VIII – o crédito, documentalmente comprovado, decorrente de aluguel de imóvel, bem como de encargos acessórios, tais como taxas e despesas de condomínio;	V – o crédito, documentalmente comprovado, decorrente de aluguel de imóvel, bem como de encargos acessórios, tais como taxas e despesas de condomínio;
IX – a certidão de dívida ativa da Fazenda Pública da União, dos Estados, do Distrito Federal e dos Municípios, correspondente aos créditos inscritos na forma da lei;	VII – a certidão de dívida ativa da Fazenda Pública da União, dos Estados, do Distrito Federal, dos Territórios e dos Municípios, correspondente aos créditos inscritos na forma da lei;
X – o crédito referente às contribuições ordinárias ou extraordinárias de condomínio edilício, previstas na respectiva convenção ou aprovadas em assembleia geral, desde que documentalmente comprovadas;	
XI – a certidão expedida por serventia notarial ou de registro relativa a valores de emolumentos e demais despesas devidas pelos atos por ela praticados, fixados nas tabelas estabelecidas em lei;	
XII – todos os demais títulos aos quais, por disposição expressa, a lei atribuir força executiva.	VIII – todos os demais títulos a que, por disposição expressa, a lei atribuir força executiva.
§ 1º A propositura de qualquer ação relativa a débito constante de título executivo não inibe o credor de promover-lhe a execução.	§ 1º A propositura de qualquer ação relativa ao débito constante do título executivo não inibe o credor de promover-lhe a execução.
§ 2º Os títulos executivos extrajudiciais oriundos de país estrangeiro não dependem de homologação para serem executados.	§ 2º Não dependem de homologação pelo Supremo Tribunal Federal, para serem executados, os títulos executivos extrajudiciais, oriundos de país estrangeiro. O título, para ter eficácia executiva, há de satisfazer aos requisitos de formação exigidos pela lei do lugar de sua celebração e indicar o Brasil como o lugar de cumprimento da obrigação.
§ 3º O título estrangeiro só terá eficácia executiva quando satisfeitos os requisitos de formação exigidos pela lei do lugar de sua celebração e quando o Brasil for indicado como lugar de cumprimento da obrigação.	

Novo CPC	Antigo CPC
Art. 785. A existência de título executivo extrajudicial não impede a parte de optar pelo processo de conhecimento, a fim de obter título executivo judicial.	
Seção II **Da Exigibilidade da Obrigação**	**Seção I** **Do Inadimplemento do Devedor**
Art. 786. A execução pode ser instaurada caso o devedor não satisfaça a obrigação certa, líquida e exigível consubstanciada em título executivo.	**Art. 580.** A execução pode ser instaurada caso o devedor não satisfaça a obrigação certa, líquida e exigível, consubstanciada em título executivo.
Parágrafo único. A necessidade de simples operações aritméticas para apurar o crédito exequendo não retira a liquidez da obrigação constante do título.	
Art. 787. Se o devedor não for obrigado a satisfazer sua prestação senão mediante a contraprestação do credor, este deverá provar que a adimpliu ao requerer a execução, sob pena de extinção do processo.	**Art. 582.** Em todos os casos em que é defeso a um contraente, antes de cumprida a sua obrigação, exigir o implemento da do outro, não se procederá à execução, se o devedor se propõe satisfazer a prestação, com meios considerados idôneos pelo juiz, mediante a execução da contraprestação pelo credor, e este, sem justo motivo, recusar a oferta.
Parágrafo único. O executado poderá **eximir-se da obrigação**, depositando em juízo a prestação ou a coisa, caso em que o juiz não permitirá que o credor a receba sem cumprir a contraprestação que lhe tocar.	**Parágrafo único.** O devedor poderá, entretanto, exonerar-se da obrigação, depositando em juízo a prestação ou a coisa; caso em que o juiz suspenderá a execução, não permitindo que o credor a receba, sem cumprir a contraprestação, que lhe tocar.
Art. 788. O credor não poderá iniciar a execução ou nela prosseguir se o devedor cumprir a obrigação, mas poderá recusar o recebimento da prestação se ela não corresponder ao direito ou à obrigação estabelecidos no título executivo, caso em que poderá requerer a execução forçada, ressalvado ao devedor o direito de embargá-la.	**Art. 581.** O credor não poderá iniciar a execução, ou nela prosseguir, se o devedor cumprir a obrigação; mas poderá recusar o recebimento da prestação, estabelecida no título executivo, se ela não corresponder ao direito ou à obrigação; caso em que requererá ao juiz a execução, ressalvado ao devedor o direito de embargá-la.
Capítulo V **Da Responsabilidade Patrimonial**	**Capítulo IV** **Da Responsabilidade Patrimonial**
Art. 789. O devedor responde com todos os seus bens presentes e futuros para o cumprimento de suas obrigações, salvo as restrições estabelecidas em lei.	**Art. 591.** O devedor responde, para o cumprimento de suas obrigações, com todos os seus bens presentes e futuros, salvo as restrições estabelecidas em lei.
Art. 790. São sujeitos à execução os bens:	**Art. 592.** Ficam sujeitos à execução os bens:
I – do sucessor a título singular, tratando-se de execução fundada em direito real ou obrigação reipersecutória;	I – do sucessor a título singular, tratando-se de execução fundada em direito real ou obrigação reipersecutória;
II – do sócio, nos termos da lei;	II – do sócio, nos termos da lei;
III – do devedor, ainda que em poder de terceiros;	III – do devedor, quando em poder de terceiros;
IV – do cônjuge **ou companheiro**, nos casos em que seus bens próprios ou de sua meação respondem pela dívida;	IV – do cônjuge, nos casos em que seus bens próprios, reservados ou de sua meação respondem pela dívida;
V – alienados ou gravados com ônus real em fraude à execução;	V – alienados ou gravados com ônus real em fraude de execução.
VI – cuja alienação ou gravação com ônus real tenha sido anulada em razão do reconhecimento, em ação autônoma, de fraude contra credores;	
VII – do responsável, nos casos de desconsideração da personalidade jurídica.	
Art. 791. Se a execução tiver por objeto obrigação de que seja sujeito passivo o proprietário de terreno submetido ao regime do direito de superfície, ou o superficiário, responderá pela dívida, exclusivamente, o direito real do qual é titular o executado, recaindo a penhora ou outros atos de constrição exclusivamente sobre o terreno, no primeiro caso, ou sobre a construção ou a plantação, no segundo caso.	
§ 1º Os atos de constrição a que se refere o caput serão averbados separadamente na matrícula do imóvel, com a identificação do executado, do valor do crédito e do objeto sobre o qual recai o gravame, devendo o oficial destacar o bem que responde pela dívida, seja o terreno, a construção ou a plantação, de modo a assegurar a publicidade da responsabilidade patrimonial de cada um deles pelas dívidas e pelas obrigações que a eles estão vinculadas.	
§ 2º Aplica-se, no que couber, o disposto neste artigo à enfiteuse, à concessão de uso especial para fins de moradia e à concessão de direito real de uso.	

Novo CPC	Antigo CPC
Art. 792. A alienação ou a oneração de bem é considerada fraude à execução:	**Art. 593.** Considera-se em fraude de execução a alienação ou oneração de bens:
I – quando sobre o bem pender ação fundada em direito real **ou com pretensão reipersecutória, desde que a pendência do processo tenha sido averbada no respectivo registro público, se houver;**	I – quando sobre eles pender ação fundada em direito real;
II – quando tiver sido averbada, no registro do bem, a pendência do processo de execução, na forma do art. 828;	
III – quando tiver sido averbado, no registro do bem, hipoteca judiciária ou outro ato de constrição judicial originário do processo onde foi arguida a fraude;	**Art. 615-A.** [...] § 3º Presume-se em fraude à execução a alienação ou oneração de bens efetuada após a averbação (art. 593).
IV – quando, ao tempo da alienação ou da oneração, **tramitava** contra o devedor ação capaz de reduzi-lo à insolvência;	II – quando, ao tempo da alienação ou oneração, corria contra o devedor demanda capaz de reduzi-lo à insolvência;
V – nos demais casos expressos em lei.	III – nos demais casos expressos em lei.
§ 1º A alienação em fraude à execução é ineficaz em relação ao exequente.	
§ 2º No caso de aquisição de bem não sujeito a registro, o terceiro adquirente tem o ônus de provar que adotou as cautelas necessárias para a aquisição, mediante a exibição das certidões pertinentes, obtidas no domicílio do vendedor e no local onde se encontra o bem.	
§ 3º Nos casos de desconsideração da personalidade jurídica, a fraude à execução verifica-se a partir da citação da parte cuja personalidade se pretende desconsiderar.	
§ 4º Antes de declarar a fraude à execução, o juiz deverá intimar o terceiro adquirente, que, se quiser, poderá opor embargos de terceiro, no prazo de 15 (quinze) dias.	
Art. 793. O **exequente** que estiver, por direito de retenção, na posse de coisa pertencente ao devedor não poderá promover a execução sobre outros bens senão depois de excutida a coisa que se achar em seu poder.	**Art. 594.** O credor, que estiver, por direito de retenção, na posse de coisa pertencente ao devedor, não poderá promover a execução sobre outros bens senão depois de excutida a coisa que se achar em seu poder.
Art. 794. O fiador, quando executado, **tem o direito de exigir que primeiro sejam executados os bens do devedor situados na mesma comarca, livres e desembargados, indicando-os pormenorizadamente à penhora.**	**Art. 595.** O fiador, quando executado, poderá nomear à penhora bens livres e desembargados do devedor. Os bens do fiador ficarão, porém, sujeitos à execução, se os do devedor forem insuficientes à satisfação do direito do credor.
§ 1º Os bens do fiador ficarão sujeitos à execução se os do devedor, **situados na mesma comarca que os seus**, forem insuficientes à satisfação do direito do credor.	
§ 2º O fiador que pagar a dívida poderá executar o afiançado nos autos do mesmo processo.	**Parágrafo único.** O fiador, que pagar a dívida, poderá executar o afiançado nos autos do mesmo processo.
§ 3º O disposto no *caput* não se aplica se o fiador houver renunciado ao benefício de ordem.	
Art. 795. Os bens particulares dos sócios não respondem pelas dívidas da sociedade, senão nos casos previstos em lei.	**Art. 596.** Os bens particulares dos sócios não respondem pelas dívidas da sociedade senão nos casos previstos em lei; o sócio, demandado pelo pagamento da dívida, tem direito a exigir que sejam primeiro excutidos os bens da sociedade.
§ 1º O sócio **réu, quando responsável pelo pagamento da dívida da sociedade,** tem o direito de exigir que **primeiro sejam** excutidos os bens da sociedade.	
§ 2º Incumbe ao sócio que alegar o benefício **do § 1º** nomear quantos bens da sociedade situados na mesma comarca, livres e desembargados, bastem para pagar o débito.	§ 1º Cumpre ao sócio, que alegar o benefício deste artigo, nomear bens da sociedade, sitos na mesma comarca, livres e desembargados, quantos bastem para pagar o débito.
§ 3º O sócio que pagar a dívida poderá executar a sociedade nos autos do mesmo processo.	
§ 4º Para a desconsideração da personalidade jurídica é obrigatória a observância do incidente previsto neste Código.	
Art. 796. O espólio responde pelas dívidas do falecido, mas, feita a partilha, cada herdeiro responde por elas **dentro das forças da herança e** na proporção da parte que lhe coube.	**Art. 597.** O espólio responde pelas dívidas do falecido; mas, feita a partilha, cada herdeiro responde por elas na proporção da parte que na herança lhe coube.

TÍTULO II Das Diversas Espécies de Execução	TÍTULO II Das Diversas Espécies de Execução
Capítulo I Disposições Gerais	Capítulo I Das Disposições Gerais
Art. 797. Ressalvado o caso de insolvência do devedor, em que tem lugar o concurso universal, realiza-se a execução no interesse do **exequente** que adquire, pela penhora, o direito de preferência sobre os bens penhorados.	**Art. 612.** Ressalvado o caso de insolvência do devedor, em que tem lugar o concurso universal (art. 751, III), realiza-se a execução no interesse do credor, que adquire, pela penhora, o direito de preferência sobre os bens penhorados.
Parágrafo único. Recaindo mais de uma penhora sobre o mesmo bem, cada **exequente** conservará o seu título de preferência.	**Art. 613.** Recaindo mais de uma penhora sobre os mesmos bens, cada credor conservará o seu título de preferência.
Art. 798. Ao propor a execução, incumbe ao exequente: I – instruir a petição inicial com:	**Art. 614.** Cumpre ao credor, ao requerer a execução, pedir a citação do devedor e instruir a petição inicial:
a) o título executivo extrajudicial;	I – com o título executivo extrajudicial;
b) o demonstrativo do débito atualizado até a data de propositura da ação, quando se tratar de execução por quantia certa;	II – com o demonstrativo do débito atualizado até a data da propositura da ação, quando se tratar de execução por quantia certa.
c) a prova de que se verificou a condição ou ocorreu o termo, se for o caso;	III – com a prova de que se verificou a condição, ou ocorreu o termo (art. 572).
d) **a prova, se for o caso, de** que adimpliu a contraprestação que lhe corresponde ou que lhe assegura o cumprimento, se o executado não for obrigado a satisfazer a sua prestação senão mediante a contraprestação do **exequente**;	**Art. 615.** [...] IV – provar que adimpliu a contraprestação, que lhe corresponde, ou que lhe assegura o cumprimento, se o executado não for obrigado a satisfazer a sua prestação senão mediante a contraprestação do credor.
II – indicar: a) a espécie de execução de sua preferência, quando por mais de um modo **puder ser realizada**;	**Art. 615.** Cumpre ainda ao credor: I – indicar a espécie de execução que prefere, quando por mais de um modo pode ser efetuada;
b) os nomes completos do exequente e do executado e seus números de inscrição no Cadastro de Pessoas Físicas ou no Cadastro Nacional da Pessoa Jurídica;	
c) os bens suscetíveis de penhora, sempre que possível.	
Parágrafo único. O demonstrativo do débito deverá conter:	
I – o índice de correção monetária adotado;	
II – a taxa de juros aplicada;	
III – os termos inicial e final de incidência do índice de correção monetária e da taxa de juros utilizados;	
IV – a periodicidade da capitalização dos juros, se for o caso;	
V – a especificação de desconto obrigatório realizado.	
Art. 799. Incumbe ainda ao exequente:	**Art. 615.** Cumpre ainda ao credor:
I – requerer a intimação do credor pignoratício, hipotecário, anticrético **ou fiduciário**, quando a penhora recair sobre bens gravados por penhor, hipoteca, anticrese ou **alienação fiduciária**;	II – requerer a intimação do credor pignoratício, hipotecário, ou anticrético, ou usufrutuário, quando a penhora recair sobre bens gravados por penhor, hipoteca, anticrese ou usufruto;
II – requerer a intimação do titular de usufruto, uso ou habitação, quando a penhora recair sobre bem gravado por usufruto, uso ou habitação;	
III – requerer a intimação do promitente comprador, quando a penhora recair sobre bem em relação ao qual haja promessa de compra e venda registrada;	
IV – requerer a intimação do promitente vendedor, quando a penhora recair sobre direito aquisitivo derivado de promessa de compra e venda registrada;	
V – requerer a intimação do superficiário, enfiteuta ou concessionário, em caso de direito de superfície, enfiteuse, concessão de uso especial para fins de moradia ou concessão de direito real de uso, quando a penhora recair sobre imóvel submetido ao regime do direito de superfície, enfiteuse ou concessão;	

VI – requerer a intimação do proprietário de terreno com regime de direito de superfície, enfiteuse, concessão de uso especial para fins de moradia ou concessão de direito real de uso, quando a penhora recair sobre direitos do superficiário, do enfiteuta ou do concessionário;	
VII – requerer a intimação da sociedade, no caso de penhora de quota social ou de ação de sociedade anônima fechada, para o fim previsto no art. 876, § 7º;	
VIII – pleitear, **se for o caso, medidas urgentes;**	III – pleitear medidas acautelatórias urgentes;
IX – proceder à averbação em registro público do ato de propositura da execução e dos atos de constrição realizados, **para conhecimento de terceiros.**	**Art. 615-A.** O exequente poderá, no ato da distribuição, obter certidão comprobatória do ajuizamento da execução, com identificação das partes e valor da causa, para fins de averbação no registro de imóveis, registro de veículos ou registro de outros bens sujeitos à penhora ou arresto.
Art. 800. Nas obrigações alternativas, quando a escolha couber ao devedor, esse será citado para exercer a opção e realizar a prestação dentro de 10 (dez) dias, se outro prazo não lhe foi determinado em lei ou em contrato.	**Art. 571.** Nas obrigações alternativas, quando a escolha couber ao devedor, este será citado para exercer a opção e realizar a prestação dentro em 10 (dez) dias, se outro prazo não lhe foi determinado em lei, no contrato, ou na sentença.
§ 1º Devolver-se-á ao credor a opção, se o devedor não a **exercer** no prazo determinado.	§ 1º Devolver-se-á ao credor a opção, se o devedor não a exercitou no prazo marcado.
§ 2º **A escolha será indicada na petição inicial da execução quando couber ao credor exercê-la**.	§ 2º Se a escolha couber ao credor, este a indicará na petição inicial da execução.
Art. 801. Verificando que a petição inicial está incompleta ou que não está acompanhada dos documentos indispensáveis à propositura da execução, o juiz determinará que o **exequente** a corrija, **no prazo de 15 (quinze) dias**, sob pena de indeferimento.	**Art. 616.** Verificando o juiz que a petição inicial está incompleta, ou não se acha acompanhada dos documentos indispensáveis à propositura da execução, determinará que o credor a corrija, no prazo de 10 (dez) dias, sob pena de ser indeferida.
Art. 802. Na execução, o despacho que ordena a citação, desde que realizada em observância ao disposto no § 2º do art. 240, interrompe a prescrição, **ainda que proferido por juízo incompetente.**	**Art. 617.** A propositura da execução, deferida pelo juiz, interrompe a prescrição, mas a citação do devedor deve ser feita com observância do disposto no art. 219.
Parágrafo único. A interrupção da prescrição retroagirá à data de propositura da ação.	
Art. 803. É nula a execução se:	**Art. 618.** É nula a execução:
I – o título executivo extrajudicial não corresponder a obrigação certa, líquida e exigível;	I – se o título executivo extrajudicial não corresponder a obrigação certa, líquida e exigível (art. 586);
II – o **executado** não for regularmente citado;	II – se o devedor não for regularmente citado;
III – for instaurada antes de se verificar a condição ou de ocorrer o termo.	III – se instaurada antes de se verificar a condição ou de ocorrido o termo, nos casos do art. 572.
Parágrafo único. A nulidade de que cuida este artigo será pronunciada pelo juiz, de ofício ou a requerimento da parte, independentemente de embargos à execução.	
Art. 804. A alienação de bem gravado por penhor, hipoteca ou anticrese será ineficaz em relação ao credor pignoratício, hipotecário ou anticrético não intimado.	**Art. 619.** A alienação de bem aforado ou gravado por penhor, hipoteca, anticrese ou usufruto será ineficaz em relação ao senhorio direto, ou ao credor pignoratício, hipotecário, anticrético, ou usufrutuário, que não houver sido intimado.
§ 1º A alienação de bem objeto de promessa de compra e venda ou de cessão registrada será ineficaz em relação ao promitente comprador ou ao cessionário não intimado.	
§ 2º A alienação de bem sobre o qual tenha sido instituído direito de superfície, seja do solo, da plantação ou da construção, será ineficaz em relação ao concedente ou ao concessionário não intimado.	
§ 3º A alienação de direito aquisitivo de bem objeto de promessa de venda, de promessa de cessão ou de alienação fiduciária será ineficaz em relação ao promitente vendedor, ao promitente cedente ou ao proprietário fiduciário não intimado.	
§ 4º A alienação de imóvel sobre o qual tenha sido instituída enfiteuse, concessão de uso especial para fins de moradia ou concessão de direito real de uso, será ineficaz em relação ao enfiteuta ou ao concessionário não intimado.	
§ 5º A alienação de direitos do enfiteuta, do concessionário de direito real de uso ou do concessionário de uso especial para fins de moradia será ineficaz em relação ao proprietário do respectivo imóvel não intimado.	

§ 6º A alienação de bem sobre o qual tenha sido instituído usufruto, uso ou habitação será ineficaz em relação ao titular desses direitos reais não intimado.	
Art. 805. Quando por vários meios o **exequente** puder promover a execução, o juiz mandará que se faça pelo modo menos gravoso para o **executado**.	**Art. 620.** Quando por vários meios o credor puder promover a execução, o juiz mandará que se faça pelo modo menos gravoso para o devedor.
Parágrafo único. Ao executado que alegar ser a medida executiva mais gravosa incumbe indicar outros meios mais eficazes e menos onerosos, sob pena de manutenção dos atos executivos já determinados.	

Capítulo II
Da Execução para a Entrega de Coisa

Capítulo II — Da Execução para a Entrega de Coisa	Capítulo II — Da Execução para a Entrega de Coisa
Seção I — *Da Entrega de Coisa Certa*	**Seção I** — *Da Entrega de Coisa Certa*
Art. 806. O devedor de obrigação de entrega de coisa certa, constante de título executivo extrajudicial, será citado para, **em 15 (quinze) dias**, satisfazer a obrigação.	**Art. 621.** O devedor de obrigação de entrega de coisa certa, constante de título executivo extrajudicial, será citado para, dentro de 10 (dez) dias, satisfazer a obrigação ou, seguro o juízo (art. 737, II), apresentar embargos.
§ 1º Ao despachar a inicial, o juiz poderá fixar multa por dia de atraso no cumprimento da obrigação, ficando o respectivo valor sujeito a alteração, caso se revele insuficiente ou excessivo.	**Parágrafo único.** O juiz, ao despachar a inicial, poderá fixar multa por dia de atraso no cumprimento da obrigação, ficando o respectivo valor sujeito à alteração, caso se revele insuficiente ou excessivo.
§ 2º Do mandado de citação constará ordem para imissão na posse ou busca e apreensão, conforme se tratar de bem imóvel ou móvel, cujo cumprimento se dará de imediato, se o executado não satisfizer a obrigação no prazo que lhe foi designado.	
Art. 807. Se o executado entregar a coisa, **será lavrado** o termo respectivo e **considerada satisfeita a obrigação, prosseguindo-se a execução** para o pagamento de frutos ou o ressarcimento de prejuízos, **se houver**.	**Art. 624.** Se o executado entregar a coisa, lavrar-se-á o respectivo termo e dar-se-á por finda a execução, salvo se esta tiver de prosseguir para o pagamento de frutos ou ressarcimento de prejuízos.
Art. 808. Alienada a coisa quando já litigiosa, **será expedido** mandado contra o terceiro adquirente, que somente será ouvido após depositá-la.	**Art. 626.** Alienada a coisa quando já litigiosa, expedir-se-á mandado contra o terceiro adquirente, que somente será ouvido depois de depositá-la.
Art. 809. O **exequente** tem direito a receber, além de perdas e danos, o valor da coisa, quando essa se deteriorar, não lhe for entregue, não for encontrada ou não for reclamada do poder de terceiro adquirente.	**Art. 627.** O credor tem direito a receber, além de perdas e danos, o valor da coisa, quando esta não lhe for entregue, se deteriorou, não for encontrada ou não for reclamada do poder de terceiro adquirente.
§ 1º Não constando do título o valor da coisa e sendo impossível sua avaliação, o exequente apresentará estimativa, sujeitando-a ao arbitramento judicial.	§ 1º Não constando do título o valor da coisa, ou sendo impossível a sua avaliação, o exequente far-lhe-á a estimativa, sujeitando-se ao arbitramento judicial.
§ 2º Serão apurados em liquidação o valor da coisa e os prejuízos.	§ 2º Serão apurados em liquidação o valor da coisa e os prejuízos.
Art. 810. Havendo benfeitorias indenizáveis feitas na coisa pelo **executado** ou por terceiros de cujo poder ela houver sido tirada, a liquidação prévia é obrigatória. **Parágrafo único.** Havendo saldo: I – em favor do **executado ou de terceiros**, o **exequente** o depositará ao requerer a entrega da coisa; II – em favor do **exequente**, esse poderá cobrá-lo nos autos do mesmo processo.	**Art. 628.** Havendo benfeitorias indenizáveis feitas na coisa pelo devedor ou por terceiros, de cujo poder ela houver sido tirada, a liquidação prévia é obrigatória. Se houver saldo em favor do devedor, o credor o depositará ao requerer a entrega da coisa; se houver saldo em favor do credor, este poderá cobrá-lo nos autos do mesmo processo.
Seção II — *Da Entrega de Coisa Incerta*	**Seção II** — *Da entrega de coisa incerta*
Art. 811. Quando a execução recair sobre coisa determinada pelo gênero e pela quantidade, o executado será citado para entregá-la individualizada, se lhe couber a escolha.	**Art. 629.** Quando a execução recair sobre coisas determinadas pelo gênero e quantidade, o devedor será citado para entregá-las individualizadas, se lhe couber a escolha; mas se essa couber ao credor, este a indicará na petição inicial.
Parágrafo único. Se a escolha couber ao **exequente**, esse deverá indicá-la na petição inicial.	
Art. 812. Qualquer das partes poderá, **no prazo de 15 (quinze) dias**, impugnar a escolha feita pela outra, e o juiz decidirá de plano ou, se necessário, ouvindo perito de sua nomeação.	**Art. 630.** Qualquer das partes poderá, em 48 (quarenta e oito) horas, impugnar a escolha feita pela outra, e o juiz decidirá de plano, ou, se necessário, ouvindo perito de sua nomeação.
Art. 813. Aplicar-se-ão à execução para entrega de coisa incerta, no que couber, **as disposições da Seção I deste Capítulo**.	**Art. 631.** Aplicar-se-á à execução para entrega de coisa incerta o estatuído na seção anterior.

COMPARATIVO NOVO CPC X ANTIGO CPC

Novo CPC	Antigo CPC
Capítulo III Da Execução das Obrigações de Fazer e de Não Fazer	**Capítulo III** Da Execução das Obrigações de Fazer e de Não Fazer
Seção I *Disposições Comuns*	**Seção III** *Das Disposições Comuns às Seções Precedentes*
Art. 814. Na execução de obrigação de fazer ou de não fazer fundada em título extrajudicial, ao despachar a inicial, o juiz fixará multa por **período** de atraso no cumprimento da obrigação e a data a partir da qual será devida.	**Art. 645.** Na execução de obrigação de fazer ou não fazer, fundada em título extrajudicial, o juiz, ao despachar a inicial, fixará multa por dia de atraso no cumprimento da obrigação e a data a partir da qual será devida.
Parágrafo único. Se o valor da multa estiver previsto no título e for excessivo, o juiz poderá reduzi-lo.	**Parágrafo único.** Se o valor da multa estiver previsto no título, o juiz poderá reduzi-lo se excessivo.
Seção II *Da Obrigação de Fazer*	**Seção I** *Da Obrigação de Fazer*
Art. 815. Quando o objeto da execução for obrigação de fazer, o **executado** será citado para satisfazê-la no prazo que o juiz lhe designar, se outro não estiver determinado no título executivo.	**Art. 632.** Quando o objeto da execução for obrigação de fazer, o devedor será citado para satisfazê-la no prazo que o juiz lhe assinar, se outro não estiver determinado no título executivo.
Art. 816. Se o executado não satisfizer a obrigação no prazo designado, é lícito ao **exequente**, nos próprios autos do processo, requerer a **satisfação da obrigação** à custa do executado ou perdas e danos, **hipótese** em que se converterá em indenização.	**Art. 633.** Se, no prazo fixado, o devedor não satisfizer a obrigação, é lícito ao credor, nos próprios autos do processo, requerer que ela seja executada à custa do devedor, ou haver perdas e danos; caso em que ela se converte em indenização.
Parágrafo único. O valor das perdas e danos será apurado em liquidação, seguindo-se a execução para cobrança de quantia certa.	**Parágrafo único.** O valor das perdas e danos será apurado em liquidação, seguindo-se a execução para cobrança de quantia certa.
Art. 817. Se a obrigação puder ser satisfeita por terceiro, é lícito ao juiz **autorizar**, a requerimento do exequente, que aquele a **satisfaça** à custa do executado.	**Art. 634.** Se o fato puder ser prestado por terceiro, é lícito ao juiz, a requerimento do exequente, decidir que aquele o realize à custa do executado.
Parágrafo único. O exequente adiantará as quantias previstas na proposta que, ouvidas as partes, o juiz houver aprovado.	**Parágrafo único.** O exequente adiantará as quantias previstas na proposta que, ouvidas as partes, o juiz houver aprovado.
Art. 818. Realizada a prestação, o juiz ouvirá as partes no prazo de 10 (dez) dias e, não havendo impugnação, **considerará satisfeita** a obrigação.	**Art. 635.** Prestado o fato, o juiz ouvirá as partes no prazo de 10 (dez) dias; não havendo impugnação, dará por cumprida a obrigação; em caso contrário, decidirá a impugnação.
Parágrafo único. Caso haja impugnação, o juiz a decidirá.	
Art. 819. Se o terceiro contratado não **realizar a prestação** no prazo ou se o **fizer** de modo incompleto ou defeituoso, poderá o **exequente** requerer ao juiz, **no prazo de** 15 (**quinze**) **dias**, que o autorize a concluí-la ou a repará-la à custa do contratante.	**Art. 636.** Se o contratante não prestar o fato no prazo, ou se o praticar de modo incompleto ou defeituoso, poderá o credor requerer ao juiz, no prazo de 10 (dez) dias, que o autorize a concluí-lo, ou a repará-lo, por conta do contratante.
Parágrafo único. Ouvido o contratante **no prazo de 15 (quinze) dias**, o juiz mandará avaliar o custo das despesas necessárias e o condenará a pagá-lo.	**Parágrafo único.** Ouvido o contratante no prazo de 5 (cinco) dias, o juiz mandará avaliar o custo das despesas necessárias e condenará o contratante a pagá-lo.
Art. 820. Se o exequente quiser executar ou mandar executar, sob sua direção e vigilância, as obras e os trabalhos necessários à realização da prestação, terá preferência, em igualdade de condições de oferta, em relação ao terceiro.	**Art. 637.** Se o credor quiser executar, ou mandar executar, sob sua direção e vigilância, as obras e trabalhos necessários à prestação do fato, terá preferência, em igualdade de condições de oferta, ao terceiro.
Parágrafo único. O direito de preferência deverá ser exercido no prazo de 5 (cinco) dias, **após aprovada a** proposta do terceiro.	**Parágrafo único.** O direito de preferência será exercido no prazo de 5 (cinco) dias, contados da apresentação da proposta pelo terceiro (art. 634, parágrafo único).
Art. 821. Na obrigação de fazer, quando se convencionar que o **executado** a satisfaça pessoalmente, o **exequente** poderá requerer ao juiz que lhe assine prazo para cumpri-la.	**Art. 638.** Nas obrigações de fazer, quando for convencionado que o devedor a faça pessoalmente, o credor poderá requerer ao juiz que lhe assine prazo para cumpri-la.
Parágrafo único. Havendo recusa ou mora do **executado**, sua obrigação pessoal **será convertida** em perdas e danos, caso em que se observará o **procedimento de execução por quantia certa**.	**Parágrafo único.** Havendo recusa ou mora do devedor, a obrigação pessoal do devedor converter-se-á em perdas e danos, aplicando-se outrossim o disposto no art. 633.
Seção III *Da Obrigação de Não Fazer*	**Seção II** *Da obrigação de não fazer*
Art. 822. Se o **executado** praticou ato a cuja abstenção estava obrigado por lei ou por contrato, o **exequente** requererá ao juiz que assine prazo **ao executado** para desfazê-lo.	**Art. 642.** Se o devedor praticou o ato, a cuja abstenção estava obrigado pela lei ou pelo contrato, o credor requererá ao juiz que lhe assine prazo para desfazê-lo.
Art. 823. Havendo recusa ou mora do **executado**, o **exequente** requererá ao juiz que mande desfazer o ato à custa **daquele, que responderá** por perdas e danos.	**Art. 643.** Havendo recusa ou mora do devedor, o credor requererá ao juiz que mande desfazer o ato à sua custa, respondendo o devedor por perdas e danos.

Novo CPC	Antigo CPC
Parágrafo único. Não sendo possível desfazer-se o ato, a obrigação resolve-se em perdas e danos, **caso em que, após a liquidação, se observará o procedimento de execução por quantia certa.**	**Parágrafo único.** Não sendo possível desfazer-se o ato, a obrigação resolve-se em perdas e danos.
CAPÍTULO IV Da Execução por Quantia Certa	**CAPÍTULO IV** Da Execução por Quantia Certa Contra Devedor Solvente
Seção I *Disposições Gerais*	*Subseção I* *Das Disposições Gerais*
Art. 824. A execução por quantia certa **realiza**-se **pela expropriação** de bens do **executado, ressalvadas** as **execuções especiais.**	**Art. 646.** A execução por quantia certa tem por objeto expropriar bens do devedor, a fim de satisfazer o direito do credor (art. 591).
Art. 825. A expropriação consiste em: I – adjudicação; II – alienação; III – **apropriação de** frutos e **rendimentos de empresa ou de estabelecimentos e de outros bens.**	**Art. 647.** A expropriação consiste: I – na adjudicação em favor do exequente ou das pessoas indicadas no § 2º do art. 685-A desta Lei; II – na alienação por iniciativa particular; III – na alienação em hasta pública; IV – no usufruto de bem móvel ou imóvel.
Art. 826. Antes de adjudicados ou alienados os bens, o executado pode, a todo tempo, remir a execução, pagando ou consignando a importância atualizada da dívida, acrescida de juros, custas e honorários advocatícios.	**Art. 651.** Antes de adjudicados ou alienados os bens, pode o executado, a todo tempo, remir a execução, pagando ou consignando a importância atualizada da dívida, mais juros, custas e honorários advocatícios.
Seção II *Da Citação do Devedor e do Arresto*	*Subseção II* *Da Citação do Devedor e da Indicação de Bens*
Art. 827. Ao despachar a inicial, o juiz fixará, de plano, os honorários **advocatícios de dez por cento**, a serem pagos pelo executado.	**Art. 652-A.** Ao despachar a inicial, o juiz fixará, de plano, os honorários de advogado a serem pagos pelo executado (art. 20, § 4º).
§ 1º No caso de integral pagamento no prazo de 3 (três) dias, **o valor dos honorários advocatícios** será reduzido pela metade.	**Parágrafo único.** No caso de integral pagamento no prazo de 3 (três) dias, a verba honorária será reduzida pela metade.
§ 2º O valor dos honorários poderá ser elevado até vinte por cento, quando rejeitados os embargos à execução, podendo a majoração, caso não opostos os embargos, ocorrer ao final do procedimento executivo, levando-se em conta o trabalho realizado pelo advogado do exequente.	
	TÍTULO II Das Diversas Espécies De Execução **CAPÍTULO I** Das Disposições Gerais
Art. 828. O exequente poderá obter certidão **de que a execução foi admitida pelo juiz**, com identificação das partes e do valor da causa, para fins de averbação no registro de imóveis, de veículos ou de outros bens sujeitos a penhora, arresto **ou indisponibilidade.**	**Art. 615-A.** O exequente poderá, no ato da distribuição, obter certidão comprobatória do ajuizamento da execução, com identificação das partes e valor da causa, para fins de averbação no registro de imóveis, registro de veículos ou registro de outros bens sujeitos à penhora ou arresto.
§ 1º No prazo de 10 (dez) dias de sua concretização, o exequente deverá comunicar ao juízo as averbações efetivadas.	§ 1º O exequente deverá comunicar ao juízo as averbações efetivadas, no prazo de 10 (dez) dias de sua concretização.
§ 2º Formalizada penhora sobre bens suficientes para cobrir o valor da dívida, **o exequente providenciará, no prazo de 10 (dez) dias**, o cancelamento das averbações relativas àqueles não penhorados.	§ 2º Formalizada penhora sobre bens suficientes para cobrir o valor da dívida, será determinado o cancelamento das averbações de que trata este artigo relativas àqueles que não tenham sido penhorados.
§ 3º **O juiz determinará o cancelamento das averbações, de ofício ou a requerimento, caso o exequente não o faça no prazo.**	
§ 4º Presume-se em fraude à execução a alienação ou a oneração de bens efetuada após a averbação.	§ 3º Presume-se em fraude à execução a alienação ou oneração de bens efetuada após a averbação (art. 593).
§ 5º O exequente que promover averbação manifestamente indevida **ou não cancelar as averbações nos termos do § 2º** indenizará a parte contrária, processando-se o incidente em autos apartados.	§ 4º O exequente que promover averbação manifestamente indevida indenizará a parte contrária, nos termos do § 2º do art. 18 desta Lei, processando-se o incidente em autos apartados.
Art. 829. O executado será citado para **pagar a dívida** no prazo de 3 (três) dias, **contado da citação.**	**Art. 652.** O executado será citado para, no prazo de 3 (três) dias, efetuar o pagamento da dívida.

§ 1º Do mandado de citação constarão, também, a ordem de penhora e a avaliação a serem cumpridas pelo oficial de justiça tão logo verificado o não pagamento no prazo assinalado, de tudo lavrando-se auto, com intimação do executado.	§ 1º Não efetuado o pagamento, munido da segunda via do mandado, o oficial de justiça procederá de imediato à penhora de bens e a sua avaliação, lavrando-se o respectivo auto e de tais atos intimando, na mesma oportunidade, o executado.
§ 2º A **penhora recairá** sobre os bens indicados pelo exequente, salvo se outros forem indicados pelo executado e aceitos pelo juiz, **mediante demonstração de que a constrição proposta lhe será menos onerosa e não trará prejuízo ao exequente.**	§ 2º O credor poderá, na inicial da execução, indicar bens a serem penhorados (art. 655).
Art. 830. Se o oficial de justiça não encontrar o executado, arrestar-lhe-á tantos bens quantos bastem para garantir a execução.	**Art. 653.** O oficial de justiça, não encontrando o devedor, arrestar-lhe-á tantos bens quantos bastem para garantir a execução.
§ 1º Nos 10 (dez) dias seguintes à efetivação do arresto, o oficial de justiça procurará o **executado** 2 (**duas**) **vezes em dias distintos** e, havendo suspeita de ocultação, realizará a citação com hora certa, certificando pormenorizadamente o ocorrido.	**Parágrafo único.** Nos 10 (dez) dias seguintes à efetivação do arresto, o oficial de justiça procurará o devedor 3 (três) vezes em dias distintos; não o encontrando, certificará o ocorrido.
§ 2º Incumbe ao exequente requerer a citação por edital, uma vez frustradas a pessoal e a com hora certa.	**Art. 654.** Compete ao credor, dentro de 10 (dez) dias, contados da data em que foi intimado do arresto a que se refere o parágrafo único do artigo anterior, requerer a citação por edital do devedor. Findo o prazo do edital, terá o devedor o prazo a que se refere o art. 652, convertendo-se o arresto em penhora em caso de não pagamento.
§ 3º Aperfeiçoada a citação e transcorrido o prazo de pagamento, o arresto converter-se-á em penhora, independentemente de termo.	
Seção III Da Penhora, do Depósito **e da Avaliação**	Subseção III Da Penhora e do Depósito
Subseção I **Do Objeto da Penhora**	
Art. 831. A penhora deverá recair sobre tantos bens quantos bastem para o pagamento do principal atualizado, dos juros, das custas e dos honorários advocatícios.	**Art. 659.** A penhora deverá incidir em tantos bens quantos bastem para o pagamento do principal atualizado, juros, custas e honorários advocatícios.
	Subseção I Das Disposições Gerais
	[...]
Art. 832. Não estão sujeitos à execução os bens que a lei considera impenhoráveis ou inalienáveis.	**Art. 648.** Não estão sujeitos à execução os bens que a lei considera impenhoráveis ou inalienáveis.
Art. 833. São impenhoráveis:	**Art. 649.** São absolutamente impenhoráveis:
I – os bens inalienáveis e os declarados, por ato voluntário, não sujeitos à execução;	I – os bens inalienáveis e os declarados, por ato voluntário, não sujeitos à execução;
II – os móveis, os pertences e as utilidades domésticas que guarneçam a residência do executado, salvo os de elevado valor ou os que ultrapassem as necessidades comuns correspondentes a um médio padrão de vida;	II – os móveis, pertences e utilidades domésticas que guarneçam a residência do executado, salvo os de elevado valor ou que ultrapassem as necessidades comuns correspondentes a um médio padrão de vida;
III – os vestuários, bem como os pertences de uso pessoal do executado, salvo se de elevado valor;	III – os vestuários, bem como os pertences de uso pessoal do executado, salvo se de elevado valor;
IV – os vencimentos, os subsídios, os soldos, os salários, as remunerações, os proventos de aposentadoria, as pensões, os pecúlios e os montepios, **bem como** as quantias recebidas por liberalidade de terceiro e destinadas ao sustento do devedor e de sua família, os ganhos de trabalhador autônomo e os honorários de profissional liberal, **ressalvado o § 2º**;	IV – os vencimentos, subsídios, soldos, salários, remunerações, proventos de aposentadoria, pensões, pecúlios e montepios; as quantias recebidas por liberalidade de terceiro e destinadas ao sustento do devedor e sua família, os ganhos de trabalhador autônomo e os honorários de profissional liberal, observado o disposto no § 3º deste artigo;
V – os livros, as máquinas, as ferramentas, os utensílios, os instrumentos ou outros bens móveis necessários ou úteis ao exercício da profissão do executado;	V – os livros, as máquinas, as ferramentas, os utensílios, os instrumentos ou outros bens móveis necessários ou úteis ao exercício de qualquer profissão;
VI – o seguro de vida;	VI – o seguro de vida;
VII – os materiais necessários para obras em andamento, salvo se essas forem penhoradas;	VII – os materiais necessários para obras em andamento, salvo se essas forem penhoradas;
VIII – a pequena propriedade rural, assim definida em lei, desde que trabalhada pela família;	VIII – a pequena propriedade rural, assim definida em lei, desde que trabalhada pela família;
IX – os recursos públicos recebidos por instituições privadas para aplicação compulsória em educação, saúde ou assistência social;	IX – os recursos públicos recebidos por instituições privadas para aplicação compulsória em educação, saúde ou assistência social;
X – a quantia depositada em caderneta de poupança, até o limite de 40 (quarenta) salários mínimos;	X – até o limite de 40 (quarenta) salários mínimos, a quantia depositada em caderneta de poupança.
XI – os recursos públicos do fundo partidário recebidos por partido político, nos termos da lei;	XI – os recursos públicos do fundo partidário recebidos, nos termos da lei, por partido político.

XII – os créditos oriundos de alienação de unidades imobiliárias, sob regime de incorporação imobiliária, vinculados à execução da obra.	
§ 1º A impenhorabilidade não é oponível à **execução de dívida relativa ao próprio bem**, inclusive àquela contraída para sua aquisição.	§ 1º A impenhorabilidade não é oponível à cobrança do crédito concedido para a aquisição do próprio bem.
§ 2º O disposto nos incisos IV e X do *caput* não se aplica à hipótese de penhora para pagamento de prestação alimentícia, **independentemente de sua origem, bem como às importâncias excedentes a 50 (cinquenta) salários mínimos mensais, devendo a constrição observar o disposto no art. 528, § 8º, e no art. 529, § 3º.**	§ 2º O disposto no inciso IV do *caput* deste artigo não se aplica no caso de penhora para pagamento de prestação alimentícia.
§ 3º Incluem-se na impenhorabilidade prevista no inciso V do *caput* os equipamentos, os implementos e as máquinas agrícolas pertencentes a pessoa física ou a empresa individual produtora rural, exceto quando tais bens tenham sido objeto de financiamento e estejam vinculados em garantia a negócio jurídico ou quando respondam por dívida de natureza alimentar, trabalhista ou previdenciária.	
Art. 834. Podem ser penhorados, à falta de outros bens, os frutos e os rendimentos dos bens inalienáveis.	**Art. 650.** Podem ser penhorados, à falta de outros bens, os frutos e rendimentos dos bens inalienáveis, salvo se destinados à satisfação de prestação alimentícia.
	Subseção II
	Da Citação do Devedor e da Indicação de Bens
Art. 835. A penhora observará, preferencialmente, a seguinte ordem:	**Art. 655.** A penhora observará, preferencialmente, a seguinte ordem:
I – dinheiro, em espécie ou em depósito ou aplicação em instituição financeira;	I – dinheiro, em espécie ou em depósito ou aplicação em instituição financeira;
II – títulos da dívida pública da União, dos Estados e do Distrito Federal com cotação em mercado;	IX – títulos da dívida pública da União, Estados e Distrito Federal com cotação em mercado;
III – títulos e valores mobiliários com cotação em mercado;	X – títulos e valores mobiliários com cotação em mercado;
IV – veículos de via terrestre;	II – veículos de via terrestre;
V – bens imóveis;	IV – bens imóveis;
VI – bens móveis em geral;	III – bens móveis em geral;
VII – semoventes;	
VIII – navios e aeronaves;	V – navios e aeronaves;
IX – ações e quotas de sociedades **simples** e empresárias;	VI – ações e quotas de sociedades empresárias;
X – percentual do faturamento de empresa devedora;	VII – percentual do faturamento de empresa devedora;
XI – pedras e metais preciosos;	VIII – pedras e metais preciosos;
XII – direitos aquisitivos derivados de promessa de compra e venda e de alienação fiduciária em garantia;	
XIII – outros direitos.	XI – outros direitos.
§ 1º É prioritária a penhora em dinheiro, podendo o juiz, nas demais hipóteses, alterar a ordem prevista no *caput* de acordo com as circunstâncias do caso concreto.	
	Art. 656. [...].
§ 2º **Para fins de substituição da penhora, equiparam-se a dinheiro** a fiança bancária e o seguro garantia judicial, **desde que** em valor não inferior ao do débito constante da inicial, acrescido de trinta por cento.	§ 2º A penhora pode ser substituída por fiança bancária ou seguro garantia judicial, em valor não inferior ao do débito constante da inicial, mais 30% (trinta por cento).
§ 3º Na execução de crédito com **garantia real**, a penhora recairá sobre a coisa dada em garantia, e, se a coisa pertencer a terceiro garantidor, este também será intimado da penhora.	§ 1º Na execução de crédito com garantia hipotecária, pignoratícia ou anticrética, a penhora recairá, preferencialmente, sobre a coisa dada em garantia; se a coisa pertencer a terceiro garantidor, será também esse intimado da penhora.
	Subseção III
	Da Penhora e do Depósito
	Art. 659. [...]
Art. 836. Não se levará a efeito a penhora quando ficar evidente que o produto da execução dos bens encontrados será totalmente absorvido pelo pagamento das custas da execução.	§ 2º Não se levará a efeito a penhora, quando evidente que o produto da execução dos bens encontrados será totalmente absorvido pelo pagamento das custas da execução.

Novo CPC	Antigo CPC
§ 1º Quando não encontrar bens penhoráveis, independentemente de determinação judicial expressa, o oficial de justiça descreverá na certidão os bens que guarnecem a residência ou o estabelecimento do executado, quando este for pessoa jurídica.	Art. 659. [...] § 3º No caso do parágrafo anterior e bem assim quando não encontrar quaisquer bens penhoráveis, o oficial descreverá na certidão os que guarnecem a residência ou o estabelecimento do devedor.
§ 2º Elaborada a lista, o executado ou seu representante legal será nomeado depositário provisório de tais bens até ulterior determinação do juiz.	
Subseção II *Da Documentação da Penhora, de seu Registro e do Depósito*	
Art. 837. Obedecidas as normas de segurança instituídas sob critérios uniformes **pelo Conselho Nacional de Justiça**, a penhora de **dinheiro** e as averbações de penhoras de bens imóveis e móveis podem ser realizadas por meio eletrônico.	Art. 659. [...] § 6º Obedecidas as normas de segurança que forem instituídas, sob critérios uniformes, pelos Tribunais, a penhora de numerário e as averbações de penhoras de bens imóveis e móveis podem ser realizadas por meios eletrônicos.
Art. 838. A penhora será realizada mediante auto **ou termo**, que conterá:	**Art. 665.** O auto de penhora conterá:
I – a indicação do dia, do mês, do ano e do lugar em que foi feita;	I – a indicação do dia, mês, ano e lugar em que foi feita;
II – os nomes do **exequente** e do **executado**;	II – os nomes do credor e do devedor;
III – a descrição dos bens penhorados, com as suas características;	III – a descrição dos bens penhorados, com os seus característicos;
IV – a nomeação do depositário dos bens.	IV – a nomeação do depositário dos bens.
Art. 839. Considerar-se-á feita a penhora mediante a apreensão e o depósito dos bens, lavrando-se um só auto se as diligências forem concluídas no mesmo dia.	**Art. 664.** Considerar-se-á feita a penhora mediante a apreensão e o depósito dos bens, lavrando-se um só auto se as diligências forem concluídas no mesmo dia.
Parágrafo único. Havendo mais de uma penhora, serão lavrados autos individuais.	**Parágrafo único.** Havendo mais de uma penhora, lavrar-se-á para cada qual um auto.
Art. 840. Serão preferencialmente depositados:	**Art. 666.** Os bens penhorados serão preferencialmente depositados:
I – **as quantias em dinheiro, os papéis de crédito** e **as pedras e os metais preciosos**, no Banco do Brasil, **na Caixa Econômica Federal** ou em banco do qual o Estado **ou o Distrito Federal** possua mais da metade do capital social integralizado, ou, na falta desses estabelecimentos, em qualquer **instituição** de crédito designada pelo juiz;	I – no Banco do Brasil, na Caixa Econômica Federal, ou em um banco, de que o Estado-Membro da União possua mais de metade do capital social integralizado; ou, em falta de tais estabelecimentos de crédito, ou agências suas no lugar, em qualquer estabelecimento de crédito, designado pelo juiz, as quantias em dinheiro, as pedras e os metais preciosos, bem como os papéis de crédito;
II – os móveis, **os semoventes**, os imóveis urbanos **e os direitos aquisitivos sobre imóveis urbanos**, em poder do depositário judicial;	II – em poder do depositário judicial, os móveis e os imóveis urbanos;
III – os imóveis rurais, os direitos aquisitivos sobre imóveis rurais, as máquinas, os utensílios e os instrumentos necessários ou úteis à atividade agrícola, mediante caução idônea, em poder do executado.	
§ 1º No caso do inciso II do *caput*, se não houver depositário judicial, os bens ficarão em poder do exequente.	
§ 2º Os bens poderão ser depositados em poder do executado **nos casos de difícil remoção ou quando anuir o exequente**.	§ 1º Com a expressa anuência do exequente ou nos casos de difícil remoção, os bens poderão ser depositados em poder do executado.
§ 3º As joias, as pedras e os objetos preciosos deverão ser depositados com registro do valor estimado de resgate.	§ 2º As joias, pedras e objetos preciosos deverão ser depositados com registro do valor estimado de resgate.
Art. 841. Formalizada a penhora por qualquer dos meios legais, dela será imediatamente intimado o executado.	
§ 1º A intimação da penhora será feita ao advogado do executado ou à sociedade de advogados a que aquele pertença.	
§ 2º Se não houver constituído advogado nos autos, o executado será intimado pessoalmente, de preferência por via postal.	
§ 3º O disposto no § 1º não se aplica aos casos de penhora realizada na presença do executado, que se reputa intimado.	
§ 4º Considera-se realizada a intimação a que se refere o § 2º quando o executado houver mudado de endereço sem prévia comunicação ao juízo, observado o disposto no parágrafo único do art. 274.	

	Subseção II
	Da Citação do Devedor e da Indicação de Bens
Art. 842. Recaindo a penhora sobre bem imóvel **ou direito real sobre imóvel,** será intimado também o cônjuge do executado, **salvo se forem casados em regime de separação absoluta de bens.**	**Art. 655.** [...] § 2º Recaindo a penhora em bens imóveis, será intimado também o cônjuge do executado.
Art. 843. Tratando-se de penhora de bem indivisível, **o equivalente à quota-parte do coproprietário ou** do cônjuge alheio à execução recairá sobre o produto da alienação do bem.	**Art. 655-B.** Tratando-se de penhora em bem indivisível, a meação do cônjuge alheio à execução recairá sobre o produto da alienação do bem.
§ 1º É reservada ao coproprietário ou ao cônjuge não executado a preferência na arrematação do bem em igualdade de condições.	
§ 2º Não será levada a efeito expropriação por preço inferior ao da avaliação na qual o valor auferido seja incapaz de garantir, ao coproprietário ou ao cônjuge alheio à execução, o correspondente à sua quota-parte calculado sobre o valor da avaliação.	
	Subseção III
	Da Penhora e do Depósito
	Art. 659. [...]
Art. 844. Para presunção absoluta de conhecimento por terceiros, **cabe ao exequente providenciar a averbação do arresto ou da penhora no registro competente,** mediante apresentação de **cópia do auto ou do termo,** independentemente de mandado judicial.	§ 4º A penhora de bens imóveis realizar-se-á mediante auto ou termo de penhora, cabendo ao exequente, sem prejuízo da imediata intimação do executado (art. 652, § 4º), providenciar, para presunção absoluta de conhecimento por terceiros, a respectiva averbação no ofício imobiliário, mediante a apresentação de certidão de inteiro teor do ato, independentemente de mandado judicial.
Subseção III	*Subseção III*
Do Lugar de Realização da Penhora	*Da Penhora e do Depósito*
	Art. 659. [...]
Art. 845. Efetuar-se-á a penhora onde se encontrem os bens, ainda que sob a posse, a detenção ou a guarda de terceiros.	§ 1º Efetuar-se-á a penhora onde quer que se encontrem os bens, ainda que sob a posse, detenção ou guarda de terceiros.
	[...]
§ 1º A penhora de imóveis, independentemente de onde se localizem, quando apresentada certidão da respectiva matrícula, **e a penhora de veículos automotores, quando apresentada certidão que ateste a sua existência,** serão realizadas por termo nos autos.	§ 5º Nos casos do § 4º, quando apresentada certidão da respectiva matrícula, a penhora de imóveis, independentemente de onde se localizem, será realizada por termo nos autos, do qual será intimado o executado, pessoalmente ou na pessoa de seu advogado, e por este ato constituído depositário.
§ 2º Se o **executado** não tiver bens no foro do processo, **não sendo possível a realização da penhora nos termos do § 1º,** a execução **será feita** por carta, penhorando-se, avaliando-se e alienando-se os bens no foro da situação.	**Art. 658.** Se o devedor não tiver bens no foro da causa, far-se-á a execução por carta, penhorando-se, avaliando-se e alienando-se os bens no foro da situação (art. 747).
Art. 846. Se o **executado** fechar as portas da casa a fim de obstar a penhora dos bens, o oficial de justiça comunicará o fato ao juiz, solicitando-lhe ordem de arrombamento.	**Art. 660.** Se o devedor fechar as portas da casa, a fim de obstar a penhora dos bens, o oficial de justiça comunicará o fato ao juiz, solicitando-lhe ordem de arrombamento.
§ 1º Deferido o pedido, 2 (dois) oficiais de justiça cumprirão o mandado, arrombando **cômodos** e móveis **em que se presuma estarem** os bens, e lavrarão de tudo auto circunstanciado, que será assinado por 2 (duas) testemunhas presentes à diligência.	**Art. 661.** Deferido o pedido mencionado no artigo antecedente, 2 (dois) oficiais de justiça cumprirão o mandado, arrombando portas, móveis e gavetas, onde presumirem que se achem os bens, e lavrando de tudo auto circunstanciado, que será assinado por 2 (duas) testemunhas, presentes à diligência.
§ 2º Sempre que necessário, o juiz requisitará força policial, a fim de auxiliar os oficiais de justiça na penhora dos bens.	**Art. 662.** Sempre que necessário, o juiz requisitará força policial, a fim de auxiliar os oficiais de justiça na penhora dos bens e na prisão de quem resistir à ordem.
§ 3º Os oficiais de justiça lavrarão em duplicata o auto da **ocorrência,** entregando uma via ao escrivão **ou ao chefe de secretaria,** para ser juntada aos autos, e a outra à autoridade policial **a quem couber a apuração criminal dos eventuais delitos de desobediência ou de resistência.**	**Art. 663.** Os oficiais de justiça lavrarão em duplicata o auto de resistência, entregando uma via ao escrivão do processo para ser junta aos autos e a outra à autoridade policial, a quem entregarão o preso.
§ 4º Do auto da **ocorrência** constará o rol de testemunhas, com a respectiva qualificação.	**Parágrafo único.** Do auto de resistência constará o rol de testemunhas, com a sua qualificação.

COMPARATIVO NOVO CPC X ANTIGO CPC | 147

Subseção IV *Das Modificações da Penhora*	
Art. 847. O executado pode, no prazo de 10 (dez) dias contado da intimação da penhora, requerer a substituição do bem penhorado, desde que comprove que lhe será menos onerosa e não trará prejuízo ao exequente.	**Art. 668.** O executado pode, no prazo de 10 (dez) dias após intimado da penhora, requerer a substituição do bem penhorado, desde que comprove cabalmente que a substituição não trará prejuízo algum ao exequente e será menos onerosa para ele devedor (art. 17, incisos IV e VI, e art. 620).
§ 1º O juiz só autorizará a substituição se o executado:	**Parágrafo único.** Na hipótese prevista neste artigo, ao executado incumbe:
I – **comprovar** as respectivas matrículas e os registros **por certidão do correspondente ofício,** quanto aos bens imóveis;	I – quanto aos bens imóveis, indicar as respectivas matrículas e registros, situá-los e mencionar as divisas e confrontações;
II – **descrever** os bens móveis, **com todas as suas propriedades e características,** bem como o estado deles e o lugar onde se encontram;	II – quanto aos móveis, particularizar o estado e o lugar em que se encontram;
III – **descrever** os semoventes, **com indicação de espécie,** de número, de **marca ou sinal e** do **local** onde se encontram;	III – quanto aos semoventes, especificá-los, indicando o número de cabeças e o imóvel em que se encontram;
IV – **identificar** os créditos, **indicando quem seja** o devedor, qual a origem da dívida, o título que a representa e a data do vencimento; e	IV – quanto aos créditos, identificar o devedor e qualificá-lo, descrevendo a origem da dívida, o título que a representa e a data do vencimento; e
V – atribuir, **em qualquer caso,** valor aos bens indicados à penhora, **além de especificar os ônus e os encargos a que estejam sujeitos.**	V – atribuir valor aos bens indicados à penhora.
§ 2º Requerida a substituição do bem penhorado, o executado deve indicar onde se encontram os bens sujeitos à execução, exibir a prova de sua propriedade e a certidão negativa ou positiva de ônus, bem como abster-se de qualquer atitude que dificulte ou embarace a realização da penhora.	
	Subseção II *Da Citação do Devedor e da Indicação de Bens*
	Art. 656. [...]
§ 3º O executado somente poderá oferecer bem imóvel em substituição caso o requeira com a expressa anuência do cônjuge, **salvo se o regime for o de separação absoluta de bens.**	§ 3º O executado somente poderá oferecer bem imóvel em substituição caso o requeira com a expressa anuência do cônjuge.
§ 4º O juiz intimará o exequente para manifestar-se sobre o requerimento de substituição do bem penhorado.	
Art. 848. As partes poderão requerer a substituição da penhora se:	**Art. 656.** A parte poderá requerer a substituição da penhora:
I – ela não obedecer à ordem legal;	I – se não obedecer à ordem legal;
II – ela não incidir sobre os bens designados em lei, contrato ou ato judicial para o pagamento;	II – se não incidir sobre os bens designados em lei, contrato ou ato judicial para o pagamento;
III – havendo bens no foro da execução, outros tiverem sido penhorados;	III – se, havendo bens no foro da execução, outros houverem sido penhorados;
IV – havendo bens livres, ela tiver recaído sobre bens já penhorados ou objeto de gravame;	IV – se, havendo bens livres, a penhora houver recaído sobre bens já penhorados ou objeto de gravame;
V – ela incidir sobre bens de baixa liquidez;	V – se incidir sobre bens de baixa liquidez;
VI – fracassar a tentativa de alienação judicial do bem; ou	VI – se fracassar a tentativa de alienação judicial do bem; ou
VII – o **executado** não indicar o valor dos bens ou omitir qualquer das indicações previstas em lei.	VII – se o **devedor** não indicar o valor dos bens ou omitir qualquer das indicações a que se referem os incisos I a IV do parágrafo único do art. 668 desta Lei.
	[...]
Parágrafo único. A penhora pode ser substituída por fiança bancária ou por seguro garantia judicial, em valor não inferior ao do débito constante da inicial, acrescido de trinta por cento.	§ 2º A penhora pode ser substituída por fiança bancária ou seguro garantia judicial, em valor não inferior ao do débito constante da inicial, mais 30% (trinta por cento).
Art. 849. Sempre que ocorrer a substituição dos bens inicialmente **penhorados,** será lavrado novo termo.	**Art. 657.** Ouvida em 3 (três) dias a parte contrária, se os bens inicialmente penhorados (art. 652) forem substituídos por outros, lavrar-se-á o respectivo termo.
Art. 850. Será admitida a redução ou a ampliação da penhora, bem como sua transferência para outros bens, se, no curso do processo, o valor de mercado dos bens penhorados sofrer alteração significativa.	
Art. 851. Não se procede à segunda penhora, salvo se:	**Art. 667.** Não se procede à segunda penhora, salvo se:

I – a primeira for anulada;	I – a primeira for anulada;
II – executados os bens, o produto da alienação não bastar para o pagamento do **exequente**;	II – executados os bens, o produto da alienação não bastar para o pagamento do credor;
III – o **exequente** desistir da primeira penhora, por serem litigiosos os bens ou por estarem **submetidos a constrição judicial**.	III – o credor desistir da primeira penhora, por serem litigiosos os bens, ou por estarem penhorados, arrestados ou onerados.
Art. 852. O juiz determinará a alienação antecipada dos bens penhorados quando:	**Art. 670.** O juiz autorizará a alienação antecipada dos bens penhorados quando:
I – **se tratar de veículos automotores, de pedras e metais preciosos e de outros bens móveis** sujeitos à depreciação ou à deterioração;	I – sujeitos a deterioração ou depreciação;
II – houver manifesta vantagem.	II – houver manifesta vantagem.
Art. 853. Quando uma das partes requerer **alguma das medidas previstas nesta Subseção**, o juiz ouvirá sempre a outra, **no prazo de 3 (três) dias**, antes de decidir.	**Parágrafo único.** Quando uma das partes requerer a alienação antecipada dos bens penhorados, o juiz ouvirá sempre a outra antes de decidir.
Parágrafo único. O juiz decidirá de plano qualquer questão suscitada.	
<div align="center">**Subseção V** **Da Penhora de Dinheiro em Depósito ou em Aplicação Financeira**</div>	
Art. 854. Para possibilitar a penhora de dinheiro em depósito ou em aplicação financeira, o juiz, a requerimento do exequente, **sem dar ciência prévia do ato ao executado, determinará às instituições financeiras, por meio de sistema eletrônico gerido pela autoridade supervisora do sistema financeiro nacional, que torne indisponíveis ativos financeiros existentes** em nome do executado, **limitando-se a indisponibilidade ao** valor indicado na execução.	**Art. 655-A.** Para possibilitar a penhora de dinheiro em depósito ou aplicação financeira, o juiz, a requerimento do exequente, requisitará à autoridade supervisora do sistema bancário, preferencialmente por meio eletrônico, informações sobre a existência de ativos em nome do executado, podendo no mesmo ato determinar sua indisponibilidade, até o valor indicado na execução.
§ 1º No prazo de 24 (vinte e quatro) horas a contar da resposta, de ofício, o juiz determinará o cancelamento de eventual indisponibilidade excessiva, o que deverá ser cumprido pela instituição financeira em igual prazo.	
§ 2º Tornados indisponíveis os ativos financeiros do executado, este será intimado na pessoa de seu advogado ou, não o tendo, pessoalmente.	
§ 3º Incumbe ao executado, no prazo de 5 (cinco) dias, comprovar que: I – as quantias tornadas indisponíveis são impenhoráveis;	§ 2º Compete ao executado comprovar que as quantias depositadas em conta corrente referem-se à hipótese do inciso IV do *caput* do art. 649 desta Lei ou que estão revestidas de outra forma de impenhorabilidade.
II – ainda remanesce indisponibilidade excessiva de ativos financeiros.	
§ 4º Acolhida qualquer das arguições dos incisos I e II do § 3º, o juiz determinará o cancelamento de eventual indisponibilidade irregular ou excessiva, a ser cumprido pela instituição financeira em 24 (vinte e quatro) horas.	
§ 5º Rejeitada ou não apresentada a manifestação do executado, converter-se-á a indisponibilidade em penhora, sem necessidade de lavratura de termo, devendo o juiz da execução determinar à instituição financeira depositária que, no prazo de 24 (vinte e quatro) horas, transfira o montante indisponível para conta vinculada ao juízo da execução.	
§ 6º Realizado o pagamento da dívida por outro meio, o juiz determinará, imediatamente, por sistema eletrônico gerido pela autoridade supervisora do sistema financeiro nacional, a notificação da instituição financeira para que, em até 24 (vinte e quatro) horas, cancele a indisponibilidade.	
§ 7º As transmissões das ordens de indisponibilidade, de seu cancelamento e de determinação de penhora previstas neste artigo far-se-ão por meio de sistema eletrônico gerido pela autoridade supervisora do sistema financeiro nacional.	
§ 8º A instituição financeira será responsável pelos prejuízos causados ao executado em decorrência da indisponibilidade de ativos financeiros em valor superior ao indicado na execução ou pelo juiz, bem como na hipótese de não cancelamento da indisponibilidade no prazo de 24 (vinte e quatro) horas, quando assim determinar o juiz.	

Novo CPC	Antigo CPC
§ 9º Quando se tratar de execução contra partido político, o juiz, a requerimento do exequente, **determinará às instituições financeiras, por meio de sistema eletrônico gerido por autoridade supervisora do sistema bancário, que** tornem **indisponíveis ativos financeiros somente** em nome do órgão partidário que tenha contraído a dívida executada ou que tenha dado causa à violação de direito ou ao dano, ao qual cabe exclusivamente a responsabilidade pelos atos praticados, **na forma da lei**.	§ 4º Quando se tratar de execução contra partido político, o juiz, a requerimento do exequente, requisitará à autoridade supervisora do sistema bancário, nos termos do que estabelece o *caput* deste artigo, informações sobre a existência de ativos tão somente em nome do órgão partidário que tenha contraído a dívida executada ou que tenha dado causa a violação de direito ou ao dano, ao qual cabe exclusivamente a responsabilidade pelos atos praticados, de acordo com o disposto no art. 15-A da Lei 9.096, de 19 de setembro de 1995.
Subseção VI *Da Penhora de Créditos*	*Subseção IV* *Da Penhora de Créditos e de outros Direitos Patrimoniais*
Art. 855. Quando recair em crédito do **executado**, enquanto não ocorrer a hipótese prevista **no art.** 856, considerar-se-á feita a penhora pela intimação:	**Art. 671.** Quando a penhora recair em crédito do devedor, o oficial de justiça o penhorará. Enquanto não ocorrer a hipótese prevista no artigo seguinte, considerar-se-á feita a penhora pela intimação:
I – ao terceiro devedor para que não pague ao **executado**, seu credor;	I – ao terceiro devedor para que não pague ao seu credor;
II – **ao executado**, credor do terceiro, para que não pratique ato de disposição do crédito.	II – ao credor do terceiro para que não pratique ato de disposição do crédito.
Art. 856. A penhora de crédito representado por letra de câmbio, nota promissória, duplicata, cheque ou outros títulos far-se-á pela apreensão do documento, esteja ou não este em poder do **executado**.	**Art. 672.** A penhora de crédito, representado por letra de câmbio, nota promissória, duplicata, cheque ou outros títulos, far-se-á pela apreensão do documento, esteja ou não em poder do devedor.
§ 1º Se o título não for apreendido, mas o terceiro confessar a dívida, será **este tido** como depositário da importância.	§ 1º Se o título não for apreendido, mas o terceiro confessar a dívida, será havido como depositário da importância.
§ 2º O terceiro só se exonerará da obrigação depositando em juízo a importância da dívida.	§ 2º O terceiro só se exonerará da obrigação, depositando em juízo a importância da dívida.
§ 3º Se o terceiro negar o débito em conluio com o **executado**, a quitação que este lhe der **caracterizará** fraude à execução.	§ 3º Se o terceiro negar o débito em conluio com o devedor, a quitação, que este lhe der, considerar-se-á em fraude de execução.
§ 4º A requerimento do **exequente**, o juiz determinará o comparecimento, em audiência especialmente designada, do **executado** e do terceiro, a fim de lhes tomar os depoimentos.	§ 4º A requerimento do credor, o juiz determinará o comparecimento, em audiência especialmente designada, do devedor e do terceiro, a fim de lhes tomar os depoimentos.
Art. 857. Feita a penhora em direito e ação do **executado**, e não tendo ele oferecido embargos ou sendo estes rejeitados, o **exequente** ficará sub-rogado nos direitos do executado até a concorrência de seu crédito.	**Art. 673.** Feita a penhora em direito e ação do devedor, e não tendo este oferecido embargos, ou sendo estes rejeitados, o credor fica sub-rogado nos direitos do devedor até a concorrência do seu crédito.
§ 1º O **exequente** pode preferir, em vez da sub-rogação, a alienação judicial do direito penhorado, caso em que declarará sua vontade no prazo de 10 (dez) dias contado da realização da penhora.	§ 1º O credor pode preferir, em vez da sub-rogação, a alienação judicial do direito penhorado, caso em que declarará a sua vontade no prazo de 10 (dez) dias contados da realização da penhora.
§ 2º A sub-rogação não impede o sub-rogado, se não receber o crédito do **executado**, de prosseguir na execução, nos mesmos autos, penhorando outros bens.	§ 2º A sub-rogação não impede ao sub-rogado, se não receber o crédito do **devedor**, de prosseguir na execução, nos mesmos autos, penhorando outros bens do devedor.
Art. 858. Quando a penhora recair sobre dívidas de dinheiro a juros, de direito a rendas ou de prestações periódicas, o **exequente** poderá levantar os juros, os rendimentos ou as prestações à medida que forem sendo depositados, abatendo-se do crédito as importâncias recebidas, conforme as regras de imputação do pagamento.	**Art. 675.** Quando a penhora recair sobre dívidas de dinheiro a juros, de direito a rendas, ou de prestações periódicas, o credor poderá levantar os juros, os rendimentos ou as prestações à medida que forem sendo depositadas, abatendo-se do crédito as importâncias recebidas, conforme as regras da imputação em pagamento.
Art. 859. Recaindo a penhora sobre direito a prestação ou a restituição de coisa determinada, o **executado** será intimado para, no vencimento, depositá-la, correndo sobre ela a execução.	**Art. 676.** Recaindo a penhora sobre direito, que tenha por objeto prestação ou restituição de coisa determinada, o devedor será intimado para, no vencimento, depositá-la, correndo sobre ela a execução.
Art. 860. Quando o direito estiver sendo pleiteado em juízo, a penhora que recair sobre ele **será averbada, com destaque,** nos autos pertinentes ao direito e na ação correspondente à penhora, a fim de que esta seja efetivada nos bens que forem adjudicados ou que vierem a caber ao **executado**.	**Art. 674.** Quando o direito estiver sendo pleiteado em juízo, averbar-se-á no rosto dos autos a penhora, que recair nele e na ação que lhe corresponder, a fim de se efetivar nos bens, que forem adjudicados ou vierem a caber ao devedor.
Subseção VII *Da Penhora das Quotas ou Ações de Sociedades Personificadas*	
Art. 861. Penhoradas as quotas ou as ações de sócio em sociedade simples ou empresária, o juiz assinará prazo razoável, não superior a 3 (três) meses, para que a sociedade:	
I – apresente balanço especial, na forma da lei;	
II – ofereça as quotas ou as ações aos demais sócios, observado o direito de preferência legal ou contratual;	

III – não havendo interesse dos sócios na aquisição das ações, proceda à liquidação das quotas ou das ações, depositando em juízo o valor apurado, em dinheiro.	
§ 1º Para evitar a liquidação das quotas ou das ações, a sociedade poderá adquiri-las sem redução do capital social e com utilização de reservas, para manutenção em tesouraria.	
§ 2º O disposto no *caput* e no § 1º não se aplica à sociedade anônima de capital aberto, cujas ações serão adjudicadas ao exequente ou alienadas em bolsa de valores, conforme o caso.	
§ 3º Para os fins da liquidação de que trata o inciso III do *caput*, o juiz poderá, a requerimento do exequente ou da sociedade, nomear administrador, que deverá submeter à aprovação judicial a forma de liquidação.	
§ 4º O prazo previsto no *caput* poderá ser ampliado pelo juiz, se o pagamento das quotas ou das ações liquidadas:	
I – superar o valor do saldo de lucros ou reservas, exceto a legal, e sem diminuição do capital social, ou por doação; ou	
II – colocar em risco a estabilidade financeira da sociedade simples ou empresária.	
§ 5º Caso não haja interesse dos demais sócios no exercício de direito de preferência, não ocorra a aquisição das quotas ou das ações pela sociedade e a liquidação do inciso III do *caput* seja excessivamente onerosa para a sociedade, o juiz poderá determinar o leilão judicial das quotas ou das ações.	
Subseção VIII *Da Penhora de Empresa, de Outros Estabelecimentos e de Semoventes*	*Subseção V* *Da Penhora, do Depósito e da Administração de Empresa e de outros estabelecimentos*
Art. 862. Quando a penhora recair em estabelecimento comercial, industrial ou agrícola, bem como em semoventes, plantações ou edifícios em construção, o juiz nomeará **administrador-depositário**, determinando-lhe que apresente em 10 (dez) dias o plano de administração.	**Art. 677.** Quando a penhora recair em estabelecimento comercial, industrial ou agrícola, bem como em semoventes, plantações ou edifício em construção, o juiz nomeará um depositário, determinando-lhe que apresente em 10 (dez) dias a forma de administração.
§ 1º Ouvidas as partes, o juiz decidirá.	§ 1º Ouvidas as partes, o juiz decidirá.
§ 2º É lícito às partes **ajustar** a forma de administração e escolher o depositário, hipótese em que o juiz homologará por despacho a indicação.	§ 2º É lícito, porém, às partes ajustarem a forma de administração, escolhendo o depositário; caso em que o juiz homologará por despacho a indicação.
§ 3º Em relação aos edifícios em construção sob regime de incorporação imobiliária, a penhora somente poderá recair sobre as unidades imobiliárias ainda não comercializadas pelo incorporador.	
§ 4º Sendo necessário afastar o incorporador da administração da incorporação, será ela exercida pela comissão de representantes dos adquirentes ou, se se tratar de construção financiada, por empresa ou profissional indicado pela instituição fornecedora dos recursos para a obra, devendo ser ouvida, neste último caso, a comissão de representantes dos adquirentes.	
Art. 863. A penhora de empresa que funcione mediante concessão ou autorização far-se-á, conforme o valor do crédito, sobre a renda, sobre determinados bens ou sobre todo o patrimônio, e o juiz nomeará como depositário, de preferência, um de seus diretores.	**Art. 678.** A penhora de empresa, que funcione mediante concessão ou autorização, far-se-á, conforme o valor do crédito, sobre a renda, sobre determinados bens, ou sobre todo o patrimônio, nomeando o juiz como depositário, de preferência, um dos seus diretores.
§ 1º Quando a penhora recair sobre a renda ou sobre determinados bens, o **administrador-depositário** apresentará a forma de administração e o esquema de pagamento, observando-se, quanto ao mais, o disposto em relação **ao regime de penhora de frutos e rendimentos de coisa móvel e imóvel**.	**Parágrafo único.** Quando a penhora recair sobre a renda ou sobre determinados bens, o depositário apresentará a forma de administração e o esquema de pagamento observando-se, quanto ao mais, o disposto nos arts. 716 a 720; recaindo, porém, sobre todo o patrimônio, prosseguirá a execução os seus ulteriores termos, ouvindo-se, antes da arrematação ou da adjudicação, o poder público, que houver outorgado a concessão.
§ 2º Recaindo a penhora sobre todo o patrimônio, prosseguirá a execução em seus ulteriores termos, ouvindo-se, antes da arrematação ou da adjudicação, o **ente** público que houver outorgado a concessão.	
Art. 864. A penhora de navio ou de aeronave não obsta que continuem navegando ou operando até a alienação, mas o juiz, ao conceder a autorização para tanto, não permitirá que **saiam** do porto ou do aeroporto antes que o **executado** faça o seguro usual contra riscos.	**Art. 679.** A penhora sobre navio ou aeronave não obsta a que continue navegando ou operando até à alienação; mas o juiz, ao conceder a autorização para navegar ou operar, não permitirá que saia do porto ou aeroporto antes que o devedor faça o seguro usual contra riscos.
Art. 865. A penhora de que trata esta Subseção somente será determinada se não houver outro meio eficaz para a efetivação do crédito.	

Subseção IX **Da Penhora de Percentual de Faturamento de Empresa**	
Art. 866. Se o executado não tiver outros bens penhoráveis ou se, tendo-os, esses forem de difícil alienação ou insuficientes para saldar o crédito executado, o juiz poderá ordenar a penhora de percentual de faturamento de empresa.	
§ 1º O juiz fixará percentual que propicie a satisfação do crédito exequendo em tempo razoável, mas que não torne inviável o exercício da atividade empresarial.	
§ 2º O juiz nomeará administrador-depositário, o qual submeterá à aprovação judicial a forma de sua atuação e prestará contas mensalmente, entregando em juízo as quantias recebidas, com os respectivos balancetes mensais, a fim de serem imputadas no pagamento da dívida.	
§ 3º Na penhora de percentual de faturamento de empresa, observar-se-á, no que couber, o disposto quanto ao regime de penhora de frutos e rendimentos de coisa móvel e imóvel.	
Subseção X **Da Penhora de Frutos e Rendimentos de Coisa Móvel ou Imóvel**	**Subseção IV** **Do Usufruto de Móvel ou Imóvel**
Art. 867. O juiz pode **ordenar a penhora de frutos e rendimentos de coisa móvel ou imóvel** quando a considerar mais eficiente para o recebimento do crédito e menos gravosa ao executado.	**Art. 716.** O juiz pode conceder ao exequente o usufruto de móvel ou imóvel, quando o reputar menos gravoso ao executado e eficiente para o recebimento do crédito.
Art. 868. Ordenada a penhora de frutos e rendimentos, o juiz nomeará administrador-depositário, que será investido de todos os poderes que concernem à administração do bem e à fruição de seus frutos e utilidades, perdendo o executado o direito de gozo **do bem**, até que o exequente seja pago do principal, dos juros, das custas e dos honorários advocatícios.	**Art. 717.** Decretado o usufruto, perde o executado o gozo do móvel ou imóvel, até que o exequente seja pago do principal, juros, custas e honorários advocatícios.
§ 1º **A medida** terá eficácia em relação a terceiros a partir da publicação da decisão que a conceda **ou de sua averbação no ofício imobiliário, em caso de imóveis.**	**Art. 718.** O usufruto tem eficácia, assim em relação ao executado como a terceiros, a partir da publicação da decisão que o conceda.
§ 2º O exequente providenciará a averbação no ofício imobiliário mediante a apresentação de certidão de inteiro teor do ato, independentemente de mandado judicial.	
Art. 869. O juiz **poderá nomear administrador-depositário o exequente ou o executado, ouvida a parte contrária**, e, **não havendo acordo, nomeará profissional qualificado para o desempenho da função.**	**Art. 719.** Na sentença, o juiz nomeará administrador que será investido de todos os poderes que concernem ao usufrutuário. **Parágrafo único.** Pode ser administrador: I - o credor, consentindo o devedor; II - o devedor, consentindo o credor.
§ 1º O administrador submeterá à aprovação judicial a forma de administração e a de prestar contas periodicamente.	
§ 2º Havendo discordância **entre as partes ou entre essas e o administrador**, o juiz decidirá a melhor forma **de administração do bem**.	**Art. 724.** [...] **Parágrafo único.** Havendo discordância, o juiz decidirá a melhor forma de exercício do usufruto.
§ 3º Se o imóvel estiver arrendado, o inquilino pagará o aluguel diretamente ao **exequente**, salvo se houver administrador.	**Art. 723.** Se o imóvel estiver arrendado, o inquilino pagará o aluguel diretamente ao usufrutuário, salvo se houver administrador.
§ 4º O exequente ou o **administrador** poderá celebrar locação do móvel ou do imóvel, ouvido o executado.	**Art. 724.** O exequente usufrutuário poderá celebrar locação do móvel ou imóvel, ouvido o executado.
§ 5º As quantias recebidas pelo administrador serão entregues ao exequente, a fim de serem imputadas ao pagamento da dívida.	
§ 6º O exequente dará ao executado, por termo nos autos, quitação das quantias recebidas.	
Subseção XI **Da Avaliação**	**Subseção VI** **Da Avaliação**
Art. 870. A avaliação será feita pelo oficial de justiça. **Parágrafo único.** Se forem necessários conhecimentos especializados **e o valor da execução o comportar**, o juiz nomeará avaliador, fixando-lhe prazo não superior a 10 (dez) dias para entrega do laudo.	**Art. 680.** A avaliação será feita pelo oficial de justiça (art. 652), ressalvada a aceitação do valor estimado pelo executado (art. 668, parágrafo único, inciso V); caso sejam necessários conhecimentos especializados, o juiz nomeará avaliador, fixando-lhe prazo não superior a 10 (dez) dias para entrega do laudo.

Novo CPC	Antigo CPC
Art. 871. Não se procederá à avaliação quando:	**Art. 684.** Não se procederá à avaliação se:
I – **uma das partes** aceitar a estimativa feita pela outra;	I – o exequente aceitar a estimativa feita pelo executado (art. 668, parágrafo único, inciso V);
II – se tratar de títulos ou de mercadorias que tenham cotação em bolsa, comprovada por certidão ou publicação no órgão oficial;	II – se tratar de títulos ou de mercadorias, que tenham cotação em bolsa, comprovada por certidão ou publicação oficial;
III – **se tratar** de títulos da dívida pública, de ações de sociedades e de títulos de crédito negociáveis em bolsa, **cujo valor** será o da cotação oficial do dia, comprovada por certidão ou publicação no órgão oficial;	**Art. 682.** O valor dos títulos da dívida pública, das ações das sociedades e dos títulos de crédito negociáveis em bolsa será o da cotação oficial do dia, provada por certidão ou publicação no órgão oficial.
IV – se tratar de veículos automotores ou de outros bens cujo preço médio de mercado possa ser conhecido por meio de pesquisas realizadas por órgãos oficiais ou de anúncios de venda divulgados em meios de comunicação, caso em que caberá a quem fizer a nomeação o encargo de comprovar a cotação de mercado.	
Parágrafo único. Ocorrendo a hipótese do inciso I deste artigo, a avaliação poderá ser realizada quando houver fundada dúvida do juiz quanto ao real valor do bem.	
Art. 872. A avaliação realizada pelo oficial de justiça constará de vistoria e de laudo anexados ao auto de penhora ou, em caso de perícia realizada por avaliador, de laudo apresentado no prazo fixado pelo juiz, devendo-se, **em qualquer hipótese, especificar:**	**Art. 681.** O laudo da avaliação integrará o auto de penhora ou, em caso de perícia (art. 680), será apresentado no prazo fixado pelo juiz, devendo conter:
I – os bens, com as suas características, e o estado em que se encontram;	I – a descrição dos bens, com os seus característicos, e a indicação do estado em que se encontram;
II – o valor dos bens.	II – o valor dos bens.
§ 1º Quando o imóvel for suscetível de cômoda divisão, **a avaliação**, tendo em conta o crédito reclamado, **será realizada** em partes, sugerindo-se, **com a apresentação de memorial descritivo**, os possíveis desmembramentos **para alienação**.	**Parágrafo único.** Quando o imóvel for suscetível de cômoda divisão, o avaliador, tendo em conta o crédito reclamado, o avaliará em partes, sugerindo os possíveis desmembramentos.
§ 2º Realizada a avaliação e, sendo o caso, apresentada a proposta de desmembramento, as partes serão ouvidas no prazo de 5 (cinco) dias.	
Art. 873. É admitida nova avaliação **quando:**	**Art. 683.** É admitida nova avaliação quando:
I – qualquer das partes arguir, fundamentadamente, a ocorrência de erro na avaliação ou dolo do avaliador;	I – qualquer das partes arguir, fundamentadamente, a ocorrência de erro na avaliação ou dolo do avaliador;
II – se verificar, posteriormente à avaliação, que houve majoração ou diminuição no valor do bem;	II – se verificar, posteriormente à avaliação, que houve majoração ou diminuição no valor do bem; ou
III – **o juiz tiver** fundada dúvida sobre o valor atribuído ao bem **na primeira avaliação**.	III – houver fundada dúvida sobre o valor atribuído ao bem (art. 668, parágrafo único, inciso V).
Parágrafo único. Aplica-se o art. 480 à nova avaliação prevista no inciso III do *caput* deste artigo.	
Art. 874. Após a avaliação, o juiz poderá, a requerimento do interessado e ouvida a parte contrária, mandar:	**Art. 685.** Após a avaliação, poderá mandar o juiz, a requerimento do interessado e ouvida a parte contrária:
I – reduzir a penhora aos bens suficientes ou transferi-la para outros, se o valor dos bens penhorados for consideravelmente superior ao crédito do exequente e dos acessórios;	I – reduzir a penhora aos bens suficientes, ou transferi-la para outros, que bastem à execução, se o valor dos penhorados for consideravelmente superior ao crédito do exequente e acessórios;
II – ampliar a penhora ou transferi-la para outros bens mais valiosos, se o valor dos bens penhorados for inferior ao crédito **do exequente**.	II – ampliar a penhora, ou transferi-la para outros bens mais valiosos, se o valor dos penhorados for inferior ao referido crédito.
Art. 875. Realizadas a penhora e a avaliação, o juiz dará início aos atos de expropriação do bem.	**Parágrafo único.** Uma vez cumpridas essas providências, o juiz dará início aos atos de expropriação de bens.
<center>Seção IV *Da Expropriação de Bens*</center>	
<center>Subseção I *Da Adjudicação*</center>	<center>Subseção VI-A *Da Adjudicação*</center>
Art. 876. É lícito ao exequente, oferecendo preço não inferior ao da avaliação, requerer que lhe sejam adjudicados os bens penhorados.	**Art. 685-A.** É lícito ao exequente, oferecendo preço não inferior ao da avaliação, requerer lhe sejam adjudicados os bens penhorados.
§ 1º Requerida a adjudicação, o executado será intimado do pedido:	
I – pelo Diário da Justiça, na pessoa de seu advogado constituído nos autos;	
II – por carta com aviso de recebimento, quando representado pela Defensoria Pública ou quando não tiver procurador constituído nos autos;	

Novo CPC	Antigo CPC
III – por meio eletrônico, quando, sendo o caso do § 1º do art. 246, não tiver procurador constituído nos autos.	
§ 2º Considera-se realizada a intimação quando o executado houver mudado de endereço sem prévia comunicação ao juízo, observado o disposto no art. 274, parágrafo único.	
§ 3º Se o executado, citado por edital, não tiver procurador constituído nos autos, é dispensável a intimação prevista no § 1º.	
§ 4º Se o valor do crédito for:	§ 1º Se o valor do crédito for inferior ao dos bens, o adjudicante depositará de imediato a diferença, ficando esta à disposição do executado; se superior, a execução prosseguirá pelo saldo remanescente.
I – inferior ao dos bens, o **requerente da adjudicação** depositará de imediato a diferença, que ficará à disposição do executado;	
II – superior ao dos bens, a execução prosseguirá pelo saldo remanescente.	
§ 5º Idêntico direito pode ser exercido **por aqueles indicados no art. 889, incisos II a VIII**, pelos credores concorrentes que hajam penhorado o mesmo bem, pelo cônjuge, **pelo companheiro**, pelos descendentes ou pelos ascendentes do executado.	§ 2º Idêntico direito pode ser exercido pelo credor com garantia real, pelos credores concorrentes que hajam penhorado o mesmo bem, pelo cônjuge, pelos descendentes ou ascendentes do executado.
§ 6º **Se houver** mais de um pretendente, proceder-se-á a licitação entre eles, **tendo preferência, em caso de igualdade de oferta**, o cônjuge, **o companheiro**, o descendente ou o ascendente, nessa ordem.	§ 3º Havendo mais de um pretendente, proceder-se-á entre eles à licitação; em igualdade de oferta, terá preferência o cônjuge, descendente ou ascendente, nessa ordem.
§ 7º No caso de penhora de quota social ou de **ação de sociedade anônima fechada** realizada em favor de exequente alheio à sociedade, esta será intimada, **ficando responsável por informar aos sócios a ocorrência da penhora**, assegurando-se a estes a preferência.	§ 4º No caso de penhora de quota, procedida por exequente alheio à sociedade, esta será intimada, assegurando preferência aos sócios.
Art. 877. Transcorrido o prazo de 5 (cinco) dias, contado da última **intimação, e decididas eventuais questões,** o juiz ordenará a lavratura do auto de adjudicação.	§ 5º Decididas eventuais questões, o juiz mandará lavrar o auto de adjudicação.
§ 1º Considera-se perfeita e acabada a adjudicação com a lavratura e a assinatura do auto pelo juiz, pelo **adjudicatário**, pelo escrivão **ou chefe de secretaria**, e, se estiver presente, pelo executado, expedindo-se:	**Art. 685-B.** A adjudicação considera-se perfeita e acabada com a lavratura e assinatura do auto pelo juiz, pelo adjudicante, pelo escrivão e, se for presente, pelo executado, expedindo-se a respectiva carta, se bem imóvel, ou mandado de entrega ao adjudicante, se bem móvel.
I – a carta de adjudicação **e o mandado de imissão na posse**, quando se tratar de bem imóvel;	
II – a ordem de entrega **ao adjudicatário**, quando se tratar de bem móvel.	
§ 2º A carta de adjudicação conterá a descrição do imóvel, com remissão à sua matrícula e aos seus registros, a cópia do auto de adjudicação e a prova de quitação do imposto de transmissão.	**Parágrafo único.** A carta de adjudicação conterá a descrição do imóvel, com remissão a sua matrícula e registros, a cópia do auto de adjudicação e a prova de quitação do imposto de transmissão.
§ 3º No caso de penhora de bem hipotecado, o executado poderá remi-lo até a assinatura do auto de adjudicação, oferecendo preço igual ao da avaliação, se não tiver havido licitantes, ou ao do maior lance oferecido.	
§ 4º Na hipótese de falência ou de insolvência do devedor hipotecário, o direito de remição previsto no § 3º será deferido à massa ou aos credores em concurso, não podendo o exequente recusar o preço da avaliação do imóvel.	
Art. 878. Frustradas as tentativas de alienação do bem, será reaberta oportunidade para requerimento de adjudicação, caso em que também se poderá pleitear a realização de nova avaliação.	
Subseção II *Da Alienação*	
Art. 879. A alienação far-se-á:	
I – por iniciativa particular;	
II – em leilão judicial eletrônico ou presencial.	
	Subseção VI-B *Da Alienação por Iniciativa Particular*
Art. 880. Não **efetivada** a adjudicação, o exequente poderá requerer **a alienação** por sua própria iniciativa ou por intermédio de corretor **ou leiloeiro público** credenciado perante o **órgão** judiciário.	**Art. 685-C.** Não realizada a adjudicação dos bens penhorados, o exequente poderá requerer sejam eles alienados por sua própria iniciativa ou por intermédio de corretor credenciado perante a autoridade judiciária.

Novo CPC	Antigo CPC
§ 1º O juiz fixará o prazo em que a alienação deve ser efetivada, a forma de publicidade, o preço mínimo, as condições de pagamento, as garantias e, se for o caso, a comissão de corretagem.	§ 1º O juiz fixará o prazo em que a alienação deve ser efetivada, a forma de publicidade, o preço mínimo (art. 680), as condições de pagamento e as garantias, bem como, se for o caso, a comissão de corretagem.
§ 2º A alienação será formalizada por termo nos autos, com a assinatura do juiz, do exequente, do adquirente e, se estiver presente, do executado, expedindo-se: I – a carta de alienação **e o mandado de imissão na posse**, quando se tratar de bem imóvel; II – a ordem de entrega ao adquirente, quando se tratar de bem móvel.	§ 2º A alienação será formalizada por termo nos autos, assinado pelo juiz, pelo exequente, pelo adquirente e, se for presente, pelo executado, expedindo-se carta de alienação do imóvel para o devido registro imobiliário, ou, se bem móvel, mandado de entrega ao adquirente.
§ 3º Os tribunais poderão **editar disposições complementares sobre o procedimento da alienação prevista neste artigo, admitindo**, quando for o caso, o concurso de meios eletrônicos, e dispor sobre o credenciamento dos corretores **e leiloeiros públicos**, os quais deverão estar em exercício profissional **por não menos que** 3 **(três) anos**.	§ 3º Os Tribunais poderão expedir provimentos detalhando o procedimento da alienação prevista neste artigo, inclusive com o concurso de meios eletrônicos, e dispondo sobre o credenciamento dos corretores, os quais deverão estar em exercício profissional por não menos de 5 (cinco) anos.
§ 4º Nas localidades em que não houver corretor ou leiloeiro público credenciado nos termos do § 3º, a indicação será de livre escolha do exequente.	
	Subseção VII *Da Alienação em Hasta Pública*
Art. 881. A alienação far-se-á em leilão judicial se não efetivada a adjudicação ou a alienação por iniciativa particular.	
§ 1º O leilão do bem penhorado será realizado por leiloeiro público.	
§ 2º Ressalvados os casos de alienação a cargo de corretores de bolsa de valores, todos os demais bens serão alienados em leilão público.	**Art. 704.** Ressalvados os casos de alienação de bens imóveis e aqueles de atribuição de corretores da Bolsa de Valores, todos os demais bens serão alienados em leilão público.
Art. 882. Não sendo possível a sua realização por meio eletrônico, o leilão será presencial.	
§ 1º A alienação judicial por meio eletrônico será realizada, observando-se as garantias processuais das partes, de acordo com regulamentação específica do Conselho Nacional de Justiça.	
§ 2º A alienação judicial por meio eletrônico deverá atender aos requisitos de ampla publicidade, autenticidade e segurança, com observância das regras estabelecidas na legislação sobre certificação digital.	
§ 3º O leilão presencial será realizado no local designado pelo juiz.	
Art. 883. Caberá ao juiz a designação do leiloeiro público, que poderá ser indicado pelo exequente.	**Art. 706.** O leiloeiro público será indicado pelo exequente.
Art. 884. Incumbe ao leiloeiro **público**: I – publicar o edital, anunciando a alienação;	**Art. 705.** Cumpre ao leiloeiro: I – publicar o edital, anunciando a alienação;
II – realizar o leilão onde se encontrem os bens ou no lugar designado pelo juiz;	II – realizar o leilão onde se encontrem os bens, ou no lugar designado pelo juiz;
III – expor aos pretendentes os bens ou as amostras das mercadorias;	III – expor aos pretendentes os bens ou as amostras das mercadorias;
IV – receber e depositar, **dentro de 1 (um) dia**, à ordem do juiz, o produto da alienação;	V – receber e depositar, dentro em 24 (vinte e quatro) horas, à ordem do juízo, o produto da alienação;
V – prestar contas **nos 2 (dois) dias** subsequentes ao depósito.	VI – prestar contas nas 48 (quarenta e oito) horas subsequentes ao depósito.
Parágrafo único. O leiloeiro tem o direito de receber do arrematante a comissão estabelecida em lei ou arbitrada pelo juiz.	IV – receber do arrematante a comissão estabelecida em lei ou arbitrada pelo juiz.
Art. 885. O juiz da execução estabelecerá o preço mínimo, as condições de pagamento e as garantias que poderão ser prestadas pelo arrematante.	
Art. 886. O leilão será precedido de publicação de edital, que conterá:	**Art. 686.** Não requerida a adjudicação e não realizada a alienação particular do bem penhorado, será expedido o edital de hasta pública, que conterá:
I – a descrição do bem penhorado, com suas características, e, tratando-se de imóvel, sua situação e suas divisas, com remissão à matrícula e aos registros;	I – a descrição do bem penhorado, com suas características e, tratando-se de imóvel, a situação e divisas, com remissão à matrícula e aos registros;
II – o valor pelo qual o bem **foi avaliado, o preço mínimo pelo qual poderá ser alienado, as condições de pagamento e, se for o caso, a comissão do leiloeiro designado**;	II – o valor do bem;

Novo CPC	Antigo CPC
III – o lugar onde estiverem os móveis, os veículos e os semoventes e, **tratando**-se **de créditos** ou direitos, a **identificação** dos autos do processo em que foram penhorados;	III – o lugar onde estiverem os móveis, veículos e semoventes; e, sendo direito e ação, os autos do processo, em que foram penhorados;
IV – **o sítio, na rede mundial de computadores, e o período em que se realizará o leilão, salvo se este se der de modo presencial, hipótese em que** serão indicados o local, o dia e a hora de sua realização;	IV – o dia e a hora de realização da praça, se bem imóvel, ou o local, dia e hora de realização do leilão, se bem móvel;
V – a indicação de local, dia e hora de segundo leilão presencial, para a hipótese de não haver interessado no primeiro;	
VI – menção da existência de ônus, recurso ou processo pendente sobre os bens **a serem leiloados**.	V – menção da existência de ônus, recurso ou causa pendente sobre os bens a serem arrematados;
Parágrafo único. No caso de **títulos da dívida pública** e de **títulos** negociados **em bolsa**, constará do edital o valor da última cotação.	§ 1º No caso do art. 684, n. II, constará do edital o valor da última cotação anterior à expedição deste.
Art. 887. O leiloeiro público designado adotará providências para a ampla divulgação da alienação.	
§ 1º A publicação do edital deverá ocorrer pelo menos 5 (cinco) dias antes da data marcada para o leilão.	**Art. 687.** O edital será fixado no local do costume e publicado, em resumo, com antecedência mínima de 5 (cinco) dias, pelo menos uma vez em jornal de ampla circulação local.
§ 2º O edital será publicado na rede mundial de computadores, em sítio designado pelo juízo da execução, e conterá descrição detalhada e, sempre que possível, ilustrada dos bens, informando expressamente se o leilão se realizará de forma eletrônica ou presencial.	
§ 3º **Não sendo possível a publicação na rede mundial de computadores ou considerando o juiz, em atenção às condições da sede do juízo, que esse modo de divulgação é insuficiente ou inadequado**, o edital será afixado em local de costume e publicado, em resumo, pelo menos uma vez em jornal de ampla circulação local.	**Art. 687.** O edital será fixado no local do costume e publicado, em resumo, com antecedência mínima de 5 (cinco) dias, pelo menos uma vez em jornal de ampla circulação local.
	[...]
§ 4º Atendendo ao valor dos bens e às condições da **sede do juízo**, o juiz poderá alterar a forma e a frequência da publicidade na imprensa, mandar **publicar o edital em local de ampla circulação de pessoas** e divulgar avisos em emissora de **rádio ou televisão** local, **bem como em sítios distintos do indicado no § 2º**.	§ 2º Atendendo ao valor dos bens e às condições da comarca, o juiz poderá alterar a forma e a frequência da publicidade na imprensa, mandar divulgar avisos em emissora local e adotar outras providências tendentes a mais ampla publicidade da alienação, inclusive recorrendo a meios eletrônicos de divulgação.
§ 5º Os editais **de leilão de imóveis e de veículos automotores** serão publicados pela imprensa **ou por outros meios de divulgação**, preferencialmente na seção ou no local reservados à publicidade dos **respectivos** negócios.	§ 3º Os editais de praça serão divulgados pela imprensa preferencialmente na seção ou local reservado à publicidade de negócios imobiliários.
§ 6º O juiz poderá determinar a reunião de publicações em listas referentes a mais de uma execução.	§ 4º O juiz poderá determinar a reunião de publicações em listas referentes a mais de uma execução.
Art. 888. Não se realizando o leilão por qualquer motivo, o juiz mandará publicar a transferência, observando-se o disposto no art. 887.	**Art. 688.** Não se realizando, por motivo justo, a praça ou o leilão, o juiz mandará publicar pela imprensa local e no órgão oficial a transferência.
Parágrafo único. O escrivão, **o chefe de secretaria** ou o leiloeiro que culposamente der causa à transferência responde pelas despesas da nova publicação, podendo o juiz aplicar-lhe a pena de suspensão **por 5 (cinco) dias a 3 (três) meses, em procedimento administrativo regular.**	**Parágrafo único.** O escrivão, o porteiro ou o leiloeiro, que culposamente der causa à transferência, responde pelas despesas da nova publicação, podendo o juiz aplicar-lhe a pena de suspensão por 5 (cinco) a 30 (trinta) dias.
Art. 889. Serão cientificados da alienação judicial, com pelo menos 5 (cinco) dias de antecedência:	
	Art. 687. [...].
I – o executado, por **meio** de seu advogado ou, se não tiver procurador constituído nos autos, por carta registrada, mandado, edital ou outro meio idôneo;	§ 5º O executado terá ciência do dia, hora e local da alienação judicial por intermédio de seu advogado ou, se não tiver procurador constituído nos autos, por meio de mandado, carta registrada, edital ou outro meio idôneo.
II – o coproprietário de bem indivisível do qual tenha sido penhorada fração ideal;	
III – o titular de usufruto, uso, habitação, enfiteuse, direito de superfície, concessão de uso especial para fins de moradia ou concessão de direito real de uso, quando a penhora recair sobre bem gravado com tais direitos reais;	
IV – o proprietário do terreno submetido ao regime de direito de superfície, enfiteuse, concessão de uso especial para fins de moradia ou concessão de direito real de uso, quando a penhora recair sobre tais direitos reais;	

V – o credor pignoratício, hipotecário, anticrético, fiduciário ou com penhora anteriormente averbada, quando a penhora recair sobre bens com tais gravames, caso não seja o credor, de qualquer modo, parte na execução;	
VI – o promitente comprador, quando a penhora recair sobre bem em relação ao qual haja promessa de compra e venda registrada;	
VII – o promitente vendedor, quando a penhora recair sobre direito aquisitivo derivado de promessa de compra e venda registrada;	
VIII – a União, o Estado e o Município, no caso de alienação de bem tombado.	
Parágrafo único. Se o executado for revel e não tiver advogado constituído, não constando dos autos seu endereço atual ou, ainda, não sendo ele encontrado no endereço constante do processo, a intimação considerar-se-á feita por meio do próprio edital de leilão.	
Art. 890. Pode oferecer lance quem estiver na livre administração de seus bens, com exceção:	**Art. 690-A.** É admitido a lançar todo aquele que estiver na livre administração de seus bens, com exceção:
I – dos tutores, dos curadores, dos testamenteiros, dos administradores ou dos liquidantes, quanto aos bens confiados à sua guarda e à sua responsabilidade;	I – dos tutores, curadores, testamenteiros, administradores, síndicos ou liquidantes, quanto aos bens confiados a sua guarda e responsabilidade;
II – dos mandatários, quanto aos bens de cuja administração ou alienação estejam encarregados;	II – dos mandatários, quanto aos bens de cuja administração ou alienação estejam encarregados;
III – do juiz, do membro do Ministério Público e da Defensoria Pública, do escrivão, **do chefe de secretaria e dos** demais servidores e auxiliares da justiça, **em relação aos bens e direitos objeto de alienação na localidade onde servirem ou a que se estender a sua autoridade;**	III – do juiz, membro do Ministério Público e da Defensoria Pública, escrivão e demais servidores e auxiliares da Justiça.
IV – dos servidores públicos em geral, quanto aos bens ou aos direitos da pessoa jurídica a que servirem ou que estejam sob sua administração direta ou indireta;	
V – dos leiloeiros e seus prepostos, quanto aos bens de cuja venda estejam encarregados;	
VI – dos advogados de qualquer das partes.	
Art. 891. Não será aceito lance que ofereça preço vil.	**Art. 692.** Não será aceito lanço que, em segunda praça ou leilão, ofereça preço vil.
Parágrafo único. Considera-se vil o preço inferior ao mínimo estipulado pelo juiz e constante do edital, e, não tendo sido fixado preço mínimo, considera-se vil o preço inferior a cinquenta por cento do valor da avaliação.	
Art. 892. Salvo pronunciamento judicial em sentido diverso, o pagamento deverá ser realizado de imediato pelo arrematante, por depósito judicial ou por meio eletrônico.	
	Art. 690-A. [...]
§ 1º Se o exequente arrematar os bens **e for o único credor,** não estará obrigado a exibir o preço, mas, se o valor dos bens exceder ao seu crédito, depositará, dentro de 3 (três) dias, a diferença, sob pena de **tornar-se** sem efeito a arrematação, e, nesse caso, realizar-se-á novo leilão, à custa do exequente.	**Parágrafo único.** O exequente, se vier a arrematar os bens, não estará obrigado a exibir o preço; mas, se o valor dos bens exceder o seu crédito, depositará, dentro de 3 (três) dias, a diferença, sob pena de ser tornada sem efeito a arrematação e, neste caso, os bens serão levados a nova praça ou leilão à custa do exequente.
§ 2º Se houver mais de um pretendente, proceder-se-á entre eles à licitação, e, no caso de igualdade de oferta, terá preferência o cônjuge, o companheiro, o descendente ou o ascendente do executado, nessa ordem.	
§ 3º No caso de leilão de bem tombado, a União, os Estados e os Municípios terão, nessa ordem, o direito de preferência na arrematação, em igualdade de oferta.	
Art. 893. Se o leilão for de diversos bens e houver mais de um lançador, **terá preferência** aquele que se propuser a arrematá-los **todos, em conjunto,** oferecendo, para os **bens** que não tiverem **lance,** preço igual ao da avaliação e, para os demais, **preço igual ao do maior lance que, na tentativa de arrematação individualizada, tenha sido oferecido para eles.**	**Art. 691.** Se a praça ou o leilão for de diversos bens e houver mais de um lançador, será preferido aquele que se propuser a arrematá-los englobadamente, oferecendo para os que não tiverem licitante preço igual ao da avaliação e para os demais o de maior lanço.

Art. 894. Quando o imóvel admitir cômoda divisão, o juiz, a requerimento do **executado**, ordenará a alienação judicial de parte dele, desde que suficiente para **o pagamento do exequente e para a satisfação das despesas da execução**.	**Art. 702.** Quando o imóvel admitir cômoda divisão, o juiz, a requerimento do devedor, ordenará a alienação judicial de parte dele, desde que suficiente para pagar o credor.
§ 1º Não havendo lançador, far-se-á a alienação do imóvel em sua integridade.	**Parágrafo único.** Não havendo lançador, far-se-á a alienação do imóvel em sua integridade.
§ 2º A alienação por partes deverá ser requerida a tempo de permitir a avaliação das glebas destacadas e sua inclusão no edital, e, nesse caso, caberá ao executado instruir o requerimento com planta e memorial descritivo subscritos por profissional habilitado.	
Art. 895. O interessado em adquirir o bem penhorado em prestações poderá apresentar, por escrito:	**Art. 690.** [...]. § 1º Tratando-se de bem imóvel, quem estiver interessado em adquiri-lo em prestações poderá apresentar por escrito sua proposta, nunca inferior à avaliação, com oferta de pelo menos 30% (trinta por cento) à vista, sendo o restante garantido por hipoteca sobre o próprio imóvel.
I – até o início do primeiro leilão, proposta de aquisição do bem por valor não inferior ao da avaliação;	
II – até o início do segundo leilão, proposta de aquisição do bem por valor que não seja considerado vil.	
	Art. 690. [...]
§ 1º **A proposta conterá, em qualquer hipótese, oferta de pagamento de pelo menos** vinte e cinco por cento **do valor do lance** à vista e o **restante parcelado em até 30 (trinta) meses, garantido por caução idônea, quando se tratar de móveis, e** por hipoteca **do próprio bem, quando se tratar de** imóveis.	§ 1º Tratando-se de bem imóvel, quem estiver interessado em adquiri-lo em prestações poderá apresentar por escrito sua proposta, nunca inferior à avaliação, com oferta de pelo menos 30% (trinta por cento) à vista, sendo o restante garantido por hipoteca sobre o próprio imóvel
§ 2º As propostas para aquisição em prestações indicarão o prazo, a modalidade, **o indexador de correção monetária** e as condições de pagamento do saldo.	§ 2º As propostas para aquisição em prestações, que serão juntadas aos autos, indicarão o prazo, a modalidade e as condições de pagamento do saldo.
§ 3º (*Vetado*). → **Redação vetada:** "§ 3º As prestações, que poderão ser pagas por meio eletrônico, serão corrigidas mensalmente pelo índice oficial de atualização financeira, a ser informado, se for o caso, para a operadora do cartão de crédito."	
§ 4º No caso de atraso no pagamento de qualquer das prestações, incidirá multa de dez por cento sobre a soma da parcela inadimplida com as parcelas vincendas.	
§ 5º O inadimplemento autoriza o exequente a pedir a resolução da arrematação ou promover, em face do arrematante, a execução do valor devido, devendo ambos os pedidos ser formulados nos autos da execução em que se deu a arrematação.	
§ 6º A apresentação da proposta prevista neste artigo não suspende o leilão.	
§ 7º A proposta de pagamento do lance à vista sempre prevalecerá sobre as propostas de pagamento parcelado.	
§ 8º Havendo mais de uma proposta de pagamento parcelado:	**Art. 690.** [...].
I – em diferentes condições, o juiz decidirá pela mais vantajosa, assim compreendida, sempre, a de maior valor;	§ 3º O juiz decidirá por ocasião da praça, dando o bem por arrematado pelo apresentante do melhor lanço ou proposta mais conveniente.
II – em iguais condições, o juiz decidirá pela formulada em primeiro lugar.	
	Art. 690. [...].
§ 9º No caso de arrematação a prazo, os pagamentos feitos pelo arrematante pertencerão ao exequente até o limite de seu crédito, e os subsequentes, ao executado.	§ 4º No caso de arrematação a prazo, os pagamentos feitos pelo arrematante pertencerão ao exequente até o limite de seu crédito, e os subsequentes ao executado.
Art. 896. Quando o imóvel de incapaz não alcançar em leilão pelo menos oitenta por cento do valor da avaliação, o juiz o confiará à guarda e à administração de depositário idôneo, adiando a alienação por prazo não superior a 1 (um) ano.	**Art. 701.** Quando o imóvel de incapaz não alcançar em praça pelo menos 80% (oitenta por cento) do valor da avaliação, o juiz o confiará à guarda e administração de depositário idôneo, adiando a alienação por prazo não superior a 1 (um) ano.
§ 1º Se, durante o adiamento, algum pretendente assegurar, mediante caução idônea, o preço da avaliação, o juiz ordenará a alienação em leilão.	§ 1º Se, durante o adiamento, algum pretendente assegurar, mediante caução idônea, o preço da avaliação, o juiz ordenará a alienação em praça.
§ 2º Se o pretendente à arrematação se arrepender, o juiz impor-lhe-á multa de vinte por cento sobre o valor da avaliação, em benefício do incapaz, valendo a decisão como título executivo.	§ 2º Se o pretendente à arrematação se arrepender, o juiz lhe imporá a multa de 20% (vinte por cento) sobre o valor da avaliação, em benefício do incapaz, valendo a decisão como título executivo.

§ 3º Sem prejuízo do disposto **nos §§ 1º e 2º**, o juiz poderá autorizar a locação do imóvel no prazo do adiamento.	§ 3º Sem prejuízo do disposto nos dois parágrafos antecedentes, o juiz poderá autorizar a locação do imóvel no prazo do adiamento.
§ 4º Findo o prazo do adiamento, o imóvel será submetido a **novo leilão**.	§ 4º Findo o prazo do adiamento, o imóvel será alienado, na forma prevista no art. 686, VI.
Art. 897. Se o arrematante ou seu fiador não pagar o preço no prazo estabelecido, o juiz impor-lhe-á, em favor do exequente, a perda da caução, voltando os bens a novo leilão, do qual não serão admitidos a participar o arrematante e o fiador remissos.	**Art. 695.** Se o arrematante ou seu fiador não pagar o preço no prazo estabelecido, o juiz impor-lhe-á, em favor do exequente, a perda da caução, voltando os bens a nova praça ou leilão, dos quais não serão admitidos a participar o arrematante e o fiador remissos.
Art. 898. O fiador do arrematante que pagar o valor do lance e a multa poderá requerer que a arrematação lhe seja transferida.	**Art. 696.** O fiador do arrematante, que pagar o valor do lanço e a multa, poderá requerer que a arrematação lhe seja transferida.
Art. 899. Será suspensa a arrematação logo que o produto da alienação dos bens **for suficiente** para o pagamento do credor **e** para a **satisfação das despesas da execução**.	**Art. 692.** [...] **Parágrafo único.** Será suspensa a arrematação logo que o produto da alienação dos bens bastar para o pagamento do credor.
Art. 900. O leilão prosseguirá no dia útil imediato, à mesma hora em que teve início, independentemente de novo edital, **se for ultrapassado o horário de expediente forense**.	**Art. 689.** Sobrevindo a noite, prosseguirá a praça ou leilão no dia útil imediato, à mesma hora em que teve início, independentemente de novo edital.
Art. 901. A arrematação constará de auto que será lavrado de imediato **e poderá abranger bens penhorados em mais de uma execução**, nele mencionadas as condições nas quais foi alienado o bem.	**Art. 693.** A arrematação constará de auto que será lavrado de imediato, nele mencionadas as condições pelas quais foi alienado o bem.
§ 1º A ordem de entrega do bem móvel ou a carta de arrematação do bem imóvel, **com o respectivo mandado de imissão na posse**, será expedida depois de efetuado o depósito ou prestadas as garantias pelo arrematante, **bem como realizado o pagamento da comissão do leiloeiro e das demais despesas da execução**.	**Parágrafo único.** A ordem de entrega do bem móvel ou a carta de arrematação do bem imóvel será expedida depois de efetuado o depósito ou prestadas as garantias pelo arrematante.
§ 2º A carta de arrematação conterá a descrição do imóvel, com remissão à sua matrícula ou individuação e aos seus registros, a cópia do auto de arrematação e a prova de pagamento do imposto de transmissão, além da indicação da existência de eventual ônus real ou gravame.	
Art. 902. No caso de leilão de bem hipotecado, o executado poderá remi-lo até a assinatura do auto de arrematação, oferecendo preço igual ao do maior lance oferecido.	
Parágrafo único. No caso de falência ou insolvência do devedor hipotecário, o direito de remição previsto no *caput* defere-se à massa ou aos credores em concurso, não podendo o exequente recusar o preço da avaliação do imóvel.	
Art. 903. Qualquer que seja a modalidade de leilão, assinado o auto pelo juiz, pelo arrematante e pelo leiloeiro, a arrematação **será considerada** perfeita, acabada e irretratável, ainda que venham a ser julgados procedentes os embargos do executado **ou a ação autônoma de que trata o § 4º deste artigo, assegurada a possibilidade de reparação pelos prejuízos sofridos**.	**Art. 694.** Assinado o auto pelo juiz, pelo arrematante e pelo serventuário da justiça ou leiloeiro, a arrematação considerar-se-á perfeita, acabada e irretratável, ainda que venham a ser julgados procedentes os embargos do executado.
§ 1º Ressalvadas outras situações previstas neste Código, a arrematação poderá, no entanto, ser:	§ 1º A arrematação poderá, no entanto, ser tornada sem efeito:
I – invalidada, quando realizada por preço vil ou com outro vício;	I – por vício de nulidade;
II – considerada ineficaz, se não observado o disposto no art. 804;	
III – **resolvida**, se não for pago o preço ou se não for prestada a caução.	II – se não for pago o preço ou se não for prestada a caução;
§ 2º O juiz decidirá acerca das situações referidas no § 1º, se for provocado em até 10 (dez) dias após o aperfeiçoamento da arrematação.	
§ 3º Passado o prazo previsto no § 2º sem que tenha havido alegação de qualquer das situações previstas no § 1º, será expedida a carta de arrematação e, conforme o caso, a ordem de entrega ou mandado de imissão na posse.	
§ 4º Após a expedição da carta de arrematação ou da ordem de entrega, a invalidação da arrematação poderá ser pleiteada por ação autônoma, em cujo processo o arrematante figurará como litisconsorte necessário.	**Art. 746.** É lícito ao executado, no prazo de 5 (cinco) dias, contados da adjudicação, alienação ou arrematação, oferecer embargos fundados em nulidade da execução, ou em causa extintiva da obrigação, desde que superveniente à penhora, aplicando-se, no que couber, o disposto neste Capítulo.
§ 5º **O arrematante poderá desistir da arrematação, sendo-lhe imediatamente devolvido o depósito que tiver feito**.	§ 1º Oferecidos embargos, poderá o adquirente desistir da aquisição.

I – se provar, nos 10 (dez) dias seguintes, a existência de ônus real ou gravame não mencionado no edital;	
II – se, antes de expedida a carta de arrematação ou a ordem de entrega, o executado alegar alguma das situações previstas no § 1º;	
III – uma vez citado para responder a ação autônoma de que trata o § 4º deste artigo, desde que apresente a desistência no prazo de que dispõe para responder a essa ação.	
§ 6º **Considera-se ato atentatório à dignidade da justiça a suscitação infundada de vício com o objetivo de ensejar a desistência do arrematante, devendo o suscitante ser condenado, sem prejuízo da responsabilidade por perdas e danos, ao pagamento de** multa, **a ser fixada pelo juiz e devida ao exequente, em montante** não superior a vinte por cento **do valor atualizado do bem.**	§ 3º Caso os embargos sejam declarados manifestamente protelatórios, o juiz imporá multa ao embargante, não superior a 20% (vinte por cento) do valor da execução, em favor de quem desistiu da aquisição.
Seção V ***Da Satisfação do Crédito***	**Seção II** ***Do Pagamento ao Credor***
	Subseção I *Das Disposições Gerais*
Art. 904. A satisfação do crédito exequendo far-se-á:	**Art. 708.** O pagamento ao credor far-se-á:
I – pela entrega do dinheiro;	I – pela entrega do dinheiro;
II – pela adjudicação dos bens penhorados.	II – pela adjudicação dos bens penhorados;
	Subseção II *Da Entrega do Dinheiro*
Art. 905. O juiz autorizará que o **exequente** levante, até a satisfação integral de seu crédito, o dinheiro depositado para segurar o juízo ou o produto dos bens alienados, **bem como do faturamento de empresa ou de outros frutos e rendimentos de coisas ou empresas penhoradas,** quando:	**Art. 709.** O juiz autorizará que o credor levante, até a satisfação integral de seu crédito, o dinheiro depositado para segurar o juízo ou o produto dos bens alienados quando:
I – a execução for movida só a benefício do **exequente** singular, a quem, por força da penhora, cabe o direito de preferência sobre os bens penhorados e alienados;	I – a execução for movida só a benefício do credor singular, a quem, por força da penhora, cabe o direito de preferência sobre os bens penhorados e alienados;
II – não houver sobre os bens alienados outros privilégios ou preferências instituídos anteriormente à penhora.	II – não houver sobre os bens alienados qualquer outro privilégio ou preferência, instituído anteriormente à penhora.
Parágrafo único. Durante o plantão judiciário, veda-se a concessão de pedidos de levantamento de importância em dinheiro ou valores ou de liberação de bens apreendidos.	
Art. 906. Ao receber o mandado de levantamento, o **exequente** dará ao **executado**, por termo nos autos, quitação da quantia paga.	**Art. 709.** [...] **Parágrafo único.** Ao receber o mandado de levantamento, o credor dará ao devedor, por termo nos autos, quitação da quantia paga.
Parágrafo único. A expedição de mandado de levantamento poderá ser substituída pela transferência eletrônica do valor depositado em conta vinculada ao juízo para outra indicada pelo exequente.	
Art. 907. Pago ao **exequente** o principal, os juros, as custas e os honorários, a importância que **sobrar** será restituída ao executado.	**Art. 710.** Estando o credor pago do principal, juros, custas e honorários, a importância que sobejar será restituída ao devedor.
Art. 908. Havendo pluralidade de credores ou exequentes, o dinheiro lhes será distribuído e entregue consoante a ordem das respectivas **preferências**.	**Art. 711.** Concorrendo vários credores, o dinheiro ser-lhes-á distribuído e entregue consoante a ordem das respectivas prelações; [...].
§ 1º No caso de adjudicação ou alienação, os créditos que recaem sobre o bem, inclusive os de natureza *propter rem*, sub-rogam-se sobre o respectivo preço, observada a ordem de preferência.	
§ 2º Não havendo título legal à preferência, **o dinheiro será distribuído entre os concorrentes, observando-se a anterioridade** de cada penhora.	**Art. 711.** [...]; não havendo título legal à preferência, receberá em primeiro lugar o credor que promoveu a execução, cabendo aos demais concorrentes direito sobre a importância restante, observada a anterioridade de cada penhora.
Art. 909. Os **exequentes** formularão as suas pretensões, **que versarão** unicamente sobre o direito de preferência e a anterioridade da penhora, e, **apresentadas as razões**, o juiz decidirá.	**Art. 712.** Os credores formularão as suas pretensões, requerendo as provas que irão produzir em audiência; mas a disputa entre eles versará unicamente sobre o direito de preferência e a anterioridade da penhora. **Art. 713.** Findo o debate, o juiz decidirá.

Novo CPC	Antigo CPC
Capítulo V Da Execução Contra a Fazenda Pública	**Seção III** *Da Execução Contra a Fazenda Pública*
Art. 910. Na execução **fundada em título extrajudicial**, a Fazenda Pública **será citada** para opor embargos **em 30 (trinta) dias**. § 1º Não opostos embargos ou transitada em julgado a decisão que os rejeitar, expedir-se-á precatório ou requisição de pequeno valor em favor do exequente, observando-se o disposto no art. 100 da Constituição Federal.	**Art. 730.** Na execução por quantia certa contra a Fazenda Pública, citar-se-á a devedora para opor embargos em 10 (dez) dias; se esta não os opuser, no prazo legal, observar-se-ão as seguintes regras: I – o juiz requisitará o pagamento por intermédio do presidente do tribunal competente; II – far-se-á o pagamento na ordem de apresentação do precatório e à conta do respectivo crédito.
§ 2º Nos embargos, a Fazenda Pública poderá alegar qualquer matéria que lhe seria lícito deduzir como defesa no processo de conhecimento.	
§ 3º Aplica-se a este Capítulo, no que couber, o disposto nos artigos 534 e 535.	
Capítulo VI Da Execução **de Alimentos**	**Capítulo V** Da Execução de Prestação Alimentícia
Art. 911. Na execução **fundada em título executivo extrajudicial que contenha obrigação alimentar**, o juiz mandará citar o **executado** para, em 3 (três) dias, efetuar o pagamento das **parcelas anteriores ao início da execução e das que se vencerem no seu curso**, provar que o fez ou justificar a impossibilidade de fazê-lo.	**Art. 733.** Na execução de sentença ou de decisão, que fixa os alimentos provisionais, o juiz mandará citar o devedor para, em 3 (três) dias, efetuar o pagamento, provar que o fez ou justificar a impossibilidade de efetuá-lo.
Parágrafo único. Aplicam-se, no que couber, os §§ 2º a 7º do art. 528.	§ 1º Se o devedor não pagar, nem se escusar, o juiz decretar-lhe-á a prisão pelo prazo de 1 (um) a 3 (três) meses. § 2º O cumprimento da pena não exime o devedor do pagamento das prestações vencidas e vincendas. § 3º Paga a prestação alimentícia, o juiz suspenderá o cumprimento da ordem de prisão.
Art. 912. Quando o **executado** for funcionário público, militar, diretor ou gerente de empresa, bem como empregado sujeito à legislação do trabalho, o **exequente poderá requerer** o desconto em folha de pagamento **de pessoal** da importância da prestação alimentícia.	**Art. 734.** Quando o devedor for funcionário público, militar, diretor ou gerente de empresa, bem como empregado sujeito à legislação do trabalho, o juiz mandará descontar em folha de pagamento a importância da prestação alimentícia.
§ 1º Ao despachar a inicial, o juiz oficiará à autoridade, à empresa ou ao empregador, determinando, sob pena de crime de desobediência, o desconto a partir da primeira remuneração posterior do executado, a contar do protocolo do ofício.	
§ 2º **O ofício conterá os nomes e o número de inscrição no** Cadastro de Pessoas Físicas **do exequente e do executado**, a importância **a ser descontada mensalmente, a conta na qual** deve **ser feito o depósito e, se for o caso,** o tempo de sua duração.	**Parágrafo único.** A comunicação será feita à autoridade, à empresa ou ao empregador por ofício, de que constarão os nomes do credor, do devedor, a importância da prestação e o tempo de sua duração.
Art. 913. Não requerida a execução nos termos deste Capítulo, observar-se-á o disposto no art. 824 e seguintes, com a ressalva de que, recaindo a penhora em dinheiro, a concessão de efeito suspensivo aos embargos à execução não obsta a que o exequente levante mensalmente a importância da prestação.	
TÍTULO III Dos Embargos à Execução	**TÍTULO III** Dos Embargos do Devedor
	Capítulo I Das Disposições Gerais
Art. 914. O executado, independentemente de penhora, depósito ou caução, poderá **se opor** à execução por meio de embargos.	**Art. 736.** O executado, independentemente de penhora, depósito ou caução, poderá opor-se à execução por meio de embargos.
§ 1º Os embargos à execução serão distribuídos por dependência, autuados em apartado e instruídos com cópias das peças processuais relevantes, que poderão ser declaradas autênticas pelo próprio advogado, sob sua responsabilidade pessoal.	**Parágrafo único.** Os embargos à execução serão distribuídos por dependência, autuados em apartado e instruídos com cópias das peças processuais relevantes, que poderão ser declaradas autênticas pelo advogado, sob sua responsabilidade pessoal.
	Capítulo IV Dos Embargos na Execução por Carta
§ 2º Na execução por carta, os embargos serão oferecidos no juízo deprecante ou no juízo deprecado, mas a competência para julgá-los é do juízo deprecante, salvo se versarem unicamente sobre vícios ou defeitos da penhora, da avaliação ou da alienação dos bens **efetuadas no juízo deprecado**.	**Art. 747.** Na execução por carta, os embargos serão oferecidos no juízo deprecante ou no juízo deprecado, mas a competência para julgá-los é do juízo deprecante, salvo se versarem unicamente vícios ou defeitos da penhora, avaliação ou alienação dos bens.

Art. 915. Os embargos serão oferecidos no prazo de 15 (quinze) dias, contado, **conforme o caso, na forma do art. 231**.	**Art. 738.** Os embargos serão oferecidos no prazo de 15 (quinze) dias, contados da data da juntada aos autos do mandado de citação.
§ 1º Quando houver mais de um executado, o prazo para cada um deles embargar conta-se a partir da juntada do respectivo **comprovante da citação**, salvo no caso de cônjuges **ou de companheiros, quando será contado a partir da juntada do último**.	§ 1º Quando houver mais de um executado, o prazo para cada um deles embargar conta-se a partir da juntada do respectivo mandado citatório, salvo tratando-se de cônjuges.
§ 2º Nas execuções por carta, **o prazo para embargos será contado:** I – da juntada, **na carta, da certificação da citação, quando versarem unicamente sobre vícios ou defeitos da penhora,** da **avaliação ou** da **alienação dos bens;**	§ 2º Nas execuções por carta precatória, a citação do executado será imediatamente comunicada pelo juiz deprecado ao juiz deprecante, inclusive por meios eletrônicos, contando-se o prazo para embargos a partir da juntada aos autos de tal comunicação.
II – da juntada, nos autos de origem, do comunicado de que trata o § 4º deste artigo ou, não havendo este, da juntada da carta devidamente cumprida, quando versarem sobre questões diversas da prevista no inciso I deste parágrafo.	
§ 3º Em relação ao prazo para oferecimento dos embargos à execução, não se aplica o disposto no art. 229.	
§ 4º Nos atos de comunicação por carta precatória, rogatória ou de ordem, a realização da citação será imediatamente informada, por meio eletrônico, pelo juiz deprecado ao juiz deprecante.	
Art. 916. No prazo para embargos, reconhecendo o crédito do exequente e comprovando o depósito de trinta por cento do valor em execução, **acrescido** de custas e de honorários de advogado, o executado poderá requerer que lhe seja permitido pagar o restante em até 6 (seis) parcelas mensais, acrescidas de correção monetária e de juros de um por cento ao mês.	**Art. 745-A.** No prazo para embargos, reconhecendo o crédito do exequente e comprovando o depósito de 30% (trinta por cento) do valor em execução, inclusive custas e honorários de advogado, poderá o executado requerer seja admitido a pagar o restante em até 6 (seis) parcelas mensais, acrescidas de correção monetária e juros de 1% (um por cento) ao mês.
§ 1º O exequente será intimado para manifestar-se sobre o preenchimento dos pressupostos do *caput*, e o juiz decidirá o requerimento em 5 (cinco) dias.	
§ 2º Enquanto não apreciado o requerimento, o executado terá de depositar as parcelas vincendas, facultado ao exequente seu levantamento.	
§ 3º Deferida a proposta, o exequente levantará a quantia depositada, e serão suspensos os atos executivos.	§ 1º Sendo a proposta deferida pelo juiz, o exequente levantará a quantia depositada e serão suspensos os atos executivos; caso indeferida, seguir-se-ão os atos executivos, mantido o depósito.
§ 4º Indeferida a proposta, seguir-se-ão os atos executivos, mantido o depósito, que será convertido em penhora.	
§ 5º O não pagamento de qualquer das prestações **acarretará cumulativamente**: I – o vencimento das **prestações** subsequentes e o prosseguimento do processo, com o imediato reinício dos atos executivos; II – **a imposição** ao executado de multa de dez por cento sobre o valor das prestações não pagas.	§ 2º O não pagamento de qualquer das prestações implicará, de pleno direito, o vencimento das subsequentes e o prosseguimento do processo, com o imediato início dos atos executivos, imposta ao executado multa de 10% (dez por cento) sobre o valor das prestações não pagas e vedada a oposição de embargos.
§ 6º A opção pelo parcelamento de que trata este artigo importa renúncia ao direito de opor embargos.	
§ 7º O disposto neste artigo não se aplica ao cumprimento da sentença.	
	Capítulo III **Dos Embargos à Execução**
Art. 917. Nos embargos **à execução**, o executado poderá alegar:	**Art. 745.** Nos embargos, poderá o executado alegar:
I – **inexequibilidade do título ou inexigibilidade da obrigação**;	I – nulidade da execução, por não ser executivo o título apresentado;
II – penhora incorreta ou avaliação errônea;	II – penhora incorreta ou avaliação errônea;
III – excesso de execução ou cumulação indevida de execuções;	III – excesso de execução ou cumulação indevida de execuções;
IV – retenção por benfeitorias necessárias ou úteis, nos casos de execução para entrega de coisa certa;	IV – retenção por benfeitorias necessárias ou úteis, nos casos de título para entrega de coisa certa (art. 621);
V – incompetência absoluta ou relativa do juízo da execução;	
VI – qualquer matéria que lhe seria lícito deduzir como defesa em processo de conhecimento.	V – qualquer matéria que lhe seria lícito deduzir como defesa em processo de conhecimento.

Novo CPC	Antigo CPC
§ 1º A incorreção da penhora ou da avaliação poderá ser impugnada por simples petição, no prazo de 15 (quinze) dias, contado da ciência do ato.	
§ 2º Há excesso de execução **quando**:	**Art. 743.** Há excesso de execução:
I – o **exequente** pleiteia quantia superior à do título;	I – quando o credor pleiteia quantia superior à do título;
II – ela recai sobre coisa diversa daquela declarada no título;	II – quando recai sobre coisa diversa daquela declarada no título;
III – ela **se processa** de modo diferente do que foi determinado **no título**;	III – quando se de modo diferente do que foi determinado na sentença;
IV – o **exequente**, sem cumprir a prestação que lhe corresponde, exige o adimplemento da prestação do **executado**;	IV – quando o credor, sem cumprir a prestação que lhe corresponde, exige o adimplemento da do devedor (art. 582);
V – o **exequente** não prova que a condição se realizou.	V – se o credor não provar que a condição se realizou.
§ 3º **Quando alegar que o exequente, em excesso de execução, pleiteia quantia superior à do título**, o embargante **declarará** na petição inicial o valor que entende correto, apresentando demonstrativo discriminado e atualizado de seu cálculo.	**Art. 739-A.** [...] § 5º Quando o excesso de execução for fundamento dos embargos, o embargante deverá declarar na petição inicial o valor que entende correto, apresentando memória do cálculo, sob pena de rejeição liminar dos embargos ou de não conhecimento desse fundamento.
§ 4º Não apontado o valor correto ou não apresentado o demonstrativo, os embargos à execução:	
I – serão liminarmente rejeitados, sem resolução de mérito, se o excesso de execução for o seu único fundamento;	
II – serão processados, se houver outro fundamento, mas o juiz não examinará a alegação de excesso de execução.	
§ 5º Nos embargos de retenção por benfeitorias, o exequente poderá requerer a compensação de seu valor com o dos frutos ou dos danos considerados devidos pelo executado, cumprindo ao juiz, para a apuração dos respectivos valores, nomear perito, **observando-se, então, o art. 464**.	**Art. 745.** [...]. § 1º Nos embargos de retenção por benfeitorias, poderá o exequente requerer a compensação de seu valor com o dos frutos ou danos considerados devidos pelo executado, cumprindo ao juiz, para a apuração dos respectivos valores, nomear perito, fixando-lhe breve prazo para entrega do laudo.
§ 6º O exequente poderá a qualquer tempo ser imitido na posse da coisa, prestando caução ou depositando o valor devido pelas benfeitorias ou resultante da compensação.	§ 2º O exequente poderá, a qualquer tempo, ser imitido na posse da coisa, prestando caução ou depositando o valor devido pelas benfeitorias ou resultante da compensação.
§ 7º A arguição de impedimento e suspeição observará o disposto nos arts. 146 e 148.	
Art. 918. O juiz rejeitará liminarmente os embargos:	**Art. 739.** O juiz rejeitará liminarmente os embargos:
I – quando intempestivos;	I – quando intempestivos;
II – **nos casos de indeferimento da petição inicial e de improcedência liminar do pedido**;	II – quando inepta a petição (art. 295); ou
III – manifestamente protelatórios.	III – quando manifestamente protelatórios.
Parágrafo único. Considera-se conduta atentatória à dignidade da justiça o oferecimento de embargos manifestamente protelatórios.	
Art. 919. Os embargos à execução não terão efeito suspensivo.	**Art. 739-A.** Os embargos do executado não terão efeito suspensivo.
§ 1º O juiz poderá, a requerimento do embargante, atribuir efeito suspensivo aos embargos quando **verificados os requisitos para a concessão da tutela provisória**, e desde que a execução já esteja garantida por penhora, depósito ou caução suficientes.	§ 1º O juiz poderá, a requerimento do embargante, atribuir efeito suspensivo aos embargos quando, sendo relevantes seus fundamentos, o prosseguimento da execução manifestamente possa causar ao executado grave dano de difícil ou incerta reparação, e desde que a execução já esteja garantida por penhora, depósito ou caução suficientes.
§ 2º Cessando as circunstâncias que a motivaram, a decisão relativa aos efeitos dos embargos poderá, a requerimento da parte, ser modificada ou revogada a qualquer tempo, em decisão fundamentada.	§ 2º A decisão relativa aos efeitos dos embargos poderá, a requerimento da parte, ser modificada ou revogada a qualquer tempo, em decisão fundamentada, cessando as circunstâncias que a motivaram.
§ 3º Quando o efeito suspensivo atribuído aos embargos disser respeito apenas a parte do objeto da execução, esta prosseguirá quanto à parte restante.	§ 3º Quando o efeito suspensivo atribuído aos embargos disser respeito apenas a parte do objeto da execução, essa prosseguirá quanto à parte restante.
§ 4º A concessão de efeito suspensivo aos embargos oferecidos por um dos executados não suspenderá a execução contra os que não embargaram, quando o respectivo fundamento disser respeito exclusivamente ao embargante.	§ 4º A concessão de efeito suspensivo aos embargos oferecidos por um dos executados não suspenderá a execução contra os que não embargaram, quando o respectivo fundamento disser respeito exclusivamente ao embargante.

§ 5º A concessão de efeito suspensivo não impedirá a efetivação dos atos **de substituição, de reforço ou** de **redução da** penhora e de avaliação dos bens.	§ 6º A concessão de efeito suspensivo não impedirá a efetivação dos atos de penhora e de avaliação dos bens.
Art. 920. Recebidos os embargos:	**Art. 740.** Recebidos os embargos, será o exequente ouvido no prazo de 15 (quinze) dias; a seguir, o juiz julgará imediatamente o pedido (art. 330) ou designará audiência de conciliação, instrução e julgamento, proferindo sentença no prazo de 10 (dez) dias.
I – o exequente será ouvido no prazo de 15 (quinze) dias;	
II – a seguir, o juiz julgará imediatamente o pedido ou designará audiência;	
III – **encerrada a instrução,** o juiz **proferirá sentença.**	
TÍTULO IV Da Suspensão e da Extinção do Processo de Execução	**TÍTULO VI** Da Suspensão e da Extinção do Processo de Execução
Capítulo I Da Suspensão **do Processo de Execução**	**Capítulo I** Da Suspensão
Art. 921. Suspende-se a execução:	**Art. 791.** Suspende-se a execução:
I – nas hipóteses **dos arts. 313** e 315, **no que couber**;	II – nas hipóteses previstas no art. 265, ns. I a III;
II – no todo ou em parte, quando recebidos com efeito suspensivo os embargos à execução;	I – no todo ou em parte, quando recebidos com efeito suspensivo os embargos à execução (art. 739-A);
III – quando o **executado** não possuir bens penhoráveis;	III – quando o devedor não possuir bens penhoráveis.
IV – se a alienação dos bens penhorados não se realizar por falta de licitantes e o exequente, em 15 (quinze) dias, não requerer a adjudicação nem indicar outros bens penhoráveis;	
V – quando concedido o parcelamento de que trata o art. 916.	
§ 1º Na hipótese do inciso III, o juiz suspenderá a execução pelo prazo de 1 (um) ano, durante o qual se suspenderá a prescrição.	
§ 2º Decorrido o prazo máximo de 1 (um) ano sem que seja localizado o executado ou que sejam encontrados bens penhoráveis, o juiz ordenará o arquivamento dos autos.	
§ 3º Os autos serão desarquivados para prosseguimento da execução se a qualquer tempo forem encontrados bens penhoráveis.	
§ 4º Decorrido o prazo de que trata o § 1º sem manifestação do exequente, começa a correr o prazo de prescrição intercorrente.	
§ 5º O juiz, depois de ouvidas as partes, no prazo de 15 (quinze) dias, poderá, de ofício, reconhecer a prescrição de que trata o § 4º e extinguir o processo.	
Art. 922. Convindo as partes, o juiz declarará suspensa a execução durante o prazo concedido pelo **exequente** para que o **executado** cumpra voluntariamente a obrigação.	**Art. 792.** Convindo as partes, o juiz declarará suspensa a execução durante o prazo concedido pelo credor, para que o devedor cumpra voluntariamente a obrigação.
Parágrafo único. Findo o prazo sem cumprimento da obrigação, o processo retomará o seu curso.	**Parágrafo único.** Findo o prazo sem cumprimento da obrigação, o processo retomará o seu curso.
Art. 923. Suspensa a execução, **não serão praticados** atos processuais, podendo o juiz, entretanto, **salvo no caso de arguição de impedimento ou** de **suspeição**, ordenar providências urgentes.	**Art. 793.** Suspensa a execução, é defeso praticar quaisquer atos processuais. O juiz poderá, entretanto, ordenar providências cautelares urgentes.
Capítulo II Da Extinção do Processo de Execução	**Capítulo II** Da Extinção
Art. 924. Extingue-se a execução quando:	**Art. 794.** Extingue-se a execução quando:
I – a petição inicial for indeferida;	
II – a obrigação **for satisfeita**;	I – o devedor satisfaz a obrigação;
III – o **executado** obtiver, por qualquer outro meio, a **extinção** total da dívida;	II – o devedor obtém, por transação ou por qualquer outro meio, a remissão total da dívida;
IV – o **exequente** renunciar ao crédito;	III – o credor renunciar ao crédito.
V – ocorrer a prescrição intercorrente.	
Art. 925. A extinção só produz efeito quando declarada por sentença.	**Art. 795.** A extinção só produz efeito quando declarada por sentença.

LIVRO III DOS PROCESSOS NOS TRIBUNAIS E DOS MEIOS DE IMPUGNAÇÃO DAS DECISÕES JUDICIAIS	LIVRO I DO PROCESSO DE CONHECIMENTO
TÍTULO I DA ORDEM DOS PROCESSOS E DOS PROCESSOS DE COMPETÊNCIA ORIGINÁRIA DOS TRIBUNAIS	**TÍTULO IX** DO PROCESSO NOS TRIBUNAIS
CAPÍTULO I Disposições Gerais	
Art. 926. Os tribunais devem uniformizar sua jurisprudência e mantê-la estável, íntegra e coerente.	**Art. 476.** Compete a qualquer juiz, ao dar o voto na turma, câmara, ou grupo de câmaras, solicitar o pronunciamento prévio do tribunal acerca da interpretação do direito quando:
	I – verificar que, a seu respeito, ocorre divergência;
	II – no julgamento recorrido a interpretação for diversa da que lhe haja dado outra turma, câmara, grupo de câmaras ou câmaras cíveis reunidas.
	Parágrafo único. A parte poderá, ao arrazoar o recurso ou em petição avulsa, requerer, fundamentadamente, que o julgamento obedeça ao disposto neste artigo.
§ 1º Na forma estabelecida e segundo os pressupostos fixados no regimento interno, os tribunais editarão enunciados de súmula correspondentes a sua jurisprudência dominante.	
§ 2º Ao editar enunciados de súmula, os tribunais devem ater-se às circunstâncias fáticas dos precedentes que motivaram sua criação.	
Art. 927. Os juízes e os tribunais observarão:	
I – as decisões do Supremo Tribunal Federal em controle concentrado de constitucionalidade;	
II – os enunciados de súmula vinculante;	
III – os acórdãos em incidente de assunção de competência ou de resolução de demandas repetitivas e em julgamento de recursos extraordinário e especial repetitivos;	
IV – os enunciados das súmulas do Supremo Tribunal Federal em matéria constitucional e do Superior Tribunal de Justiça em matéria infraconstitucional;	
V – a orientação do plenário ou do órgão especial aos quais estiverem vinculados.	
§ 1º Os juízes e os tribunais observarão o disposto no art. 10 e no art. 489, § 1º, quando decidirem com fundamento neste artigo.	
§ 2º A alteração de tese jurídica adotada em enunciado de súmula ou em julgamento de casos repetitivos poderá ser precedida de audiências públicas e da participação de pessoas, órgãos ou entidades que possam contribuir para a rediscussão da tese.	
§ 3º Na hipótese de alteração de jurisprudência dominante do Supremo Tribunal Federal e dos tribunais superiores ou daquela oriunda de julgamento de casos repetitivos, pode haver modulação dos efeitos da alteração no interesse social e no da segurança jurídica.	
§ 4º A modificação de enunciado de súmula, de jurisprudência pacificada ou de tese adotada em julgamento de casos repetitivos observará a necessidade de fundamentação adequada e específica, considerando os princípios da segurança jurídica, da proteção da confiança e da isonomia.	
§ 5º Os tribunais darão publicidade a seus precedentes, organizando-os por questão jurídica decidida e divulgando-os, preferencialmente, na rede mundial de computadores.	
Art. 928. Para os fins deste Código, considera-se julgamento de casos repetitivos a decisão proferida em:	

I – incidente de resolução de demandas repetitivas;	
II – recursos especial e extraordinário repetitivos.	
Parágrafo único. O julgamento de casos repetitivos tem por objeto questão de direito material ou processual.	
Capítulo II Da Ordem dos Processos no Tribunal	**Capítulo VII** Da Ordem dos Processos no Tribunal
Art. 929. Os autos serão **registrados** no protocolo do tribunal no dia de sua entrada, cabendo à secretaria ordená-los, com imediata distribuição.	**Art. 547.** Os autos remetidos ao tribunal serão registrados no protocolo no dia de sua entrada, cabendo à secretaria verificar-lhes a numeração das folhas e ordená-los para distribuição.
Parágrafo único. A critério do tribunal, os serviços de protocolo poderão ser descentralizados, mediante delegação a ofícios de justiça de primeiro grau.	**Parágrafo único.** Os serviços de protocolo poderão, a critério do tribunal, ser descentralizados, mediante delegação a ofícios de justiça de primeiro grau.
Art. 930. Far-se-á a distribuição de acordo com o regimento interno do tribunal, observando-se a alternatividade, o sorteio eletrônico e a publicidade.	**Art. 548.** Far-se-á a distribuição de acordo com o regimento interno do tribunal, observando-se os princípios da publicidade, da alternatividade e do sorteio.
Parágrafo único. O primeiro recurso protocolado no tribunal tornará prevento o relator para eventual recurso subsequente interposto no mesmo processo ou em processo conexo.	
Art. 931. Distribuídos, os autos serão imediatamente conclusos ao relator, que, em 30 (trinta) dias, depois de elaborar o voto, restituí-los-á, com relatório, à secretaria.	**Art. 549.** Distribuídos, os autos subirão, no prazo de 48 (quarenta e oito) horas, à conclusão do relator, que, depois de estudá-los, os restituirá à secretaria com o seu "visto".
Art. 932. Incumbe ao relator:	
I – dirigir e ordenar o processo no tribunal, inclusive em relação à produção de prova, bem como, quando for o caso, homologar autocomposição das partes;	
II – apreciar o pedido de tutela provisória nos recursos e nos processos de competência originária do tribunal;	
III – não conhecer de recurso inadmissível, prejudicado ou que não tenha impugnado especificamente os fundamentos da decisão recorrida; IV – negar provimento a recurso que for contrário a: *a)* súmula do Supremo Tribunal Federal, do Superior Tribunal de Justiça ou do próprio tribunal;	**Art. 557.** O relator negará seguimento a recurso manifestamente inadmissível, improcedente, prejudicado ou em confronto com súmula ou com jurisprudência dominante do respectivo tribunal, do Supremo Tribunal Federal, ou de Tribunal Superior. **Art. 544.** Não admitido o recurso extraordinário ou o recurso especial, caberá agravo nos próprios autos, no prazo de 10 (dez) dias. [...] § 4º No Supremo Tribunal Federal e no Superior Tribunal de Justiça, o julgamento do agravo obedecerá ao disposto no respectivo regimento interno, podendo o relator: I – não conhecer do agravo manifestamente inadmissível ou que não tenha atacado especificamente os fundamentos da decisão agravada;
b) acórdão proferido pelo Supremo Tribunal Federal ou pelo Superior Tribunal de Justiça em julgamento de recursos repetitivos;	
c) entendimento firmado em incidente de resolução de demandas repetitivas ou de assunção de competência;	
V – depois de facultada a apresentação de contrarrazões, dar provimento ao recurso se a decisão recorrida for contrária a:	
a) súmula do Supremo Tribunal Federal, do Superior Tribunal de Justiça ou do próprio tribunal;	**Art. 557.** O relator negará seguimento a recurso manifestamente inadmissível, improcedente, prejudicado ou em confronto com súmula ou com jurisprudência dominante do respectivo tribunal, do Supremo Tribunal Federal, ou de Tribunal Superior. § 1º-A Se a decisão recorrida estiver em manifesto confronto com súmula ou com jurisprudência dominante do Supremo Tribunal Federal, ou de Tribunal Superior, o relator poderá dar provimento ao recurso.
b) acórdão proferido pelo Supremo Tribunal Federal ou pelo Superior Tribunal de Justiça em julgamento de recursos repetitivos;	
c) entendimento firmado em incidente de resolução de demandas repetitivas ou de assunção de competência;	
VI – decidir o incidente de desconsideração da personalidade jurídica, quando este for instaurado originariamente perante o tribunal;	
VII – determinar a intimação do Ministério Público, quando for o caso;	

VIII – exercer outras atribuições estabelecidas no regimento interno do tribunal.	
Parágrafo único. Antes de considerar inadmissível o recurso, o relator concederá o prazo de 5 (cinco) dias ao recorrente para que seja sanado vício ou complementada a documentação exigível.	
Art. 933. Se o relator constatar a ocorrência de fato superveniente à decisão recorrida ou a existência de questão apreciável de ofício ainda não examinada que devam ser considerados no julgamento do recurso, intimará as partes para que se manifestem no prazo de 5 (cinco) dias.	**Art. 462.** Se, depois da propositura da ação, algum fato constitutivo, modificativo ou extintivo do direito influir no julgamento da lide, caberá ao juiz tomá-lo em consideração, de ofício ou a requerimento da parte, no momento de proferir a sentença.
§ 1º Se a constatação ocorrer durante a sessão de julgamento, esse será imediatamente suspenso a fim de que as partes se manifestem especificamente.	
§ 2º Se a constatação se der em vista dos autos, deverá o juiz que a solicitou encaminhá-los ao relator, que tomará as providências previstas no *caput* e, em seguida, solicitará a inclusão do feito em pauta para prosseguimento do julgamento, com submissão integral da nova questão aos julgadores.	
Art. 934. Em seguida, os autos serão apresentados ao presidente, que designará dia para julgamento, ordenando, em todas as hipóteses previstas neste Livro, a publicação da pauta no órgão oficial.	**Art. 552.** Os autos serão, em seguida, apresentados ao presidente, que designará dia para julgamento, mandando publicar a pauta no órgão oficial.
Art. 935. Entre a data de publicação da pauta e a da sessão de julgamento decorrerá, pelo menos, o **prazo de** 5 **(cinco) dias, incluindo-se em nova pauta** os processos **que não tenham sido** julgados, **salvo aqueles cujo julgamento tiver sido expressamente adiado para a primeira sessão seguinte.**	§ 1º Entre a data da publicação da pauta e a sessão de julgamento mediará, pelo menos, o espaço de 48 (quarenta e oito) horas.
	§ 2º Não se considerando habilitado a proferir imediatamente seu voto, a qualquer juiz é facultado pedir vista do processo, devendo devolvê-lo no prazo de 10 (dez) dias, contados da data em que o recebeu; o julgamento prosseguirá na 1ª (primeira) sessão ordinária subsequente à devolução, dispensada nova publicação em pauta.
§ 1º Às partes será permitida vista dos autos em cartório após a publicação da pauta de julgamento.	
§ 2º Afixar-se-á a pauta na entrada da sala em que se realizar a sessão de julgamento.	§ 2º Afixar-se-á a pauta na entrada da sala em que se realizar a sessão de julgamento.
Art. 936. Ressalvadas as preferências legais e regimentais, os recursos, a remessa necessária e os processos de competência originária serão julgados na seguinte ordem:	
I – aqueles nos quais houver sustentação oral, observada a ordem dos requerimentos;	**Art. 565.** Desejando proferir sustentação oral, poderão os advogados requerer que na sessão imediata seja o feito julgado em primeiro lugar, sem prejuízo das preferências legais.
II – os requerimentos de preferência apresentados até o início da sessão de julgamento;	
III – aqueles cujo julgamento tenha iniciado em sessão anterior; e,	**Art. 562.** Preferirá aos demais o recurso cujo julgamento tenha sido iniciado.
IV – os demais casos.	
Art. 937. Na sessão de julgamento, depois da exposição da causa pelo relator, o presidente dará a palavra, sucessivamente, ao recorrente, ao recorrido, e, nos casos de sua intervenção, **ao membro do Ministério Público**, pelo prazo improrrogável de 15 (quinze) minutos para cada um, a fim de sustentarem suas razões, nas seguintes hipóteses, nos termos da parte final do *caput* do art. 1.021:	**Art. 554.** Na sessão de julgamento, depois de feita a exposição da causa pelo relator, o presidente, se o recurso não for de embargos declaratórios ou de agravo de instrumento, dará a palavra, sucessivamente, ao recorrente e ao recorrido, pelo prazo improrrogável de 15 (quinze) minutos para cada um, a fim de sustentarem as razões do recurso.
I – no recurso de apelação;	
II – no recurso ordinário;	
III – no recurso especial;	
IV – no recurso extraordinário;	
V – nos embargos de divergência;	
VI – na ação rescisória, no mandado de segurança e na reclamação;	
VII – (*Vetado*). → **Redação vetada:** "VII – no agravo interno originário de recurso de apelação, de recurso ordinário, de recurso especial ou de recurso extraordinário;"	
VIII – no agravo de instrumento interposto contra decisões interlocutórias que versem sobre tutelas provisórias de urgência ou da evidência;	

IX – em outras hipóteses previstas em lei ou no regimento interno do tribunal.	
§ 1º A sustentação oral no incidente de resolução de demandas repetitivas observará o disposto no art. 984, no que couber.	
§ 2º O **procurador** que desejar proferir sustentação oral poderá requerer, até o início da sessão, que o processo seja julgado em primeiro lugar, sem prejuízo das preferências legais.	**Art. 565.** Desejando proferir sustentação oral, poderão os advogados requerer que na sessão imediata seja o feito julgado em primeiro lugar, sem prejuízo das preferências legais.
§ 3º Nos processos de competência originária previstos no inciso VI, caberá sustentação oral no agravo interno interposto contra decisão de relator que o extinga.	
§ 4º É permitido ao advogado com domicílio profissional em cidade diversa daquela onde está sediado o tribunal realizar sustentação oral por meio de videoconferência ou outro recurso tecnológico de transmissão de sons e imagens em tempo real, desde que o requeira até o dia anterior ao da sessão.	
Art. 938. A questão preliminar suscitada no julgamento será decidida antes do mérito, deste não se conhecendo caso seja incompatível com a decisão.	**Art. 560.** Qualquer questão preliminar suscitada no julgamento será decidida antes do mérito, deste não se conhecendo se incompatível com a decisão daquela.
§ 1º Constatada a ocorrência de vício **sanável, inclusive aquele que possa ser conhecido de ofício, o relator determinará a realização ou a renovação do ato processual, no próprio tribunal ou em primeiro grau** de jurisdição, **intimadas as partes.**	**Parágrafo único.** Versando a preliminar sobre nulidade suprível, o tribunal, havendo necessidade, converterá o julgamento em diligência, ordenando a remessa dos autos ao juiz, a fim de ser sanado o vício.
§ 2º Cumprida a diligência de que trata o § 1º, o relator, sempre que possível, prosseguirá no julgamento do recurso.	
§ 3º Reconhecida a necessidade de produção de prova, o relator converterá o julgamento em diligência, que se realizará no tribunal ou em primeiro grau de jurisdição, decidindo-se o recurso após a conclusão da instrução.	
§ 4º Quando não determinadas pelo relator, as providências indicadas nos §§ 1º e 3º poderão ser determinadas pelo órgão competente para julgamento do recurso.	
Art. 939. Se a preliminar for rejeitada ou se a apreciação do mérito for com ela compatível, seguir-se-ão a discussão e o julgamento da matéria principal, sobre a qual deverão se pronunciar os juízes vencidos na preliminar.	**Art. 561.** Rejeitada a preliminar, ou se com ela for compatível a apreciação do mérito, seguir-se-ão a discussão e julgamento da matéria principal, pronunciando-se sobre esta os juízes vencidos na preliminar.
Art. 940. O relator ou outro juiz que não se considerar habilitado a proferir imediatamente seu voto poderá solicitar vista pelo prazo máximo de 10 (dez) dias, após o qual o recurso será reincluído em pauta para julgamento na sessão seguinte à data da devolução.	**Art. 555.** [...] § 2º Não se considerando habilitado a proferir imediatamente seu voto, a qualquer juiz é facultado pedir vista do processo, devendo devolvê-lo no prazo de 10 (dez) dias, contados da data em que o recebeu; o julgamento prosseguirá na primeira sessão ordinária subsequente à devolução, dispensada nova publicação em pauta.
§ 1º Se os autos não forem devolvidos tempestivamente ou se não for solicitada pelo juiz prorrogação de prazo de no **máximo mais** 10 (**dez) dias**, o presidente do órgão fracionário os requisitará para julgamento do recurso na sessão ordinária subsequente, com publicação da pauta em que for incluído.	§ 3º No caso do § 2º deste artigo, não devolvidos os autos no prazo, nem solicitada expressamente sua prorrogação pelo juiz, o presidente do órgão julgador requisitará o processo e reabrirá o julgamento na sessão ordinária subsequente, com publicação em pauta.
§ 2º Quando requisitar os autos na forma do § 1º, se aquele que fez o pedido de vista ainda não se sentir habilitado a votar, o presidente convocará substituto para proferir voto, na forma estabelecida no regimento interno do tribunal.	
Art. 941. Proferidos os votos, o presidente anunciará o resultado do julgamento, designando para redigir o acórdão o relator ou, se vencido este, o autor do primeiro voto vencedor.	**Art. 556.** Proferidos os votos, o presidente anunciará o resultado do julgamento, designando para redigir o acórdão o relator, ou, se este for vencido, o autor do primeiro voto vencedor.
§ 1º O voto poderá ser alterado até o momento da proclamação do resultado pelo presidente, salvo aquele já proferido por juiz afastado ou substituído.	
§ 2º No julgamento de apelação ou de agravo de instrumento, a decisão será tomada, no órgão colegiado, pelo voto de 3 (três) juízes.	**Art. 555.** No julgamento de apelação ou de agravo, a decisão será tomada, na câmara ou turma, pelo voto de três juízes.
§ 3º O voto vencido será necessariamente declarado e considerado parte integrante do acórdão para todos os fins legais, inclusive de prequestionamento.	

Art. 942. Quando o resultado da apelação for não unânime, o julgamento terá prosseguimento em sessão a ser designada com a presença de outros julgadores, que serão convocados nos termos previamente definidos no regimento interno, em número suficiente para garantir a possibilidade de inversão do resultado inicial, assegurado às partes e a eventuais terceiros o direito de sustentar oralmente suas razões perante os novos julgadores.	
§ 1º Sendo possível, o prosseguimento do julgamento dar-se-á na mesma sessão, colhendo-se os votos de outros julgadores que porventura componham o órgão colegiado.	
§ 2º Os julgadores que já tiverem votado poderão rever seus votos por ocasião do prosseguimento do julgamento.	
§ 3º A técnica de julgamento prevista neste artigo aplica-se, igualmente, ao julgamento não unânime proferido em:	
I – ação rescisória, quando o resultado for a rescisão da sentença, devendo, nesse caso, seu prosseguimento ocorrer em órgão de maior composição previsto no regimento interno;	
II – agravo de instrumento, quando houver reforma da decisão que julgar parcialmente o mérito.	
§ 4º Não se aplica o disposto neste artigo ao julgamento:	
I – do incidente de assunção de competência e ao de resolução de demandas repetitivas;	
II – da remessa necessária;	
III – não unânime proferido, nos tribunais, pelo plenário ou pela corte especial.	
Art. 943. Os votos, os acórdãos e os demais atos processuais podem ser registrados em documento eletrônico inviolável e assinados eletronicamente, na forma da lei, devendo ser impressos para juntada aos autos do processo quando este não for eletrônico.	**Art. 556.** [...] **Parágrafo único.** Os votos, acórdãos e demais atos processuais podem ser registrados em arquivo eletrônico inviolável e assinados eletronicamente, na forma da lei, devendo ser impressos para juntada aos autos do processo quando este não for eletrônico.
§ 1º Todo acórdão conterá ementa.	**Art. 563.** Todo acórdão conterá ementa.
§ 2º Lavrado o acórdão, sua ementa será publicada no órgão oficial no prazo de 10 (dez) dias.	**Art. 564.** Lavrado o acórdão, serão as suas conclusões publicadas no órgão oficial dentro de 10 (dez) dias.
Art. 944. Não publicado o acórdão no prazo de 30 (trinta) dias, contado da data da sessão de julgamento, as notas taquigráficas o substituirão, para todos os fins legais, independentemente de revisão.	
Parágrafo único. No caso do *caput*, o presidente do tribunal lavrará, de imediato, as conclusões e a ementa e mandará publicar o acórdão.	
Art. 945. *(Revogado pela Lei 13.256/2016, em vigor no início da vigência da Lei 13.105/2015 – Novo CPC (v. art. 4º da Lei 13.256/2016)).* → **Anterior redação:** Art. 945. A critério do órgão julgador, o julgamento dos recursos e dos processos de competência originária que não admitem sustentação oral poderá realizar-se por meio eletrônico. § 1º O relator cientificará as partes, pelo Diário da Justiça, de que o julgamento se fará por meio eletrônico. § 2º Qualquer das partes poderá, no prazo de 5 (cinco) dias, apresentar memoriais ou discordância do julgamento por meio eletrônico. § 3º A discordância não necessita de motivação, sendo apta a determinar o julgamento em sessão presencial. § 4º Caso surja alguma divergência entre os integrantes do órgão julgador durante o julgamento eletrônico, este ficará imediatamente suspenso, devendo a causa ser apreciada em sessão presencial.	
Art. 946. O agravo de instrumento será julgado antes da apelação interposta no mesmo processo.	**Art. 559.** A apelação não será incluída em pauta antes do agravo de instrumento interposto no mesmo processo.
Parágrafo único. Se ambos os recursos de que trata o *caput* houverem de ser julgados na mesma sessão, terá precedência o **agravo de instrumento**.	**Parágrafo único.** Se ambos os recursos houverem de ser julgados na mesma sessão, terá precedência o agravo.

Capítulo III
Do Incidente de Assunção de Competência

Art. 947. É admissível a assunção de competência quando o julgamento de recurso, de remessa necessária ou de processo de competência originária envolver relevante questão de direito, com grande repercussão social, sem repetição em múltiplos processos.	**Art. 555.** [...] § 1º Ocorrendo relevante questão de direito, que faça conveniente prevenir ou compor divergência entre câmaras ou turmas do tribunal, poderá o relator propor seja o recurso julgado pelo órgão colegiado que o regimento indicar; reconhecendo o interesse público na assunção de competência, esse órgão colegiado julgará o recurso.

Novo CPC	Antigo CPC
§ 1º Ocorrendo a hipótese de assunção de competência, o relator proporá, de ofício ou a requerimento da parte, do Ministério Público ou da Defensoria Pública, que seja o recurso, a remessa necessária ou o processo de competência originária julgado pelo órgão colegiado que o regimento indicar.	
§ 2º O órgão colegiado julgará o recurso, a remessa necessária ou o processo de competência originária se reconhecer interesse público na assunção de competência.	
§ 3º O acórdão proferido em assunção de competência vinculará todos os juízes e órgãos fracionários, exceto se houver revisão de tese.	
§ 4º Aplica-se o disposto neste artigo quando ocorrer relevante questão de direito a respeito da qual seja conveniente a prevenção ou a composição de divergência entre câmaras ou turmas do tribunal.	

	TÍTULO IX Do Processo nos Tribunais
Capítulo IV **Do Incidente de Arguição** de Inconstitucionalidade	**Capítulo II** Da Declaração de Inconstitucionalidade
Art. 948. Arguida, **em controle difuso**, a inconstitucionalidade de lei ou de ato normativo do poder público, o relator, após ouvir o Ministério Público **e as partes**, submeterá a questão à turma ou à câmara à qual competir o conhecimento do processo.	**Art. 480.** Arguida a inconstitucionalidade de lei ou de ato normativo do poder público, o relator, ouvido o Ministério Público, submeterá a questão à turma ou câmara, a que tocar o conhecimento do processo.
Art. 949. Se a arguição for:	**Art. 481.** Se a alegação for rejeitada, prosseguirá o julgamento; se for acolhida, será lavrado o acórdão, a fim de ser submetida a questão ao tribunal pleno.
I – rejeitada, prosseguirá o julgamento;	
II – acolhida, **a questão será submetida ao plenário do tribunal ou ao seu órgão especial, onde houver.**	
Parágrafo único. Os órgãos fracionários dos tribunais não submeterão ao plenário ou ao órgão especial a arguição de inconstitucionalidade quando já houver pronunciamento destes ou do plenário do Supremo Tribunal Federal sobre a questão.	**Parágrafo único.** Os órgãos fracionários dos tribunais não submeterão ao plenário, ou ao órgão especial, a arguição de inconstitucionalidade, quando já houver pronunciamento destes ou do plenário do Supremo Tribunal Federal sobre a questão.
Art. 950. Remetida cópia do acórdão a todos os juízes, o presidente do tribunal designará a sessão de julgamento.	**Art. 482.** Remetida a cópia do acórdão a todos os juízes, o presidente do tribunal designará a sessão de julgamento.
§ 1º As pessoas jurídicas de direito público responsáveis pela edição do ato questionado poderão manifestar-se no incidente de inconstitucionalidade se assim o requererem, observados os prazos e as condições previstos no regimento interno do tribunal.	§ 1º O Ministério Público e as pessoas jurídicas de direito público responsáveis pela edição do ato questionado, se assim o requererem, poderão manifestar-se no incidente de inconstitucionalidade, observados os prazos e condições fixados no Regimento Interno do Tribunal.
§ 2º A parte legitimada à propositura das ações previstas no art. 103 da Constituição Federal poderá manifestar-se, por escrito, sobre a questão constitucional objeto de apreciação, no prazo previsto pelo regimento interno, sendo-lhe assegurado o direito de apresentar memoriais ou de requerer a juntada de documentos.	§ 2º Os titulares do direito de propositura referidos no art. 103 da Constituição poderão manifestar-se, por escrito, sobre a questão constitucional objeto de apreciação pelo órgão especial ou pelo Pleno do Tribunal, no prazo fixado em Regimento, sendo-lhes assegurado o direito de apresentar memoriais ou de pedir a juntada de documentos.
§ 3º Considerando a relevância da matéria e a representatividade dos postulantes, o relator poderá admitir, por despacho irrecorrível, a manifestação de outros órgãos ou entidades.	§ 3º O relator, considerando a relevância da matéria e a representatividade dos postulantes, poderá admitir, por despacho irrecorrível, a manifestação de outros órgãos ou entidades.
Capítulo V **Do Conflito de Competência**	
Art. 951. O conflito de competência pode ser suscitado por qualquer das partes, pelo Ministério Público ou pelo juiz.	**Art. 116.** O conflito pode ser suscitado por qualquer das partes, pelo Ministério Público ou pelo juiz.
Parágrafo único. O Ministério Público somente será ouvido nos conflitos de competência relativos aos processos previstos no art. 178, mas terá qualidade de parte nos conflitos que suscitar.	**Parágrafo único.** O Ministério Público será ouvido em todos os conflitos de competência; mas terá qualidade de parte naqueles que suscitar.
Art. 952. Não pode suscitar conflito a parte que, no processo, arguiu incompetência relativa.	**Art. 117.** Não pode suscitar conflito a parte que, no processo, ofereceu exceção de incompetência.
Parágrafo único. O conflito de competência não obsta, porém, a que a parte que não o arguiu suscite a incompetência.	**Parágrafo único.** O conflito de competência não obsta, porém, a que a parte, que o não suscitou, ofereça exceção declinatória do foro.
Art. 953. O conflito será suscitado ao tribunal:	**Art. 118.** O conflito será suscitado ao presidente do tribunal:
I – pelo juiz, por ofício;	I – pelo juiz, por ofício;
II – pela parte e pelo Ministério Público, por petição.	II – pela parte e pelo Ministério Público, por petição.
Parágrafo único. O ofício e a petição serão instruídos com os documentos necessários à prova do conflito.	

Art. 954. Após a distribuição, o relator determinará a oitiva dos juízes em conflito ou, se um deles for suscitante, apenas do suscitado. **Parágrafo único.** No prazo designado pelo relator, incumbirá ao juiz ou aos juízes prestar as informações.	**Art. 119.** Após a distribuição, o relator mandará ouvir os juízes em conflito, ou apenas o suscitado, se um deles for suscitante; dentro do prazo assinado pelo relator, caberá ao juiz ou juízes prestar as informações.
Art. 955. O relator poderá, de ofício ou a requerimento de qualquer das partes, determinar, quando o conflito for positivo, o sobrestamento do processo e, nesse caso, bem como no do conflito negativo, designará um dos juízes para resolver, em caráter provisório, as medidas urgentes. **Parágrafo único.** O relator poderá julgar de plano o conflito de competência quando sua decisão se fundar em: I – súmula do Supremo Tribunal Federal, do Superior Tribunal de Justiça ou do próprio tribunal; II – tese firmada em julgamento de casos repetitivos ou em incidente de assunção de competência.	**Art. 120.** Poderá o relator, de ofício, ou a requerimento de qualquer das partes, determinar, quando o conflito for positivo, seja sobrestado o processo, mas, neste caso, bem como no do conflito negativo, designará um dos juízes para resolver, em caráter provisório, as medidas urgentes. **Parágrafo único.** Havendo jurisprudência dominante do tribunal sobre a questão suscitada, o relator poderá decidir de plano o conflito de competência, cabendo agravo, no prazo de cinco dias, contado da intimação da decisão às partes, para o órgão recursal competente.
Art. 956. Decorrido o prazo designado pelo relator, será ouvido o Ministério Público, no prazo de 5 (cinco) dias, ainda que as informações não tenham sido prestadas, e, em seguida, o conflito irá a julgamento.	**Art. 121.** Decorrido o prazo, com informações ou sem elas, será ouvido, em 5 (cinco) dias, o Ministério Público; em seguida o relator apresentará o conflito em sessão de julgamento.
Art. 957. Ao decidir o conflito, o tribunal declarará qual o juízo competente, pronunciando-se também sobre a validade dos atos do juízo incompetente. **Parágrafo único.** Os autos do processo em que se manifestou o conflito serão remetidos ao juiz declarado competente.	**Art. 122.** Ao decidir o conflito, o tribunal declarará qual o juiz competente, pronunciando-se também sobre a validade dos atos do juiz incompetente. **Parágrafo único.** Os autos do processo, em que se manifestou o conflito, serão remetidos ao juiz declarado competente.
Art. 958. No conflito que envolva órgãos fracionários dos tribunais, desembargadores e juízes em exercício no tribunal, observar-se-á o que dispuser o regimento interno do tribunal.	**Art. 123.** No conflito entre turmas, seções, câmaras, Conselho Superior da Magistratura, juízes de segundo grau e desembargadores, observar-se-á o que dispuser a respeito o regimento interno do tribunal.
Art. 959. O regimento interno do tribunal regulará o processo e o julgamento do conflito de atribuições entre autoridade judiciária e autoridade administrativa.	**Art. 124.** Os regimentos internos dos tribunais regularão o processo e julgamento do conflito de atribuições entre autoridade judiciária e autoridade administrativa.
Capítulo VI **Da Homologação de Decisão Estrangeira e da Concessão do *Exequatur* à Carta Rogatória**	
Art. 960. A homologação de decisão estrangeira será requerida por ação de homologação de decisão estrangeira, salvo disposição especial em sentido contrário prevista em tratado.	
§ 1º A decisão interlocutória estrangeira poderá ser executada no Brasil por meio de carta rogatória.	
§ 2º A homologação obedecerá ao que dispuserem **os tratados em vigor no Brasil** e o Regimento Interno do Superior Tribunal de Justiça.	**Art. 483.** [...] **Parágrafo único.** A homologação obedecerá ao que dispuser o regimento interno do Supremo Tribunal Federal.
§ 3º A homologação de decisão arbitral estrangeira obedecerá ao disposto em tratado e em lei, aplicando-se, subsidiariamente, as disposições deste Capítulo.	
Art. 961. A decisão estrangeira somente terá eficácia no Brasil **após a homologação de sentença estrangeira ou a concessão do *exequatur* às cartas rogatórias, salvo disposição em sentido contrário de lei ou tratado.**	**Art. 483.** A sentença proferida por tribunal estrangeiro não terá eficácia no Brasil senão depois de homologada pelo Supremo Tribunal Federal.
§ 1º É passível de homologação a decisão judicial definitiva, bem como a decisão não judicial que, pela lei brasileira, teria natureza jurisdicional.	
§ 2º A decisão estrangeira poderá ser homologada parcialmente.	
§ 3º A autoridade judiciária brasileira poderá deferir pedidos de urgência e realizar atos de execução provisória no processo de homologação de decisão estrangeira.	
§ 4º Haverá homologação de decisão estrangeira para fins de execução fiscal quando prevista em tratado ou em promessa de reciprocidade apresentada à autoridade brasileira.	
§ 5º A sentença estrangeira de divórcio consensual produz efeitos no Brasil, independentemente de homologação pelo Superior Tribunal de Justiça.	
§ 6º Na hipótese do § 5º, competirá a qualquer juiz examinar a validade da decisão, em caráter principal ou incidental, quando essa questão for suscitada em processo de sua competência.	

COMPARATIVO NOVO CPC X ANTIGO CPC

Novo CPC	Antigo CPC
Art. 962. É passível de execução a decisão estrangeira concessiva de medida de urgência.	
§ 1º A execução no Brasil de decisão interlocutória estrangeira concessiva de medida de urgência dar-se-á por carta rogatória.	
§ 2º A medida de urgência concedida sem audiência do réu poderá ser executada, desde que garantido o contraditório em momento posterior.	
§ 3º O juízo sobre a urgência da medida compete exclusivamente à autoridade jurisdicional prolatora da decisão estrangeira.	
§ 4º Quando dispensada a homologação para que a sentença estrangeira produza efeitos no Brasil, a decisão concessiva de medida de urgência dependerá, para produzir efeitos, de ter sua validade expressamente reconhecida pelo juiz competente para dar-lhe cumprimento, dispensada a homologação pelo Superior Tribunal de Justiça.	
Art. 963. Constituem requisitos indispensáveis à homologação da decisão:	
I – ser proferida por autoridade competente;	
II – ser precedida de citação regular, ainda que verificada a revelia;	
III – ser eficaz no país em que foi proferida;	
IV – não ofender a coisa julgada brasileira;	
V – estar acompanhada de tradução oficial, salvo disposição que a dispense prevista em tratado;	
VI – não conter manifesta ofensa à ordem pública.	
Parágrafo único. Para a concessão do *exequatur* às cartas rogatórias, observar-se-ão os pressupostos previstos no *caput* deste artigo e no art. 962, § 2º.	
Art. 964. Não será homologada a decisão estrangeira na hipótese de competência exclusiva da autoridade judiciária brasileira.	
Parágrafo único. O dispositivo também se aplica à concessão do *exequatur* à carta rogatória.	
Art. 965. O cumprimento de decisão estrangeira far-se-á perante o **juízo federal competente, a requerimento da parte**, conforme as normas estabelecidas para o cumprimento de decisão nacional.	**Art. 484.** A execução far-se-á por carta de sentença extraída dos autos da homologação e obedecerá às regras estabelecidas para a execução da sentença nacional da mesma natureza.
Parágrafo único. O pedido de execução deverá ser instruído com cópia autenticada da decisão homologatória ou do *exequatur*, conforme o caso.	
CAPÍTULO VII Da Ação Rescisória	**CAPÍTULO IV** Da Ação Rescisória
Art. 966. A **decisão** de mérito, transitada em julgado, pode ser rescindida quando:	**Art. 485.** A sentença de mérito, transitada em julgado, pode ser rescindida quando:
I – se verificar que **proferida** por força de prevaricação, concussão ou corrupção do juiz;	I – se verificar que foi dada por prevaricação, concussão ou corrupção do juiz;
II – for proferida por juiz impedido ou por juízo absolutamente incompetente;	II – proferida por juiz impedido ou absolutamente incompetente;
III – resultar de dolo **ou coação** da parte vencedora em detrimento da parte vencida ou, ainda, de **simulação** ou colusão entre as partes, a fim de fraudar a lei;	III – resultar de dolo da parte vencedora em detrimento da parte vencida, ou de colusão entre as partes, a fim de fraudar a lei;
IV – ofender a coisa julgada;	IV – ofender a coisa julgada;
V – violar manifestamente norma jurídica;	V – violar literal disposição de lei;
VI – for fundada em prova cuja falsidade tenha sido apurada em processo criminal ou venha a ser demonstrada na própria ação rescisória;	VI – se fundar em prova, cuja falsidade tenha sido apurada em processo criminal ou seja provada na própria ação rescisória;
VII – obtiver o autor, **posteriormente ao trânsito em julgado**, **prova nova** cuja existência ignorava ou de que não pôde fazer uso, capaz, por si só, de lhe assegurar pronunciamento favorável;	VII – depois da sentença, o autor obtiver documento novo, cuja existência ignorava, ou de que não pôde fazer uso, capaz, por si só, de lhe assegurar pronunciamento favorável;
VIII – for fundada em erro de fato **verificável** do exame dos autos.	IX – fundada em erro de fato, resultante de atos ou de documentos da causa.
§ 1º Há erro de fato quando a **decisão rescindenda** admitir fato inexistente ou quando considerar inexistente fato efetivamente ocorrido, sendo indispensável, em ambos os casos, que o fato não represente **ponto controvertido** sobre o qual o juiz deveria ter se pronunciado.	§ 1º Há erro, quando a sentença admitir um fato inexistente, ou quando considerar inexistente um fato efetivamente ocorrido. § 2º É indispensável, num como noutro caso, que não tenha havido controvérsia, nem pronunciamento judicial sobre o fato.

§ 2º Nas hipóteses previstas nos incisos do *caput*, será rescindível a decisão transitada em julgado que, embora não seja de mérito, impeça:	
I – nova propositura da demanda; ou	
II – admissibilidade do recurso correspondente.	
§ 3º A ação rescisória pode ter por objeto apenas 1 (um) capítulo da decisão.	
§ 4º Os atos **de disposição de direitos, praticados pelas partes ou por outros participantes do processo e homologados pelo juízo, bem como os atos homologatórios praticados no curso da execução, estão sujeitos à anulação**, nos termos da lei.	**Art. 486.** Os atos judiciais, que não dependem de sentença, ou em que esta for meramente homologatória, podem ser rescindidos, como os atos jurídicos em geral, nos termos da lei civil.
§ 5º Cabe ação rescisória, com fundamento no inciso V do caput deste artigo, contra decisão baseada em enunciado de súmula ou acórdão proferido em julgamento de casos repetitivos que não tenha considerado a existência de distinção entre a questão discutida no processo e o padrão decisório que lhe deu fundamento. → § 5º acrescentado pela Lei 13.256/2016, em vigor no início da vigência da Lei 13.105/2015 – Novo CPC (*v.* art. 4º da Lei 13.256/2016).	
§ 6º Quando a ação rescisória fundar-se na hipótese do § 5º deste artigo, caberá ao autor, sob pena de inépcia, demonstrar, fundamentadamente, tratar-se de situação particularizada por hipótese fática distinta ou de questão jurídica não examinada, a impor outra solução jurídica. → § 6º acrescentado pela Lei 13.256/2016, em vigor no início da vigência da Lei 13.105/2015 – Novo CPC (v. art. 4º da Lei 13.256/2016).	
Art. 967. Têm legitimidade para propor a ação rescisória:	**Art. 487.** Tem legitimidade para propor a ação:
I – quem foi parte no processo ou o seu sucessor a título universal ou singular;	I – quem foi parte no processo ou o seu sucessor a título universal ou singular;
II – o terceiro juridicamente interessado;	II – o terceiro juridicamente interessado;
III – o Ministério Público:	III – o Ministério Público:
a) se não foi ouvido no processo em que lhe era obrigatória a intervenção;	*a)* se não foi ouvido no processo, em que lhe era obrigatória a intervenção;
b) quando a **decisão rescindenda** é o efeito de **simulação ou** de colusão das partes, a fim de fraudar a lei;	*b)* quando a sentença é o efeito de colusão das partes, a fim de fraudar a lei.
c) em outros casos em que se imponha sua atuação;	
IV – aquele que não foi ouvido no processo em que lhe era obrigatória a intervenção.	
Parágrafo único. Nas hipóteses do art. 178, o Ministério Público será intimado para intervir como fiscal da ordem jurídica quando não for parte.	
Art. 968. A petição inicial será elaborada com observância dos requisitos essenciais do art. 319, devendo o autor:	**Art. 488.** A petição inicial será elaborada com observância dos requisitos essenciais do art. 282, devendo o autor:
I – cumular ao pedido de rescisão, se for o caso, o de novo julgamento do processo;	I – cumular ao pedido de rescisão, se for o caso, o de novo julgamento da causa;
II – depositar a importância de cinco por cento sobre o valor da causa, **que se converterá** em multa caso a ação seja, por unanimidade de votos, declarada inadmissível ou improcedente.	II – depositar a importância de 5% (cinco por cento) sobre o valor da causa, a título de multa, caso a ação seja, por unanimidade de votos, declarada inadmissível, ou improcedente.
§ 1º Não se aplica o disposto no inciso II à União, aos Estados, ao Distrito Federal, aos Municípios, às **suas respectivas autarquias e fundações de direito público**, ao Ministério Público, **à Defensoria Pública e aos que tenham obtido o benefício** de **gratuidade** da **justiça**.	**Parágrafo único.** Não se aplica o disposto no n. II à União, ao Estado, ao Município e ao Ministério Público.
§ 2º O depósito previsto no inciso II do *caput* deste artigo não será superior a 1.000 (mil) salários mínimos.	
§ 3º Além dos casos previstos no art. 330, a petição inicial será indeferida quando não efetuado o depósito exigido pelo inciso II do *caput* deste artigo.	**Art. 490.** Será indeferida a petição inicial: I – nos casos previstos no art. 295; II – quando não efetuado o depósito, exigido pelo art. 488, II.
§ 4º Aplica-se à ação rescisória o disposto no art. 332.	
§ 5º Reconhecida a incompetência do tribunal para julgar a ação rescisória, o autor será intimado para emendar a petição inicial, a fim de adequar o objeto da ação rescisória, quando a decisão apontada como rescindenda:	
I – não tiver apreciado o mérito e não se enquadrar na situação prevista no § 2º do art. 966;	
II – tiver sido substituída por decisão posterior.	

COMPARATIVO NOVO CPC X ANTIGO CPC

§ 6º Na hipótese do § 5º, após a emenda da petição inicial, será permitido ao réu complementar os fundamentos de defesa, e, em seguida, os autos serão remetidos ao tribunal competente.	
Art. 969. A propositura da ação rescisória não impede o cumprimento da **decisão** rescindenda, ressalvada a concessão de tutela provisória.	**Art. 489.** O ajuizamento da ação rescisória não impede o cumprimento da sentença ou acórdão rescindendo, ressalvada a concessão, caso imprescindíveis e sob os pressupostos previstos em lei, de medidas de natureza cautelar ou antecipatória de tutela.
Art. 970. O relator ordenará a citação do réu, designando-lhe prazo nunca inferior a 15 (quinze) dias nem superior a 30 (trinta) dias para, querendo, apresentar resposta, **ao fim do qual, com ou sem contestação, observar-se-á, no que couber, o procedimento comum.**	**Art. 491.** O relator mandará citar o réu, assinando-lhe prazo nunca inferior a 15 (quinze) dias nem superior a 30 (trinta) para responder aos termos da ação. Findo o prazo com ou sem resposta, observar-se-á no que couber o disposto no Livro I, Título VIII, Capítulos IV e V.
Art. 971. Na ação rescisória, devolvidos os autos pelo relator, a secretaria do tribunal expedirá cópias do relatório e as distribuirá entre os juízes que compuserem o órgão competente para o julgamento.	
Parágrafo único. A escolha de relator recairá, sempre que possível, em juiz que não haja participado do julgamento rescindendo.	
Art. 972. Se os fatos alegados pelas partes dependerem de prova, o relator poderá delegar a competência **ao órgão que proferiu a decisão rescindenda**, fixando **prazo de** 1 (**um**) **a** 3 (**três**) **meses** para a devolução dos autos.	**Art. 492.** Se os fatos alegados pelas partes dependerem de prova, o relator delegará a competência ao juiz de direito da comarca onde deva ser produzida, fixando prazo de 45 (quarenta e cinco) a 90 (noventa) dias para a devolução dos autos.
Art. 973. Concluída a instrução, será aberta vista ao autor e ao réu para razões finais, sucessivamente, pelo prazo de 10 (dez) dias.	**Art. 493.** Concluída a instrução, será aberta vista, sucessivamente, ao autor e ao réu, pelo prazo de 10 (dez) dias, para razões finais. Em seguida, os autos subirão ao relator, procedendo-se ao julgamento:
Parágrafo único. Em seguida, os autos serão conclusos ao relator, procedendo-se ao julgamento **pelo órgão competente**.	
Art. 974. Julgando procedente **o pedido**, o tribunal rescindirá a decisão, proferirá, se for o caso, novo julgamento e determinará a restituição do depósito **a que se refere o inciso II do art.** 968.	**Art. 494.** Julgando procedente a ação, o tribunal rescindirá a sentença, proferirá, se for o caso, novo julgamento e determinará a restituição do depósito; declarando inadmissível ou improcedente a ação, a importância do depósito reverterá a favor do réu, sem prejuízo do disposto no art. 20.
Parágrafo único. Considerando, **por unanimidade**, inadmissível ou improcedente **o pedido**, o tribunal determinará a reversão, em favor do réu, da importância do depósito, sem prejuízo do disposto no § 2º do art. 82.	
Art. 975. O direito à rescisão se extingue em 2 (dois) anos contados do trânsito em julgado da **última decisão** proferida no processo.	**Art. 495.** O direito de propor ação rescisória se extingue em 2 (dois) anos, contados do trânsito em julgado da decisão.
§ 1º Prorroga-se até o primeiro dia útil imediatamente subsequente o prazo a que se refere o *caput*, quando expirar durante férias forenses, recesso, feriados ou em dia em que não houver expediente forense.	
§ 2º Se fundada a ação no inciso VII do art. 966, o termo inicial do prazo será a data de descoberta da prova nova, observado o prazo máximo de 5 (cinco) anos, contado do trânsito em julgado da última decisão proferida no processo.	
§ 3º Nas hipóteses de simulação ou de colusão das partes, o prazo começa a contar, para o terceiro prejudicado e para o Ministério Público, que não interveio no processo, a partir do momento em que têm ciência da simulação ou da colusão.	
Capítulo VIII **Do Incidente de Resolução** **de Demandas Repetitivas**	
Art. 976. É cabível a instauração do incidente de resolução de demandas repetitivas quando houver, simultaneamente:	
I – efetiva repetição de processos que contenham controvérsia sobre a mesma questão unicamente de direito;	
II – risco de ofensa à isonomia e à segurança jurídica.	
§ 1º A desistência ou o abandono do processo não impede o exame de mérito do incidente.	
§ 2º Se não for o requerente, o Ministério Público intervirá obrigatoriamente no incidente e deverá assumir sua titularidade em caso de desistência ou de abandono.	
§ 3º A inadmissão do incidente de resolução de demandas repetitivas por ausência de qualquer de seus pressupostos de admissibilidade não impede que, uma vez satisfeito o requisito, seja o incidente novamente suscitado.	

§ 4º É incabível o incidente de resolução de demandas repetitivas quando um dos tribunais superiores, no âmbito de sua respectiva competência, já tiver afetado recurso para definição de tese sobre questão de direito material ou processual repetitiva.

§ 5º Não serão exigidas custas processuais no incidente de resolução de demandas repetitivas.

Art. 977. O pedido de instauração do incidente será dirigido ao presidente de tribunal:

I – pelo juiz ou relator, por ofício;

II – pelas partes, por petição;

III – pelo Ministério Público ou pela Defensoria Pública, por petição.

Parágrafo único. O ofício ou a petição será instruído com os documentos necessários à demonstração do preenchimento dos pressupostos para a instauração do incidente.

Art. 978. O julgamento do incidente caberá ao órgão indicado pelo regimento interno dentre aqueles responsáveis pela uniformização de jurisprudência do tribunal.

Parágrafo único. O órgão colegiado incumbido de julgar o incidente e de fixar a tese jurídica julgará igualmente o recurso, a remessa necessária ou o processo de competência originária de onde se originou o incidente.

Art. 979. A instauração e o julgamento do incidente serão sucedidos da mais ampla e específica divulgação e publicidade, por meio de registro eletrônico no Conselho Nacional de Justiça.

§ 1º Os tribunais manterão banco eletrônico de dados atualizados com informações específicas sobre questões de direito submetidas ao incidente, comunicando-o imediatamente ao Conselho Nacional de Justiça para inclusão no cadastro.

§ 2º Para possibilitar a identificação dos processos abrangidos pela decisão do incidente, o registro eletrônico das teses jurídicas constantes do cadastro conterá, no mínimo, os fundamentos determinantes da decisão e os dispositivos normativos a ela relacionados.

§ 3º Aplica-se o disposto neste artigo ao julgamento de recursos repetitivos e da repercussão geral em recurso extraordinário.

Art. 980. O incidente será julgado no prazo de 1 (um) ano e terá preferência sobre os demais feitos, ressalvados os que envolvam réu preso e os pedidos de *habeas corpus*.

Parágrafo único. Superado o prazo previsto no *caput*, cessa a suspensão dos processos prevista no art. 982, salvo decisão fundamentada do relator em sentido contrário.

Art. 981. Após a distribuição, o órgão colegiado competente para julgar o incidente procederá ao seu juízo de admissibilidade, considerando a presença dos pressupostos do art. 976.

Art. 982. Admitido o incidente, o relator:

I – suspenderá os processos pendentes, individuais ou coletivos, que tramitam no Estado ou na região, conforme o caso;

II – poderá requisitar informações a órgãos em cujo juízo tramita processo no qual se discute o objeto do incidente, que as prestarão no prazo de 15 (quinze) dias;

III – intimará o Ministério Público para, querendo, manifestar-se no prazo de 15 (quinze) dias.

§ 1º A suspensão será comunicada aos órgãos jurisdicionais competentes.

§ 2º Durante a suspensão, o pedido de tutela de urgência deverá ser dirigido ao juízo onde tramita o processo suspenso.

§ 3º Visando à garantia da segurança jurídica, qualquer legitimado mencionado no art. 977, incisos II e III, poderá requerer, ao tribunal competente para conhecer do recurso extraordinário ou especial, a suspensão de todos os processos individuais ou coletivos em curso no território nacional que versem sobre a questão objeto do incidente já instaurado.

§ 4º Independentemente dos limites da competência territorial, a parte no processo em curso no qual se discuta a mesma questão objeto do incidente é legitimada para requerer a providência prevista no § 3º deste artigo.

§ 5º Cessa a suspensão a que se refere o inciso I do *caput* deste artigo se não for interposto recurso especial ou recurso extraordinário contra a decisão proferida no incidente.

Art. 983. O relator ouvirá as partes e os demais interessados, inclusive pessoas, órgãos e entidades com interesse na controvérsia, que, no prazo comum de 15 (quinze) dias, poderão requerer a juntada de documentos, bem como as diligências necessárias para a elucidação da questão de direito controvertida, e, em seguida, manifestar-se-á o Ministério Público, no mesmo prazo. .

§ 1º Para instruir o incidente, o relator poderá designar data para, em audiência pública, ouvir depoimentos de pessoas com experiência e conhecimento na matéria.

§ 2º Concluídas as diligências, o relator solicitará dia para o julgamento do incidente.

Art. 984. No julgamento do incidente, observar-se-á a seguinte ordem:

I – o relator fará a exposição do objeto do incidente;

II – poderão sustentar suas razões, sucessivamente:

a) o autor e o réu do processo originário e o Ministério Público, pelo prazo de 30 (trinta) minutos;

b) os demais interessados, no prazo de 30 (trinta) minutos, divididos entre todos, sendo exigida inscrição com 2 (dois) dias de antecedência.

§ 1º Considerando o número de inscritos, o prazo poderá ser ampliado.

§ 2º O conteúdo do acórdão abrangerá a análise de todos os fundamentos suscitados concernentes à tese jurídica discutida, sejam favoráveis ou contrários.

Art. 985. Julgado o incidente, a tese jurídica será aplicada:

I – a todos os processos individuais ou coletivos que versem sobre idêntica questão de direito e que tramitem na área de jurisdição do respectivo tribunal, inclusive àqueles que tramitem nos juizados especiais do respectivo Estado ou região;

II – aos casos futuros que versem idêntica questão de direito e que venham a tramitar no território de competência do tribunal, salvo revisão na forma do art. 986.

§ 1º Não observada a tese adotada no incidente, caberá reclamação.

§ 2º Se o incidente tiver por objeto questão relativa a prestação de serviço concedido, permitido ou autorizado, o resultado do julgamento será comunicado ao órgão, ao ente ou à agência reguladora competente para fiscalização da efetiva aplicação, por parte dos entes sujeitos a regulação, da tese adotada.

Art. 986. A revisão da tese jurídica firmada no incidente far-se-á pelo mesmo tribunal, de ofício ou mediante requerimento dos legitimados mencionados no art. 977, inciso III.

Art. 987. Do julgamento do mérito do incidente caberá recurso extraordinário ou especial, conforme o caso.

§ 1º O recurso tem efeito suspensivo, presumindo-se a repercussão geral de questão constitucional eventualmente discutida.

§ 2º Apreciado o mérito do recurso, a tese jurídica adotada pelo Supremo Tribunal Federal ou pelo Superior Tribunal de Justiça será aplicada no território nacional a todos os processos individuais ou coletivos que versem sobre idêntica questão de direito.

Capítulo IX
Da Reclamação

Art. 988. Caberá reclamação da parte interessada ou do Ministério Público para:

I – preservar a competência do tribunal;

II – garantir a autoridade das decisões do tribunal;

III – garantir a observância de enunciado de súmula vinculante e de decisão do Supremo Tribunal Federal em controle concentrado de constitucionalidade; → Inciso III com redação alterada pela Lei 13.256/2016, em vigor no início da vigência da Lei 13.105/2015 – Novo CPC (v. art. 4º da Lei 13.256/2016). → **Anterior redação:** III – garantir a observância de decisão do Supremo Tribunal Federal em controle concentrado de constitucionalidade; (...).	
IV – garantir a observância de acórdão proferido em julgamento de incidente de resolução de demandas repetitivas ou de incidente de assunção de competência. → Inciso IV com redação alterada pela Lei 13.256/2016, em vigor no início da vigência da Lei 13.105/2015 – Novo CPC (v. art. 4º da Lei 13.256/2016). → **Anterior redação:** IV – garantir a observância de enunciado de súmula vinculante e de precedente proferido em julgamento de casos repetitivos ou em incidente de assunção de competência. (...).	
§ 1º A reclamação pode ser proposta perante qualquer tribunal, e seu julgamento compete ao órgão jurisdicional cuja competência se busca preservar ou cuja autoridade se pretenda garantir.	
§ 2º A reclamação deverá ser instruída com prova documental e dirigida ao presidente do tribunal.	
§ 3º Assim que recebida, a reclamação será autuada e distribuída ao relator do processo principal, sempre que possível.	
§ 4º As hipóteses dos incisos III e IV compreendem a aplicação indevida da tese jurídica e sua não aplicação aos casos que a ela correspondam.	
§ 5º É inadmissível a reclamação: → Caput do § 5º com redação alterada pela Lei 13.256/2016, em vigor no início da vigência da Lei 13.105/2015 – Novo CPC (v. art. 4º da Lei 13.256/2016).	
I – proposta após o trânsito em julgado da decisão reclamada; → Inciso I acrescentado pela Lei 13.256/2016, em vigor no início da vigência da Lei 13.105/2015 – Novo CPC (v. art. 4º da Lei 13.256/2016).	
II – proposta para garantir a observância de acórdão de recurso extraordinário com repercussão geral reconhecida ou de acórdão proferido em julgamento de recursos extraordinário ou especial repetitivos, quando não esgotadas as instâncias ordinárias. → Inciso II acrescentado pela Lei 13.256/2016, em vigor no início da vigência da Lei 13.105/2015 – Novo CPC (v. art. 4º da Lei 13.256/2016).	
§ 6º A inadmissibilidade ou o julgamento do recurso interposto contra a decisão proferida pelo órgão reclamado não prejudica a reclamação.	
Art. 989. Ao despachar a reclamação, o relator:	
I – requisitará informações da autoridade a quem for imputada a prática do ato impugnado, que as prestará no prazo de 10 (dez) dias;	
II – se necessário, ordenará a suspensão do processo ou do ato impugnado para evitar dano irreparável;	
III – determinará a citação do beneficiário da decisão impugnada, que terá prazo de 15 (quinze) dias para apresentar a sua contestação.	
Art. 990. Qualquer interessado poderá impugnar o pedido do reclamante.	
Art. 991. Na reclamação que não houver formulado, o Ministério Público terá vista do processo por 5 (cinco) dias, após o decurso do prazo para informações e para o oferecimento da contestação pelo beneficiário do ato impugnado.	
Art. 992. Julgando procedente a reclamação, o tribunal cassará a decisão exorbitante de seu julgado ou determinará medida adequada à solução da controvérsia.	
Art. 993. O presidente do tribunal determinará o imediato cumprimento da decisão, lavrando-se o acórdão posteriormente.	
TÍTULO II Dos Recursos	TÍTULO X Dos Recursos
Capítulo I Disposições Gerais	Capítulo I Das Disposições Gerais
Art. 994. São cabíveis os seguintes recursos:	**Art. 496.** São cabíveis os seguintes recursos:
I – apelação;	I – apelação;
II – agravo **de instrumento**;	II – agravo;

III – agravo **interno**;	II – agravo;
IV – embargos de declaração;	IV – embargos de declaração;
V – recurso ordinário;	V – recurso ordinário;
VI – recurso especial;	VI – recurso especial;
VII – recurso extraordinário;	VII – recurso extraordinário;
VIII – agravo em recurso especial ou extraordinário;	II – agravo;
IX – embargos de divergência.	VIII – embargos de divergência em recurso especial e em recurso extraordinário.
Art. 995. Os **recursos** não impedem **a eficácia da decisão**, salvo disposição legal ou decisão judicial em sentido diverso.	**Art. 497.** O recurso extraordinário e o recurso especial não impedem a execução da sentença; a interposição do agravo de instrumento não obsta o andamento do processo, ressalvado o disposto no art. 558 desta Lei.
Parágrafo único. A eficácia da decisão recorrida poderá ser suspensa por decisão do relator, se da imediata produção de seus efeitos houver risco de dano grave, de difícil ou impossível reparação, e ficar demonstrada a probabilidade de provimento do recurso.	**Art. 557.** O relator negará seguimento a recurso manifestamente inadmissível, improcedente, prejudicado ou em confronto com súmula ou com jurisprudência dominante do respectivo tribunal, do Supremo Tribunal Federal, ou de Tribunal Superior.
Art. 996. O recurso pode ser interposto pela parte vencida, pelo terceiro prejudicado e pelo Ministério Público, **como parte ou** como **fiscal da ordem jurídica**.	**Art. 499.** O recurso pode ser interposto pela parte vencida, pelo terceiro prejudicado e pelo Ministério Público.
Parágrafo único. Cumpre ao terceiro **demonstrar a possibilidade** de a decisão sobre a relação jurídica submetida à apreciação judicial **atingir direito de que se afirme titular ou que possa discutir em juízo como substituto processual**.	§ 1º Cumpre ao terceiro demonstrar o nexo de interdependência entre o seu interesse de intervir e a relação jurídica submetida à apreciação judicial.
Art. 997. Cada parte interporá o recurso independentemente, no prazo e com observância das exigências legais. § 1º Sendo vencidos autor e réu, ao recurso interposto por qualquer deles poderá aderir o outro. § 2º O recurso adesivo fica subordinado ao recurso **independente, sendo-lhe aplicáveis as mesmas regras deste quanto aos requisitos de admissibilidade e julgamento no tribunal**, salvo disposição legal diversa, observado, ainda, o seguinte:	**Art. 500.** Cada parte interporá o recurso, independentemente, no prazo e observadas as exigências legais. Sendo, porém, vencidos autor e réu, ao recurso interposto por qualquer deles poderá aderir a outra parte. O recurso adesivo fica subordinado ao recurso principal e se rege pelas disposições seguintes:
I – será **dirigido** ao órgão perante o qual o recurso independente fora interposto, no prazo de que a parte dispõe para responder;	I – será interposto perante a autoridade competente para admitir o recurso principal, no prazo de que a parte dispõe para responder;
II – será admissível na apelação, no recurso extraordinário e no recurso especial;	II – será admissível na apelação, nos embargos infringentes, no recurso extraordinário e no recurso especial;
III – não será conhecido, se houver desistência do recurso principal ou se for ele considerado inadmissível.	III – não será conhecido, se houver desistência do recurso principal, ou se for ele declarado inadmissível ou deserto.
Art. 998. O recorrente poderá, a qualquer tempo, sem a anuência do recorrido ou dos litisconsortes, desistir do recurso.	**Art. 501.** O recorrente poderá, a qualquer tempo, sem a anuência do recorrido ou dos litisconsortes, desistir do recurso.
Parágrafo único. A desistência do recurso não impede a análise de questão cuja repercussão geral já tenha sido reconhecida e daquela objeto de julgamento de recursos extraordinários ou especiais repetitivos.	
Art. 999. A renúncia ao direito de recorrer independe da aceitação da outra parte.	**Art. 502.** A renúncia ao direito de recorrer independe da aceitação da outra parte.
Art. 1.000. A parte que aceitar expressa ou tacitamente a decisão não poderá recorrer.	**Art. 503.** A parte, que aceitar expressa ou tacitamente a sentença ou a decisão, não poderá recorrer.
Parágrafo único. Considera-se aceitação tácita a prática, sem nenhuma reserva, de ato incompatível com a vontade de recorrer.	**Parágrafo único.** Considera-se aceitação tácita a prática, sem reserva alguma, de um ato incompatível com a vontade de recorrer.
Art. 1.001. Dos despachos não cabe recurso.	**Art. 504.** Dos despachos não cabe recurso.
Art. 1.002. A **decisão** pode ser impugnada no todo ou em parte.	**Art. 505.** A sentença pode ser impugnada no todo ou em parte.
Art. 1.003. O prazo para interposição de recurso conta-se da data em que os advogados, **a sociedade de advogados, a Advocacia Pública, a Defensoria Pública ou o Ministério Público** são intimados da decisão.	**Art. 242.** O prazo para a interposição de recurso conta-se da data, em que os advogados são intimados da decisão, da sentença ou do acórdão. [...] **Art. 506.** O prazo para a interposição do recurso, aplicável em todos os casos o disposto no art. 184 e seus parágrafos, contar-se-á da data: I – da leitura da sentença em audiência; II – da intimação às partes, quando a sentença não for proferida em audiência; III – da publicação do dispositivo do acórdão no órgão oficial.

§ 1º Os sujeitos previstos no *caput* considerar-se-ão intimados em audiência quando nesta for proferida a **decisão**.	§ 1º Reputam-se intimados na audiência, quando nesta é publicada a decisão ou a sentença.
§ 2º Aplica-se o disposto no art. 231, incisos I a VI, ao prazo de interposição de recurso pelo réu contra decisão proferida anteriormente à citação.	
	Art. 506. [...]
§ 3º No prazo para interposição de recurso, a petição será protocolada em cartório ou conforme as normas de organização judiciária, **ressalvado o disposto em regra especial**.	**Parágrafo único.** No prazo para a interposição do recurso, a petição será protocolada em cartório ou segundo a norma de organização judiciária, ressalvado o disposto no § 2º do art. 525 desta Lei.
§ 4º Para aferição da tempestividade do recurso remetido pelo correio, será considerada como data de interposição a data de postagem.	
§ 5º **Excetuados os embargos de declaração**, o prazo para interpor os recursos e para responder-lhes é de 15 (quinze) dias.	**Art. 508.** Na apelação, nos embargos infringentes, no recurso ordinário, no recurso especial, no recurso extraordinário e nos embargos de divergência, o prazo para interpor e para responder é de 15 (quinze) dias.
§ 6º O recorrente comprovará a ocorrência de feriado local no ato de interposição do recurso.	
Art. 1.004. Se, durante o prazo para a interposição do recurso, sobrevier o falecimento da parte ou de seu advogado ou ocorrer motivo de força maior que suspenda o curso do processo, será tal prazo restituído em proveito da parte, do herdeiro ou do sucessor, contra quem começará a correr novamente depois da intimação.	**Art. 507.** Se, durante o prazo para a interposição do recurso, sobrevier o falecimento da parte ou de seu advogado, ou ocorrer motivo de força maior, que suspenda o curso do processo, será tal prazo restituído em proveito da parte, do herdeiro ou do sucessor, contra quem começará a correr novamente depois da intimação.
Art. 1.005. O recurso interposto por um dos litisconsortes a todos aproveita, salvo se distintos ou opostos os seus interesses.	**Art. 509.** O recurso interposto por um dos litisconsortes a todos aproveita, salvo se distintos ou opostos os seus interesses.
Parágrafo único. Havendo solidariedade passiva, o recurso interposto por um devedor aproveitará aos outros quando as defesas opostas ao credor lhes forem comuns.	**Parágrafo único.** Havendo solidariedade passiva, o recurso interposto por um devedor aproveitará aos outros, quando as defesas opostas ao credor lhes forem comuns.
Art. 1.006. **Certificado** o trânsito em julgado, com **menção expressa da data de sua ocorrência**, o escrivão **ou o chefe de secretaria**, independentemente de despacho, providenciará a baixa dos autos ao juízo de origem, no prazo de 5 (cinco) dias.	**Art. 510.** Transitado em julgado o acórdão, o escrivão, ou secretário, independentemente de despacho, providenciará a baixa dos autos ao juízo de origem, no prazo de 5 (cinco) dias.
Art. 1.007. No ato de interposição do recurso, o recorrente comprovará, quando exigido pela legislação pertinente, o respectivo preparo, inclusive porte de remessa e de retorno, sob pena de deserção.	**Art. 511.** No ato de interposição do recurso, o recorrente comprovará, quando exigido pela legislação pertinente, o respectivo preparo, inclusive porte de remessa e de retorno, sob pena de deserção.
§ 1º São dispensados de preparo, inclusive **porte de remessa e de retorno**, os recursos interpostos pelo Ministério Público, pela União, **pelo Distrito Federal**, pelos Estados, pelos Municípios, e respectivas autarquias, e pelos que gozam de isenção legal.	§ 1º São dispensados de preparo os recursos interpostos pelo Ministério Público, pela União, pelos Estados e Municípios e respectivas autarquias, e pelos que gozam de isenção legal.
§ 2º A insuficiência no valor do preparo, **inclusive porte de remessa e de retorno**, implicará deserção se o recorrente, intimado **na pessoa de seu advogado**, não vier a supri-lo no prazo de 5 (cinco) dias.	§ 2º A insuficiência no valor do preparo implicará deserção, se o recorrente, intimado, não vier a supri-lo no prazo de 5 (cinco) dias.
§ 3º É dispensado o recolhimento do porte de remessa e de retorno no processo em autos eletrônicos.	
§ 4º O recorrente que não comprovar, no ato de interposição do recurso, o recolhimento do preparo, inclusive porte de remessa e de retorno, será intimado, na pessoa de seu advogado, para realizar o recolhimento em dobro, sob pena de deserção.	
§ 5º É vedada a complementação se houver insuficiência parcial do preparo, inclusive porte de remessa e de retorno, no recolhimento realizado na forma do § 4º.	
§ 6º Provando o recorrente justo impedimento, o relator relevará a pena de deserção, por decisão irrecorrível, fixando-lhe prazo de 5 (cinco) dias para efetuar o preparo.	**Art. 519.** Provando o apelante justo impedimento, o juiz relevará a pena de deserção, fixando-lhe prazo para efetuar o preparo.
§ 7º O equívoco no preenchimento da guia de custas não implicará a aplicação da pena de deserção, cabendo ao relator, na hipótese de dúvida quanto ao recolhimento, intimar o recorrente para sanar o vício no prazo de 5 (cinco) dias.	
Art. 1.008. O julgamento proferido pelo tribunal substituirá a decisão impugnada no que tiver sido objeto de recurso.	**Art. 512.** O julgamento proferido pelo tribunal substituirá a sentença ou a decisão recorrida no que tiver sido objeto de recurso.

Capítulo II Da Apelação	
Art. 1.009. Da sentença cabe apelação.	**Art. 513.** Da sentença caberá apelação (arts. 267 e 269).
§ 1º As questões resolvidas na fase de conhecimento, se a decisão a seu respeito não comportar agravo de instrumento, não são cobertas pela preclusão e devem ser suscitadas em preliminar de apelação, eventualmente interposta contra a decisão final, ou nas contrarrazões.	**Art. 523.** Na modalidade de agravo retido o agravante requererá que o tribunal dele conheça, preliminarmente, por ocasião do julgamento da apelação.
	§ 1º Não se conhecerá do agravo se a parte não requerer expressamente, nas razões ou na resposta da apelação, sua apreciação pelo Tribunal.
§ 2º Se as questões referidas no § 1º forem suscitadas em contrarrazões, o recorrente será intimado para, em 15 (quinze) dias, manifestar-se a respeito delas.	§ 2º Interposto o agravo, e ouvido o agravado no prazo de 10 (dez) dias, o juiz poderá reformar sua decisão.
§ 3º O disposto no *caput* deste artigo aplica-se mesmo quando as questões mencionadas no art. 1.015 integrarem capítulo da sentença.	§ 3º Das decisões interlocutórias proferidas na audiência de instrução e julgamento caberá agravo na forma retida, devendo ser interposto oral e imediatamente, bem como constar do respectivo termo (art. 457), nele expostas sucintamente as razões do agravante.
Art. 1.010. A apelação, interposta por petição dirigida ao juízo de primeiro grau, conterá:	**Art. 514.** A apelação, interposta por petição dirigida ao juiz, conterá:
I – os nomes e a qualificação das partes;	I – os nomes e a qualificação das partes;
II – a **exposição** do fato e do direito;	II – os fundamentos de fato e de direito;
III – as razões do pedido de reforma ou de decretação de nulidade;	
IV – o pedido de nova decisão.	III – o pedido de nova decisão.
§ 1º O apelado será intimado para apresentar contrarrazões no prazo de 15 (quinze) dias.	**Art. 518.** Interposta a apelação, o juiz, declarando os efeitos em que a recebe, mandará dar vista ao apelado para responder
§ 2º Se o apelado interpuser apelação adesiva, o juiz intimará o apelante para apresentar contrarrazões.	**Art. 500.** [...] **Parágrafo único.** Ao recurso adesivo se aplicam as mesmas regras do recurso independente, quanto às condições de admissibilidade, preparo e julgamento no tribunal superior.
§ 3º Após as formalidades previstas nos §§ 1º e 2º, os autos serão remetidos ao tribunal pelo juiz, independentemente de juízo de admissibilidade.	
Art. 1.011. Recebido o recurso de apelação no tribunal e distribuído imediatamente, o relator:	**Art. 548.** Far-se-á a distribuição de acordo com o regimento interno do tribunal, observando-se os princípios da publicidade, da alternatividade e do sorteio.
I – decidi-lo-á monocraticamente apenas nas hipóteses do art. 932, incisos III a V;	**Art. 557.** O relator negará seguimento a recurso manifestamente inadmissível, improcedente, prejudicado ou em confronto com súmula ou com jurisprudência dominante do respectivo tribunal, do Supremo Tribunal Federal, ou de Tribunal Superior.
II – se não for o caso de decisão monocrática, elaborará seu voto para julgamento do recurso pelo órgão colegiado.	
Art. 1.012. A apelação terá efeito suspensivo.	**Art. 520.** A apelação será recebida em seu efeito devolutivo e suspensivo. Será, no entanto, recebida só no efeito devolutivo, quando interposta de sentença que:
§ 1º Além de outras hipóteses previstas em lei, começa a produzir efeitos imediatamente após a sua publicação a sentença que:	
I – homologa divisão ou demarcação **de terras**;	I – homologar a divisão ou a demarcação;
II – condena a **pagar** alimentos;	II – condenar à prestação de alimentos;
III – extingue sem resolução do mérito ou julga improcedentes os embargos do executado;	V – rejeitar liminarmente embargos à execução ou julgá-los improcedentes;
IV – julga procedente o pedido de instituição de arbitragem;	VI – julgar procedente o pedido de instituição de arbitragem;
V – confirma, **concede ou revoga** tutela provisória;	VII – confirmar a antecipação dos efeitos da tutela.
VI – decreta a interdição.	**Art. 1.184.** A sentença de interdição produz efeito desde logo, embora sujeita à apelação. Será inscrita no Registro de Pessoas Naturais e publicada pela imprensa local e pelo órgão oficial por três vezes, com intervalo de 10 (dez) dias, constando do edital os nomes do interdito e do curador, a causa da interdição e os limites da curatela.

§ 2º Nos casos do § 1º, o apelado poderá promover o pedido de cumprimento provisório depois de publicada a sentença.	**Art. 521.** Recebida a apelação em ambos os efeitos, o juiz não poderá inovar no processo; recebida só no efeito devolutivo, o apelado poderá promover, desde logo, a execução provisória da sentença, extraindo a respectiva carta.
§ 3º O pedido de concessão de efeito suspensivo nas hipóteses do § 1º poderá ser formulado por requerimento dirigido ao:	
I – tribunal, no período compreendido entre a interposição da apelação e sua distribuição, ficando o relator designado para seu exame prevento para julgá-la;	
II – relator, se já distribuída a apelação.	
§ 4º Nas hipóteses do § 1º, a eficácia da sentença poderá ser suspensa pelo relator se o apelante demonstrar a probabilidade de provimento do recurso ou se, sendo relevante a fundamentação, houver risco de dano grave ou de difícil reparação.	
Art. 1.013. A apelação devolverá ao tribunal o conhecimento da matéria impugnada.	**Art. 515.** A apelação devolverá ao tribunal o conhecimento da matéria impugnada.
§ 1º Serão, porém, objeto de apreciação e julgamento pelo tribunal todas as questões suscitadas e discutidas no processo, ainda que **não tenham sido solucionadas, desde que relativas ao capítulo impugnado.**	§ 1º Serão, porém, objeto de apreciação e julgamento pelo tribunal todas as questões suscitadas e discutidas no processo, ainda que a sentença não as tenha julgado por inteiro.
§ 2º Quando o pedido ou a defesa tiver mais de um fundamento e o juiz acolher apenas um deles, a apelação devolverá ao tribunal o conhecimento dos demais.	§ 2º Quando o pedido ou a defesa tiver mais de um fundamento e o juiz acolher apenas um deles, a apelação devolverá ao tribunal o conhecimento dos demais.
§ 3º Se o processo estiver em condições de imediato julgamento, o tribunal deve decidir desde logo o mérito quando:	§ 3º Nos casos de extinção do processo sem julgamento do mérito (art. 267), o tribunal pode julgar desde logo a lide, se a causa versar questão exclusivamente de direito e estiver em condições de imediato julgamento.
I – reformar sentença fundada no art. 485;	
II – decretar a nulidade da sentença por não ser ela congruente com os limites do pedido ou da causa de pedir;	
III – constatar a omissão no exame de um dos pedidos, hipótese em que poderá julgá-lo;	
IV – decretar a nulidade de sentença por falta de fundamentação.	
§ 4º Quando reformar sentença que reconheça a decadência ou a prescrição, o tribunal, se possível, julgará o mérito, examinando as demais questões, sem determinar o retorno do processo ao juízo de primeiro grau.	
§ 5º O capítulo da sentença que confirma, concede ou revoga a tutela provisória é impugnável na apelação.	
Art. 1.014. As questões de fato não propostas no juízo inferior poderão ser suscitadas na apelação, se a parte provar que deixou de fazê-lo por motivo de força maior.	**Art. 517.** As questões de fato, não propostas no juízo inferior, poderão ser suscitadas na apelação, se a parte provar que deixou de fazê-lo por motivo de força maior.
Capítulo III **Do Agravo de Instrumento**	**Capítulo III** **Do Agravo**
Art. 1.015. Cabe agravo de instrumento contra as decisões interlocutórias que versarem sobre:	**Art. 522.** Das decisões interlocutórias caberá agravo, no prazo de 10 (dez) dias, na forma retida, salvo quando se tratar de decisão suscetível de causar à parte lesão grave e de difícil reparação, bem como nos casos de inadmissão da apelação e nos relativos aos efeitos em que a apelação é recebida, quando será admitida a sua interposição por instrumento.
I – tutelas provisórias;	
II – mérito do processo;	
III – rejeição da alegação de convenção de arbitragem;	
IV – incidente de desconsideração da personalidade jurídica;	
V – rejeição do pedido de gratuidade da justiça ou acolhimento do pedido de sua revogação;	
VI – exibição ou posse de documento ou coisa;	
VII – exclusão de litisconsorte;	
VIII – rejeição do pedido de limitação do litisconsórcio;	

Novo CPC	Antigo CPC
IX – admissão ou inadmissão de intervenção de terceiros;	
X – concessão, modificação ou revogação do efeito suspensivo aos embargos à execução;	
XI – redistribuição do ônus da prova nos termos do art. 373, § 1º;	
XII – (*Vetado*). → **Redação vetada:** "XII – conversão da ação individual em ação coletiva;"	
XIII – outros casos expressamente referidos em lei.	
Parágrafo único. Também caberá agravo de instrumento contra decisões interlocutórias proferidas na fase de liquidação de sentença ou de cumprimento de sentença, no processo de execução e no processo de inventário.	
Art. 1.016. O agravo de instrumento será dirigido diretamente ao tribunal competente, por meio de petição com os seguintes requisitos:	**Art. 524.** O agravo de instrumento será dirigido diretamente ao tribunal competente, através de petição com os seguintes requisitos:
I – os nomes das partes;	
II – a exposição do fato e do direito;	I – a exposição do fato e do direito;
III – as razões do pedido de reforma ou **de invalidação da decisão e o próprio pedido**;	II – as razões do pedido de reforma da decisão;
IV – o nome e o endereço completo dos advogados constantes do processo.	III – o nome e o endereço completo dos advogados, constantes do processo.
Art. 1.017. A petição de agravo de instrumento será instruída:	**Art. 525.** A petição de agravo de instrumento será instruída:
I – obrigatoriamente, com cópias da petição inicial, **da contestação, da petição que ensejou a decisão agravada,** da própria decisão agravada, da certidão da respectiva intimação **ou outro documento oficial que comprove a tempestividade** e das procurações outorgadas aos advogados do agravante e do agravado;	I – obrigatoriamente, com cópias da decisão agravada, da certidão da respectiva intimação e das procurações outorgadas aos advogados do agravante e do agravado;
II – com declaração de inexistência de qualquer dos documentos referidos no inciso I, feita pelo advogado do agravante, sob pena de sua responsabilidade pessoal;	
III – facultativamente, com outras peças que o agravante reputar úteis.	II – facultativamente, com outras peças que o agravante entender úteis.
§ 1º Acompanhará a petição o comprovante do pagamento das respectivas custas e do porte de retorno, quando devidos, conforme tabela publicada pelos tribunais.	§ 1º Acompanhará a petição o comprovante do pagamento das respectivas custas e do porte de retorno, quando devidos, conforme tabela que será publicada pelos tribunais.
§ 2º No prazo do recurso, o agravo será interposto por: I – protocolo realizado **diretamente** no tribunal competente para julgá-lo; II – **protocolo realizado na própria comarca, seção ou subseção judiciárias**; III – postagem, sob registro, com aviso de recebimento; IV – **transmissão de dados tipo fac-símile**, nos termos da lei; V – outra forma prevista em lei.	§ 2º No prazo do recurso, a petição será protocolada no tribunal, ou postada no correio sob registro com aviso de recebimento, ou, ainda, interposta por outra forma prevista na lei local.
§ 3º Na falta da cópia de qualquer peça ou no caso de algum outro vício que comprometa a admissibilidade do agravo de instrumento, deve o relator aplicar o disposto no art. 932, **parágrafo único.**	
§ 4º Se o recurso for interposto por sistema de transmissão de dados tipo fac-símile ou similar, as peças devem ser juntadas no momento de protocolo da petição original.	
§ 5º Sendo eletrônicos os autos do processo, dispensam-se as peças referidas nos incisos I e II do *caput*, facultando-se ao agravante anexar outros documentos que entender úteis para a compreensão da controvérsia.	
Art. 1.018. O agravante **poderá requerer a juntada**, aos autos do processo, de cópia da petição do agravo de instrumento, do comprovante de sua interposição e da relação dos documentos que instruíram o recurso.	**Art. 526.** O agravante, no prazo de 3 (três) dias, requererá juntada, aos autos do processo, de cópia da petição do agravo de instrumento e do comprovante de sua interposição, assim como a relação dos documentos que instruíram o recurso.
§ 1º Se o juiz comunicar que reformou inteiramente a decisão, o relator considerará prejudicado o agravo de instrumento.	**Art. 529.** Se o juiz comunicar que reformou inteiramente a decisão, o relator considerará prejudicado o agravo.

§ 2º Não sendo eletrônicos os autos, o agravante tomará a providência prevista no *caput*, no prazo de 3 (três) dias a contar da interposição do agravo de instrumento.	**Art. 526.** O agravante, no prazo de 3 (três) dias, requererá juntada, aos autos do processo de cópia da petição do agravo de instrumento e do comprovante de sua interposição, assim como a relação dos documentos que instruíram o recurso.
§ 3º O descumprimento da exigência de que trata o § 2º, desde que arguido e provado pelo agravado, importa inadmissibilidade do agravo de instrumento.	
Art. 1.019. Recebido o agravo de instrumento no tribunal e distribuído imediatamente, **se não for o caso de aplicação do art.** 932, **incisos III e IV**, o relator, **no prazo de** 5 **(cinco) dias**:	**Art. 527.** Recebido o agravo de instrumento no tribunal, e distribuído *incontinenti*, o relator:
I – poderá atribuir efeito suspensivo ao recurso ou deferir, em antecipação de tutela, total ou parcialmente, a pretensão recursal, comunicando ao juiz sua decisão;	III – poderá atribuir efeito suspensivo ao recurso (art. 558), ou deferir, em antecipação de tutela, total ou parcialmente, a pretensão recursal, comunicando ao juiz sua decisão;
II – ordenará a intimação do agravado **pessoalmente, por carta com aviso de recebimento, quando não tiver procurador constituído, ou pelo Diário da Justiça ou por carta** com aviso de recebimento **dirigida ao seu advogado**, para que responda **no prazo de 15 (quinze) dias**, facultando-lhe juntar a documentação que entender necessária ao julgamento do recurso;	V – mandará intimar o agravado, na mesma oportunidade, por ofício dirigido ao seu advogado, sob registro e com aviso de recebimento, para que responda no prazo de 10 (dez) dias (art. 525, § 2º), facultando-lhe juntar a documentação que entender conveniente, sendo que, nas comarcas sede de tribunal e naquelas em que o expediente forense for divulgado no diário oficial, a intimação far-se-á mediante publicação no órgão oficial;
III – determinará a intimação do Ministério Público, **preferencialmente por meio eletrônico, quando for** o **caso de sua intervenção**, para que se manifeste no **prazo de 15 (quinze) dias**.	VI – ultimadas as providências referidas nos incisos III a V do *caput* deste artigo, mandará ouvir o Ministério Público, se for o caso, para que se pronuncie no prazo de 10 (dez) dias.
Art. 1.020. O relator solicitará dia para julgamento em prazo não superior a 1 (um) mês da intimação do agravado.	**Art. 528.** Em prazo não superior a 30 (trint*a)* dias da intimação do agravado, o relator pedirá dia para julgamento.
CAPÍTULO IV **Do Agravo Interno**	
Art. 1.021. Contra decisão proferida pelo relator caberá agravo interno para o respectivo órgão colegiado, observadas, quanto ao processamento, as regras do regimento interno do tribunal.	**Art. 557.** [...] § 1º-A Se a decisão recorrida estiver em manifesto confronto com súmula ou com jurisprudência dominante do Supremo Tribunal Federal, ou de Tribunal Superior, o relator poderá dar provimento ao recurso.
§ 1º Na petição de agravo interno, o recorrente impugnará especificadamente os fundamentos da decisão agravada.	
§ 2º O agravo será dirigido ao relator, que intimará o agravado para manifestar-se sobre o recurso no prazo de 15 (quinze) dias, ao final do qual, não havendo retratação, o relator levá-lo-á a julgamento pelo órgão colegiado, com inclusão em pauta.	
§ 3º É vedado ao relator limitar-se à reprodução dos fundamentos da decisão agravada para julgar improcedente o agravo interno.	
§ 4º Quando o agravo interno for declarado manifestamente inadmissível ou improcedente em votação unânime, o órgão colegiado, em decisão fundamentada, condenará o agravante a pagar ao agravado multa fixada entre um e cinco por cento do valor atualizado da causa.	§ 2º Quando manifestamente inadmissível ou infundado o agravo, o tribunal condenará o agravante a pagar ao agravado multa entre um e dez por cento do valor corrigido da causa, ficando a interposição de qualquer outro recurso condicionada ao depósito do respectivo valor.
§ 5º A interposição de qualquer outro recurso está condicionada **ao depósito prévio do valor da multa prevista no § 4º, à exceção da Fazenda Pública e do beneficiário de gratuidade da justiça, que farão o pagamento ao final.**	
CAPÍTULO V **Dos Embargos de Declaração**	**CAPÍTULO V** **Dos Embargos de Declaração**
Art. 1.022. Cabem embargos de declaração **contra qualquer decisão judicial** para:	**Art. 535.** Cabem embargos de declaração quando:
I – **esclarecer** obscuridade ou **eliminar** contradição;	I – houver, na sentença ou no acórdão, obscuridade ou contradição;
II – **suprir** omissão de ponto ou questão sobre o qual devia se pronunciar o juiz **de ofício ou a requerimento**;	II – for omitido ponto sobre o qual devia pronunciar-se o juiz ou tribunal.
III – corrigir erro material.	
Parágrafo único. Considera-se omissa a decisão que:	
I – deixe de se manifestar sobre tese firmada em julgamento de casos repetitivos ou em incidente de assunção de competência aplicável ao caso sob julgamento;	
II – incorra em qualquer das condutas descritas no art. 489, § 1º.	

Art. 1.023. Os embargos serão opostos, no prazo de 5 (cinco) dias, em petição dirigida ao **juiz, com indicação do erro**, obscuridade, contradição ou omissão, e não se sujeitam a preparo.	**Art. 536.** Os embargos serão opostos, no prazo de 5 (cinco) dias, em petição dirigida ao juiz ou relator, com indicação do ponto obscuro, contraditório ou omisso, não estando sujeitos a preparo.
§ 1º Aplica-se aos embargos de declaração o art. 229.	
§ 2º O juiz intimará o embargado para, querendo, manifestar-se, no prazo de 5 (cinco) dias, sobre os embargos opostos, caso seu eventual acolhimento implique a modificação da decisão embargada.	
Art. 1.024. O juiz julgará os embargos em 5 (cinco) dias.	**Art. 537.** O juiz julgará os embargos em 5 (cinco) dias; nos tribunais, o relator apresentará os embargos em mesa na sessão subsequente, proferindo voto.
§ 1º Nos tribunais, o relator apresentará os embargos em mesa na sessão subsequente, proferindo voto, e, não havendo julgamento nessa sessão, será o recurso incluído em pauta automaticamente.	
§ 2º Quando os embargos de declaração forem opostos contra decisão de relator ou outra decisão unipessoal proferida em tribunal, o órgão prolator da decisão embargada decidi-los-á monocraticamente.	
§ 3º O órgão julgador conhecerá dos embargos de declaração como agravo interno se entender ser este o recurso cabível, desde que determine previamente a intimação do recorrente para, no prazo de 5 (cinco) dias, complementar as razões recursais, de modo a ajustá-las às exigências do art. 1.021, § 1º.	
§ 4º Caso o acolhimento dos embargos de declaração implique modificação da decisão embargada, o embargado que já tiver interposto outro recurso contra a decisão originária tem o direito de complementar ou alterar suas razões, nos exatos limites da modificação, no prazo de 15 (quinze) dias, contado da intimação da decisão dos embargos de declaração.	
§ 5º Se os embargos de declaração forem rejeitados ou não alterarem a conclusão do julgamento anterior, o recurso interposto pela outra parte antes da publicação do julgamento dos embargos de declaração será processado e julgado independentemente de ratificação.	
Art. 1.025. Consideram-se incluídos no acórdão os elementos que o embargante suscitou, para fins de pré-questionamento, ainda que os embargos de declaração sejam inadmitidos ou rejeitados, caso o tribunal superior considere existentes erro, omissão, contradição ou obscuridade.	
Art. 1.026. Os embargos de declaração **não possuem efeito suspensivo** e interrompem o prazo para a interposição de recurso.	**Art. 538.** Os embargos de declaração interrompem o prazo para a interposição de outros recursos, por qualquer das partes.
§ 1º A eficácia da decisão monocrática ou colegiada poderá ser suspensa pelo respectivo juiz ou relator se demonstrada a probabilidade de provimento do recurso ou, sendo relevante a fundamentação, se houver risco de dano grave ou de difícil reparação.	
§ 2º Quando manifestamente protelatórios os embargos de declaração, o juiz ou o tribunal, em **decisão fundamentada**, condenará o embargante a pagar ao embargado multa **não excedente a dois por cento** sobre o valor atualizado da causa.	**Art. 538.** [...] **Parágrafo único.** Quando manifestamente protelatórios os embargos, o juiz ou tribunal, declarando que o são, condenará o embargante a pagar ao embargado multa não excedente de 1% (um por cento) sobre o valor da causa. Na reiteração de embargos protelatórios, a multa é elevada a até 10% (dez por cento), ficando condicionada a interposição de qualquer outro recurso ao depósito do valor respectivo.
§ 3º Na reiteração de embargos de declaração manifestamente protelatórios, a multa será elevada a até dez por cento sobre o valor atualizado da causa, e a interposição de qualquer recurso ficará condicionada ao depósito prévio do valor da multa, **à exceção** da Fazenda Pública e **do beneficiário de gratuidade da justiça, que a recolherão ao final.**	
§ 4º Não serão admitidos novos embargos de declaração se os 2 (dois) anteriores houverem sido considerados protelatórios.	
Capítulo VI Dos Recursos para o Supremo Tribunal Federal e para o Superior Tribunal de Justiça	Capítulo VI Dos Recursos para o Supremo Tribunal Federal e o Superior Tribunal de Justiça
Seção I *Do Recurso Ordinário*	Seção I *Dos Recursos Ordinários*
Art. 1.027. Serão julgados em recurso ordinário:	**Art. 539.** Serão julgados em recurso ordinário:
I – pelo Supremo Tribunal Federal, os mandados de segurança, os *habeas data* e os mandados de injunção decididos em única instância pelos tribunais superiores, quando denegatória a decisão;	I – pelo Supremo Tribunal Federal, os mandados de segurança, os *habeas data* e os mandados de injunção decididos em única instância pelos Tribunais Superiores, quando denegatória a decisão;

II – pelo Superior Tribunal de Justiça:	II – pelo Superior Tribunal de Justiça:
a) os mandados de segurança decididos em única instância pelos tribunais regionais federais ou pelos tribunais de justiça dos Estados e do Distrito Federal e Territórios, quando denegatória a decisão;	*a)* os mandados de segurança decididos em única instância pelos Tribunais Regionais Federais ou pelos Tribunais dos Estados e do Distrito Federal e Territórios, quando denegatória a decisão;
b) os processos em que forem partes, de um lado, Estado estrangeiro ou organismo internacional e, de outro, Município ou pessoa residente ou domiciliada no País.	*b)* as causas em que forem partes, de um lado, Estado estrangeiro ou organismo internacional e, do outro, Município ou pessoa residente ou domiciliada no País.
§ 1º Nos processos referidos no inciso II, alínea "b", contra as decisões interlocutórias caberá **agravo de instrumento** dirigido ao Superior Tribunal de Justiça, nas hipóteses do art. 1.015.	**Parágrafo único.** Nas causas referidas no inciso II, alínea *b*, caberá agravo das decisões interlocutórias.
§ 2º Aplica-se ao recurso ordinário o disposto nos arts. 1.013, § 3º, e 1.029, § 5º.	
Art. 1.028. Ao recurso mencionado no art. 1.027, inciso II, alínea *"b"*, aplicam-se, quanto aos requisitos de admissibilidade e ao procedimento, as disposições **relativas à apelação e o** Regimento Interno **do Superior Tribunal de Justiça.**	**Art. 540.** Aos recursos mencionados no artigo anterior aplica-se, quanto aos requisitos de admissibilidade e ao procedimento no juízo de origem, o disposto nos Capítulos II e III deste Título, observando-se, no Supremo Tribunal Federal e no Superior Tribunal de Justiça, o disposto nos seus regimentos internos.
§ 1º Na hipótese do art. 1.027, § 1º, aplicam-se as disposições relativas ao agravo de instrumento e o Regimento Interno do Superior Tribunal de Justiça.	
§ 2º O recurso previsto no art. 1.027, incisos I e II, alínea "a", deve ser interposto perante o tribunal de origem, cabendo ao seu presidente ou vice-presidente determinar a intimação do recorrido para, em 15 (quinze) dias, apresentar as contrarrazões.	
§ 3º Findo o prazo referido no § 2º, os autos serão remetidos ao respectivo tribunal superior, independentemente de juízo de admissibilidade.	
Seção II *Do Recurso Extraordinário e do Recurso Especial*	Seção II *Do Recurso Extraordinário e do Recurso Especial*
Subseção I *Disposições Gerais*	
Art. 1.029. O recurso extraordinário e o recurso especial, nos casos previstos na Constituição Federal, serão interpostos perante o presidente ou o vice-presidente do tribunal recorrido, em petições distintas, que conterão:	**Art. 541.** O recurso extraordinário e o recurso especial, nos casos previstos na Constituição Federal, serão interpostos perante o presidente ou o vice-presidente do tribunal recorrido, em petições distintas, que conterão:
I – a exposição do fato e do direito;	I – a exposição do fato e do direito;
II – a demonstração do cabimento do recurso interposto;	II – a demonstração do cabimento do recurso interposto;
III – as razões do pedido de reforma ou de invalidação da decisão recorrida.	III – as razões do pedido de reforma da decisão recorrida.
§ 1º Quando o recurso fundar-se em dissídio jurisprudencial, o recorrente fará a prova da divergência com a certidão, cópia ou citação do repositório de jurisprudência, oficial ou credenciado, inclusive em mídia eletrônica, em que houver sido publicado o acórdão divergente, ou ainda com a reprodução de julgado disponível **na rede mundial de computadores**, com indicação da respectiva fonte, devendo-se, em qualquer caso, mencionar as circunstâncias que identifiquem ou assemelhem os casos confrontados.	**Parágrafo único.** Quando o recurso fundar-se em dissídio jurisprudencial, o recorrente fará a prova da divergência mediante certidão, cópia autenticada ou pela citação do repositório de jurisprudência, oficial ou credenciado, inclusive em mídia eletrônica, em que tiver sido publicada a decisão divergente, ou ainda pela reprodução de julgado disponível na internet, com indicação da respectiva fonte, mencionando, em qualquer caso, as circunstâncias que identifiquem ou assemelhem os casos confrontados.
§ 2º *(Revogado pela Lei 13.256/2016, em vigor no início da vigência da Lei 13.105/2015 – Novo CPC (v. art. 4º da Lei 13.256/2016)).* → **Anterior redação:** § 2º Quando o recurso estiverfundado em dissídio jurisprudencial, é vedado ao tribunal inadmiti-lo com base em fundamento genérico de que as circunstâncias fáticas são diferentes, sem demonstrar a existência da distinção. (...).	
§ 3º O Supremo Tribunal Federal ou o Superior Tribunal de Justiça poderá desconsiderar vício formal de recurso tempestivo ou determinar sua correção, desde que não o repute grave.	
§ 4º Quando, por ocasião do processamento do incidente de resolução de demandas repetitivas, o presidente do Supremo Tribunal Federal ou do Superior Tribunal de Justiça receber requerimento de suspensão de processos em que se discuta questão federal constitucional ou infraconstitucional, poderá, considerando razões de segurança jurídica ou de excepcional interesse social, estender a suspensão a todo o território nacional, até ulterior decisão do recurso extraordinário ou do recurso especial a ser interposto.	
§ 5º O pedido de concessão de efeito suspensivo a recurso extraordinário ou a recurso especial poderá ser formulado por requerimento dirigido:	

Novo CPC	Antigo CPC
I – ao tribunal superior respectivo, no período compreendido entre a publicação da decisão de admissão do recurso e sua distribuição, ficando o relator designado para seu exame prevento para julgá-lo. → Inciso I com redação alterada pela Lei 13.256/2016, em vigor no início da vigência da Lei 13.105/2015 – Novo CPC (v. art. 4º da Lei 13.256/2016). → **Anterior redação:** I – ao tribunal superior respectivo, no período compreendido entre a interposição do recurso e sua distribuição, ficando o relator designado para seu exame prevento para julgá-lo; (...).	
II – ao relator, se já distribuído o recurso;	
III – ao presidente ou ao vice-presidente do tribunal recorrido, no período compreendido entre a interposição do recurso e a publicação da decisão de admissão do recurso, assim como no caso de o recurso ter sido sobrestado, nos termos do art. 1.037. → Inciso III com redação alterada pela Lei 13.256/2016, em vigor no início da vigência da Lei 13.105/2015 – Novo CPC (v. art. 4º da Lei 13.256/2016). → **Anterior redação:** III – ao presidente ou vice-presidente do tribunal local, no caso de o recurso ter sido sobrestado, nos termos do art. 1.037.	
Art. 1.030. Recebida a petição do recurso pela secretaria do tribunal, o recorrido será intimado para apresentar contrarrazões no prazo de 15 (quinze) dias, findo o qual os autos serão conclusos ao presidente ou ao vice-presidente do tribunal recorrido, que deverá: → Artigo com redação alterada pela Lei 13.256/2016, em vigor no início da vigência da Lei 13.105/2015 – Novo CPC (v. art. 4º da Lei 13.256/2016).	**Art. 542.** Recebida a petição pela secretaria do tribunal, será intimado o recorrido, abrindo-se-lhe vista, para apresentar contrarrazões. § 1º Findo esse prazo, serão os autos conclusos para a admissão ou não do recurso, no prazo de 15 (quinze) dias, em decisão fundamentada.
I – negar seguimento:	
a) a recurso extraordinário que discuta questão constitucional à qual o Supremo Tribunal Federal não tenha reconhecido a existência de repercussão geral ou a recurso extraordinário interposto contra acórdão que esteja em conformidade com entendimento do Supremo Tribunal Federal exarado no regime de repercussão geral;	
b) a recurso extraordinário ou a recurso especial interposto contra acórdão que esteja em conformidade com entendimento do Supremo Tribunal Federal ou do Superior Tribunal de Justiça, respectivamente, exarado no regime de julgamento de recursos repetitivos;	
II – encaminhar o processo ao órgão julgador para realização do juízo de retratação, se o acórdão recorrido divergir do entendimento do Supremo Tribunal Federal ou do Superior Tribunal de Justiça exarado, conforme o caso, nos regimes de repercussão geral ou de recursos repetitivos;	
III – sobrestar o recurso que versar sobre controvérsia de caráter repetitivo ainda não decidida pelo Supremo Tribunal Federal ou pelo Superior Tribunal de Justiça, conforme se trate de matéria constitucional ou infraconstitucional;	
IV – selecionar o recurso como representativo de controvérsia constitucional ou infraconstitucional, nos termos do § 6º do art. 1.036;	
V – realizar o juízo de admissibilidade e, se positivo, remeter o feito ao Supremo Tribunal Federal ou ao Superior Tribunal de Justiça, desde que:	
a) o recurso ainda não tenha sido submetido ao regime de repercussão geral ou de julgamento de recursos repetitivos;	
b) o recurso tenha sido selecionado como representativo da controvérsia; ou	
c) o tribunal recorrido tenha refutado o juízo de retratação	
§ 1º Da decisão de inadmissibilidade proferida com fundamento no inciso V caberá agravo ao tribunal superior, nos termos do art. 1.042.	
§ 2º Da decisão proferida com fundamento nos incisos I e III caberá agravo interno, nos termos do art. 1.021.	
Art. 1.031. Na hipótese de interposição conjunta de recurso extraordinário e recurso especial, os autos serão remetidos ao Superior Tribunal de Justiça.	**Art. 543.** Admitidos ambos os recursos, os autos serão remetidos ao Superior Tribunal de Justiça.
§ 1º Concluído o julgamento do recurso especial, os autos serão remetidos ao Supremo Tribunal Federal para apreciação do recurso extraordinário, se este não estiver prejudicado.	§ 1º Concluído o julgamento do recurso especial, serão os autos remetidos ao Supremo Tribunal Federal, para apreciação do recurso extraordinário, se este não estiver prejudicado.
§ 2º Se o relator do recurso especial considerar prejudicial o recurso extraordinário, em decisão irrecorrível, sobrestará o julgamento e remeterá os autos ao Supremo Tribunal Federal.	§ 2º Na hipótese de o relator do recurso especial considerar que o recurso extraordinário é prejudicial àquele, em decisão irrecorrível sobrestará o seu julgamento e remeterá os autos ao Supremo Tribunal Federal, para o julgamento do recurso extraordinário.

§ 3º Na hipótese do § 2º, se o relator do recurso extraordinário, em decisão irrecorrível, **rejeitar a prejudicialidade,** devolverá os autos ao Superior Tribunal de Justiça para o julgamento do recurso especial.	§ 3º No caso do parágrafo anterior, se o relator do recurso extraordinário, em decisão irrecorrível, não o considerar prejudicial, devolverá os autos ao Superior Tribunal de Justiça, para o julgamento do recurso especial.
Art. 1.032. Se o relator, no Superior Tribunal de Justiça, entender que o recurso especial versa sobre questão constitucional, deverá conceder prazo de 15 (quinze) dias para que o recorrente demonstre a existência de repercussão geral e se manifeste sobre a questão constitucional.	
Parágrafo único. Cumprida a diligência de que trata o *caput*, o relator remeterá o recurso ao Supremo Tribunal Federal, que, em juízo de admissibilidade, poderá devolvê-lo ao Superior Tribunal de Justiça.	
Art. 1.033. Se o Supremo Tribunal Federal considerar como reflexa a ofensa à Constituição afirmada no recurso extraordinário, por pressupor a revisão da interpretação de lei federal ou de tratado, remetê-lo-á ao Superior Tribunal de Justiça para julgamento como recurso especial.	
Art. 1.034. Admitido o recurso extraordinário ou o recurso especial, o Supremo Tribunal Federal ou o Superior Tribunal de Justiça julgará o processo, aplicando o direito.	
Parágrafo único. Admitido o recurso extraordinário ou o recurso especial por um fundamento, devolve-se ao tribunal superior o conhecimento dos demais fundamentos para a solução do capítulo impugnado.	
Art. 1.035. O Supremo Tribunal Federal, em decisão irrecorrível, não conhecerá do recurso extraordinário quando a questão constitucional nele versada não tiver repercussão geral, nos termos deste artigo.	**Art. 543-A.** O Supremo Tribunal Federal, em decisão irrecorrível, não conhecerá do recurso extraordinário, quando a questão constitucional nele versada não oferecer repercussão geral, nos termos deste artigo.
§ 1º Para efeito de repercussão geral, será considerada a existência ou não de questões relevantes do ponto de vista econômico, político, social ou jurídico que ultrapassem os interesses subjetivos do processo.	§ 1º Para efeito da repercussão geral, será considerada a existência, ou não, de questões relevantes do ponto de vista econômico, político, social ou jurídico, que ultrapassem os interesses subjetivos da causa.
§ 2º O recorrente deverá demonstrar a existência de repercussão geral para apreciação exclusiva pelo Supremo Tribunal Federal.	§ 2º O recorrente deverá demonstrar, em preliminar do recurso, para apreciação exclusiva do Supremo Tribunal Federal, a existência da repercussão geral.
§ 3º Haverá repercussão geral sempre que o recurso impugnar acórdão que: I – contrarie súmula ou jurisprudência dominante do Supremo Tribunal Federal;	§ 3º Haverá repercussão geral sempre que o recurso impugnar decisão contrária a súmula ou jurisprudência dominante do Tribunal.
II – (*Revogado pela Lei 13.256/2016, em vigor no início da vigência da Lei 13.105/2015 – Novo CPC* (v. art. 4º da Lei 13.256/2016)). → **Anterior redação:** II – tenha sido proferido em julgamento de casos repetitivos; (...).	
III – tenha reconhecido a inconstitucionalidade de tratado ou de lei federal, nos termos do art. 97 da Constituição Federal.	
§ 4º O relator poderá admitir, na análise da repercussão geral, a manifestação de terceiros, subscrita por procurador habilitado, nos termos do Regimento Interno do Supremo Tribunal Federal.	§ 6º O Relator poderá admitir, na análise da repercussão geral, a manifestação de terceiros, subscrita por procurador habilitado, nos termos do Regimento Interno do Supremo Tribunal Federal.
§ 5º Reconhecida a repercussão geral, o relator no Supremo Tribunal Federal determinará a suspensão do processamento de todos os processos pendentes, individuais ou coletivos, que versem sobre a questão e tramitem no território nacional.	
§ 6º O interessado pode requerer, ao presidente ou ao vice-presidente do tribunal de origem, que exclua da decisão de sobrestamento e inadmita o recurso extraordinário que tenha sido interposto intempestivamente, tendo o recorrente o prazo de 5 (cinco) dias para manifestar-se sobre esse requerimento.	
§ 7º Da decisão que indeferir o requerimento referido no § 6º ou que aplicar entendimento firmado em regime de repercussão geral ou em julgamento de recursos repetitivos caberá agravo interno. → § 7º com redação alterada pela Lei 13.256/2016, em vigor no início da vigência da Lei 13.105/2015 – Novo CPC (*v. art. 4º da Lei 13.256/2016*). → **Anterior redação:** § 7º Da decisão que indeferir o requerimento referido no § 6º caberá agravo, nos termos do art. 1.042.	
§ 8º Negada a repercussão geral, o presidente ou o vice-presidente do tribunal de origem **negará seguimento** aos recursos extraordinários sobrestados na origem que versem sobre matéria idêntica.	§ 5º Negada a existência da repercussão geral, a decisão valerá para todos os recursos sobre matéria idêntica, que serão indeferidos liminarmente, salvo revisão da tese, tudo nos termos do Regimento Interno do Supremo Tribunal Federal.

Novo CPC	Antigo CPC
§ 9º O recurso que tiver a repercussão geral reconhecida deverá ser julgado no prazo de 1 (um) ano e terá preferência sobre os demais feitos, ressalvados os que envolvam réu preso e os pedidos de *habeas corpus*.	
§ 10. (*Revogado pela Lei 13.256/2016, em vigor no início da vigência da Lei 13.105/2015 – Novo CPC (v. art. 4º da Lei 13.256/2016)*). → **Anterior redação:** § 10. Não ocorrendo o julgamento no prazo de 1 (um) ano a contar do reconhecimento da repercussão geral, cessa, em todo o território nacional, a suspensão dos processos, que retomarão seu curso normal.	
§ 11. A súmula da decisão sobre a repercussão geral constará de ata, que será publicada no diário oficial e valerá como acórdão.	§ 7º A Súmula da decisão sobre a repercussão geral constará de ata, que será publicada no *Diário Oficial* e valerá como acórdão.

Subseção II
Do Julgamento dos Recursos Extraordinário e Especial Repetitivos

Novo CPC	Antigo CPC
Art. 1.036. Sempre que houver multiplicidade de recursos extraordinários ou especiais com fundamento em idêntica **questão de direito**, haverá afetação para julgamento **de acordo com as disposições desta Subseção,** observado o disposto no Regimento Interno do Supremo Tribunal Federal **e no do Superior Tribunal de Justiça**.	**Art. 543-B.** Quando houver multiplicidade de recursos com fundamento em idêntica controvérsia, a análise da repercussão geral será processada nos termos do Regimento Interno do Supremo Tribunal Federal, observado o disposto neste artigo.
	Art. 543-C. [...]
§ 1º **O presidente ou o vice-presidente de tribunal de justiça ou de tribunal regional federal selecionará 2 (dois) ou mais recursos representativos da controvérsia, que serão encaminhados ao Supremo Tribunal Federal ou ao Superior Tribunal de Justiça para fins de afetação, determinando a suspensão do trâmite de todos os processos pendentes, individuais ou coletivos, que tramitem no Estado ou na região, conforme o caso.**	§ 1º Caberá ao presidente do tribunal de origem admitir um ou mais recursos representativos da controvérsia, os quais serão encaminhados ao Superior Tribunal de Justiça, ficando suspensos os demais recursos especiais até o pronunciamento definitivo do Superior Tribunal de Justiça.
§ 2º O interessado pode requerer, ao presidente ou ao vice-presidente, que exclua da decisão de sobrestamento e inadmita o recurso especial ou o recurso extraordinário que tenha sido interposto intempestivamente, tendo o recorrente o prazo de 5 (cinco) dias para manifestar-se sobre esse requerimento.	
§ 3º Da decisão que indeferir o requerimento referido no § 2º caberá apenas agravo interno. → § 3º com redação alterada pela Lei 13.256/2016, em vigor no início da vigência da Lei 13.105/2015 – Novo CPC (*v.* art. 4º da Lei 13.256/2016). → **Anterior redação:** § 3º Da decisão que indeferir este requerimento caberá agravo, nos termos do art. 1.042.	
§ 4º A escolha feita pelo presidente ou vice-presidente do tribunal de justiça ou do tribunal regional federal não vinculará o relator no tribunal superior, que poderá selecionar outros recursos representativos da controvérsia.	
§ 5º O relator em tribunal superior também poderá selecionar 2 (dois) ou mais recursos representativos da controvérsia para julgamento da questão de direito independentemente da iniciativa do presidente ou do vice-presidente do tribunal de origem.	
§ 6º Somente podem ser selecionados recursos admissíveis que contenham abrangente argumentação e discussão a respeito da questão a ser decidida.	
Art. 1.037. Selecionados os recursos, o relator, no tribunal superior, constatando a presença do pressuposto do *caput* do art. 1.036, proferirá decisão de afetação, na qual:	
I – identificará com precisão a questão a ser submetida a julgamento;	
II – determinará a suspensão do processamento de todos os processos pendentes, individuais ou coletivos, que versem sobre a questão e tramitem no território nacional;	
III – poderá requisitar aos presidentes ou aos vice-presidentes dos tribunais de justiça ou dos tribunais regionais federais a remessa de um recurso representativo da controvérsia.	
§ 1º Se, após receber os recursos selecionados pelo presidente ou pelo vice-presidente de tribunal de justiça ou de tribunal regional federal, não se proceder à afetação, o relator, no tribunal superior, comunicará o fato ao presidente ou ao vice-presidente que os houver enviado, para que seja revogada a decisão de suspensão referida no art. 1.036, § 1º.	

§ 2º (*Revogado pela Lei 13.256/2016, em vigor no início da vigência da Lei 13.105/2015 – Novo CPC* (v. art. 4º da Lei 13.256/2016)). → **Anterior redação:** § 2º É vedado ao órgão colegiado decidir, para os fins do art. 1.040, questão não delimitada na decisão a que se refere o inciso I do *caput*.	
§ 3º Havendo mais de uma afetação, será prevento o relator que primeiro tiver proferido a decisão a que se refere o inciso I do *caput*.	
§ 4º Os recursos afetados deverão ser julgados no prazo de 1 (um) ano e terão preferência sobre os demais feitos, ressalvados os que envolvam réu preso e os pedidos de *habeas corpus*.	
§ 5º (*Revogado pela Lei 13.256/2016, em vigor no início da vigência da Lei 13.105/2015 – Novo CPC* (v. art. 4º da Lei 13.256/2016)). → **Anterior redação:** § 5º Não ocorrendo o julgamento no prazo de 1 (um) ano a contar da publicação da decisão de que trata o inciso I do *caput*, cessam automaticamente, em todo o território nacional, a afetação e a suspensão dos processos, que retomarão seu curso normal.	
§ 6º Ocorrendo a hipótese do § 5º, é permitido a outro relator do respectivo tribunal superior afetar 2 (dois) ou mais recursos representativos da controvérsia na forma do art. 1.036.	
§ 7º Quando os recursos requisitados na forma do inciso III do *caput* contiverem outras questões além daquela que é objeto da afetação, caberá ao tribunal decidir esta em primeiro lugar e depois as demais, em acórdão específico para cada processo.	
§ 8º As partes deverão ser intimadas da decisão de suspensão de seu processo, a ser proferida pelo respectivo juiz ou relator quando informado da decisão a que se refere o inciso II do *caput*.	
§ 9º Demonstrando distinção entre a questão a ser decidida no processo e aquela a ser julgada no recurso especial ou extraordinário afetado, a parte poderá requerer o prosseguimento do seu processo.	
§ 10. O requerimento a que se refere o § 9º será dirigido:	
I – ao juiz, se o processo sobrestado estiver em primeiro grau;	
II – ao relator, se o processo sobrestado estiver no tribunal de origem;	
III – ao relator do acórdão recorrido, se for sobrestado recurso especial ou recurso extraordinário no tribunal de origem;	
IV – ao relator, no tribunal superior, de recurso especial ou de recurso extraordinário cujo processamento houver sido sobrestado.	
§ 11. A outra parte deverá ser ouvida sobre o requerimento a que se refere o § 9º, no prazo de 5 (cinco) dias.	
§ 12. Reconhecida a distinção no caso:	
I – dos incisos I, II e IV do § 10, o próprio juiz ou relator dará prosseguimento ao processo;	
II – do inciso III do § 10, o relator comunicará a decisão ao presidente ou ao vice-presidente que houver determinado o sobrestamento, para que o recurso especial ou o recurso extraordinário seja encaminhado ao respectivo tribunal superior, na forma do art. 1.030, parágrafo único.	
§ 13. Da decisão que resolver o requerimento a que se refere o § 9º caberá:	
I – agravo de instrumento, se o processo estiver em primeiro grau;	
II – agravo interno, se a decisão for de relator.	
Art. 1.038. O relator poderá:	**Art. 543-C.** [...]
I – solicitar ou admitir manifestação de pessoas, órgãos ou entidades com interesse na controvérsia, **considerando a relevância da matéria e consoante dispuser o regimento interno**;	§ 4º O relator, conforme dispuser o regimento interno do Superior Tribunal de Justiça e considerando a relevância da matéria, poderá admitir manifestação de pessoas, órgãos ou entidades com interesse na controvérsia.
II – fixar data para, em audiência pública, ouvir depoimentos de pessoas com experiência e conhecimento na matéria, com a finalidade de instruir o procedimento;	
III – requisitar informações aos tribunais inferiores a respeito da controvérsia e, cumprida a diligência, intimará o Ministério Público para manifestar-se.	

	Art. 543-C. [...]
§ 1º No caso do inciso III, os prazos respectivos são de 15 (quinze) dias, e os atos serão praticados, sempre que possível, por meio eletrônico.	§ 3º O relator poderá solicitar informações, a serem prestadas no prazo de 15 (quinze) dias, aos tribunais federais ou estaduais a respeito da controvérsia.
§ 2º Transcorrido o prazo para o Ministério Público e remetida cópia do relatório aos demais ministros, haverá inclusão em pauta, devendo ocorrer o julgamento com preferência sobre os demais feitos, ressalvados os que envolvam réu preso e os pedidos de *habeas corpus*.	§ 6º Transcorrido o prazo para o Ministério Público e remetida cópia do relatório aos demais Ministros, o processo será incluído em pauta na seção ou na Corte Especial, devendo ser julgado com preferência sobre os demais feitos, ressalvados os que envolvam réu preso e os pedidos de *habeas corpus*.
§ 3º O conteúdo do acórdão abrangerá a análise dos fundamentos relevantes da tese jurídica discutida. → § 3º com redação alterada pela Lei 13.256/2016, em vigor no início da vigência da Lei 13.105/2015 – Novo CPC (*v.* art. 4º da Lei 13.256/2016). → **Anterior redação:** § 3º O conteúdo do acórdão abrangerá a análise de todos os fundamentos da tese jurídica discutida, favoráveis ou contrários.	
	Art. 543-B. [...]
Art. 1.039. Decididos os recursos afetados, os órgãos colegiados declararão prejudicados os demais recursos versando sobre idêntica controvérsia ou os decidirão aplicando a tese firmada.	§ 3º Julgado o mérito do recurso extraordinário, os recursos sobrestados serão apreciados pelos Tribunais, Turmas de Uniformização ou Turmas Recursais, que poderão declará-los prejudicados ou retratar-se.
	Art. 543-B. [...]
Parágrafo único. Negada a existência de repercussão geral no recurso extraordinário afetado, serão considerados automaticamente inadmitidos **os recursos extraordinários cujo processamento tenha sido sobrestado.**	§ 2º Negada a existência de repercussão geral, os recursos sobrestados considerar-se-ão automaticamente não admitidos.
Art. 1.040. Publicado o acórdão paradigma:	
I – o presidente ou o vice-presidente do tribunal de origem negará seguimento aos recursos especiais ou extraordinários sobrestados na origem, se o acórdão recorrido coincidir com a orientação do tribunal superior;	
	Art. 543-B. [...]
II – o órgão que proferiu o acórdão recorrido, na origem, reexaminará o processo de competência originária, a remessa necessária ou o recurso anteriormente julgado, se o acórdão recorrido contrariar a orientação do tribunal superior;	§ 3º Julgado o mérito do recurso extraordinário, os recursos sobrestados serão apreciados pelos Tribunais, Turmas de Uniformização ou Turmas Recursais, que poderão declará-los prejudicados ou retratar-se. [...]
	Art. 543-C. [...]
	§ 7º Publicado o acórdão do Superior Tribunal de Justiça, os recursos especiais sobrestados na origem:
III – os processos suspensos em primeiro e segundo graus de jurisdição retomarão o curso para julgamento e aplicação da tese firmada pelo tribunal superior;.	II – serão novamente examinados pelo tribunal de origem na hipótese de o acórdão recorrido divergir da orientação do Superior Tribunal de Justiça.
IV – se os recursos versarem sobre questão relativa a prestação de serviço público objeto de concessão, permissão ou autorização, o resultado do julgamento será comunicado ao órgão, ao ente ou à agência reguladora competente para fiscalização da efetiva aplicação, por parte dos entes sujeitos a regulação, da tese adotada.	
§ 1º A parte poderá desistir da ação em curso no primeiro grau de jurisdição, antes de proferida a sentença, se a questão nela discutida for idêntica à resolvida pelo recurso representativo da controvérsia.	
§ 2º Se a desistência ocorrer antes de oferecida contestação, a parte ficará isenta do pagamento de custas e de honorários de sucumbência.	
§ 3º A desistência apresentada nos termos do § 1º independe de consentimento do réu, ainda que apresentada contestação.	

Art. 1.041. Mantido o **acórdão** divergente pelo tribunal de origem, o recurso especial ou extraordinário será remetido ao respectivo tribunal superior, na forma do art. 1.036, § 1º.	**Art. 543-B.** [...] § 4º Mantida a decisão e admitido o recurso, poderá o Supremo Tribunal Federal, nos termos do Regimento Interno, cassar ou reformar, liminarmente, o acórdão contrário à orientação firmada. [...] **Art. 543-C.** [...] § 8º Na hipótese prevista no inciso II do § 7º deste artigo, mantida a decisão divergente pelo tribunal de origem, far-se-á o exame de admissibilidade do recurso especial.
§ 1º Realizado o juízo de retratação, com alteração do acórdão divergente, o tribunal de origem, se for o caso, decidirá as demais questões ainda não decididas cujo enfrentamento se tornou necessário em decorrência da alteração.	
§ 2º Quando ocorrer a hipótese do inciso II do *caput* do art. 1.040 e o recurso versar sobre outras questões, caberá ao presidente ou ao vice-presidente do tribunal recorrido, depois do reexame pelo órgão de origem e independentemente de ratificação do recurso, sendo positivo o juízo de admissibilidade, determinar a remessa do recurso ao tribunal superior para julgamento das demais questões. → § 2º com redação alterada pela Lei 13.256/2016, em vigor no início da vigência da Lei 13.105/2015 – Novo CPC (*v.* art. 4º da Lei 13.256/2016). → **Anterior redação:** § 2º Quando ocorrer a hipótese do inciso II do caput do art. 1.040 e o recurso versar sobre outras questões, caberá ao presidente do tribunal, depois do reexame pelo órgão de origem e independentemente de ratificação do recurso ou de juízo de admissibilidade, determinar a remessa do recurso ao tribunal superior para julgamento das demais questões.	
	**Seção III** ***Do Agravo em Recurso Especial e em Recurso Extraordinário***
Art. 1.042. Cabe agravo contra decisão do presidente ou do vice-presidente do tribunal recorrido que inadmitir recurso extraordinário ou recurso especial, salvo quando fundada na aplicação de entendimento firmado em regime de repercussão geral ou em julgamento de recursos repetitivos. → *Caput* com redação alterada pela Lei 13.256/2016, em vigor no início da vigência da Lei 13.105/2015 – Novo CPC (*v.* art. 4º da Lei 13.256/2016).	**Art. 544.** Não admitido o recurso extraordinário ou o recurso especial, caberá agravo nos próprios autos, no prazo de 10 (dez) dias.
I – (*Revogado pela Lei 13.256/2016, em vigor no início da vigência da Lei 13.105/2015 – Novo CPC* (v. *art. 4º da Lei 13.256/2016*)). → **Anterior redação:** I – indeferir pedido formulado com base no art. 1.035, § 6º, ou no art. 1.036, § 2º, de inadmissão de recurso especial ou extraordinário intempestivo (...).	
II – (*Revogado pela Lei 13.256/2016, em vigor no início da vigência da Lei 13.105/2015 – Novo CPC* (v. *art. 4º da Lei 13.256/2016*)). → **Anterior redação:** II – inadmitir, com base no art. 1.040, inciso I, recurso especial ou extraordinário sob o fundamento de que o acórdão recorrido coincide com a orientação do tribunal superior;.(...).	
III – (*Revogado pela Lei 13.256/2016, em vigor no início da vigência da Lei 13.105/2015 – Novo CPC* (v. *art. 4º da Lei 13.256/2016*)). → **Anterior redação:** III – inadmitir recurso extraordinário, com base no art. 1.035, § 8º, ou no art. 1.039, parágrafo único, sob o fundamento de que o Supremo Tribunal Federal reconheceu a inexistência de repercussão geral da questão constitucional discutida. (...).	
§ 1º (*Revogado pela Lei 13.256/2016, em vigor no início da vigência da Lei 13.105/2015 – Novo CPC* (v. *art. 4º da Lei 13.256/2016*)). → **Anterior redação:** § 1º Sob pena de não conhecimento do agravo, incumbirá ao agravante demonstrar, de forma expressa:	
I – (*Revogado pela Lei 13.256/2016, em vigor no início da vigência da Lei 13.105/2015 – Novo CPC* (v. *art. 4º da Lei 13.256/2016*)). → **Anterior redação:** I – a intempestividade do recurso especial ou extraordinário sobrestado, quando o recurso fundar-se na hipótese do inciso I do *caput* deste artigo; (...).	
II – (*Revogado pela Lei 13.256/2016, em vigor no início da vigência da Lei 13.105/2015 – Novo CPC* (v. *art. 4º da Lei 13.256/2016*)). → **Anterior redação:** II – a existência de distinção entre o caso em análise e o precedente invocado, quando a inadmissão do recurso: (...).	

a) (Revogada pela Lei 13.256/2016, em vigor no início da vigência da Lei 13.105/2015 – Novo CPC (v. art. 4º da Lei 13.256/2016)). → **Anterior redação:** a) especial ou extraordinário fundar-se em entendimento firmado em julgamento de recurso repetitivo por tribunal superior; (...).	
b) (Revogada pela Lei 13.256/2016, em vigor no início da vigência da Lei 13.105/2015 – Novo CPC (v. art. 4º da Lei 13.256/2016)). → **Anterior redação:** b) extraordinário fundar-se em decisão anterior do Supremo Tribunal Federal de inexistência de repercussão geral da questão constitucional discutida. (...).	
§ 2º A petição de agravo será dirigida ao presidente ou ao vice-presidente do tribunal de origem e independe do pagamento de custas e despesas postais, aplicando-se a ela o regime de repercussão geral e de recursos repetitivos, inclusive quanto à possibilidade de sobrestamento e do juízo de retratação. → § 2º com redação alterada pela Lei 13.256/2016, em vigor no início da vigência da Lei 13.105/2015 – Novo CPC (v. art. 4º da Lei 13.256/2016). → **Anterior redação:** § 2º A petição de agravo será dirigida ao presidente ou vice-presidente do tribunal de origem e independe do pagamento de custas e despesas postais. (...).	[...] § 2º A petição de agravo será dirigida à presidência do tribunal de origem, não dependendo do pagamento de custas e despesas postais. O agravado será intimado, de imediato, para no prazo de 10 (dez) dias oferecer resposta, podendo instruí-la com cópias das peças que entender conveniente. Em seguida, subirá o agravo ao tribunal superior, onde será processado na forma regimental.
§ 3º O agravado será intimado, de imediato, para oferecer resposta no **prazo de 15 (quinze) dias.**	
§ 4º Após o prazo de resposta, não havendo retratação, o agravo será remetido ao tribunal superior competente.	
§ 5º O agravo poderá ser julgado, conforme o caso, conjuntamente com o recurso especial ou extraordinário, assegurada, neste caso, sustentação oral, observando-se, ainda, o disposto no regimento interno do tribunal respectivo.	
§ 6º **Na hipótese de interposição conjunta de recursos extraordinário e especial,** o agravante deverá interpor um agravo para cada recurso não admitido.	§ 1º O agravante deverá interpor um agravo para cada recurso não admitido.
§ 7º Havendo apenas um agravo, o recurso será remetido ao tribunal competente, e, havendo interposição conjunta, os autos serão remetidos ao Superior Tribunal de Justiça.	
§ 8º Concluído o julgamento do agravo pelo Superior Tribunal de Justiça e, se for o caso, do recurso especial, independentemente de pedido, os autos serão remetidos ao Supremo Tribunal Federal para apreciação do agravo a ele dirigido, salvo se estiver prejudicado.	

Seção IV
Dos Embargos de Divergência

Art. 1.043. É embargável o acórdão de órgão fracionário que:	**Art. 546.** É embargável a decisão da turma que:
I – em recurso extraordinário ou em recurso especial, divergir do julgamento de qualquer outro órgão do mesmo tribunal, **sendo os acórdãos, embargado e paradigma, de mérito**;	I – em recurso especial, divergir do julgamento de outra turma, da seção ou do órgão especial; II – em recurso extraordinário, divergir do julgamento da outra turma ou do plenário.
II – (Revogado pela Lei 13.256/2016, em vigor no início da vigência da Lei 13.105/2015 – Novo CPC (v. art. 4º da Lei 13.256/2016)). → **Anterior redação:** II – em recurso extraordinário ou em recurso especial, divergir do julgamento de qualquer outro órgão do mesmo tribunal, sendo os acórdãos, embargado e paradigma, relativos ao juízo de admissibilidade; (...).	
III – em recurso extraordinário ou em recurso especial, divergir do julgamento de qualquer outro órgão do mesmo tribunal, sendo um acórdão de mérito e outro que não tenha conhecido do recurso, embora tenha apreciado a controvérsia;	
IV – (Revogado pela Lei 13.256/2016, em vigor no início da vigência da Lei 13.105/2015 – Novo CPC (v. art. 4º da Lei 13.256/2016)). → **Anterior redação:** IV – nos processos de competência originária, divergir do julgamento de qualquer outro órgão do mesmo tribunal.	
§ 1º Poderão ser confrontadas teses jurídicas contidas em julgamentos de recursos e de ações de competência originária.	
§ 2º A divergência que autoriza a interposição de embargos de divergência pode verificar-se na aplicação do direito material ou do direito processual.	

§ 3º Cabem embargos de divergência quando o acórdão paradigma for da mesma turma que proferiu a decisão embargada, desde que sua composição tenha sofrido alteração em mais da metade de seus membros.	
§ 4º O recorrente provará a divergência com certidão, cópia ou citação de repositório oficial ou credenciado de jurisprudência, inclusive em mídia eletrônica, onde foi publicado o acórdão divergente, ou com a reprodução de julgado disponível na rede mundial de computadores, indicando a respectiva fonte, e mencionará as circunstâncias que identificam ou assemelham os casos confrontados.	
§ 5º (*Revogado pela Lei 13.256/2016, em vigor no início da vigência da Lei 13.105/2015 – Novo CPC* (v. art. 4º da Lei 13.256/2016)). → **Anterior redação:** § 5º É vedado ao tribunal inadmitir o recurso com base em fundamento genérico de que as circunstâncias fáticas são diferentes, sem demons-trar a existência da distinção.	
Art. 1.044. No recurso de embargos de divergência, será observado o procedimento estabelecido no regimento interno do respectivo tribunal superior.	**Art. 546.** [...] **Parágrafo único.** Observar-se-á, no recurso de embargos, o procedimento estabelecido no regimento interno.
§ 1º A interposição de embargos de divergência no Superior Tribunal de Justiça interrompe o prazo para interposição de recurso extraordinário por qualquer das partes.	
§ 2º Se os embargos de divergência forem desprovidos ou não alterarem a conclusão do julgamento anterior, o recurso extraordinário interposto pela outra parte antes da publicação do julgamento dos embargos de divergência será processado e julgado independentemente de ratificação.	
LIVRO COMPLEMENTAR **DISPOSIÇÕES FINAIS E TRANSITÓRIAS**	
Art. 1.045. Este Código entra em vigor após decorrido 1 (um) ano da data de sua publicação oficial.	
Art. 1.046. Ao entrar em vigor este Código, suas disposições se aplicarão desde logo aos processos pendentes, ficando revogada a Lei nº 5.869, de 11 de janeiro de 1973.	
§ 1º As disposições da Lei nº 5.869, de 11 de janeiro de 1973, relativas ao procedimento sumário e aos procedimentos especiais que forem revogadas aplicar-se-ão às ações propostas e não sentenciadas até o início da vigência deste Código.	
§ 2º Permanecem em vigor as disposições especiais dos procedimentos regulados em outras leis, aos quais se aplicará supletivamente este Código.	
§ 3º Os processos mencionados no art. 1.218 da Lei nº 5.869, de 11 de janeiro de 1973, cujo procedimento ainda não tenha sido incorporado por lei submetem-se ao procedimento comum previsto neste Código.	
§ 4º As remissões a disposições do Código de Processo Civil revogado, existentes em outras leis, passam a referir-se às que lhes são correspondentes neste Código.	
§ 5º A primeira lista de processos para julgamento em ordem cronológica observará a antiguidade da distribuição entre os já conclusos na data da entrada em vigor deste Código.	
Art. 1.047. As disposições de direito probatório adotadas neste Código aplicam-se apenas às provas requeridas ou determinadas de ofício a partir da data de início de sua vigência.	
Art. 1.048. Terão prioridade de tramitação, em qualquer juízo ou tribunal, os procedimentos judiciais:	
I – em que figure como parte ou interessado pessoa com idade igual ou superior a 60 (sessenta) anos ou portadora de doença grave, assim compreendida qualquer das enumeradas no art. 6º, inciso XIV, da Lei nº 7.713, de 22 de dezembro de 1988;	**Art. 1.211-A.** Os procedimentos judiciais em que figure como parte ou interessado pessoa com idade igual ou superior a 60 (sessenta) anos, ou portadora de doença grave, terão prioridade de tramitação em todas as instâncias.
II – regulados pela Lei nº 8.069, de 13 de julho de 1990 (Estatuto da Criança e do Adolescente).	

§ 1º A pessoa interessada na obtenção do benefício, juntando prova de sua condição, deverá requerê-lo à autoridade judiciária competente para decidir o feito, que determinará ao cartório do juízo as providências a serem cumpridas.	**Art. 1.211-B.** A pessoa interessada na obtenção do benefício, juntando prova de sua condição, deverá requerê-lo à autoridade judiciária competente para decidir o feito, que determinará ao cartório do juízo as providências a serem cumpridas.
§ 2º Deferida a prioridade, os autos receberão identificação própria que evidencie o regime de tramitação prioritária.	§ 1º Deferida a prioridade, os autos receberão identificação própria que evidencie o regime de tramitação prioritária.
§ 3º Concedida a prioridade, essa não cessará com a morte do beneficiado, estendendo-se em favor do cônjuge supérstite ou do companheiro em união estável.	**Art. 1.211-C.** Concedida a prioridade, essa não cessará com a morte do beneficiado, estendendo-se em favor do cônjuge supérstite, companheiro ou companheira, em união estável.
§ 4º A tramitação prioritária independe de deferimento pelo órgão jurisdicional e deverá ser imediatamente concedida diante da prova da condição de beneficiário.	
Art. 1.049. Sempre que a lei remeter a procedimento previsto na lei processual sem especificá-lo, será observado o procedimento comum previsto neste Código.	
Parágrafo único. Na hipótese de a lei remeter ao procedimento sumário, será observado o procedimento comum previsto neste Código, com as modificações previstas na própria lei especial, se houver.	
Art. 1.050. A União, os Estados, o Distrito Federal, os Municípios, suas respectivas entidades da administração indireta, o Ministério Público, a Defensoria Pública e a Advocacia Pública, no prazo de 30 (trinta) dias a contar da data da entrada em vigor deste Código, deverão se cadastrar perante a administração do tribunal no qual atuem para cumprimento do disposto nos arts. 246, § 2º, e 270, parágrafo único.	
Art. 1.051. As empresas públicas e privadas devem cumprir o disposto no art. 246, § 1º, no prazo de 30 (trinta) dias, a contar da data de inscrição do ato constitutivo da pessoa jurídica, perante o juízo onde tenham sede ou filial.	
Parágrafo único. O disposto no *caput* não se aplica às microempresas e às empresas de pequeno porte.	
Art. 1.052. Até a edição de lei específica, as execuções contra devedor insolvente, em curso ou que venham a ser propostas, permanecem reguladas pelo Livro II, Título IV, da Lei nº 5.869, de 11 de janeiro de 1973.	
Art. 1.053. Os atos processuais praticados por meio eletrônico até a transição definitiva para certificação digital ficam convalidados, ainda que não tenham observado os requisitos mínimos estabelecidos por este Código, desde que tenham atingido sua finalidade e não tenha havido prejuízo à defesa de qualquer das partes.	
Art. 1.054. O disposto no art. 503, § 1º, somente se aplica aos processos iniciados após a vigência deste Código, aplicando-se aos anteriores o disposto nos arts. 5º, 325 e 470 da Lei nº 5.869, de 11 de janeiro de 1973.	
Art. 1.055. (*Vetado*). → **Redação vetada:** "Art. 1.055. O devedor ou arrendatário não se exime da obrigação de pagamento dos tributos, das multas e das taxas incidentes sobre os bens vinculados e de outros encargos previstos em contrato, exceto se a obrigação de pagar não for de sua responsabilidade, conforme contrato, ou for objeto de suspensão em tutela provisória."	
Art. 1.056. Considerar-se-á como termo inicial do prazo da prescrição prevista no art. 924, inciso V, inclusive para as execuções em curso, a data de vigência deste Código.	
Art. 1.057. O disposto no art. 525, §§ 14 e 15, e no art. 535, §§ 7º e 8º, aplica-se às decisões transitadas em julgado após a entrada em vigor deste Código, e, às decisões transitadas em julgado anteriormente, aplica-se o disposto no art. 475-L, § 1º, e no art. 741, parágrafo único, da Lei nº 5.869, de 11 de janeiro de 1973.	
Art. 1.058. Em todos os casos em que houver recolhimento de importância em dinheiro, esta será depositada em nome da parte ou do interessado, em conta especial movimentada por ordem do juiz, nos termos do art. 840, inciso I.	

Art. 1.059. À tutela provisória requerida contra a Fazenda Pública aplica-se o disposto nos arts. 1º a 4º da Lei nº 8.437, de 30 de junho de 1992, e no art. 7º, § 2º, da Lei nº 12.016, de 7 de agosto de 2009.	
Art. 1.060. O inciso II do art. 14 da Lei nº 9.289, de 4 de julho de 1996, passa a vigorar com a seguinte redação: "Art. 14. [...] II – aquele que recorrer da sentença **adiantará** a outra metade das custas, **comprovando o adiantamento no ato de interposição do recurso, sob pena de deserção, observado o disposto nos §§ 1º a 7º do art. 1.007 do Código de Processo Civil;** [...]"	**Art. 14.** O pagamento das custas e contribuições devidas nos feitos e nos recursos que se processam nos próprios autos efetua-se da forma seguinte: [...] II – aquele que recorrer da sentença pagará a outra metade das custas, dentro do prazo de cinco dias, sob pena de deserção;
Art. 1.061. O § 3º do art. 33 da Lei nº 9.307, de 23 de setembro de 1996 (Lei de Arbitragem), passa a vigorar com a seguinte redação: "Art. 33. [...] § 3º A decretação da nulidade da sentença arbitral também poderá ser **requerida na impugnação ao cumprimento da sentença, nos termos dos arts. 525 e seguintes do Código de Processo Civil, se houver execução judicial.**"	**Art. 33.** A parte interessada poderá pleitear ao órgão do Poder Judiciário competente a decretação da nulidade da sentença arbitral, nos casos previstos nesta Lei. [...] § 3º A decretação da nulidade da sentença arbitral também poderá ser arguida mediante ação de embargos do devedor, conforme o art. 741 e seguintes do Código de Processo Civil, se houver execução judicial.
Art. 1.062. O incidente de desconsideração da personalidade jurídica aplica-se ao processo de competência dos juizados especiais.	
Art. 1.063. Até a edição de lei específica, os juizados especiais cíveis previstos na Lei nº 9.099, de 26 de setembro de 1995, continuam competentes para o processamento e julgamento das causas previstas no art. 275, inciso II, da Lei nº 5.869, de 11 de janeiro de 1973.	
Art. 1.064. O *caput* do art. 48 da Lei nº 9.099, de 26 de setembro de 1995, passa a vigorar com a seguinte redação: "Art. 48. Caberão embargos de declaração **contra** sentença ou acórdão **nos casos previstos no Código de Processo Civil.** [...]"	**Art. 48.** Caberão embargos de declaração quando, na sentença ou acórdão, houver obscuridade, contradição, omissão ou dúvida.
Art. 1.065. O art. 50 da Lei nº 9.099, de 26 de setembro de 1995, passa a vigorar com a seguinte redação: "Art. 50. Os embargos de declaração **interrompem o prazo para a interposição** de recurso."	**Art. 50.** Quando interpostos contra sentença, os embargos de declaração suspenderão o prazo para recurso.
Art. 1.066. O art. 83 da Lei nº 9.099, de 26 de setembro de 1995, passam a vigorar com a seguinte redação: "Art. 83. **Cabem** embargos de declaração quando, em sentença ou acórdão, houver obscuridade, contradição ou omissão. [...] § 2º Os embargos de declaração **interrompem o prazo para a interposição** de recurso. "[...]"	**Art. 83.** Caberão embargos de declaração quando, em sentença ou acórdão, houver obscuridade, contradição, omissão ou dúvida. [...] § 2º Quando opostos contra sentença, os embargos de declaração suspenderão o prazo para o recurso. [...]
Art. 1.067. O art. 275 da Lei nº 4.737, de 15 de julho de 1965 (Código Eleitoral), passa a vigorar com a seguinte redação:	**Código Eleitoral – Lei 4.737/1965**
"Art. 275. São admissíveis embargos de declaração nas hipóteses previstas no Código de Processo Civil.	**Art. 275.** São admissíveis embargos de declaração:
§ 1º Os embargos de declaração serão opostos no prazo de 3 (três) dias, contado da data de publicação da **decisão embargada**, em petição dirigida ao juiz ou relator, com a indicação do ponto que lhes deu causa.	§ 1º Os embargos serão opostos dentro em 3 (três) dias da data da publicação do acórdão, em petição dirigida ao relator, na qual será indicado o ponto obscuro, duvidoso, contraditório ou omisso.
§ 2º Os embargos de declaração não estão sujeitos a preparo.	
§ 3º O juiz julgará os embargos em 5 (cinco) dias.	
§ 4º Nos tribunais:	
I – o relator apresentará os embargos em mesa na sessão subsequente, proferindo voto;	§ 2º O relator porá os embargos em mesa para julgamento, na primeira sessão seguinte proferindo o seu voto.
II – não havendo julgamento na sessão referida no inciso I, será o recurso incluído em pauta;	
III – vencido o relator, outro será designado para lavrar o acórdão.	§ 3º Vencido o relator, outro será designado para lavrar o acórdão.
§ 5º Os embargos de declaração interrompem o prazo para a interposição de recurso.	§ 4º Os embargos de declaração suspendem o prazo para a interposição de outros recursos, salvo se manifestamente protelatórios e assim declarados na decisão que os rejeitar.

§ 6º Quando manifestamente protelatórios os embargos de declaração, o juiz ou o tribunal, em decisão fundamentada, condenará o embargante a pagar ao embargado multa não excedente a 2 (dois) salários mínimos.	
§ 7º Na reiteração de embargos de declaração manifestamente protelatórios, a multa será elevada a até 10 (dez) salários mínimos."	
Art. 1.068. O art. 274 e o *caput* do art. 2.027 da Lei nº 10.406, de 10 de janeiro de 2002 (Código Civil), passam a vigorar com a seguinte redação:	**Código Civil – Lei 10.406/2002**
"Art. 274. O julgamento contrário a um dos credores solidários não atinge os demais, mas o julgamento favorável aproveita-lhes, **sem prejuízo de exceção pessoal que o devedor tenha direito de invocar em relação a qualquer deles.**"	**Art. 274.** O julgamento contrário a um dos credores solidários não atinge os demais; o julgamento favorável aproveita-lhes, a menos que se funde em exceção pessoal ao credor que o obteve.
"Art. 2.027. A partilha é anulável pelos vícios e defeitos que invalidam, em geral, os negócios jurídicos. [...]"(...)	**Art. 2.027.** A partilha, uma vez feita e julgada, só é anulável pelos vícios e defeitos que invalidam, em geral, os negócios jurídicos.
Art. 1.069. O Conselho Nacional de Justiça promoverá, periodicamente, pesquisas estatísticas para avaliação da efetividade das normas previstas neste Código.	
Art. 1.070. É de 15 (quinze) dias o prazo para a interposição de qualquer agravo, previsto em lei ou em regimento interno de tribunal, contra decisão de relator ou outra decisão unipessoal proferida em tribunal.	
Art. 1.071. O Capítulo III do Título V da Lei nº 6.015, de 31 de dezembro de 1973 (Lei de Registros Públicos), passa a vigorar acrescida do seguinte art. 216-A:	
"Art. 216-A. Sem prejuízo da via jurisdicional, é admitido o pedido de reconhecimento extrajudicial de usucapião, que será processado diretamente perante o cartório do registro de imóveis da comarca em que estiver situado o imóvel usucapiendo, a requerimento do interessado, representado por advogado, instruído com:	
I – ata notarial lavrada pelo tabelião, atestando o tempo de posse do requerente e seus antecessores, conforme o caso e suas circunstâncias;	
II – planta e memorial descritivo assinado por profissional legalmente habilitado, com prova de anotação de responsabilidade técnica no respectivo conselho de fiscalização profissional, e pelos titulares de direitos reais e de outros direitos registrados ou averbados na matrícula do imóvel usucapiendo e na matrícula dos imóveis confinantes;	
III – certidões negativas dos distribuidores da comarca da situação do imóvel e do domicílio do requerente;	
IV – justo título ou quaisquer outros documentos que demonstrem a origem, a continuidade, a natureza e o tempo da posse, tais como o pagamento dos impostos e das taxas que incidirem sobre o imóvel.	
§ 1º O pedido será autuado pelo registrador, prorrogando-se o prazo da prenotação até o acolhimento ou a rejeição do pedido.	
§ 2º Se a planta não contiver a assinatura de qualquer um dos titulares de direitos reais e de outros direitos registrados ou averbados na matrícula do imóvel usucapiendo e na matrícula dos imóveis confinantes, esse será notificado pelo registrador competente, pessoalmente ou pelo correio com aviso de recebimento, para manifestar seu consentimento expresso em 15 (quinze) dias, interpretado o seu silêncio como discordância.	
§ 3º O oficial de registro de imóveis dará ciência à União, ao Estado, ao Distrito Federal e ao Município, pessoalmente, por intermédio do oficial de registro de títulos e documentos, ou pelo correio com aviso de recebimento, para que se manifestem, em 15 (quinze) dias, sobre o pedido.	
§ 4º O oficial de registro de imóveis promoverá a publicação de edital em jornal de grande circulação, onde houver, para a ciência de terceiros eventualmente interessados, que poderão se manifestar em 15 (quinze) dias.	

§ 5º Para a elucidação de qualquer ponto de dúvida, poderão ser solicitadas ou realizadas diligências pelo oficial de registro de imóveis.

§ 6º Transcorrido o prazo de que trata o § 4º deste artigo, sem pendência de diligências na forma do § 5º deste artigo e achando-se em ordem a documentação, com inclusão da concordância expressa dos titulares de direitos reais e de outros direitos registrados ou averbados na matrícula do imóvel usucapiendo e na matrícula dos imóveis confinantes, o oficial de registro de imóveis registrará a aquisição do imóvel com as descrições apresentadas, sendo permitida a abertura de matrícula, se for o caso.

§ 7º Em qualquer caso, é lícito ao interessado suscitar o procedimento de dúvida, nos termos desta Lei.

§ 8º Ao final das diligências, se a documentação não estiver em ordem, o oficial de registro de imóveis rejeitará o pedido.

§ 9º A rejeição do pedido extrajudicial não impede o ajuizamento de ação de usucapião.

§ 10. Em caso de impugnação do pedido de reconhecimento extrajudicial de usucapião, apresentada por qualquer um dos titulares de direito reais e de outros direitos registrados ou averbados na matrícula do imóvel usucapiendo e na matrícula dos imóveis confinantes, por algum dos entes públicos ou por algum terceiro interessado, o oficial de registro de imóveis remeterá os autos ao juízo competente da comarca da situação do imóvel, cabendo ao requerente emendar a petição inicial para adequá-la ao procedimento comum."

Art. 1.072. Revogam-se:

I – o art. 22 do Decreto-Lei nº 25, de 30 de novembro de 1937;

II – os arts. 227, *caput*, 229, 230, 456, 1.482, 1.483 e 1.768 a 1.773 da Lei nº 10.406, de 10 de janeiro de 2002 (Código Civil);

III – os arts. 2º, 3º, 4º, 6º, 7º, 11, 12 e 17 da Lei nº 1.060, de 5 de fevereiro de 1950;

IV – os arts. 13 a 18, 26 a 29 e 38 da Lei nº 8.038, de 28 de maio de 1990;

V – os arts. 16 a 18 da Lei nº 5.478, de 25 de julho de 1968; e

VI – o art. 98, § 4º, da Lei nº 12.529, de 30 de novembro de 2011.

Brasília, 16 de março de 2015; 194º da Independência e 127º da República.

Dilma Rousseff
José Eduardo Cardozo
Jaques Wagner
Joaquim Vieira Ferreira Levy
Luís Inácio Lucena Adams

(Publicação no *D.O.U.* de 17.3.2015)

COMPARATIVO
ANTIGO CPC x NOVO CPC

Comparativo
Antigo CPC x Novo CPC

LEI 5.869, DE 11 DE JANEIRO DE 1973.	LEI 13.105, DE 16 DE MARÇO DE 2015.
Institui o Código de Processo Civil. **O PRESIDENTE DA REPÚBLICA:** Faço saber que o Congresso Nacional decreta e eu sanciono a seguinte Lei:	Código de Processo Civil. **A PRESIDENTA DA REPÚBLICA:** Faço saber que o Congresso Nacional decreta e eu sanciono a seguinte lei:
LIVRO I **DO PROCESSO DE CONHECIMENTO**	**PARTE GERAL** **LIVRO I** **DAS NORMAS PROCESSUAIS CIVIS** **TÍTULO ÚNICO** Das Normas Fundamentais e da Aplicação das Normas Processuais **Capítulo I** **Das Normas Fundamentais do Processo Civil**
TÍTULO I A Jurisdição e da Ação	
Capítulo I Da Jurisdição	
Art. 1º A jurisdição civil, contenciosa e voluntária, é exercida pelos juízes, em todo o território nacional, conforme as disposições que este Código estabelece.	**Art. 1º** O processo civil será ordenado, disciplinado e interpretado **conforme os valores e as normas fundamentais estabelecidos na Constituição da República Federativa do Brasil, observando-se as disposições deste Código.**
Art. 2º Nenhum juiz prestará a tutela jurisdicional senão quando a parte ou o interessado a requerer, nos casos e forma legais.	**Art. 2º** O processo começa por iniciativa da **parte e se desenvolve por impulso oficial, salvo as exceções previstas em lei.**
Capítulo II Da Ação	
Art. 3º Para propor ou contestar ação é necessário ter interesse e legitimidade.	**Art. 17.** Para **postular em juízo** é necessário ter interesse e legitimidade.
Art. 4º O interesse do autor pode limitar-se à declaração:	**Art. 19.** O interesse do autor pode limitar-se à declaração:
I – da existência ou da inexistência de relação jurídica;	I – da existência, da inexistência ou **do modo de ser** de uma relação jurídica;
II – da autenticidade ou falsidade de documento.	II – da autenticidade ou da falsidade de documento.
Parágrafo único. É admissível a ação declaratória, ainda que tenha ocorrido a violação do direito.	**Art. 20.** É admissível a ação **meramente** declaratória, ainda que tenha ocorrido a violação do direito.
Art. 5º Se, no curso do processo, se tornar litigiosa relação jurídica de cuja existência ou inexistência depender o julgamento da lide, qualquer das partes poderá requerer que o juiz a declare por sentença.	
Art. 6º Ninguém poderá pleitear, em nome próprio, direito alheio, salvo quando autorizado por lei.	**Art. 18.** Ninguém poderá pleitear direito alheio em nome próprio, salvo quando autorizado pelo **ordenamento jurídico**.
TÍTULO II Das Partes e dos Procuradores	**TÍTULO II** Das Partes e dos Procuradores
Capítulo I Da Capacidade Processual	**Capítulo I** Da Capacidade Processual
Art. 7º Toda pessoa que se acha no exercício dos seus direitos tem capacidade para estar em juízo.	**Art. 70.** Toda pessoa que se encontre no exercício de seus direitos tem capacidade para estar em juízo.

Antigo CPC	Novo CPC
Art. 8º Os incapazes serão representados ou assistidos por seus pais, tutores ou curadores, na forma da lei civil.	**Art. 71.** O incapaz será representado ou assistido por seus pais, por tutor ou por curador, na forma da lei.
Art. 9º O juiz dará curador especial:	**Art. 72.** O juiz nomeará curador especial ao:
I – ao incapaz, se não tiver representante legal, ou se os interesses deste colidirem com os daquele;	I – incapaz, se não tiver representante legal ou se os interesses deste colidirem com os daquele, **enquanto durar a incapacidade**;
II – ao réu preso, bem como ao revel citado por edital ou com hora certa.	II – réu preso **revel**, bem como ao réu revel citado por edital ou com hora certa, **enquanto não for constituído advogado**.
Parágrafo único. Nas comarcas onde houver representante judicial de incapazes ou de ausentes, a este competirá a função de curador especial.	**Parágrafo único.** A curatela especial será exercida pela Defensoria Pública, nos termos da lei.
Art. 10. O cônjuge somente necessitará do consentimento do outro para propor ações que versem sobre direitos reais imobiliários.	**Art. 73.** O cônjuge necessitará do consentimento do outro para propor ação que verse sobre direito real imobiliário, **salvo quando casados sob o regime de separação absoluta de bens**.
§ 1º Ambos os cônjuges serão necessariamente citados para as ações:	§ 1º Ambos os cônjuges serão necessariamente citados para a ação:
I – que versem sobre direitos reais imobiliários;	I – que verse sobre direito real imobiliário, **salvo quando casados sob o regime de separação absoluta de bens**;
II – resultantes de fatos que digam respeito a ambos os cônjuges ou de atos praticados por eles;	II – resultante de fato que diga respeito a ambos os cônjuges ou de ato praticado por eles;
III – fundadas em dívidas contraídas pelo marido a bem da família, mas cuja execução tenha de recair sobre o produto do trabalho da mulher ou os seus bens reservados;	III – fundada em dívida contraída por um dos cônjuges a bem da família;
IV – que tenham por objeto o reconhecimento, a constituição ou a extinção de ônus sobre imóveis de um ou de ambos os cônjuges.	IV – que tenha por objeto o reconhecimento, a constituição ou a extinção de ônus sobre imóvel de um ou de ambos os cônjuges.
§ 2º Nas ações possessórias, a participação do cônjuge do autor ou do réu somente é indispensável nos casos de composse ou de ato por ambos praticados.	§ 2º Nas ações possessórias, a participação do cônjuge do autor ou do réu somente é indispensável nas hipóteses de composse ou de ato por ambos praticado.
Art. 11. A autorização do marido e a outorga da mulher podem suprir-se judicialmente, quando um cônjuge a recuse ao outro sem justo motivo, ou lhe seja impossível dá-la.	**Art. 74.** O **consentimento** previsto no art. 73 pode ser suprido judicialmente quando for negado por um dos cônjuges sem justo motivo, ou quando lhe seja impossível concedê-lo.
Parágrafo único. A falta, não suprida pelo juiz, da autorização ou da outorga, quando necessária, invalida o processo.	**Parágrafo único.** A falta de consentimento, quando necessário e não suprido pelo juiz, invalida o processo.
Art. 12. Serão representados em juízo, ativa e passivamente:	**Art. 75.** Serão representados em juízo, ativa e passivamente:
I – a União, os Estados, o Distrito Federal e os Territórios, por seus procuradores;	I – a União, **pela Advocacia-Geral da União, diretamente ou mediante órgão vinculado**;
	II – o Estado e o Distrito Federal, por seus procuradores;
II – o Município, por seu Prefeito ou procurador;	III – o Município, por seu prefeito ou procurador;
III – a massa falida, pelo síndico;	V – a massa falida, **pelo administrador judicial**;
IV – a herança jacente ou vacante, por seu curador;	VI – a herança jacente ou vacante, por seu curador;
V – o espólio, pelo inventariante;	VII – o espólio, pelo inventariante;
VI – as pessoas jurídicas, por quem os respectivos estatutos designarem, ou, não os designando, por seus diretores;	VIII – a pessoa jurídica, por quem os respectivos **atos constitutivos** designarem ou, não havendo essa designação, por seus diretores;
VII – as sociedades sem personalidade jurídica, pela pessoa a quem couber a administração dos seus bens;	IX – a sociedade **e a associação irregulares e outros entes organizados sem personalidade jurídica**, pela pessoa a quem couber a administração de seus bens;
VIII – a pessoa jurídica estrangeira, pelo gerente, representante ou administrador de sua filial, agência ou sucursal aberta ou instalada no Brasil (art. 88, parágrafo único);	X – a pessoa jurídica estrangeira, pelo gerente, representante ou administrador de sua filial, agência ou sucursal aberta ou instalada no Brasil;
IX – o condomínio, pelo administrador ou pelo síndico.	XI – o condomínio, pelo administrador ou síndico.
§ 1º Quando o inventariante for dativo, todos os herdeiros e sucessores do falecido serão autores ou réus nas ações em que o espólio for parte.	§ 1º Quando o inventariante for dativo, os sucessores do falecido **serão intimados no processo** no qual o espólio seja parte.
§ 2º As sociedades sem personalidade jurídica, quando demandadas, não poderão opor a irregularidade de sua constituição.	§ 2º A sociedade ou **associação** sem personalidade jurídica não poderá opor a irregularidade de sua constituição quando demandada.
§ 3º O gerente da filial ou agência presume-se autorizado, pela pessoa jurídica estrangeira, a receber citação inicial para o processo de conhecimento, de execução, cautelar e especial.	§ 3º O gerente de filial ou agência presume-se autorizado pela pessoa jurídica estrangeira a receber citação para **qualquer** processo.

Antigo CPC	Novo CPC
Art. 13. Verificando a incapacidade processual ou a irregularidade da representação das partes, o juiz, suspendendo o processo, marcará prazo razoável para ser sanado o defeito.	**Art. 76.** Verificada a incapacidade processual ou a irregularidade da representação da parte, **o juiz** suspenderá o processo e designará prazo razoável para que seja sanado o vício.
Não sendo cumprido o despacho dentro do prazo, se a providência couber:	§ 1º **Descumprida** a determinação, caso o processo esteja na instância originária:
I – ao autor, o juiz decretará a nulidade do processo;	I – **o processo será extinto**, se a providência couber ao autor;
II – ao réu, reputar-se-á revel;	II – o réu será considerado revel, **se a providência lhe couber;**
III – ao terceiro, será excluído do processo.	III – o terceiro **será considerado revel ou** excluído do processo, **dependendo do polo em que se encontre.**
Capítulo II Dos Deveres das Partes e dos seus Procuradores	Capítulo II Dos Deveres das Partes e **de** seus Procuradores
Seção I *Dos Deveres*	Seção I *Dos Deveres*
Art. 14. São deveres das partes e de todos aqueles que de qualquer forma participam do processo:	**Art. 77. Além de outros previstos neste Código**, são deveres das partes, **de seus procuradores** e de todos aqueles que de qualquer forma participem do processo:
I – expor os fatos em juízo conforme a verdade;	I – expor os fatos em juízo conforme a verdade;
II – proceder com lealdade e boa-fé;	**Art. 5º.** Aquele que de qualquer forma participa do processo deve comportar-se de acordo com a boa-fé.
	Art. 77. [...]
III – não formular pretensões, nem alegar defesa, cientes de que são destituídas de fundamento;	II – não formular pretensão **ou de apresentar** defesa quando cientes de que são destituídas de fundamento;
IV – não produzir provas, nem praticar atos inúteis ou desnecessários à declaração ou defesa do direito.	III – não produzir provas e não praticar atos inúteis ou desnecessários à declaração ou à defesa do direito;
V – cumprir com exatidão os provimentos mandamentais e não criar embaraços à efetivação de provimentos judiciais, de natureza antecipatória ou final.	V – declinar, no primeiro momento que lhes couber falar nos autos, o endereço residencial ou profissional onde receberão intimações, atualizando essa informação sempre que ocorrer qualquer modificação temporária ou definitiva;
Parágrafo único. Ressalvados os advogados que se sujeitam exclusivamente aos estatutos da OAB, a violação do disposto no inciso V deste artigo constitui ato atentatório ao exercício da jurisdição, podendo o juiz, sem prejuízo das sanções criminais, civis e processuais cabíveis, aplicar ao responsável multa em montante a ser fixado de acordo com a gravidade da conduta e não superior a vinte por cento do valor da causa; não sendo paga no prazo estabelecido, contado do trânsito em julgado da decisão final da causa, a multa será inscrita sempre como dívida ativa da União ou do Estado.	§ 2º A violação ao disposto nos incisos IV e VI constitui ato atentatório à **dignidade da justiça, devendo** o juiz, sem prejuízo das sanções criminais, civis e processuais cabíveis, aplicar ao responsável multa de até vinte por cento do valor da causa, de acordo com a gravidade da conduta.
	§ 3º Não sendo paga no prazo a ser fixado pelo juiz, **a multa prevista no § 2º será inscrita como dívida ativa da União ou do Estado após o trânsito em julgado da decisão que a fixou, e sua execução observará o procedimento da execução fiscal, revertendo-se** aos fundos previstos **no art. 97.**
	§ 6º Aos advogados públicos ou privados e aos membros da Defensoria Pública e do Ministério Público não se aplica o disposto nos §§ 2º a 5º, devendo eventual responsabilidade disciplinar ser apurada pelo respectivo órgão de classe ou corregedoria, ao qual o juiz oficiará.
Art. 15. É defeso às partes e seus advogados empregar expressões injuriosas nos escritos apresentados no processo, cabendo ao juiz, de ofício ou a requerimento do ofendido, mandar riscá-las.	**Art. 78.** É vedado às partes, **a seus procuradores, aos juízes, aos membros do Ministério Público e da Defensoria Pública e a qualquer pessoa que participe do processo** empregar expressões ofensivas nos escritos apresentados.
Parágrafo único. Quando as expressões injuriosas forem proferidas em defesa oral, o juiz advertirá o advogado que não as use, sob pena de lhe ser cassada a palavra.	§ 1º Quando expressões ou condutas ofensivas forem **manifestadas** oral ou **presencialmente**, o juiz advertirá o **ofensor** de que não as deve usar ou repetir, sob pena de lhe ser cassada a palavra.
Seção II *Da Responsabilidade das Partes por Dano Processual*	Seção II *Da Responsabilidade das Partes por Dano Processual*
Art. 16. Responde por perdas e danos aquele que pleitear de má-fé como autor, réu ou interveniente.	**Art. 79.** Responde por perdas e danos aquele que **litigar de má-fé** como autor, réu ou interveniente.
Art. 17. Reputa-se litigante de má-fé aquele que:	**Art. 80.** Considera-se litigante de má-fé aquele que:
I – deduzir pretensão ou defesa contra texto expresso de lei ou fato incontroverso;	I – deduzir pretensão ou defesa contra texto expresso de lei ou fato incontroverso;
II – alterar a verdade dos fatos;	II – alterar a verdade dos fatos;
III – usar do processo para conseguir objetivo ilegal;	III – usar do processo para conseguir objetivo ilegal;

Antigo CPC	Novo CPC
IV – opuser resistência injustificada ao andamento do processo;	IV – opuser resistência injustificada ao andamento do processo;
V – proceder de modo temerário em qualquer incidente ou ato do processo;	V – proceder de modo temerário em qualquer incidente ou ato do processo;
VI – provocar incidentes manifestamente infundados.	VI – provocar incidente manifestamente infundado;
VII – interpuser recurso com intuito manifestamente protelatório.	VII – interpuser recurso com intuito manifestamente protelatório.
Art. 18. O juiz ou tribunal, de ofício ou a requerimento, condenará o litigante de má-fé a pagar multa não excedente a um por cento sobre o valor da causa e a indenizar a parte contrária dos prejuízos que esta sofreu, mais os honorários advocatícios e todas as despesas que efetuou.	**Art. 81.** De ofício ou a requerimento, **o juiz** condenará o litigante de má-fé a pagar multa, **que deverá ser superior a um por cento e inferior a dez por cento do valor corrigido da causa,** a indenizar a parte contrária pelos prejuízos que esta sofreu e a arcar com os honorários advocatícios e com todas as despesas que efetuou.
§ 1º Quando forem dois ou mais os litigantes de má-fé, o juiz condenará cada um na proporção do seu respectivo interesse na causa, ou solidariamente aqueles que se coligaram para lesar a parte contrária.	§ 1º Quando forem 2 (dois) ou mais os litigantes de má-fé, o juiz condenará cada um na proporção de seu respectivo interesse na causa ou solidariamente aqueles que se coligaram para lesar a parte contrária.
§ 2º O valor da indenização será desde logo fixado pelo juiz, em quantia não superior a 20% (vinte por cento) sobre o valor da causa, ou liquidado por arbitramento.	§ 3º O valor da indenização será fixado pelo juiz, ou, **caso não seja possível mensurá-la,** liquidado por arbitramento **ou pelo procedimento comum, nos próprios autos.**
Seção III *Das Despesas e das Multas*	Seção III *Das Despesas, **dos Honorários Advocatícios** e das Multas*
Art. 19. Salvo as disposições concernentes à justiça gratuita, cabe às partes prover as despesas dos atos que realizam ou requerem no processo, antecipando-lhes o pagamento desde o início até sentença final; e bem ainda, na execução, até a plena satisfação do direito declarado pela sentença.	**Art. 82.** Salvo as disposições concernentes à gratuidade da justiça, **incumbe** às partes prover as despesas dos atos que realizarem ou requererem no processo, antecipando-lhes o pagamento, desde o início **até a sentença final ou, na execução**, até a plena satisfação do direito **reconhecido no título.**
§ 1º O pagamento de que trata este artigo será feito por ocasião de cada ato processual.	
§ 2º Compete ao autor adiantar as despesas relativas a atos, cuja realização o juiz determinar de ofício ou a requerimento do Ministério Público.	§ 1º Incumbe ao autor adiantar as despesas relativas a ato cuja realização o juiz determinar de ofício ou a requerimento do Ministério Público, **quando sua intervenção ocorrer como fiscal da ordem jurídica.**
Art. 20. A sentença condenará o vencido a pagar ao vencedor as despesas que antecipou e os honorários advocatícios. Esta verba honorária será devida, também, nos casos em que o advogado funcionar em causa própria.	**Art. 85.** A sentença condenará o vencido a pagar honorários ao advogado do vencedor.
§ 1º O juiz, ao decidir qualquer incidente ou recurso, condenará nas despesas o vencido.	§ 1º São devidos honorários advocatícios na reconvenção, no cumprimento de sentença, provisório ou definitivo, na execução, resistida ou não, e nos recursos interpostos, cumulativamente.
§ 2º As despesas abrangem não só as custas dos atos do processo, como também a indenização de viagem, diária de testemunha e remuneração do assistente técnico.	**Art. 84.** As despesas abrangem as custas dos atos do processo, a indenização de viagem, a remuneração do assistente técnico e a diária de testemunha.
§ 3º Os honorários serão fixados entre o mínimo de dez por cento (10%) e o máximo de vinte por cento (20%) sobre o valor da condenação, atendidos:	**Art. 85.** [...] § 2º Os honorários serão fixados entre o mínimo de dez e o máximo de vinte por cento sobre o valor da condenação, **do proveito econômico obtido ou, não sendo possível mensurá-lo, sobre o valor atualizado da causa,** atendidos:
a) o grau de zelo do profissional;	I – o grau de zelo do profissional;
b) o lugar de prestação do serviço;	II – o lugar de prestação do serviço;
c) a natureza e importância da causa, o trabalho realizado pelo advogado e o tempo exigido para o seu serviço.	III – a natureza e a importância da causa; IV – o trabalho realizado pelo advogado e o tempo exigido para o seu serviço.
§ 4º Nas causas de pequeno valor, nas de valor inestimável, naquelas em que não houver condenação ou for vencida a Fazenda Pública, e nas execuções, embargadas ou não, os honorários serão fixados consoante apreciação equitativa do juiz, atendidas as normas das alíneas *a, b* e *c* do parágrafo anterior.	§ 8º Nas causas em que for inestimável ou **irrisório o proveito econômico ou, ainda, quando o valor da causa for muito baixo**, o juiz fixará o valor dos honorários por apreciação equitativa, observando o disposto nos incisos do § 2º.
§ 5º Nas ações de indenização por ato ilícito contra pessoa, o valor da condenação será a soma das prestações vencidas com o capital necessário a produzir a renda correspondente às prestações vincendas (art. 602), podendo estas ser pagas, também mensalmente, na forma do § 2º do referido art. 602, inclusive em consignação na folha de pagamentos do devedor.	§ 9º Na ação de indenização por ato ilícito contra pessoa, **o percentual de honorários incidirá sobre a soma das prestações vencidas acrescida de 12 (doze) prestações vincendas.**

Art. 21. Se cada litigante for em parte vencedor e vencido, serão recíproca e proporcionalmente distribuídos e compensados entre eles os honorários e as despesas.	**Art. 86.** Se cada litigante for, em parte, vencedor e vencido, serão proporcionalmente distribuídas entre eles as despesas.
Parágrafo único. Se um litigante decair de parte mínima do pedido, o outro responderá, por inteiro, pelas despesas e honorários.	**Parágrafo único.** Se um litigante **sucumbir** em parte mínima do pedido, o outro responderá, por inteiro, pelas despesas e pelos honorários.
Art. 22. O réu que, por não arguir na sua resposta fato impeditivo, modificativo ou extintivo do direito do autor, dilatar o julgamento da lide, será condenado nas custas a partir do saneamento do processo e perderá, ainda que vencedor na causa, o direito a haver do vencido honorários advocatícios.	
Art. 23. Concorrendo diversos autores ou diversos réus, os vencidos respondem pelas despesas e honorários em proporção.	**Art. 87.** Concorrendo diversos autores ou diversos réus, os vencidos respondem proporcionalmente pelas despesas e pelos honorários.
Art. 24. Nos procedimentos de jurisdição voluntária, as despesas serão adiantadas pelo requerente, mas rateadas entre os interessados.	**Art. 88.** Nos procedimentos de jurisdição voluntária, as despesas serão adiantadas pelo requerente e rateadas entre os interessados.
Art. 25. Nos juízos divisórios, não havendo litígio, os interessados pagarão as despesas proporcionalmente aos seus quinhões.	**Art. 89.** Nos juízos divisórios, não havendo litígio, os interessados pagarão as despesas proporcionalmente a seus quinhões.
Art. 26. Se o processo terminar por desistência ou reconhecimento do pedido, as despesas e os honorários serão pagos pela parte que desistiu ou reconheceu.	**Art. 90. Proferida sentença** com fundamento em desistência, em **renúncia** ou em reconhecimento do pedido, as despesas e os honorários serão pagos pela parte que desistiu, renunciou ou reconheceu.
§ 1º Sendo parcial a desistência ou o reconhecimento, a responsabilidade pelas despesas e honorários será proporcional à parte de que se desistiu ou que se reconheceu.	§ 1º Sendo parcial a desistência, a renúncia ou o reconhecimento, a responsabilidade pelas despesas e pelos honorários será proporcional à parcela reconhecida, à qual se renunciou ou da qual se desistiu.
§ 2º Havendo transação e nada tendo as partes disposto quanto às despesas, estas serão divididas igualmente.	§ 2º Havendo transação e nada tendo as partes disposto quanto às despesas, estas serão divididas igualmente.
Art. 27. As despesas dos atos processuais, efetuados a requerimento do Ministério Público ou da Fazenda Pública, serão pagas a final pelo vencido.	**Art. 91.** As despesas dos atos processuais praticados a requerimento da Fazenda Pública, do Ministério Público **ou da Defensoria Pública** serão pagas ao final pelo vencido.
Art. 28. Quando, a requerimento do réu, o juiz declarar extinto o processo sem julgar o mérito (art. 267, § 2º), o autor não poderá intentar de novo a ação, sem pagar ou depositar em cartório as despesas e os honorários, em que foi condenado.	**Art. 92.** Quando, a requerimento do réu, o juiz proferir sentença **sem resolver o mérito**, o autor não poderá **propor** novamente a ação sem pagar ou depositar em cartório as despesas e os honorários a que foi condenado.
Art. 29. As despesas dos atos, que forem adiados ou tiverem de repetir-se, ficarão a cargo da parte, do serventuário, do órgão do Ministério Público ou do juiz que, sem justo motivo, houver dado causa ao adiamento ou à repetição.	**Art. 93.** As despesas de atos adiados ou cuja repetição for necessária ficarão a cargo da parte, do **auxiliar da justiça**, do órgão do Ministério Público **ou da Defensoria Pública** ou do juiz que, sem justo motivo, houver dado causa ao adiamento ou à repetição.
Art. 30. Quem receber custas indevidas ou excessivas é obrigado a restituí-las, incorrendo em multa equivalente ao dobro de seu valor.	
Art. 31. As despesas dos atos manifestamente protelatórios, impertinentes ou supérfluos serão pagas pela parte que os tiver promovido ou praticado, quando impugnados pela outra.	
Art. 32. Se o assistido ficar vencido, o assistente será condenado nas custas em proporção à atividade que houver exercido no processo.	**Art. 94.** Se o assistido for vencido, o assistente será condenado ao pagamento das custas em proporção à atividade que houver exercido no processo.
Art. 33. Cada parte pagará a remuneração do assistente técnico que houver indicado; a do perito será paga pela parte que houver requerido o exame, ou pelo autor, quando requerido por ambas as partes ou determinado de ofício pelo juiz.	**Art. 95.** Cada parte **adiantará** a remuneração do assistente técnico que houver indicado, sendo a do perito **adiantada** pela parte que houver requerido a perícia **ou rateada quando a perícia for determinada de ofício ou requerida por ambas as partes.**
Parágrafo único. O juiz poderá determinar que a parte responsável pelo pagamento dos honorários do perito deposite em juízo o valor correspondente a essa remuneração. O numerário, recolhido em depósito bancário à ordem do juízo e com correção monetária, será entregue ao perito após a apresentação do laudo, facultada a sua liberação parcial, quando necessária.	§ 1º O juiz poderá determinar que a parte responsável pelo pagamento dos honorários do perito deposite em juízo o valor correspondente.
	§ 2º A quantia recolhida em depósito bancário à ordem do juízo será corrigida monetariamente e paga de **acordo com o art. 465, § 4º**.
Art. 34. Aplicam-se à reconvenção, à oposição, à ação declaratória incidental e aos procedimentos de jurisdição voluntária, no que couber, as disposições constantes desta seção.	§ 1º São devidos honorários advocatícios na reconvenção, no cumprimento de sentença, provisório ou definitivo, na execução, resistida ou não, e nos recursos interpostos, cumulativamente.
Art. 35. As sanções impostas às partes em consequência de má-fé serão contadas como custas e reverterão em benefício da parte contrária; as impostas aos serventuários pertencerão ao Estado.	**Art. 96.** O valor das sanções impostas **ao litigante de má-fé** reverterá em benefício da parte contrária, e o valor das sanções impostas aos serventuários pertencerá ao Estado **ou à União**.

Capítulo III Dos Procuradores	Capítulo III Dos Procuradores
Art. 36. A parte será representada em juízo por advogado legalmente habilitado. Ser-lhe-á lícito, no entanto, postular em causa própria, quando tiver habilitação legal ou, não a tendo, no caso de falta de advogado no lugar ou recusa ou impedimento dos que houver.	**Art. 103.** A parte será representada em juízo por advogado **regularmente inscrito na Ordem dos Advogados do Brasil**.
	Parágrafo único. É lícito à parte postular em causa própria quando tiver habilitação legal.
Art. 37. Sem instrumento de mandato, o advogado não será admitido a procurar em juízo. Poderá, todavia, em nome da parte, intentar ação, a fim de evitar decadência ou prescrição, bem como intervir, no processo, para praticar atos reputados urgentes. Nestes casos, o advogado se obrigará, independentemente de caução, a exibir o instrumento de mandato no prazo de 15 (quinze) dias, prorrogável até outros 15 (quinze), por despacho do juiz.	**Art. 104.** O advogado não será admitido a postular em juízo sem procuração, salvo para evitar **preclusão**, decadência ou prescrição, ou para praticar ato considerado urgente.
	§ 1º Nas hipóteses previstas no *caput*, o advogado deverá, independentemente de caução, exibir a **procuração** no prazo de 15 (quinze) dias, prorrogável por igual período por despacho do juiz.
Parágrafo único. Os atos, não ratificados no prazo, serão havidos por inexistentes, respondendo o advogado por despesas e perdas e danos.	§ 2º O ato não ratificado será considerado **ineficaz relativamente àquele em cujo nome foi praticado**, respondendo o advogado pelas despesas e por perdas e danos.
Art. 38. A procuração geral para o foro, conferida por instrumento público, ou particular assinado pela parte, habilita o advogado a praticar todos os atos do processo, salvo para receber citação inicial, confessar, reconhecer a procedência do pedido, transigir, desistir, renunciar ao direito sobre que se funda a ação, receber, dar quitação e firmar compromisso.	**Art. 105.** A procuração geral para o foro, **outorgada** por instrumento público ou particular assinado pela parte, habilita o advogado a praticar todos os atos do processo, exceto receber citação, confessar, reconhecer a procedência do pedido, transigir, desistir, renunciar ao direito sobre o qual se funda a ação, receber, dar quitação, firmar compromisso e assinar **declaração de hipossuficiência econômica, que devem constar de cláusula específica**.
Parágrafo único. A procuração pode ser assinada digitalmente com base em certificado emitido por Autoridade Certificadora credenciada, na forma da lei específica.	§ 1º A procuração pode ser assinada digitalmente, na forma da lei.
Art. 39. Compete ao advogado, ou à parte quando postular em causa própria:	**Art. 106.** Quando postular em causa própria, **incumbe** ao advogado:
I – declarar, na petição inicial ou na contestação, o endereço em que receberá intimação;	I – declarar, na petição inicial ou na contestação, o endereço, **seu número de inscrição na Ordem dos Advogados do Brasil e o nome da sociedade de advogados da qual participa, para o recebimento de intimações**;
II – comunicar ao escrivão do processo qualquer mudança de endereço.	II – comunicar ao **juízo** qualquer mudança de endereço.
Parágrafo único. Se o advogado não cumprir o disposto no n. I deste artigo, o juiz, antes de determinar a citação do réu, mandará que se supra a omissão no prazo de 48 (quarenta e oito) horas, sob pena de indeferimento da petição; se infringir o previsto no n. II, reputar-se-ão válidas as intimações enviadas, em carta registrada, para o endereço constante dos autos.	§ 1º Se o advogado descumprir o disposto no inciso I, o juiz ordenará que se supra a omissão, **no prazo de 5 (cinco) dias, antes de determinar a citação do réu**, sob pena de indeferimento da petição.
	§ 2º Se o advogado infringir o previsto no inciso II, serão consideradas válidas as intimações enviadas por carta registrada **ou meio eletrônico ao endereço** constante dos autos.
Art. 40. O advogado tem direito de:	**Art. 107.** O advogado tem direito a:
I – examinar, em cartório de justiça e secretaria de tribunal, autos de qualquer processo, salvo o disposto no art. 155;	I – examinar, em cartório de **fórum** e secretaria de tribunal, **mesmo sem procuração, autos de qualquer processo, independentemente da fase de tramitação, assegurados a obtenção de cópias e o registro de anotações, salvo na hipótese de segredo de justiça, nas quais apenas o advogado constituído terá acesso aos autos**;
II – requerer, como procurador, vista dos autos de qualquer processo pelo prazo de 5 (cinco) dias;	II – requerer, como procurador, vista dos autos de qualquer processo, pelo prazo de 5 (cinco) dias;
III – retirar os autos do cartório ou secretaria, pelo prazo legal, sempre que lhe competir falar neles por determinação do juiz, nos casos previstos em lei.	III – retirar os autos do cartório ou da secretaria, pelo prazo legal, sempre que neles lhe couber falar por determinação do juiz, nos casos previstos em lei.
§ 1º Ao receber os autos, o advogado assinará carga no livro competente.	§ 1º Ao receber os autos, o advogado assinará carga **em livro ou documento próprio**.
§ 2º Sendo comum às partes o prazo, só em conjunto ou mediante prévio ajuste por petição nos autos, poderão os seus procuradores retirar os autos, ressalvada a obtenção de cópias para a qual cada procurador poderá retirá-los pelo prazo de 1 (uma) hora independentemente de ajuste.	§ 2º Sendo o prazo comum às partes, os procuradores poderão retirar os autos somente em conjunto ou mediante prévio ajuste, por petição nos autos.
	§ 3º Na hipótese do § 2º, **é lícito ao procurador retirar os autos para obtenção de cópias, pelo prazo de 2 (duas) a 6 (seis) horas**, independentemente de ajuste e sem prejuízo da continuidade do prazo.

Capítulo IV Da Substituição das Partes e dos Procuradores	Capítulo IV Da **Sucessão** das Partes e dos Procuradores
Art. 41. Só é permitida, no curso do processo, a substituição voluntária das partes nos casos expressos em lei.	**Art. 108.** No curso do processo, somente é **lícita** a **sucessão** voluntária das partes nos casos expressos em lei.
Art. 42. A alienação da coisa ou do direito litigioso, a título particular, por ato entre vivos, não altera a legitimidade das partes.	**Art. 109.** A alienação da coisa ou do direito litigioso **por ato entre vivos**, a título particular, não altera a legitimidade das partes.
§ 1º O adquirente ou o cessionário não poderá ingressar em juízo, substituindo o alienante, ou o cedente, sem que o consinta a parte contrária.	§ 1º O adquirente ou cessionário não poderá ingressar em juízo, **sucedendo** o alienante ou cedente, sem que o consinta a parte contrária.
§ 2º O adquirente ou o cessionário poderá, no entanto, intervir no processo, assistindo o alienante ou o cedente.	§ 2º O adquirente ou cessionário poderá intervir no processo como **assistente litisconsorcial** do alienante ou cedente.
§ 3º A sentença, proferida entre as partes originárias, estende os seus efeitos ao adquirente ou ao cessionário.	§ 3º Estendem-se os efeitos da sentença proferida entre as partes originárias ao adquirente ou cessionário.
Art. 43. Ocorrendo a morte de qualquer das partes, dar-se-á a substituição pelo seu espólio ou pelos seus sucessores, observado o disposto no art. 265.	**Art. 110.** Ocorrendo a morte de qualquer das partes, dar-se-á a **sucessão** pelo seu espólio ou pelos seus sucessores, observado o disposto no art. 313, §§ 1º e 2º.
Art. 44. A parte, que revogar o mandato outorgado ao seu advogado, no mesmo ato constituirá outro que assuma o patrocínio da causa.	**Art. 111.** A parte que revogar o mandato outorgado a seu advogado constituirá, no mesmo ato, outro que assuma o patrocínio da causa.
Art. 45. O advogado poderá, a qualquer tempo, renunciar ao mandato, provando que cientificou o mandante a fim de que este nomeie substituto. Durante os 10 (dez) dias seguintes, o advogado continuará a representar o mandante, desde que necessário para lhe evitar prejuízo.	**Art. 112.** O advogado poderá renunciar ao mandato a qualquer tempo, provando, na forma prevista neste Código, que **comunicou** a renúncia ao mandante, a fim de que este nomeie sucessor.
	§ 1º Durante os 10 (dez) dias seguintes, o advogado continuará a representar o mandante, desde que necessário para lhe evitar prejuízo.
Capítulo V Do Litisconsórcio e da Assistência	Título II Do Litisconsórcio
Seção I *Do Litisconsórcio*	
Art. 46. Duas ou mais pessoas podem litigar, no mesmo processo, em conjunto, ativa ou passivamente, quando:	**Art. 113.** Duas ou mais pessoas podem litigar, no mesmo processo, em conjunto, ativa ou passivamente, quando:
I – entre elas houver comunhão de direitos ou de obrigações relativamente à lide;	I – entre elas houver comunhão de direitos ou de obrigações relativamente à lide;
II – os direitos ou as obrigações derivarem do mesmo fundamento de fato ou de direito;	
III – entre as causas houver conexão pelo objeto ou pela causa de pedir;	II – entre as causas houver conexão pelo pedido ou pela causa de pedir;
IV – ocorrer afinidade de questões por um ponto comum de fato ou de direito.	III – ocorrer afinidade de questões por ponto comum de fato ou de direito.
Parágrafo único. O juiz poderá limitar o litisconsórcio facultativo quanto ao número de litigantes, quando este comprometer a rápida solução do litígio ou dificultar a defesa. O pedido de limitação interrompe o prazo para resposta, que recomeça da intimação da decisão.	§ 1º O juiz poderá limitar o litisconsórcio facultativo quanto ao número de litigantes **na fase de conhecimento, na liquidação de sentença ou na execução,** quando este comprometer a rápida solução do litígio ou dificultar a defesa ou o cumprimento da sentença.
	§ 2º O **requerimento** de limitação interrompe o prazo para **manifestação ou** resposta, que recomeçará da intimação da decisão **que o solucionar.**
Art. 47. Há litisconsórcio necessário, quando, por disposição de lei ou pela natureza da relação jurídica, o juiz tiver de decidir a lide de modo uniforme para todas as partes; caso em que a eficácia da sentença dependerá da citação de todos os litisconsortes no processo.	**Art. 114.** O litisconsórcio será necessário por disposição de lei ou quando, pela natureza da relação jurídica **controvertida**, a eficácia da sentença depender da citação de todos que devam ser litisconsortes.
	Art. 115. [...]
	II – ineficaz, nos outros casos, apenas para os que não foram citados.
Parágrafo único. O juiz ordenará ao autor que promova a citação de todos os litisconsortes necessários, dentro do prazo que assinar, sob pena de declarar extinto o processo.	**Art. 115.** [...] **Parágrafo único.** Nos casos de litisconsórcio passivo necessário, o juiz determinará ao autor que requeira a citação de todos que devam ser litisconsortes, dentro do prazo que assinar, sob pena de extinção do processo.
Art. 48. Salvo disposição em contrário, os litisconsortes serão considerados, em suas relações com a parte adversa, como litigantes distintos; os atos e as omissões de um não prejudicarão nem beneficiarão os outros.	**Art. 117.** Os litisconsortes serão considerados, em suas relações com a parte adversa, como litigantes distintos, **exceto no litisconsórcio unitário**, caso em que os atos e as omissões de um não prejudicarão os outros, **mas os poderão beneficiar.**
Art. 49. Cada litisconsorte tem o direito de promover o andamento do processo e todos devem ser intimados dos respectivos atos.	**Art. 118.** Cada litisconsorte tem o direito de promover o andamento do processo, e todos devem ser intimados dos respectivos atos.

	TÍTULO III
	DA INTERVENÇÃO DE TERCEIROS
Seção II *Da Assistência*	CAPÍTULO I Da Assistência
	Seção I *Disposições Comuns*
Art. 50. Pendendo uma causa entre duas ou mais pessoas, o terceiro, que tiver interesse jurídico em que a sentença seja favorável a uma delas, poderá intervir no processo para assisti-la.	**Art. 119.** Pendendo causa entre 2 (duas) ou mais pessoas, o terceiro **juridicamente interessado** em que a sentença seja favorável a uma delas poderá intervir no processo para assisti-la.
Parágrafo único. A assistência tem lugar em qualquer dos tipos de procedimento e em todos os graus da jurisdição; mas o assistente recebe o processo no estado em que se encontra.	**Parágrafo único.** A assistência será admitida em **qualquer** procedimento e em todos os graus de jurisdição, recebendo o assistente o processo no estado em que se encontre.
Art. 51. Não havendo impugnação dentro de 5 (cinco) dias, o pedido do assistente será deferido. Se qualquer das partes alegar, no entanto, que falece ao assistente interesse jurídico para intervir a bem do assistido, o juiz:	**Art. 120.** Não havendo impugnação **no prazo de** 15 (**quinze**) **dias**, o pedido do assistente será deferido, **salvo se for caso de rejeição liminar**.
I – determinará, sem suspensão do processo, o desentranhamento da petição e da impugnação, a fim de serem autuadas em apenso;	
II – autorizará a produção de provas;	**Art. 120.** Não havendo impugnação **no prazo de** 15 (**quinze**) **dias**, o pedido do assistente será deferido, **salvo se for caso de rejeição liminar**.
III – decidirá, dentro de 5 (cinco) dias, o incidente.	
	Seção II *Da Assistência Simples*
Art. 52. O assistente atuará como auxiliar da parte principal, exercerá os mesmos poderes e sujeitar-se-á aos mesmos ônus processuais que o assistido.	**Art. 121.** O assistente **simples** atuará como auxiliar da parte principal, exercerá os mesmos poderes e sujeitar-se-á aos mesmos ônus processuais que o assistido.
Parágrafo único. Sendo revel o assistido, o assistente será considerado seu gestor de negócios.	**Parágrafo único.** Sendo revel ou, **de qualquer outro modo, omisso** o assistido, o assistente será considerado **seu substituto processual**.
Art. 53. A assistência não obsta a que a parte principal reconheça a procedência do pedido, desista da ação ou transija sobre direitos controvertidos; casos em que, terminando o processo, cessa a intervenção do assistente.	**Art. 122.** A assistência **simples** não obsta a que a parte principal reconheça a procedência do pedido, desista da ação, **renuncie ao direito sobre o que se funda a ação** ou transija sobre direitos controvertidos.
	Seção III *Da Assistência Litisconsorcial*
Art. 54. Considera-se litisconsorte da parte principal o assistente, toda vez que a sentença houver de influir na relação jurídica entre ele e o adversário do assistido.	**Art. 124.** Considera-se litisconsorte da parte principal o assistente sempre que a sentença influir na relação jurídica entre ele e o adversário do assistido.
Parágrafo único. Aplica-se ao assistente litisconsorcial, quanto ao pedido de intervenção, sua impugnação e julgamento do incidente, o disposto no art. 51.	
Art. 55. Transitada em julgado a sentença, na causa em que interveio o assistente, este não poderá, em processo posterior, discutir a justiça da decisão, salvo se alegar e provar que:	**Art. 123.** Transitada em julgado a sentença no processo em que interveio o assistente, este não poderá, em processo posterior, discutir a justiça da decisão, salvo se alegar e provar que:
I – pelo estado em que recebera o processo, ou pelas declarações e atos do assistido, fora impedido de produzir provas suscetíveis de influir na sentença;	I – pelo estado em que recebeu o processo ou pelas declarações e pelos atos do assistido, foi impedido de produzir provas suscetíveis de influir na sentença;
II – desconhecia a existência de alegações ou de provas, de que o assistido, por dolo ou culpa, não se valeu.	II – desconhecia a existência de alegações ou de provas das quais o assistido, por dolo ou culpa, não se valeu.
CAPÍTULO VI Da Intervenção de Terceiros	
Seção I *Da Oposição*	CAPÍTULO VIII Da Oposição
Art. 56. Quem pretender, no todo ou em parte, a coisa ou o direito sobre que controvertem autor e réu, poderá, até ser proferida a sentença, oferecer oposição contra ambos.	**Art. 682.** Quem pretender, no todo ou em parte, a coisa ou o direito sobre que controvertem autor e réu poderá, até ser proferida a sentença, oferecer oposição contra ambos.

COMPARATIVO ANTIGO CPC X NOVO CPC

Art. 57. O opoente deduzirá o seu pedido, observando os requisitos exigidos para a propositura da ação (arts. 282 e 283). Distribuída a oposição por dependência, serão os opostos citados, na pessoa dos seus respectivos advogados, para contestar o pedido no prazo comum de 15 (quinze) dias.	**Art. 683.** O opoente deduzirá o pedido em observação aos requisitos exigidos para propositura da ação.
	Parágrafo único. Distribuída a oposição por dependência, serão os opostos citados, na pessoa de seus respectivos advogados, para contestar o pedido no prazo comum de 15 (quinze) dias.
Parágrafo único. Se o processo principal correr à revelia do réu, este será citado na forma estabelecida no Título V, Capítulo IV, Seção III, deste Livro.	
Art. 58. Se um dos opostos reconhecer a procedência do pedido, contra o outro prosseguirá o opoente.	**Art. 684.** Se um dos opostos reconhecer a procedência do pedido, contra o outro prosseguirá o opoente.
Art. 59. A oposição, oferecida antes da audiência, será apensada aos autos principais e correrá simultaneamente com a ação, sendo ambas julgadas pela mesma sentença.	**Art. 685. Admitido o processamento,** a **oposição** será apensada aos autos e tramitará simultaneamente à ação originária, sendo ambas julgadas pela mesma sentença.
Art. 60. Oferecida depois de iniciada a audiência, seguirá a oposição o procedimento ordinário, sendo julgada sem prejuízo da causa principal. Poderá o juiz, todavia, sobrestar no andamento do processo, por prazo nunca superior a 90 (noventa) dias, a fim de julgá-la conjuntamente com a oposição.	**Parágrafo único.** Se a oposição for proposta após o início da audiência de instrução, **o juiz suspenderá o curso do processo ao fim da produção das provas, salvo se concluir que a unidade da instrução atende** melhor **ao princípio da duração razoável do processo.**
Art. 61. Cabendo ao juiz decidir simultaneamente a ação e a oposição, desta conhecerá em primeiro lugar.	**Art. 686.** Cabendo ao juiz decidir simultaneamente a ação **originária** e a oposição, desta conhecerá em primeiro lugar.
<td colspan="2" align="center">Seção II *Da Nomeação à Autoria*</td>	
Art. 62. Aquele que detiver a coisa em nome alheio, sendo-lhe demandada em nome próprio, deverá nomear à autoria o proprietário ou o possuidor.	**Art. 338.** Alegando o réu, na contestação, ser parte ilegítima ou não ser o responsável pelo prejuízo invocado, o juiz facultará ao autor, em 15 (quinze) dias, a alteração da petição inicial para substituição do réu.
Art. 63. Aplica-se também o disposto no artigo antecedente à ação de indenização, intentada pelo proprietário ou pelo titular de um direito sobre a coisa, toda vez que o responsável pelos prejuízos alegar que praticou o ato por ordem, ou em cumprimento de instruções de terceiro.	
Art. 64. Em ambos os casos, o réu requererá a nomeação no prazo para a defesa; o juiz, ao deferir o pedido, suspenderá o processo e mandará ouvir o autor no prazo de 5 (cinco) dias.	
Art. 65. Aceitando o nomeado, ao autor incumbirá promover-lhe a citação; recusando-o, ficará sem efeito a nomeação.	
Art. 66. Se o nomeado reconhecer a qualidade que lhe é atribuída, contra ele correrá o processo; se a negar, o processo continuará contra o nomeante.	
Art. 67. Quando o autor recusar o nomeado, ou quando este negar a qualidade que lhe é atribuída, assinar-se-á ao nomeante novo prazo para contestar.	
Art. 68. Presume-se aceita a nomeação se:	
I – o autor nada requereu, no prazo em que, a seu respeito, lhe competia manifestar-se;	
II – o nomeado não comparecer, ou, comparecendo, nada alegar.	
Art. 69. Responderá por perdas e danos aquele a quem incumbia a nomeação:	
I – deixando de nomear à autoria, quando lhe competir;	
II – nomeando pessoa diversa daquela em cujo nome detém a coisa demandada.	
<td align="center">Seção III *Da Denunciação da Lide*</td>	<td align="center">Capítulo II Da Denunciação da Lide</td>
Art. 70. A denunciação da lide é obrigatória:	**Art. 125.** É **admissível** a denunciação da lide, **promovida por qualquer das partes**:
I – ao alienante, na ação em que terceiro reivindica a coisa, cujo domínio foi transferido à parte, a fim de que esta possa exercer o direito que da evicção lhe resulta;	I – ao alienante **imediato, no processo relativo à coisa cujo domínio foi transferido ao denunciante**, a fim de que possa exercer os direitos que da evicção lhe resultam;

Antigo CPC	Novo CPC
II – ao proprietário ou ao possuidor indireto quando, por força de obrigação ou direito, em casos como o do usufrutuário, do credor pignoratício, do locatário, o réu, citado em nome próprio, exerça a posse direta da coisa demandada;	
III – àquele que estiver obrigado, pela lei ou pelo contrato, a indenizar, em ação regressiva, o prejuízo do que perder a demanda.	II – àquele que estiver obrigado, por lei ou pelo contrato, a indenizar, em ação regressiva, o prejuízo de quem for **vencido no processo**.
Art. 71. A citação do denunciado será requerida, juntamente com a do réu, se o denunciante for o autor; e, no prazo para contestar, se o denunciante for o réu.	**Art. 126.** A citação do denunciado será requerida na **petição inicial**, se o denunciante for autor, **ou na contestação**, se o denunciante for réu, **devendo ser realizada na forma e nos prazos previstos no art. 131.**
Art. 72. Ordenada a citação, ficará suspenso o processo.	
§ 1º – A citação do alienante, do proprietário, do possuidor indireto ou do responsável pela indenização far-se-á:	
a) quando residir na mesma comarca, dentro de 10 (dez) dias;	
b) quando residir em outra comarca, ou em lugar incerto, dentro de 30 (trinta) dias.	
§ 2º Não se procedendo à citação no prazo marcado, a ação prosseguirá unicamente em relação ao denunciante.	
Art. 73. Para os fins do disposto no art. 70, o denunciado, por sua vez, intimará do litígio o alienante, o proprietário, o possuidor indireto ou o responsável pela indenização e, assim, sucessivamente, observando-se, quanto aos prazos, o disposto no artigo antecedente.	**Art. 125.** [...] § 2º Admite-se uma única denunciação sucessiva, promovida pelo denunciado, contra seu antecessor imediato na cadeia dominial ou quem seja responsável por indenizá-lo, não podendo o denunciado sucessivo promover nova denunciação, hipótese em que eventual direito de regresso será exercido por ação autônoma.
Art. 74. Feita a denunciação pelo autor, o denunciado, comparecendo, assumirá a posição de litisconsorte do denunciante e poderá aditar a petição inicial, procedendo-se em seguida à citação do réu.	**Art. 127.** Feita a denunciação pelo autor, o denunciado **poderá** assumir a posição de litisconsorte do denunciante e **acrescentar novos argumentos** à petição inicial, procedendo-se em seguida à citação do réu.
Art. 75. Feita a denunciação pelo réu:	**Art. 128.** Feita a denunciação pelo réu:
I – se o denunciado a aceitar e contestar o pedido, o processo prosseguirá entre o autor, de um lado, e de outro, como litisconsortes, denunciante e o denunciado;	I – se o denunciado contestar o pedido formulado pelo autor, o processo prosseguirá tendo, na ação principal, em litisconsórcio, denunciante e denunciado;
II – se o denunciado for revel, ou comparecer apenas para negar a qualidade que lhe foi atribuída, cumprirá ao denunciante prosseguir na defesa até final;	II – se o denunciado for revel, **o denunciante pode deixar de prosseguir com sua defesa, eventualmente oferecida, e abster-se de recorrer, restringindo sua atuação à ação regressiva;**
III – se o denunciado confessar os fatos alegados pelo autor, poderá o denunciante prosseguir na defesa.	III – se o denunciado confessar os fatos alegados pelo autor **na ação principal**, o denunciante poderá prosseguir com sua defesa **ou, aderindo a tal reconhecimento, pedir apenas a procedência da ação de regresso.**
Art. 76. A sentença, que julgar procedente a ação, declarará, conforme o caso, o direito do evicto, ou a responsabilidade por perdas e danos, valendo como título executivo.	**Parágrafo único.** Procedente o pedido da ação principal, pode o autor, se for o caso, requerer o cumprimento da sentença também contra o denunciado, nos limites da condenação deste na ação regressiva.
Seção IV Do Chamamento ao Processo	Capítulo III Do Chamamento ao Processo
Art. 77. É admissível o chamamento ao processo:	**Art. 130.** É admissível o chamamento ao processo, **requerido pelo réu**:
I – do devedor, na ação em que o fiador for réu;	I – **do afiançado**, na ação em que o fiador for réu;
II – dos outros fiadores, quando para a ação for citado apenas um deles;	II – dos **demais** fiadores, na ação proposta contra um ou alguns deles;
III – de todos os devedores solidários, quando o credor exigir de um ou de alguns deles, parcial ou totalmente, a dívida comum.	III – dos **demais** devedores solidários, quando o credor exigir de um ou de alguns o pagamento da dívida comum.
Art. 78. Para que o juiz declare, na mesma sentença, as responsabilidades dos obrigados, a que se refere o artigo antecedente, o réu requererá, no prazo para contestar, a citação do chamado.	**Art. 131.** A citação daqueles que devam figurar em litisconsórcio passivo será requerida pelo réu na contestação e deve ser promovida **no prazo de 30 (trinta) dias, sob pena de ficar sem efeito o chamamento.**
Art. 79. O juiz suspenderá o processo, mandando observar, quanto à citação e aos prazos, o disposto nos arts. 72 e 74.	**Parágrafo único.** Se o chamado residir em outra comarca, seção ou subseção judiciárias, ou em lugar incerto, o prazo será de 2 (dois) meses.
Art. 80. A sentença, que julgar procedente a ação, condenando os devedores, valerá como título executivo, em favor do que satisfizer a dívida, para exigi-la, por inteiro, do devedor principal, ou de cada um dos codevedores a sua quota, na proporção que lhes tocar.	**Art. 132.** A sentença de procedência valerá como título executivo em favor **do réu** que satisfizer a dívida, a fim de que possa exigi-la, por inteiro, do devedor principal, ou, de cada um dos codevedores, a sua quota, na proporção que lhes tocar.

TÍTULO III Do Ministério Público	TÍTULO V Do Ministério Público
Art. 81. O Ministério Público exercerá o direito de ação nos casos previstos em lei, cabendo-lhe, no processo, os mesmos poderes e ônus que às partes.	**Art. 177.** O Ministério Público exercerá o direito de ação **em conformidade com suas atribuições constitucionais.**
Art. 82. Compete ao Ministério Público intervir:	**Art. 178.** O **Ministério Público será intimado para, no prazo de 30 (trinta) dias,** intervir **como fiscal da ordem jurídica** nas hipóteses previstas em lei ou na Constituição Federal e nos processos que envolvam:
I – nas causas em que há interesses de incapazes;	II – interesse de incapaz;
II – nas causas concernentes ao estado da pessoa, pátrio poder, tutela, curatela, interdição, casamento, declaração de ausência e disposições de última vontade;	
III – nas ações que envolvam litígios coletivos pela posse da terra rural e nas demais causas em que há interesse público evidenciado pela natureza da lide ou qualidade da parte.	III – **litígios coletivos** pela posse de terra rural ou urbana. I – interesse público ou social;
Art. 83. Intervindo como fiscal da lei, o Ministério Público:	**Art. 179.** Nos casos de intervenção como **fiscal da ordem jurídica,** o Ministério Público:
I – terá vista dos autos depois das partes, sendo intimado de todos os atos do processo;	I – terá vista dos autos depois das partes, sendo intimado de todos os atos do processo;
II – poderá juntar documentos e certidões, produzir prova em audiência e requerer medidas ou diligências necessárias ao descobrimento da verdade.	II – poderá produzir provas, requerer as medidas **processuais pertinentes e recorrer.**
Art. 84. Quando a lei considerar obrigatória a intervenção do Ministério Público, a parte promover-lhe-á a intimação sob pena de nulidade do processo.	**Art. 279.** É nulo o processo quando o membro do Ministério Público não for intimado a acompanhar o feito em que deva intervir.
Art. 85. O órgão do Ministério Público será civilmente responsável quando, no exercício de suas funções, proceder com dolo ou fraude.	**Art. 181.** O **membro** do Ministério Público será civil e **regressivamente** responsável quando agir com dolo ou fraude no exercício de suas funções.
TÍTULO IV Dos Órgãos Judiciários e dos Auxiliares da Justiça	TÍTULO III Da Competência Interna
Capítulo I Da Competência	Capítulo I Da Competência
	Seção I *Disposições Gerais*
Art. 86. As causas cíveis serão processadas e decididas, ou simplesmente decididas, pelos órgãos jurisdicionais, nos limites de sua competência, ressalvada às partes a faculdade de instituírem juízo arbitral.	**Art. 42.** As causas cíveis serão processadas e decididas pelo **juiz** nos limites de sua competência, ressalvado às **partes** o direito de instituir juízo arbitral, **na forma da lei.**
Art. 87. Determina-se a competência no momento em que a ação é proposta. São irrelevantes as modificações do estado de fato ou de direito ocorridas posteriormente, salvo quando suprimirem o órgão judiciário ou alterarem a competência em razão da matéria ou da hierarquia.	**Art. 43.** Determina-se a competência no momento **do registro ou da distribuição da petição inicial,** sendo irrelevantes as modificações do estado de fato ou de direito ocorridas posteriormente, salvo quando suprimirem órgão judiciário ou alterarem a **competência absoluta.**
	TÍTULO II Dos Limites da Jurisdição Nacional e da Cooperação Internacional
Capítulo II Da Competência Internacional	Capítulo I Dos Limites da Jurisdição Nacional
Art. 88. É competente a autoridade judiciária brasileira quando:	**Art. 21.** Compete à autoridade judiciária brasileira **processar e julgar as ações em que:**
I – o réu, qualquer que seja a sua nacionalidade, estiver domiciliado no Brasil;	I – o réu, qualquer que seja a sua nacionalidade, estiver domiciliado no Brasil;
II – no Brasil tiver de ser cumprida a obrigação;	II – no Brasil tiver de ser cumprida a obrigação;
III – a ação se originar de fato ocorrido ou de ato praticado no Brasil.	III – **o fundamento** seja fato ocorrido ou ato praticado no Brasil.
Parágrafo único. Para o fim do disposto no nº I, reputa-se domiciliada no Brasil a pessoa jurídica estrangeira que aqui tiver agência, filial ou sucursal.	**Parágrafo único.** Para o fim do disposto no inciso I, **considera-se** domiciliada no Brasil a pessoa jurídica estrangeira que nele tiver agência, filial ou sucursal.
Art. 89. Compete à autoridade judiciária brasileira, com exclusão de qualquer outra:	**Art. 23.** Compete à autoridade judiciária brasileira, com exclusão de qualquer outra:

Antigo CPC	Novo CPC
I – conhecer de ações relativas a imóveis situados no Brasil;	I – conhecer de ações relativas a imóveis situados no Brasil;
II – proceder a inventário e partilha de bens, situados no Brasil, ainda que o autor da herança seja estrangeiro e tenha residido fora do território nacional.	II – **em matéria de sucessão hereditária**, proceder à **confirmação de testamento particular** e ao inventário e à partilha de bens situados no Brasil, ainda que o autor da herança seja **de nacionalidade estrangeira** ou tenha domicílio fora do território nacional;
Art. 90. A ação intentada perante tribunal estrangeiro não induz litispendência, nem obsta a que a autoridade judiciária brasileira conheça da mesma causa e das que lhe são conexas.	**Art. 24.** A ação **proposta** perante tribunal estrangeiro não induz litispendência e não obsta a que a autoridade judiciária brasileira conheça da mesma causa e das que lhe são conexas, **ressalvadas as disposições em contrário de tratados internacionais e acordos bilaterais em vigor no Brasil.**
Capítulo III — Da Competência Interna	
Seção I — Da Competência em Razão do Valor e da Matéria	
Art. 91. Regem a competência em razão do valor e da matéria as normas de organização judiciária, ressalvados os casos expressos neste Código.	**Art. 44.** Obedecidos os limites estabelecidos pela Constituição Federal, a competência é determinada pelas normas previstas neste Código ou em legislação especial, pelas normas de organização judiciária e, ainda, no que couber, pelas constituições dos Estados.
Art. 92. Compete, porém, exclusivamente ao juiz de direito processar e julgar:	
I – o processo de insolvência;	
II – as ações concernentes ao estado e à capacidade da pessoa.	
Seção II — Da Competência Funcional	
Art. 93. Regem a competência dos tribunais as normas da Constituição da República e de organização judiciária. A competência funcional dos juízes de primeiro grau é disciplinada neste Código.	**Art. 44.** Obedecidos os limites estabelecidos pela Constituição Federal, a competência é determinada pelas normas previstas neste Código ou em legislação especial, pelas normas de organização judiciária e, ainda, no que couber, pelas constituições dos Estados.
Seção III — Da Competência Territorial	
Art. 94. A ação fundada em direito pessoal e a ação fundada em direito real sobre bens móveis serão propostas, em regra, no foro do domicílio do réu.	**Art. 46.** A ação fundada em direito pessoal **ou** em direito real sobre bens móveis será proposta, em regra, no foro de domicílio do réu.
§ 1º Tendo mais de um domicílio, o réu será demandado no foro de qualquer deles.	§ 1º Tendo mais de um domicílio, o réu será demandado no foro de qualquer deles.
§ 2º Sendo incerto ou desconhecido o domicílio do réu, ele será demandado onde for encontrado ou no foro do domicílio do autor.	§ 2º Sendo incerto ou desconhecido o domicílio do réu, ele poderá ser demandado onde for encontrado ou no foro de domicílio do autor.
§ 3º Quando o réu não tiver domicílio nem residência no Brasil, a ação será proposta no foro do domicílio do autor. Se este também residir fora do Brasil, a ação será proposta em qualquer foro.	§ 3º Quando o réu não tiver domicílio **ou** residência no Brasil, a ação será proposta no foro de domicílio do autor, e, se este também residir fora do Brasil, a ação será proposta em qualquer foro.
§ 4º Havendo dois ou mais réus, com diferentes domicílios, serão demandados no foro de qualquer deles, à escolha do autor.	§ 4º Havendo 2 (dois) ou mais réus com diferentes domicílios, serão demandados no foro de qualquer deles, à escolha do autor.
Art. 95. Nas ações fundadas em direito real sobre imóveis é competente o foro da situação da coisa. Pode o autor, entretanto, optar pelo foro do domicílio ou de eleição, não recaindo o litígio sobre direito de propriedade, vizinhança, servidão, posse, divisão e demarcação de terras e nunciação de obra nova.	**Art. 47.** Para as ações fundadas em direito real sobre imóveis é competente o foro de situação da coisa. § 1º O autor pode optar pelo foro de domicílio do réu ou pelo foro de eleição se o litígio não recair sobre direito de propriedade, vizinhança, servidão, divisão e demarcação de terras e de nunciação de obra nova.
Art. 96. O foro do domicílio do autor da herança, no Brasil, é o competente para o inventário, a partilha, a arrecadação, o cumprimento de disposições de última vontade e todas as ações em que o espólio for réu, ainda que o óbito tenha ocorrido no estrangeiro.	**Art. 48.** O foro de domicílio do autor da herança, no Brasil, é o competente para o inventário, a partilha, a arrecadação, o cumprimento de disposições de última vontade, **a impugnação ou anulação de partilha extrajudicial** e **para** todas as ações em que o espólio for réu, ainda que o óbito tenha ocorrido no estrangeiro.
Parágrafo único. É, porém, competente o foro:	**Parágrafo único.** Se o autor da herança não possuía domicílio certo, é competente:
I – da situação dos bens, se o autor da herança não possuía domicílio certo;	I – o foro de situação dos bens imóveis;
II – do lugar em que ocorreu o óbito se o autor da herança não tinha domicílio certo e possuía bens em lugares diferentes.	II – **havendo bens imóveis em foros diferentes, qualquer destes**; III – não havendo bens imóveis, **o foro do local de qualquer dos bens do espólio.**

Art. 97. As ações em que o ausente for réu correm no foro de seu último domicílio, que é também o competente para a arrecadação, o inventário, a partilha e o cumprimento de disposições testamentárias.	**Art. 49.** A ação em que o ausente for réu será proposta no foro de seu último domicílio, também competente para a arrecadação, o inventário, a partilha e o cumprimento de disposições testamentárias.
Art. 98. A ação em que o incapaz for réu se processará no foro do domicílio de seu representante.	**Art. 50.** A ação em que o incapaz for réu **será proposta** no foro de domicílio de seu representante **ou assistente**.
Art. 99. O foro da Capital do Estado ou do Território é competente:	**Art. 51.** É competente o **foro de domicílio do réu** para as causas em que seja autora a União.
I – para as causas em que a União for autora, ré ou interveniente;	**Parágrafo único.** Se a União for a demandada, **a ação poderá ser proposta no foro de domicílio do autor, no de ocorrência do ato ou fato que originou a demanda, no de situação da coisa ou no Distrito Federal.**
II – para as causas em que o Território for autor, réu ou interveniente.	
Parágrafo único. Correndo o processo perante outro juiz, serão os autos remetidos ao juiz competente da Capital do Estado ou Território, tanto que neles intervenha uma das entidades mencionadas neste artigo.	**Art. 45.** Tramitando o processo perante outro juízo, os autos serão remetidos ao juízo federal competente se nele intervier a União, suas empresas públicas, entidades autárquicas e fundações, ou conselho de fiscalização de atividade profissional, na qualidade de parte ou de terceiro interveniente, exceto as ações:
	I – de recuperação judicial, falência, insolvência civil e acidente de trabalho;
	II – sujeitas à justiça eleitoral e à justiça do trabalho.
Excetuam-se:	
I – o processo de insolvência;	
II – os casos previstos em lei.	
Art. 100. É competente o foro:	**Art. 53.** É competente o foro:
I – da residência da mulher, para a ação de separação dos cônjuges e a conversão desta em divórcio, e para a anulação de casamento;	I – **para a ação de divórcio, separação, anulação de casamento** e **reconhecimento ou dissolução de união estável**:
	a) de domicílio do guardião de filho incapaz;
	b) **do último domicílio do casal**, caso não haja filho incapaz;
	c) de domicílio do réu, se nenhuma das partes residir no antigo domicílio do casal;
II – do domicílio ou da residência do alimentando, para a ação em que se pedem alimentos;	II – de domicílio ou residência do alimentando, para a ação em que se pedem alimentos;
III – do domicílio do devedor, para a ação de anulação de títulos extraviados ou destruídos;	
IV – do lugar:	III – do lugar:
a) onde está a sede, para a ação em que for ré a pessoa jurídica;	*a)* onde está a sede, para a ação em que for ré pessoa jurídica;
b) onde se acha a agência ou sucursal, quanto às obrigações que ela contraiu;	*b)* onde se acha agência ou sucursal, quanto às obrigações que a pessoa jurídica contraiu;
c) onde exerce a sua atividade principal, para a ação em que for ré a sociedade, que carece de personalidade jurídica;	*c)* onde exerce **suas atividades**, para a ação em que for ré **sociedade ou associação sem personalidade jurídica;**
d) onde a obrigação deve ser satisfeita, para a ação em que se lhe exigir o cumprimento;	*d)* onde a obrigação deve ser satisfeita, para a ação em que se lhe exigir o cumprimento;
V – do lugar do ato ou fato:	IV – do lugar do ato ou fato para a ação:
a) para a ação de reparação do dano;	*a)* de reparação de dano;
b) para a ação em que for réu o administrador ou gestor de negócios alheios.	*b)* em que for réu administrador ou gestor de negócios alheios;
Parágrafo único. Nas ações de reparação do dano sofrido em razão de delito ou acidente de veículos, será competente o foro do domicílio do autor ou do local do fato.	V – de domicílio do autor ou do local do fato, para **a ação** de reparação de dano sofrido em razão de delito ou acidente de veículos, **inclusive aeronaves**.
Art. 101. (*Revogado pela Lei nº 9.307, de 23.9.1996*):	
Seção IV *Das Modificações da Competência*	Seção II *Da Modificação da Competência*
Art. 102. A competência, em razão do valor e do território, poderá modificar-se pela conexão ou continência, observado o disposto nos artigos seguintes.	**Art. 54.** A competência **relativa** poderá modificar- se pela conexão ou pela continência, observado o disposto **nesta Seção**.
Art. 103. Reputam-se conexas duas ou mais ações, quando lhes for comum o objeto ou a causa de pedir.	**Art. 55.** Reputam-se conexas 2 (duas) ou mais ações quando lhes for comum o pedido ou a causa de pedir.
Art. 104. Dá-se a continência entre duas ou mais ações sempre que há identidade quanto às partes e à causa de pedir, mas o objeto de uma, por ser mais amplo, abrange o das outras.	**Art. 56.** Dá-se a continência entre 2 (duas) ou mais ações quando houver identidade quanto às partes e à causa de pedir, mas o pedido de uma, por ser mais amplo, abrange o **das demais**.

Antigo CPC	Novo CPC
Art. 105. Havendo conexão ou continência, o juiz, de ofício ou a requerimento de qualquer das partes, pode ordenar a reunião de ações propostas em separado, a fim de que sejam decididas simultaneamente.	**Art. 57.** Quando houver continência e a ação continente tiver sido proposta anteriormente, no **processo relativo à ação contida será proferida sentença sem resolução de mérito, caso contrário, as ações serão necessariamente reunidas.**
	Art. 58. A reunião das ações propostas em separado far-se-á no juízo prevento, onde serão decididas simultaneamente.
Art. 106. Correndo em separado ações conexas perante juízes que têm a mesma competência territorial, considera-se prevento aquele que despachou em primeiro lugar.	**Art. 59.** O registro ou a distribuição da petição inicial torna prevento o juízo.
Art. 107. Se o imóvel se achar situado em mais de um Estado ou comarca, determinar-se-á o foro pela prevenção, estendendo-se a competência sobre a totalidade do imóvel.	**Art. 60.** Se o imóvel se achar situado em mais de um Estado, comarca, **seção ou subseção judiciária**, a competência territorial do juízo prevento estender-se-á sobre a totalidade do imóvel.
Art. 108. A ação acessória será proposta perante o juiz competente para a ação principal.	**Art. 61.** A ação acessória será proposta no juízo competente para a ação principal.
Art. 109. O juiz da causa principal é também competente para a reconvenção, a ação declaratória incidente, as ações de garantia e outras que respeitam ao terceiro interveniente.	
Art. 110. Se o conhecimento da lide depender necessariamente da verificação da existência de fato delituoso, pode o juiz mandar sobrestar no andamento do processo até que se pronuncie a justiça criminal.	**Art. 315.** Se o conhecimento do mérito depender de verificação da existência de fato delituoso, o juiz pode determinar a suspensão do processo até que se pronuncie a justiça criminal.
Parágrafo único. Se a ação penal não for exercida dentro de 30 (trinta) dias, contados da intimação do despacho de sobrestamento, cessará o efeito deste, decidindo o juiz cível a questão prejudicial.	§ 1º Se a ação penal não for proposta no prazo de 3 (três) meses, contado da intimação do ato de suspensão, cessará o efeito desse, incumbindo ao juiz cível examinar incidentemente a questão prévia.
Art. 111. A competência em razão da matéria e da hierarquia é inderrogável por convenção das partes; mas estas podem modificar a competência em razão do valor e do território, elegendo foro onde serão propostas as ações oriundas de direitos e obrigações.	**Art. 62.** A competência determinada em razão da matéria, **da pessoa ou da função** é inderrogável por convenção das partes.
	Art. 63. As partes podem modificar a competência em razão do valor e do território, elegendo foro onde será proposta ação oriunda de direitos e obrigações.
§ 1º O acordo, porém, só produz efeito, quando constar de contrato escrito e aludir expressamente a determinado negócio jurídico.	§ 1º **A eleição de foro só produz efeito quando constar de instrumento escrito** e aludir expressamente a determinado negócio jurídico.
§ 2º O foro contratual obriga os herdeiros e sucessores das partes.	§ 2º O foro contratual obriga os herdeiros e sucessores das partes.
Seção V *Da Declaração de Incompetência*	Seção III *Da Incompetência*
Art. 112. Argui-se, por meio de exceção, a incompetência relativa.	**Art. 64. A incompetência, absoluta ou relativa, será alegada como questão preliminar de contestação.**
	Art. 63. [...]
Parágrafo único. A nulidade da cláusula de eleição de foro, em contrato de adesão, pode ser declarada de ofício pelo juiz, que declinará de competência para o juízo de domicílio do réu.	§ 3º Antes da citação, a cláusula de eleição de foro, se abusiva, **pode ser reputada ineficaz** de ofício pelo juiz, que determinará a remessa dos autos ao juízo do foro de domicílio do réu.
	Art. 64. [...]
Art. 113. A incompetência absoluta deve ser declarada de ofício e pode ser alegada, em qualquer tempo e grau de jurisdição, independentemente de exceção.	§ 1º A incompetência absoluta pode ser alegada em qualquer tempo e grau de jurisdição e deve ser declarada de ofício.
§ 1º Não sendo, porém, deduzida no prazo da contestação, ou na primeira oportunidade em que lhe couber falar nos autos, a parte responderá integralmente pelas custas.	
	Art. 64. [...]
§ 2º Declarada a incompetência absoluta, somente os atos decisórios serão nulos, remetendo-se os autos ao juiz competente.	§ 2º **Após manifestação da parte contrária, o juiz decidirá imediatamente a alegação de incompetência.**
	§ 4º Salvo decisão judicial em sentido contrário, conservar-se-ão os efeitos de decisão proferida pelo juízo incompetente até que outra seja proferida, se for o caso, pelo juízo competente.
Art. 114. Prorrogar-se-á a competência se dela o juiz não declinar na forma do parágrafo único do art. 112 desta Lei ou o réu não opuser exceção declinatória nos casos e prazos legais.	**Art. 65.** Prorrogar-se-á a competência **relativa se o réu não alegar a incompetência em preliminar de contestação.**
Art. 115. Há conflito de competência:	**Art. 66.** Há conflito de competência quando:
I – quando dois ou mais juízes se declaram competentes;	I – 2 (dois) ou mais juízes se declaram competentes;
II – quando dois ou mais juízes se consideram incompetentes;	II – 2 (dois) ou mais juízes se consideram incompetentes, **atribuindo um ao outro a competência;**

III – quando entre dois ou mais juízes surge controvérsia acerca da reunião ou separação de processos.	III – entre 2 (dois) ou mais juízes surge controvérsia acerca da reunião ou separação de processos.
Art. 116. O conflito pode ser suscitado por qualquer das partes, pelo Ministério Público ou pelo juiz.	**Art. 951.** O conflito de competência pode ser suscitado por qualquer das partes, pelo Ministério Público ou pelo juiz.
Parágrafo único. O Ministério Público será ouvido em todos os conflitos de competência; mas terá qualidade de parte naqueles que suscitar.	**Parágrafo único.** O Ministério Público **somente** será ouvido nos conflitos de competência **relativos aos processos previstos no art. 178**, mas terá qualidade de parte nos conflitos que suscitar.
Art. 117. Não pode suscitar conflito a parte que, no processo, ofereceu exceção de incompetência.	**Art. 952.** Não pode suscitar conflito a parte que, no processo, arguiu incompetência **relativa**.
Parágrafo único. O conflito de competência não obsta, porém, a que a parte, que o não suscitou, ofereça exceção declinatória do foro.	**Parágrafo único.** O conflito de competência não obsta, porém, a que a parte que não o arguiu suscite a incompetência.
Art. 118. O conflito será suscitado ao presidente do tribunal:	**Art. 953.** O conflito será suscitado ao tribunal:
I – pelo juiz, por ofício;	I – pelo juiz, por ofício;
II – pela parte e pelo Ministério Público, por petição.	II – pela parte e pelo Ministério Público, por petição.
Parágrafo único. O ofício e a petição serão instruídos com os documentos necessários à prova do conflito.	**Parágrafo único.** O ofício e a petição serão instruídos com os documentos necessários à prova do conflito.
Art. 119. Após a distribuição, o relator mandará ouvir os juízes em conflito, ou apenas o suscitado, se um deles for suscitante; dentro do prazo assinado pelo relator, caberá ao juiz ou juízes prestar as informações.	**Art. 954.** Após a distribuição, o relator determinará a oitiva dos juízes em conflito ou, se um deles for suscitante, apenas do suscitado.
	Parágrafo único. No prazo designado pelo relator, incumbirá ao juiz ou aos juízes prestar as informações.
Art. 120. Poderá o relator, de ofício, ou a requerimento de qualquer das partes, determinar, quando o conflito for positivo, seja sobrestado o processo, mas, neste caso, bem como no de conflito negativo, designará um dos juízes para resolver, em caráter provisório, as medidas urgentes.	**Art. 955.** O relator poderá, de ofício ou a requerimento de qualquer das partes, determinar, quando o conflito for positivo, o sobrestamento do processo e, nesse caso, bem como no de conflito negativo, designará um dos juízes para resolver, em caráter provisório, as medidas urgentes.
Parágrafo único. Havendo jurisprudência dominante do tribunal sobre a questão suscitada, o relator poderá decidir de plano o conflito de competência, cabendo agravo, no prazo de cinco dias, contado da intimação da decisão às partes, para o órgão recursal competente.	**Parágrafo único.** O relator poderá julgar de plano o conflito de competência quando sua decisão se fundar em:
	I – súmula do Supremo Tribunal Federal, do Superior Tribunal de Justiça ou do próprio tribunal;
	II – tese firmada em julgamento de casos repetitivos ou em incidente de assunção de competência.
Art. 121. Decorrido o prazo, com informações ou sem elas, será ouvido, em 5 (cinco) dias, o Ministério Público; em seguida o relator apresentará o conflito em sessão de julgamento.	**Art. 956.** Decorrido o prazo designado pelo relator, será ouvido o Ministério Público, no prazo de 5 (cinco) dias, ainda que as informações não tenham sido prestadas, e, em seguida, o conflito irá a julgamento.
Art. 122. Ao decidir o conflito, o tribunal declarará qual o juiz competente, pronunciando-se também sobre a validade dos atos do juiz incompetente.	**Art. 957.** Ao decidir o conflito, o tribunal declarará qual o juízo competente, pronunciando-se também sobre a validade dos atos do juízo incompetente.
Parágrafo único. Os autos do processo, em que se manifestou o conflito, serão remetidos ao juiz declarado competente.	**Parágrafo único.** Os autos do processo em que se manifestou o conflito serão remetidos ao juiz declarado competente.
Art. 123. No conflito entre turmas, seções, câmaras, Conselho Superior da Magistratura, juízes de segundo grau e desembargadores, observar-se-á o que dispuser a respeito o regimento interno do tribunal.	**Art. 958.** No conflito que envolva órgãos fracionários dos tribunais, desembargadores e juízes em exercício no tribunal, observar-se-á o que dispuser o regimento interno do tribunal.
Art. 124. Os regimentos internos dos tribunais regularão o processo e julgamento do conflito de atribuições entre autoridade judiciária e autoridade administrativa.	**Art. 959.** O regimento interno do tribunal regulará o processo e o julgamento do conflito de atribuições entre autoridade judiciária e autoridade administrativa.
	TÍTULO IV Do Juiz e dos Auxiliares da Justiça
Capítulo IV Do Juiz	
Seção I *Dos Poderes, dos Deveres e da responsabilidade do Juiz*	**Capítulo I** *Dos Poderes, dos Deveres e da Responsabilidade do Juiz*
Art. 125. O juiz dirigirá o processo conforme as disposições deste Código, competindo-lhe:	**Art. 139.** O juiz dirigirá o processo conforme as disposições deste Código, **incumbindo-lhe:**
I – assegurar às partes igualdade de tratamento;	I – assegurar às partes igualdade de tratamento;

II – velar pela rápida solução do litígio;	II – velar pela duração **razoável do processo**;
III – prevenir ou reprimir qualquer ato contrário à dignidade da Justiça;	III – prevenir ou reprimir qualquer ato contrário à dignidade da justiça **e indeferir postulações meramente protelatórias;**
IV – tentar, a qualquer tempo, conciliar as partes.	V – **promover**, a qualquer tempo, **a autocomposição, preferencialmente com auxílio de conciliadores e mediadores judiciais;**
Art. 126. O juiz não se exime de sentenciar ou despachar alegando lacuna ou obscuridade da lei. No julgamento da lide caber-lhe-á aplicar as normas legais; não as havendo, recorrerá à analogia, aos costumes e aos princípios gerais de direito.	**Art. 140.** O juiz não se exime de **decidir** sob a alegação de lacuna ou obscuridade do ordenamento jurídico.
Art. 127. O juiz só decidirá por equidade nos casos previstos em lei.	**Parágrafo único.** O juiz só decidirá por equidade nos casos previstos em lei.
Art. 128. O juiz decidirá a lide nos limites em que foi proposta, sendo-lhe defeso conhecer de questões, não suscitadas, a cujo respeito a lei exige a iniciativa da parte.	**Art. 141.** O juiz decidirá o **mérito** nos limites propostos pelas partes, sendo-lhe vedado conhecer de questões não suscitadas a cujo respeito a lei exige iniciativa da parte.
Art. 129. Convencendo-se, pelas circunstâncias da causa, de que autor e réu se serviram do processo para praticar ato simulado ou conseguir fim proibido por lei, o juiz proferirá sentença que obste aos objetivos das partes.	**Art. 142.** Convencendo-se, pelas circunstâncias, de que autor e réu se serviram do processo para praticar ato simulado ou conseguir fim **vedado** por lei, o juiz proferirá decisão que **impeça** os objetivos das partes, **aplicando, de ofício, as penalidades da litigância de má-fé.**
Art. 130. Caberá ao juiz, de ofício ou a requerimento da parte, determinar as provas necessárias à instrução do processo, indeferindo as diligências inúteis ou meramente protelatórias.	**Art. 370.** Caberá ao juiz, de ofício ou a requerimento da parte, determinar as provas necessárias ao julgamento do mérito.
Art. 131. O juiz apreciará livremente a prova, atendendo aos fatos e circunstâncias constantes dos autos, ainda que não alegados pelas partes; mas deverá indicar, na sentença, os motivos que lhe formaram o convencimento.	**Art. 371.** O juiz apreciará a prova constante dos autos, independentemente do sujeito que a tiver promovido, e indicará na decisão as razões da formação de seu convencimento.
Art. 132. O juiz, titular ou substituto, que concluir a audiência julgará a lide, salvo se estiver convocado, licenciado, afastado por qualquer motivo, promovido ou aposentado, casos em que passará os autos ao seu sucessor.	
Parágrafo único. Em qualquer hipótese, o juiz que proferir a sentença, se entender necessário, poderá mandar repetir as provas já produzidas.	
Art. 133. Responderá por perdas e danos o juiz, quando:	**Art. 143.** O juiz responderá, **civil e regressivamente**, por perdas e danos quando:
I – no exercício de suas funções, proceder com dolo ou fraude;	I – no exercício de suas funções, proceder com dolo ou fraude;
II – recusar, omitir ou retardar, sem justo motivo, providência que deva ordenar de ofício, ou a requerimento da parte.	II – recusar, omitir ou retardar, sem justo motivo, providência que deva ordenar de ofício ou a requerimento da parte.
Parágrafo único. Reputar-se-ão verificadas as hipóteses previstas no nº II só depois que a parte, por intermédio do escrivão, requerer ao juiz que determine a providência e este não lhe atender o pedido dentro de 10 (dez) dias.	**Parágrafo único.** As hipóteses previstas no inciso II somente serão verificadas depois que a parte requerer ao juiz que determine a providência e o requerimento não for apreciado no prazo de 10 (dez) dias.
Seção II *Dos Impedimentos e da Suspeição*	CAPÍTULO II Dos Impedimentos e da Suspeição
Art. 134. É defeso ao juiz exercer as suas funções no processo contencioso ou voluntário:	**Art. 144.** Há impedimento do juiz, sendo-lhe vedado exercer **suas funções no processo:**
I – de que for parte;	IV – **quando for parte no processo ele próprio**, seu cônjuge **ou companheiro**, ou parente, consanguíneo ou afim, em linha reta ou colateral, até o terceiro grau, **inclusive**;
II – em que interveio como mandatário da parte, oficiou como perito, funcionou como órgão do Ministério Público, ou prestou depoimento como testemunha;	I – em que interveio como mandatário da parte, oficiou como perito, funcionou como **membro** do Ministério Público ou prestou depoimento como testemunha;
III – que conheceu em primeiro grau de jurisdição, tendo-lhe proferido sentença ou decisão;	II – de que conheceu em **outro** grau de jurisdição, tendo proferido decisão;
IV – quando nele estiver postulando, como advogado da parte, o seu cônjuge ou qualquer parente seu, consanguíneo ou afim, em linha reta; ou na linha colateral até o segundo grau;	III – quando nele estiver postulando, como **defensor público**, advogado ou **membro do Ministério Público**, seu cônjuge **ou companheiro**, ou qualquer parente, consanguíneo ou afim, em linha reta ou colateral, **até o terceiro grau, inclusive;**
V – quando cônjuge, parente, consanguíneo ou afim, de alguma das partes, em linha reta ou, na colateral, até o terceiro grau;	IV – **quando for parte no processo ele próprio**, seu cônjuge **ou companheiro**, ou parente, consanguíneo ou afim, em linha reta ou colateral, até o terceiro grau, **inclusive**;

VI – quando for órgão de direção ou de administração de pessoa jurídica, parte na causa.	V – quando for **sócio ou membro** de direção ou de administração de pessoa jurídica parte no processo;
Parágrafo único. No caso do nº IV, o impedimento só se verifica quando o advogado já estava exercendo o patrocínio da causa; é, porém, vedado ao advogado pleitear no processo, a fim de criar o impedimento do juiz.	**§ 1º** Na hipótese do inciso III, o impedimento só se verifica quando o **defensor público, o advogado ou o membro do Ministério Público já integrava o processo antes do início da atividade judicante do juiz.**
Art. 135. Reputa-se fundada a suspeição de parcialidade do juiz, quando:	**Art. 145.** Há suspeição do juiz:
I – amigo íntimo ou inimigo capital de qualquer das partes;	I – amigo íntimo ou inimigo de qualquer das partes **ou de seus advogados**;
II – alguma das partes for credora ou devedora do juiz, de seu cônjuge ou de parentes destes, em linha reta ou na colateral até o terceiro grau;	II – que receber **presentes de pessoas que tiverem interesse na causa** antes ou depois de iniciado o processo, que aconselhar alguma das partes acerca do objeto da causa ou que subministrar meios para atender às despesas do litígio;
III – herdeiro presuntivo, donatário ou empregador de alguma das partes;	**Art. 144.** [...] VI – quando for herdeiro presuntivo, donatário ou empregador de qualquer das partes;
IV – receber dádivas antes ou depois de iniciado o processo; aconselhar alguma das partes acerca do objeto da causa, ou subministrar meios para atender às despesas do litígio;	**Art. 144.** [...] III – quando nele estiver postulando, como **defensor público**, advogado ou **membro do Ministério Público**, seu cônjuge **ou companheiro**, ou qualquer parente, consanguíneo ou afim, em linha reta ou colateral, **até o terceiro grau, inclusive**;
V – interessado no julgamento da causa em favor de uma das partes.	**Art. 145.** [...] IV – interessado no julgamento de causa em favor de qualquer das partes.
Parágrafo único. Poderá ainda o juiz declarar-se suspeito por motivo íntimo.	**§ 1º** Poderá o juiz declarar-se suspeito por motivo de foro íntimo, **sem necessidade de declarar suas razões.**
Art. 136. Quando dois ou mais juízes forem parentes, consanguíneos ou afins, em linha reta e no segundo grau na linha colateral, o primeiro, que conhecer da causa no tribunal, impede que o outro participe do julgamento; caso em que o segundo se escusará, remetendo o processo ao seu substituto legal.	**Art. 147.** Quando 2 (dois) ou mais juízes forem parentes, consanguíneos ou afins, em linha reta ou colateral, **até o terceiro grau**, inclusive, o primeiro que conhecer do processo impede que o outro nele **atue**, caso em que o segundo se escusará, remetendo os autos ao seu substituto legal.
Art. 137. Aplicam-se os motivos de impedimento e suspeição aos juízes de todos os tribunais. O juiz que violar o dever de abstenção, ou não se declarar suspeito, poderá ser recusado por qualquer das partes (art. 304).	
Art. 138. Aplicam-se também os motivos de impedimento e de suspeição:	**Art. 148.** Aplicam-se os motivos de impedimento e de suspeição:
I – ao órgão do Ministério Público, quando não for parte, e, sendo parte, nos casos previstos nos ns. I a IV do art. 135;	I – ao membro do Ministério Público;
II – ao serventuário de justiça;	II – aos auxiliares da justiça;
III – ao perito;	
IV – ao intérprete.	
§ 1º A parte interessada deverá arguir o impedimento ou a suspeição, em petição fundamentada e devidamente instruída, na primeira oportunidade em que lhe couber falar nos autos; o juiz mandará processar o incidente em separado e sem suspensão da causa, ouvindo o arguido no prazo de 5 (cinco) dias, facultando a prova quando necessária e julgando o pedido.	**Art. 146.** No prazo de **15 (quinze) dias**, a contar do conhecimento do fato, a parte alegará o impedimento ou a suspeição, em petição específica dirigida ao juiz do processo, na qual indicará o fundamento da recusa, podendo instruí-la com documentos em que se fundar a alegação e com rol de testemunhas.
§ 2º Nos tribunais caberá ao relator processar e julgar o incidente.	§ 3º Nos tribunais, a **arguição a que se refere o § 1º será disciplinada pelo regimento interno.**
Capítulo V Dos Auxiliares da Justiça	Capítulo III Dos Auxiliares da Justiça
Art. 139. São auxiliares do juízo, além de outros, cujas atribuições são determinadas pelas normas de organização judiciária, o escrivão, o oficial de justiça, o perito, o depositário, o administrador e o intérprete.	**Art. 149.** São auxiliares **da Justiça**, além de outros cujas atribuições sejam determinadas pelas normas de organização judiciária, o escrivão, **o chefe de secretaria**, o oficial de justiça, o perito, o depositário, o administrador, o intérprete, o **tradutor, o mediador, o conciliador judicial, o partidor, o distribuidor, o contabilista e o regulador de avarias.**

Seção I Do Serventuário e do Oficial de Justiça	Seção I **Do Escrivão, do Chefe de Secretaria** e do Oficial de Justiça
Art. 140. Em cada juízo haverá um ou mais ofícios de justiça, cujas atribuições são determinadas pelas normas de organização judiciária.	**Art. 150.** Em cada juízo haverá um ou mais ofícios de justiça, cujas atribuições serão determinadas pelas normas de organização judiciária.
Art. 141. Incumbe ao escrivão:	**Art. 152.** Incumbe ao escrivão **ou** ao **chefe de secretaria:**
I – redigir, em forma legal, os ofícios, mandados, cartas precatórias e mais atos que pertencem ao seu ofício;	I – redigir, na forma legal, os ofícios, os mandados, as cartas precatórias e os **demais** atos que pertençam ao seu ofício;
II – executar as ordens judiciais, promovendo citações e intimações, bem como praticando todos os demais atos, que lhe forem atribuídos pelas normas de organização judiciária;	II – **efetivar** as ordens judiciais, **realizar** citações e intimações, bem como praticar todos os demais atos que lhe forem atribuídos pelas normas de organização judiciária;
III – comparecer às audiências, ou, não podendo fazê-lo, designar para substituí-lo escrevente juramentado, de preferência datilógrafo ou taquígrafo;	III – comparecer às audiências ou, não podendo fazê-lo, designar servidor para substituí-lo;
IV – ter, sob sua guarda e responsabilidade, os autos, não permitindo que saiam de cartório, exceto:	IV – manter sob sua guarda e responsabilidade os autos, não permitindo que saiam do cartório, exceto:
a) quando tenham de subir à conclusão do juiz;	a) quando tenham de **seguir** à conclusão do juiz;
b) com vista aos procuradores, ao Ministério Público ou à Fazenda Pública;	b) com vista a procurador, **à Defensoria Pública**, ao Ministério Público ou à Fazenda Pública;
c) quando devam ser remetidos ao contador ou ao partidor;	c) quando devam ser remetidos ao contabilista ou ao partidor;
d) quando, modificando-se a competência, forem transferidos a outro juízo;	d) quando forem remetidos a outro juízo em razão da modificação da competência;
V – dar, independentemente de despacho, certidão de qualquer ato ou termo do processo, observado o disposto no art. 155.	V – **fornecer** certidão de qualquer ato ou termo do processo, independentemente de despacho, observadas as disposições referentes ao segredo de justiça;
Art. 142. No impedimento do escrivão, o juiz convocar-lhe-á o substituto, e, não o havendo, nomeará pessoa idônea para o ato.	§ 2º No impedimento do escrivão **ou chefe de secretaria**, o juiz convocará substituto e, não o havendo, nomeará pessoa idônea para o ato.
Art. 143. Incumbe ao oficial de justiça:	**Art. 154.** Incumbe ao oficial de justiça:
I – fazer pessoalmente as citações, prisões, penhoras, arrestos e mais diligências próprias do seu ofício, certificando no mandado o ocorrido, com menção de lugar, dia e hora. A diligência, sempre que possível, realizar-se-á na presença de duas testemunhas;	I – fazer pessoalmente citações, prisões, penhoras, arrestos e demais diligências próprias do seu ofício, sempre que possível na presença de 2 (duas) testemunhas, certificando no mandado o ocorrido, com menção ao lugar, ao dia e à hora;
II – executar as ordens do juiz a que estiver subordinado;	II – executar as ordens do juiz a que estiver subordinado;
III – entregar, em cartório, o mandado, logo depois de cumprido;	III – entregar o mandado em cartório **após** seu cumprimento;
IV – estar presente às audiências e coadjuvar o juiz na manutenção da ordem.	IV – **auxiliar** o juiz na manutenção da ordem;
V – efetuar avaliações.	V – efetuar avaliações, **quando for o caso**;
Art. 144. O escrivão e o oficial de justiça são civilmente responsáveis:	**Art. 155.** O escrivão, **o chefe de secretaria** e o oficial de justiça são responsáveis, **civil e regressivamente,** quando:
I – quando, sem justo motivo, se recusarem a cumprir, dentro do prazo, os atos que lhes impõe a lei, ou os que o juiz, a que estão subordinados, lhes comete;	I – sem justo motivo, se recusarem a cumprir no prazo os atos impostos pela lei ou pelo juiz a que estão subordinados;
II – quando praticarem ato nulo com dolo ou culpa.	II – praticarem ato nulo com dolo ou culpa.
Seção II Do Perito	Seção II Do Perito
Art. 145. Quando a prova do fato depender de conhecimento técnico ou científico, o juiz será assistido por perito, segundo o disposto no art. 421.	**Art. 156.** O juiz será assistido por perito quando a prova do fato depender de conhecimento técnico ou científico.
§ 1º Os peritos serão escolhidos entre profissionais de nível universitário, devidamente inscritos no órgão de classe competente, respeitado o disposto no Capítulo VI, seção VII, deste Código.	§ 1º Os peritos serão **nomeados** entre os profissionais **legalmente habilitados e os órgãos técnicos ou científicos devidamente inscritos em cadastro mantido pelo tribunal ao qual o juiz está vinculado.**
§ 2º Os peritos comprovarão sua especialidade na matéria sobre que deverão opinar, mediante certidão do órgão profissional em que estiverem inscritos.	**Art. 465.** [...] § 2º. [...] II – seu currículo, com a comprovação de sua especialização;

	Art. 156. [...]
§ 3º Nas localidades onde não houver profissionais qualificados que preencham os requisitos dos parágrafos anteriores, a indicação dos peritos será de livre escolha do juiz.	§ 5º Na localidade onde não houver **inscrito no cadastro disponibilizado pelo tribunal, a nomeação** do perito é de livre escolha pelo juiz **e deverá recair sobre profissional ou órgão técnico ou científico comprovadamente detentor do conhecimento necessário à realização da perícia.**
Art. 146. O perito tem o dever de cumprir o ofício, no prazo que lhe assina a lei, empregando toda a sua diligência; pode, todavia, escusar-se do encargo alegando motivo legítimo.	**Art. 157.** O perito tem o dever de cumprir o ofício **no prazo que lhe designar o juiz**, empregando toda sua diligência, podendo escusar-se do encargo alegando motivo legítimo.
Parágrafo único. A escusa será apresentada dentro de 5 (cinco) dias, contados da intimação ou do impedimento superveniente, sob pena de se reputar renunciado o direito a alegá-la (art. 423).	§ 1º A escusa será apresentada **no prazo de 15 (quinze) dias**, contado da intimação, **da suspeição** ou do impedimento supervenientes, sob pena de renúncia ao direito a alegá-la.
Art. 147. O perito que, por dolo ou culpa, prestar informações inverídicas, responderá pelos prejuízos que causar à parte, ficará inabilitado, por 2 (dois) anos, a funcionar em outras perícias e incorrerá na sanção que a lei penal estabelecer.	**Art. 158.** O perito que, por dolo ou culpa, prestar informações inverídicas responderá pelos prejuízos que causar à parte **e ficará inabilitado para atuar em outras perícias no prazo de 2 (dois) a 5 (cinco) anos, independentemente das demais sanções previstas em lei, devendo o juiz comunicar o fato ao respectivo órgão de classe para adoção das medidas que entender cabíveis.**
Seção III *Do Depositário e do Administrador*	Seção III *Do Depositário e do Administrador*
Art. 148. A guarda e conservação de bens penhorados, arrestados, sequestrados ou arrecadados serão confiadas a depositário ou a administrador, não dispondo a lei de outro modo.	**Art. 159.** A guarda e a conservação de bens penhorados, arrestados, sequestrados ou arrecadados serão confiadas a depositário ou a administrador, não dispondo a lei de outro modo.
Art. 149. O depositário ou administrador perceberá, por seu trabalho, remuneração que o juiz fixará, atendendo à situação dos bens, ao tempo do serviço e às dificuldades de sua execução.	**Art. 160.** Por seu trabalho o depositário ou o administrador perceberá remuneração que o juiz fixará levando em conta a situação dos bens, ao tempo do serviço e às dificuldades de sua execução.
Parágrafo único. O juiz poderá nomear, por indicação do depositário ou do administrador, um ou mais prepostos.	**Parágrafo único.** O juiz poderá nomear um ou mais prepostos por indicação do depositário ou do administrador.
Art. 150. O depositário ou administrador responde pelos prejuízos que, por dolo ou culpa, causar à parte, perdendo a remuneração que lhe foi arbitrada; mas tem o direito a haver o que legitimamente despendeu no exercício do encargo.	**Art. 161.** O depositário ou o administrador responde pelos prejuízos que, por dolo ou culpa, causar à parte, perdendo a remuneração que lhe foi arbitrada, mas tem o direito a haver o que legitimamente despendeu no exercício do encargo.
Seção IV *Do Intérprete*	Seção IV *Do Intérprete e do Tradutor*
Art. 151. O juiz nomeará intérprete toda vez que o repute necessário para:	**Art. 162.** O juiz nomeará intérprete ou tradutor quando necessário para:
I – analisar documento de entendimento duvidoso, redigido em língua estrangeira;	I – **traduzir** documento redigido em língua estrangeira;
II – verter em português as declarações das partes e das testemunhas que não conhecerem o idioma nacional;	II – verter para o português as declarações das partes e das testemunhas que não conhecerem o idioma nacional;
III – traduzir a linguagem mímica dos surdos-mudos, que não puderem transmitir a sua vontade por escrito.	III – **realizar a interpretação simultânea dos depoimentos das partes e testemunhas com deficiência auditiva que se comuniquem por meio da Língua Brasileira de Sinais, ou equivalente, quando assim for solicitado.**
Art. 152. Não pode ser intérprete quem:	**Art. 163.** Não pode ser intérprete **ou tradutor** quem:
I – não tiver a livre administração dos seus bens;	I – não tiver a livre administração de seus bens;
II – for arrolado como testemunha ou serve como perito no processo;	II – for arrolado como testemunha ou **atuar** como perito no processo;
III – estiver inabilitado ao exercício da profissão por sentença penal condenatória, enquanto durar o seu efeito.	III – estiver inabilitado para o exercício da profissão por sentença penal condenatória, enquanto durarem seus efeitos.
Art. 153. O intérprete, oficial ou não, é obrigado a prestar o seu ofício, aplicando-se-lhe o disposto nos arts. 146 e 147.	**Art. 164.** O intérprete **ou tradutor**, oficial ou não, é obrigado a desempenhar seu ofício, aplicando-se-lhe o disposto nos arts. 157 e 158.
TÍTULO V Dos Atos Processuais	
Capítulo I Da Forma dos Atos Processuais	Capítulo I Da Forma dos Atos Processuais
Seção I *Dos Atos em Geral*	Seção I *Dos Atos em Geral*
Art. 154. Os atos e termos processuais não dependem de forma determinada senão quando a lei expressamente a exigir, reputando-se válidos os que, realizados de outro modo, lhe preencham a finalidade essencial.	**Art. 188.** Os atos e os termos processuais independem de forma determinada, salvo quando a lei expressamente a exigir, considerando-se válidos os que, realizados de outro modo, lhe preencham a finalidade essencial.

Antigo CPC	Novo CPC
Parágrafo único. Os tribunais, no âmbito da respectiva jurisdição, poderão disciplinar a prática e a comunicação oficial dos atos processuais por meios eletrônicos, atendidos os requisitos de autenticidade, integridade, validade jurídica e interoperabilidade da Infraestrutura de Chaves Públicas Brasileira – ICP – Brasil.	**Art. 195.** O registro de ato processual eletrônico deverá ser feito em padrões abertos, que atenderão aos requisitos de autenticidade, integridade, temporalidade, não repúdio, conservação e, nos casos que tramitem em segredo de justiça, confidencialidade, observada a infraestrutura de chaves públicas unificada nacionalmente, nos termos da lei.
§ 2º Todos os atos e termos do processo podem ser produzidos, transmitidos, armazenados e assinados por meio eletrônico, na forma da lei.	**Art. 196.** Compete ao Conselho Nacional de Justiça e, supletivamente, aos tribunais, regulamentar a prática e a comunicação oficial de atos processuais por meio eletrônico e velar pela compatibilidade dos sistemas, disciplinando a incorporação progressiva de novos avanços tecnológicos e editando, para esse fim, os atos que forem necessários, respeitadas as normas fundamentais deste Código.
Art. 155. Os atos processuais são públicos. Correm, todavia, em segredo de justiça os processos:	**Art. 189.** Os atos processuais são públicos, todavia tramitam em segredo de justiça os processos:
I – em que o exigir o interesse público;	I – em que o exija o interesse público **ou social**;
II – que dizem respeito a casamento, filiação, separação dos cônjuges, conversão desta em divórcio, alimentos e guarda de menores.	II – que versem sobre casamento, **separação de corpos, divórcio**, separação, **união estável**, filiação, alimentos e guarda de crianças e adolescentes;
Parágrafo único. O direito de consultar os autos e de pedir certidões de seus atos é restrito às partes e a seus procuradores. O terceiro, que demonstrar interesse jurídico, pode requerer ao juiz certidão do dispositivo da sentença, bem como de inventário e partilha resultante do desquite.	§ 1º O direito de consultar os autos de **processo que tramite em segredo de justiça e** de pedir certidões de seus atos é restrito às partes e aos seus procuradores.
	§ 2º O terceiro que demonstrar interesse jurídico pode requerer ao juiz certidão do dispositivo da sentença, bem como de inventário e de partilha resultantes de **divórcio ou separação**.
Art. 156. Em todos os atos e termos do processo é obrigatório o uso do vernáculo.	**Art. 192.** Em todos os atos e termos do processo é obrigatório o uso **da língua portuguesa**.
Art. 157. Só poderá ser junto aos autos documento redigido em língua estrangeira, quando acompanhado de versão em vernáculo, firmada por tradutor juramentado.	**Parágrafo único.** O documento redigido em língua estrangeira somente poderá ser juntado aos autos quando acompanhado de versão **para a língua portuguesa tramitada por via diplomática ou pela autoridade central**, ou firmada por tradutor juramentado.
Seção II *Dos Atos da Parte*	Seção III *Dos Atos da Parte*
Art. 158. Os atos das partes, consistentes em declarações unilaterais ou bilaterais de vontade, produzem imediatamente a constituição, a modificação ou a extinção de direitos processuais.	**Art. 200.** Os atos das partes consistentes em declarações unilaterais ou bilaterais de vontade produzem imediatamente a constituição, modificação ou extinção de direitos processuais.
Parágrafo único. A desistência da ação só produzirá efeito depois de homologada por sentença.	**Parágrafo único.** A desistência da ação só produzirá efeitos após **homologação judicial**.
Art. 159. Salvo no Distrito Federal e nas Capitais dos Estados, todas as petições e documentos que instruírem o processo, não constantes de registro público, serão sempre acompanhados de cópia, datada e assinada por quem os oferecer.	
§ 1º Depois de conferir a cópia, o escrivão ou chefe da secretaria irá formando autos suplementares, dos quais constará a reprodução de todos os atos e termos do processo original.	
§ 2º Os autos suplementares só sairão de cartório para conclusão ao juiz, na falta dos autos originais.	
Art. 160. Poderão as partes exigir recibo de petições, arrazoados, papéis e documentos que entregarem em cartório.	**Art. 201.** As partes poderão exigir recibo de petições, arrazoados, papéis e documentos que entregarem em cartório.
Art. 161. É defeso lançar, nos autos, cotas marginais ou interlineares; o juiz mandará riscá-las, impondo a quem as escrever multa correspondente à metade do salário mínimo vigente na sede do juízo.	**Art. 202.** É **vedado** lançar nos autos cotas marginais ou interlineares, as quais o juiz mandará riscar, impondo a quem as escrever multa correspondente à metade do salário mínimo.
Seção III *Dos Atos do Juiz*	Seção IV ***Dos Pronunciamentos do Juiz***
Art. 162. Os atos do juiz consistirão em sentenças, decisões interlocutórias e despachos.	**Art. 203.** Os **pronunciamentos** do juiz consistirão em sentenças, decisões interlocutórias e despachos.
§ 1º Sentença é o ato do juiz que implica alguma das situações previstas nos arts. 267 e 269 desta Lei.	§ 1º **Ressalvadas as disposições expressas** dos **procedimentos especiais**, sentença é o pronunciamento por meio do qual o juiz, **com fundamento nos arts. 485 e 487, põe fim à fase cognitiva do procedimento comum, bem como extingue a execução**.

§ 2º Decisão interlocutória é o ato pelo qual o juiz, no curso do processo, resolve questão incidente.	§ 2º Decisão interlocutória **é todo pronunciamento judicial de natureza decisória que não se enquadre no § 1º**.
§ 3º São despachos todos os demais atos do juiz praticados no processo, de ofício ou a requerimento da parte, a cujo respeito a lei não estabelece outra forma.	§ 3º São despachos todos os demais **pronunciamentos** do juiz praticados no processo, de ofício ou a requerimento da parte.
§ 4º Os atos meramente ordinatórios, como a juntada e a vista obrigatória, independem de despacho, devendo ser praticados de ofício pelo servidor e revistos pelo juiz quando necessários.	§ 4º Os atos meramente ordinatórios, como a juntada e a vista obrigatória, independem de despacho, devendo ser praticados de ofício pelo servidor e revistos pelo juiz quando necessário.
Art. 163. Recebe a denominação de acórdão o julgamento proferido pelos tribunais.	**Art. 204.** Acórdão é o julgamento **colegiado** proferido pelos tribunais.
Art. 164. Os despachos, decisões, sentenças e acórdãos serão redigidos, datados e assinados pelos juízes. Quando forem proferidos, verbalmente, o taquígrafo ou o datilógrafo os registrará, submetendo-os aos juízes para revisão e assinatura.	**Art. 205.** Os despachos, as decisões, as sentenças e os acórdãos serão redigidos, datados e assinados pelos juízes. § 1º Quando os pronunciamentos **previstos no *caput*** forem proferidos oralmente, o **servidor** os documentará, submetendo-os aos juízes para revisão e assinatura.
Parágrafo único. A assinatura dos juízes, em todos os graus de jurisdição, pode ser feita eletronicamente, na forma da lei.	§ 2º A assinatura dos juízes, em todos os graus de jurisdição, pode ser feita eletronicamente, na forma da lei.
Art. 165. As sentenças e acórdãos serão proferidos com observância do disposto no art. 458; as demais decisões serão fundamentadas, ainda que de modo conciso.	**Art. 11.** Todos os julgamentos dos órgãos do Poder Judiciário serão públicos, e fundamentadas todas as decisões, sob pena de nulidade.
Seção IV *Dos Atos do Escrivão ou do Chefe de Secretaria*	Seção V *Dos Atos do Escrivão ou do Chefe de Secretaria*
Art. 166. Ao receber a petição inicial de qualquer processo, o escrivão a autuará, mencionando o juízo, a natureza do feito, o número de seu registro, os nomes das partes e a data do seu início; e procederá do mesmo modo quanto aos volumes que se forem formando.	**Art. 206.** Ao receber a petição inicial de processo, o escrivão **ou o chefe de secretaria** a autuará, mencionando o juízo, a natureza do processo, o número de seu registro, os nomes das partes e a data de seu início, e procederá do mesmo modo em relação aos volumes em formação.
Art. 167. O escrivão numerará e rubricará todas as folhas dos autos, procedendo da mesma forma quanto aos suplementares.	**Art. 207.** O escrivão ou **o chefe de secretaria** numerará e rubricará todas as folhas dos autos.
Parágrafo único. Às partes, aos advogados, aos órgãos do Ministério Público, aos peritos e às testemunhas é facultado rubricar as folhas correspondentes aos atos em que intervieram.	**Parágrafo único.** À parte, **ao procurador, ao membro** do Ministério Público, **ao defensor público e aos auxiliares da justiça** é facultado rubricar as folhas correspondentes aos atos em que intervierem.
Art. 168. Os termos de juntada, vista, conclusão e outros semelhantes constarão de notas datadas e rubricadas pelo escrivão.	**Art. 208.** Os termos de juntada, vista, conclusão e outros semelhantes constarão de notas datadas e rubricadas pelo escrivão **ou pelo chefe de secretaria**.
Art. 169. Os atos e termos do processo serão datilografados ou escritos com tinta escura e indelével, assinando-os as pessoas que neles intervieram. Quando estas não puderem ou não quiserem firmá-los, o escrivão certificará, nos autos, a ocorrência.	**Art. 209.** Os atos e os termos do processo serão assinados pelas pessoas que neles intervierem, todavia, quando essas não puderem ou não quiserem firmá-los, o escrivão **ou o chefe de secretaria** certificará a ocorrência.
§ 1º É vedado usar abreviaturas.	**Art. 272.** [...] § 3º A grafia dos nomes das partes não deve conter abreviaturas.
§ 2º Quando se tratar de processo total ou parcialmente eletrônico, os atos processuais praticados na presença do juiz poderão ser produzidos e armazenados de modo integralmente digital em arquivo eletrônico inviolável, na forma da lei, mediante registro em termo que será assinado digitalmente pelo juiz e pelo escrivão ou chefe de secretaria, bem como pelos advogados das partes.	**Art. 209.** [...] § 1º Quando se tratar de processo total ou parcialmente documentado **em autos** eletrônicos, os atos processuais praticados na presença do juiz poderão ser produzidos e armazenados de modo integralmente digital em arquivo eletrônico inviolável, na forma da lei, mediante registro em termo, que será assinado digitalmente pelo juiz e pelo escrivão ou chefe de secretaria, bem como pelos advogados das partes.
§ 3º No caso do § 2º deste artigo, eventuais contradições na transcrição deverão ser suscitadas oralmente no momento da realização do ato, sob pena de preclusão, devendo o juiz decidir de plano, registrando-se a alegação e a decisão no termo.	§ 2º Na hipótese do § 1º, eventuais contradições na transcrição deverão ser suscitadas oralmente no momento de realização do ato, sob pena de preclusão, devendo o juiz decidir de plano, e ordenar o registro, no termo, da alegação e da decisão.
Art. 170. É lícito o uso da taquigrafia, da estenotipia, ou de outro método idôneo, em qualquer juízo ou tribunal.	**Art. 210.** É lícito o uso da taquigrafia, da estenotipia ou de outro método idôneo em qualquer juízo ou tribunal.
Art. 171. Não se admitem, nos atos e termos, espaços em branco, bem como entrelinhas, emendas ou rasuras, salvo se aqueles forem inutilizados e estas expressamente ressalvadas.	**Art. 211.** Não se admitem nos atos e termos **processuais** espaços em branco, salvo os que forem inutilizados, assim como entrelinhas, emendas ou rasuras, exceto quando expressamente ressalvadas.

CAPÍTULO II Do Tempo e do Lugar dos Atos Processuais	CAPÍTULO II Do Tempo e do Lugar dos Atos Processuais
Seção I *Do Tempo*	Seção I *Do Tempo*
Art. 172. Os atos processuais realizar-se-ão em dias úteis, das 6 (seis) às 20 (vinte) horas.	**Art. 212.** Os atos processuais serão realizados em dias úteis, das 6 (seis) às 20 (vinte) horas.
§ 1º Serão, todavia, concluídos depois das 20 (vinte) horas os atos iniciados antes, quando o adiamento prejudicar a diligência ou causar grave dano.	§ 1º Serão concluídos após as 20 (vinte) horas os atos iniciados antes, quando o adiamento prejudicar a diligência ou causar grave dano.
§ 2º A citação e a penhora poderão, em casos excepcionais, e mediante autorização expressa do juiz, realizar-se em domingos e feriados, ou nos dias úteis, fora do horário estabelecido neste artigo, observado o disposto no art. 5º, inciso XI, da Constituição Federal.	§ 2º **Independentemente de autorização judicial**, as citações, intimações e penhoras poderão realizar-se **no período de férias forenses, onde as houver**, e nos feriados ou dias úteis fora do horário estabelecido neste artigo, observado o disposto no art. 5º, inciso XI, da Constituição Federal.
§ 3º Quando o ato tiver que ser praticado em determinado prazo, por meio de petição, esta deverá ser apresentada no protocolo, dentro do horário de expediente, nos termos da lei de organização judiciária local.	§ 3º Quando o ato tiver de ser praticado **por meio de petição em autos não eletrônicos**, essa deverá ser protocolada no horário de funcionamento do fórum ou tribunal, conforme o disposto na lei de organização judiciária local.
Art. 173. Durante as férias e nos feriados não se praticarão atos processuais. Excetuam-se:	**Art. 214.** Durante as férias forenses e nos feriados, não se praticarão atos processuais, excetuando-se:
I – a produção antecipada de provas (art. 846);	II – a tutela de urgência.
II – a citação, a fim de evitar o perecimento de direito; e bem assim o arresto, o sequestro, a penhora, a arrecadação, a busca e apreensão, o depósito, a prisão, a separação de corpos, a abertura de testamento, os embargos de terceiro, a nunciação de obra nova e outros atos análogos.	I – os atos previstos no art. 212, § 2º;
Parágrafo único. O prazo para a resposta do réu só começará a correr no primeiro dia útil seguinte ao feriado ou às férias.	
Art. 174. Processam-se durante as férias e não se suspendem pela superveniência delas:	**Art. 215.** Processam-se durante as férias forenses, **onde as houver**, e não se suspendem pela superveniência delas:
I – os atos de jurisdição voluntária bem como os necessários à conservação de direitos, quando possam ser prejudicados pelo adiamento;	I – os **procedimentos** de jurisdição voluntária e os necessários à conservação de direitos, quando puderem ser prejudicados pelo adiamento;
II – as causas de alimentos provisionais, de dação ou remoção de tutores e curadores, bem como as mencionadas no art. 275;	II – **a ação de alimentos** e os processos de nomeação ou remoção de tutor e curador;
III – todas as causas que a lei federal determinar.	III – os processos que a lei determinar.
Art. 175. São feriados, para efeito forense, os domingos e os dias declarados por lei.	**Art. 216.** **Além dos declarados em lei**, são feriados, para efeito forense, **os sábados**, os domingos e **os dias em que não haja expediente forense.**
Seção II *Do Lugar*	Seção II *Do Lugar*
Art. 176. Os atos processuais realizam-se de ordinário na sede do juízo. Podem, todavia, efetuar-se em outro lugar, em razão de deferência, de interesse da justiça, ou de obstáculo arguido pelo interessado e acolhido pelo juiz.	**Art. 217.** Os atos processuais realizar-se-ão ordinariamente na sede do juízo, ou, **excepcionalmente**, em outro lugar em razão de deferência, de interesse da justiça, da natureza do ato ou de obstáculo arguido pelo interessado e acolhido pelo juiz.
CAPÍTULO III Dos Prazos	CAPÍTULO III Dos Prazos
Seção I *Das Disposições Gerais*	Seção I *Das Disposições Gerais*
Art. 177. Os atos processuais realizar-se-ão nos prazos prescritos em lei. Quando esta for omissa, o juiz determinará os prazos, tendo em conta a complexidade da causa.	**Art. 218.** Os atos processuais serão realizados nos prazos prescritos em lei.
	§ 1º Quando a lei for omissa, o juiz determinará os prazos em consideração à complexidade do ato.
Art. 178. O prazo, estabelecido pela lei ou pelo juiz, é contínuo, não se interrompendo nos feriados.	**Art. 219.** Na contagem de prazo em dias, estabelecido por lei ou pelo juiz, computar-se-ão somente os úteis.
Art. 179. A superveniência de férias suspenderá o curso do prazo; o que lhe sobejar recomeçará a correr do primeiro dia útil seguinte ao termo das férias.	**Art. 220.** Suspende-se o curso do prazo processual **nos dias compreendidos entre 20 de dezembro e 20 de janeiro, inclusive.**

Art. 180. Suspende-se também o curso do prazo por obstáculo criado pela parte ou ocorrendo qualquer das hipóteses do art. 265, I e III; casos em que o prazo será restituído por tempo igual ao que faltava para a sua complementação.	**Art. 221.** Suspende-se o curso do prazo por obstáculo criado em detrimento da parte ou ocorrendo qualquer das hipóteses do art. 313, devendo o prazo ser restituído por tempo igual ao que faltava para sua complementação.
Art. 181. Podem as partes, de comum acordo, reduzir ou prorrogar o prazo dilatório; a convenção, porém, só tem eficácia se, requerida antes do vencimento do prazo, se fundar em motivo legítimo.	**Art. 190.** Versando o processo sobre direitos que admitam autocomposição, é lícito às partes plenamente capazes estipular mudanças no procedimento para ajustá-lo às especificidades da causa e convencionar sobre os seus ônus, poderes, faculdades e deveres processuais, antes ou durante o processo.
§ 1º O juiz fixará o dia do vencimento do prazo da prorrogação.	
§ 2º As custas acrescidas ficarão a cargo da parte em favor de quem foi concedida a prorrogação.	
Art. 182. É defeso às partes, ainda que todas estejam de acordo, reduzir ou prorrogar os prazos peremptórios. O juiz poderá, nas comarcas onde for difícil o transporte, prorrogar quaisquer prazos, mas nunca por mais de 60 (sessenta) dias.	**Art. 222.** Na comarca, **seção ou subseção judiciária** onde for difícil o transporte, o juiz poderá prorrogar os prazos **por até 2 (dois) meses**.
Parágrafo único. Em caso de calamidade pública, poderá ser excedido o limite previsto neste artigo para a prorrogação de prazos.	§ 2º Havendo calamidade pública, o limite previsto no *caput* para prorrogação de prazos poderá ser excedido.
Art. 183. Decorrido o prazo, extingue-se, independentemente de declaração judicial, o direito de praticar o ato, ficando salvo, porém, à parte provar que o não realizou por justa causa.	**Art. 223.** Decorrido o prazo, extingue-se o direito de praticar **ou de emendar** o ato processual, independentemente de declaração judicial, ficando assegurado, porém, à parte provar que não o realizou por justa causa.
§ 1º Reputa-se justa causa o evento imprevisto, alheio à vontade da parte, e que a impediu de praticar o ato por si ou por mandatário.	§ 1º **Considera-se** justa causa o evento alheio à vontade da parte e que a impediu de praticar o ato por si ou por mandatário.
§ 2º Verificada a justa causa o juiz permitirá à parte a prática do ato no prazo que lhe assinar.	§ 2º Verificada a justa causa, o juiz permitirá à parte a prática do ato no prazo que lhe assinar.
Art. 184. Salvo disposição em contrário, computar-se-ão os prazos, excluindo o dia do começo e incluindo o do vencimento.	**Art. 224.** Salvo disposição em contrário, os prazos serão contados excluindo o dia do começo e incluindo o dia do vencimento.
§ 1º Considera-se prorrogado o prazo até o primeiro dia útil se o vencimento cair em feriado ou em dia em que:	§ 1º Os dias do começo e do vencimento do prazo serão protraídos para o primeiro dia útil seguinte, se coincidirem com dia em que o expediente forense for encerrado antes ou iniciado depois da hora normal ou houver indisponibilidade da comunicação eletrônica.
I – for determinado o fechamento do fórum;	
II – o expediente forense for encerrado antes da hora normal.	
§ 2º Os prazos somente começam a correr do primeiro dia útil após a intimação (art. 240 e parágrafo único).	§ 3º A contagem do prazo terá início no primeiro dia útil **que seguir ao da publicação**.
	Art. 218 [...]
Art. 185. Não havendo preceito legal nem assinação pelo juiz, será de 5 (cinco) dias o prazo para a prática de ato processual a cargo da parte.	§ 3º **Inexistindo preceito legal ou prazo determinado pelo juiz**, será de 5 (cinco) dias o prazo para a prática de ato processual a cargo da parte.
Art. 186. A parte poderá renunciar ao prazo estabelecido exclusivamente em seu favor.	**Art. 225.** A parte poderá renunciar ao prazo estabelecido exclusivamente em seu favor, **desde que o faça de maneira expressa.**
Art. 187. Em qualquer grau de jurisdição, havendo motivo justificado, pode o juiz exceder, por igual tempo, os prazos que este Código lhe assina.	**Art. 227.** Em qualquer grau de jurisdição, havendo motivo justificado, pode o juiz exceder, por igual tempo, os prazos **a que está submetido**.
Art. 188. Computar-se-á em quádruplo o prazo para contestar e em dobro para recorrer quando a parte for a Fazenda Pública ou o Ministério Público.	**Art. 180.** O Ministério Público gozará de prazo em dobro para manifestar-se nos autos, que terá início a partir de sua intimação pessoal, nos termos do art. 183, § 1º.
Art. 189. O juiz proferirá:	**Art. 226.** O juiz proferirá:
I – os despachos de expediente, no prazo de 2 (dois) dias;	I – os despachos **no prazo de 5 (cinco) dias**;
II – as decisões, no prazo de 10 (dez) dias.	II – as decisões **interlocutórias** no prazo de 10 (dez) dias;
	III – as sentenças no prazo de 30 (trinta) dias.
Art. 190. Incumbirá ao serventuário remeter os autos conclusos no prazo de 24 (vinte e quatro) horas e executar os atos processuais no prazo de 48 (quarenta e oito) horas, contados:	**Art. 228.** Incumbirá ao serventuário remeter os autos conclusos **no prazo de 1 (um) dia e executar os atos processuais no prazo de 5 (cinco) dias**, contado da data em que:
I – da data em que houver concluído o ato processual anterior, se lhe foi imposto pela lei;	I – houver concluído o ato processual anterior, se lhe foi imposto pela lei;
II – da data em que tiver ciência da ordem, quando determinada pelo juiz.	II – tiver ciência da ordem, quando determinada pelo juiz.
Parágrafo único. Ao receber os autos, certificará o serventuário o dia e a hora em que ficou ciente da ordem, referida no nº II.	§ 1º Ao receber os autos, o serventuário certificará o dia e a hora em que teve ciência da ordem referida no inciso II.

Antigo CPC	Novo CPC
Art. 191. Quando os litisconsortes tiverem diferentes procuradores, ser-lhes-ão contados em dobro os prazos para contestar, para recorrer e, de modo geral, para falar nos autos.	**Art. 229.** Os litisconsortes que tiverem diferentes procuradores, **de escritórios de advocacia distintos**, terão prazos contados em dobro **para todas as suas manifestações, em qualquer juízo ou tribunal, independentemente de requerimento**.
Art. 192. Quando a lei não marcar outro prazo, as intimações somente obrigarão a comparecimento depois de decorridas 24 (vinte e quatro) horas.	**Art. 218.** [...] § 2º Quando a lei **ou o juiz** não determinar prazo, as intimações somente obrigarão a comparecimento após decorridas 48 (**quarenta e oito**) **horas**.
Seção II *Da Verificação dos Prazos e das Penalidades*	**Seção II** *Da Verificação dos Prazos e das Penalidades*
Art. 193. Compete ao juiz verificar se o serventuário excedeu, sem motivo legítimo, os prazos que este Código estabelece.	**Art. 233.** Incumbe ao juiz verificar se o serventuário excedeu, sem motivo legítimo, **os prazos estabelecidos em lei**.
Art. 194. Apurada a falta, o juiz mandará instaurar procedimento administrativo, na forma da Lei de Organização Judiciária.	§ 1º Constatada a falta, o juiz ordenará a instauração de processo administrativo, na forma da lei.
Art. 195. O advogado deve restituir os autos no prazo legal. Não o fazendo, mandará o juiz, de ofício, riscar o que neles houver escrito e desentranhar as alegações e documentos que apresentar.	**Art. 234. Os advogados públicos ou privados**, o **defensor público e o membro do Ministério** Público devem restituir os autos no prazo **do ato a ser praticado**.
Art. 196. É lícito a qualquer interessado cobrar os autos ao advogado que exceder o prazo legal. Se, intimado, não os devolver dentro em 24 (vinte e quatro) horas, perderá o direito à vista fora de cartório e incorrerá em multa, correspondente à metade do salário mínimo vigente na sede do juízo.	§ 1º É lícito a qualquer interessado **exigir** os autos do advogado que exceder prazo legal. § 2º Se, intimado, o advogado não devolver os autos **no prazo de 3 (três) dias**, perderá o direito à vista fora de cartório e incorrerá em multa correspondente à metade do salário mínimo.
Parágrafo único. Apurada a falta, o juiz comunicará o fato à seção local da Ordem dos Advogados do Brasil, para o procedimento disciplinar e imposição da multa.	§ 3º **Verificada** a falta, o juiz comunicará o fato à seção local da Ordem dos Advogados do Brasil para procedimento disciplinar e imposição de multa.
Art. 197. Aplicam-se ao órgão do Ministério Público e ao representante da Fazenda Pública as disposições constantes dos arts. 195 e 196.	§ 4º Se a situação envolver membro do Ministério Público, **da Defensoria Pública ou da Advocacia Pública, a multa, se for o caso, será aplicada ao agente público responsável pelo ato**.
Art. 198. Qualquer das partes ou o órgão do Ministério Público poderá representar ao presidente do Tribunal de Justiça contra o juiz que excedeu os prazos previstos em lei. Distribuída a representação ao órgão competente, instaurar-se-á procedimento para apuração da responsabilidade. O relator, conforme as circunstâncias, poderá avocar os autos em que ocorreu excesso de prazo, designando outro juiz para decidir a causa.	**Art. 235.** Qualquer parte, o Ministério Público **ou a Defensoria Pública** poderá representar ao **corregedor** do tribunal **ou ao Conselho Nacional de Justiça** contra juiz ou relator que injustificadamente exceder os prazos previstos em lei, regulamento ou regimento interno. § 1º Distribuída a representação ao órgão competente **e ouvido previamente o juiz, não sendo caso de arquivamento liminar**, será instaurado procedimento para apuração da responsabilidade, **com intimação do representado por meio eletrônico para, querendo, apresentar justificativa no prazo de 15 (quinze) dias**.
Art. 199. A disposição do artigo anterior aplicar-se-á aos tribunais superiores na forma que dispuser o seu regimento interno.	
Capítulo IV Das Comunicações Dos Atos	**Título II** Da Comunicação dos Atos **Processuais**
Seção I *Das Disposições Gerais*	**Capítulo I** Disposições Gerais
Art. 200. Os atos processuais serão cumpridos por ordem judicial ou requisitados por carta, conforme hajam de realizar-se dentro ou fora dos limites territoriais da comarca.	**Art. 236.** Os atos processuais serão cumpridos por ordem judicial. § 1º Será expedida carta para a prática de atos fora dos limites territoriais do tribunal, **da comarca, da seção ou da subseção judiciárias, ressalvadas as hipóteses previstas em lei**.
Art. 201. Expedir-se-á carta de ordem se o juiz for subordinado ao tribunal de que ela emanar; carta rogatória, quando dirigida à autoridade judiciária estrangeira; e carta precatória nos demais casos.	§ 2º O tribunal poderá expedir carta para juízo **a ele vinculado, se o ato houver de se realizar fora dos limites territoriais do local de sua sede**.
Seção II *Das Cartas*	**Capítulo III** Das Cartas
Art. 202. São requisitos essenciais da carta de ordem, da carta precatória e da carta rogatória:	**Art. 260.** São requisitos das cartas de ordem, precatória e rogatória:
I – a indicação dos juízes de origem e de cumprimento do ato;	I – a indicação dos juízes de origem e de cumprimento do ato;
II – o inteiro teor da petição, do despacho judicial e do instrumento do mandato conferido ao advogado;	II – o inteiro teor da petição, do despacho judicial e do instrumento do mandato conferido ao advogado;

III – a menção do ato processual, que lhe constitui o objeto;	III – a menção do ato processual que lhe constitui o objeto;
IV – o encerramento com a assinatura do juiz.	
§ 1º O juiz mandará trasladar, na carta, quaisquer outras peças, bem como instruí-la com mapa, desenho ou gráfico, sempre que estes documentos devam ser examinados, na diligência, pelas partes, peritos ou testemunhas.	§ 1º O juiz mandará trasladar para a carta quaisquer outras peças, bem como instruí-la com mapa, desenho ou gráfico, sempre que esses documentos devam ser examinados, na diligência, pelas partes, pelos peritos ou pelas testemunhas.
§ 2º Quando o objeto da carta for exame pericial sobre documento, este será remetido em original, ficando nos autos reprodução fotográfica.	§ 2º Quando o objeto da carta for exame pericial sobre documento, este será remetido em original, ficando nos autos reprodução fotográfica.
§ 3º A carta de ordem, carta precatória ou carta rogatória pode ser expedida por meio eletrônico, situação em que a assinatura do juiz deverá ser eletrônica, na forma da lei.	**Art. 263.** As cartas deverão, **preferencialmente, ser expedidas por meio eletrônico, caso em que a assinatura do juiz deverá ser eletrônica, na forma da lei.**
Art. 203. Em todas as cartas declarará o juiz o prazo dentro do qual deverão ser cumpridas, atendendo à facilidade das comunicações e à natureza da diligência.	**Art. 261.** Em todas as cartas o juiz **fixará** o prazo para cumprimento, atendendo à facilidade das comunicações e à natureza da diligência.
Art. 204. A carta tem caráter itinerante; antes ou depois de lhe ser ordenado o cumprimento, poderá ser apresentada a juízo diverso do que dela consta, a fim de se praticar o ato.	**Art. 262.** A carta tem caráter itinerante, podendo, antes ou depois de lhe ser ordenado o cumprimento, ser encaminhada a juízo diverso do que dela consta, a fim de se praticar o ato.
Art. 205. Havendo urgência, transmitir-se-ão a carta de ordem e a carta precatória por telegrama, radiograma ou telefone.	**Art. 263.** As cartas deverão, **preferencialmente, ser expedidas por meio eletrônico, caso em que a assinatura do juiz deverá ser eletrônica, na forma da lei.**
Art. 206. A carta de ordem e a carta precatória, por telegrama ou radiograma, conterão, em resumo substancial, os requisitos mencionados no art. 202, bem como a declaração, pela agência expedidora, de estar reconhecida a assinatura do juiz.	**Art. 264.** A carta de ordem e a carta precatória **por meio eletrônico**, por telefone ou por telegrama conterão, em resumo substancial, **os requisitos mencionados no art. 250, especialmente no que se refere à aferição da autenticidade.**
Art. 207. O secretário do tribunal ou o escrivão do juízo deprecante transmitirá, por telefone, a carta de ordem, ou a carta precatória ao juízo, em que houver de cumprir-se o ato, por intermédio do escrivão do primeiro ofício da primeira vara, se houver na comarca mais de um ofício ou de uma vara, observando, quanto aos requisitos, o disposto no artigo antecedente.	**Art. 265.** O secretário do tribunal, o escrivão **ou o chefe de secretaria** do juízo deprecante transmitirá, por telefone, a carta de ordem ou a carta precatória ao juízo em que houver de se cumprir o ato, **por intermédio do escrivão do primeiro ofício da primeira vara**, se houver na comarca mais de um ofício ou de uma vara, observando-se, quanto aos requisitos, o disposto no art. 264.
§ 1º O escrivão, no mesmo dia ou no dia útil imediato, telefonará ao secretário do tribunal ou ao escrivão do juízo deprecante, lendo-lhe os termos da carta e solicitando-lhe que lha confirme.	§ 1º O escrivão **ou o chefe de secretaria**, no mesmo dia ou no dia útil imediato, telefonará **ou enviará mensagem eletrônica** ao secretário do tribunal, ao escrivão **ou ao chefe de secretaria** do juízo deprecante, lendo-lhe os termos da carta e solicitando-lhe que os confirme.
§ 2º Sendo confirmada, o escrivão submeterá a carta a despacho.	§ 2º Sendo confirmada, o escrivão **ou o chefe de secretaria** submeterá a carta a despacho.
Art. 208. Executar-se-ão, de ofício, os atos requisitados por telegrama, radiograma ou telefone. A parte depositará, contudo, na secretaria do tribunal ou no cartório do juízo deprecante, a importância correspondente às despesas que serão feitas no juízo em que houver de praticar-se o ato.	**Art. 266.** Serão praticados de ofício os atos requisitados por **meio eletrônico e de** telegrama, devendo a parte depositar, contudo, na secretaria do tribunal ou no cartório do juízo deprecante, a importância correspondente às despesas que serão feitas no juízo em que houver de praticar-se o ato.
Art. 209. O juiz recusará cumprimento à carta precatória, devolvendo-a com despacho motivado:	**Art. 267.** O juiz recusará cumprimento a carta precatória **ou arbitral**, devolvendo-a com **decisão** motivada quando:
I – quando não estiver revestida dos requisitos legais;	I – a carta não estiver revestida dos requisitos legais;
II – quando carecer de competência em razão da matéria ou da hierarquia;	II – faltar ao juiz competência em razão da matéria ou da hierarquia;
III – quando tiver dúvida acerca de sua autenticidade.	III – o juiz tiver dúvida acerca de sua autenticidade.
Art. 210. A carta rogatória obedecerá, quanto à sua admissibilidade e modo de seu cumprimento, ao disposto na convenção internacional; à falta desta, será remetida à autoridade judiciária estrangeira, por via diplomática, depois de traduzida para a língua do país em que há de praticar-se o ato.	
Art. 211. A concessão de exequibilidade às cartas rogatórias das justiças estrangeiras obedecerá ao disposto no Regimento Interno do Supremo Tribunal Federal.	**Art. 960.** A homologação de decisão estrangeira será requerida por ação de homologação de decisão estrangeira, salvo disposição especial em sentido contrário prevista em tratado.
Art. 212. Cumprida a carta, será devolvida ao juízo de origem, no prazo de 10 (dez) dias, independentemente de traslado, pagas as custas pela parte.	**Art. 268.** Cumprida a carta, será devolvida ao juízo de origem no prazo de 10 (dez) dias, independentemente de traslado, pagas as custas pela parte.
Seção III *Das Citações*	Capítulo II Da Citação
Art. 213. Citação é o ato pelo qual se chama a juízo o réu ou o interessado a fim de se defender.	**Art. 238.** Citação é o ato pelo qual **são convocados o réu, o executado ou o interessado para integrar a relação processual.**

Antigo CPC	Novo CPC
Art. 214. Para a validade do processo é indispensável a citação inicial do réu.	**Art. 239.** Para a validade do processo é indispensável a citação do réu **ou do executado, ressalvadas as hipóteses de indeferimento da petição inicial ou de improcedência liminar do pedido.**
§ 1º O comparecimento espontâneo do réu supre, entretanto, a falta de citação.	§ 1º O comparecimento espontâneo do réu **ou do executado** supre a falta **ou a nulidade** da citação, **fluindo a partir desta data o prazo para apresentação de contestação ou de embargos à execução.**
§ 2º Comparecendo o réu apenas para arguir a nulidade e sendo esta decretada, considerar-se-á feita a citação na data em que ele ou seu advogado for intimado da decisão.	
Art. 215 **Far-se-á a citação pessoalmente ao réu, ao seu representante legal ou ao procurador legalmente autorizado.**	**Art. 242.** A citação será pessoal, podendo, no entanto, ser feita na pessoa do representante legal ou do **procurador do réu, do executado ou do interessado.**
§ 1º Estando o réu ausente, a citação far-se-á na pessoa de seu mandatário, administrador, feitor ou gerente, quando a ação se originar de atos por eles praticados.	§ 1º Na ausência do citando, a citação será feita na pessoa de seu mandatário, administrador, **preposto** ou gerente, quando a ação se originar de atos por eles praticados.
§ 2º O locador que se ausentar do Brasil sem cientificar o locatário de que deixou na localidade, onde estiver situado o imóvel, procurador com poderes para receber citação, será citado na pessoa do administrador do imóvel encarregado do recebimento dos aluguéis.	§ 2º O locador que se ausentar do Brasil sem cientificar o locatário de que deixou, na localidade onde estiver situado o imóvel, procurador com poderes para receber citação será citado na pessoa do administrador do imóvel encarregado do recebimento dos aluguéis, **que será considerado habilitado para representar o locador em juízo.**
Art. 216 A citação efetuar-se-á em qualquer lugar em que se encontre o réu.	**Art. 243.** A citação poderá ser feita em qualquer lugar em que se encontre o réu, **o executado ou o interessado.**
Parágrafo único. O militar, em serviço ativo, será citado na unidade em que estiver servindo se não for conhecida a sua residência ou nela não for encontrado.	**Parágrafo único.** O militar em serviço ativo será citado na unidade em que estiver servindo, se não for conhecida sua residência ou nela não for encontrado.
Art. 217. Não se fará, porém, a citação, salvo para evitar o perecimento do direito:	**Art. 244.** Não se fará a citação, salvo para evitar o perecimento do direito:
I – a quem estiver assistindo a qualquer ato de culto religioso;	I – de quem estiver **participando** de ato de culto religioso;
II – ao cônjuge ou a qualquer parente do morto, consanguíneo ou afim, em linha reta, ou na linha colateral em segundo grau, no dia do falecimento e nos 7 (sete) dias seguintes;	II – de cônjuge, de **companheiro** ou de qualquer parente do morto, consanguíneo ou afim, em linha reta ou na linha colateral em segundo grau, no dia do falecimento e nos 7 (sete) dias seguintes;
III – aos noivos, nos 3 (três) primeiros dias de bodas;	III – de noivos, nos 3 (três) primeiros dias **seguintes ao casamento;**
IV – aos doentes, enquanto grave o seu estado.	IV – de doente, enquanto grave o seu estado.
Art. 218. Também não se fará citação, quando se verificar que o réu é demente ou está impossibilitado de recebê-la.	**Art. 245.** Não se fará citação quando se verificar que o citando é **mentalmente incapaz** ou está impossibilitado de recebê-la.
§ 1º O oficial de justiça passará certidão, descrevendo minuciosamente a ocorrência. O juiz nomeará um médico, a fim de examinar o citando. O laudo será apresentado em 5 (cinco) dias.	§ 1º O oficial de justiça descreverá e certificará minuciosamente a ocorrência.
	§ 2º Para examinar o citando, o juiz nomeará médico, que apresentará laudo no prazo de 5 (cinco) dias.
§ 2º Reconhecida a impossibilidade, o juiz dará ao citando um curador, observando, quanto à sua escolha, a preferência estabelecida na lei civil. A nomeação é restrita à causa.	§ 4º Reconhecida a impossibilidade, o juiz **nomeará** curador ao citando, observando, quanto à sua escolha, a preferência estabelecida em lei e restringindo a nomeação à causa.
§ 3º A citação será feita na pessoa do curador, a quem incumbirá a defesa do réu.	§ 5º A citação será feita na pessoa do curador, a quem incumbirá a defesa **dos interesses do citando.**
Art. 219. A citação válida torna prevento o juízo, induz litispendência e faz litigiosa a coisa; e, ainda quando ordenada por juiz incompetente, constitui em mora o devedor e interrompe a prescrição.	**Art. 240.** A citação válida, ainda quando ordenada por juízo incompetente, induz litispendência, torna litigiosa a coisa e constitui em mora o devedor, ressalvado o disposto nos arts. 397 e 398 da Lei 10.406, de 10 de janeiro de 2002 (Código Civil).
§ 1º A interrupção da prescrição retroagirá à data da propositura da ação.	§ 1º A interrupção da prescrição, **operada pelo despacho que ordena a citação, ainda que proferido por juízo incompetente,** retroagirá à data de propositura da ação.
§ 2º Incumbe à parte promover a citação do réu nos 10 (dez) dias subsequentes ao despacho que a ordenar, não ficando prejudicada pela demora imputável exclusivamente ao serviço judiciário.	§ 2º Incumbe **ao autor adotar**, no prazo de 10 (dez) dias, **as providências necessárias para viabilizar a citação, sob pena de não se aplicar o disposto no § 1º.**
	§ 3º **A parte** não será prejudicada pela demora imputável exclusivamente ao serviço judiciário.
§ 3º Não sendo citado o réu, o juiz prorrogará o prazo até o máximo de 90 (noventa) dias.	
§ 4º Não se efetuando a citação nos prazos mencionados nos parágrafos antecedentes, haver-se-á por não interrompida a prescrição.	

§ 5º O juiz pronunciará, de ofício, a prescrição.	**Art. 332.** [...] O juiz também poderá julgar liminarmente improcedente o pedido se verificar, desde logo, a ocorrência de decadência ou de prescrição.
§ 6º Passada em julgado a sentença, a que se refere o parágrafo anterior, o escrivão comunicará ao réu o resultado do julgamento.	
Art. 220. O disposto no artigo anterior aplica-se a todos os prazos extintivos previstos na lei.	§ 4º O efeito retroativo a que se refere o § 1º aplica-se à decadência e aos demais prazos extintivos previstos em lei.
Art. 221. A citação far-se-á:	**Art. 246.** A citação será feita:
I – pelo correio;	I – pelo correio;
II – por oficial de justiça;	II – por oficial de justiça;
III – por edital.	IV – por edital;
IV – por meio eletrônico, conforme regulado em lei própria.	V – por meio eletrônico, conforme regulado em lei.
Art. 222. A citação será feita pelo correio, para qualquer comarca do País, exceto:	**Art. 247.** A citação será feita pelo correio para qualquer comarca do país, exceto:
a) nas ações de estado;	I – nas ações de **estado, observado o disposto no art. 695, § 3º**;
b) quando for ré pessoa incapaz;	II – quando o **citando** for incapaz;
c) quando for ré pessoa de direito público;	III – quando o citando for pessoa de direito público;
d) nos processos de execução;	
e) quando o réu residir em local não atendido pela entrega domiciliar de correspondência;	IV – quando o citando residir em local não atendido pela entrega domiciliar de correspondência;
f) quando o autor a requerer de outra forma.	V – quando o autor, **justificadamente**, a requerer de outra forma.
Art. 223. Deferida a citação pelo correio, o escrivão ou chefe da secretaria remeterá ao citando cópias da petição inicial e do despacho do juiz, expressamente consignada em seu inteiro teor a advertência a que se refere o art. 285, segunda parte, comunicando, ainda, o prazo para a resposta e o juízo e cartório, com o respectivo endereço.	**Art. 248.** Deferida a citação pelo correio, o escrivão ou o chefe de secretaria remeterá ao citando cópias da petição inicial e do despacho do juiz e comunicará o prazo para resposta, o endereço do juízo e o respectivo cartório.
Parágrafo único. A carta será registrada para entrega ao citando, exigindo-lhe o carteiro, ao fazer a entrega, que assine o recibo. Sendo o réu pessoa jurídica, será válida a entrega a pessoa com poderes de gerência geral ou de administração.	§ 1º A carta será registrada para entrega ao citando, exigindo-lhe o carteiro, ao fazer a entrega, que assine o recibo. § 2º Sendo o **citando** pessoa jurídica, será válida a entrega do mandado a pessoa com poderes de gerência geral ou de administração, **ou, ainda, a funcionário responsável pelo recebimento de correspondências.**
Art. 224. Far-se-á a citação por meio de oficial de justiça nos casos ressalvados no art. 222, ou quando frustrada a citação pelo correio.	**Art. 249.** A citação será feita por meio de oficial de justiça nas hipóteses previstas neste Código ou em lei, ou quando frustrada a citação pelo correio.
Art. 225. O mandado, que o oficial de justiça tiver de cumprir, deverá conter:	**Art. 250.** O mandado que o oficial de justiça tiver de cumprir conterá:
I – os nomes do autor e do réu, bem como os respectivos domicílios ou residências;	I – os nomes do autor e **do citando** e seus respectivos domicílios ou residências;
II – o fim da citação, com todas as especificações constantes da petição inicial, bem como a advertência a que se refere o art. 285, segunda parte, se o litígio versar sobre direitos disponíveis;	II – a finalidade da citação, com todas as especificações constantes da petição inicial, **bem como a menção do prazo para contestar, sob pena de revelia, ou para embargar a execução;**
III – a cominação, se houver;	III – a **aplicação de sanção para o caso de descumprimento da ordem,** se houver;
IV – o dia, hora e lugar do comparecimento;	IV – **se for o caso, a intimação do citando para comparecer, acompanhado de advogado ou de defensor público, à audiência de conciliação ou de mediação,** com a menção do dia, da hora e do lugar do comparecimento;
V – a cópia do despacho;	V – a cópia **da petição inicial**, do despacho **ou da decisão que deferir tutela provisória;**
VI – o prazo para defesa;	II – o fim da citação, com todas as especificações constantes da petição inicial, **bem como a menção do prazo para contestar, sob pena de revelia, ou para embargar a execução;**
VII – a assinatura do escrivão e a declaração de que o subscreve por ordem do juiz.	VI – a assinatura do escrivão **ou do chefe de secretaria** e a declaração de que o subscreve por ordem do juiz.
Parágrafo único. O mandado poderá ser em breve relatório, quando o autor entregar em cartório, com a petição inicial, tantas cópias desta quantos forem os réus; caso em que as cópias, depois de conferidas com o original, farão parte integrante do mandado.	V – a cópia **da petição inicial**, do despacho **ou da decisão que deferir tutela provisória;**

Antigo CPC	Novo CPC
Art. 226. Incumbe ao oficial de justiça procurar o réu e, onde o encontrar, citá-lo:	**Art. 251.** Incumbe ao oficial de justiça procurar o citando e, onde o encontrar, citá-lo:
I – lendo-lhe o mandado e entregando-lhe a contrafé;	I – lendo-lhe o mandado e entregando-lhe a contrafé;
II – portando por fé se recebeu ou recusou a contrafé;	II – portando por fé se recebeu ou recusou a contrafé;
III – obtendo a nota de ciente, ou certificando que o réu não a apôs no mandado.	III – obtendo a nota de ciente ou certificando que o citando não a apôs no mandado.
Art. 227. Quando, por três vezes, o oficial de justiça houver procurado o réu em seu domicílio ou residência, sem o encontrar, deverá, havendo suspeita de ocultação, intimar a qualquer pessoa da família, ou em sua falta a qualquer vizinho, que, no dia imediato, voltará, a fim de efetuar a citação, na hora que designar.	**Art. 252.** Quando, **por 2 (duas) vezes**, o oficial de justiça houver procurado **o citando** em seu domicílio ou residência sem o encontrar, deverá, havendo suspeita de ocultação, intimar qualquer pessoa da família ou, em sua falta, qualquer vizinho de que, no dia útil imediato, voltará a fim de efetuar a citação, na hora que designar.
Art. 228. No dia e hora designados, o oficial de justiça, independentemente de novo despacho, comparecerá ao domicílio ou residência do citando, a fim de realizar a diligência.	**Art. 253.** No dia e na hora designados, o oficial de justiça, independentemente de novo despacho, comparecerá ao domicílio ou à residência do citando a fim de realizar a diligência.
§ 1º Se o citando não estiver presente, o oficial de justiça procurará informar-se das razões da ausência, dando por feita a citação, ainda que o citando se tenha ocultado em outra comarca.	§ 1º Se o citando não estiver presente, o oficial de justiça procurará informar-se das razões da ausência, dando por feita a citação, ainda que o citando se tenha ocultado em outra comarca, **seção ou subseção judiciárias**.
§ 2º Da certidão da ocorrência, o oficial de justiça deixará contrafé com pessoa da família ou com qualquer vizinho, conforme o caso, declarando-lhe o nome.	§ 3º Da certidão da ocorrência, o oficial de justiça deixará contrafé com qualquer pessoa da família ou vizinho, conforme o caso, declarando-lhe o nome.
Art. 229. Feita a citação com hora certa, o escrivão enviará ao réu carta, telegrama ou radiograma, dando-lhe de tudo ciência.	**Art. 254.** Feita a citação com hora certa, o escrivão **ou chefe de secretaria** enviará ao réu, **executado ou interessado, no prazo de 10 (dez) dias, contado da data da juntada do mandado aos autos**, carta, telegrama ou **correspondência eletrônica**, dando-lhe de tudo ciência.
Art. 230. Nas comarcas contíguas, de fácil comunicação, e nas que se situem na mesma região metropolitana, o oficial de justiça poderá efetuar citações ou intimações em qualquer delas.	**Art. 255.** Nas comarcas contíguas de fácil comunicação e nas que se situem na mesma região metropolitana, o oficial de justiça poderá efetuar, em qualquer delas, citações, intimações, **notificações, penhoras e quaisquer outros atos executivos**.
Art. 231. Far-se-á a citação por edital:	**Art. 256.** A citação por edital será feita:
I – quando desconhecido ou incerto o réu;	I – quando desconhecido ou incerto o citando;
II – quando ignorado, incerto ou inacessível o lugar em que se encontrar;	II – quando ignorado, incerto ou inacessível o lugar em que se encontrar o citando;
III – nos casos expressos em lei.	III – nos casos expressos em lei.
§ 1º Considera-se inacessível, para efeito de citação por edital, o país que recusar o cumprimento de carta rogatória.	§ 1º Considera-se inacessível, para efeito de citação por edital, o país que recusar o cumprimento de carta rogatória.
§ 2º No caso de ser inacessível o lugar em que se encontrar o réu, a notícia de sua citação será divulgada também pelo rádio, se na comarca houver emissora de radiodifusão.	§ 2º No caso de ser inacessível o lugar em que se encontrar o réu, a notícia de sua citação será divulgada também pelo rádio, se na comarca houver emissora de radiodifusão.
Art. 232. São requisitos da citação por edital:	**Art. 257.** São requisitos da citação por edital:
I – a afirmação do autor, ou a certidão do oficial, quanto às circunstâncias previstas nos ns. I e II do artigo antecedente;	I – a afirmação do autor ou a certidão do oficial informando a presença das circunstâncias autorizadoras;
II – a afixação do edital, na sede do juízo, certificada pelo escrivão;	II – a publicação do **edital na rede mundial de computadores, no sítio do respectivo tribunal e na plataforma de editais do Conselho Nacional** de Justiça, que deve ser certificado nos autos;
III – a publicação do edital no prazo máximo de 15 (quinze) dias, uma vez no órgão oficial e pelo menos duas vezes em jornal local, onde houver;	
IV – a determinação, pelo juiz, do prazo, que variará entre 20 (vinte) e 60 (sessenta) dias, correndo da data da primeira publicação;	III – a determinação, pelo juiz, do prazo, que variará entre 20 (vinte) e 60 (sessenta) dias, **fluindo da data da publicação única, ou, havendo mais de uma**, da primeira;
V – a advertência a que se refere o art. 285, segunda parte, se o litígio versar sobre direitos disponíveis.	IV – a advertência de que será nomeado curador especial em caso de revelia.
§ 1º Juntar-se-á aos autos um exemplar de cada publicação, bem como do anúncio, de que trata o nº II deste artigo.	
§ 2º A publicação do edital será feita apenas no órgão oficial quando a parte for beneficiária da Assistência Judiciária.	
Art. 233. A parte que requerer a citação por edital, alegando dolosamente os requisitos do art. 231, I e II, incorrerá em multa de 5 (cinco) vezes o salário mínimo vigente na sede do juízo.	**Art. 258.** A parte que requerer a citação por edital, alegando dolosamente **a ocorrência das circunstâncias autorizadoras para sua realização**, incorrerá em multa de 5 (cinco) vezes o salário mínimo.
Parágrafo único. A multa reverterá em benefício do citando.	**Parágrafo único.** A multa reverterá em benefício do citando.

Seção IV Das Intimações	Capítulo IV Das Intimações
Art. 234. Intimação é o ato pelo qual se dá ciência a alguém dos atos e termos do processo, para que faça ou deixe de fazer alguma coisa.	**Art. 269.** Intimação é o ato pelo qual se dá ciência a alguém dos atos e dos termos do processo.
Art. 235. As intimações efetuam-se de ofício, em processos pendentes, salvo disposição em contrário.	**Art. 271.** O juiz determinará de ofício as intimações em processos pendentes, salvo disposição em contrário.
Art. 236. No Distrito Federal e nas Capitais dos Estados e dos Territórios, consideram-se feitas as intimações pela só publicação dos atos no órgão oficial.	**Art. 272. Quando não realizadas por meio eletrônico,** consideram-se feitas as intimações pela publicação dos atos no órgão oficial.
§ 1º É indispensável, sob pena de nulidade, que da publicação constem os nomes das partes e de seus advogados, suficientes para sua identificação.	§ 2º Sob pena de nulidade, é indispensável que da publicação constem os nomes das partes e de seus advogados, **com o respectivo número de inscrição na Ordem dos Advogados do Brasil, ou, se assim requerido, da sociedade de advogados**.
§ 2º A intimação do Ministério Público, em qualquer caso será feita pessoalmente.	**Art. 180.** O Ministério Público gozará de prazo em dobro para manifestar-se nos autos, que terá início a partir da sua intimação pessoal, nos termos do art. 183, § 1º.
Art. 237. Nas demais comarcas aplicar-se-á o disposto no artigo antecedente, se houver órgão de publicação dos atos oficiais; não o havendo, competirá ao escrivão intimar, de todos os atos do processo, os advogados das partes:	**Art. 273. Se inviável a intimação por meio eletrônico e** não houver na localidade publicação em órgão oficial, incumbirá ao escrivão **ou chefe de secretaria** intimar de todos os atos do processo os advogados das partes:
I – pessoalmente, tendo domicílio na sede do juízo;	I – pessoalmente, se tiverem domicílio na sede do juízo;
II – por carta registrada, com aviso de recebimento quando domiciliado fora do juízo.	II – por carta registrada, com aviso de recebimento, quando forem domiciliados fora do juízo.
Parágrafo único. As intimações podem ser feitas de forma eletrônica, conforme regulado em lei própria.	**Art. 270.** As intimações **realizam-se, sempre que possível,** por meio eletrônico, na forma da lei.
Art. 238. Não dispondo a lei de outro modo, as intimações serão feitas às partes, aos seus representantes legais e aos advogados pelo correio ou, se presentes em cartório, diretamente pelo escrivão ou chefe de secretaria.	**Art. 274.** Não dispondo a lei de outro modo, as intimações serão feitas às partes, aos seus representantes legais, aos advogados e aos demais sujeitos do processo pelo correio ou, se presentes em cartório, diretamente pelo escrivão **ou chefe de secretaria.**
Parágrafo único. Presumem-se válidas as comunicações e intimações dirigidas ao endereço residencial ou profissional declinado na inicial, contestação ou embargos, cumprindo às partes atualizar o respectivo endereço sempre que houver modificação temporária ou definitiva.	**Parágrafo único.** Presumem-se válidas as intimações dirigidas ao endereço **constante dos autos, ainda que não recebidas pessoalmente pelo interessado, se a modificação temporária ou definitiva não tiver sido devidamente comunicada ao juízo, fluindo os prazos a partir da juntada aos autos do comprovante de entrega da correspondência no primitivo endereço.**
Art. 239. Far-se-á a intimação por meio de oficial de justiça quando frustrada a realização pelo correio.	**Art. 275.** A intimação será feita por oficial de justiça quando frustrada a realização **por meio eletrônico ou** pelo correio.
Parágrafo único. A certidão de intimação deve conter:	§ 1º A certidão de intimação deve conter:
I – a indicação do lugar e a descrição da pessoa intimada, mencionando, quando possível, o número de sua carteira de identidade e o órgão que a expediu;	I – a indicação do lugar e a descrição da pessoa intimada, mencionando, quando possível, o número de seu documento de identidade e o órgão que a expediu;
II – a declaração de entrega da contrafé;	II – a declaração de entrega da contrafé;
III – a nota de ciente ou certidão de que o interessado não a apôs no mandado.	III – a nota de ciente ou a certidão de que o interessado não a apôs no mandado.
Art. 240. Salvo disposição em contrário, os prazos para as partes, para a Fazenda Pública e para o Ministério Público contar-se-ão da intimação.	**Art. 230.** O prazo para a parte, o procurador, a Advocacia Pública, a Defensoria Pública e o Ministério Público será contado da citação, da intimação ou da notificação.
	Art. 222. [...]
Parágrafo único. As intimações consideram-se realizadas no primeiro dia útil seguinte, se tiverem ocorrido em dia em que não tenha havido expediente forense.	§ 1º Os dias do começo e do vencimento do prazo serão protraídos para o primeiro dia útil seguinte, **se coincidirem com dia em que o expediente forense for encerrado antes ou iniciado depois da hora normal ou houver indisponibilidade da comunicação eletrônica.**
Art. 241. Começa a correr o prazo:	**Art. 231. Salvo disposição em sentido diverso, considera-se dia do começo do prazo**:
I – quando a citação ou intimação for pelo correio, da data de juntada aos autos do aviso de recebimento;	I – a data de juntada aos autos do aviso de recebimento, quando a citação ou a intimação for pelo correio;
II – quando a citação ou intimação for por oficial de justiça, da data de juntada aos autos do mandado cumprido;	II – a data de juntada aos autos do mandado cumprido, quando a citação ou a intimação for por oficial de justiça;
III – quando houver vários réus, da data de juntada aos autos do último aviso de recebimento ou mandado citatório cumprido;	§ 1º Quando houver **mais de um réu**, o dia do começo do prazo para contestar corresponderá **à última das datas a que se referem os incisos I a VI do** *caput*.

Antigo CPC	Novo CPC
IV – quando o ato se realizar em cumprimento de carta de ordem, precatória ou rogatória, da data de sua juntada aos autos devidamente cumprida;	VI – a data de juntada **do comunicado de que trata o art. 232** ou, não havendo esse, a data de juntada da carta aos autos de origem devidamente cumprida, quando a citação ou a intimação se realizar em cumprimento de carta;
V – quando a citação for por edital, finda a dilação assinada pelo juiz.	IV – **o dia útil seguinte ao fim da** dilação assinada pelo juiz, quando a citação ou a intimação for por edital;
Art. 242. O prazo para a interposição de recurso conta-se da data, em que os advogados são intimados da decisão, da sentença ou do acórdão.	**Art. 1.003.** O prazo para interposição de recurso conta-se da data em que os advogados, **a sociedade de advogados, a Advocacia Pública, a Defensoria Pública ou o Ministério Público** são intimados da decisão.
§ 1º Reputam-se intimados na audiência, quando nesta é publicada a decisão ou a sentença.	§ 1º Os sujeitos previstos no *caput* considerar-se-ão intimados em audiência quando nesta for proferida a **decisão**.
§ 2º Havendo antecipação da audiência, o juiz, de ofício ou a requerimento da parte, mandará intimar pessoalmente os advogados para ciência da nova designação.	**Art. 363.** Havendo antecipação ou adiamento da audiência, o juiz, de ofício ou a requerimento da parte, determinará a intimação dos advogados ou da sociedade de advogados para ciência da nova designação.
CAPÍTULO V **Das Nulidades**	**TÍTULO III** **DAS NULIDADES**
Art. 243. Quando a lei prescrever determinada forma, sob pena de nulidade, a decretação desta não pode ser requerida pela parte que lhe deu causa.	**Art. 276.** Quando a lei prescrever determinada forma sob pena de nulidade, a decretação desta não pode ser requerida pela parte que lhe deu causa.
Art. 244. Quando a lei prescrever determinada forma, sem cominação de nulidade, o juiz considerará válido o ato se, realizado de outro modo, lhe alcançar a finalidade.	**Art. 277.** Quando a lei prescrever determinada forma, o juiz considerará válido o ato se, realizado de outro modo, lhe alcançar a finalidade.
Art. 245. A nulidade dos atos deve ser alegada na primeira oportunidade em que couber à parte falar nos autos, sob pena de preclusão.	**Art. 278.** A nulidade dos atos deve ser alegada na primeira oportunidade em que couber à parte falar nos autos, sob pena de preclusão.
Parágrafo único. Não se aplica esta disposição às nulidades que o juiz deva decretar de ofício, nem prevalece a preclusão, provando a parte legítimo impedimento.	**Parágrafo único.** Não se aplica o disposto no *caput* às nulidades que o juiz deva decretar de ofício, nem prevalece a preclusão provando a parte legítimo impedimento.
Art. 246. É nulo o processo, quando o Ministério Público não for intimado a acompanhar o feito em que deva intervir.	**Art. 279.** É nulo o processo quando o membro do Ministério Público não for intimado a acompanhar o feito em que deva intervir.
Parágrafo único. Se o processo tiver corrido, sem conhecimento do Ministério Público, o juiz o anulará a partir do momento em que o órgão devia ter sido intimado.	§ 1º Se o processo tiver tramitado sem conhecimento do **membro** do Ministério Público, o juiz **invalidará os atos praticados** a partir do momento em que ele deveria ter sido intimado.
Art. 247. As citações e as intimações serão nulas, quando feitas sem observância das prescrições legais.	**Art. 280.** As citações e as intimações serão nulas quando feitas sem observância das prescrições legais.
Art. 248. Anulado o ato, reputam-se de nenhum efeito todos os subsequentes, que dele dependam; todavia, a nulidade de uma parte do ato não prejudicará as outras, que dela sejam independentes.	**Art. 281.** Anulado o ato, **consideram-se** de nenhum efeito todos os subsequentes que dele dependam, todavia, a nulidade de uma parte do ato não prejudicará as outras que dela sejam independentes.
Art. 249. O juiz, ao pronunciar a nulidade, declarará que atos são atingidos, ordenando as providências necessárias, a fim de que sejam repetidos, ou retificados.	**Art. 282.** Ao pronunciar a nulidade, o juiz declarará que atos são atingidos e ordenará as providências necessárias a fim de que sejam repetidos ou retificados.
§ 1º O ato não se repetirá nem se lhe suprirá a falta quando não prejudicar a parte.	§ 1º O ato não será repetido nem sua falta será suprida quando não prejudicar a parte.
§ 2º Quando puder decidir do mérito a favor da parte a quem aproveite a declaração da nulidade, o juiz não a pronunciará nem mandará repetir o ato, ou suprir-lhe a falta.	§ 2º Quando puder decidir o mérito a favor da parte a quem aproveite a decretação da nulidade, o juiz não a pronunciará nem mandará repetir o ato ou suprir-lhe a falta.
Art. 250. O erro de forma do processo acarreta unicamente a anulação dos atos que não possam ser aproveitados, devendo praticar-se os que forem necessários, a fim de se observarem, quanto possível, as prescrições legais.	**Art. 283.** O erro de forma do processo acarreta unicamente a anulação dos atos que não possam ser aproveitados, devendo ser praticados os que forem necessários a fim de se observarem as prescrições legais.
Parágrafo único. Dar-se-á o aproveitamento dos atos praticados, desde que não resulte prejuízo à defesa.	**Parágrafo único.** Dar-se-á o aproveitamento dos atos praticados desde que não resulte prejuízo à defesa de qualquer parte.
CAPÍTULO VI **De Outros Atos Processuais**	
Seção I **Da Distribuição e do Registro**	**TÍTULO IV** **DA DISTRIBUIÇÃO E DO REGISTRO**
Art. 251. Todos os processos estão sujeitos a registro, devendo ser distribuídos onde houver mais de um juiz ou mais de um escrivão.	**Art. 284.** Todos os processos estão sujeitos a registro, devendo ser distribuídos onde houver mais de um juiz.
Art. 252. Será alternada a distribuição entre juízes e escrivães, obedecendo a rigorosa igualdade.	**Art. 285.** A distribuição, **que poderá ser eletrônica**, será alternada **e aleatória**, obedecendo-se rigorosa igualdade.

Art. 253. Distribuir-se-ão por dependência as causas de qualquer natureza:	**Art. 286.** Serão distribuídas por dependência as causas de qualquer natureza:
I – quando se relacionarem, por conexão ou continência, com outra já ajuizada;	I – quando se relacionarem, por conexão ou continência, com outra já ajuizada;
II – quando, tendo sido extinto o processo, sem julgamento de mérito, for reiterado o pedido, ainda que em litisconsórcio com outros autores ou que sejam parcialmente alterados os réus da demanda;	II – quando, tendo sido extinto o processo **sem resolução de mérito**, for reiterado o pedido, ainda que em litisconsórcio com outros autores ou que sejam parcialmente alterados os réus da demanda;
III – quando houver ajuizamento de ações idênticas, ao juízo prevento.	III – quando houver ajuizamento de ações nos termos do art. 55, § 3º, ao juízo prevento.
Parágrafo único. Havendo reconvenção ou intervenção de terceiro, o juiz, de ofício, mandará proceder à respectiva anotação pelo distribuidor.	**Parágrafo único.** Havendo intervenção de terceiro, reconvenção **ou outra hipótese de ampliação objetiva do processo**, o juiz, de ofício, mandará proceder à respectiva anotação pelo distribuidor.
Art. 254. É defeso distribuir a petição não acompanhada do instrumento do mandato, salvo:	**Art. 287.** A petição inicial deve vir acompanhada de procuração, que conterá os endereços do advogado, eletrônico e não eletrônico.
I – se o requerente postular em causa própria;	
II – se a procuração estiver junta aos autos principais;	
III – no caso previsto no art. 37.	
Art. 255. O juiz, de ofício ou a requerimento do interessado, corrigirá o erro ou a falta de distribuição, compensando-a.	**Art. 288.** O juiz, de ofício ou a requerimento do interessado, corrigirá o erro ou compensará a falta de distribuição.
Art. 256. A distribuição poderá ser fiscalizada pela parte ou por seu procurador.	**Art. 289.** A distribuição poderá ser fiscalizada pela parte, por seu procurador, **pelo Ministério Público e pela Defensoria Pública**.
Art. 257. Será cancelada a distribuição do feito que, em 30 (trinta) dias, não for preparado no cartório em que deu entrada.	**Art. 290.** Será cancelada a distribuição do feito **se a parte, intimada na pessoa de seu advogado, não realizar o pagamento das custas e despesas de ingresso em 15 (quinze) dias.**
Seção II *Do Valor da Causa*	TÍTULO V Do Valor da Causa
Art. 258. A toda causa será atribuído um valor certo, ainda que não tenha conteúdo econômico imediato.	**Art. 291.** A toda causa será atribuído valor certo, ainda que não tenha conteúdo econômico **imediatamente aferível.**
Art. 259. O valor da causa constará sempre da petição inicial e será:	**Art. 292.** O valor da causa constará da petição inicial **ou da reconvenção** e será:
I – na ação de cobrança de dívida, a soma do principal, da pena e dos juros vencidos até a propositura da ação;	I – na ação de cobrança de dívida, a soma **monetariamente corrigida** do principal, dos juros de mora vencidos e de outras penalidades, **se houver**, até a data de propositura da ação;
II – havendo cumulação de pedidos, a quantia correspondente à soma dos valores de todos eles;	VI – na ação em que há cumulação de pedidos, a quantia correspondente à soma dos valores de todos eles;
III – sendo alternativos os pedidos, o de maior valor;	VII – na ação em que os pedidos são alternativos, o de maior valor;
IV – se houver também pedido subsidiário, o valor do pedido principal;	VIII – na ação em que houver pedido subsidiário, o valor do pedido principal.
V – quando o litígio tiver por objeto a existência, validade, cumprimento, modificação ou rescisão de negócio jurídico, o valor do contrato;	II – na ação que tiver por objeto a existência, a validade, o cumprimento, a modificação, a **resolução, a resilição** ou a rescisão de ato jurídico, **o valor do ato ou o de sua parte controvertida;**
VI – na ação de alimentos, a soma de 12 (doze) prestações mensais, pedidas pelo autor;	III – na ação de alimentos, a soma de 12 (doze) prestações mensais pedidas pelo autor;
VII – na ação de divisão, de demarcação e de reivindicação, a estimativa oficial para lançamento do imposto.	IV – na ação de divisão, de demarcação e de reivindicação, **o valor de avaliação da área ou do bem objeto do pedido**;
Art. 260. Quando se pedirem prestações vencidas e vincendas, tomar-se-á em consideração o valor de umas e outras. O valor das prestações vincendas será igual a uma prestação anual, se a obrigação for por tempo indeterminado, ou por tempo superior a 1 (um) ano; se, por tempo inferior, será igual à soma das prestações.	§ 1º Quando se pedirem prestações vencidas e vincendas, considerar-se-á o valor de umas e outras. § 2º O valor das prestações vincendas será igual a uma prestação anual, se a obrigação for por tempo indeterminado ou por tempo superior a 1 (um) ano, e, se por tempo inferior, será igual à soma das prestações.
Art. 261. O réu poderá impugnar, no prazo da contestação, o valor atribuído à causa pelo autor. A impugnação será autuada em apenso, ouvindo-se o autor no prazo de 5 (cinco) dias. Em seguida o juiz, sem suspender o processo, servindo-se, quando necessário, do auxílio de perito, determinará, no prazo de 10 (dez) dias, o valor da causa.	**Art. 293.** O réu poderá impugnar, em preliminar da contestação, o valor atribuído à causa pelo autor, **sob pena de preclusão**, e **o juiz decidirá a respeito, impondo, se for o caso, a complementação das custas.**
Parágrafo único. Não havendo impugnação, presume-se aceito o valor atribuído à causa na petição inicial.	

Antigo CPC	Novo CPC
TÍTULO VI Da Formação, da Suspensão e da Extinção do Processo	**LIVRO VI** DA FORMAÇÃO, DA SUSPENSÃO E DA EXTINÇÃO DO PROCESSO
Capítulo I Da Formação do Processo	**TÍTULO I** Da Formação do Processo
Art. 262. O processo civil começa por iniciativa da parte, mas se desenvolve por impulso oficial.	**Art. 2º** O processo começa por iniciativa da **parte e se desenvolve por impulso oficial, salvo as exceções previstas em lei**.
Art. 263. Considera-se proposta a ação, tanto que a petição inicial seja despachada pelo juiz, ou simplesmente distribuída, onde houver mais de uma vara. A propositura da ação, todavia, só produz, quanto ao réu, os efeitos mencionados no art. 219 depois que for validamente citado.	**Art. 312.** Considera-se proposta a ação quando a petição inicial **for protocolada**, todavia, a propositura da ação só produz quanto ao réu os efeitos mencionados no art. 240 depois que for validamente citado.
Art. 264. Feita a citação, é defeso ao autor modificar o pedido ou a causa de pedir, sem o consentimento do réu, mantendo-se as mesmas partes, salvo as substituições permitidas por lei. **Parágrafo único.** A alteração do pedido ou da causa de pedir em nenhuma hipótese será permitida após o saneamento do processo.	**Art. 329.** O autor poderá: [...] II – até o saneamento do processo, aditar **ou alterar o pedido e a causa de pedir, com consentimento do réu, assegurado o contraditório mediante a possibilidade de manifestação deste no prazo mínimo de 15 (quinze) dias, facultado o requerimento de prova suplementar**.
Capítulo II Da Suspensão do Processo	**TÍTULO II** Da Suspensão do Processo
Art. 265. Suspende-se o processo:	**Art. 313.** Suspende-se o processo:
I – pela morte ou perda da capacidade processual de qualquer das partes, de seu representante legal ou de seu procurador;	I – pela morte ou pela perda da capacidade processual de qualquer das partes, de seu representante legal ou de seu procurador;
II – pela convenção das partes;	II – pela convenção das partes;
III – quando for oposta exceção de incompetência do juízo, da câmara ou do tribunal, bem como de suspeição ou impedimento do juiz;	III – pela **arguição de impedimento ou** de **suspeição**;
IV – quando a sentença de mérito:	V – quando a sentença de mérito:
a) depender do julgamento de outra causa, ou da declaração da existência ou inexistência da relação jurídica, que constitua o objeto principal de outro processo pendente;	a) depender do julgamento de outra causa ou da declaração de existência ou de inexistência de relação jurídica que constitua o objeto principal de outro processo pendente;
b) não puder ser proferida senão depois de verificado determinado fato, ou de produzida certa prova, requisitada a outro juízo;	b) **tiver de ser proferida somente** após a verificação de determinado fato ou a produção de certa prova, requisitada a outro juízo;
c) tiver por pressuposto o julgamento de questão de estado, requerido como declaração incidente;	
V – por motivo de força maior;	VI – por motivo de força maior;
VI – nos demais casos, que este Código regula.	VIII – nos demais casos que este Código regula.
§ 1º No caso de morte ou perda da capacidade processual de qualquer das partes, ou de seu representante legal, provado o falecimento ou a incapacidade, o juiz suspenderá o processo, salvo se já tiver iniciado a audiência de instrução e julgamento; caso em que:	§ 1º Na hipótese do inciso I, o juiz suspenderá o processo, nos termos do art. 689.
a) o advogado continuará no processo até o encerramento da audiência;	
b) o processo só se suspenderá a partir da publicação da sentença ou do acórdão.	
§ 2º No caso de morte do procurador de qualquer das partes, ainda que iniciada a audiência de instrução e julgamento, o juiz marcará, a fim de que a parte constitua novo mandatário, o prazo de 20 (vinte) dias, findo o qual extinguirá o processo sem julgamento do mérito, se o autor não nomear novo mandatário, ou mandará prosseguir no processo, à revelia do réu, tendo falecido o advogado deste.	§ 3º No caso de morte do procurador de qualquer das partes, ainda que iniciada a audiência de instrução e julgamento, o juiz **determinará** que a parte constitua novo mandatário, **no prazo de 15 (quinze) dias**, ao final do qual extinguirá o processo sem **resolução** de mérito, se o autor não nomear novo mandatário, ou ordenará o prosseguimento do processo à revelia do réu, se falecido o **procurador** deste.
§ 3º A suspensão do processo por convenção das partes, de que trata o nº II, nunca poderá exceder 6 (seis) meses; findo o prazo, o escrivão fará os autos conclusos ao juiz, que ordenará o prosseguimento do processo.	§ 4º O prazo de suspensão do processo nunca poderá exceder 1 (um) ano nas hipóteses do inciso V e 6 (seis) meses naquela prevista no inciso II.
§ 4º No caso do nº III, a exceção, em primeiro grau da jurisdição, será processada na forma do disposto neste Livro, Título VIII, Capítulo II, Seção III; e, no tribunal, consoante lhe estabelecer o regimento interno.	
§ 5º Nos casos enumerados nas letras a, b e c do nº IV, o período de suspensão nunca poderá exceder 1 (um) ano. Findo este prazo, o juiz mandará prosseguir no processo.	§ 5º O juiz determinará o prosseguimento do processo assim que esgotados os prazos previstos no § 4º.

COMPARATIVO ANTIGO CPC X NOVO CPC

Art. 266. Durante a suspensão é defeso praticar qualquer ato processual; poderá o juiz, todavia, determinar a realização de atos urgentes, a fim de evitar dano irreparável.	**Art. 314.** Durante a suspensão é vedado praticar qualquer ato processual, podendo o juiz, todavia, determinar a realização de atos urgentes a fim de evitar dano irreparável, **salvo no caso de arguição de impedimento e de suspeição**.
	CAPÍTULO XIII **Da Sentença e da Coisa Julgada**
CAPÍTULO III **Da Extinção do Processo**	
	Seção I *Das Disposições Gerais*
Art. 267. Extingue-se o processo, sem resolução de mérito:	**Art. 485. O juiz não resolverá** o mérito quando:
I – quando o juiz indeferir a petição inicial;	I – indeferir a petição inicial;
II – quando ficar parado durante mais de 1 (um) ano por negligência das partes;	II – o processo ficar parado durante mais de 1 (um) ano por negligência das partes;
III – quando, por não promover os atos e diligências que lhe competir, o autor abandonar a causa por mais de 30 (trinta) dias;	III – por não promover os atos e as diligências que lhe incumbir, o autor abandonar a causa por mais de 30 (trinta) dias;
IV – quando se verificar a ausência de pressupostos de constituição e de desenvolvimento válido e regular do processo;	IV – verificar a ausência de pressupostos de constituição e de desenvolvimento válido e regular do processo;
V – quando o juiz acolher a alegação de peremção, litispendência ou de coisa julgada;	V – **reconhecer a existência** de peremção, de litispendência ou de coisa julgada;
VI – quando não concorrer qualquer das condições da ação, como a possibilidade jurídica, a legitimidade das partes e o interesse processual;	VI – verificar ausência de legitimidade ou de interesse processual;
VII – pela convenção de arbitragem;	VII – **acolher a alegação de existência de** convenção de arbitragem **ou quando o juízo arbitral reconhecer sua competência;**
VIII – quando o autor desistir da ação;	VIII – **homologar** a desistência da ação;
IX – quando a ação for considerada intransmissível por disposição legal;	IX – **em caso de morte da parte,** a ação for considerada intransmissível por disposição legal; e
X – quando ocorrer confusão entre autor e réu;	
XI – nos demais casos prescritos neste Código.	X – nos demais casos prescritos neste Código.
§ 1º O juiz ordenará, nos casos dos ns. II e III, o arquivamento dos autos, declarando a extinção do processo, se a parte, intimada pessoalmente, não suprir a falta em 48 (quarenta e oito) horas.	§ 1º Nas hipóteses descritas nos incisos II e III, a parte será intimada pessoalmente **para suprir a falta no prazo de 5 (cinco) dias**.
§ 2º No caso do parágrafo anterior, quanto ao nº II, as partes pagarão proporcionalmente as custas, e, quanto ao nº III, o autor será condenado ao pagamento das despesas e honorários de advogado (art. 28).	§ 2º No caso do § 1º, quanto ao inciso II, as partes pagarão proporcionalmente as custas, e, quanto ao inciso III, o autor será condenado ao pagamento das despesas e dos honorários de advogado.
§ 3º O juiz conhecerá de ofício, em qualquer tempo e grau de jurisdição, enquanto não proferida a sentença de mérito, da matéria constante dos ns. IV, V e VI; todavia, o réu que a não alegar, na primeira oportunidade em que lhe caiba falar nos autos, responderá pelas custas de retardamento.	§ 3º O juiz conhecerá de ofício da matéria constante dos incisos IV, V, VI e IX, em qualquer tempo e grau de jurisdição, **enquanto não ocorrer o trânsito em julgado**.
§ 4º Depois de decorrido o prazo para a resposta, o autor não poderá, sem o consentimento do réu, desistir da ação.	§ 4º **Oferecida a contestação**, o autor não poderá, sem o consentimento do réu, desistir da ação.
Art. 268. Salvo o disposto no art. 267, V, a extinção do processo não obsta a que o autor intente de novo a ação. A petição inicial, todavia, não será despachada sem a prova do pagamento ou do depósito das custas e dos honorários de advogado.	**Art. 486. O pronunciamento judicial que não resolve o mérito** não obsta a que a parte proponha de novo a ação.
Parágrafo único. Se o autor der causa, por três vezes, à extinção do processo pelo fundamento previsto no nº III do artigo anterior, não poderá intentar nova ação contra o réu com o mesmo objeto, ficando-lhe ressalvada, entretanto, a possibilidade de alegar em defesa o seu direito.	§ 3º Se o autor der causa, por 3 (três) vezes, a sentença fundada em abandono da causa, não poderá propor nova ação contra o réu com o mesmo objeto, ficando-lhe ressalvada, entretanto, a possibilidade de alegar em defesa o seu direito.
Art. 269. Haverá resolução de mérito:	**Art. 487.** Haverá resolução de mérito quando **o juiz**:
I – quando o juiz acolher ou rejeitar o pedido do autor;	I – acolher ou rejeitar o pedido formulado **na ação ou na reconvenção**;
II – quando o réu reconhecer a procedência do pedido;	III – **homologar**:
	a) o reconhecimento da procedência do pedido formulado na ação **ou na reconvenção**;
III – quando as partes transigirem;	*b)* a transação;
IV – quando o juiz pronunciar a decadência ou a prescrição;	II – decidir, **de ofício ou a requerimento**, sobre a ocorrência de decadência ou prescrição;
	III – [...]
V – quando o autor renunciar ao direito sobre que se funda a ação.	*c)* a renúncia à pretensão formulada na ação **ou na reconvenção**.

TÍTULO VII
Do Processo e do Procedimento

Capítulo I
Das Disposições Gerais

Antigo CPC	Novo CPC
Art. 270. Este Código regula o processo de conhecimento (Livro I), de execução (Livro II), cautelar (Livro III) e os procedimentos especiais (Livro IV).	
Art. 271. Aplica-se a todas as causas o procedimento comum, salvo disposição em contrário deste Código ou de lei especial.	**Art. 318.** Aplica-se a todas as causas o procedimento comum, salvo disposição em contrário deste Código ou de lei.
Art. 272. O procedimento comum é ordinário ou sumário.	**Parágrafo único.** O procedimento comum aplica-se subsidiariamente aos demais procedimentos especiais e ao processo de execução.
Parágrafo único. O procedimento especial e o procedimento sumário regem-se pelas disposições que lhes são próprias, aplicando-se-lhes, subsidiariamente, as disposições gerais do procedimento ordinário.	
Art. 273. O juiz poderá, a requerimento da parte, antecipar, total ou parcialmente, os efeitos da tutela pretendida no pedido inicial, desde que, existindo prova inequívoca, se convença da verossimilhança da alegação e:	**Art. 294.** A tutela provisória pode fundamentar-se em **urgência ou evidência**.
I – haja fundado receio de dano irreparável ou de difícil reparação; ou	**Art. 300.** A tutela de urgência será concedida quando houver **elementos que** evidenciem **a probabilidade do direito e o perigo de dano ou o risco ao resultado útil do processo.**
II – fique caracterizado o abuso de direito de defesa ou o manifesto propósito protelatório do réu.	
§ 1º Na decisão que antecipar a tutela, o juiz indicará, de modo claro e preciso, as razões do seu convencimento.	**Art. 298.** Na decisão que **conceder, negar, modificar ou revogar** a tutela provisória, o juiz motivará seu convencimento de modo claro e preciso.
	Art. 300. [...]
§ 2º Não se concederá a antecipação da tutela quando houver perigo de irreversibilidade do provimento antecipado.	§ 3º A tutela de urgência de natureza antecipada não será concedida quando houver perigo de irreversibilidade dos efeitos da decisão.
§ 3º A efetivação da tutela antecipada observará, no que couber e conforme sua natureza, as normas previstas nos arts. 588, 461, §§ 4º e 5º, e 461-A.	
§ 4º A tutela antecipada poderá ser revogada ou modificada a qualquer tempo, em decisão fundamentada.	**Art. 296.** A tutela provisória **conserva sua eficácia na pendência do processo, mas** pode, a qualquer tempo, ser revogada ou modificada.
§ 5º Concedida ou não a antecipação da tutela, prosseguirá o processo até final julgamento.	
§ 6º A tutela antecipada também poderá ser concedida quando um ou mais dos pedidos cumulados, ou parcela deles, mostrar-se incontroverso.	
	Art. 305. [...]
§ 7º Se o autor, a título de antecipação de tutela, requerer providência de natureza cautelar, poderá o juiz, quando presentes os respectivos pressupostos, deferir a medida cautelar em caráter incidental do processo ajuizado.	**Parágrafo único.** Caso entenda que o pedido a que se refere o *caput* tem natureza antecipada, o juiz observará o disposto no art. 303.

Capítulo II
Do Procedimento Ordinário

Antigo CPC	Novo CPC
Art. 274. O procedimento ordinário reger-se-á segundo as disposições dos Livros I e II deste Código.	

Capítulo III
Do Procedimento Sumário

Antigo CPC	Novo CPC
Art. 275. Observar-se-á o procedimento sumário:	
I – nas causas cujo valor não exceda a 60 (sessenta) vezes o valor do salário mínimo;	
II – nas causas, qualquer que seja o valor	
a) de arrendamento rural e de parceria agrícola;	
b) de cobrança ao condômino de quaisquer quantias devidas ao condomínio;	
c) de ressarcimento por danos em prédio urbano ou rústico;	
d) de ressarcimento por danos causados em acidente de veículo de via terrestre;	

e) de cobrança de seguro, relativamente aos danos causados em acidente de veículo, ressalvados os casos de processo de execução;	
f) de cobrança de honorários dos profissionais liberais, ressalvado o disposto em legislação especial;	
g) que versem sobre revogação de doação;	
h) nos demais casos previstos em lei.	
Parágrafo único. Este procedimento não será observado nas ações relativas ao estado e à capacidade das pessoas.	
Art. 276. Na petição inicial, o autor apresentará o rol de testemunhas e, se requerer perícia, formulará quesitos, podendo indicar assistente técnico.	
Art. 277. O juiz designará a audiência de conciliação a ser realizada no prazo de trinta dias, citando-se o réu com a antecedência mínima de dez dias e sob advertência prevista no § 2º deste artigo, determinando o comparecimento das partes. Sendo ré a Fazenda Pública, os prazos contar-se-ão em dobro.	
§ 1º A conciliação será reduzida a termo e homologada por sentença, podendo o juiz ser auxiliado por conciliador.	
§ 2º Deixando injustificadamente o réu de comparecer à audiência, reputar-se-ão verdadeiros os fatos alegados na petição inicial (art. 319), salvo se o contrário resultar da prova dos autos, proferindo o juiz, desde logo, a sentença.	
§ 3º As partes comparecerão pessoalmente à audiência, podendo fazer-se representar por preposto com poderes para transigir.	
§ 4º O juiz, na audiência, decidirá de plano a impugnação ao valor da causa ou a controvérsia sobre a natureza da demanda, determinando, se for o caso, a conversão do procedimento sumário em ordinário.	
§ 5º A conversão também ocorrerá quando houver necessidade de prova técnica de maior complexidade.	
Art. 278. Não obtida a conciliação, oferecerá o réu, na própria audiência, resposta escrita ou oral, acompanhada de documentos e rol de testemunhas e, se requerer perícia, formulará seus quesitos desde logo, podendo indicar assistente técnico.	
§ 1º É lícito ao réu, na contestação, formular pedido em seu favor, desde que fundado nos mesmos fatos referidos na inicial.	
§ 2º Havendo necessidade de produção de prova oral e não ocorrendo qualquer das hipóteses previstas nos arts. 329 e 330, I e II, será designada audiência de instrução e julgamento para data próxima, não excedente de trinta dias, salvo se houver determinação de perícia.	
Art. 279. Os atos probatórios realizados em audiência poderão ser documentados mediante taquigrafia, estenotipia ou outro método hábil de documentação, fazendo-se a respectiva transcrição se a determinar o juiz.	
Parágrafo único. Nas comarcas ou varas em que não for possível a taquigrafia, a estenotipia ou outro método de documentação, os depoimentos serão reduzidos a termo, do qual constará apenas o essencial.	
Art. 280. No procedimento sumário não são admissíveis a ação declaratória incidental e a intervenção de terceiros, salvo a assistência, o recurso de terceiro prejudicado e a intervenção fundada em contrato de seguro.	
Art. 281. Findos a instrução e os debates orais, o juiz proferirá sentença na própria audiência ou no prazo de dez dias.	
<center>**TÍTULO VIII** Do Procedimento Ordinário</center>	
<center>**Capítulo I** Da Petição Inicial</center>	<center>**Capítulo II** Da Petição Inicial</center>
<center>Seção I *Dos Requisitos da Petição Inicial*</center>	<center>Seção I *Dos Requisitos da Petição Inicial*</center>
Art. 282. A petição inicial indicará:	**Art. 319.** A petição inicial indicará:
I – o juiz ou tribunal, a que é dirigida;	I – o juízo a que é dirigida;

Antigo CPC	Novo CPC
II – os nomes, prenomes, estado civil, profissão, domicílio e residência do autor e do réu;	II – os nomes, os prenomes, o estado civil, **a existência de união estável, a profissão, o número de inscrição no Cadastro de Pessoas Físicas ou no Cadastro Nacional da Pessoa Jurídica, o endereço eletrônico,** o domicílio e a residência do autor e do réu;
III – o fato e os fundamentos jurídicos do pedido;	III – o fato e os fundamentos jurídicos do pedido;
IV – o pedido, com as suas especificações;	IV – o pedido com as suas especificações;
V – o valor da causa;	V – o valor da causa;
VI – as provas com que o autor pretende demonstrar a verdade dos fatos alegados;	VI – as provas com que o autor pretende demonstrar a verdade dos fatos alegados;
VII – o requerimento para a citação do réu.	
Art. 283. A petição inicial será instruída com os documentos indispensáveis à propositura da ação.	**Art. 320.** A petição inicial será instruída com os documentos indispensáveis à propositura da ação.
Art. 284. Verificando o juiz que a petição inicial não preenche os requisitos exigidos nos arts. 282 e 283, ou que apresenta defeitos e irregularidades capazes de dificultar o julgamento de mérito, determinará que o autor a emende, ou a complete, no prazo de 10 (dez) dias.	**Art. 321.** O juiz, ao verificar que a petição inicial não preenche os requisitos dos arts. 319 e 320 ou que apresenta defeitos e irregularidades capazes de dificultar o julgamento de mérito, determinará que o autor, **no prazo de 15 (quinze) dias**, a emende ou a complete, **indicando com precisão o que deve ser corrigido ou completado.**
Parágrafo único. Se o autor não cumprir a diligência, o juiz indeferirá a petição inicial.	**Parágrafo único.** Se o autor não cumprir a diligência, o juiz indeferirá a petição inicial.
Art. 285. Estando em termos a petição inicial, o juiz a despachará, ordenando a citação do réu, para responder; do mandado constará que, não sendo contestada a ação, se presumirão aceitos pelo réu, como verdadeiros, os fatos articulados pelo autor.	**Art. 334.** Se a petição inicial preencher os requisitos essenciais e não for o caso de improcedência liminar do pedido, o juiz designará audiência de conciliação ou de mediação com antecedência mínima de 30 (trinta) dias, devendo ser citado o réu com pelo menos 20 (vinte) dias de antecedência.
	CAPÍTULO III **Da Improcedência Liminar do Pedido**
Art. 285-A. Quando a matéria controvertida for unicamente de direito e no juízo já houver sido proferida sentença de total improcedência em outros casos idênticos, poderá ser dispensada a citação e proferida sentença, reproduzindo-se o teor da anteriormente prolatada.	**Art. 332. Nas causas que dispensem a fase instrutória,** o juiz, independentemente da citação do réu, julgará liminarmente improcedente o pedido que contrariar:
§ 1º Se o autor apelar, é facultado ao juiz decidir, no prazo de 5 (cinco) dias, não manter a sentença e determinar o prosseguimento da ação.	§ 3º Interposta a apelação, o juiz poderá retratar-se em 5 (cinco) dias.
§ 2º Caso seja mantida a sentença, será ordenada a citação do réu para responder ao recurso.	§ 4º **Se houver retratação,** o juiz determinará o prosseguimento do processo, com a citação do réu, e, **se não houver retratação, determinará a citação do réu para apresentar contrarrazões, no prazo de 15 (quinze) dias.**
Art. 285-B. Nos litígios que tenham por objeto obrigações decorrentes de empréstimo, financiamento ou arrendamento mercantil, o autor deverá discriminar na petição inicial, dentre as obrigações contratuais, aquelas que pretende controverter, quantificando o valor incontroverso.	**Art. 330.** [...] § 2º Nas ações que tenham por objeto a revisão de obrigação decorrente de empréstimo, de financiamento ou de alienação de bens, o autor terá de, sob pena de inépcia, discriminar na petição inicial, dentre as obrigações contratuais, aquelas que pretende controverter, além de quantificar o valor incontroverso do débito.
§ 1º O valor incontroverso deverá continuar sendo pago no tempo e modo contratados.	§ 3º Na hipótese do § 2º, o valor incontroverso deverá continuar a ser pago no tempo e modo contratados.
§ 2º O devedor ou arrendatário não se exime da obrigação de pagamento dos tributos, multas e taxas incidentes sobre os bens vinculados e de outros encargos previstos em contrato, exceto se a obrigação de pagar não for de sua responsabilidade, conforme contrato, ou for objeto de suspensão em medida liminar, em medida cautelar ou antecipação dos efeitos da tutela.	
Seção II *Do Pedido*	Seção II *Do Pedido*
Art. 286. O pedido deve ser certo ou determinado. É lícito, porém, formular pedido genérico:	**Art. 322.** O pedido deve ser certo. **Art. 324.** O pedido deve ser determinado. § 1º É lícito, porém, formular pedido genérico:
I – nas ações universais, se não puder o autor individuar na petição os bens demandados;	I – nas ações universais, se o autor não puder individuar os bens demandados;
II – quando não for possível determinar, de modo definitivo, as consequências do ato ou do fato ilícito;	II – quando não for possível determinar, **desde logo,** as consequências do ato ou do fato;
III – quando a determinação do valor da condenação depender de ato que deva ser praticado pelo réu.	III – quando a determinação **do objeto** ou do valor da condenação depender de ato que deva ser praticado pelo réu.

Art. 287. Se o autor pedir que seja imposta ao réu a abstenção da prática de algum ato, tolerar alguma atividade, prestar ato ou entregar coisa, poderá requerer cominação de pena pecuniária para o caso de descumprimento da sentença ou da decisão antecipatória de tutela (arts. 461, § 4º, e 461-A).	
Art. 288. O pedido será alternativo, quando, pela natureza da obrigação, o devedor puder cumprir a prestação de mais de um modo.	**Art. 325.** O pedido será alternativo quando, pela natureza da obrigação, o devedor puder cumprir a prestação de mais de um modo.
Parágrafo único. Quando, pela lei ou pelo contrato, a escolha couber ao devedor, o juiz lhe assegurará o direito de cumprir a prestação de um ou de outro modo, ainda que o autor não tenha formulado pedido alternativo.	**Parágrafo único.** Quando, pela lei ou pelo contrato, a escolha couber ao devedor, o juiz lhe assegurará o direito de cumprir a prestação de um ou de outro modo, ainda que o autor não tenha formulado pedido alternativo.
Art. 289. É lícito formular mais de um pedido em ordem sucessiva, a fim de que o juiz conheça do posterior, em não podendo acolher o anterior.	**Art. 326.** É lícito formular mais de um pedido em ordem **subsidiária**, a fim de que o juiz conheça do posterior, quando não acolher o anterior.
Art. 290. Quando a obrigação consistir em prestações periódicas, considerar-se-ão elas incluídas no pedido, independentemente de declaração expressa do autor; se o devedor, no curso do processo, deixar de pagá-las ou de consigná-las, a sentença as incluirá na condenação, enquanto durar a obrigação.	**Art. 323.** Na ação que tiver por objeto cumprimento de obrigação em prestações **sucessivas**, essas serão consideradas incluídas no pedido, independentemente de declaração expressa do autor, e serão incluídas na condenação, enquanto durar a obrigação, se o devedor, no curso do processo, deixar de pagá-las ou de consigná-las.
Art. 291. Na obrigação indivisível com pluralidade de credores, aquele que não participou do processo receberá a sua parte, deduzidas as despesas na proporção de seu crédito.	**Art. 328.** Na obrigação indivisível com pluralidade de credores, aquele que não participou do processo receberá sua parte, deduzidas as despesas na proporção de seu crédito.
Art. 292. É permitida a cumulação, num único processo, contra o mesmo réu, de vários pedidos, ainda que entre eles não haja conexão.	**Art. 327.** É **lícita** a cumulação, em um único processo, contra o mesmo réu, de vários pedidos, ainda que entre eles não haja conexão.
§ 1º São requisitos de admissibilidade da cumulação:	§ 1º São requisitos de admissibilidade da cumulação que:
I – que os pedidos sejam compatíveis entre si;	I – os pedidos sejam compatíveis entre si;
II – que seja competente para conhecer deles o mesmo juízo;	II – seja competente para conhecer deles o mesmo juízo;
III – que seja adequado para todos os pedidos o tipo de procedimento.	III – seja adequado para todos os pedidos o tipo de procedimento.
§ 2º Quando, para cada pedido, corresponder tipo diverso de procedimento, admitir-se-á a cumulação, se o autor empregar o procedimento ordinário.	§ 2º Quando, para cada pedido, corresponder tipo diverso de procedimento, será admitida a cumulação se o autor empregar o **procedimento comum, sem prejuízo do emprego das técnicas processuais diferenciadas previstas nos procedimentos especiais a que se sujeitam um ou mais pedidos cumulados, que não forem incompatíveis com as disposições sobre o procedimento comum.**
Art. 293. Os pedidos são interpretados restritivamente, compreendendo-se, entretanto, no principal os juros legais.	**Art. 322.** [...].§ 2º A interpretação do pedido considerará o conjunto da postulação e observará o princípio da boa-fé.
	§ 1º Compreendem-se no principal os juros legais, a correção monetária e as verbas de sucumbência, inclusive os honorários advocatícios.
Art. 294. Antes da citação, o autor poderá aditar o pedido, correndo à sua conta as custas acrescidas em razão dessa iniciativa.	**Art. 329.** O autor poderá:
	I – até a citação, aditar **ou alterar** o pedido ou a causa de pedir, **independentemente** de **consentimento do réu;**
Seção III *Do Indeferimento da Petição Inicial*	Seção III *Do Indeferimento da Petição Inicial*
Art. 295. A petição inicial será indeferida:	**Art. 330.** A petição inicial será indeferida quando:
I – quando for inepta;	I – for inepta;
II – quando a parte for manifestamente ilegítima;	II – a parte for manifestamente ilegítima;
III – quando o autor carecer de interesse processual;	III – o autor carecer de interesse processual;
IV – quando o juiz verificar, desde logo, a decadência ou a prescrição (art. 219, § 5º);	**Art. 332.** [...] § 1º O juiz também poderá julgar liminarmente improcedente o pedido se verificar, desde logo, a ocorrência de decadência ou de prescrição.
V – quando o tipo de procedimento, escolhido pelo autor, não corresponder à natureza da causa, ou ao valor da ação; caso em que só não será indeferida, se puder adaptar-se ao tipo de procedimento legal;	
VI – quando não atendidas as prescrições dos arts. 39, parágrafo único, primeira parte, e 284.	**Art. 330.** [...] IV – não atendidas as prescrições dos arts. 106 e 321.
Parágrafo único. Considera-se inepta a petição inicial quando:	§ 1º Considera-se inepta a petição inicial quando:
I – lhe faltar pedido ou causa de pedir;	I – lhe faltar pedido ou causa de pedir;

Antigo CPC	Novo CPC
II – da narração dos fatos não decorrer logicamente a conclusão;	III – da narração dos fatos não decorrer logicamente a conclusão;
III – o pedido for juridicamente impossível;	
IV – contiver pedidos incompatíveis entre si.	IV – contiver pedidos incompatíveis entre si.
Art. 296. Indeferida a petição inicial, o autor poderá apelar, facultado ao juiz, no prazo de 48 (quarenta e oito) horas, reformar sua decisão.	**Art. 331.** Indeferida a petição inicial, o autor poderá apelar, facultado ao juiz, no prazo de 5 (cinco) dias, retratar-se.
Parágrafo único. Não sendo reformada a decisão, os autos serão imediatamente encaminhados ao tribunal competente.	§ 1º Se não houver retratação, o juiz mandará citar o réu para responder ao recurso.
Capítulo II Da Resposta do Réu	**Capítulo VI** **Da Contestação**
Seção I *Das Disposições Gerais*	
Art. 297. O réu poderá oferecer, no prazo de 15 (quinze) dias, em petição escrita, dirigida ao juiz da causa, contestação, exceção e reconvenção.	**Art. 335.** O réu poderá **oferecer contestação**, por petição, no prazo de 15 (quinze) dias, cujo termo inicial será a data:
	[...]
Art. 298. Quando forem citados para a ação vários réus, o prazo para responder ser-lhes-á comum, salvo o disposto no art. 191.	§ 1º No caso de litisconsórcio passivo, **ocorrendo a hipótese do art. 334, § 6º, o termo inicial previsto no inciso II será, para cada um dos réus, a data de apresentação de seu respectivo pedido de cancelamento da audiência.**
Parágrafo único. Se o autor desistir da ação quanto a algum réu ainda não citado, o prazo para a resposta correrá da intimação do despacho que deferir a desistência.	§ 2º **Quando ocorrer a hipótese do art. 334, § 4º, inciso II, havendo litisconsórcio passivo** e o autor desistir da ação em relação a réu ainda não citado, o prazo para resposta correrá **da data de intimação** da decisão que **homologar** a desistência.
Art. 299. A contestação e a reconvenção serão oferecidas simultaneamente, em peças autônomas; a exceção será processada em apenso aos autos principais.	
Seção II *Da Contestação*	
Art. 300. Compete ao réu alegar, na contestação, toda a matéria de defesa, expondo as razões de fato e de direito, com que impugna o pedido do autor e especificando as provas que pretende produzir.	**Art. 336.** Incumbe ao réu alegar, na contestação, toda a matéria de defesa, expondo as razões de fato e de direito com que impugna o pedido do autor e especificando as provas que pretende produzir.
Art. 301. Compete-lhe, porém, antes de discutir o mérito, alegar:	**Art. 337.** Incumbe ao réu, antes de discutir o mérito, alegar:
I – inexistência ou nulidade da citação;	I – inexistência ou nulidade da citação;
II – incompetência absoluta;	II – incompetência absoluta **e relativa**;
III – inépcia da petição inicial;	IV – inépcia da petição inicial;
IV – perempção;	V – perempção;
V – litispendência;	VI – litispendência;
VI – coisa julgada;	VII – coisa julgada;
VII – conexão;	VIII – conexão;
VIII – incapacidade da parte, defeito de representação ou falta de autorização;	IX – incapacidade da parte, defeito de representação ou falta de autorização;
IX – convenção de arbitragem;	X – convenção de arbitragem;
X – carência de ação;	XI– ausência de legitimidade ou de interesse processual;
XI – falta de caução ou de outra prestação, que a lei exige como preliminar.	XII – falta de caução ou de outra prestação que a lei exige como preliminar;
§ 1º Verifica-se a litispendência ou a coisa julgada, quando se reproduz ação anteriormente ajuizada.	§ 1º Verifica-se a litispendência ou a coisa julgada quando se reproduz ação anteriormente ajuizada.
§ 2º Uma ação é idêntica à outra quando tem as mesmas partes, a mesma causa de pedir e o mesmo pedido.	§ 2º Uma ação é idêntica a outra quando possui as mesmas partes, a mesma causa de pedir e o mesmo pedido.
§ 3º Há litispendência, quando se repete ação, que está em curso; há coisa julgada, quando se repete ação que já foi decidida por sentença, de que não caiba recurso.	§ 3º Há litispendência quando se repete ação que está em curso.
	§ 4º Há coisa julgada quando se repete ação que já foi decidida por **decisão transitada em julgado**.
§ 4º Com exceção do compromisso arbitral, o juiz conhecerá de ofício da matéria enumerada neste artigo.	§ 5º Excetuadas a **convenção de arbitragem e a incompetência relativa**, o juiz conhecerá de ofício das matérias enumeradas neste artigo.
Art. 302. Cabe também ao réu manifestar-se precisamente sobre os fatos narrados na petição inicial. Presumem-se verdadeiros os fatos não impugnados, salvo:	**Art. 341.** Incumbe também ao réu manifestar-se precisamente sobre as **alegações** de fato constantes da petição inicial, presumindo-se verdadeiras as não impugnadas, salvo se:
I – se não for admissível, a seu respeito, a confissão;	I – não for admissível, a seu respeito, a confissão;

II – se a petição inicial não estiver acompanhada do instrumento público que a lei considerar da substância do ato;	II – a petição inicial não estiver acompanhada de instrumento que a lei considerar da substância do ato;
III – se estiverem em contradição com a defesa, considerada em seu conjunto.	III – estiverem em contradição com a defesa, considerada em seu conjunto.
Parágrafo único. Esta regra, quanto ao ônus da impugnação especificada dos fatos, não se aplica ao advogado dativo, ao curador especial e ao órgão do Ministério Público.	**Parágrafo único.** O ônus da impugnação especificada dos fatos não se aplica ao **defensor público**, ao advogado dativo e ao curador especial.
Art. 303. Depois da contestação, só é lícito deduzir novas alegações quando:	**Art. 342.** Depois da contestação, só é lícito ao réu deduzir novas alegações quando:
I – relativas a direito superveniente;	I – relativas a direito ou a fato superveniente;
II – competir ao juiz conhecer delas de ofício;	II – competir ao juiz conhecer delas de ofício;
III – por expressa autorização legal, puderem ser formuladas em qualquer tempo e juízo.	III – por expressa autorização legal, puderem ser formuladas em qualquer tempo **e grau de jurisdição.**
Seção III *Das Exceções*	
Art. 304. É lícito a qualquer das partes arguir, por meio de exceção, a incompetência (art. 112), o impedimento (art. 134) ou a suspeição (art. 135).	
Art. 305. Este direito pode ser exercido em qualquer tempo, ou grau de jurisdição, cabendo à parte oferecer exceção, no prazo de quinze (15) dias, contado do fato que ocasionou a incompetência, o impedimento ou a suspeição.	
Parágrafo único. Na exceção de incompetência (art. 112 desta Lei), a petição pode ser protocolizada no juízo de domicílio do réu, com requerimento de sua imediata remessa ao juízo que determinou a citação.	
Art. 306. Recebida a exceção, o processo ficará suspenso (art. 265, III), até que seja definitivamente julgada.	
Subseção I *Da Incompetência*	
Art. 307. O excipiente arguira a incompetência em petição fundamentada e devidamente instruída, indicando o juízo para o qual declina.	**Art. 337.** Incumbe ao réu, antes de discutir o mérito, alegar: [...] II – incompetência absoluta **e relativa**;
Art. 308. Conclusos os autos, o juiz mandará processar a exceção, ouvindo o excepto dentro em 10 (dez) dias e decidindo em igual prazo.	
Art. 309. Havendo necessidade de prova testemunhal, o juiz designará audiência de instrução, decidindo dentro de 10 (dez) dias.	
Art. 310. O juiz indeferirá a petição inicial da exceção, quando manifestamente improcedente.	
Art. 311. Julgada procedente a exceção, os autos serão remetidos ao juiz competente.	
Subseção II *Do Impedimento e da Suspeição*	
Art. 312. A parte oferecerá a exceção de impedimento ou de suspeição, especificando o motivo da recusa (arts. 134 e 135). A petição, dirigida ao juiz da causa, poderá ser instruída com documentos em que o excipiente fundar a alegação e conterá o rol de testemunhas.	**Art. 146.** No prazo de **15 (quinze) dias**, a contar do conhecimento do fato, a parte alegará o impedimento ou a suspeição, em petição específica dirigida ao juiz do processo, na qual indicará o fundamento da recusa, podendo instruí-la com documentos em que se fundar a alegação e com rol de testemunhas.
Art. 313. Despachando a petição, o juiz, se reconhecer o impedimento ou a suspeição, ordenará a remessa dos autos ao seu substituto legal; em caso contrário, dentro de 10 (dez) dias, dará as suas razões, acompanhadas de documentos e de rol de testemunhas, se houver, ordenando a remessa dos autos ao tribunal.	§ 1º Se reconhecer o impedimento ou a suspeição ao receber a petição, o juiz ordenará **imediatamente** a remessa dos autos a seu substituto legal, caso contrário, determinará a autuação em apartado da petição e, no prazo de **15 (quinze) dias**, apresentará suas razões, acompanhadas de documentos e de rol de testemunhas, se houver, ordenando a remessa do **incidente** ao tribunal.
Art. 314. Verificando que a exceção não tem fundamento legal, o tribunal determinará o seu arquivamento; no caso contrário condenará o juiz nas custas, mandando remeter os autos ao seu substituto legal.	§ 4º Verificando que a **alegação de impedimento ou de suspeição é improcedente, o tribunal rejeitá-la-á.** § 5º Acolhida a alegação, tratando-se de impedimento ou de manifesta suspeição, o tribunal condenará o juiz nas custas e remeterá os autos ao seu substituto legal, podendo o juiz recorrer da decisão.

Seção IV Da Reconvenção	Capítulo VII Da Reconvenção
Art. 315. O réu pode reconvir ao autor no mesmo processo, toda vez que a reconvenção seja conexa com a ação principal ou com o fundamento da defesa.	**Art. 343. Na contestação, é lícito ao réu propor reconvenção para manifestar pretensão própria**, conexa com a ação principal ou com o fundamento da defesa.
Parágrafo único. Não pode o réu, em seu próprio nome, reconvir ao autor, quando este demandar em nome de outrem.	§ 5º Se o autor for substituto processual, o reconvinte deverá afirmar ser titular de direito em face do substituído, e a reconvenção deverá ser proposta em face do autor, também na qualidade de substituto processual.
Art. 316. Oferecida a reconvenção, o autor reconvindo será intimado, na pessoa do seu procurador, para contestá-la no prazo de 15 (quinze) dias.	§ 1º **Proposta** a reconvenção, o autor será intimado, na pessoa de seu **advogado**, para apresentar resposta no prazo de 15 (quinze) dias.
Art. 317. A desistência da ação, ou a existência de qualquer causa que a extinga, não obsta ao prosseguimento da reconvenção.	§ 2º A desistência da ação ou a **ocorrência de causa extintiva que impeça o exame de seu mérito** não obsta ao prosseguimento do processo quanto à reconvenção.
Art. 318. Julgar-se-ão na mesma sentença a ação e a reconvenção.	
Capítulo III Da Revelia	Capítulo VIII Da Revelia
Art. 319. Se o réu não contestar a ação, reputar-se-ão verdadeiros os fatos afirmados pelo autor.	**Art. 344.** Se o réu não contestar a ação, **será considerado revel** e presumir-se-ão verdadeiras as alegações de fato formuladas pelo autor.
Art. 320. A revelia não induz, contudo, o efeito mencionado no artigo antecedente: I – se, havendo pluralidade de réus, algum deles contestar a ação; II – se o litígio versar sobre direitos indisponíveis; III – se a petição inicial não estiver acompanhada do instrumento público, que a lei considere indispensável à prova do ato.	**Art. 345.** A revelia não produz o efeito mencionado no art. 344 se: I – havendo pluralidade de réus, algum deles contestar a ação; II – o litígio versar sobre direitos indisponíveis; III – a petição inicial não estiver acompanhada de instrumento que a lei considere indispensável à prova do ato;
Art. 321. Ainda que ocorra revelia, o autor não poderá alterar o pedido, ou a causa de pedir, nem demandar declaração incidente, salvo promovendo nova citação do réu, a quem será assegurado o direito de responder no prazo de 15 (quinze) dias.	**Art. 329.** O autor poderá: [...] II – até o saneamento do processo, aditar **ou alterar o pedido e a causa de pedir, com consentimento do réu,** assegurado o contraditório mediante a possibilidade de manifestação deste no prazo mínimo de 15 **(quinze) dias, facultado o requerimento de prova suplementar.**
Art. 322. Contra o revel que não tenha patrono nos autos, correrão os prazos independentemente de intimação, a partir da publicação de cada ato decisório.	**Art. 346.** Os prazos contra o revel que não tenha patrono nos autos fluirão da data de publicação do ato decisório no órgão oficial.
Parágrafo único. O revel poderá intervir no processo em qualquer fase, recebendo-o no estado em que se encontrar.	**Parágrafo único.** O revel poderá intervir no processo em qualquer fase, recebendo-o no estado em que se encontrar.
Capítulo IV Das Providências Preliminares	Capítulo IX Das Providências Preliminares **e do Saneamento**
Art. 323. Findo o prazo para a resposta do réu, o escrivão fará a conclusão dos autos. O juiz, no prazo de 10 (dez) dias, determinará, conforme o caso, as providências preliminares, que constam das seções deste Capítulo.	**Art. 347.** Findo o prazo para a **contestação**, o juiz tomará, conforme o caso, as providências preliminares constantes das seções deste Capítulo.
Seção I Do Efeito da Revelia	Seção I Da Não Incidência dos Efeitos da Revelia
Art. 324. Se o réu não contestar a ação, o juiz, verificando que não ocorreu o efeito da revelia, mandará que o autor especifique as provas que pretenda produzir na audiência.	**Art. 348.** Se o réu não contestar a ação, o juiz, verificando a inocorrência do efeito da revelia **previsto no art. 344**, **ordenará** que o autor especifique as provas que pretenda produzir, se ainda não as tiver indicado.
Seção II Da Declaração incidente	
Art. 325. Contestando o réu o direito que constitui fundamento do pedido, o autor poderá requerer, no prazo de 10 (dez) dias, que sobre ele o juiz profira sentença incidente, se da declaração da existência ou da inexistência do direito depender, no todo ou em parte, o julgamento da lide (art. 5º).	
Seção III Dos Fatos Impeditivos, Modificativos ou Extintivos do Pedido	Seção II Do Fato Impeditivo, Modificativo ou Extintivo do Direito do Autor
Art. 326. Se o réu, reconhecendo o fato em que se fundou a ação, outro lhe opuser impeditivo, modificativo ou extintivo do direito do autor, este será ouvido no prazo de 10 (dez) dias, facultando-lhe o juiz a produção de prova documental.	**Art. 350.** Se o réu alegar fato impeditivo, modificativo ou extintivo do direito do autor, este será ouvido **no prazo de 15 (quinze) dias**, permitindo-lhe o juiz a produção de prova.

Seção IV Das Alegações do Réu	Seção III Das Alegações do Réu
Art. 327. Se o réu alegar qualquer das matérias enumeradas no art. 301, o juiz mandará ouvir o autor no prazo de 10 (dez) dias, permitindo-lhe a produção de prova documental. Verificando a existência de irregularidades ou de nulidades sanáveis, o juiz mandará supri-las, fixando à parte prazo nunca superior a 30 (trinta) dias.	**Art. 351.** Se o réu alegar qualquer das matérias enumeradas no art. 337, o juiz determinará a oitiva do autor **no prazo de 15 (quinze) dias**, permitindo-lhe a produção de prova. **Art. 352.** Verificando a existência de irregularidades ou de **vícios sanáveis**, o juiz determinará sua correção em prazo nunca superior a 30 (trinta) dias.
Art. 328. Cumpridas as providências preliminares, ou não havendo necessidade delas, o juiz proferirá julgamento conforme o estado do processo, observando o que dispõe o capítulo seguinte.	**Art. 353.** Cumpridas as providências preliminares ou não havendo necessidade delas, o juiz proferirá julgamento conforme o estado do processo, observando o que dispõe o Capítulo X.
CAPÍTULO V Do Julgamento Conforme o Estado do Processo	CAPÍTULO X Do Julgamento Conforme o Estado do Processo
Seção I Da Extinção do Processo	Seção I Da Extinção do Processo
Art. 329. Ocorrendo qualquer das hipóteses previstas nos arts. 267 e 269, II a V, o juiz declarará extinto o processo.	**Art. 354.** Ocorrendo qualquer das hipóteses previstas nos arts. 485 e 487, incisos II e III, o juiz **proferirá sentença**.
Seção II Do Julgamento Antecipado da Lide	Seção II Do Julgamento Antecipado do **Mérito**
Art. 330. O juiz conhecerá diretamente do pedido, proferindo sentença:	**Art. 355.** O juiz **julgará antecipadamente** o pedido, proferindo sentença **com resolução de mérito, quando:**
I – quando a questão de mérito for unicamente de direito, ou, sendo de direito e de fato, não houver necessidade de produzir prova em audiência;	I – não houver necessidade de produção de outras provas;
II – quando ocorrer a revelia (art. 319).	II – o réu for revel, **ocorrer o efeito previsto no art.** 344 **e não houver requerimento de prova, na forma do art.** 349.
Seção III Da Audiência Preliminar	Seção IV **Do Saneamento e da Organização do Processo**
Art. 331. Se não ocorrer qualquer das hipóteses previstas nas seções precedentes, e versar a causa sobre direitos que admitam transação, o juiz designará audiência preliminar, a realizar-se no prazo de 30 (trinta) dias, para a qual serão as partes intimadas a comparecer, podendo fazer-se representar por procurador ou preposto, com poderes para transigir. § 1º Obtida a conciliação, será reduzida a termo e homologada por sentença. § 2º Se, por qualquer motivo, não for obtida a conciliação, o juiz fixará os pontos controvertidos, decidirá as questões processuais pendentes e determinará as provas a serem produzidas, designando audiência de instrução e julgamento, se necessário.	**Art. 357.** Não ocorrendo nenhuma das hipóteses deste Capítulo, deverá o juiz, em decisão de saneamento e de organização do processo: I – resolver as questões processuais pendentes, se houver; II – delimitar as questões de fato sobre as quais recairá a atividade probatória, especificando os meios de prova admitidos; III – definir a distribuição do ônus da prova, observado o art. 373; IV – delimitar as questões de direito relevantes para a decisão do mérito; V – designar, se necessário, audiência de instrução e julgamento.
§ 3º Se o direito em litígio não admitir transação, ou se as circunstâncias da causa evidenciarem ser improvável sua obtenção, o juiz poderá, desde logo, sanear o processo e ordenar a produção da prova, nos termos do § 2º.	**Art. 357.** [...] § 3º Se a causa apresentar complexidade em matéria de fato ou de direito, deverá o juiz designar audiência para que o saneamento seja feito em cooperação com as partes, oportunidade em que o juiz, se for o caso, convidará as partes a integrar ou esclarecer suas alegações.
CAPÍTULO VI Das Provas	CAPÍTULO XII Das Provas
Seção I Das Disposições Gerais	Seção I Disposições Gerais
Art. 332. Todos os meios legais, bem como os moralmente legítimos, ainda que não especificados neste Código, são hábeis para provar a verdade dos fatos, em que se funda a ação ou a defesa.	**Art. 369. As partes têm** o **direito** de empregar todos os meios legais, bem como os moralmente legítimos, ainda que não especificados neste Código, para provar a verdade dos fatos em que se funda o **pedido** ou a defesa **e influir eficazmente na convicção do juiz.**
Art. 333. O ônus da prova incumbe:	**Art. 373.** O ônus da prova incumbe:
I – ao autor, quanto ao fato constitutivo do seu direito;	I – ao autor, quanto ao fato constitutivo de seu direito;
II – ao réu, quanto à existência de fato impeditivo, modificativo ou extintivo do direito do autor.	II – ao réu, quanto à existência de fato impeditivo, modificativo ou extintivo do direito do autor.

Antigo CPC	Novo CPC
	Art. 373. [...]
Parágrafo único. É nula a convenção que distribui de maneira diversa o ônus da prova quando:	§ 3º A distribuição diversa do ônus da prova **também pode ocorrer por convenção das partes**, salvo quando:
I – recair sobre direito indisponível da parte;	I – recair sobre direito indisponível da parte;
II – tornar excessivamente difícil a uma parte o exercício do direito.	II – tornar excessivamente difícil a uma parte o exercício do direito.
Art. 334. Não dependem de prova os fatos:	**Art. 371.** Não dependem de prova os fatos:
I – notórios;	I – notórios;
II – afirmados por uma parte e confessados pela parte contrária;	II – afirmados por uma parte e confessados pela parte contrária;
III – admitidos, no processo, como incontroversos;	III – admitidos no processo como incontroversos;
IV – em cujo favor milita presunção legal de existência ou de veracidade.	IV – em cujo favor milita presunção legal de existência ou de veracidade.
Art. 335. Em falta de normas jurídicas particulares, o juiz aplicará as regras de experiência comum subministradas pela observação do que ordinariamente acontece e ainda as regras da experiência técnica, ressalvado, quanto a esta, o exame pericial.	**Art. 375.** O juiz aplicará as regras de experiência comum subministradas pela observação do que ordinariamente acontece e, ainda, as regras de experiência técnica, ressalvado, quanto a estas, o exame pericial.
Art. 336. Salvo disposição especial em contrário, as provas devem ser produzidas em audiência.	**Art. 361.** As provas **orais** serão produzidas em audiência, ouvindo-se nesta ordem, preferencialmente:
	[...]
	Art. 449. Salvo disposição especial em contrário, as **testemunhas** devem ser ouvidas na sede do juízo.
Parágrafo único. Quando a parte, ou a testemunha, por enfermidade, ou por outro motivo relevante, estiver impossibilitada de comparecer à audiência, mas não de prestar depoimento, o juiz designará, conforme as circunstâncias, dia, hora e lugar para inquiri-la.	**Parágrafo único.** Quando a parte ou a testemunha, por enfermidade ou por outro motivo relevante, estiver impossibilitada de comparecer, mas não de prestar depoimento, o juiz designará, conforme as circunstâncias, dia, hora e lugar para inquiri-la.
Art. 337. A parte, que alegar direito municipal, estadual, estrangeiro ou consuetudinário, provar-lhe-á o teor e a vigência, se assim o determinar o juiz.	**Art. 376.** A parte que alegar direito municipal, estadual, estrangeiro ou consuetudinário provar-lhe-á o teor e a vigência, se assim o juiz determinar.
Art. 338. A carta precatória e a carta rogatória suspenderão o processo, no caso previsto na alínea b do inciso IV do art. 265 desta Lei, quando, tendo sido requeridas antes da decisão de saneamento, a prova nelas solicitada apresentar-se imprescindível.	**Art. 377.** A carta precatória, a carta rogatória **e o auxílio direto** suspenderão o julgamento da causa no caso previsto no art. 313, inciso V, alínea "*b*",, quando, tendo sido requeridos antes da decisão de saneamento, a prova neles solicitada for imprescindível.
Parágrafo único. A carta precatória e a carta rogatória, não devolvidas dentro do prazo ou concedidas sem efeito suspensivo, poderão ser juntas aos autos até o julgamento final.	**Parágrafo único.** A carta precatória e a carta rogatória não devolvidas no prazo ou concedidas sem efeito suspensivo **poderão ser juntadas aos autos a qualquer momento**.
Art. 339. Ninguém se exime do dever de colaborar com o Poder Judiciário para o descobrimento da verdade.	**Art. 378.** Ninguém se exime do dever de colaborar com o Poder Judiciário para o descobrimento da verdade.
Art. 340. Além dos deveres enumerados no art. 14, compete à parte:	**Art. 379. Preservado o direito de não produzir prova contra si própria**, incumbe à parte:
I – comparecer em juízo, respondendo ao que lhe for interrogado;	I – comparecer em juízo, respondendo ao que lhe for interrogado;
II – submeter-se à inspeção judicial, que for julgada necessária;	II – **colaborar com o juízo na realização** de inspeção judicial que for considerada necessária;
III – praticar o ato que lhe for determinado.	III – praticar o ato que lhe for determinado.
Art. 341. Compete ao terceiro, em relação a qualquer pleito:	**Art. 380.** Incumbe ao terceiro, em relação a qualquer causa:
I – informar ao juiz os fatos e as circunstâncias, de que tenha conhecimento;	I – informar ao juiz os fatos e as circunstâncias de que tenha conhecimento;
II – exibir coisa ou documento, que esteja em seu poder.	II – exibir coisa ou documento que esteja em seu poder.
Seção II *Do Depoimento Pessoal*	Seção IV *Do Depoimento Pessoal*
Art. 342. O juiz pode, de ofício, em qualquer estado do processo, determinar o comparecimento pessoal das partes, a fim de interrogá-las sobre os fatos da causa.	**Art. 385.** Cabe à parte requerer o depoimento pessoal da outra parte, a fim de que esta seja interrogada na audiência de instrução e julgamento, sem prejuízo do poder do juiz de ordená-lo de ofício.
Art. 343. Quando o juiz não o determinar de ofício, compete a cada parte requerer o depoimento pessoal da outra, a fim de interrogá-la na audiência de instrução e julgamento.	
§ 1º A parte será intimada pessoalmente, constando do mandado que se presumirão confessados os fatos contra ela alegados, caso não compareça ou, comparecendo, se recuse a depor.	§ 1º Se a parte, pessoalmente intimada para prestar depoimento pessoal e advertida da pena de confesso, não comparecer ou, comparecendo, se recusar a depor, o juiz aplicar-lhe-á a pena.
§ 2º Se a parte intimada não comparecer, ou comparecendo, se recusar a depor, o juiz lhe aplicará a pena de confissão.	

Art. 344. A parte será interrogada na forma prescrita para a inquirição de testemunhas.	**Art. 387.** A parte responderá pessoalmente sobre os fatos articulados, não podendo servir-se de escritos anteriormente preparados, permitindo-lhe o juiz, todavia, a consulta a notas breves, desde que objetivem completar esclarecimentos.
Parágrafo único. É defeso, a quem ainda não depôs, assistir ao interrogatório da outra parte.	**Art. 385.** Cabe à parte requerer o depoimento pessoal da outra, a fim de ser interrogada na audiência de instrução e julgamento, sem prejuízo do poder do juiz de ordená-lo de ofício.
Art. 345. Quando a parte, sem motivo justificado, deixar de responder ao que lhe for perguntado, ou empregar evasivas, o juiz, apreciando as demais circunstâncias e elementos de prova, declarará, na sentença, se houve recusa de depor.	**Art. 386.** Quando a parte, sem motivo justificado, deixar de responder ao que lhe for perguntado ou empregar evasivas, o juiz, apreciando as demais circunstâncias e os elementos de prova, declarará, na sentença, se houve recusa de depor.
Art. 346. A parte responderá pessoalmente sobre os fatos articulados, não podendo servir-se de escritos adrede preparados; o juiz lhe permitirá, todavia, a consulta a notas breves, desde que objetivem completar esclarecimentos.	**Art. 387.** A parte responderá pessoalmente sobre os fatos articulados, não podendo servir-se de escritos anteriormente preparados, permitindo-lhe o juiz, todavia, a consulta a notas breves, desde que objetivem completar esclarecimentos.
Art. 347. A parte não é obrigada a depor de fatos:	**Art. 388.** A parte não é obrigada a depor sobre fatos:
I – criminosos ou torpes, que lhe forem imputados;	I – criminosos ou torpes que lhe forem imputados;
II – a cujo respeito, por estado ou profissão, deva guardar sigilo.	II – a cujo respeito, por estado ou profissão, deva guardar sigilo;
Parágrafo único. Esta disposição não se aplica às ações de filiação, de desquite e de anulação de casamento.	**Parágrafo único.** Esta disposição não se aplica **às ações de estado e de família.**
Seção III *Da Confissão*	Seção V *Da Confissão*
Art. 348. Há confissão, quando a parte admite a verdade de um fato, contrário ao seu interesse e favorável ao adversário. A confissão é judicial ou extrajudicial.	**Art. 389.** Há confissão, judicial ou extrajudicial, quando a parte admite a verdade de fato contrário ao seu interesse e favorável ao do adversário.
Art. 349. A confissão judicial pode ser espontânea ou provocada. Da confissão espontânea, tanto que requerida pela parte, se lavrará o respectivo termo nos autos; a confissão provocada constará do depoimento pessoal prestado pela parte.	**Art. 390.** A confissão judicial pode ser espontânea ou provocada.
Parágrafo único. A confissão espontânea pode ser feita pela própria parte, ou por mandatário com poderes especiais.	§ 1º A confissão espontânea pode ser feita pela própria parte ou por **representante** com poder especial.
Art. 350. A confissão judicial faz prova contra o confitente, não prejudicando, todavia, os litisconsortes.	**Art. 391.** A confissão judicial faz prova contra o confitente, não prejudicando, todavia, os litisconsortes.
Parágrafo único. Nas ações que versarem sobre bens imóveis ou direitos sobre imóveis alheios, a confissão de um cônjuge não valerá sem a do outro.	**Parágrafo único.** Nas ações que versarem sobre bens imóveis ou **direitos reais** sobre imóveis alheios, a confissão de um cônjuge **ou companheiro** não valerá sem a do outro, **salvo se o regime de casamento for o de separação absoluta de bens.**
Art. 351. Não vale como confissão a admissão, em juízo, de fatos relativos a direitos indisponíveis.	**Art. 392.** Não vale como confissão a admissão, em juízo, de fatos relativos a direitos indisponíveis.
Art. 352. A confissão, quando emanar de erro, dolo ou coação, pode ser revogada:	**Art. 393. A confissão é irrevogável**, mas pode ser anulada se decorreu de erro de fato ou de coação.
I – por ação anulatória, se pendente o processo em que foi feita;	
II – por ação rescisória, depois de transitada em julgado a sentença, da qual constituir o único fundamento.	
Parágrafo único. Cabe ao confitente o direito de propor a ação, nos casos de que trata este artigo; mas, uma vez iniciada, passa aos seus herdeiros.	**Parágrafo único.** A legitimidade para a ação prevista no caput é **exclusiva** do confitente e pode ser transferida a seus herdeiros **se ele falecer após a propositura.**
Art. 353. A confissão extrajudicial, feita por escrito à parte ou a quem a represente, tem a mesma eficácia probatória da judicial; feita a terceiro, ou contida em testamento, será livremente apreciada pelo juiz.	**Art. 394.** A confissão extrajudicial, quando feita oralmente, só terá eficácia nos casos em que a lei não exija prova literal.
Parágrafo único. Todavia, quando feita verbalmente, só terá eficácia nos casos em que a lei não exija prova literal.	
Art. 354. A confissão é, de regra, indivisível, não podendo a parte, que a quiser invocar como prova, aceitá-la no tópico que a beneficiar e rejeitá-la no que lhe for desfavorável. Cindir-se-á, todavia, quando o confitente lhe aduzir fatos novos, suscetíveis de constituir fundamento de defesa de direito material ou de reconvenção.	**Art. 395.** A confissão extrajudicial, quando feita oralmente, só terá eficácia nos casos em que a lei não exija prova literal.

Seção IV Da Exibição de Documento ou Coisa	Seção VI Da Exibição de Documento ou Coisa
Art. 355. O juiz pode ordenar que a parte exiba documento ou coisa, que se ache em seu poder.	**Art. 396.** O juiz pode ordenar que a parte exiba documento ou coisa que se encontre em seu poder.
Art. 356. O pedido formulado pela parte conterá:	**Art. 397.** O pedido formulado pela parte conterá:
I – a individuação, tão completa quanto possível, do documento ou da coisa;	I – a individuação, tão completa quanto possível, do documento ou da coisa;
II – a finalidade da prova, indicando os fatos que se relacionam com o documento ou a coisa;	II – a finalidade da prova, indicando os fatos que se relacionam com o documento ou com a coisa;
III – as circunstâncias em que se funda o requerente para afirmar que o documento ou a coisa existe e se acha em poder da parte contrária.	III – as circunstâncias em que se funda o requerente para afirmar que o documento ou a coisa existe e se acha em poder da parte contrária.
Art. 357. O requerido dará a sua resposta nos 5 (cinco) dias subsequentes à sua intimação. Se afirmar que não possui o documento ou a coisa, o juiz permitirá que o requerente prove, por qualquer meio, que a declaração não corresponde à verdade.	**Art. 398.** O requerido dará sua resposta nos 5 (cinco) dias subsequentes à sua intimação. **Parágrafo único.** Se o requerido afirmar que não possui o documento ou a coisa, o juiz permitirá que o requerente prove, por qualquer meio, que a declaração não corresponde à verdade.
Art. 358. O juiz não admitirá a recusa:	**Art. 399.** O juiz não admitirá a recusa se:
I – se o requerido tiver obrigação legal de exibir;	I – o requerido tiver obrigação legal de exibir;
II – se o requerido aludiu ao documento ou à coisa, no processo, com o intuito de constituir prova;	II – o requerido tiver aludido ao documento ou à coisa, no processo, com o intuito de constituir prova;
III – se o documento, por seu conteúdo, for comum às partes.	III – o documento, por seu conteúdo, for comum às partes.
Art. 359. Ao decidir o pedido, o juiz admitirá como verdadeiros os fatos que, por meio do documento ou da coisa, a parte pretendia provar:	**Art. 400.** Ao decidir o pedido, o juiz admitirá como verdadeiros os fatos que, por meio do documento ou da coisa, a parte pretendia provar se:
I – se o requerido não efetuar a exibição, nem fizer qualquer declaração no prazo do art. 357;	I – o requerido não efetuar a exibição nem fizer nenhuma declaração no prazo do art. 398;
II – se a recusa for havida por ilegítima.	II – a recusa for havida por ilegítima.
Art. 360. Quando o documento ou a coisa estiver em poder de terceiro, o juiz mandará citá-lo para responder no prazo de 10 (dez) dias.	**Art. 401.** Quando o documento ou a coisa estiver em poder de terceiro, o juiz ordenará sua citação para responder **no prazo de 15 (quinze) dias**.
Art. 361. Se o terceiro negar a obrigação de exibir, ou a posse do documento ou da coisa, o juiz designará audiência especial, tomando-lhe o depoimento, bem como o das partes e, se necessário, de testemunhas; em seguida proferirá a sentença.	**Art. 402.** Se o terceiro negar a obrigação de exibir ou a posse do documento ou da coisa, o juiz designará audiência especial, tomando-lhe o depoimento, bem como o das partes e, se necessário, o de testemunhas, e em seguida proferirá decisão.
Art. 362. Se o terceiro, sem justo motivo, se recusar a efetuar a exibição, o juiz lhe ordenará que proceda ao respectivo depósito em cartório ou noutro lugar designado, no prazo de 5 (cinco) dias, impondo ao requerente que o embolse das despesas que tiver; se o terceiro descumprir a ordem, o juiz expedirá mandado de apreensão, requisitando, se necessário, força policial, tudo sem prejuízo da responsabilidade por crime de desobediência.	**Art. 403.** Se o terceiro, sem justo motivo, se recusar a efetuar a exibição, o juiz ordenar-lhe-á que proceda ao respectivo depósito em cartório ou em outro lugar designado, no prazo de 5 (cinco) dias, impondo ao requerente que o ressarça pelas despesas que tiver. **Parágrafo único.** Se o terceiro descumprir a ordem, o juiz expedirá mandado de apreensão, requisitando, se necessário, força policial, sem prejuízo da responsabilidade por crime de desobediência, **pagamento de multa e outras medidas indutivas, coercitivas, mandamentais ou sub-rogatórias necessárias para assegurar a efetivação da decisão.**
Art. 363. A parte e o terceiro se escusam de exibir, em juízo, o documento ou a coisa:	**Art. 404.** A parte e o terceiro se escusam de exibir, em juízo, o documento ou a coisa, se:
I – se concernente a negócios da própria vida da família;	I – concernente a negócios da própria vida da família;
II – se a sua apresentação puder violar dever de honra;	II – sua apresentação puder violar dever de honra;
III – se a publicidade do documento redundar em desonra à parte ou ao terceiro, bem como a seus parentes consanguíneos ou afins até o terceiro grau; ou lhes representar perigo de ação penal;	III – sua publicidade redundar em desonra à parte ou ao terceiro, bem como a seus parentes consanguíneos ou afins até o terceiro grau, ou lhes representar perigo de ação penal;
IV – se a exibição acarretar a divulgação de fatos, a cujo respeito, por estado ou profissão, devam guardar segredo;	IV – sua exibição acarretar a divulgação de fatos a cujo respeito, por estado ou profissão, devam guardar segredo;
V – se subsistirem outros motivos graves que, segundo o prudente arbítrio do juiz, justifiquem a recusa da exibição.	V – subsistirem outros motivos graves que, segundo o prudente arbítrio do juiz, justifiquem a recusa da exibição.
Parágrafo único. Se os motivos de que tratam os ns. I a V disserem respeito só a uma parte do conteúdo do documento, da outra se extrairá uma suma para ser apresentada em juízo.	**Parágrafo único.** Se os motivos de que tratam os incisos I a VI do *caput* disserem respeito a apenas uma parcela do documento, **a parte ou o terceiro exibirá a outra em cartório, para dela ser extraída cópia reprográfica, de tudo sendo lavrado auto circunstanciado.**

COMPARATIVO ANTIGO CPC X NOVO CPC

Seção V Da Prova Documental	Seção VII Da Prova Documental
Subseção I *Da Força Probante dos Documentos*	**Subseção I** *Da Força Probante dos Documentos*
Art. 364. O documento público faz prova não só da sua formação, mas também dos fatos que o escrivão, o tabelião, ou o funcionário declarar que ocorreram em sua presença.	**Art. 405.** O documento público faz prova não só da sua formação, mas também dos fatos que o escrivão, **o chefe de secretaria**, o tabelião ou o servidor declarar que ocorreram em sua presença.
Art. 365. Fazem a mesma prova que os originais:	**Art. 425.** Fazem a mesma prova que os originais:
I – as certidões textuais de qualquer peça dos autos, do protocolo das audiências, ou de outro livro a cargo do escrivão, sendo extraídas por ele ou sob sua vigilância e por ele subscritas;	I – as certidões textuais de qualquer peça dos autos, do protocolo das audiências, ou de outro livro a cargo do escrivão **ou do chefe de secretaria**, se extraídas por ele ou sob sua vigilância e por ele subscritas;
II – os traslados e as certidões extraídas por oficial público, de instrumentos ou documentos lançados em suas notas;	II – os traslados e as certidões extraídas por oficial público de instrumentos ou documentos lançados em suas notas;
III – as reproduções dos documentos públicos, desde que autenticadas por oficial público ou conferidas em cartório, com os respectivos originais.	III – as reproduções dos documentos públicos, desde que autenticadas por oficial público ou conferidas em cartório com os respectivos originais;
IV – as cópias reprográficas de peças do próprio processo judicial declaradas autênticas pelo próprio advogado sob sua responsabilidade pessoal, se não lhes for impugnada a autenticidade.	IV – as cópias reprográficas de peças do próprio processo judicial declaradas autênticas pelo advogado, sob sua responsabilidade pessoal, se não lhes for impugnada a autenticidade;
V – os extratos digitais de bancos de dados, públicos e privados, desde que atestado pelo seu emitente, sob as penas da lei, que as informações conferem com o que consta na origem;	V – os extratos digitais de bancos de dados públicos e privados, desde que atestado pelo seu emitente, sob as penas da lei, que as informações conferem com o que consta na origem;
VI – as reproduções digitalizadas de qualquer documento, público ou particular, quando juntados aos autos pelos órgãos da Justiça e seus auxiliares, pelo Ministério Público e seus auxiliares, pelas procuradorias, pelas repartições públicas em geral e por advogados públicos ou privados, ressalvada a alegação motivada e fundamentada de adulteração antes ou durante o processo de digitalização.	VI – as reproduções digitalizadas de qualquer documento público ou particular, quando juntadas aos autos pelos órgãos da justiça e seus auxiliares, pelo Ministério Público e seus auxiliares, **pela Defensoria Pública e seus auxiliares, pelas procuradorias,** pelas repartições públicas em geral e por advogados, ressalvada a alegação motivada e fundamentada de adulteração.
§ 1º Os originais dos documentos digitalizados, mencionados no inciso VI do *caput* deste artigo, deverão ser preservados pelo seu detentor até o final do prazo para interposição de ação rescisória.	§ 1º Os originais dos documentos digitalizados mencionados no inciso VI deverão ser preservados pelo seu detentor até o final do prazo para propositura de ação rescisória.
§ 2º Tratando-se de cópia digital de título executivo extrajudicial ou outro documento relevante à instrução do processo, o juiz poderá determinar o seu depósito em cartório ou secretaria.	§ 2º Tratando-se de cópia digital de título executivo extrajudicial ou de documento relevante à instrução do processo, o juiz poderá determinar seu depósito em cartório ou secretaria.
Art. 366. Quando a lei exigir, como da substância do ato, o instrumento público, nenhuma outra prova, por mais especial que seja, pode suprir-lhe a falta.	**Art. 406.** Quando a lei exigir instrumento público como da substância do ato, nenhuma outra prova, por mais especial que seja, pode suprir-lhe a falta.
Art. 367. O documento, feito por oficial público incompetente, ou sem a observância das formalidades legais, sendo subscrito pelas partes, tem a mesma eficácia probatória do documento particular.	**Art. 407.** O documento feito por oficial público incompetente ou sem a observância das formalidades legais, sendo subscrito pelas partes, tem a mesma eficácia probatória do documento particular.
Art. 368. As declarações constantes do documento particular, escrito e assinado, ou somente assinado, presumem-se verdadeiras em relação ao signatário.	**Art. 408.** As declarações constantes do documento particular escrito e assinado ou somente assinado presumem-se verdadeiras em relação ao signatário.
Parágrafo único. Quando, todavia, contiver declaração de ciência, relativa a determinado fato, o documento particular prova a declaração, mas não o fato declarado, competindo ao interessado em sua veracidade o ônus de provar o fato.	**Parágrafo único.** Quando, todavia, contiver declaração de ciência de determinado fato, o documento particular prova a **ciência, mas não o fato em si,** incumbindo o ônus de prová-lo ao interessado em sua veracidade.
Art. 369. Reputa-se autêntico o documento, quando o tabelião reconhecer a firma do signatário, declarando que foi aposta em sua presença.	**Art. 410.** Considera-se autor do documento particular: I – aquele que o fez e o assinou;
Art. 370. A data do documento particular, quando a seu respeito surgir dúvida ou impugnação entre os litigantes, provar-se-á por todos os meios de direito. Mas, em relação a terceiros, considerar-se-á datado o documento particular:	**Art. 409.** A data do documento particular, quando a seu respeito surgir dúvida ou impugnação entre os litigantes, provar-se-á por todos os meios de direito. **Parágrafo único.** Em relação a terceiros, considerar-se-á datado o documento particular:
I – no dia em que foi registrado;	I – no dia em que foi registrado;
II – desde a morte de algum dos signatários;	II – desde a morte de algum dos signatários;

Antigo CPC	Novo CPC
III – a partir da impossibilidade física, que sobreveio a qualquer dos signatários;	III – a partir da impossibilidade física que sobreveio a qualquer dos signatários;
IV – da sua apresentação em repartição pública ou em juízo;	IV – da sua apresentação em repartição pública ou em juízo;
V – do ato ou fato que estabeleça, de modo certo, a anterioridade da formação do documento.	V – do ato ou do fato que estabeleça, de modo certo, a anterioridade da formação do documento.
Art. 371. Reputa-se autor do documento particular:	**Art. 410.** Considera-se autor do documento particular:
I – aquele que o fez e o assinou;	I – aquele que o fez e o assinou;
II – aquele, por conta de quem foi feito, estando assinado;	II – aquele por conta de quem ele foi feito, estando assinado;
III – aquele que, mandando compô-lo, não o firmou, porque, conforme a experiência comum, não se costuma assinar, como livros comerciais e assentos domésticos.	III – aquele que, mandando compô-lo, não o firmou porque, conforme a experiência comum, não se costuma assinar, como livros empresariais e assentos domésticos.
Art. 372. Compete à parte, contra quem foi produzido documento particular, alegar no prazo estabelecido no art. 390, se lhe admite ou não a autenticidade da assinatura e a veracidade do contexto; presumindo-se, com o silêncio, que o tem por verdadeiro.	
Parágrafo único. Cessa, todavia, a eficácia da admissão expressa ou tácita, se o documento houver sido obtido por erro, dolo ou coação.	
Art. 373. Ressalvado o disposto no parágrafo único do artigo anterior, o documento particular, de cuja autenticidade se não duvida, prova que o seu autor fez a declaração, que lhe é atribuída.	**Art. 412.** O documento particular de cuja autenticidade não se duvida prova que o seu autor fez a declaração que lhe é atribuída.
Parágrafo único. O documento particular, admitido expressa ou tacitamente, é indivisível, sendo defeso à parte, que pretende utilizar-se dele, aceitar os fatos que lhe são favoráveis e recusar os que são contrários ao seu interesse, salvo se provar que estes se não verificaram.	**Parágrafo único.** O documento particular admitido expressa ou tacitamente é indivisível, sendo vedado à parte que pretende utilizar-se dele aceitar os fatos que lhe são favoráveis e recusar os que são contrários ao seu interesse, **salvo se provar que estes não ocorreram.**
Art. 374. O telegrama, o radiograma ou qualquer outro meio de transmissão tem a mesma força probatória do documento particular, se o original constante da estação expedidora foi assinado pelo remetente.	**Art. 413.** O telegrama, o radiograma ou qualquer outro meio de transmissão tem a mesma força probatória do documento particular se o original constante da estação expedidora tiver sido assinado pelo remetente.
Parágrafo único. A firma do remetente poderá ser reconhecida pelo tabelião, declarando-se essa circunstância no original depositado na estação expedidora.	**Parágrafo único.** A firma do remetente poderá ser reconhecida pelo tabelião, declarando-se essa circunstância no original depositado na estação expedidora.
Art. 375. O telegrama ou o radiograma presume-se conforme com o original, provando a data de sua expedição e do recebimento pelo destinatário.	**Art. 414.** O telegrama ou o radiograma presume-se conforme com o original, provando as datas de sua expedição e de seu recebimento pelo destinatário.
Art. 376. As cartas, bem como os registros domésticos, provam contra quem os escreveu quando:	**Art. 415.** As cartas e os registros domésticos provam contra quem os escreveu quando:
I – enunciam o recebimento de um crédito;	I – enunciam o recebimento de um crédito;
II – contêm anotação, que visa a suprir a falta de título em favor de quem é apontado como credor;	II – contêm anotação que visa a suprir a falta de título em favor de quem é apontado como credor;
III – expressam conhecimento de fatos para os quais não se exija determinada prova.	III – expressam conhecimento de fatos para os quais não se exija determinada prova.
Art. 377. A nota escrita pelo credor em qualquer parte de documento representativo de obrigação, ainda que não assinada, faz prova em benefício do devedor.	**Art. 416.** A nota escrita pelo credor em qualquer parte de documento representativo de obrigação, ainda que não assinada, faz prova em benefício do devedor.
Parágrafo único. Aplica-se esta regra tanto para o documento, que o credor conservar em seu poder, como para aquele que se achar em poder do devedor.	**Parágrafo único.** Aplica-se essa regra tanto para o documento que o credor conservar em seu poder quanto para aquele que se achar em poder do devedor ou de terceiro.
Art. 378. Os livros comerciais provam contra o seu autor. É lícito ao comerciante, todavia, demonstrar, por todos os meios permitidos em direito, que os lançamentos não correspondem à verdade dos fatos.	**Art. 417.** Os livros **empresariais** provam contra seu autor, sendo lícito ao **empresário**, todavia, demonstrar, por todos os meios permitidos em direito, que os lançamentos não correspondem à verdade dos fatos.
Art. 379. Os livros comerciais, que preencham os requisitos exigidos por lei, provam também a favor do seu autor no litígio entre comerciantes.	**Art. 418.** Os livros **empresariais** que preencham os requisitos exigidos por lei provam a favor de seu autor no litígio entre **empresários**.
Art. 380. A escrituração contábil é indivisível: se dos fatos que resultam dos lançamentos, uns são favoráveis ao interesse de seu autor e outros lhe são contrários, ambos serão considerados em conjunto como unidade.	**Art. 419.** A escrituração contábil é indivisível, e, se dos fatos que resultam dos lançamentos, uns são favoráveis ao interesse de seu autor e outros lhe são contrários, ambos serão considerados em conjunto, como unidade.
Art. 381. O juiz pode ordenar, a requerimento da parte, a exibição integral dos livros comerciais e dos documentos do arquivo:	**Art. 420.** O juiz pode ordenar, a requerimento da parte, a exibição integral dos livros empresariais e dos documentos do arquivo:

I – na liquidação de sociedade;	I – na liquidação de sociedade;
II – na sucessão por morte de sócio;	II – na sucessão por morte de sócio;
III – quando e como determinar a lei.	III – quando e como determinar a lei.
Art. 382. O juiz pode, de ofício, ordenar à parte a exibição parcial dos livros e documentos, extraindo-se deles a suma que interessar ao litígio, bem como reproduções autenticadas.	**Art. 421.** O juiz pode, de ofício, ordenar à parte a exibição parcial dos livros e dos documentos, extraindo-se deles a suma que interessar ao litígio, bem como reproduções autenticadas.
Art. 383. Qualquer reprodução mecânica, como a fotográfica, cinematográfica, fonográfica ou de outra espécie, faz prova dos fatos ou das coisas representadas, se aquele contra quem foi produzida lhe admitir a conformidade.	**Art. 422.** Qualquer reprodução mecânica, como a fotográfica, a cinematográfica, a fonográfica ou de outra espécie, tem aptidão para fazer prova dos fatos ou das coisas representadas, **se a sua conformidade com o documento original não for impugnada por aquele contra quem foi produzida.**
Parágrafo único. Impugnada a autenticidade da reprodução mecânica, o juiz ordenará a realização de exame pericial.	
Art. 384. As reproduções fotográficas ou obtidas por outros processos de repetição, dos documentos particulares, valem como certidões, sempre que o escrivão portar por fé a sua conformidade com o original.	**Art. 423.** As reproduções dos documentos particulares, fotográficas ou obtidas por outros processos de repetição, valem como certidões, sempre que o escrivão ou o chefe de secretaria certificar sua conformidade com o original.
Art. 385. A cópia de documento particular tem o mesmo valor probante que o original, cabendo ao escrivão, intimadas as partes, proceder à conferência e certificar a conformidade entre a cópia e o original.	**Art. 424.** A cópia de documento particular tem o mesmo valor probante que o original, cabendo ao escrivão, intimadas as partes, proceder à conferência e certificar a conformidade entre a cópia e o original.
§ 1º Quando se tratar de fotografia, esta terá de ser acompanhada do respectivo negativo.	"**Art. 422.** [...]" § 1º **As fotografias digitais e as extraídas da rede mundial de computadores fazem prova das imagens que reproduzem, devendo, se impugnadas, ser apresentada a respectiva autenticação eletrônica ou, não sendo possível, realizada perícia.**
§ 2º Se a prova for uma fotografia publicada em jornal, exigir-se-ão o original e o negativo.	§ 2º Se se tratar de fotografia publicada em jornal ou revista, **será exigido um exemplar original do periódico, caso impugnada a veracidade pela outra parte.**
Art. 386. O juiz apreciará livremente a fé que deva merecer o documento, quando em ponto substancial e sem ressalva contiver entrelinha, emenda, borrão ou cancelamento.	**Art. 426.** O juiz apreciará **fundamentadamente** a fé que deva merecer o documento, quando em ponto substancial e sem ressalva contiver entrelinha, emenda, borrão ou cancelamento.
Art. 387. Cessa a fé do documento, público ou particular, sendo-lhe declarada judicialmente a falsidade.	**Art. 427.** Cessa a fé do documento público ou particular sendo-lhe declarada judicialmente a falsidade.
Parágrafo único. A falsidade consiste:	**Parágrafo único.** A falsidade consiste em:
I – em formar documento não verdadeiro;	I – formar documento não verdadeiro;
II – em alterar documento verdadeiro.	II – alterar documento verdadeiro.
Art. 388. Cessa a fé do documento particular quando:	**Art. 428.** Cessa a fé do documento particular quando:
I – lhe for contestada a assinatura e enquanto não se lhe comprovar a veracidade;	I – for **impugnada** sua autenticidade e enquanto não se comprovar sua veracidade;
II – assinado em branco, for abusivamente preenchido.	II – assinado em branco, **for impugnado seu conteúdo**, por preenchimento abusivo.
Parágrafo único. Dar-se-á abuso quando aquele, que recebeu documento assinado, com texto não escrito no todo ou em parte, o formar ou o completar, por si ou por meio de outrem, violando o pacto feito com o signatário.	**Parágrafo único.** Dar-se-á abuso quando aquele que recebeu documento assinado com texto não escrito no todo ou em parte formá-lo ou completá-lo por si ou por meio de outrem, violando o pacto feito com o signatário.
Art. 389. Incumbe o ônus da prova quando:	**Art. 429.** Incumbe o ônus da prova quando:
I – se tratar de falsidade de documento, à parte que a arguir;	I – se tratar de falsidade de documento **ou de preenchimento abusivo**, à parte que a arguir;
II – se tratar de contestação de assinatura, à parte que produziu o documento.	II – se tratar de **impugnação da autenticidade**, à parte que produziu o documento.
Subseção II *Da Arguição de Falsidade*	*Subseção II* *Da Arguição de Falsidade*
Art. 390. O incidente de falsidade tem lugar em qualquer tempo e grau de jurisdição, incumbindo à parte, contra quem foi produzido o documento, suscitá-lo na contestação ou no prazo de 10 (dez) dias, contados da intimação da sua juntada aos autos.	**Art. 430.** A falsidade deve ser suscitada na contestação, **na réplica ou no prazo de 15 (quinze) dias**, contado a partir da intimação da juntada do documento aos autos.
Art. 391. Quando o documento for oferecido antes de encerrada a instrução, a parte o arguirá de falso, em petição dirigida ao juiz da causa, expondo os motivos em que funda a sua pretensão e os meios com que provará o alegado.	**Art. 431.** A parte arguirá a **falsidade** expondo os motivos em que funda a sua pretensão e os meios com que provará o alegado.

Antigo CPC	Novo CPC
Art. 392. Intimada a parte, que produziu o documento, a responder no prazo de 10 (dez) dias, o juiz ordenará o exame pericial.	**Art. 432.** Depois de ouvida a outra parte **no prazo de 15 (quinze) dias**, será realizado o exame pericial.
Parágrafo único. Não se procederá ao exame pericial, se a parte, que produziu o documento, concordar em retirá-lo e a parte contrária não se opuser ao desentranhamento.	**Parágrafo único.** Não se procederá ao exame pericial, se a parte que produziu o documento concordar em retirá-lo.
Art. 393. Depois de encerrada a instrução, o incidente de falsidade correrá em apenso aos autos principais; no tribunal processar-se-á perante o relator, observando-se o disposto no artigo antecedente.	
Art. 394. Logo que for suscitado o incidente de falsidade, o juiz suspenderá o processo principal.	
Art. 395. A sentença, que resolver o incidente, declarará a falsidade ou autenticidade do documento.	**Art. 433.** A declaração sobre a falsidade do documento, **quando suscitada como questão principal, constará da parte dispositiva da sentença e sobre ela incidirá também a autoridade** da coisa julgada.
Subseção III *Da Produção da Prova Documental*	*Subseção III* *Da Produção da Prova Documental*
Art. 396. Compete à parte instruir a petição inicial (art. 283), ou a resposta (art. 297), com os documentos destinados a provar-lhe as alegações.	**Art. 434.** Incumbe à parte instruir a petição inicial ou **a contestação** com os documentos destinados a provar suas alegações.
Art. 397. É lícito às partes, em qualquer tempo, juntar aos autos documentos novos, quando destinados a fazer prova de fatos ocorridos depois dos articulados, ou para contrapô-los aos que foram produzidos nos autos.	**Art. 435.** É lícito às partes, em qualquer tempo, juntar aos autos documentos novos, quando destinados a fazer prova de fatos ocorridos depois dos articulados ou para contrapô-los aos que foram produzidos nos autos.
	Art. 437. [...]
Art. 398. Sempre que uma das partes requerer a juntada de documento aos autos, o juiz ouvirá, a seu respeito, a outra, no prazo de 5 (cinco) dias.	§ 1º Sempre que uma das partes requerer a juntada de documento aos autos, o juiz ouvirá, a seu respeito, a outra parte, **que disporá do prazo de 15 (quinze) dias para adotar qualquer das posturas indicadas no art. 436.**
Art. 399. O juiz requisitará às repartições públicas em qualquer tempo ou grau de jurisdição:	**Art. 438.** O juiz requisitará às repartições públicas, em qualquer tempo ou grau de jurisdição:
I – as certidões necessárias à prova das alegações das partes;	I – as certidões necessárias à prova das alegações das partes;
II – os procedimentos administrativos nas causas em que forem interessados a União, o Estado, o Município, ou as respectivas entidades da administração indireta.	II – os procedimentos administrativos nas causas em que forem interessados a União, os Estados, **o Distrito Federal**, os Municípios ou entidades da administração indireta.
§ 1º Recebidos os autos, o juiz mandará extrair, no prazo máximo e improrrogável de 30 (trinta) dias, certidões ou reproduções fotográficas das peças indicadas pelas partes ou de ofício; findo o prazo, devolverá os autos à repartição de origem.	§ 1º Recebidos os autos, o juiz mandará extrair, **no prazo máximo e improrrogável de 1 (um) mês**, certidões ou reproduções fotográficas das peças que indicar e das que forem indicadas pelas partes e, em seguida, devolverá os autos à repartição de origem.
§ 2º As repartições públicas poderão fornecer todos os documentos em meio eletrônico conforme disposto em lei, certificando, pelo mesmo meio, que se trata de extrato fiel do que consta em seu banco de dados ou do documento digitalizado.	§ 2º As repartições públicas poderão fornecer todos os documentos em meio eletrônico, conforme disposto em lei, certificando, pelo mesmo meio, que se trata de extrato fiel do que consta em seu banco de dados ou no documento digitalizado.
Seção VI *Da Prova Testemunhal*	Seção IX *Da Prova Testemunhal*
Subseção I *Da Admissibilidade e do Valor da Prova Testemunhal*	*Subseção I* *Da Admissibilidade e do Valor da Prova Testemunhal*
Art. 400. A prova testemunhal é sempre admissível, não dispondo a lei de modo diverso. O juiz indeferirá a inquirição de testemunhas sobre fatos:	**Art. 442.** A prova testemunhal é sempre admissível, não dispondo a lei de modo diverso.
	Art. 443. O juiz indeferirá a inquirição de testemunhas sobre fatos:
I – já provados por documento ou confissão da parte;	I – já provados por documento ou confissão da parte;
II – que só por documento ou por exame pericial puderem ser provados.	II – que só por documento ou por exame pericial puderem ser provados.
Art. 401. A prova exclusivamente testemunhal só se admite nos contratos cujo valor não exceda o décuplo do maior salário mínimo vigente no país, ao tempo em que foram celebrados.	

	COMPARATIVO ANTIGO CPC X NOVO CPC
Art. 402. Qualquer que seja o valor do contrato, é admissível a prova testemunhal, quando:	**Art. 444.** Nos casos em que a lei exigir prova escrita da obrigação, é admissível a prova testemunhal quando houver começo de prova por escrito, emanado da parte contra a qual se pretende produzir a prova.
I – houver começo de prova por escrito, reputando-se tal o documento emanado da parte contra quem se pretende utilizar o documento como prova;	
II – o credor não pode ou não podia, moral ou materialmente, obter a prova escrita da obrigação, em casos como o de parentesco, depósito necessário ou hospedagem em hotel.	**Art. 445.** Também se admite a prova testemunhal quando o credor não pode ou não podia, moral ou materialmente, obter a prova escrita da obrigação, em casos como o de parentesco, de depósito necessário ou de hospedagem em hotel **ou em razão das práticas comerciais do local onde contraída a obrigação.**
Art. 403. As normas estabelecidas nos dois artigos antecedentes aplicam-se ao pagamento e à remissão da dívida.	
Art. 404. É lícito à parte inocente provar com testemunhas:	**Art. 446.** É lícito à parte provar com testemunhas:
I – nos contratos simulados, a divergência entre a vontade real e a vontade declarada;	I – nos contratos simulados, a divergência entre a vontade real e a vontade declarada;
II – nos contratos em geral, os vícios do consentimento.	II – nos contratos em geral, os vícios de consentimento.
Art. 405. Podem depor como testemunhas todas as pessoas, exceto as incapazes, impedidas ou suspeitas.	**Art. 447.** Podem depor como testemunhas todas as pessoas, exceto as incapazes, impedidas ou suspeitas.
§ 1º São incapazes:	§ 1º São incapazes:
I – o interdito por demência;	I – o interdito **por enfermidade ou deficiência** mental;
II – o que, acometido por enfermidade, ou debilidade mental, ao tempo em que ocorreram os fatos, não podia discerni-los; ou, ao tempo em que deve depor, não está habilitado a transmitir as percepções;	II – o que, acometido por enfermidade ou **retardamento mental**, ao tempo em que ocorreram os fatos, não podia discerni-los, ou, ao tempo em que deve depor, não está habilitado a transmitir as percepções;
III – o menor de 16 (dezesseis) anos;	III – o **que tiver menos de** 16 (dezesseis) anos;
IV – o cego e o surdo, quando a ciência do fato depender dos sentidos que lhes faltam.	IV – o cego e o surdo, quando a ciência do fato depender dos sentidos que lhes faltam.
§ 2º São impedidos:	§ 2º São impedidos:
I – o cônjuge, bem como o ascendente e o descendente em qualquer grau, ou colateral, até o terceiro grau, de alguma das partes, por consanguinidade ou afinidade, salvo se o exigir o interesse público, ou, tratando-se de causa relativa ao estado da pessoa, não se puder obter de outro modo a prova, que o juiz repute necessária ao julgamento do mérito;	I – o cônjuge, **o companheiro**, o ascendente e o descendente em qualquer grau e o colateral, até o terceiro grau, de alguma das partes, por consanguinidade ou afinidade, salvo se o exigir o interesse público, ou, tratando-se de causa relativa ao estado da pessoa, não se puder obter de outro modo a prova que o juiz repute necessária ao julgamento do mérito;
II – o que é parte na causa;	II – o que é parte na causa;
III – o que intervém em nome de uma parte, como o tutor na causa do menor, o representante legal da pessoa jurídica, o juiz, o advogado e outros, que assistam ou tenham assistido as partes.	III – o que intervém em nome de uma parte, como o tutor, o representante legal da pessoa jurídica, o juiz, o advogado e outros que assistam ou tenham assistido as partes.
§ 3º São suspeitos:	§ 3º São suspeitos:
I – o condenado por crime de falso testemunho, havendo transitado em julgado a sentença;	
II – o que, por seus costumes, não for digno de fé;	
III – o inimigo capital da parte, ou o seu amigo íntimo;	I – o inimigo da parte ou o seu amigo íntimo;
IV – o que tiver interesse no litígio.	II – o que tiver interesse no litígio.
§ 4º Sendo estritamente necessário, o juiz ouvirá testemunhas impedidas ou suspeitas; mas os seus depoimentos serão prestados independentemente de compromisso (art. 415) e o juiz lhes atribuirá o valor que possam merecer.	§ 4º Sendo necessário, **pode o juiz admitir** o depoimento das testemunhas **menores**, impedidas ou suspeitas.
	§ 5º Os depoimentos referidos no § 4º serão prestados independentemente de compromisso, e o juiz lhes atribuirá o valor que possam merecer.
Art. 406. A testemunha não é obrigada a depor de fatos:	**Art. 448.** A testemunha não é obrigada a depor sobre fatos:
I – que lhe acarretem grave dano, bem como ao seu cônjuge e aos seus parentes consanguíneos ou afins, em linha reta, ou na colateral em segundo grau;	I – que lhe acarretem grave dano, bem como ao seu cônjuge **ou companheiro** e aos seus parentes consanguíneos ou afins, em linha reta ou colateral, **até o terceiro grau;**
II – a cujo respeito, por estado ou profissão, deva guardar sigilo.	II – a cujo respeito, por estado ou profissão, deva guardar sigilo.
Subseção II *Da Produção da Prova Testemunhal*	**Subseção II** *Da Produção da Prova Testemunhal*
Art. 407. Incumbe às partes, no prazo que o juiz fixará ao designar a data da audiência, depositar em cartório o rol de testemunhas, precisando-lhes o nome, profissão, residência e o local de trabalho; omitindo-se o juiz, o rol será apresentado até 10 (dez) dias antes da audiência.	**Art. 450.** O rol de testemunhas conterá, sempre que possível, o nome, a profissão, **o estado civil, a idade, o número** de inscrição no Cadastro de Pessoas Físicas, o número de **registro de identidade** e o endereço completo da residência e do local de trabalho.

Antigo CPC	Novo CPC
Parágrafo único. É lícito a cada parte oferecer, no máximo, dez testemunhas; quando qualquer das partes oferecer mais de três testemunhas para a prova de cada fato, o juiz poderá dispensar as restantes.	**Art. 357.** [...] § 6º O número de testemunhas arroladas não pode ser superior a 10 (dez), sendo 3 (três), no máximo, para a prova de cada fato.
Art. 408. Depois de apresentado o rol, de que trata o artigo antecedente, a parte só pode substituir a testemunha:	**Art. 451.** Depois de apresentado o rol de que tratam os §§ 4º e 5º do art. 357, a parte só pode substituir a testemunha:
I – que falecer;	I – que falecer;
II – que, por enfermidade, não estiver em condições de depor;	II – que, por enfermidade, não estiver em condições de depor;
III – que, tendo mudado de residência, não for encontrada pelo oficial de justiça.	III – que, tendo mudado de residência ou de local de trabalho, não for encontrada.
Art. 409. Quando for arrolado como testemunha o juiz da causa, este:	**Art. 452.** Quando for arrolado como testemunha, o juiz da causa:
I – declarar-se-á impedido, se tiver conhecimento de fatos, que possam influir na decisão; caso em que será defeso à parte, que o incluiu no rol, desistir de seu depoimento;	I – declarar-se-á impedido, se tiver conhecimento de fatos que possam influir na decisão, caso em que será vedado à parte que o incluiu no rol desistir de seu depoimento;
II – se nada souber, mandará excluir o seu nome.	II – se nada souber, mandará excluir o seu nome.
Art. 410. As testemunhas depõem, na audiência de instrução, perante o juiz da causa, exceto:	**Art. 453.** As testemunhas depõem, na audiência de instrução **e julgamento**, perante o juiz da causa, exceto:
I – as que prestam depoimento antecipadamente;	I – as que prestam depoimento antecipadamente;
II – as que são inquiridas por carta;	II – as que são inquiridas por carta.
III – as que, por doença, ou outro motivo relevante, estão impossibilitadas de comparecer em juízo (art. 336, parágrafo único);	**Art. 449.** [...] **Parágrafo único.** Quando a parte ou a testemunha, por enfermidade ou por outro motivo relevante, estiver impossibilitada de comparecer, mas não de prestar depoimento, o juiz designará, conforme as circunstâncias, dia, hora e lugar para inquiri-la.
IV – as designadas no artigo seguinte.	
Art. 411. São inquiridos em sua residência, ou onde exercem a sua função:	**Art. 454.** São inquiridos em sua residência ou onde exercem sua função:
I – o Presidente e o Vice-Presidente da República;	I – o presidente e o vice-presidente da República;
II – o presidente do Senado e o da Câmara dos Deputados;	VI – **os senadores e os deputados federais;**
III – os ministros de Estado;	II – os ministros de Estado;
IV – os ministros do Supremo Tribunal Federal, do Superior Tribunal de Justiça, do Superior Tribunal Militar, do Tribunal Superior Eleitoral, do Tribunal Superior do Trabalho e do Tribunal de Contas da União;	III – os ministros do Supremo Tribunal Federal, **os conselheiros do Conselho Nacional de Justiça** e os ministros do Superior Tribunal de Justiça, do Superior Tribunal Militar, do Tribunal Superior Eleitoral, do Tribunal Superior do Trabalho e do Tribunal de Contas da União;
V – o procurador-geral da República;	IV – o procurador-geral da República **e os conselheiros do Conselho Nacional do Ministério Público;**
VI – os senadores e deputados federais;	VI – os senadores e os deputados federais;
VII – os governadores dos Estados, dos Territórios e do Distrito Federal;	VII – os governadores dos Estados e do Distrito Federal;
VIII – os deputados estaduais;	IX – os deputados estaduais **e distritais;**
IX – os desembargadores dos Tribunais de Justiça, os juízes dos Tribunais de Alçada, os juízes dos Tribunais Regionais do Trabalho e dos Tribunais Regionais Eleitorais e os conselheiros dos Tribunais de Contas dos Estados e do Distrito Federal;	X – os desembargadores dos Tribunais de Justiça, dos Tribunais Regionais Federais, dos Tribunais Regionais do Trabalho e dos Tribunais Regionais Eleitorais e os conselheiros dos Tribunais de Contas dos Estados e do Distrito Federal;
X – o embaixador de país que, por lei ou tratado, concede idêntica prerrogativa ao agente diplomático do Brasil.	XII – o embaixador de país que, por lei ou tratado, concede idêntica prerrogativa a agente diplomático do Brasil.
Parágrafo único. O juiz solicitará à autoridade que designe dia, hora e local a fim de ser inquirida, remetendo-lhe cópia da petição inicial ou da defesa oferecida pela parte, que arrolou como testemunha.	§ 1º O juiz solicitará à autoridade que indique dia, hora e local a fim de ser inquirida, remetendo-lhe cópia da petição inicial ou da defesa oferecida pela parte que a arrolou como testemunha.
Art. 412. A testemunha é intimada a comparecer à audiência, constando do mandado dia, hora e local, bem como os nomes das partes e a natureza da causa. Se a testemunha deixar de comparecer, sem motivo justificado, será conduzida, respondendo pelas despesas do adiamento.	**Art. 455.** Cabe ao advogado da parte informar ou intimar a testemunha por ele arrolada do dia, da hora e do local da audiência designada, dispensando-se a intimação do juízo. [...] § 5º A testemunha que, intimada na forma do § 1º ou do § 4º, deixar de comparecer sem motivo justificado, será conduzida e responderá pelas despesas do adiamento.

§ 1º A parte pode comprometer-se a levar à audiência a testemunha, independentemente de intimação; presumindo-se, caso não compareça, que desistiu de ouvi-la.	**Art. 455.** [...] § 2º A parte pode comprometer-se a levar a testemunha à audiência, independentemente da intimação de que trata o § 1º, presumindo-se, caso a testemunha não compareça, que a parte desistiu de sua inquirição.
§ 2º Quando figurar no rol de testemunhas funcionário público ou militar, o juiz o requisitará ao chefe da repartição ou ao comando do corpo em que servir.	**Art. 455.** [...] § 4º. [...] III – figurar no rol de testemunhas servidor público ou militar, hipótese em que o juiz o requisitará ao chefe da repartição ou ao comando do corpo em que servir;
§ 3º A intimação poderá ser feita pelo correio, sob registro ou com entrega em mão própria, quando a testemunha tiver residência certa.	**Art. 455.** [...] § 1º A intimação **deverá** ser realizada por carta com **aviso de recebimento, cumprindo ao advogado juntar aos autos, com antecedência de pelo menos 3 (três) dias da data da audiência, cópia da correspondência de intimação e do comprovante de recebimento.**
Art. 413. O juiz inquirirá as testemunhas separada e sucessivamente; primeiro as do autor e depois as do réu, providenciando de modo que uma não ouça o depoimento das outras.	**Art. 456.** O juiz inquirirá as testemunhas separada e sucessivamente, primeiro as do autor e depois as do réu, e providenciará para que uma não ouça o depoimento das outras.
Art. 414. Antes de depor, a testemunha será qualificada, declarando o nome por inteiro, a profissão, a residência e o estado civil, bem como se tem relações de parentesco com a parte, ou interesse no objeto do processo.	**Art. 457.** Antes de depor, a testemunha será qualificada, declarará ou confirmará seus dados e informará se tem relações de parentesco com a parte ou interesse no objeto do processo.
§ 1º É lícito à parte contraditar a testemunha, arguindo-lhe a incapacidade, o impedimento ou a suspeição. Se a testemunha negar os fatos que lhe são imputados, a parte poderá provar a contradita com documentos ou com testemunhas, até três, apresentadas no ato e inquiridas em separado. Sendo provados ou confessados os fatos, o juiz dispensará a testemunha, ou lhe tomará o depoimento, observando o disposto no art. 405, § 4º.	§ 1º É lícito à parte contraditar a testemunha, arguindo-lhe a incapacidade, o impedimento ou a suspeição, bem como, caso a testemunha negue os fatos que lhe são imputados, provar a contradita com documentos ou com testemunhas, até 3 (três), apresentadas no ato e inquiridas em separado. § 2º Sendo provados ou confessados os fatos a que se refere o § 1º, o juiz dispensará a testemunha ou lhe tomará o depoimento como informante.
§ 2º A testemunha pode requerer ao juiz que a escuse de depor, alegando os motivos de que trata o art. 406; ouvidas as partes, o juiz decidirá de plano.	§ 3º A testemunha pode requerer ao juiz que a escuse de depor, alegando os motivos previstos neste Código, decidindo o juiz de plano após; ouvidas as partes.
Art. 415. Ao início da inquirição, a testemunha prestará o compromisso de dizer a verdade do que souber e lhe for perguntado.	**Art. 458.** Ao início da inquirição, a testemunha prestará o compromisso de dizer a verdade do que souber e lhe for perguntado.
Parágrafo único. O juiz advertirá à testemunha que incorre em sanção penal quem faz a afirmação falsa, cala ou oculta a verdade.	**Parágrafo único.** O juiz advertirá à testemunha que incorre em sanção penal quem faz afirmação falsa, cala ou oculta a verdade.
Art. 416. O juiz interrogará a testemunha sobre os fatos articulados, cabendo, primeiro à parte, que a arrolou, e depois à parte contrária, formular perguntas tendentes a esclarecer ou completar o depoimento.	**Art. 459. As perguntas serão formuladas pelas partes diretamente à testemunha, começando pela que a arrolou, não admitindo o juiz aquelas que puderem induzir a resposta, não tiverem relação com as questões de fato objeto da atividade probatória ou importarem repetição de outra já respondida.**
§ 1º As partes devem tratar as testemunhas com urbanidade, não lhes fazendo perguntas ou considerações impertinentes, capciosas ou vexatórias.	§ 2º As testemunhas devem ser tratadas com urbanidade, não se lhes fazendo perguntas ou considerações impertinentes, capciosas ou vexatórias.
§ 2º As perguntas que o juiz indeferir serão obrigatoriamente transcritas no termo, se a parte o requerer.	§ 3º As perguntas que o juiz indeferir serão transcritas no termo, se a parte o requerer.
Art. 417. O depoimento, datilografado ou registrado por taquigrafia, estenotipia ou outro método idôneo de documentação, será assinado pelo juiz, pelo depoente e pelos procuradores, facultando-se às partes a sua gravação.	**Art. 460.** O depoimento poderá ser documentado por meio de gravação. **Art. 365.** [...] § 6º A gravação a que se refere o § 5º também pode ser realizada diretamente por qualquer das partes, independentemente de autorização judicial.
§ 1º O depoimento será passado para a versão datilográfica quando houver recurso da sentença ou noutros casos, quando o juiz o determinar, de ofício ou a requerimento da parte.	
§ 2º Tratando-se de processo eletrônico, observar-se-á o disposto nos §§ 2º e 3º do art. 169 desta Lei.	§ 3º Tratando-se de autos eletrônicos, observar-se-á o disposto neste Código **e na legislação específica sobre a prática eletrônica de atos processuais**.
Art. 418. O juiz pode ordenar, de ofício ou a requerimento da parte:	**Art. 461.** O juiz pode ordenar, de ofício ou a requerimento da parte:

Antigo CPC	Novo CPC
I – a inquirição de testemunhas referidas nas declarações da parte ou das testemunhas;	I – a inquirição de testemunhas referidas nas declarações da parte ou das testemunhas;
II – a acareação de duas ou mais testemunhas ou de alguma delas com a parte, quando, sobre fato determinado, que possa influir na decisão da causa, divergirem as suas declarações.	II – a acareação de **2 (duas)** ou mais testemunhas ou de alguma delas com a parte, quando, sobre fato determinado que possa influir na decisão da causa, divergirem as suas declarações.
Art. 419. A testemunha pode requerer ao juiz o pagamento da despesa que efetuou para comparecimento à audiência, devendo a parte pagá-la logo que arbitrada, ou depositá-la em cartório dentro de 3 (três) dias.	**Art. 462.** A testemunha pode requerer ao juiz o pagamento da despesa que efetuou para comparecimento à audiência, devendo a parte pagá-la logo que arbitrada ou depositá-la em cartório dentro de 3 (três) dias.
Parágrafo único. O depoimento prestado em juízo é considerado serviço público. A testemunha, quando sujeita ao regime da legislação trabalhista, não sofre, por comparecer à audiência, perda de salário nem desconto no tempo de serviço.	**Art. 463.** O depoimento prestado em juízo é considerado serviço público.
	Parágrafo único. A testemunha, quando sujeita ao regime da legislação trabalhista, não sofre, por comparecer à audiência, perda de salário nem desconto no tempo de serviço.
Seção VII *Da Prova Pericial*	**Seção X** *Da Prova Pericial*
Art. 420. A prova pericial consiste em exame, vistoria ou avaliação.	**Art. 464.** A prova pericial consiste em exame, vistoria ou avaliação.
Parágrafo único. O juiz indeferirá a perícia quando:	§ 1º O juiz indeferirá a perícia quando:
I – a prova do fato não depender do conhecimento especial de técnico;	I – a prova do fato não depender de conhecimento especial de técnico;
II – for desnecessária em vista de outras provas produzidas;	II – for desnecessária em vista de outras provas produzidas;
III – a verificação for impraticável.	III – a verificação for impraticável.
Art. 421. O juiz nomeará o perito, fixando de imediato o prazo para a entrega do laudo.	**Art. 465.** O juiz nomeará perito **especializado no objeto da perícia** e fixará de imediato o prazo para a entrega do laudo.
§ 1º Incumbe às partes, dentro em 5 (cinco) dias, contados da intimação do despacho de nomeação do perito:	§ 1º Incumbe às partes, **dentro de 15 (quinze) dias** contados da intimação do despacho de nomeação do perito:
I – indicar o assistente técnico;	II – indicar assistente técnico;
II – apresentar quesitos.	III – apresentar quesitos.
§ 2º Quando a natureza do fato o permitir, a perícia poderá consistir apenas na inquirição pelo juiz do perito e dos assistentes, por ocasião da audiência de instrução e julgamento a respeito das coisas que houverem informalmente examinado ou avaliado.	**§ 2º De ofício ou a requerimento das partes, o juiz poderá, em substituição à perícia, determinar a produção de prova técnica simplificada, quando o ponto controvertido for de menor complexidade.** **§ 3º A prova técnica simplificada consistirá apenas na inquirição de especialista, pelo juiz, sobre ponto controvertido da causa que demande especial conhecimento científico ou técnico.** **§ 4º Durante a arguição, o especialista, que deverá ter formação acadêmica específica na área objeto de seu depoimento, poderá valer-se de qualquer recurso tecnológico de transmissão de sons e imagens com o fim de esclarecer os pontos controvertidos da causa.**
Art. 422. O perito cumprirá escrupulosamente o encargo que lhe foi cometido, independentemente de termo de compromisso. Os assistentes técnicos são de confiança da parte, não sujeitos a impedimento ou suspeição.	**Art. 466.** O perito cumprirá escrupulosamente o encargo que lhe foi cometido, independentemente de termo de compromisso.
	§ 1º Os assistentes técnicos são de confiança da parte e não estão sujeitos a impedimento ou suspeição.
Art. 423. O perito pode escusar-se (art. 146), ou ser recusado por impedimento ou suspeição (art. 138, III); ao aceitar a escusa ou julgar procedente a impugnação, o juiz nomeará novo perito.	**Art. 467.** O perito pode escusar-se ou ser recusado por impedimento ou suspeição.
	Parágrafo único. O juiz, ao aceitar a escusa ou ao julgar procedente a impugnação, nomeará novo perito.
Art. 424. O perito pode ser substituído quando:	**Art. 468.** O perito pode ser substituído quando:
I – carecer de conhecimento técnico ou científico;	I – faltar-lhe conhecimento técnico ou científico;
II – sem motivo legítimo, deixar de cumprir o encargo no prazo que lhe foi assinado.	II – sem motivo legítimo, deixar de cumprir o encargo no prazo que lhe foi assinado.
Parágrafo único. No caso previsto no inciso II, o juiz comunicará a ocorrência à corporação profissional respectiva, podendo, ainda, impor multa ao perito, fixada tendo em vista o valor da causa e o possível prejuízo decorrente do atraso no processo.	§ 1º No caso previsto no inciso II, o juiz comunicará a ocorrência à corporação profissional respectiva, podendo, ainda, impor multa ao perito, fixada tendo em vista o valor da causa e o possível prejuízo decorrente do atraso no processo.
Art. 425. Poderão as partes apresentar, durante a diligência, quesitos suplementares. Da juntada dos quesitos aos autos dará o escrivão ciência à parte contrária.	**Art. 469.** As partes poderão apresentar quesitos suplementares durante a diligência, **que poderão ser respondidos pelo perito previamente ou na audiência de instrução e julgamento.**
	Parágrafo único. O escrivão dará à parte contrária ciência da juntada dos quesitos aos autos.

Art. 426. Compete ao juiz: I – indeferir quesitos impertinentes; II – formular os que entender necessários ao esclarecimento da causa.	**Art. 470.** Incumbe ao juiz: I – indeferir quesitos impertinentes; II – formular **os quesitos** que entender necessários ao esclarecimento da causa.
Art. 427. O juiz poderá dispensar prova pericial quando as partes, na inicial e na contestação, apresentarem sobre as questões de fato pareceres técnicos ou documentos elucidativos que considerar suficientes.	**Art. 472.** O juiz poderá dispensar prova pericial quando as partes, na inicial e na contestação, apresentarem, sobre as questões de fato, pareceres técnicos ou documentos elucidativos que considerar suficientes.
Art. 428. Quando a prova tiver de realizar-se por carta, poderá proceder-se à nomeação de perito e indicação de assistentes técnicos no juízo, ao qual se requisitar a perícia.	**Art. 465.** [...] § 6º Quando tiver de realizar-se por carta, poderá proceder-se à nomeação de perito e indicação de assistentes técnicos no juízo ao qual se requisitar a perícia.
Art. 429. Para o desempenho de sua função, podem o perito e os assistentes técnicos utilizar-se de todos os meios necessários, ouvindo testemunhas, obtendo informações, solicitando documentos que estejam em poder de parte ou em repartições públicas, bem como instruir o laudo com plantas, desenhos, fotografias e outras quaisquer peças.	**Art. 473.** [...] § 3º Para o desempenho de sua função, o perito e os assistentes técnicos podem valer-se de todos os meios necessários, ouvindo testemunhas, obtendo informações, solicitando documentos que estejam em poder da parte, **de terceiros** ou em repartições públicas, bem como instruir o laudo com **planilhas, mapas,** plantas, desenhos, fotografias **ou outros elementos necessários ao esclarecimento do objeto da perícia.**
Art. 430. (*Revogado pela Lei nº 8.455, de 24.8.1992*)	
Art. 431. (*Revogado pela Lei nº 8.455, de 24.8.1992*)	
Art. 431-A. As partes terão ciência da data e local designados pelo juiz ou indicados pelo perito para ter início a produção da prova.	**Art. 474.** As partes terão ciência da data e do local designados pelo juiz ou indicados pelo perito para ter início a produção da prova.
Art. 431-B. Tratando-se de perícia complexa, que abranja mais de uma área de conhecimento especializado, o juiz poderá nomear mais de um perito e a parte indicar mais de um assistente técnico.	**Art. 475.** Tratando-se de perícia complexa que abranja mais de uma área de conhecimento especializado, o juiz poderá nomear mais de um perito, e a parte, indicar mais de um assistente técnico.
Art. 432. Se o perito, por motivo justificado, não puder apresentar o laudo dentro do prazo, o juiz conceder-lhe-á, por uma vez, prorrogação, segundo o seu prudente arbítrio.	**Art. 476.** Se o perito, por motivo justificado, não puder apresentar o laudo dentro do prazo, o juiz poderá conceder-lhe, por uma vez, prorrogação pela metade do prazo originariamente fixado.
Art. 433. O perito apresentará o laudo em cartório, no prazo fixado pelo juiz, pelo menos 20 (vinte) dias antes da audiência de instrução e julgamento.	**Art. 477.** O perito **protocolará o laudo em juízo**, no prazo fixado pelo juiz, pelo menos 20 (vinte) dias antes da audiência de instrução e julgamento.
Parágrafo único. Os assistentes técnicos oferecerão seus pareceres no prazo comum de 10 (dez) dias, após intimadas as partes da apresentação do laudo.	§ 1º As partes serão intimadas para, querendo, manifestar-se sobre o laudo do perito do juízo **no prazo comum de 15 (quinze) dias**, podendo o assistente técnico de cada uma das partes, em igual prazo, apresentar seu respectivo parecer.
Art. 434. Quando o exame tiver por objeto a autenticidade ou a falsidade de documento, ou for de natureza médico-legal, o perito será escolhido, de preferência, entre os técnicos dos estabelecimentos oficiais especializados. O juiz autorizará a remessa dos autos, bem como do material sujeito a exame, ao diretor do estabelecimento.	**Art. 478.** Quando o exame tiver por objeto a autenticidade ou a falsidade de documento ou for de natureza médico-legal, o perito será escolhido, de preferência, entre os técnicos dos estabelecimentos oficiais especializados, a cujos diretores o juiz autorizará a remessa dos autos, bem como do material sujeito a exame.
	§ 1º **Nas hipóteses de gratuidade de justiça, os órgãos e as repartições oficiais deverão cumprir a determinação judicial com preferência**, no prazo estabelecido.
Parágrafo único. Quando o exame tiver por objeto a autenticidade da letra e firma, o perito poderá requisitar, para efeito de comparação, documentos existentes em repartições públicas; na falta destes, poderá requerer ao juiz que a pessoa, a quem se atribuir a autoria do documento, lance em folha de papel, por cópia, ou sob ditado, dizeres diferentes, para fins de comparação.	**Art. 478.** [...] § 3º Quando o exame tiver por objeto a autenticidade da letra e da firma, o perito poderá requisitar, para efeito de comparação, documentos existentes em repartições públicas e, na falta destes, poderá requerer ao juiz que a pessoa a quem se atribuir a autoria do documento lance em folha de papel, por cópia ou sob ditado, dizeres diferentes, para fins de comparação.
Art. 435. A parte, que desejar esclarecimento do perito e do assistente técnico, requererá ao juiz que mande intimá-lo a comparecer à audiência, formulando desde logo as perguntas, sob forma de quesitos.	**Art. 477.** [...] § 3º Se ainda houver necessidade de esclarecimentos, a parte requererá ao juiz que mande intimar o perito ou o assistente técnico a comparecer à audiência de instrução e julgamento, formulando, desde logo, as perguntas, sob forma de quesitos.
Parágrafo único. O perito e o assistente técnico só estarão obrigados a prestar os esclarecimentos a que se refere este artigo, quando intimados 5 (cinco) dias antes da audiência.	§ 4º O perito ou o assistente técnico será intimado **por meio eletrônico, com pelo menos 10 (dez) dias de antecedência da audiência.**

Antigo CPC	Novo CPC
Art. 436. O juiz não está adstrito ao laudo pericial, podendo formar a sua convicção com outros elementos ou fatos provados nos autos.	**Art. 479.** O juiz **apreciará a prova pericial de acordo com o disposto no art.** 371, indicando na sentença os motivos que o levaram a considerar ou a deixar de considerar as conclusões do laudo, levando em conta o método utilizado pelo perito.
Art. 437. O juiz poderá determinar, de ofício ou a requerimento da parte, a realização de nova perícia, quando a matéria não lhe parecer suficientemente esclarecida.	**Art. 480.** O juiz **determinará**, de ofício ou a requerimento da parte, a realização de nova perícia quando a matéria não estiver suficientemente esclarecida.
Art. 438. A segunda perícia tem por objeto os mesmos fatos sobre que recaiu a primeira e destina-se a corrigir eventual omissão ou inexatidão dos resultados a que esta conduziu.	§ 1º A segunda perícia tem por objeto os mesmos fatos sobre os quais recaiu a primeira e destina-se a corrigir eventual omissão ou inexatidão dos resultados a que esta conduziu.
Art. 439. A segunda perícia rege-se pelas disposições estabelecidas para a primeira.	§ 2º A segunda perícia rege-se pelas disposições estabelecidas para a primeira.
Parágrafo único. A segunda perícia não substitui a primeira, cabendo ao juiz apreciar livremente o valor de uma e outra.	§ 3º A segunda perícia não substitui a primeira, cabendo ao juiz apreciar o valor de uma e de outra.
Seção VIII *Da Inspeção Judicial*	Seção XI *Da Inspeção Judicial*
Art. 440. O juiz, de ofício ou a requerimento da parte, pode, em qualquer fase do processo, inspecionar pessoas ou coisas, a fim de se esclarecer sobre fato, que interesse à decisão da causa.	**Art. 481.** O juiz, de ofício ou a requerimento da parte, pode, em qualquer fase do processo, inspecionar pessoas ou coisas, a fim de se esclarecer sobre fato que interesse à decisão da causa.
Art. 441. Ao realizar a inspeção direta, o juiz poderá ser assistido de um ou mais peritos.	**Art. 482.** Ao realizar a inspeção, o juiz poderá ser assistido por um ou mais peritos.
Art. 442. O juiz irá ao local, onde se encontre a pessoa ou coisa, quando:	**Art. 483.** O juiz irá ao local onde se encontre a pessoa ou a coisa quando:
I – julgar necessário para a melhor verificação ou interpretação dos fatos que deva observar;	I – julgar necessário para a melhor verificação ou interpretação dos fatos que deva observar;
II – a coisa não puder ser apresentada em juízo, sem consideráveis despesas ou graves dificuldades;	II – a coisa não puder ser apresentada em juízo sem consideráveis despesas ou graves dificuldades;
III – determinar a reconstituição dos fatos.	III – determinar a reconstituição dos fatos.
Parágrafo único. As partes têm sempre direito a assistir à inspeção, prestando esclarecimentos e fazendo observações que reputem de interesse para a causa.	**Parágrafo único.** As partes têm sempre direito a assistir à inspeção, prestando esclarecimentos e fazendo observações que considerem de interesse para a causa.
Art. 443. Concluída a diligência, o juiz mandará lavrar auto circunstanciado, mencionando nele tudo quanto for útil ao julgamento da causa.	**Art. 484.** Concluída a diligência, o juiz mandará lavrar auto circunstanciado, mencionando nele tudo quanto for útil ao julgamento da causa.
Parágrafo único. O auto poderá ser instruído com desenho, gráfico ou fotografia.	**Parágrafo único.** O auto poderá ser instruído com desenho, gráfico ou fotografia.
CAPÍTULO VII Da Audiência	
Seção I *Das Disposições Gerais*	
Art. 444. A audiência será pública; nos casos de que trata o art. 155, realizar-se-á a portas fechadas.	**Art. 368.** A audiência será pública, ressalvadas as exceções legais.
Art. 445. O juiz exerce o poder de polícia, competindo-lhe:	**Art. 360.** O juiz exerce o poder de polícia, **incumbindo-lhe**:
I – manter a ordem e o decoro na audiência;	I – manter a ordem e o decoro na audiência;
II – ordenar que se retirem da sala da audiência os que se comportarem inconvenientemente;	II – ordenar que se retirem da sala de audiência os que se comportarem inconvenientemente;
III – requisitar, quando necessário, a força policial.	III – requisitar, quando necessário, força policial;
Art. 446. Compete ao juiz em especial:	
I – dirigir os trabalhos da audiência;	
II – proceder direta e pessoalmente à colheita das provas;	
III – exortar os advogados e o órgão do Ministério Público a que discutam a causa com elevação e urbanidade.	
Parágrafo único. Enquanto depuserem as partes, o perito, os assistentes técnicos e as testemunhas, os advogados não podem intervir ou apartear, sem licença do juiz.	**Art. 356.** [...] **Parágrafo único.** Enquanto depuserem o perito, os assistentes técnicos, as partes e as testemunhas, não poderão os advogados **e o Ministério Público** intervir ou apartear, sem licença do juiz.

COMPARATIVO ANTIGO CPC X NOVO CPC

Seção II *Da Conciliação*	
Art. 447. Quando o litígio versar sobre direitos patrimoniais de caráter privado, o juiz, de ofício, determinará o comparecimento das partes ao início da audiência de instrução e julgamento.	**Art. 359.** Instalada a audiência, o juiz tentará conciliar as partes, **independentemente do emprego anterior de outros métodos de solução consensual de conflitos, como a mediação e a arbitragem.**
Parágrafo único. Em causas relativas à família, terá lugar igualmente a conciliação, nos casos e para os fins em que a lei consente a transação.	
Art. 448. Antes de iniciar a instrução, o juiz tentará conciliar as partes. Chegando a acordo, o juiz mandará tomá-lo por termo.	
Art. 449. O termo de conciliação, assinado pelas partes e homologado pelo juiz, terá valor de sentença.	
Seção III *Da Instrução e Julgamento*	**Capítulo X** **Da Audiência de Instrução e Julgamento**
Art. 450. No dia e hora designados, o juiz declarará aberta a audiência, mandando apregoar as partes e os seus respectivos advogados.	**Art. 358.** No dia e na hora designados, o juiz declarará aberta a audiência de instrução e julgamento e mandará apregoar as partes e os respectivos advogados, **bem como outras pessoas que dela devam participar.**
Art. 451. Ao iniciar a instrução, o juiz, ouvidas as partes, fixará os pontos controvertidos sobre que incidirá a prova.	
Art. 452. As provas serão produzidas na audiência nesta ordem:	**Art. 361.** As provas **orais** serão produzidas em audiência, ouvindo-se nesta ordem, preferencialmente:
I – o perito e os assistentes técnicos responderão aos quesitos de esclarecimentos, requeridos no prazo e na forma do art. 435;	I – o perito e os assistentes técnicos, que responderão aos quesitos de esclarecimentos requeridos no prazo e na forma do art. 477, **caso não respondidos anteriormente por escrito;**
II – o juiz tomará os depoimentos pessoais, primeiro do autor e depois do réu;	II – o autor e, em seguida, o réu, que prestarão depoimentos pessoais;
III – finalmente, serão inquiridas as testemunhas arroladas pelo autor e pelo réu.	III – as testemunhas arroladas pelo autor e pelo réu, que serão inquiridas.
Art. 453. A audiência poderá ser adiada:	**Art. 362.** A audiência poderá ser adiada:
I – por convenção das partes, caso em que só será admissível uma vez;	I – por convenção das partes;
II – se não puderem comparecer, por motivo justificado, o perito, as partes, as testemunhas ou os advogados.	II – se não puder comparecer, por motivo justificado, **qualquer** pessoa **que dela** deva **necessariamente participar;**
§ 1º Incumbe ao advogado provar o impedimento até a abertura da audiência; não o fazendo, o juiz procederá à instrução.	§ 1º O impedimento **deverá ser comprovado até a abertura da audiência**, e, não o sendo, o juiz procederá à instrução.
§ 2º Pode ser dispensada pelo juiz a produção das provas requeridas pela parte cujo advogado não compareceu à audiência.	§ 2º O juiz poderá dispensar a produção das provas requeridas pela parte cujo advogado ou **defensor público** não tenha comparecido à audiência, **aplicando-se a mesma regra ao Ministério Público.**
§ 3º Quem der causa ao adiamento responderá pelas despesas acrescidas.	§ 3º Quem der causa ao adiamento responderá pelas despesas acrescidas.
Art. 454. Finda a instrução, o juiz dará a palavra ao advogado do autor e ao do réu, bem como ao órgão do Ministério Público, sucessivamente, pelo prazo de 20 (vinte) minutos para cada um, prorrogável por 10 (dez), a critério do juiz.	**Art. 364.** Finda a instrução, o juiz dará a palavra ao advogado do autor e do réu, bem como ao **membro** do Ministério Público, **se for o caso de sua intervenção**, sucessivamente, pelo prazo de 20 (vinte) minutos para cada um, prorrogável por 10 (dez) minutos, a critério do juiz.
§ 1º Havendo litisconsorte ou terceiro, o prazo, que formará com o da prorrogação um só todo, dividir-se-á entre os do mesmo grupo, se não convencionarem de modo diverso.	§ 1º Havendo litisconsorte ou **terceiro interveniente**, o prazo, que formará com o da prorrogação um só todo, dividir-se-á entre os do mesmo grupo, se não convencionarem de modo diverso.
§ 2º No caso previsto no art. 56, o opoente sustentará as suas razões em primeiro lugar, seguindo-se-lhe os opostos, cada qual pelo prazo de 20 (vinte) minutos.	
§ 3º Quando a causa apresentar questões complexas de fato ou de direito, o debate oral poderá ser substituído por memoriais, caso em que o juiz designará dia e hora para o seu oferecimento.	§ 2º Quando a causa apresentar questões complexas de fato ou de direito, o debate oral poderá ser substituído **por razões finais escritas, que serão apresentadas pelo autor e pelo réu, bem como pelo Ministério Público, se for** o caso de sua intervenção, em prazos sucessivos de 15 (quinze) dias, assegurada vista dos autos.
Art. 455. A audiência é una e contínua. Não sendo possível concluir, num só dia, a instrução, o debate e o julgamento, o juiz marcará o seu prosseguimento para dia próximo.	**Art. 365.** A audiência é una e contínua, **podendo ser excepcional e justificadamente cindida na ausência de perito ou de testemunha, desde que haja concordância das partes.**
	Parágrafo único. Diante da impossibilidade de realização da instrução, do debate e do julgamento no mesmo dia, o juiz marcará seu prosseguimento para a data mais próxima possível, **em pauta preferencial.**

Art. 456. Encerrado o debate ou oferecidos os memoriais, o juiz proferirá a sentença desde logo ou no prazo de 10 (dez) dias.	**Art. 366.** Encerrado o debate ou oferecidas as razões finais, o juiz proferirá sentença em audiência **ou no prazo de** 30 (**trinta**) **dias**.
Art. 457. O escrivão lavrará, sob ditado do juiz, termo que conterá, em resumo, o ocorrido na audiência, bem como, por extenso, os despachos e a sentença, se esta for proferida no ato.	**Art. 367.** O **servidor** lavrará, sob ditado do juiz, termo que conterá, em resumo, o ocorrido na audiência, bem como, por extenso, os despachos, as decisões e a sentença, se proferida no ato.
§ 1º Quando o termo for datilografado, o juiz lhe rubricará as folhas, ordenando que sejam encadernadas em volume próprio.	§ 1º Quando o termo **não for registrado em meio eletrônico**, o juiz rubricar-lhe-á as folhas, que serão encadernadas em volume próprio.
§ 2º Subscreverão o termo o juiz, os advogados, o órgão do Ministério Público e o escrivão.	§ 2º Subscreverão o termo o juiz, os advogados, o **membro** do Ministério Público e o escrivão **ou chefe de secretaria, dispensadas as partes, exceto quando houver ato de disposição para cuja prática os advogados não tenham poderes**.
§ 3º O escrivão trasladará para os autos cópia autêntica do termo de audiência.	§ 3º O escrivão ou chefe de secretaria trasladará para os autos cópia autêntica do termo de audiência.
§ 4º Tratando-se de processo eletrônico, observar-se-á o disposto nos §§ 2º e 3º do art. 169 desta Lei.	§ 4º Tratando-se de autos eletrônicos, observar-se-á o disposto neste Código, **em legislação específica e nas normas internas dos tribunais**.
CAPÍTULO VIII **Da Sentença e da Coisa Julgada**	
Seção I *Dos Requisitos e dos Efeitos da Sentença*	**Seção II** *Dos **Elementos** e dos Efeitos da Sentença*
Art. 458. São requisitos essenciais da sentença:	**Art. 489.** São **elementos** essenciais da sentença:
I – o relatório, que conterá os nomes das partes, a suma do pedido e da resposta do réu, bem como o registro das principais ocorrências havidas no andamento do processo;	I – o relatório, que conterá os nomes das partes, a identificação do caso, com a suma do pedido e da **contestação**, e o registro das principais ocorrências havidas no andamento do processo;
II – os fundamentos, em que o juiz analisará as questões de fato e de direito;	II – os fundamentos, em que o juiz analisará as questões de fato e de direito;
III – o dispositivo, em que o juiz resolverá as questões, que as partes lhe submeterem.	III – o dispositivo, em que o juiz resolverá as questões principais que as partes lhe submeterem.
Art. 459. O juiz proferirá a sentença, acolhendo ou rejeitando, no todo ou em parte, o pedido formulado pelo autor. Nos casos de extinção do processo sem julgamento do mérito, o juiz decidirá em forma concisa.	**Art. 490.** O **juiz resolverá o mérito** acolhendo ou rejeitando, no todo ou em parte, os pedidos formulados pelas **partes**.
Parágrafo único. Quando o autor tiver formulado pedido certo, é vedado ao juiz proferir sentença ilíquida.	
Art. 460. É defeso ao juiz proferir sentença, a favor do autor, de natureza diversa da pedida, bem como condenar o réu em quantidade superior ou em objeto diverso do que lhe foi demandado.	**Art. 492.** É vedado ao juiz proferir **decisão** de natureza diversa da pedida, bem como condenar a parte em quantidade superior ou em objeto diverso do que lhe foi demandado.
Parágrafo único. A sentença deve ser certa, ainda quando decida relação jurídica condicional.	**Parágrafo único.** A **decisão** deve ser certa, ainda que resolva relação jurídica condicional.
	CAPÍTULO VI **Do Cumprimento da Sentença que Reconheça A Exigibilidade de Obrigação de Fazer, de Não Fazer ou de Entregar Coisa**
	Seção IV *Do Julgamento das Ações Relativas às Prestações de Fazer, de Não Fazer e de Entregar Coisa*
Art. 461. Na ação que tenha por objeto o cumprimento de obrigação de fazer ou não fazer, o juiz concederá a tutela específica da obrigação ou, se procedente o pedido, determinará providências que assegurem o resultado prático equivalente ao do adimplemento.	**Art. 497.** Na ação que tenha por objeto **a prestação de fazer ou de não fazer**, o juiz, se procedente o pedido, concederá a tutela específica ou determinará providências que assegurem a obtenção de tutela pelo resultado prático equivalente.
§ 1º A obrigação somente se converterá em perdas e danos se o autor o requerer ou se impossível a tutela específica ou a obtenção do resultado prático correspondente.	**Art. 499.** A obrigação somente será convertida em perdas e danos se o autor o requerer ou se impossível a tutela específica ou a obtenção de tutela pelo resultado prático **equivalente**.
§ 2º A indenização por perdas e danos dar-se-á sem prejuízo da multa (art. 287).	**Art. 500.** A indenização por perdas e danos dar-se-á sem prejuízo da multa **fixada periodicamente para compelir o réu ao cumprimento específico da obrigação**.

§ 3º Sendo relevante o fundamento da demanda e havendo justificado receio de ineficácia do provimento final, é lícito ao juiz conceder a tutela liminarmente ou mediante justificação prévia, citado o réu. A medida liminar poderá ser revogada ou modificada, a qualquer tempo, em decisão fundamentada.	**Art. 294. A tutela provisória pode fundamentar-se em urgência ou evidência.**
§ 4º O juiz poderá, na hipótese do parágrafo anterior ou na sentença, impor multa diária ao réu, independentemente de pedido do autor, se for suficiente ou compatível com a obrigação, fixando-lhe prazo razoável para o cumprimento do preceito.	**Art. 297.** O juiz poderá determinar as medidas que **considerar** adequadas para efetivação da tutela provisória. **Art. 536.** [...] § 1º **Para atender ao disposto no *caput*, o juiz poderá determinar, entre outras medidas,** a imposição de multa, a busca e apreensão, a remoção de pessoas e coisas, o desfazimento de obras e o impedimento de atividade nociva, podendo, caso necessário, requisitar o auxílio de força policial.
§ 5º Para a efetivação da tutela específica ou a obtenção do resultado prático equivalente, poderá o juiz, de ofício ou a requerimento, determinar as medidas necessárias, tais como a imposição de multa por tempo de atraso, busca e apreensão, remoção de pessoas e coisas, desfazimento de obras e impedimento de atividade nociva, se necessário com requisição de força policial.	§ 1º **Para atender ao disposto no *caput*, o juiz poderá determinar, entre outras medidas,** a imposição de multa, a busca e apreensão, a remoção de pessoas e coisas, o desfazimento de obras e o impedimento de atividade nociva, podendo, caso necessário, requisitar o auxílio de força policial.
	Art. 537. [...]
§ 6º O juiz poderá, de ofício, modificar o valor ou a periodicidade da multa, caso verifique que se tornou insuficiente ou excessiva.	§ 1º O juiz poderá, de ofício ou **a requerimento**, modificar o valor ou a periodicidade da multa **vincenda ou excluí-la**, caso verifique que: I – se tornou insuficiente ou excessiva;
Art. 461-A. Na ação que tenha por objeto a entrega de coisa, o juiz, ao conceder a tutela específica, fixará o prazo para o cumprimento da obrigação.	**Art. 498.** Na ação que tenha por objeto a entrega de coisa, o juiz, ao conceder a tutela específica, fixará o prazo para o cumprimento da obrigação.
§ 1º Tratando-se de entrega de coisa determinada pelo gênero e quantidade, o credor a individualizará na petição inicial, se lhe couber a escolha; cabendo ao devedor escolher, este a entregará individualizada, no prazo fixado pelo juiz.	**Parágrafo único.** Tratando-se de entrega de coisa determinada pelo gênero e pela quantidade, o autor individualizá-la-á na petição inicial, se lhe couber a escolha, ou, se a escolha couber ao réu, este a entregará individualizada, no prazo fixado pelo juiz.
	Seção II **Do Cumprimento da Sentença que Reconheça a Exigibilidade de Obrigação de Entregar Coisa**
§ 2º Não cumprida a obrigação no prazo estabelecido, expedir-se-á em favor do credor mandado de busca e apreensão ou de imissão na posse, conforme se tratar de coisa móvel ou imóvel.	**Art. 538.** Não cumprida a obrigação **de entregar coisa** no prazo estabelecido **na sentença**, será expedido mandado de busca e apreensão ou de imissão na posse em favor do credor, conforme se tratar de coisa móvel ou imóvel.
§ 3º Aplica-se à ação prevista neste artigo o disposto nos §§ 1º a 6º do art. 461.	
Art. 462. Se, depois da propositura da ação, algum fato constitutivo, modificativo ou extintivo do direito influir no julgamento da lide, caberá ao juiz tomá-lo em consideração, de ofício ou a requerimento da parte, no momento de proferir a sentença.	**Art. 493.** Se, depois da propositura da ação, algum fato constitutivo, modificativo ou extintivo do direito influir no julgamento do mérito, caberá ao **juiz** tomá-lo em consideração, de ofício ou a requerimento da parte, no momento de proferir **decisão**.
Art. 463. Publicada a sentença, o juiz só poderá alterá-la:	**Art. 494.** Publicada a sentença, o juiz só poderá alterá-la:
I – para lhe corrigir, de ofício ou a requerimento da parte, inexatidões materiais, ou lhe retificar erros de cálculo;	I – para corrigir-lhe, de ofício ou a requerimento da parte, inexatidões materiais ou erros de cálculo;
II – por meio de embargos de declaração.	II – por meio de embargos de declaração.
Art. 464. (*Revogado pela Lei nº 8.950, de 13.12.1994*)	
Art. 465. (*Revogado pela Lei nº 8.950, de 13.12.1994*)	
Art. 466. A sentença que condenar o réu no pagamento de uma prestação, consistente em dinheiro ou em coisa, valerá como título constitutivo de hipoteca judiciária, cuja inscrição será ordenada pelo juiz na forma prescrita na Lei de Registros Públicos.	**Art. 495.** A **decisão** que condenar o réu ao pagamento de prestação consistente em dinheiro **e a que determinar a conversão de prestação de fazer, de não fazer ou de dar coisa em prestação pecuniária** valerão como título constitutivo de hipoteca judiciária.
Parágrafo único. A sentença condenatória produz a hipoteca judiciária:	§ 1º A **decisão** produz a hipoteca judiciária:
I – embora a condenação seja genérica;	I – embora a condenação seja genérica;

Antigo CPC	Novo CPC
II – pendente arresto de bens do devedor; III – ainda quando o credor possa promover a execução provisória da sentença.	II – ainda que o credor possa promover o cumprimento provisório da sentença ou esteja pendente arresto sobre bem do devedor;
Art. 466-A. Condenado o devedor a emitir declaração de vontade, a sentença, uma vez transitada em julgado, produzirá todos os efeitos da declaração não emitida.	**Art. 501. Na ação que tenha por objeto a emissão** de declaração de vontade, a sentença que julgar **procedente o pedido**, uma vez transitada em julgado, produzirá todos os efeitos da declaração não emitida.
Art. 466-B. Se aquele que se comprometeu a concluir um contrato não cumprir a obrigação, a outra parte, sendo isso possível e não excluído pelo título, poderá obter uma sentença que produza o mesmo efeito do contrato a ser firmado.	
Art. 466-C. Tratando-se de contrato que tenha por objeto a transferência da propriedade de coisa determinada, ou de outro direito, a ação não será acolhida se a parte que a intentou não cumprir a sua prestação, nem a oferecer, nos casos e formas legais, salvo se ainda não exigível.	
Seção II *Da Coisa Julgada*	Seção V *Da Coisa Julgada*
Art. 467. Denomina-se coisa julgada material a eficácia, que torna imutável e indiscutível a sentença, não mais sujeita a recurso ordinário ou extraordinário.	**Art. 502.** Denomina-se coisa julgada material a **autoridade** que torna imutável e indiscutível a decisão de mérito não mais sujeita a recurso.
Art. 468. A sentença, que julgar total ou parcialmente a lide, tem força de lei nos limites da lide e das questões decididas.	**Art. 503.** A decisão que julgar total ou parcialmente **o mérito** tem força de lei nos limites da **questão principal expressamente** decidida.
Art. 469. Não fazem coisa julgada:	**Art. 504.** Não fazem coisa julgada:
I – os motivos, ainda que importantes para determinar o alcance da parte dispositiva da sentença;	I – os motivos, ainda que importantes para determinar o alcance da parte dispositiva da sentença;
II – a verdade dos fatos, estabelecida como fundamento da sentença;	II – a verdade dos fatos, estabelecida como fundamento da sentença.
III – a apreciação da questão prejudicial, decidida incidentemente no processo.	
Art. 470. Faz, todavia, coisa julgada a resolução da questão prejudicial, se a parte o requerer (arts. 5º e 325), o juiz for competente em razão da matéria e constituir pressuposto necessário para o julgamento da lide.	
Art. 471. Nenhum juiz decidirá novamente as questões já decididas, relativas à mesma lide, salvo:	**Art. 505.** Nenhum juiz decidirá novamente as questões já decididas relativas à mesma lide, salvo:
I – se, tratando-se de relação jurídica continuativa, sobreveio modificação no estado de fato ou de direito; caso em que poderá a parte pedir a revisão do que foi estatuído na sentença;	I – se, tratando-se de relação jurídica **de trato continuado**, sobreveio modificação no estado de fato ou de direito, caso em que poderá a parte pedir a revisão do que foi estatuído na sentença;
II – nos demais casos prescritos em lei.	II – nos demais casos prescritos em lei.
Art. 472. A sentença faz coisa julgada às partes entre as quais é dada, não beneficiando, nem prejudicando terceiros. Nas causas relativas ao estado de pessoa, se houverem sido citados no processo, em litisconsórcio necessário, todos os interessados, a sentença produz coisa julgada em relação a terceiros.	**Art. 506.** A sentença faz coisa julgada às partes entre as quais é dada, não prejudicando terceiros.
Art. 473. É defeso à parte discutir, no curso do processo, as questões já decididas, a cujo respeito se operou a preclusão.	**Art. 507.** É vedado à parte discutir no curso do processo as questões já decididas a cujo respeito se operou a preclusão.
Art. 474. Passada em julgado a sentença de mérito, reputar-se-ão deduzidas e repelidas todas as alegações e defesas, que a parte poderia opor assim ao acolhimento como à rejeição do pedido.	**Art. 508. Transitada em julgado a decisão de mérito,** considerar-se-ão deduzidas e repelidas todas as alegações e as defesas que a parte poderia opor tanto ao acolhimento quanto à rejeição do pedido.
	Seção III *Da Remessa Necessária*
Art. 475. Está sujeita ao duplo grau de jurisdição, não produzindo efeito senão depois de confirmada pelo tribunal, a sentença:	**Art. 496.** Está sujeita ao duplo grau de jurisdição, não produzindo efeito senão depois de confirmada pelo tribunal, a sentença:
I – proferida contra a União, o Estado, o Distrito Federal, o Município, e as respectivas autarquias e fundações de direito público;	I – proferida contra a União, os Estados, o Distrito Federal, os Municípios e suas respectivas autarquias e fundações de direito público;
II – que julgar procedentes, no todo ou em parte, os embargos à execução de dívida ativa da Fazenda Pública (art. 585, VI).	II – que julgar procedentes, no todo ou em parte, os embargos à **execução fiscal**.
§ 1º Nos casos previstos neste artigo, o juiz ordenará a remessa dos autos ao tribunal, haja ou não apelação; não o fazendo, deverá o presidente do tribunal avocá-los.	§ 1º Nos casos previstos neste artigo, não interposta **a apelação** no prazo legal, o juiz ordenará a remessa dos autos ao tribunal, e, se não o fizer, o presidente do respectivo tribunal avocá-los-á.

§ 2º Não se aplica o disposto neste artigo sempre que a condenação, ou o direito controvertido, for de valor certo não excedente a 60 (sessenta) salários mínimos, bem como no caso de procedência dos embargos do devedor na execução de dívida ativa do mesmo valor.	§ 3º Não se aplica o disposto neste artigo quando a condenação ou o proveito econômico obtido na causa for de valor certo e **líquido** inferior a: I – 1.000 (mil) salários mínimos para a União e as respectivas autarquias e fundações de direito público; II – 500 (quinhentos) salários mínimos para os Estados, o Distrito Federal, as respectivas autarquias e fundações de direito público e os Municípios que constituam capitais dos Estados; III – 100 (cem) salários mínimos para todos os demais Municípios e respectivas autarquias e fundações de direito público.
§ 3º Também não se aplica o disposto neste artigo quando a sentença estiver fundada em jurisprudência do plenário do Supremo Tribunal Federal ou em súmula deste Tribunal ou do tribunal superior competente.	§ 4º Também não se aplica o disposto neste artigo quando a sentença estiver fundada em: I – súmula de tribunal superior; II – acórdão proferido pelo Supremo Tribunal Federal ou pelo Superior Tribunal de Justiça em julgamento de recursos repetitivos;
Capítulo IX **Da Liquidação de Sentença**	**Capítulo XIII** **Da Liquidação de Sentença**
Art. 475-A. Quando a sentença não determinar o valor devido, procede-se à sua liquidação.	**Art. 509.** Quando a sentença **condenar ao pagamento de quantia ilíquida**, proceder-se-á à sua liquidação, a **requerimento do credor ou** do **devedor**:
§ 1º Do requerimento de liquidação de sentença será a parte intimada, na pessoa de seu advogado.	**Art. 511.** Na liquidação pelo procedimento comum, o juiz determinará a intimação do requerido, na pessoa de seu advogado ou da sociedade de advogados a que estiver vinculado, para, querendo, apresentar contestação no prazo de 15 (quinze) dias, observando-se, a seguir, no que couber, o disposto no Livro I da Parte Especial deste Código. **Art. 512.** A liquidação poderá ser realizada na pendência de recurso, processando-se em autos apartados no juízo de origem, cumprindo ao liquidante instruir o pedido com cópias das peças processuais pertinentes.
§ 2º A liquidação poderá ser requerida na pendência de recurso, processando-se em autos apartados, no juízo de origem, cumprindo ao liquidante instruir o pedido com cópias das peças processuais pertinentes.	**Art. 512.** A liquidação poderá ser **realizada** na pendência de recurso, processando-se em autos apartados no juízo de origem, cumprindo ao liquidante instruir o pedido com cópias das peças processuais pertinentes.
§ 3º Nos processos sob procedimento comum sumário, referidos no art. 275, inciso II, alíneas 'd' e 'e' desta Lei, é defesa a sentença ilíquida, cumprindo ao juiz, se for o caso, fixar de plano, a seu prudente critério, o valor devido.	
	Art. 509. [...] § 2º Quando a apuração do valor depender apenas de cálculo aritmético, **o credor poderá promover, desde logo**, o cumprimento da sentença.
Art. 475-B. Quando a determinação do valor da condenação depender apenas de cálculo aritmético, o credor requererá o cumprimento da sentença, na forma do art. 475-J desta Lei, instruindo o pedido com a memória discriminada e atualizada do cálculo.	
	Art. 524. [...]
§ 1º Quando a elaboração da memória do cálculo depender de dados existentes em poder do devedor ou de terceiro, o juiz, a requerimento do credor, poderá requisitá-los, fixando prazo de até trinta dias para o cumprimento da diligência.	§ 3º Quando a elaboração do demonstrativo depender de dados em poder de terceiros ou do executado, o juiz poderá requisitá-los, sob cominação do crime de desobediência.
§ 2º Se os dados não forem, injustificadamente, apresentados pelo devedor, reputar-se-ão corretos os cálculos apresentados pelo credor, e, se não o forem pelo terceiro, configurar-se-á a situação prevista no art. 362.	**§ 4º Quando a complementação do demonstrativo depender de dados adicionais em poder do executado, o juiz poderá, a requerimento do exequente, requisitá-los, fixando prazo de até 30 (trinta) dias para o cumprimento da diligência.**
§ 3º Poderá o juiz valer-se do contador do juízo, quando a memória apresentada pelo credor aparentemente exceder os limites da decisão exequenda e, ainda, nos casos de assistência judiciária.	**§ 2º Para a verificação dos cálculos, o juiz poderá valer-se de contabilista do juízo, que terá o prazo máximo de 30 (trinta) dias para efetuá-la, exceto se outro lhe for determinado.**
§ 4º Se o credor não concordar com os cálculos feitos nos termos do § 3º deste artigo, far-se-á a execução pelo valor originariamente pretendido, mas a penhora terá por base o valor encontrado pelo contador.	
Art. 475-C. Far-se-á a liquidação por arbitramento quando:	**Art. 509.** [...]
I – determinado pela sentença ou convencionado pelas partes; II – o exigir a natureza do objeto da liquidação.	I – por arbitramento, quando determinado pela sentença, convencionado pelas partes ou exigido pela natureza do objeto da liquidação;
Art. 475-D. Requerida a liquidação por arbitramento, o juiz nomeará o perito e fixará o prazo para a entrega do laudo.	**Art. 510.** Na liquidação por arbitramento, o juiz intimará as partes para a apresentação de pareceres ou documentos elucidativos, no prazo que fixar, e,; caso não possa decidir de plano, nomeará perito, observando-se, no que couber, o procedimento da prova pericial.
Parágrafo único. Apresentado o laudo, sobre o qual poderão as partes manifestar-se no prazo de dez dias, o juiz proferirá decisão ou designará, se necessário, audiência.	

Antigo CPC	Novo CPC
Art. 475-E. Far-se-á a liquidação por artigos, quando, para determinar o valor da condenação, houver necessidade de alegar e provar fato novo.	**Art. 509.** Quando a sentença condenar ao pagamento de quantia ilíquida, proceder-se-á à sua liquidação, a requerimento do credor ou do devedor: [...] II – pelo procedimento comum, quando houver necessidade de alegar e provar fato novo.
Art. 475-F. Na liquidação por artigos, observar-se-á, no que couber, o procedimento comum (art. 272).	**Art. 511.** Na liquidação pelo procedimento comum, o juiz determinará a intimação do requerido, na pessoa de seu advogado ou da sociedade de advogados a que estiver vinculado, para, querendo, apresentar contestação no prazo de 15 (quinze) dias, observando-se, a seguir, no que couber, o disposto no Livro I da Parte Especial deste Código.
Art. 475-G. É defeso, na liquidação, discutir de novo a lide ou modificar a sentença que a julgou.	**Art. 509.** [...] § 4º Na liquidação é vedado discutir de novo a lide ou modificar a sentença que a julgou.
Art. 475-H. Da decisão de liquidação caberá agravo de instrumento.	**Art. 1.015.** [...]. **Parágrafo único.** Também caberá agravo de instrumento contra decisões interlocutórias proferidas na fase de liquidação de sentença ou de cumprimento de sentença, no processo de execução e no processo de inventário.
CAPÍTULO X **Do Cumprimento da Sentença**	**TÍTULO II** **DO CUMPRIMENTO DA SENTENÇA**
Art. 475-I. O cumprimento da sentença far-se-á conforme os arts. 461 e 461-A desta Lei ou, tratando-se de obrigação por quantia certa, por execução, nos termos dos demais artigos deste Capítulo.	**Art. 513.** O cumprimento da sentença será feito segundo as regras deste Título, observando-se, no que couber e conforme a natureza da obrigação, o disposto no Livro II da Parte Especial deste Código.
§ 1º É definitiva a execução da sentença transitada em julgado e provisória quando se tratar de sentença impugnada mediante recurso ao qual não foi atribuído efeito suspensivo.	
	Art. 509. [...]
§ 2º Quando na sentença houver uma parte líquida e outra ilíquida, ao credor é lícito promover simultaneamente a execução daquela e, em autos apartados, a liquidação desta.	§ 1º Quando na sentença houver uma parte líquida e outra ilíquida, ao credor é lícito promover simultaneamente a execução daquela e, em autos apartados, a liquidação desta.
	CAPÍTULO III **Do Cumprimento Definitivo da Sentença que Reconheça a Exigibilidade de Obrigação de Pagar Quantia Certa**
Art. 475-J. Caso o devedor, condenado ao pagamento de quantia certa ou já fixada em liquidação, não o efetue no prazo de quinze dias, o montante da condenação será acrescido de multa no percentual de dez por cento e, a requerimento do credor e observado o disposto no art. 614, inciso II, desta Lei, expedir-se-á mandado de penhora e avaliação.	**Art. 523.** No caso de condenação em quantia certa, ou já fixada em liquidação, e no caso de decisão **sobre parcela incontroversa**, o cumprimento definitivo da sentença far-se-á a requerimento do exequente, sendo o executado intimado para pagar o débito, no prazo de 15 (quinze) dias, acrescido de custas, se houver. **§ 1º Não ocorrendo pagamento voluntário no prazo do *caput*, o débito será acrescido de multa de dez por cento e, também, de honorários de advogado de dez por cento.** [...] § 3º Não efetuado tempestivamente o pagamento voluntário, será expedido, desde logo, mandado de penhora e avaliação, seguindo-se os atos de expropriação.
§ 1º Do auto de penhora e de avaliação será de imediato intimado o executado, na pessoa de seu advogado (arts. 236 e 237), ou, na falta deste, o seu representante legal, ou pessoalmente, por mandado ou pelo correio, podendo oferecer impugnação, querendo, no prazo de quinze dias.	**Art. 525.** Transcorrido o prazo previsto no art. 523 sem o pagamento voluntário, inicia-se o prazo de 15 (quinze) dias para que o executado, independentemente de penhora ou nova intimação, apresente, nos próprios autos, sua impugnação.
§ 2º Caso o oficial de justiça não possa proceder à avaliação, por depender de conhecimentos especializados, o juiz, de imediato, nomeará avaliador, assinando-lhe breve prazo para a entrega do laudo.	**Art. 870.** A avaliação será feita pelo oficial de justiça. **Parágrafo único.** Se forem necessários conhecimentos especializados **e o valor da execução o comportar**, o juiz nomeará avaliador, fixando-lhe prazo não superior a 10 (dez) dias para entrega do laudo.
§ 3º O exequente poderá, em seu requerimento, indicar desde logo os bens a serem penhorados.	**Art. 524.** [...] VII – indicação dos bens passíveis de penhora, **sempre que possível**.

§ 4º Efetuado o pagamento parcial no prazo previsto no caput deste artigo, a multa de dez por cento incidirá sobre o restante.	**Art. 523.** [...] § 2º Efetuado o pagamento parcial no prazo previsto no *caput*, a multa e os honorários previstos no § 1º incidirão sobre o restante.
§ 5º Não sendo requerida a execução no prazo de seis meses, o juiz mandará arquivar os autos, sem prejuízo de seu desarquivamento a pedido da parte.	
Art. 475-L. A impugnação somente poderá versar sobre:	**Art. 525.** [...] § 1º Na impugnação, o executado **poderá** alegar:
I – falta ou nulidade da citação, se o processo correu à revelia;	I – falta ou nulidade da citação se, **na fase de conhecimento**, o processo correu à revelia;
II – inexigibilidade do título;	III – **inexequibilidade** do título ou **inexigibilidade da obrigação**;
III – penhora incorreta ou avaliação errônea;	IV – penhora incorreta ou avaliação errônea;
IV – ilegitimidade das partes;	II – ilegitimidade de **parte**;
V – excesso de execução;	V – excesso de execução **ou cumulação indevida de execuções**;
VI – qualquer causa impeditiva, modificativa ou extintiva da obrigação, como pagamento, novação, compensação, transação ou prescrição, desde que superveniente à sentença.	VII – qualquer causa modificativa ou extintiva da obrigação, como pagamento, novação, compensação, transação ou prescrição, desde que supervenientes à sentença.
§ 1º Para efeito do disposto no inciso II do caput deste artigo, considera-se também inexigível o título judicial fundado em lei ou ato normativo declarados inconstitucionais pelo Supremo Tribunal Federal, ou fundado em aplicação ou interpretação da lei ou ato normativo tidas pelo Supremo Tribunal Federal como incompatíveis com a Constituição Federal.	§ 12. Para efeito do disposto no inciso III do § 1º deste artigo, considera-se também inexigível a obrigação reconhecida em título executivo judicial fundado em lei ou ato normativo considerado inconstitucional pelo Supremo Tribunal Federal, ou fundado em aplicação ou interpretação da lei ou do ato normativo tido pelo Supremo Tribunal Federal como incompatível com a Constituição Federal, em controle de constitucionalidade concentrado ou difuso.
§ 2º Quando o executado alegar que o exequente, em excesso de execução, pleiteia quantia superior à resultante da sentença, cumprir-lhe-á declarar de imediato o valor que entende correto, sob pena de rejeição liminar dessa impugnação.	§ 4º Quando o executado alegar que o exequente, em excesso de execução, pleiteia quantia superior à resultante da sentença, cumprir-lhe-á declarar de imediato o valor que entende correto, **apresentando demonstrativo discriminado e atualizado de seu cálculo**.
	§ 5º Na hipótese do § 4º, não **apontado o valor correto ou não apresentado o demonstrativo**, a impugnação será liminarmente rejeitada, **se o excesso de execução for o seu único fundamento**, ou, **se houver outro, a impugnação será processada, mas o juiz não examinará a alegação de excesso de execução**.
Art. 475-M. A impugnação não terá efeito suspensivo, podendo o juiz atribuir-lhe tal efeito desde que relevantes seus fundamentos e o prosseguimento da execução seja manifestamente suscetível de causar ao executado grave dano de difícil ou incerta reparação.	§ 6º A apresentação de impugnação não impede a prática dos atos executivos, inclusive os de expropriação, podendo o juiz, a requerimento do executado e desde que garantido o juízo com penhora, caução ou depósito suficientes, atribuir-lhe efeito suspensivo, se seus fundamentos forem relevantes e se o prosseguimento da execução for manifestamente suscetível de causar ao executado grave dano de difícil ou incerta reparação.
	§ 7º A concessão de efeito suspensivo a que se refere o § 6º não impedirá a efetivação dos atos de substituição, de reforço ou de redução da penhora e de avaliação dos bens
	§ 8º Quando o efeito suspensivo atribuído à impugnação disser respeito apenas a parte do objeto da execução, esta prosseguirá quanto à parte restante.
	§ 9º A concessão de efeito suspensivo à impugnação deduzida por um dos executados não suspenderá a execução contra os que não impugnaram, quando o respectivo fundamento disser respeito exclusivamente ao impugnante.
	§ 10. Ainda que atribuído efeito suspensivo à impugnação, é lícito ao exequente requerer o prosseguimento da execução, oferecendo e prestando, nos próprios autos, caução suficiente e idônea a ser arbitrada pelo juiz.
§ 1º Ainda que atribuído efeito suspensivo à impugnação, é lícito ao exequente requerer o prosseguimento da execução, oferecendo e prestando caução suficiente e idônea, arbitrada pelo juiz e prestada nos próprios autos.	§ 10. Ainda que atribuído efeito suspensivo à impugnação, é lícito ao exequente requerer o prosseguimento da execução, oferecendo e prestando, **nos próprios autos**, caução suficiente e idônea a ser arbitrada pelo juiz.
§ 2º Deferido efeito suspensivo, a impugnação será instruída e decidida nos próprios autos e, caso contrário, em autos apartados.	
§ 3º A decisão que resolver a impugnação é recorrível mediante agravo de instrumento, salvo quando importar extinção da execução, caso em que caberá apelação.	

Art. 475-N. São títulos executivos judiciais:	Art. 515. São títulos executivos judiciais, **cujo cumprimento dar-se-á de acordo com os artigos previstos neste Título**:
I – a sentença proferida no processo civil que reconheça a existência de obrigação de fazer, não fazer, entregar coisa ou pagar quantia;	I – as **decisões** proferidas no processo civil que reconheçam a exigibilidade de obrigação de pagar quantia, de fazer, de não fazer ou de entregar coisa;
II – a sentença penal condenatória transitada em julgado;	VI – a sentença penal condenatória transitada em julgado;
III – a sentença homologatória de conciliação ou de transação, ainda que inclua matéria não posta em juízo;	II – a decisão homologatória de **autocomposição judicial**;
IV – a sentença arbitral;	VII – a sentença arbitral;
V – o acordo extrajudicial, de qualquer natureza, homologado judicialmente;	III – a **decisão homologatória de autocomposição** extrajudicial de qualquer natureza;
VI – a sentença estrangeira, homologada pelo Superior Tribunal de Justiça;	VI – a sentença penal condenatória transitada em julgado;
VII – o formal e a certidão de partilha, exclusivamente em relação ao inventariante, aos herdeiros e aos sucessores a título singular ou universal.	IV – o formal e a certidão de partilha, exclusivamente em relação ao inventariante, aos herdeiros e aos sucessores a título singular ou universal.
Parágrafo único. Nos casos dos incisos II, IV e VI, o mandado inicial (art. 475-J) incluirá a ordem de citação do devedor, no juízo cível, para liquidação ou execução, conforme o caso.	§ 1º Nos casos dos incisos VI a IX, o devedor será citado no juízo cível **para o cumprimento da sentença ou para a liquidação no prazo de 15 (quinze) dias.**
	Capítulo II **Do Cumprimento Provisório da Sentença que Reconheça a Exigibilidade de Obrigação de Pagar Quantia Certa**
Art. 475-O. A execução provisória da sentença far-se-á, no que couber, do mesmo modo que a definitiva, observadas as seguintes normas:	**Art. 520.** O **cumprimento** provisório da sentença **impugnada por recurso desprovido de efeito suspensivo** será realizado da mesma forma que o **cumprimento** definitivo, sujeitando-se ao seguinte regime:
I – corre por iniciativa, conta e responsabilidade do exequente, que se obriga, se a sentença for reformada, a reparar os danos que o executado haja sofrido;	I – corre por iniciativa e responsabilidade do exequente, que se obriga, se a sentença for reformada, a reparar os danos que o executado haja sofrido;
II – fica sem efeito, sobrevindo acórdão que modifique ou anule a sentença objeto da execução, restituindo-se as partes ao estado anterior e liquidados eventuais prejuízos nos mesmos autos, por arbitramento;	II – fica sem efeito, sobrevindo **decisão** que modifique ou anule a sentença objeto da execução, restituindo-se as partes ao estado anterior e liquidando-se eventuais prejuízos nos mesmos autos;
III – o levantamento de depósito em dinheiro e a prática de atos que importem alienação de propriedade ou dos quais possa resultar grave dano ao executado dependem de caução suficiente e idônea, arbitrada de plano pelo juiz e prestada nos próprios autos.	IV – o levantamento de depósito em dinheiro e a prática de atos que importem **transferência de posse** ou alienação de propriedade **ou de outro direito real**, ou dos quais possa resultar grave dano ao executado, dependem de caução suficiente e idônea, arbitrada de plano pelo juiz e prestada nos próprios autos.
§ 1º No caso do inciso II do caput deste artigo, se a sentença provisória for modificada ou anulada apenas em parte, somente nesta ficará sem efeito a execução.	
§ 2º A caução a que se refere o inciso III do *caput* deste artigo poderá ser dispensada:	**Art. 521.** A caução prevista no inciso IV do art. 520 poderá ser dispensada nos casos em que:
I – quando, nos casos de crédito de natureza alimentar ou decorrente de ato ilícito, até o limite de sessenta vezes o valor do salário mínimo, o exequente demonstrar situação de necessidade;	I – o crédito for de natureza alimentar, independentemente de sua origem;
	II – o credor demonstrar situação de necessidade;
II – nos casos de execução provisória em que penda agravo perante o Supremo Tribunal Federal ou o Superior Tribunal de Justiça (art. 544), salvo quando da dispensa possa manifestamente resultar risco de grave dano, de difícil ou incerta reparação.	III – pender o agravo do art. 1.042; [...] → Inciso III com redação alterada pela Lei 13.256/2016, em vigor no início da vigência da Lei 13.105/2015 – Novo CPC (*v.* art. 4º da Lei 13.256/2016). **Parágrafo único.** A exigência de caução será mantida quando da dispensa possa resultar manifesto risco de grave dano de difícil ou incerta reparação.
§ 3º Ao requerer a execução provisória, o exequente instruirá a petição com cópias autenticadas das seguintes peças do processo, podendo o advogado declarar a autenticidade, sob sua responsabilidade pessoal:	**Art. 522.** O cumprimento provisório da sentença será requerido por petição dirigida ao juízo competente.
	Parágrafo único. Não sendo eletrônicos os autos, a petição **será acompanhada de cópias das seguintes peças do processo**, cuja autenticidade poderá ser certificada pelo próprio advogado, sob sua responsabilidade pessoal:
I – sentença ou acórdão exequendo;	I – **decisão** exequenda;
II – certidão de interposição do recurso não dotado de efeito suspensivo;	II – certidão de interposição do recurso não dotado de efeito suspensivo;
III – procurações outorgadas pelas partes;	III – procurações outorgadas pelas partes;

IV – decisão de habilitação, se for o caso;	IV – decisão de habilitação, se for o caso;
V – facultativamente, outras peças processuais que o exequente considere necessárias.	V – facultativamente, outras peças processuais consideradas necessárias **para demonstrar a existência do crédito.**
Art. 475-P. O cumprimento da sentença efetuar-se-á perante:	**Art. 516.** O cumprimento da sentença efetuar-se-á perante:
I – os tribunais, nas causas de sua competência originária;	I – os tribunais, nas causas de sua competência originária;
II – o juízo que processou a causa no primeiro grau de jurisdição;	II – o juízo que **decidiu** a causa no primeiro grau de jurisdição;
III – o juízo cível competente, quando se tratar de sentença penal condenatória, de sentença arbitral ou de sentença estrangeira.	III – o juízo cível competente, quando se tratar de sentença penal condenatória, de sentença arbitral, de sentença estrangeira ou de acórdão proferido pelo Tribunal Marítimo.
Parágrafo único. No caso do inciso II do caput deste artigo, o exequente poderá optar pelo juízo do local onde se encontram bens sujeitos à expropriação ou pelo do atual domicílio do executado, casos em que a remessa dos autos do processo será solicitada ao juízo de origem.	**Parágrafo único.** Nas hipóteses dos incisos II e III, o exequente poderá optar pelo juízo do atual domicílio do executado, pelo juízo do local onde se encontrem os bens sujeitos à **execução** ou pelo juízo do local **onde deva ser executada a obrigação de fazer ou de não fazer,** casos em que a remessa dos autos do processo será solicitada ao juízo de origem.
Art. 475-Q. Quando a indenização por ato ilícito incluir prestação de alimentos, o juiz, quanto a esta parte, poderá ordenar ao devedor constituição de capital, cuja renda assegure o pagamento do valor mensal da pensão.	**Art. 533.** Quando a indenização por ato ilícito incluir prestação de alimentos, **caberá ao executado, a requerimento do exequente,** constituir capital cuja renda assegure o pagamento do valor mensal da pensão.
§ 1º Este capital, representado por imóveis, títulos da dívida pública ou aplicações financeiras em banco oficial, será inalienável e impenhorável enquanto durar a obrigação do devedor.	§ 1º O capital a que se refere o *caput*, representado por imóveis **ou por direitos reais sobre imóveis suscetíveis de alienação,** títulos da dívida pública ou aplicações financeiras em banco oficial, será inalienável e impenhorável enquanto durar a obrigação do **executado, além de constituir-se em patrimônio de afetação.**
§ 2º O juiz poderá substituir a constituição do capital pela inclusão do beneficiário da prestação em folha de pagamento de entidade de direito público ou de empresa de direito privado de notória capacidade econômica, ou, a requerimento do devedor, por fiança bancária ou garantia real, em valor a ser arbitrado de imediato pelo juiz.	§ 2º O juiz poderá substituir a constituição do capital pela inclusão do **exequente** em folha de pagamento de pessoa jurídica de notória capacidade econômica ou, a requerimento do executado, por fiança bancária ou garantia real, em valor a ser arbitrado de imediato pelo juiz.
§ 3º Se sobrevier modificação nas condições econômicas, poderá a parte requerer, conforme as circunstâncias, redução ou aumento da prestação.	§ 3º Se sobrevier modificação nas condições econômicas, poderá a parte requerer, conforme as circunstâncias, redução ou aumento da prestação.
§ 4º Os alimentos podem ser fixados tomando por base o salário mínimo.	§ 4º A prestação alimentícia poderá ser fixada tomando por base o salário mínimo.
§ 5º Cessada a obrigação de prestar alimentos, o juiz mandará liberar o capital, cessar o desconto em folha ou cancelar as garantias prestadas.	§ 5º **Finda** a obrigação de prestar alimentos, o juiz mandará liberar o capital, cessar o desconto em folha ou cancelar as garantias prestadas.
Art. 475-R. Aplicam-se subsidiariamente ao cumprimento da sentença, no que couber, as normas que regem o processo de execução de título extrajudicial.	**Art. 513.** O cumprimento da sentença será feito segundo as regras deste Título, observando-se, no que couber e conforme a natureza da obrigação, o disposto no Livro II da Parte Especial deste Código.
TÍTULO IX Do Processo nos Tribunais	
Capítulo I Da Uniformização da Jurisprudência	
Art. 476. Compete a qualquer juiz, ao dar o voto na turma, câmara, ou grupo de câmaras, solicitar o pronunciamento prévio do tribunal acerca da interpretação do direito quando:	**Art. 926.** Os tribunais devem uniformizar sua jurisprudência e mantê-la estável, íntegra e coerente.
I – verificar que, a seu respeito, ocorre divergência;	
II – no julgamento recorrido a interpretação for diversa da que lhe haja dado outra turma, câmara, grupo de câmaras ou câmaras cíveis reunidas.	
Parágrafo único. A parte poderá, ao arrazoar o recurso ou em petição avulsa, requerer, fundamentadamente, que o julgamento obedeça ao disposto neste artigo.	
Art. 477. Reconhecida a divergência, será lavrado o acórdão, indo os autos ao presidente do tribunal para designar a sessão de julgamento. A secretaria distribuirá a todos os juízes cópia do acórdão.	
Art. 478. O tribunal, reconhecendo a divergência, dará a interpretação a ser observada, cabendo a cada juiz emitir o seu voto em exposição fundamentada.	
Parágrafo único. Em qualquer caso, será ouvido o chefe do Ministério Público que funciona perante o tribunal.	
Art. 479. O julgamento, tomado pelo voto da maioria absoluta dos membros que integram o tribunal, será objeto de súmula e constituirá precedente na uniformização da jurisprudência.	

Parágrafo único. Os regimentos internos disporão sobre a publicação no órgão oficial das súmulas de jurisprudência predominante.

Capítulo II Da Declaração de Inconstitucionalidade	Capítulo IV Do Incidente de Arguição de Inconstitucionalidade
Art. 480. Arguida a inconstitucionalidade de lei ou de ato normativo do poder público, o relator, ouvido o Ministério Público, submeterá a questão à turma ou câmara, a que tocar o conhecimento do processo.	**Art. 948.** Arguida, **em controle difuso**, a inconstitucionalidade de lei ou de ato normativo do poder público, o relator, após ouvir o Ministério Público **e as partes**, submeterá a questão à turma ou à câmara à qual competir o conhecimento do processo.
Art. 481. Se a alegação for rejeitada, prosseguirá o julgamento; se for acolhida, será lavrado o acórdão, a fim de ser submetida a questão ao tribunal pleno.	**Art. 949.** Se a arguição for: I – rejeitada, prosseguirá o julgamento; II – acolhida, **a questão será submetida ao plenário do tribunal ou ao seu órgão especial, onde houver.**
Parágrafo único. Os órgãos fracionários dos tribunais não submeterão ao plenário, ou ao órgão especial, a arguição de inconstitucionalidade, quando já houver pronunciamento destes ou do plenário do Supremo Tribunal Federal sobre a questão.	**Parágrafo único.** Os órgãos fracionários dos tribunais não submeterão ao plenário ou ao órgão especial a arguição de inconstitucionalidade, quando já houver pronunciamento destes ou do plenário do Supremo Tribunal Federal sobre a questão.
Art. 482. Remetida a cópia do acórdão a todos os juízes, o presidente do tribunal designará a sessão de julgamento.	**Art. 950.** Remetida cópia do acórdão a todos os juízes, o presidente do tribunal designará a sessão de julgamento.
§ 1º O Ministério Público e as pessoas jurídicas de direito público responsáveis pela edição do ato questionado, se assim o requererem, poderão manifestar-se no incidente de inconstitucionalidade, observados os prazos e condições fixados no Regimento Interno do Tribunal.	§ 1º As pessoas jurídicas de direito público responsáveis pela edição do ato questionado poderão manifestar-se no incidente de inconstitucionalidade, se assim o requererem, observados os prazos e as condições previstos no regimento interno do tribunal.
§ 2º Os titulares do direito de propositura referidos no art. 103 da Constituição poderão manifestar-se, por escrito, sobre a questão constitucional objeto de apreciação pelo órgão especial ou pelo Pleno do Tribunal, no prazo fixado em Regimento, sendo-lhes assegurado o direito de apresentar memoriais ou de pedir a juntada de documentos.	§ 2º A parte legitimada à propositura das ações previstas no art. 103 da Constituição Federal poderá manifestar-se, por escrito, sobre a questão constitucional objeto de apreciação, no prazo previsto pelo regimento interno, sendo-lhe assegurado o direito de apresentar memoriais ou de requerer a juntada de documentos.
§ 3º O relator, considerando a relevância da matéria e a representatividade dos postulantes, poderá admitir, por despacho irrecorrível, a manifestação de outros órgãos ou entidades.	§ 3º Considerando a relevância da matéria e a representatividade dos postulantes, o relator poderá admitir, por despacho irrecorrível, a manifestação de outros órgãos ou entidades.
Capítulo III Da Homologação de Sentença Estrangeira	
Art. 483. A sentença proferida por tribunal estrangeiro não terá eficácia no Brasil senão depois de homologada pelo Supremo Tribunal Federal.	**Art. 961.** A decisão estrangeira somente terá eficácia no Brasil **após a homologação de sentença estrangeira ou a concessão do** *exequatur* **às cartas rogatórias, salvo disposição em sentido contrário de lei ou tratado.**
	Art. 960. [...]
Parágrafo único. A homologação obedecerá ao que dispuser o Regimento Interno do Supremo Tribunal Federal.	§ 2º A homologação obedecerá ao que dispuserem **os tratados em vigor no Brasil** e o Regimento Interno do Superior Tribunal de Justiça.
Art. 484. A execução far-se-á por carta de sentença extraída dos autos da homologação e obedecerá às regras estabelecidas para a execução da sentença nacional da mesma natureza.	**Art. 965. O cumprimento de decisão estrangeira far-se-á perante o juízo federal competente, a requerimento da parte**, conforme as normas estabelecidas para o cumprimento de decisão nacional.
Capítulo IV Da Ação Rescisória	Capítulo VII Da Ação Rescisória
Art. 485. A sentença de mérito, transitada em julgado, pode ser rescindida quando:	**Art. 966.** A **decisão** de mérito, transitada em julgado, pode ser rescindida quando:
I – se verificar que foi dada por prevaricação, concussão ou corrupção do juiz;	I – se verificar que foi **proferida** por força de prevaricação, concussão ou corrupção do juiz;
II – proferida por juiz impedido ou absolutamente incompetente;	II – for proferida por juiz impedido ou por juízo absolutamente incompetente;
III – resultar de dolo da parte vencedora em detrimento da parte vencida, ou de colusão entre as partes, a fim de fraudar a lei;	III – resultar de dolo **ou coação** da parte vencedora em detrimento da parte vencida ou, ainda, de **simulação** ou colusão entre as partes, a fim de fraudar a lei;
IV – ofender a coisa julgada;	IV – ofender a coisa julgada;
V – violar literal disposição de lei;	V – violar manifestamente norma jurídica;
VI – se fundar em prova, cuja falsidade tenha sido apurada em processo criminal ou seja provada na própria ação rescisória;	VI – for fundada em prova cuja falsidade tenha sido apurada em processo criminal ou venha a ser demonstrada na própria ação rescisória;
VII – depois da sentença, o autor obtiver documento novo, cuja existência ignorava, ou de que não pôde fazer uso, capaz, por si só, de lhe assegurar pronunciamento favorável;	VII – obtiver o autor, **posteriormente ao trânsito em julgado**, **prova nova** cuja existência ignorava ou de que não pôde fazer uso, capaz, por si só, de lhe assegurar pronunciamento favorável;

VIII – houver fundamento para invalidar confissão, desistência ou transação, em que se baseou a sentença;	
IX – fundada em erro de fato, resultante de atos ou de documentos da causa;	VIII – for fundada em erro de fato **verificável** do exame dos autos.
§ 1º Há erro, quando a sentença admitir um fato inexistente, ou quando considerar inexistente um fato efetivamente ocorrido.	§ 1º Há erro de fato quando a **decisão rescindenda** admitir fato inexistente ou quando considerar inexistente fato efetivamente ocorrido, sendo indispensável, em ambos os casos, que o fato não represente **ponto controvertido** sobre o qual o juiz deveria ter se pronunciado.
§ 2º É indispensável, num como noutro caso, que não tenha havido controvérsia, nem pronunciamento judicial sobre o fato.	
Art. 486. Os atos judiciais, que não dependem de sentença, ou em que esta for meramente homologatória, podem ser rescindidos, como os atos jurídicos em geral, nos termos da lei civil.	§ 4º Os atos **de disposição de direitos, praticados pelas partes ou por outros participantes do processo e homologados pelo juízo, bem como os atos homologatórios praticados no curso da execução, estão sujeitos à anulação**, nos termos da lei.
Art. 487. Tem legitimidade para propor a ação:	**Art. 967.** Têm legitimidade para propor a ação rescisória:
I – quem foi parte no processo ou o seu sucessor a título universal ou singular;	I – quem foi parte no processo ou o seu sucessor a título universal ou singular;
II – o terceiro juridicamente interessado;	II – o terceiro juridicamente interessado;
III – o Ministério Público:	III – o Ministério Público:
a) se não foi ouvido no processo, em que lhe era obrigatória a intervenção;	*a)* se não foi ouvido no processo em que lhe era obrigatória a intervenção;
b) quando a sentença é o efeito de colusão das partes, a fim de fraudar a lei.	*b)* quando a **decisão rescindenda** é o efeito de **simulação ou** de colusão das partes, a fim de fraudar a lei;
Art. 488. A petição inicial será elaborada com observância dos requisitos essenciais do art. 282, devendo o autor:	**Art. 968.** A petição inicial será elaborada com observância dos requisitos essenciais do art. 319, devendo o autor:
I – cumular ao pedido de rescisão, se for o caso, o de novo julgamento da causa;	I – cumular ao pedido de rescisão, se for o caso, o de novo julgamento do processo;
II – depositar a importância de 5% (cinco por cento) sobre o valor da causa, a título de multa, caso a ação seja, por unanimidade de votos, declarada inadmissível, ou improcedente.	II – depositar a importância de cinco por cento sobre o valor da causa, **que se converterá** em multa caso a ação seja, por unanimidade de votos, declarada inadmissível ou improcedente.
Parágrafo único. Não se aplica o disposto no nº II à União, ao Estado, ao Município e ao Ministério Público.	§ 1º Não se aplica o disposto no inciso II à União, aos Estados, ao Distrito Federal, aos Municípios, às **suas respectivas autarquias e fundações de direito público**, ao Ministério Público, **à Defensoria Pública e aos que tenham obtido o benefício** de gratuidade **da justiça**.
Art. 489. O ajuizamento da ação rescisória não impede o cumprimento da sentença ou acórdão rescindendo, ressalvada a concessão, caso imprescindíveis e sob os pressupostos previstos em lei, de medidas de natureza cautelar ou antecipatória de tutela.	**Art. 969.** A propositura da ação rescisória não impede o cumprimento da **decisão** rescindenda, ressalvada a concessão de tutela provisória.
Art. 490. Será indeferida a petição inicial:	**Art. 968.** [...]
I – nos casos previstos no art. 295;	§ 3º Além dos casos previstos no art. 330, a petição inicial será indeferida quando não efetuado o depósito exigido pelo inciso II do *caput* deste artigo.
II – quando não efetuado o depósito, exigido pelo art. 488, II.	
Art. 491. O relator mandará citar o réu, assinando-lhe prazo nunca inferior a 15 (quinze) dias nem superior a 30 (trinta) para responder aos termos da ação. Findo o prazo com ou sem resposta, observar-se-á no que couber o disposto no Livro I, Título VIII, Capítulos IV e V.	**Art. 970.** O relator ordenará a citação do réu, designando-lhe prazo nunca inferior a 15 (quinze) dias nem superior a 30 (trinta) dias para, querendo, apresentar resposta, **ao fim do qual, com ou sem contestação, observar-se-á, no que couber, o procedimento comum.**
Art. 492. Se os fatos alegados pelas partes dependerem de prova, o relator delegará a competência ao juiz de direito da comarca onde deva ser produzida, fixando prazo de 45 (quarenta e cinco) a 90 (noventa) dias para a devolução dos autos.	**Art. 972.** Se os fatos alegados pelas partes dependerem de prova, o relator poderá delegar a competência **ao órgão que proferiu a decisão rescindenda**, fixando **prazo de 1 (um) a 3 (três) meses** para a devolução dos autos.
Art. 493. Concluída a instrução, será aberta vista, sucessivamente, ao autor e ao réu, pelo prazo de 10 (dez) dias, para razões finais. Em seguida, os autos subirão ao relator, procedendo-se ao julgamento:	**Art. 973.** Concluída a instrução, será aberta vista ao autor e ao réu para razões finais, sucessivamente, pelo prazo de 10 (dez) dias.
	Parágrafo único. Em seguida, os autos serão conclusos ao relator, procedendo-se ao julgamento **pelo órgão competente**.
I – no Supremo Tribunal Federal e no Superior Tribunal de Justiça, na forma dos seus regimentos internos;	
II – nos Estados, conforme dispuser a norma de Organização Judiciária.	
Art. 494. Julgando procedente a ação, o tribunal rescindirá a sentença, proferirá, se for o caso, novo julgamento e determinará a restituição do depósito; declarando inadmissível ou improcedente a ação, a importância do depósito reverterá a favor do réu, sem prejuízo do disposto no art. 20.	**Art. 974.** Julgando procedente **o pedido**, o tribunal rescindirá a decisão, proferirá, se for o caso, novo julgamento e determinará a restituição do depósito **a que se refere o inciso II do art.** 968.
	Parágrafo único. Considerando**, por unanimidade**, inadmissível ou improcedente **o pedido**, o tribunal determinará a reversão, em favor do réu, da importância do depósito, sem prejuízo do disposto no § 2º do art. 82.

Antigo CPC	Novo CPC
Art. 495. O direito de propor ação rescisória se extingue em 2 (dois) anos, contados do trânsito em julgado da decisão.	**Art. 975.** O direito à rescisão se extingue em 2 (dois) anos contados do trânsito em julgado da **última decisão** proferida no processo.
TÍTULO X Dos Recursos	**TÍTULO II** Dos Recursos
Capítulo I Das Disposições Gerais	**Capítulo I** Das Disposições Gerais
Art. 496. São cabíveis os seguintes recursos:	**Art. 994.** São cabíveis os seguintes recursos:
I – apelação;	I – apelação;
II – agravo;	II – agravo **de instrumento**; III – agravo interno; VIII – agravo em recurso especial ou extraordinário;
III – embargos infringentes;	**Art. 942.** Quando o resultado da apelação for não unânime, o julgamento terá prosseguimento em sessão a ser designada com a presença de outros julgadores, que serão convocados nos termos previamente definidos no regimento interno, em número suficiente para garantir a possibilidade de inversão do resultado inicial, assegurado às partes e a eventuais terceiros o direito de sustentar oralmente suas razões perante os novos julgadores.
IV – embargos de declaração;	IV – embargos de declaração;
V – recurso ordinário;	V – recurso ordinário;
VI – recurso especial;	VI – recurso especial;
VII – recurso extraordinário;	VII – recurso extraordinário;
VIII – embargos de divergência em recurso especial e em recurso extraordinário.	IX – embargos de divergência.
Art. 497. O recurso extraordinário e o recurso especial não impedem a execução da sentença; a interposição do agravo de instrumento não obsta o andamento do processo, ressalvado o disposto no art. 558 desta Lei.	**Art. 995.** Os **recursos** não impedem **a eficácia da decisão**, salvo disposição legal ou decisão judicial em sentido diverso.
Art. 498. Quando o dispositivo do acórdão contiver julgamento por maioria de votos e julgamento unânime, e forem interpostos embargos infringentes, o prazo para recurso extraordinário ou recurso especial, relativamente ao julgamento unânime, ficará sobrestado até a intimação da decisão nos embargos.	
Parágrafo único. Quando não forem interpostos embargos infringentes, o prazo relativo à parte unânime da decisão terá como dia de início aquele em que transitar em julgado a decisão por maioria de votos.	
Art. 499. O recurso pode ser interposto pela parte vencida, pelo terceiro prejudicado e pelo Ministério Público.	**Art. 996.** O recurso pode ser interposto pela parte vencida, pelo terceiro prejudicado e pelo Ministério Público, **como parte ou** como **fiscal da ordem jurídica**.
§ 1º Cumpre ao terceiro demonstrar o nexo de interdependência entre o seu interesse de intervir e a relação jurídica submetida à apreciação judicial.	**Parágrafo único.** Cumpre ao terceiro **demonstrar a possibilidade** de a decisão sobre a relação jurídica submetida à apreciação judicial **atingir direito de que se afirme titular ou que possa discutir em juízo como substituto processual**.
§ 2º O Ministério Público tem legitimidade para recorrer assim no processo em que é parte, como naqueles em que oficiou como fiscal da lei.	
Art. 500. Cada parte interporá o recurso, independentemente, no prazo e observadas as exigências legais. Sendo, porém, vencidos autor e réu, ao recurso interposto por qualquer deles poderá aderir a outra parte. O recurso adesivo fica subordinado ao recurso principal e se rege pelas disposições seguintes:	**Art. 997.** Cada parte interporá o recurso independentemente, no prazo e com observância das exigências legais.
	§ 1º Sendo vencidos autor e réu, ao recurso interposto por qualquer deles poderá aderir o outro.
	§ 2º O recurso adesivo fica subordinado ao recurso **independente**, sendo-lhe aplicáveis as mesmas regras deste quanto aos requisitos de admissibilidade e julgamento no tribunal, salvo disposição legal diversa, observado, ainda, o seguinte:
I – será interposto perante a autoridade competente para admitir o recurso principal, no prazo de que a parte dispõe para responder;	I – será **dirigido** ao órgão perante o qual o recurso independente fora interposto, no prazo de que a parte dispõe para responder;
II – será admissível na apelação, nos embargos infringentes, no recurso extraordinário e no recurso especial;	II – será admissível na apelação, no recurso extraordinário e no recurso especial;
III – não será conhecido, se houver desistência do recurso principal, ou se for ele declarado inadmissível ou deserto.	III – não será conhecido, se houver desistência do recurso principal ou se for ele considerado inadmissível.

	Art. 997. [...]
Parágrafo único. Ao recurso adesivo se aplicam as mesmas regras do recurso independente, quanto às condições de admissibilidade, preparo e julgamento no tribunal superior.	§ 2º O recurso adesivo fica subordinado ao recurso independente, sendo-lhe aplicáveis as mesmas regras deste quanto aos requisitos de admissibilidade e julgamento no tribunal, salvo disposição legal diversa, observado, ainda, o seguinte: [...]
Art. 501. O recorrente poderá, a qualquer tempo, sem a anuência do recorrido ou dos litisconsortes, desistir do recurso.	**Art. 998.** O recorrente poderá, a qualquer tempo, sem a anuência do recorrido ou dos litisconsortes, desistir do recurso.
Art. 502. A renúncia ao direito de recorrer independe da aceitação da outra parte.	**Art. 999.** A renúncia ao direito de recorrer independe da aceitação da outra parte.
Art. 503. A parte, que aceitar expressa ou tacitamente a sentença ou a decisão, não poderá recorrer.	**Art. 1.000.** A parte que aceitar expressa ou tacitamente a decisão não poderá recorrer.
Parágrafo único. Considera-se aceitação tácita a prática, sem reserva alguma, de um ato incompatível com a vontade de recorrer.	**Parágrafo único.** Considera-se aceitação tácita a prática, sem nenhuma reserva, de ato incompatível com a vontade de recorrer.
Art. 504. Dos despachos não cabe recurso.	**Art. 1.001.** Dos despachos não cabe recurso.
Art. 505. A sentença pode ser impugnada no todo ou em parte.	**Art. 1.002.** A **decisão** pode ser impugnada no todo ou em parte.
	Art. 1.003. [...]
Art. 506. O prazo para a interposição do recurso, aplicável em todos os casos o disposto no art. 184 e seus parágrafos, contar-se-á da data:	§ 2º Aplica-se o disposto no art. 231, incisos I a VI, ao prazo de interposição de recurso pelo réu contra decisão proferida anteriormente à citação.
I – da leitura da sentença em audiência;	
II – da intimação às partes, quando a sentença não for proferida em audiência;	
III – da publicação do dispositivo do acórdão no órgão oficial.	
	Art. 1.003. [...]
Parágrafo único. No prazo para a interposição do recurso, a petição será protocolada em cartório ou segundo a norma de organização judiciária, ressalvado o disposto no § 2º do art. 525 desta Lei.	§ 3º No prazo para interposição de recurso, a petição será protocolada em cartório ou conforme as normas de organização judiciária, **ressalvado o disposto em regra especial.**
Art. 507. Se, durante o prazo para a interposição do recurso, sobrevier o falecimento da parte ou de seu advogado, ou ocorrer motivo de força maior, que suspenda o curso do processo, será tal prazo restituído em proveito da parte, do herdeiro ou do sucessor, contra quem começará a correr novamente depois da intimação.	**Art. 1.004.** Se, durante o prazo para a interposição do recurso, sobrevier o falecimento da parte ou de seu advogado ou ocorrer motivo de força maior que suspenda o curso do processo, será tal prazo restituído em proveito da parte, do herdeiro ou do sucessor, contra quem começará a correr novamente depois da intimação.
	Art. 1.003. [...]
Art. 508. Na apelação, nos embargos infringentes, no recurso ordinário, no recurso especial, no recurso extraordinário e nos embargos de divergência, o prazo para interpor e para responder é de 15 (quinze) dias.	§ 5º **Excetuados os embargos de declaração**, o prazo para interpor os recursos e para responder-lhes é de 15 (quinze) dias.
Parágrafo único. *(Revogado pela Lei nº 6.314, de 16.12.1975)*	
Art. 509. O recurso interposto por um dos litisconsortes a todos aproveita, salvo se distintos ou opostos os seus interesses.	**Art. 1.005.** O recurso interposto por um dos litisconsortes a todos aproveita, salvo se distintos ou opostos os seus interesses.
Parágrafo único. Havendo solidariedade passiva, o recurso interposto por um devedor aproveitará aos outros, quando as defesas opostas ao credor lhes forem comuns.	**Parágrafo único.** Havendo solidariedade passiva, o recurso interposto por um devedor aproveitará aos outros quando as defesas opostas ao credor lhes forem comuns.
Art. 510. Transitado em julgado o acórdão, o escrivão, ou secretário, independentemente de despacho, providenciará a baixa dos autos ao juízo de origem, no prazo de 5 (cinco) dias.	**Art. 1.006. Certificado** o trânsito em julgado, com **menção expressa da data de sua ocorrência**, o escrivão **ou o chefe de secretaria**, independentemente de despacho, providenciará a baixa dos autos ao juízo de origem, no prazo de 5 (cinco) dias.
Art. 511. No ato de interposição do recurso, o recorrente comprovará, quando exigido pela legislação pertinente, o respectivo preparo, inclusive porte de remessa e de retorno, sob pena de deserção.	**Art. 1.007.** No ato de interposição do recurso, o recorrente comprovará, quando exigido pela legislação pertinente, o respectivo preparo, inclusive porte de remessa e de retorno, sob pena de deserção.
§ 1º São dispensados de preparo os recursos interpostos pelo Ministério Público, pela União, pelos Estados e Municípios e respectivas autarquias, e pelos que gozam de isenção legal.	§ 1º São dispensados de preparo, inclusive **porte de remessa e de retorno**, os recursos interpostos pelo Ministério Público, pela União, **pelo Distrito Federal**, pelos Estados, pelos Municípios, e respectivas autarquias, e pelos que gozam de isenção legal.
§ 2º A insuficiência no valor do preparo implicará deserção, se o recorrente, intimado, não vier a supri-lo no prazo de cinco dias.	§ 2º A insuficiência no valor do preparo, **inclusive porte de remessa e de retorno**, implicará deserção se o recorrente, intimado **na pessoa de seu advogado**, não vier a supri-lo no prazo de 5 (cinco) dias.
Art. 512. O julgamento proferido pelo tribunal substituirá a sentença ou a decisão recorrida no que tiver sido objeto de recurso.	**Art. 1.008.** O julgamento proferido pelo tribunal substituirá a decisão impugnada no que tiver sido objeto de recurso.
CAPÍTULO II Da Apelação	CAPÍTULO II Da Apelação
Art. 513. Da sentença caberá apelação (arts. 267 e 269).	**Art. 1.009.** Da sentença cabe apelação.

Antigo CPC	Novo CPC
Art. 514. A apelação, interposta por petição dirigida ao juiz, conterá:	**Art. 1.010.** A apelação, interposta por petição dirigida ao juízo de primeiro grau, conterá:
I – os nomes e a qualificação das partes;	I – os nomes e a qualificação das partes;
II – os fundamentos de fato e de direito;	II – a **exposição** do fato e do direito;
III – o pedido de nova decisão.	IV – o pedido de nova decisão.
Parágrafo único. (*Revogado pela Lei nº 8.950, de 13.12.1994*)	
Art. 515. A apelação devolverá ao tribunal o conhecimento da matéria impugnada.	**Art. 1.013.** A apelação devolverá ao tribunal o conhecimento da matéria impugnada.
§ 1º Serão, porém, objeto de apreciação e julgamento pelo tribunal todas as questões suscitadas e discutidas no processo, ainda que a sentença não as tenha julgado por inteiro.	§ 1º Serão, porém, objeto de apreciação e julgamento pelo tribunal todas as questões suscitadas e discutidas no processo, ainda que **não tenham sido solucionadas, desde que relativas ao capítulo impugnado**.
§ 2º Quando o pedido ou a defesa tiver mais de um fundamento e o juiz acolher apenas um deles, a apelação devolverá ao tribunal o conhecimento dos demais.	§ 2º Quando o pedido ou a defesa tiver mais de um fundamento e o juiz acolher apenas um deles, a apelação devolverá ao tribunal o conhecimento dos demais.
§ 3º Nos casos de extinção do processo sem julgamento do mérito (art. 267), o tribunal pode julgar desde logo a lide, se a causa versar questão exclusivamente de direito e estiver em condições de imediato julgamento.	§ 3º Se o processo estiver em condições de imediato julgamento, o tribunal deve decidir desde logo o mérito quando:
	I – reformar sentença fundada no art. 485;
	Art. 938. [...].
§ 4º Constatando a ocorrência de nulidade sanável, o tribunal poderá determinar a realização ou renovação do ato processual, intimadas as partes; cumprida a diligência, sempre que possível prosseguirá o julgamento da apelação.	§ 1º Constatada a ocorrência de vício **sanável, inclusive aquele que possa ser conhecido de ofício, o relator determinará a realização ou a renovação do ato processual, no próprio tribunal ou em primeiro grau** de jurisdição, **intimadas as partes**.
Art. 516. Ficam também submetidas ao tribunal as questões anteriores à sentença, ainda não decididas.	
Art. 517. As questões de fato, não propostas no juízo inferior, poderão ser suscitadas na apelação, se a parte provar que deixou de fazê-lo por motivo de força maior.	**Art. 1.014.** As questões de fato não propostas no juízo inferior poderão ser suscitadas na apelação, se a parte provar que deixou de fazê-lo por motivo de força maior.
	Art. 1.010. [...]
Art. 518. Interposta a apelação, o juiz, declarando os efeitos em que a recebe, mandará dar vista ao apelado para responder.	§ 1º O apelado será intimado para apresentar contrarrazões no prazo de 15 (quinze) dias.
§ 1º O juiz não receberá o recurso de apelação quando a sentença estiver em conformidade com súmula do Superior Tribunal de Justiça ou do Supremo Tribunal Federal.	
§ 2º Apresentada a resposta, é facultado ao juiz, em cinco dias, o reexame dos pressupostos de admissibilidade do recurso.	§ 3º Após as formalidades previstas nos §§ 1º e 2º, os autos serão remetidos ao tribunal pelo juiz, independentemente de juízo de admissibilidade.
	Art. 1.007. [...]
Art. 519. Provando o apelante justo impedimento, o juiz relevará a pena de deserção, fixando-lhe prazo para efetuar o preparo.	§ 6º Provando o recorrente justo impedimento, o relator relevará a pena de deserção, por decisão irrecorrível, fixando-lhe prazo de 5 (cinco) dias para efetuar o preparo.
Parágrafo único. A decisão referida neste artigo será irrecorrível, cabendo ao tribunal apreciar-lhe a legitimidade.	
Art. 520. A apelação será recebida em seu efeito devolutivo e suspensivo. Será, no entanto, recebida só no efeito devolutivo, quando interposta de sentença que:	**Art. 1.012.** A apelação terá efeito suspensivo.
	§ 1º Além de outras hipóteses previstas em lei, começa a produzir efeitos imediatamente após a sua publicação a sentença que:
I – homologar a divisão ou a demarcação;	I – homologa divisão ou demarcação **de terras**;
II – condenar à prestação de alimentos;	II – condena a **pagar** alimentos;
III – (*Revogado pela Lei nº 11.232, de 2005*)	
IV – decidir o processo cautelar;	V – confirma, **concede ou revoga** tutela provisória;
V – rejeitar liminarmente embargos à execução ou julgá-los improcedentes;	III – extingue sem resolução do mérito ou julga improcedentes os embargos do executado;
VI – julgar procedente o pedido de instituição de arbitragem.	IV – julga procedente o pedido de instituição de arbitragem;
VII – confirmar a antecipação dos efeitos da tutela;	V – confirma, **concede ou revoga** tutela provisória;
Art. 521. Recebida a apelação em ambos os efeitos, o juiz não poderá inovar no processo; recebida só no efeito devolutivo, o apelado poderá promover, desde logo, a execução provisória da sentença, extraindo a respectiva carta.	§ 2º Nos casos do § 1º, o apelado poderá promover o pedido de cumprimento provisório depois de publicada a sentença.

Capítulo III Do Agravo	Capítulo III Do Agravo **De Instrumento**
Art. 522. Das decisões interlocutórias caberá agravo, no prazo de 10 (dez) dias, na forma retida, salvo quando se tratar de decisão suscetível de causar à parte lesão grave e de difícil reparação, bem como nos casos de inadmissão da apelação e nos relativos aos efeitos em que a apelação é recebida, quando será admitida a sua interposição por instrumento.	**Art. 1.015.** Cabe agravo de instrumento contra as decisões interlocutórias que versarem sobre:
Parágrafo único. O agravo retido independe de preparo.	
Art. 523. Na modalidade de agravo retido o agravante requererá que o tribunal dele conheça, preliminarmente, por ocasião do julgamento da apelação.	
§ 1º Não se conhecerá do agravo se a parte não requerer expressamente, nas razões ou na resposta da apelação, sua apreciação pelo Tribunal.	
§ 2º Interposto o agravo, e ouvido o agravado no prazo de 10 (dez) dias, o juiz poderá reformar sua decisão.	
§ 3º Das decisões interlocutórias proferidas na audiência de instrução e julgamento caberá agravo na forma retida, devendo ser interposto oral e imediatamente, bem como constar do respectivo termo (art. 457), nele expostas sucintamente as razões do agravante.	
§ 4º *(Revogado pela Lei nº 11.187, de 2005)*	
Art. 524. O agravo de instrumento será dirigido diretamente ao tribunal competente, através de petição com os seguintes requisitos:	**Art. 1.016.** O agravo de instrumento será dirigido diretamente ao tribunal competente, por meio de petição com os seguintes requisitos:
I – a exposição do fato e do direito;	II – a exposição do fato e do direito;
II – as razões do pedido de reforma da decisão;	III – as razões do pedido de reforma ou **de invalidação da decisão e o próprio pedido**;
III – o nome e o endereço completo dos advogados, constantes do processo.	IV – o nome e o endereço completo dos advogados constantes do processo.
Art. 525. A petição de agravo de instrumento será instruída:	**Art. 1.017.** A petição de agravo de instrumento será instruída:
I – obrigatoriamente, com cópias da decisão agravada, da certidão da respectiva intimação e das procurações outorgadas aos advogados do agravante e do agravado;	I – obrigatoriamente, com cópias da petição inicial, **da contestação, da petição que ensejou a decisão agravada,** da própria decisão agravada, da certidão da respectiva intimação ou **outro documento oficial que comprove a tempestividade** e das procurações outorgadas aos advogados do agravante e do agravado;
II – facultativamente, com outras peças que o agravante entender úteis.	III – facultativamente, com outras peças que o agravante reputar úteis.
§ 1º Acompanhará a petição o comprovante do pagamento das respectivas custas e do porte de retorno, quando devidos, conforme tabela que será publicada pelos tribunais.	§ 1º Acompanhará a petição o comprovante do pagamento das respectivas custas e do porte de retorno, quando devidos, conforme tabela publicada pelos tribunais.
§ 2º No prazo do recurso, a petição será protocolada no tribunal, ou postada no correio sob registro com aviso de recebimento, ou, ainda, interposta por outra forma prevista na lei local.	§ 2º No prazo do recurso, o agravo será interposto por:
	I – protocolo realizado **diretamente** no tribunal competente para julgá-lo;
	II – **protocolo realizado na própria comarca, seção ou subseção judiciárias**;
	III – postagem, sob registro, com aviso de recebimento;
	IV – **transmissão de dados tipo fac-símile, nos termos da lei;**
	V – outra forma prevista em lei.
Art. 526. O agravante, no prazo de 3 (três) dias, requererá juntada, aos autos do processo de cópia da petição do agravo de instrumento e do comprovante de sua interposição, assim como a relação dos documentos que instruíram o recurso.	**Art. 1.018.** O agravante **poderá requerer a juntada**, aos autos do processo, de cópia da petição do agravo de instrumento, do comprovante de sua interposição e da relação dos documentos que instruíram o recurso.
Parágrafo único. O não cumprimento do disposto neste artigo, desde que arguido e provado pelo agravado, importa inadmissibilidade do agravo.	§ 2º Não sendo eletrônicos os autos, o agravante tomará a providência prevista no *caput*, no prazo de 3 (três) dias a contar da interposição do agravo de instrumento.
	§ 3º O descumprimento da exigência de que trata o § 2º, desde que arguido e provado pelo agravado, importa inadmissibilidade do agravo de instrumento.
Art. 527. Recebido o agravo de instrumento no tribunal, e distribuído incontinenti, o relator:	**Art. 1.019.** Recebido o agravo de instrumento no tribunal e distribuído imediatamente, **se não for o caso de aplicação do art. 932, incisos III e IV,** o relator, **no prazo de 5 (cinco) dias**:

Antigo CPC	Novo CPC
I – negar-lhe-á seguimento, liminarmente, nos casos do art. 557;	**Art. 932.** Incumbe ao relator: [...] III – não conhecer de recurso inadmissível, prejudicado ou que não tenha impugnado especificamente os fundamentos da decisão recorrida; IV – negar provimento a recurso que for contrário a: *a)* súmula do Supremo Tribunal Federal, do Superior Tribunal de Justiça ou do próprio tribunal; *b)* acórdão proferido pelo Supremo Tribunal Federal ou pelo Superior Tribunal de Justiça em julgamento de recursos repetitivos; *c)* entendimento firmado em incidente de resolução de demandas repetitivas ou de assunção de competência;
II – converterá o agravo de instrumento em agravo retido, salvo quando se tratar de decisão suscetível de causar à parte lesão grave e de difícil reparação, bem como nos casos de inadmissão da apelação e nos relativos aos efeitos em que a apelação é recebida, mandando remeter os autos ao juiz da causa;	
III – poderá atribuir efeito suspensivo ao recurso (art. 558), ou deferir, em antecipação de tutela, total ou parcialmente, a pretensão recursal, comunicando ao juiz sua decisão;	**Art. 1.019.** [...] I – poderá atribuir efeito suspensivo ao recurso ou deferir, em antecipação de tutela, total ou parcialmente, a pretensão recursal, comunicando ao juiz sua decisão;
IV – poderá requisitar informações ao juiz da causa, que as prestará no prazo de 10 (dez) dias;	
V – mandará intimar o agravado, na mesma oportunidade, por ofício dirigido ao seu advogado, sob registro e com aviso de recebimento, para que responda no prazo de 10 (dez) dias (art. 525, § 2º), facultando-lhe juntar a documentação que entender conveniente, sendo que, nas comarcas sede de tribunal e naquelas em que o expediente forense for divulgado no diário oficial, a intimação far-se-á mediante publicação no órgão oficial;	II – ordenará a intimação do agravado **pessoalmente, por carta com aviso de recebimento, quando não tiver procurador constituído, ou pelo Diário da Justiça ou por carta** com aviso de recebimento **dirigida ao seu advogado**, para que responda **no prazo de** 15 **(quinze) dias**, facultando-lhe juntar a documentação que entender necessária ao julgamento do recurso;
VI – ultimadas as providências referidas nos incisos III a V do caput deste artigo, mandará ouvir o Ministério Público, se for o caso, para que se pronuncie no prazo de 10 (dez) dias.	III – determinará a intimação do Ministério Público, **preferencialmente por meio eletrônico, quando for** o **caso de sua intervenção**, para que se manifeste no **prazo de** 15 **(quinze) dias**.
Parágrafo único. A decisão liminar, proferida nos casos dos incisos II e III do caput deste artigo, somente é passível de reforma no momento do julgamento do agravo, salvo se o próprio relator a reconsiderar.	
Art. 528. Em prazo não superior a 30 (trinta) dias da intimação do agravado, o relator pedirá dia para julgamento.	**Art. 1.020.** O relator solicitará dia para julgamento em prazo não superior a 1 (um) mês da intimação do agravado.
	Art. 1.018. [...]
Art. 529. Se o juiz comunicar que reformou inteiramente a decisão, o relator considerará prejudicado o agravo.	§ 1º Se o juiz comunicar que reformou inteiramente a decisão, o relator considerará prejudicado o agravo de instrumento.
CAPÍTULO IV Dos Embargos Infringentes	
Art. 530. Cabem embargos infringentes quando o acórdão não unânime houver reformado, em grau de apelação, a sentença de mérito, ou houver julgado procedente ação rescisória. Se o desacordo for parcial, os embargos serão restritos à matéria objeto da divergência.	**Art. 942.** Quando o resultado da apelação for não unânime, o julgamento terá prosseguimento em sessão a ser designada com a presença de outros julgadores, que serão convocados nos termos previamente definidos no regimento interno, em número suficiente para garantir a possibilidade de inversão do resultado inicial, assegurado às partes e a eventuais terceiros o direito de sustentar oralmente suas razões perante os novos julgadores.
Art. 531. Interpostos os embargos, abrir-se-á vista ao recorrido para contrarrazões; após, o relator do acórdão embargado apreciará a admissibilidade do recurso.	
Art. 532. Da decisão que não admitir os embargos caberá agravo, em 5 (cinco) dias, para o órgão competente para o julgamento do recurso.	
Art. 533. Admitidos os embargos, serão processados e julgados conforme dispuser o regimento do tribunal.	
Art. 534. Caso a norma regimental determine a escolha de novo relator, esta recairá, se possível, em juiz que não haja participado do julgamento anterior.	
CAPÍTULO V Dos Embargos de Declaração	CAPÍTULO V Dos Embargos de Declaração
Art. 535. Cabem embargos de declaração quando:	**Art. 1.022.** Cabem embargos de declaração **contra qualquer decisão judicial** para:
I – houver, na sentença ou no acórdão, obscuridade ou contradição;	I – **esclarecer** obscuridade ou **eliminar** contradição;

II – for omitido ponto sobre o qual devia pronunciar-se o juiz ou tribunal.	II – **suprir** omissão de ponto ou questão sobre o qual devia se pronunciar o juiz **de ofício ou a requerimento**;
Art. 536. Os embargos serão opostos, no prazo de 5 (cinco) dias, em petição dirigida ao juiz ou relator, com indicação do ponto obscuro, contraditório ou omisso, não estando sujeitos a preparo.	**Art. 1.023.** Os embargos serão opostos, no prazo de 5 (cinco) dias, em petição dirigida ao **juiz**, **com indicação do erro**, obscuridade, contradição ou omissão, e não se sujeitam a preparo.
Art. 537. O juiz julgará os embargos em 5 (cinco) dias; nos tribunais, o relator apresentará os embargos em mesa na sessão subsequente, proferindo voto.	**Art. 1.024.** O juiz julgará os embargos em 5 (cinco) dias.
	§ 1º Nos tribunais, o relator apresentará os embargos em mesa na sessão subsequente, proferindo voto, e, **não havendo julgamento nessa sessão, será o recurso incluído em pauta automaticamente.**
Art. 538. Os embargos de declaração interrompem o prazo para a interposição de outros recursos, por qualquer das partes.	**Art. 1.026.** Os embargos de declaração **não possuem efeito suspensivo** e interrompem o prazo para a interposição de recurso.
Parágrafo único. Quando manifestamente protelatórios os embargos, o juiz ou o tribunal, declarando que o são, condenará o embargante a pagar ao embargado multa não excedente de 1% (um por cento) sobre o valor da causa. Na reiteração de embargos protelatórios, a multa é elevada a até 10% (dez por cento), ficando condicionada a interposição de qualquer outro recurso ao depósito do valor respectivo.	§ 2º Quando manifestamente protelatórios os embargos de declaração, o juiz ou o tribunal, em **decisão fundamentada**, condenará o embargante a pagar ao embargado multa **não excedente a dois por cento** sobre o valor atualizado da causa.
	§ 3º Na reiteração de embargos de declaração manifestamente protelatórios, a multa será elevada a até dez por cento sobre o valor atualizado da causa, e a interposição de qualquer recurso ficará condicionada ao depósito prévio do valor da multa, à exceção da Fazenda Pública e do beneficiário de gratuidade da justiça, que a recolherão ao final.
Capítulo VI Dos Recursos para o Supremo Tribunal Federal e o Superior Tribunal de Justiça	Capítulo VI Dos Recursos para o Supremo Tribunal Federal e para o Superior Tribunal de Justiça
Seção I *Dos Recursos Ordinários*	Seção I *Do Recurso Ordinário*
Art. 539. Serão julgados em recurso ordinário:	**Art. 1.027.** Serão julgados em recurso ordinário:
I – pelo Supremo Tribunal Federal, os mandados de segurança, os *habeas data* e os mandados de injunção decididos em única instância pelos Tribunais superiores, quando denegatória a decisão;	I – pelo Supremo Tribunal Federal, os mandados de segurança, os *habeas data* e os mandados de injunção decididos em única instância pelos Tribunais superiores, quando denegatória a decisão;
II – pelo Superior Tribunal de Justiça:	II – pelo Superior Tribunal de Justiça:
a) os mandados de segurança decididos em única instância pelos Tribunais Regionais Federais ou pelos Tribunais dos Estados e do Distrito Federal e Territórios, quando denegatória a decisão;	a) os mandados de segurança decididos em única instância pelos tribunais regionais federais ou pelos tribunais de justiça dos Estados e do Distrito Federal e Territórios, quando denegatória a decisão;
b) as causas em que forem partes, de um lado, Estado estrangeiro ou organismo internacional e, do outro, Município ou pessoa residente ou domiciliada no País.	b) os processos em que forem partes, de um lado, Estado estrangeiro ou organismo internacional e, de outro, Município ou pessoa residente ou domiciliada no País.
Parágrafo único. Nas causas referidas no inciso II, alínea b, caberá agravo das decisões interlocutórias.	§ 1º Nos processos referidos no inciso II, alínea "b", contra as decisões interlocutórias caberá **agravo de instrumento** dirigido ao Superior Tribunal de Justiça, nas hipóteses do art. 1.015.
Art. 540. Aos recursos mencionados no artigo anterior aplica-se, quanto aos requisitos de admissibilidade e ao procedimento no juízo de origem, o disposto nos Capítulos II e III deste Título, observando-se, no Supremo Tribunal Federal e no Superior Tribunal de Justiça, o disposto nos seus regimentos internos.	**Art. 1.028.** Ao recurso mencionado no art. 1.027, inciso II, alínea "*b*",, aplicam-se, quanto aos requisitos de admissibilidade e ao procedimento, as disposições **relativas à apelação e o** Regimento Interno **do Superior Tribunal de Justiça.**
	§ 1º Na hipótese do art. 1.027, § 1º, aplicam-se as disposições relativas ao agravo de instrumento e o Regimento Interno do Superior Tribunal de Justiça.
	§ 2º O recurso previsto no art. 1.027, incisos I e II, alínea "a", deve ser interposto perante o tribunal de origem, cabendo ao seu presidente ou vice-presidente determinar a intimação do recorrido para, em 15 (quinze) dias, apresentar as contrarrazões.
	§ 3º Findo o prazo referido no § 2º, os autos serão remetidos ao respectivo tribunal superior, independentemente de juízo de admissibilidade.
Seção II *Do Recurso Extraordinário e do Recurso Especial*	Seção II *Do Recurso Extraordinário e do Recurso Especial*
	Subseção I *Disposições Gerais*
Art. 541. O recurso extraordinário e o recurso especial, nos casos previstos na Constituição Federal, serão interpostos perante o presidente ou o vice-presidente do tribunal recorrido, em petições distintas, que conterão:	**Art. 1.029.** O recurso extraordinário e o recurso especial, nos casos previstos na Constituição Federal, serão interpostos perante o presidente ou o vice-presidente do tribunal recorrido, em petições distintas que conterão:
I – a exposição do fato e do direito;	I – a exposição do fato e do direito;
II – a demonstração do cabimento do recurso interposto;	II – a demonstração do cabimento do recurso interposto;

III – as razões do pedido de reforma da decisão recorrida.	III – as razões do pedido de reforma ou de invalidação da decisão recorrida.
Parágrafo único. Quando o recurso fundar-se em dissídio jurisprudencial, o recorrente fará a prova da divergência mediante certidão, cópia autenticada ou pela citação do repositório de jurisprudência, oficial ou credenciado, inclusive em mídia eletrônica, em que tiver sido publicada a decisão divergente, ou ainda pela reprodução de julgado disponível na Internet, com indicação da respectiva fonte, mencionando, em qualquer caso, as circunstâncias que identifiquem ou assemelhem os casos confrontados.	§ 1º Quando o recurso fundar-se em dissídio jurisprudencial, o recorrente fará a prova da divergência com a certidão, cópia ou citação do repositório de jurisprudência, oficial ou credenciado, inclusive em mídia eletrônica, em que houver sido publicado o acórdão divergente, ou ainda com a reprodução de julgado disponível **na rede mundial de computadores**, com indicação da respectiva fonte, devendo-se, em qualquer caso, mencionar as circunstâncias que identifiquem ou assemelhem os casos confrontados.
Art. 542. Recebida a petição pela secretaria do tribunal, será intimado o recorrente, abrindo-se-lhe vista, para apresentar contrarrazões.	**Art. 1.030.** Recebida a petição do recurso pela secretaria do tribunal, o recorrido será intimado para apresentar contrarrazões no prazo de 15 (quinze) dias, findo o qual os autos serão conclusos ao presidente ou ao vice-presidente do tribunal recorrido, que deverá: [...]
§ 1º Findo esse prazo, serão os autos conclusos para admissão ou não do recurso, no prazo de 15 (quinze) dias, em decisão fundamentada.	→ Artigo com redação alterada pela Lei 13.256/2016, em vigor no início da vigência da Lei 13.105/2015 – Novo CPC (v. art. 4º da Lei 13.256/2016).
§ 2º Os recursos extraordinário e especial serão recebidos no efeito devolutivo.	**Art. 1.029.** [...]
§ 3º O recurso extraordinário, ou o recurso especial, quando interpostos contra decisão interlocutória em processo de conhecimento, cautelar, ou embargos à execução ficará retido nos autos e somente será processado se o reiterar a parte, no prazo para a interposição do recurso contra a decisão final, ou para as contrarrazões.	§ 5º O pedido de concessão de efeito suspensivo a recurso extraordinário ou a recurso especial poderá ser formulado por requerimento dirigido:

I – ao tribunal superior respectivo, no período compreendido entre a interposição do recurso e sua distribuição, ficando o relator designado para seu exame prevento para julgá-lo;

II – ao relator, se já distribuído o recurso;

III – ao presidente ou vice-presidente do tribunal local, no caso de o recurso ter sido sobrestado, nos termos do art. 1.037. |
Art. 543. Admitidos ambos os recursos, os autos serão remetidos ao Superior Tribunal de Justiça.	**Art. 1.031. Na hipótese de interposição conjunta de recurso extraordinário e recurso especial**, os autos serão remetidos ao Superior Tribunal de Justiça.
§ 1º Concluído o julgamento do recurso especial, serão os autos remetidos ao Supremo Tribunal Federal, para apreciação do recurso extraordinário, se este não estiver prejudicado.	§ 1º Concluído o julgamento do recurso especial, os autos serão remetidos ao Supremo Tribunal Federal para apreciação do recurso extraordinário, se este não estiver prejudicado.
§ 2º Na hipótese de o relator do recurso especial considerar que o recurso extraordinário é prejudicial àquele, em decisão irrecorrível sobrestará o seu julgamento e remeterá os autos ao Supremo Tribunal Federal, para o julgamento do recurso extraordinário.	§ 2º Se o relator do recurso especial considerar prejudicial o recurso extraordinário, em decisão irrecorrível, sobrestará o julgamento e remeterá os autos ao Supremo Tribunal Federal.
§ 3º No caso do parágrafo anterior, se o relator do recurso extraordinário, em decisão irrecorrível, não o considerar prejudicial, devolverá os autos ao Superior Tribunal de Justiça, para o julgamento do recurso especial.	§ 3º Na hipótese do § 2º, se o relator do recurso extraordinário, em decisão irrecorrível, **rejeitar a prejudicialidade,** devolverá os autos ao Superior Tribunal de Justiça para o julgamento do recurso especial.
Art. 543-A. O Supremo Tribunal Federal, em decisão irrecorrível, não conhecerá do recurso extraordinário, quando a questão constitucional nele versada não oferecer repercussão geral, nos termos deste artigo.	**Art. 1.035.** O Supremo Tribunal Federal, em decisão irrecorrível, não conhecerá do recurso extraordinário quando a questão constitucional nele versada não tiver repercussão geral, nos termos deste artigo.
§ 1º Para efeito da repercussão geral, será considerada a existência, ou não, de questões relevantes do ponto de vista econômico, político, social ou jurídico, que ultrapassem os interesses subjetivos da causa.	§ 1º Para efeito de repercussão geral, será considerada a existência ou não de questões relevantes do ponto de vista econômico, político, social ou jurídico que ultrapassem os interesses subjetivos do processo.
§ 2º O recorrente deverá demonstrar, em preliminar do recurso, para apreciação exclusiva do Supremo Tribunal Federal, a existência da repercussão geral.	§ 2º O recorrente deverá demonstrar a existência de repercussão geral para apreciação exclusiva pelo Supremo Tribunal Federal.
§ 3º Haverá repercussão geral sempre que o recurso impugnar decisão contrária à súmula ou jurisprudência dominante do Tribunal.	§ 3º Haverá repercussão geral sempre que o recurso impugnar acórdão que:

I – contrarie súmula ou jurisprudência dominante do Supremo Tribunal Federal; |
§ 4º Se a Turma decidir pela existência da repercussão geral por, no mínimo, 4 (quatro) votos, ficará dispensada a remessa do recurso ao Plenário.	
§ 5º Negada a existência da repercussão geral, a decisão valerá para todos os recursos sobre matéria idêntica, que serão indeferidos liminarmente, salvo revisão da tese, tudo nos termos do Regimento Interno do Supremo Tribunal Federal.	§ 8º Negada a repercussão geral, o presidente ou o vice-presidente do tribunal de origem **negará seguimento** aos recursos extraordinários sobrestados na origem que versem sobre matéria idêntica.
§ 6º O Relator poderá admitir, na análise da repercussão geral, a manifestação de terceiros, subscrita por procurador habilitado, nos termos do Regimento Interno do Supremo Tribunal Federal.	§ 4º O relator poderá admitir, na análise da repercussão geral, a manifestação de terceiros, subscrita por procurador habilitado, nos termos do Regimento Interno do Supremo Tribunal Federal.
§ 7º A Súmula da decisão sobre a repercussão geral constará de ata, que será publicada no Diário Oficial e valerá como acórdão.	§ 11. A súmula da decisão sobre a repercussão geral constará de ata, que será publicada no diário oficial e valerá como acórdão.

	Subseção II *Do Julgamento dos Recursos Extraordinário Especial Repetitivos*
Art. 543-B. Quando houver multiplicidade de recursos com fundamento em idêntica controvérsia, a análise da repercussão geral será processada nos termos do Regimento Interno do Supremo Tribunal Federal, observado o disposto neste artigo.	**Art. 1.036.** Sempre que houver multiplicidade de recursos extraordinários ou especiais com fundamento em idêntica **questão de direito**, haverá afetação para julgamento **de acordo com as disposições desta Subseção**, observado o disposto no Regimento Interno do Supremo Tribunal Federal e no **do Superior Tribunal de Justiça**.
§ 1º Caberá ao Tribunal de origem selecionar um ou mais recursos representativos da controvérsia e encaminhá-los ao Supremo Tribunal Federal, sobrestando os demais até o pronunciamento definitivo da Corte.	§ 1º **O presidente ou o vice-presidente de tribunal de justiça ou de tribunal regional federal selecionará 2 (dois) ou mais recursos representativos da controvérsia, que serão encaminhados ao Supremo Tribunal Federal ou ao Superior Tribunal de Justiça para fins de afetação, determinando a suspensão do trâmite de todos os processos pendentes, individuais ou coletivos, que tramitem no Estado ou na região, conforme o caso.**
§ 2º Negada a existência de repercussão geral, os recursos sobrestados considerar-se-ão automaticamente não admitidos.	**Art. 1.039.** [...] **Parágrafo único.** Negada a existência de repercussão geral no recurso extraordinário afetado, serão considerados automaticamente inadmitidos **os recursos extraordinários cujo processamento tenha sido sobrestado**.
§ 3º Julgado o mérito do recurso extraordinário, os recursos sobrestados serão apreciados pelos Tribunais, Turmas de Uniformização ou Turmas Recursais, que poderão declará-los prejudicados ou retratar-se.	**Art. 1.039.** Decididos os recursos afetados, os órgãos colegiados declararão prejudicados os demais recursos versando sobre idêntica controvérsia ou os decidirão aplicando a tese firmada. [...] **Art. 1.040.** Publicado o acórdão paradigma: II – o órgão que proferiu o acórdão recorrido, na origem, reexaminará o processo de competência originária, a remessa necessária ou o recurso anteriormente julgado, se o acórdão recorrido contrariar a orientação do tribunal superior; III – os processos suspensos em primeiro e segundo graus de jurisdição retomarão o curso para julgamento e aplicação da tese firmada pelo tribunal superior;.
§ 4º Mantida a decisão e admitido o recurso, poderá o Supremo Tribunal Federal, nos termos do Regimento Interno, cassar ou reformar, liminarmente, o acórdão contrário à orientação firmada.	**Art. 1.041.** Mantido o acórdão divergente pelo tribunal de origem, o recurso especial ou extraordinário será remetido ao respectivo tribunal superior, na forma do art. 1.036, § 1º.
§ 5º O Regimento Interno do Supremo Tribunal Federal disporá sobre as atribuições dos Ministros, das Turmas e de outros órgãos, na análise da repercussão geral.	
Art. 543-C. Quando houver multiplicidade de recursos com fundamento em idêntica questão de direito, o recurso especial será processado nos termos deste artigo.	**Art. 1.036. Sempre** que houver multiplicidade de recursos extraordinários ou especiais com fundamento em idêntica **questão de direito**, haverá afetação para julgamento **de acordo com as disposições desta Subseção**, observado o disposto no Regimento Interno do Supremo Tribunal Federal e no **do Superior Tribunal de Justiça**.
§ 1º Caberá ao presidente do tribunal de origem admitir um ou mais recursos representativos da controvérsia, os quais serão encaminhados ao Superior Tribunal de Justiça, ficando suspensos os demais recursos especiais até o pronunciamento definitivo do Superior Tribunal de Justiça.	**Art. 1.036.** [...] § 1º **O presidente ou o vice-presidente de tribunal de justiça ou de tribunal regional federal selecionará 2 (dois) ou mais recursos representativos da controvérsia, que serão encaminhados ao Supremo Tribunal Federal ou ao Superior Tribunal de Justiça para fins de afetação, determinando a suspensão do trâmite de todos os processos pendentes, individuais ou coletivos, que tramitem no Estado ou na região, conforme o caso.**
§ 2º Não adotada a providência descrita no § 1º deste artigo, o relator no Superior Tribunal de Justiça, ao identificar que sobre a controvérsia já existe jurisprudência dominante ou que a matéria já está afeta ao colegiado, poderá determinar a suspensão, nos tribunais de segunda instância, dos recursos nos quais a controvérsia esteja estabelecida.	§ 1º O presidente ou o vice-presidente de tribunal de justiça ou de tribunal regional federal selecionará 2 (dois) ou mais recursos representativos da controvérsia, que serão encaminhados ao Supremo Tribunal Federal ou ao Superior Tribunal de Justiça para fins de afetação, determinando a suspensão do trâmite de todos os processos pendentes, individuais ou coletivos, que tramitem no Estado ou na região, conforme o caso.
§ 3º O relator poderá solicitar informações, a serem prestadas no prazo de quinze dias, aos tribunais federais ou estaduais a respeito da controvérsia.	**Art. 1.038.** O relator poderá: [...] III – requisitar informações aos tribunais inferiores a respeito da controvérsia e, cumprida a diligência, intimará o Ministério Público para manifestar-se.
§ 4º O relator, conforme dispuser o regimento interno do Superior Tribunal de Justiça e considerando a relevância da matéria, poderá admitir manifestação de pessoas, órgãos ou entidades com interesse na controvérsia.	

Antigo CPC	Novo CPC
§ 5º Recebidas as informações e, se for o caso, após cumprido o disposto no § 4º deste artigo, terá vista o Ministério Público pelo prazo de quinze dias.	
§ 6º Transcorrido o prazo para o Ministério Público e remetida cópia do relatório aos demais Ministros, o processo será incluído em pauta na seção ou na Corte Especial, devendo ser julgado com preferência sobre os demais feitos, ressalvados os que envolvam réu preso e os pedidos de *habeas corpus*.	§ 2º Transcorrido o prazo para o Ministério Público e remetida cópia do relatório aos demais ministros, haverá inclusão em pauta, devendo ocorrer o julgamento com preferência sobre os demais feitos, ressalvados os que envolvam réu preso e os pedidos de *habeas corpus*.
§ 7º Publicado o acórdão do Superior Tribunal de Justiça, os recursos especiais sobrestados na origem:	
	Art. 1.040. Publicado o acórdão paradigma:
I – terão seguimento denegado na hipótese de o acórdão recorrido coincidir com a orientação do Superior Tribunal de Justiça; ou	I – o presidente ou vice-presidente do tribunal de origem negará seguimento aos recursos especiais ou extraordinários sobrestados na origem, se o acórdão recorrido coincidir com a orientação do tribunal superior;
II – serão novamente examinados pelo tribunal de origem na hipótese de o acórdão recorrido divergir da orientação do Superior Tribunal de Justiça.	II – **o órgão que proferiu o acórdão recorrido, na origem**, reexaminará o processo de competência originária, **a remessa necessária ou o recurso anteriormente julgado**, se o acórdão recorrido contrariar a orientação do tribunal superior;
§ 8º Na hipótese prevista no inciso II do § 7º deste artigo, mantida a decisão divergente pelo tribunal de origem, far-se-á o exame de admissibilidade do recurso especial.	**Art. 1.041.** Mantido o acórdão divergente pelo tribunal de origem, o recurso especial ou extraordinário será remetido ao respectivo tribunal superior, na forma do art. 1.036, § 1º.
§ 9º O Superior Tribunal de Justiça e os tribunais de segunda instância regulamentarão, no âmbito de suas competências, os procedimentos relativos ao processamento e julgamento do recurso especial nos casos previstos neste artigo.	
Art. 544. Não admitido o recurso extraordinário ou o recurso especial, caberá agravo nos próprios autos, no prazo de 10 (dez) dias.	**Art. 1.042.** Cabe agravo contra decisão do presidente ou do vice-presidente do tribunal recorrido que inadmitir recurso extraordinário ou recurso especial, salvo quando fundada na aplicação de entendimento firmado em regime de repercussão geral ou em julgamento de recursos repetitivos. → *Caput* com redação alterada pela Lei 13.256/2016, em vigor no início da vigência da Lei 13.105/2015 – Novo CPC (v. art. 4º da Lei 13.256/2016).
§ 1º O agravante deverá interpor um agravo para cada recurso não admitido.	§ 6º **Na hipótese de interposição conjunta de recursos extraordinário e especial**, o agravante deverá interpor um agravo para cada recurso não admitido.
§ 2º A petição de agravo será dirigida à presidência do tribunal de origem, não dependendo do pagamento de custas e despesas postais. O agravado será intimado, de imediato, para no prazo de 10 (dez) dias oferecer resposta, podendo instruí-la com cópias das peças que entender conveniente. Em seguida, subirá o agravo ao tribunal superior, onde será processado na forma regimental.	§ 2º A petição de agravo será dirigida ao presidente ou ao vice-presidente do tribunal de origem e independe do pagamento de custas e despesas postais, aplicando-se a ela o regime de repercussão geral e de recursos repetitivos, inclusive quanto à possibilidade de sobrestamento e do juízo de retratação. → § 2º com redação alterada pela Lei 13.256/2016, em vigor no início da vigência da Lei 13.105/2015 – Novo CPC (v. art. 4º da Lei 13.256/2016).
	§ 3º O agravado será intimado, de imediato, para oferecer resposta no **prazo de 15 (quinze) dias**.
	§ 4º Após o prazo de resposta, não havendo retratação, o agravo será remetido ao tribunal superior competente.
§ 3º O agravado será intimado, de imediato, para no prazo de 10 (dez) dias oferecer resposta. Em seguida, os autos serão remetidos à superior instância, observando-se o disposto no art. 543 deste Código e, no que couber, na Lei nº 11.672, de 8 de maio de 2008.	§ 3º O agravado será intimado, de imediato, para oferecer resposta no **prazo de 15 (quinze) dias**.
§ 4º No Supremo Tribunal Federal e no Superior Tribunal de Justiça, o julgamento do agravo obedecerá ao disposto no respectivo regimento interno, podendo o relator:	
	Art. 932. Incumbe ao relator: [...]
I – não conhecer do agravo manifestamente inadmissível ou que não tenha atacado especificamente os fundamentos da decisão agravada;	III – não conhecer de recurso inadmissível, prejudicado ou que não tenha impugnado especificamente os fundamentos da decisão recorrida;
II – conhecer do agravo para:	
a) negar-lhe provimento, se correta a decisão que não admitiu o recurso;	
	Art. 932. [...]
b) negar seguimento ao recurso manifestamente inadmissível, prejudicado ou em confronto com súmula ou jurisprudência dominante no tribunal;	IV – negar provimento a recurso que for contrário a: a) súmula do Supremo Tribunal Federal, do Superior Tribunal de Justiça ou do próprio tribunal;
c) dar provimento ao recurso, se o acórdão recorrido estiver em confronto com súmula ou jurisprudência dominante no tribunal.	

Art. 545. Da decisão do relator que não conhecer do agravo, negar-lhe provimento ou decidir, desde logo, o recurso não admitido na origem, caberá agravo, no prazo de 5 (cinco) dias, ao órgão competente, observado o disposto nos §§ 1º e 2º do art. 557.	
Art. 546. É embargável a decisão da turma que:	**Art. 1.043.** É embargável o acórdão de órgão fracionário que:
I – em recurso especial, divergir do julgamento de outra turma, da seção ou do órgão especial;	I – em recurso extraordinário ou em recurso especial, divergir do julgamento de qualquer outro órgão do mesmo tribunal, **sendo os acórdãos, embargado e paradigma, de mérito**;
II – em recurso extraordinário, divergir do julgamento da outra turma ou do plenário.	
Parágrafo único. Observar-se-á, no recurso de embargos, o procedimento estabelecido no regimento interno.	**Art. 1.044.** No recurso de embargos de divergência, será observado o procedimento estabelecido no regimento interno do respectivo tribunal superior.
Capítulo VII Da Ordem dos Processos no Tribunal	Capítulo II Da Ordem dos Processos no Tribunal
Art. 547. Os autos remetidos ao tribunal serão registrados no protocolo no dia de sua entrada, cabendo à secretaria verificar-lhes a numeração das folhas e ordená-los para distribuição.	**Art. 929.** Os autos serão **registrados** no protocolo do tribunal no dia de sua entrada, cabendo à secretaria ordená-los, com imediata distribuição.
Parágrafo único. Os serviços de protocolo poderão, a critério do tribunal, ser descentralizados, mediante delegação a ofícios de justiça de primeiro grau.	**Parágrafo único.** A critério do tribunal, os serviços de protocolo poderão ser descentralizados, mediante delegação a ofícios de justiça de primeiro grau.
Art. 548. Far-se-á a distribuição de acordo com o regimento interno do tribunal, observando-se os princípios da publicidade, da alternatividade e do sorteio.	**Art. 930.** Far-se-á a distribuição de acordo com o regimento interno do tribunal, observando-se a alternatividade, o sorteio eletrônico e a publicidade.
Art. 549. Distribuídos, os autos subirão, no prazo de 48 (quarenta e oito) horas, à conclusão do relator, que, depois de estudá-los, os restituirá à secretaria com o seu "visto".	**Art. 931.** Distribuídos, os autos serão imediatamente conclusos ao relator, que, em 30 (trinta) dias, depois de elaborar o voto, restituí-los-á, com relatório, à secretaria.
Parágrafo único. O relator fará nos autos uma exposição dos pontos controvertidos sobre que versar o recurso.	
Art. 550. Os recursos interpostos nas causas de procedimento sumário deverão ser julgados no tribunal, dentro de 40 (quarenta) dias.	
Art. 551. Tratando-se de apelação, de embargos infringentes e de ação rescisória, os autos serão conclusos ao revisor.	
§ 1º Será revisor o juiz que se seguir ao relator na ordem descendente de antiguidade.	
§ 2º O revisor aporá nos autos o seu "visto", cabendo-lhe pedir dia para julgamento.	
§ 3º Nos recursos interpostos nas causas de procedimentos sumários, de despejo e nos casos de indeferimento liminar da petição inicial, não haverá revisor.	
Art. 552. Os autos serão, em seguida, apresentados ao presidente, que designará dia para julgamento, mandando publicar a pauta no órgão oficial.	**Art. 934.** Em seguida, os autos serão apresentados ao presidente, que designará dia para julgamento, ordenando, em todas as hipóteses previstas neste Livro, a publicação da pauta no órgão oficial.
§ 1º Entre a data da publicação da pauta e a sessão de julgamento mediará, pelo menos, o espaço de 48 (quarenta e oito) horas.	**Art. 935.** Entre a data de publicação da pauta e a da sessão de julgamento decorrerá, pelo menos, o **prazo de 5 (cinco) dias, incluindo-se em nova pauta** os processos **que não tenham sido** julgados, **salvo** aqueles **cujo julgamento tiver sido expressamente adiado para a primeira sessão seguinte.**
§ 2º Afixar-se-á a pauta na entrada da sala em que se realizar a sessão de julgamento.	§ 2º Afixar-se-á a pauta na entrada da sala em que se realizar a sessão de julgamento.
§ 3º Salvo caso de força maior, participará do julgamento do recurso o juiz que houver lançado o "visto" nos autos.	
Art. 553. Nos embargos infringentes e na ação rescisória, devolvidos os autos pelo relator, a secretaria do tribunal expedirá cópias autenticadas do relatório e as distribuirá entre os juízes que compuserem o tribunal competente para o julgamento.	**Art. 971.** Na ação rescisória, devolvidos os autos pelo relator, a secretaria do tribunal expedirá cópias do relatório e as distribuirá entre os juízes que compuserem o órgão competente para o julgamento.
Art. 554. Na sessão de julgamento, depois de feita a exposição da causa pelo relator, o presidente, se o recurso não for de embargos declaratórios ou de agravo de instrumento, dará a palavra, sucessivamente, ao recorrente e ao recorrido, pelo prazo improrrogável de 15 (quinze) minutos para cada um, a fim de sustentarem as razões do recurso.	**Art. 937.** Na sessão de julgamento, depois da exposição da causa pelo relator, o presidente dará a palavra, sucessivamente, ao recorrente, ao recorrido e, nos casos de sua intervenção, **ao membro do Ministério Público**, pelo prazo improrrogável de 15 (quinze) minutos para cada um, a fim de sustentarem suas razões, nas seguintes hipóteses, nos termos da parte final do *caput* do art. 1.021:
	Art. 941. [...]
Art. 555. No julgamento de apelação ou de agravo, a decisão será tomada, na câmara ou turma, pelo voto de 3 (três) juízes.	§ 2º No julgamento de apelação ou de agravo de instrumento, a decisão será tomada, no órgão colegiado, pelo voto de 3 (três) juízes.

Antigo CPC	Novo CPC
§ 1º Ocorrendo relevante questão de direito, que faça conveniente prevenir ou compor divergência entre câmaras ou turmas do tribunal, poderá o relator propor seja o recurso julgado pelo órgão colegiado que o regimento indicar; reconhecendo o interesse público na assunção de competência, esse órgão colegiado julgará o recurso.	**Art. 947.** É admissível a assunção de competência quando o julgamento de recurso, de remessa necessária ou de processo de competência originária envolver relevante questão de direito, com grande repercussão social, sem repetição em múltiplos processos.
§ 2º Não se considerando habilitado a proferir imediatamente seu voto, a qualquer juiz é facultado pedir vista do processo, devendo devolvê-lo no prazo de 10 (dez) dias, contados da data em que o recebeu; o julgamento prosseguirá na 1a (primeira) sessão ordinária subsequente à devolução, dispensada nova publicação em pauta.	**Art. 940.** O relator ou outro juiz que não se considerar habilitado a proferir imediatamente seu voto poderá solicitar vista pelo prazo máximo de 10 (dez) dias, após o qual o recurso será reincluído em pauta para julgamento na sessão seguinte à data da devolução.
§ 3º No caso do § 2º deste artigo, não devolvidos os autos no prazo, nem solicitada expressamente sua prorrogação pelo juiz, o presidente do órgão julgador requisitará o processo e reabrirá o julgamento na sessão ordinária subsequente, com publicação em pauta.	§ 1º Se os autos não forem devolvidos tempestivamente ou se não for solicitada pelo juiz prorrogação de prazo de no **máximo mais 10 (dez) dias**, o presidente do órgão fracionário os requisitará para julgamento do recurso na sessão ordinária subsequente, com publicação da pauta em que for incluído.
Art. 556. Proferidos os votos, o presidente anunciará o resultado do julgamento, designando para redigir o acórdão o relator, ou, se este for vencido, o autor do primeiro voto vencedor.	**Art. 941.** Proferidos os votos, o presidente anunciará o resultado do julgamento, designando para redigir o acórdão o relator ou, se vencido este, o autor do primeiro voto vencedor.
Parágrafo único. Os votos, acórdãos e demais atos processuais podem ser registrados em arquivo eletrônico inviolável e assinados eletronicamente, na forma da lei, devendo ser impressos para juntada aos autos do processo quando este não for eletrônico.	**Art. 943.** Os votos, os acórdãos e os demais atos processuais podem ser registrados em documento eletrônico inviolável e assinados eletronicamente, na forma da lei, devendo ser impressos para juntada aos autos do processo, quando este não for eletrônico.
Art. 557. O relator negará seguimento a recurso manifestamente inadmissível, improcedente, prejudicado ou em confronto com súmula ou com jurisprudência dominante do respectivo tribunal, do Supremo Tribunal Federal, ou de Tribunal Superior.	**Art. 932.** [...] III – não conhecer de recurso inadmissível, prejudicado ou que não tenha impugnado especificamente os fundamentos da decisão recorrida; IV – negar provimento a recurso que for contrário a: a) súmula do Supremo Tribunal Federal, do Superior Tribunal de Justiça ou do próprio tribunal;
§ 1º-A Se a decisão recorrida estiver em manifesto confronto com súmula ou com jurisprudência dominante do Supremo Tribunal Federal, ou de Tribunal Superior, o relator poderá dar provimento ao recurso.	**Art. 932.** Incumbe ao relator: [...] V – depois de facultada a apresentação de contrarrazões, dar provimento ao recurso se a decisão recorrida for contrária a: a) súmula do Supremo Tribunal Federal, do Superior Tribunal de Justiça ou do próprio tribunal; b) acórdão proferido pelo Supremo Tribunal Federal ou pelo Superior Tribunal de Justiça em julgamento de recursos repetitivos; c) entendimento firmado em incidente de resolução de demandas repetitivas ou de assunção de competência.
§ 1º Da decisão caberá agravo, no prazo de cinco dias, ao órgão competente para o julgamento do recurso, e, se não houver retratação, o relator apresentará o processo em mesa, proferindo voto; provido o agravo, o recurso terá seguimento.	**Art. 1.021.** Contra decisão proferida pelo relator caberá agravo interno para o respectivo órgão colegiado, observadas, quanto ao processamento, as regras do regimento interno do tribunal.
§ 2º Quando manifestamente inadmissível ou infundado o agravo, o tribunal condenará o agravante a pagar ao agravado multa entre um e dez por cento do valor corrigido da causa, ficando a interposição de qualquer outro recurso condicionada ao depósito do respectivo valor.	§ 4º Quando o agravo interno for declarado manifestamente inadmissível ou improcedente em votação unânime, o órgão colegiado, em decisão fundamentada, condenará o agravante a pagar ao agravado multa fixada entre um e cinco por cento do valor atualizado da causa. § 5º A interposição de qualquer outro recurso está condicionada ao depósito prévio do valor da multa prevista no § 4º, **à exceção da Fazenda Pública e do beneficiário de gratuidade da justiça, que farão o pagamento ao final.**
Art. 558. O relator poderá, a requerimento do agravante, nos casos de prisão civil, adjudicação, remição de bens, levantamento de dinheiro sem caução idônea e em outros casos dos quais possa resultar lesão grave e de difícil reparação, sendo relevante a fundamentação, suspender o cumprimento da decisão até o pronunciamento definitivo da turma ou câmara.	**Art. 932.** Incumbe ao relator: [...] II – apreciar o pedido de tutela provisória nos recursos e nos processos de competência originária do tribunal;
Parágrafo único. Aplicar-se-á o disposto neste artigo as hipóteses do art. 520.	**Art. 1.012.** A apelação terá efeito suspensivo. [...] § 3º O pedido de concessão de efeito suspensivo nas hipóteses do § 1º poderá ser formulado por requerimento dirigido ao: I – tribunal, no período compreendido entre a interposição da apelação e sua distribuição, ficando o relator designado para seu exame prevento para julgá-la; II – relator, se já distribuída a apelação.

Art. 559. A apelação não será incluída em pauta antes do agravo de instrumento interposto no mesmo processo.	**Art. 946.** O agravo de instrumento será julgado antes da apelação interposta no mesmo processo.
Parágrafo único. Se ambos os recursos houverem de ser julgados na mesma sessão, terá precedência o agravo.	**Parágrafo único.** Se ambos os recursos de que trata o *caput* houverem de ser julgados na mesma sessão, terá precedência o **agravo de instrumento**.
Art. 560. Qualquer questão preliminar suscitada no julgamento será decidida antes do mérito, deste não se conhecendo se incompatível com a decisão daquela.	**Art. 938.** A questão preliminar suscitada no julgamento será decidida antes do mérito, deste não se conhecendo caso seja incompatível com a decisão.
Parágrafo único. Versando a preliminar sobre nulidade suprível, o tribunal, havendo necessidade, converterá o julgamento em diligência, ordenando a remessa dos autos ao juiz, a fim de ser sanado o vício.	§ 1º Constatada a ocorrência de vício **sanável, inclusive aquele que possa ser conhecido de ofício, o relator determinará a realização ou a renovação do ato processual, no próprio tribunal ou em primeiro grau** de jurisdição, **intimadas as partes**.
Art. 561. Rejeitada a preliminar, ou se com ela for compatível a apreciação do mérito, seguir-se-ão a discussão e julgamento da matéria principal, pronunciando-se sobre esta os juízes vencidos na preliminar.	**Art. 939.** Se a preliminar for rejeitada ou se a apreciação do mérito for com ela compatível, seguir-se-ão a discussão e o julgamento da matéria principal, sobre a qual deverão se pronunciar os juízes vencidos na preliminar.
Art. 562. Preferirá aos demais o recurso cujo julgamento tenha sido iniciado.	**Art. 936. Ressalvadas as preferências legais e regimentais,** os recursos, a remessa necessária e os processos de competência originária serão julgados na seguinte ordem: [...] III – aqueles cujo julgamento tenha iniciado em sessão anterior; e,
Art. 563. Todo acórdão conterá ementa.	**Art. 943.** [...] § 1º Todo acórdão conterá ementa.
Art. 564. Lavrado o acórdão, serão as suas conclusões publicadas no órgão oficial dentro de 10 (dez) dias.	§ 2º Lavrado o acórdão, sua ementa será publicada no órgão oficial no prazo de dez dias.
Art. 565. Desejando proferir sustentação oral, poderão os advogados requerer que na sessão imediata seja o feito julgado em primeiro lugar, sem prejuízo das preferências legais.	**Art. 936.** [...] I – aqueles nos quais houver sustentação oral, observada a ordem dos requerimentos; **Art. 935.** [...] § 2º O procurador que desejar proferir sustentação oral poderá requerer, até o início da sessão, que o processo seja julgado em primeiro lugar, sem prejuízo das preferências legais.
Parágrafo único. Se tiverem subscrito o requerimento os advogados de todos os interessados, a preferência será concedida para a própria sessão.	
LIVRO II **DO PROCESSO DE EXECUÇÃO**	**LIVRO II** **DO PROCESSO DE EXECUÇÃO**
TÍTULO I Da Execução Em Geral	**TÍTULO I** Da Execução Em Geral
Capítulo I Das Partes	**Capítulo II** Das Partes
Art. 566. Podem promover a execução forçada: I – o credor a quem a lei confere título executivo;	**Art. 778.** Pode promover a execução forçada o credor a quem a lei confere título executivo.
II – o Ministério Público, nos casos prescritos em lei.	§ 1º Podem promover a execução forçada ou nela prosseguir, **em sucessão ao exequente originário:** I – o Ministério Público, nos casos previstos em lei;
Art. 567. Podem também promover a execução, ou nela prosseguir:	
I – o espólio, os herdeiros ou os sucessores do credor, sempre que, por morte deste, lhes for transmitido o direito resultante do título executivo;	II – o espólio, os herdeiros ou os sucessores do credor, sempre que, por morte deste, lhes for transmitido o direito resultante do título executivo;
II – o cessionário, quando o direito resultante do título executivo lhe foi transferido por ato entre vivos;	III – o cessionário, quando o direito resultante do título executivo lhe for transferido por ato entre vivos;
III – o sub-rogado, nos casos de sub-rogação legal ou convencional.	IV – o sub-rogado, nos casos de sub-rogação legal ou convencional.
Art. 568. São sujeitos passivos na execução:	**Art. 779. A execução pode ser promovida contra**:
I – o devedor, reconhecido como tal no título executivo;	I – o devedor, reconhecido como tal no título executivo;
II – o espólio, os herdeiros ou os sucessores do devedor;	II – o espólio, os herdeiros ou os sucessores do devedor;

Antigo CPC	Novo CPC
III – o novo devedor, que assumiu, com o consentimento do credor, a obrigação resultante do título executivo;	III – o novo devedor que assumiu, com o consentimento do credor, a obrigação resultante do título executivo;
IV – o fiador judicial;	IV – o fiador **do débito constante em título extrajudicial;**
V – o responsável tributário, assim definido na legislação própria.	VI – o responsável tributário, assim definido em lei.
Art. 569. O credor tem a faculdade de desistir de toda a execução ou de apenas algumas medidas executivas.	**Art. 775.** O exequente tem o **direito** de desistir de toda a execução ou de apenas alguma medida executiva.
Parágrafo único. Na desistência da execução, observar-se-á o seguinte:	**Parágrafo único.** Na desistência da execução, observar-se-á o seguinte:
a) serão extintos os embargos que versarem apenas sobre questões processuais, pagando o credor as custas e os honorários advocatícios;	I – serão extintos **a impugnação e** os embargos que versarem apenas sobre questões processuais, pagando o **exequente** as custas **processuais** e os honorários advocatícios;
b) nos demais casos, a extinção dependerá da concordância do embargante.	II – nos demais casos, a extinção dependerá da concordância do **impugnante** ou do embargante.
Art. 570. (*Revogado pela Lei nº 11.232, de 2005*)	
Art. 571. Nas obrigações alternativas, quando a escolha couber ao devedor, este será citado para exercer a opção e realizar a prestação dentro em 10 (dez) dias, se outro prazo não lhe foi determinado em lei, no contrato, ou na sentença.	**Art. 800.** Nas obrigações alternativas, quando a escolha couber ao devedor, esse será citado para exercer a opção e realizar a prestação dentro de 10 (dez) dias, se outro prazo não lhe foi determinado em lei ou em contrato.
§ 1º Devolver-se-á ao credor a opção, se o devedor não a exercitou no prazo marcado.	§ 1º Devolver-se-á ao credor a opção, se o devedor não a **exercer** no prazo determinado.
§ 2º Se a escolha couber ao credor, este a indicará na petição inicial da execução.	§ 2º **A escolha será indicada na petição inicial da execução quando couber ao credor exercê-la.**
Art. 572. Quando o juiz decidir relação jurídica sujeita a condição ou termo, o credor não poderá executar a sentença sem provar que se realizou a condição ou que ocorreu o termo.	**Art. 514.** Quando o juiz decidir relação jurídica sujeita a condição ou termo, **o cumprimento da sentença dependerá de demonstração de que se realizou a** condição ou de que ocorreu o termo.
Art. 573. É lícito ao credor, sendo o mesmo o devedor, cumular várias execuções, ainda que fundadas em títulos diferentes, desde que para todas elas seja competente o juiz e idêntica a forma do processo.	**Art. 780.** O **exequente** pode cumular várias execuções, ainda que fundadas em títulos diferentes, quando o executado for o mesmo e desde que para todas elas seja competente o mesmo juízo e idêntico o procedimento.
Art. 574. O credor ressarcirá ao devedor os danos que este sofreu, quando a sentença, passada em julgado, declarar inexistente, no todo ou em parte, a obrigação, que deu lugar à execução.	**Art. 776.** O **exequente** ressarcirá ao **executado** os danos que este sofreu, quando a sentença, transitada em julgado, declarar inexistente, no todo ou em parte, a obrigação que ensejou a execução.
CAPÍTULO II **Da Competência**	**CAPÍTULO III** **Da Competência**
Art. 575. A execução, fundada em título judicial, processar-se-á perante:	**Art. 516.** O cumprimento da sentença efetuar-se-á perante:
I – os tribunais superiores, nas causas de sua competência originária;	I – os tribunais, nas causas de sua competência originária;
II – o juízo que decidiu a causa no primeiro grau de jurisdição;	II – o juízo que **decidiu** a causa no primeiro grau de jurisdição;
III – (*Revogado pela Lei nº 10.358, de 27.12.2001*)	
IV – o juízo cível competente, quando o título executivo for sentença penal condenatória ou sentença arbitral.	III – o juízo cível competente, quando se tratar de sentença penal condenatória, de sentença arbitral, de sentença estrangeira ou de acórdão proferido pelo Tribunal Marítimo.
Art. 576. A execução, fundada em título extrajudicial, será processada perante o juízo competente, na conformidade do disposto no Livro I, Título IV, Capítulos II e III.	**Art. 781.** A execução fundada em título extrajudicial será processada perante o juízo competente, **observando-se o seguinte:**
Art. 577. Não dispondo a lei de modo diverso, o juiz determinará os atos executivos e os oficiais de justiça os cumprirão.	**Art. 782.** Não dispondo a lei de modo diverso, o juiz determinará os atos executivos, e o oficial de justiça os cumprirá.
	Art. 46. [...]
Art. 578. A execução fiscal (art. 585, VI) será proposta no foro do domicílio do réu; se não o tiver, no de sua residência ou no do lugar onde for encontrado.	§ 5º A execução fiscal será proposta no foro de domicílio do réu, no de sua residência ou no do lugar onde for encontrado.
Parágrafo único. Na execução fiscal, a Fazenda Pública poderá escolher o foro de qualquer um dos devedores, quando houver mais de um, ou o foro de qualquer dos domicílios do réu; a ação poderá ainda ser proposta no foro do lugar em que se praticou o ato ou ocorreu o fato que deu origem à dívida, embora nele não mais resida o réu, ou, ainda, no foro da situação dos bens, quando a dívida deles se originar.	
	Art. 782. [...]
Art. 579. Sempre que, para efetivar a execução, for necessário o emprego da força policial, o juiz a requisitará.	§ 2º Sempre que, para efetivar a execução, for necessário o emprego da força policial, o juiz a requisitará.

Capítulo III Dos Requisitos Necessários para Realizar qualquer Execução	Capítulo IV Dos Requisitos Necessários para Realizar qualquer Execução
Seção I *Do Inadimplemento do Devedor*	
Art. 580. A execução pode ser instaurada caso o devedor não satisfaça a obrigação certa, líquida e exigível, consubstanciada em título executivo.	**Art. 786.** A execução pode ser instaurada caso o devedor não satisfaça a obrigação certa, líquida e exigível consubstanciada em título executivo.
Art. 581. O credor não poderá iniciar a execução, ou nela prosseguir, se o devedor cumprir a obrigação; mas poderá recusar o recebimento da prestação, estabelecida no título executivo, se ela não corresponder ao direito ou à obrigação; caso em que requererá ao juiz a execução, ressalvado ao devedor o direito de embargá-la.	**Art. 788.** O credor não poderá iniciar a execução ou nela prosseguir se o devedor cumprir a obrigação, mas poderá recusar o recebimento da prestação se ela não corresponder ao direito ou à obrigação estabelecidos no título executivo, caso em que poderá requerer a execução forçada, ressalvado ao devedor o direito de embargá-la.
Art. 582. Em todos os casos em que é defeso a um contraente, antes de cumprida a sua obrigação, exigir o implemento da do outro, não se procederá à execução, se o devedor se propõe satisfazer a prestação, com meios considerados idôneos pelo juiz, mediante a execução da contraprestação pelo credor, e este, sem justo motivo, recusar a oferta.	**Art. 787. Se o devedor não for obrigado a satisfazer sua prestação senão mediante a contraprestação do credor, este deverá provar que a adimpliu ao requerer a execução, sob pena de extinção do processo.**
Parágrafo único. O devedor poderá, entretanto, exonerar-se da obrigação, depositando em juízo a prestação ou a coisa; caso em que o juiz suspenderá a execução, não permitindo que o credor a receba, sem cumprir a contraprestação, que lhe tocar.	**Parágrafo único.** O executado poderá **eximir-se da obrigação**, depositando em juízo a prestação ou a coisa, caso em que o juiz não permitirá que o credor a receba sem cumprir a contraprestação que lhe tocar.
Seção II *Do Título Executivo*	Seção I *Do Título Executivo*
Art. 583. (*Revogado pela Lei nº 11.382, de 2006*)	
Art. 584. (*Revogado pela Lei nº 11.232, de 2005*)	
Art. 585. São títulos executivos extrajudiciais:	**Art. 784.** São títulos executivos extrajudiciais:
I – a letra de câmbio, a nota promissória, a duplicata, a debênture e o cheque;	I – a letra de câmbio, a nota promissória, a duplicata, a debênture e o cheque;
II – a escritura pública ou outro documento público assinado pelo devedor; o documento particular assinado pelo devedor e por duas testemunhas; o instrumento de transação referendado pelo Ministério Público, pela Defensoria Pública ou pelos advogados dos transatores;	II – a escritura pública ou outro documento público assinado pelo devedor;
	III – o documento particular assinado pelo devedor e por 2 (duas) testemunhas;
	IV – o instrumento de transação referendado pelo Ministério Público, pela Defensoria Pública, **pela Advocacia Pública**, pelos advogados dos transatores ou **por conciliador ou mediador credenciado** por **tribunal**;
III – os contratos garantidos por hipoteca, penhor, anticrese e caução, bem como os de seguro de vida;	V – o contrato garantido por hipoteca, penhor, anticrese **ou outro direito real de garantia** e aquele garantido por caução;
IV – o crédito decorrente de foro e laudêmio;	VII – o crédito decorrente de foro e laudêmio;
V – o crédito, documentalmente comprovado, decorrente de aluguel de imóvel, bem como de encargos acessórios, tais como taxas e despesas de condomínio;	VIII – o crédito, documentalmente comprovado, decorrente de aluguel de imóvel, bem como de encargos acessórios, tais como taxas e despesas de condomínio;
VI – o crédito de serventuário de justiça, de perito, de intérprete, ou de tradutor, quando as custas, emolumentos ou honorários forem aprovados por decisão judicial;	**Art. 515.** São títulos executivos judiciais, **cujo cumprimento dar-se-á de acordo com os artigos previstos neste Título**: [...] V – o crédito de auxiliar da justiça, quando as custas, emolumentos ou honorários tiverem sido aprovados por decisão judicial;
VII – a certidão de dívida ativa da Fazenda Pública da União, dos Estados, do Distrito Federal, dos Territórios e dos Municípios, correspondente aos créditos inscritos na forma da lei;	IX – a certidão de dívida ativa da Fazenda Pública da União, dos Estados, do Distrito Federal e dos Municípios, correspondente aos créditos inscritos na forma da lei;
VIII – todos os demais títulos a que, por disposição expressa, a lei atribuir força executiva.	XII – todos os demais títulos aos quais, por disposição expressa, a lei atribuir força executiva.
§ 1º A propositura de qualquer ação relativa ao débito constante do título executivo não inibe o credor de promover-lhe a execução.	§ 1º A propositura de qualquer ação relativa a débito constante de título executivo não inibe o credor de promover-lhe a execução.

§ 2º Não dependem de homologação pelo Supremo Tribunal Federal, para serem executados, os títulos executivos extrajudiciais, oriundos de país estrangeiro. O título, para ter eficácia executiva, há de satisfazer aos requisitos de formação exigidos pela lei do lugar de sua celebração e indicar o Brasil como o lugar de cumprimento da obrigação.	§ 2º Os títulos executivos extrajudiciais oriundos de país estrangeiro não dependem de homologação para serem executados. § 3º O título estrangeiro só terá eficácia executiva quando satisfeitos os requisitos de formação exigidos pela lei do lugar de sua celebração e quando o Brasil for indicado como o lugar de cumprimento da obrigação.
Art. 586. (*Revogado pela Lei nº 11.382, de 2006*)	
Art. 586. A execução para cobrança de crédito fundar-se-á sempre em título de obrigação certa, líquida e exigível.	**Art. 783.** A execução para cobrança de crédito fundar-se-á sempre em título de obrigação certa, líquida e exigível.
Art. 587. É definitiva a execução fundada em título extrajudicial; é provisória enquanto pendente apelação da sentença de improcedência dos embargos do executado, quando recebidos com efeito suspensivo (art. 739).	
Art. 588. (*Revogado pela Lei nº 11.232, de 2005*)	
Art. 589. (*Revogado pela Lei nº 11.232, de 2005*)	
Art. 590. (*Revogado pela Lei nº 11.232, de 2005*)	
Capítulo IV **Da Responsabilidade Patrimonial**	**Capítulo V** **Da Responsabilidade Patrimonial**
Art. 591. O devedor responde, para o cumprimento de suas obrigações, com todos os seus bens presentes e futuros, salvo as restrições estabelecidas em lei.	**Art. 789.** O devedor responde com todos os seus bens presentes e futuros para o cumprimento de suas obrigações, salvo as restrições estabelecidas em lei.
Art. 592. Ficam sujeitos à execução os bens:	**Art. 790.** São sujeitos à execução os bens:
I – do sucessor a título singular, tratando-se de execução fundada em direito real ou obrigação reipersecutória;	I – do sucessor a título singular, tratando-se de execução fundada em direito real ou obrigação reipersecutória;
II – do sócio, nos termos da lei;	II – do sócio, nos termos da lei;
III – do devedor, quando em poder de terceiros;	III – do devedor, ainda que em poder de terceiros;
IV – do cônjuge, nos casos em que os seus bens próprios, reservados ou de sua meação respondem pela dívida;	IV – do cônjuge **ou companheiro**, nos casos em que seus bens próprios ou de sua meação respondem pela dívida;
V – alienados ou gravados com ônus real em fraude de execução.	V – alienados ou gravados com ônus real em fraude à execução;
Art. 593. Considera-se em fraude de execução a alienação ou oneração de bens:	**Art. 792.** A alienação ou a oneração de bem é considerada fraude à execução:
I – quando sobre eles pender ação fundada em direito real;	I – quando sobre o bem pender ação fundada em direito real **ou com pretensão reipersecutória, desde que a pendência do processo tenha sido averbada no respectivo registro público, se houver;**
II – quando, ao tempo da alienação ou oneração, corria contra o devedor demanda capaz de reduzi-lo à insolvência;	IV – quando, ao tempo da alienação ou da oneração, **tramitava** contra o devedor ação **capaz** de reduzi-lo à insolvência;
III – nos demais casos expressos em lei.	V – nos demais casos expressos em lei.
Art. 594. O credor, que estiver, por direito de retenção, na posse de coisa pertencente ao devedor, não poderá promover a execução sobre outros bens senão depois de excutida a coisa que se achar em seu poder.	**Art. 793.** O **exequente** que estiver, por direito de retenção, na posse de coisa pertencente ao devedor não poderá promover a execução sobre outros bens senão depois de excutida a coisa que se achar em seu poder.
Art. 595. O fiador, quando executado, poderá nomear à penhora bens livres e desembargados do devedor. Os bens do fiador ficarão, porém, sujeitos à execução, se os do devedor forem insuficientes à satisfação do direito do credor.	**Art. 794.** O fiador, quando executado, **tem o direito de exigir que primeiro sejam executados os bens do devedor situados na mesma comarca, livres e desembargados, indicando-os pormenorizadamente à penhora.**
	§ 1º Os bens do fiador ficarão sujeitos à execução se os do devedor, **situados na mesma comarca que os seus**, forem insuficientes à satisfação do direito do credor.
Parágrafo único. O fiador, que pagar a dívida, poderá executar o afiançado nos autos do mesmo processo.	§ 2º O fiador que pagar a dívida poderá executar o afiançado nos autos do mesmo processo.
Art. 596. Os bens particulares dos sócios não respondem pelas dívidas da sociedade senão nos casos previstos em lei; o sócio, demandado pelo pagamento da dívida, tem direito a exigir que sejam primeiro excutidos os bens da sociedade.	**Art. 795.** Os bens particulares dos sócios não respondem pelas dívidas da sociedade, senão nos casos previstos em lei.

§ 1º Cumpre ao sócio, que alegar o benefício deste artigo, nomear bens da sociedade, sitos na mesma comarca, livres e desembargados, quantos bastem para pagar o débito.	§ 2º Incumbe ao sócio que alegar o benefício **do § 1º** nomear quantos bens da sociedade situados na mesma comarca, livres e desembargados, bastem para pagar o débito.
§ 2º Aplica-se aos casos deste artigo o disposto no parágrafo único do artigo anterior.	§ 3º O sócio que pagar a dívida poderá executar a sociedade nos autos do mesmo processo.
Art. 597. O espólio responde pelas dívidas do falecido; mas, feita a partilha, cada herdeiro responde por elas na proporção da parte que na herança lhe coube.	**Art. 796.** O espólio responde pelas dívidas do falecido, mas, feita a partilha, cada herdeiro responde por elas **dentro das forças da herança e** na proporção da parte que lhe coube.
CAPÍTULO V Das Disposições Gerais	CAPÍTULO I Das Disposições Gerais
	Art. 771. [...]
Art. 598. Aplicam-se subsidiariamente à execução as disposições que regem o processo de conhecimento.	**Parágrafo único.** Aplicam-se subsidiariamente à execução as disposições do **Livro I da Parte Especial**.
Art. 599. O juiz pode, em qualquer momento do processo:	**Art. 772.** O juiz pode, em qualquer momento do processo:
I – ordenar o comparecimento das partes;	I – ordenar o comparecimento das partes;
II – advertir ao devedor que o seu procedimento constitui ato atentatório à dignidade da justiça.	II – advertir o **executado** de que seu procedimento constitui ato atentatório à dignidade da justiça;
Art. 600. Considera-se atentatório à dignidade da Justiça o ato do executado que:	**Art. 774.** Considera-se atentatória à dignidade da justiça **a conduta comissiva ou omissiva** do executado que:
I – fraude a execução;	I – fraude a execução;
II – se opõe maliciosamente à execução, empregando ardis e meios artificiosos;	II – se opõe maliciosamente à execução, empregando ardis e meios artificiosos;
III – resiste injustificadamente às ordens judiciais;	IV – resiste injustificadamente às ordens judiciais;
IV – intimado, não indica ao juiz, em 5 (cinco) dias, quais são e onde se encontram os bens sujeitos à penhora e seus respectivos valores.	V – intimado, não indica ao juiz quais são e onde estão os bens sujeitos à penhora e os respectivos valores, nem **exibe prova de sua propriedade e, se for o caso, certidão negativa de ônus**.
Art. 601. Nos casos previstos no artigo anterior, o devedor incidirá em multa fixada pelo juiz, em montante não superior a 20% (vinte por cento) do valor atualizado do débito em execução, sem prejuízo de outras sanções de natureza processual ou material, multa essa que reverterá em proveito do credor, exigível na própria execução.	**Parágrafo único.** Nos casos previstos **neste artigo**, o juiz **fixará multa** em montante não superior a vinte por cento do valor atualizado do débito **em execução**, a qual será revertida em proveito do exequente, exigível nos próprios autos do processo, sem prejuízo de outras sanções de natureza processual ou material.
Parágrafo único. O juiz relevará a pena, se o devedor se comprometer a não mais praticar qualquer dos atos definidos no artigo antecedente e der fiador idôneo, que responda ao credor pela dívida principal, juros, despesas e honorários advocatícios.	
Art. 602. (*Revogado pela Lei nº 11.232, de 2005*)	
CAPÍTULO VI Da Liquidação da Sentença (*Revogado pela Lei nº 11.232, de 2005*)	
Art. 603. (*Revogado pela Lei nº 11.232, de 2005*)	
Art. 604. (*Revogado pela Lei nº 11.232, de 2005*)	
Art. 605. (*Revogado pela Lei nº 11.232, de 2005*)	
Art. 606. (*Revogado pela Lei nº 11.232, de 2005*)	
Art. 607. (*Revogado pela Lei nº 11.232, de 2005*)	
Art. 608. (*Revogado pela Lei nº 11.232, de 2005*)	
Art. 609. (*Revogado pela Lei nº 11.232, de 2005*)	
Art. 610. (*Revogado pela Lei nº 11.232, de 2005*)	
Art. 611. (*Revogado pela Lei nº 11.232, de 2005*)	

TÍTULO II Das Diversas Espécies De Execução	TÍTULO II Das Diversas Espécies De Execução
Capítulo I Das Disposições Gerais	Capítulo I Das Disposições Gerais
Art. 612. Ressalvado o caso de insolvência do devedor, em que tem lugar o concurso universal (art. 751, III), realiza-se a execução no interesse do credor, que adquire, pela penhora, o direito de preferência sobre os bens penhorados.	**Art. 797.** Ressalvado o caso de insolvência do devedor, em que tem lugar o concurso universal, realiza-se a execução no interesse do **exequente** que adquire, pela penhora, o direito de preferência sobre os bens penhorados.
Art. 613. Recaindo mais de uma penhora sobre os mesmos bens, cada credor conservará o seu título de preferência.	**Parágrafo único.** Recaindo mais de uma penhora sobre o mesmo bem, cada **exequente** conservará o seu título de preferência.
Art. 614. Cumpre ao credor, ao requerer a execução, pedir a citação do devedor e instruir a petição inicial:	**Art. 798.** Ao propor a execução, incumbe ao exequente:
	I – instruir a petição inicial com:
I – com o título executivo extrajudicial;	a) o título executivo extrajudicial;
II – com o demonstrativo do débito atualizado até a data da propositura da ação, quando se tratar de execução por quantia certa;	b) o demonstrativo do débito atualizado até a data de propositura da ação, quando se tratar de execução por quantia certa;
III – com a prova de que se verificou a condição, ou ocorreu o termo (art. 572).	c) a prova de que se verificou a condição ou ocorreu o termo, se for o caso;
Art. 615. Cumpre ainda ao credor:	II – indicar:
I – indicar a espécie de execução que prefere, quando por mais de um modo pode ser efetuada;	a) a espécie de execução de sua **preferência**, quando por mais de um modo **puder ser realizada**;
	Art. 799. [...]
II – requerer a intimação do credor pignoratício, hipotecário, ou anticrético, ou usufrutuário, quando a penhora recair sobre bens gravados por penhor, hipoteca, anticrese ou usufruto;	I – requerer a intimação do credor pignoratício, hipotecário, anticrético **ou fiduciário**, quando a penhora recair sobre bens gravados por penhor, hipoteca, anticrese ou **alienação fiduciária**;
III – pleitear medidas acautelatórias urgentes;	VIII – pleitear, **se for o caso, medidas urgentes;**
	Art. 799. [...]
IV – provar que adimpliu a contraprestação, que lhe corresponde, ou que lhe assegura o cumprimento, se o executado não for obrigado a satisfazer a sua prestação senão mediante a contraprestação do credor.	I – instruir a petição inicial com: [...] d) a prova, se for o caso, de que adimpliu a contraprestação que lhe **corresponde ou** que lhe assegura o cumprimento, se o executado não for obrigado a satisfazer a sua prestação senão mediante a contraprestação do **exequente**.
Art. 615-A. O exequente poderá, no ato da distribuição, obter certidão comprobatória do ajuizamento da execução, com identificação das partes e valor da causa, para fins de averbação no registro de imóveis, registro de veículos ou registro de outros bens sujeitos à penhora ou arresto.	**Art. 828.** O exequente poderá obter certidão **de que a execução foi admitida pelo juiz**, com identificação das partes e do valor da causa, para fins de averbação no registro de imóveis, de veículos ou de outros bens sujeitos a penhora, arresto **ou indisponibilidade.**
§ 1º O exequente deverá comunicar ao juízo as averbações efetivadas, no prazo de 10 (dez) dias de sua concretização.	§ 1º No prazo de 10 (dez) dias de sua concretização, o exequente deverá comunicar ao juízo as averbações efetivadas.
§ 2º Formalizada penhora sobre bens suficientes para cobrir o valor da dívida, será determinado o cancelamento das averbações de que trata este artigo relativas àqueles que não tenham sido penhorados.	§ 2º Formalizada penhora sobre bens suficientes para cobrir o valor da dívida, **o exequente providenciará, no prazo de 10 (dez) dias,** o cancelamento das averbações relativas àqueles não penhorados.
§ 3º Presume-se em fraude à execução a alienação ou oneração de bens efetuada após a averbação (art. 593).	§ 4º Presume-se em fraude à execução a alienação ou a oneração de bens efetuada após a averbação.
§ 4º O exequente que promover averbação manifestamente indevida indenizará a parte contrária, nos termos do § 2º do art. 18 desta Lei, processando-se o incidente em autos apartados.	§ 5º O exequente que promover averbação manifestamente indevida **ou não cancelar as averbações nos termos do § 2º** indenizará a parte contrária, processando-se o incidente em autos apartados.
§ 5º Os tribunais poderão expedir instruções sobre o cumprimento deste artigo.	
Art. 616. Verificando o juiz que a petição inicial está incompleta, ou não se acha acompanhada dos documentos indispensáveis à propositura da execução, determinará que o credor a corrija, no prazo de 10 (dez) dias, sob pena de ser indeferida.	**Art. 801.** Verificando que a petição inicial está incompleta ou que não está acompanhada dos documentos indispensáveis à propositura da execução, o juiz determinará que o **exequente** a corrija, **no prazo de 15 (quinze) dias**, sob pena de indeferimento.
Art. 617. A propositura da execução, deferida pelo juiz, interrompe a prescrição, mas a citação do devedor deve ser feita com observância do disposto no art. 219.	**Art. 802.** Na execução, o despacho que ordena a citação, desde que realizada em observância ao disposto no § 2º do art. 240, interrompe **a prescrição, ainda que proferido por juízo incompetente.**
Art. 618. É nula a execução:	**Art. 803.** É nula a execução se:
I – se o título executivo extrajudicial não corresponder a obrigação certa, líquida e exigível (art. 586);	I – o título executivo extrajudicial não corresponder a obrigação certa, líquida e exigível;

Antigo CPC	Novo CPC
II – se o devedor não for regularmente citado;	II – o **executado** não for regularmente citado;
III – se instaurada antes de se verificar a condição ou de ocorrido o termo, nos casos do art. 572.	III – for instaurada antes de se verificar a condição ou de ocorrer o termo.
Art. 619. A alienação de bem aforado ou gravado por penhor, hipoteca, anticrese ou usufruto será ineficaz em relação ao senhorio direto, ou ao credor pignoratício, hipotecário, anticrético, ou usufrutuário, que não houver sido intimado.	**Art. 804.** A alienação de bem gravado por penhor, hipoteca ou anticrese será ineficaz em relação ao credor pignoratício, hipotecário ou anticrético não intimado.
Art. 620. Quando por vários meios o credor puder promover a execução, o juiz mandará que se faça pelo modo menos gravoso para o devedor.	**Art. 805.** Quando por vários meios o **exequente** puder promover a execução, o juiz mandará que se faça pelo modo menos gravoso para o **executado**.
<div align="center">Capítulo II Da Execução para a Entrega de Coisa</div>	<div align="center">Capítulo II Da Execução para a Entrega de Coisa</div>
<div align="center">Seção I *Da Entrega de Coisa Certa*</div>	<div align="center">Seção I *Da Entrega de Coisa Certa*</div>
Art. 621. O devedor de obrigação de entrega de coisa certa, constante de título executivo extrajudicial, será citado para, dentro de 10 (dez) dias, satisfazer a obrigação ou, seguro o juízo (art. 737, II), apresentar embargos.	**Art. 806.** O devedor de obrigação de entrega de coisa certa, constante de título executivo extrajudicial, será citado para, **em 15 (quinze) dias**, satisfazer a obrigação.
Parágrafo único. O juiz, ao despachar a inicial, poderá fixar multa por dia de atraso no cumprimento da obrigação, ficando o respectivo valor sujeito a alteração, caso se revele insuficiente ou excessivo.	§ 1º Ao despachar a inicial, o juiz poderá fixar multa por dia de atraso no cumprimento da obrigação, ficando o respectivo valor sujeito a alteração, caso se revele insuficiente ou excessivo.
Art. 622. O devedor poderá depositar a coisa, em vez de entregá-la, quando quiser opor embargos.	
Art. 623. Depositada a coisa, o exequente não poderá levantá-la antes do julgamento dos embargos.	
Art. 624. Se o executado entregar a coisa, lavrar-se-á o respectivo termo e dar-se-á por finda a execução, salvo se esta tiver de prosseguir para o pagamento de frutos ou ressarcimento de prejuízos.	**Art. 807.** Se o executado entregar a coisa, **será lavrado** o termo respectivo e **considerada satisfeita a obrigação, prosseguindo-se a execução** para o pagamento de frutos ou o ressarcimento de prejuízos, **se houver**.
Art. 625. Não sendo a coisa entregue ou depositada, nem admitidos embargos suspensivos da execução, expedir-se-á, em favor do credor, mandado de imissão na posse ou de busca e apreensão, conforme se tratar de imóvel ou de móvel.	
Art. 626. Alienada a coisa quando já litigiosa, expedir-se-á mandado contra o terceiro adquirente, que somente será ouvido depois de depositá-la.	**Art. 808.** Alienada a coisa quando já litigiosa, **será expedido** mandado contra o terceiro adquirente, que somente será ouvido após depositá-la.
Art. 627. O credor tem direito a receber, além de perdas e danos, o valor da coisa, quando esta não lhe for entregue, se deteriorou, não for encontrada ou não for reclamada do poder de terceiro adquirente.	**Art. 809.** O **exequente** tem direito a receber, além de perdas e danos, o valor da coisa, quando essa se deteriorar, não lhe for entregue, não for encontrada ou não for reclamada do poder de terceiro adquirente.
§ 1º Não constando do título o valor da coisa, ou sendo impossível a sua avaliação, o exequente far-lhe-á a estimativa, sujeitando-se ao arbitramento judicial.	§ 1º Não constando do título o valor da coisa e sendo impossível sua avaliação, o exequente apresentará estimativa, sujeitando-a ao arbitramento judicial.
§ 2º Serão apurados em liquidação o valor da coisa e os prejuízos.	§ 2º Serão apurados em liquidação o valor da coisa e os prejuízos.
Art. 628. Havendo benfeitorias indenizáveis feitas na coisa pelo devedor ou por terceiros, de cujo poder ela houver sido tirada, a liquidação prévia é obrigatória. Se houver saldo em favor do devedor, o credor o depositará ao requerer a entrega da coisa; se houver saldo em favor do credor, este poderá cobrá-lo nos autos do mesmo processo.	**Art. 810.** Havendo benfeitorias indenizáveis feitas na coisa pelo **executado** ou por terceiros de cujo poder ela houver sido tirada, a liquidação prévia é obrigatória.
	Parágrafo único. Havendo saldo:
	I – em favor do executado ou de terceiros, o exequente o depositará ao requerer a entrega da coisa;
	II – em favor do exequente, esse poderá cobrá-lo nos autos do mesmo processo.
<div align="center">Seção II *Da Entrega de Coisa Incerta*</div>	<div align="center">Seção II *Da Entrega de Coisa Incerta*</div>
Art. 629. Quando a execução recair sobre coisas determinadas pelo gênero e quantidade, o devedor será citado para entregá-las individualizadas, se lhe couber a escolha; mas se essa couber ao credor, este a indicará na petição inicial.	**Art. 811.** Quando a execução recair sobre coisa determinada pelo gênero e pela quantidade, o executado será citado para entregá-la individualizada, se lhe couber a escolha.
	Parágrafo único. Se a escolha couber ao **exequente**, esse deverá indicá-la na petição inicial.
Art. 630. Qualquer das partes poderá, em 48 (quarenta e oito) horas, impugnar a escolha feita pela outra, e o juiz decidirá de plano, ou, se necessário, ouvindo perito de sua nomeação.	**Art. 812.** Qualquer das partes poderá, **no prazo de 15 (quinze) dias**, impugnar a escolha feita pela outra, e o juiz decidirá de plano ou, se necessário, ouvindo perito de sua nomeação.

Art. 631. Aplicar-se-á à execução para entrega de coisa incerta o estatuído na seção anterior.	**Art. 813.** Aplicar-se-ão à execução para entrega de coisa incerta, no que couber, **as disposições da Seção I deste Capítulo.**
CAPÍTULO III Da Execução das Obrigações de Fazer e de Não Fazer	**CAPÍTULO III** Da Execução das Obrigações de Fazer e de Não Fazer
Seção I *Da Obrigação de Fazer*	Seção II *Da Obrigação de Fazer*
Art. 632. Quando o objeto da execução for obrigação de fazer, o devedor será citado para satisfazê-la no prazo que o juiz lhe assinar, se outro não estiver determinado no título executivo.	**Art. 815.** Quando o objeto da execução for obrigação de fazer, o **executado** será citado para satisfazê-la no prazo que o juiz lhe designar, se outro não estiver determinado no título executivo.
Art. 633. Se, no prazo fixado, o devedor não satisfizer a obrigação, é lícito ao credor, nos próprios autos do processo, requerer que ela seja executada à custa do devedor, ou haver perdas e danos; caso em que ela se converte em indenização.	**Art. 816.** Se o executado não satisfizer a obrigação no prazo designado, é lícito ao **exequente**, nos próprios autos do processo, requerer a satisfação da obrigação à custa do executado ou perdas e danos, **hipótese** em que se converterá em indenização.
Parágrafo único. O valor das perdas e danos será apurado em liquidação, seguindo-se a execução para cobrança de quantia certa.	**Parágrafo único.** O valor das perdas e danos será apurado em liquidação, seguindo-se a execução para cobrança de quantia certa.
Art. 634. Se o fato puder ser prestado por terceiro, é lícito ao juiz, a requerimento do exequente, decidir que aquele o realize à custa do executado.	**Art. 817.** **Se a obrigação puder ser satisfeita** por terceiro, é lícito ao juiz **autorizar**, a requerimento do exequente, que aquele a **satisfaça** à custa do executado.
Parágrafo único. O exequente adiantará as quantias previstas na proposta que, ouvidas as partes, o juiz houver aprovado.	**Parágrafo único.** O exequente adiantará as quantias previstas na proposta que, ouvidas as partes, o juiz houver aprovado.
Art. 635. Prestado o fato, o juiz ouvirá as partes no prazo de 10 (dez) dias; não havendo impugnação, dará por cumprida a obrigação; em caso contrário, decidirá a impugnação.	**Art. 818. Realizada a prestação**, o juiz ouvirá as partes no prazo de 10 (dez) dias e, não havendo impugnação, **considerará satisfeita** a obrigação. **Parágrafo único.** Caso haja impugnação, o juiz a decidirá.
Art. 636. Se o contratante não prestar o fato no prazo, ou se o praticar de modo incompleto ou defeituoso, poderá o credor requerer ao juiz, no prazo de 10 (dez) dias, que o autorize a concluí-lo, ou a repará-lo, por conta do contratante.	**Art. 819.** Se o terceiro contratado não **realizar a prestação** no prazo ou se o **fizer** de modo incompleto ou defeituoso, poderá o **exequente** requerer ao juiz, **no prazo de 15 (quinze) dias**, que o autorize a concluí-la ou a repará-la à custa do contratante.
Parágrafo único. Ouvido o contratante no prazo de 5 (cinco) dias, o juiz mandará avaliar o custo das despesas necessárias e condenará o contratante a pagá-lo.	**Parágrafo único.** Ouvido o contratante **no prazo de 15 (quinze) dias**, o juiz mandará avaliar o custo das despesas necessárias e o condenará a pagá-lo.
Art. 637. Se o credor quiser executar, ou mandar executar, sob sua direção e vigilância, as obras e trabalhos necessários à prestação do fato, terá preferência, em igualdade de condições de oferta, ao terceiro.	**Art. 820.** Se o exequente quiser executar ou mandar executar, sob sua direção e vigilância, as obras e os trabalhos necessários à realização da prestação, terá preferência, em igualdade de condições de oferta, em relação ao terceiro.
Parágrafo único. O direito de preferência será exercido no prazo de 5 (cinco) dias, contados da apresentação da proposta pelo terceiro (art. 634, parágrafo único).	**Parágrafo único.** O direito de preferência deverá ser exercido no prazo de 5 (cinco) dias, **após aprovada a** proposta do terceiro.
Art. 638. Nas obrigações de fazer, quando for convencionado que o devedor a faça pessoalmente, o credor poderá requerer ao juiz que lhe assine prazo para cumpri-la.	**Art. 821.** Na obrigação de fazer, quando se convencionar que o **executado** a satisfaça pessoalmente, o **exequente** poderá requerer ao juiz que lhe assine prazo para cumpri-la.
Parágrafo único. Havendo recusa ou mora do devedor, a obrigação pessoal do devedor converter-se-á em perdas e danos, aplicando-se outrossim o disposto no art. 633.	**Parágrafo único.** Havendo recusa ou mora do **executado**, sua obrigação pessoal **será convertida** em perdas e danos, caso em que se observará o **procedimento de execução por quantia certa**.
Art. 639. *(Revogado pela Lei nº 11.232, de 2005)*	
Art. 640. *(Revogado pela Lei nº 11.232, de 2005)*	
Art. 641. *(Revogado pela Lei nº 11.232, de 2005)*	
Seção II *Da Obrigação de Não Fazer*	Seção III *Da Obrigação de Não Fazer*
Art. 642. Se o devedor praticou o ato, a cuja abstenção estava obrigado pela lei ou pelo contrato, o credor requererá ao juiz que lhe assine prazo para desfazê-lo.	**Art. 822.** Se o **executado** praticou ato a cuja abstenção estava obrigado por lei ou por contrato, o **exequente** requererá ao juiz que assine prazo **ao executado** para desfazê-lo.
Art. 643. Havendo recusa ou mora do devedor, o credor requererá ao juiz que mande desfazer o ato à sua custa, respondendo o devedor por perdas e danos.	**Art. 823.** Havendo recusa ou mora do **executado**, o **exequente** requererá ao juiz que mande desfazer o ato à custa **daquele, que responderá** por perdas e danos.
Parágrafo único. Não sendo possível desfazer-se o ato, a obrigação resolve-se em perdas e danos.	**Parágrafo único.** Não sendo possível desfazer-se o ato, a obrigação resolve-se em perdas e danos, **caso em que, após a liquidação, se observará o procedimento de execução por quantia certa.**

Seção III Das Disposições Comuns às Seções Precedentes	Seção I Das Disposições Comuns
Art. 644. A sentença relativa a obrigação de fazer ou não fazer cumpre-se de acordo com o art. 461, observando-se, subsidiariamente, o disposto neste Capítulo.	
Art. 645. Na execução de obrigação de fazer ou não fazer, fundada em título extrajudicial, o juiz, ao despachar a inicial, fixará multa por dia de atraso no cumprimento da obrigação e a data a partir da qual será devida.	**Art. 814.** Na execução de obrigação de fazer ou de não fazer fundada em título extrajudicial, ao despachar a inicial, o juiz fixará multa por **período** de atraso no cumprimento da obrigação e a data a partir da qual será devida.
Parágrafo único. Se o valor da multa estiver previsto no título, o juiz poderá reduzi-lo se excessivo.	**Parágrafo único.** Se o valor da multa estiver previsto no título e for excessivo, o juiz poderá reduzi-lo.
Capítulo IV Da Execução por Quantia certa contra Devedor Solvente	Capítulo IV Da Execução por Quantia Certa
Seção I Da Penhora, da Avaliação e da Expropriação de Bens	
Subseção I *Das Disposições Gerais*	Seção I ***Das Disposições Gerais***
Art. 646. A execução por quantia certa tem por objeto expropriar bens do devedor, a fim de satisfazer o direito do credor (art. 591).	**Art. 824.** A execução por quantia certa **realiza-se pela expropriação** de bens do **executado, ressalvadas** as **execuções especiais.**
Art. 647. A expropriação consiste:	**Art. 825.** A expropriação consiste em:
I – na adjudicação em favor do exequente ou das pessoas indicadas no § 2º do art. 685-A desta Lei;	I – adjudicação;
II – na alienação por iniciativa particular;	II – alienação;
III – na alienação em hasta pública;	
IV – no usufruto de bem móvel ou imóvel.	III – **apropriação de** frutos e **rendimentos de empresa ou de estabelecimentos e de outros bens.**
Art. 648. Não estão sujeitos à execução os bens que a lei considera impenhoráveis ou inalienáveis.	**Art. 832.** Não estão sujeitos à execução os bens que a lei considera impenhoráveis ou inalienáveis.
Art. 649. São absolutamente impenhoráveis:	**Art. 833.** São impenhoráveis:
I – os bens inalienáveis e os declarados, por ato voluntário, não sujeitos à execução;	I – os bens inalienáveis e os declarados, por ato voluntário, não sujeitos à execução;
II – os móveis, pertences e utilidades domésticas que guarneçam a residência do executado, salvo os de elevado valor ou que ultrapassem as necessidades comuns correspondentes a um médio padrão de vida;	II – os móveis, os pertences e as utilidades domésticas que guarneçam a residência do executado, salvo os de elevado valor ou os que ultrapassem as necessidades comuns correspondentes a um médio padrão de vida;
III – os vestuários, bem como os pertences de uso pessoal do executado, salvo se de elevado valor;	III – os vestuários, bem como os pertences de uso pessoal do executado, salvo se de elevado valor;
IV – os vencimentos, subsídios, soldos, salários, remunerações, proventos de aposentadoria, pensões, pecúlios e montepios; as quantias recebidas por liberalidade de terceiro e destinadas ao sustento do devedor e sua família, os ganhos do trabalhador autônomo e os honorários de profissional liberal, observado o disposto no § 3º deste artigo;	IV – os vencimentos, os subsídios, os soldos, os salários, as remunerações, os proventos de aposentadoria, as pensões, os pecúlios e os montepios, **bem como** as quantias recebidas por liberalidade de terceiro e destinadas ao sustento do devedor e de sua família, os ganhos de trabalhador autônomo e os honorários de profissional liberal, **ressalvado o § 2º**;
V – os livros, as máquinas, as ferramentas, os utensílios, os instrumentos ou outros bens móveis necessários ou úteis ao exercício de qualquer profissão;	V – os livros, as máquinas, as ferramentas, os utensílios, os instrumentos ou outros bens móveis necessários ou úteis ao exercício da profissão do executado;
VI – o seguro de vida;	VI – o seguro de vida;
VII – os materiais necessários para obras em andamento, salvo se essas forem penhoradas;	VII – os materiais necessários para obras em andamento, salvo se essas forem penhoradas;
VIII – a pequena propriedade rural, assim definida em lei, desde que trabalhada pela família;	VIII – a pequena propriedade rural, assim definida em lei, desde que trabalhada pela família;
IX – os recursos públicos recebidos por instituições privadas para aplicação compulsória em educação, saúde ou assistência social;	IX – os recursos públicos recebidos por instituições privadas para aplicação compulsória em educação, saúde ou assistência social;
X – até o limite de 40 (quarenta) salários mínimos, a quantia depositada em caderneta de poupança.	X – a quantia depositada em caderneta de poupança, até o limite de 40 (quarenta) salários mínimos;
XI – os recursos públicos do fundo partidário recebidos, nos termos da lei, por partido político.	XI – os recursos públicos do fundo partidário recebidos por partido político, nos termos da lei;

Antigo CPC	Novo CPC
§ 1º A impenhorabilidade não é oponível à cobrança do crédito concedido para a aquisição do próprio bem.	§ 1º A impenhorabilidade não é oponível à **execução de dívida relativa ao próprio bem**, inclusive àquela contraída para sua aquisição.
§ 2º O disposto no inciso IV do caput deste artigo não se aplica no caso de penhora para pagamento de prestação alimentícia.	§ 2º O disposto nos incisos IV e X do *caput* não se aplica à hipótese de penhora para pagamento de prestação alimentícia, **independentemente de sua origem, bem como às importâncias excedentes a 50 (cinquenta) salários mínimos mensais, devendo a constrição observar o disposto no art. 528, § 8º, e no art. 529, § 3º.**
§ 3º (*Vetado*).	
Art. 650. Podem ser penhorados, à falta de outros bens, os frutos e rendimentos dos bens inalienáveis, salvo se destinados à satisfação de prestação alimentícia.	**Art. 834.** Podem ser penhorados, à falta de outros bens, os frutos e os rendimentos dos bens inalienáveis.
Parágrafo único. (*Vetado*).	
Art. 651. Antes de adjudicados ou alienados os bens, pode o executado, a todo tempo, remir a execução, pagando ou consignando a importância atualizada da dívida, mais juros, custas e honorários advocatícios.	**Art. 826.** Antes de adjudicados ou alienados os bens, o executado pode, a todo tempo, remir a execução, pagando ou consignando a importância atualizada da dívida, acrescida de juros, custas e honorários advocatícios.
Subseção II Da Citação do Devedor e da Indicação de Bens	Seção II Da Citação do Devedor e do Arresto
Art. 652. O executado será citado para, no prazo de 3 (três) dias, efetuar o pagamento da dívida.	**Art. 829.** O executado será citado para **pagar a dívida** no prazo de 3 (três) dias, **contado da citação**.
§ 1º Não efetuado o pagamento, munido da segunda via do mandado, o oficial de justiça procederá de imediato à penhora de bens e a sua avaliação, lavrando-se o respectivo auto e de tais atos intimando, na mesma oportunidade, o executado.	§ 1º Do mandado de citação constarão, também, a ordem de penhora e a avaliação a serem cumpridas pelo oficial de justiça tão logo verificado o não pagamento no prazo assinalado, de tudo lavrando-se auto, com intimação do executado.
§ 2º O credor poderá, na inicial da execução, indicar bens a serem penhorados (art. 655).	§ 2º A **penhora recairá** sobre os bens indicados pelo exequente, salvo se outros forem indicados pelo executado e aceitos pelo juiz, **mediante demonstração de que a constrição proposta lhe será menos onerosa e não trará prejuízo ao exequente.**
§ 3º O juiz poderá, de ofício ou a requerimento do exequente, determinar, a qualquer tempo, a intimação do executado para indicar bens passíveis de penhora.	
§ 4º A intimação do executado far-se-á na pessoa de seu advogado; não o tendo, será intimado pessoalmente.	
§ 5º Se não localizar o executado para intimá-lo da penhora, o oficial certificará detalhadamente as diligências realizadas, caso em que o juiz poderá dispensar a intimação ou determinará novas diligências.	
Art. 652-A. Ao despachar a inicial, o juiz fixará, de plano, os honorários de advogado a serem pagos pelo executado (art. 20, § 4º).	**Art. 827.** Ao despachar a inicial, o juiz fixará, de plano, os honorários **advocatícios de dez por cento**, a serem pagos pelo executado.
Parágrafo único. No caso de integral pagamento no prazo de 3 (três) dias, a verba honorária será reduzida pela metade.	§ 1º No caso de integral pagamento no prazo de 3 (três) dias, **o valor dos honorários advocatícios** será reduzido pela metade.
Art. 653. O oficial de justiça, não encontrando o devedor, arrestar-lhe-á tantos bens quantos bastem para garantir a execução.	**Art. 830.** Se o oficial de justiça não encontrar o executado, arrestar-lhe-á tantos bens quantos bastem para garantir a execução.
Parágrafo único. Nos 10 (dez) dias seguintes à efetivação do arresto, o oficial de justiça procurará o devedor três vezes em dias distintos; não o encontrando, certificará o ocorrido.	§ 1º Nos 10 (dez) dias seguintes à efetivação do arresto, o oficial de justiça procurará o executado 2 (duas) vezes em dias distintos e, havendo suspeita de ocultação, realizará a citação com hora certa, certificando pormenorizadamente o ocorrido.
Art. 654. Compete ao credor, dentro de 10 (dez) dias, contados da data em que foi intimado do arresto a que se refere o parágrafo único do artigo anterior, requerer a citação por edital do devedor. Findo o prazo do edital, terá o devedor o prazo a que se refere o art. 652, convertendo-se o arresto em penhora em caso de não pagamento.	**Art. 828.** [...] § 2º Formalizada penhora sobre bens suficientes para cobrir o valor da dívida, **o exequente providenciará, no prazo de 10 (dez) dias**, o cancelamento das averbações relativas àqueles não penhorados. § 3º O juiz determinará o cancelamento das averbações, de ofício ou a requerimento, caso o exequente não o faça no prazo.
Art. 655. A penhora observará, preferencialmente, a seguinte ordem:	**Art. 835.** A penhora observará, preferencialmente, a seguinte ordem:
I – dinheiro, em espécie ou em depósito ou aplicação em instituição financeira;	I – dinheiro, em espécie ou em depósito ou aplicação em instituição financeira;
II – veículos de via terrestre;	IV – veículos de via terrestre;
III – bens móveis em geral;	VI – bens móveis em geral;
IV – bens imóveis;	V – bens imóveis;
V – navios e aeronaves;	VIII – navios e aeronaves;
VI – ações e quotas de sociedades empresárias;	IX – ações e quotas de sociedades **simples** e empresárias;

VII – percentual do faturamento de empresa devedora;	X – percentual do faturamento de empresa devedora;
VIII – pedras e metais preciosos;	XI – pedras e metais preciosos;
IX – títulos da dívida pública da União, Estados e Distrito Federal com cotação em mercado;	II – títulos da dívida pública da União, dos Estados e do Distrito Federal com cotação em mercado;
X – títulos e valores mobiliários com cotação em mercado;	III – títulos e valores mobiliários com cotação em mercado;
XI – outros direitos.	IX – ações e quotas de sociedades **simples** e empresárias;
§ 1º Na execução de crédito com garantia hipotecária, pignoratícia ou anticrética, a penhora recairá, preferencialmente, sobre a coisa dada em garantia; se a coisa pertencer a terceiro garantidor, será também esse intimado da penhora.	§ 3º Na execução de crédito com **garantia real**, a penhora recairá sobre a coisa dada em garantia, e, se a coisa pertencer a terceiro garantidor, este também será intimado da penhora.
§ 2º Recaindo a penhora em bens imóveis, será intimado também o cônjuge do executado.	
Art. 655-A. Para possibilitar a penhora de dinheiro em depósito ou aplicação financeira, o juiz, a requerimento do exequente, requisitará à autoridade supervisora do sistema bancário, preferencialmente por meio eletrônico, informações sobre a existência de ativos em nome do executado, podendo no mesmo ato determinar sua indisponibilidade, até o valor indicado na execução.	**Art. 854.** Para possibilitar a penhora de dinheiro em depósito ou em aplicação financeira, o juiz, a requerimento do exequente, **sem dar ciência prévia do ato ao executado**, determinará às instituições financeiras, **por meio de sistema eletrônico gerido pela autoridade supervisora do sistema financeiro nacional, que torne indisponíveis ativos financeiros existentes** em nome do executado, **limitando-se a indisponibilidade ao** valor indicado na execução.
§ 1º As informações limitar-se-ão à existência ou não de depósito ou aplicação até o valor indicado na execução.	
§ 2º Compete ao executado comprovar que as quantias depositadas em conta corrente referem-se à hipótese do inciso IV do *caput* do art. 649 desta Lei ou que estão revestidas de outra forma de impenhorabilidade.	§ 3º Incumbe ao executado, no prazo de 5 (cinco) dias, comprovar que:
I – as quantias tornadas indisponíveis são impenhoráveis;
§ 3º Na penhora de percentual do faturamento da empresa executada, será nomeado depositário, com a atribuição de submeter à aprovação judicial a forma de efetivação da constrição, bem como de prestar contas mensalmente, entregando ao exequente as quantias recebidas, a fim de serem imputadas no pagamento da dívida.	
§ 4º Quando se tratar de execução contra partido político, o juiz, a requerimento do exequente, requisitará à autoridade supervisora do sistema bancário, nos termos do que estabelece o caput deste artigo, informações sobre a existência de ativos tão somente em nome do órgão partidário que tenha contraído a dívida executada ou que tenha dado causa a violação de direito ou ao dano, ao qual cabe exclusivamente a responsabilidade pelos atos praticados, de acordo com o disposto no art. 15-A da Lei nº 9.096, de 19 de setembro de 1995.	§ 9º Quando se tratar de execução contra partido político, o juiz, a requerimento do exequente, **determinará às instituições financeiras, por meio de sistema eletrônico gerido por autoridade supervisora do sistema bancário, que** tornem **indisponíveis ativos financeiros somente** em nome do órgão partidário que tenha contraído a dívida executada ou que tenha dado causa à violação de direito ou ao dano, ao qual cabe exclusivamente a responsabilidade pelos atos praticados, **na forma da lei**.
Art. 655-B. Tratando-se de penhora em bem indivisível, a meação do cônjuge alheio à execução recairá sobre o produto da alienação do bem.	**Art. 843.** Tratando-se de penhora de bem indivisível, **o equivalente à quota-parte do coproprietário ou** do cônjuge alheio à execução recairá sobre o produto da alienação do bem.
Art. 656. A parte poderá requerer a substituição da penhora:	**Art. 848. As partes poderão** requerer a substituição da penhora se:
I – se não obedecer à ordem legal;	I – ela não obedecer à ordem legal;
II – se não incidir sobre os bens designados em lei, contrato ou ato judicial para o pagamento;	II – ela não incidir sobre os bens designados em lei, contrato ou ato judicial para o pagamento;
III – se, havendo bens no foro da execução, outros houverem sido penhorados;	III – havendo bens no foro da execução, outros tiverem sido penhorados;
IV – se, havendo bens livres, a penhora houver recaído sobre bens já penhorados ou objeto de gravame;	IV – havendo bens livres, ela tiver recaído sobre bens já penhorados ou objeto de gravame;
V – se incidir sobre bens de baixa liquidez;	V – ela incidir sobre bens de baixa liquidez;
VI – se fracassar a tentativa de alienação judicial do bem; ou	VI – fracassar a tentativa de alienação judicial do bem; ou
VII – se o devedor não indicar o valor dos bens ou omitir qualquer das indicações a que se referem os incisos I a IV do parágrafo único do art. 668 desta Lei.	VII – o executado não indicar o valor dos bens ou omitir qualquer das indicações previstas em lei.
§ 1º É dever do executado (art. 600), no prazo fixado pelo juiz, indicar onde se encontram os bens sujeitos à execução, exibir a prova de sua propriedade e, se for o caso, certidão negativa de ônus, bem como abster-se de qualquer atitude que dificulte ou embarace a realização da penhora (art. 14, parágrafo único).	
§ 2º A penhora pode ser substituída por fiança bancária ou seguro garantia judicial, em valor não inferior ao do débito constante da inicial, mais 30% (trinta por cento).	**Parágrafo único.** A penhora pode ser substituída por fiança bancária ou por seguro garantia judicial, em valor não inferior ao do débito constante da inicial, acrescido de trinta por cento.
§ 3º O executado somente poderá oferecer bem imóvel em substituição caso o requeira com a expressa anuência do cônjuge.	

Antigo CPC	Novo CPC
Art. 657. Ouvida em 3 (três) dias a parte contrária, se os bens inicialmente penhorados (art. 652) forem substituídos por outros, lavrar-se-á o respectivo termo.	**Art. 849.** Sempre que ocorrer a substituição dos bens inicialmente **penhorados**, será lavrado novo termo.
Parágrafo único. O juiz decidirá de plano quaisquer questões suscitadas.	
Art. 658. Se o devedor não tiver bens no foro da causa, far-se-á a execução por carta, penhorando-se, avaliando-se e alienando-se os bens no foro da situação (art. 747).	**Art. 845.** [...] § 2º Se o **executado** não tiver bens no foro do processo, **não sendo possível a realização da penhora nos termos do § 1º**, a execução **será feita** por carta, penhorando-se, avaliando-se e alienando-se os bens no foro da situação.
Subseção III *Da Penhora e do Depósito*	**Seção III** *Da Penhora, do Depósito e da Avaliação*
Subseção I *Do Objeto da Penhora*	**Subseção I** *Do Objeto da Penhora*
Art. 659. A penhora deverá incidir em tantos bens quantos bastem para o pagamento do principal atualizado, juros, custas e honorários advocatícios.	**Art. 831.** A penhora deverá **recair** sobre tantos bens quantos bastem para o pagamento do principal atualizado, dos juros, das custas e dos honorários advocatícios.
§ 1º Efetuar-se-á a penhora onde quer que se encontrem os bens, ainda que sob a posse, detenção ou guarda de terceiros.	**Art. 845.** Efetuar-se-á a penhora onde se encontrem os bens, ainda que sob a posse, a detenção ou guarda de terceiros.
§ 2º Não se levará a efeito a penhora, quando evidente que o produto da execução dos bens encontrados será totalmente absorvido pelo pagamento das custas da execução.	**Art. 836.** Não se levará a efeito a penhora quando ficar evidente que o produto da execução dos bens encontrados será totalmente absorvido pelo pagamento das custas da execução.
§ 3º No caso do parágrafo anterior e bem assim quando não encontrar quaisquer bens penhoráveis, o oficial descreverá na certidão os que guarnecem a residência ou o estabelecimento do devedor.	§ 1º **Quando não encontrar bens penhoráveis, independentemente de determinação judicial expressa**, o oficial **de justiça** descreverá na certidão os bens que guarnecem a residência ou o estabelecimento **do executado, quando este for pessoa jurídica**.
§ 4º A penhora de bens imóveis realizar-se-á mediante auto ou termo de penhora, cabendo ao exequente, sem prejuízo da imediata intimação do executado (art. 652, § 4º), providenciar, para presunção absoluta de conhecimento por terceiros, a respectiva averbação no ofício imobiliário, mediante a apresentação de certidão de inteiro teor do ato, independentemente de mandado judicial.	**Art. 844.** Para presunção absoluta de conhecimento por terceiros, **cabe ao exequente providenciar a averbação do arresto ou da penhora no registro competente,** mediante apresentação de **cópia do auto ou do termo**, independentemente de mandado judicial.
§ 5º Nos casos do § 4º, quando apresentada certidão da respectiva matrícula, a penhora de imóveis, independentemente de onde se localizem, será realizada por termo nos autos, do qual será intimado o executado, pessoalmente ou na pessoa de seu advogado, e por este ato constituído depositário.	
§ 6º Obedecidas as normas de segurança que forem instituídas, sob critérios uniformes, pelos Tribunais, a penhora de numerário e as averbações de penhoras de bens imóveis e móveis podem ser realizadas por meios eletrônicos.	**Art. 837.** Obedecidas as normas de segurança instituídas sob critérios uniformes **pelo Conselho Nacional de Justiça**, a penhora de **dinheiro** e as averbações de penhoras de bens imóveis e móveis podem ser realizadas por meio eletrônico.
Art. 660. Se o devedor fechar as portas da casa, a fim de obstar a penhora dos bens, o oficial de justiça comunicará o fato ao juiz, solicitando-lhe ordem de arrombamento.	**Art. 846.** Se o **executado** fechar as portas da casa a fim de obstar a penhora dos bens, o oficial de justiça comunicará o fato ao juiz, solicitando-lhe ordem de arrombamento.
Art. 661. Deferido o pedido mencionado no artigo antecedente, dois oficiais de justiça cumprirão o mandado, arrombando portas, móveis e gavetas, onde presumirem que se achem os bens, e lavrando de tudo auto circunstanciado, que será assinado por duas testemunhas, presentes à diligência.	§ 1º Deferido o pedido, 2 (dois) oficiais de justiça cumprirão o mandado, arrombando **cômodos** e móveis **em que se presuma estarem** os bens, e lavrarão de tudo auto circunstanciado, que será assinado por 2 (duas) testemunhas presentes à diligência.
Art. 662. Sempre que necessário, o juiz requisitará força policial, a fim de auxiliar os oficiais de justiça na penhora dos bens e na prisão de quem resistir à ordem.	§ 2º Sempre que necessário, o juiz requisitará força policial, a fim de auxiliar os oficiais de justiça na penhora dos bens.
Art. 663. Os oficiais de justiça lavrarão em duplicata o auto de resistência, entregando uma via ao escrivão do processo para ser junta aos autos e a outra à autoridade policial, a quem entregarão o preso.	§ 3º Os oficiais de justiça lavrarão em duplicata o auto da **ocorrência**, entregando uma via ao escrivão **ou ao chefe de secretaria**, para ser juntada aos autos, e a outra à autoridade policial **a quem couber a apuração criminal dos eventuais delitos de desobediência ou de resistência**.
Parágrafo único. Do auto de resistência constará o rol de testemunhas, com a sua qualificação.	§ 4º Do auto da **ocorrência** constará o rol de testemunhas, com a respectiva qualificação.
Art. 664. Considerar-se-á feita a penhora mediante a apreensão e o depósito dos bens, lavrando-se um só auto se as diligências forem concluídas no mesmo dia.	**Art. 839.** Considerar-se-á feita a penhora mediante a apreensão e o depósito dos bens, lavrando-se um só auto se as diligências forem concluídas no mesmo dia.

Antigo CPC	Novo CPC
Parágrafo único. Havendo mais de uma penhora, lavrar-se-á para cada qual um auto.	**Parágrafo único.** Havendo mais de uma penhora, serão lavrados autos individuais.
Art. 665. O auto de penhora conterá:	**Art. 838. A penhora será realizada mediante** auto **ou termo**, que conterá:
I – a indicação do dia, mês, ano e lugar em que foi feita;	I – a indicação do dia, do mês, do ano e do lugar em que foi feita;
II – os nomes do credor e do devedor;	II – os nomes do **exequente** e do **executado**;
III – a descrição dos bens penhorados, com os seus característicos;	III – a descrição dos bens penhorados, com as suas características;
IV – a nomeação do depositário dos bens.	IV – a nomeação do depositário dos bens.
Art. 666. Os bens penhorados serão preferencialmente depositados:	**Art. 840.** Serão preferencialmente depositados:
I – no Banco do Brasil, na Caixa Econômica Federal, ou em um banco, de que o Estado-Membro da União possua mais de metade do capital social integralizado; ou, em falta de tais estabelecimentos de crédito, ou agências suas no lugar, em qualquer estabelecimento de crédito, designado pelo juiz, as quantias em dinheiro, as pedras e os metais preciosos, bem como os papéis de crédito;	I – **as quantias em dinheiro, os papéis de crédito** e **as pedras e os metais preciosos**, no Banco do Brasil, **na Caixa Econômica Federal** ou em banco do qual o Estado **ou o Distrito Federal** possua mais da metade do capital social integralizado, ou, na falta desses estabelecimentos, em qualquer **instituição** de crédito designada pelo juiz;
II – em poder do depositário judicial, os móveis e os imóveis urbanos;	II – os móveis, **os semoventes**, os imóveis urbanos **e os direitos aquisitivos sobre imóveis urbanos**, em poder do depositário judicial;
III – em mãos de depositário particular, os demais bens.	
§ 1º Com a expressa anuência do exequente ou nos casos de difícil remoção, os bens poderão ser depositados em poder do executado.	§ 2º Os bens poderão ser depositados em poder do executado **nos casos de difícil remoção ou quando anuir o exequente**.
§ 2º As joias, pedras e objetos preciosos deverão ser depositados com registro do valor estimado de resgate.	§ 3º As joias, as pedras e os objetos preciosos deverão ser depositados com registro do valor estimado de resgate.
§ 3º A prisão de depositário judicial infiel será decretada no próprio processo, independentemente de ação de depósito.	
Art. 667. Não se procede à segunda penhora, salvo se:	**Art. 851.** Não se procede à segunda penhora, salvo se:
I – a primeira for anulada;	I – a primeira for anulada;
II – executados os bens, o produto da alienação não bastar para o pagamento do credor;	II – executados os bens, o produto da alienação não bastar para o pagamento do **exequente**;
III – o credor desistir da primeira penhora, por serem litigiosos os bens, ou por estarem penhorados, arrestados ou onerados.	III – o **exequente** desistir da primeira penhora, por serem litigiosos os bens ou por estarem **submetidos a constrição judicial.**
Art. 668. O executado pode, no prazo de 10 (dez) dias após intimado da penhora, requerer a substituição do bem penhorado, desde que comprove cabalmente que a substituição não trará prejuízo algum ao exequente e será menos onerosa para ele devedor (art. 17, incisos IV e VI, e art. 620).	**Art. 847.** O executado pode, no prazo de 10 (dez) dias contado da intimação da penhora, requerer a substituição do bem penhorado, desde que comprove que lhe será menos onerosa e não trará prejuízo ao exequente.
Parágrafo único. Na hipótese prevista neste artigo, ao executado incumbe:	§ 1º **O juiz só autorizará a substituição se o executado**:
I – quanto aos bens imóveis, indicar as respectivas matrículas e registros, situá-los e mencionar as divisas e confrontações;	I – **comprovar** as respectivas matrículas e os registros **por certidão do correspondente ofício**, quanto aos bens imóveis;
II – quanto aos móveis, particularizar o estado e o lugar em que se encontram;	II – **descrever** os bens móveis, **com todas as suas propriedades e características**, bem como o estado deles e o lugar onde se encontram;
III – quanto aos semoventes, especificá-los, indicando o número de cabeças e o imóvel em que se encontram;	III – **descrever** os semoventes, **com indicação de espécie**, de número, de **marca ou sinal** e do **local** onde se encontram;
IV – quanto aos créditos, identificar o devedor e qualificá-lo, descrevendo a origem da dívida, o título que a representa e a data do vencimento; e	IV – **identificar** os créditos, **indicando quem seja** o devedor, qual a origem da dívida, o título que a representa e a data do vencimento; e
V – atribuir valor aos bens indicados à penhora.	V – atribuir, **em qualquer caso**, valor aos bens indicados à penhora, **além de especificar os ônus e os encargos a que estejam sujeitos**.
Art. 669. (*Revogado pela Lei nº 11.382, de 2006*)	
Art. 670. O juiz autorizará a alienação antecipada dos bens penhorados quando:	**Art. 852.** O juiz determinará a alienação antecipada dos bens penhorados quando:
I – sujeitos a deterioração ou depreciação;	I – **se tratar de veículos automotores, de pedras e metais preciosos e de outros bens móveis** sujeitos à depreciação ou à deterioração;
II – houver manifesta vantagem.	II – houver manifesta vantagem.
Parágrafo único. Quando uma das partes requerer a alienação antecipada dos bens penhorados, o juiz ouvirá sempre a outra antes de decidir.	**Art. 853.** Quando uma das partes requerer **alguma das medidas previstas nesta Subseção**, o juiz ouvirá sempre a outra, **no prazo de 3 (três) dias**, antes de decidir.

Subseção IV Da Penhora de Créditos e de Outros Direitos Patrimoniais	Subseção VI Da Penhora de Créditos
Art. 671. Quando a penhora recair em crédito do devedor, o oficial de justiça o penhorará. Enquanto não ocorrer a hipótese prevista no artigo seguinte, considerar-se-á feita a penhora pela intimação:	**Art. 855.** Quando recair em crédito do **executado**, enquanto não ocorrer a hipótese prevista **no art. 856**, considerar-se-á feita a penhora pela intimação:
I – ao terceiro devedor para que não pague ao seu credor;	I – ao terceiro devedor para que não pague ao executado, seu credor;
II – ao credor do terceiro para que não pratique ato de disposição do crédito.	II – **ao executado**, credor do terceiro, para que não pratique ato de disposição do crédito.
Art. 672. A penhora de crédito, representada por letra de câmbio, nota promissória, duplicata, cheque ou outros títulos, far-se-á pela apreensão do documento, esteja ou não em poder do devedor.	**Art. 856.** A penhora de crédito representada por letra de câmbio, nota promissória, duplicata, cheque ou outros títulos far-se-á pela apreensão do documento, esteja ou não este em poder do **executado**.
§ 1º Se o título não for apreendido, mas o terceiro confessar a dívida, será havido como depositário da importância.	§ 1º Se o título não for apreendido, mas o terceiro confessar a dívida, será **este tido** como depositário da importância.
§ 2º O terceiro só se exonerará da obrigação, depositando em juízo a importância da dívida.	§ 2º O terceiro só se exonerará da obrigação depositando em juízo a importância da dívida.
§ 3º Se o terceiro negar o débito em conluio com o devedor, a quitação, que este lhe der, considerar-se-á em fraude de execução.	§ 3º Se o terceiro negar o débito em conluio com o **executado**, a quitação que este lhe der **caracterizará** fraude à execução.
§ 4º A requerimento do credor, o juiz determinará o comparecimento, em audiência especialmente designada, do devedor e do terceiro, a fim de lhes tomar os depoimentos.	§ 4º A requerimento do **exequente**, o juiz determinará o comparecimento, em audiência especialmente designada, do **executado** e do terceiro, a fim de lhes tomar os depoimentos.
Art. 673. Feita a penhora em direito e ação do devedor, e não tendo este oferecido embargos, ou sendo estes rejeitados, o credor fica sub-rogado nos direitos do devedor até a concorrência do seu crédito.	**Art. 857.** Feita a penhora em direito e ação do **executado**, e não tendo ele oferecido embargos ou sendo estes rejeitados, o **exequente** ficará sub-rogado nos direitos do executado até a concorrência de seu crédito.
§ 1º O credor pode preferir, em vez da sub-rogação, a alienação judicial do direito penhorado, caso em que declarará a sua vontade no prazo de 10 (dez) dias contados da realização da penhora.	§ 1º O **exequente** pode preferir, em vez da sub-rogação, a alienação judicial do direito penhorado, caso em que declarará sua vontade no prazo de 10 (dez) dias contado da realização da penhora.
§ 2º A sub-rogação não impede ao sub-rogado, se não receber o crédito do devedor, de prosseguir na execução, nos mesmos autos, penhorando outros bens do devedor.	§ 2º A sub-rogação não impede ao sub-rogado, se não receber o crédito do **executado**, de prosseguir na execução, nos mesmos autos, penhorando outros bens.
Art. 674. Quando o direito estiver sendo pleiteado em juízo, averbar-se-á no rosto dos autos a penhora, que recair nele e na ação que lhe corresponder, a fim de se efetivar nos bens, que forem adjudicados ou vierem a caber ao devedor.	**Art. 858.** Quando a penhora recair sobre dívidas de dinheiro a juros, de direito a rendas ou de prestações periódicas, o **exequente** poderá levantar os juros, os rendimentos ou as prestações à medida que forem sendo depositados, abatendo-se do crédito as importâncias recebidas, conforme as regras de imputação do pagamento.
Art. 675. Quando a penhora recair sobre dívidas de dinheiro a juros, de direito a rendas, ou de prestações periódicas, o credor poderá levantar os juros, os rendimentos ou as prestações à medida que forem sendo depositadas, abatendo-se do crédito as importâncias recebidas, conforme as regras da imputação em pagamento.	**Art. 860.** Quando o direito estiver sendo pleiteado em juízo, a penhora que recair sobre ele **será averbada, com destaque,** nos autos pertinentes ao direito e na ação correspondente à penhora, a fim de que esta seja efetivada nos bens que forem adjudicados ou que vierem a caber ao **executado**.
Art. 676. Recaindo a penhora sobre direito, que tenha por objeto prestação ou restituição de coisa determinada, o devedor será intimado para, no vencimento, depositá-la, correndo sobre ela a execução.	**Art. 859.** Recaindo a penhora sobre direito a prestação ou a restituição de coisa determinada, o **executado** será intimado para, no vencimento, depositá-la, correndo sobre ela a execução.
Subseção V Da Penhora, do Depósito e da Administração de Empresa e de Outros Estabelecimentos	Subseção VIII Da Penhora de Empresa, de Outros Estabelecimentos e de **Semoventes**
Art. 677. Quando a penhora recair em estabelecimento comercial, industrial ou agrícola, bem como em semoventes, plantações ou edifício em construção, o juiz nomeará um depositário, determinando-lhe que apresente em 10 (dez) dias a forma de administração.	**Art. 862.** Quando a penhora recair em estabelecimento comercial, industrial ou agrícola, bem como em semoventes, plantações ou edifícios em construção, o juiz nomeará **administrador-depositário**, determinando-lhe que apresente em 10 (dez) dias o plano de administração.
§ 1º Ouvidas as partes, o juiz decidirá.	§ 1º Ouvidas as partes, o juiz decidirá.
§ 2º É lícito, porém, às partes ajustarem a forma de administração, escolhendo o depositário; caso em que o juiz homologará por despacho a indicação.	§ 2º É lícito às partes **ajustar** a forma de administração e escolher o depositário, hipótese em que o juiz homologará por despacho a indicação.
Art. 678. A penhora de empresa, que funcione mediante concessão ou autorização, far-se-á, conforme o valor do crédito, sobre a renda, sobre determinados bens ou sobre todo o patrimônio, nomeando o juiz como depositário, de preferência, um dos seus diretores.	**Art. 863.** A penhora de empresa que funcione mediante concessão ou autorização far-se-á, conforme o valor do crédito, sobre a renda, sobre determinados bens ou sobre todo o patrimônio, e o juiz nomeará como depositário, de preferência, um de seus diretores.
Parágrafo único. Quando a penhora recair sobre a renda, ou sobre determinados bens, o depositário apresentará a forma de administração e o esquema de pagamento observando-se, quanto ao mais, o disposto nos arts. 716 a 720; recaindo, porém, sobre todo o patrimônio, prosseguirá a execução os seus ulteriores termos, ouvindo-se, antes da arrematação ou da adjudicação, o poder público, que houver outorgado a concessão.	§ 1º Quando a penhora recair sobre a renda ou sobre determinados bens, o **administrador-depositário** apresentará a forma de administração e o esquema de pagamento, observando-se, quanto ao mais, o disposto em relação **ao regime de penhora de frutos e rendimentos de coisa móvel e imóvel.**

Art. 679. A penhora sobre navio ou aeronave não obsta a que continue navegando ou operando até a alienação; mas o juiz, ao conceder a autorização para navegar ou operar, não permitirá que saia do porto ou aeroporto antes que o devedor faça o seguro usual contra riscos.	**Art. 864.** A penhora de navio ou de aeronave não obsta que continuem navegando ou operando até a alienação, mas o juiz, ao conceder a autorização para tanto, não permitirá que **saiam** do porto ou do aeroporto antes que o **executado** faça o seguro usual contra riscos.
Subseção VI *Da Avaliação*	*Subseção XI* *Da Avaliação*
Art. 680. A avaliação será feita pelo oficial de justiça (art. 652), ressalvada a aceitação do valor estimado pelo executado (art. 668, parágrafo único, inciso V); caso sejam necessários conhecimentos especializados, o juiz nomeará avaliador, fixando-lhe prazo não superior a 10 (dez) dias para entrega do laudo.	**Art. 870.** A avaliação será feita pelo oficial de justiça. **Parágrafo único.** Se forem necessários conhecimentos especializados **e o valor da execução o comportar**, o juiz nomeará avaliador, fixando-lhe prazo não superior a 10 (dez) dias para entrega do laudo.
Art. 681. O laudo da avaliação integrará o auto de penhora ou, em caso de perícia (art. 680), será apresentado no prazo fixado pelo juiz, devendo conter:	**Art. 872. A avaliação realizada pelo oficial de justiça constará de vistoria e de laudo anexados ao auto de penhora ou, em caso de perícia realizada por avaliador, de laudo** apresentado no prazo fixado pelo juiz, devendo-se, **em qualquer hipótese, especificar:**
I – a descrição dos bens, com os seus característicos, e a indicação do estado em que se encontram;	I – os bens, com as suas características, e o estado em que se encontram;
II – o valor dos bens.	II – o valor dos bens.
Parágrafo único. Quando o imóvel for suscetível de cômoda divisão, o avaliador, tendo em conta o crédito reclamado, o avaliará em partes, sugerindo os possíveis desmembramentos.	§ 1º Quando o imóvel for suscetível de cômoda divisão, **a avaliação**, tendo em conta o crédito reclamado, **será realizada** em partes, sugerindo-se, **com a apresentação de memorial descritivo**, os possíveis desmembramentos **para alienação**.
Art. 682. O valor dos títulos da dívida pública, das ações das sociedades e dos títulos de crédito negociáveis em bolsa será o da cotação oficial do dia, provada por certidão ou publicação no órgão oficial.	**Art. 871.** [...] III – **se tratar** de títulos da dívida pública, de ações de sociedades e de títulos de crédito negociáveis em bolsa, **cujo valor** será o da cotação oficial do dia, comprovada por certidão ou publicação no órgão oficial;
Art. 683. É admitida nova avaliação quando:	**Art. 873.** É admitida nova avaliação quando:
I – qualquer das partes arguir, fundamentadamente, a ocorrência de erro na avaliação ou dolo do avaliador;	I – qualquer das partes arguir, fundamentadamente, a ocorrência de erro na avaliação ou dolo do avaliador;
II – se verificar, posteriormente à avaliação, que houve majoração ou diminuição no valor do bem; ou	II – se verificar, posteriormente à avaliação, que houve majoração ou diminuição no valor do bem;
III – houver fundada dúvida sobre o valor atribuído ao bem (art. 668, parágrafo único, inciso V).	III – **o juiz tiver** fundada dúvida sobre o valor atribuído ao bem **na primeira avaliação**.
Art. 684. Não se procederá à avaliação se:	**Art. 871.** Não se procederá à avaliação quando:
I – o exequente aceitar a estimativa feita pelo executado (art. 668, parágrafo único, inciso V);	I – **uma das partes** aceitar a estimativa feita pela outra;
II – se tratar de títulos ou de mercadorias, que tenham cotação em bolsa, comprovada por certidão ou publicação oficial;	II – se tratar de títulos ou de mercadorias que tenham cotação em bolsa, comprovada por certidão ou publicação no órgão oficial;
III – (*Revogado pela Lei nº 11.382, de 2006*)	
Art. 685. Após a avaliação, poderá mandar o juiz, a requerimento do interessado e ouvida a parte contrária:	**Art. 874.** Após a avaliação, o juiz poderá, a requerimento do interessado e ouvida a parte contrária, mandar:
I – reduzir a penhora aos bens suficientes, ou transferi-la para outros, que bastem à execução, se o valor dos penhorados for consideravelmente superior ao crédito do exequente e acessórios;	I – reduzir a penhora aos bens suficientes ou transferi-la para outros, se o valor dos bens penhorados for consideravelmente superior ao crédito do exequente e dos acessórios;
II – ampliar a penhora, ou transferi-la para outros bens mais valiosos, se o valor dos penhorados for inferior ao referido crédito.	II – ampliar a penhora ou transferi-la para outros bens mais valiosos, se o valor dos bens penhorados for inferior ao crédito **do exequente**.
Parágrafo único. Uma vez cumpridas essas providências, o juiz dará início aos atos de expropriação de bens.	**Art. 875. Realizadas a penhora e a avaliação**, o juiz dará início aos atos de expropriação do bem.
Subseção VI-A *Da Adjudicação*	
Art. 685-A. É lícito ao exequente, oferecendo preço não inferior ao da avaliação, requerer lhe sejam adjudicados os bens penhorados.	**Art. 876.** É lícito ao exequente, oferecendo preço não inferior ao da avaliação, requerer que lhe sejam adjudicados os bens penhorados.
§ 1º Se o valor do crédito for inferior ao dos bens, o adjudicante depositará de imediato a diferença, ficando esta à disposição do executado; se superior, a execução prosseguirá pelo saldo remanescente.	§ 4º Se o valor do crédito for: I – inferior ao dos bens, o **requerente da adjudicação** depositará de imediato a diferença, que ficará à disposição do executado; II – superior ao dos bens, a execução prosseguirá pelo saldo remanescente.

Antigo CPC	Novo CPC
§ 2º Idêntico direito pode ser exercido pelo credor com garantia real, pelos credores concorrentes que hajam penhorado o mesmo bem, pelo cônjuge, pelos descendentes ou ascendentes do executado.	§ 5º Idêntico direito pode ser exercido **por aqueles indicados no art. 889, incisos II a VIII**, pelos credores concorrentes que hajam penhorado o mesmo bem, pelo cônjuge, **pelo companheiro**, pelos descendentes ou pelos ascendentes do executado.
§ 3º Havendo mais de um pretendente, proceder-se-á entre eles à licitação; em igualdade de oferta, terá preferência o cônjuge, descendente ou ascendente, nessa ordem.	§ 6º **Se houver** mais de um pretendente, proceder-se-á a licitação entre eles, **tendo preferência, em caso de igualdade de oferta**, o cônjuge, **o companheiro**, o descendente ou o ascendente, nessa ordem.
§ 4º No caso de penhora de quota, procedida por exequente alheio à sociedade, esta será intimada, assegurando preferência aos sócios.	§ 7º No caso de penhora de quota social ou de **ação de sociedade anônima fechada** realizada em favor de exequente alheio à sociedade, esta será intimada, **ficando responsável por informar aos sócios a ocorrência da penhora**, assegurando-se a estes a preferência.
§ 5º Decididas eventuais questões, o juiz mandará lavrar o auto de adjudicação.	Art. 877. Transcorrido o prazo de 5 (cinco) dias, contado da última intimação, e decididas eventuais questões, o juiz ordenará a lavratura do auto de adjudicação.
Art. 685-B. A adjudicação considera-se perfeita e acabada com a lavratura e assinatura do auto pelo juiz, pelo adjudicante, pelo escrivão e, se for presente, pelo executado, expedindo-se a respectiva carta, se bem imóvel, ou mandado de entrega ao adjudicante, se bem móvel.	§ 1º Considera-se perfeita e acabada a adjudicação com a lavratura e a assinatura do auto pelo juiz, pelo **adjudicatário**, pelo escrivão **ou chefe de secretaria**, e, se estiver presente, pelo executado, expedindo-se:
	I – a carta de adjudicação **e o mandado de imissão na posse**, quando se tratar de bem imóvel;
	II – a ordem de entrega **ao adjudicatário**, quando se tratar de bem móvel.
Parágrafo único. A carta de adjudicação conterá a descrição do imóvel, com remissão a sua matrícula e registros, a cópia do auto de adjudicação e a prova de quitação do imposto de transmissão.	§ 2º A carta de adjudicação conterá a descrição do imóvel, com remissão à sua matrícula e aos seus registros, a cópia do auto de adjudicação e a prova de quitação do imposto de transmissão.
Subseção VI-B *Da Alienação por Iniciativa Particular*	*Subseção II* *Da Alienação*
Art. 685-C. Não realizada a adjudicação dos bens penhorados, o exequente poderá requerer sejam eles alienados por sua própria iniciativa ou por intermédio de corretor credenciado perante a autoridade judiciária.	**Art. 880.** Não **efetivada** a adjudicação, o exequente poderá requerer **a alienação** por sua própria iniciativa ou por intermédio de corretor **ou leiloeiro público** credenciado perante o **órgão** judiciário.
§ 1º O juiz fixará o prazo em que a alienação deve ser efetivada, a forma de publicidade, o preço mínimo (art. 680), as condições de pagamento e as garantias, bem como, se for o caso, a comissão de corretagem.	§ 1º O juiz fixará o prazo em que a alienação deve ser efetivada, a forma de publicidade, o preço mínimo, as condições de pagamento, as garantias e, se for o caso, a comissão de corretagem.
§ 2º A alienação será formalizada por termo nos autos, assinado pelo juiz, pelo exequente, pelo adquirente e, se for presente, pelo executado, expedindo-se carta de alienação do imóvel para o devido registro imobiliário, ou, se bem móvel, mandado de entrega ao adquirente.	§ 2º A alienação será formalizada por termo nos autos, com a assinatura do juiz, do exequente, do adquirente e, se estiver presente, do executado, expedindo-se:
	I – a carta de alienação **e o mandado de imissão na posse**, quando se tratar de bem imóvel;
	II – a ordem de entrega ao adquirente, quando se tratar de bem móvel.
§ 3º Os Tribunais poderão expedir provimentos detalhando o procedimento da alienação prevista neste artigo, inclusive com o concurso de meios eletrônicos, e dispondo sobre o credenciamento dos corretores, os quais deverão estar em exercício profissional por não menos de 5 (cinco) anos.	§ 3º Os tribunais poderão editar disposições complementares sobre o procedimento da alienação prevista neste artigo, **admitindo**, quando for o caso, o concurso de meios eletrônicos, e dispor sobre o credenciamento dos corretores **e leiloeiros públicos**, os quais deverão estar em exercício profissional **por não menos que 3 (três) anos**.
Subseção VII *Da Alienação em Hasta Pública*	
Art. 686. Não requerida a adjudicação e não realizada a alienação particular do bem penhorado, será expedido o edital de hasta pública, que conterá:	**Art. 886.** O leilão será precedido de publicação de edital, que conterá:
I – a descrição do bem penhorado, com suas características e, tratando-se de imóvel, a situação e divisas, com remissão à matrícula e aos registros;	I – a descrição do bem penhorado, com suas características, e, tratando-se de imóvel, sua situação e suas divisas, com remissão à matrícula e aos registros;
II – o valor do bem;	II – o valor pelo qual o bem **foi avaliado**, o preço mínimo pelo qual poderá ser alienado, as condições de pagamento e, se for o caso, a comissão do leiloeiro designado;
III – o lugar onde estiverem os móveis, veículos e semoventes; e, sendo direito e ação, os autos do processo, em que foram penhorados;	III – o lugar onde estiverem os móveis, os veículos e os semoventes e, **tratando**-se **de créditos** ou direitos, a **identificação** dos autos do processo em que foram penhorados;
IV – o dia e a hora de realização da praça, se bem imóvel, ou o local, dia e hora de realização do leilão, se bem móvel;	IV – **o sítio, na rede mundial de computadores, e o período em que se realizará o leilão, salvo se este se der de modo presencial, hipótese em que** serão indicados o local, o dia e a hora de sua realização;

Antigo CPC	Novo CPC
V – menção da existência de ônus, recurso ou causa pendente sobre os bens a serem arrematados;	VI – menção da existência de ônus, recurso ou processo pendente sobre os bens **a serem leiloados**.
VI – a comunicação de que, se o bem não alcançar lanço superior à importância da avaliação, seguir-se-á, em dia e hora que forem desde logo designados entre os dez e os vinte dias seguintes, a sua alienação pelo maior lanço (art. 692).	V – a indicação de local, dia e hora de segundo leilão presencial, para a hipótese de não haver interessado no primeiro;
§ 1º No caso do art. 684, II, constará do edital o valor da última cotação anterior à expedição deste.	**Parágrafo único.** No caso de **títulos da dívida pública e** de **títulos** negociados **em bolsa**, constará do edital o valor da última cotação.
	Art. 882. [...]
§ 2º A praça realizar-se-á no átrio do edifício do Fórum; o leilão, onde estiverem os bens, ou no lugar designado pelo juiz.	§ 3º O leilão presencial será realizado no local designado pelo juiz.
§ 3º Quando o valor dos bens penhorados não exceder 60 (sessenta) vezes o valor do salário mínimo vigente na data da avaliação, será dispensada a publicação de editais; nesse caso, o preço da arrematação não será inferior ao da avaliação.	
	Art. 887. [...]
Art. 687. O edital será afixado no local do costume e publicado, em resumo, com antecedência mínima de 5 (cinco) dias, pelo menos uma vez em jornal de ampla circulação local.	§ 3º **Não sendo possível a publicação na rede mundial de computadores ou considerando o juiz, em atenção às condições da sede do juízo, que esse modo de divulgação é insuficiente ou inadequado**, o edital será afixado em local de costume e publicado, em resumo, pelo menos uma vez em jornal de ampla circulação local.
§ 1º A publicação do edital será feita no órgão oficial, quando o credor for beneficiário da justiça gratuita.	
§ 2º Atendendo ao valor dos bens e às condições da comarca, o juiz poderá alterar a forma e a frequência da publicidade na imprensa, mandar divulgar avisos em emissora local e adotar outras providências tendentes a mais ampla publicidade da alienação, inclusive recorrendo a meios eletrônicos de divulgação.	§ 4º Atendendo ao valor dos bens e às condições da **sede do juízo**, o juiz poderá alterar a forma e a frequência da publicidade na imprensa, mandar **publicar o edital em local de ampla circulação de pessoas e** divulgar avisos em emissora **de rádio ou televisão** local, **bem como em sítios distintos do indicado no § 2º**.
§ 3º Os editais de praça serão divulgados pela imprensa preferencialmente na seção ou local reservado à publicidade de negócios imobiliários.	§ 5º Os editais **de leilão de imóveis e de veículos automotores** serão publicados pela imprensa **ou por outros meios de divulgação**, preferencialmente na seção ou no local reservados à publicidade dos **respectivos** negócios.
§ 4º O juiz poderá determinar a reunião de publicações em listas referentes a mais de uma execução.	§ 6º O juiz poderá determinar a reunião de publicações em listas referentes a mais de uma execução.
§ 5º O executado terá ciência do dia, hora e local da alienação judicial por intermédio de seu advogado ou, se não tiver procurador constituído nos autos, por meio de mandado, carta registrada, edital ou outro meio idôneo.	
Art. 688. Não se realizando, por motivo justo, a praça ou o leilão, o juiz mandará publicar pela imprensa local e no órgão oficial a transferência.	Art. 888. Não se realizando o leilão por qualquer motivo, o juiz mandará publicar a transferência, observando-se o disposto no art. 887.
Parágrafo único. O escrivão, o porteiro ou o leiloeiro, que culposamente der causa à transferência, responde pelas despesas da nova publicação, podendo o juiz aplicar-lhe a pena de suspensão por 5 (cinco) a 30 (trinta) dias.	**Parágrafo único.** O escrivão, **o chefe de secretaria** ou o leiloeiro que culposamente der causa à transferência responde pelas despesas da nova publicação, podendo o juiz aplicar-lhe a pena de suspensão **por 5 (cinco) dias a 3 (três) meses, em procedimento administrativo regular**.
Art. 689. Sobrevindo a noite, prosseguirá a praça ou o leilão no dia útil imediato, à mesma hora em que teve início, independentemente de novo edital.	Art. 900. O leilão prosseguirá no dia útil imediato, à mesma hora em que teve início, independentemente de novo edital, **se for ultrapassado o horário de expediente forense**.
Art. 689-A. O procedimento previsto nos arts. 686 a 689 poderá ser substituído, a requerimento do exequente, por alienação realizada por meio da rede mundial de computadores, com uso de páginas virtuais criadas pelos Tribunais ou por entidades públicas ou privadas em convênio com eles firmado.	Art. 882. Não sendo possível a sua realização por meio eletrônico, o leilão será presencial.
Parágrafo único. O Conselho da Justiça Federal e os Tribunais de Justiça, no âmbito das suas respectivas competências, regulamentarão esta modalidade de alienação, atendendo aos requisitos de ampla publicidade, autenticidade e segurança, com observância das regras estabelecidas na legislação sobre certificação digital.	§ 1º A alienação judicial por meio eletrônico será realizada, observando-se as garantias processuais das partes, de acordo com regulamentação específica do Conselho Nacional de Justiça.
	§ 2º A alienação judicial por meio eletrônico deverá atender aos requisitos de ampla publicidade, autenticidade e segurança, com observância das regras estabelecidas na legislação sobre certificação digital.
Art. 690. A arrematação far-se-á mediante o pagamento imediato do preço pelo arrematante ou, no prazo de até 15 (quinze) dias, mediante caução.	Art. 892. Salvo pronunciamento judicial em sentido diverso, o pagamento deverá ser realizado de imediato pelo arrematante, por depósito judicial ou por meio eletrônico.

Antigo CPC	Novo CPC
§ 1º Tratando-se de bem imóvel, quem estiver interessado em adquiri-lo em prestações poderá apresentar por escrito sua proposta, nunca inferior à avaliação, com oferta de pelo menos 30% (trinta por cento) à vista, sendo o restante garantido por hipoteca sobre o próprio imóvel.	**Art. 895.** [...] § 1º **A proposta conterá, em qualquer hipótese, oferta de pagamento de pelo menos vinte e cinco por cento do valor do lance à vista e o restante parcelado em até 30 (trinta) meses**, garantido por caução idônea, quando se tratar de móveis, e por hipoteca do próprio bem, quando se tratar de imóveis.
§ 2º As propostas para aquisição em prestações, que serão juntadas aos autos, indicarão o prazo, a modalidade e as condições de pagamento do saldo.	§ 2º As propostas para aquisição em prestações indicarão o prazo, a modalidade, **o indexador de correção monetária** e as condições de pagamento do saldo.
§ 3º O juiz decidirá por ocasião da praça, dando o bem por arrematado pelo apresentante do melhor lanço ou proposta mais conveniente.	
§ 4º No caso de arrematação a prazo, os pagamentos feitos pelo arrematante pertencerão ao exequente até o limite de seu crédito, e os subsequentes ao executado.	
Art. 690-A. É admitido a lançar todo aquele que estiver na livre administração de seus bens, com exceção:	**Art. 890. Pode oferecer lance quem** estiver na livre administração de seus bens, com exceção:
I – dos tutores, curadores, testamenteiros, administradores, síndicos ou liquidantes, quanto aos bens confiados a sua guarda e responsabilidade;	I – dos tutores, dos curadores, dos testamenteiros, dos administradores ou dos liquidantes, quanto aos bens confiados à sua guarda e à sua responsabilidade;
II – dos mandatários, quanto aos bens de cuja administração ou alienação estejam encarregados;	II – dos mandatários, quanto aos bens de cuja administração ou alienação estejam encarregados;
III – do juiz, membro do Ministério Público e da Defensoria Pública, escrivão e demais servidores e auxiliares da Justiça.	III – do juiz, do membro do Ministério Público e da Defensoria Pública, do escrivão, **do chefe de secretaria e dos** demais servidores e auxiliares da justiça, **em relação aos bens e direitos objeto de alienação na localidade onde servirem ou a que se estender a sua autoridade;**
Parágrafo único. O exequente, se vier a arrematar os bens, não estará obrigado a exibir o preço; mas, se o valor dos bens exceder o seu crédito, depositará, dentro de 3 (três) dias, a diferença, sob pena de ser tornada sem efeito a arrematação e, neste caso, os bens serão levados a nova praça ou leilão à custa do exequente.	
Art. 691. Se a praça ou o leilão for de diversos bens e houver mais de um lançador, será preferido aquele que se propuser a arrematá-los englobadamente, oferecendo para os que não tiverem licitante preço igual ao da avaliação e para os demais o de maior lanço.	
Art. 692. Não será aceito lanço que, em segunda praça ou leilão, ofereça preço vil.	**Art. 891.** Não será aceito lance que ofereça preço vil.
Parágrafo único. Será suspensa a arrematação logo que o produto da alienação dos bens bastar para o pagamento do credor.	
Art. 693. A arrematação constará de auto que será lavrado de imediato, nele mencionadas as condições pelas quais foi alienado o bem.	**Art. 900.** A arrematação constará de auto que será lavrado de imediato e **poderá abranger bens penhorados em mais de uma execução**, nele mencionadas as condições nas quais foi alienado o bem.
Parágrafo único. A ordem de entrega do bem móvel ou a carta de arrematação do bem imóvel será expedida depois de efetuado o depósito ou prestadas as garantias pelo arrematante.	§ 1º A ordem de entrega do bem móvel ou a carta de arrematação do bem imóvel, **com o respectivo mandado de imissão na posse**, será expedida depois de efetuado o depósito ou prestadas as garantias pelo arrematante, **bem como realizado o pagamento da comissão do leiloeiro e das demais despesas da execução.**
Art. 694. Assinado o auto pelo juiz, pelo arrematante e pelo serventuário da justiça ou leiloeiro, a arrematação considerar-se-á perfeita, acabada e irretratável, ainda que venham a ser julgados procedentes os embargos do executado.	**Art. 903.** Qualquer que seja a modalidade de leilão, assinado o auto pelo juiz, pelo arrematante e pelo leiloeiro, a arrematação **será considerada** perfeita, acabada e irretratável, ainda que venham a ser julgados procedentes os embargos do executado **ou a ação autônoma de que trata o § 4º deste artigo, assegurada a possibilidade de reparação pelos prejuízos sofridos.**
§ 1º A arrematação poderá, no entanto, ser tornada sem efeito:	§ 1º Ressalvadas outras situações previstas neste Código, a arrematação poderá, no entanto, ser:
I – por vício de nulidade;	I – invalidada, quando realizada por preço vil ou com outro vício;
II – se não for pago o preço ou se não for prestada a caução;	III – **resolvida**, se não for pago o preço ou se não for prestada a caução.
III – quando o arrematante provar, nos 5 (cinco) dias seguintes, a existência de ônus real ou de gravame (art. 686, inciso V) não mencionado no edital;	

IV – a requerimento do arrematante, na hipótese de embargos à arrematação (art. 746, §§ 1º e 2º);	
V – quando realizada por preço vil (art. 692);	I – invalidada, quando realizada por preço vil ou com outro vício;
VI – nos casos previstos neste Código (art. 698).	
§ 2º No caso de procedência dos embargos, o executado terá direito a haver do exequente o valor por este recebido como produto da arrematação; caso inferior ao valor do bem, haverá do exequente também a diferença.	
Art. 695. Se o arrematante ou seu fiador não pagar o preço no prazo estabelecido, o juiz impor-lhe-á, em favor do exequente, a perda da caução, voltando os bens a nova praça ou leilão, dos quais não serão admitidos a participar o arrematante e o fiador remissos.	**Art. 897.** Se o arrematante ou seu fiador não pagar o preço no prazo estabelecido, o juiz impor-lhe-á, em favor do exequente, a perda da caução, voltando os bens a novo leilão, do qual não serão admitidos a participar o arrematante e o fiador remissos.
Art. 696. O fiador do arrematante, que pagar o valor do lanço e a multa, poderá requerer que a arrematação lhe seja transferida.	**Art. 898.** O fiador do arrematante que pagar o valor do lance e a multa poderá requerer que a arrematação lhe seja transferida.
Art. 697. (*Revogado pela Lei nº 11.382, de 2006*)	
	Art. 889. [...]
Art. 698. Não se efetuará a adjudicação ou alienação de bem do executado sem que da execução seja cientificado, por qualquer modo idôneo e com pelo menos 10 (dez) dias de antecedência, o senhorio direto, o credor com garantia real ou com penhora anteriormente averbada, que não seja de qualquer modo parte na execução.	V – o credor pignoratício, hipotecário, anticrético, fiduciário ou com penhora anteriormente averbada, quando a penhora recair sobre bens com tais gravames, caso não seja o credor, de qualquer modo, parte na execução;
Art. 699. (*Revogado pela Lei nº 11.382, de 2006*)	
Art. 700. (*Revogado pela Lei nº 11.382, de 2006*)	
Art. 701. Quando o imóvel de incapaz não alcançar em praça pelo menos 80% (oitenta por cento) do valor da avaliação, o juiz o confiará à guarda e administração de depositário idôneo, adiando a alienação por prazo não superior a 1(um) ano.	**Art. 896.** Quando o imóvel de incapaz não alcançar em leilão pelo menos oitenta por cento do valor da avaliação, o juiz o confiará à guarda e à administração de depositário idôneo, adiando a alienação por prazo não superior a 1 (um) ano.
§ 1º Se, durante o adiamento, algum pretendente assegurar, mediante caução idônea, o preço da avaliação, o juiz ordenará a alienação em praça.	§ 1º Se, durante o adiamento, algum pretendente assegurar, mediante caução idônea, o preço da avaliação, o juiz ordenará a alienação em leilão.
§ 2º Se o pretendente à arrematação se arrepender, o juiz lhe imporá a multa de 20% (vinte por cento) sobre o valor da avaliação, em benefício do incapaz, valendo a decisão como título executivo.	§ 2º Se o pretendente à arrematação se arrepender, o juiz impor-lhe-á multa de vinte por cento sobre o valor da avaliação, em benefício do incapaz, valendo a decisão como título executivo.
§ 3º Sem prejuízo do disposto nos dois parágrafos antecedentes, o juiz poderá autorizar a locação do imóvel no prazo do adiamento.	§ 3º Sem prejuízo do disposto **nos §§ 1º e 2º**, o juiz poderá autorizar a locação do imóvel no prazo do adiamento.
§ 4º Findo o prazo do adiamento, o imóvel será alienado, na forma prevista no art. 686, VI.	§ 4º Findo o prazo do adiamento, o imóvel será submetido a **novo leilão**.
Art. 702. Quando o imóvel admitir cômoda divisão, o juiz, a requerimento do devedor, ordenará a alienação judicial de parte dele, desde que suficiente para pagar o credor.	**Art. 894.** Quando o imóvel admitir cômoda divisão, o juiz, a requerimento do **executado**, ordenará a alienação judicial de parte dele, desde que suficiente para **o pagamento do exequente e para a satisfação das despesas da execução.**
Parágrafo único. Não havendo lançador, far-se-á a alienação do imóvel em sua integridade.	§ 1º Não havendo lançador, far-se-á a alienação do imóvel em sua integridade.
Art. 703. A carta de arrematação conterá:	**Art. 900.** [...]
I – a descrição do imóvel, com remissão à sua matrícula e registros;	§ 2º A carta de arrematação conterá a descrição do imóvel, com remissão à sua matrícula ou individuação e aos seus registros, a cópia do auto de arrematação e a prova de pagamento do imposto de transmissão, além da indicação da existência de eventual ônus real ou gravame.
II – a cópia do auto de arrematação; e	
III – a prova de quitação do imposto de transmissão.	
	Art. 881. [...]
Art. 704. Ressalvados os casos de alienação de bens imóveis e aqueles de atribuição de corretores da Bolsa de Valores, todos os demais bens serão alienados em leilão público.	§ 2º Ressalvados os casos de alienação a cargo de corretores de bolsa de valores, todos os demais bens serão alienados em leilão público.
Art. 705. Cumpre ao leiloeiro:	**Art. 884.** Incumbe ao leiloeiro **público**:
I – publicar o edital, anunciando a alienação;	I – publicar o edital, anunciando a alienação;
II – realizar o leilão onde se encontrem os bens, ou no lugar designado pelo juiz;	II – realizar o leilão onde se encontrem os bens ou no lugar designado pelo juiz;
III – expor aos pretendentes os bens ou as amostras das mercadorias;	III – expor aos pretendentes os bens ou as amostras das mercadorias;

Antigo CPC	Novo CPC
IV – receber do arrematante a comissão estabelecida em lei ou arbitrada pelo juiz;	**Art. 884.** [...] **Parágrafo único. O leiloeiro tem o direito de** receber do arrematante a comissão estabelecida em lei ou arbitrada pelo juiz.
V – receber e depositar, dentro em 24 (vinte e quatro) horas, à ordem do juiz, o produto da alienação;	IV – receber e depositar, **dentro de 1 (um) dia**, à ordem do juiz, o produto da alienação;
VI – prestar contas nas 48 (quarenta e oito) horas subsequentes ao depósito.	V – prestar contas **nos 2 (dois) dias** subsequentes ao depósito.
Art. 706. O leiloeiro público será indicado pelo exequente.	**Art. 881. Caberá ao juiz a designação do leiloeiro público, que poderá ser** indicado pelo exequente.
Art. 707. Efetuado o leilão, lavrar-se-á o auto, que poderá abranger bens penhorados em mais de uma execução, expedindo-se, se necessário, ordem judicial de entrega ao arrematante.	
Seção II *Do Pagamento ao Credor*	
Subseção I *Das Disposições Gerais*	*Seção V* *Da Satisfação do Crédito*
Art. 708. O pagamento ao credor far-se-á:	**Art. 904. A satisfação do crédito exequendo** far-se-á:
I – pela entrega do dinheiro;	I – pela entrega do dinheiro;
II – pela adjudicação dos bens penhorados;	II – pela adjudicação dos bens penhorados.
III – pelo usufruto de bem imóvel ou de empresa.	
Subseção II *Da Entrega do Dinheiro*	
Art. 709. O juiz autorizará que o credor levante, até a satisfação integral de seu crédito, o dinheiro depositado para segurar o juízo ou o produto dos bens alienados quando:	**Art. 905.** O juiz autorizará que o **exequente** levante, até a satisfação integral de seu crédito, o dinheiro depositado para segurar o juízo ou o produto dos bens alienados, **bem como do faturamento de empresa ou de outros frutos e rendimentos de coisas ou empresas penhoradas**, quando:
I – a execução for movida só a benefício do credor singular, a quem, por força da penhora, cabe o direito de preferência sobre os bens penhorados e alienados;	I – a execução for movida só a benefício do **exequente** singular, a quem, por força da penhora, cabe o direito de preferência sobre os bens penhorados e alienados;
II – não houver sobre os bens alienados qualquer outro privilégio ou preferência, instituído anteriormente à penhora.	II – não houver sobre os bens alienados outros privilégios ou preferências instituídos anteriormente à penhora.
Parágrafo único. Ao receber o mandado de levantamento, o credor dará ao devedor, por termo nos autos, quitação da quantia paga.	**Art. 906.** Ao receber o mandado de levantamento, o **exequente** dará ao **executado**, por termo nos autos, quitação da quantia paga.
Art. 710. Estando o credor pago do principal, juros, custas e honorários, a importância que sobejar será restituída ao devedor.	**Art. 907. Pago ao exequente** o principal, os juros, as custas e os honorários, a importância que **sobrar** será restituída ao executado.
Art. 711. Concorrendo vários credores, o dinheiro ser-lhes-á distribuído e entregue consoante a ordem das respectivas prelações; não havendo título legal à preferência, receberá em primeiro lugar o credor que promoveu a execução, cabendo aos demais concorrentes direito sobre a importância restante, observada a anterioridade de cada penhora.	**Art. 908. Havendo pluralidade de credores ou exequentes**, o dinheiro lhes será distribuído e entregue consoante a ordem das respectivas **preferências**. [...] § 2º Não havendo título legal à preferência, **o dinheiro será distribuído entre os concorrentes, observando-se a anterioridade** de cada penhora.
Art. 712. Os credores formularão as suas pretensões, requerendo as provas que irão produzir em audiência; mas a disputa entre eles versará unicamente sobre o direito de preferência e a anterioridade da penhora.	**Art. 909.** Os **exequentes** formularão as suas pretensões, **que versarão** unicamente sobre o direito de preferência e a anterioridade da penhora, e, apresentadas as razões, o juiz decidirá.
Art. 713. Findo o debate, o juiz decidirá.	
Subseção III *Da Adjudicação de Imóvel* (*Revogado pela Lei nº 11.382, de 2006*)	
Art. 714.(*Revogado pela Lei nº 11.382, de 2006*)	
Art. 715. (*Revogado pela Lei nº 11.382, de 2006*)	

Subseção IV *Do Usufruto de Móvel ou Imóvel*	*Subseção X* *Da Penhora de Frutos e Rendimentos de Coisa Móvel ou Imóvel*
Art. 716. O juiz pode conceder ao exequente o usufruto de móvel ou imóvel, quando o reputar menos gravoso ao executado e eficiente para o recebimento do crédito.	**Art. 867.** O juiz pode **ordenar a penhora de frutos e rendimentos de coisa móvel ou imóvel** quando a considerar mais eficiente para o recebimento do crédito e menos gravosa ao executado.
Art. 717. Decretado o usufruto, perde o executado o gozo do móvel ou imóvel, até que o exequente seja pago do principal, juros, custas e honorários advocatícios.	**Art. 868. Ordenada a penhora de frutos e rendimentos, o juiz nomeará administrador-depositário, que será investido de todos os poderes que concernem à administração do bem e à fruição de seus frutos e utilidades**, perdendo o executado o direito de gozo **do bem**, até que o exequente seja pago do principal, dos juros, das custas e dos honorários advocatícios.
Art. 718. O usufruto tem eficácia, assim em relação ao executado como a terceiros, a partir da publicação da decisão que o conceda.	§ 1º **A medida** terá eficácia em relação a terceiros a partir da publicação da decisão que a conceda **ou de sua averbação no ofício imobiliário, em caso de imóveis.**
Art. 719. Na sentença, o juiz nomeará administrador que será investido de todos os poderes que concernem ao usufrutuário. **Parágrafo único.** Pode ser administrador: I – o credor, consentindo o devedor; II – o devedor, consentindo o credor.	**Art. 869.** O juiz **poderá nomear administrador-depositário o exequente ou o executado, ouvida a parte contrária, e, não havendo acordo, nomeará profissional qualificado para o desempenho da função.**
Art. 720. Quando o usufruto recair sobre o quinhão do condômino na copropriedade, o administrador exercerá os direitos que cabiam ao executado.	
Art. 721. É lícito ao credor, antes da realização da praça, requerer-lhe seja atribuído, em pagamento do crédito, o usufruto do imóvel penhorado.	
Art. 722. Ouvido o executado, o juiz nomeará perito para avaliar os frutos e rendimentos do bem e calcular o tempo necessário para o pagamento da dívida.	
§ 1º Após a manifestação das partes sobre o laudo, proferirá o juiz decisão; caso deferido o usufruto de imóvel, ordenará a expedição de carta para averbação no respectivo registro.	
§ 2º Constarão da carta a identificação do imóvel e cópias do laudo e da decisão.	
Art. 723. Se o imóvel estiver arrendado, o inquilino pagará o aluguel diretamente ao usufrutuário, salvo se houver administrador.	**Art. 869.** [...] § 3º Se o imóvel estiver arrendado, o inquilino pagará o aluguel diretamente ao **exequente**, salvo se houver administrador.
Art. 724. O exequente usufrutuário poderá celebrar locação do móvel ou imóvel, ouvido o executado.	**Art. 869.** [...] § 4º O exequente ou o **administrador** poderá celebrar locação do móvel ou imóvel, ouvido o executado.
Parágrafo único. Havendo discordância, o juiz decidirá a melhor forma de exercício do usufruto.	**Art. 869.** [...] § 2º Havendo **discordância entre as partes ou entre estas e o administrador**, o juiz decidirá a melhor forma **de administração do bem**.
Art. 725. *(Revogado pela Lei nº 11.382, de 2006)*	
Art. 726. *(Revogado pela Lei nº 11.382, de 2006)*	
Art. 727. *(Revogado pela Lei nº 11.382, de 2006)*	
Art. 728. *(Revogado pela Lei nº 11.382, de 2006)*	
Art. 729. *(Revogado pela Lei nº 11.382, de 2006)*	
Seção III *Da Execução Contra a Fazenda Pública*	Capítulo V Da Execução contra a Fazenda Pública
Art. 730. Na execução por quantia certa contra a Fazenda Pública, citar-se-á a devedora para opor embargos em 10 (dez) dias; se esta não os opuser, no prazo legal, observar-se-ão as seguintes regras:	**Art. 910.** Na execução **fundada em título extrajudicial**, a Fazenda Pública será citada para opor embargos **em 30 (trinta) dias**.
I – o juiz requisitará o pagamento por intermédio do presidente do tribunal competente;	
II – far-se-á o pagamento na ordem de apresentação do precatório e à conta do respectivo crédito.	**Art. 910.** Na execução **fundada em título extrajudicial**, a Fazenda Pública será citada para opor embargos **em 30 (trinta) dias**.

Antigo CPC	Novo CPC
Art. 731. Se o credor for preterido no seu direito de preferência, o presidente do tribunal, que expediu a ordem, poderá, depois de ouvido o chefe do Ministério Público, ordenar o sequestro da quantia necessária para satisfazer o débito.	§ 1º Não opostos embargos ou transitada em julgado a decisão que os rejeitar, expedir-se-á precatório ou requisição de pequeno valor em favor do exequente, observando-se o disposto no art. 100 da Constituição Federal.
CAPÍTULO V **Da Execução de Prestação Alimentícia**	**CAPÍTULO IV** **Do Cumprimento da Sentença que Reconheça a Exigibilidade de Obrigação de Prestar Alimentos**
Art. 732. A execução de sentença, que condena ao pagamento de prestação alimentícia, far-se-á conforme o disposto no Capítulo IV deste Título. **Parágrafo único.** Recaindo a penhora em dinheiro, o oferecimento de embargos não obsta a que o exequente levante mensalmente a importância da prestação.	**Art. 528.** [...] § 1º Caso o executado, no prazo referido no *caput*, não efetue o pagamento, não prove que o efetuou ou não apresente justificativa da impossibilidade de efetuá-lo, o juiz mandará protestar o pronunciamento judicial, aplicando-se, no que couber, o disposto no art. 517.
Art. 733. Na execução de sentença ou de decisão, que fixa os alimentos provisionais, o juiz mandará citar o devedor para, em 3 (três) dias, efetuar o pagamento, provar que o fez ou justificar a impossibilidade de efetuá-lo.	**Art. 528.** No **cumprimento de sentença que condene ao pagamento de prestação alimentícia** ou de decisão interlocutória que fixe alimentos, o juiz, a requerimento do exequente, mandará intimar o executado pessoalmente para, em 3 (três) dias, pagar o débito, provar que o fez ou justificar a impossibilidade de efetuá-lo.
§ 1º Se o devedor não pagar, nem se escusar, o juiz decretar-lhe-á a prisão pelo prazo de 1 (um) a 3 (três) meses.	§ 3º Se o **executado** não pagar **ou se a** justificativa **apresentada** não for aceita, **o juiz, além de mandar protestar o pronunciamento judicial na forma do** § 1º, decretar-lhe-á a prisão pelo prazo de 1 (um) a três) meses.
§ 2º O cumprimento da pena não exime o devedor do pagamento das prestações vencidas e vincendas.	§ 5º O cumprimento da pena não exime o **executado** do pagamento das prestações vencidas e vincendas.
§ 3º Paga a prestação alimentícia, o juiz suspenderá o cumprimento da ordem de prisão.	§ 6º Paga a prestação alimentícia, o juiz suspenderá o cumprimento da ordem de prisão.
Art. 734. Quando o devedor for funcionário público, militar, diretor ou gerente de empresa, bem como empregado sujeito à legislação do trabalho, o juiz mandará descontar em folha de pagamento a importância da prestação alimentícia. **Parágrafo único.** A comunicação será feita à autoridade, à empresa ou ao empregador por ofício, de que constarão os nomes do credor, do devedor, a importância da prestação e o tempo de sua duração.	**Art. 529.** Quando o **executado** for funcionário público, militar, diretor ou gerente de empresa ou empregado sujeito à legislação do trabalho, o **exequente poderá requerer** o desconto em folha de pagamento da importância da prestação alimentícia. § 2º O **ofício** conterá o nome e o número de inscrição no Cadastro de Pessoas Físicas do **exequente** e do **executado**, a importância a ser descontada mensalmente, o tempo de sua duração e a conta na qual deve ser feito o depósito.
Art. 735. Se o devedor não pagar os alimentos provisionais a que foi condenado, pode o credor promover a execução da sentença, observando-se o procedimento estabelecido no Capítulo IV deste Título.	
TÍTULO III **DOS EMBARGOS DO DEVEDOR**	**TÍTULO III** **DOS EMBARGOS À EXECUÇÃO**
CAPÍTULO I **Das Disposições Gerais**	
Art. 736. O executado, independentemente de penhora, depósito ou caução, poderá opor-se à execução por meio de embargos. **Parágrafo único.** Os embargos à execução serão distribuídos por dependência, autuados em apartado e instruídos com cópias das peças processuais relevantes, que poderão ser declaradas autênticas pelo advogado, sob sua responsabilidade pessoal.	**Art. 914.** O executado, independentemente de penhora, depósito ou caução, poderá **se opor** à execução por meio de embargos. § 1º Os embargos à execução serão distribuídos por dependência, autuados em apartado e instruídos com cópias das peças processuais relevantes, que poderão ser declaradas autênticas pelo próprio advogado, sob sua responsabilidade pessoal.
Art. 737. (*Revogado pela Lei nº 11.382, de 2006*)	
Art. 738. Os embargos serão oferecidos no prazo de 15 (quinze) dias, contados da data da juntada aos autos do mandado de citação.	**Art. 915.** Os embargos serão oferecidos no prazo de 15 (quinze) dias, contado, **conforme o caso, na forma do art. 231**.
§ 1º Quando houver mais de um executado, o prazo para cada um deles embargar conta-se a partir da juntada do respectivo mandado citatório, salvo tratando-se de cônjuges.	§ 1º Quando houver mais de um executado, o prazo para cada um deles embargar conta-se a partir da juntada do respectivo **comprovante da citação**, salvo no caso de cônjuges **ou de companheiros, quando será contado a partir da juntada do último.**
§ 2º Nas execuções por carta precatória, a citação do executado será imediatamente comunicada pelo juiz deprecado ao juiz deprecante, inclusive por meios eletrônicos, contando-se o prazo para embargos a partir da juntada aos autos de tal comunicação.	§ 2º Nas execuções por carta, **o prazo para embargos será contado:**
	I – da juntada, **na carta, da certificação da citação, quando versarem unicamente sobre vícios ou defeitos da penhora, da avaliação** ou da **alienação dos bens;**
	II – da juntada, nos autos de origem, do comunicado de que trata o § 4º deste artigo, ou, não havendo este, da juntada da carta devidamente cumprida, quando versarem sobre questões diversas da prevista no inciso I deste parágrafo.

§ 3º Aos embargos do executado não se aplica o disposto no art. 191 desta Lei.	§ 3º Em relação ao prazo para oferecimento dos embargos à execução, não se aplica o disposto no art. 229.
Art. 739. O juiz rejeitará liminarmente os embargos:	**Art. 918.** O juiz rejeitará liminarmente os embargos:
I – quando intempestivos;	I – quando intempestivos;
II – quando inepta a petição (art. 295); ou	II – **nos casos de indeferimento da petição inicial e de improcedência liminar do pedido;**
III – quando manifestamente protelatórios.	III – manifestamente protelatórios.
§ 1º (*Revogado pela Lei nº 11.382, de 2006*)	
§ 2º (*Revogado pela Lei nº 11.382, de 2006*)	
§ 3º (*Revogado pela Lei nº 11.382, de 2006*)	
Art. 739-A. Os embargos do executado não terão efeito suspensivo.	**Art. 919.** Os embargos à execução não terão efeito suspensivo.
§ 1º O juiz poderá, a requerimento do embargante, atribuir efeito suspensivo aos embargos quando, sendo relevantes seus fundamentos, o prosseguimento da execução manifestamente possa causar ao executado grave dano de difícil ou incerta reparação, e desde que a execução já esteja garantida por penhora, depósito ou caução suficientes.	§ 1º O juiz poderá, a requerimento do embargante, atribuir efeito suspensivo aos embargos quando **verificados os requisitos para a concessão da tutela provisória**, e desde que a execução já esteja garantida por penhora, depósito ou caução suficientes.
§ 2º A decisão relativa aos efeitos dos embargos poderá, a requerimento da parte, ser modificada ou revogada a qualquer tempo, em decisão fundamentada, cessando as circunstâncias que a motivaram.	§ 2º Cessando as circunstâncias que a motivaram, a decisão relativa aos efeitos dos embargos poderá, a requerimento da parte, ser modificada ou revogada a qualquer tempo, em decisão fundamentada.
§ 3º Quando o efeito suspensivo atribuído aos embargos disser respeito apenas a parte do objeto da execução, essa prosseguirá quanto à parte restante.	§ 3º Quando o efeito suspensivo atribuído aos embargos disser respeito apenas a parte do objeto da execução, esta prosseguirá quanto à parte restante.
§ 4º A concessão de efeito suspensivo aos embargos oferecidos por um dos executados não suspenderá a execução contra os que não embargaram, quando o respectivo fundamento disser respeito exclusivamente ao embargante.	§ 4º A concessão de efeito suspensivo aos embargos oferecidos por um dos executados não suspenderá a execução contra os que não embargaram, quando o respectivo fundamento disser respeito exclusivamente ao embargante.
	Art. 917. [...]
§ 5º Quando o excesso de execução for fundamento dos embargos, o embargante deverá declarar na petição inicial o valor que entende correto, apresentando memória do cálculo, sob pena de rejeição liminar dos embargos ou de não conhecimento desse fundamento.	§ 3º **Quando alegar que o exequente, em excesso de execução, pleiteia quantia superior à do título,** o embargante **declarará** na petição inicial o valor que entende correto, apresentando demonstrativo discriminado e atualizado de seu cálculo.
	§ 4º Não apontado o valor correto ou não apresentado o demonstrativo, os embargos à execução:
	I – serão liminarmente rejeitados, sem resolução de mérito, se o excesso de execução for o seu único fundamento;
	II – serão processados, se houver outro fundamento, mas o juiz não examinará a alegação de excesso de execução.
	Art. 919. [...]
§ 6º A concessão de efeito suspensivo não impedirá a efetivação dos atos de penhora e de avaliação dos bens.	§ 5º A concessão de efeito suspensivo não impedirá a efetivação dos atos **de substituição, de reforço ou** de **redução da** penhora e de avaliação dos bens.
Art. 739-B. A cobrança de multa ou de indenizações decorrentes de litigância de má-fé (arts. 17 e 18) será promovida no próprio processo de execução, em autos apensos, operando-se por compensação ou por execução.	
Art. 740. Recebidos os embargos, será o exequente ouvido no prazo de 15 (quinze) dias; a seguir, o juiz julgará imediatamente o pedido (art. 330) ou designará audiência de conciliação, instrução e julgamento, proferindo sentença no prazo de 10 (dez) dias.	**Art. 920.** Recebidos os embargos:
	I – o exequente será ouvido no prazo de 15 (quinze) dias;
	II – a seguir, o juiz julgará imediatamente o pedido ou designará audiência;
Parágrafo único. No caso de embargos manifestamente protelatórios, o juiz imporá, em favor do exequente, multa ao embargante em valor não superior a 20% (vinte por cento) do valor em execução.	**Art. 918.** [...] **Parágrafo único.** Considera-se conduta atentatória à dignidade da justiça o oferecimento de embargos manifestamente protelatórios.
Capítulo II Dos Embargos à Execução contra a Fazenda Pública	
Art. 741. Na execução contra a Fazenda Pública, os embargos só poderão versar sobre:	

I – falta ou nulidade da citação, se o processo correu à revelia;	
II – inexigibilidade do título;	
III – ilegitimidade das partes;	
IV – cumulação indevida de execuções;	
V – excesso de execução;	
VI – qualquer causa impeditiva, modificativa ou extintiva da obrigação, como pagamento, novação, compensação, transação ou prescrição, desde que superveniente à sentença;	
VII – incompetência do juízo da execução, bem como suspeição ou impedimento do juiz.	
Parágrafo único. Para efeito do disposto no inciso II do **caput** deste artigo, considera-se também inexigível o título judicial fundado em lei ou ato normativo declarados inconstitucionais pelo Supremo Tribunal Federal, ou fundado em aplicação ou interpretação da lei ou ato normativo tidas pelo Supremo Tribunal Federal como incompatíveis com a Constituição Federal.	
Art. 742. Será oferecida, juntamente com os embargos, a exceção de incompetência do juízo, bem como a de suspeição ou de impedimento do juiz.	
Art. 743. Há excesso de execução:	**Art. 917.** [...] § 2º Há excesso de execução quando:
I – quando o credor pleiteia quantia superior à do título;	I – o **exequente** pleiteia quantia superior à do título;
II – quando recai sobre coisa diversa daquela declarada no título;	II – ela recai sobre coisa diversa daquela declarada no título;
III – quando se processa de modo diferente do que foi determinado na sentença;	III – ela **se processa** de modo diferente do que foi determinado **no título**;
IV – quando o credor, sem cumprir a prestação que lhe corresponde, exige o adimplemento da do devedor (art. 582);	IV – o **exequente**, sem cumprir a prestação que lhe corresponde, exige o adimplemento da prestação do **executado**;
V – se o credor não provar que a condição se realizou.	V – o **exequente** não prova que a condição se realizou.
Capítulo III **Dos Embargos à Execução**	
Art. 744. (*Revogado pela Lei nº 11.382, de 2006*)	
Art. 745. Nos embargos, poderá o executado alegar:	**Art. 917.** Nos embargos **à execução**, o executado poderá alegar:
I – nulidade da execução, por não ser executivo o título apresentado;	I – **inexequibilidade do título ou inexigibilidade da obrigação**;
II – penhora incorreta ou avaliação errônea;	II – penhora incorreta ou avaliação errônea;
III – excesso de execução ou cumulação indevida de execuções;	III – excesso de execução ou cumulação indevida de execuções;
IV – retenção por benfeitorias necessárias ou úteis, nos casos de título para entrega de coisa certa (art. 621);	IV – retenção por benfeitorias necessárias ou úteis, nos casos de execução para entrega de coisa certa;
V – qualquer matéria que lhe seria lícito deduzir como defesa em processo de conhecimento.	VI – incompetência absoluta ou relativa do juízo da execução;
§ 1º Nos embargos de retenção por benfeitorias, poderá o exequente requerer a compensação de seu valor com o dos frutos ou danos considerados devidos pelo executado, cumprindo ao juiz, para a apuração dos respectivos valores, nomear perito, fixando-lhe breve prazo para entrega do laudo.	§ 4º Nos embargos de retenção por benfeitorias, o exequente poderá requerer a compensação de seu valor com o dos frutos ou dos danos considerados devidos pelo executado, cumprindo ao juiz, para a apuração dos respectivos valores, nomear perito, **observando-se, então, o art. 461**.
§ 2º O exequente poderá, a qualquer tempo, ser imitido na posse da coisa, prestando caução ou depositando o valor devido pelas benfeitorias ou resultante da compensação.	§ 5º O exequente poderá a qualquer tempo ser imitido na posse da coisa, prestando caução ou depositando o valor devido pelas benfeitorias ou resultante da compensação.
Art. 745-A. No prazo para embargos, reconhecendo o crédito do exequente e comprovando o depósito de 30% (trinta por cento) do valor em execução, inclusive custas e honorários de advogado, poderá o executado requerer seja admitido a pagar o restante em até 6 (seis) parcelas mensais, acrescidas de correção monetária e juros de 1% (um por cento) ao mês.	**Art. 916.** No prazo para embargos, reconhecendo o crédito do exequente e comprovando o depósito de trinta por cento do valor em execução, acrescido de custas e de honorários de advogado, o executado poderá requerer que lhe seja permitido pagar o restante em até 6 (seis) parcelas mensais, acrescidas de correção monetária e de juros de um por cento ao mês.

§ 1º Sendo a proposta deferida pelo juiz, o exequente levantará a quantia depositada e serão suspensos os atos executivos; caso indeferida, seguir-se-ão os atos executivos, mantido o depósito.	§ 3º Deferida a proposta, o exequente levantará a quantia depositada, e serão suspensos os atos executivos.
§ 2º O não pagamento de qualquer das prestações implicará, de pleno direito, o vencimento das subsequentes e o prosseguimento do processo, com o imediato início dos atos executivos, imposta ao executado multa de 10% (dez por cento) sobre o valor das prestações não pagas e vedada a oposição de embargos.	§ 5º O não pagamento de qualquer das prestações **acarretará cumulativamente**:
	I – o vencimento das **prestações** subsequentes e o prosseguimento do processo, com o imediato reinício dos atos executivos;
	II – **a imposição** ao executado de multa de dez por cento sobre o valor das prestações não pagas.
	Art. 903. [...]
Art. 746. É lícito ao executado, no prazo de 5 (cinco) dias, contados da adjudicação, alienação ou arrematação, oferecer embargos fundados em nulidade da execução, ou em causa extintiva da obrigação, desde que superveniente à penhora, aplicando-se, no que couber, o disposto neste Capítulo.	§ 4º **Após a expedição da carta de arrematação ou da ordem de entrega, a invalidação da arrematação poderá ser pleiteada por ação autônoma, em cujo processo o arrematante figurará como litisconsorte necessário.**
§ 1º Oferecidos embargos, poderá o adquirente desistir da aquisição.	§ 5º **O arrematante poderá desistir da arrematação, sendo-lhe imediatamente devolvido o depósito que tiver feito**:
§ 2º No caso do § 1º deste artigo, o juiz deferirá de plano o requerimento, com a imediata liberação do depósito feito pelo adquirente (art. 694, § 1º, inciso IV).	
§ 3º Caso os embargos sejam declarados manifestamente protelatórios, o juiz imporá multa ao embargante, não superior a 20% (vinte por cento) do valor da execução, em favor de quem desistiu da aquisição.	§ 6º **Considera-se ato atentatório à dignidade da justiça a suscitação infundada de vício com o objetivo de ensejar a desistência do arrematante, devendo o suscitante ser condenado, sem prejuízo da responsabilidade por perdas e danos, ao pagamento de** multa, **a ser fixada pelo juiz e devida ao exequente, em montante** não superior a vinte por cento **do valor atualizado do bem.**
Capítulo IV Dos Embargos na Execução por Carta	
	Art. 914. [...]
Art. 747. Na execução por carta, os embargos serão oferecidos no juízo deprecante ou no juízo deprecado, mas a competência para julgá-los é do juízo deprecante, salvo se versarem unicamente vícios ou defeitos da penhora, avaliação ou alienação dos bens.	§ 2º Na execução por carta, os embargos serão oferecidos no juízo deprecante ou no juízo deprecado, mas a competência para julgá-los é do juízo deprecante, salvo se versarem unicamente sobre vícios ou defeitos da penhora, da avaliação ou da alienação dos bens **efetuadas no juízo deprecado**.
TÍTULO IV Da Execução por Quantia certa contra Devedor Insolvente	
Capítulo I Da Insolvência	
Art. 748. Dá-se a insolvência toda vez que as dívidas excederem à importância dos bens do devedor.	
Art. 749. Se o devedor for casado e o outro cônjuge, assumindo a responsabilidade por dívidas, não possuir bens próprios que bastem ao pagamento de todos os credores, poderá ser declarada, nos autos do mesmo processo, a insolvência de ambos.	
Art. 750. Presume-se a insolvência quando:	
I – o devedor não possuir outros bens livres e desembaraçados para nomear à penhora;	
II – forem arrestados bens do devedor, com fundamento no art. 813, I, II e III.	
Art. 751. A declaração de insolvência do devedor produz:	
I – o vencimento antecipado das suas dívidas;	
II – a arrecadação de todos os seus bens suscetíveis de penhora, quer os atuais, quer os adquiridos no curso do processo;	
III – a execução por concurso universal dos seus credores.	
Art. 752. Declarada a insolvência, o devedor perde o direito de administrar os seus bens e de dispor deles, até a liquidação total da massa.	

Art. 753. A declaração de insolvência pode ser requerida:	
I – por qualquer credor quirografário;	
II – pelo devedor;	
III – pelo inventariante do espólio do devedor.	
Capítulo II **Da Insolvência Requerida pelo Credor**	
Art. 754. O credor requererá a declaração de insolvência do devedor, instruindo o pedido com título executivo judicial ou extrajudicial (art. 586).	
Art. 755. O devedor será citado para, no prazo de 10 (dez) dias, opor embargos; se os não oferecer, o juiz proferirá, em 10 (dez) dias, a sentença.	
Art. 756. Nos embargos pode o devedor alegar:	
I – que não paga por ocorrer alguma das causas enumeradas nos arts. 741, 742 e 745, conforme o pedido de insolvência se funde em título judicial ou extrajudicial;	
II – que o seu ativo é superior ao passivo.	
Art. 757. O devedor ilidirá o pedido de insolvência se, no prazo para opor embargos, depositar a importância do crédito, para lhe discutir a legitimidade ou o valor.	
Art. 758. Não havendo provas a produzir, o juiz dará a sentença em 10 (dez) dias; havendo-as, designará audiência de instrução e julgamento.	
Capítulo III **Da Insolvência Requerida pelo Devedor ou pelo seu Espólio**	
Art. 759. É lícito ao devedor ou ao seu espólio, a todo tempo, requerer a declaração de insolvência.	
Art. 760. A petição, dirigida ao juiz da comarca em que o devedor tem o seu domicílio, conterá:	
I – a relação nominal de todos os credores, com a indicação do domicílio de cada um, bem como da importância e da natureza dos respectivos créditos;	
II – a individuação de todos os bens, com a estimativa do valor de cada um;	
III – o relatório do estado patrimonial, com a exposição das causas que determinaram a insolvência.	
Capítulo IV **Da Declaração Judicial de Insolvência**	
Art. 761. Na sentença, que declarar a insolvência, o juiz:	
I – nomeará, dentre os maiores credores, um administrador da massa;	
II – mandará expedir edital, convocando os credores para que apresentem, no prazo de 20 (vinte) dias, a declaração do crédito, acompanhada do respectivo título.	
Art. 762. Ao juízo da insolvência concorrerão todos os credores do devedor comum.	
§ 1º As execuções movidas por credores individuais serão remetidas ao juízo da insolvência.	
§ 2º Havendo, em alguma execução, dia designado para a praça ou o leilão, far-se-á a arrematação, entrando para a massa o produto dos bens.	
Capítulo V **Das Atribuições do Administrador**	
Art. 763. A massa dos bens do devedor insolvente ficará sob a custódia e responsabilidade de um administrador, que exercerá as suas atribuições, sob a direção e superintendência do juiz.	

Art. 764. Nomeado o administrador, o escrivão o intimará a assinar, dentro de 24 (vinte e quatro) horas, termo de compromisso de desempenhar bem e fielmente o cargo.

Art. 765. Ao assinar o termo, o administrador entregará a declaração de crédito, acompanhada do título executivo. Não o tendo em seu poder, juntá-lo-á no prazo fixado pelo art. 761, II.

Art. 766. Cumpre ao administrador:

I – arrecadar todos os bens do devedor, onde quer que estejam, requerendo para esse fim as medidas judiciais necessárias;

II – representar a massa, ativa e passivamente, contratando advogado, cujos honorários serão previamente ajustados e submetidos à aprovação judicial;

III – praticar todos os atos conservatórios de direitos e de ações, bem como promover a cobrança das dívidas ativas;

IV – alienar em praça ou em leilão, com autorização judicial, os bens da massa.

Art. 767. O administrador terá direito a uma remuneração, que o juiz arbitrará, atendendo à sua diligência, ao trabalho, à responsabilidade da função e à importância da massa.

Capítulo VI
Da Verificação e da Classificação dos Créditos

Art. 768. Findo o prazo, a que se refere o nº II do art. 761, o escrivão, dentro de 5 (cinco) dias, ordenará todas as declarações, autuando cada uma com o seu respectivo título. Em seguida intimará, por edital, todos os credores para, no prazo de 20 (vinte) dias, que lhes é comum, alegarem as suas preferências, bem como a nulidade, simulação, fraude, ou falsidade de dívidas e contratos.

Parágrafo único. No prazo, a que se refere este artigo, o devedor poderá impugnar quaisquer créditos.

Art. 769. Não havendo impugnações, o escrivão remeterá os autos ao contador, que organizará o quadro geral dos credores, observando, quanto à classificação dos créditos e dos títulos legais de preferência, o que dispõe a lei civil.

Parágrafo único. Se concorrerem aos bens apenas credores quirografários, o contador organizará o quadro, relacionando-os em ordem alfabética.

Art. 770. Se, quando for organizado o quadro geral dos credores, os bens da massa já tiverem sido alienados, o contador indicará a percentagem, que caberá a cada credor no rateio.

Art. 771. Ouvidos todos os interessados, no prazo de 10 (dez) dias, sobre o quadro geral dos credores, o juiz proferirá sentença.

Art. 772. Havendo impugnação pelo credor ou pelo devedor, o juiz deferirá, quando necessário, a produção de provas e em seguida proferirá sentença.

§ 1º Se for necessária prova oral, o juiz designará audiência de instrução e julgamento.

§ 2º Transitada em julgado a sentença, observar-se-á o que dispõem os três artigos antecedentes.

Art. 773. Se os bens não foram alienados antes da organização do quadro geral, o juiz determinará a alienação em praça ou em leilão, destinando-se o produto ao pagamento dos credores.

Capítulo VII
Do Saldo Devedor

Art. 774. Liquidada a massa sem que tenha sido efetuado o pagamento integral a todos os credores, o devedor insolvente continua obrigado pelo saldo.

Art. 775. Pelo pagamento dos saldos respondem os bens penhoráveis que o devedor adquirir, até que se lhe declare a extinção das obrigações.

Art. 776. Os bens do devedor poderão ser arrecadados nos autos do mesmo processo, a requerimento de qualquer credor incluído no quadro geral, a que se refere o art. 769, procedendo-se à sua alienação e à distribuição do respectivo produto aos credores, na proporção dos seus saldos.

Capítulo VIII
Da Extinção Das Obrigações

Art. 777. A prescrição das obrigações, interrompida com a instauração do concurso universal de credores, recomeça a correr no dia em que passar em julgado a sentença que encerrar o processo de insolvência.

Art. 778. Consideram-se extintas todas as obrigações do devedor, decorrido o prazo de 5 (cinco) anos, contados da data do encerramento do processo de insolvência.

Art. 779. É lícito ao devedor requerer ao juízo da insolvência a extinção das obrigações; o juiz mandará publicar edital, com o prazo de 30 (trinta) dias, no órgão oficial e em outro jornal de grande circulação.

Art. 780. No prazo estabelecido no artigo antecedente, qualquer credor poderá opor-se ao pedido, alegando que:

I – não transcorreram 5 (cinco) anos da data do encerramento da insolvência;

II – o devedor adquiriu bens, sujeitos à arrecadação (art. 776).

Art. 781. Ouvido o devedor no prazo de 10 (dez) dias, o juiz proferirá sentença; havendo provas a produzir, o juiz designará audiência de instrução e julgamento.

Art. 782. A sentença, que declarar extintas as obrigações, será publicada por edital, ficando o devedor habilitado a praticar todos os atos da vida civil.

Capítulo IX
Das Disposições Gerais

Art. 783. O devedor insolvente poderá, depois da aprovação do quadro a que se refere o art. 769, acordar com os seus credores, propondo-lhes a forma de pagamento. Ouvidos os credores, se não houver oposição, o juiz aprovará a proposta por sentença.

Art. 784. Ao credor retardatário é assegurado o direito de disputar, por ação direta, antes do rateio final, a prelação ou a cota proporcional ao seu crédito.

Art. 785. O devedor, que caiu em estado de insolvência sem culpa sua, pode requerer ao juiz, se a massa o comportar, que lhe arbitre uma pensão, até a alienação dos bens. Ouvidos os credores, o juiz decidirá.

Art. 786. As disposições deste Título aplicam-se às sociedades civis, qualquer que seja a sua forma.

Art. 786-A. Os editais referidos neste Título também serão publicados, quando for o caso, nos órgãos oficiais dos Estados em que o devedor tenha filiais ou representantes.

TÍTULO V
Da Remição

(*Revogado pela Lei nº 11.382, de 2006*)

Art. 787. (*Revogado pela Lei nº 11.382, de 2006*)

Art. 788. (*Revogado pela Lei nº 11.382, de 2006*)

Art. 789. (*Revogado pela Lei nº 11.382, de 2006*)

Art. 790. (*Revogado pela Lei nº 11.382, de 2006*)

TÍTULO VI Da Suspensão e da Extinção do Processo de Execução	TÍTULO IV Da Suspensão e da Extinção do Processo de Execução
Capítulo I Da Suspensão	Capítulo I Da Suspensão do Processo de Execução
Art. 791. Suspende-se a execução:	**Art. 921.** Suspende-se a execução:
I – no todo ou em parte, quando recebidos com efeito suspensivo os embargos à execução (art. 739-A);	II – no todo ou em parte, quando recebidos com efeito suspensivo os embargos à execução;
II – nas hipóteses previstas no art. 265, I a III;	I – nas hipóteses **dos arts. 313** e **315, no que couber**;
III – quando o devedor não possuir bens penhoráveis.	III – quando o **executado** não possuir bens penhoráveis;
Art. 792. Convindo as partes, o juiz declarará suspensa a execução durante o prazo concedido pelo credor, para que o devedor cumpra voluntariamente a obrigação.	**Art. 922.** Convindo as partes, o juiz declarará suspensa a execução durante o prazo concedido pelo **exequente** para que o **executado** cumpra voluntariamente a obrigação.
Parágrafo único. Findo o prazo sem cumprimento da obrigação, o processo retomará o seu curso.	**Parágrafo único.** Findo o prazo sem cumprimento da obrigação, o processo retomará o seu curso.
Art. 793. Suspensa a execução, é defeso praticar quaisquer atos processuais. O juiz poderá, entretanto, ordenar providências cautelares urgentes.	**Art. 923.** Suspensa a execução, **não serão praticados** atos processuais, podendo o juiz, entretanto, **salvo no caso de arguição de impedimento ou** de **suspeição**, ordenar providências urgentes.
Capítulo II Da Extinção	Capítulo II Da Extinção do Processo de Execução
Art. 794. Extingue-se a execução quando:	**Art. 922.** Extingue-se a execução quando:
I – o devedor satisfaz a obrigação;	II – a **obrigação for satisfeita**;
II – o devedor obtém, por transação ou por qualquer outro meio, a remissão total da dívida;	III – o **executado** obtiver, por qualquer outro meio, a **extinção** total da dívida;
III – o credor renunciar ao crédito.	IV – o **exequente** renunciar ao crédito;
Art. 795. A extinção só produz efeito quando declarada por sentença.	**Art. 925.** A extinção só produz efeito quando declarada por sentença.
LIVRO III DO PROCESSO CAUTELAR	LIVRO V DA TUTELA PROVISÓRIA
TÍTULO ÚNICO Das Medidas Cautelares	TÍTULO I Das Disposições Gerais
Capítulo I Das Disposições Gerais	
Art. 796. O procedimento cautelar pode ser instaurado antes ou no curso do processo principal e deste é sempre dependente.	**Art. 292.** [...] **Parágrafo único.** A tutela provisória de urgência, cautelar ou antecipada, pode ser concedida em caráter antecedente ou incidental.
Art. 797. Só em casos excepcionais, expressamente autorizados por lei, determinará o juiz medidas cautelares sem a audiência das partes.	**Art. 9º** Não se proferirá decisão contra uma das partes sem que ela seja previamente ouvida.
	Parágrafo único. O disposto no *caput* não se aplica:
	I – à tutela provisória de urgência;
	II – às hipóteses de tutela da evidência previstas no art. 311, incisos II e III;
	III – à decisão prevista no art. 701.
Art. 798. Além dos procedimentos cautelares específicos, que este Código regula no Capítulo II deste Livro, poderá o juiz determinar as medidas provisórias que julgar adequadas, quando houver fundado receio de que uma parte, antes do julgamento da lide, cause ao direito da outra lesão grave e de difícil reparação.	**Art. 297.** O juiz poderá determinar as medidas que **considerar** adequadas para efetivação da tutela provisória.
Art. 799. No caso do artigo anterior, poderá o juiz, para evitar o dano, autorizar ou vedar a prática de determinados atos, ordenar a guarda judicial de pessoas e depósito de bens e impor a prestação de caução.	**Art. 301.** A tutela de urgência de natureza cautelar pode ser efetivada mediante arresto, sequestro, arrolamento de bens, registro de protesto contra alienação de bem e qualquer outra medida idônea para asseguração do direito.
Art. 800. As medidas cautelares serão requeridas ao juiz da causa; e, quando preparatórias, ao juiz competente para conhecer da ação principal.	**Art. 299.** A tutela provisória será requerida ao juízo da causa e, **quando antecedente**, ao juízo competente para conhecer do pedido principal.

Parágrafo único. Interposto o recurso, a medida cautelar será requerida diretamente ao tribunal.	**Parágrafo único. Ressalvada disposição especial, na ação de competência originária de tribunal e nos recursos a tutela provisória será requerida ao órgão jurisdicional competente para apreciar o mérito.**
Art. 801. O requerente pleiteará a medida cautelar em petição escrita, que indicará:	**Art. 305.** A petição inicial da ação que visa à prestação de tutela cautelar em caráter antecedente indicará a lide e seu fundamento, a exposição sumária do direito que se objetiva assegurar e o perigo de dano ou o risco ao resultado útil do processo.
I – a autoridade judiciária, a que for dirigida;	
II – o nome, o estado civil, a profissão e a residência do requerente e do requerido;	
III – a lide e seu fundamento;	
IV – a exposição sumária do direito ameaçado e o receio da lesão;	
V – as provas que serão produzidas.	
Parágrafo único. Não se exigirá o requisito do nº III senão quando a medida cautelar for requerida em procedimento preparatório.	
Art. 802. O requerido será citado, qualquer que seja o procedimento cautelar, para, no prazo de 5 (cinco) dias, contestar o pedido, indicando as provas que pretende produzir.	**Art. 306.** O réu será citado para, no prazo de 5 (cinco) dias, contestar o pedido e indicar as provas que pretende produzir.
Parágrafo único. Conta-se o prazo, da juntada aos autos do mandado:	
I – de citação devidamente cumprido;	
II – da execução da medida cautelar, quando concedida liminarmente ou após justificação prévia.	
Art. 803. Não sendo contestado o pedido, presumir-se-ão aceitos pelo requerido, como verdadeiros, os fatos alegados pelo requerente (arts. 285 e 319); caso em que o juiz decidirá dentro em 5 (cinco) dias.	**Art. 307.** Não sendo contestado o pedido, os fatos alegados **pelo autor** presumir-se-ão aceitos pelo réu como ocorridos, caso em que o juiz decidirá dentro de 5 (cinco) dias.
Parágrafo único. Se o requerido contestar no prazo legal, o juiz designará audiência de instrução e julgamento, havendo prova a ser nela produzida.	**Parágrafo único.** Contestado o pedido no prazo legal, observar-se-á o procedimento comum.
Art. 804. É lícito ao juiz conceder liminarmente ou após justificação prévia a medida cautelar, sem ouvir o réu, quando verificar que este, sendo citado, poderá torná-la ineficaz; caso em que poderá determinar que o requerente preste caução real ou fidejussória de ressarcir os danos que o requerido possa vir a sofrer.	**Art. 300.** [...]
	§ 1º Para a concessão da tutela de urgência, o juiz pode, conforme o caso, exigir caução real ou fidejussória idônea para ressarcir os danos que a outra parte possa vir a sofrer, podendo **a caução ser dispensada se a parte economicamente hipossuficiente não puder oferecê-la.**
	§ 2º A tutela de urgência pode ser concedida liminarmente ou após justificação prévia.
Art. 805. A medida cautelar poderá ser substituída, de ofício ou a requerimento de qualquer das partes, pela prestação de caução ou outra garantia menos gravosa para o requerido, sempre que adequada e suficiente para evitar a lesão ou repará-la integralmente.	**Art. 300.** [...]
	§ 1º Para a concessão da tutela de urgência, o juiz pode, conforme o caso, exigir caução real ou fidejussória idônea para ressarcir os danos que a outra parte possa vir a sofrer, podendo a caução ser dispensada se a parte economicamente hipossuficiente não puder oferecê-la.
Art. 806. Cabe à parte propor a ação, no prazo de 30 (trinta) dias, contados da data da efetivação da medida cautelar, quando esta for concedida em procedimento preparatório.	**Art. 308.** Efetivada a tutela cautelar, o pedido principal terá de ser formulado pelo autor no prazo de 30 (trinta) dias, **caso** em que **será apresentado nos mesmos autos em que deduzido o pedido de tutela cautelar, não dependendo do adiantamento de novas custas processuais.**
Art. 807. As medidas cautelares conservam a sua eficácia no prazo do artigo antecedente e na pendência do processo principal; mas podem, a qualquer tempo, ser revogadas ou modificadas.	**Art. 296.** A tutela provisória **conserva sua eficácia na pendência do processo, mas** pode, a qualquer tempo, ser revogada ou modificada.
Parágrafo único. Salvo decisão judicial em contrário, a medida cautelar conservará a eficácia durante o período de suspensão do processo.	**Parágrafo único.** Salvo decisão judicial em contrário, a tutela provisória conservará a eficácia durante o período de suspensão do processo.
Art. 808. Cessa a eficácia da medida cautelar:	**Art. 309.** Cessa a eficácia da tutela concedida em caráter antecedente, se:
I – se a parte não intentar a ação no prazo estabelecido no art. 806;	I – o autor não deduzir **pedido principal** no prazo legal;
II – se não for executada dentro de 30 (trinta) dias;	II – não for **efetivada** dentro de 30 (trinta) dias;
III – se o juiz declarar extinto o processo principal, com ou sem julgamento do mérito.	III – o juiz **julgar improcedente o pedido principal** formulado pelo autor ou extinguir o processo sem resolução de mérito.

Parágrafo único. Se por qualquer motivo cessar a medida, é defeso à parte repetir o pedido, salvo por novo fundamento.	**Parágrafo único.** Se por qualquer motivo cessar a eficácia da tutela cautelar, é vedado à parte renovar o pedido, salvo sob novo fundamento.
Art. 809. Os autos do procedimento cautelar serão apensados aos do processo principal.	**Art. 308.** Efetivada a tutela cautelar, o pedido principal terá de ser formulado pelo autor no prazo de 30 (trinta) dias, **caso** em que **será apresentado nos mesmos autos em que deduzido o pedido de tutela cautelar, não dependendo do adiantamento de novas custas processuais.**
Art. 810. O indeferimento da medida não obsta a que a parte intente a ação, nem influi no julgamento desta, salvo se o juiz, no procedimento cautelar, acolher a alegação de decadência ou de prescrição do direito do autor.	**Art. 310.** O indeferimento da **tutela cautelar** não obsta a que a parte **formule o pedido principal**, nem influi no julgamento desse, salvo se o motivo do indeferimento for o reconhecimento de decadência ou de prescrição.
Art. 811. Sem prejuízo do disposto no art. 16, o requerente do procedimento cautelar responde ao requerido pelo prejuízo que lhe causar a execução da medida:	**Art. 302.** Independentemente da reparação por dano processual, a **parte** responde pelo prejuízo que a **efetivação da tutela de urgência** causar à parte adversa, se:
I – se a sentença no processo principal lhe for desfavorável;	I – a sentença lhe for desfavorável;
II – se, obtida liminarmente a medida no caso do art. 804 deste Código, não promover a citação do requerido dentro em 5 (cinco) dias;	II – obtida liminarmente a tutela em caráter antecedente, **não fornecer os meios necessários para a citação do requerido** no prazo de 5 (cinco) dias;
III – se ocorrer a cessação da eficácia da medida, em qualquer dos casos previstos no art. 808, deste Código;	III – ocorrer a cessação da eficácia da medida **em qualquer hipótese legal;**
IV – se o juiz acolher, no procedimento cautelar, a alegação de decadência ou de prescrição do direito do autor (art. 810).	IV – o juiz acolher a alegação de decadência ou prescrição da **pretensão** do autor.
Parágrafo único. A indenização será liquidada nos autos do procedimento cautelar.	**Parágrafo único.** A indenização será liquidada nos **autos em que a medida tiver sido concedida, sempre que possível**.
Art. 812. Aos procedimentos cautelares específicos, regulados no Capítulo seguinte, aplicam-se as disposições gerais deste Capítulo.	
Capítulo II **Dos Procedimentos Cautelares Específicos**	
Seção I *Do Arresto*	
Art. 813. O arresto tem lugar:	**Art. 301.** A tutela de urgência de natureza cautelar pode ser efetivada mediante arresto, sequestro, arrolamento de bens, registro de protesto contra alienação de bem e qualquer outra medida idônea para asseguração do direito.
I – quando o devedor sem domicílio certo intenta ausentar-se ou alienar os bens que possui, ou deixa de pagar a obrigação no prazo estipulado;	
II – quando o devedor, que tem domicílio:	
a) se ausenta ou tenta ausentar-se furtivamente;	
b) caindo em insolvência, aliena ou tenta alienar bens que possui; contrai ou tenta contrair dívidas extraordinárias; põe ou tenta pôr os seus bens em nome de terceiros; ou comete outro qualquer artifício fraudulento, a fim de frustrar a execução ou lesar credores;	
III – quando o devedor, que possui bens de raiz, intenta aliená-los, hipotecá-los ou dá-los em anticrese, sem ficar com algum ou alguns, livres e desembargados, equivalentes às dívidas;	
IV – nos demais casos expressos em lei.	
Art. 814. Para a concessão do arresto é essencial:	
I – prova literal da dívida líquida e certa;	
II – prova documental ou justificação de algum dos casos mencionados no artigo antecedente.	
Parágrafo único. Equipara-se à prova literal da dívida líquida e certa, para efeito de concessão de arresto, a sentença, líquida ou ilíquida, pendente de recurso, condenando o devedor ao pagamento de dinheiro ou de prestação que em dinheiro possa converter-se.	
Art. 815. A justificação prévia, quando ao juiz parecer indispensável, far-se-á em segredo e de plano, reduzindo-se a termo o depoimento das testemunhas.	

Art. 816. O juiz concederá o arresto independentemente de justificação prévia:	
I – quando for requerido pela União, Estado ou Município, nos casos previstos em lei;	
II – se o credor prestar caução (art. 804).	
Art. 817. Ressalvado o disposto no art. 810, a sentença proferida no arresto não faz coisa julgada na ação principal.	
Art. 818. Julgada procedente a ação principal, o arresto se resolve em penhora.	
Art. 819. Ficará suspensa a execução do arresto se o devedor:	
I – tanto que intimado, pagar ou depositar em juízo a importância da dívida, mais os honorários de advogado que o juiz arbitrar, e custas;	
II – der fiador idôneo, ou prestar caução para garantir a dívida, honorários do advogado do requerente e custas.	
Art. 820. Cessa o arresto:	
I – pelo pagamento;	
II – pela novação;	
III – pela transação.	
Art. 821. Aplicam-se ao arresto as disposições referentes à penhora, não alteradas na presente Seção.	
Seção II *Do Sequestro*	
Art. 822. O juiz, a requerimento da parte, pode decretar o sequestro:	**Art. 301.** A tutela de urgência de natureza cautelar pode ser efetivada mediante arresto, sequestro, arrolamento de bens, registro de protesto contra alienação de bem e qualquer outra medida idônea para asseguração do direito.
I – de bens móveis, semoventes ou imóveis, quando lhes for disputada a propriedade ou a posse, havendo fundado receio de rixas ou danificações;	
II – dos frutos e rendimentos do imóvel reivindicando, se o réu, depois de condenado por sentença ainda sujeita a recurso, os dissipar;	
III – dos bens do casal, nas ações de separação judicial e de anulação de casamento, se o cônjuge os estiver dilapidando;	
IV – nos demais casos expressos em lei.	
Art. 823. Aplica-se ao sequestro, no que couber, o que este Código estatui acerca do arresto.	
Art. 824. Incumbe ao juiz nomear o depositário dos bens sequestrados. A escolha poderá, todavia, recair:	
I – em pessoa indicada, de comum acordo, pelas partes;	
II – em uma das partes, desde que ofereça maiores garantias e preste caução idônea.	
Art. 825. A entrega dos bens ao depositário far-se-á logo depois que este assinar o compromisso.	
Parágrafo único. Se houver resistência, o depositário solicitará ao juiz a requisição de força policial.	
Seção III *Da Caução*	
Art. 826. A caução pode ser real ou fidejussória.	
Art. 827. Quando a lei não determinar a espécie de caução, esta poderá ser prestada mediante depósito em dinheiro, papéis de crédito, títulos da União ou dos Estados, pedras e metais preciosos, hipoteca, penhor e fiança.	
Art. 828. A caução pode ser prestada pelo interessado ou por terceiro.	
Art. 829. Aquele que for obrigado a dar caução requererá a citação da pessoa a favor de quem tiver de ser prestada, indicando na petição inicial:	
I – o valor a caucionar;	
II – o modo pelo qual a caução vai ser prestada;	

III – a estimativa dos bens;	
IV – a prova da suficiência da caução ou da idoneidade do fiador.	
Art. 830. Aquele em cujo favor há de ser dada a caução requererá a citação do obrigado para que a preste, sob pena de incorrer na sanção que a lei ou o contrato cominar para a falta.	
Art. 831. O requerido será citado para, no prazo de 5 (cinco) dias, aceitar a caução (art. 829), prestá-la (art. 830), ou contestar o pedido.	
Art. 832. O juiz proferirá imediatamente a sentença:	
I – se o requerido não contestar;	
II – se a caução oferecida ou prestada for aceita;	
III – se a matéria for somente de direito ou, sendo de direito e de fato, já não houver necessidade de outra prova.	
Art. 833. Contestado o pedido, o juiz designará audiência de instrução e julgamento, salvo o disposto no nº III do artigo anterior.	
Art. 834. Julgando procedente o pedido, o juiz determinará a caução e assinará o prazo em que deve ser prestada, cumprindo-se as diligências que forem determinadas.	
Parágrafo único. Se o requerido não cumprir a sentença no prazo estabelecido, o juiz declarará:	
I – no caso do art. 829, não prestada a caução;	
II – no caso do art. 830, efetivada a sanção que cominou.	
Art. 835. O autor, nacional ou estrangeiro, que residir fora do Brasil ou dele se ausentar na pendência da demanda, prestará, nas ações que intentar, caução suficiente às custas e honorários de advogado da parte contrária, se não tiver no Brasil bens imóveis que lhes assegurem o pagamento.	**Art. 83.** O autor, brasileiro ou estrangeiro, que residir fora do Brasil ou deixar de residir no país ao longo da tramitação de processo, prestará caução suficiente ao pagamento das custas e dos honorários de advogado da parte contrária nas ações que propuser, se não tiver no Brasil bens imóveis que lhes assegurem o pagamento.
Art. 836. Não se exigirá, porém, a caução, de que trata o artigo antecedente:	§ 1º Não se exigirá a caução de que trata o *caput*:
I – na execução fundada em título extrajudicial;	II – na execução fundada em título extrajudicial e no cumprimento de sentença;
II – na reconvenção.	III – na reconvenção.
Art. 837. Verificando-se no curso do processo que se desfalcou a garantia, poderá o interessado exigir reforço da caução. Na petição inicial, o requerente justificará o pedido, indicando a depreciação do bem dado em garantia e a importância do reforço que pretende obter.	§ 2º Verificando-se no trâmite do processo que se desfalcou a garantia, poderá o interessado exigir reforço da caução, justificando seu pedido com a indicação da depreciação do bem dado em garantia e a importância do reforço que pretende obter.
Art. 838. Julgando procedente o pedido, o juiz assinará prazo para que o obrigado reforce a caução. Não sendo cumprida a sentença, cessarão os efeitos da caução prestada, presumindo-se que o autor tenha desistido da ação ou o recorrente desistido do recurso.	
Seção IV *Da Busca e Apreensão*	
Art. 839. O juiz pode decretar a busca e apreensão de pessoas ou de coisas.	
Art. 840. Na petição inicial exporá o requerente as razões justificativas da medida e da ciência de estar a pessoa ou a coisa no lugar designado.	
Art. 841. A justificação prévia far-se-á em segredo de justiça, se for indispensável. Provado quanto baste o alegado, expedir-se-á o mandado que conterá:	
I – a indicação da casa ou do lugar em que deve efetuar-se a diligência;	
II – a descrição da pessoa ou da coisa procurada e o destino a lhe dar;	
III – a assinatura do juiz, de quem emanar a ordem.	
Art. 842. O mandado será cumprido por dois oficiais de justiça, um dos quais o lerá ao morador, intimando-o a abrir as portas.	
§ 1º Não atendidos, os oficiais de justiça arrombarão as portas externas, bem como as internas e quaisquer móveis onde presumam que esteja oculta a pessoa ou a coisa procurada.	

Antigo CPC	Novo CPC
§ 2º Os oficiais de justiça far-se-ão acompanhar de duas testemunhas.	
§ 3º Tratando-se de direito autoral ou direito conexo do artista, intérprete ou executante, produtores de fonogramas e organismos de radiodifusão, o juiz designará, para acompanharem os oficiais de justiça, dois peritos aos quais incumbirá confirmar a ocorrência da violação antes de ser efetivada a apreensão.	
Art. 843. Finda a diligência, lavrarão os oficiais de justiça auto circunstanciado, assinando-o com as testemunhas.	
<center>Seção V *Da Exibição*</center>	
Art. 844. Tem lugar, como procedimento preparatório, a exibição judicial:	**Art. 381.** A produção antecipada da prova será admitida nos casos em que: I – haja fundado receio de que venha a tornar-se impossível ou muito difícil a verificação de certos fatos na pendência da ação II – a prova a ser produzida seja suscetível de viabilizar a autocomposição ou outro meio adequado de solução de conflito; III – o prévio conhecimento dos fatos possa justificar ou evitar o ajuizamento de ação.
I – de coisa móvel em poder de outrem e que o requerente repute sua ou tenha interesse em conhecer;	
II – de documento próprio ou comum, em poder de cointeressado, sócio, condômino, credor ou devedor; ou em poder de terceiro que o tenha em sua guarda, como inventariante, testamenteiro, depositário ou administrador de bens alheios;	
III – da escrituração comercial por inteiro, balanços e documentos de arquivo, nos casos expressos em lei.	
Art. 845. Observar-se-á, quanto ao procedimento, no que couber, o disposto nos arts. 355 a 363, e 381 e 382.	
<center>Seção VI *Da Produção Antecipada de Provas*</center>	
Art. 846. A produção antecipada da prova pode consistir em interrogatório da parte, inquirição de testemunhas e exame pericial.	**Art. 381.** A produção antecipada da prova será admitida nos casos em que:
Art. 847. Far-se-á o interrogatório da parte ou a inquirição das testemunhas antes da proposição da ação, ou na pendência desta, mas antes da audiência de instrução:	
I – se tiver de ausentar-se;	**Art. 381.** A produção antecipada da prova será admitida nos casos em que:
II – se, por motivo de idade ou de moléstia grave, houver justo receio de que ao tempo da prova já não exista, ou esteja impossibilitada de depor.	I – haja fundado receio de que venha a tornar-se impossível ou muito difícil a verificação de certos fatos na pendência da ação II – a prova a ser produzida seja suscetível de viabilizar a autocomposição ou outro meio adequado de solução de conflito; III – o prévio conhecimento dos fatos possa justificar ou evitar o ajuizamento de ação.
Art. 848. O requerente justificará sumariamente a necessidade da antecipação e mencionará com precisão os fatos sobre que há de recair a prova.	**Art. 382. Na petição**, o requerente apresentará as razões que justificam a necessidade de antecipação da prova e mencionará com precisão os fatos sobre os quais a prova há de recair.
Parágrafo único. Tratando-se de inquirição de testemunhas, serão intimados os interessados a comparecer à audiência em que prestará o depoimento.	§ 1º O juiz determinará, de ofício ou a requerimento da parte, a citação de interessados na produção da prova ou no fato a ser provado, salvo se inexistente caráter contencioso.
Art. 849. Havendo fundado receio de que venha a tornar-se impossível ou muito difícil a verificação de certos fatos na pendência da ação, é admissível o exame pericial.	
Art. 850. A prova pericial realizar-se-á conforme o disposto nos arts. 420 a 439.	
Art. 851. Tomado o depoimento ou feito exame pericial, os autos permanecerão em cartório, sendo lícito aos interessados solicitar as certidões que quiserem.	**Art. 383.** Os autos permanecerão em cartório **durante 1 (um) mês para extração de cópias e certidões pelos interessados.**

Seção VII *Dos Alimentos Provisionais*	
Art. 852. É lícito pedir alimentos provisionais:	**Art. 693.** [...] **Parágrafo único.** A ação de alimentos e a que versar sobre interesse de criança ou de adolescente observarão o procedimento previsto em legislação específica, aplicando-se, no que couber, as disposições deste Capítulo.
I – nas ações de desquite e de anulação de casamento, desde que estejam separados os cônjuges;	
II – nas ações de alimentos, desde o despacho da petição inicial;	
III – nos demais casos expressos em lei.	
Parágrafo único. No caso previsto no nº I deste artigo, a prestação alimentícia devida ao requerente abrange, além do que necessitar para sustento, habitação e vestuário, as despesas para custear a demanda.	
Art. 853. Ainda que a causa principal penda de julgamento no tribunal, processar-se-á no primeiro grau de jurisdição o pedido de alimentos provisionais.	
Art. 854. Na petição inicial, exporá o requerente as suas necessidades e as possibilidades do alimentante.	
Parágrafo único. O requerente poderá pedir que o juiz, ao despachar a petição inicial e sem audiência do requerido, lhe arbitre desde logo uma mensalidade para mantença.	
Seção VIII *Do Arrolamento de Bens*	
Art. 855. Procede-se ao arrolamento sempre que há fundado receio de extravio ou de dissipação de bens.	**Art. 301.** A tutela de urgência de natureza cautelar pode ser efetivada mediante arresto, sequestro, arrolamento de bens, registro de protesto contra alienação de bem e qualquer outra medida idônea para assegurar do direito.
Art. 856. Pode requerer o arrolamento todo aquele que tem interesse na conservação dos bens.	**Art. 381.** [...] § 1º O arrolamento de bens observará o disposto nesta Seção quando tiver por finalidade apenas a realização de documentação e não a prática de atos de apreensão.
§ 1º O interesse do requerente pode resultar de direito já constituído ou que deva ser declarado em ação própria.	
§ 2º Aos credores só é permitido requerer arrolamento nos casos em que tenha lugar a arrecadação de herança.	
Art. 857. Na petição inicial exporá o requerente:	
I – o seu direito aos bens;	
II – os fatos em que funda o receio de extravio ou de dissipação dos bens.	
Art. 858. Produzidas as provas em justificação prévia, o juiz, convencendo-se de que o interesse do requerente corre sério risco, deferirá a medida, nomeando depositário dos bens.	
Parágrafo único. O possuidor ou detentor dos bens será ouvido se a audiência não comprometer a finalidade da medida.	
Art. 859. O depositário lavrará auto, descrevendo minuciosamente todos os bens e registrando quaisquer ocorrências que tenham interesse para sua conservação.	
Art. 860. Não sendo possível efetuar desde logo o arrolamento ou concluí-lo no dia em que foi iniciado, apor-se-ão selos nas portas da casa ou nos móveis em que estejam os bens, continuando-se a diligência no dia que for designado.	
Seção IX *Da Justificação*	
Art. 861. Quem pretender justificar a existência de algum fato ou relação jurídica, seja para simples documento e sem caráter contencioso, seja para servir de prova em processo regular, exporá, em petição circunstanciada, a sua intenção.	**Art. 381.** A produção antecipada da prova será admitida nos casos em que: [...] § 5º Aplica-se o disposto nesta Seção àquele que pretender justificar a existência de algum fato ou relação jurídica para simples documento e sem caráter contencioso, que exporá, em petição circunstanciada, a sua intenção.

Art. 862. Salvo nos casos expressos em lei, é essencial a citação dos interessados.	
Parágrafo único. Se o interessado não puder ser citado pessoalmente, intervirá no processo o Ministério Público.	
Art. 863. A justificação consistirá na inquirição de testemunhas sobre os fatos alegados, sendo facultado ao requerente juntar documentos.	
Art. 864. Ao interessado é lícito contraditar as testemunhas, reinquiri-las e manifestar-se sobre os documentos, dos quais terá vista em cartório por 24 (vinte e quatro) horas.	
Art. 865. No processo de justificação não se admite defesa nem recurso.	
Art. 866. A justificação será afinal julgada por sentença e os autos serão entregues ao requerente independentemente de traslado, decorridas 48 (quarenta e oito) horas da decisão.	
Parágrafo único. O juiz não se pronunciará sobre o mérito da prova, limitando-se a verificar se foram observadas as formalidades legais.	
<td colspan="2" align="center">Seção X *Dos Protestos, Notificações e Interpelações*</td>
Art. 867. Todo aquele que desejar prevenir responsabilidade, prover a conservação e ressalva de seus direitos ou manifestar qualquer intenção de modo formal, poderá fazer por escrito o seu protesto, em petição dirigida ao juiz, e requerer que do mesmo se intime a quem de direito.	**Art. 301.** A tutela de urgência de natureza cautelar pode ser efetivada mediante arresto, sequestro, arrolamento de bens, registro de protesto contra alienação de bem e qualquer outra medida idônea para asseguração do direito. **Art. 726.** Quem tiver interesse em manifestar formalmente sua vontade a outrem sobre assunto juridicamente relevante poderá notificar pessoas participantes da mesma relação jurídica para dar-lhes ciência de seu propósito.
Art. 868. Na petição o requerente exporá os fatos e os fundamentos do protesto.	
Art. 869. O juiz indeferirá o pedido, quando o requerente não houver demonstrado legítimo interesse e o protesto, dando causa a dúvidas e incertezas, possa impedir a formação de contrato ou a realização de negócio lícito.	
Art. 870. Far-se-á a intimação por editais:	
I – se o protesto for para conhecimento do público em geral, nos casos previstos em lei, ou quando a publicidade seja essencial para que o protesto, notificação ou interpelação atinja seus fins;	**Art. 726.** [...] § 1º Se a pretensão for a de dar conhecimento geral ao público, mediante edital, o juiz só a deferirá se a tiver por fundada e necessária ao resguardo de direito. § 2º Aplica-se o disposto nesta Seção, no que couber, ao protesto judicial.
II – se o citando for desconhecido, incerto ou estiver em lugar ignorado ou de difícil acesso;	
III – se a demora da intimação pessoal puder prejudicar os efeitos da interpelação ou do protesto.	
Parágrafo único. Quando se tratar de protesto contra a alienação de bens, pode o juiz ouvir, em 3 (três) dias, aquele contra quem foi dirigido, desde que lhe pareça haver no pedido ato emulativo, tentativa de extorsão, ou qualquer outro fim ilícito, decidindo em seguida sobre o pedido de publicação de editais.	
Art. 871. O protesto ou interpelação não admite defesa nem contraprotesto nos autos; mas o requerido pode contraprotestar em processo distinto.	
Art. 872. Feita a intimação, ordenará o juiz que, pagas as custas, e decorridas 48 (quarenta e oito) horas, sejam os autos entregues à parte independentemente de traslado.	**Art. 729.** Deferida e realizada a notificação ou interpelação, os autos serão entregues ao requerente.
Art. 873. Nos casos previstos em lei processar-se-á a notificação ou interpelação na conformidade dos artigos antecedentes.	

Seção XI Da Homologação do Penhor Legal	Capítulo XII **Da Homologação do Penhor Legal**
Art. 874. Tomado o penhor legal nos casos previstos em lei, requererá o credor, ato contínuo, a homologação. Na petição inicial, instruída com a conta pormenorizada das despesas, a tabela dos preços e a relação dos objetos retidos, pedirá a citação do devedor para, em 24 (vinte e quatro) horas, pagar ou alegar defesa.	**Art. 703.** Tomado o penhor legal nos casos previstos em lei, requererá o credor, ato contínuo, a homologação. § 1º Na petição inicial, instruída com o **contrato de locação** ou a conta pormenorizada das despesas, a tabela dos preços e a relação dos objetos retidos, o credor pedirá a citação do devedor para pagar ou contestar **na audiência preliminar que for designada**.
Parágrafo único. Estando suficientemente provado o pedido nos termos deste artigo, o juiz poderá homologar de plano o penhor legal.	
Art. 875. A defesa só pode consistir em:	**Art. 704.** A defesa só pode consistir em:
I – nulidade do processo;	I – nulidade do processo;
II – extinção da obrigação;	II – extinção da obrigação;
III – não estar a dívida compreendida entre as previstas em lei ou não estarem os bens sujeitos a penhor legal.	III – não estar a dívida compreendida entre as previstas em lei ou não estarem os bens sujeitos a penhor legal;
Art. 876. Em seguida, o juiz decidirá; homologando o penhor, serão os autos entregues ao requerente 48 (quarenta e oito) horas depois, independentemente de traslado, salvo se, dentro desse prazo, a parte houver pedido certidão; não sendo homologado, o objeto será entregue ao réu, ressalvado ao autor o direito de cobrar a conta por ação ordinária.	**Art. 706.** Homologado **judicialmente** o penhor legal, **consolidar-se-á a posse do autor sobre o objeto**. § 1º Negada a homologação, o objeto será entregue ao réu, ressalvado ao autor o direito de cobrar a dívida **pelo procedimento comum, salvo se acolhida a alegação de extinção da obrigação**.
Seção XII Da Posse em Nome do Nascituro	
Art. 877. A mulher que, para garantia dos direitos do filho nascituro, quiser provar seu estado de gravidez, requererá ao juiz que, ouvido o órgão do Ministério Público, mande examiná-la por um médico de sua nomeação.	
§ 1º O requerimento será instruído com a certidão de óbito da pessoa, de quem o nascituro é sucessor.	
§ 2º Será dispensado o exame se os herdeiros do falecido aceitarem a declaração da requerente.	
§ 3º Em caso algum a falta do exame prejudicará os direitos do nascituro.	
Art. 878. Apresentado o laudo que reconheça a gravidez, o juiz, por sentença, declarará a requerente investida na posse dos direitos que assistam ao nascituro.	
Parágrafo único. Se à requerente não couber o exercício do pátrio poder, o juiz nomeará curador ao nascituro.	
Seção XIII Do Atentado	
Art. 879. Comete atentado a parte que no curso do processo:	
I – viola penhora, arresto, sequestro ou imissão na posse;	
II – prossegue em obra embargada;	
III – pratica outra qualquer inovação ilegal no estado de fato.	**Art. 77.** [...] VI – não praticar inovação ilegal no estado de fato de bem ou direito litigioso.
Art. 880. A petição inicial será autuada em separado, observando-se, quanto ao procedimento, o disposto nos arts. 802 e 803.	
Parágrafo único. A ação de atentado será processada e julgada pelo juiz que conheceu originariamente da causa principal, ainda que esta se encontre no tribunal.	
Art. 881. A sentença, que julgar procedente a ação, ordenará o restabelecimento do estado anterior, a suspensão da causa principal e a proibição de o réu falar nos autos até a purgação do atentado.	**Art. 77.** [...] § 7º Reconhecida violação ao disposto no inciso VI, o juiz determinará o restabelecimento do estado anterior, podendo, ainda, proibir a parte de falar nos autos até a purgação do atentado, sem prejuízo da aplicação do § 2º.

Parágrafo único. A sentença poderá condenar o réu a ressarcir à parte lesada as perdas e danos que sofreu em consequência do atentado.

Seção XIV
Do Protesto e da Apreensão de Títulos

Art. 882. O protesto de títulos e contas judicialmente verificadas far-se-á nos casos e com observância da lei especial.

Art. 883. O oficial intimará do protesto o devedor, por carta registrada ou entregando-lhe em mãos o aviso.

Parágrafo único. Far-se-á, todavia, por edital, a intimação:

I – se o devedor não for encontrado na comarca;

II – quando se tratar de pessoa desconhecida ou incerta.

Art. 884. Se o oficial opuser dúvidas ou dificuldades à tomada do protesto ou à entrega do respectivo instrumento, poderá a parte reclamar ao juiz. Ouvido o oficial, o juiz proferirá sentença, que será transcrita no instrumento.

Art. 885. O juiz poderá ordenar a apreensão de título não restituído ou sonegado pelo emitente, sacado ou aceitante; mas só decretará a prisão de quem o recebeu para firmar aceite ou efetuar pagamento, se o portador provar, com justificação ou por documento, a entrega do título e a recusa da devolução.

Parágrafo único. O juiz mandará processar de plano o pedido, ouvirá depoimentos se for necessário e, estando provada a alegação, ordenará a prisão.

Art. 886. Cessará a prisão:

I – se o devedor restituir o título, ou pagar o seu valor e as despesas feitas, ou o exibir para ser levado a depósito;

II – quando o requerente desistir;

III – não sendo iniciada a ação penal dentro do prazo da lei;

IV – não sendo proferido o julgado dentro de 90 (noventa) dias da data da execução do mandado.

Art. 887. Havendo contestação do crédito, o depósito das importâncias referido no artigo precedente não será levantado antes de passada em julgado a sentença.

Seção XV
De Outras Medidas Provisionais

Art. 888. O juiz poderá ordenar ou autorizar, na pendência da ação principal ou antes de sua propositura:

I – obras de conservação em coisa litigiosa ou judicialmente apreendida;

II – a entrega de bens de uso pessoal do cônjuge e dos filhos;

III – a posse provisória dos filhos, nos casos de separação judicial ou anulação de casamento;

IV – o afastamento do menor autorizado a contrair casamento contra a vontade dos pais;

V – o depósito de menores ou incapazes castigados imoderadamente por seus pais, tutores ou curadores, ou por eles induzidos à prática de atos contrários à lei ou à moral;

VI – o afastamento temporário de um dos cônjuges da morada do casal;

VII – a guarda e a educação dos filhos, regulado o direito de visita que, no interesse da criança ou do adolescente, pode, a critério do juiz, ser extensivo a cada um dos avós;

VIII – a interdição ou a demolição de prédio para resguardar a saúde, a segurança ou outro interesse público.

Art. 889. Na aplicação das medidas enumeradas no artigo antecedente observar-se-á o procedimento estabelecido nos arts. 801 a 803.

Parágrafo único. Em caso de urgência, o juiz poderá autorizar ou ordenar as medidas, sem audiência do requerido.

COMPARATIVO ANTIGO CPC X NOVO CPC

LIVRO IV DOS PROCEDIMENTOS ESPECIAIS TÍTULO I DOS PROCEDIMENTOS ESPECIAIS DE JURISDIÇÃO CONTENCIOSA	TÍTULO III DOS PROCEDIMENTOS ESPECIAIS
CAPÍTULO I Da Ação de Consignação em Pagamento	CAPÍTULO I Da Ação de Consignação em Pagamento
Art. 890. Nos casos previstos em lei, poderá o devedor ou terceiro requerer, com efeito de pagamento, a consignação da quantia ou da coisa devida.	**Art. 539.** Nos casos previstos em lei, poderá o devedor ou terceiro requerer, com efeito de pagamento, a consignação da quantia ou da coisa devida.
§ 1º Tratando-se de obrigação em dinheiro, poderá o devedor ou terceiro optar pelo depósito da quantia devida, em estabelecimento bancário, oficial onde houver, situado no lugar do pagamento, em conta com correção monetária, cientificando-se o credor por carta com aviso de recepção, assinado o prazo de 10 (dez) dias para a manifestação de recusa.	§ 1º Tratando-se de obrigação em dinheiro, poderá o valor ser depositado em estabelecimento bancário, oficial onde houver, situado no lugar do pagamento, cientificando-se o credor por carta com aviso de recebimento, assinado o prazo de 10 (dez) dias para a manifestação de recusa.
§ 2º Decorrido o prazo referido no parágrafo anterior, sem a manifestação de recusa, reputar-se-á o devedor liberado da obrigação, ficando à disposição do credor a quantia depositada.	§ 2º Decorrido o prazo do § 1º, contado do retorno do aviso de recebimento, sem a manifestação de recusa, considerar-se-á o devedor liberado da obrigação, ficando à disposição do credor a quantia depositada.
§ 3º Ocorrendo a recusa, manifestada por escrito ao estabelecimento bancário, o devedor ou terceiro poderá propor, dentro de 30 (trinta) dias, a ação de consignação, instruindo a inicial com a prova do depósito e da recusa.	§ 3º Ocorrendo a recusa, manifestada por escrito ao estabelecimento bancário, poderá ser proposta, **dentro de 1 (um) mês**, a ação de consignação, instruindo-se a inicial com a prova do depósito e da recusa.
§ 4º Não proposta a ação no prazo do parágrafo anterior, ficará sem efeito o depósito, podendo levantá-lo o depositante.	§ 4º Não proposta a ação no prazo do § 3º, ficará sem efeito o depósito, podendo levantá-lo o depositante.
Art. 891. Requerer-se-á a consignação no lugar do pagamento, cessando para o devedor, tanto que se efetue o depósito, os juros e os riscos, salvo se for julgada improcedente.	**Art. 540.** Requerer-se-á a consignação no lugar do pagamento, cessando para o devedor, **à data do depósito**, os juros e os riscos, salvo se a demanda for julgada improcedente.
Parágrafo único. Quando a coisa devida for corpo que deva ser entregue no lugar em que está, poderá o devedor requerer a consignação no foro em que ela se encontra.	
Art. 892. Tratando-se de prestações periódicas, uma vez consignada a primeira, pode o devedor continuar a consignar, no mesmo processo e sem mais formalidades, as que se forem vencendo, desde que os depósitos sejam efetuados até 5 (cinco) dias, contados da data do vencimento.	**Art. 541.** Tratando-se de prestações **sucessivas, consignada uma delas**, pode o devedor continuar a depositar, no mesmo processo e sem mais formalidades, as que se forem vencendo, desde que o faça em até 5 (cinco) dias contados da data do respectivo vencimento.
Art. 893. O autor, na petição inicial, requererá:	**Art. 542.** Na petição inicial, o autor requererá:
I – o depósito da quantia ou da coisa devida, a ser efetivado no prazo de 5 (cinco) dias contados do deferimento, ressalvada a hipótese do § 3º do art. 890;	I – o depósito da quantia ou da coisa devida, a ser efetivado no prazo de 5 (cinco) dias contados do deferimento, ressalvada a hipótese do art. 539, § 3º;
II – a citação do réu para levantar o depósito ou oferecer resposta.	II – a citação do réu para levantar o depósito ou oferecer **contestação**.
Art. 894. Se o objeto da prestação for coisa indeterminada e a escolha couber ao credor, será este citado para exercer o direito dentro de 5 (cinco) dias, se outro prazo não constar de lei ou do contrato, ou para aceitar que o devedor o faça, devendo o juiz, ao despachar a petição inicial, fixar lugar, dia e hora em que se fará a entrega, sob pena de depósito.	**Art. 543.** Se o objeto da prestação for coisa indeterminada e a escolha couber ao credor, será este citado para exercer o direito dentro de 5 (cinco) dias, se outro prazo não constar de lei ou do contrato, ou para aceitar que o devedor a faça, devendo o juiz, ao despachar a petição inicial, fixar lugar, dia e hora em que se fará a entrega, sob pena de depósito.
Art. 895. Se ocorrer dúvida sobre quem deva legitimamente receber o pagamento, o autor requererá o depósito e a citação dos que o disputam para provarem o seu direito.	**Art. 547.** Se ocorrer dúvida sobre quem deva legitimamente receber o pagamento, o autor requererá o depósito e a citação dos possíveis titulares do crédito para provarem o seu direito.
Art. 896. Na contestação, o réu poderá alegar que:	**Art. 544.** Na contestação, o réu poderá alegar que:
I – não houve recusa ou mora em receber a quantia ou coisa devida;	I – não houve recusa ou mora em receber a quantia ou a coisa devida;
II – foi justa a recusa;	II – foi justa a recusa;
III – o depósito não se efetuou no prazo ou no lugar do pagamento;	III – o depósito não se efetuou no prazo ou no lugar do pagamento;
IV – o depósito não é integral.	IV – o depósito não é integral.
Parágrafo único. No caso do inciso IV, a alegação será admissível se o réu indicar o montante que entende devido.	**Parágrafo único.** No caso do inciso IV, a alegação somente será admissível se o réu indicar o montante que entende devido.
Art. 897. Não oferecida a contestação, e ocorrentes os efeitos da revelia, o juiz julgará procedente o pedido, declarará extinta a obrigação e condenará o réu nas custas e honorários advocatícios.	**Art. 546.** Julgado procedente o pedido, o juiz declarará extinta a obrigação e condenará o réu ao pagamento de custas e honorários advocatícios.

Antigo CPC	Novo CPC
Parágrafo único. Proceder-se-á do mesmo modo se o credor receber e der quitação.	**Parágrafo único.** Proceder-se-á do mesmo modo se o credor receber e der quitação.
Art. 898. Quando a consignação se fundar em dúvida sobre quem deva legitimamente receber, não comparecendo nenhum pretendente, converter-se-á o depósito em arrecadação de bens de ausentes; comparecendo apenas um, o juiz decidirá de plano; comparecendo mais de um, o juiz declarará efetuado o depósito e extinta a obrigação, continuando o processo a correr unicamente entre os credores; caso em que se observará o procedimento ordinário.	**Art. 548.** No caso do art. 547: I – não comparecendo pretendente algum, converter-se-á o depósito em arrecadação de coisas vagas; II – comparecendo apenas um, o juiz decidirá de plano; III – comparecendo mais de um, o juiz declarará efetuado o depósito e extinta a obrigação, continuando o processo a correr unicamente entre os presuntivos credores, observado o procedimento comum.
Art. 899. Quando na contestação o réu alegar que o depósito não é integral, é lícito ao autor completá-lo, dentro em 10 (dez) dias, salvo se corresponder a prestação, cujo inadimplemento acarrete a rescisão do contrato.	**Art. 545. Alegada a insuficiência do depósito,** é lícito ao autor completá-lo, **em 10 (dez) dias**, salvo se corresponder a prestação cujo inadimplemento acarrete a rescisão do contrato.
§ 1º Alegada a insuficiência do depósito, poderá o réu levantar, desde logo, a quantia ou a coisa depositada, com a consequente liberação parcial do autor, prosseguindo o processo quanto à parcela controvertida.	§ 1º No caso do *caput*, poderá o réu levantar, desde logo, a quantia ou a coisa depositada, com a consequente liberação parcial do autor, prosseguindo o processo quanto à parcela controvertida.
§ 2º A sentença que concluir pela insuficiência do depósito determinará, sempre que possível, o montante devido, e, neste caso, valerá como título executivo, facultado ao credor promover-lhe a execução nos mesmos autos.	§ 2º A sentença que concluir pela insuficiência do depósito determinará, sempre que possível, o montante devido e valerá como título executivo, facultado ao credor promover-lhe o cumprimento nos mesmos autos, **após liquidação, se necessária**.
Art. 900. Aplica-se o procedimento estabelecido neste Capítulo, no que couber, ao resgate do aforamento.	**Art. 549.** Aplica-se o procedimento estabelecido neste Capítulo, no que couber, ao resgate do aforamento.
Capítulo II **Da Ação de Depósito**	
Art. 901. Esta ação tem por fim exigir a restituição da coisa depositada.	
Art. 902. Na petição inicial instruída com a prova literal do depósito e a estimativa do valor da coisa, se não constar do contrato, o autor pedirá a citação do réu para, no prazo de 5 (cinco) dias:	**Art. 311.** [...] III – se tratar de pedido reipersecutório fundado em prova documental adequada do contrato de depósito, caso em que será decretada a ordem de entrega do objeto custodiado, sob cominação de multa;
I – entregar a coisa, depositá-la em juízo ou consignar-lhe o equivalente em dinheiro;	
II – contestar a ação.	
§ 1º No pedido poderá constar, ainda, a cominação da pena de prisão até 1 (um) ano, que o juiz decretará na forma do art. 904, parágrafo único.	
§ 2º O réu poderá alegar, além da nulidade ou falsidade do título e da extinção das obrigações, as defesas previstas na lei civil.	
Art. 903. Se o réu contestar a ação, observar-se-á o procedimento ordinário.	
Art. 904. Julgada procedente a ação, ordenará o juiz a expedição de mandado para a entrega, em 24 (vinte e quatro) horas, da coisa ou do equivalente em dinheiro.	
Parágrafo único. Não sendo cumprido o mandado, o juiz decretará a prisão do depositário infiel.	
Art. 905. Sem prejuízo do depósito ou da prisão do réu, é lícito ao autor promover a busca e apreensão da coisa. Se esta for encontrada ou entregue voluntariamente pelo réu, cessará a prisão e será devolvido o equivalente em dinheiro.	
Art. 906. Quando não receber a coisa ou o equivalente em dinheiro, poderá o autor prosseguir nos próprios autos para haver o que lhe for reconhecido na sentença, observando-se o procedimento da execução por quantia certa.	
Capítulo III **Da Ação de Anulação e Substituição de Títulos ao Portador**	
Art. 907. Aquele que tiver perdido título ao portador ou dele houver sido injustamente desapossado poderá:	

I – reivindicá-lo da pessoa que o detiver;	
II – requerer-lhe a anulação e substituição por outro.	
Art. 908. No caso do nº II do artigo antecedente, exporá o autor, na petição inicial, a quantidade, espécie, valor nominal do título e atributos que o individualizem, a época e o lugar em que o adquiriu, as circunstâncias em que o perdeu e quando recebeu os últimos juros e dividendos, requerendo:	
I – a citação do detentor e, por edital, de terceiros interessados para contestarem o pedido;	**Art. 259.** [...] II – na ação de recuperação ou substituição de título ao portador;
II – a intimação do devedor, para que deposite em juízo o capital, bem como juros ou dividendos vencidos ou vincendos;	
III – a intimação da Bolsa de Valores, para conhecimento de seus membros, a fim de que estes não negociem os títulos.	
Art. 909. Justificado quanto baste o alegado, ordenará o juiz a citação do réu e o cumprimento das providências enumeradas nos ns. II e III do artigo anterior.	
Parágrafo único. A citação abrangerá também terceiros interessados, para responderem à ação.	
Art. 910. Só se admitirá a contestação quando acompanhada do título reclamado.	
Parágrafo único. Recebida a contestação do réu, observar-se-á o procedimento ordinário.	
Art. 911. Julgada procedente a ação, o juiz declarará caduco o título reclamado e ordenará ao devedor que lavre outro em substituição, dentro do prazo que a sentença lhe assinar.	
Art. 912. Ocorrendo destruição parcial, o portador, exibindo o que restar do título, pedirá a citação do devedor para em 10 (dez) dias substituí-lo ou contestar a ação.	
Parágrafo único. Não havendo contestação, o juiz proferirá desde logo a sentença; em caso contrário, observar-se-á o procedimento ordinário.	
Art. 913. Comprado o título em bolsa ou leilão público, o dono que pretender a restituição é obrigado a indenizar ao adquirente o preço que este pagou, ressalvado o direito de reavê-lo do vendedor.	
Capítulo IV Da Ação de Prestação de Contas	Capítulo II Da Ação de **Exigir** Contas
Art. 914. A ação de prestação de contas competirá a quem tiver:	
I – o direito de exigi-las;	
II – a obrigação de prestá-las.	
Art. 915. Aquele que pretender exigir a prestação de contas requererá a citação do réu para, no prazo de 5 (cinco) dias, as apresentar ou contestar a ação.	**Art. 550.** Aquele que **afirmar ser titular do direito de exigir** contas requererá a citação do réu para que as preste ou ofereça contestação no prazo de **15 (quinze) dias**.
§ 1º Prestadas as contas, terá o autor 5 (cinco) dias para dizer sobre elas; havendo necessidade de produzir provas, o juiz designará audiência de instrução e julgamento; em caso contrário, proferirá desde logo a sentença.	§ 2º Prestadas as contas, o autor terá **15 (quinze) dias** para se manifestar, **prosseguindo-se o processo na forma do Capítulo** X **do Título I deste Livro**.
§ 2º Se o réu não contestar a ação ou não negar a obrigação de prestar contas, observar-se-á o disposto no art. 330; a sentença, que julgar procedente a ação, condenará o réu a prestar as contas no prazo de 48 (quarenta e oito) horas, sob pena de não lhe ser lícito impugnar as que o autor apresentar.	§ 4º Se o réu não contestar o pedido, observar-se-á o disposto no art. 355. § 5º A **decisão** que julgar procedente o pedido condenará o réu a prestar as contas no **prazo de 15 (quinze) dias**, sob pena de não lhe ser lícito impugnar as que o autor apresentar.
§ 3º Se o réu apresentar as contas dentro do prazo estabelecido no parágrafo anterior, seguir-se-á o procedimento do § 1º deste artigo; em caso contrário, apresentá-las-á o autor dentro em 10 (dez) dias, sendo as contas julgadas segundo o prudente arbítrio do juiz, que poderá determinar, se necessário, a realização do exame pericial contábil.	§ 6º Se o réu apresentar as contas no prazo previsto no § 5º, seguir-se-á o procedimento do § 2º, caso contrário, o autor apresentá-las-á no **prazo de 15 (quinze) dias**, podendo o juiz determinar a realização de exame pericial, se necessário.
Art. 916. Aquele que estiver obrigado a prestar contas requererá a citação do réu para, no prazo de 5 (cinco) dias, aceitá-las ou contestar a ação.	

§ 1º Se o réu não contestar a ação ou se declarar que aceita as contas oferecidas, serão estas julgadas dentro de 10 (dez) dias.	
§ 2º Se o réu contestar a ação ou impugnar as contas e houver necessidade de produzir provas, o juiz designará audiência de instrução e julgamento.	
Art. 917. As contas, assim do autor como do réu, serão apresentadas em forma mercantil, especificando-se as receitas e a aplicação das despesas, bem como o respectivo saldo; e serão instruídas com os documentos justificativos.	**Art. 551.** As contas do réu serão apresentadas na forma **adequada**, especificando-se as receitas, a aplicação das despesas e os investimentos, se houver. [...] § 2º As contas do autor, para os fins do art. 550, § 5º, serão apresentadas na forma **adequada**, já instruídas com os documentos justificativos, especificando-se as receitas, a aplicação das despesas **e os investimentos, se houver**, bem como o respectivo saldo.
Art. 918. O saldo credor declarado na sentença poderá ser cobrado em execução forçada.	**Art. 552.** A sentença apurará o saldo **e constituirá título executivo judicial**.
Art. 919. As contas do inventariante, do tutor, do curador, do depositário e de outro qualquer administrador serão prestadas em apenso aos autos do processo em que tiver sido nomeado. Sendo condenado a pagar o saldo e não o fazendo no prazo legal, o juiz poderá destituí-lo, sequestrar os bens sob sua guarda e glosar o prêmio ou gratificação a que teria direito.	**Art. 553.** As contas do inventariante, do tutor, do curador, do depositário e de qualquer outro administrador serão prestadas em apenso aos autos do processo em que tiver sido nomeado. **Parágrafo único.** Se qualquer dos referidos no *caput* for condenado a pagar o saldo e não o fizer no prazo legal, o juiz poderá destituí-lo, sequestrar os bens sob sua guarda, glosar o prêmio ou a gratificação a que teria direito **e determinar as medidas executivas necessárias à recomposição do prejuízo**.
Capítulo V Das Ações Possessórias	**Capítulo III** Das Ações Possessórias
Seção I *Das Disposições Gerais*	Seção I *Das Disposições Gerais*
Art. 920. A propositura de uma ação possessória em vez de outra não obstará a que o juiz conheça do pedido e outorgue a proteção legal correspondente àquela, cujos requisitos estejam provados.	**Art. 554.** A propositura de uma ação possessória em vez de outra não obstará a que o juiz conheça do pedido e outorgue a proteção legal correspondente àquela cujos pressupostos estejam provados.
Art. 921. É lícito ao autor cumular ao pedido possessório o de:	**Art. 555.** É lícito ao autor cumular ao pedido possessório o de:
I – condenação em perdas e danos;	I – condenação em perdas e danos;
II – cominação de pena para caso de nova turbação ou esbulho;	**Parágrafo único.** Pode o autor requerer, ainda, imposição de medida necessária e adequada para: [...] I – evitar nova turbação ou esbulho;
III – desfazimento de construção ou plantação feita em detrimento de sua posse.	
Art. 922. É lícito ao réu, na contestação, alegando que foi o ofendido em sua posse, demandar a proteção possessória e a indenização pelos prejuízos resultantes da turbação ou do esbulho cometido pelo autor.	**Art. 556.** É lícito ao réu, na contestação, alegando que foi o ofendido em sua posse, demandar a proteção possessória e a indenização pelos prejuízos resultantes da turbação ou do esbulho cometido pelo autor.
Art. 923. Na pendência do processo possessório, é defeso, assim ao autor como ao réu, intentar a ação de reconhecimento do domínio.	**Art. 557.** Na pendência de **ação possessória** é vedado, tanto ao autor quanto ao réu, propor ação de reconhecimento do domínio, **exceto se a pretensão for deduzida em face de terceira pessoa**.
Art. 924. Regem o procedimento de manutenção e de reintegração de posse as normas da seção seguinte, quando intentado dentro de ano e dia da turbação ou do esbulho; passado esse prazo, será ordinário, não perdendo, contudo, o caráter possessório.	**Art. 558.** Regem o procedimento de manutenção e de reintegração de posse as normas da Seção II deste Capítulo quando a ação for proposta dentro de ano e dia da turbação ou do esbulho **afirmado na petição inicial**.
Art. 925. Se o réu provar, em qualquer tempo, que o autor provisoriamente mantido ou reintegrado na posse carece de idoneidade financeira para, no caso de decair da ação, responder por perdas e danos, o juiz assinar-lhe-á o prazo de 5 (cinco) dias para requerer caução sob pena de ser depositada a coisa litigiosa.	**Art. 559.** Se o réu provar, em qualquer tempo, que o autor provisoriamente mantido ou reintegrado na posse carece de idoneidade financeira para, no caso de sucumbência, responder por perdas e danos, o juiz designar-lhe-á o prazo de 5 (cinco) dias para requerer caução, real ou fidejussória, sob pena de ser depositada a coisa litigiosa, **ressalvada a impossibilidade da parte economicamente hipossuficiente**.
Seção II *Da Manutenção e da Reintegração de Posse*	Seção II *Da Manutenção e da Reintegração de Posse*
Art. 926. O possuidor tem direito a ser mantido na posse em caso de turbação e reintegrado no de esbulho.	**Art. 560.** O possuidor tem direito a ser mantido na posse em caso de turbação e reintegrado em caso de esbulho.
Art. 927. Incumbe ao autor provar:	**Art. 561.** Incumbe ao autor provar:
I – a sua posse;	I – a sua posse;
II – a turbação ou o esbulho praticado pelo réu;	II – a turbação ou o esbulho praticado pelo réu;

III – a data da turbação ou do esbulho;	III – a data da turbação ou do esbulho;
IV – a continuação da posse, embora turbada, na ação de manutenção; a perda da posse, na ação de reintegração.	IV – a continuação da posse, embora turbada, na ação de manutenção, ou a perda da posse, na ação de reintegração.
Art. 928. Estando a petição inicial devidamente instruída, o juiz deferirá, sem ouvir o réu, a expedição do mandado liminar de manutenção ou de reintegração; no caso contrário, determinará que o autor justifique previamente o alegado, citando-se o réu para comparecer à audiência que for designada.	**Art. 562.** Estando a petição inicial devidamente instruída, o juiz deferirá, sem ouvir o réu, a expedição do mandado liminar de manutenção ou de reintegração, caso contrário, determinará que o autor justifique previamente o alegado, citando-se o réu para comparecer à audiência que for designada.
Parágrafo único. Contra as pessoas jurídicas de direito público não será deferida a manutenção ou a reintegração liminar sem prévia audiência dos respectivos representantes judiciais.	**Parágrafo único.** Contra as pessoas jurídicas de direito público não será deferida a manutenção ou a reintegração liminar sem prévia audiência dos respectivos representantes judiciais.
Art. 929. Julgada procedente a justificação, o juiz fará logo expedir mandado de manutenção ou de reintegração.	**Art. 563. Considerada suficiente a justificação,** o juiz fará logo expedir mandado de manutenção ou de reintegração.
Art. 930. Concedido ou não o mandado liminar de manutenção ou de reintegração, o autor promoverá, nos 5 (cinco) dias subsequentes, a citação do réu para contestar a ação.	**Art. 564.** Concedido ou não o mandado liminar de manutenção ou de reintegração, o autor promoverá, nos 5 (cinco) dias subsequentes, a citação do réu para, querendo, contestar a ação **no prazo de 15 (quinze) dias**.
Parágrafo único. Quando for ordenada a justificação prévia (art. 928), o prazo para contestar contar-se-á da intimação do despacho que deferir ou não a medida liminar.	**Parágrafo único.** Quando for ordenada a justificação prévia, o prazo para contestar será contado da intimação **da decisão** que deferir ou não a medida liminar.
Art. 931. Aplica-se, quanto ao mais, o procedimento ordinário.	**Art. 566.** Aplica-se, quanto ao mais, o procedimento **comum**.
Seção III *Do Interdito Proibitório*	Seção III *Do Interdito Proibitório*
Art. 932. O possuidor direto ou indireto, que tenha justo receio de ser molestado na posse, poderá impetrar ao juiz que o segure da turbação ou esbulho iminente, mediante mandado proibitório, em que se comine ao réu determinada pena pecuniária, caso transgrida o preceito.	**Art. 567.** O possuidor direto ou indireto que tenha justo receio de ser molestado na posse poderá requerer ao juiz que o segure da turbação ou esbulho iminente, mediante mandado proibitório em que se comine ao réu determinada pena pecuniária caso transgrida o preceito.
Art. 933. Aplica-se ao interdito proibitório o disposto na seção anterior.	**Art. 568.** Aplica-se ao interdito proibitório o disposto na Seção II deste Capítulo.
Capítulo VI Da Ação de Nunciação de Obra Nova	
Art. 934. Compete esta ação:	
I – ao proprietário ou possuidor, a fim de impedir que a edificação de obra nova em imóvel vizinho lhe prejudique o prédio, suas servidões ou fins a que é destinado;	
II – ao condômino, para impedir que o coproprietário execute alguma obra com prejuízo ou alteração da coisa comum;	
III – ao Município, a fim de impedir que o particular construa em contravenção da lei, do regulamento ou de postura.	
Art. 935. Ao prejudicado também é lícito, se o caso for urgente, fazer o embargo extrajudicial, notificando verbalmente, perante duas testemunhas, o proprietário ou, em sua falta, o construtor, para não continuar a obra.	
Parágrafo único. Dentro de 3 (três) dias requererá o nunciante a ratificação em juízo, sob pena de cessar o efeito do embargo.	
Art. 936. Na petição inicial, elaborada com observância dos requisitos do art. 282, requererá o nunciante:	
I – o embargo para que fique suspensa a obra e se mande afinal reconstituir, modificar ou demolir o que estiver feito em seu detrimento;	
II – a cominação de pena para o caso de inobservância do preceito;	
III – a condenação em perdas e danos.	
Parágrafo único. Tratando-se de demolição, colheita, corte de madeiras, extração de minérios e obras semelhantes, pode incluir-se o pedido de apreensão e depósito dos materiais e produtos já retirados.	
Art. 937. É lícito ao juiz conceder o embargo liminarmente ou após justificação prévia.	
Art. 938. Deferido o embargo, o oficial de justiça, encarregado de seu cumprimento, lavrará auto circunstanciado, descrevendo o estado em que se encontra a obra; e, ato contínuo, intimará o construtor e os operários a que não continuem a obra sob pena de desobediência e citará o proprietário a contestar em 5 (cinco) dias a ação.	

Antigo CPC	Novo CPC
Art. 939. Aplica-se a esta ação o disposto no art. 803.	
Art. 940. O nunciado poderá, a qualquer tempo e em qualquer grau de jurisdição, requerer o prosseguimento da obra, desde que preste caução e demonstre prejuízo resultante da suspensão dela.	
§ 1º A caução será prestada no juízo de origem, embora a causa se encontre no tribunal.	
§ 2º Em nenhuma hipótese terá lugar o prosseguimento, tratando-se de obra nova levantada contra determinação de regulamentos administrativos.	
CAPÍTULO VII Da Ação de Usucapião de Terras Particulares	
Art. 941. Compete a ação de usucapião ao possuidor para que se lhe declare, nos termos da lei, o domínio do imóvel ou a servidão predial.	
Art. 942. O autor, expondo na petição inicial o fundamento do pedido e juntando planta do imóvel, requererá a citação daquele em cujo nome estiver registrado o imóvel usucapiendo, bem como dos confinantes e, por edital, dos réus em lugar incerto e dos eventuais interessados, observado quanto ao prazo o disposto no inciso IV do art. 232.	**Art. 246.** [...] § 3º Na ação de usucapião de imóvel, os confinantes serão citados pessoalmente, exceto quando tiver por objeto unidade autônoma de prédio em condomínio, caso em que tal citação é dispensada. **Art. 259.** Serão publicados editais: I – na ação de usucapião de imóvel;
Art. 943. Serão intimados por via postal, para que manifestem interesse na causa, os representantes da Fazenda Pública da União, dos Estados, do Distrito Federal, dos Territórios e dos Municípios.	
Art. 944. Intervirá obrigatoriamente em todos os atos do processo o Ministério Público.	
Art. 945. A sentença, que julgar procedente a ação, será transcrita, mediante mandado, no registro de imóveis, satisfeitas as obrigações fiscais.	
CAPÍTULO VIII Da Ação de Divisão e da Demarcação de Terras Particulares	**CAPÍTULO IV** Da Ação de Divisão e da Demarcação de Terras Particulares
Seção I *Das Disposições Gerais*	Seção I *Das Disposições Gerais*
Art. 946. Cabe:	**Art. 569.** Cabe:
I – a ação de demarcação ao proprietário para obrigar o seu confinante a estremar os respectivos prédios, fixando-se novos limites entre eles ou aviventando-se os já apagados;	I – ao proprietário a ação de demarcação, para obrigar o seu confinante a estremar os respectivos prédios, fixando-se novos limites entre eles ou aviventando-se os já apagados;
II – a ação de divisão, ao condômino para obrigar os demais consortes, a partilhar a coisa comum.	II – ao condômino a ação de divisão, para obrigar os demais consortes a **estremar os quinhões**.
Art. 947. É lícita a cumulação destas ações; caso em que deverá processar-se primeiramente a demarcação total ou parcial da coisa comum, citando-se os confinantes e condôminos.	**Art. 570.** É lícita a cumulação dessas ações, caso em que deverá processar-se primeiramente a demarcação total ou parcial da coisa comum, citando-se os confinantes e os condôminos.
Art. 948. Fixados os marcos da linha de demarcação, os confinantes considerar-se-ão terceiros quanto ao processo divisório; fica-lhes, porém, ressalvado o direito de vindicarem os terrenos de que se julguem despojados por invasão das linhas limítrofes constitutivas do perímetro ou a reclamarem uma indenização pecuniária correspondente ao seu valor.	**Art. 572.** Fixados os marcos da linha de demarcação, os confinantes considerar-se-ão terceiros quanto ao processo divisório, ficando-lhes, porém, ressalvado o direito de vindicar os terrenos de que se julguem despojados por invasão das linhas limítrofes constitutivas do perímetro ou de reclamar indenização correspondente ao seu valor.
Art. 949. Serão citados para a ação todos os condôminos, se ainda não transitou em julgado a sentença homologatória da divisão; e todos os quinhoeiros dos terrenos vindicados, se proposta posteriormente.	§ 1º **No caso do** *caput*, serão citados para a ação todos os condôminos, se a sentença homologatória da divisão ainda não houver transitado em julgado, e todos os quinhoeiros dos terrenos vindicados, se a ação for proposta posteriormente.
Parágrafo único. Neste último caso, a sentença que julga procedente a ação, condenando a restituir os terrenos ou a pagar a indenização, valerá como título executivo em favor dos quinhoeiros para haverem dos outros condôminos, que forem parte na divisão, ou de seus sucessores por título universal, na proporção que lhes tocar, a composição pecuniária do desfalque sofrido.	§ 2º Neste último caso, a sentença que julga procedente a ação, condenando a restituir os terrenos ou a pagar a indenização, valerá como título executivo em favor dos quinhoeiros para haverem dos outros condôminos que forem parte na divisão ou de seus sucessores a título universal, na proporção que lhes tocar, a composição pecuniária do desfalque sofrido.
Seção II *Da Demarcação*	Seção II *Da Demarcação*
Art. 950. Na petição inicial, instruída com os títulos da propriedade, designar-se-á o imóvel pela situação e denominação, descrever-se-ão os limites por constituir, aviventar ou renovar e nomear-se-ão todos os confinantes da linha demarcanda.	**Art. 574.** Na petição inicial, instruída com os títulos da propriedade, designar-se-á o imóvel pela situação e pela denominação, descrever-se-ão os limites por constituir, aviventar ou renovar e nomear-se-ão todos os confinantes da linha demarcanda.

Art. 951. O autor pode requerer a demarcação com queixa de esbulho ou turbação, formulando também o pedido de restituição do terreno invadido com os rendimentos que deu, ou a indenização dos danos pela usurpação verificada.	
Art. 952. Qualquer condômino é parte legítima para promover a demarcação do imóvel comum, citando-se os demais como litisconsortes.	**Art. 575.** Qualquer condômino é parte legítima para promover a demarcação do imóvel comum, requerendo a intimação dos demais para, querendo, **intervir no processo**.
Art. 953. Os réus que residirem na comarca serão citados pessoalmente; os demais, por edital.	**Art. 576.** A citação dos réus **será feita por correio**, observado o disposto no art. 247.
	Parágrafo único. Será publicado edital, nos termos do inciso III do art. 259.
Art. 954. Feitas as citações, terão os réus o prazo comum de 20 (vinte) dias para contestar.	**Art. 577.** Feitas as citações, terão os réus o prazo comum de **15 (quinze) dias para contestar**.
Art. 955. Havendo contestação, observar-se-á o procedimento ordinário; não havendo, aplica-se o disposto no art. 330, II.	**Art. 578.** Após o prazo de resposta do réu, observar-se-á o procedimento comum.
Art. 956. Em qualquer dos casos do artigo anterior, o juiz, antes de proferir a sentença definitiva, nomeará dois arbitradores e um agrimensor para levantarem o traçado da linha demarcanda.	**Art. 579.** Antes de proferir a sentença, o juiz nomeará **um ou mais peritos** para levantar o traçado da linha demarcanda.
Art. 957. Concluídos os estudos, apresentarão os arbitradores minucioso laudo sobre o traçado da linha demarcanda, tendo em conta os títulos, marcos, rumos, a fama da vizinhança, as informações de antigos moradores do lugar e outros elementos que coligirem.	**Art. 580.** Concluídos os estudos, os peritos apresentarão minucioso laudo sobre o traçado da linha demarcanda, considerando os títulos, os marcos, os rumos, a fama da vizinhança, as informações de antigos moradores do lugar e outros elementos que coligirem.
Parágrafo único. Ao laudo, anexará o agrimensor a planta da região e o memorial das operações de campo, os quais serão juntos aos autos, podendo as partes, no prazo comum de 10 (dez) dias, alegar o que julgarem conveniente.	
Art. 958. A sentença, que julgar procedente a ação, determinará o traçado da linha demarcanda.	**Art. 581.** A sentença que julgar procedente o pedido determinará o traçado da linha demarcanda.
Art. 959. Tanto que passe em julgado a sentença, o agrimensor efetuará a demarcação, colocando os marcos necessários. Todas as operações serão consignadas em planta e memorial descritivo com as referências convenientes para a identificação, em qualquer tempo, dos pontos assinalados.	**Art. 582. Transitada** em julgado a sentença, o perito efetuará a demarcação e colocará os marcos necessários.
	Parágrafo único. Todas as operações serão consignadas em planta e memorial descritivo com as referências convenientes para a identificação, em qualquer tempo, dos pontos assinalados, **observada a legislação especial que dispõe sobre a identificação do imóvel rural**.
Art. 960. Nos trabalhos de campo observar-se-ão as seguintes regras:	
I – a declinação magnética da agulha será determinada na estação inicial;	
II – empregar-se-ão os instrumentos aconselhados pela técnica;	
III – quando se utilizarem fitas metálicas ou correntes, as medidas serão tomadas horizontalmente, em lances determinados pelo declive, de 20 (vinte) metros no máximo;	
IV – as estações serão marcadas por pequenas estacas, fortemente cravadas, colocando-se ao lado estacas maiores, numeradas;	
V – quando as estações não tiverem afastamento superior a 50 (cinquenta) metros, as visadas serão feitas sobre balizas com o diâmetro máximo de 12 (doze) milímetros;	
VI – tomar-se-ão por aneroides ou por cotas obtidas mediante levantamento taqueométrico as altitudes dos pontos mais acidentados.	
Art. 961. A planta será orientada segundo o meridiano do marco primordial, determinada a declinação magnética e conterá:	
I – as altitudes relativas de cada estação do instrumento e a conformação altimétrica ou orográfica aproximativa dos terrenos;	
II – as construções existentes, com indicação dos seus fins, bem como os marcos, valos, cercas, muros divisórios e outros quaisquer vestígios que possam servir ou tenham servido de base à demarcação;	
III – as águas principais, determinando-se, quando possível, os volumes, de modo que se lhes possa calcular o valor mecânico;	
IV – a indicação, por cores convencionais, das culturas existentes, pastos, campos, matas, capoeiras e divisas do imóvel.	

Antigo CPC	Novo CPC
Parágrafo único. As escalas das plantas podem variar entre os limites de 1 (um) para 500 (quinhentos) a 1 (um) para 5.000 (cinco mil) conforme a extensão das propriedades rurais, sendo admissível a de 1 (um), para 10.000 (dez mil) nas propriedades de mais de 5 (cinco) quilômetros quadrados.	
Art. 962. Acompanharão as plantas as cadernetas de operações de campo e o memorial descritivo, que conterá:	**Art. 583.** As plantas serão acompanhadas das cadernetas de operações de campo e do memorial descritivo, que conterá:
I – o ponto de partida, os rumos seguidos e a aviventação dos antigos com os respectivos cálculos;	I – o ponto de partida, os rumos seguidos e a aviventação dos antigos com os respectivos cálculos;
II – os acidentes encontrados, as cercas, valos, marcos antigos, córregos, rios, lagoas e outros;	II – os acidentes encontrados, as cercas, os valos, os marcos antigos, os córregos, os rios, as lagoas e outros;
III – a indicação minuciosa dos novos marcos cravados, das culturas existentes e sua produção anual;	III – a indicação minuciosa dos novos marcos cravados, **dos antigos aproveitados**, das culturas existentes e da sua produção anual;
IV – a composição geológica dos terrenos, bem como a qualidade e extensão dos campos, matas e capoeiras;	IV – a composição geológica dos terrenos, bem como a qualidade e a extensão dos campos, das matas e das capoeiras;
V – as vias de comunicação;	V – as vias de comunicação;
VI – as distâncias à estação da estrada de ferro, ao porto de embarque e ao mercado mais próximo;	VI – as distâncias **a pontos de referência, tais como rodovias federais e estaduais, ferrovias, portos, aglomerações urbanas e polos comerciais**;
VII – a indicação de tudo o mais que for útil para o levantamento da linha ou para a identificação da linha já levantada.	VII – a indicação de tudo o mais que for útil para o levantamento da linha ou para a identificação da linha já levantada.
Art. 963. É obrigatória a colocação de marcos assim na estação inicial – marco primordial -, como nos vértices dos ângulos, salvo se algum destes últimos pontos for assinalado por acidentes naturais de difícil remoção ou destruição.	**Art. 584.** É obrigatória a colocação de marcos tanto na estação inicial, dita marco primordial, quanto nos vértices dos ângulos, salvo se algum desses últimos pontos for assinalado por acidentes naturais de difícil remoção ou destruição.
Art. 964. A linha será percorrida pelos arbitradores, que examinarão os marcos e rumos, consignando em relatório escrito a exatidão do memorial e planta apresentados pelo agrimensor ou as divergências porventura encontradas.	**Art. 585.** A linha será percorrida pelos peritos, que examinarão os marcos e os rumos, consignando em relatório escrito a exatidão do memorial e da planta apresentados pelo agrimensor ou as divergências porventura encontradas.
Art. 965. Junto aos autos o relatório dos arbitradores, determinará o juiz que as partes se manifestem sobre ele no prazo comum de 10 (dez) dias. Em seguida, executadas as correções e retificações que ao juiz pareçam necessárias, lavrar-se-á o auto de demarcação em que os limites demarcandos serão minuciosamente descritos de acordo com o memorial e a planta.	**Art. 586.** Juntado aos autos o relatório dos peritos, o juiz determinará que as partes se manifestem sobre ele no prazo comum **de 15 (quinze) dias**.
	Parágrafo único. Executadas as correções e as retificações que o juiz **determinar**, lavrar-se-á, em seguida, o auto de demarcação em que os limites demarcandos serão minuciosamente descritos de acordo com o memorial e a planta.
Art. 966. Assinado o auto pelo juiz, arbitradores e agrimensor, será proferida a sentença homologatória da demarcação.	**Art. 587.** Assinado o auto pelo juiz e **pelos peritos**, será proferida a sentença homologatória da demarcação.
Seção III *Da Divisão*	Seção III *Da Divisão*
Art. 967. A petição inicial, elaborada com observância dos requisitos do art. 282 e instruída com os títulos de domínio do promovente, conterá:	**Art. 588.** A petição inicial será instruída com os títulos de domínio do promovente e conterá:
I – a indicação da origem da comunhão e a denominação, situação, limites e característicos do imóvel;	I – a indicação da origem da comunhão e a denominação, a situação, os limites e as características do imóvel;
II – o nome, o estado civil, a profissão e a residência de todos os condôminos, especificando-se os estabelecidos no imóvel com benfeitorias e culturas;	II – o nome, o estado civil, a profissão e a residência de todos os condôminos, especificando-se os estabelecidos no imóvel com benfeitorias e culturas;
III – as benfeitorias comuns.	III – as benfeitorias comuns.
Art. 968. Feitas as citações como preceitua o art. 953, prosseguir-se-á na forma dos arts. 954 e 955.	**Art. 589.** Feitas as citações como preceitua o art. 576, prosseguir-se-á na forma dos arts. 577 e 578.
Art. 969. Prestado o compromisso pelos arbitradores e agrimensor, terão início, pela medição do imóvel, as operações de divisão.	**Art. 590.** O juiz nomeará um ou mais peritos para promover a medição do imóvel e as operações de divisão, observada a legislação especial que dispõe sobre a identificação do imóvel rural.
Art. 970. Todos os condôminos serão intimados a apresentar, dentro em 10 (dez) dias, os seus títulos, se ainda não o tiverem feito; e a formular os seus pedidos sobre a constituição dos quinhões.	**Art. 591.** Todos os condôminos serão intimados a apresentar, dentro de 10 (dez) dias, os seus títulos, se ainda não o tiverem feito, e a formular os seus pedidos sobre a constituição dos quinhões.
Art. 971. O juiz ouvirá as partes no prazo comum de 10 (dez) dias.	**Art. 592.** O juiz ouvirá as partes **no prazo comum de 15 (quinze) dias**.

Parágrafo único. Não havendo impugnação, o juiz determinará a divisão geodésica do imóvel; se houver, proferirá, no prazo de 10 (dez) dias, decisão sobre os pedidos e os títulos que devam ser atendidos na formação dos quinhões.	§ 1º Não havendo impugnação, o juiz determinará a divisão geodésica do imóvel. § 2º Havendo impugnação, o juiz proferirá, no prazo de 10 (dez) dias, decisão sobre os pedidos e os títulos que devam ser atendidos na formação dos quinhões.
Art. 972. A medição será efetuada na forma dos arts. 960 a 963.	
Art. 973. Se qualquer linha do perímetro atingir benfeitorias permanentes dos confinantes, feitas há mais de 1 (um) ano, serão elas respeitadas, bem como os terrenos onde estiverem, os quais não se computarão na área dividenda.	**Art. 593.** Se qualquer linha do perímetro atingir benfeitorias permanentes dos confinantes feitas há mais de 1 (um) ano, serão elas respeitadas, bem como os terrenos onde estiverem, os quais não se computarão na área dividenda.
Parágrafo único. Consideram-se benfeitorias, para os efeitos deste artigo, as edificações, muros, cercas, culturas e pastos fechados, não abandonados há mais de 2 (dois) anos.	
Art. 974. É lícito aos confinantes do imóvel dividendo demandar a restituição dos terrenos que lhes tenham sido usurpados.	**Art. 594.** Os confinantes do imóvel dividendo podem demandar a restituição dos terrenos que lhes tenham sido usurpados.
§ 1º Serão citados para a ação todos os condôminos, se ainda não transitou em julgado a sentença homologatória da divisão; e todos os quinhoeiros dos terrenos vindicados, se proposta posteriormente.	§ 1º Serão citados para a ação todos os condôminos, se a sentença homologatória da divisão ainda não houver transitado em julgado, e todos os quinhoeiros dos terrenos vindicados, se a ação for proposta posteriormente.
§ 2º Neste último caso terão os quinhoeiros o direito, pela mesma sentença que os obrigar à restituição, a haver dos outros condôminos do processo divisório, ou de seus sucessores a título universal, a composição pecuniária proporcional ao desfalque sofrido.	§ 2º Nesse último caso terão os quinhoeiros o direito, pela mesma sentença que os obrigar à restituição, a haver dos outros condôminos do processo divisório ou de seus sucessores a título universal a composição pecuniária proporcional ao desfalque sofrido.
Art. 975. Concluídos os trabalhos de campo, levantará o agrimensor a planta do imóvel e organizará o memorial descritivo das operações, observado o disposto nos arts. 961 a 963.	
§ 1º A planta assinalará também:	
I – as povoações e vias de comunicação existentes no imóvel;	
II – as construções e benfeitorias, com a indicação dos seus fins, proprietários e ocupantes;	
III – as águas principais que banham o imóvel;	
IV – a composição geológica, qualidade e vestimenta dos terrenos, bem como o valor destes e das culturas.	
§ 2º O memorial descritivo indicará mais:	
I – a composição geológica, a qualidade e o valor dos terrenos, bem como a cultura e o destino a que melhor possam adaptar-se;	
II – as águas que banham o imóvel, determinando-lhes, tanto quanto possível, o volume, de modo que se lhes possa calcular o valor mecânico;	
III – a qualidade e a extensão aproximada de campos e matas;	
IV – as indústrias exploradas e as suscetíveis de exploração;	
V – as construções, benfeitorias e culturas existentes, mencionando-se os respectivos proprietários e ocupantes;	
VI – as vias de comunicação estabelecidas e as que devam ser abertas;	
VII – a distância aproximada à estação de transporte de mais fácil acesso;	
VIII – quaisquer outras informações que possam concorrer para facilitar a partilha.	
Art. 976. Durante os trabalhos de campo procederão os arbitradores ao exame, classificação e avaliação das terras, culturas, edifícios e outras benfeitorias, entregando o laudo ao agrimensor.	
Art. 977. O agrimensor avaliará o imóvel no seu todo, se os arbitradores reconhecerem que a homogeneidade das terras não determina variedade de preços; ou o classificará em áreas, se houver diversidade de valores.	
Art. 978. Em seguida os arbitradores e o agrimensor proporão, em laudo fundamentado, a forma da divisão, devendo consultar, quanto possível, a comodidade das partes, respeitar, para adjudicação a cada condômino, a preferência dos terrenos contíguos às suas residências e benfeitorias e evitar o retalhamento dos quinhões em glebas separadas.	**Art. 595. Os peritos proporão**, em laudo fundamentado, a forma da divisão, devendo consultar, quanto possível, a comodidade das partes, respeitar, para adjudicação a cada condômino, a preferência dos terrenos contíguos às suas residências e benfeitorias e evitar o retalhamento dos quinhões em glebas separadas.

Antigo CPC	Novo CPC
§ 1º O cálculo será precedido do histórico das diversas transmissões efetuadas a partir do ato ou fato gerador da comunhão, atualizando-se os valores primitivos.	
§ 2º Seguir-se-ão, em títulos distintos, as contas de cada condômino, mencionadas todas as aquisições e alterações em ordem cronológica bem como as respectivas datas e as folhas dos autos onde se encontrem os documentos correspondentes.	
§ 3º O plano de divisão será também consignado em um esquema gráfico.	
Art. 979. Ouvidas as partes, no prazo comum de 10 (dez) dias, sobre o cálculo e o plano da divisão, deliberará o juiz a partilha. Em cumprimento desta decisão, procederá o agrimensor, assistido pelos arbitradores, à demarcação dos quinhões, observando, além do disposto nos arts. 963 e 964, as seguintes regras:	**Art. 596.** Ouvidas as partes, **no prazo comum de 15 (quinze) dias**, sobre o cálculo e o plano da divisão, o juiz deliberará a partilha. **Parágrafo único.** Em cumprimento dessa decisão, o perito procederá à demarcação dos quinhões, observando, além do disposto nos arts. 584 e 585, as seguintes regras:
I – as benfeitorias comuns, que não comportarem divisão cômoda, serão adjudicadas a um dos condôminos mediante compensação;	I – as benfeitorias comuns que não comportarem divisão cômoda serão adjudicadas a um dos condôminos mediante compensação;
II – instituir-se-ão as servidões, que forem indispensáveis, em favor de uns quinhões sobre os outros, incluindo o respectivo valor no orçamento para que, não se tratando de servidões naturais, seja compensado o condômino aquinhoado com o prédio serviente;	II – instituir-se-ão as servidões que forem indispensáveis em favor de uns quinhões sobre os outros, incluindo o respectivo valor no orçamento para que, não se tratando de servidões naturais, seja compensado o condômino aquinhoado com o prédio serviente;
III – as benfeitorias particulares dos condôminos, que excederem a área a que têm direito, serão adjudicadas ao quinhoeiro vizinho mediante reposição;	III – as benfeitorias particulares dos condôminos que excederem à área a que têm direito serão adjudicadas ao quinhoeiro vizinho mediante reposição;
IV – se outra coisa não acordarem as partes, as compensações e reposições serão feitas em dinheiro.	IV – se outra coisa não acordarem as partes, as compensações e as reposições serão feitas em dinheiro.
Art. 980. Terminados os trabalhos e desenhados na planta os quinhões e as servidões aparentes, organizará o agrimensor o memorial descritivo. Em seguida, cumprido o disposto no art. 965, o escrivão lavrará o auto de divisão, seguido de uma folha de pagamento para cada condômino. Assinado o auto pelo juiz, agrimensor e arbitradores, será proferida sentença homologatória da divisão.	**Art. 597.** Terminados os trabalhos e desenhados na planta os quinhões e as servidões aparentes, o perito organizará o memorial descritivo. § 1º Cumprido o disposto no art. 586, o escrivão, em seguida, lavrará o auto de divisão, acompanhado de uma folha de pagamento para cada condômino. § 2º Assinado o auto pelo juiz e pelo perito, será proferida sentença homologatória da divisão.
§ 1º O auto conterá:	§ 3º O auto conterá:
I – a confinação e a extensão superficial do imóvel;	I – a confinação e a extensão superficial do imóvel;
II – a classificação das terras com o cálculo das áreas de cada consorte e a respectiva avaliação, ou a avaliação do imóvel na sua integridade, quando a homogeneidade das terras não determinar diversidade de valores;	II – a classificação das terras com o cálculo das áreas de cada consorte e com a respectiva avaliação ou, quando a homogeneidade das terras não determinar diversidade de valores, a avaliação do imóvel na sua integridade;
III – o valor e a quantidade geométrica que couber a cada condômino, declarando-se as reduções e compensações resultantes da diversidade de valores das glebas componentes de cada quinhão.	III – o valor e a quantidade geométrica que couber a cada condômino, declarando-se as reduções e compensações resultantes da diversidade de valores das glebas componentes de cada quinhão.
§ 2º Cada folha de pagamento conterá:	§ 4º Cada folha de pagamento conterá:
I – a descrição das linhas divisórias do quinhão, mencionadas as confinantes;	I – a descrição das linhas divisórias do quinhão, mencionadas as confinantes;
II – a relação das benfeitorias e culturas do próprio quinhoeiro e das que lhe foram adjudicadas por serem comuns ou mediante compensação;	II – a relação das benfeitorias e das culturas do próprio quinhoeiro e das que lhe foram adjudicadas por serem comuns ou mediante compensação;
III – a declaração das servidões instituídas, especificados os lugares, a extensão e modo de exercício.	III – a declaração das servidões instituídas, especificados os lugares, a extensão e o modo de exercício.
Art. 981. Aplica-se às divisões o disposto nos arts. 952 a 955.	**Art. 598.** Aplica-se às divisões o disposto nos arts. 575 a 578.
Capítulo IX **Do Inventário e da Partilha**	**Capítulo VI** **Do Inventário e da Partilha**
Seção I *Das Disposições Gerais*	*Seção I* *Das Disposições Gerais*
Art. 982. Havendo testamento ou interessado incapaz, proceder-se-á ao inventário judicial; se todos forem capazes e concordes, poderá fazer-se o inventário e a partilha por escritura pública, a qual constituirá título hábil para o registro imobiliário.	**Art. 610.** Havendo testamento ou interessado incapaz, proceder-se-á ao inventário judicial. § 1º Se todos forem capazes e concordes, o inventário e a partilha poderão ser feitos por escritura pública, a qual constituirá documento hábil **para qualquer ato de registro**, bem como **para levantamento de importância depositada em instituições financeiras.**

§ 1º O tabelião somente lavrará a escritura pública se todas as partes interessadas estiverem assistidas por advogado comum ou advogados de cada uma delas ou por defensor público, cuja qualificação e assinatura constarão do ato notarial.	§ 2º O tabelião somente lavrará a escritura pública se todas as partes interessadas estiverem assistidas por advogado ou por defensor público, cuja qualificação e assinatura constarão do ato notarial.
§ 2º A escritura e demais atos notariais serão gratuitos àqueles que se declararem pobres sob as penas da lei.	
Art. 983. O processo de inventário e partilha deve ser aberto dentro de 60 (sessenta) dias a contar da abertura da sucessão, ultimando-se nos 12 (doze) meses subsequentes, podendo o juiz prorrogar tais prazos, de ofício ou a requerimento de parte.	**Art. 611.** O processo de inventário e de partilha deve ser instaurado dentro de 2 (dois) meses, a contar da abertura da sucessão, ultimando-se nos 12 (doze) meses subsequentes, podendo o juiz prorrogar esses prazos, de ofício ou a requerimento de parte.
Parágrafo único. (*Revogado*).	
Art. 984. O juiz decidirá todas as questões de direito e também as questões de fato, quando este se achar provado por documento, só remetendo para os meios ordinários as que demandarem alta indagação ou dependerem de outras provas.	**Art. 612.** O juiz decidirá todas as questões de direito **desde que os fatos relevantes estejam provados por documento**, só remetendo para as vias ordinárias as questões que dependerem de outras provas.
Art. 985. Até que o inventariante preste o compromisso (art. 990, parágrafo único), continuará o espólio na posse do administrador provisório.	**Art. 613.** Até que o inventariante preste o compromisso, continuará o espólio na posse do administrador provisório.
Art. 986. O administrador provisório representa ativa e passivamente o espólio, é obrigado a trazer ao acervo os frutos que desde a abertura da sucessão percebeu, tem direito ao reembolso das despesas necessárias e úteis que fez e responde pelo dano a que, por dolo ou culpa, der causa.	**Art. 614.** O administrador provisório representa ativa e passivamente o espólio, é obrigado a trazer ao acervo os frutos que desde a abertura da sucessão percebeu, tem direito ao reembolso das despesas necessárias e úteis que fez e responde pelo dano a que, por dolo ou culpa, der causa.
Seção II *Da Legitimidade para Requerer o Inventário*	Seção II *Da Legitimidade para Requerer o Inventário*
Art. 987. A quem estiver na posse e administração do espólio incumbe, no prazo estabelecido no art. 983, requerer o inventário e a partilha.	**Art. 615.** O requerimento de inventário e de partilha incumbe a quem estiver na posse e na administração do espólio, no prazo estabelecido no art. 611.
Parágrafo único. O requerimento será instruído com a certidão de óbito do autor da herança.	**Parágrafo único.** O requerimento será instruído com a certidão de óbito do autor da herança.
Art. 988. Tem, contudo, legitimidade concorrente:	**Art. 616.** Têm, contudo, legitimidade concorrente:
I – o cônjuge supérstite;	I – o cônjuge ou **companheiro** supérstite;
II – o herdeiro;	II – o herdeiro;
III – o legatário;	III – o legatário;
IV – o testamenteiro;	IV – o testamenteiro;
V – o cessionário do herdeiro ou do legatário;	V – o cessionário do herdeiro ou do legatário;
VI – o credor do herdeiro, do legatário ou do autor da herança;	VI – o credor do herdeiro, do legatário ou do autor da herança;
VII – o síndico da falência do herdeiro, do legatário, do autor da herança ou do cônjuge supérstite;	IX – o **administrador judicial** da falência do herdeiro, do legatário, do autor da herança ou do cônjuge ou **companheiro** supérstite.
VIII – o Ministério Público, havendo herdeiros incapazes;	VII – o Ministério Público, havendo herdeiros incapazes;
IX – a Fazenda Pública, quando tiver interesse.	VIII – a Fazenda Pública, quando tiver interesse;
Art. 989. O juiz determinará, de ofício, que se inicie o inventário, se nenhuma das pessoas mencionadas nos artigos antecedentes o requerer no prazo legal.	
Seção III *Do Inventariante e das Primeiras Declarações*	Seção III *Do Inventariante e das Primeiras Declarações*
Art. 990. O juiz nomeará inventariante:	**Art. 617.** O juiz nomeará inventariante **na seguinte ordem**:
I – o cônjuge ou companheiro sobrevivente, desde que estivesse convivendo com o outro ao tempo da morte deste;	I – o cônjuge ou companheiro sobrevivente, desde que estivesse convivendo com o outro ao tempo da morte deste;
II – o herdeiro que se achar na posse e administração do espólio, se não houver cônjuge ou companheiro sobrevivente ou estes não puderem ser nomeados;	II – o herdeiro que se achar na posse e na administração do espólio, se não houver cônjuge ou companheiro sobrevivente ou se estes não puderem ser nomeados;
III – qualquer herdeiro, nenhum estando na posse e administração do espólio;	III – qualquer herdeiro, quando nenhum deles estiver na posse e na administração do espólio;
IV – o testamenteiro, se lhe foi confiada a administração do espólio ou toda a herança estiver distribuída em legados;	V – o testamenteiro, se lhe tiver sido confiada a administração do espólio ou se toda a herança estiver distribuída em legados;
V – o inventariante judicial, se houver;	VII – o inventariante judicial, se houver;

VI – pessoa estranha idônea, onde não houver inventariante judicial.	VIII – pessoa estranha idônea, quando não houver inventariante judicial.
Parágrafo único. O inventariante, intimado da nomeação, prestará, dentro de 5 (cinco) dias, o compromisso de bem e fielmente desempenhar o cargo.	**Parágrafo único.** O inventariante, intimado da nomeação, prestará, dentro de 5 (cinco) dias, o compromisso de bem e fielmente desempenhar a função.
Art. 991. Incumbe ao inventariante:	**Art. 618.** Incumbe ao inventariante:
I – representar o espólio ativa e passivamente, em juízo ou fora dele, observando-se, quanto ao dativo, o disposto no art. 12, § 1º;	I – representar o espólio ativa e passivamente, em juízo ou fora dele, observando-se, quanto ao dativo, o disposto no art. 75, § 1º;
II – administrar o espólio, velando-lhe os bens com a mesma diligência como se seus fossem;	II – administrar o espólio, velando-lhe os bens com a mesma diligência que teria se seus fossem;
III – prestar as primeiras e últimas declarações pessoalmente ou por procurador com poderes especiais;	III – prestar as primeiras e as últimas declarações pessoalmente ou por procurador com poderes especiais;
IV – exibir em cartório, a qualquer tempo, para exame das partes, os documentos relativos ao espólio;	IV – exibir em cartório, a qualquer tempo, para exame das partes, os documentos relativos ao espólio;
V – juntar aos autos certidão do testamento, se houver;	V – juntar aos autos certidão do testamento, se houver;
VI – trazer à colação os bens recebidos pelo herdeiro ausente, renunciante ou excluído;	VI – trazer à colação os bens recebidos pelo herdeiro ausente, renunciante ou excluído;
VII – prestar contas de sua gestão ao deixar o cargo ou sempre que o juiz lhe determinar;	VII – prestar contas de sua gestão ao deixar o cargo ou sempre que o juiz lhe determinar;
VIII – requerer a declaração de insolvência (art. 748).	VIII – requerer a declaração de insolvência.
Art. 992. Incumbe ainda ao inventariante, ouvidos os interessados e com autorização do juiz:	**Art. 619.** Incumbe ainda ao inventariante, ouvidos os interessados e com autorização do juiz:
I – alienar bens de qualquer espécie;	I – alienar bens de qualquer espécie;
II – transigir em juízo ou fora dele;	II – transigir em juízo ou fora dele;
III – pagar dívidas do espólio;	III – pagar dívidas do espólio;
IV – fazer as despesas necessárias com a conservação e o melhoramento dos bens do espólio.	IV – fazer as despesas necessárias para a conservação e o melhoramento dos bens do espólio.
Art. 993. Dentro de 20 (vinte) dias, contados da data em que prestou o compromisso, fará o inventariante as primeiras declarações, das quais se lavrará termo circunstanciado. No termo, assinado pelo juiz, escrivão e inventariante, serão exarados:	**Art. 620.** Dentro de 20 (vinte) dias contados da data em que prestou o compromisso, o inventariante fará as primeiras declarações, das quais se lavrará termo circunstanciado, assinado pelo juiz, pelo escrivão e pelo inventariante, no qual serão exarados:
I – o nome, estado, idade e domicílio do autor da herança, dia e lugar em que faleceu e bem ainda se deixou testamento;	I – o nome, o estado, a idade e o domicílio do autor da herança, o dia e o lugar em que faleceu e se deixou testamento;
II – o nome, estado, idade e residência dos herdeiros e, havendo cônjuge supérstite, o regime de bens do casamento;	II – o nome, o estado, a idade, o **endereço eletrônico** e a residência dos herdeiros e, havendo cônjuge ou **companheiro** supérstite, **além dos respectivos dados pessoais**, o regime de bens do casamento ou da **união estável**;
III – a qualidade dos herdeiros e o grau de seu parentesco com o inventariado;	III – a qualidade dos herdeiros e o grau de parentesco com o inventariado;
IV – a relação completa e individuada de todos os bens do espólio e dos alheios que nele forem encontrados, descrevendo-se:	IV – a relação completa e individualizada de todos os bens do espólio, **inclusive aqueles que devem ser conferidos à colação**, e dos bens alheios que nele forem encontrados, descrevendo-se:
a) os imóveis, com as suas especificações, nomeadamente local em que se encontram, extensão da área, limites, confrontações, benfeitorias, origem dos títulos, números das transcrições aquisitivas e ônus que os gravam;	a) os imóveis, com as suas especificações, nomeadamente local em que se encontram, extensão da área, limites, confrontações, benfeitorias, origem dos títulos, números das matrículas e ônus que os gravam;
b) os móveis, com os sinais característicos;	b) os móveis, com os sinais característicos;
c) os semoventes, seu número, espécies, marcas e sinais distintivos;	c) os semoventes, seu número, suas espécies, suas marcas e seus sinais distintivos;
d) o dinheiro, as joias, os objetos de ouro e prata, e as pedras preciosas, declarando-se-lhes especificadamente a qualidade, o peso e a importância;	d) o dinheiro, as joias, os objetos de ouro e prata e as pedras preciosas, declarando-se-lhes especificadamente a qualidade, o peso e a importância;
e) os títulos da dívida pública, bem como as ações, cotas e títulos de sociedade, mencionando-se-lhes o número, o valor e a data;	e) os títulos da dívida pública, bem como as ações, as quotas e os títulos de sociedade, mencionando-se-lhes o número, o valor e a data;
f) as dívidas ativas e passivas, indicando-se-lhes as datas, títulos, origem da obrigação, bem como os nomes dos credores e dos devedores;	f) as dívidas ativas e passivas, indicando-se-lhes as datas, os títulos, a origem da obrigação e os nomes dos credores e dos devedores;
g) direitos e ações;	g) direitos e ações;
h) o valor corrente de cada um dos bens do espólio.	h) o valor corrente de cada um dos bens do espólio.

Parágrafo único. O juiz determinará que se proceda:	§ 1º O juiz determinará que se proceda:
I – ao balanço do estabelecimento, se o autor da herança era comerciante em nome individual;	I – ao balanço do estabelecimento, se o autor da herança era empresário individual;
II – a apuração de haveres, se o autor da herança era sócio de sociedade que não anônima.	II – à apuração de haveres, se o autor da herança era sócio de sociedade que não anônima.
Art. 994. Só se pode arguir de sonegação ao inventariante depois de encerrada a descrição dos bens, com a declaração, por ele feita, de não existirem outros por inventariar.	**Art. 621.** Só se pode arguir sonegação ao inventariante depois de encerrada a descrição dos bens, com a declaração, por ele feita, de não existirem outros por inventariar.
Art. 995. O inventariante será removido:	**Art. 622.** O inventariante será removido **de ofício ou a requerimento:**
I – se não prestar, no prazo legal, as primeiras e as últimas declarações;	I – se não prestar, no prazo legal, as primeiras ou as últimas declarações;
II – se não der ao inventário andamento regular, suscitando dúvidas infundadas ou praticando atos meramente protelatórios;	II – se não der ao inventário andamento regular, se suscitar dúvidas infundadas ou se praticar atos meramente protelatórios;
III – se, por culpa sua, se deteriorarem, forem dilapidados ou sofrerem dano bens do espólio;	III – se, por culpa sua, bens do espólio se deteriorarem, forem dilapidados ou sofrerem dano;
IV – se não defender o espólio nas ações em que for citado, deixar de cobrar dívidas ativas ou não promover as medidas necessárias para evitar o perecimento de direitos;	IV – se não defender o espólio nas ações em que for citado, se deixar de cobrar dívidas ativas ou se não promover as medidas necessárias para evitar o perecimento de direitos;
V – se não prestar contas ou as que prestar não forem julgadas boas;	V – se não prestar contas ou se as que prestar não forem julgadas boas;
VI – se sonegar, ocultar ou desviar bens do espólio.	VI – se sonegar, ocultar ou desviar bens do espólio.
Art. 996. Requerida a remoção com fundamento em qualquer dos números do artigo antecedente, será intimado o inventariante para, no prazo de 5 (cinco) dias, defender-se e produzir provas.	**Art. 623.** Requerida a remoção com fundamento em qualquer dos incisos do art. 622, será intimado o inventariante para, **no prazo de 15 (quinze) dias**, defender-se e produzir provas.
Parágrafo único. O incidente da remoção correrá em apenso aos autos do inventário.	**Parágrafo único.** O incidente da remoção correrá em apenso aos autos do inventário.
Art. 997. Decorrido o prazo com a defesa do inventariante ou sem ela, o juiz decidirá. Se remover o inventariante, nomeará outro, observada a ordem estabelecida no art. 990.	**Art. 624.** Decorrido o prazo, com a defesa do inventariante ou sem ela, o juiz decidirá.
	Parágrafo único. Se remover o inventariante, o juiz nomeará outro, observada a ordem estabelecida no art. 617.
Art. 998. O inventariante removido entregará imediatamente ao substituto os bens do espólio; deixando de fazê-lo, será compelido mediante mandado de busca e apreensão, ou de imissão na posse, conforme se tratar de bem móvel ou imóvel.	**Art. 625.** O inventariante removido entregará imediatamente ao substituto os bens do espólio e, caso deixe de fazê-lo, será compelido mediante mandado de busca e apreensão ou de imissão na posse, conforme se tratar de bem móvel ou imóvel, **sem prejuízo da multa a ser fixada pelo juiz em montante não superior a três por cento do valor dos bens inventariados.**
Seção IV *Das Citações e das Impugnações*	Seção IV *Das Citações e das Impugnações*
Art. 999. Feitas as primeiras declarações, o juiz mandará citar, para os termos do inventário e partilha, o cônjuge, os herdeiros, os legatários, a Fazenda Pública, o Ministério Público, se houver herdeiro incapaz ou ausente, e o testamenteiro, se o finado deixou testamento.	**Art. 626.** Feitas as primeiras declarações, o juiz mandará citar, para os termos do inventário e da partilha, o cônjuge, o companheiro, os herdeiros e os legatários, e intimar a Fazenda Pública, o Ministério Público, se houver herdeiro incapaz ou ausente, e o testamenteiro, se houver testamento.
§ 1º Citar-se-ão, conforme o disposto nos arts. 224 a 230, somente as pessoas domiciliadas na comarca por onde corre o inventário ou que aí foram encontradas; e por edital, com o prazo de 20 (vinte) a 60 (sessenta) dias, todas as demais, residentes, assim no Brasil como no estrangeiro.	§ 1º **O cônjuge ou o companheiro,** os herdeiros **e** os legatários **serão citados pelo correio,** observado o disposto no art. 247, sendo, ainda, publicado edital, nos termos do inciso III do art. 259.
§ 2º Das primeiras declarações extrair-se-ão tantas cópias quantas forem as partes.	§ 2º Das primeiras declarações extrair-se-ão tantas cópias quantas forem as partes.
§ 3º O oficial de justiça, ao proceder à citação, entregará um exemplar a cada parte.	§ 3º A citação será acompanhada de cópia das primeiras declarações.
§ 4º Incumbe ao escrivão remeter cópias à Fazenda Pública, ao Ministério Público, ao testamenteiro, se houver, e ao advogado, se a parte já estiver representada nos autos.	§ 4º Incumbe ao escrivão remeter cópias à Fazenda Pública, ao Ministério Público, ao testamenteiro, se houver, e ao advogado, se a parte já estiver representada nos autos.
Art. 1.000. Concluídas as citações, abrir-se-á vista às partes, em cartório e pelo prazo comum de 10 (dez) dias, para dizerem sobre as primeiras declarações. Cabe à parte:	**Art. 627.** Concluídas as citações, abrir-se-á vista às partes, em cartório e **pelo prazo comum de 15 (quinze) dias,** para que se manifestem sobre as primeiras declarações, incumbindo às partes:
I – arguir erros e omissões;	I – arguir erros, omissões e sonegação de bens;
II – reclamar contra a nomeação do inventariante;	II – reclamar contra a nomeação de inventariante;

Antigo CPC	Novo CPC
III – contestar a qualidade de quem foi incluído no título de herdeiro.	III – contestar a qualidade de quem foi incluído no título de herdeiro.
Parágrafo único. Julgando procedente a impugnação referida no nº I, o juiz mandará retificar as primeiras declarações. Se acolher o pedido, de que trata o nº II, nomeará outro inventariante, observada a preferência legal. Verificando que a disputa sobre a qualidade de herdeiro, a que alude o nº III, constitui matéria de alta indagação, remeterá a parte para os meios ordinários e sobrestará, até o julgamento da ação, na entrega do quinhão que na partilha couber ao herdeiro admitido.	§ 1º Julgando procedente a impugnação referida no inciso I, o juiz mandará retificar as primeiras declarações. § 2º Se acolher o pedido de que trata o inciso II, o juiz nomeará outro inventariante, observada a preferência legal. § 3º Verificando que a disputa sobre a qualidade de herdeiro a que alude o inciso III **demanda produção de provas que não a documental, o juiz remeterá** a parte às vias ordinárias e sobrestará, até o julgamento da ação, a entrega do quinhão que na partilha couber ao herdeiro admitido.
Art. 1.001. Aquele que se julgar preterido poderá demandar a sua admissão no inventário, requerendo-o antes da partilha. Ouvidas as partes no prazo de 10 (dez) dias, o juiz decidirá. Se não acolher o pedido, remeterá o requerente para os meios ordinários, mandando reservar, em poder do inventariante, o quinhão do herdeiro excluído até que se decida o litígio.	**Art. 628.** Aquele que se julgar preterido poderá demandar sua admissão no inventário, requerendo-a antes da partilha. § 1º Ouvidas as partes **no prazo de 15 (quinze) dias**, o juiz decidirá. § 2º **Se para solução da questão for necessária a produção de provas que não a documental**, o juiz remeterá o requerente às vias ordinárias, mandando reservar, em poder do inventariante, o quinhão do herdeiro excluído até que se decida o litígio.
Art. 1.002. A Fazenda Pública, no prazo de 20 (vinte) dias, após a vista de que trata o art. 1.000, informará ao juízo, de acordo com os dados que constam de seu cadastro imobiliário, o valor dos bens de raiz descritos nas primeiras declarações.	**Art. 629.** A Fazenda Pública, **no prazo de 15 (quinze) dias**, após a vista de que trata o art. 627, informará ao juízo, de acordo com os dados que constam de seu cadastro imobiliário, o valor dos bens de raiz descritos nas primeiras declarações.
Seção V *Da Avaliação e do Cálculo do Imposto*	**Seção V** *Da Avaliação e do Cálculo do Imposto*
Art. 1.003. Findo o prazo do art. 1.000, sem impugnação ou decidida a que houver sido oposta, o juiz nomeará um perito para avaliar os bens do espólio, se não houver na comarca avaliador judicial.	**Art. 630.** Findo o prazo previsto no art. 627 sem impugnação ou decidida a impugnação que houver sido oposta, o juiz nomeará, se for o caso, perito para avaliar os bens do espólio, se não houver na comarca avaliador judicial.
Parágrafo único. No caso previsto no art. 993, parágrafo único, o juiz nomeará um contador para levantar o balanço ou apurar os haveres.	**Parágrafo único.** Na hipótese prevista no art. 620, § 1º, o juiz nomeará perito para avaliação das quotas sociais ou apuração dos haveres.
Art. 1.004. Ao avaliar os bens do espólio, observará o perito, no que for aplicável, o disposto nos arts. 681 a 683.	**Art. 631.** Ao avaliar os bens do espólio, o perito observará, no que for aplicável, o disposto nos arts. 872 e 873.
Art. 1.005. O herdeiro que requerer, durante a avaliação, a presença do juiz e do escrivão, pagará as despesas da diligência.	
Art. 1.006. Não se expedirá carta precatória para a avaliação de bens situados fora da comarca por onde corre o inventário, se eles forem de pequeno valor ou perfeitamente conhecidos do perito nomeado.	**Art. 632.** Não se expedirá carta precatória para a avaliação de bens situados fora da comarca onde corre o inventário se eles forem de pequeno valor ou perfeitamente conhecidos do perito nomeado.
Art. 1.007. Sendo capazes todas as partes, não se procederá à avaliação, se a Fazenda Pública, intimada na forma do art. 237, I, concordar expressamente com o valor atribuído, nas primeiras declarações, aos bens do espólio.	**Art. 633.** Sendo capazes todas as partes, não se procederá à avaliação se a Fazenda Pública, intimada **pessoalmente**, concordar de forma expressa com o valor atribuído, nas primeiras declarações, aos bens do espólio.
Art. 1.008. Se os herdeiros concordarem com o valor dos bens declarados pela Fazenda Pública, a avaliação cingir-se-á aos demais.	**Art. 634.** Se os herdeiros concordarem com o valor dos bens declarados pela Fazenda Pública, a avaliação cingir-se-á aos demais.
Art. 1.009. Entregue o laudo de avaliação, o juiz mandará que sobre ele se manifestem as partes no prazo de 10 (dez) dias, que correrá em cartório.	**Art. 635.** Entregue o laudo de avaliação, o juiz mandará que as partes se manifestem no prazo de **15 (quinze) dias**, que correrá em cartório.
§ 1º Versando a impugnação sobre o valor dado pelo perito, o juiz a decidirá de plano, à vista do que constar dos autos.	§ 1º Versando a impugnação sobre o valor dado pelo perito, o juiz a decidirá de plano, à vista do que constar dos autos.
§ 2º Julgando procedente a impugnação, determinará o juiz que o perito retifique a avaliação, observando os fundamentos da decisão.	§ 2º Julgando procedente a impugnação, o juiz determinará que o perito retifique a avaliação, observando os fundamentos da decisão.
Art. 1.010. O juiz mandará repetir a avaliação:	
I – quando viciada por erro ou dolo do perito;	
II – quando se verificar, posteriormente à avaliação, que os bens apresentam defeito que lhes diminui o valor.	
Art. 1.011. Aceito o laudo ou resolvidas as impugnações suscitadas a seu respeito lavrar-se-á em seguida o termo de últimas declarações, no qual o inventariante poderá emendar, aditar ou completar as primeiras.	**Art. 636.** Aceito o laudo ou resolvidas as impugnações suscitadas a seu respeito, lavrar-se-á em seguida o termo de últimas declarações, no qual o inventariante poderá emendar, aditar ou completar as primeiras.
Art. 1.012. Ouvidas as partes sobre as últimas declarações no prazo comum de 10 (dez) dias, proceder-se-á ao cálculo do imposto.	**Art. 637.** Ouvidas as partes sobre as últimas declarações **no prazo comum de 15 (quinze) dias**, proceder-se-á ao cálculo do tributo.

Art. 1.013. Feito o cálculo, sobre ele serão ouvidas todas as partes no prazo comum de 5 (cinco) dias, que correrá em cartório e, em seguida, a Fazenda Pública.	**Art. 638.** Feito o cálculo, sobre ele serão ouvidas todas as partes no prazo comum de 5 (cinco) dias, que correrá em cartório, e, em seguida, a Fazenda Pública.
§ 1º Se houver impugnação julgada procedente, ordenará o juiz novamente a remessa dos autos ao contador, determinando as alterações que devam ser feitas no cálculo.	§ 1º Se acolher eventual impugnação, o juiz ordenará nova remessa dos autos ao contabilista, determinando as alterações que devam ser feitas no cálculo.
§ 2º Cumprido o despacho, o juiz julgará o cálculo do imposto.	§ 2º Cumprido o despacho, o juiz julgará o **cálculo do tributo**.
<center>Seção VI *Das Colações*</center>	<center>Seção VI *Das Colações*</center>
Art. 1.014. No prazo estabelecido no art. 1.000, o herdeiro obrigado à colação conferirá por termo nos autos os bens que recebeu ou, se já os não possuir, trar-lhes-á o valor.	**Art. 639.** No prazo estabelecido no art. 627, o herdeiro obrigado à colação conferirá por termo nos autos ou **por petição à qual o termo se reportará** os bens que recebeu ou, se já não os possuir, trar-lhes-á o valor.
Parágrafo único. Os bens que devem ser conferidos na partilha, assim como as acessões e benfeitorias que o donatário fez, calcular-se-ão pelo valor que tiverem ao tempo da abertura da sucessão.	**Parágrafo único.** Os bens a serem conferidos na partilha, assim como as acessões e as benfeitorias que o donatário fez, calcular-se-ão pelo valor que tiverem ao tempo da abertura da sucessão.
Art. 1.015. O herdeiro que renunciou à herança ou o que dela foi excluído não se exime, pelo fato da renúncia ou da exclusão, de conferir, para o efeito de repor a parte inoficiosa, as liberalidades que houve do doador.	**Art. 640.** O herdeiro que renunciou à herança ou o que dela foi excluído não se exime, pelo fato da renúncia ou da exclusão, de conferir, para o efeito de repor a parte inoficiosa, as liberalidades que obteve do doador.
§ 1º E lícito ao donatário escolher, dos bens doados, tantos quantos bastem para perfazer a legítima e a metade disponível, entrando na partilha o excedente para ser dividido entre os demais herdeiros.	§ 1º É lícito ao donatário escolher, dentre os bens doados, tantos quantos bastem para perfazer a legítima e a metade disponível, entrando na partilha o excedente para ser dividido entre os demais herdeiros.
§ 2º Se a parte inoficiosa da doação recair sobre bem imóvel, que não comporte divisão cômoda, o juiz determinará que sobre ela se proceda entre os herdeiros à licitação; o donatário poderá concorrer na licitação e, em igualdade de condições, preferirá aos herdeiros.	§ 2º Se a parte inoficiosa da doação recair sobre bem imóvel que não comporte divisão cômoda, o juiz determinará que sobre ela se proceda a licitação entre os herdeiros.
	§ 3º O donatário poderá concorrer na licitação referida no § 2º e, em igualdade de condições, terá preferência sobre os herdeiros.
Art. 1.016. Se o herdeiro negar o recebimento dos bens ou a obrigação de os conferir, o juiz, ouvidas as partes no prazo comum de 5 (cinco) dias, decidirá à vista das alegações e provas produzidas.	**Art. 641.** Se o herdeiro negar o recebimento dos bens ou a obrigação de os conferir, o juiz, ouvidas as partes no prazo comum de **15 (quinze) dias**, decidirá à vista das alegações e das provas produzidas.
§ 1º Declarada improcedente a oposição, se o herdeiro, no prazo improrrogável de 5 (cinco) dias, não proceder à conferência, o juiz mandará sequestrar-lhe, para serem inventariados e partilhados, os bens sujeitos à colação, ou imputar ao seu quinhão hereditário o valor deles, se já os não possuir.	§ 1º Declarada improcedente a oposição, se o herdeiro, **no prazo improrrogável de 15 (quinze) dias**, não proceder à conferência, o juiz mandará sequestrar-lhe, para serem inventariados e partilhados, os bens sujeitos a colação ou imputar ao seu quinhão hereditário o valor deles, se já os não possuir.
§ 2º Se a matéria for de alta indagação, o juiz remeterá as partes para os meios ordinários, não podendo o herdeiro receber o seu quinhão hereditário, enquanto pender a demanda, sem prestar caução correspondente ao valor dos bens sobre que versar a conferência.	§ 2º Se a matéria **exigir dilação probatória diversa da documental**, o juiz remeterá as partes às **vias** ordinárias, não podendo o herdeiro receber o seu quinhão hereditário, enquanto pender a demanda, sem prestar caução correspondente ao valor dos bens sobre os quais versar a conferência.
<center>Seção VII *Do Pagamento das Dívidas*</center>	<center>Seção VII *Do Pagamento das Dívidas*</center>
Art. 1.017. Antes da partilha, poderão os credores do espólio requerer ao juízo do inventário o pagamento das dívidas vencidas e exigíveis.	**Art. 642.** Antes da partilha, poderão os credores do espólio requerer ao juízo do inventário o pagamento das dívidas vencidas e exigíveis.
§ 1º A petição, acompanhada de prova literal da dívida, será distribuída por dependência e autuada em apenso aos autos do processo de inventário.	§ 1º A petição, acompanhada de prova literal da dívida, será distribuída por dependência e autuada em apenso aos autos do processo de inventário.
§ 2º Concordando as partes com o pedido, o juiz, ao declarar habilitado o credor, mandará que se faça a separação de dinheiro ou, em sua falta, de bens suficientes para o seu pagamento.	§ 2º Concordando as partes com o pedido, o juiz, ao declarar habilitado o credor, mandará que se faça a separação de dinheiro ou, em sua falta, de bens suficientes para o pagamento.
§ 3º Separados os bens, tantos quantos forem necessários para o pagamento dos credores habilitados, o juiz mandará aliená-los em praça ou leilão, observadas, no que forem aplicáveis, as regras do Livro II, Título II, Capítulo IV, Seção I, Subseção VII e Seção II, Subseções I e II.	§ 3º Separados os bens, tantos quantos forem necessários para o pagamento dos credores habilitados, o juiz mandará aliená-los, **observando-se as disposições deste Código relativas à expropriação**.
§ 4º Se o credor requerer que, em vez de dinheiro, lhe sejam adjudicados, para o seu pagamento, os bens já reservados, o juiz deferir-lhe-á o pedido, concordando todas as partes.	§ 4º Se o credor requerer que, em vez de dinheiro, lhe sejam adjudicados, para o seu pagamento, os bens já reservados, o juiz deferir-lhe-á o pedido, concordando todas as partes.
Art. 1.018. Não havendo concordância de todas as partes sobre o pedido de pagamento feito pelo credor, será ele remetido para os meios ordinários.	**Art. 643.** Não havendo concordância de todas as partes sobre o pedido de pagamento feito pelo credor, será o pedido remetido às vias ordinárias.

Antigo CPC	Novo CPC
Parágrafo único. O juiz mandará, porém, reservar em poder do inventariante bens suficientes para pagar o credor, quando a dívida constar de documento que comprove suficientemente a obrigação e a impugnação não se fundar em quitação.	**Parágrafo único.** O juiz mandará, porém, reservar, em poder do inventariante, bens suficientes para pagar o credor quando a dívida constar de documento que comprove suficientemente a obrigação e a impugnação não se fundar em quitação.
Art. 1.019. O credor de dívida líquida e certa, ainda não vencida, pode requerer habilitação no inventário. Concordando as partes com o pedido, o juiz, ao julgar habilitado o crédito, mandará que se faça separação de bens para o futuro pagamento.	**Art. 644.** O credor de dívida líquida e certa, ainda não vencida, pode requerer habilitação no inventário.
	Parágrafo único. Concordando as partes com o pedido referido no *caput*, o juiz, ao julgar habilitado o crédito, mandará que se faça separação de bens para o futuro pagamento.
Art. 1.020. O legatário é parte legítima para manifestar-se sobre as dívidas do espólio:	**Art. 645.** O legatário é parte legítima para manifestar-se sobre as dívidas do espólio:
I – quando toda a herança for dividida em legados;	I – quando toda a herança for dividida em legados;
II – quando o reconhecimento das dívidas importar redução dos legados.	II – quando o reconhecimento das dívidas importar redução dos legados.
Art. 1.021. Sem prejuízo do disposto no art. 674, é lícito aos herdeiros, ao separarem bens para o pagamento de dívidas, autorizar que o inventariante os nomeie à penhora no processo em que o espólio for executado.	**Art. 646.** Sem prejuízo do disposto no art. 860, é lícito aos herdeiros, ao separarem bens para o pagamento de dívidas, autorizar que o inventariante os indique à penhora no processo em que o espólio for executado.
Seção VIII *Da Partilha*	Seção VIII *Da Partilha*
Art. 1.022. Cumprido o disposto no art. 1.017, § 3º, o juiz facultará às partes que, no prazo comum de 10 (dez) dias, formulem o pedido de quinhão; em seguida proferirá, no prazo de 10 (dez) dias, o despacho de deliberação da partilha, resolvendo os pedidos das partes e designando os bens que devam constituir quinhão de cada herdeiro e legatário.	**Art. 647.** Cumprido o disposto no art. 642, § 3º, o juiz facultará às partes que, **no prazo comum de 15 (quinze) dias**, formulem o pedido de quinhão e, em seguida, proferirá a decisão de deliberação da partilha, resolvendo os pedidos das partes e designando os bens que devam constituir quinhão de cada herdeiro e legatário.
Art. 1.023. O partidor organizará o esboço da partilha de acordo com a decisão, observando nos pagamentos a seguinte ordem:	**Art. 649.** O partidor organizará o esboço da partilha de acordo com a decisão, observando nos pagamentos a seguinte ordem:
I – dívidas atendidas;	I – dívidas atendidas;
II – meação do cônjuge;	II – meação do cônjuge;
III – meação disponível;	III – meação disponível;
IV – quinhões hereditários, a começar pelo coerdeiro mais velho.	IV – quinhões hereditários, a começar pelo coerdeiro mais velho.
Art. 1.024. Feito o esboço, dirão sobre ele as partes no prazo comum de 5 (cinco) dias. Resolvidas as reclamações, será a partilha lançada nos autos.	**Art. 652.** Feito o esboço, as partes manifestar-se-ão sobre esse no **prazo comum de 15 (quinze) dias**, e, resolvidas as reclamações, a partilha será lançada nos autos.
Art. 1.025. A partilha constará:	**Art. 653.** A partilha constará:
I – de um auto de orçamento, que mencionará:	I – de auto de orçamento, que mencionará:
a) os nomes do autor da herança, do inventariante, do cônjuge supérstite, dos herdeiros, dos legatários e dos credores admitidos;	*a)* os nomes do autor da herança, do inventariante, do cônjuge ou **companheiro** supérstite, dos herdeiros, dos legatários e dos credores admitidos;
b) o ativo, o passivo e o líquido partível, com as necessárias especificações;	*b)* o ativo, o passivo e o líquido partível, com as necessárias especificações;
c) o valor de cada quinhão;	*c)* o valor de cada quinhão;
II – de uma folha de pagamento para cada parte, declarando a quota a pagar-lhe, a razão do pagamento, a relação dos bens que lhe compõem o quinhão, as características que os individualizam e os ônus que os gravam.	II – de folha de pagamento para cada parte, declarando a quota a pagar-lhe, a razão do pagamento e a relação dos bens que lhe compõem o quinhão, as características que os individualizam e os ônus que os gravam.
Parágrafo único. O auto e cada uma das folhas serão assinados pelo juiz e pelo escrivão.	**Parágrafo único.** O auto e cada uma das folhas serão assinados pelo juiz e pelo escrivão.
Art. 1.026. Pago o imposto de transmissão a título de morte, e junta aos autos certidão ou informação negativa de dívida para com a Fazenda Pública, o juiz julgará por sentença a partilha.	**Art. 654.** Pago o imposto de transmissão a título de morte e juntada aos autos certidão ou informação negativa de dívida para com a Fazenda Pública, o juiz julgará por sentença a partilha.
Art. 1.027. Passada em julgado a sentença mencionada no artigo antecedente, receberá o herdeiro os bens que lhe tocarem e um formal de partilha, do qual constarão as seguintes peças:	**Art. 655. Transitada** em julgado a sentença mencionada no art. 654, receberá o herdeiro os bens que lhe tocarem e um formal de partilha, do qual constarão as seguintes peças:
I – termo de inventariante e título de herdeiros;	I – termo de inventariante e título de herdeiros;
II – avaliação dos bens que constituíram o quinhão do herdeiro;	II – avaliação dos bens que constituíram o quinhão do herdeiro;
III – pagamento do quinhão hereditário;	III – pagamento do quinhão hereditário;

IV – quitação dos impostos;	IV – quitação dos impostos;
V – sentença.	V – sentença.
Parágrafo único. O formal de partilha poderá ser substituído por certidão do pagamento do quinhão hereditário, quando este não exceder 5 (cinco) vezes o salário mínimo vigente na sede do juízo; caso em que se transcreverá nela a sentença de partilha transitada em julgado.	**Parágrafo único.** O formal de partilha poderá ser substituído por certidão de pagamento do quinhão hereditário quando esse não exceder a 5 (cinco) vezes o salário mínimo, caso em que se transcreverá nela a sentença de partilha transitada em julgado.
Art. 1.028. A partilha, ainda depois de passar em julgado a sentença (art. 1.026), pode ser emendada nos mesmos autos do inventário, convindo todas as partes, quando tenha havido erro de fato na descrição dos bens; o juiz, de ofício ou a requerimento da parte, poderá, a qualquer tempo, corrigir-lhe as inexatidões materiais.	**Art. 656.** A partilha, mesmo depois de transitada em julgado a sentença, pode ser emendada nos mesmos autos do inventário, convindo todas as partes, quando tenha havido erro de fato na descrição dos bens, podendo; o juiz, de ofício ou a requerimento da parte, a qualquer tempo, corrigir-lhe as inexatidões materiais.
Art. 1.029. A partilha amigável, lavrada em instrumento público, reduzida a termo nos autos do inventário ou constante de escrito particular homologado pelo juiz, pode ser anulada, por dolo, coação, erro essencial ou intervenção de incapaz.	**Art. 657.** A partilha amigável, lavrada em instrumento público, reduzida a termo nos autos do inventário ou constante de escrito particular homologado pelo juiz, pode ser anulada por dolo, coação, erro essencial ou intervenção de incapaz, **observado o disposto no § 4º do art. 966.**
Parágrafo único. O direito de propor ação anulatória de partilha amigável prescreve em 1 (um) ano, contado este prazo:	**Parágrafo único.** O direito à anulação de partilha amigável extingue-se em 1 (um) ano, contado esse prazo:
I – no caso de coação, do dia em que ela cessou;	I – no caso de coação, do dia em que ela cessou;
II – no de erro ou dolo, do dia em que se realizou o ato;	II – no caso de erro ou dolo, do dia em que se realizou o ato;
III – quanto ao incapaz, do dia em que cessar a incapacidade.	III – quanto ao incapaz, do dia em que cessar a incapacidade.
Art. 1.030. É rescindível a partilha julgada por sentença:	**Art. 658.** É rescindível a partilha julgada por sentença:
I – nos casos mencionados no artigo antecedente;.	I – nos casos mencionados no art. 657;
II – se feita com preterição de formalidades legais;	II – se feita com preterição de formalidades legais;
III – se preteriu herdeiro ou incluiu quem não o seja	III – se preteriu herdeiro ou incluiu quem não o seja.
Seção IX *Do Arrolamento*	**Seção IX** *Do Arrolamento*
Art. 1.031. A partilha amigável, celebrada entre partes capazes, nos termos do art. 2.015 da Lei nº 10.406, de 10 de janeiro de 2002 – Código Civil, será homologada de plano pelo juiz, mediante a prova da quitação dos tributos relativos aos bens do espólio e às suas rendas, com observância dos arts. 1.032 a 1.035 desta Lei.	**Art. 659.** A partilha amigável, celebrada entre partes capazes, **nos termos da lei**, será homologada de plano pelo juiz, **com observância dos arts. 660 a 663**.
§ 1º O disposto neste artigo aplica-se, também, ao pedido de adjudicação, quando houver herdeiro único.	§ 1º O disposto neste artigo aplica-se, também, ao pedido de adjudicação, quando houver herdeiro único.
§ 2º Transitada em julgado a sentença de homologação de partilha ou adjudicação, o respectivo formal, bem como os alvarás referentes aos bens por ele abrangidos, só serão expedidos e entregues às partes após a comprovação, verificada pela Fazenda Pública, do pagamento de todos os tributos.	§ 2º Transitada em julgado a sentença de homologação de partilha ou de adjudicação, **será lavrado o formal de partilha ou elaborada a carta de adjudicação e, em seguida, serão expedidos os alvarás referentes aos bens e às rendas por ele abrangidos, intimando-se o fisco para lançamento administrativo do imposto de transmissão e de outros tributos porventura incidentes, conforme dispuser a legislação tributária, nos termos do § 2º do art. 662.**
Art. 1.032. Na petição de inventário, que se processará na forma de arrolamento sumário, independentemente da lavratura de termos de qualquer espécie, os herdeiros:	**Art. 660.** Na petição de inventário, que se processará na forma de arrolamento sumário, independentemente da lavratura de termos de qualquer espécie, os herdeiros:
I – requererão ao juiz a nomeação do inventariante que designarem;	I – requererão ao juiz a nomeação do inventariante que designarem;
II – declararão os títulos dos herdeiros e os bens do espólio, observado o disposto no art. 993 desta Lei;	II – declararão os títulos dos herdeiros e os bens do espólio, **observado o disposto no art. 630;**
III – atribuirão o valor dos bens do espólio, para fins de partilha.	III – atribuirão valor aos bens do espólio, para fins de partilha.
Art. 1.033. Ressalvada a hipótese prevista no parágrafo único do art. 1.035 desta Lei, não se procederá a avaliação dos bens do espólio para qualquer finalidade.	**Art. 661.** Ressalvada a hipótese prevista no parágrafo único do art. 663, não se procederá à avaliação dos bens do espólio para nenhuma finalidade.
Art. 1.034. No arrolamento, não serão conhecidas ou apreciadas questões relativas ao lançamento, ao pagamento ou à quitação de taxas judiciárias e de tributos incidentes sobre a transmissão da propriedade dos bens do espólio.	**Art. 662.** No arrolamento, não serão conhecidas ou apreciadas questões relativas ao lançamento, ao pagamento ou à quitação de taxas judiciárias e de tributos incidentes sobre a transmissão da propriedade dos bens do espólio.
§ 1º A taxa judiciária, se devida, será calculada com base no valor atribuído pelos herdeiros, cabendo ao fisco, se apurar em processo administrativo valor diverso do estimado, exigir a eventual diferença pelos meios adequados ao lançamento de créditos tributários em geral.	§ 1º A taxa judiciária, se devida, será calculada com base no valor atribuído pelos herdeiros, cabendo ao fisco, se apurar em processo administrativo valor diverso do estimado, exigir a eventual diferença pelos meios adequados ao lançamento de créditos tributários em geral.

Antigo CPC	Novo CPC
§ 2º O imposto de transmissão será objeto de lançamento administrativo, conforme dispuser a legislação tributária, não ficando as autoridades fazendárias adstritas aos valores dos bens do espólio atribuídos pelos herdeiros.	§ 2º O imposto de transmissão será objeto de lançamento administrativo, conforme dispuser a legislação tributária, não ficando as autoridades fazendárias adstritas aos valores dos bens do espólio atribuídos pelos herdeiros.
Art. 1.035. A existência de credores do espólio não impedirá a homologação da partilha ou da adjudicação, se forem reservados bens suficientes para o pagamento da dívida.	**Art. 663.** A existência de credores do espólio não impedirá a homologação da partilha ou da adjudicação, se forem reservados bens suficientes para o pagamento da dívida.
Parágrafo único. A reserva de bens será realizada pelo valor estimado pelas partes, salvo se o credor, regularmente notificado, impugnar a estimativa, caso em que se promoverá a avaliação dos bens a serem reservados.	**Parágrafo único.** A reserva de bens será realizada pelo valor estimado pelas partes, salvo se o credor, regularmente notificado, impugnar a estimativa, caso em que se promoverá a avaliação dos bens a serem reservados.
Art. 1.036. Quando o valor dos bens do espólio for igual ou inferior a 2.000 (duas mil) Obrigações do Tesouro Nacional – OTN, o inventário processar-se-á na forma de arrolamento, cabendo ao inventariante nomeado, independentemente da assinatura de termo de compromisso, apresentar, com suas declarações, a atribuição do valor dos bens do espólio e o plano da partilha.	**Art. 664.** Quando o valor dos bens do espólio for igual ou inferior a **1.000 (mil) salários mínimos**, o inventário processar-se-á na forma de arrolamento, cabendo ao inventariante nomeado, independentemente de assinatura de termo de compromisso, apresentar, com suas declarações, a atribuição de valor aos bens do espólio e o plano da partilha.
§ 1º Se qualquer das partes ou o Ministério Público impugnar a estimativa, o juiz nomeará um avaliador que oferecerá laudo em 10 (dez) dias.	§ 1º Se qualquer das partes ou o Ministério Público impugnar a estimativa, o juiz nomeará avaliador, que oferecerá laudo em 10 (dez) dias.
§ 2º Apresentado o laudo, o juiz, em audiência que designar, deliberará sobre a partilha, decidindo de plano todas as reclamações e mandando pagar as dívidas não impugnadas.	§ 2º Apresentado o laudo, o juiz, em audiência que designar, deliberará sobre a partilha, decidindo de plano todas as reclamações e mandando pagar as dívidas não impugnadas.
§ 3º Lavrar-se-á de tudo um só termo, assinado pelo juiz e pelas partes presentes.	§ 3º Lavrar-se-á de tudo um só termo, assinado pelo juiz, **pelo inventariante** e pelas partes presentes **ou por seus advogados**.
§ 4º Aplicam-se a esta espécie de arrolamento, no que couberem, as disposições do art. 1.034 e seus parágrafos, relativamente ao lançamento, ao pagamento e à quitação da taxa judiciária e do imposto sobre a transmissão da propriedade dos bens do espólio.	§ 4º Aplicam-se a essa espécie de arrolamento, no que couber, as disposições do art. 672, relativamente ao lançamento, ao pagamento e à quitação da taxa judiciária e do imposto sobre a transmissão da propriedade dos bens do espólio.
§ 5º Provada a quitação dos tributos relativos aos bens do espólio e às suas rendas, o juiz julgará a partilha.	§ 5º Provada a quitação dos tributos relativos aos bens do espólio e às suas rendas, o juiz julgará a partilha.
Art. 1.037. Independerá de inventário ou arrolamento o pagamento dos valores previstos na Lei nº 6.858, de 24 de novembro de 1980.	**Art. 666.** Independerá de inventário ou de arrolamento o pagamento dos valores previstos na Lei nº 6.858, de 24 de novembro de 1980.
Art. 1.038. Aplicam-se subsidiariamente a esta Seção as disposições das seções antecedentes, bem como da seção subsequente.	**Art. 667.** Aplicam-se subsidiariamente a esta Seção as disposições das Seções VII e VIII deste Capítulo.
Seção X *Das Disposições Comuns às Seções Precedentes*	Seção X *Das Disposições Comuns a **Todas** as Seções*
Art. 1.039. Cessa a eficácia das medidas cautelares previstas nas várias seções deste Capítulo:	**Art. 668.** Cessa a eficácia da **tutela provisória** prevista nas Seções deste Capítulo:
I – se a ação não for proposta em 30 (trinta) dias, contados da data em que da decisão foi intimado o impugnante (art. 1.000, parágrafo único), o herdeiro excluído (art. 1.001) ou o credor não admitido (art. 1.018);	I – se a ação não for proposta em 30 (trinta) dias contados da data em que da decisão foi intimado o impugnante, o herdeiro excluído ou o credor não admitido;
II – se o juiz declarar extinto o processo de inventário com ou sem julgamento do mérito.	II – se o juiz extinguir o processo de inventário com ou sem **resolução** de mérito.
Art. 1.040. Ficam sujeitos à sobrepartilha os bens:	**Art. 669.** São sujeitos à sobrepartilha os bens:
I – sonegados;	I – sonegados;
II – da herança que se descobrirem depois da partilha;	II – da herança descobertos após a partilha;
III – litigiosos, assim como os de liquidação difícil ou morosa;	III – litigiosos, assim como os de liquidação difícil ou morosa;
IV – situados em lugar remoto da sede do juízo onde se processa o inventário.	IV – situados em lugar remoto da sede do juízo onde se processa o inventário.
Parágrafo único. Os bens mencionados nos ns. III e IV deste artigo serão reservados à sobrepartilha sob a guarda e administração do mesmo ou de diverso inventariante, a aprazimento da maioria dos herdeiros.	**Parágrafo único.** Os bens mencionados nos incisos III e IV serão reservados à sobrepartilha sob a guarda e a administração do mesmo ou de diverso inventariante, a consentimento da maioria dos herdeiros.
Art. 1.041. Observar-se-á na sobrepartilha dos bens o processo de inventário e partilha.	**Art. 670.** Na sobrepartilha dos bens, observar-se-á o processo de inventário e de partilha.
Parágrafo único. A sobrepartilha correrá nos autos do inventário do autor da herança.	**Parágrafo único.** A sobrepartilha correrá nos autos do inventário do autor da herança.
Art. 1.042. O juiz dará curador especial:	**Art. 671.** O juiz nomeará curador especial:
I – ao ausente, se o não tiver;	I – ao ausente, se não o tiver;

II – ao incapaz, se concorrer na partilha com o seu representante.	II – ao incapaz, se concorrer na partilha com o seu representante, **desde que exista colisão de interesses.**
Art. 1.043. Falecendo o cônjuge meeiro supérstite antes da partilha dos bens do pré-morto, as duas heranças serão cumulativamente inventariadas e partilhadas, se os herdeiros de ambos forem os mesmos.	**Art. 672.** É lícita a cumulação de inventários para a partilha de heranças de pessoas diversas quando houver: [...] II – heranças deixadas pelos dois cônjuges ou companheiros;
§ 1º Haverá um só inventariante para os dois inventários.	
§ 2º O segundo inventário será distribuído por dependência, processando-se em apenso ao primeiro.	
Art. 1.044. Ocorrendo a morte de algum herdeiro na pendência do inventário em que foi admitido e não possuindo outros bens além do seu quinhão na herança, poderá este ser partilhado juntamente com os bens do monte.	**Art. 672.** É lícita a cumulação de inventários para a partilha de heranças de pessoas diversas quando houver: [...] III – dependência de uma das partilhas em relação à outra.
Art. 1.045. Nos casos previstos nos dois artigos antecedentes prevalecerão as primeiras declarações, assim como o laudo de avaliação, salvo se se alterou o valor dos bens.	**Art. 673.** No caso previsto no art. 672, inciso II, prevalecerão as primeiras declarações, assim como o laudo de avaliação, salvo se alterado o valor dos bens.
Parágrafo único. No inventário a que se proceder por morte do cônjuge herdeiro supérstite, é lícito, independentemente de sobrepartilha, descrever e partilhar bens omitidos no inventário do cônjuge pré-morto.	
Capítulo X Dos Embargos de Terceiro	Capítulo VII Dos Embargos de Terceiro
Art. 1.046. Quem, não sendo parte no processo, sofrer turbação ou esbulho na posse de seus bens por ato de apreensão judicial, em casos como o de penhora, depósito, arresto, sequestro, alienação judicial, arrecadação, arrolamento, inventário, partilha, poderá requerer lhe sejam manutenidos ou restituídos por meio de embargos.	**Art. 674.** Quem, não sendo parte no processo, sofrer **constrição ou ameaça de constrição sobre bens que possua ou sobre os quais tenha direito incompatível com o ato constritivo**, poderá requerer seu **desfazimento** ou sua inibição **por meio de embargos de terceiro.**
§ 1º Os embargos podem ser de terceiro senhor e possuidor, ou apenas possuidor.	§ 1º Os embargos podem ser de **terceiro proprietário, inclusive fiduciário**, ou possuidor.
§ 2º Equipara-se a terceiro a parte que, posto figure no processo, defende bens que, pelo título de sua aquisição ou pela qualidade em que os possuir, não podem ser atingidos pela apreensão judicial.	
§ 3º Considera-se também terceiro o cônjuge quando defende a posse de bens dotais, próprios, reservados ou de sua meação.	§ 2º Considera-se terceiro, para ajuizamento dos embargos: I – o cônjuge ou **companheiro**, quando defende a posse de bens próprios ou de sua meação, **ressalvado o disposto no art. 843**;
Art. 1.047. Admitem-se ainda embargos de terceiro:	
I – para a defesa da posse, quando, nas ações de divisão ou de demarcação, for o imóvel sujeito a atos materiais, preparatórios ou definitivos, da partilha ou da fixação de rumos;	
II – para o credor com garantia real obstar alienação judicial do objeto da hipoteca, penhor ou anticrese.	**Art. 674.** [...] § 2º. [...] IV – o credor com garantia real para obstar **expropriação** judicial do objeto **de direito real de garantia, caso não tenha sido intimado, nos termos legais dos atos expropriatórios respectivos.**
Art. 1.048. Os embargos podem ser opostos a qualquer tempo no processo de conhecimento enquanto não transitada em julgado a sentença, e, no processo de execução, até 5 (cinco) dias depois da arrematação, adjudicação ou remição, mas sempre antes da assinatura da respectiva carta.	**Art. 675.** Os embargos podem ser opostos a qualquer tempo no processo de conhecimento enquanto não transitada em julgado a sentença, **e, no cumprimento de sentença** ou no processo de execução, até 5 (cinco) dias depois da adjudicação, da alienação **por iniciativa particular ou da arrematação**, mas sempre antes da assinatura da respectiva carta.
Art. 1.049. Os embargos serão distribuídos por dependência e correrão em autos distintos perante o mesmo juiz que ordenou a apreensão.	**Art. 674.** Os embargos serão distribuídos por dependência e correrão em autos distintos perante o mesmo **juízo** que ordenou a constrição.
Art. 1.050. O embargante, em petição elaborada com observância do disposto no art. 282, fará a prova sumária de sua posse e a qualidade de terceiro, oferecendo documentos e rol de testemunhas.	**Art. 677.** Na petição inicial, o embargante fará a prova sumária de sua posse **ou** de seu **domínio** e da qualidade de terceiro, oferecendo documentos e rol de testemunhas.
§ 1º É facultada a prova da posse em audiência preliminar designada pelo juiz.	§ 1º É facultada a prova da posse em audiência preliminar designada pelo juiz.
§ 2º O possuidor direto pode alegar, com a sua posse, domínio alheio.	§ 2º O possuidor direto pode alegar, além da sua posse, o domínio alheio.
§ 3º A citação será pessoal, se o embargado não tiver procurador constituído nos autos da ação principal.	§ 3º A citação será pessoal, se o embargado não tiver procurador constituído nos autos da ação principal.

Antigo CPC	Novo CPC
Art. 1.051. Julgando suficientemente provada a posse, o juiz deferirá liminarmente os embargos e ordenará a expedição de mandado de manutenção ou de restituição em favor do embargante, que só receberá os bens depois de prestar caução de os devolver com seus rendimentos, caso sejam afinal declarados improcedentes.	**Art. 678. A decisão que reconhecer suficientemente provado o domínio ou a posse** determinará a suspensão **das medidas constritivas sobre os bens litigiosos objeto dos embargos**, bem como a manutenção ou a reintegração provisória da posse, se o embargante a houver requerido. **Parágrafo único.** O juiz poderá condicionar a ordem de manutenção ou de reintegração provisória de posse à prestação de caução pelo requerente, **ressalvada a impossibilidade da parte economicamente hipossuficiente.**
Art. 1.052. Quando os embargos versarem sobre todos os bens, determinará o juiz a suspensão do curso do processo principal; versando sobre alguns deles, prosseguirá o processo principal somente quanto aos bens não embargados.	
Art. 1.053. Os embargos poderão ser contestados no prazo de 10 (dez) dias, findo o qual proceder-se-á de acordo com o disposto no art. 803.	**Art. 679.** Os embargos poderão ser contestados no **prazo de 15 (quinze) dias**, findo o qual se seguirá o procedimento comum.
Art. 1.054. Contra os embargos do credor com garantia real, somente poderá o embargado alegar que:	**Art. 680.** Contra os embargos do credor com garantia real, o embargado somente poderá alegar que:
I – o devedor comum é insolvente;	I – o devedor comum é insolvente;
II – o título é nulo ou não obriga a terceiro;	II – o título é nulo ou não obriga a terceiro;
III – outra é a coisa dada em garantia.	III – outra é a coisa dada em garantia.
Capítulo XI **Da Habilitação**	**Capítulo IX** **Da Habilitação**
Art. 1.055. A habilitação tem lugar quando, por falecimento de qualquer das partes, os interessados houverem de suceder-lhe no processo.	**Art. 687.** A habilitação ocorre quando, por falecimento de qualquer das partes, os interessados houverem de suceder-lhe no processo.
Art. 1.056. A habilitação pode ser requerida:	**Art. 688.** A habilitação pode ser requerida:
I – pela parte, em relação aos sucessores do falecido;	I – pela parte, em relação aos sucessores do falecido;
II – pelos sucessores do falecido, em relação à parte.	II – pelos sucessores do falecido, em relação à parte.
Art. 1.057. Recebida a petição inicial, ordenará o juiz a citação dos requeridos para contestar a ação no prazo de 5 (cinco) dias.	**Art. 690.** Recebida a petição, o juiz ordenará a citação dos requeridos **para se pronunciarem** no prazo de 5 (cinco) dias.
Parágrafo único. A citação será pessoal, se a parte não tiver procurador constituído na causa.	**Parágrafo único.** A citação será pessoal, se a parte não tiver procurador constituído nos autos.
Art. 1.058. Findo o prazo da contestação, observar-se-á o disposto nos arts. 802 e 803.	
Art. 1.059. Achando-se a causa no tribunal, a habilitação processar-se-á perante o relator e será julgada conforme o disposto no regimento interno.	
Art. 1.060. Proceder-se-á à habilitação nos autos da causa principal e independentemente de sentença quando:	**Art. 689.** Proceder-se-á à habilitação nos autos do processo principal, **na instância em que estiver, suspendendo-se, a partir de então, o processo.**
I – promovida pelo cônjuge e herdeiros necessários, desde que provem por documento o óbito do falecido e a sua qualidade;	
II – em outra causa, sentença passada em julgado houver atribuído ao habilitando a qualidade de herdeiro ou sucessor;	
III – o herdeiro for incluído sem qualquer oposição no inventário;	
IV – estiver declarada a ausência ou determinada a arrecadação da herança jacente;	
V – oferecidos os artigos de habilitação, a parte reconhecer a procedência do pedido e não houver oposição de terceiros.	
Art. 1.061. Falecendo o alienante ou o cedente, poderá o adquirente ou o cessionário prosseguir na causa, juntando aos autos o respectivo título e provando a sua identidade.	
Art. 1.062. Passada em julgado a sentença de habilitação, ou admitida a habilitação nos casos em que independer de sentença, a causa principal retomará o seu curso.	**Art. 692.** Transitada em julgado a sentença de habilitação, o processo principal retomará o seu curso, e **cópia** da **sentença será juntada aos autos respectivos.**

Capítulo XII Da Restauração de Autos	Capítulo XIV Da Restauração de Autos
Art. 1.063. Verificado o desaparecimento dos autos, pode qualquer das partes promover-lhes a restauração.	**Art. 712.** Verificado o desaparecimento dos autos, **eletrônicos ou não**, pode **o juiz, de ofício**, qualquer das partes **ou o Ministério Público**, se for o caso, promover- lhes a restauração.
Parágrafo único. Havendo autos suplementares, nestes prosseguirá o processo.	**Parágrafo único.** Havendo autos suplementares, nesses prosseguirá o processo.
Art. 1.064. Na petição inicial declarará a parte o estado da causa ao tempo do desaparecimento dos autos, oferecendo:	**Art. 713.** Na petição inicial, declarará a parte o estado do processo ao tempo do desaparecimento dos autos, oferecendo:
I – certidões dos atos constantes do protocolo de audiências do cartório por onde haja corrido o processo;	I – certidões dos atos constantes do protocolo de audiências do cartório por onde haja corrido o processo;
II – cópia dos requerimentos que dirigiu ao juiz;	II – cópia **das peças que tenha em seu poder**;
III – quaisquer outros documentos que facilitem a restauração.	III – qualquer outro documento que facilite a restauração.
Art. 1.065. A parte contrária será citada para contestar o pedido no prazo de 5 (cinco) dias, cabendo-lhe exibir as cópias, contrafés e mais reproduções dos atos e documentos que estiverem em seu poder.	**Art. 714.** A parte contrária será citada para contestar o pedido no prazo de 5 (cinco) dias, cabendo-lhe exibir as cópias, as contrafés e as reproduções dos atos e dos documentos que estiverem em seu poder.
§ 1º Se a parte concordar com a restauração, lavrar-se-á o respectivo auto que, assinado pelas partes e homologado pelo juiz, suprirá o processo desaparecido.	§ 1º Se a parte concordar com a restauração, lavrar-se-á o auto que, assinado pelas partes e homologado pelo juiz, suprirá o processo desaparecido.
§ 2º Se a parte não contestar ou se a concordância for parcial, observar-se-á o disposto no art. 803.	§ 2º Se a parte não contestar ou se a concordância for parcial, observar-se-á o **procedimento comum**.
Art. 1.066. Se o desaparecimento dos autos tiver ocorrido depois da produção das provas em audiência, o juiz mandará repeti-las.	**Art. 715.** Se a **perda** dos autos tiver ocorrido depois da produção das provas em audiência, o juiz, **se necessário**, mandará repeti-las.
§ 1º Serão reinquiridas as mesmas testemunhas; mas se estas tiverem falecido ou se acharem impossibilitadas de depor e não houver meio de comprovar de outra forma o depoimento, poderão ser substituídas.	§ 1º Serão reinquiridas as mesmas testemunhas, que, em caso de impossibilidade, poderão ser substituídas de ofício ou a requerimento.
§ 2º Não havendo certidão ou cópia do laudo, far-se-á nova perícia, sempre que for possível e de preferência pelo mesmo perito.	§ 2º Não havendo certidão ou cópia do laudo, far-se-á nova perícia, sempre que possível pelo mesmo perito.
§ 3º Não havendo certidão de documentos, estes serão reconstituídos mediante cópias e, na falta, pelos meios ordinários de prova.	§ 3º Não havendo certidão de documentos, esses serão reconstituídos mediante cópias ou, na falta dessas, pelos meios ordinários de prova.
§ 4º Os serventuários e auxiliares da justiça não podem eximir-se de depor como testemunhas a respeito de atos que tenham praticado ou assistido.	§ 4º Os serventuários e os auxiliares da justiça não podem eximir-se de depor como testemunhas a respeito de atos que tenham praticado ou assistido.
§ 5º Se o juiz houver proferido sentença da qual possua cópia, esta será junta aos autos e terá a mesma autoridade da original.	§ 5º Se o juiz houver proferido sentença da qual ele próprio **ou o escrivão** possua cópia, esta será juntada aos autos e terá a mesma autoridade da original.
Art. 1.067. Julgada a restauração, seguirá o processo os seus termos.	**Art. 716.** Julgada a restauração, seguirá o processo os seus termos.
§ 1º Aparecendo os autos originais, nestes se prosseguirá sendo-lhes apensados os autos da restauração.	**Parágrafo único.** Aparecendo os autos originais, neles se prosseguirá, sendo-lhes apensados os autos da restauração.
§ 2º Os autos suplementares serão restituídos ao cartório, deles se extraindo certidões de todos os atos e termos a fim de completar os autos originais.	
Art. 1.068. Se o desaparecimento dos autos tiver ocorrido no tribunal, a ação será distribuída, sempre que possível, ao relator do processo.	**Art. 717.** Se o desaparecimento dos autos tiver ocorrido no tribunal, o **processo de restauração** será distribuído, sempre que possível, ao relator do processo.
§ 1º A restauração far-se-á no juízo de origem quanto aos atos que neste se tenham realizado.	§ 1º A restauração far-se-á no juízo de origem quanto aos atos nele realizados.
§ 2º Remetidos os autos ao tribunal, aí se completará a restauração e se procederá ao julgamento.	§ 2º Remetidos os autos ao tribunal, nele completar-se-á a restauração e proceder-se-á ao julgamento.
Art. 1.069. Quem houver dado causa ao desaparecimento dos autos responderá pelas custas da restauração e honorários de advogado, sem prejuízo da responsabilidade civil ou penal em que incorrer.	**Art. 718.** Quem houver dado causa ao desaparecimento dos autos responderá pelas custas da restauração e pelos honorários de advogado, sem prejuízo da responsabilidade civil ou penal em que incorrer.
Capítulo XIII Das Vendas a Crédito com Reserva de Domínio	
Art. 1.070. Nas vendas a crédito com reserva de domínio, quando as prestações estiverem representadas por título executivo, o credor poderá cobrá-las, observando-se o disposto no Livro II, Título II, Capítulo IV.	

§ 1º Efetuada a penhora da coisa vendida, é lícito a qualquer das partes, no curso do processo, requerer-lhe a alienação judicial em leilão.

§ 2º O produto do leilão será depositado, sub-rogando-se nele a penhora.

Art. 1.071. Ocorrendo mora do comprador, provada com o protesto do título, o vendedor poderá requerer, liminarmente e sem audiência do comprador, a apreensão e depósito da coisa vendida.

§ 1º Ao deferir o pedido, nomeará o juiz perito, que procederá à vistoria da coisa e arbitramento do seu valor, descrevendo-lhe o estado e individuando-a com todos os característicos.

§ 2º Feito o depósito, será citado o comprador para, dentro em 5 (cinco) dias, contestar a ação. Neste prazo poderá o comprador, que houver pago mais de 40% (quarenta por cento) do preço, requerer ao juiz que lhe conceda 30 (trinta) dias para reaver a coisa, liquidando as prestações vencidas, juros, honorários e custas.

§ 3º Se o réu não contestar, deixar de pedir a concessão do prazo ou não efetuar o pagamento referido no parágrafo anterior, poderá o autor, mediante a apresentação dos títulos vencidos e vincendos, requerer a reintegração imediata na posse da coisa depositada; caso em que, descontada do valor arbitrado a importância da dívida acrescida das despesas judiciais e extrajudiciais, o autor restituirá ao réu o saldo, depositando-o em pagamento.

§ 4º Se a ação for contestada, observar-se-á o procedimento ordinário, sem prejuízo da reintegração liminar.

Capítulo XIV
Do Juízo Arbitral

Seção I
Do Compromisso

Art. 1.072. *(Revogado pela Lei nº 9.307, de 23.9.1996))*:

Art. 1.073. *(Revogado pela Lei nº 9.307, de 23.9.1996)*:

Art. 1.074. *(Revogado pela Lei nº 9.307, de 23.9.1996)*:

Art. 1.075. *(Revogado pela Lei nº 9.307, de 23.9.1996)*:

Art. 1.076. *(Revogado pela Lei nº 9.307, de 23.9.1996)*:

Art. 1.077. *(Revogado pela Lei nº 9.307, de 23.9.1996)*:

Seção II
Dos árbitros

Art. 1.078. *(Revogado pela Lei nº 9.307, de 23.9.1996)*:

Art. 1.079. *(Revogado pela Lei nº 9.307, de 23.9.1996)*:

Art. 1.080. *(Revogado pela Lei nº 9.307, de 23.9.1996)*:

Art. 1.081. *(Revogado pela Lei nº 9.307, de 23.9.1996)*:

Art. 1.082. *(Revogado pela Lei nº 9.307, de 23.9.1996)*:

Art. 1.083. *(Revogado pela Lei nº 9.307, de 23.9.1996)*:

Art. 1.084. *(Revogado pela Lei nº 9.307, de 23.9.1996)*:

Seção III
Do procedimento

Art. 1.085. *(Revogado pela Lei nº 9.307, de 23.9.1996)*:

Art. 1.086. *(Revogado pela Lei nº 9.307, de 23.9.1996)*:

Art. 1.087. *(Revogado pela Lei nº 9.307, de 23.9.1996)*:

Art. 1.088. *..(Revogado pela Lei nº 9.307, de 23.9.1996)*:

Art. 1.089. *(Revogado pela Lei nº 9.307, de 23.9.1996)*:

Art. 1.090. *(Revogado pela Lei nº 9.307, de 23.9.1996)*:

Art. 1.091. *(Revogado pela Lei nº 9.307, de 23.9.1996)*:

Art. 1.092. *..(Revogado pela Lei nº 9.307, de 23.9.1996)*:

Art. 1.093. *(Revogado pela Lei nº 9.307, de 23.9.1996)*:

Art. 1.094. .*(Revogado pela Lei nº 9.307, de 23.9.1996)*:	
Art. 1.095. *(Revogado pela Lei nº 9.307, de 23.9.1996)*:	
Art. 1.096. *(Revogado pela Lei nº 9.307, de 23.9.1996)*:	
Art. 1.097. *(Revogado pela Lei nº 9.307, de 23.9.1996)*:	
<center>Seção IV Da Homologação do Laudo</center>	
Art. 1.098. *(Revogado pela Lei nº 9.307, de 23.9.1996)*:	
Art. 1.099. *(Revogado pela Lei nº 9.307, de 23.9.1996)*:	
Art. 1.100. *(Revogado pela Lei nº 9.307, de 23.9.1996)*:	
Art. 1.101. *(Revogado pela Lei nº 9.307, de 23.9.1996)*:	
Art. 1.102. *(Revogado pela Lei nº 9.307, de 23.9.1996)*:	
<center>CAPÍTULO XV Da Ação Monitória</center>	<center>CAPÍTULO XI Da Ação Monitória</center>
Art. 1.102-a. A ação monitória compete a quem pretender, com base em prova escrita sem eficácia de título executivo, pagamento de soma em dinheiro, entrega de coisa fungível ou de determinado bem móvel.	**Art. 700.** A ação monitória pode ser proposta por **aquele que afirmar**, com base em prova escrita sem eficácia de título executivo, **ter direito de exigir do devedor capaz**:
	I – o pagamento de quantia em dinheiro;
	II – a entrega de coisa fungível ou infungível ou de bem móvel ou imóvel;
	III – **o adimplemento de obrigação de fazer ou de não fazer**.
Art. 1.102-b. Estando a petição inicial devidamente instruída, o Juiz deferirá de plano a expedição do mandado de pagamento ou de entrega da coisa no prazo de quinze dias.	**Art. 701. Sendo evidente o direito do autor**, o juiz deferirá a expedição de mandado de pagamento, de entrega de coisa **ou para execução de obrigação de fazer ou de não fazer**, concedendo ao réu prazo de 15 (quinze) dias para o cumprimento e o pagamento de honorários advocatícios de cinco por cento do valor atribuído à causa.
Art. 1.102-C. No prazo previsto no art. 1.102-B, poderá o réu oferecer embargos, que suspenderão a eficácia do mandado inicial. Se os embargos não forem opostos, constituir-se-á, de pleno direito, o título executivo judicial, convertendo-se o mandado inicial em mandado executivo e prosseguindo-se na forma do Livro I, Título VIII, Capítulo X, desta Lei.	**Art. 702.** Independentemente de prévia segurança do juízo, o réu poderá opor, nos próprios autos, no prazo previsto no art. 701, embargos à ação monitória. [...] § 4º A oposição dos embargos suspende a **eficácia da decisão referida** no *caput* do art. 701 até o julgamento em primeiro grau. **Art. 701.** [...] § 2º Constituir-se-á de pleno direito o título executivo judicial, independentemente de qualquer formalidade, se não realizado o pagamento e não apresentados os embargos previstos no art. 702, observando-se, no que couber, o Título II do Livro I da Parte Especial.
§ 1º Cumprindo o réu o mandado, ficará isento de custas e honorários advocatícios.	**Art. 701.** [...] § 1º O réu será isento do pagamento de custas processuais se cumprir o mandado no prazo.
§ 2º Os embargos independem de prévia segurança do juízo e serão processados nos próprios autos, pelo procedimento ordinário.	**Art. 702.** Independentemente de prévia segurança do juízo, o réu poderá opor, nos próprios autos, no prazo previsto no art. 701, embargos à ação monitória.
§ 3º Rejeitados os embargos, constituir-se-á, de pleno direito, o título executivo judicial, intimando-se o devedor e prosseguindo-se na forma prevista no Livro I, Título VIII, Capítulo X, desta Lei.	**Art. 701.** [...] § 8º Rejeitados os embargos, constituir-se-á de pleno direito o título executivo judicial, prosseguindo-se o processo em observância ao disposto no **Título II do Livro I da Parte Especial**, **no que for cabível**.
<center>TÍTULO II DOS PROCEDIMENTOS ESPECIAIS DE JURISDIÇÃO VOLUNTÁRIA</center>	<center>CAPÍTULO XV Dos Procedimentos de Jurisdição Voluntária</center>
<center>CAPÍTULO I Das Disposições Gerais</center>	<center>Seção I Das Disposições Gerais</center>
Art. 1.103. Quando este Código não estabelecer procedimento especial, regem a jurisdição voluntária as disposições constantes deste Capítulo.	**Art. 719.** Quando este Código não estabelecer procedimento especial, regem os procedimentos de jurisdição voluntária as disposições constantes desta **Seção**.
Art. 1.104. O procedimento terá início por provocação do interessado ou do Ministério Público, cabendo-lhes formular o pedido em requerimento dirigido ao juiz, devidamente instruído com os documentos necessários e com a indicação da providência judicial.	**Art. 720.** O procedimento terá início por provocação do interessado, do Ministério Público ou **da Defensoria Pública**, cabendo-lhes formular o pedido devidamente instruído com os documentos necessários e com a indicação da providência judicial.

Art. 1.105. Serão citados, sob pena de nulidade, todos os interessados, bem como o Ministério Público.	**Art. 721.** Serão citados todos os interessados, bem como intimado o Ministério Público, nos casos do art. 178, **para que se manifestem, querendo, no prazo de 15 (quinze) dias**.
Art. 1.106. O prazo para responder é de 10 (dez) dias.	
Art. 1.107. Os interessados podem produzir as provas destinadas a demonstrar as suas alegações; mas ao juiz é lícito investigar livremente os fatos e ordenar de ofício a realização de quaisquer provas.	
Art. 1.108. A Fazenda Pública será sempre ouvida nos casos em que tiver interesse.	**Art. 722.** A Fazenda Pública será sempre ouvida nos casos em que tiver interesse.
Art. 1.109. O juiz decidirá o pedido no prazo de 10 (dez) dias; não é, porém, obrigado a observar critério de legalidade estrita, podendo adotar em cada caso a solução que reputar mais conveniente ou oportuna.	**Art. 723.** O juiz decidirá o pedido no prazo de 10 (dez) dias. **Parágrafo único.** O juiz não é obrigado a observar critério de legalidade estrita, podendo adotar em cada caso a solução que considerar mais conveniente ou oportuna.
Art. 1.110. Da sentença caberá apelação.	**Art. 724.** Da sentença caberá apelação.
Art. 1.111. A sentença poderá ser modificada, sem prejuízo dos efeitos já produzidos, se ocorrerem circunstâncias supervenientes.	
Art. 1.112. Processar-se-á na forma estabelecida neste Capítulo o pedido de:	**Art. 725.** Processar-se-á na forma estabelecida nesta Seção o pedido de:
I – emancipação;	I – emancipação;
II – sub-rogação;	II – sub-rogação;
III – alienação, arrendamento ou oneração de bens dotais, de menores, de órfãos e de interditos;	III – alienação, arrendamento ou oneração de bens de crianças ou adolescentes, de órfãos e de interditos;
IV – alienação, locação e administração da coisa comum;	IV – alienação, locação e administração da coisa comum;
V – alienação de quinhão em coisa comum;	V – alienação de quinhão em coisa comum;
VI – extinção de usufruto e de fideicomisso.	VI – extinção de usufruto, **quando não decorrer da morte do usufrutuário, do termo da sua duração ou da consolidação**, e de fideicomisso, **quando decorrer de renúncia ou quando ocorrer antes do evento que caracterizar a condição resolutória**;
Capítulo II Das Alienações Judiciais	Seção III *Da Alienação Judicial*
Art. 1.113. Nos casos expressos em lei e sempre que os bens depositados judicialmente forem de fácil deterioração, estiverem avariados ou exigirem grandes despesas para a sua guarda, o juiz, de ofício ou a requerimento do depositário ou de qualquer das partes, mandará aliená-los em leilão.	**Art. 730.** Nos casos expressos em lei, **não havendo acordo entre os interessados sobre o modo como se deve realizar a alienação do bem**, o juiz, de ofício ou a requerimento dos interessados ou do depositário, mandará aliená-lo em leilão, **observando-se o disposto na Seção I deste Capítulo e, no que couber, o disposto nos arts. 879 a 903**.
§ 1º Poderá o juiz autorizar, da mesma forma, a alienação de semoventes e outros bens de guarda dispendiosa; mas não o fará se alguma das partes se obrigar a satisfazer ou garantir as despesas de conservação.	
§ 2º Quando uma das partes requerer a alienação judicial, o juiz ouvirá sempre a outra antes de decidir.	
§ 3º – Far-se-á a alienação independentemente de leilão, se todos os interessados forem capazes e nisso convierem expressamente.	
Art. 1.114. Os bens serão avaliados por um perito nomeado pelo juiz quando:	
I – não o hajam sido anteriormente;	
II – tenham sofrido alteração em seu valor.	
Art. 1.115. A alienação será feita pelo maior lanço oferecido, ainda que seja inferior ao valor da avaliação.	
Art. 1.116. Efetuada a alienação e deduzidas as despesas, depositar-se-á o preço, ficando nele sub-rogados os ônus ou responsabilidades a que estiverem sujeitos os bens.	
Parágrafo único. Não sendo caso de se levantar o depósito antes de 30 (trinta) dias, inclusive na ação ou na execução, o juiz determinará a aplicação do produto da alienação ou do depósito, em obrigações ou títulos da dívida pública da União ou dos Estados.	
Art. 1.117. Também serão alienados em leilão, procedendo-se como nos artigos antecedentes:	
I – o imóvel que, na partilha, não couber no quinhão de um só herdeiro ou não admitir divisão cômoda, salvo se adjudicando a um ou mais herdeiros acordes;	

II – a coisa comum indivisível ou que, pela divisão, se tornar imprópria ao seu destino, verificada previamente a existência de desacordo quanto à adjudicação a um dos condôminos;	
III – os bens móveis e imóveis de órfãos nos casos em que a lei o permite e mediante autorização do juiz.	
Art. 1.118. Na alienação judicial de coisa comum, será preferido:	
I – em condições iguais, o condômino ao estranho;	
II – entre os condôminos, o que tiver benfeitorias de maior valor;	
III – o condômino proprietário de quinhão maior, se não houver benfeitorias.	
Art. 1.119. Verificada a alienação de coisa comum sem observância das preferências legais, o condômino prejudicado poderá requerer, antes da assinatura da carta, o depósito do preço e adjudicação da coisa.	
Parágrafo único. Serão citados o adquirente e os demais condôminos para dizerem de seu direito, observando-se, quanto ao procedimento, o disposto no art. 803.	
Capítulo III Da Separação Consensual	**Seção IV** *Do Divórcio e da Separação Consensuais, da **Extinção Consensual de União Estável e da Alteração do Regime de Bens do Matrimônio***
Art. 1.120. A separação consensual será requerida em petição assinada por ambos os cônjuges.	**Art. 731.** A **homologação do divórcio ou da** separação consensuais, **observados os requisitos legais,** poderá ser requerida em petição assinada por ambos os cônjuges, da qual constarão:
§ 1º Se os cônjuges não puderem ou não souberem escrever, é lícito que outrem assine a petição a rogo deles.	
§ 2º As assinaturas, quando não lançadas na presença do juiz, serão reconhecidas por tabelião.	
Art. 1.121. A petição, instruída com a certidão de casamento e o contrato antenupcial se houver, conterá:	
I – a descrição dos bens do casal e a respectiva partilha;	I – as disposições relativas à descrição e à partilha dos bens comuns;
II – o acordo relativo à guarda dos filhos menores e ao regime de visitas;	III – o acordo relativo à guarda dos filhos incapazes e ao regime de visitas; e
III – o valor da contribuição para criar e educar os filhos;	IV – o valor da contribuição para criar e educar os filhos.
IV – a pensão alimentícia do marido à mulher, se esta não possuir bens suficientes para se manter.	II – as disposições relativas à pensão alimentícia entre os cônjuges;
§ 1º Se os cônjuges não acordarem sobre a partilha dos bens, far-se-á esta, depois de homologada a separação consensual, na forma estabelecida neste Livro, Título I, Capítulo IX.	**Parágrafo único.** Se os cônjuges não acordarem sobre a partilha dos bens, far-se-á esta depois de **homologado o divórcio**, na forma estabelecida nos **arts. 647 a 658**.
§ 2º Entende-se por regime de visitas a forma pela qual os cônjuges ajustarão a permanência dos filhos em companhia daquele que não ficar com sua guarda, compreendendo encontros periódicos regularmente estabelecidos, repartição das férias escolares e dias festivos.	
Art. 1.122. Apresentada a petição ao juiz, este verificará se ela preenche os requisitos exigidos nos dois artigos antecedentes; em seguida, ouvirá os cônjuges sobre os motivos da separação consensual, esclarecendo-lhes as consequências da manifestação de vontade.	
§ 1º Convencendo-se o juiz de que ambos, livremente e sem hesitações, desejam a separação consensual, mandará reduzir a termo as declarações e, depois de ouvir o Ministério Público no prazo de 5 (cinco) dias, o homologará; em caso contrário, marcar-lhes-á dia e hora, com 15 (quinze) a 30 (trinta) dias de intervalo, para que voltem a fim de ratificar o pedido de separação consensual.	
§ 2º Se qualquer dos cônjuges não comparecer à audiência designada ou não ratificar o pedido, o juiz mandará autuar a petição e documentos e arquivar o processo.	
Art. 1.123. É lícito às partes, a qualquer tempo, no curso da separação judicial, lhe requererem a conversão em separação consensual; caso em que será observado o disposto no art. 1.121 e primeira parte do § 1º do artigo antecedente.	

Antigo CPC	Novo CPC
Art. 1.124. Homologada a separação consensual, averbar-se-á a sentença no registro civil e, havendo bens imóveis, na circunscrição onde se acham registrados.	
Art. 1.124-A. A separação consensual e o divórcio consensual, não havendo filhos menores ou incapazes do casal e observados os requisitos legais quanto aos prazos, poderão ser realizados por escritura pública, da qual constarão as disposições relativas à descrição e à partilha dos bens comuns e à pensão alimentícia e, ainda, ao acordo quanto à retomada pelo cônjuge de seu nome de solteiro ou à manutenção do nome adotado quando se deu o casamento.	**Art. 733.** O divórcio consensual, a separação consensual e a **extinção consensual de união estável**, não havendo **nascituro** ou filhos incapazes e observados os requisitos legais, poderão ser realizados por escritura pública, da qual constarão as disposições de que trata o art. 731.
§ 1º A escritura não depende de homologação judicial e constitui título hábil para o registro civil e o registro de imóveis.	§ 1º A escritura não depende de homologação judicial e constitui título hábil para qualquer ato de registro, **bem como para levantamento de importância depositada em instituições financeiras**.
§ 2º O tabelião somente lavrará a escritura se os contratantes estiverem assistidos por advogado comum ou advogados de cada um deles ou por defensor público, cuja qualificação e assinatura constarão do ato notarial.	§ 2º O tabelião somente lavrará a escritura se os **interessados** estiverem assistidos por advogado ou por defensor público, cuja qualificação e assinatura constarão do ato notarial.
§ 3º A escritura e demais atos notariais serão gratuitos àqueles que se declararem pobres sob as penas da lei.	
Capítulo IV **Dos Testamentos e Codicilo**	**Seção V** *Dos Testamentos e Codicilos*
Seção I *Da Abertura, do Registro e do Cumprimento*	
Art. 1.125. Ao receber testamento cerrado, o juiz, após verificar se está intacto, o abrirá e mandará que o escrivão o leia em presença de quem o entregou.	**Art. 735.** Recebendo testamento cerrado, o juiz, **se não achar vício externo que o torne suspeito de nulidade ou falsidade**, o abrirá e mandará que o escrivão o leia em presença do apresentante.
Parágrafo único. Lavrar-se-á em seguida o ato de abertura que, rubricado pelo juiz e assinado pelo apresentante, mencionará:	§ 1º Do termo de abertura constarão o nome do apresentante e como ele obteve o testamento, a data e o lugar do falecimento do testador, com as respectivas provas, e qualquer circunstância digna de nota.
I – a data e o lugar em que o testamento foi aberto;	
II – o nome do apresentante e como houve ele o testamento;	
III – a data e o lugar do falecimento do testador;	
IV – qualquer circunstância digna de nota, encontrada no invólucro ou no interior do testamento.	
Art. 1.126. Conclusos os autos, o juiz, ouvido o órgão do Ministério Público, mandará registrar, arquivar e cumprir o testamento, se lhe não achar vício externo, que o torne suspeito de nulidade ou falsidade.	§ 2º Depois de ouvido o Ministério Público, **não havendo dúvidas a serem esclarecidas**, o juiz mandará registrar, arquivar e cumprir o testamento.
Parágrafo único. O testamento será registrado e arquivado no cartório a que tocar, dele remetendo o escrivão uma cópia, no prazo de 8 (oito) dias, à repartição fiscal.	
Art. 1.127. Feito o registro, o escrivão intimará o testamenteiro nomeado a assinar, no prazo de 5 (cinco) dias, o termo da testamentaria; se não houver testamenteiro nomeado, estiver ele ausente ou não aceitar o encargo, o escrivão certificará a ocorrência e fará os autos conclusos; caso em que o juiz nomeará testamenteiro dativo, observando-se a preferência legal.	**Art. 735.** [...] § 3º Feito o registro, será intimado o testamenteiro para assinar o termo da testamentária. § 4º Se não houver testamenteiro nomeado ou se ele estiver ausente ou não aceitar o encargo, o juiz nomeará testamenteiro dativo, observando-se a preferência legal.
Parágrafo único. Assinado o termo de aceitação da testamentaria, o escrivão extrairá cópia autêntica do testamento para ser juntada aos autos de inventário ou de arrecadação da herança.	
Art. 1.128. Quando o testamento for público, qualquer interessado, exibindo-lhe o traslado ou certidão, poderá requerer ao juiz que ordene o seu cumprimento.	**Art. 736.** Qualquer interessado, exibindo o traslado ou a certidão de testamento público, poderá requerer ao juiz que ordene o seu cumprimento, **observando-se, no que couber, o disposto nos parágrafos do art. 735**.
Parágrafo único. O juiz mandará processá-lo conforme o disposto nos arts. 1.125 e 1.126.	
Art. 1.129. O juiz, de ofício ou a requerimento de qualquer interessado, ordenará ao detentor de testamento que o exiba em juízo para os fins legais, se ele, após a morte do testador, não se tiver antecipado em fazê-lo.	

Antigo CPC	Novo CPC
Parágrafo único. Não sendo cumprida a ordem, proceder-se-á à busca e apreensão do testamento, de conformidade com o disposto nos arts. 839 a 843.	
Seção II *Da Confirmação do Testamento Particular*	
Art. 1.130. O herdeiro, o legatário ou o testamenteiro poderá requerer, depois da morte do testador, a publicação em juízo do testamento particular, inquirindo-se as testemunhas que lhe ouviram a leitura e, depois disso, o assinaram.	**Art. 737.** A publicação do testamento particular poderá ser requerida, depois da morte do testador, pelo herdeiro, pelo legatário ou pelo testamenteiro, **bem como pelo terceiro detentor do testamento, se impossibilitado de entregá-lo a algum dos outros legitimados para requerê-la**.
Parágrafo único. A petição será instruída com a cédula do testamento particular.	
Art. 1.131. Serão intimados para a inquirição:	§ 1º Serão intimados os herdeiros que não tiverem requerido a publicação do testamento.
I – aqueles a quem caberia a sucessão legítima;	
II – o testamenteiro, os herdeiros e os legatários que não tiverem requerido a publicação;	
III – o Ministério Público.	
Parágrafo único. As pessoas, que não forem encontradas na comarca, serão intimadas por edital.	
Art. 1.132. Inquiridas as testemunhas, poderão os interessados, no prazo comum de 5 (cinco) dias, manifestar-se sobre o testamento.	
Art. 1.133. Se pelo menos três testemunhas contestes reconhecerem que é autêntico o testamento, o juiz, ouvido o órgão do Ministério Público, o confirmará, observando-se quanto ao mais o disposto nos arts. 1.126 e 1.127.	**Art. 737.** [...] § 2º **Verificando a presença dos requisitos da lei, ouvido o** Ministério Público, o juiz confirmará o testamento.
Seção III *Do Testamento Militar, Marítimo, Nuncupativo e do Codicilo*	
Art. 1.134. As disposições da seção precedente aplicam-se:	**Art. 737.** [...] § 3º Aplica-se o disposto neste artigo ao codicilo e aos testamentos marítimo, aeronáutico, militar e nuncupativo.
I – ao testamento marítimo;	
II – ao testamento militar;	
III – ao testamento nuncupativo;	
IV – ao codicilo.	
Seção IV *Da Execução dos Testamentos*	
Art. 1.135. O testamenteiro deverá cumprir as disposições testamentárias no prazo legal, se outro não tiver sido assinado pelo testador e prestar contas, no juízo do inventário, do que recebeu e despendeu.	**Art. 735.** [...] § 5º O testamenteiro deverá cumprir as disposições testamentárias e prestar contas em juízo do que recebeu e despendeu, observando-se o disposto em lei.
Parágrafo único. Será ineficaz a disposição testamentária que eximir o testamenteiro da obrigação de prestar contas.	
Art. 1.136. Se dentro de 3 (três) meses, contados do registro do testamento, não estiver inscrita a hipoteca legal da mulher casada, do menor e do interdito instituídos herdeiros ou legatários, o testamenteiro requerer-lhe-á a inscrição, sem a qual não se haverão por cumpridas as disposições do testamento.	
Art. 1.137. Incumbe ao testamenteiro:	
I – cumprir as obrigações do testamento;	
II – propugnar a validade do testamento;	
III – defender a posse dos bens da herança;	
IV – requerer ao juiz que lhe conceda os meios necessários para cumprir as disposições testamentárias.	

Antigo CPC	Novo CPC
Art. 1.138. O testamenteiro tem direito a um prêmio que, se o testador não o houver fixado, o juiz arbitrará, levando em conta o valor da herança e o trabalho de execução do testamento.	
§ 1º O prêmio, que não excederá 5% (cinco por cento), será calculado sobre a herança líquida e deduzido somente da metade disponível quando houver herdeiros necessários, e de todo o acervo líquido nos demais casos.	
§ 2º Sendo o testamenteiro casado, sob o regime de comunhão de bens, com herdeiro ou legatário do testador, não terá direito ao prêmio; ser-lhe-á lícito, porém, preferir o prêmio à herança ou legado.	
Art. 1.139. Não se efetuará o pagamento do prêmio mediante adjudicação de bens do espólio, salvo se o testamenteiro for meeiro.	
Art. 1.140. O testamenteiro será removido e perderá o prêmio se:	
I – lhe forem glosadas as despesas por ilegais ou em discordância com o testamento;	
II – não cumprir as disposições testamentárias.	
Art. 1.141. O testamenteiro, que quiser demitir-se do encargo, poderá requerer ao juiz a escusa, alegando causa legítima. Ouvidos os interessados e o órgão do Ministério Público, o juiz decidirá.	
Capítulo V Da Herança Jacente	Seção VI Da Herança Jacente
Art. 1.142. Nos casos em que a lei civil considere jacente a herança, o juiz, em cuja comarca tiver domicílio o falecido, procederá sem perda de tempo à arrecadação de todos os seus bens.	**Art. 738.** Nos casos em que a lei considere jacente a herança, o juiz em cuja comarca tiver domicílio o falecido procederá **imediatamente** à arrecadação dos respectivos bens.
Art. 1.143. A herança jacente ficará sob a guarda, conservação e administração de um curador até a respectiva entrega ao sucessor legalmente habilitado, ou até a declaração de vacância; caso em que será incorporada ao domínio da União, do Estado ou do Distrito Federal.	**Art. 739.** A herança jacente ficará sob a guarda, a conservação e a administração de um curador até a respectiva entrega ao sucessor legalmente habilitado ou até a declaração de vacância.
Art. 1.144. Incumbe ao curador:	§ 1º Incumbe ao curador:
I – representar a herança em juízo ou fora dele, com assistência do órgão do Ministério Público;	I – representar a herança em juízo ou fora dele, com intervenção do Ministério Público;
II – ter em boa guarda e conservação os bens arrecadados e promover a arrecadação de outros porventura existentes;	II – ter em boa guarda e conservação os bens arrecadados e promover a arrecadação de outros porventura existentes;
III – executar as medidas conservatórias dos direitos da herança;	III – executar as medidas conservatórias dos direitos da herança;
IV – apresentar mensalmente ao juiz um balancete da receita e da despesa;	IV – apresentar mensalmente ao juiz balancete da receita e da despesa;
V – prestar contas a final de sua gestão.	V – prestar contas ao final de sua gestão.
Parágrafo único. Aplica-se ao curador o disposto nos arts. 148 a 150.	§ 2º Aplica-se ao curador o disposto nos arts. 159 a 161.
Art. 1.145. Comparecendo à residência do morto, acompanhado do escrivão e do curador, o juiz mandará arrolar os bens e descrevê-los em auto circunstanciado.	**Art. 740. O juiz ordenará que o oficial de justiça**, acompanhado do escrivão **ou do chefe de secretaria** e do curador, arrole os bens e descreva-os em auto circunstanciado.
§ 1º Não estando ainda nomeado o curador, o juiz designará um depositário e lhe entregará os bens, mediante simples termo nos autos, depois de compromissado.	§ 2º Não estando ainda nomeado o curador, o juiz designará depositário e lhe entregará os bens, mediante simples termo nos autos, depois de compromissado.
§ 2º O órgão do Ministério Público e o representante da Fazenda Pública serão intimados a assistir à arrecadação, que se realizará, porém, estejam presentes ou não.	
Art. 1.146. Quando a arrecadação não terminar no mesmo dia, o juiz procederá à aposição de selos, que serão levantados à medida que se efetuar o arrolamento, mencionando-se o estado em que foram encontrados os bens.	
	Art. 740. [...]
Art. 1.147. O juiz examinará reservadamente os papéis, cartas missivas e os livros domésticos; verificando que não apresentam interesse, mandará empacotá-los e lacrá-los para serem assim entregues aos sucessores do falecido, ou queimados quando os bens forem declarados vacantes.	§ 4º O juiz examinará reservadamente os papéis, as cartas missivas e os livros domésticos e, verificando que não apresentam interesse, mandará empacotá-los e lacrá-los para serem assim entregues aos sucessores do falecido ou queimados quando os bens forem declarados vacantes.

Antigo CPC	Novo CPC
Art. 1.148. Não podendo comparecer imediatamente por motivo justo ou por estarem os bens em lugar muito distante, o juiz requisitará à autoridade policial que proceda à arrecadação e ao arrolamento dos bens. **Parágrafo único.** Duas testemunhas assistirão às diligências e, havendo necessidade de apor selos, estes só poderão ser abertos pelo juiz.	**Art. 740.** [...] § 1º Não podendo comparecer ao local, o juiz requisitará à autoridade policial que proceda à arrecadação e ao arrolamento dos bens, com **2 (duas) testemunhas, que assistirão às diligências.**
Art. 1.149. Se constar ao juiz a existência de bens em outra comarca, mandará expedir carta precatória a fim de serem arrecadados.	**Art. 740.** [...] § 5º Se constar ao juiz a existência de bens em outra comarca, mandará expedir carta precatória a fim de serem arrecadados.
Art. 1.150. Durante a arrecadação o juiz inquirirá os moradores da casa e da vizinhança sobre a qualificação do falecido, o paradeiro de seus sucessores e a existência de outros bens, lavrando-se de tudo um auto de inquirição e informação.	**Art. 740.** [...] § 3º Durante a arrecadação, o juiz **ou a autoridade policial** inquirirá os moradores da casa e da vizinhança sobre a qualificação do falecido, o paradeiro de seus sucessores e a existência de outros bens, lavrando-se de tudo auto de inquirição e informação.
Art. 1.151. Não se fará a arrecadação ou suspender-se-á esta quando iniciada, se se apresentar para reclamar os bens o cônjuge, herdeiro ou testamenteiro notoriamente reconhecido e não houver oposição motivada do curador, de qualquer interessado, do órgão do Ministério Público ou do representante da Fazenda Pública.	**Art. 740.** [...] § 6º Não se fará a arrecadação, ou essa será suspensa, quando, iniciada, apresentarem-se para reclamar os bens o cônjuge **ou companheiro**, o herdeiro ou o testamenteiro notoriamente reconhecido e não houver oposição motivada do curador, de qualquer interessado, do Ministério Público ou do representante da Fazenda Pública.
Art. 1.152. Ultimada a arrecadação, o juiz mandará expedir edital, que será estampado três vezes, com intervalo de 30 (trinta) dias para cada um, no órgão oficial e na imprensa da comarca, para que venham a habilitar-se os sucessores do finado no prazo de 6 (seis) meses contados da primeira publicação.	**Art. 741.** Ultimada a arrecadação, o juiz mandará expedir edital, que será publicado **na rede mundial de computadores, no sítio do tribunal a que estiver vinculado o juízo e na plataforma de editais do Conselho Nacional de Justiça, onde permanecerá por 3 (três) meses, ou**, não havendo sítio, no órgão oficial e na imprensa da comarca, por 3 (três) vezes com intervalos **de 1 (um) mês**, para que os sucessores do falecido venham a habilitar-se no prazo de 6 (seis) meses contado da primeira publicação.
§ 1º Verificada a existência de sucessor ou testamenteiro em lugar certo, far-se-á a sua citação, sem prejuízo do edital.	§ 1º Verificada a existência de sucessor ou de testamenteiro em lugar certo, far-se-á a sua citação, sem prejuízo do edital.
§ 2º Quando o finado for estrangeiro, será também comunicado o fato à autoridade consular.	§ 2º Quando o **falecido** for estrangeiro, será também comunicado o fato à autoridade consular.
Art. 1.153. Julgada a habilitação do herdeiro, reconhecida a qualidade do testamenteiro ou provada a identidade do cônjuge, a arrecadação converter-se-á em inventário.	§ 3º Julgada a habilitação do herdeiro, reconhecida a qualidade do testamenteiro ou provada a identidade do cônjuge **ou companheiro**, a arrecadação converter-se-á em inventário.
Art. 1.154. Os credores da herança poderão habilitar-se como nos inventários ou propor a ação de cobrança.	§ 4º Os credores da herança poderão habilitar-se como nos inventários ou propor a ação de cobrança.
Art. 1.155. O juiz poderá autorizar a alienação:	**Art. 742.** O juiz poderá autorizar a alienação:
I – de bens móveis, se forem de conservação difícil ou dispendiosa;	I – de bens móveis, se forem de conservação difícil ou dispendiosa;
II – de semoventes, quando não empregados na exploração de alguma indústria;	II – de semoventes, quando não empregados na exploração de alguma indústria;
III – de títulos e papéis de crédito, havendo fundado receio de depreciação;	III – de títulos e papéis de crédito, havendo fundado receio de depreciação;
IV – de ações de sociedade quando, reclamada a integralização, não dispuser a herança de dinheiro para o pagamento;	IV – de ações de sociedade quando, reclamada a integralização, não dispuser a herança de dinheiro para o pagamento;
V – de bens imóveis:	V – de bens imóveis:
a) se ameaçarem ruína, não convindo a reparação;	a) se ameaçarem ruína, não convindo a reparação;
b) se estiverem hipotecados e vencer-se a dívida, não havendo dinheiro para o pagamento.	b) se estiverem hipotecados e vencer-se a dívida, não havendo dinheiro para o pagamento.
Parágrafo único. Não se procederá, entretanto, à venda se a Fazenda Pública ou o habilitando adiantar a importância para as despesas.	§ 1º Não se procederá, entretanto, à venda se a Fazenda Pública ou o habilitando adiantar a importância para as despesas.
Art. 1.156. Os bens com valor de afeição, como retratos, objetos de uso pessoal, livros e obras de arte, só serão alienados depois de declarada a vacância da herança.	§ 2º Os bens com valor de afeição, como retratos, objetos de uso pessoal, livros e obras de arte, só serão alienados depois de declarada a vacância da herança.
Art. 1.157. Passado 1 (um) ano da primeira publicação do edital (art. 1.152) e não havendo herdeiro habilitado nem habilitação pendente, será a herança declarada vacante.	**Art. 743.** Passado 1 (um) ano da primeira publicação do edital e não havendo herdeiro habilitado nem habilitação pendente, será a herança declarada vacante.

Antigo CPC	Novo CPC
Parágrafo único. Pendendo habilitação, a vacância será declarada pela mesma sentença que a julgar improcedente. Sendo diversas as habilitações, aguardar-se-á o julgamento da última.	§ 1º Pendendo habilitação, a vacância será declarada pela mesma sentença que a julgar improcedente, aguardando-se, no caso de serem diversas as habilitações, o julgamento da última.
Art. 1.158. Transitada em julgado a sentença que declarou a vacância, o cônjuge, os herdeiros e os credores só poderão reclamar o seu direito por ação direta.	§ 2º Transitada em julgado a sentença que declarou a vacância, o cônjuge, o companheiro, os herdeiros e os credores só poderão reclamar o seu direito por ação direta.
Capítulo VI **Dos Bens dos Ausentes**	**Seção VII** ***Dos Bens dos Ausentes***
Art. 1.159. Desaparecendo alguém do seu domicílio sem deixar representante a quem caiba administrar-lhe os bens, ou deixando mandatário que não queira ou não possa continuar a exercer o mandato, declarar-se-á a sua ausência.	**Art. 744.** Declarada a ausência nos casos previstos em lei, o juiz mandará arrecadar os bens do ausente e nomear-lhes-á curador na forma estabelecida na **Seção VI, observando-se o disposto** em **lei**.
Art. 1.160. O juiz mandará arrecadar os bens do ausente e nomear-lhe-á curador na forma estabelecida no Capítulo antecedente.	
Art. 1.161. Feita a arrecadação, o juiz mandará publicar editais durante 1 (um) ano, reproduzidos de dois em dois meses, anunciando a arrecadação e chamando o ausente a entrar na posse de seus bens.	**Art. 745.** Feita a arrecadação, o juiz mandará publicar editais **na rede mundial de computadores, no sítio do tribunal a que estiver vinculado e na plataforma de editais do Conselho Nacional de Justiça**, onde permanecerá por 1 (um) ano, ou, **não havendo sítio**, no órgão oficial e na imprensa da comarca, durante 1 (um) ano, reproduzida de 2 (dois) em 2 (dois) meses, anunciando a arrecadação e chamando o ausente a entrar na posse de seus bens.
Art. 1.162. Cessa a curadoria: I – pelo comparecimento do ausente, do seu procurador ou de quem o represente; II – pela certeza da morte do ausente; III – pela sucessão provisória.	
Art. 1.163. Passado 1 (um) ano da publicação do primeiro edital sem que se saiba do ausente e não tendo comparecido seu procurador ou representante, poderão os interessados requerer que se abra provisoriamente a sucessão. § 1º Consideram-se para este efeito interessados: I – o cônjuge não separado judicialmente; II – os herdeiros presumidos legítimos e os testamentários; III – os que tiverem sobre os bens do ausente direito subordinado à condição de morte; IV – os credores de obrigações vencidas e não pagas. § 2º Findo o prazo deste artigo e não havendo absolutamente interessados na sucessão provisória, cumpre ao órgão do Ministério Público requerê-la.	**Art. 745.** [...] § 1º **Findo o prazo previsto no edital**, poderão os interessados requerer a abertura da sucessão provisória, **observando-se o disposto** em **lei**.
Art. 1.164. O interessado, ao requerer a abertura da sucessão provisória, pedirá a citação pessoal dos herdeiros presentes e do curador e, por editais, a dos ausentes para oferecerem artigos de habilitação.	**Art. 745.** [...] § 2º O interessado, ao requerer a abertura da sucessão provisória, pedirá a citação pessoal dos herdeiros presentes e do curador e, por editais, a dos ausentes para requererem habilitação, **na forma dos arts. 689 a 692.**
Parágrafo único. A habilitação dos herdeiros obedecerá ao processo do art. 1.057.	
Art. 1.165. A sentença que determinar a abertura da sucessão provisória só produzirá efeito 6 (seis) meses depois de publicada pela imprensa; mas, logo que passe em julgado, se procederá à abertura do testamento, se houver, e ao inventário e partilha dos bens, como se o ausente fosse falecido.	
Parágrafo único. Se dentro em 30 (trinta) dias não comparecer interessado ou herdeiro, que requeira o inventário, a herança será considerada jacente.	
Art. 1.166. Cumpre aos herdeiros, imitidos na posse dos bens do ausente, prestar caução de os restituir.	

Art. 1.167. A sucessão provisória cessará pelo comparecimento do ausente e converter-se-á em definitiva:	**Art. 745.** [...] § 3º **Presentes os requisitos legais**, poderá ser requerida a conversão da sucessão provisória em definitiva.
I – quando houver certeza da morte do ausente;	
II – dez anos depois de passada em julgado a sentença de abertura da sucessão provisória;	
III – quando o ausente contar 80 (oitenta) anos de idade e houverem decorrido 5 (cinco) anos das últimas notícias suas.	
Art. 1.168. Regressando o ausente nos 10 (dez) anos seguintes à abertura da sucessão definitiva ou algum dos seus descendentes ou ascendentes, aquele ou estes só poderão requerer ao juiz a entrega dos bens existentes no estado em que se acharem, ou sub-rogados em seu lugar ou o preço que os herdeiros e demais interessados houverem recebido pelos alienados depois daquele tempo.	**Art. 745.** [...] § 4º Regressando o ausente ou algum de seus descendentes ou ascendentes para requerer ao juiz a entrega de bens, **serão citados para contestar o pedido os sucessores provisórios ou definitivos, o Ministério Público e o representante da Fazenda Pública, seguindo-se o procedimento comum.**
Art. 1.169. Serão citados para lhe contestarem o pedido os sucessores provisórios ou definitivos, o órgão do Ministério Público e o representante da Fazenda Pública.	
Parágrafo único. Havendo contestação, seguir-se-á o procedimento ordinário.	
Capítulo VII Das Coisas Vagas	Seção VIII Das Coisas Vagas
Art. 1.170. Aquele que achar coisa alheia perdida, não lhe conhecendo o dono ou legítimo possuidor, a entregará à autoridade judiciária ou policial, que a arrecadará, mandando lavrar o respectivo auto, dele constando a sua descrição e as declarações do inventor.	**Art. 746. Recebendo do descobridor** coisa alheia perdida, **o juiz mandará** lavrar o respectivo auto, do qual constará a descrição do bem e as declarações do descobridor.
Parágrafo único. A coisa, com o auto, será logo remetida ao juiz competente, quando a entrega tiver sido feita à autoridade policial ou a outro juiz.	§ 1º **Recebida a coisa por autoridade policial**, esta a remeterá em seguida ao juízo competente.
Art. 1.171. Depositada a coisa, o juiz mandará publicar edital, por duas vezes, no órgão oficial, com intervalo de 10 (dez) dias, para que o dono ou legítimo possuidor a reclame.	§ 2º Depositada a coisa, o juiz mandará publicar edital **na rede mundial de computadores, no sítio do tribunal a que estiver vinculado e na plataforma de editais do Conselho Nacional de Justiça ou, não havendo sítio, no órgão oficial e** na imprensa da comarca, para que o dono ou o legítimo possuidor a reclame, salvo se se tratar de coisa de pequeno valor **e não** for **possível a publicação no sítio do tribunal**, caso em que o edital será apenas afixado no átrio do edifício do fórum.
§ 1º O edital conterá a descrição da coisa e as circunstâncias em que foi encontrada.	
§ 2º Tratando-se de coisa de pequeno valor, o edital será apenas afixado no átrio do edifício do fórum.	
Art. 1.172. Comparecendo o dono ou o legítimo possuidor dentro do prazo do edital e provando o seu direito, o juiz, ouvido o órgão do Ministério Público e o representante da Fazenda Pública, mandará entregar-lhe a coisa.	
Art. 1.173. Se não for reclamada, será a coisa avaliada e alienada em hasta pública e, deduzidas do preço as despesas e a recompensa do inventor, o saldo pertencerá, na forma da lei, à União, ao Estado ou ao Distrito Federal.	
Art. 1.174. Se o dono preferir abandonar a coisa, poderá o inventor requerer que lhe seja adjudicada.	
Art. 1.175. O procedimento estabelecido neste Capítulo aplica-se aos objetos deixados nos hotéis, oficinas e outros estabelecimentos, não sendo reclamados dentro de 1 (um) mês.	
Art. 1.176. Havendo fundada suspeita de que a coisa foi criminosamente subtraída, a autoridade policial converterá a arrecadação em inquérito; caso em que competirá ao juiz criminal mandar entregar a coisa a quem provar que é o dono ou legítimo possuidor.	
Capítulo VIII Da Curatela dos Interditos	Seção IX Da Interdição
Art. 1.177. A interdição pode ser promovida:	**Art. 747.** A interdição pode ser promovida:

Antigo CPC	Novo CPC
I – pelo pai, mãe ou tutor;	II – **pelos parentes** ou tutores;
II – pelo cônjuge ou algum parente próximo;	I – pelo cônjuge **ou companheiro**;
III – pelo órgão do Ministério Público.	IV – pelo Ministério Público.
Art. 1.178. O órgão do Ministério Público só requererá a interdição: I – no caso de anomalia psíquica;	**Art. 748.** O Ministério Público só promoverá interdição **em caso de doença mental grave**:
II – se não existir ou não promover a interdição alguma das pessoas designadas no artigo antecedente, ns. I e II;	I – se as pessoas designadas nos incisos I, II e III do art. 747 não existirem ou não promoverem a interdição;
III – se, existindo, forem menores ou incapazes.	II – se, existindo, forem incapazes as pessoas mencionadas nos incisos I e II do art. 747.
Art. 1.179. Quando a interdição for requerida pelo órgão do Ministério Público, o juiz nomeará ao interditando curador à lide (art. 9º).	
Art. 1.180. Na petição inicial, o interessado provará a sua legitimidade, especificará os fatos que revelam a anomalia psíquica e assinalará a incapacidade do interditando para reger a sua pessoa e administrar os seus bens.	**Art. 749.** Incumbe ao autor, na petição inicial, **especificar os fatos que demonstram a incapacidade do interditando para administrar seus bens e, se for o caso,** para praticar atos **da vida civil, bem como o momento em que a incapacidade se revelou.**
Art. 1.181. O interditando será citado para, em dia designado, comparecer perante o juiz, que o examinará, interrogando-o minuciosamente acerca de sua vida, negócios, bens e do mais que lhe parecer necessário para ajuizar do seu estado mental, reduzidas a auto as perguntas e respostas.	**Art. 751.** O interditando será citado para, em dia designado, comparecer perante o juiz, que o **entrevistará** minuciosamente acerca de sua vida, negócios, bens, **vontades, preferências** e **laços familiares e afetivos** e sobre o que mais lhe parecer necessário para **convencimento quanto** à **sua capacidade para** praticar **atos da vida civil,** devendo ser reduzidas a termo as perguntas e respostas.
Art. 1.182. Dentro do prazo de 5 (cinco) dias contados da audiência de interrogatório, poderá o interditando impugnar o pedido.	**Art. 752.** Dentro do **prazo de 15 (quinze) dias** contado da entrevista, o interditando poderá impugnar o pedido.
§ 1º Representará o interditando nos autos do procedimento o órgão do Ministério Público ou, quando for este o requerente, o curador à lide.	§ 1º O Ministério Público **intervirá como fiscal da ordem jurídica.**
§ 2º Poderá o interditando constituir advogado para defender-se.	§ 2º O interditando poderá constituir advogado, e, caso não o faça, deverá ser nomeado **curador especial.**
§ 3º Qualquer parente sucessível poderá constituir-lhe advogado com os poderes judiciais que teria se nomeado pelo interditando, respondendo pelos honorários.	
Art. 1.183. Decorrido o prazo a que se refere o artigo antecedente, o juiz nomeará perito para proceder ao exame do interditando. Apresentado o laudo, o juiz designará audiência de instrução e julgamento.	**Art. 753.** Decorrido o prazo previsto no art. 752, o juiz determinará a produção de prova pericial para **avaliação da capacidade do interditando para** praticar **atos da vida civil.**
Parágrafo único. Decretando a interdição, o juiz nomeará curador ao interdito.	**Art. 755.** [...] I – nomeará curador, **que poderá ser o requerente da interdição, e fixará os limites da curatela, segundo o estado e o desenvolvimento mental** do interdito;
Art. 1.184. A sentença de interdição produz efeito desde logo, embora sujeita a apelação. Será inscrita no Registro de Pessoas Naturais e publicada pela imprensa local e pelo órgão oficial por três vezes, com intervalo de 10 (dez) dias, constando do edital os nomes do interdito e do curador, a causa da interdição e os limites da curatela.	**Art. 755.** [...] § 3º A sentença de interdição **será inscrita no registro de pessoas naturais e imediatamente publicada na rede mundial de computadores, no sítio do tribunal a que estiver vinculado o juízo e na plataforma de editais do Conselho Nacional de Justiça, onde permanecerá por 6 (seis) meses,** na imprensa local, 1 (uma) vez, e no órgão oficial, por 3 (três) vezes, com intervalo de 10 (dez) dias, constando do edital os nomes do interdito e do curador, a causa da interdição, os limites da curatela e, não sendo total a interdição, os atos que o interdito poderá praticar autonomamente.
Art. 1.185. Obedecerá às disposições dos artigos antecedentes, no que for aplicável, a interdição do pródigo, a do surdo-mudo sem educação que o habilite a enunciar precisamente a sua vontade e a dos viciados pelo uso de substâncias entorpecentes quando acometidos de perturbações mentais.	
Art. 1.186. Levantar-se-á a interdição, cessando a causa que a determinou.	**Art. 756.** Levantar-se-á a curatela quando cessar a causa que a determinou.
§ 1º O pedido de levantamento poderá ser feito pelo interditado e será apensado aos autos da interdição. O juiz nomeará perito para proceder ao exame de sanidade no interditado e após a apresentação do laudo designará audiência de instrução e julgamento.	§ 1º O pedido de levantamento da curatela poderá ser feito pelo interdito, **pelo curador ou pelo Ministério Público** e será apensado aos autos da interdição.
	§ 2º O juiz nomeará perito **ou equipe multidisciplinar** para proceder ao exame do interdito e designará audiência de instrução e julgamento após a apresentação do laudo.

§ 2º Acolhido o pedido, o juiz decretará o levantamento da interdição e mandará publicar a sentença, após o transito em julgado, pela imprensa local e órgão oficial por três vezes, com intervalo de 10 (dez) dias, seguindo-se a averbação no Registro de Pessoas Naturais.	§ 3º Acolhido o pedido, o juiz decretará o levantamento da interdição e **determinará** a publicação da sentença, após o trânsito em julgado, **na forma do art. 755, § 3º, ou, não sendo possível**, na imprensa local e no órgão oficial, por 3 (três) vezes, com intervalo de 10 (dez) dias, seguindo-se a averbação no registro de pessoas naturais.
Capítulo IX Das Disposições Comuns à Tutela e à Curatela	Seção X Das Disposições Comuns à Tutela e à Curatela
Seção I Da Nomeação do Tutor ou Curador	
Art. 1.187. O tutor ou curador será intimado a prestar compromisso no prazo de 5 (cinco) dias contados: I – da nomeação feita na conformidade da lei civil; II – da intimação do despacho que mandar cumprir o testamento ou o instrumento público que o houver instituído.	**Art. 759.** O tutor ou o curador será intimado a prestar compromisso no prazo de 5 (cinco) dias contado da: I – nomeação feita em conformidade com a lei; II – intimação do despacho que mandar cumprir o testamento ou o instrumento público que o houver instituído.
Art. 1.188. Prestado o compromisso por termo em livro próprio rubricado pelo juiz, o tutor ou curador, antes de entrar em exercício, requererá, dentro em 10 (dez) dias, a especialização em hipoteca legal de imóveis necessários para acautelar os bens que serão confiados à sua administração.	§ 1º O tutor ou o curador prestará o compromisso por termo em livro rubricado pelo juiz.
Parágrafo único. Incumbe ao órgão do Ministério Público promover a especialização de hipoteca legal, se o tutor ou curador não a tiver requerido no prazo assinado neste artigo.	
Art. 1.189. Enquanto não for julgada a especialização, incumbirá ao órgão do Ministério Público reger a pessoa do incapaz e administrar-lhe os bens.	
Art. 1.190. Se o tutor ou curador for de reconhecida idoneidade, poderá o juiz admitir que entre em exercício, prestando depois a garantia, ou dispensando-a desde logo.	
Art. 1.191. Ressalvado o disposto no artigo antecedente, a nomeação ficará sem efeito se o tutor ou curador não puder garantir a sua gestão.	
Art. 1.192. O tutor ou curador poderá eximir-se do encargo, apresentando escusa ao juiz no prazo de 5 (cinco) dias. Contar-se-á o prazo: I – antes de aceitar o encargo, da intimação para prestar compromisso; II – depois de entrar em exercício, do dia em que sobrevier o motivo da escusa.	**Art. 760.** O tutor ou o curador poderá eximir-se do encargo apresentando escusa ao juiz no prazo de 5 (cinco) dias contado: I – antes de aceitar o encargo, da intimação para prestar compromisso; II – depois de entrar em exercício, do dia em que sobrevier o motivo da escusa.
Parágrafo único. Não sendo requerida a escusa no prazo estabelecido neste artigo, reputar-se-á renunciado o direito de alegá-la.	§ 1º Não sendo requerida a escusa no prazo estabelecido neste artigo, considerar-se-á renunciado o direito de alegá-la.
Art. 1.193. O juiz decidirá de plano o pedido de escusa. Se não a admitir, exercerá o nomeado a tutela ou curatela enquanto não for dispensado por sentença transitada em julgado.	§ 2º O juiz decidirá de plano o pedido de escusa, e, não o admitindo, exercerá o nomeado a tutela ou a curatela enquanto não for dispensado por sentença transitada em julgado.
Seção II Da Remoção e Dispensa de Tutor ou Curador	
Art. 1.194. Incumbe ao órgão do Ministério Público, ou a quem tenha legítimo interesse, requerer, nos casos previstos na lei civil, a remoção do tutor ou curador.	**Art. 761.** Incumbe ao Ministério Público ou a quem tenha legítimo interesse requerer, nos casos previstos em lei, a remoção do tutor ou do curador.
Art. 1.195. O tutor ou curador será citado para contestar a arguição no prazo de 5 (cinco) dias.	**Parágrafo único.** O tutor ou o curador será citado para contestar a arguição no prazo de 5 (cinco) dias, findo o qual **observar-se-á o procedimento comum**.
Art. 1.196. Findo o prazo, observar-se-á o disposto no art. 803.	
Art. 1.197. Em caso de extrema gravidade, poderá o juiz suspender do exercício de suas funções o tutor ou curador, nomeando-lhe interinamente substituto.	**Art. 762.** Em caso de extrema gravidade, o juiz poderá suspender o tutor ou o curador do exercício de suas funções, nomeando substituto interino.
Art. 1.198. Cessando as funções do tutor ou curador pelo decurso do prazo em que era obrigado a servir, ser-lhe-á lícito requerer a exoneração do encargo; não o fazendo dentro dos 10 (dez) dias seguintes à expiração do termo, entender-se-á reconduzido, salvo se o juiz o dispensar.	**Art. 763.** Cessando as funções do tutor ou do curador pelo decurso do prazo em que era obrigado a servir, ser-lhe-á lícito requerer a exoneração do encargo. § 1º Caso o tutor ou o curador não requeira a exoneração do encargo dentro dos 10 (dez) dias seguintes à expiração do termo, entender-se-á reconduzido, salvo se o juiz o dispensar.

Capítulo X Da Organização e da Fiscalização das Fundações	Seção XI Da Organização e da Fiscalização das Fundações
Art. 1.199. O instituidor, ao criar a fundação, elaborará o seu estatuto ou designará quem o faça.	
Art. 1.200. O interessado submeterá o estatuto ao órgão do Ministério Público, que verificará se foram observadas as bases da fundação e se os bens são suficientes ao fim a que ela se destina.	
Art. 1.201. Autuado o pedido, o órgão do Ministério Público, no prazo de 15 (quinze) dias, aprovará o estatuto, indicará as modificações que entender necessárias ou lhe denegará a aprovação.	
§ 1º Nos dois últimos casos, pode o interessado, em petição motivada, requerer ao juiz o suprimento da aprovação.	**Art. 764.** O juiz decidirá sobre a aprovação do estatuto das fundações e de suas alterações sempre que o requeira o interessado, quando:
	I – ela for negada previamente pelo Ministério Público ou por este forem exigidas modificações com as quais o interessado não concorde;
	II – o interessado discordar do estatuto elaborado pelo Ministério Público.
§ 2º O juiz, antes de suprir a aprovação, poderá mandar fazer no estatuto modificações a fim de adaptá-lo ao objetivo do instituidor.	§ 2º Antes de suprir a aprovação, o juiz poderá mandar fazer no estatuto modificações a fim de adaptá-lo ao objetivo do instituidor.
Art. 1.202. Incumbirá ao órgão do Ministério Público elaborar o estatuto e submetê-lo à aprovação do juiz:	
I – quando o instituidor não o fizer nem nomear quem o faça;	
II – quando a pessoa encarregada não cumprir o encargo no prazo assinado pelo instituidor ou, não havendo prazo, dentro em 6 (seis) meses.	
Art. 1.203. A alteração do estatuto ficará sujeita à aprovação do órgão do Ministério Público. Sendo-lhe denegada, observar-se-á o disposto no art. 1.201, §§ 1º e 2º.	
Parágrafo único. Quando a reforma não houver sido deliberada por votação unânime, os administradores, ao submeterem ao órgão do Ministério Público o estatuto, pedirão que se dê ciência à minoria vencida para impugná-la no prazo de 10 (dez) dias.	
Art. 1.204. Qualquer interessado ou o órgão do Ministério Público promoverá a extinção da fundação quando:	**Art. 765.** Qualquer interessado ou o Ministério Público promoverá em juízo a extinção da fundação quando:
I – se tornar ilícito o seu objeto;	I – se tornar ilícito o seu objeto;
II – for impossível a sua manutenção;	II – for impossível a sua manutenção;
III – se vencer o prazo de sua existência.	III – vencer o prazo de sua existência.
Capítulo XI Da Especialização da Hipoteca Legal	
Art. 1.205. O pedido para especialização de hipoteca legal declarará a estimativa da responsabilidade e será instruído com a prova do domínio dos bens, livres de ônus, dados em garantia.	
Art. 1.206. O arbitramento do valor da responsabilidade e a avaliação dos bens far-se-á por perito nomeado pelo juiz.	
§ 1º O valor da responsabilidade será calculado de acordo com a importância dos bens e dos saldos prováveis dos rendimentos que devem ficar em poder dos tutores e curadores durante a administração, não se computando, porém, o preço do imóvel.	
§ 2º Será dispensado o arbitramento do valor da responsabilidade nas hipotecas legais em favor:	
I – da mulher casada, para garantia do dote, caso em que o valor será o da estimação, constante da escritura antenupcial;	
II – da Fazenda Pública, nas cauções prestadas pelos responsáveis, caso em que será o valor caucionado.	
§ 3º Dispensa-se a avaliação, quando estiverem mencionados na escritura os bens do marido, que devam garantir o dote.	
Art. 1.207. Sobre o laudo manifestar-se-ão os interessados no prazo comum de 5 (cinco) dias. Em seguida, o juiz homologará ou corrigirá o arbitramento e a avaliação; e, achando livres e suficientes os bens designados, julgará por sentença a especialização, mandando que se proceda à inscrição da hipoteca.	

Parágrafo único. Da sentença constarão expressamente o valor da hipoteca e os bens do responsável, com a especificação do nome, situação e característicos.	
Art. 1.208. Sendo insuficientes os bens oferecidos para a hipoteca legal em favor do menor, de interdito ou de mulher casada e não havendo reforço mediante caução real ou fidejussória, ordenará o juiz a avaliação de outros bens; tendo-os, proceder-se-á como nos artigos antecedentes; não os tendo, será julgada improcedente a especialização.	
Art. 1.209. Nos demais casos de especialização, prevalece a hipoteca legal dos bens oferecidos, ainda que inferiores ao valor da responsabilidade, ficando salvo aos interessados completar a garantia pelos meios regulares.	
Art. 1.210. Não dependerá de intervenção judicial a especialização de hipoteca legal sempre que o interessado, capaz de contratar, a convencionar, por escritura pública, com o responsável.	

LIVRO V
DAS DISPOSIÇÕES FINAIS E TRANSITÓRIAS

Art. 1.211. Este Código regerá o processo civil em todo o território brasileiro. Ao entrar em vigor, suas disposições aplicar-se-ão desde logo aos processos pendentes.	**Art. 1.046.** Ao entrar em vigor este Código, suas disposições se aplicarão desde logo aos processos pendentes, ficando revogada a Lei nº 5.869, de 11 de janeiro de 1973.
	§ 1º As disposições da Lei nº 5.869, de 11 de janeiro de 1973, relativas ao procedimento sumário e aos procedimentos especiais que forem revogadas aplicar-se-ão às ações propostas e não sentenciadas até o início da vigência deste Código.
Art. 1.211-A. Os procedimentos judiciais em que figure como parte ou interessado pessoa com idade igual ou superior a 60 (sessenta) anos, ou portadora de doença grave, terão prioridade de tramitação em todas as instâncias.	**Art. 1.048.** Terão prioridade de tramitação, em qualquer juízo ou tribunal, os procedimentos judiciais:
Parágrafo único. (*Vetado*).	
Art. 1.211-B. A pessoa interessada na obtenção do benefício, juntando prova de sua condição, deverá requerê-lo à autoridade judiciária competente para decidir o feito, que determinará ao cartório do juízo as providências a serem cumpridas.	§ 1º A pessoa interessada na obtenção do benefício, juntando prova de sua condição, deverá requerê-lo à autoridade judiciária competente para decidir o feito, que determinará ao cartório do juízo as providências a serem cumpridas.
§ 1º Deferida a prioridade, os autos receberão identificação própria que evidencie o regime de tramitação prioritária.	§ 2º Deferida a prioridade, os autos receberão identificação própria que evidencie o regime de tramitação prioritária.
§ 2º (*Vetado*).	
§ 3º (*Vetado*).	
Art. 1.211-C. Concedida a prioridade, essa não cessará com a morte do beneficiado, estendendo-se em favor do cônjuge supérstite, companheiro ou companheira, em união estável.	§ 3º Concedida a prioridade, essa não cessará com a morte do beneficiado, estendendo-se em favor do cônjuge supérstite ou do companheiro em união estável.
	§ 4º A tramitação prioritária independe de deferimento pelo órgão jurisdicional e deverá ser imediatamente concedida diante da prova da condição de beneficiário.
Art. 1.212. A cobrança da dívida ativa da União incumbe aos seus procuradores e, quando a ação for proposta em foro diferente do Distrito Federal ou das Capitais dos Estados ou Territórios, também aos membros do Ministério Público Estadual e dos Territórios, dentro dos limites territoriais fixados pela organização judiciária local.	
Parágrafo único. As petições, arrazoados ou atos processuais praticados pelos representantes da União perante as justiças dos Estados, do Distrito Federal e dos Territórios, não estão sujeitos a selos, emolumentos, taxas ou contribuições de qualquer natureza.	
Art. 1.213. As cartas precatórias, citatórias, probatórias, executórias e cautelares, expedidas pela Justiça Federal, poderão ser cumpridas nas comarcas do interior pela Justiça Estadual.	
Art. 1.214. Adaptar-se-ão às disposições deste Código as resoluções sobre organização judiciária e os regimentos internos dos tribunais.	
Art. 1.215. Os autos poderão ser eliminados por incineração, destruição mecânica ou por outro meio adequado, findo o prazo de 5 (cinco) anos, contado da data do arquivamento, publicando-se previamente no órgão oficial e em jornal local, onde houver, aviso aos interessados, com o prazo de 30 (trinta) dias.	

§ 1º É lícito, porém, às partes e interessados requerer, às suas expensas, o desentranhamento dos documentos que juntaram aos autos, ou a microfilmagem total ou parcial do feito.	
§ 2º Se, a juízo da autoridade competente, houver, nos autos, documentos de valor histórico, serão eles recolhidos ao Arquivo Público.	
Art. 1.216. O órgão oficial da União e os dos Estados publicarão gratuitamente, no dia seguinte ao da entrega dos originais, os despachos, intimações, atas das sessões dos tribunais e notas de expediente dos cartórios.	
Art. 1.217. Ficam mantidos os recursos dos processos regulados em leis especiais e as disposições que lhes regem o procedimento constantes do Decreto-lei nº 1.608, de 18 de setembro de 1939, até que seja publicada a lei que os adaptará ao sistema deste Código.	
Art. 1.218. Continuam em vigor até serem incorporados nas leis especiais os procedimentos regulados pelo Decreto-lei nº 1.608, de 18 de setembro de 1939, concernentes:	**Art. 1.046.** [...]
	§ 2º Permanecem em vigor as disposições especiais dos procedimentos regulados em outras leis, aos quais se aplicará supletivamente este Código.
	§ 3º Os processos mencionados no art. 1.218 da Lei nº 5.869, de 11 de janeiro de 1973, cujo procedimento ainda não tenha sido incorporado por lei submetem-se ao procedimento comum previsto neste Código.
I – ao loteamento e venda de imóveis a prestações (arts. 345 a 349);	
II – ao despejo (arts. 350 a 353);	
III – à renovação de contrato de locação de imóveis destinados a fins comerciais (arts. 354 a 365);	
IV – ao Registro Torrens (arts. 457 a 464);	
V – às averbações ou retificações do registro civil (arts. 595 a 599);	
VI – ao bem de família (arts. 647 a 651);	
VII – à dissolução e liquidação das sociedades (arts. 655 a 674);	
VIII – aos protestos formados a bordo (arts. 725 a 729);	
IX – à habilitação para casamento (arts. 742 a 745);	
X – ao dinheiro a risco (arts. 754 e 755);	
XI – à vistoria de fazendas avariadas (art. 756);	
XII – à apreensão de embarcações (arts. 757 a 761);	
XIII – à avaria a cargo do segurador (arts. 762 a 764);	
XIV – às avarias (arts. 765 a 768);	
XV – (*Revogado pela Lei nº 7.542, de 26.9.1986*)	
XVI – às arribadas forçadas (arts. 772 a 775).	
Art. 1.219. Em todos os casos em que houver recolhimento de importância em dinheiro, esta será depositada em nome da parte ou do interessado, em conta especial movimentada por ordem do juiz.	**Art. 1.058.** Em todos os casos em que houver recolhimento de importância em dinheiro, esta será depositada em nome da parte ou do interessado, em conta especial movimentada por ordem do juiz, nos termos do art. 840, inciso I.
Art. 1.220. Este Código entrará em vigor no dia 1º de janeiro de 1974, revogadas as disposições em contrário.	**Art. 1.045.** Este Código entra em vigor após decorrido 1 (um) ano da data de sua publicação oficial.
Brasília, 11 de janeiro de 1973; 152º da Independência e 85º da República.	
Emílio G. Médici	
Alfredo Buzaid	
Publicação no *D.O.U.* de 17.1.1973	

NOVO CÓDIGO DE PROCESSO CIVIL
LEI 13.105/2015 ATUALIZADA PELA LEI 13.256/2016

Índice Sistemático do Código de Processo Civil

LEI 13.105, DE 16 DE MARÇO DE 2015

PARTE GERAL

LIVRO I – DAS NORMAS PROCESSUAIS CIVIS

Título Único – Das Normas Fundamentais e da Aplicação das Normas Processuais

Arts. 1º a 15 363
Capítulo I – Das normas fundamentais do Processo Civil (arts. 1º a 12) 363
Capítulo II – Da aplicação das normas processuais (arts. 13 a 15) 364

LIVRO II – DA FUNÇÃO JURISDICIONAL

Título I – Da Jurisdição e da Ação

Arts. 16 a 20 364

Título II – Dos Limites da Jurisdição Nacional e da Cooperação Internacional

Capítulo I – Dos limites da jurisdição nacional (arts. 21 a 25) 364
Capítulo II – Da cooperação internacional (arts. 26 a 41) 365
Seção I – Disposições gerais (arts. 26 e 27) 365
Seção II – Do auxílio direto (arts. 28 a 34) 366
Seção III – Da carta rogatória (arts. 35 e 36) 366
Seção IV – Disposições comuns às seções anteriores (arts. 37 a 41) ..366

Título III – Da Competência Interna

Capítulo I – Da competência (arts. 42 a 66) 366
Seção I – Disposições gerais (arts. 42 a 53) 366
Seção II – Da Modificação da Competência (arts. 54 a 63) 367
Seção III – Da Incompetência (arts. 64 a 66) 368
Capítulo II – Da cooperação nacional (arts. 67 a 69) 368

LIVRO III – DOS SUJEITOS DO PROCESSO

Título I – Das Partes e dos Procuradores

Capítulo I – Da capacidade processual (arts. 70 a 76) 368
Capítulo II – Dos deveres das partes e de seus procuradores (arts. 77 a 102) 369
Seção I – Dos Deveres (arts. 77 e 78) 369
Seção II – Da responsabilidade das partes por dano processual (arts. 79 a 81) 370
Seção III – Das Despesas, dos Honorários Advocatícios e das Multas (arts. 82 a 97) 370
Seção IV – Da gratuidade da justiça (arts. 98 a 102) 372
Capítulo III – Dos procuradores (arts. 103 a 107) 373
Capítulo IV – Da sucessão das partes e dos procuradores (arts. 108 a 112) 374

Título II – Do Litisconsórcio

Arts. 113 a 118 374

Título III – Da Intervenção de Terceiros

Capítulo I – Da assistência (arts. 119 a 124) 374
Seção I – Disposições Comuns (arts. 119 e 120) 374
Seção II – Da assistência simples (arts. 121 a 123) 374
Seção III – Da assistência litisconsorcial (art. 124) 375
Capítulo II – Da denunciação da lide (arts. 125 a 129) 375
Capítulo III – Do chamamento ao processo (arts. 130 a 132) 375
Capítulo IV – Do incidente de desconsideração da personalidade jurídica (arts. 133 a 137) 375
Capítulo V – Do *amicus curiae* (art. 138) 376

Título IV – Do Juiz e dos Auxiliares da Justiça

Capítulo I – Dos poderes, dos deveres e da responsabilidade do juiz (Arts. 139 a 143) 376
Capítulo II – Dos impedimentos e da suspeição (arts. 144 a 148) ...377
Capítulo III – Dos auxiliares da justiça (arts. 149 a 175) 378
Seção I – Do escrivão, do chefe de secretaria e do oficial de justiça (arts. 150 a 155) 378
Seção II – Do Perito (arts. 156 a 158) 378
Seção III – Do Depositário e do Administrador (arts. 159 a 161) 379
Seção IV – Do Intérprete e do Tradutor (arts. 162 a 164) 379
Seção V – Dos Conciliadores e Mediadores Judiciais (arts. 165 a 175) 379

Título V – Do Ministério Público

(Arts. 176 a 181) 380

Título VI – Da Advocacia Pública

(Arts. 182 a 184) 381

Título VII – Da Defensoria Pública

(Arts. 185 a 187) 381

LIVRO IV – DOS ATOS PROCESSUAIS

Título I – Da Forma, do Tempo e do Lugar dos Atos Processuais

Capítulo I – Da forma dos atos processuais (arts. 188 a 211) 381
Seção I – Dos atos em geral (arts. 188 a 192) 381
Seção II – Da prática eletrônica de atos processuais (arts. 193 a 199) 382
Seção III – Dos Atos das Partes (arts. 200 a 202) 383
Seção IV – Dos pronunciamentos do juiz (arts. 203 a 205) 383
Seção V – Dos atos do escrivão ou do chefe de secretaria (arts. 206 a 211) 383

Capítulo II – Do tempo e do lugar dos atos processuais (arts. 212 a 217) 383
　Seção I – Do tempo (arts. 212 a 216)............................383
　Seção II – Do lugar (art. 217) 384
Capítulo III – Dos prazos (arts. 218 a 235) 384
　Seção I – Disposições Gerais (arts. 218 a 232) 384
　Seção II – Da verificação dos prazos e das penalidades (arts. 233 a 235)..385

Título II – Da Comunicação dos Atos Processuais

Capítulo I – Disposições gerais (arts. 236 e 237) 385
Capítulo II – Da citação (arts. 238 a 259)......................385
Capítulo III – Das cartas (arts. 260 a 268) 388
Capítulo IV – Das intimações (arts. 269 a 275).............388

Título III – Das Nulidades

(Arts. 276 a 283)...389

Título IV – Da Distribuição E Do Registro

(Arts. 284 a 290)...389

Título V – Do Valor da Causa

(Arts. 291 a 293)...389

LIVRO V – DA TUTELA PROVISÓRIA

Título I – Disposições Gerais

(Arts. 294 a 299)...390

Título II – Da Tutela de Urgência

Capítulo I – Disposições gerais (arts. 300 a 302) 390
Capítulo II – Do procedimento da tutela antecipada requerida em caráter antecedente (arts. 303 e 304) 391
Capítulo III – Do procedimento da tutela cautelar requerida em caráter antecedente (arts. 305 a 310) 391

Título III – Da Tutela Da Evidência

(Art. 311) 392

LIVRO VI
DA FORMAÇÃO, DA SUSPENSÃO E DA EXTINÇÃO DO PROCESSO

Título I – Da Formação do Processo

(Art. 312) 392

Título II – Da Suspensão do Processo

(Arts. 313 a 315)...392

Título III – Da Extinção do Processo

(Arts. 316 e 317)...393

PARTE ESPECIAL
LIVRO I – DO PROCESSO DE CONHECIMENTO E DO CUMPRIMENTO DE SENTENÇA

Título I – Do Procedimento Comum

Capítulo I – Disposições gerais (art. 318) 393

Capítulo II – Da petição inicial (arts. 319 a 331) 393
　Seção I – Dos requisitos da petição inicial (arts. 319 a 321) 393
　Seção II – Do Pedido (arts. 322 a 329)........................393
　Seção III – Do Indeferimento da Petição Inicial (arts. 330 e 331).........394
Capítulo III – Da improcedência liminar do pedido (art. 332)..................395
Capítulo IV – Da conversão da ação individual em ação coletiva (art. 333) 395
Capítulo V – Da audiência de conciliação ou de mediação (art. 334).....395
Capítulo VI – Da contestação (arts. 335 a 342) 395
Capítulo VII – Da reconvenção (art. 343) 397
Capítulo VIII – Da Revelia (arts. 344 a 346) 397
Capítulo IX – Das providências preliminares e do saneamento (arts. 347 a 353) 397
　Seção I – Da não incidência dos efeitos da revelia (arts. 348 e 349)..397
　Seção II – Do fato impeditivo, modificativo ou extintivo do direito do autor (art. 350) 397
　Seção III – Das Alegações do Réu (arts. 351 a 353)............397
Capítulo X – Do julgamento conforme o estado do processo (arts. 354 a 357) 397
　Seção I – Da Extinção do Processo (art. 354) 397
　Seção II – Do julgamento antecipado do mérito (art. 355) 397
　Seção III – Do julgamento antecipado parcial do mérito (art. 356) 397
　Seção IV – Do saneamento e da organização do processo (art. 357)...398
Capítulo XI – Da audiência de instrução e julgamento (arts. 358 a 368)...398
Capítulo XII – Das provas (arts. 369 a 484) 399
　Seção I – Disposições gerais (arts. 369 a 380) 396
　Seção II – Da produção antecipada da prova (arts. 381 a 383) 399
　Seção III – Da ata notarial (art. 384) 400
　Seção IV – Do depoimento pessoal (arts. 385 a 388) ...400
　Seção V – Da confissão (arts. 389 a 395) 400
　Seção VI – Da exibição de documento ou coisa (arts. 396 a 404) 401
　Seção VII – Da prova documental (arts. 405 a 438) 401
　　Subseção I – Da força probante dos documentos (arts. 405 a 429) 401
　　Subseção II – Da arguição de falsidade (arts. 430 a 433) 403
　　Subseção III – Da produção da prova documental (arts. 434 a 438) 403
　Seção VIII – Dos documentos eletrônicos (arts. 439 a 441) 403
　Seção IX – Da prova testemunhal (arts. 442 a 463).....403
　　Subseção I – Da admissibilidade e do valor da prova testemunhal (arts. 442 a 449) 403
　　Subseção II – Da Produção da Prova Testemunhal (arts. 450 a 463)..404
　Seção X – Da prova pericial (arts. 464 a 480) 405
　Seção XI – Da inspeção judicial (arts. 481 a 484) 406
Capítulo XIII – Da sentença e da coisa julgada (arts. 485 a 508) 406
　Seção I – Disposições Gerais (arts. 485 a 488) 406
　Seção II – Dos elementos e dos efeitos da sentença (arts. 489 a 495) 407
　Seção III – Da remessa necessária (art. 496)...............408
　Seção IV – Do julgamento das ações relativas às prestações de fazer, de não fazer e de entregar coisa (arts. 497 a 501) 409
　Seção V – Da coisa julgada (arts. 502 a 508) 409
Capítulo XIV – Da liquidação de sentença (arts. 509 a 512).................409

Título II – Do Cumprimento da Sentença

Capítulo I – Disposições gerais (arts. 513 a 519) 410
Capítulo II – Do cumprimento provisório da sentença que reconhece a exigibilidade de obrigação de pagar quantia certa (arts. 520 a 522) 411

Capítulo III – Do cumprimento definitivo da sentença que reconhece a exigibilidade de obrigação de pagar quantia certa (arts. 523 a 527) 411

Capítulo IV – Do cumprimento de sentença que reconheça a exigibilidade de obrigação de prestar alimentos (arts. 528 a 533) 412

Capítulo V – Do cumprimento de sentença que reconheça a exigibilidade de obrigação de pagar quantia certa pela fazenda pública (arts. 534 e 535) 413

Capítulo VI – Do cumprimento de sentença que reconheça a exigibilidade de obrigação de fazer, de não fazer ou de entregar coisa (arts. 536 a 538) 414

Seção I – Do cumprimento de sentença que reconheça a exigibilidade de obrigação de fazer ou de não fazer (arts. 536 e 537)..414

Seção II – Do cumprimento de sentença que reconheça a exigibilidade de obrigação de entregar coisa (art. 538) 414

Título III – Dos Procedimentos Especiais

Capítulo I – Da ação de consignação em pagamento (arts. 539 a 549) 414

Capítulo II – Da ação de exigir contas (arts. 550 a 553)...................415

Capítulo III – Das ações possessórias (arts. 554 a 568) 415

Seção I – Disposições gerais (arts. 554 a 559).....................415

Seção II – Da manutenção e da reintegração de posse (arts. 560 a 566)...416

Seção III – Do interdito proibitório (arts. 567 e 568) 416

Capítulo IV – Da ação de divisão e da demarcação de terras particulares (arts. 569 a 598)..416

Seção I – Disposições Gerais (arts. 569 a 573) 416

Seção II – Da demarcação (arts. 574 a 587)................................417

Seção III – Da divisão (arts. 588 a 598)..417

Capítulo V – Da ação de dissolução parcial de sociedade (arts. 599 a 609)...418

Capítulo VI – Do inventário e da partilha (arts. 610 a 673)...............419

Seção I – Disposições gerais (arts. 610 a 614).......................419

Seção II – Da legitimidade para requerer o inventário (arts. 619 e 616) 419

Seção III – Do inventariante e das primeiras declarações (arts. 617 e 625) 420

Seção IV – Das citações e das impugnações (arts. 626 a 629).....420

Seção V – Da avaliação e do cálculo do imposto (arts. 630 a 638)....420

Seção VI – Das colações (arts. 639 a 641) 421

Seção VII – Do pagamento das dívidas (arts. 642 a 646) 421

Seção VIII – Da partilha (arts. 647 a 658) 421

Seção IX – Do arrolamento (arts. 659 a 667) 422

Seção X – Disposições comuns a todas as seções (arts. 668 a 673) 423

Capítulo VII – Dos embargos de terceiro (arts. 674 a 681) 423

Capítulo VIII – Da oposição (arts. 682 a 686) 424

Capítulo IX – Da habilitação (arts. 687 a 692) 424

Capítulo X – Das ações de família (arts. 693 a 699)........................424

Capítulo XI – Da ação monitória (arts. 700 a 702) 424

Capítulo XII – Da homologação do penhor legal (arts. 703 a 706)...425

Capítulo XIII – Da regulação de avaria grossa (arts. 707 a 711) 425

Capítulo XIV – Da restauração de autos (arts. 712 a 718)................425

Capítulo XV – Dos procedimentos de jurisdição voluntária (arts. 719 a 770) 426

Seção I – Disposições gerais (arts. 719 a 725)..............................426

Seção II – Da notificação e da interpelação (arts. 726 a 729) 426

Seção III – Da alienação judicial (art. 730)....................................426

Seção IV – Do divórcio e da separação consensuais, da extinção consensual de união estável e da alteração do regime de bens do matrimônio (arts. 731 a 734)...426

Seção V – Dos testamentos e dos codicilos (arts. 735 a 737) 427

Seção VI – Da herança jacente (arts. 738 a 743) 427

Seção VII – Dos bens dos ausentes (arts. 744 e 745) 428

Seção VIII – Das coisas vagas (art. 746) 428

Seção IX – Da interdição (arts. 747 a 758) 428

Seção X – Disposições comuns à tutela e à curatela (arts. 759 a 763) 429

Seção XI – Da organização e da fiscalização das fundações (arts. 764 e 765) 426

Seção XII – Da ratificação dos protestos marítimos e dos processos testemunháveis formados a bordo (arts. 766 a 770)...429

LIVRO II – DO PROCESSO DE EXECUÇÃO

Título I – Da Execução em Geral

Capítulo I – Disposições gerais (arts. 771 a 777) 430

Capítulo II – Das partes (arts. 778 a 780) 430

Capítulo III – Da competência (arts. 781 e 782)..............................431

Capítulo IV – Dos requisitos necessários para realizar qualquer execução (arts. 783 a 788) 431

Seção I – Do título executivo (arts. 783 a 785) 431

Seção II – Da exigibilidade da obrigação (arts. 786 a 788) 431

Capítulo V – Da responsabilidade patrimonial (arts. 789 a 796) 432

Título II – Das Diversas Espécies de Execução

Capítulo I – Disposições gerais (arts. 797 a 805) 432

Capítulo II – Da execução para a entrega de coisa (arts. 806 a 813) ..434

Seção I – Da entrega de coisa certa (arts. 806 a 810) 434

Seção II – Da entrega de coisa incerta (arts. 811 a 813) 434

Capítulo III – Da execução das obrigações de fazer ou de não fazer (arts. 814 a 823)..434

Seção I – Disposições Comuns (art. 814).....................................434

Seção II – Da obrigação de fazer (art. 815 a 821).........................434

Seção III – Da obrigação de não fazer (arts. 822 e 823) 434

Capítulo IV – Da execução por quantia certa (arts. 824 a 909) 435

Seção I – Disposições Gerais (arts. 824 a 826) 435

Seção II – Da citação do devedor e do arresto (arts. 827 a 830) 435

Seção III – Da penhora, do depósito e da avaliação (arts. 831 a 875) 435

Subseção I – Do objeto da penhora (arts. 831 a 836) 435

Subseção II – Da documentação da penhora, de seu registro e do depósito (arts. 837 a 844) 436

Subseção III – Do lugar de realização da penhora (arts. 845 e 846) 437

Subseção IV – Das modificações da penhora (arts. 847 a 853) 438

Subseção V – Da penhora de dinheiro em depósito ou em aplicação financeira (art. 854) 438

Subseção VI – Da penhora de créditos (arts. 855 a 860) 438

Subseção VII – Da penhora das quotas ou das ações de sociedades personificadas (art. 861)..438

Subseção VIII – Da penhora de empresa, de outros estabelecimentos e de semoventes (arts. 862 a 865).............................439

Subseção IX – Da penhora de percentual de faturamento de empresa (art. 866) 439

Subseção X – Da penhora de frutos e rendimentos de coisa móvel ou imóvel (art. 867 a 869) 439

Subseção XI – Da avaliação (arts. 870 a 875) 439

Seção IV – Da expropriação de bens (arts. 876 a 903) 440
   Subseção I – Da adjudicação (arts. 876 a 878) 440
   Subseção II – Da alienação (arts. 879 a 903) 440
Seção V – Da satisfação do crédito (arts. 904 a 909) 443
Capítulo V – Da execução contra a fazenda pública (art. 910)..........443
Capítulo VI – Da execução de alimentos (arts. 911 a 913) 443

Título III – Dos Embargos à Execução

(Arts. 914 a 920)..445

Título IV – Da Suspensão e da Extinção do Processo de Execução

Capítulo I – Da suspensão do processo de execução (arts. 921 a 923)..445
Capítulo II – Da extinção do processo de execução (arts. 924 e 925) ...445

LIVRO III
DOS PROCESSOS NOS TRIBUNAIS E DOS MEIOS DE IMPUGNAÇÃO DAS DECISÕES JUDICIAIS

Título I – Da Ordem dos Processos e dos Processos de Competência Originária Dos Tribunais

Capítulo I – Disposições gerais (arts. 926 a 928) 445
Capítulo II – Da ordem dos processos no tribunal (arts. 929 a 946) 446
Capítulo III – Do incidente de assunção de competência (art. 947).......448
Capítulo IV – Do incidente de arguição de inconstitucionalidade (arts. 948 a 950) 448
Capítulo V – Do conflito de competência (arts. 951 a 959) 448
Capítulo VI – Da homologação de decisão estrangeira e da concessão do *exequatur* à carta rogatória (arts. 960 a 965) 449
Capítulo VII – Da ação rescisória (arts. 966 a 975)..........................449
Capítulo VIII – Do incidente de resolução de demandas repetitivas (arts. 976 a 987) 451
Capítulo IX – Da reclamação (arts. 988 a 993)................................452

Título II – Dos Recursos

Capítulo I – Disposições gerais (arts. 994 a 1.008) 453
Capítulo II – Da apelação (arts. 1.009 a 1.014)................................454
Capítulo III – Do agravo de instrumento (arts. 1.015 a 1.020)..........455
Capítulo IV – Do agravo interno (art. 1.021) 456
Capítulo V – Dos embargos de declaração (arts. 1.022 a 1.026) 456
Capítulo VI – Dos recursos para o supremo tribunal federal e para o superior tribunal de justiça (arts. 1.027 a 1.044) 457
   Seção I – Do recurso ordinário (arts. 1.027 e 1.028)....................457
   Seção II – Do recurso extraordinário e do recurso especial (arts. 1.029 a 1.041) 457
      Subseção I – Disposições gerais (arts. 1.029 a 1.035)...............457
      Subseção II – Do julgamento dos recursos extraordinário e especial repetitivos (arts. 1.036 a 1.041)...................................459
   Seção III – Do agravo em recurso especial e em recurso extraordinário (art. 1.042) 461
   Seção IV – Dos embargos de divergência (arts. 1.043 e 1.044).........461

LIVRO COMPLEMENTAR
DISPOSIÇÕES FINAIS E TRANSITÓRIAS

(Arts. 1.045 a 1.072)..462

Exposição de Motivos

Brasília, 8 de junho de 2010.

Excelentíssimo Senhor Presidente do Senado Federal, Senador José Sarney.

Honrados pela nobre designação com que fomos distinguidos, submetemos à elevada apreciação de Vossa Excelência o Anteprojeto de Código de Processo Civil.

EXPOSIÇÃO DE MOTIVOS[NE1-NE2]

Um sistema processual civil que não proporcione à sociedade o reconhecimento e a realização[1] dos direitos, ameaçados ou violados, que têm cada um dos jurisdicionados, não se harmoniza com as garantias constitucionais[2] de um Estado Democrático de Direito.[3]

Sendo ineficiente o sistema processual, todo o ordenamento jurídico passa a carecer de real efetividade. De fato, as normas de direito material se transformam em pura ilusão, sem a garantia de sua correlata realização, no mundo empírico, por meio do processo.[4]

Não há fórmulas mágicas. O Código vigente, de 1973, operou satisfatoriamente durante duas décadas. A partir dos anos noventa, entretanto, sucessivas reformas, a grande maioria delas lideradas pelos Ministros Athos Gusmão Carneiro e Sálvio de Figueiredo Teixeira, introduziram no Código revogado significativas alterações, com o objetivo de adaptar as normas processuais a mudanças na sociedade e ao funcionamento das instituições.

A expressiva maioria dessas alterações, como, por exemplo, em 1.994, a inclusão no sistema do instituto da **antecipação de tutela**; em 1.995, a alteração do regime do **agravo**; e, mais recentemente, as leis que alteraram a execução, foram bem recebidas pela comunidade jurídica e geraram resultados positivos, no plano da operatividade do sistema.

O enfraquecimento da coesão entre as normas processuais foi uma consequência natural do método consistente em se incluírem, aos poucos, alterações no CPC, comprometendo a sua forma sistemática. A complexidade resultante desse processo confunde-se, até certo ponto, com essa desorganização, comprometendo a celeridade e gerando questões evitáveis (pontos que geram polêmica e atraem atenção dos magistrados) que subtraem indevidamente a atenção do operador do direito.

Nessa dimensão, a preocupação em se preservar a forma sistemática das normas processuais, longe de ser meramente acadêmica, atende, sobretudo, a uma necessidade de caráter pragmático: obter-se um grau mais intenso de funcionalidade.

Sem prejuízo da manutenção e do aperfeiçoamento dos institutos introduzidos no sistema pelas reformas ocorridas nos anos de 1.992 até hoje, criou-se um Código novo, que não significa, todavia, uma ruptura com o passado, mas um passo à frente. Assim, além de conservados os institutos cujos resultados foram positivos, incluíram-se no sistema outros tantos que visam a atribuir-lhe alto grau de eficiência.

Há mudanças necessárias, porque reclamadas pela comunidade jurídica, e correspondentes a queixas recorrentes dos jurisdicionados e dos operadores do Direito, ouvidas em todo país. Na elaboração deste Anteprojeto de Código de Processo Civil, essa foi uma das linhas principais de trabalho: resolver **problemas**. Deixar de ver o processo como teoria descomprometida de sua natureza fundamental de **método** de resolução de conflitos, por meio do qual se realizam **valores constitucionais**.[5]

Assim, e por isso, um dos métodos de trabalho da Comissão foi o de resolver problemas, sobre cuja existência há praticamente unanimidade na comunidade jurídica. Isso ocorreu, por exemplo, no que diz respeito à complexidade do sistema recursal existente na lei revogada. Se o sistema recursal, que havia no Código revogado em sua versão originária, era consideravelmente mais simples que o anterior, depois das sucessivas reformas pontuais que ocorreram, se tornou, inegavelmente, muito mais complexo.

Não se deixou de lado, é claro, a necessidade de se construir um Código coerente e harmônico *interna corporis*, mas não se cultivou a obsessão em elaborar uma obra magistral, estética e tecnicamente perfeita, em detrimento de sua funcionalidade.

De fato, essa é uma preocupação presente, mas que já não ocupa o primeiro lugar na postura intelectual do processualista contemporâneo.

A coerência substancial há de ser vista como objetivo fundamental, todavia, e mantida em termos absolutos, no que tange à Constituição Federal da República. Afinal, é na lei ordinária e em outras normas de escalão inferior que se explicita a promessa de realização dos valores encampados pelos princípios constitucionais.

Nota da Editora 1: É importante informar ao leitor que a presente Exposição de Motivos foi elaborada de acordo com a primeira redação do Projeto de Lei do Senado 166, em 8 de junho de 2010. Desde a apresentação até a publicação da Lei 13.105, em 16 de março de 2015, que instituiu o Novo Código de Processo Civil, ocorreram inúmeras alterações materiais e redacionais ao texto original, razão pela qual certas transcrições ou menções a artigos nesta exposição poderão não corresponder ao texto final promulgado.

Nota da Editora 2: Exposição de motivos extraída do endereço eletrônico do Senado Federal. Disponível em: [http://www.senado.gov.br/atividade/materia/detalhes.asp?p_cod_mate=116731].

1. Essencial que se faça menção à *efetiva* satisfação, pois, a partir da dita terceira fase metodológica do direito processual civil, o processo passou a ser visto como instrumento, que deve ser idôneo para o reconhecimento e a adequada concretização de direitos.

2. Isto é, aquelas que regem, eminentemente, as relações das partes entre si, entre elas e o juiz e, também, entre elas e terceiros, de que são exemplos a imparcialidade do juiz, o contraditório, a demanda, como ensinam CAPPELLETTI e VIGORITI (I diritti costituzionali delle parti nel processo civile italiano. *Rivista di diritto processuale*, II serie, v. 26, p. 604-650, Padova, Cedam, 1971, p. 605).

3. Os princípios e garantias processuais inseridos no ordenamento constitucional, por conta desse movimento de "constitucionalização do processo", não se limitam, no dizer de LUIGI PAOLO COMOGLIO, a "reforçar do exterior uma mera 'reserva legislativa' para a regulamentação desse método [em referência ao processo como método institucional de resolução de conflitos sociais], mas impõem a esse último, e à sua disciplina, algumas condições mínimas de legalidade e retidão, cuja eficácia é potencialmente operante em qualquer fase (ou momento nevrálgico) do processo" (Giurisdizione e processo nel quadro delle garanzie costituzionali. *Studi in onore di Luigi Montesano*, v. II, p. 87-127, Padova, Cedam, 1997, p. 92).

4. É o que explica, com a clareza que lhe é peculiar, BARBOSA MOREIRA: "Querer que o processo seja efetivo é querer que desempenhe com eficiência o papel que lhe compete na economia do ordenamento jurídico. Visto que esse papel é instrumental em relação ao direito substantivo, também se costuma falar da instrumentalidade do processo. Uma noção conecta-se com a outra e por assim dizer a implica. Qualquer instrumento será bom na medida em que sirva de modo prestimoso à consecução dos fins da obra a que se ordena; em outras palavras, na medida em que seja efetivo. Vale dizer: será efetivo o processo que constitua instrumento eficiente de realização do direito material" (Por um processo socialmente efetivo. *Revista de Processo*. São Paulo, v. 27, n.105, p. 183-190, jan./mar. 2002, p. 181).

5. SÁLVIO DE FIGUEIREDO TEIXEIRA, em texto emblemático sobre a nova ordem trazida pela Constituição Federal de 1988, disse, acertadamente, que, apesar de suas vicissitudes, "nenhum texto constitucional valorizou tanto a 'Justiça', tomada aqui a palavra não no seu conceito clássico de 'vontade constante e perpétua de dar a cada um o que é seu', mas como conjunto de instituições voltadas para a realização da paz social" (O aprimoramento do processo civil como garantia da cidadania. In: FIGUEIREDO TEIXEIRA, Sálvio. *As garantias do cidadão na Justiça*. São Paulo: Saraiva, 1993. p. 79-92, p. 80).

O novo Código de Processo Civil tem o potencial de gerar um processo mais célere, mais justo,[6] porque mais rente às necessidades sociais[7] e muito menos complexo.[8]

A simplificação do sistema, além de proporcionar-lhe coesão mais visível, permite ao juiz centrar sua atenção, de modo mais intenso, no mérito da causa.

Com evidente redução da complexidade inerente ao processo de criação de um novo Código de Processo Civil, poder-se-ia dizer que os trabalhos da Comissão se orientaram precipuamente por cinco objetivos: 1) estabelecer expressa e implicitamente verdadeira sintonia fina com a Constituição Federal; 2) criar condições para que o juiz possa proferir decisão de forma mais rente à realidade fática subjacente à causa; 3) simplificar, resolvendo problemas e reduzindo a complexidade de subsistemas, como, por exemplo, o recursal; 4) dar todo o rendimento possível a cada processo em si mesmo considerado; e, 5) finalmente, sendo talvez este último objetivo parcialmente alcançado pela realização daqueles mencionados antes, imprimir maior grau de organicidade ao sistema, dando-lhe, assim, mais coesão.

Esta Exposição de Motivos obedece à ordem dos objetivos acima alistados.

1) A necessidade de que fique evidente a *harmonia da lei ordinária em relação à* **Constituição Federal da República**[9] fez com que se incluíssem no Código, expressamente, **princípios constitucionais**, na sua versão processual. Por outro lado, muitas **regras** foram concebidas, dando concreção a princípios constitucionais, como, por exemplo, as que preveem um procedimento, com *contraditório* e produção de provas, prévio à decisão que desconsidera da pessoa jurídica, em sua versão tradicional, ou "às avessas"[10].

Está expressamente formulada a regra no sentido de que o fato de o juiz estar diante de matéria de ordem pública não dispensa a obediência ao princípio do **contraditório**.

Como regra, o depósito da quantia relativa às multas, cuja função processual seja levar ao cumprimento da obrigação *in natura*, ou da ordem judicial, deve ser feito logo que estas incidem.

Não podem, todavia, ser levantadas, a não ser quando haja trânsito em julgado ou quando esteja pendente agravo de decisão denegatória de seguimento a recurso especial ou extraordinário.

Trata-se de uma forma de tornar o processo mais eficiente e efetivo, o que significa, indubitavelmente, aproximá-lo da Constituição Federal, em cujas entrelinhas se lê que o processo deve assegurar o cumprimento da lei material.

Prestigiando o princípio constitucional da **publicidade** das decisões, previu-se a regra inafastável de que à data de julgamento de todo recurso deve-se dar publicidade (todos os recursos devem constar em pauta), para que as partes tenham oportunidade de tomar providências que entendam necessárias ou, pura e simplesmente, possam assistir ao julgamento.

Levou-se em conta o princípio da *razoável duração do processo*.[11] Afinal a ausência de celeridade, sob certo ângulo,[12] é ausência de justiça. A simplificação do sistema recursal, de que trataremos separadamente, leva a um processo mais ágil.

Criou-se o incidente de julgamento conjunto de demandas repetitivas, a que adiante se fará referência.

Por enquanto, é oportuno ressaltar que levam a um processo **mais célere** as medidas cujo objetivo seja o julgamento conjunto de demandas que gravitam em torno da mesma questão de direito, por dois ângulos: *a)* o relativo àqueles processos, em si mesmos considerados, que serão decididos conjuntamente; *b)* no que concerne à atenuação do excesso de carga de trabalho do Poder Judiciário – já que o tempo usado para decidir aqueles processos poderá ser mais eficazmente aproveitado em todos os outros, em cujo trâmite serão evidentemente menores os ditos "tempos mortos" (períodos em que nada acontece no processo).

Por outro lado, haver, indefinidamente, **posicionamentos diferentes** e incompatíveis, nos Tribunais, a respeito da **mesma norma jurídica**, leva a que jurisdicionados que estejam em situações idênticas, tenham de submeter-se a regras de conduta diferentes, ditadas por decisões judiciais emanadas de tribunais diversos.

Esse fenômeno fragmenta o sistema, gera intranquilidade e, por vezes, verdadeira perplexidade na sociedade.

Prestigiou-se, seguindo-se direção já abertamente seguida pelo ordenamento jurídico brasileiro, expressado na criação da Súmula Vinculante do Supremo Tribunal Federal (STF) e do regime de julgamento conjunto de recursos especiais e extraordinários repetitivos (que foi mantido e aperfeiçoado) tendência a criar estímulos para que a jurisprudência se uniformize, à luz do que venham a decidir tribunais superiores e até de segundo grau, e se estabilize.

Essa é a função e a razão de ser dos tribunais superiores: proferir decisões que **moldem** o ordenamento jurídico, objetivamente considerado. A função paradigmática que devem desempenhar é inerente ao sistema.

Por isso é que esses princípios foram expressamente formulados. Veja-se, por exemplo, o que diz o novo Código, no Livro IV: "*A jurisprudência do STF e dos Tribunais Superiores deve nortear as decisões de todos os Tribunais e Juízos singulares do país, de modo a concretizar plenamente os princípios da legalidade e da isonomia*".

Evidentemente, porém, para que tenha eficácia a recomendação no sentido de que seja

---

[6] Atentando para a advertência, acertada, de que não o processo, além de produzir um resultado justo, precisa ser justo em si mesmo, e portanto, na sua realização, devem ser observados aqueles *standards* previstos na Constituição Federal, que constituem desdobramento da garantia do *due process of law* (DINAMARCO, Cândido. *Instituições de direito processual civil*, v. 1. 6.a ed. São Paulo: Malheiros, 2009).

[7] Lembrando, com BARBOSA MOREIRA, que "não se promove uma sociedade mais justa, ao menos primariamente, por obra do aparelho judicial. É todo o edifício, desde as fundações, que para tanto precisa ser revisto e reformado. Pelo prisma jurídico, a tarefa básica inscreve-se no plano do direito material" (*Por um processo socialmente efetivo*, p. 181)

[8] Trata-se, portanto, de mais um passo decisivo para afastar os obstáculos para o acesso à Justiça, a que comumente se alude, isto é, a duração do processo, seu alto custo e a excessiva formalidade.

[9] Hoje, costuma-se dizer que o processo civil **constitucionalizou-se**. Fala-se em modelo constitucional do processo, expressão inspirada na obra de Italo Andolina e Giuseppe Vignera, *Il modello costituzionale del processo civile italiano: corso de lezioni* (Turim, Giapicchelli, 1990). O processo há de ser examinado, estudado e compreendido à luz da Constituição e de forma a dar o maior rendimento possível aos seus princípios fundamentais.

[10] O Novo CPC prevê expressamente que, antecedida de contraditório e produção de provas, haja decisão sobre a desconsideração da pessoa jurídica, com o redirecionamento da ação, na dimensão de sua patrimonialidade, e também sobre a consideração dita inversa, nos casos em que se abusa da sociedade, para usá-la indevidamente com o fito de camuflar o patrimônio pessoal do sócio. Essa alteração está de acordo com o pensamento que, entre nós, ganhou projeção ímpar na obra de J. LAMARTINE CORRÊA DE OLIVEIRA. Com efeito, há três décadas, o brilhante civilista já advertia ser essencial o predomínio da realidade sobre a aparência, quando "*em verdade* [é] *uma outra pessoa que está a agir, utilizando a pessoa jurídica como escudo, e se é essa utilização da pessoa jurídica, fora de sua função, que está tornando possível o resultado contrário à lei, ao contrato, ou às coordenadas axiológicas*" (*A dupla crise da pessoa jurídica*. São Paulo: Saraiva, 1979, p. 613).

[11] Que, antes de ser expressamente incorporado à Constituição Federal em vigor (art. 5º, inciso LXXVIII), já havia sido contemplado em outros instrumentos normativos estrangeiros (veja-se, por exemplo, o art. 111, da Constituição da Itália) e convenções internacionais (Convenção Europeia e Pacto de San Jose da Costa Rica). Trata-se, portanto, de tendência mundial.

[12] Afinal, a celeridade não é um valor que deva ser perseguido a qualquer custo. "Para muita gente, na matéria, a rapidez constitui o valor por excelência, quiçá o único. Seria fácil invocar aqui um rol de citações de autores famosos, apostados em estigmatizar a morosidade processual. Não deixam de ter razão, sem que isso implique – nem mesmo, quero crer, no pensamento desses próprios autores – hierarquização rígida que não reconheça como imprescindível, aqui e ali, ceder o passo a outros valores. Se uma justiça lenta demais é decerto uma justiça má, daí não se segue que uma justiça muito rápida seja necessariamente uma justiça boa. O que todos devemos querer é que a prestação jurisdicional venha ser melhor do que é. Se para torná-la melhor é preciso acelerá-la, muito bem: não, contudo, a qualquer preço" (BARBOSA MOREIRA, José Carlos. O futuro da justiça: alguns mitos. *Revista de Processo*, v. 102, p. 228-237, abr.-jun. 2001, p. 232).

a jurisprudência do STF e dos Tribunais superiores, efetivamente, norte para os demais órgãos integrantes do Poder Judiciário, é necessário que aqueles Tribunais mantenham jurisprudência razoavelmente estável.

A segurança jurídica fica comprometida com a brusca e integral alteração do entendimento dos tribunais sobre questões de direito.[13]

Encampou-se, por isso, expressamente princípio no sentido de que, uma vez firmada jurisprudência em certo sentido, esta deve, como norma, ser mantida, salvo se houver relevantes razões recomendando sua alteração.

Trata-se, na verdade, de um outro viés do princípio da segurança jurídica,[14] que recomendaria que a jurisprudência, uma vez pacificada ou sumulada, tendesse a ser mais estável.[15]

De fato, a alteração do entendimento a respeito de uma tese jurídica ou do sentido de um texto de lei pode levar ao legítimo desejo de que as situações anteriormente decididas, com base no entendimento superado, sejam redecididas à luz da nova compreensão. Isto porque a alteração da jurisprudência, diferentemente da alteração da lei, produz efeitos equivalentes aos *ex tunc*. Desde que, é claro, não haja regra em sentido inverso.

Diz, expressa e explicitamente, o novo Código que: "A mudança de entendimento sedimentado observará a necessidade de fundamentação adequada e específica, considerando o imperativo de estabilidade das relações jurídicas";

E, ainda, com o objetivo de prestigiar a segurança jurídica, formulou-se o seguinte princípio: "Na hipótese de alteração da jurisprudência dominante do STF e dos Tribunais superiores, ou oriunda de julgamentos de casos repetitivos, pode haver **modulação** dos efeitos da alteração no interesse social e no da segurança jurídica" (grifos nossos).

Esse princípio tem relevantes consequências práticas, como, por exemplo, a não rescindibilidade de sentenças transitadas em julgado baseadas na orientação abandonada pelo Tribunal. Também em nome da segurança jurídica, reduziu-se para um ano, como regra geral, o prazo decadencial dentro do qual pode ser proposta a ação rescisória.

Mas talvez as alterações mais expressivas do sistema processual ligadas ao objetivo de harmonizá-lo com o espírito da Constituição Federal, sejam as que dizem respeito a regras que induzem à uniformidade e à estabilidade da jurisprudência.

O novo Código prestigia o princípio da segurança jurídica, obviamente de índole constitucional, pois que se hospeda nas dobras do Estado Democrático de Direito e visa a proteger e a preservar as justas expectativas das pessoas.

Todas as normas jurídicas devem tender a dar efetividade às garantias constitucionais, tornando "segura" a vida dos jurisdicionados, de modo a que estes sejam poupados de "surpresas", podendo sempre prever, em alto grau, as consequências jurídicas de sua conduta.

Se, por um lado, o princípio do livre convencimento motivado é garantia de julgamentos independentes e justos, e neste sentido mereceu ser prestigiado pelo novo Código, por outro, compreendido em seu mais estendido alcance, acaba por conduzir a distorções do princípio da legalidade e à própria ideia, antes mencionada, de Estado Democrático de Direito. A dispersão excessiva da jurisprudência produz intranquilidade social e descrédito do Poder Judiciário.

Se todos têm que agir em conformidade com a lei, ter-se-ia, *ipso facto*, respeitada a isonomia. Essa relação de causalidade, todavia, fica comprometida como decorrência do desvirtuamento da liberdade que tem o juiz de decidir com base em seu entendimento sobre o sentido real da norma.

A tendência à diminuição[16] do número[17] de recursos que devem ser apreciados pelos Tribunais de segundo grau e superiores é resultado inexorável da jurisprudência mais uniforme e estável.

Proporcionar legislativamente melhores condições para operacionalizar formas de uniformização do entendimento dos Tribunais brasileiros acerca de teses jurídicas é concretizar, na vida da sociedade brasileira, o princípio constitucional da isonomia.

Criaram-se figuras, no novo CPC, para evitar a dispersão[18] excessiva da jurisprudência. Com isso, haverá condições de se atenuar o assoberbamento de trabalho no Poder Judiciário, sem comprometer a qualidade da prestação jurisdicional.

Dentre esses instrumentos, está a complementação e o reforço da eficiência do regime de julgamento de recursos repetitivos, que agora abrange a possibilidade de suspensão do procedimento das demais ações, tanto no juízo de primeiro grau, quanto dos demais recursos extraordinários ou especiais, que estejam tramitando nos tribunais superiores, aguardando julgamento, desatreladamente dos afetados.

Com os mesmos objetivos, criou-se, com inspiração no direito alemão,[19] o já referido

---

[13] Os ingleses dizem que os jurisdicionados não podem ser tratados "como cães, que só descobrem que algo é proibido quando o bastão toca seus focinhos" (BENTHAM citado por R. C. CAENEGEM, Judges, Legislators & Professors, p. 161).

[14] "O homem necessita de segurança para conduzir, planificar e conformar autônoma e responsavelmente a sua vida. Por isso, desde cedo se consideravam os princípios da segurança jurídica e da proteção à confiança como elementos constitutivos do Estado de Direito. Esses dois princípios – segurança jurídica e proteção da confiança – andam estreitamente associados, a ponto de alguns autores considerarem o princípio da confiança como um subprincípio ou como uma dimensão específica da segurança jurídica. Em geral, considera-se que a segurança jurídica está conexionada com elementos objetivos da ordem jurídica – garantia de estabilidade jurídica, segurança de orientação e realização do direito – enquanto a proteção da confiança se prende mais com os componentes subjetivos da segurança, designadamente a calculabilidade e previsibilidade dos indivíduos em relação aos efeitos dos actos". (JOSÉ JOAQUIM GOMES CANOTILHO. Direito constitucional e teoria da constituição. Almedina, Coimbra, 2000, p. 256).

[15] Os alemães usam a expressão princípio da "proteção", acima referida por Canotilho. (ROBERT ALEXY e RALF DREIER, Precedent in the Federal Republic of Germany, *in* Interpreting Precedents, A Comparative Study, Coordenação NEIL MACCORMICK e ROBERT SUMMERS, Dartmouth Publishing Company, p. 19).

[16] Comentando os principais vetores da reforma sofrida no processo civil alemão na última década, BARBOSA MOREIRA alude ao problema causado pelo excesso de recursos no processo civil: "Pôr na primeira instância o centro de gravidade do processo é diretriz política muito prestigiada em tempos modernos, e numerosas iniciativas reformadoras levam-na em conta. A rigor, o ideal seria que os litígios fossem resolvidos em termos finais mediante um único julgamento. Razões conhecidas induzem as leis processuais a abrirem a porta a reexames. A multiplicação desmedida dos meios tendentes a propiciá-los, entretanto, acarreta o prolongamento indesejável do feito, aumenta-lhe o custo, favorece a chicana e, em muitos casos, gera para os tribunais superiores excessiva carga de trabalho. Convém, pois, envidar esforços para que as partes se deem por satisfeitas com a sentença e se abstenham de impugná-la" (Breve notícia sobre a reforma do processo civil alemão. *Revista de Processo*. São Paulo, v. 28, n. 111, p. 103-112, jul./set. 2003, p. 105).

[17] O número de recursos previstos na legislação processual civil é objeto de reflexão e crítica, há muitos anos, na doutrina brasileira. EGAS MONIZ DE ARAGÃO, por exemplo, em emblemático trabalho sobre o tema, já indagou de forma contundente: "há demasiados recursos no ordenamento jurídico brasileiro? Deve-se restringir seu cabimento? São eles responsáveis pela morosidade no funcionamento do Poder Judiciário?" Respondendo tais indagações, o autor conclui que há três recursos que "atendem aos interesses da brevidade e certeza, interesses que devem ser ponderados – como na fórmula da composição dos medicamentos – para dar adequado remédio às necessidades do processo judicial": a apelação, o agravo e o extraordinário, isto é, recurso especial e recurso extraordinário (Demasiados recursos?. *Revista de Processo*. São Paulo, v. 31, n. 136, p. 9-31, jun. 2006, p. 18)

[18] A preocupação com essa possibilidade não é recente. ALFREDO BUZAID já aludia a ela, advertindo que há uma grande diferença entre as decisões adaptadas ao contexto histórico em que proferidas e aquelas que prestigiam interpretações contraditórias da mesma disposição legal, apesar de iguais as situações concretas em que proferidas. Nesse sentido: "Na verdade, não repugna ao jurista que os tribunais, num louvável esforço de adaptação, sujeitem a mesma regra a entendimento diverso, desde que se alterem as condições econômicas, políticas e sociais; mas repugna-lhe que sobre a mesma regra jurídica deem os tribunais interpretação diversa e até contraditória, quando as condições em que ela foi editada continuam as mesmas. O dissídio resultante de tal exegese debilita a autoridade do Poder Judiciário, ao mesmo passo que causa profunda decepção às partes que postulam perante os tribunais" (Uniformização de Jurisprudência. *Revista da Associação dos Juízes do Rio Grande do Sul*, 34/139, jul. 1985).

[19] No direito alemão a figura se chama *Musterverfahren* e gera decisão que serve de modelo (*Muster*) para a resolução de uma quantidade expressiva de processos em que as partes estejam na mesma situação, não se tratando ne-

incidente de Resolução de Demandas Repetitivas, que consiste na identificação de processos que contenham a mesma questão de direito, que estejam ainda no primeiro grau de jurisdição, para decisão conjunta.[20]

O incidente de resolução de demandas repetitivas é admissível quando identificada, em primeiro grau, controvérsia com potencial de gerar multiplicação expressiva de demandas e o correlato risco da coexistência de decisões conflitantes.

É instaurado perante o Tribunal local, por iniciativa do juiz, do MP, das partes, da Defensoria Pública ou pelo próprio Relator. O juízo de admissibilidade e de mérito caberão ao tribunal pleno ou ao órgão especial, onde houver, e a extensão da eficácia da decisão acerca da tese jurídica limita-se à área de competência territorial do tribunal, salvo decisão em contrário do STF ou dos Tribunais superiores, pleiteada pelas partes, interessados, MP ou Defensoria Pública. Há a possibilidade de intervenção de *amici curiae*.

O incidente deve ser julgado no prazo de seis meses, tendo preferência sobre os demais feitos, salvo os que envolvam réu preso ou pedido de *habeas corpus*.

O recurso especial e o recurso extraordinário, eventualmente interpostos da decisão do incidente, têm efeito suspensivo e se considera presumida a repercussão geral, de questão constitucional eventualmente discutida.

Enfim, não observada a tese firmada, caberá reclamação ao tribunal competente.

As hipóteses de cabimento dos embargos de divergência agora se baseiam exclusivamente na existência de *teses contrapostas*, não importando o veículo que as tenha levado ao Supremo Tribunal Federal ou ao Superior Tribunal de Justiça. Assim, são possíveis de confronto teses contidas em recursos e ações, sejam as decisões de mérito ou relativas ao juízo de admissibilidade.

Está-se, aqui, diante de poderoso instrumento, agora tornado ainda mais eficiente, cuja finalidade é a de uniformizar a jurisprudência dos Tribunais superiores, *interna corporis*.

Sem que a jurisprudência desses Tribunais esteja internamente uniformizada, é posto abaixo o edifício cuja base é o respeito aos precedentes dos Tribunais superiores.

2) Pretendeu-se converter o processo em instrumento incluído no **contexto social** em que produzirá efeito o seu resultado. Deu-se ênfase à possibilidade de as partes porem fim ao conflito pela via da mediação ou da conciliação.[21] Entendeu-se que a *satisfação efetiva* das partes pode dar-se de modo mais intenso se a solução é por elas criada e não imposta pelo juiz.

Como regra, deve realizar-se audiência em que, ainda antes de ser apresentada contestação, se tentará fazer com que autor e réu cheguem a acordo. Dessa audiência, poderão participar conciliador e mediador e o réu deve comparecer, sob pena de se qualificar sua ausência injustificada como ato atentatório à dignidade da justiça. Não se chegando a acordo, terá início o prazo para a contestação.

Por outro lado, e ainda levando em conta a qualidade da satisfação das partes com a solução dada ao litígio, previu-se a possibilidade da presença do *amicus curiae*, cuja manifestação, com certeza tem aptidão de proporcionar ao juiz condições de proferir decisão mais próxima às reais necessidades das partes e mais rente à realidade do país.[22]

Criou-se regra no sentido de que a intervenção pode ser pleiteada pelo *amicus curiae* ou solicitada de ofício, como decorrência das peculiaridades da causa, em todos os graus de jurisdição.

Entendeu-se que os requisitos que impõem a manifestação do *amicus curiae* no processo, se existem, estarão presentes desde o primeiro grau de jurisdição, não se justificando que a possibilidade de sua intervenção ocorra só nos Tribunais Superiores. Evidentemente, todas as decisões devem ter a qualidade que possa proporcionar a presença do *amicus curiae*, não só a última delas.

Com objetivo semelhante, permite-se no novo CPC que os Tribunais Superiores apreciem o mérito de alguns recursos que veiculam questões relevantes, cuja solução é necessária para o aprimoramento do Direito, ainda que não estejam preenchidos requisitos de admissibilidade considerados menos importantes. Trata-se de regra afeiçoada à processualística contemporânea, que privilegia o conteúdo em detrimento da forma, em consonância com o princípio da instrumentalidade.

3) Com a finalidade de *simplificação*, criou-se,[23] *v.g.*, a possibilidade de o réu formular pedido independentemente do expediente formal da reconvenção, que desapareceu. Extinguiram-se muitos incidentes: passa a ser matéria alegável em preliminar de contestação a incorreção do valor da causa e a indevida concessão do benefício da justiça gratuita, bem como as duas espécies de incompetência. Não há mais a ação declaratória incidental nem a ação declaratória incidental de falsidade de documento, bem como o incidente de exibição de documentos. As formas de intervenção de terceiro foram modificadas e parcialmente fundidas: criou-se um só instituto, que abrange as hipóteses de denunciação da lide e de chamamento ao processo. Deve ser utilizado quando o chamado puder ser réu em ação regressiva; quando um dos devedores solidários saldar a dívida, aos demais; quando houver obrigação, por lei ou por contrato, de reparar ou garantir a reparação de dano, àquele que tem essa obrigação. A sentença dirá se terá havido a hipótese de ação regressiva, ou decidirá quanto à obrigação comum. Muitos[24] procedimentos

---

cessariamente, do mesmo autor nem do mesmo réu (RALF-THOMAS WITTMANN. Il "contenzioso di massa" in Germania, in GIORGETTI ALESSANDRO e VALERIO VALLEFUOCO, Il Contenzioso di massa in Italia, in Europa e nel mondo, Milão, Giuffrè, 2008, p. 178).

20 Tais medidas refletem, sem dúvida, a tendência de coletivização do processo, assim explicada por RODOLFO DE CAMARGO MANCUSO: 'Desde o último quartel do século passado, foi tomando vulto o fenômeno da 'coletivização' dos conflitos, à medida que, paralelamente, se foi reconhecendo a inaptidão do processo civil clássico para instrumentalizar essas megacontrovérsias, próprias de uma conflitiva sociedade de massas. Isso explica a proliferação de ações de cunho coletivo, tanto na Constituição Federal (arts. 5.º, XXI; LXX, 'b'; LXXIII; 129, III) como na legislação processual extravagante, empolgando segmentos sociais de largo espectro: consumidores; infância e juventude; deficientes físicos; investidores no mercado de capitais; idosos; torcedores de modalidades desportivas, etc. Logo se tornou evidente (e premente) a necessidade da oferta de novos instrumentos capazes de recepcionar esses conflitos assim potencializado, seja em função do número expressivo (ou mesmo indeterminado) dos sujeitos concernentes, seja em função da indivisibilidade do objeto litigioso, que o torna insuscetível de partição e fruição por um titular exclusivo" (*A resolução de conflitos e a função judicial no Contemporâneo Estado de Direito*. São Paulo: Revista dos Tribunais, 2009, p. 379-380).

21 A criação de condições para realização da transação é uma das tendências observadas no movimento de reforma que inspirou o processo civil alemão. Com efeito, explica BARBOSA MOREIRA que "já anteriormente, por força de uma lei de 1999, os órgãos legislativos dos 'Lander' tinham sido autorizados, sob determinadas circunstâncias, a exigirem, como requisito de admissibilidade da ação, que se realizasse prévia tentativa de conciliação extrajudicial. Doravante, nos termos do art. 278, deve o tribunal, em princípio, levar a efeito a tentativa, ordenando o comparecimento pessoal de ambas as partes. O órgão judicial discutirá com elas a situação, poderá formular-lhes perguntas e fazer-lhes observações. Os litigantes serão ouvidos pessoalmente e terá cada qual a oportunidade de expor sua versão do litígio..." (*Breves notícias sobre a reforma do processo civil alemão*, p. 106).

22 Predomina na doutrina a opinião de que a origem do *amicus curiae* está na Inglaterra, no processo penal, embora haja autores que afirmem haver figura assemelhada já no direito romano (CÁSSIO SCARPINELLA BUENO, *Amicus curiae no processo civil brasileiro*, Ed. Saraiva, 2006, p. 88). Historicamente, sempre atuou ao lado do juiz, e sempre foi a discricionariedade deste que determinou a intervenção desta figura, fixando os limites de sua atuação. Do direito inglês, migrou para o direito americano, em que é, atualmente, figura de relevo digno de nota (CÁSSIO SCARPINELLA BUENO, ob.cit., p. 94 e seguintes).

23 Tal possibilidade, rigorosamente, já existia no CPC de 1973, especificamente no procedimento comum sumário (art. 278, parágrafo 1º) e em alguns procedimentos especiais disciplinados no Livro IV, como, por exemplo, as ações possessórias (art. 922), daí porque se afirmava, em relação a estes, que uma de suas características peculiares era, justamente, a natureza dúplice da ação. Contudo, no Novo Código, o que era excepcional se tornará regra geral, em evidente benefício da economia processual e da idéia de efetividade da tutela jurisdicional.

24 EGAS MONIZ DE ARAGÃO, comentando a transição do Código de 1939 para o Código de 1973, já chamava a atenção para a necessidade de refletir sobre o grande número de procedimentos especiais que havia no primeiro e foi mantido, no segundo diploma. Nesse sentido: "Ninguém jamais se preocupou em investigar se é necessário ou dispensável, se é conve-

especiais[25] foram extintos. Foram mantidos a ação de consignação em pagamento, a ação de prestação de contas, a ação de divisão e demarcação de terras particulares, inventário e partilha, embargos de terceiro, habilitação, restauração de autos, homologação de penhor legal e ações possessórias.

Extinguiram-se também as ações cautelares nominadas. Adotou-se a regra no sentido de que basta à parte a demonstração do *fumus boni iuris* e do perigo de ineficácia da prestação jurisdicional para que a providência pleiteada deva ser deferida. Disciplina-se também a tutela sumária que visa a proteger o direito evidente, independentemente de *periculum in mora*.

O Novo CPC agora deixa clara a possibilidade de concessão de tutela de urgência e de tutela à evidência. Considerou-se conveniente esclarecer de forma expressa que a resposta do Poder Judiciário deve ser rápida não só em situações em que a urgência decorre do risco de eficácia do processo e do eventual perecimento do próprio direito. Também em hipóteses em que as alegações da parte se revelam de juridicidade ostensiva deve a tutela ser antecipadamente (total ou parcialmente) concedida, independentemente de *periculum in mora*, por não haver razão relevante para a espera, até porque, via de regra, a demora do processo gera agravamento do dano.

Ambas essas espécies de tutela vêm disciplinadas na Parte Geral, tendo também desaparecido o livro das Ações Cautelares.

A tutela de urgência e da evidência podem ser requeridas **antes** ou **no curso** do procedimento em que se pleiteia a providência principal.

Não tendo havido resistência à liminar concedida, o juiz, depois da efetivação da medida, extinguirá o processo, conservando-se a eficácia da medida concedida, sem que a situação fique protegida pela coisa julgada.

Impugnada a medida, o pedido principal deve ser apresentado **nos mesmos autos** em que tiver sido formulado o pedido de urgência.

As opções procedimentais acima descritas exemplificam sobremaneira a concessão da tutela cautelar ou antecipatória, do ponto de vista procedimental.

Além de a incompetência, absoluta e relativa, poderem ser levantadas pelo réu em preliminar de contestação, o que também significa uma maior simplificação do sistema, a incompetência absoluta não é, no Novo CPC, hipótese de cabimento de ação rescisória.

Cria-se a faculdade de o advogado promover, pelo correio, a intimação do advogado da outra parte. Também as testemunhas devem comparecer espontaneamente, sendo excepcionalmente intimadas por carta com aviso de recebimento.

A extinção do procedimento especial "ação de usucapião" levou à criação do procedimento edital, como forma de comunicação dos atos processuais, por meio do qual, em ações deste tipo, devem-se provocar todos os interessados a intervir, se houver interesse.

O prazo para todos os recursos, com exceção dos embargos de declaração, foi uniformizado: quinze dias.

O recurso de apelação continua sendo interposto no 1º grau de jurisdição, tendo-lhe sido, todavia, retirado o juízo de admissibilidade, que é exercido apenas no 2º grau de jurisdição. Com isso, suprime-se um novo foco desnecessário de recorribilidade.

Na execução, se eliminou a distinção entre praça e leilão, assim como a necessidade de duas hastas públicas. Desde a primeira, pode o bem ser alienado por valor inferior ao da avaliação, desde que não se trate de preço vil.

Foram extintos os embargos à arrematação, tornando-se a ação anulatória o único meio de que o interessado pode valer-se para impugná-la.

Bastante simplificado foi o sistema recursal. Essa simplificação, todavia, em momento algum significou restrição ao direito de defesa. Em vez disso deu, de acordo com o objetivo tratado no item seguinte, maior rendimento a cada processo individualmente considerado.

Desapareceu o agravo retido, tendo, correlatamente, sido alterado o regime das preclusões.[26] Todas as decisões anteriores à sentença podem ser impugnadas na apelação. Ressalte-se que, na verdade, o que se modificou, nesse particular, foi exclusivamente o momento da impugnação, pois essas decisões, de que se recorria, no sistema anterior, por meio de agravo retido, só eram mesmo alteradas ou mantidas quando o agravo era julgado, como preliminar de apelação. Com o novo regime, o momento de julgamento será o mesmo; não o da impugnação.

O agravo de instrumento ficou mantido para as hipóteses de concessão, ou não, de tutela de urgência; para as interlocutórias de mérito, para as interlocutórias proferidas na execução (e no cumprimento de sentença) e para todos os demais casos a respeito dos quais houver previsão legal expressa.

Previu-se a sustentação oral em agravo de instrumento de decisão de mérito, procurando-se, com isso, alcançar resultado do processo mais rente à realidade dos fatos.

Uma das grandes alterações havidas no sistema recursal foi a supressão dos embargos infringentes.[27] Há muito, doutrina da melhor qualidade vem propugnando pela necessidade de que sejam extintos.[28] Em contrapartida a essa extinção, o relator terá o dever de declarar o voto vencido, sendo este considerado como parte integrante do acórdão, inclusive para fins de pre-questionamento.

Significativas foram as alterações, no que tange aos recursos para o STJ e para o STF. O Novo Código contém regra expressa, que leva ao aproveitamento do processo, de forma plena, devendo ser decididas todas as razões que podem levar ao provimento ou ao improvimento do recurso. Sendo, por exemplo, o recurso extraordinário provido para acolher uma causa de pedir, ou *a*) examinam-se todas as outras, ou, *b*) remetem-se os autos para o Tribunal de segundo grau, para que decida as demais, ou, *c*) remetem-se os autos para o primeiro grau, caso haja necessidade de produção de provas, para a decisão das demais; e, pode-se também, *d*) remeter os autos ao STJ, caso as causas de pedir restantes constituam-se em questões de direito federal.

---

niente ou inconveniente oferecer aos litigantes essa pletora de procedimentos especiais; ninguém jamais se preocupou em verificar se a existência desses inúmeros procedimentos constitui obstáculo à 'efetividade do processo', valor tão decantado na atualidade; ninguém jamais se preocupou em pesquisar se a existência de tais e tantos procedimentos constitui estorvo ao bom andamento dos trabalhos forenses e se a sua substituição por outros e novos meios de resolver os mesmos problemas poderá trazer melhores resultados. Diante desse quadro é de indagar: será possível atingir os resultados verdadeiramente aspirados pela revisão do Código sem remodelar o sistema no que tange aos procedimentos especiais?" (Reforma processual: 10 anos. *Revista do Instituto dos Advogados do Paraná*. Curitiba, n. 33, p. 201-215, dez. 2004, p. 205).

25 Ainda na vigência do Código de 1973, já não se podia afirmar que a maior parte desses procedimentos era efetivamente especial. As características que, no passado, serviram para lhes qualificar desse modo, após as inúmeras alterações promovidas pela atividade de reforma da legislação processual, deixaram de lhes ser exclusivas. Vários aspectos que, antes, somente se viam nos procedimentos ditos especiais, passaram, com o tempo, a se observar também no procedimento comum. Exemplo disso é o sincretismo processual, que passou a marcar o procedimento comum desde que admitida a concessão de tutela de urgência em favor do autor, nos termos do art. 273.

26 Essa alteração contempla uma das duas soluções que a doutrina processualista colocava em relação ao problema da recorribilidade das decisões interlocutórias. Nesse sentido: *"Duas teses podem ser adotadas com vistas ao controle das decisões proferidas pelo juiz no decorrer do processo em primeira instância: ou, a) não se proporciona recurso algum e os litigantes poderão impugná-las somente com o recurso cabível contra o julgamento final, normalmente a apelação,* caso estes em que não incidirá preclusão sobre tais questões, ou, b) é proporcionado recurso contra as decisões interlocutórias (tanto faz que o recurso suba incontinente ao órgão superior ou permaneça retido nos autos do processo) e ficarão preclusas as questões nelas solucionadas caso o interessado não recorra" (ARAGÃO, E. M. Reforma processual: 10 anos, p. 210-211).

27 Essa trajetória, como lembra BARBOSA MOREIRA, foi, no curso das décadas, *"complexa e sinuosa"* (Novas vicissitudes dos embargos infringentes, *Revista de Processo*. São Paulo, v. 28, n. 109, p. 113-123, jul-ago. 2004, p. 113).

28 Nesse sentido, "A existência de um voto vencido não basta por si só para justificar a criação de tal recurso; porque, por tal razão, se devia admitir um segundo recurso de embargos toda vez que houvesse mais de um voto vencido; desta forma poderia arrastar-se a verificação por largo tempo, vindo o ideal de justiça a ser sacrificado pelo desejo de aperfeiçoar a decisão" (ALFREDO BUZAID, Ensaio para uma revisão do sistema de recursos no Código de Processo Civil. *Estudos de direito*. São Paulo: Saraiva, 1972, v. 1, p. 111).

Com os mesmos objetivos, consistentes em simplificar o processo, dando-lhe, simultaneamente, o maior rendimento possível, criou-se a regra de que não há mais extinção do processo, por decisão de inadmissão de recurso, caso o tribunal destinatário entenda que a competência seria de outro tribunal. Há, isto sim, em todas as instâncias, inclusive no plano de STJ e STF, **a remessa dos autos ao tribunal competente.**

Há dispositivo expresso determinando que, se os embargos de declaração são interpostos com o objetivo de prequestionar a matéria objeto do recurso principal, e não são admitidos, considera-se o prequestionamento como havido, salvo, é claro, se se tratar de recurso que pretenda a inclusão, no acórdão, da descrição de fatos.

Vê-se, pois, que as alterações do sistema recursal a que se está, aqui, aludindo, proporcionaram simplificação e levaram a efeito um outro objetivo, de que abaixo se tratará: obter-se o maior rendimento possível de cada processo.

4) O novo sistema permite que cada processo *tenha maior rendimento possível.* Assim, e por isso, estendeu-se a autoridade da coisa julgada às questões prejudiciais.

Com o objetivo de se dar maior **rendimento** a cada processo, individualmente considerado, e, atendendo a críticas tradicionais da doutrina,[29] deixou, a possibilidade jurídica do pedido, de ser condição da ação. A sentença que, à luz da lei revogada seria de carência da ação, à luz do Novo CPC é de improcedência e resolve definitivamente a controvérsia.

Criaram-se mecanismos para que, sendo a ação proposta com base em várias causas de pedir e sendo só uma levada em conta na decisão do 1º e do 2º graus, repetindo-se as decisões de procedência, caso o tribunal superior inverta a situação, retorne o processo ao 2º grau, para que as demais sejam apreciadas, até que, afinal, sejam todas decididas e seja, **efetivamente, posto fim à controvérsia**.

O mesmo ocorre se se tratar de ação julgada improcedente em 1º e em 2º graus, como resultado de acolhimento de uma razão de defesa, quando haja mais de uma.

Também visando a essa finalidade, o novo Código de Processo Civil criou, inspirado no sistema italiano[30] e francês[31], a estabilização de tutela, a que já se referiu no item anterior, que permite a manutenção da eficácia da medida de urgência, ou antecipatória de tutela, até que seja eventualmente impugnada pela parte contrária.

As partes podem, até a sentença, modificar pedido e causa de pedir, desde que não haja ofensa ao contraditório. De cada processo, por esse método, se obtém tudo o que seja possível.

Na mesma linha, tem o juiz o poder de adaptar o procedimento às peculiaridades da causa.[32]

Com a mesma finalidade, criou-se a regra, a que já se referiu, no sentido de que, entendendo o Superior Tribunal de Justiça que a questão veiculada no recurso especial seja constitucional, deve remeter o recurso ao Supremo Tribunal Federal; do mesmo modo, deve o Supremo Tribunal Federal remeter o recurso ao Superior Tribunal de Justiça, se considerar que não se trata de ofensa direta à Constituição Federal, por decisão irrecorrível.

5) A Comissão trabalhou sempre tendo como **pano de fundo** um objetivo genérico, que foi de imprimir organicidade às regras do processo civil brasileiro, dando maior coesão ao sistema.

O Novo CPC conta, agora, com uma Parte Geral,[33] atendendo às críticas de parte ponderável da doutrina brasileira. Neste Livro I, são menciona- dos princípios constitucionais de especial importância para todo o processo civil, bem como regras gerais, que dizem respeito a todos os demais Livros. A Parte Geral desempenha o papel de chamar para si a solução de questões difíceis relativas às demais partes do Código, já que contém regras e princípios gerais a respeito do funcionamento do sistema.

O conteúdo da Parte Geral (Livro I) consiste no seguinte: princípios e garantias fundamentais do processo civil; aplicabilidade das normas processuais; limites da jurisdição brasileira; competência interna; normas de cooperação internacional e nacional; partes; litisconsórcio; procuradores; juiz e auxiliares da justiça; Ministério Público; atos processuais; provas; tutela de urgência e tutela da evidência; formação, suspensão e extinção do processo. O Livro II, diz respeito ao processo de conhecimento, incluindo cumprimento de sentença e procedimentos especiais, contenciosos ou não. O Livro III trata do processo de execução, e o Livro IV disciplina os processos nos Tribunais e os meios de impugnação das decisões judiciais. Por fim, há as disposições finais e transitórias.

O objetivo de organizar internamente as regras e harmonizá-las entre si foi o que inspirou, por exemplo, a reunião das hipóteses em que os Tribunais ou juízes podem voltar atrás, mesmo depois de terem proferido decisão de mérito: havendo embargos de declaração, erro material, sendo proferida decisão pelo STF ou pelo STJ com base nos artigos 543-B e 543-C do Código anterior.

Organizaram-se em dois dispositivos as causas que levam à extinção do processo, por indeferimento da inicial, sem ou com julgamento de mérito, incluindo-se neste grupo o que constava do art. 285-A do Código anterior.

Unificou-se o critério relativo ao fenômeno que gera a prevenção: o despacho que ordena a citação. A ação, por seu turno, considera-se proposta assim que protocolada a inicial.

Tendo desaparecido o Livro do Processo Cautelar e as cautelares em espécie, acabaram sobrando medidas que, em consonância com parte expressiva da doutrina brasileira, embora estivessem formalmente inseridas no Livro III, de cautelares, nada tinham. Foram, então, realocadas, junto aos procedimentos especiais.

Criou-se um livro novo, a que já se fez menção, para os processos nos Tribunais, que abrange os meios de impugnação às decisões judiciais – recursos e ações impugnativas autônomas – e institutos como, por exemplo, a homologação de sentença estrangeira.

Também com o objetivo de desfazer "nós" do sistema, deixaram-se claras as hipóteses de cabimento de ação rescisória e de ação anulatória, eliminando-se dúvidas, com soluções como, por exemplo, a de deixar sentenças homologatórias como categoria de pronunciamento impugnável pela ação anulatória, ainda que se trate de decisão de mérito, isto é, que homologa transação, reconhecimento jurídico do pedido ou renúncia à pretensão.

Com clareza e com base em doutrina autorizada,[34] disciplinou-se o litisconsórcio, sepa-

---

29 CÂNDIDO DINAMARCO lembra que o próprio LIEBMAN, após formular tal condição da ação em aula inaugural em Turim, renunciou a ela depois que *"a lei italiana passou a admitir o divórcio, sendo este o exemplo mais expressivo de impossibilidade jurídica que vinha sendo utilizado em seus escritos"* (*Instituições de direito processual civil*. v. II, 6.ª ed. São Paulo: Malheiros, 2009, p. 309).

30 Tratam da matéria, por exemplo, COMOGLIO, Luigi; FERRI, Corrado; TARUFFO, Michele. *Lezioni sul processo civile*. 4. ed. Bologna: Il Mulino, 2006. t. I e II; PICARDI, Nicola. *Codice di procedura civile*. 4. ed. Milão: Giuffrè, 2008. t. II; GIOLA, Valerio de; RASCHELLÀ, Anna Maria. *I provvedimento d´urgenza ex art. 700 Cod. Proc. Civ.* 2. ed. Experta, 2006.

31 É conhecida a figura do *référré* francês, que consiste numa forma sumária de prestação de tutela, que gera decisão provisória, não depende necessariamente de um processo principal, não transita em julgado, mas pode prolongar a sua eficácia no tempo. Vejam-se arts. 488 e 489 do *Nouveau Code de Procédure Civile* francês.

32 No processo civil inglês, há regra expressa a respeito dos *"case management powers"*. CPR 1.4. Na doutrina, v. NEIL ANDREWS, O moderno processo civil, São Paulo, Ed. RT, 2009, item 3.14, p. 74. Nestas regras de gestão de processos, inspirou-se a Comissão autora do Anteprojeto.

33 Para EGAS MONIZ DE ARAGÃO, a ausência de uma parte geral, no Código de 1973, ao tempo em que promulgado, era compatível com a ausência de sistematização, no plano doutrinário, de uma teoria geral do processo. E advertiu o autor: *"não se recomendaria que o legislador precedesse aos doutrinadores, aconselhando a prudência que se aguarde o desenvolvimento do assunto por estes para, colhendo-lhes os frutos, atuar aquele"* (*Comentários ao Código de Processo Civil*: v. II. 7.a Ed. Rio de Janeiro: Forense, 1991, p. 8). O profundo amadurecimento do tema que hoje se observa na doutrina processualista brasileiro justifica, nessa oportunidade, a sistematização da teoria geral do processo, no novo CPC.

34 CÂNDIDO DINAMARCO, por exemplo, sob a égide do Código de 1973, teceu críticas à redação do art. 47, por entender que "esse mal redigido dispositivo dá a impressão, absolutamente falsa, de que o litisconsórcio unitário seria modalidade do necessário" (*Instituições de direito processual civil*, v. II, p. 359). No entanto, explica, com inequívoca clareza, o processualista: "Os dois conceitos não se confundem nem se colocam em relação de gênero a espécie. A unitariedade não é espécie de necessariedade. Diz respeito ao 'regime de tratamento' dos litisconsortes, enquanto esta é a exigência de 'formação' do litisconsórcio".

rando-se, com a nitidez possível, o necessário do unitário.

Inverteram-se os termos **sucessão** e **substituição**, acolhendo-se crítica antiga e correta da doutrina.[35]

Nos momentos adequados, utilizou-se a expressão *convenção de arbitragem*, que abrange a cláusula arbitral e o compromisso arbitral, imprimindo-se, assim, o mesmo regime jurídico a ambos os fenômenos.[36]

Em conclusão, como se frisou no início desta exposição de motivos, elaborar-se um Código novo não significa "deitar abaixo as instituições do Código vigente, substituindo-as por outras, inteiramente novas".[37]

Nas alterações das leis, com exceção daquelas feitas imediatamente após períodos históricos que se pretendem deixar definitivamente para trás, não se deve fazer "taboa rasa" das conquistas alcançadas. Razão alguma há para que não se conserve ou aproveite o que há de bom no sistema que se pretende reformar.

Assim procedeu a Comissão de Juristas que reformou o sistema processual: criou saudável equilíbrio entre conservação e inovação, sem que tenha havido drástica ruptura com o presente ou com o passado.

Foram criados institutos inspirados no direito estrangeiro, como se mencionou ao longo desta Exposição de Motivos, já que, a época em que vivemos é de interpenetração das civilizações. O Novo CPC é fruto de reflexões da Comissão que o elaborou, que culminaram em escolhas racionais de caminhos considerados adequados, à luz dos cinco critérios acima referidos, à obtenção de uma sentença que resolva o conflito, com respeito aos direitos fundamentais e no menor tempo possível, realizando o interesse público da atuação da lei material.

Em suma, para a elaboração do Novo CPC, identificaram-se os avanços incorporados ao sistema processual preexistente, que deveriam ser conservados. Estes foram organizados e se deram alguns passos à frente, para deixar expressa a adequação das novas regras à Constituição Federal da República, com um sistema mais coeso, mais ágil e capaz de gerar um processo civil mais célere e mais justo.

A Comissão de Juristas

COMPOSIÇÃO DA COMISSÃO

Presidente: Luiz Fux.

Relatora-Geral: Teresa Arruda Alvim Wambier.

Membros: Adroaldo Furtado Fabrício, Benedito Cerezzo Pereira Filho, Bruno Dantas, Elpídio Donizetti Nunes, Humberto Theodoro Junior, Jansen Fialho de Almeida, José Miguel Garcia Medina, José Roberto dos Santos Bedaque, Marcus Vinicius Furtado Coelho, Paulo Cezar Pinheiro Carneiro.

Secretários da Comissão: Verônica Maia Baraviera (Designada através do Ato 503/2009, da Presidência do Senado Federal); Gláucio Ribeiro de Pinho (Designada através do Ato 167/2010, da Presidência do Senado Federal).

Equipe de Assessoramento à Comissão:

Advogados: Alex Alves Tavares, Anderson de Oliveira Noronha e Thalisson de Albuquerque Campos.

Assessora de Pesquisa: Helena Celeste R. L. Vieira.

Assessora de Imprensa: IlanaTrombka.

Estagiárias: Dominique Pinto de Britto, Rafaella Cristina Araújo Oliveira e Raianne Tavares Rocha.

Revisão final:

Consultor Legislativo: Fábio Augusto Santana Hage.

Analistas de Processo Legislativo: Andreza Rios de Carvalho, Ângela de Almeida Martins, Breno de Lima Andrade, Eduardo dos Santos Ribeiro, Emílio Moura Leite da Silveira, Maria Rita Galvão Lobo, Sebastião Araújo Andrade, Wesley Dutra de Andrade.

---

[35] "O Código de Processo Civil dá a falsa idéia de que a troca de um sujeito pelo outro na condição de parte seja um fenômeno de substituição processual: o vocábulo 'substituição' e a forma verbal 'substituindo' são empregadas na rubrica em que se situa o art. 48 e em seu § 10. Essa impressão é falsa porque 'substituição processual' é a participação de um sujeito no processo, como autor ou réu, sem ser titular do interesse em conflito (art. 6º). Essa locução não expressa um movimento de entrada e saída. Tal movimento é, em direito, 'sucessão' – no caso, sucessão processual" (DINAMARCO, C. *Instituições de direito processual civil*, v. II, p. 281).

[36] Sobre o tema da arbitragem, veja-se: CARMONA, Carlos Alberto. *Arbitragem e Processo um comentário à lei nº 9.307/96*. 3. ed. São Paulo: Atlas, 2009.

[37] ALFREDO BUZAID, Exposição de motivos, Lei 5.869, de 11 de janeiro de 1973.

CÓDIGO DE PROCESSO CIVIL

LEI 13.105, DE 16 DE MARÇO DE 2015 ATUALIZADA PELA LEI 13.256, DE 4 DE FEVEREIRO DE 2016

A Presidenta da República:
Faço saber que o Congresso Nacional decreta e eu sanciono a seguinte lei:

PARTE GERAL

LIVRO I
DAS NORMAS PROCESSUAIS CIVIS
TÍTULO ÚNICO
Das Normas Fundamentais e da Aplicação das Normas Processuais

→ v. Enunciado 369 do FPPC: O rol de normas fundamentais previsto no Capítulo I do Título Único do Livro I da Parte Geral do CPC não é exaustivo.
→ v. Enunciado 370 do FPPC: Norma processual fundamental pode ser regra ou princípio.

Capítulo I
Das Normas Fundamentais do Processo Civil

Art. 1º O processo civil será ordenado, disciplinado e interpretado conforme os valores e as normas fundamentais estabelecidos na Constituição da República Federativa do Brasil, observando-se as disposições deste Código.

→ v. Art. 5º, §§ 1º, 2º e 3º, da CF/1988.
→ v. Convenção Americana sobre Direitos Humanos (Dec. 678/1992).
→ v. Arts. 13 e 16 do NCPC.

Art. 2º O processo começa por iniciativa da parte e se desenvolve por impulso oficial, salvo as exceções previstas em lei.

→ v. Art. 878 da CLT.
→ v. Arts. 141, 177, 492, 720, 730, 738 do NCPC.

Art. 3º Não se excluirá da apreciação jurisdicional ameaça ou lesão a direito.

→ v. Art. 5º, XXXV, da CF/1988.

§ 1º É permitida a arbitragem, na forma da lei.

→ v. Lei 9.307/1996 – Dispõe sobre a arbitragem.
→ v. Arts. 337, X, 359, 485, VII, 1.012, IV, 1.015, III, do NCPC.

§ 2º O Estado promoverá, sempre que possível, a solução consensual dos conflitos.

→ v. Arts. 165 e seguintes, 359 e 694 do NCPC.
→ v. Enunciado 485 do FPPC: É cabível a audiência de conciliação e mediação no processo de execução, na qual é admissível, entre outras coisas, a apresentação de plano de cumprimento da prestação.

§ 3º A conciliação, a mediação e outros métodos de solução consensual de conflitos deverão ser estimulados por juízes, advogados, defensores públicos e membros do Ministério Público, inclusive no curso do processo judicial.

→ v. Art. 139, V do NCPC.
→ v. Enunciado 371 do FPPC: Os métodos de solução consensual de conflitos devem ser estimulados também nas instâncias recursais.

Art. 4º As partes têm o direito de obter em prazo razoável a solução integral do mérito, incluída a atividade satisfativa.

→ v. Art. 5º, LXXVIII, da CF/1988.
→ v. Art. 8º, 1, da Convenção Americana sobre Direitos Humanos.
→ v. Arts. 2º, 80, IV, 113, § 1º, 139, II e 370 do NCPC.
→ v. Enunciado 372 do FPPC: O art. 4º tem aplicação em todas as fases e em todos os tipos de procedimento, inclusive em incidentes processuais e na instância recursal, impondo ao órgão jurisdicional viabilizar o saneamento de vícios para examinar o mérito, sempre que seja possível a sua correção.
→ v. Enunciado 373 do FPPC: As partes devem cooperar entre si; devem atuar com ética e lealdade, agindo de modo a evitar a ocorrência de vícios que extingam o processo sem resolução do mérito e cumprindo com deveres mútuos de esclarecimento e transparência.
→ v. Enunciado 386 do FPPC: A limitação do litisconsórcio facultativo multitudinário acarreta o desmembramento do processo.
→ v. Enunciado 387 do FPPC: A limitação do litisconsórcio multitudinário não é causa de extinção do processo.

Art. 5º Aquele que de qualquer forma participa do processo deve comportar-se de acordo com a boa-fé.

→ v. Art. 422 do Código Civil.
→ v. Arts. 80, 139, II, 322, § 2º, 435, parágrafo único e 489, § 3º, do NCPC.
→ v. Enunciado 6 do FPPC: O negócio jurídico processual não pode afastar os deveres inerentes à boa-fé e à cooperação.
→ v. Enunciado 374 do FPPC: O art. 5º prevê a boa-fé objetiva.
→ v. Enunciado 375 do FPPC: O órgão jurisdicional também deve comportar-se de acordo com a boa-fé objetiva.
→ v. Enunciado 376 do FPPC: A vedação do comportamento contraditório aplica-se ao órgão jurisdicional.
→ v. Enunciado 377 do FPPC: A boa-fé objetiva impede que o julgador profira, sem motivar a alteração, decisões diferentes sobre uma mesma questão de direito aplicável às situações de fato análogas, ainda que em processos distintos.
→ v. Enunciado 378 do FPPC: A boa fé processual orienta a interpretação da postulação e da sentença, permite a repressão ao abuso de direito processual e das condutas dolosas de todos os sujeitos processuais e veda seus comportamentos contraditórios.

Art. 6º Todos os sujeitos do processo devem cooperar entre si para que se obtenha, em tempo razoável, decisão de mérito justa e efetiva.

→ v. Art. 5º, LXXVIII, da CF/1988.
→ v. Arts. 77 e 357, § 3º, do NCPC.
→ v. art. 139 ZPO – Código de Processo Civil alemão.

→ v. Enunciado 373 do FPPC: As partes devem cooperar entre si; devem atuar com ética e lealdade, agindo de modo a evitar a ocorrência de vícios que extingam o processo sem resolução do mérito e cumprindo com deveres mútuos de esclarecimento e transparência.
→ v. Enunciado 519 do FPPC: Em caso de impossibilidade de obtenção ou de desconhecimento das informações relativas à qualificação da testemunha, a parte poderá requerer ao juiz providências necessárias para a sua obtenção, salvo em casos de inadmissibilidade da prova ou de abuso de direito.

Art. 7º É assegurada às partes paridade de tratamento **em relação ao exercício de direitos e faculdades processuais, aos meios de defesa, aos ônus, aos deveres e à aplicação de sanções processuais, competindo ao juiz zelar pelo efetivo contraditório.**

→ v. Art. 5º, *caput*, I, LIV e LV, da CF/1988.
→ v. Art. 8º, 2, da Convenção Americana sobre Direitos Humanos.
→ v. Arts. 10, 115, 139, II e VI, 229, 329, II, 372, 435, parágrafo único, 437, § 1º, 493, parágrafo único, 503, § 1º, II e 962, § 2º, do NCPC.
→ v. Enunciado 107 do FPPC: O juiz pode, de ofício, dilatar o prazo para a parte se manifestar sobre a prova documental produzida.
→ v. Enunciado 235 do FPPC: Aplicam-se ao procedimento do mandado de segurança os arts. 7º, 9º e 10 do CPC.
→ v. Enunciado 379 do FPPC: O exercício dos poderes de direção do processo pelo juiz deve observar a paridade de armas das partes.

Art. 8º Ao aplicar o ordenamento jurídico, o juiz atenderá aos fins sociais e às exigências do bem comum, resguardando e promovendo a dignidade da pessoa humana e observando a proporcionalidade, a razoabilidade, a legalidade, a publicidade e a eficiência.

→ v. Arts. 1º, III, 5º, *caput*, II e LIV, e 37, *caput*, e 93, IX, da CF/1988.
→ v. Art. 5º da LINDB.
→ v. Art. 2º da Lei 8.112/1999.
→ v. Art. 140 do NCPC.
→ v. Enunciado 380 do FPPC: A expressão "ordenamento jurídico", empregada pelo Código de Processo Civil, contempla os precedentes vinculantes.

Art. 9º Não se proferirá decisão contra uma das partes sem que ela seja previamente ouvida.

→ v. Art. 5º, LIV e LV, da CF/1988.
→ v. Art. 8º, 2, da Convenção Americana sobre Direitos Humanos.
→ v. arts. 7º, 10, 115, 139, VI, 229, 329, II, 372, 435, parágrafo único, 437, § 1º, 493, parágrafo único, 503, § 1º, II e 962, § 2º, do NCPC.
→ v. Enunciado 108 do FPPC: No processo do trabalho, não se proferirá decisão contra uma das partes, sem que esta seja previamente ouvida e oportunizada a produção de prova, bem como não se pode decidir com base em causa de pedir ou fundamento de fato ou de direito a respeito do

qual não se tenha oportunizado manifestação das partes e a produção de prova, ainda que se trate de matéria apreciável de ofício.

→ v. Enunciado 381 do FPPC: É cabível réplica no procedimento de tutela cautelar requerida em caráter antecedente.

Parágrafo único. O disposto no *caput* não se aplica:

I – à tutela provisória de urgência;

→ v. Art. 300 e seguintes do NCPC.

II – às hipóteses de tutela da evidência previstas no art. 311, incisos II e III;

III – à decisão prevista no art. 701.

Art. 10. O juiz não pode decidir, em grau algum de jurisdição, com base em fundamento a respeito do qual não se tenha dado às partes oportunidade de se manifestar, ainda que se trate de matéria sobre a qual deva decidir de ofício.

→ v. Art. 5º, LIV e LV, da CF/1988.

→ v. Art. 8º, 2, da Convenção Americana sobre Direitos Humanos.

→ v. Arts. 7º, 9º, 115, 139, VI, 329, II, 372, 435, parágrafo único, 437, § 1º, 493, parágrafo único, 437, § 1º, 493, parágrafo único, e 503, § 1º, do NCPC.

→ v. Enunciado 1 da ENFAM: Entende-se por "fundamento" referido no art. 10 do CPC/2015 o substrato fático que orienta o pedido, e não o enquadramento jurídico atribuído pelas partes.

→ v. Enunciado 2 da ENFAM: Não ofende a regra do contraditório do art. 10 do CPC/2015, o pronunciamento jurisdicional que invoca princípio, quando a regra jurídica aplicada já debatida no curso do processo é emanação daquele princípio.

→ v. Enunciado 3 da ENFAM: É desnecessário ouvir as partes quando a manifestação não puder influenciar na solução da causa.

→ v. Enunciado 4 da ENFAM: Na declaração de incompetência absoluta não se aplica o disposto no art. 10, parte final, do CPC/2015.

→ v. Enunciado 5 da ENFAM: Não viola o art. 10 do CPC/2015 a decisão com base em elementos de fato documentados nos autos sob o contraditório.

→ v. Enunciado 6 da ENFAM: Não constitui julgamento surpresa o lastreado em fundamentos jurídicos, ainda que diversos dos apresentados pelas partes, desde que embasados em provas submetidas ao contraditório.

→ v. Enunciado 109 do FPPC: No processo do trabalho, quando juntadas novas provas ou alegado fato novo, deve o juiz conceder prazo, para a parte interessada se manifestar a respeito, sob pena de nulidade.

Art. 11. Todos os julgamentos dos órgãos do Poder Judiciário serão públicos, e fundamentadas todas as decisões, sob pena de nulidade.

→ v. Arts. 5º, LX, e 93, IX, da CF/1988.

→ v. Arts. 73, § 2º, 107, I, 152, V, 189, 195, 294, 368, 370, parágrafo único, 426 e 489 do NCPC.

→ v. Enunciado 7 da ENFAM: O acórdão, cujos fundamentos não tenham sido explicitamente adotados como razões de decidir, não constitui precedente vinculante.

→ v. Enunciado 8 da ENFAM: Os enunciados das súmulas devem reproduzir os fundamentos determinantes do precedente.

→ v. Enunciado 10 da ENFAM: A fundamentação sucinta não se confunde com a ausência de fundamentação e não acarreta a nulidade da decisão se forem enfrentadas todas as questões cuja resolução, em tese, influencie a decisão da causa.

Parágrafo único. Nos casos de segredo de justiça, pode ser autorizada a presença somente das partes, de seus advogados, de defensores públicos ou do Ministério Público.

Art. 12. Os juízes e os tribunais atenderão, preferencialmente, à ordem cronológica de conclusão para proferir sentença ou acórdão.

→ *Caput* com redação alterada pela Lei 13.256/2016, em vigor no início da vigência da Lei 13.105/2015 – Novo CPC (v. art. 4º da Lei 13.256/2016).

→ v. Art. 37 da CF/1988.

→ v. art. 4º do NCPC.

→ v. Enunciado 34 da ENFAM: A violação das regras dos arts. 12 e 153 do CPC/2015 não é causa de nulidade dos atos praticados no processo decidido/cumprido fora da ordem cronológica, tampouco caracteriza, por si só, parcialidade do julgador ou do serventuário.

→ v. Enunciado 382 do FPPC: No juízo onde houver cumulação de competência de processos dos juizados especiais com outros procedimentos diversos, o juiz poderá organizar duas listas cronológicas autônomas, uma para os processos dos juizados especiais e outra para os demais processos.

→ v. Enunciado 486 do FPPC: A inobservância da ordem cronológica dos julgamentos não implica, por si, a invalidade do ato decisório.

→ **Anterior redação:** Art. 12. Os juízes e os tribunais deverão obedecer à ordem cronológica de conclusão para proferir sentença ou acórdão.

§ 1º A lista de processos aptos a julgamento deverá estar permanentemente à disposição para consulta pública em cartório e na rede mundial de computadores.

§ 2º Estão excluídos da regra do *caput*:

→ v. Enunciado 32 da ENFAM: O rol do art. 12, § 2º, do CPC/2015 é exemplificativo, de modo que o juiz poderá, fundamentadamente, proferir sentença ou acórdão fora da ordem cronológica de conclusão, desde que preservadas a moralidade, a publicidade, a impessoalidade e a eficiência na gestão da unidade judiciária.

I – as sentenças proferidas em audiência, homologatórias de acordo ou de improcedência liminar do pedido;

→ v. Arts. 200, 332, 334, § 11, 487, II, 657, 659, 714, § 1º, 725, VIII, 731, 732 e 932, I, do NCPC.

II – o julgamento de processos em bloco para aplicação de tese jurídica firmada em julgamento de casos repetitivos;

→ v. Art. 928 do NCPC.

III – o julgamento de recursos repetitivos ou de incidente de resolução de demandas repetitivas;

→ v. Arts. 976 e seguintes e 1.036 e seguintes do NCPC.

IV – as decisões proferidas com base nos arts. 485 e 932;

V – o julgamento de embargos de declaração;

→ v. Art. 1.022 e seguintes do NCPC.

VI – o julgamento de agravo interno;

→ v. Art. 1.021 do NCPC.

VII – as preferências legais e as metas estabelecidas pelo Conselho Nacional de Justiça;

→ v. Arts. 5º, *caput* e I, e 103-B, § 4º, da CF/1988.

→ v. Art. 20 da Lei 12.016/2009.

→ v. Arts. 153, 936, 980, 1.035, § 9º, 1.037, § 4º, 1.038, § 3º e 1.048 do NCPC.

VIII – os processos criminais, nos órgãos jurisdicionais que tenham competência penal;

IX – a causa que exija urgência no julgamento, assim reconhecida por decisão fundamentada.

→ v. Enunciado 33 da ENFAM: A urgência referida no art. 12, § 2º, IX, do CPC/2015 é diversa da necessária para a concessão de tutelas provisórias de urgência, estando autorizada, portanto, a prolação de sentenças e acórdãos fora da ordem cronológica de conclusão, em virtude de particularidades gerenciais da unidade judicial, em decisão devidamente fundamentada.

§ 3º Após elaboração de lista própria, respeitar-se-á a ordem cronológica das conclusões entre as preferências legais.

→ v. Arts. 208 e 228 do NCPC.

§ 4º Após a inclusão do processo na lista de que trata o § 1º, o requerimento formulado pela parte não altera a ordem cronológica para a decisão, exceto quando implicar a reabertura da instrução ou a conversão do julgamento em diligência.

§ 5º Decidido o requerimento previsto no § 4º, o processo retornará à mesma posição em que anteriormente se encontrava na lista.

§ 6º Ocupará o primeiro lugar na lista prevista no § 1º ou, conforme o caso, no § 3º, o processo que:

I – tiver sua sentença ou acórdão anulado, salvo quando houver necessidade de realização de diligência ou de complementação da instrução;

II – se enquadrar na hipótese do art. 1.040, inciso II.

Capítulo II
Da Aplicação das Normas Processuais

Art. 13. A jurisdição civil será regida pelas normas processuais brasileiras, ressalvadas as disposições específicas previstas em tratados, convenções ou acordos internacionais de que o Brasil seja parte.

→ v. Art. 5º, §§ 1º, 2º e 3º, da CF/1988.

→ v. Convenção Americana sobre Direitos Humanos (Dec. 678/1992).

→ v. Arts. 1º e 16 do NCPC.

Art. 14. A norma processual não retroagirá e será aplicável imediatamente aos processos em curso, respeitados os atos processuais praticados e as situações jurídicas consolidadas sob a vigência da norma revogada.

→ v. Art. 5º, XXXVI, da CF/1988.

→ v. Art. 6º da LINDB.

→ v. Arts. 13 e 16 do NCPC.

Art. 15. Na ausência de normas que regulem processos eleitorais, trabalhistas ou administrativos, as disposições deste Código lhes serão aplicadas supletiva e subsidiariamente.

→ v. Art. 769 da CLT.

→ v. Enunciado 245 do FPPC: O fato de a parte, pessoa natural ou jurídica, estar assistida por advogado particular não impede a concessão da justiça gratuita na Justiça do Trabalho.

LIVRO II
DA FUNÇÃO JURISDICIONAL

TÍTULO I
Da Jurisdição e da Ação

Art. 16. A jurisdição civil é exercida pelos juízes e **pelos tribunais** em todo o território nacional, conforme as disposições deste Código.

→ v. Arts. 5º, XXXV, XXXVII, LIII, LIV da CF/1988.
→ v. Arts. 1º, 13 e 719 do NCPC.

Art. 17. Para **postular em juízo** é necessário ter interesse e legitimidade.
→ v. Arts. 337, XI, 339, 485, VI, 525, § 1º, II, 535, II, 616 e 967 do NCPC.

Art. 18. Ninguém poderá pleitear direito alheio em nome próprio, salvo quando autorizado pelo **ordenamento jurídico**.
→ v. Arts. 5º, XXI e LXX, 103, 127 e 129, IX, da CF/1988.
→ v. Art. 68 do CPP.
→ v. Art. 35, § 1º, da Lei 818/1949.
→ v. Lei 4.717/1965 – Ação Popular.
→ v. Lei 7.347/1985 – Lei da Ação Civil Pública.
→ v. Arts. 81 e 82 do CDC.
→ v. Lei 8.906/1994 – Estatuto da OAB.
→ v. Art. 132 da Lei 11.101/2005.
→ v. Súmulas 365, 629 e 630 do STF.
→ v. Súmula 286 do TST.
→ v. Arts. 121, parágrafo único e 343, § 5º, do NCPC.

Parágrafo único. Havendo substituição processual, o substituído poderá intervir como assistente litisconsorcial.
→ v. Arts. 87, parágrafo único, 109, § 2º, 113 e seguintes e 124 do NCPC.
→ v. Enunciado 110 do FPPC: Havendo substituição processual, e sendo possível identificar o substituto, o juiz deve determinar a intimação deste último para, querendo, integrar o processo.
→ v. Enunciado 487 do FPPC: No mandado de segurança, havendo substituição processual, o substituído poderá ser assistente litisconsorcial do impetrante que o substituiu.

Art. 19. O interesse do autor pode limitar-se à declaração:
→ v. Súmula 258 do STF.
→ v. Súmulas 181 e 242 do STJ.

I – da existência, da inexistência ou **do modo de ser** de uma relação jurídica;
→ v. Art. 784, § 1º, do NCPC.

II – da autenticidade ou da falsidade de documento.
→ v. Arts. 427 e 430 do NCPC.

Art. 20. É admissível a ação **meramente** declaratória, ainda que tenha ocorrido a violação do direito.
→ v. Súmula 258 do STF.
→ v. Súmula 461 do STJ.
→ v. Enunciado 111 do FPPC: Persiste o interesse no ajuizamento de ação declaratória quanto à questão prejudicial incidental.

TÍTULO II
Dos Limites da Jurisdição Nacional e da Cooperação Internacional

Capítulo I
Dos Limites da Jurisdição Nacional
→ v. Decreto 18.871//1929 – Promulga a Convenção de direito internacional privado, de Havana.
→ v. Decreto 2.095/1996 – Promulga o Protocolo de Buenos Aires sobre Jurisdição Internacional em Matéria Contratual, concluído em Buenos Aires, em 5 de agosto de 1994.

→ v. Decreto 3.413/2000 – Promulga a Convenção sobre os Aspectos Civis do Seqüestro Internacional de Crianças, concluída na cidade de Haia, em 25 de outubro de 1980.

Art. 21. Compete à autoridade judiciária brasileira **processar e julgar as ações em que**:
→ v. Art. 5º, LIII, LIV e LV da CF/1988.
→ v. Arts. 7º, 11 e 17 da LINDB.

I – o réu, qualquer que seja a sua nacionalidade, estiver domiciliado no Brasil;
→ v. Arts. 70 a 78 do CC/2002.

II – no Brasil tiver de ser cumprida a obrigação;

III – **o fundamento** seja fato ocorrido ou ato praticado no Brasil.

Parágrafo único. Para o fim do disposto no inciso I, **considera-se** domiciliada no Brasil a pessoa jurídica estrangeira que nele tiver agência, filial ou sucursal.

Art. 22. Compete, ainda, à autoridade judiciária brasileira processar e julgar as ações:

I – de alimentos, quando:
→ v. Art. 1.694 e ss. do CC/2002.
→ v. Lei 5.478/1968 – Dispõe sobre ação de alimentos e dá outras providências.

a) o credor tiver domicílio ou residência no Brasil;

b) o réu mantiver vínculos no Brasil, tais como posse ou propriedade de bens, recebimento de renda ou obtenção de benefícios econômicos;

II – decorrentes de relações de consumo, quando o consumidor tiver domicílio ou residência no Brasil;
→ v. Arts. 3º e 101, I do CDC.

III – em que as partes, expressa ou tacitamente, se submeterem à jurisdição nacional.

Art. 23. Compete à autoridade judiciária brasileira, com exclusão de qualquer outra:
→ v. Art. 964 do NCPC.

I – conhecer de ações relativas a imóveis situados no Brasil;
→ v. Arts. 1.225 e ss. do CC/2002.
→ v. Art. 47 do NCPC.

II – **em matéria de sucessão hereditária**, proceder à **confirmação de testamento particular** e ao inventário e à partilha de bens situados no Brasil, ainda que o autor da herança seja **de nacionalidade estrangeira** ou tenha domicílio fora do território nacional;
→ v. Art. 5º, XXI da CF/1988.
→ v. Arts. 1.857 a 1859 do CC/2002.
→ v. Arts. 48 e 961, § 5º, do NCPC.

III – em divórcio, separação judicial ou dissolução de união estável, proceder à partilha de bens situados no Brasil, ainda que o titular seja de nacionalidade estrangeira ou tenha domicílio fora do território nacional.
→ v. Arts. 1.571 a 1.582 do CC/2002.
→ v. Art. 53, I, do NCPC.

Art. 24. A ação **proposta** perante tribunal estrangeiro não induz litispendência e não obsta a que a autoridade judiciária brasileira conheça da mesma causa e das que lhe são conexas, **ressalvadas as disposições em contrário de tratados internacionais e acordos bilaterais em vigor no Brasil**.
→ v. Art. 55, 57 e 337, § 1º, do NCPC.

Parágrafo único. A pendência de causa perante a jurisdição brasileira não impede a homologação de sentença judicial estrangeira quando exigida para produzir efeitos no Brasil.
→ v. Art. 960 e ss. do NCPC.

Art. 25. Não compete à autoridade judiciária brasileira o processamento e o julgamento da ação quando houver cláusula de eleição de foro exclusivo estrangeiro em contrato internacional, arguida pelo réu na contestação.
→ v. Art. 63 , 64, 337, II e 340 do NCPC.

§ 1º Não se aplica o disposto no *caput* às hipóteses de competência internacional exclusiva previstas neste Capítulo.

§ 2º Aplica-se à hipótese do caput o art. 63, §§ 1º a 4º.

Capítulo II
Da Cooperação Internacional
→ v. Convenção Americana sobre Direitos Humanos.
→ v. Decreto 3.413/2000 – Promulga a Convenção sobre os Aspectos Civis do Seqüestro Internacional de Crianças, concluída na cidade de Haia, em 25 de outubro de 1980.
→ v. Decreto 2.428/1997 – Promulga a Convenção Interamericana sobre Obrigação Alimentar, concluída em Montevidéu, em 15 de julho de 1989.

Seção I
Disposições Gerais

Art. 26. A cooperação jurídica internacional será regida por tratado de que o Brasil faz parte e observará:

I – o respeito às garantias do devido processo legal no Estado requerente;
→ v. Art. 5º, LIV da CF/1988.

II – a igualdade de tratamento entre nacionais e estrangeiros, residentes ou não no Brasil, em relação ao acesso à justiça e à tramitação dos processos, assegurando- se assistência judiciária aos necessitados;
→ v. Art. 5º, *caput*, XXXV e LXXIV da CF/1988.

III – a publicidade processual, exceto nas hipóteses de sigilo previstas na legislação brasileira ou na do Estado requerente;
→ v. Art. 93, IX da CF/1988.
→ v. Art. 189 do NCPC.

IV – a existência de autoridade central para recepção e transmissão dos pedidos de cooperação;

V – a espontaneidade na transmissão de informações a autoridades estrangeiras.

§ 1º Na ausência de tratado, a cooperação jurídica internacional poderá realizar-se com base em reciprocidade, manifestada por via diplomática.
→ v. Arts. 41, parágrafo único, e 961, § 4º, do NCPC.

§ 2º Não se exigirá a reciprocidade referida no § 1º para homologação de sentença estrangeira.
→ v. Art. 960 e ss. do NCPC.

§ 3º Na cooperação jurídica internacional não será admitida a prática de atos que contrariem ou que produzam resultados incompatíveis com as normas fundamentais que regem o Estado brasileiro.
→ v. Art. 39 do NCPC.

§ 4º O Ministério da Justiça exercerá as funções de autoridade central na ausência de designação específica.
> v. Decreto 6.061/2007 – Aprova a Estrutura Regimental e o Quadro Demonstrativo dos Cargos em Comissão e das Funções Gratificadas do Ministério da Justiça.

Art. 27. A cooperação jurídica internacional terá por objeto:
I – citação, intimação e notificação judicial e extrajudicial;
II – colheita de provas e obtenção de informações;
III – homologação e cumprimento de decisão;
IV – concessão de medida judicial de urgência;
V – assistência jurídica internacional;
VI – qualquer outra medida judicial ou extrajudicial não proibida pela lei brasileira.
> v. Arts. 30, 35, 960 e 961 do NCPC.

Seção II
Do Auxílio Direto

> v. Decreto 166/1991 - Promulga o Convênio de Cooperação Judiciária em Matéria Civil, entre o Governo da República Federativa do Brasil e o Reino da Espanha.
> v. Decreto 1.476/1995 – Promulga o Tratado Relativo à Cooperação Judiciária e ao Reconhecimento e Execução de Sentenças em Matéria Civil, entre a República Federativa do Brasil e a República Italiana, de 17 de outubro de 1989.
> v. Decreto 1.850/1996 – Promulga o Acordo de Cooperação Judiciária em Matéria Civil, Comercial, Trabalhista e Administrativa, entre o Governo da República Federativa do Brasil e o Governo da República Oriental do Uruguai, de 28 de dezembro de 1992.

Art. 28. Cabe auxílio direto quando a medida não decorrer diretamente de decisão de autoridade jurisdicional estrangeira a ser submetida a juízo de delibação no Brasil.

Art. 29. A solicitação de auxílio direto será encaminhada pelo órgão estrangeiro interessado à autoridade central, cabendo ao Estado requerente assegurar a autenticidade e a clareza do pedido.
> v. Arts. 26, § 4º, e 41 do NCPC.

Art. 30. Além dos casos previstos em tratados de que o Brasil faz parte, o auxílio direto terá os seguintes objetos:
I – obtenção e prestação de informações sobre o ordenamento jurídico e sobre processos administrativos ou jurisdicionais findos ou em curso;
> v. Art. 32 do NCPC.

II – colheita de provas, salvo se a medida for adotada em processo, em curso no estrangeiro, de competência exclusiva de autoridade judiciária brasileira;
> v. Arts. 23 e 35 do NCPC.

III – qualquer outra medida judicial ou extrajudicial não proibida pela lei brasileira.

Art. 31. A autoridade central brasileira comunicar-se-á diretamente com suas congêneres e, se necessário, com outros órgãos estrangeiros responsáveis pela tramitação e pela execução de pedidos de cooperação enviados e recebidos pelo Estado brasileiro, respeitadas disposições específicas constantes de tratado.

Art. 32. No caso de auxílio direto para a prática de atos que, segundo a lei brasileira, não necessitem de prestação jurisdicional, a autoridade central adotará as providências necessárias para seu cumprimento.

Art. 33. Recebido o pedido de auxílio direto passivo, a autoridade central o encaminhará à Advocacia-Geral da União, que requererá em juízo a medida solicitada.
> v. Arts. 21 e 22 do NCPC.

Parágrafo único. O Ministério Público requererá em juízo a medida solicitada quando for autoridade central.
> v. Arts. 26, § 4º, do NCPC.
> v. Decreto 56.826/1965 – Promulga a Convenção sobre a prestação de alimentos no estrangeiro.
> v. Decreto 1.320/1994 – Promulga o Tratado de Auxílio Mútuo em Matéria Penal, entre o Governo da República Federativa do Brasil e o Governo da República Portuguesa, de 7.5.91.
> v. Decreto 6.747/2009 – Promulga o Tratado de Assistência Mútua em Matéria Penal entre o Governo da República Federativa do Brasil e o Governo do Canadá, celebrado em Brasília, em 27 de janeiro de 1995.

Art. 34. Compete ao juízo federal do lugar em que deva ser executada a medida apreciar pedido de auxílio direto passivo que demande prestação de atividade jurisdicional.
> v. Art. 109, I e X da CF/1988.

Seção III
Da Carta Rogatória

> v. Decreto 1.899/1996 – Promulga a Convenção Interamericana sobre Cartas Rogatórias, de 30 de janeiro de 1975.

Art. 35. (*Vetado*).
> v. Redação vetada: "Art. 35. Dar-se-á por meio de carta rogatória o pedido de cooperação entre órgão jurisdicional brasileiro e órgão jurisdicional estrangeiro para prática de ato de citação, intimação, notificação judicial, colheita de provas, obtenção de informações e cumprimento de decisão interlocutória, sempre que o ato estrangeiro constituir decisão a ser executada no Brasil."
> v. Razões de veto.

Art. 36. O procedimento da carta rogatória perante o Superior Tribunal de Justiça é de jurisdição contenciosa e deve assegurar às partes as garantias do devido processo legal.
> v. Resolução 9/2005 do STJ – Dispõe, em caráter transitório, sobre competência acrescida ao Superior Tribunal de Justiça pela Emenda Constitucional 45/2004.

§ 1º A defesa restringir-se-á à discussão quanto ao atendimento dos requisitos para que o pronunciamento judicial estrangeiro produza efeitos no Brasil.
> v. Arts. 39, 963 e 964 do NCPC.

§ 2º Em qualquer hipótese, é vedada a revisão do mérito do pronunciamento judicial estrangeiro pela autoridade judiciária brasileira.

Seção IV
Disposições Comuns às Seções Anteriores

Art. 37. O pedido de cooperação jurídica internacional oriundo de autoridade brasileira competente será encaminhado à autoridade central para posterior envio ao Estado requerido para lhe dar andamento.
> v. Art. 26, § 4º, do NCPC.

Art. 38. O pedido de cooperação oriundo de autoridade brasileira competente e os documentos anexos que o instruem serão encaminhados à autoridade central, acompanhados de tradução para a língua oficial do Estado requerido.

Art. 39. O pedido passivo de cooperação jurídica internacional será recusado se configurar manifesta ofensa à ordem pública.
> v. Art. 26, I e § 3º e 963, VI do NCPC.

Art. 40. A cooperação jurídica internacional para execução de decisão estrangeira dar-se-á por meio de carta rogatória ou de ação de homologação de sentença estrangeira, de acordo com o art. 960.

Art. 41. Considera-se autêntico o documento que instruir pedido de cooperação jurídica internacional, inclusive tradução para a língua portuguesa, quando encaminhado ao Estado brasileiro por meio de autoridade central e por via diplomática, dispensando-se ajuramentação, autenticação ou qualquer procedimento de legalização.
> v. Decreto 2.067/1996 – Promulga o Protocolo de Cooperação e Assistência Jurisdicional em Matéria Civil, Comercial, Trabalhista e Administrativa.

Parágrafo único. O disposto no *caput* não impede, quando necessária, a aplicação pelo Estado brasileiro do princípio da reciprocidade de tratamento.
> v. Art. 26, § 1º, do NCPC.

TÍTULO III
Da Competência Interna

Capítulo I
Da Competência

Seção I
Disposições Gerais

> v. Súmulas 6, 218, 235, 248, 249, 297, 330, 398, 443, 437, 498, 503, 504, 508, 511, 515, 521, 526 e 557 do STF.
> v. Súmulas 1, 4, 10, 32, 34, 58, 66, 137, 173 e 383 do STJ.

Art. 42. As causas cíveis serão processadas e decididas pelo **juiz** nos limites de sua competência, ressalvado às **partes** o direito de instituir juízo arbitral, **na forma da lei**.
> v. Lei 9.307/1996 – Arbitragem.
> v. Art. 93 do CDC.
> v. Art. 80 do Estatuto do Idoso.
> v. Art. 2º da Lei 7.347/1985
> v. Art. 24 da Lei 9.099/1995.

Art. 43. Determina-se a competência no momento **do registro ou** da **distribuição da petição inicial**, sendo irrelevantes as modificações do estado de fato ou de direito ocorridas posteriormente, salvo quando suprimirem órgão judiciário ou alterarem a **competência absoluta**.
> v. Art. 312 e 516, parágrafo único, do NCPC.

Art. 44. Obedecidos os limites estabelecidos pela Constituição Federal, a competência

é determinada pelas normas previstas neste Código ou em legislação especial, pelas normas de organização judiciária e, ainda, no que couber, pelas constituições dos Estados.
> → *v.* Enunciado 236 do FPPC: O art. 44 não estabelece uma ordem de prevalência, mas apenas elenca as fontes normativas sobre competência, devendo ser observado o art. 125, § 1º, da Constituição Federal.

Art. 45. Tramitando o processo perante outro juízo, os autos serão remetidos ao juízo federal competente se nele intervier a União, suas empresas públicas, entidades autárquicas e fundações, ou conselho de fiscalização de atividade profissional, na qualidade de parte ou de terceiro interveniente, exceto as ações:
> → *v.* Súmulas 66 e 553 do STJ.
> → *v.* Art. 109, I da CF/1988.
> → *v.* Lei 5.010/1966 – Organiza a Justiça Federal de primeira instância, e dá outras providências.
> → *v.* Art. 5º da Lei 9.469/1997.
> → *v.* Lei 8.906/1994 – Dispõe sobre o Estatuto da Advocacia e a Ordem dos Advogados do Brasil (OAB).
> → *v.* Lei 3.268/1957 – Dispõe sôbre os Conselhos de Medicina, e dá outras providências.
> → *v.* Lei 5.194/1966 – Regula o exercício das profissões de Engenheiro, Arquiteto e Engenheiro-Agrônomo, e dá outras providências.

I – de recuperação judicial, falência, insolvência civil e acidente de trabalho;
> → *v.* Art. 109, I, parte final e § 3º da CF/1988.

II – sujeitas à justiça eleitoral e à justiça do trabalho.
> → *v.* Art. 109, I, parte final da CF/1988.

§ 1º Os autos não serão remetidos se houver pedido cuja apreciação seja de competência do juízo perante o qual foi proposta a ação.

§ 2º Na hipótese do § 1º, o juiz, ao não admitir a cumulação de pedidos em razão da incompetência para apreciar qualquer deles, não examinará o mérito daquele em que exista interesse da União, de suas entidades autárquicas ou de suas empresas públicas.
> → *v.* Súmula 150 do STJ.

§ 3º O juízo federal restituirá os autos ao juízo estadual sem suscitar conflito se o ente federal cuja presença ensejou a remessa for excluído do processo.
> → *v.* Súmula 224 do STJ.

Art. 46. A ação fundada em direito pessoal **ou** em direito real sobre bens móveis será proposta, em regra, no foro de domicílio do réu.
> → *v.* Arts. 70 a 78 do CC/2002.
> → *v.* Art. 12 da LINDB.
> → *v.* Arts. 127 e 159 do CTN.
> → *v.* Art. 100, I do CDC.
> → *v.* Arts. 62 e 63 do NCPC.

§ 1º Tendo mais de um domicílio, o réu será demandado no foro de qualquer deles.

§ 2º Sendo incerto ou desconhecido o domicílio do réu, ele poderá ser demandado onde for encontrado ou no foro de domicílio do autor.

§ 3º Quando o réu não tiver domicílio **ou** residência no Brasil, a ação será proposta no foro de domicílio do autor, e, se este também residir fora do Brasil, a ação será proposta em qualquer foro.

> → *v.* Arts. 26 e ss. do NCPC.

§ 4º Havendo 2 (dois) ou mais réus com diferentes domicílios, serão demandados no foro de qualquer deles, à escolha do autor.

§ 5º A execução fiscal será proposta no foro de domicílio do réu, no de sua residência ou no do lugar onde for encontrado.
> → *v.* Súmula 58 do STJ.

Art. 47. Para as ações fundadas em direito real sobre imóveis é competente o foro de situação da coisa.
> → *v.* Arts. 62 63, 569 a 573 do NCPC.

§ 1º O autor pode optar pelo foro de domicílio do réu ou pelo foro de eleição se o litígio não recair sobre direito de propriedade, vizinhança, servidão, divisão e demarcação de terras e de nunciação de obra nova.
> → *v.* Súmula 218 do STF.
> → *v.* Súmulas 11 e 238 do STJ.
> → *v.* Art. 500 do CC/2002.
> → *v.* Art. 934 do CPC/1973.

§ 2º A ação possessória imobiliária será proposta no foro de situação da coisa, cujo juízo tem competência absoluta.
> → *v.* Arts 62, 63 e 554 e ss. do NCPC.

Art. 48. O foro de domicílio do autor da herança, no Brasil, é o competente para o inventário, a partilha, a arrecadação, o cumprimento de disposições de última vontade, **a impugnação ou anulação de partilha extrajudicial** e **para** todas as ações em que o espólio for réu, ainda que o óbito tenha ocorrido no estrangeiro.
> → *v.* Arts. 70 a 78 do CC/2002.
> → *v.* Art. 23, II, 627 a 690 e 752 a 754 do NCPC.

Parágrafo único. Se o autor da herança não possuía domicílio certo, é competente:

I – o foro de situação dos bens imóveis;

II – **havendo bens imóveis em foros diferentes, qualquer destes**;

III – não havendo bens imóveis, **o foro do local de qualquer dos bens do espólio**.

Art. 49. A ação em que o ausente for réu será proposta no foro de seu último domicílio, também competente para a arrecadação, o inventário, a partilha e o cumprimento de disposições testamentárias.
> → *v.* Arts. 22 e ss do CC/2002.
> → *v.* Art. 610 e ss., 744 e 745 do NCPC.

Art. 50. A ação em que o incapaz for réu **será proposta** no foro de domicílio de seu representante **ou assistente**.
> → *v.* Arts. 3º e 4º do CC/2002.

Art. 51. É competente o **foro de domicílio do réu** para as causas em que seja autora a União.

Parágrafo único. Se a União for a demandada, **a ação** poderá **ser proposta no foro de domicílio do autor, no de ocorrência do ato ou fato que originou a demanda, no de situação da coisa ou no Distrito Federal**.
> → *v.* Súmula 206 do STJ.
> → *v.* Art. 109, § 1º, da CF/1988.

Art. 52. É competente o foro de domicílio do réu para as causas em que seja autor Estado ou o Distrito Federal.

Parágrafo único. Se Estado ou o Distrito Federal for o demandado, a ação poderá ser proposta no foro de domicílio do autor, no de ocorrência do ato ou fato que originou a demanda, no de situação da coisa ou na capital do respectivo ente federado.

Art. 53. É competente o foro:

I – **para a ação de divórcio, separação, anulação de casamento** e **reconhecimento ou dissolução de união estável**:

a) de domicílio do guardião de filho incapaz;

b) **do último domicílio do casal**, caso não haja filho incapaz;

c) de domicílio do réu, se nenhuma das partes residir no antigo domicílio do casal;
> → *v.* Arts. 5º, I, e 226, da CF/1988.

II – de domicílio ou residência do alimentando, para a ação em que se pedem alimentos;
> → *v.* Art. 26 da Lei 5.478/1968.
> → *v.* Arts. 189, II, 215, II, 292, III, e 528 a 533 do NCPC.

III – do lugar:

a) onde está a sede, para a ação em que for ré pessoa jurídica;
> → *v.* Art. 75 do CC/2002.

b) onde se acha agência ou sucursal, quanto às obrigações que a pessoa jurídica contraiu;

c) onde exerce **suas atividades, para a ação em que for ré sociedade ou associação sem personalidade jurídica;**
> → *v.* Art. 75, IX, do NCPC.

d) onde a obrigação deve ser satisfeita, para a ação em que se lhe exigir o cumprimento;
> → *v.* Art. 540 do NCPC.

e) de residência do idoso, para a causa que verse sobre direito previsto no respectivo estatuto;
> → *v.* Art. 80 do Estatuto do Idoso.

f) da sede da serventia notarial ou de registro, para a ação de reparação de dano por ato praticado em razão do ofício;
> → *v.* Art. 57, § 3º, da Lei 6.015/1973.
> → *v.* Arts. 22 a 24 da Lei 8.935/1994.

IV – do lugar do ato ou fato para a ação:

a) de reparação de dano;
> → *v.* Art. 4º da Lei 9.099/1995.

b) em que for réu administrador ou gestor de negócios alheios;
> → *v.* Art. 665 do CC/2002.

V – de domicílio do autor ou do local do fato, para **a ação** de reparação de dano sofrido em razão de delito ou acidente de veículos, **inclusive aeronaves**.

Seção II
Da Modificação da Competência

Art. 54. A competência **relativa** poderá modificar-se pela conexão ou pela continência, observado o disposto **nesta Seção**.
> → *v.* Arts. 24, 65, 152, IV, *d* e 337, VIII, do NCPC.

Art. 55. Reputam-se conexas 2 (duas) ou mais ações quando lhes for comum o pedido ou a causa de pedir.
> → *v.* Súmula 383 do STJ.

§ 1º Os processos de ações conexas serão reunidos para decisão conjunta, salvo se um deles já houver sido sentenciado.
→ v. Súmula 235 do STJ.

§ 2º Aplica-se o disposto no *caput*:
→ v. Enunciado 237 do FPPC: O rol do art. 55, § 2º, I e II, é exemplificativo.

I – à execução de título extrajudicial e à ação de conhecimento relativa ao mesmo ato jurídico;

II – às execuções fundadas no mesmo título executivo.

§ 3º Serão reunidos para julgamento conjunto os processos que possam gerar risco de prolação de decisões conflitantes ou contraditórias caso decididos separadamente, mesmo sem conexão entre eles.

Art. 56. Dá-se a continência entre 2 (duas) ou mais ações quando houver identidade quanto às partes e à causa de pedir, mas o pedido de uma, por ser mais amplo, abrange o **das demais**.
→ v. Art. 337, VIII, do NCPC.

Art. 57. Quando houver continência e a ação continente tiver sido proposta anteriormente, no **processo relativo à ação contida será proferida sentença sem resolução de mérito, caso contrário, as ações serão necessariamente reunidas.**
→ v. Súmula 489 do STJ.

Art. 58. A reunião das ações propostas em separado far-se-á no juízo prevento, onde serão decididas simultaneamente.
→ v. Art. 59 do NCPC.

Art. 59. O registro ou a distribuição da petição inicial torna prevento o juízo.
→ v. Art. 2º, parágrafo único, da Lei 7.347/1985.
→ v. Art. 240 do NCPC.

Art. 60. Se o imóvel se achar situado em mais de um Estado, comarca, **seção ou subseção judiciária**, a competência territorial do juízo prevento estender-se-á sobre a totalidade do imóvel.
→ v. Art. 47, §§ 1º e 2º, do NCPC.

Art. 61. A ação acessória será proposta no juízo competente para a ação principal.
→ v. Art. 299 do NCPC.

Art. 62. A competência determinada em razão da matéria, **da pessoa ou da função** é inderrogável por convenção das partes.
→ v. Art. 781 do NCPC.

Art. 63. As partes podem modificar a competência em razão do valor e do território, elegendo foro onde será proposta ação oriunda de direitos e obrigações.

§ 1º **A eleição de foro só produz efeito quando constar de instrumento escrito** e aludir expressamente a determinado negócio jurídico.
→ v. Súmula 335 do STF.
→ v. Enunciado 39 da ENFAM: Não é válida convenção pré-processual oral (art. 4º, § 1º, da Lei n. 9.307/1996 e 63, § 1º, do CPC/2015).

§ 2º O foro contratual obriga os herdeiros e sucessores das partes.

§ 3º Antes da citação, a cláusula de eleição de foro, se abusiva, pode ser reputada ineficaz de ofício pelo juiz, que determinará a remessa dos autos ao juízo do foro de domicílio do réu.

→ v. Enunciado 488 do FPPC: No mandado de segurança, havendo equivocada indicação da autoridade coatora, o impetrante deve ser intimado para emendar a petição inicial e, caso haja alteração de competência, o juiz remeterá os autos ao juízo competente.

§ 4º Citado, incumbe ao réu alegar a abusividade da cláusula de eleição de foro na contestação, sob pena de preclusão.
→ v. Art. 337, II do NCPC.

Seção III
Da Incompetência

Art. 64. A incompetência, absoluta ou relativa, será alegada como questão preliminar de contestação.
→ v. Súmula 33 do STJ.
→ v. Art. 337, II do NCPC.

§ 1º A incompetência absoluta pode ser alegada em qualquer tempo e grau de jurisdição e deve ser declarada de ofício.
→ v. Art. 337, § 5º do NCPC.

§ 2º **Após manifestação da parte contrária, o juiz decidirá imediatamente a alegação de incompetência.**

§ 3º Caso a alegação de incompetência seja acolhida, os autos serão remetidos ao juízo competente.

§ 4º Salvo decisão judicial em sentido contrário, conservar-se-ão os efeitos de decisão proferida pelo juízo incompetente até que outra seja proferida, se for o caso, pelo juízo competente.
→ v. Art. 278 do NCPC.
→ v. Enunciado 238 FPPC: O aproveitamento dos efeitos de decisão proferida por juízo incompetente aplica-se tanto à competência absoluta quanto à relativa.

Art. 65. Prorrogar-se-á a competência **relativa se o réu não alegar a incompetência em preliminar de contestação.**
→ v. Art. 335 do NCPC.

Parágrafo único. A incompetência relativa pode ser alegada pelo Ministério Público nas causas em que atuar.

Art. 66. Há conflito de competência quando:

I – 2 (dois) ou mais juízes se declaram competentes;

II – 2 (dois) ou mais juízes se consideram incompetentes, **atribuindo um ao outro a competência;**

III – entre 2 (dois) ou mais juízes surge controvérsia acerca da reunião ou separação de processos.

Parágrafo único. O juiz que não acolher a competência declinada deverá suscitar o conflito, salvo se a atribuir a outro juízo.

Capítulo II
Da Cooperação Nacional

Art. 67. Aos órgãos do Poder Judiciário, estadual ou federal, especializado ou comum, em todas as instâncias e graus de jurisdição, inclusive aos tribunais superiores, incumbe o dever de recíproca cooperação, por meio de seus magistrados e servidores.

Art. 68. Os juízos poderão formular entre si pedido de cooperação para prática de qualquer ato processual.

Art. 69. O pedido de cooperação jurisdicional deve ser prontamente atendido, prescinde de forma específica e pode ser executado como:

I – auxílio direto;

II – reunião ou apensamento de processos;

III – prestação de informações;

IV – atos concertados entre os juízes cooperantes.

§ 1º As cartas de ordem, precatória e arbitral seguirão o regime previsto neste Código.
→ v. Art. 227, § 1º, do RISTJ.
→ v. Enunciado 4 do FPPC: A carta arbitral tramitará e será processada no Poder Judiciário de acordo com o regime previsto no Código de Processo Civil, respeitada a legislação aplicável.

§ 2º Os atos concertados entre os juízes cooperantes poderão consistir, além de outros, no estabelecimento de procedimento para:

I – a prática de citação, intimação ou notificação de ato;

II – a obtenção e apresentação de provas e a coleta de depoimentos;

III – a efetivação de tutela provisória;

IV – a efetivação de medidas e providências para recuperação e preservação de empresas;

V – a facilitação de habilitação de créditos na falência e na recuperação judicial;

VI – a centralização de processos repetitivos;

VII – a execução de decisão jurisdicional.

§ 3º O pedido de cooperação judiciária pode ser realizado entre órgãos jurisdicionais de diferentes ramos do Poder Judiciário.
→ v. Enunciado 5 do FPPC: O pedido de cooperação jurisdicional poderá ser realizado também entre o árbitro e o Poder Judiciário.

LIVRO III
DOS SUJEITOS DO PROCESSO

TÍTULO I
Das Partes e dos Procuradores

Capítulo I
Da Capacidade Processual

Art. 70. Toda pessoa que se encontre no exercício de seus direitos tem capacidade para estar em juízo.
→ v. Arts. 2º e 5º do CC/2002.
→ v. Art. 210 do ECA.
→ v. Art. 8º, § 2º, da Lei 9.099/1995.

Art. 71. O incapaz será representado ou assistido por seus pais, por tutor ou por curador, na forma da lei.
→ v. Art. 178, II e 721 do NCPC.

Art. 72. O juiz nomeará curador especial ao:
→ v. Arts. 1.767 e ss. do CC/2002.
→ v. Art. 148, parágrafo único, *f*, do ECA.

I – incapaz, se não tiver representante legal ou se os interesses deste colidirem com os daquele, **enquanto durar a incapacidade**;
→ v. Art. 3º do CC/2002.

II – réu preso **revel**, bem como ao réu revel citado por edital ou com hora certa, **enquanto não for constituído advogado**.
→ v. Súmula 196 do STJ.
→ v. Arts. 246, IV, e 256 do NCPC.

Parágrafo único. A curatela especial será exercida pela Defensoria Pública, nos termos da lei.
→ v. Art. 4º, XVI, da LC 80/1994.

Art. 73. O cônjuge necessitará do consentimento do outro para propor ação que verse sobre direito real imobiliário, **salvo quando casados sob o regime de separação absoluta de bens**.
→ v. Arts. 5º, I, e 226, § 5º, da CF/1988.
→ v. Art. 1.647 do CC/2002.
→ v. Art. 3º da Lei 8.245/1991.
→ v. Art. 337, IX do NCPC.

§ 1º Ambos os cônjuges serão necessariamente citados para a ação:

I – que verse sobre direito real imobiliário, **salvo quando casados sob o regime de separação absoluta de bens**;
→ v. Art. 114 do NCPC.

II – resultante de fato que diga respeito a ambos os cônjuges ou de ato praticado por eles;

III – fundada em dívida contraída por um dos cônjuges a bem da família;
→ v. Arts. 1.643 e 1.644 do CC/2002.

IV – que tenha por objeto o reconhecimento, a constituição ou a extinção de ônus sobre imóvel de um ou de ambos os cônjuges.

§ 2º Nas ações possessórias, a participação do cônjuge do autor ou do réu somente é indispensável nas hipóteses de composse ou de ato por ambos praticado.
→ v. Art. 1.199 do CC/2002.

§ 3º Aplica-se o disposto neste artigo à união estável comprovada nos autos.
→ v. Art. 1.723 e ss. do CC/2002.

Art. 74. O consentimento previsto no art. 73 pode ser suprido judicialmente quando for negado por um dos cônjuges sem justo motivo, ou quando lhe seja impossível concedê-lo.
→ v. Art. 226, § 5º, da CF/1988.
→ v. Art. 1.648 do CC/2002.

Parágrafo único. A falta de consentimento, quando necessário e não suprido pelo juiz, invalida o processo.
→ v. Arts. 76, 337, IX e 485, IV, do NCPC.

Art. 75. Serão representados em juízo, ativa e passivamente:

I – a União, **pela Advocacia-Geral da União, diretamente ou mediante órgão vinculado**;
→ v. Arts. 131 e 132 da CF/1988.
→ v. LC 73/1993 –Institui a Lei Orgânica da Advocacia-Geral da União.
→ v. Art. 242, § 3º do NCPC.

II – o Estado e o Distrito Federal, por seus procuradores;

III – o Município, por seu prefeito ou procurador;
→ v. Art. 132 da CF/1988.
→ v. Art. 242, § 3º do NCPC.

IV – a autarquia e a fundação de direito público, por quem a lei do ente federado designar;
→ v. Súmula 644 do STF.
→ v. Lei 10.480/2002 –Dispõe sobre o Quadro de Pessoal da Advocacia-Geral da União, a criação da Gratificação de Desempenho de Atividade de Apoio Técnico-Administrativo na AGU – GDAA, cria a Procuradoria-Geral Federal.
→ v. Art. 242, § 3º do NCPC.

V – a massa falida, pelo administrador judicial;
→ v. Art. 22, III, n, da Lei 11.101/2005.

VI – a herança jacente ou vacante, por seu curador;
→ v. Arts. 1.819 a 1.823 do CC/2002.
→ v. Art. 739, § 1º, do NCPC.

VII – o espólio, pelo inventariante;
→ v. Art. 616 do NCPC.

VIII – a pessoa jurídica, por quem os respectivos **atos constitutivos** designarem ou, não havendo essa designação, por seus diretores;

IX – a sociedade **e a associação irregulares e outros entes organizados sem personalidade jurídica**, pela pessoa a quem couber a administração de seus bens;

X – a pessoa jurídica estrangeira, pelo gerente, representante ou administrador de sua filial, agência ou sucursal aberta ou instalada no Brasil;

XI – o condomínio, pelo administrador ou síndico.
→ v. Art. 1.314 do CC/2002.
→ v. Art. 22, § 1º, da Lei 4.591/1964.

§ 1º Quando o inventariante for dativo, os sucessores do falecido **serão intimados no processo** no qual o espólio seja parte.

§ 2º A sociedade ou **associação** sem personalidade jurídica não poderá opor a irregularidade de sua constituição quando demandada.
→ v. Art. 47 do CC/2002.
→ v. Art. 82. III, do CDC.

§ 3º O gerente de filial ou agência presume-se autorizado pela pessoa jurídica estrangeira a receber citação para **qualquer** processo.

§ 4º Os Estados e o Distrito Federal poderão ajustar compromisso recíproco para prática de ato processual por seus procuradores em favor de outro ente federado, mediante convênio firmado pelas respectivas procuradorias.
→ v. Enunciado 383 do FPPC: As autarquias e fundações de direito público estaduais e distritais também poderão ajustar compromisso recíproco para prática de ato processual por seus procuradores em favor de outro ente federado, mediante convênio firmado pelas respectivas procuradorias.

Art. 76. Verificada a incapacidade processual ou a irregularidade da representação da parte, **o juiz** suspenderá o processo e designará prazo razoável para que seja sanado o vício.
→ v. Súmula 115 do STJ.
→ v. Arts. 314 e 337, IX, do NCPC.

§ 1º Descumprida a determinação, caso o processo esteja na instância originária:

I – **o processo será extinto**, se a providência couber ao autor;
→ v. Art. 485, IV do NCPC.

II – o réu será considerado revel, **se a providência lhe couber;**
→ v. Art. 344 do NCPC.

III – o terceiro **será considerado revel ou** excluído do processo, **dependendo do polo em que se encontre**.
→ v. Arts. 344 e 485, VI do NCPC.

§ 2º Descumprida a determinação em fase recursal perante tribunal de justiça, tribunal regional federal ou tribunal superior, o relator:

I – não conhecerá do recurso, se a providência couber ao recorrente;

II – determinará o desentranhamento das contrarrazões, se a providência couber ao recorrido.

Capítulo II
Dos Deveres das Partes e **de** seus Procuradores

Seção I
Dos Deveres

Art. 77. Além de outros previstos neste Código, são deveres das partes, **de seus procuradores** e de todos aqueles que de qualquer forma participem do processo:
→ v. Arts. 5º e 6º do NCPC.

I – expor os fatos em juízo conforme a verdade;
→ v. Art. 448 do NCPC.

II – não formular pretensão **ou de apresentar** defesa quando cientes de que são destituídas de fundamento;
→ v. Art. 5º, XXXV e LV da CF/1988.

III – não produzir provas e não praticar atos inúteis ou desnecessários à declaração ou à defesa do direito;

IV – cumprir com exatidão **as decisões jurisdicionais**, de natureza provisória ou final, e não criar embaraços à sua efetivação;

V – declinar, no primeiro momento que lhes couber falar nos autos, o endereço residencial ou profissional onde receberão intimações, atualizando essa informação sempre que ocorrer qualquer modificação temporária ou definitiva;

VI – não praticar inovação ilegal no estado de fato de bem ou direito litigioso.

§ 1º Nas hipóteses dos incisos IV e VI, o juiz advertirá qualquer das pessoas mencionadas no *caput* de que sua conduta poderá ser punida como ato atentatório à dignidade da justiça.
→ v. Arts. 31 a 33 da Lei 8.906/1994.

§ 2º A violação ao disposto nos incisos IV e VI constitui ato atentatório à **dignidade da justiça**, **devendo** o juiz, sem prejuízo das sanções criminais, civis e processuais cabíveis, aplicar ao responsável multa de até vinte por cento do valor da causa, de acordo com a gravidade da conduta.
→ v. Art. 330 do CP.
→ v. Arts. 186 e 927 do CC/2002.
→ v. Arts. 79 e 80 do NCPC.

§ 3º Não sendo paga no prazo a ser fixado pelo juiz, **a multa prevista no § 2º será inscrita como dívida ativa da União ou do Estado após o trânsito em julgado da decisão que a fixou, e sua execução observará o procedimento da execução fiscal, revertendo-se aos fundos previstos **no art. 97**.

→ v. Lei 6.830/1980 – Dispõe sobre a cobrança judicial da Dívida Ativa da Fazenda Pública, e dá outras providências.

§ 4º A multa estabelecida no § 2º poderá ser fixada independentemente da incidência das previstas nos arts. 523, § 1º, e 536, § 1º.

§ 5º Quando o valor da causa for irrisório ou inestimável, a multa prevista no § 2º poderá ser fixada em até 10 (dez) vezes o valor do salário mínimo.

→ v. Arts. 291 e ss. do NCPC.

§ 6º Aos advogados públicos ou privados e aos membros da Defensoria Pública e do Ministério Público não se aplica o disposto nos §§ 2º a 5º, devendo eventual responsabilidade disciplinar ser apurada pelo respectivo órgão de classe ou corregedoria, ao qual o juiz oficiará.

§ 7º Reconhecida violação ao disposto no inciso VI, o juiz determinará o restabelecimento do estado anterior, podendo, ainda, proibir a parte de falar nos autos até a purgação do atentado, sem prejuízo da aplicação do § 2º.

→ v. Art. 5º, LV, da CF/1988.

§ 8º O representante judicial da parte não pode ser compelido a cumprir decisão em seu lugar.

→ v. Art. 2º, § 3º e 7º, § 2º da Lei 8.906/1994.

Art. 78. É vedado às partes, **a seus procuradores, aos juízes, aos membros do Ministério Público e da Defensoria Pública e a qualquer pessoa que participe do processo** empregar expressões ofensivas nos escritos apresentados.

→ v. Art. 138 a 140 do CP.
→ v. Art. 7º, § 2º, da Lei 8.906/1994.
→ v. Art. 202 do NCPC.

§ 1º Quando expressões ou condutas ofensivas forem **manifestadas** oral ou **presencialmente**, o juiz advertirá o **ofensor** de que não as deve usar ou repetir, sob pena de lhe ser cassada a palavra.

→ v. Art. 5º, LV, da CF/1988.

§ 2º De ofício ou a requerimento do ofendido, o juiz determinará que as expressões ofensivas sejam riscadas e, a requerimento do ofendido, determinará a expedição de certidão com inteiro teor das expressões ofensivas e a colocará à disposição da parte interessada.

→ v. Art. 202 do NCPC.

Seção II
Da Responsabilidade das Partes por Dano Processual

Art. 79. Responde por perdas e danos aquele que **litigar de má-fé** como autor, réu ou interveniente.

→ v. Arts. 186 e 927 do CC/2002.
→ v. Arts. 302 e 776 do NCPC

Art. 80. Considera-se litigante de má-fé aquele que:

I – deduzir pretensão ou defesa contra texto expresso de lei ou fato incontroverso;

→ v. Art. 374, III, do NCPC.

II – alterar a verdade dos fatos;

III – usar do processo para conseguir objetivo ilegal;

→ v. Art. 142 do NCPC.

IV – opuser resistência injustificada ao andamento do processo;

V – proceder de modo temerário em qualquer incidente ou ato do processo;

→ v. Art. 774 do NCPC.

VI – provocar incidente manifestamente infundado;

VII – interpuser recurso com intuito manifestamente protelatório.

→ v. Súmula 98 do STJ.

Art. 81. De ofício ou a requerimento, **o juiz condenará o litigante de má-fé a pagar multa, que deverá ser superior a um por cento e inferior a dez por cento do valor corrigido da causa**, a indenizar a parte contrária pelos prejuízos que esta sofreu e a arcar com os honorários advocatícios e com todas as despesas que efetuou.

→ v. Art. 32 da Lei 8.906/1994.
→ v. Art. 17 da Lei 7.347/1985.

§ 1º Quando forem 2 (dois) ou mais os litigantes de má-fé, o juiz condenará cada um na proporção de seu respectivo interesse na causa ou solidariamente aqueles que se coligaram para lesar a parte contrária.

§ 2º Quando o valor da causa for irrisório ou inestimável, a multa poderá ser fixada em até 10 (dez) vezes o valor do salário mínimo.

→ v. Arts. 291 e 718 do NCPC.

§ 3º O valor da indenização será fixado pelo juiz ou, **caso não seja possível mensurá**-lo, liquidado por arbitramento **ou pelo procedimento comum, nos próprios autos**.

→ v. Enunciado 490 do FPPC: São admissíveis os seguintes negócios processuais, entre outros: pacto de inexecução parcial ou total de multa coercitiva; pacto de alteração de ordem de penhora; pré-indicação de bem penhorável preferencial (art. 848, II); prefixação de indenização por dano processual prevista nos arts. 81, § 3º, 520, inc. I, 297, parágrafo único (cláusula penal processual); negócio de anuência prévia para aditamento ou alteração do pedido ou da causa de pedir até o saneamento (art. 329, inc. I).

Seção III
Das Despesas, **dos Honorários Advocatícios** e das Multas

Art. 82. Salvo as disposições concernentes à gratuidade da justiça, **incumbe** às partes prover as despesas dos atos que realizarem ou requererem no processo, antecipando-lhes o pagamento, desde o início **até a sentença final ou, na execução**, até a plena satisfação do direito **reconhecido no título**.

→ v. Súmula 236 e 667 do STF.
→ v. Súmula 178 do STJ.
→ v. Súmula Vinculante 28 do STF.
→ v. Lei 1.060/1950 (e art. 1.069, III do NCPC).
→ v. Art. 30 do Dec.-lei 3.365/1941.
→ v. Lei 9.289/1996 – Dispõe sobre as custas devidas à União, na Justiça Federal de primeiro e segundo graus e dá outras providências.
→ v. Arts. 12 e 13 da Lei 4.717/1965.
→ v. Arts. 54 e 55 da Lei 9.099/1995.
→ v. Art. 5º, II, da Lei 11.101/2005.
→ v. Arts. 98 e ss. do NCPC.

§ 1º Incumbe ao autor adiantar as despesas relativas a ato cuja realização o juiz determinar de ofício ou a requerimento do Ministério Público, **quando sua intervenção ocorrer como fiscal da ordem jurídica**.

§ 2º A sentença condenará o vencido a pagar ao vencedor as despesas que antecipou.

→ v. Art. 128 da Lei 8.213/1991.
→ v. Arts. 85 do NCPC.

Art. 83. O autor, brasileiro ou estrangeiro, que residir fora do Brasil ou deixar de residir no país ao longo da tramitação de processo, prestará caução suficiente ao pagamento das custas e dos honorários de advogado da parte contrária nas ações que propuser, se não tiver no Brasil bens imóveis que lhes assegurem o pagamento.

§ 1º Não se exigirá a caução de que trata o *caput*:

I – quando houver dispensa prevista em acordo ou tratado internacional de que o Brasil faz parte;

II – na execução fundada em título extrajudicial e no cumprimento de sentença;

III – na reconvenção.

§ 2º Verificando-se no trâmite do processo que se desfalcou a garantia, poderá o interessado exigir reforço da caução, justificando seu pedido com a indicação da depreciação do bem dado em garantia e a importância do reforço que pretende obter.

Art. 84. As despesas abrangem as custas dos atos do processo, a indenização de viagem, a remuneração do assistente técnico e a diária de testemunha.

→ v. Art. 462 do NCPC.

Art. 85. A sentença condenará o vencido a pagar honorários ao advogado do vencedor.

→ v. Súmulas 115, 185, 234, 256, 257, 378, 389, 450, 472, 512 e 616, 617, 633 do STF.
→ v. Súmulas 14, 29, 105, 110, 111, 131, 141, 201, 303, 306, 345, 421, 453 e 462 do STJ.
→ v. Enunciado 239 do FPPC: Fica superado o enunciado n. 472 da súmula do STF ("A condenação do autor em honorários de advogado, com fundamento no art. 64 do Código de Processo Civil, depende de reconvenção"), pela extinção da nomeação à autoria.

§ 1º São devidos honorários advocatícios na reconvenção, no cumprimento de sentença, provisório ou definitivo, na execução, resistida ou não, e nos recursos interpostos, cumulativamente.

→ v. Súmula 234 do STF.
→ v. Arts. 85, § 11, 343, 523 e 771 do NCPC.
→ v. Enunciado 241 do FPPC: Os honorários de sucumbência recursal serão somados aos honorários pela sucumbência em primeiro grau, observados os limites legais.
→ v. Enunciado 451 do FPPC: A regra decorrente do *caput* e do § 1º do art. 827 aplica-se às execuções fundadas em título executivo extrajudicial de obrigação de fazer, não fazer e entrega de coisa.

§ 2º Os honorários serão fixados entre o mínimo de dez e o máximo de vinte por cento sobre o valor da condenação, **do proveito econômico obtido ou, não sendo possível mensurá-lo, sobre o valor atualizado da causa,** atendidos:

→ v. Súmula 185 do STF.

→ v. Súmula 111 do STJ.

→ v. Arts. 291 e ss. do NCPC.

→ v. Enunciado 14 da ENFAM: Em caso de sucumbência recíproca, deverá ser considerada proveito econômico do réu, para fins do art. 85, § 2°, do CPC/2015, a diferença entre o que foi pleiteado pelo autor e o que foi concedido, inclusive no que se refere às condenações por danos morais.

→ v. Enunciado 17 da ENFAM: Para apuração do "valor atualizado da causa" a que se refere o art. 85, § 2°, do CPC/2015, deverão ser utilizados os índices previstos no programa de atualização financeira do CNJ a que faz referência o art. 509, § 3°.

I – o grau de zelo do profissional;

II – o lugar de prestação do serviço;

III – a natureza e a importância da causa;

IV – o trabalho realizado pelo advogado e o tempo exigido para o seu serviço.

§ 3° Nas causas em que a Fazenda Pública for parte, a fixação dos honorários observará os critérios estabelecidos nos incisos I a IV do § 2° e os seguintes percentuais:

→ v. Enunciado 15 da ENFAM: Nas execuções fiscais ou naquelas fundadas em título extrajudicial promovidas contra a Fazenda Pública, a fixação dos honorários deverá observar os parâmetros do art. 85, § 3°, do CPC/2015.

→ v. Enunciado 240 do FPPC: São devidos honorários nas execuções fundadas em título executivo extrajudicial contra a Fazenda Pública, a serem arbitrados na forma do § 3° do art. 85.

I – mínimo de dez e máximo de vinte por cento sobre o valor da condenação ou do proveito econômico obtido até 200 (duzentos) salários mínimos;

II – mínimo de oito e máximo de dez por cento sobre o valor da condenação ou do proveito econômico obtido acima de 200 (duzentos) salários mínimos até 2.000 (dois mil) salários mínimos;

III – mínimo de cinco e máximo de oito por cento sobre o valor da condenação ou do proveito econômico obtido acima de 2.000 (dois mil) salários mínimos até 20.000 (vinte mil) salários mínimos;

IV – mínimo de três e máximo de cinco por cento sobre o valor da condenação ou do proveito econômico obtido acima de 20.000 (vinte mil) salários mínimos até 100.000 (cem mil) salários mínimos;

V – mínimo de um e máximo de três por cento sobre o valor da condenação ou do proveito econômico obtido acima de 100.000 (cem mil) salários mínimos.

§ 4° Em qualquer das hipóteses do § 3°:

I – os percentuais previstos nos incisos I a V devem ser aplicados desde logo, quando for líquida a sentença;

II – não sendo líquida a sentença, a definição do percentual, nos termos previstos nos incisos I a V, somente ocorrerá quando liquidado o julgado;

III – não havendo condenação principal ou não sendo possível mensurar o proveito econômico obtido, a condenação em honorários dar-se-á sobre o valor atualizado da causa;

IV – será considerado o salário mínimo vigente quando prolatada sentença líquida ou o que estiver em vigor na data da decisão de liquidação.

§ 5° Quando, conforme o caso, a condenação contra a Fazenda Pública ou o benefício econômico obtido pelo vencedor ou o valor da causa for superior ao valor previsto no inciso I do § 3°, a fixação do percentual de honorários deve observar a faixa inicial e, naquilo que a exceder, a faixa subsequente, e assim sucessivamente.

§ 6° Os limites e critérios previstos nos §§ 2° e 3° aplicam-se independentemente de qual seja o conteúdo da decisão, inclusive aos casos de improcedência ou de sentença sem resolução de mérito.

§ 7° Não serão devidos honorários no cumprimento de sentença contra a Fazenda Pública que enseje expedição de precatório, desde que não tenha sido impugnada.

→ v. Súmula 345 do STJ.

§ 8° Nas causas em que for inestimável ou **irrisório o proveito econômico ou, ainda, quando o valor da causa for muito baixo**, o juiz fixará o valor dos honorários por apreciação equitativa, observando o disposto nos incisos do § 2°.

→ v. Art. 11 da Lei 1.060/1950.

→ v. Arts. 291 e ss. do NCPC.

§ 9° Na ação de indenização por ato ilícito contra pessoa, **o percentual de honorários incidirá sobre a soma das prestações vencidas acrescida de 12 (doze) prestações vincendas.**

§ 10. Nos casos de perda do objeto, os honorários serão devidos por quem deu causa ao processo.

§ 11. O tribunal, ao julgar recurso, majorará os honorários fixados anteriormente levando em conta o trabalho adicional realizado em grau recursal, observando, conforme o caso, o disposto nos §§ 2° a 6°, sendo vedado ao tribunal, no cômputo geral da fixação de honorários devidos ao advogado do vencedor, ultrapassar os respectivos limites estabelecidos nos §§ 2° e 3° para a fase de conhecimento.

→ v. Enunciado 16 da ENFAM: Não é possível majorar os honorários na hipótese de interposição de recurso no mesmo grau de jurisdição (art. 85, § 11, do CPC/2015).

→ v. Enunciado 241 do FPPC: Os honorários de sucumbência recursal serão somados aos honorários pela sucumbência em primeiro grau, observados os limites legais.

→ v. Enunciado 242 do FPPC: Os honorários de sucumbência recursal são devidos em decisão unipessoal ou colegiada.

→ v. Enunciado 243 do FPPC: No caso de provimento do recurso de apelação, o tribunal redistribuirá os honorários fixados em primeiro grau e arbitrará os honorários de sucumbência recursal.

§ 12. Os honorários referidos no § 11 são cumuláveis com multas e outras sanções processuais, inclusive as previstas no art. 77.

→ v. Arts. 81, 202, 234, § 2°, 258 e 334, § 8° do NCPC.

§ 13. As verbas de sucumbência arbitradas em embargos à execução rejeitados ou julgados improcedentes e em fase de cumprimento de sentença serão acrescidas no valor do débito principal, para todos os efeitos legais.

→ v. Arts. 513 e 914 do NCPC.

§ 14. Os honorários constituem direito do advogado e têm natureza alimentar, com os mesmos privilégios dos créditos oriundos da legislação do trabalho, sendo vedada a compensação em caso de sucumbência parcial.

→ v. Art. 23 da Lei 8.906/1994.

→ v. Enunciado 244 do FPPC: Ficam superados o enunciado 306 da súmula do STJ ("*Os honorários advocatícios devem ser compensados quando houver sucumbência recíproca, assegurado o direito autônomo do advogado à execução do saldo sem excluir a legitimidade da própria parte*") e a tese firmada no REsp Repetitivo n. 963.528/PR, após a entrada em vigor do CPC, pela expressa impossibilidade de compensação.

§ 15. O advogado pode requerer que o pagamento dos honorários que lhe caibam seja efetuado em favor da sociedade de advogados que integra na qualidade de sócio, aplicando-se à hipótese o disposto no § 14.

§ 16. Quando os honorários forem fixados em quantia certa, os juros moratórios incidirão a partir da data do trânsito em julgado da decisão.

§ 17. Os honorários serão devidos quando o advogado atuar em causa própria.

§ 18. Caso a decisão transitada em julgado seja omissa quanto ao direito aos honorários ou ao seu valor, é cabível ação autônoma para sua definição e cobrança.

→ v. Enunciado 7 do FPPC: O pedido, quando omitido em decisão judicial transitada em julgado, pode ser objeto de ação autônoma.

→ v. Enunciado 8 do FPPC: Fica superado o enunciado 453 da súmula do STJ após a entrada em vigor do NCPC ("Os honorários sucumbenciais, quando omitidos em decisão transitada em julgado, não podem ser cobrados em execução ou em ação própria").

§ 19. Os advogados públicos perceberão honorários de sucumbência, nos termos da lei.

→ v. Súmula 421 do STJ.

→ v. Enunciado 384 do FPPC: A lei regulamentadora não poderá suprimir a titularidade e o direito à percepção dos honorários de sucumbência dos advogados públicos.

Art. 86. Se cada litigante for, em parte, vencedor e vencido, serão proporcionalmente distribuídas entre eles as despesas.

→ v. Art. 94 do NCPC.

Parágrafo único. Se um litigante **sucumbir** em parte mínima do pedido, o outro responderá, por inteiro, pelas despesas e pelos honorários.

→ v. Súmulas 306 e 326 do STJ.

Art. 87. Concorrendo diversos autores ou diversos réus, os vencidos respondem proporcionalmente pelas despesas e pelos honorários.

→ v. Art. 257 do CC/2002.

§ 1° A sentença deverá distribuir entre os litisconsortes, de forma expressa, a responsabilidade proporcional pelo pagamento das verbas previstas no *caput*.

§ 2° Se a distribuição de que trata o § 1° não for feita, os vencidos responderão solidariamente pelas despesas e pelos honorários.

Art. 88. Nos procedimentos de jurisdição voluntária, as despesas serão adiantadas pelo requerente e rateadas entre os interessados.

→ v. Art. 719 e ss. do NCPC.

Art. 89. Nos juízos divisórios, não havendo litígio, os interessados pagarão as despesas proporcionalmente a seus quinhões.
→ v. Art. 1.320 do CC/2002.
→ v. Art. 14, § 4.º, da Lei 9.289/1996.

Art. 90. Proferida sentença com fundamento em desistência, em **renúncia** ou em reconhecimento do pedido, as despesas e os honorários serão pagos pela parte que desistiu, renunciou ou reconheceu.
→ v. Arts. 485, VIII, e 487, III, c, do NCPC.

§ 1º Sendo parcial a desistência, a renúncia ou o reconhecimento, a responsabilidade pelas despesas e pelos honorários será proporcional à parcela reconhecida, à qual se renunciou ou da qual se desistiu.

§ 2º Havendo transação e nada tendo as partes disposto quanto às despesas, estas serão divididas igualmente.

§ 3º Se a transação ocorrer antes da sentença, as partes ficam dispensadas do pagamento das custas processuais remanescentes, se houver.
→ v. Enunciado 112 do FPPC: No processo do trabalho, se a transação ocorrer antes da sentença, as partes ficam dispensadas do pagamento das custas processuais, se houver.

§ 4º Se o réu reconhecer a procedência do pedido e, simultaneamente, cumprir integralmente a prestação reconhecida, os honorários serão reduzidos pela metade.

Art. 91. As despesas dos atos processuais praticados a requerimento da Fazenda Pública, do Ministério Público **ou da Defensoria Pública** serão pagas ao final pelo vencido.
→ v. Súmulas 190, 232 e 483 do STJ.
→ v. Art. 39 da Lei 6.830/1980.

§ 1º As perícias requeridas pela Fazenda Pública, pelo Ministério Público ou pela Defensoria Pública poderão ser realizadas por entidade pública ou, havendo previsão orçamentária, ter os valores adiantados por aquele que requerer a prova.

§ 2º Não havendo previsão orçamentária no exercício financeiro para adiantamento dos honorários periciais, eles serão pagos no exercício seguinte ou ao final, pelo vencido, caso o processo se encerre antes do adiantamento a ser feito pelo ente público.

Art. 92. Quando, a requerimento do réu, o juiz proferir sentença **sem resolver o mérito**, o autor não poderá **propor** novamente a ação sem pagar ou depositar em cartório as despesas e os honorários a que foi condenado.
→ v. Arts. 485 e 486, § 2º do NCPC.

Art. 93. As despesas de atos adiados ou cuja repetição for necessária ficarão a cargo da parte, do **auxiliar da justiça**, do órgão do Ministério Público **ou da Defensoria Pública** ou do juiz que, sem justo motivo, houver dado causa ao adiamento ou à repetição.
→ v. Arts. 143 e 362, § 2º, do NCPC.

Art. 94. Se o assistido for vencido, o assistente será condenado ao pagamento das custas em proporção à atividade que houver exercido no processo.

Art. 95. Cada parte **adiantará** a remuneração do assistente técnico que houver indicado, sendo a do perito **adiantada** pela parte que houver requerido a perícia **ou rateada quando a perícia for determinada de ofício ou requerida por ambas as partes**.
→ v. Súmula 232 do STJ.
→ v. Art. 10 da Lei 9.289/1996.

§ 1º O juiz poderá determinar que a parte responsável pelo pagamento dos honorários do perito deposite em juízo o valor correspondente.

§ 2º A quantia recolhida em depósito bancário à ordem do juízo será corrigida monetariamente e paga de **acordo com o art. 465, § 4º**.

§ 3º Quando o pagamento da perícia for de responsabilidade de beneficiário de gratuidade da justiça, ela poderá ser:

I – custeada com recursos alocados no orçamento do ente público e realizada por servidor do Poder Judiciário ou por órgão público conveniado;

II – paga com recursos alocados no orçamento da União, do Estado ou do Distrito Federal, no caso de ser realizada por particular, hipótese em que o valor será fixado conforme tabela do tribunal respectivo ou, em caso de sua omissão, do Conselho Nacional de Justiça.

§ 4º Na hipótese do § 3º, o juiz, após o trânsito em julgado da decisão final, oficiará a Fazenda Pública para que promova, contra quem tiver sido condenado ao pagamento das despesas processuais, a execução dos valores gastos com a perícia particular ou com a utilização de servidor público ou da estrutura de órgão público, observando-se, caso o responsável pelo pagamento das despesas seja beneficiário de gratuidade da justiça, o disposto no art. 98, § 2º.

§ 5º Para fins de aplicação do § 3º, é vedada a utilização de recursos do fundo de custeio da Defensoria Pública.

Art. 96. O valor das sanções impostas **ao litigante de má-fé** reverterá em benefício da parte contrária, e o valor das sanções impostas aos serventuários pertencerá ao Estado **ou à União**.

Art. 97. A União e os Estados podem criar fundos de modernização do Poder Judiciário, aos quais serão revertidos os valores das sanções pecuniárias processuais destinadas à União e aos Estados, e outras verbas previstas em lei.

Seção IV
Da Gratuidade da Justiça

→ v. Lei 1.060/1950 (e art. 1.072, III do NCPC, a respeito dos dispositivos revogados).

Art. 98. A pessoa natural ou jurídica, brasileira ou estrangeira, com insuficiência de recursos para pagar as custas, as despesas processuais e os honorários advocatícios tem direito à gratuidade da justiça, na forma da lei.
→ v. Súmula 481/STJ.
→ v. Arts. 62 e 63 do RISTF.
→ v. Arts. 114 a 116 do RISTJ.
→ v. Enunciado 113 do FPPC: Na Justiça do Trabalho, o empregador pode ser beneficiário da gratuidade da justiça, na forma do art. 98.
→ v. Enunciado 245 do FPPC: O fato de a parte, pessoa natural ou jurídica, estar assistida por advogado particular não impede a concessão da justiça gratuita na Justiça do Trabalho.

§ 1º A gratuidade da justiça compreende:

I – as taxas ou as custas judiciais;

II – os selos postais;

III – as despesas com publicação na imprensa oficial, dispensando-se a publicação em outros meios;

IV – a indenização devida à testemunha que, quando empregada, receberá do empregador salário integral, como se em serviço estivesse;

V – as despesas com a realização de exame de código genético – DNA e de outros exames considerados essenciais;
→ v. Art. 129, parágrafo único, da Lei 8.213/1991.

VI – os honorários do advogado e do perito e a remuneração do intérprete ou do tradutor nomeado para apresentação de versão em português de documento redigido em língua estrangeira;

VII – o custo com a elaboração de memória de cálculo, quando exigida para instauração da execução;

VIII – os depósitos previstos em lei para interposição de recurso, para propositura de ação e para a prática de outros atos processuais inerentes ao exercício da ampla defesa e do contraditório;

IX – os emolumentos devidos a notários ou registradores em decorrência da prática de registro, averbação ou qualquer outro ato notarial necessário à efetivação de decisão judicial ou à continuidade de processo judicial no qual o benefício tenha sido concedido.
→ v. Lei 6.515/1977 – Regula os casos de dissolução da sociedade conjugal e do casamento, seus efeitos e respectivos processos.

§ 2º A concessão de gratuidade não afasta a responsabilidade do beneficiário pelas despesas processuais e pelos honorários advocatícios decorrentes de sua sucumbência.
→ v. Art. 85 do NCPC.

§ 3º Vencido o beneficiário, as obrigações decorrentes de sua sucumbência ficarão sob condição suspensiva de exigibilidade e somente poderão ser executadas se, nos 5 (cinco) anos subsequentes ao trânsito em julgado da decisão que as certificou, o credor demonstrar que deixou de existir a situação de insuficiência de recursos que justificou a concessão de gratuidade, extinguindo-se, passado esse prazo, tais obrigações do beneficiário.

§ 4º A concessão de gratuidade não afasta o dever de o beneficiário pagar, ao final, as multas processuais que lhe sejam impostas.

§ 5º A gratuidade poderá ser concedida em relação a algum ou a todos os atos processuais, ou consistir na redução percentual de despesas processuais que o beneficiário tiver de adiantar no curso do procedimento.

§ 6º Conforme o caso, o juiz poderá conceder direito ao parcelamento de despesas processuais que o beneficiário tiver de adiantar no curso do procedimento.

§ 7º Aplica-se o disposto no art. 95, §§ 3º a 5º, ao custeio dos emolumentos previstos no § 1º, inciso IX, do presente artigo, observada a tabela e as condições da lei estadual ou distrital respectiva.

§ 8º Na hipótese do § 1º, inciso IX, havendo dúvida fundada quanto ao preenchimento atual dos pressupostos para a concessão de gratuidade, o notário ou registrador, após praticar o ato, pode requerer, ao juízo competente para decidir questões notariais ou registrais, a revogação total ou parcial do benefício ou a sua substituição pelo parcelamento de que trata o § 6º deste artigo, caso em que o beneficiário será citado para, em 15 (quinze) dias, manifestar-se sobre esse requerimento.

Art. 99. O pedido de gratuidade da justiça pode ser formulado na petição inicial, na contestação, na petição para ingresso de terceiro no processo ou em recurso.

§ 1º Se superveniente à primeira manifestação da parte na instância, o pedido poderá ser formulado por petição simples, nos autos do próprio processo, e não suspenderá seu curso.

→ *v.* Arts. 319 e 337 do NCPC.

§ 2º O juiz somente poderá indeferir o pedido se houver nos autos elementos que evidenciem a falta dos pressupostos legais para a concessão de gratuidade, devendo, antes de indeferir o pedido, determinar à parte a comprovação do preenchimento dos referidos pressupostos.

→ *v.* Enunciado 385 do FPPC: Havendo risco de perecimento do direito, o poder do juiz de exigir do autor a comprovação dos pressupostos legais para a concessão da gratuidade não o desincumbe do dever de apreciar, desde logo, o pedido liminar de tutela de urgência.

§ 3º Presume-se verdadeira a alegação de insuficiência deduzida exclusivamente por pessoa natural.

§ 4º A assistência do requerente por advogado particular não impede a concessão de gratuidade da justiça.

§ 5º Na hipótese do § 4º, o recurso que verse exclusivamente sobre valor de honorários de sucumbência fixados em favor do advogado de beneficiário estará sujeito a preparo, salvo se o próprio advogado demonstrar que tem direito à gratuidade.

§ 6º O direito à gratuidade da justiça é pessoal, não se estendendo a litisconsorte ou a sucessor do beneficiário, salvo requerimento e deferimento expressos.

§ 7º Requerida a concessão de gratuidade da justiça em recurso, o recorrente estará dispensado de comprovar o recolhimento do preparo, incumbindo ao relator, neste caso, apreciar o requerimento e, se indeferi-lo, fixar prazo para realização do recolhimento.

→ *v.* Enunciado 246 do FPPC: Dispensa-se o preparo do recurso quando houver pedido de justiça gratuita em sede recursal, consoante art. 99, § 6º, aplicável ao processo do trabalho. Se o pedido for indeferido, deve ser fixado prazo para o recorrente realizar o recolhimento.

Art. 100. Deferido o pedido, a parte contrária poderá oferecer impugnação na contestação, na réplica, nas contrarrazões de recurso ou, nos casos de pedido superveniente ou formulado por terceiro, por meio de petição simples, a ser apresentada no prazo de 15 (quinze) dias, nos autos do próprio processo, sem suspensão de seu curso.

→ *v.* Arts. 337, XIII, 350 e 351 do NCPC.

Parágrafo único. Revogado o benefício, a parte arcará com as despesas processuais que tiver deixado de adiantar e pagará, em caso de má-fé, até o décuplo de seu valor a título de multa, que será revertida em benefício da Fazenda Pública estadual ou federal e poderá ser inscrita em dívida ativa.

Art. 101. Contra a decisão que indeferir a gratuidade ou a que acolher pedido de sua revogação caberá agravo de instrumento, exceto quando a questão for resolvida na sentença, contra a qual caberá apelação.

→ *v.* Art. 1.015, V, do NCPC.

§ 1º O recorrente estará dispensado do recolhimento de custas até decisão do relator sobre a questão, preliminarmente ao julgamento do recurso.

§ 2º Confirmada a denegação ou a revogação da gratuidade, o relator ou o órgão colegiado determinará ao recorrente o recolhimento das custas processuais, no prazo de 5 (cinco) dias, sob pena de não conhecimento do recurso.

Art. 102. Sobrevindo o trânsito em julgado de decisão que revoga a gratuidade, a parte deverá efetuar o recolhimento de todas as despesas de cujo adiantamento foi dispensada, inclusive as relativas ao recurso interposto, se houver, no prazo fixado pelo juiz, sem prejuízo de aplicação das sanções previstas em lei.

Parágrafo único. Não efetuado o recolhimento, o processo será extinto sem resolução de mérito, tratando-se do autor, e, nos demais casos, não poderá ser deferida a realização de nenhum ato ou diligência requerida pela parte enquanto não efetuado o depósito.

→ *v.* Art. 485, IV do NCPC.

Capítulo III
Dos Procuradores

Art. 103. A parte será representada em juízo por advogado **regularmente inscrito na Ordem dos Advogados do Brasil.**

→ *v.* Súmula 644 do STF.
→ *v.* Súmulas 115 do STJ.
→ *v.* Arts. 5º, LV, e 133, da CF/1988.
→ *v.* Art. 791 da CLT.
→ *v.* Arts. 1º, 3º, § 2º, 5º, § 1º e 7º da Lei 8.906/1994.
→ *v.* Art. 2º da Lei 5.478/1968.

Parágrafo único. É lícito à parte postular em causa própria quando tiver habilitação legal.

Art. 104. O advogado não será admitido a postular em juízo sem procuração, salvo para evitar **preclusão**, decadência ou prescrição, ou para praticar ato considerado urgente.

→ *v.* Art. 5º, § 1º da Lei 8.906/1994.
→ *v.* Art. 2º da Lei 11.419/2006.
→ *v.* Art. 16 da Lei 1.060/1950.
→ *v.* Enunciado 83 do FPPC: Fica superado o enunciado 115 da súmula do STJ após a entrada em vigor do CPC ("Na instância especial é inexistente recurso interposto por advogado sem procuração nos autos").

§ 1º Nas hipóteses previstas no *caput*, o advogado deverá, independentemente de caução, exibir a **procuração** no prazo de 15 (quinze) dias, prorrogável por igual período por despacho do juiz.

§ 2º O ato não ratificado será considerado **ineficaz relativamente àquele em cujo nome foi praticado**, respondendo o advogado pelas despesas e por perdas e danos.

Art. 105. A procuração geral para o foro, **outorgada** por instrumento público ou particular assinado pela parte, habilita o advogado a praticar todos os atos do processo, exceto receber citação, confessar, reconhecer a procedência do pedido, transigir, desistir, renunciar ao direito sobre o qual se funda a ação, receber, dar quitação, firmar compromisso e assinar **declaração de hipossuficiência econômica, que devem constar de cláusula específica.**

→ *v.* Art. 5º, § 2º, da Lei 8.906/1994.

§ 1º A procuração pode ser assinada digitalmente, na forma da lei.

→ *v.* Art. 1º, § 2º, da Lei 11.419/2006.

§ 2º A procuração deverá conter o nome do advogado, seu número de inscrição na Ordem dos Advogados do Brasil e endereço completo.

§ 3º Se o outorgado integrar sociedade de advogados, a procuração também deverá conter o nome dessa, seu número de registro na Ordem dos Advogados do Brasil e endereço completo.

§ 4º Salvo disposição expressa em sentido contrário constante do próprio instrumento, a procuração outorgada na fase de conhecimento é eficaz para todas as fases do processo, inclusive para o cumprimento de sentença.

Art. 106. Quando postular em causa própria, **incumbe** ao advogado:

I – declarar, na petição inicial ou na contestação, o endereço, **seu número de inscrição na Ordem dos Advogados do Brasil e o nome da sociedade de advogados da qual participa, para o recebimento de intimações;**

II – comunicar ao **juízo** qualquer mudança de endereço.

§ 1º Se o advogado descumprir o disposto no inciso I, o juiz ordenará que se supra a omissão, **no prazo de 5 (cinco) dias, antes de determinar a citação do réu,** sob pena de indeferimento da petição.

§ 2º Se o advogado infringir o previsto no inciso II, serão consideradas válidas as intimações enviadas por carta registrada **ou meio eletrônico ao endereço** constante dos autos.

Art. 107. O advogado tem direito a:

→ *v.* Art. 6º da Lei 9.028/1995.

I – examinar, em cartório de **fórum** e secretaria de tribunal, **mesmo sem procuração, autos de qualquer processo, independentemente da fase de tramitação, asseguradas a obtenção de cópias e o registro de anotações, salvo na hipótese de segredo de justiça, nas quais apenas o advogado constituído terá acesso aos autos;**

→ *v.* Art. 7º, XIII, da Lei 8.906/1994.

II – requerer, como procurador, vista dos autos de qualquer processo, pelo prazo de 5 (cinco) dias;

→ v. Art. 7º, XV, da Lei 8.906/1994.

III – retirar os autos do cartório ou da secretaria, pelo prazo legal, sempre que neles lhe couber falar por determinação do juiz, nos casos previstos em lei.

§ 1º Ao receber os autos, o advogado assinará carga **em livro ou documento próprio**.

§ 2º Sendo o prazo comum às partes, os procuradores poderão retirar os autos somente em conjunto ou mediante prévio ajuste, por petição nos autos.

§ 3º Na hipótese do § 2º, **é lícito ao procurador retirar os autos para obtenção de cópias, pelo prazo de** 2 (**duas**) **a** 6 (**seis**) **horas,** independentemente de ajuste e sem prejuízo da continuidade do prazo.

§ 4º O procurador perderá no mesmo processo o direito a que se refere o § 3º se não devolver os autos tempestivamente, salvo se o prazo for prorrogado pelo juiz.

Capítulo IV
Da **Sucessão** das Partes e dos Procuradores

Art. 108. No curso do processo, somente é **lícita** a **sucessão** voluntária das partes nos casos expressos em lei.
→ v. Arts. 682, 687 e 688 do CC/2002.
→ v. Arts. 329, II, e 779, do NCPC.

Art. 109. A alienação da coisa ou do direito litigioso **por ato entre vivos**, a título particular, não altera a legitimidade das partes.
→ v. Enunciado 115 do FPPC: O negócio jurídico celebrado nos termos do art. 190 obriga herdeiros e sucessores.

§ 1º O adquirente ou cessionário não poderá ingressar em juízo, **sucedendo** o alienante ou cedente, sem que o consinta a parte contrária.
→ v. Art. 286 do CC/2002.

§ 2º O adquirente ou cessionário poderá intervir no processo como **assistente litisconsorcial** do alienante ou cedente.
→ v. Art. 124 do NCPC.

§ 3º Estendem-se os efeitos da sentença proferida entre as partes originárias ao adquirente ou cessionário.

Art. 110. Ocorrendo a morte de qualquer das partes, dar-se-á a **sucessão** pelo seu espólio ou pelos seus sucessores, observado o disposto no art. 313, §§ 1º e 2º.
→ v. Arts. 221 e 618, I, do NCPC.

Art. 111. A parte que revogar o mandato outorgado a seu advogado constituirá, no mesmo ato, outro que assuma o patrocínio da causa.
→ v. Art. 687 do CC/2002.
→ v. Art. 42 da Lei 8.906/1994.

Parágrafo único. Não sendo constituído novo procurador no prazo de 15 (quinze) dias, observar-se-á o disposto no art. 76.

Art. 112. O advogado poderá renunciar ao mandato a qualquer tempo, provando, na forma prevista neste Código, que **comunicou** a renúncia ao mandante, a fim de que este nomeie sucessor.
→ v. Art. 688 do CC/2002.

§ 1º Durante os 10 (dez) dias seguintes, o advogado continuará a representar o mandante, desde que necessário para lhe evitar prejuízo.
→ v. Art. 5º, § 3º, da Lei 8.906/1994.

§ 2º Dispensa-se a comunicação referida no *caput* quando a procuração tiver sido outorgada a vários advogados e a parte continuar representada por outro, apesar da renúncia.

TÍTULO II
Do Litisconsórcio

Art. 113. Duas ou mais pessoas podem litigar, no mesmo processo, em conjunto, ativa ou passivamente, quando:
→ v. Súmulas 631 e 641 do STF.
→ v. Art. 5º, § 2º, da Lei 7.347/1985.
→ v. Art. 6º, § 5º, da Lei 4.717/1965.
→ v. Art. 10, § 2º, da Lei 12.016/2009.
→ v. Art. 132, § 2º, do RISTF.

I – entre elas houver comunhão de direitos ou de obrigações relativamente à lide;

II – entre as causas houver conexão pelo pedido ou pela causa de pedir;

III – ocorrer afinidade de questões por ponto comum de fato ou de direito.

§ 1º O juiz poderá limitar o litisconsórcio facultativo quanto ao número de litigantes **na fase de conhecimento, na liquidação de sentença ou na execução,** quando este comprometer a rápida solução do litígio ou dificultar a defesa ou o cumprimento da sentença.
→ v. Enunciado 116 do FPPC: Quando a formação do litisconsórcio multitudinário for prejudicial à defesa, o juiz poderá substituir a sua limitação pela ampliação de prazos, sem prejuízo da possibilidade de desmembramento na fase de cumprimento de sentença.
→ v. Enunciado 386 do FPPC: A limitação do litisconsórcio facultativo multitudinário acarreta o desmembramento do processo.
→ v. Enunciado 387 do FPPC: A limitação do litisconsórcio multitudinário não é causa de extinção do processo.

§ 2º O **requerimento** de limitação interrompe o prazo para **manifestação ou** resposta, que recomeçará da intimação da decisão **que o solucionar.**
→ v. Art. 336 do NCPC.

Art. 114. O litisconsórcio será necessário por disposição de lei ou quando, pela natureza da relação jurídica **controvertida,** a eficácia da sentença depender da citação de todos que devam ser litisconsortes.

Art. 115. A sentença de mérito, quando proferida sem a integração do contraditório, será:
→ v. Art. 487 do NCPC.

I – nula, se a decisão deveria ser uniforme em relação a todos que deveriam ter integrado o processo;

II – ineficaz, nos outros casos, apenas para os que não foram citados.

Parágrafo único. Nos casos de litisconsórcio passivo necessário, o juiz determinará ao autor que requeira a citação de todos que devam ser litisconsortes, dentro do prazo que assinar, sob pena de extinção do processo.
→ v. Súmula 631 do STF.

Art. 116. O litisconsórcio será unitário quando, pela natureza da relação jurídica, o juiz tiver de decidir o mérito de modo uniforme para todos os litisconsortes.
→ v. Enunciado 11 do FPPC: O litisconsorte unitário, integrado ao processo a partir da fase instrutória, tem direito de especificar, pedir e produzir provas, sem prejuízo daquelas já produzidas, sobre as quais o interveniente tem o ônus de se manifestar na primeira oportunidade em que falar no processo.

Art. 117. Os litisconsortes serão considerados, em suas relações com a parte adversa, como litigantes distintos, **exceto no litisconsórcio unitário,** caso em que os atos e as omissões de um não prejudicarão os outros, **mas os poderão beneficiar.**
→ v. Art. 1.005 do NCPC.

Art. 118. Cada litisconsorte tem o direito de promover o andamento do processo, e todos devem ser intimados dos respectivos atos.

TÍTULO III
Da Intervenção de Terceiros
Capítulo I
Da Assistência
Seção I
Disposições Comuns

Art. 119. Pendendo causa entre 2 (duas) ou mais pessoas, o terceiro **juridicamente interessado** em que a sentença seja favorável a uma delas poderá intervir no processo para assisti-la.
→ v. Art. 5º, *caput*, da Lei 9.469/1997.
→ v. Súmula 218 do STF.
→ v. Arts. 665 e 861 a 875, do CC/2002.
→ v. Art. 90 e 94 do CDC.
→ v. Art. 6º da Lei 4.717/1965.
→ v. Art. 10 da Lei 9.099/1995.
→ v. Enunciado 388 do FPPC: O assistente simples pode requerer a intervenção de *amicus curiae*.

Parágrafo único. A assistência será admitida em **qualquer** procedimento e em todos os graus de jurisdição, recebendo o assistente o processo no estado em que se encontre.
→ v. Art. 94 do NCPC.
→ v. Enunciado 487 do FPPC: No mandado de segurança, havendo substituição processual, o substituído poderá ser assistente litisconsorcial do impetrante que o substituiu.

Art. 120. Não havendo impugnação **no prazo de 15 (quinze) dias,** o pedido do assistente será deferido, **salvo se for caso de rejeição liminar.**

Parágrafo único. Se qualquer parte alegar que **falta** ao requerente interesse jurídico para intervir, o juiz decidirá o incidente, sem suspensão do processo.
→ v. Art. 1.015, IX do NCPC.

Seção II
Da Assistência Simples

Art. 121. O assistente **simples** atuará como auxiliar da parte principal, exercerá os mesmos poderes e sujeitar-se-á aos mesmos ônus processuais que o assistido.

Parágrafo único. Sendo revel ou, **de qualquer outro modo, omisso** o assistido, o assistente será considerado **seu substituto processual.**

→ *v.* Enunciado 501 do FPPC: A tutela antecipada concedida em caráter antecedente não se estabilizará quando for interposto recurso pelo assistente simples, salvo se houver manifestação expressa do réu em sentido contrário.

→ *v.* Enunciado 19 do CEAPRO: A hipótese do parágrafo único do art. 121 não configura substituição processual, prevista no artigo 18. Por consequência, o regime jurídico permanece o da assistência.

Art. 122. A assistência **simples** não obsta a que a parte principal reconheça a procedência do pedido, desista da ação, **renuncie ao direito sobre o que se funda a ação** ou transija sobre direitos controvertidos.

→ *v.* Enunciado 389 do FPPC: As hipóteses previstas no art. 122 são meramente exemplificativas.

Art. 123. Transitada em julgado a sentença no processo em que interveio o assistente, este não poderá, em processo posterior, discutir a justiça da decisão, salvo se alegar e provar que:

→ *v.* Art. 502 do NCPC.

I – pelo estado em que recebeu o processo ou pelas declarações e pelos atos do assistido, foi impedido de produzir provas suscetíveis de influir na sentença;

II – desconhecia a existência de alegações ou de provas das quais o assistido, por dolo ou culpa, não se valeu.

Seção III
Da Assistência Litisconsorcial

Art. 124. Considera-se litisconsorte da parte principal o assistente sempre que a sentença influir na relação jurídica entre ele e o adversário do assistido.

→ *v.* Art. 229 **do NCPC**.

Capítulo II
Da Denunciação da Lide

Art. 125. É admissível a denunciação da lide, **promovida por qualquer das partes**:

I – ao alienante **imediato, no processo relativo à coisa cujo domínio foi transferido ao denunciante**, a fim de que possa exercer os direitos que da evicção lhe resultam;

→ *v.* Arts. 447 a 457 do CC/2002.
→ *v.* Art. 10 da Lei 9.099/1995.

II – àquele que estiver obrigado, por lei ou pelo contrato, a indenizar, em ação regressiva, o prejuízo de quem for **vencido no processo**.

→ *v.* Súmula 188 do STF.
→ *v.* Súmula 150 do STJ.
→ *v.* Art. 88 e 101, II, do CDC.
→ *v.* Enunciado 121 do FPPC: O cumprimento da sentença diretamente contra o denunciado é admissível em qualquer hipótese de denunciação da lide fundada no inciso II do art. 125.

§ 1º O direito regressivo será exercido por ação autônoma quando a denunciação da lide for indeferida, deixar de ser promovida ou não for permitida.

→ *v.* Art. 88 do CDC.
→ *v.* Enunciado 120 do FPPC: A ausência de denunciação da lide gera apenas a preclusão do direito de a parte promovê-la, sendo possível ação autônoma de regresso.

§ 2º Admite-se uma única denunciação sucessiva, promovida pelo denunciado, contra seu antecessor imediato na cadeia dominial ou quem seja responsável por indenizá-lo, não podendo o denunciado sucessivo promover nova denunciação, hipótese em que eventual direito de regresso será exercido por ação autônoma.

Art. 126. A citação do denunciado será requerida na **petição inicial**, se o denunciante for autor, **ou na contestação**, se o denunciante for réu, **devendo ser realizada na forma e nos prazos previstos no art. 131**.

→ *v.* Arts. 319 e 336 do NCPC.

Art. 127. Feita a denunciação pelo autor, o denunciado **poderá** assumir a posição de litisconsorte do denunciante e **acrescentar novos argumentos** à petição inicial, procedendo-se em seguida à citação do réu.

Art. 128. Feita a denunciação pelo réu:

I – se o denunciado contestar o pedido formulado pelo autor, o processo prosseguirá tendo, na ação principal, em litisconsórcio, denunciante e denunciado;

→ *v.* Art. 336 do NCPC.

II – se o denunciado for revel, **o denunciante pode deixar de prosseguir com sua defesa, eventualmente oferecida, e abster-se de recorrer, restringindo sua atuação à ação regressiva;**

→ *v.* Art. 344 do NCPC.

III – se o denunciado confessar os fatos alegados pelo autor **na ação principal**, o denunciante poderá prosseguir com sua defesa **ou, aderindo a tal reconhecimento, pedir apenas a procedência da ação de regresso**.

→ *v.* Art. 389 do NCPC.

Parágrafo único. Procedente o pedido da ação principal, pode o autor, se for o caso, requerer o cumprimento da sentença também contra o denunciado, nos limites da condenação deste na ação regressiva.

→ *v.* Enunciado 121 do FPPC: O cumprimento da sentença diretamente contra o denunciado é admissível em qualquer hipótese de denunciação da lide fundada no inciso II do art. 125.

Art. 129. Se o denunciante for vencido na ação principal, o juiz passará ao julgamento da denunciação da lide.

Parágrafo único. Se o denunciante for vencedor, a ação de denunciação não terá o seu pedido examinado, sem prejuízo da condenação do denunciante ao pagamento das verbas de sucumbência em favor do denunciado.

→ *v.* Enunciado 122 do FPPC: Vencido o denunciante na ação principal e não tendo havido resistência à denunciação da lide, não cabe a condenação do denunciado nas verbas de sucumbência.

Capítulo III
Do Chamamento ao Processo

Art. 130. É admissível o chamamento ao processo, **requerido pelo réu:**

→ *v.* Art. 10 da Lei 9.099/1995.

I – **do afiançado**, na ação em que o fiador for réu;

→ *v.* Art. 818 e 827 do CC/2002.

II – dos **demais** fiadores, na ação proposta contra um ou alguns deles;

III – dos **demais** devedores solidários, quando o credor exigir de um ou de alguns o pagamento da dívida comum.

→ *v.* Art. 101, II, do CDC.

Art. 131. A citação daqueles que devam figurar em litisconsórcio passivo será requerida pelo réu na contestação e deve ser promovida **no prazo de** 30 (**trinta**) **dias, sob pena de ficar sem efeito o chamamento.**

Parágrafo único. Se o chamado residir em outra comarca, seção ou subseção judiciárias, ou em lugar incerto, o prazo será de 2 (dois) meses.

Art. 132. A sentença de procedência valerá como título executivo em favor **do réu** que satisfizer a dívida, a fim de que possa exigi-la, por inteiro, do devedor principal, ou, de cada um dos codevedores, a sua quota, na proporção que lhes tocar.

→ *v.* Art. 402 a 405 do CC/2002.

Capítulo IV
Do Incidente de Desconsideração da Personalidade Jurídica

Art. 133. O incidente de desconsideração da personalidade jurídica será instaurado a pedido da parte ou do Ministério Público, quando lhe couber intervir no processo.

→ *v.* Súmula 435 do STJ.
→ *v.* Art. 50 do CC/2002.
→ *v.* Art. 28 do CDC.
→ *v.* Art. 116, parágrafo único, do CTN.
→ *v.* Art. 4º da Lei 9.605/1998.
→ *v.* Art. 34, parágrafo único da Lei 12.529/2011.
→ *v.* Arts. 795, § 4º e 1.062 do NCPC.
→ *v.* Enunciado 53 da ENFAM: O redirecionamento da execução fiscal para o sócio-gerente prescinde do incidente de desconsideração da personalidade jurídica previsto no art. 133 do CPC/2015.
→ *v.* Enunciado 123 do FPPC: É desnecessária a intervenção do Ministério Público, como fiscal da ordem jurídica, no incidente de desconsideração da personalidade jurídica, salvo nos casos em que deva intervir obrigatoriamente, previstos no art. 178.
→ *v.* Enunciado 124 do FPPC: A desconsideração da personalidade jurídica no processo do trabalho deve ser processada na forma dos arts. 133 a 137, podendo o incidente ser resolvido em decisão interlocutória ou na sentença.
→ *v.* Enunciado 247 do FPPC: Aplica-se o incidente de desconsideração da personalidade jurídica no processo falimentar.
→ *v.* Enunciado 529 do FPPC: As averbações previstas nos arts. 799, IX e 828 são aplicáveis ao cumprimento de sentença.

§ 1º O pedido de desconsideração da personalidade jurídica observará os pressupostos previstos em lei.

§ 2º Aplica-se o disposto neste Capítulo à hipótese de desconsideração inversa da personalidade jurídica.

Art. 134. O incidente de desconsideração é cabível em todas as fases do processo de conhecimento, no cumprimento de sentença e na execução fundada em título executivo extrajudicial.

→ *v.* Arts. 513, 771 e 932, VI do NCPC.
→ *v.* Enunciado 125 do FPPC: Há litisconsórcio passivo facultativo quando requerida a desconsideração da personalidade jurídica, juntamente com outro pedido formulado na petição inicial ou incidentemente no processo em curso.

→ *v.* Enunciado 126 do FPPC: No processo do trabalho, da decisão que resolve o incidente de desconsideração da personalidade jurídica na fase de execução cabe agravo de petição, dispensado o preparo.

§ 1º A instauração do incidente será imediatamente comunicada ao distribuidor para as anotações devidas.

§ 2º Dispensa-se a instauração do incidente se a desconsideração da personalidade jurídica for requerida na petição inicial, hipótese em que será citado o sócio ou a pessoa jurídica.

→ *v.* Enunciado 248 do FPPC: Quando a desconsideração da personalidade jurídica for requerida na petição inicial, incumbe ao sócio ou a pessoa jurídica, na contestação, impugnar não somente a própria desconsideração, mas também os demais pontos da causa.

§ 3º A instauração do incidente suspenderá o processo, salvo na hipótese do § 2º.

→ *v.* Art. 313, VII do NCPC.

§ 4º O requerimento deve demonstrar o preenchimento dos pressupostos legais específicos para desconsideração da personalidade jurídica.

→ *v.* Art. 373 do NCPC.

Art. 135. Instaurado o incidente, o sócio ou a pessoa jurídica será citado para manifestar-se e requerer as provas cabíveis no prazo de 15 (quinze) dias.

→ *v.* Arts. 9º, 238 e 674, § 2º, III do NCPC.
→ *v.* Enunciado 52 da ENFAM: A citação a que se refere o art. 792, § 3º, do CPC/2015 (fraude à execução) é a do executado originário, e não aquela prevista para o incidente de desconsideração da personalidade jurídica (art. 135 do CPC/2015).

Art. 136. Concluída a instrução, se necessária, o incidente será resolvido por decisão interlocutória.

→ *v.* Arts. 203, § 2º e 1.015, IV do NCPC.
→ *v.* Enunciado 390 do FPPC: Resolvida a desconsideração da personalidade jurídica na sentença, caberá apelação.

Parágrafo único. Se a decisão for proferida pelo relator, cabe agravo interno.

→ *v.* Art. 1.021 do NCPC.

Art. 137. Acolhido o pedido de desconsideração, a alienação ou a oneração de bens, havida em fraude de execução, será ineficaz em relação ao requerente.

→ *v.* Arts. 790, II e 792, § 3º, do NCPC.

Capítulo V
Do *Amicus Curiae*

→ *v.* Art. 31 da Lei 6.385/1976.
→ *v.* Art. 7º, § 2º da Lei 9.868/1999.
→ *v.* Art. 118 da Lei 12.529/2011.
→ *v.* Art. 3º, § 2º, da Lei 11.418/2006.

Art. 138. O juiz ou o relator, considerando a relevância da matéria, a especificidade do tema objeto da demanda ou a repercussão social da controvérsia, poderá, por decisão irrecorrível, de ofício ou a requerimento das partes ou de quem pretenda manifestar-se, solicitar ou admitir a participação de pessoa natural ou jurídica, órgão ou entidade especializada, com representatividade adequada, no prazo de 15 (quinze) dias de sua intimação.

→ *v.* Enunciado 127 do FPPC: A representatividade adequada exigida do *amicus curiae* não pressupõe a concordância unânime daqueles a quem representa.

→ *v.* Enunciado 128 do FPPC: No processo em que há intervenção do *amicus curiae*, a decisão deve enfrentar as alegações por ele apresentadas, nos termos do inciso IV do § 1º do art. 489.

→ *v.* Enunciado 249 do FPPC: A intervenção do *amicus curiae* é cabível no mandado de segurança.

→ *v.* Enunciado 250 do FPPC: Admite-se a intervenção do *amicus curiae* nas causas trabalhistas, na forma do art. 138, sempre que o juiz ou relator vislumbrar a relevância da matéria, a especificidade do tema objeto da demanda ou a repercussão geral da controvérsia, a fim de obter uma decisão respaldada na pluralidade do debate e, portanto, mais democrática.

→ *v.* Enunciado 388 do FPPC: O assistente simples pode requerer a intervenção de *amicus curiae*.

→ *v.* Enunciado 392 do FPPC: As partes não podem estabelecer, em convenção processual, a vedação da participação de *amicus curiae*.

→ *v.* Enunciado 393 do FPPC: É cabível a intervenção de *amicus curiae* no procedimento de edição, revisão e cancelamento de enunciados de súmula pelos tribunais.

→ *v.* Enunciado 395 do FPPC: Os requisitos objetivos exigidos para a intervenção do *amicus curiae* são alternativos.

→ *v.* Enunciado 460 do FPPC: O microssistema de aplicação e formação dos precedentes deverá respeitar as técnicas de ampliação do contraditório para amadurecimento da tese, como a realização de audiências públicas prévias e participação de *amicus curiae*.

§ 1º A intervenção de que trata o *caput* não implica alteração de competência nem autoriza a interposição de recursos, ressalvadas a oposição de embargos de declaração e a hipótese do § 3º.

→ *v.* Art. 109, I e 114 da CF/1998.
→ *v.* Enunciado 394 do FPPC: As partes podem opor embargos de declaração para corrigir vício da decisão relativo aos argumentos trazidos pelo *amicus curiae*.

§ 2º Caberá ao juiz ou ao relator, na decisão que solicitar ou admitir a intervenção, definir os poderes do *amicus curiae*.

→ *v.* Art. 1.015, IX do NCPC.

§ 3º O *amicus curiae* pode recorrer da decisão que julgar o incidente de resolução de demandas repetitivas.

→ *v.* Art. 976 e ss. do NCPC.
→ *v.* Enunciado 391 do FPPC: O *amicus curiae* pode recorrer da decisão que julgar recursos repetitivos.

TÍTULO IV
Do Juiz
E DOS AUXILIARES DA JUSTIÇA

Capítulo I
Dos Poderes, dos Deveres e da Responsabilidade do Juiz

Art. 139. O juiz dirigirá o processo conforme as disposições deste Código, **incumbindo-lhe:**

I – assegurar às partes igualdade de tratamento;

→ *v.* Art. 5º, II, da CF/1988.
→ *v.* Art. 35, IV, da LC 35/1979.
→ *v.* Art. 9º do Código de Ética da Magistratura.
→ *v.* Enunciado 107 do FPPC: O juiz pode, de ofício, dilatar o prazo para a parte se manifestar sobre a prova documental produzida.

II – velar pela duração **razoável do processo**;

→ *v.* Art. 5º, LXXVIII da CF/1988.

III – prevenir ou reprimir qualquer ato contrário à dignidade da justiça **e indeferir postulações meramente protelatórias;**

IV – determinar todas as medidas indutivas, coercitivas, mandamentais ou sub-rogatórias necessárias para assegurar o cumprimento de ordem judicial, inclusive nas ações que tenham por objeto prestação pecuniária;

→ *v.* Art. 77, § 2º do NCPC.
→ *v.* Enunciado 48 da ENFAM: O art. 139, IV, do CPC/2015 traduz um poder geral de efetivação, permitindo a aplicação de medidas atípicas para garantir o cumprimento de qualquer ordem judicial, inclusive no âmbito do cumprimento de sentença e no processo de execução baseado em títulos extrajudiciais.
→ *v.* Enunciado 12 do FPPC: A aplicação das medidas atípicas sub-rogatórias e coercitivas é cabível em qualquer obrigação no cumprimento de sentença ou execução de título executivo extrajudicial. Essas medidas, contudo, serão aplicadas de forma subsidiária às medidas tipificadas, com observação do contraditório, ainda que diferido, e por meio de decisão à luz do art. 489, § 1º, I e II.
→ *v.* Enunciado 251 do FPPC: O inciso VI do art. 139 do CPC aplica-se ao processo de improbidade administrativa.
→ *v.* Enunciado 396 do FPPC: As medidas do inciso IV do art. 139 podem ser determinadas de ofício, observado o art. 8º.
→ *v.* Enunciado 444 do FPPC: Para o processo de execução de título extrajudicial de obrigação de não fazer, não é necessário propor a ação de conhecimento para que o juiz possa aplicar as normas decorrentes dos arts. 536 e 537 do FPPC.
→ *v.* Enunciado 525 do FPPC: A produção do resultado prático equivalente pode ser determinada por decisão proferida na fase de conhecimento.

V – **promover**, a qualquer tempo, **a autocomposição, preferencialmente com auxílio de conciliadores e mediadores judiciais;**

→ *v.* Art. 334 do NCPC.
→ *v.* Enunciado 485 do FPPC: É cabível a audiência de conciliação e mediação no processo de execução, na qual é admissível, entre outras coisas, a apresentação de plano de cumprimento da prestação.
→ *v.* Enunciado 14 do CEAPRO: O juiz deve estimular a adoção da autocomposição, sendo a ele vedada a condução da sessão consensual por força dos princípios da imparcialidade e confidencialidade (art. 139, V, 166, § 1º, CPC).

VI – dilatar os prazos processuais e alterar a ordem de produção dos meios de prova, adequando-os às necessidades do conflito de modo a conferir maior efetividade à tutela do direito;

→ *v.* Enunciado 35 da ENFAM: Além das situações em que a flexibilização do procedimento é autorizada pelo art. 139, VI, do CPC/2015, pode o juiz, de ofício, preservada a previsibilidade do rito, adaptá-lo às especificidades da causa, observadas as garantias fundamentais do processo.
→ *v.* Enunciado 116 do FPPC: Quando a formação do litisconsórcio multitudinário for prejudicial à defesa, o juiz poderá substituir a sua limitação pela ampliação de prazos, sem prejuízo da possibilidade de desmembramento na fase de cumprimento de sentença.
→ *v.* Enunciado 179 do FPPC: O prazo de cinco dias para prestar caução pode ser dilatado, nos termos do art. 139, inciso VI.

VII – exercer o poder de polícia, requisitando, quando necessário, força policial, além da segurança interna dos fóruns e tribunais;

VIII – determinar, a qualquer tempo, o comparecimento pessoal das partes, para inquiri-las sobre os fatos da causa, **hipótese em que não incidirá a pena de confesso;**
> *v.* Art. 385, § 1º do NCPC.

IX – determinar o suprimento de pressupostos processuais e o saneamento de outros vícios processuais;
> *v.* Art. 352 do NCPC.

X – quando se deparar com diversas demandas individuais repetitivas, oficiar o Ministério Público, a Defensoria Pública e, na medida do possível, outros legitimados a que se referem o art. 5º da Lei nº 7.347, de 24 de julho de 1985, e o art. 82 da Lei nº 8.078, de 11 de setembro de 1990, para, se for o caso, promover a propositura da ação coletiva respectiva.
> *v.* Enunciado 119 do FPPC: Em caso de relação jurídica plurilateral que envolva diversos titulares do mesmo direito, o juiz deve convocar, por edital, os litisconsortes unitários ativos incertos e indeterminados (art. 259, III), cabendo-lhe, na hipótese de dificuldade de formação do litisconsórcio, oficiar o Ministério Público, a Defensoria Pública ou outro legitimado para que possa requerer a conversão da ação individual em coletiva (art. 333).

Parágrafo único. A dilação de prazos prevista no inciso VI somente pode ser determinada antes de encerrado o prazo regular.
> *v.* Enunciado 129 do FPPC: A autorização legal para ampliação de prazos pelo juiz não se presta a afastar preclusão temporal já consumada.

Art. 140. O juiz não se exime de **decidir** sob a alegação de lacuna ou obscuridade do ordenamento jurídico.
> *v.* Arts. 4º e 5º, da LINDB.

Parágrafo único. O juiz só decidirá por equidade nos casos previstos em lei.
> *v.* Art. 6º da Lei 9.099/1995.

Art. 141. O juiz decidirá o **mérito** nos limites propostos pelas partes, sendo-lhe vedado conhecer de questões não suscitadas a cujo respeito a lei exige iniciativa da parte.
> *v.* Art. 487, I do NCPC.

Art. 142. Convencendo-se, pelas circunstâncias, de que autor e réu se serviram do processo para praticar ato simulado ou conseguir fim **vedado** por lei, o juiz proferirá decisão que **impeça** os objetivos das partes, **aplicando, de ofício, as penalidades da litigância de má-fé.**

Art. 143. O juiz responderá, **civil e regressivamente**, por perdas e danos quando:
> *v.* Arts. 186, 402 a 405 e 927 do CC/2002.
> *v.* Art. 319 do CP.

I – no exercício de suas funções, proceder com dolo ou fraude;

II – recusar, omitir ou retardar, sem justo motivo, providência que deva ordenar de ofício ou a requerimento da parte.

Parágrafo único. As hipóteses previstas no inciso II somente serão verificadas depois que a parte requerer ao juiz que determine a providência e o requerimento não for apreciado no prazo de 10 (dez) dias.

Capítulo II
Dos Impedimentos e da Suspeição

Art. 144. Há impedimento do juiz, sendo-lhe vedado exercer **suas funções no processo:**
> *v.* Art. 277 do RISTF.
> *v.* Art. 272 do RISTJ.
> *v.* Art. 14 da Lei 9.307/1996.
> *v.* Art. 966, II, do NCPC.
> *v.* Enunciado 489 do FPPC: Observado o dever de revelação, as partes celebrantes de convenção de arbitragem podem afastar, de comum acordo, de forma expressa e por escrito, hipótese de impedimento ou suspeição do árbitro.

I – em que interveio como mandatário da parte, oficiou como perito, funcionou como **membro** do Ministério Público ou prestou depoimento como testemunha;

II – de que conheceu em **outro** grau de jurisdição, tendo proferido decisão;
> *v.* Súmulas 72 e 252 do STF.

III – quando nele estiver postulando, como **defensor público,** advogado ou **membro do Ministério Público,** seu cônjuge **ou companheiro,** ou qualquer parente, consanguíneo ou afim, em linha reta ou colateral, **até o terceiro grau, inclusive;**

IV – **quando for parte no processo ele próprio,** seu cônjuge **ou companheiro,** ou parente, consanguíneo ou afim, em linha reta ou colateral, até o terceiro grau, **inclusive;**
> *v.* Art. 1.595 do CC/2002.

V – quando for **sócio ou membro** de direção ou de administração de pessoa jurídica parte no processo;
> *v.* Art. 95, parágrafo único, I, da CF/1988.
> *v.* Arts. 26, § 1º e 36, I e II da LC 35/1979.

VI – quando for herdeiro presuntivo, donatário ou empregador de qualquer das partes;

VII – em que figure como parte instituição de ensino com a qual tenha relação de emprego ou decorrente de contrato de prestação de serviços;

VIII – em que figure como parte cliente do escritório de advocacia de seu cônjuge, companheiro ou parente, consanguíneo ou afim, em linha reta ou colateral, até o terceiro grau, inclusive, mesmo que patrocinado por advogado de outro escritório;

IX – quando promover ação contra a parte ou seu advogado.

§ 1º Na hipótese do inciso III, o impedimento só se verifica quando o **defensor público, o advogado ou o membro do Ministério Público já integrava o processo antes do início da atividade judicante do juiz.**

§ 2º É vedada a criação de fato superveniente a fim de caracterizar impedimento do juiz.
> *v.* Art. 5º do NCPC.

§ 3º O impedimento previsto no inciso III também se verifica no caso de mandato conferido a membro de escritório de advocacia que tenha em seus quadros advogado que individualmente ostente a condição nele prevista, mesmo que não intervenha diretamente no processo.

Art. 145. Há suspeição do juiz:
> *v.* Art. 277 do RISTF.
> *v.* Art. 272 do RISTJ.
> *v.* Art. 36, III, da LC 35/1979.

I – amigo íntimo ou inimigo de qualquer das partes **ou de seus advogados;**

II – que receber **presentes de pessoas que tiverem interesse na causa** antes ou depois de iniciado o processo, que aconselhar alguma das partes acerca do objeto da causa ou que subministrar meios para atender às despesas do litígio;

III – **quando qualquer das partes** for sua credora ou devedora, de seu cônjuge **ou companheiro** ou de parentes destes, em linha reta até o terceiro grau, **inclusive;**

IV – interessado no julgamento do processo em favor de qualquer das partes.

§ 1º Poderá o juiz declarar-se suspeito por motivo de foro íntimo, **sem necessidade de declarar suas razões.**

§ 2º Será ilegítima a alegação de suspeição quando:

I – houver sido provocada por quem a alega;

II – a parte que a alega houver praticado ato que signifique manifesta aceitação do arguido.
> *v.* Art. 5º do NCPC.

Art. 146. No prazo de **15 (quinze) dias**, a contar do conhecimento do fato, a parte alegará o impedimento ou a suspeição, em petição específica dirigida ao juiz do processo, na qual indicará o fundamento da recusa, podendo instruí-la com documentos em que se fundar a alegação e com rol de testemunhas.

§ 1º Se reconhecer o impedimento ou a suspeição ao receber a petição, o juiz ordenará **imediatamente** a remessa dos autos a seu substituto legal, caso contrário, determinará a autuação em apartado da petição e, no prazo de **15 (quinze) dias**, apresentará suas razões, acompanhadas de documentos e de rol de testemunhas, se houver, ordenando a remessa do **incidente** ao tribunal.
> *v.* Art. 313, III do NCPC.

§ 2º Distribuído o incidente, o relator deverá declarar os seus efeitos, sendo que, se o incidente for recebido:

I – sem efeito suspensivo, o processo voltará a correr;

II – com efeito suspensivo, o processo permanecerá suspenso até o julgamento do incidente.

§ 3º Enquanto não for declarado o efeito em que é recebido o incidente ou quando este for recebido com efeito suspensivo, a tutela de urgência será requerida ao substituto legal.
> *v.* Art. 313, III, do NCPC.

§ 4º Verificando que a **alegação de impedimento ou de suspeição é improcedente, o tribunal rejeitá-la-á.**

§ 5º Acolhida a alegação, tratando-se de impedimento ou de manifesta suspeição, o tribunal condenará o juiz nas custas e remeterá os autos ao seu substituto legal, podendo o juiz recorrer da decisão.

§ 6º Reconhecido o impedimento ou a suspeição, o tribunal fixará o momento a partir do qual o juiz não poderia ter atuado.

§ 7º O tribunal decretará a nulidade dos atos do juiz, se praticados quando já presente o motivo de impedimento ou de suspeição.

Art. 147. Quando 2 (dois) ou mais juízes forem parentes, consanguíneos ou afins, em linha reta ou colateral, **até o terceiro grau**, inclusive, o primeiro que conhecer do processo impede que o outro nele **atue**, caso em que o segundo se escusará, remetendo os autos ao seu substituto legal.

→ v. Art. 128, *caput* e parágrafo único da Lei Complementar 35/1979 – Lei Orgânica da Magistratura Nacional.

Art. 148. Aplicam-se os motivos de impedimento e de suspeição:

I – ao membro do Ministério Público;

II – aos auxiliares da justiça;
→ v. Art. 149 do NCPC.

III – aos demais sujeitos imparciais do processo.
→ v. Arts. 149 e ss. 466 do NCPC.

§ 1º A parte interessada deverá arguir o impedimento ou a suspeição, em petição fundamentada e devidamente instruída, na primeira oportunidade em que lhe couber falar nos autos.
→ v. Art. 465, § 1º, I, do NCPC.

§ 2º O juiz mandará processar o incidente em separado e sem suspensão do processo, ouvindo o arguido **no prazo de 15 (quinze) dias** e facultando a produção de prova, quando necessária.

§ 3º Nos tribunais, a **arguição a que se refere o § 1º será disciplinada pelo regimento interno**.

§ 4º O disposto nos §§ 1º e 2º não se aplica à arguição de impedimento ou de suspeição de testemunha.
→ v. Arts. 447, §§ 2º e 3º e 457 do NCPC.

Capítulo III
Dos Auxiliares da Justiça

→ v. Arts. 35 a 44 da Lei 5.010/1966.

Art. 149. São auxiliares **da Justiça**, além de outros cujas atribuições sejam determinadas pelas normas de organização judiciária, o escrivão, **o chefe de secretaria**, o oficial de justiça, o perito, o depositário, o administrador, o intérprete, o **tradutor, o mediador, o conciliador judicial, o partidor, o distribuidor, o contabilista e o regulador de avarias.**

Seção I
Do Escrivão, do Chefe de Secretaria e do Oficial de Justiça

Art. 150. Em cada juízo haverá um ou mais ofícios de justiça, cujas atribuições serão determinadas pelas normas de organização judiciária.

Art. 151. Em cada comarca, seção ou subseção judiciária haverá, no mínimo, tantos oficiais de justiça quantos sejam os juízos.

Art. 152. Incumbe ao escrivão **ou** ao **chefe de secretaria:**

I – redigir, na forma legal, os ofícios, os mandados, as cartas precatórias e os **demais** atos que pertençam ao seu ofício;

II – **efetivar** as ordens judiciais, **realizar** citações e intimações, bem como praticar todos os demais atos que lhe forem atribuídos pelas normas de organização judiciária;

III – comparecer às audiências ou, não podendo fazê-lo, designar servidor para substituí-lo;

IV – manter sob sua guarda e responsabilidade os autos, não permitindo que saiam do cartório, exceto:

a) quando tenham de **seguir** à conclusão do juiz;

b) com vista a procurador, **à Defensoria Pública**, ao Ministério Público ou à Fazenda Pública;
→ v. Art. 7.º, XV e XVI, Lei 8.906/1994.

c) quando devam ser remetidos ao contabilista ou ao partidor;

d) quando forem remetidos a outro juízo em razão da modificação da competência;

V – **fornecer** certidão de qualquer ato ou termo do processo, independentemente de despacho, observadas as disposições referentes ao segredo de justiça;
→ v. Enunciado 130 do FPPC: A obtenção da certidão prevista no art. 844 independe de decisão judicial.

VI – praticar, de ofício, os atos meramente ordinatórios.

§ 1º O juiz titular editará ato a fim de regulamentar a atribuição prevista no inciso VI.

§ 2º No impedimento do escrivão **ou chefe de secretaria**, o juiz convocará substituto e, não o havendo, nomeará pessoa idônea para o ato.

Art. 153. O escrivão ou o chefe de secretaria atenderá, preferencialmente, à ordem cronológica de recebimento para publicação e efetivação dos pronunciamentos judiciais.

→ *Caput* com redação alterada pela Lei 13.256/2016, em vigor no início da vigência da Lei 13.105/2015 – Novo CPC (v. art. 4º da Lei 13.256/2016).

→ v. Art. 12 do NCPC.

→ **Anterior redação:** Art. 153. O escrivão ou chefe de secretaria deverá obedecer à ordem cronológica de recebimento para publicação e efetivação dos pronuncia-mentos judiciais.

§ 1º A lista de processos recebidos deverá ser disponibilizada, de forma permanente, para consulta pública.

§ 2º Estão excluídos da regra do *caput*:

I – os atos urgentes, assim reconhecidos pelo juiz no pronunciamento judicial a ser efetivado;

II – as preferências legais.

§ 3º Após elaboração de lista própria, respeitar-se-ão a ordem cronológica de recebimento entre os atos urgentes e as preferências legais.

§ 4º A parte que se considerar preterida na ordem cronológica poderá reclamar, nos próprios autos, ao juiz do processo, que requisitará informações ao servidor, a serem prestadas no prazo de 2 (dois) dias.

§ 5º Constatada a preterição, o juiz determinará o imediato cumprimento do ato e a instauração de processo administrativo disciplinar contra o servidor.

Art. 154. Incumbe ao oficial de justiça:
→ v. Art. 44 da Lei 5.010/1966.
→ v. Art. 37 da Lei 6.830/1980.

I – fazer pessoalmente citações, prisões, penhoras, arrestos e demais diligências próprias do seu ofício, sempre que possível na presença de 2 (duas) testemunhas, certificando no mandado o ocorrido, com menção ao lugar, ao dia e à hora;

II – executar as ordens do juiz a que estiver subordinado;

III – entregar o mandado em cartório **após** seu cumprimento;

IV – **auxiliar** o juiz na manutenção da ordem;

V – efetuar avaliações, **quando for o caso**;

VI – certificar, em mandado, proposta de autocomposição apresentada por qualquer das partes, na ocasião de realização de ato de comunicação que lhe couber.

Parágrafo único. Certificada a proposta de autocomposição prevista no inciso VI, o juiz ordenará a intimação da parte contrária para manifestar-se, no prazo de 5 (cinco) dias, sem prejuízo do andamento regular do processo, entendendo-se o silêncio como recusa.

Art. 155. O escrivão, **o chefe de secretaria** e o oficial de justiça são responsáveis, **civil e regressivamente,** quando:

I – sem justo motivo, se recusarem a cumprir no prazo os atos impostos pela lei ou pelo juiz a que estão subordinados;

II – praticarem ato nulo com dolo ou culpa.

Seção II
Do Perito

Art. 156. O juiz será assistido por perito quando a prova do fato depender de conhecimento técnico ou científico.
→ v. Art. 464 e ss. do NCPC.

§ 1º Os peritos serão **nomeados** entre os profissionais **legalmente habilitados e os órgãos técnicos ou científicos devidamente inscritos em cadastro mantido pelo tribunal ao qual o juiz está vinculado.**

§ 2º Para formação do cadastro, os tribunais devem realizar consulta pública, por meio de divulgação na rede mundial de computadores ou em jornais de grande circulação, além de consulta direta a universidades, a conselhos de classe, ao Ministério Público, à Defensoria Pública e à Ordem dos Advogados do Brasil, para a indicação de profissionais ou de órgãos técnicos interessados.

§ 3º Os tribunais realizarão avaliações e reavaliações periódicas para manutenção do cadastro, considerando a formação profissional, a atualização do conhecimento e a experiência dos peritos interessados.

§ 4º Para verificação de eventual impedimento ou motivo de suspeição, nos termos dos arts. 148 e 467, o órgão técnico ou científico nomeado para realização da perícia informará ao juiz os nomes e os dados de qualificação dos profissionais que participarão da atividade.

§ 5º Na localidade onde não houver **inscrito no cadastro disponibilizado pelo tribunal, a nomeação** do perito é de livre escolha pelo juiz **e deverá recair sobre profissional ou órgão técnico ou científico comprovadamente detentor do conhecimento necessário à realização da perícia.**

Art. 157. O perito tem o dever de cumprir o ofício **no prazo que lhe designar o juiz**, empregando toda sua diligência, podendo escusar-se do encargo alegando motivo legítimo.
→ *v.* Súmula 232 do STJ.
→ *v.* Art. 13 da Lei 6.830/1980.
→ *v.* Art. 14 do Dec.-lei 3.365/1941.
→ *v.* Arts. 148, III, 152 e 464, do NCPC.

§ 1º A escusa será apresentada **no prazo de 15 (quinze) dias**, contado da intimação, **da suspeição** ou do impedimento supervenientes, sob pena de renúncia ao direito a alegá-la.

§ 2º Será organizada lista de peritos na vara ou na secretaria, com disponibilização dos documentos exigidos para habilitação à consulta de interessados, para que a nomeação seja distribuída de modo equitativo, observadas a capacidade técnica e a área de conhecimento.

Art. 158. O perito que, por dolo ou culpa, prestar informações inverídicas responderá pelos prejuízos que causar à parte **e ficará inabilitado para atuar em outras perícias no prazo de** 2 **(dois) a** 5 **(cinco) anos, independentemente das demais sanções previstas em lei, devendo o juiz comunicar o fato ao respectivo órgão de classe para adoção das medidas que entender cabíveis.**
→ *v.* Art. 186 e 927 do CC/2002.
→ *v.* Art. 342 do CP.

Seção III
Do Depositário e do Administrador

Art. 159. A guarda e a conservação de bens penhorados, arrestados, sequestrados ou arrecadados serão confiadas a depositário ou a administrador, não dispondo a lei de outro modo.
→ *v.* Súmulas 179, 271 e 319 do STJ.

Art. 160. Por seu trabalho o depositário ou o administrador perceberá remuneração que o juiz fixará levando em conta a situação dos bens, ao tempo do serviço e às dificuldades de sua execução.

Parágrafo único. O juiz poderá nomear um ou mais prepostos por indicação do depositário ou do administrador.

Art. 161. O depositário ou o administrador responde pelos prejuízos que, por dolo ou culpa, causar à parte, perdendo a remuneração que lhe foi arbitrada, mas tem o direito a haver o que legitimamente despendeu no exercício do encargo.
→ *v.* Art. 168, § 1º, II, do CP.

Parágrafo único. O depositário infiel responde civilmente pelos prejuízos causados, sem prejuízo de sua responsabilidade penal e da imposição de sanção por ato atentatório à dignidade da justiça.
→ *v.* Súmula Vinculante 25 do STF.
→ *v.* Art. 186 e 927 do CC/2002.
→ *v.* Art. 5º, LXVII, da CF/1988.
→ *v.* Art. 7º, 7 da Convenção Americana sobre Direitos Humanos.

Seção IV
Do Intérprete **e do Tradutor**

Art. 162. O juiz nomeará intérprete ou tradutor quando necessário para:

I – **traduzir** documento redigido em língua estrangeira;
II – verter para o português as declarações das partes e das testemunhas que não conhecerem o idioma nacional;
III – **realizar a interpretação simultânea dos depoimentos das partes e testemunhas com deficiência auditiva que se comuniquem por meio da Língua Brasileira de Sinais, ou equivalente, quando assim for solicitado.**

Art. 163. Não pode ser intérprete **ou tradutor** quem:
I – não tiver a livre administração de seus bens;
II – for arrolado como testemunha ou **atuar** como perito no processo;
III – estiver inabilitado para o exercício da profissão por sentença penal condenatória, enquanto durarem seus efeitos.

Art. 164. O intérprete **ou tradutor**, oficial ou não, é obrigado a desempenhar seu ofício, aplicando-se-lhe o disposto nos arts. 157 e 158.

Seção V
Dos Conciliadores e Mediadores Judiciais

→ *v.* Lei 9.099/1995 – Dispõe sobre os Juizados Especiais Cíveis e Criminais e dá outras providências.
→ *v.* Lei 10.529/2001 – Dispõe sobre a instituição dos Juizados Especiais Cíveis e Criminais no âmbito da Justiça Federal.
→ *v.* Lei 12.153/2009 – Dispõe sobre os Juizados Especiais da Fazenda Pública no âmbito dos Estados, do Distrito Federal, dos Territórios e dos Municípios.
→ *v.* Lei 13.140/2015 - Dispõe sobre a mediação entre particulares como meio de solução de controvérsias e sobre a autocomposição de conflitos no âmbito da administração pública.

Art. 165. Os tribunais criarão centros judiciários de solução consensual de conflitos, responsáveis pela realização de sessões e audiências de conciliação e mediação, e pelo desenvolvimento de programas destinados a auxiliar, orientar e estimular a autocomposição.
→ *v.* Art. 7º da Lei 9.099/1995.
→ *v.* Enunciado 371 do FPPC: Os métodos de solução consensual de conflitos devem ser estimulados também nas instâncias recursais.
→ *v.* Enunciado 397 do FPPC: A estrutura para autocomposição, nos Juizados Especiais, deverá contar com a conciliação e a mediação.

§ 1º A composição e a organização dos centros serão definidas pelo respectivo tribunal, observadas as normas do Conselho Nacional de Justiça.
→ *v.* Art. 103-B da CF/1998.
→ *v.* Resolução CNJ 2/2005 –Regimento interno do CNJ.
→ *v.* Resolução CNJ 125/2010 – Dispõe sobre a Política Judiciária Nacional de tratamento adequado dos conflitos de interesses no âmbito do Poder Judiciário e dá outras providências.

§ 2º O conciliador, que atuará preferencialmente nos casos em que não houver vínculo anterior entre as partes, poderá sugerir soluções para o litígio, sendo vedada a utilização de qualquer tipo de constrangimento ou intimidação para que as partes concibem.
→ *v.* Art. 18 da Lei 10.529/2001.
→ *v.* Art. 15 da Lei 12.153/2009.
→ *v.* Enunciado 187 do FPPC: No emprego de esforços para a solução consensual do litígio familiar, são vedadas iniciativas de constrangimento ou intimidação para que as partes conciliem, assim como as de aconselhamento sobre o objeto da causa.

§ 3º O mediador, que atuará preferencialmente nos casos em que houver vínculo anterior entre as partes, auxiliará aos interessados a compreender as questões e os interesses em conflito, de modo que eles possam, pelo restabelecimento da comunicação, identificar, por si próprios, soluções consensuais que gerem benefícios mútuos.

Art. 166. A conciliação e a mediação são informadas pelos princípios da independência, da imparcialidade, da autonomia da vontade, da confidencialidade, da oralidade, da informalidade e da decisão informada.
→ *v.* Art. 35 da LC 35/1979.
→ *v.* Art. 2º da Lei 9.099/1995.
→ *v.* art. 2º da Lei 13.140/2015.
→ *v.* Enunciado 187 do FPPC: No emprego de esforços para a solução consensual do litígio familiar, são vedadas iniciativas de constrangimento ou intimidação para que as partes conciliem, assim como as de aconselhamento sobre o objeto da causa.

§ 1º A confidencialidade estende-se a todas as informações produzidas no curso do procedimento, cujo teor não poderá ser utilizado para fim diverso daquele previsto por expressa deliberação das partes.
→ *v.* Enunciado 14 do CEAPRO: O juiz deve estimular a adoção da autocomposição, sendo a ele vedada a condução da sessão consensual por força dos princípios da imparcialidade e confidencialidade.

§ 2º Em razão do dever de sigilo, inerente às suas funções, o conciliador e o mediador, assim como os membros de suas equipes, não poderão divulgar ou depor acerca de fatos ou elementos oriundos da conciliação ou da mediação.

§ 3º Admite-se a aplicação de técnicas negociais, com o objetivo de proporcionar ambiente favorável à autocomposição.

§ 4º A mediação e a conciliação serão regidas conforme a livre autonomia dos interessados, inclusive no que diz respeito à definição das regras procedimentais.

Art. 167. Os conciliadores, os mediadores e as câmaras privadas de conciliação e mediação serão inscritos em cadastro nacional e em cadastro de tribunal de justiça ou de tribunal regional federal, que manterá registro de profissionais habilitados, com indicação de sua área profissional.
→ *v.* arts. 11 e 12 da Lei 13.140/2015.

§ 1º Preenchendo o requisito da capacitação mínima, por meio de curso realizado por entidade credenciada, conforme parâmetro curricular definido pelo Conselho Nacional de Justiça em conjunto com o Ministério da Justiça, o conciliador ou o mediador, com o respectivo certificado, poderá requerer sua inscrição no cadastro nacional e no cadastro de tribunal de justiça ou de tribunal regional federal.

§ 2º Efetivado o registro, que poderá ser precedido de concurso público, o tribunal remeterá ao diretor do foro da comarca, seção ou subseção judiciária onde atuará o conciliador ou o mediador os dados necessários para que seu nome passe a constar da respectiva lista, a ser observada na distribuição alternada e aleatória, respeitado o princípio da igualdade dentro da mesma área de atuação profissional.

→ v. Art. 37, II, da CF/1988.

§ 3º Do credenciamento das câmaras e do cadastro de conciliadores e mediadores constarão todos os dados relevantes para a sua atuação, tais como o número de processos de que participou, o sucesso ou insucesso da atividade, a matéria sobre a qual versou a controvérsia, bem como outros dados que o tribunal julgar relevantes.

§ 4º Os dados colhidos na forma do § 3º serão classificados sistematicamente pelo tribunal, que os publicará, ao menos anualmente, para conhecimento da população e para fins estatísticos e de avaliação da conciliação, da mediação, das câmaras privadas de conciliação e de mediação, dos conciliadores e dos mediadores.

§ 5º Os conciliadores e mediadores judiciais cadastrados na forma do *caput*, se advogados, estarão impedidos de exercer a advocacia nos juízos em que desempenhem suas funções.

→ v. Art. 7º, parágrafo único, da Lei 9.099/1995.
→ v. Art. 15, § 2º, da Lei 12.153/2009.
→ v. Art. 30 da Lei 8.906/1994.
→ v. Enunciado 60 da ENFAM: À sociedade de advogados a que pertença o conciliador ou mediador aplicam-se os impedimentos de que tratam os arts. 167, § 5º, e 172 do CPC/2015.

§ 6º O tribunal poderá optar pela criação de quadro próprio de conciliadores e mediadores, a ser preenchido por concurso público de provas e títulos, observadas as disposições deste Capítulo.

→ v. Art. 169 do NCPC.

Art. 168. As partes podem escolher, de comum acordo, o conciliador, o mediador ou a câmara privada de conciliação e de mediação.

§ 1º O conciliador ou mediador escolhido pelas partes poderá ou não estar cadastrado no tribunal.

§ 2º Inexistindo acordo quanto à escolha do mediador ou conciliador, haverá distribuição entre aqueles cadastrados no registro do tribunal, observada a respectiva formação.

§ 3º Sempre que recomendável, haverá a designação de mais de um mediador ou conciliador.

Art. 169. Ressalvada a hipótese do art. 167, § 6º, o conciliador e o mediador receberão pelo seu trabalho remuneração prevista em tabela fixada pelo tribunal, conforme parâmetros estabelecidos pelo Conselho Nacional de Justiça.

→ v. art. 13 da Lei 13.140/2015.

§ 1º A mediação e a conciliação podem ser realizadas como trabalho voluntário, observada a legislação pertinente e a regulamentação do tribunal.

§ 2º Os tribunais determinarão o percentual de audiências não remuneradas que deverão ser suportadas pelas câmaras privadas de conciliação e mediação, com o fim de atender aos processos em que deferida gratuidade da justiça, como contrapartida de seu credenciamento.

Art. 170. No caso de impedimento, o conciliador ou mediador o comunicará imediatamente, de preferência por meio eletrônico, e devolverá os autos ao juiz do processo ou ao coordenador do centro judiciário de solução de conflitos, devendo este realizar nova distribuição.

→ v. Arts. 144 e 148 do NCPC.

Parágrafo único. Se a causa de impedimento for apurada quando já iniciado o procedimento, a atividade será interrompida, lavrando-se ata com relatório do ocorrido e solicitação de distribuição para novo conciliador ou mediador.

Art. 171. No caso de impossibilidade temporária do exercício da função, o conciliador ou mediador informará o fato ao centro, preferencialmente por meio eletrônico, para que, durante o período em que perdurar a impossibilidade, não haja novas distribuições.

Art. 172. O conciliador e o mediador ficam impedidos, pelo prazo de 1 (um) ano, contado do término da última audiência em que atuaram, de assessorar, representar ou patrocinar qualquer das partes.

→ v. Enunciado 60 da ENFAM: À sociedade de advogados a que pertença o conciliador ou mediador aplicam-se os impedimentos de que tratam os arts. 167, § 5º, e 172 do CPC/2015.

Art. 173. Será excluído do cadastro de conciliadores e mediadores aquele que:

I – agir com dolo ou culpa na condução da conciliação ou da mediação sob sua responsabilidade ou violar qualquer dos deveres decorrentes do art. 166, §§ 1º e 2º;

II – atuar em procedimento de mediação ou conciliação, apesar de impedido ou suspeito.

§ 1º Os casos previstos neste artigo serão apurados em processo administrativo.

§ 2º O juiz do processo ou o juiz coordenador do centro de conciliação e mediação, se houver, verificando atuação inadequada do mediador ou conciliador, poderá afastá-lo de suas atividades por até 180 (cento e oitenta) dias, por decisão fundamentada, informando o fato imediatamente ao tribunal para instauração do respectivo processo administrativo.

Art. 174. A União, os Estados, o Distrito Federal e os Municípios criarão câmaras de mediação e conciliação, com atribuições relacionadas à solução consensual de conflitos no âmbito administrativo, tais como:

→ v. Resolução CNJ 125/2010 – Dispõe sobre a Política Judiciária Nacional de tratamento adequado dos conflitos de interesses no âmbito do Poder Judiciário e dá outras providências.
→ v. Art. 2º, II, c, 6, do Decreto 7.392/2010.
→ v. Enunciado 398 do FPPC: As câmaras de mediação e conciliação têm competência para realização da conciliação, no âmbito administrativo, de conflitos judiciais e extrajudiciais.
→ v. Enunciado 571 do FPPC: A previsão no edital de licitação não é pressuposto para que a Administração Pública e o contratado celebrem convenção arbitral.
→ v. Enunciado 572 do FPPC: A Administração Pública direta ou indireta pode submeter-se a uma arbitragem ad hoc ou institucional.

I – dirimir conflitos envolvendo órgãos e entidades da administração pública;

II – avaliar a admissibilidade dos pedidos de resolução de conflitos, por meio de conciliação, no âmbito da administração pública;

III – promover, quando couber, a celebração de termo de ajustamento de conduta.

→ v. Art. 5º da Lei 7.347/1985.

Art. 175. As disposições desta Seção não excluem outras formas de conciliação e mediação extrajudiciais vinculadas a órgãos institucionais ou realizadas por intermédio de profissionais independentes, que poderão ser regulamentadas por lei específica.

Parágrafo único. Os dispositivos desta Seção aplicam-se, no que couber, às câmaras privadas de conciliação e mediação.

TÍTULO V
Do Ministério Público

→ v. Lei 8.625/1993 – Lei Orgânica Nacional do Ministério Público.
→ v. LC 75/1993 – Estatuto do Ministério Público da União.

Art. 176. O Ministério Público atuará na defesa da ordem jurídica, do regime democrático e dos interesses e direitos sociais e individuais indisponíveis.

→ v. Art. 127 da CF/1988.
→ v. Arts. 22, 28, § 1º, 50, 65, parágrafo único, 166, 553, parágrafo único, 1.037, 1.497, § 1º, 1.549, 1.637, 1.692, 1.768, III, e 1.769, do CC/2002.
→ v. Arts. 51, § 4º, e 82, I, do CDC.
→ v. Art. 5º, I, da Lei 7.347/1985.

Art. 177. O Ministério Público exercerá o direito de ação **em conformidade com suas atribuições constitucionais.**

→ v. Art. 129 da CF/1988.

Art. 178. O Ministério Público será intimado para, no prazo de 30 (trinta) dias, intervir **como fiscal da ordem jurídica** nas hipóteses previstas em lei ou na Constituição Federal e nos processos que envolvam:

I – interesse público ou social;

II – interesse de incapaz;

→ v. Arts. 3º e 4º, do CC/2002.

III – litígios coletivos pela posse de terra rural ou urbana.

Parágrafo único. A participação da Fazenda Pública não configura, por si só, hipótese de intervenção do Ministério Público.

Art. 179. Nos casos de intervenção como **fiscal da ordem jurídica,** o Ministério Público:

→ v. Enunciado 467 do FPPC: O Ministério Público deve ser obrigatoriamente intimado no incidente de assunção de competência.

I – terá vista dos autos depois das partes, sendo intimado de todos os atos do processo;

II – poderá produzir provas, requerer as medidas **processuais pertinentes e recorrer.**

Art. 180. O Ministério Público gozará de prazo em dobro para manifestar-se nos autos, que terá início a partir de sua intimação pessoal, nos termos do art. 183, § 1º.

→ v. Art. 41, IV, da Lei 8.625/1993.
→ v. Enunciado 399 do FPPC: Os arts. 180 e 183 somente se aplicam aos prazos que se iniciarem na vigência do CPC de 2015, aplicando-se a regulamentação anterior aos prazos iniciados sob a vigência do CPC de 1973 do FPPC.

§ 1º Findo o prazo para manifestação do Ministério Público sem o oferecimento de parecer, o juiz requisitará os autos e dará andamento ao processo.

§ 2º Não se aplica o benefício da contagem em dobro quando a lei estabelecer, de forma expressa, prazo próprio para o Ministério Público.
- → v. Art. 198, II, do ECA.

Art. 181. O **membro** do Ministério Público será civil e **regressivamente** responsável quando agir com dolo ou fraude no exercício de suas funções.
- → v. Art. 186 e 927 do CC/2002.
- → v. Art. 125, II do NCPC.

TÍTULO VI
DA ADVOCACIA PÚBLICA

- → v. arts. 131 e 132 da CF/1988.

Art. 182. Incumbe à Advocacia Pública, na forma da lei, defender e promover os interesses públicos da União, dos Estados, do Distrito Federal e dos Municípios, por meio da representação judicial, em todos os âmbitos federativos, das pessoas jurídicas de direito público que integram a administração direta e indireta.
- → v. Art. 186 e 927 do CC/2002.
- → v. Art. 125, II do NCPC.

Art. 183. A União, os Estados, o Distrito Federal, os Municípios e suas respectivas autarquias e fundações de direito público gozarão de prazo em dobro para todas as suas manifestações processuais, cuja contagem terá início a partir da intimação pessoal.
- → v. Enunciado 399 do FPPC: Os arts. 180 e 183 somente se aplicam aos prazos que se iniciarem na vigência do CPC de 2015, aplicando-se a regulamentação anterior aos prazos iniciados sob a vigência do CPC de 1973 do FPPC.
- → v. Enunciado 400 do FPPC: O art. 183 se aplica aos processos que tramitam em autos eletrônicos.

§ 1º A intimação pessoal far-se-á por carga, remessa ou meio eletrônico.
- → v. Art. 5º, § 6º da Lei 11.419/2006.
- → v. Enunciado 401 do FPPC: Para fins de contagem de prazo da Fazenda Pública nos processos que tramitam em autos eletrônicos, não se considera como intimação pessoal a publicação pelo Diário da Justiça Eletrônico.

§ 2º Não se aplica o benefício da contagem em dobro quando a lei estabelecer, de forma expressa, prazo próprio para o ente público.

Art. 184. O membro da Advocacia Pública será civil e regressivamente responsável quando agir com dolo ou fraude no exercício de suas funções.
- → v. Art. 9º da Lei 10.259/2001.
- → v. Art. 7º da Lei 12.153/2009.

TÍTULO VII
DA DEFENSORIA PÚBLICA

- → V. Art. 134 da CF/1988.
- → v. LC 80/1994 – Organiza a Defensoria Pública da União, do Distrito Federal e dos Territórios e prescreve normas gerais para sua organização nos Estados.

Art. 185. A Defensoria Pública exercerá a orientação jurídica, a promoção dos direitos humanos e a defesa dos direitos individuais e coletivos dos necessitados, em todos os graus, de forma integral e gratuita.

- → v. Art. 5º, II da Lei 7.347/1985.

Art. 186. A Defensoria Pública gozará de prazo em dobro para todas as suas manifestações processuais.
- → v. Arts. 44, I, 88, I, e 128, I, da LC 80/1994.

§ 1º O prazo tem início com a intimação pessoal do defensor público, nos termos do art. 183, § 1º.
- → v. Arts. 44, I, 88, I, e 128, I, da LC 80/1994.

§ 2º A requerimento da Defensoria Pública, o juiz determinará a intimação pessoal da parte patrocinada quando o ato processual depender de providência ou informação que somente por ela possa ser realizada ou prestada.

§ 3º O disposto no *caput* aplica-se aos escritórios de prática jurídica das faculdades de Direito reconhecidas na forma da lei e às entidades que prestam assistência jurídica gratuita em razão de convênios firmados com a Defensoria Pública.

§ 4º Não se aplica o benefício da contagem em dobro quando a lei estabelecer, de forma expressa, prazo próprio para a Defensoria Pública.

Art. 187. O membro da Defensoria Pública será civil e regressivamente responsável quando agir com dolo ou fraude no exercício de suas funções.
- → v. Art. 186 e 927 do CC/2002.
- → v. Art. 125, II do NCPC.

LIVRO IV
DOS ATOS PROCESSUAIS

TÍTULO I
DA FORMA, DO TEMPO E DO LUGAR DOS ATOS PROCESSUAIS

CAPÍTULO I
Da Forma dos Atos Processuais

Seção I
Dos Atos em Geral

Art. 188. Os atos e os termos processuais independem de forma determinada, salvo quando a lei expressamente a exigir, considerando-se válidos os que, realizados de outro modo, lhe preencham a finalidade essencial.
- → v. MP 2.220/2001-2 – Institui a Infraestrutura de Chaves Públicas Brasileira – ICP – Brasil, transforma o Instituto Nacional de Tecnologia da Informação em autarquia, e dá outras providências.

Art. 189. Os atos processuais são públicos, todavia tramitam em segredo de justiça os processos:
- → v. Art. 5º, LX, da CF/1988.
- → v. Enunciado 15 do FPPC: As arbitragens que envolvem a Administração Pública respeitarão o princípio da publicidade, observadas as exceções legais (vide art. 2º, § 3º, do Projeto 406/2013).
- → v. Enunciado 265 do FPPC: É possível haver documentos transitoriamente confidenciais no processo eletrônico.

I – em que o exija o interesse público **ou social**;
- → v. Art. 5º, XXXIII, da CF/1988.

II – que versem sobre casamento, **separação de corpos, divórcio,** separação, **união estável**, filiação, alimentos e guarda de crianças e adolescentes;

- → v. Arts. 1.511 e ss. do CC/2002.
- → v. Arts. 1.579 e ss. do CC/2002.
- → v. Art. 226, § 6º da CF/1988.
- → v. Arts. 1.723 e ss. do CC/2002.
- → v. Arts. 1.596 e ss. do CC/2002.
- → v. Arts. 1.694 e ss. do CC/2002.
- → v. Arts. 1.583 e ss. do CC/2002.

III – em que constem dados protegidos pelo direito constitucional à intimidade;
- → v. Art. 5º, X e LX, da CF/1988.

IV – que versem sobre arbitragem, inclusive sobre cumprimento de carta arbitral, desde que a confidencialidade estipulada na arbitragem seja comprovada perante o juízo.
- → v. Lei 9.307/1996 – Dispõe sobre Arbitragem.
- → v. Enunciado 13 do FPPC: O disposto no inciso IV do art. 189 abrange todo e qualquer ato judicial relacionado à arbitragem, desde que a confidencialidade seja comprovada perante o Poder Judiciário, ressalvada em qualquer caso a divulgação das decisões, preservada a identidade das partes e os fatos da causa que as identifiquem.

§ 1º O direito de consultar os autos de **processo que tramite em segredo de justiça e** de pedir certidões de seus atos é restrito às partes e aos seus procuradores.

§ 2º O terceiro que demonstrar interesse jurídico pode requerer ao juiz certidão do dispositivo da sentença, bem como de inventário e de partilha resultantes de **divórcio ou separação**.

Art. 190. Versando o processo sobre direitos que admitam autocomposição, é lícito às partes plenamente capazes estipular mudanças no procedimento para ajustá-lo às especificidades da causa e convencionar sobre os seus ônus, poderes, faculdades e deveres processuais, antes ou durante o processo.
- → v. Enunciado 36 da ENFAM: A regra do art. 190 do CPC/2015 não autoriza às partes a celebração de negócios jurídicos processuais atípicos que afetem poderes e deveres do juiz, tais como os que: a) limitem seus poderes de instrução ou de sanção à litigância ímproba; b) subtraiam do Estado/juiz o controle da legitimidade das partes ou do ingresso de *amicus curiae*; c) introduzam novas hipóteses de recorribilidade, de rescisória ou de sustentação oral não previstas em lei; d) estipulem o julgamento do conflito com base em lei diversa da nacional vigente; e e) estabeleçam prioridade de julgamento não prevista em lei.
- → v. Enunciado 37 da ENFAM: São nulas, por ilicitude do objeto, as convenções processuais que violem as garantias constitucionais do processo, tais como as que: a) autorizem o uso de prova ilícita; b) limitem a publicidade do processo para além das hipóteses expressamente previstas em lei; c) modifiquem o regime de competência absoluta; e d) dispensem o dever de motivação.
- → v. Enunciado 38 da ENFAM: Somente partes absolutamente capazes podem celebrar convenção pré-processual atípica (arts. 190 e 191 do CPC/2015).
- → v. Enunciado 40 da ENFAM: Incumbe ao recorrente demonstrar que o argumento reputado omitido é capaz de infirmar a conclusão adotada pelo órgão julgador.
- → v. Enunciado 41 da ENFAM: Por compor a estrutura do julgamento, a ampliação do prazo de sustentação oral não pode ser objeto de negócio jurídico entre as partes.
- → v. Enunciado 42 da ENFAM: Não será declarada a nulidade sem que tenha sido demonstrado o efetivo prejuízo por ausência de análise de argumento deduzido pela parte.

→ v. Enunciado 6 do FPPC: O negócio jurídico processual não pode afastar os deveres inerentes à boa-fé e à cooperação.

→ v. Enunciado 16 do FPPC: O controle dos requisitos objetivos e subjetivos de validade da convenção de procedimento deve ser conjugado com a regra segundo a qual não há invalidade do ato sem prejuízo.

→ v. Enunciado 17 do FPPC: As partes podem, no negócio processual, estabelecer outros deveres e sanções para o caso do descumprimento da convenção.

→ v. Enunciado 18 do FPPC: Há indício de vulnerabilidade quando a parte celebra acordo de procedimento sem assistência técnico-jurídica.

→ v. Enunciado 19 do FPPC: São admissíveis os seguintes negócios processuais, dentre outros: pacto de impenhorabilidade, acordo de ampliação de prazos das partes de qualquer natureza, acordo de rateio de despesas processuais, dispensa consensual de assistente técnico, acordo para retirar o efeito suspensivo da apelação, acordo para não promover execução provisória.

→ v. Enunciado 20 do FPPC: Não são admissíveis os seguintes negócios bilaterais, dentre outros: acordo para modificação da competência absoluta, acordo para supressão da 1ª instância.

→ v. Enunciado 21 do FPPC: São admissíveis os seguintes negócios, dentre outros: acordo para realização de sustentação oral, acordo para ampliação do tempo de sustentação oral, julgamento antecipado da lide convencional, convenção sobre prova, redução de prazos processuais.

→ v. Enunciado 115 do FPPC: O negócio jurídico celebrado nos termos do art. 190 obriga herdeiros e sucessores.

→ v. Enunciado 131 do FPPC: Aplica-se ao processo do trabalho o disposto no art. 190 no que se refere à flexibilidade do procedimento por proposta das partes, inclusive quanto aos prazos.

→ v. Enunciado 132 do FPPC: Além dos defeitos processuais, os vícios da vontade e os vícios sociais podem dar ensejo à invalidação dos negócios jurídicos atípicos do art. 190.

→ v. Enunciado 133 do FPPC: Salvo nos casos expressamente previstos em lei, os negócios processuais do art. 190 não dependem de homologação judicial.

→ v. Enunciado 134 do FPPC: Negócio jurídico processual pode ser invalidado parcialmente.

→ v. Enunciado 135 do FPPC: A indisponibilidade do direito material não impede, por si só, a celebração de negócio jurídico processual.

→ v. Enunciado 252 do FPPC: O descumprimento de uma convenção processual válida é matéria cujo conhecimento depende de requerimento.

→ v. Enunciado 253 do FPPC: O Ministério Público pode celebrar negócio processual quando atua como parte.

→ v. Enunciado 254 do FPPC: É inválida a convenção para excluir a intervenção do Ministério Público como fiscal da ordem jurídica.

→ v. Enunciado 255 do FPPC: É admissível a celebração de convenção processual coletiva.

→ v. Enunciado 256 do FPPC: A Fazenda Pública pode celebrar negócio jurídico processual.

→ v. Enunciado 257 do FPPC: O art. 190 autoriza que as partes tanto estipulem mudanças do procedimento quanto convencionem sobre os seus ônus, poderes, faculdades e deveres processuais.

→ v. Enunciado 258 do FPPC: As partes podem convencionar sobre seus ônus, poderes, faculdades e deveres processuais, ainda que essa convenção não importe ajustes às especificidades da causa.

→ v. Enunciado 259 do FPPC: A decisão referida no parágrafo único do art. 190 depende de contraditório prévio.

→ v. Enunciado 402 do FPPC: A eficácia dos negócios processuais para quem deles não fez parte depende de sua anuência, quando lhe puder causar prejuízo.

→ v. Enunciado 403 do FPPC: A validade do negócio jurídico processual, requer agente capaz, objeto lícito, possível, determinado ou determinável e forma prescrita ou não defesa em lei.

→ v. Enunciado 404 do FPPC: Nos negócios processuais, atender-se-á mais à intenção consubstanciada na manifestação de vontade do que ao sentido literal da linguagem.

→ v. Enunciado 405 do FPPC: Os negócios jurídicos processuais devem ser interpretados conforme a boa-fé e os usos do lugar de sua celebração.

→ v. Enunciado 406 do FPPC: Os negócios jurídicos processuais benéficos e a renúncia a direitos processuais interpretam-se estritamente.

→ v. Enunciado 407 do FPPC: Nos negócios processuais, as partes e o juiz são obrigados a guardar nas tratativas, na conclusão e na execução do negócio o princípio da boa-fé.

→ v. Enunciado 408 do FPPC: Quando houver no contrato de adesão negócio jurídico processual com previsões ambíguas ou contraditórias, dever-se-á adotar a interpretação mais favorável ao aderente.

→ v. Enunciado 409 do FPPC: A convenção processual é autônoma em relação ao negócio em que estiver inserta, de tal sorte que a invalidade deste não implica necessariamente a invalidade da convenção processual.

→ v. Enunciado 410 do FPPC: Aplica-se o Art. 142 do CPC ao controle de validade dos negócios jurídicos processuais.

→ v. Enunciado 411 do FPPC: O negócio processual pode ser distratado.

→ v. Enunciado 412 do FPPC: A aplicação de negócio processual em determinado processo judicial não impede, necessariamente, que da decisão do caso possa vir a ser formado precedente.

→ v. Enunciado 413 do FPPC: O negócio jurídico processual pode ser celebrado no sistema dos juizados especiais, desde que observado o conjunto dos princípios que o orienta, ficando sujeito a controle judicial na forma do parágrafo único do art. 190 do CPC.

→ v. Enunciado 490 do FPPC: São admissíveis os seguintes negócios processuais, entre outros: pacto de inexecução parcial ou total de multa coercitiva; pacto de alteração de ordem de penhora; pré-indicação de bem penhorável preferencial (art. 848, II); pré-fixação de indenização por dano processual prevista nos arts. 81, § 3º, 520, inc. I, 297, parágrafo único (cláusula penal processual); negócio de anuência prévia para aditamento ou alteração do pedido ou da causa de pedir até o saneamento (art. 329, inc. II).

→ v. Enunciado 491 do FPPC: É possível negócio jurídico processual que estipule mudanças no procedimento das intervenções de terceiros, observada a necessidade de anuência do terceiro quando lhe puder causar prejuízo.

→ v. Enunciado 492 do FPPC: O pacto antenupcial e o contrato de convivência podem conter negócios processuais.

→ v. Enunciado 493 do FPPC: O negócio processual celebrado ao tempo do CPC-1973 é aplicável após o início da vigência do CPC-2015 do FPPC.

→ v. Enunciado 494 do FPPC: A admissibilidade de autocomposição não é requisito para o calendário processual.

Parágrafo único. De ofício ou a requerimento, o juiz controlará a validade das convenções previstas neste artigo, recusando-lhes aplicação somente nos casos de nulidade ou de inserção abusiva em contrato de adesão ou em que alguma parte se encontre em manifesta situação de vulnerabilidade.

Art. 191. De comum acordo, o juiz e as partes podem fixar calendário para a prática dos atos processuais, quando for o caso.

→ v. Enunciado 299 do FPPC: O juiz pode designar audiência também (ou só) com objetivo de ajustar com as partes a fixação de calendário para fase de instrução e decisão.

§ 1º O calendário vincula as partes e o juiz, e os prazos nele previstos somente serão modificados em casos excepcionais, devidamente justificados.

→ v. Enunciado 414 do FPPC: O disposto no § 1º do artigo 191 refere-se ao juízo.

§ 2º Dispensa-se a intimação das partes para a prática de ato processual ou a realização de audiência cujas datas tiverem sido designadas no calendário.

Art. 192. Em todos os atos e termos do processo é obrigatório o uso **da língua portuguesa.**

Parágrafo único. O documento redigido em língua estrangeira somente poderá ser juntado aos autos quando acompanhado de versão **para a língua portuguesa tramitada por via diplomática ou pela autoridade central,** ou firmada por tradutor juramentado.

Seção II
Da Prática Eletrônica de Atos Processuais

→ v. Lei 11.419/2006 – Dispõe sobre a informatização do processo judicial e dá outras providências.

Art. 193. Os atos processuais podem ser total ou parcialmente digitais, de forma a permitir que sejam produzidos, comunicados, armazenados e validados por meio eletrônico, na forma da lei.

Parágrafo único. O disposto nesta Seção aplica-se, no que for cabível, à prática de atos notariais e de registro.

→ v. Lei 6.015/1973 – Dispõe sobre os registros públicos, e dá outras providências.

Art. 194. Os sistemas de automação processual respeitarão a publicidade dos atos, o acesso e a participação das partes e de seus procuradores, inclusive nas audiências e sessões de julgamento, observadas as garantias da disponibilidade, independência da plataforma computacional, acessibilidade e interoperabilidade dos sistemas, serviços, dados e informações que o Poder Judiciário administre no exercício de suas funções.

→ v. Enunciado 263 do FPPC: A mera juntada de decisão aos autos eletrônicos não necessariamente lhe confere publicidade em relação a terceiros.

→ v. Enunciado 264 do FPPC: Salvo hipóteses de segredo de justiça, nos processos em que se realizam intimações exclusivamente por portal eletrônico, deve ser garantida ampla publicidade aos autos eletrônicos, assegurado o acesso a qualquer um.

→ v. Enunciado 265 do FPPC: É possível haver documentos transitoriamente confidenciais no processo eletrônico.

Art. 195. O registro de ato processual eletrônico deverá ser feito em padrões abertos, que atenderão aos requisitos de autenticidade, integridade, temporalidade, não repúdio, conservação e, nos casos que tramitem em segredo de justiça, confidencialidade, observada a infraestrutura de chaves públicas unificada nacionalmente, nos termos da lei.

Art. 196. Compete ao Conselho Nacional de Justiça e, supletivamente, aos tribunais, regulamentar a prática e a comunicação oficial de atos processuais por meio eletrônico e velar pela compatibilidade dos sistemas, disciplinando a incorporação progressiva de novos avanços tecnológicos e editando, para esse fim, os atos que forem necessários, respeitadas as normas fundamentais deste Código.

→ *v.* Resolução 185/2013 do CNJ – Institui o Sistema Processo Judicial Eletrônico – PJe como sistema de processamento de informações e prática de atos processuais e estabelece os parâmetros para sua implementação e funcionamento.

Art. 197. Os tribunais divulgarão as informações constantes de seu sistema de automação em página própria na rede mundial de computadores, gozando a divulgação de presunção de veracidade e confiabilidade.

Parágrafo único. Nos casos de problema técnico do sistema e de erro ou omissão do auxiliar da justiça responsável pelo registro dos andamentos, poderá ser configurada a justa causa prevista no art. 223, *caput* e § 1º.

→ *v.* Art. 10, § 2º, da Lei 11.419/2006.

Art. 198. As unidades do Poder Judiciário deverão manter gratuitamente, à disposição dos interessados, equipamentos necessários à prática de atos processuais e à consulta e ao acesso ao sistema e aos documentos dele constantes.

Parágrafo único. Será admitida a prática de atos por meio não eletrônico no local onde não estiverem disponibilizados os equipamentos previstos no *caput*.

Art. 199. As unidades do Poder Judiciário assegurarão às pessoas com deficiência acessibilidade aos seus sítios na rede mundial de computadores, ao meio eletrônico de prática de atos judiciais, à comunicação eletrônica dos atos processuais e à assinatura eletrônica.

Seção III
Dos Atos das Partes

Art. 200. Os atos das partes consistentes em declarações unilaterais ou bilaterais de vontade produzem imediatamente a constituição, modificação ou extinção de direitos processuais.

→ *v.* Enunciado 133 do FPPC: Salvo nos casos expressamente previstos em lei, os negócios processuais do art. 190 não dependem de homologação judicial.

→ *v.* Enunciado 495 do FPPC: O distrato do negócio processual homologado por exigência legal depende de homologação.

Parágrafo único. A desistência da ação só produzirá efeitos após **homologação judicial**.

→ *v.* Art. 485, VIII do NCPC.

Art. 201. As partes poderão exigir recibo de petições, arrazoados, papéis e documentos que entregarem em cartório.

Art. 202. É **vedado** lançar nos autos cotas marginais ou interlineares, as quais o juiz mandará riscar, impondo a quem as escrever multa correspondente à metade do salário mínimo.

Seção IV
Dos Pronunciamentos do Juiz

Art. 203. Os **pronunciamentos** do juiz consistirão em sentenças, decisões interlocutórias e despachos.

§ 1º **Ressalvadas as disposições expressas** dos **procedimentos especiais**, sentença é o pronunciamento por meio do qual o juiz, **com fundamento nos arts. 485** e **487, põe fim à fase cognitiva do procedimento comum, bem como extingue a execução**.

§ 2º Decisão interlocutória **é todo pronunciamento judicial de natureza decisória que não se enquadre no § 1º**.

→ *v.* Enunciado 103 do FPPC: A decisão parcial proferida no curso do processo com fundamento no art. 487, I, sujeita-se a recurso de agravo de instrumento.

§ 3º São despachos todos os demais **pronunciamentos** do juiz praticados no processo, de ofício ou a requerimento da parte.

§ 4º Os atos meramente ordinatórios, como a juntada e a vista obrigatória, independem de despacho, devendo ser praticados de ofício pelo servidor e revistos pelo juiz quando necessário.

Art. 204. Acórdão é o julgamento **colegiado** proferido pelos tribunais.

Art. 205. Os despachos, as decisões, as sentenças e os acórdãos serão redigidos, datados e assinados pelos juízes.

§ 1º Quando os pronunciamentos **previstos no** *caput* forem proferidos oralmente, o **servidor** os documentará, submetendo-os aos juízes para revisão e assinatura.

§ 2º A assinatura dos juízes, em todos os graus de jurisdição, pode ser feita eletronicamente, na forma da lei.

→ *v.* Art. 1º, § 2º, da Lei 11.419/2006.

§ 3º Os despachos, as decisões interlocutórias, o dispositivo das sentenças e a ementa dos acórdãos serão publicados no Diário de Justiça Eletrônico.

Seção V
Dos Atos do Escrivão ou do Chefe de Secretaria

Art. 206. Ao receber a petição inicial de processo, o escrivão **ou o chefe de secretaria** a autuará, mencionando o juízo, a natureza do processo, o número de seu registro, os nomes das partes e a data de seu início, e procederá do mesmo modo em relação aos volumes em formação.

Art. 207. O escrivão ou **o chefe de secretaria** numerará e rubricará todas as folhas dos autos.

Parágrafo único. À parte, **ao procurador, ao membro** do Ministério Público, **ao defensor público e aos auxiliares da justiça** é facultado rubricar as folhas correspondentes aos atos em que intervierem.

Art. 208. Os termos de juntada, vista, conclusão e outros semelhantes constarão de notas datadas e rubricadas pelo escrivão **ou pelo chefe de secretaria**.

Art. 209. Os atos e os termos do processo serão assinados pelas pessoas que neles intervierem, todavia, quando essas não puderem ou não quiserem firmá-los, o escrivão **ou o chefe de secretaria** certificará a ocorrência.

§ 1º Quando se tratar de processo total ou parcialmente documentado **em autos** eletrônicos, os atos processuais praticados na presença do juiz poderão ser produzidos e armazenados de modo integralmente digital em arquivo eletrônico inviolável, na forma da lei, mediante registro em termo, que será assinado digitalmente pelo juiz e pelo escrivão ou chefe de secretaria, bem como pelos advogados das partes.

→ *v.* Lei 11.419/2006 – Dispõe sobre a informatização do processo judicial.

§ 2º Na hipótese do § 1º, eventuais contradições na transcrição deverão ser suscitadas oralmente no momento de realização do ato, sob pena de preclusão, devendo o juiz decidir de plano e ordenar o registro, no termo, da alegação e da decisão.

Art. 210. É lícito o uso da taquigrafia, da estenotipia ou de outro método idôneo em qualquer juízo ou tribunal.

→ *v.* Art. 405, § 1º, do CPP.

Art. 211. Não se admitem nos atos e termos **processuais** espaços em branco, salvo os que forem inutilizados, assim como entrelinhas, emendas ou rasuras, exceto quando expressamente ressalvadas.

Capítulo II
Do Tempo e do Lugar dos Atos Processuais

Seção I
Do Tempo

Art. 212. Os atos processuais serão realizados em dias úteis, das 6 (seis) às 20 (vinte) horas.

→ *v.* Art. 12 da Lei 9.099/1995.
→ *v.* Art. 216 do NCPC.

§ 1º Serão concluídos após as 20 (vinte) horas os atos iniciados antes, quando o adiamento prejudicar a diligência ou causar grave dano.

§ 2º **Independentemente de autorização judicial**, as citações, intimações e penhoras poderão realizar-se **no período de férias forenses, onde as houver**, e nos feriados ou dias úteis fora do horário estabelecido neste artigo, observado o disposto no art. 5º, inciso XI, da Constituição Federal.

§ 3º Quando o ato tiver de ser praticado **por meio de petição em autos não eletrônicos**, essa deverá ser protocolada no horário de funcionamento do fórum ou tribunal, conforme o disposto na lei de organização judiciária local.

→ *v.* Art. 1.007, § 4º do NCPC.

Art. 213. A prática eletrônica de ato processual pode ocorrer em qualquer horário até as 24 (vinte e quatro) horas do último dia do prazo.

→ *v.* Lei 11.419/2006 – Dispõe sobre a informatização do processo judicial.

Parágrafo único. O horário vigente no juízo perante o qual o ato deve ser praticado será considerado para fins de atendimento do prazo.

Art. 214. Durante as férias forenses e nos feriados, não se praticarão atos processuais, excetuando-se:
  → v. Art. 93, XII, da CF/1998.
  → v. Art. 66, § 1º da LC 35/1979.
  → v. Art. 62 da Lei 5.010/1966.

I – os atos previstos no art. 212, § 2º;

II – a tutela de urgência.
  → v. Art. 300 do NCPC.

Art. 215. Processam-se durante as férias forenses, **onde as houver,** e não se suspendem pela superveniência delas:

I – os **procedimentos** de jurisdição voluntária e os necessários à conservação de direitos, quando puderem ser prejudicados pelo adiamento;
  → v. Art. 719 e ss. do NCPC.

II – **a ação de alimentos** e os processos de nomeação ou remoção de tutor e curador;

III – os processos que a lei determinar.
  → v. Art. 39 do Dec.-lei 3.365/1941 – Dispõe sobre desapropriações por utilidade pública.
  → v. Art. 58, I, da Lei 8.245/1991.
  → v. Art. 2º, § 1º, da LC 76/1993.

Art. 216. Além dos declarados em lei, são feriados, para efeito forense, **os sábados,** os domingos **e os dias em que não haja expediente forense.**
  → v. Art. 62 da Lei 5.010/1966.
  → v. Lei 662/1949 – Declara Feriados Nacionais os Dias 1º de Janeiro, 1º de Maio, 7 de Setembro, 15 de Novembro e 25 de Dezembro.
  → v. Lei 6.802/1980 – Declara Feriado Nacional o Dia 12 de outubro, Consagrado a Nossa Senhora Aparecida, Padroeira do Brasil.
  → v. Lei 9.093/1995 – Dispõe sobre feriados.

Seção II
Do Lugar

Art. 217. Os atos processuais realizar-se-ão ordinariamente na sede do juízo, ou, **excepcionalmente,** em outro lugar em razão de deferência, de interesse da justiça, da natureza do ato ou de obstáculo arguido pelo interessado e acolhido pelo juiz.
  → v. Arts. 449, parágrafo único, 454 e 751, § 1º do NCPC.

Capítulo III
Dos Prazos
Seção I
Disposições Gerais

Art. 218. Os atos processuais serão realizados nos prazos prescritos em lei.
  → v. Enunciado 107 do FPPC: O juiz pode, de ofício, dilatar o prazo para a parte se manifestar sobre a prova documental produzida.
  → v. Enunciado 267 do FPPC: Os prazos processuais iniciados antes da vigência do CPC serão integralmente regulados pelo regime revogado.

§ 1º Quando a lei for omissa, o juiz determinará os prazos em consideração à complexidade do ato.

§ 2º Quando a lei **ou o juiz** não determinar prazo, as intimações somente obrigarão ao comparecimento após decorridas 48 **(quarenta e oito) horas.**

§ 3º Inexistindo preceito legal **ou prazo determinado pelo juiz,** será de 5 (cinco) dias o prazo para a prática de ato processual a cargo da parte.

§ 4º Será considerado tempestivo o ato praticado antes do termo inicial do prazo.
  → v. Art. 277 do NCPC.
  → v. Enunciado 23 do FPPC: Fica superado o enunciado 418 da súmula do STJ após a entrada em vigor do CPC ("É inadmissível o recurso especial interposto antes da publicação do acórdão dos embargos de declaração, sem posterior ratificação").
  → v. Enunciado 266 do FPPC: Aplica-se o art. 218, § 4º, ao processo do trabalho, não se considerando extemporâneo ou intempestivo o ato realizado antes do termo inicial do prazo.
  → v. Enunciado 415 do FPPC: Os prazos processuais no sistema dos Juizados Especiais são contados em dias úteis.

Art. 219. Na contagem de prazo em dias, estabelecido por lei ou pelo juiz, computar-se-ão somente os úteis.
  → v. Enunciado 45 da ENFAM: A contagem dos prazos em dias úteis (art. 219 do CPC/2015) aplica-se ao sistema de juizados especiais.
  → v. Enunciado 268 do FPPC: A regra de contagem de prazos em dias úteis só se aplica aos prazos iniciados após a vigência do Novo Código.
  → v. Enunciado 416 do FPPC: A contagem do prazo processual em dias úteis prevista no art. 219 aplica-se aos Juizados Especiais Cíveis, Federais e da Fazenda Pública.

Parágrafo único. O disposto neste artigo aplica-se somente aos prazos processuais.
  → v. Art. 132 do CC/2002.

Art. 220. Suspende-se o curso do prazo processual **nos dias compreendidos entre 20 de dezembro e 20 de janeiro, inclusive.**
  → v. Art. 39 do Decreto-lei 3.365/1941.
  → v. Art. 62, I da Lei 5.010/1966.
  → v. Art. 66, § 1º, da LC 35/1979.
  → v. Art. 58, I, da Lei 8.245/1991.
  → v. Art. 313, VIII do NCPC.
  → v. Enunciado 269 do FPPC: A suspensão de prazos de 20 de dezembro a 20 de janeiro é aplicável aos Juizados Especiais.

§ 1º Ressalvadas as férias individuais e os feriados instituídos por lei, os juízes, os membros do Ministério Público, da Defensoria Pública e da Advocacia Pública e os auxiliares da Justiça exercerão suas atribuições durante o período previsto no *caput*.

§ 2º Durante a suspensão do prazo, não se realizarão audiências nem sessões de julgamento.

Art. 221. Suspende-se o curso do prazo por obstáculo criado em detrimento da parte ou ocorrendo qualquer das hipóteses do art. 313, devendo o prazo ser restituído por tempo igual ao que faltava para sua complementação.
  → v. Súmula 173 do STF.

Parágrafo único. Suspendem-se os prazos durante a execução de programa instituído pelo Poder Judiciário para promover a autocomposição, incumbindo aos tribunais especificar, com antecedência, a duração dos trabalhos.
  → v. Arts. 3º, § 3º, e 166 do NCPC.

Art. 222. Na comarca, **seção ou subseção judiciária** onde for difícil o transporte, o juiz poderá prorrogar os prazos **por até 2 (dois) meses.**

§ 1º Ao juiz é vedado reduzir prazos peremptórios sem anuência das partes.

§ 2º Havendo calamidade pública, o limite previsto no *caput* para prorrogação de prazos poderá ser excedido.

Art. 223. Decorrido o prazo, extingue-se o direito de praticar **ou** de **emendar** o ato processual, independentemente de declaração judicial, ficando assegurado, porém, à parte provar que não o realizou por justa causa.
  → v. Súmula 117 do STJ.

§ 1º **Considera-se** justa causa o evento alheio à vontade da parte e que a impediu de praticar o ato por si ou por mandatário.

§ 2º Verificada a justa causa, o juiz permitirá à parte a prática do ato no prazo que lhe assinar.

Art. 224. Salvo disposição em contrário, os prazos serão contados excluindo o dia do começo e incluindo o dia do vencimento.
  → v. Súmula 310 do STF.
  → v. Súmula 1 do TST.
  → v. Art. 5º do Decreto 70.235/1972.
  → v. Art. 132 do CC/2002.
  → v. Art. 210 do CTN.
  → v. Enunciado 270 do FPPC: Aplica-se ao processo do trabalho o art. 224, § 1º.

§ 1º Os dias do começo e do vencimento do prazo serão protraídos para o primeiro dia útil seguinte, se coincidirem com dia em que o expediente forense for encerrado antes ou iniciado depois da hora normal ou houver indisponibilidade da comunicação eletrônica.

§ 2º Considera-se como data de publicação o primeiro dia útil seguinte ao da disponibilização da informação no Diário da Justiça eletrônico.
  → v. Art. 4º, § 3º da Lei 11.419/2006.

§ 3º A contagem do prazo terá início no primeiro dia útil **que seguir ao da publicação**.
  → v. Art. 4º, § 4º, da Lei 11.419/2006.

Art. 225. A parte poderá renunciar ao prazo estabelecido exclusivamente em seu favor, **desde que o faça de maneira expressa.**

Art. 226. O juiz proferirá:
  → v. Arts. 203 e 235 do NCPC.

I – os despachos **no prazo de** 5 **(cinco) dias**;

II – as decisões **interlocutórias** no prazo de 10 (dez) dias;

III – as sentenças no prazo de 30 (trinta) dias.

Art. 227. Em qualquer grau de jurisdição, havendo motivo justificado, pode o juiz exceder, por igual tempo, os prazos **a que está submetido.**

Art. 228. Incumbirá ao serventuário remeter os autos conclusos **no prazo de 1 (um)** dia e executar os atos processuais no prazo de 5 **(cinco) dias,** contado da data em que:
  → v. Art. 233 do NCPC.

I – houver concluído o ato processual anterior, se lhe foi imposto pela lei;

II – tiver ciência da ordem, quando determinada pelo juiz.

§ 1º Ao receber os autos, o serventuário certificará o dia e a hora em que teve ciência da ordem referida no inciso II.

§ 2º Nos processos em autos eletrônicos, a juntada de petições ou de manifestações em geral ocorrerá de forma automática, independentemente de ato de serventuário da justiça.
→ *v.* Lei 11.419/2006 – Dispõe sobre a informatização do processo judicial.

Art. 229. Os litisconsortes que tiverem diferentes procuradores, **de escritórios de advocacia distintos**, terão prazos contados em dobro **para todas as suas manifestações, em qualquer juízo ou tribunal, independentemente de requerimento**.
→ *v.* Súmula 641 do STF.
→ *v.* Art. 915, § 3º do NCPC.

§ 1º Cessa a contagem do prazo em dobro se, havendo apenas 2 (dois) réus, é oferecida defesa por apenas um deles.
→ *v.* Art. 346, parágrafo único, do NCPC.

§ 2º Não se aplica o disposto no *caput* aos processos em autos eletrônicos.

Art. 230. O prazo para a parte, o procurador, a Advocacia Pública, a Defensoria Pública e o Ministério Público será contado da citação, da intimação ou da notificação.

Art. 231. Salvo disposição em sentido diverso, considera-se dia do começo do prazo:
→ *v.* Arts. 180, *caput*, 183, § 1º e 186, § 1º do NCPC.
→ *v.* Enunciado 271 do FPPC: Quando for deferida tutela provisória a ser cumprida diretamente pela parte, o prazo recursal conta a partir da juntada do mandado de intimação, do aviso de recebimento ou da carta precatória; o prazo para o cumprimento da decisão inicia-se a partir da intimação da parte.

I – a data de juntada aos autos do aviso de recebimento, quando a citação ou a intimação for pelo correio;
→ *v.* Arts. 247 e 258 do NCPC.

II – a data de juntada aos autos do mandado cumprido, quando a citação ou a intimação for por oficial de justiça;
→ *v.* Arts. 249 a 255 do NCPC.

III – a data de ocorrência da citação ou da intimação, quando ela se der por ato do escrivão ou do chefe de secretaria;

IV – **o dia útil seguinte ao fim da** dilação assinada pelo juiz, quando a citação ou a intimação for por edital;
→ *v.* Arts. 256 a 259 do NCPC.

V – o dia útil seguinte à consulta ao teor da citação ou da intimação ou ao término do prazo para que a consulta se dê, quando a citação ou a intimação for eletrônica;
→ *v.* Arts. 5º e 6º da Lei 11.419/2006.

VI – a data de juntada **do comunicado de que trata o art. 232** ou, não havendo esse, a data de juntada da carta aos autos de origem devidamente cumprida, quando a citação ou a intimação se realizar em cumprimento de carta;

VII – a data de publicação, quando a intimação se der pelo Diário da Justiça impresso ou eletrônico;
→ *v.* Arts. 224, §§ 2º e 3º do NCPC.

VIII – o dia da carga, quando a intimação se der por meio da retirada dos autos, em carga, do cartório ou da secretaria.

§ 1º Quando houver **mais de um réu**, o dia do começo do prazo para contestar corresponderá **à última das datas a que se referem os incisos I a VI do** *caput*.
→ *v.* Art. 915, § 1º do NCPC.

§ 2º Havendo mais de um intimado, o prazo para cada um é contado individualmente.
→ *v.* Enunciado 272 do FPPC: Não se aplica o § 2º do art. 231 ao prazo para contestar, em vista da previsão do § 1º do mesmo artigo.

§ 3º Quando o ato tiver de ser praticado diretamente pela parte ou por quem, de qualquer forma, participe do processo, sem a intermediação de representante judicial, o dia do começo do prazo para cumprimento da determinação judicial corresponderá à data em que se der a comunicação.

§ 4º Aplica-se o disposto no inciso II do *caput* à citação com hora certa.
→ *v.* Arts. 252 a 254 do NCPC.

Art. 232. Nos atos de comunicação por carta precatória, rogatória ou de ordem, a realização da citação ou da intimação será imediatamente informada, por meio eletrônico, pelo juiz deprecado ao juiz deprecante.

Seção II
Da Verificação dos Prazos e das Penalidades

Art. 233. Incumbe ao juiz verificar se o serventuário excedeu, sem motivo legítimo, **os prazos estabelecidos em lei**.
→ *v.* Art. 35, III, da LC 35/1979.
→ *v.* Art. 228 do NCPC.

§ 1º Constatada a falta, o juiz ordenará a instauração de processo administrativo, na forma da lei.

§ 2º Qualquer das partes, o Ministério Público ou a Defensoria Pública poderá representar ao juiz contra o serventuário que injustificadamente exceder os prazos previstos em lei.

Art. 234. Os advogados públicos ou privados, **o defensor público e o membro do Ministério** Público devem restituir os autos no prazo **do ato a ser praticado**.

§ 1º É lícito a qualquer interessado **exigir** os autos do advogado que exceder prazo legal.

§ 2º Se, intimado, o advogado não devolver os autos **no prazo de 3 (três) dias**, perderá o direito à vista fora de cartório e incorrerá em multa correspondente à metade do salário mínimo.

§ 3º **Verificada** a falta, o juiz comunicará o fato à seção local da Ordem dos Advogados do Brasil para procedimento disciplinar e imposição de multa.
→ *v.* Arts. 7º, § 1º, 34, XXII e 37, I e § 1º da Lei 8.906/1994 – Estatuto da OAB.
→ *v.* Art. 356 do Código Penal.

§ 4º Se a situação envolver membro do Ministério Público, **da Defensoria Pública ou da Advocacia Pública, a multa, se for o caso, será aplicada ao agente público responsável pelo ato**.

§ 5º Verificada a falta, o juiz comunicará o fato ao órgão competente responsável pela instauração de procedimento disciplinar contra o membro que atuou no feito.

→ *v.* Arts. 180, *caput*, 183, § 1º e 186, § 1º do NCPC.

Art. 235. Qualquer parte, o Ministério Público **ou a Defensoria Pública** poderá representar ao **corregedor** do tribunal **ou ao Conselho Nacional de Justiça** contra juiz ou relator que injustificadamente exceder os prazos previstos em lei, regulamento ou regimento interno.
→ *v.* Art. 226 do NCPC.

§ 1º Distribuída a representação ao órgão competente **e ouvido previamente o juiz, não sendo caso de arquivamento liminar**, será instaurado procedimento para apuração da responsabilidade, **com intimação do representado por meio eletrônico para, querendo, apresentar justificativa no prazo de 15 (quinze) dias**.

§ 2º Sem prejuízo das sanções administrativas cabíveis, em até 48 (quarenta e oito) horas após a apresentação ou não da justificativa de que trata o § 1º, se for o caso, o corregedor do tribunal ou o relator no Conselho Nacional de Justiça determinará a intimação do representado por meio eletrônico para que, em 10 (dez) dias, pratique o ato.

§ 3º Mantida a inércia, os autos serão remetidos ao substituto legal do juiz ou do relator contra o qual se representou para decisão em 10 (dez) dias.

TÍTULO II
Da Comunicação dos Atos Processuais

Capítulo I
Disposições Gerais

Art. 236. Os atos processuais serão cumpridos por ordem judicial.

§ 1º Será expedida carta para a prática de atos fora dos limites territoriais do tribunal, **da comarca, da seção ou da subseção judiciárias, ressalvadas as hipóteses previstas em lei**.
→ *v.* Arts. 247, 255, 273, II e 782, § 1º do NCPC.

§ 2º O tribunal poderá expedir carta para juízo **a ele vinculado, se o ato houver de se realizar fora dos limites territoriais do local de sua sede**.

§ 3º Admite-se a prática de atos processuais por meio de videoconferência ou outro recurso tecnológico de transmissão de sons e imagens em tempo real.
→ *v.* Arts. 385, § 3º, 453, § 1º, 461, § 2º e 937, § 4º do NCPC.
→ *v.* Lei 11.900/2009 – Prevê a possibilidade de realização de interrogatório e outros atos processuais por sistema de videoconferência, e dá outras providências.

Art. 237. Será expedida carta:

I – de ordem, pelo tribunal, na hipótese do § 2º do art. 236;

II – rogatória, **para que órgão jurisdicional estrangeiro pratique ato de cooperação jurídica internacional, relativo a processo em curso perante órgão jurisdicional brasileiro**;
→ *v.* Arts. 35 e 36 do NCPC.

III – precatória, **para que órgão jurisdicional brasileiro pratique ou determine o cumprimento, na área de sua competência territorial, de ato relativo a pedido de cooperação judiciária formulado por órgão jurisdicional de competência territorial diversa;

IV – arbitral, para que órgão do Poder Judiciário pratique ou determine o cumprimento, na área de sua competência territorial, de ato objeto de pedido de cooperação judiciária formulado por juízo arbitral, inclusive os que importem efetivação de tutela provisória.

→ v. Art. 22, §§ 2º e 4º, da Lei 9.307/1996.
→ v. Enunciado 24 do FPPC: Independentemente dos locais em que se realizem os atos da arbitragem, a carta arbitral poderá ser expedida diretamente ao órgão do Poder Judiciário do local da efetivação da medida ou decisão.

Parágrafo único. Se o ato relativo a processo em curso na justiça federal ou em tribunal superior houver de ser praticado em local onde não haja vara federal, a carta poderá ser dirigida ao juízo estadual da respectiva comarca.

→ v. Art. 109, § 3º da CF/1988.
→ v. Art. 15 da Lei 5.010/1966.
→ v. Art.. 13, § 2º da Lei 9.099/1995.

Capítulo II
Da Citação

Art. 238. Citação é o ato pelo qual **são convocados o réu, o executado ou o interessado para integrar a relação processual.**

→ v. Arts. 126, 127, 256, 329, 525, I, 829 e 915, do NCPC.

Art. 239. Para a validade do processo é indispensável a citação do réu **ou do executado, ressalvadas as hipóteses de indeferimento da petição inicial ou de improcedência liminar do pedido.**

→ v. Arts. 330 e 332 do NCPC.

§ 1º O comparecimento espontâneo do réu **ou do executado** supre a falta **ou a nulidade** da citação, **fluindo a partir desta data o prazo para apresentação de contestação ou de embargos à execução.**

→ v. Arts. 231, VIII, 280, 336 e 915 do NCPC.

§ 2º Rejeitada a alegação de nulidade, tratando-se de processo de:

I – conhecimento, o réu será considerado revel;

II – execução, o feito terá seguimento.

Art. 240. A citação válida, ainda quando ordenada por juízo incompetente, induz litispendência, torna litigiosa a coisa e constitui em mora o devedor, ressalvado o disposto nos arts. 397 e 398 da Lei n. 10.406, de 10 de janeiro de 2002 (Código Civil).

→ v. Súmulas 150 e 163 do STF.
→ v. Súmulas 204, 277 e 380 do STJ.
→ v. Art. 312 do NCPC.
→ v. Enunciado 10 do FPPC: Em caso de desmembramento do litisconsórcio multitudinário, a interrupção da prescrição retroagirá à data da propositura da demanda original.

§ 1º A interrupção da prescrição, **operada pelo despacho que ordena a citação, ainda que proferido por juízo incompetente,** retroagirá à data de propositura da ação.

→ v. Súmulas 106, 119, 277, 380, 405, 409 e 414 do STJ.
→ v. Art. 202 do CC/2002.

→ v. Art. 174, parágrafo único, I, do CTN.
→ v. Art. 8º, § 2º, Lei 6.830/1980.
→ v. Enunciado 136 do FPPC: A citação válida no processo judicial interrompe a prescrição, ainda que o processo seja extinto em decorrência do acolhimento da alegação de convenção de arbitragem.

§ 2º Incumbe **ao autor adotar**, no prazo de 10 (dez) dias, **as providências necessárias para viabilizar a citação, sob pena de não se aplicar o disposto no § 1º.**

§ 3º **A parte** não será prejudicada pela demora imputável exclusivamente ao serviço judiciário.

→ v. Súmula 106 do STJ.

§ 4º O efeito retroativo a que se refere o § 1º aplica-se à decadência e aos demais prazos extintivos previstos em lei.

→ v. Art. 23 da Lei 12.016/2009.

Art. 241. Transitada em julgado a sentença de mérito proferida em favor do réu antes da citação, incumbe ao escrivão ou ao chefe de secretaria comunicar-lhe o resultado do julgamento.

→ v. Arts. 269, 330 e 332 do NCPC.

Art. 242. A citação será pessoal, podendo, no entanto, ser feita na pessoa do representante legal ou do **procurador do réu, do executado ou do interessado.**

→ v. Arts. 75, § 3º, 105 e 248, §§ 2º e 4º do NCPC.

§ 1º Na ausência do citando, a citação será feita na pessoa de seu mandatário, administrador, **preposto** ou gerente, quando a ação se originar de atos por eles praticados.

→ v. Art. 119 da Lei 6.404/1976.

§ 2º O locador que se ausentar do Brasil sem cientificar o locatário de que deixou, na localidade onde estiver situado o imóvel, procurador com poderes para receber citação será citado na pessoa do administrador do imóvel encarregado do recebimento dos aluguéis, **que será considerado habilitado para representar o locador em juízo.**

→ v. Art. 58, IV, da Lei 8.245/1991.

§ 3º A citação da União, dos Estados, do Distrito Federal, dos Municípios e de suas respectivas autarquias e fundações de direito público será realizada perante o órgão de Advocacia Pública responsável por sua representação judicial.

→ v. Art. 35 da LC 73/1993.
→ v. Art. 75, I, II e III do NCPC.

Art. 243. A citação poderá ser feita em qualquer lugar em que se encontre o réu, **o executado ou o interessado.**

Parágrafo único. O militar em serviço ativo será citado na unidade em que estiver servindo, se não for conhecida sua residência ou nela não for encontrado.

Art. 244. Não se fará a citação, salvo para evitar o perecimento do direito:

I – de quem estiver **participando** de ato de culto religioso;

II – de cônjuge, de **companheiro** ou de qualquer parente do morto, consanguíneo ou afim, em linha reta ou na linha colateral em segundo grau, no dia do falecimento e nos 7 (sete) dias seguintes;

→ v. Art. 1.592 do CC/2002.

III – de noivos, nos 3 (três) primeiros dias seguintes ao casamento;

IV – de doente, enquanto grave o seu estado.

Art. 245. Não se fará citação quando se verificar que o citando é **mentalmente incapaz** ou está impossibilitado de recebê-la.

→ v. Arts. 3º, II e III, e 4º, II e III, do CC/2002.
→ v. Arts. 71 e 247, II do NCPC.

§ 1º O oficial de justiça descreverá e certificará minuciosamente a ocorrência.

§ 2º Para examinar o citando, o juiz nomeará médico, que apresentará laudo no prazo de 5 (cinco) dias.

§ 3º Dispensa-se a nomeação de que trata o § 2º se pessoa da família apresentar declaração do médico do citando que ateste a incapacidade deste.

§ 4º Reconhecida a impossibilidade, o juiz **nomeará** curador ao citando, observando, quanto à sua escolha, a preferência estabelecida em lei e restringindo a nomeação à causa.

→ v. Art. 1.775 do CC/2002.
→ v. Arts. 72, I e 178, II do NCPC.

§ 5º A citação será feita na pessoa do curador, a quem incumbirá a defesa **dos interesses do citando.**

→ v. Art. 18 da Lei 9.099/1995.
→ v. Art. 8º da Lei 6.830/1980.

Art. 246. A citação será feita:

I – pelo correio;

→ v. Art. 58, IV, da Lei 8.245/1991.
→ v. Súmula 429 do STJ.
→ v. Arts. 247 e 248 do NCPC.

II – por oficial de justiça;

→ v. Arts. 249 a 255 do NCPC.

III – pelo escrivão ou chefe de secretaria, se o citando comparecer em cartório;

IV – por edital;

→ v. Súmula 282 do STJ.
→ v. Arts. 256 a 259 do NCPC.

V – por meio eletrônico, conforme regulado em lei.

→ v. Arts. 6º e 9º, § 1º, da Lei 11.419/2006.

§ 1º Com exceção das microempresas e das empresas de pequeno porte, as empresas públicas e privadas são obrigadas a manter cadastro nos sistemas de processo em autos eletrônicos, para efeito de recebimento de citações e intimações, as quais serão efetuadas preferencialmente por esse meio.

§ 2º O disposto no § 1º aplica-se à União, aos Estados, ao Distrito Federal, aos Municípios e às entidades da administração indireta.

§ 3º Na ação de usucapião de imóvel, os confinantes serão citados pessoalmente, exceto quando tiver por objeto unidade autônoma de prédio em condomínio, caso em que tal citação é dispensada.

→ v. Súmulas 263 e 391 do STF.
→ v. Arts. 115, II e 259, I do NCPC.
→ v. Enunciado 25 do FPPC: A inexistência de procedimento judicial especial para a ação de usucapião e regulamentação da usucapião extrajudicial não implicam vedação da ação, que remanesce no sistema legal, para qual devem ser observadas as peculiaridades que lhe são próprias, especial-

mente a necessidade de citação dos confinantes e a ciência da União, do Estado, do Distrito Federal e do Município.

Art. 247. A citação será feita pelo correio para qualquer comarca do país, exceto:

I – nas ações de **estado,** observado o disposto no art. 695, § 3º;

II – quando o **citando** for incapaz;

→ v. Art. 245, II do NCPC.

III – quando o citando for pessoa de direito público;

IV – quando o citando residir em local não atendido pela entrega domiciliar de correspondência;

V – quando o autor, **justificadamente**, o requerer de outra forma.

Art. 248. Deferida a citação pelo correio, o escrivão ou o chefe de secretaria remeterá ao citando cópias da petição inicial e do despacho do juiz e comunicará o prazo para resposta, o endereço do juízo e o respectivo cartório.

§ 1º A carta será registrada para entrega ao citando, exigindo-lhe o carteiro, ao fazer a entrega, que assine o recibo.

→ v. Súmula 429 do STJ.

§ 2º Sendo o **citando** pessoa jurídica, será válida a entrega do mandado a pessoa com poderes de gerência geral ou de administração, **ou, ainda, a funcionário responsável pelo recebimento de correspondências.**

→ v. Art. 18, II da Lei 9.099/1995.

§ 3º Da carta de citação no processo de conhecimento constarão os requisitos do art. 250.

§ 4º Nos condomínios edilícios ou nos loteamentos com controle de acesso, será válida a entrega do mandado a funcionário da portaria responsável pelo recebimento de correspondência, que, entretanto, poderá recusar o recebimento, se declarar, por escrito, sob as penas da lei, que o destinatário da correspondência está ausente.

Art. 249. A citação será feita por meio de oficial de justiça nas hipóteses previstas neste Código ou em lei, ou quando frustrada a citação pelo correio.

Art. 250. O mandado que o oficial de justiça tiver de cumprir conterá:

I – os nomes do autor e **do citando** e seus respectivos domicílios ou residências;

II – a finalidade da citação, com todas as especificações constantes da petição inicial, **bem como a menção do prazo para contestar, sob pena de revelia, ou para embargar a execução;**

III – **a aplicação de sanção para o caso de descumprimento da ordem,** se houver;

IV – **se for o caso, a intimação do citando para comparecer, acompanhado de advogado ou de defensor público, à audiência de conciliação ou de mediação,** com a menção do dia, da hora e do lugar do comparecimento;

→ v. Art. 334 do NCPC.

→ v. Enunciado 273 do FPPC: Ao ser citado, o réu deverá ser advertido de que sua ausência injustificada à audiência de conciliação ou mediação configura ato atentatório à dignidade da justiça, punível com a multa do art. 335, § 8º, sob pena de sua inaplicabilidade.

V – a cópia **da petição inicial**, do despacho **ou da decisão que deferir tutela provisória;**

VI – a assinatura do escrivão **ou do chefe de secretaria** e a declaração de que o subscreve por ordem do juiz.

Art. 251. Incumbe ao oficial de justiça procurar o citando e, onde o encontrar, citá-lo:

→ v. Arts. 242 e 243 do NCPC.

I – lendo-lhe o mandado e entregando-lhe a contrafé;

II – portando por fé se recebeu ou recusou a contrafé;

III – obtendo a nota de ciente ou certificando que o citando não a apôs no mandado.

Art. 252. Quando, **por** 2 (**duas**) **vezes**, o oficial de justiça houver procurado **o citando** em seu domicílio ou residência sem o encontrar, deverá, havendo suspeita de ocultação, intimar qualquer pessoa da família ou, em sua falta, qualquer vizinho de que, no dia útil imediato, voltará a fim de efetuar a citação, na hora que designar.

→ v. Súmula 196 do STJ.

→ v. Art. 829, § 1º do NCPC.

Parágrafo único. Nos condomínios edilícios ou nos loteamentos com controle de acesso, será válida a intimação a que se refere o *caput* feita a funcionário da portaria responsável pelo recebimento de correspondências.

Art. 253. No dia e na hora designados, o oficial de justiça, independentemente de novo despacho, comparecerá ao domicílio ou à residência do citando a fim de realizar a diligência.

§ 1º Se o citando não estiver presente, o oficial de justiça procurará informar-se das razões da ausência, dando por feita a citação, ainda que o citando se tenha ocultado em outra comarca, **seção ou subseção judiciárias**.

§ 2º A citação com hora certa será efetivada mesmo que a pessoa da família ou o vizinho que houver sido intimado, esteja ausente, ou se, embora presente, a pessoa da família ou o vizinho se recusar a receber o mandado.

§ 3º Da certidão da ocorrência, o oficial de justiça deixará contrafé com qualquer pessoa da família ou vizinho, conforme o caso, declarando-lhe o nome.

§ 4º O oficial de justiça fará constar do mandado a advertência de que será nomeado curador especial se houver revelia.

→ v. Art. 72, II do NCPC.

Art. 254. Feita a citação com hora certa, o escrivão **ou chefe de secretaria** enviará ao réu, **executado ou interessado, no prazo de 10 (dez) dias, contado da data da juntada do mandado aos autos,** carta, telegrama ou **correspondência eletrônica**, dando-lhe de tudo ciência.

→ v. Art. 231, § 4º do NCPC.

Art. 255. Nas comarcas contíguas de fácil comunicação e nas que se situem na mesma região metropolitana, o oficial de justiça poderá efetuar, em qualquer delas, citações, intimações, **notificações, penhoras e quaisquer outros atos executivos.**

→ v. Arts. 260 e 782, § 1º do NCPC.

Art. 256. A citação por edital será feita:

I – quando desconhecido ou incerto o citando;

II – quando ignorado, incerto ou inacessível o lugar em que se encontrar o citando;

III – nos casos expressos em lei.

→ v. Art. 259 do NCPC.

§ 1º Considera-se inacessível, para efeito de citação por edital, o país que recusar o cumprimento de carta rogatória.

§ 2º No caso de ser inacessível o lugar em que se encontrar o réu, a notícia de sua citação será divulgada também pelo rádio, se na comarca houver emissora de radiodifusão.

§ 3º O réu será considerado em local ignorado ou incerto se infrutíferas as tentativas de sua localização, inclusive mediante requisição pelo juízo de informações sobre seu endereço nos cadastros de órgãos públicos ou de concessionárias de serviços públicos.

Art. 257. São requisitos da citação por edital:

→ v. Súmulas 282 e 414 do STJ.

I – a afirmação do autor ou a certidão do oficial informando a presença das circunstâncias autorizadoras;

II – a publicação do **edital na rede mundial de computadores, no sítio do respectivo tribunal e na plataforma de editais do Conselho Nacional** de Justiça, que deve ser certificada nos autos;

III – a determinação, pelo juiz, do prazo, que variará entre 20 (vinte) e 60 (sessenta) dias, **fluindo da data da publicação única ou, havendo mais de uma,** da primeira;

IV – a advertência de que será nomeado curador especial em caso de revelia.

Parágrafo único. O juiz poderá determinar que a publicação do edital seja feita também em jornal local de ampla circulação ou por outros meios, considerando as peculiaridades da comarca, da seção ou da subseção judiciárias.

Art. 258. A parte que requerer a citação por edital, alegando dolosamente **a ocorrência das circunstâncias autorizadoras para sua realização**, incorrerá em multa de 5 (cinco) vezes o salário mínimo.

Parágrafo único. A multa reverterá em benefício do citando.

Art. 259. Serão publicados editais:

I – na ação de usucapião de imóvel;

II – na ação de recuperação ou substituição de título ao portador;

III – em qualquer ação em que seja necessária, por determinação legal, a provocação, para participação no processo, de interessados incertos ou desconhecidos.

→ v. Enunciado 119 do FPPC: Em caso de relação jurídica plurilateral que envolva diversos titulares do mesmo direito, o juiz deve convocar, por edital, os litisconsortes unitários ativos incertos e indeterminados (art. 259, III), cabendo-lhe, na hipótese de dificuldade de formação do litisconsórcio, oficiar o Ministério Público, a Defensoria Pública ou outro legitimado para que possa requerer a conversão da ação individual em coletiva (art. 333).

Capítulo III
Das Cartas

Art. 260. São requisitos das cartas de ordem, precatória e rogatória:

→ v. Art. 42 da Lei 5.010/1966.

→ v. Enunciado 417 do FPPC: São requisitos para o cumprimento da carta arbitral: indicação do árbitro ou do tribunal arbitral de origem e do órgão do Poder Judiciário de destino; ii) inteiro teor do requerimento da parte, do pronunciamento do árbitro ou do Tribunal arbitral e da procuração conferida ao representante da parte, se houver; iii) especificação do ato processual que deverá ser praticado pelo juízo de destino; iv) encerramento com a assinatura do árbitro ou do presidente do tribunal arbitral conforme o caso.

I – a indicação dos juízes de origem e de cumprimento do ato;

II – o inteiro teor da petição, do despacho judicial e do instrumento do mandato conferido ao advogado;

III – a menção do ato processual que lhe constitui o objeto;

IV – o encerramento com a assinatura do juiz.

§ 1º O juiz mandará trasladar para a carta quaisquer outras peças, bem como instruí-la com mapa, desenho ou gráfico, sempre que esses documentos devam ser examinados, na diligência, pelas partes, pelos peritos ou pelas testemunhas.

§ 2º Quando o objeto da carta for exame pericial sobre documento, este será remetido em original, ficando nos autos reprodução fotográfica.

→ v. Art. 464 do NCPC.

§ 3º A carta arbitral atenderá, no que couber, aos requisitos a que se refere o *caput* e será instruída com a convenção de arbitragem e com as provas da nomeação do árbitro e de sua aceitação da função.

Art. 261. Em todas as cartas o juiz **fixará** o prazo para cumprimento, atendendo à facilidade das comunicações e à natureza da diligência.

§ 1º As partes deverão ser intimadas pelo juiz do ato de expedição da carta.

§ 2º Expedida a carta, as partes acompanharão o cumprimento da diligência perante o juízo destinatário, ao qual compete a prática dos atos de comunicação.

§ 3º A parte a quem interessar o cumprimento da diligência cooperará para que o prazo a que se refere o *caput* seja cumprido.

Art. 262. A carta tem caráter itinerante, podendo, antes ou depois de lhe ser ordenado o cumprimento, ser encaminhada a juízo diverso do que dela consta, a fim de se praticar o ato.

Parágrafo único. O encaminhamento da carta a outro juízo será imediatamente comunicado ao órgão expedidor, que intimará as partes.

Art. 263. As cartas deverão, **preferencialmente, ser expedidas por meio eletrônico, caso em que a assinatura do juiz deverá ser eletrônica, na forma da lei.**

→ v. Art. 7º da Lei 11.419/2006.

Art. 264. A carta de ordem e a carta precatória **por meio eletrônico**, por telefone ou por telegrama conterão, em resumo substancial, **os requisitos mencionados no art.** 250, **especialmente no que se refere à aferição da autenticidade.**

Art. 265. O secretário do tribunal, o escrivão **ou o chefe de secretaria** do juízo deprecante transmitirá, por telefone, a carta de ordem ou a carta precatória ao juízo em que houver de se cumprir o ato, **por intermédio do escrivão do primeiro ofício da primeira vara**, se houver na comarca mais de um ofício ou de uma vara, observando-se, quanto aos requisitos, o disposto no art. 264.

§ 1º O escrivão **ou o chefe de secretaria**, no mesmo dia ou no dia útil imediato, telefonará **ou enviará mensagem eletrônica** ao secretário do tribunal, ao escrivão **ou ao chefe de secretaria** do juízo deprecante, lendo-lhes os termos da carta e solicitando-lhe que os confirme.

§ 2º Sendo confirmada, o escrivão **ou o chefe de secretaria** submeterá a carta a despacho.

Art. 266. Serão praticados de ofício os atos requisitados por **meio eletrônico e de** telegrama, devendo a parte depositar, contudo, na secretaria do tribunal ou no cartório do juízo deprecante, a importância correspondente às despesas que serão feitas no juízo em que houver de praticar-se o ato.

Art. 267. O juiz recusará cumprimento a carta precatória **ou arbitral**, devolvendo-a com **decisão** motivada quando:

→ v. Enunciado 27 do FPPC: Não compete ao juízo estatal revisar o mérito da medida ou da decisão arbitral cuja efetivação se requer por meio da carta arbitral.

→ v. Enunciado 417 do FPPC: São requisitos para o cumprimento da carta arbitral: indicação do árbitro ou do tribunal arbitral de origem e do órgão do Poder Judiciário de destino; ii) inteiro teor do requerimento da parte, do pronunciamento do árbitro ou do Tribunal arbitral e da procuração conferida ao representante da parte, se houver; iii) especificação do ato processual que deverá ser praticado pelo juízo de destino; iv) encerramento com a assinatura do árbitro ou do presidente do tribunal arbitral conforme o caso.

I – a carta não estiver revestida dos requisitos legais;

→ v. Enunciado 26 do FPPC: Os requisitos legais mencionados no inciso I do art. 267 são os previstos no art. 260.

II – faltar ao juiz competência em razão da matéria ou da hierarquia;

III – o juiz tiver dúvida acerca de sua autenticidade.

Parágrafo único. No caso de incompetência em razão da matéria ou da hierarquia, o juiz deprecado, conforme o ato a ser praticado, poderá remeter a carta ao juiz ou ao tribunal competente.

Art. 268. Cumprida a carta, será devolvida ao juízo de origem no prazo de 10 (dez) dias, independentemente de traslado, pagas as custas pela parte.

Capítulo IV
Das Intimações

Art. 269. Intimação é o ato pelo qual se dá ciência a alguém dos atos e dos termos do processo.

§ 1º É facultado aos advogados promover a intimação do advogado da outra parte por meio do correio, juntando aos autos, a seguir, cópia do ofício de intimação e do aviso de recebimento.

§ 2º O ofício de intimação deverá ser instruído com cópia do despacho, da decisão ou da sentença.

§ 3º A intimação da União, dos Estados, do Distrito Federal, dos Municípios e de suas respectivas autarquias e fundações de direito público será realizada perante o órgão de Advocacia Pública responsável por sua representação judicial.

→ v. Súmulas 310 do STF.

Art. 270. As intimações **realizam-se, sempre que possível**, por meio eletrônico, na forma da lei.

→ v. Arts. 5º e 9º da Lei 11.419/2006.

Parágrafo único. Aplica-se ao Ministério Público, à Defensoria Pública e à Advocacia Pública o disposto no § 1º do art. 246.

Art. 271. O juiz determinará de ofício as intimações em processos pendentes, salvo disposição em contrário.

Art. 272. Quando não realizadas por meio **eletrônico,** consideram-se feitas as intimações pela publicação dos atos no órgão oficial.

→ v. Art. 82 do RISTF.
→ v. Art. 88 do RISTJ.
→ v. Resolução 404/2009 do STF – Dispõe sobre as intimações das decisões proferidas no âmbito do Supremo Tribunal Federal em processos físicos ou eletrônicos e dá outras providências.

§ 1º Os advogados poderão requerer que, na intimação a eles dirigida, figure apenas o nome da sociedade a que pertençam, desde que devidamente registrada na Ordem dos Advogados do Brasil.

§ 2º Sob pena de nulidade, é indispensável que da publicação constem os nomes das partes e de seus advogados, **com o respectivo número de inscrição na Ordem dos Advogados do Brasil, ou, se assim requerido, da sociedade de advogados.**

§ 3º A grafia dos nomes das partes não deve conter abreviaturas.

§ 4º A grafia dos nomes dos advogados deve corresponder ao nome completo e ser a mesma que constar da procuração ou que estiver registrada na Ordem dos Advogados do Brasil.

§ 5º Constando dos autos pedido expresso para que as comunicações dos atos processuais sejam feitas em nome dos advogados indicados, o seu desatendimento implicará nulidade.

§ 6º A retirada dos autos do cartório ou da secretaria em carga pelo advogado, por pessoa credenciada a pedido do advogado ou da sociedade de advogados, pela Advocacia Pública, pela Defensoria Pública ou pelo Ministério Público implicará intimação de qualquer decisão contida no processo retirado, ainda que pendente de publicação.

→ *v.* Enunciado 274 do FPPC: Aplica-se a regra do § 6º do art. 272 ao prazo para contestar quando for dispensável a audiência de conciliação e houver poderes para receber citação.

§ 7º O advogado e a sociedade de advogados deverão requerer o respectivo credenciamento para a retirada de autos por preposto.

§ 8º A parte arguirá a nulidade da intimação em capítulo preliminar do próprio ato que lhe caiba praticar, o qual será tido por tempestivo se o vício for reconhecido.

§ 9º Não sendo possível a prática imediata do ato diante da necessidade de acesso prévio aos autos, a parte limitar-se-á a arguir a nulidade da intimação, caso em que o prazo será contado da intimação da decisão que a reconheça.

Art. 273. Se inviável a intimação por meio eletrônico e não houver na localidade publicação em órgão oficial, incumbirá ao escrivão ou chefe de secretaria intimar de todos os atos do processo os advogados das partes:

→ *v.* Art. 23 do Decreto 70.235/1972.
→ *v.* Art. 6º, § 2º, da Lei 9.028/1995.

I – pessoalmente, se tiverem domicílio na sede do juízo;

II – por carta registrada, com aviso de recebimento, quando forem domiciliados fora do juízo.

Art. 274. Não dispondo a lei de outro modo, as intimações serão feitas às partes, aos seus representantes legais, aos advogados e aos demais sujeitos do processo pelo correio ou, se presentes em cartório, diretamente pelo escrivão **ou chefe de secretaria**.

Parágrafo único. Presumem-se válidas as intimações dirigidas ao endereço **constante dos autos, ainda que não recebidas pessoalmente pelo interessado, se a modificação temporária ou definitiva não tiver sido devidamente comunicada ao juízo, fluindo os prazos a partir da juntada aos autos do comprovante de entrega da correspondência no primitivo endereço.**

Art. 275. A intimação será feita por oficial de justiça quando frustrada a realização **por meio eletrônico ou** pelo correio.

§ 1º A certidão de intimação deve conter:

I – a indicação do lugar e a descrição da pessoa intimada, mencionando, quando possível, o número de seu documento de identidade e o órgão que o expediu;

II – a declaração de entrega da contrafé;

III – a nota de ciente ou a certidão de que o interessado não a apôs no mandado.

§ 2º Caso necessário, a intimação poderá ser efetuada com hora certa ou por edital.

→ *v.* Arts. 253 e 258 do NCPC.

TÍTULO III
Das Nulidades

Art. 276. Quando a lei prescrever determinada forma sob pena de nulidade, a decretação desta não pode ser requerida pela parte que lhe deu causa.

→ *v.* Art. 5º, LIV da CF/1988.
→ *v.* Arts. 166 a 184 do CC/2002.
→ *v.* Arts. 59 a 61 do Decreto 70.235/1972.

Art. 277. Quando a lei prescrever determinada forma, o juiz considerará válido o ato se, realizado de outro modo, lhe alcançar a finalidade.

Art. 278. A nulidade dos atos deve ser alegada na primeira oportunidade em que couber à parte falar nos autos, sob pena de preclusão.

Parágrafo único. Não se aplica o disposto no *caput* às nulidades que o juiz deva decretar de ofício, nem prevalece a preclusão provando a parte legítimo impedimento.

Art. 279. É nulo o processo quando a membro do Ministério Público não for intimado a acompanhar o feito em que deva intervir.

§ 1º Se o processo tiver tramitado sem conhecimento do **membro** do Ministério Público, o juiz **invalidará os atos praticados** a partir do momento em que ele deveria ter sido intimado.

§ 2º A nulidade só pode ser decretada após a intimação do Ministério Público, que se manifestará sobre a existência ou a inexistência de prejuízo.

→ *v.* Súmula 189 do STJ.

Art. 280. As citações e as intimações serão nulas quando feitas sem observância das prescrições legais.

Art. 281. Anulado o ato, **consideram-se** de nenhum efeito todos os subsequentes que dele dependam, todavia, a nulidade de uma parte do ato não prejudicará as outras que dela sejam independentes.

→ *v.* Enunciado 279 do FPPC: Os atos anteriores ao ato defeituoso não são atingidos pela pronúncia de invalidade.
→ *v.* Enunciado 277 do FPPC: Para fins de invalidação, o reconhecimento de que um ato subsequente é dependente de um ato defeituoso deve ser objeto de fundamentação específica à luz de circunstâncias concretas.
→ *v.* Enunciado 278 do FPPC: O CPC adota como princípio a sanabilidade dos atos processuais defeituosos.
→ *v.* Enunciado 279 do FPPC: Para os fins de alegar e demonstrar prejuízo, não basta a afirmação de tratar-se de violação a norma constitucional.

Art. 282. Ao pronunciar a nulidade, o juiz declarará que atos são atingidos e ordenará as providências necessárias a fim de que sejam repetidos ou retificados.

→ *v.* Enunciado 2 do FPPC: O CPC adota como princípio a sanabilidade dos atos processuais defeituosos.

§ 1º O ato não será repetido nem sua falta será suprida quando não prejudicar a parte.

§ 2º Quando puder decidir o mérito a favor da parte a quem aproveite a decretação da nulidade, o juiz não a pronunciará nem mandará repetir o ato ou suprir-lhe a falta.

Art. 283. O erro de forma do processo acarreta unicamente a anulação dos atos que não possam ser aproveitados, devendo ser praticados os que forem necessários a fim de se observarem as prescrições legais.

Parágrafo único. Dar-se-á o aproveitamento dos atos praticados desde que não resulte prejuízo à defesa de qualquer parte.

TÍTULO IV
Da Distribuição e do Registro

Art. 284. Todos os processos estão sujeitos a registro, devendo ser distribuídos onde houver mais de um juiz.

Art. 285. A distribuição, **que poderá ser eletrônica**, será alternada **e aleatória**, obedecendo-se rigorosa igualdade.

→ *v.* Art. 10 da Lei 11.419/2006.

Parágrafo único. A lista de distribuição deverá ser publicada no Diário de Justiça.

Art. 286. Serão distribuídas por dependência as causas de qualquer natureza:

I – quando se relacionarem, por conexão ou continência, com outra já ajuizada;

→ *v.* Arts. 55 e 56 do NCPC.

II – quando, tendo sido extinto o processo **sem resolução de mérito**, for reiterado o pedido, ainda que em litisconsórcio com outros autores ou que sejam parcialmente alterados os réus da demanda;

→ *v.* Arts. 485 e 486 do NCPC.

III – quando houver ajuizamento de ações nos termos do art. 55, § 3º, ao juízo prevento.

→ *v.* Arts. 337, § 2º e 985, I do NCPC.

Parágrafo único. Havendo intervenção de terceiro, reconvenção **ou outra hipótese de ampliação objetiva do processo**, o juiz, de ofício, mandará proceder à respectiva anotação pelo distribuidor.

→ *v.* Súmula 235 do STJ.
→ *v.* Arts. 119 e ss, 343 e ss e 503, § 1º do NCPC.

Art. 287. A petição inicial deve vir acompanhada de procuração, que conterá os endereços do advogado, eletrônico e não eletrônico.

→ *v.* Enunciado 139 do FPPC: No processo do trabalho, é requisito da petição inicial a indicação do endereço, eletrônico ou não, do advogado, cabendo-lhe atualizá-lo, sempre que houver mudança, sob pena de se considerar válida a intimação encaminhada para o endereço informado nos autos.

Parágrafo único. Dispensa-se a juntada da procuração:

I – no caso previsto no art. 104;

II – se a parte estiver representada pela Defensoria Pública;

III – se a representação decorrer diretamente de norma prevista na Constituição Federal ou em lei.

→ *v.* Súmula 644 do STF.
→ *v.* Art. 9º da Lei 9.469/1997.

Art. 288. O juiz, de ofício ou a requerimento do interessado, corrigirá o erro ou compensará a falta de distribuição.

Art. 289. A distribuição poderá ser fiscalizada pela parte, por seu procurador, **pelo Ministério Público e pela Defensoria Pública**.

Art. 290. Será cancelada a distribuição do feito **se a parte, intimada na pessoa de seu advogado, não realizar o pagamento das custas e despesas de ingresso em 15 (quinze) dias**.

→ v. Enunciado 280 do FPPC: O prazo de quinze dias a que se refere o art. 290 conta-se da data da intimação do advogado.

TÍTULO V
Do Valor da Causa

Art. 291. A toda causa será atribuído valor certo, ainda que não tenha conteúdo econômico **imediatamente aferível**.

→ v. Súmulas 449 e 667 do STF.
→ v. Súmula 14 do STJ.
→ v. Art. 3º, I, da Lei 9.099/1995.
→ v. Art. 3º da Lei 10.259/2001.
→ v. Art. 2º, caput, da Lei 12.153/2009.

Art. 292. O valor da causa constará da petição inicial **ou da reconvenção** e será:

→ v. Arts. 319, V e 343 do NCPC.

I – na ação de cobrança de dívida, a soma **monetariamente corrigida** do principal, dos juros de mora vencidos e de outras penalidades, **se houver**, até a data de propositura da ação;

II – na ação que tiver por objeto a existência, a validade, o cumprimento, a modificação, a **resolução, a resilição** ou a rescisão de ato jurídico, **o valor do ato ou o de sua parte controvertida**;

III – na ação de alimentos, a soma de 12 (doze) prestações mensais pedidas pelo autor;

→ v. Art. 58, III da Lei 8.245/1991.
→ v. Lei 5.478/1968 – Dispõe sobre ação de alimentos e dá outras providências.

IV – na ação de divisão, de demarcação e de reivindicação, **o valor de avaliação da área** ou do **bem objeto do pedido**;

→ v. Art. 569 do NCPC.

V – na ação indenizatória, inclusive a fundada em dano moral, o valor pretendido;

VI – na ação em que há cumulação de pedidos, a quantia correspondente à soma dos valores de todos eles;

→ v. Art. 327 do NCPC.

VII – na ação em que os pedidos são alternativos, o de maior valor;

→ v. Art. 325 do NCPC.

VIII – na ação em que houver pedido subsidiário, o valor do pedido principal.

→ v. Art. 326 do NCPC.

§ 1º Quando se pedirem prestações vencidas e vincendas, considerar-se-á o valor de umas e outras.

§ 2º O valor das prestações vincendas será igual a uma prestação anual, se a obrigação for por tempo indeterminado ou por tempo superior a 1 (um) ano, e, se por tempo inferior, será igual à soma das prestações.

→ v. Art. 58, III, da Lei 8.245/1991.
→ v. Art. 292, III do NCPC.

§ 3º O juiz corrigirá, de ofício e por arbitramento, o valor da causa quando verificar que não corresponde ao conteúdo patrimonial em discussão ou ao proveito econômico perseguido pelo autor, caso em que se procederá ao recolhimento das custas correspondentes.

Art. 293. O réu poderá impugnar, em preliminar da contestação, o valor atribuído à causa pelo autor, **sob pena de preclusão**, e **o juiz decidirá a respeito, impondo, se for o caso, a complementação das custas**.

LIVRO V
DA TUTELA PROVISÓRIA

TÍTULO I
Disposições Gerais

Art. 294. A tutela provisória pode fundamentar-se em urgência ou evidência.

→ v. Art. 84, §§ 3º e 5º, do CDC.
→ v. Súmula 212 do STJ.
→ v. Arts. 10, 12-F e 21 da Lei 9.868/1999.
→ v. Art. 5º da Lei 9.882/1999.
→ v. Art. 1º da Lei 9494/97 (antecipação de tutela contra a Fazenda Pública) e Lei 8.076/1990 – Estabelece hipóteses nas quais fica suspensa a concessão de medidas liminares.
→ v. Lei 8.367/1992 – Institui medida cautelar fiscal e dá outras providências.
→ v. Enunciado 28 do FPPC: Tutela antecipada é uma técnica de julgamento que serve para adiantar efeitos de qualquer tipo de provimento, de natureza cautelar ou satisfativa, de conhecimento ou executiva.
→ v. Enunciado 418 do FPPC: As tutelas provisórias de urgência e de evidência são admissíveis no sistema dos Juizados Especiais.
→ v. Enunciado 449 do FPPC: O art. 806 do CPC de 1973 aplica-se às cautelares propostas antes da entrada em vigor do CPC de 2015 do FPPC.

Parágrafo único. A tutela provisória de urgência, cautelar ou antecipada, pode ser concedida em caráter antecedente ou incidental.

→ v. Enunciado 496 do FPPC: Preenchidos os pressupostos de lei, o requerimento de tutela provisória incidental pode ser formulado a qualquer tempo, não se submetendo à preclusão temporal.

Art. 295. A tutela provisória requerida em caráter incidental independe do pagamento de custas.

Art. 296. A tutela provisória **conserva sua eficácia na pendência do processo, mas** pode, a qualquer tempo, ser revogada ou modificada.

→ v. Enunciado 140 do FPPC: A decisão que julga improcedente o pedido final gera a perda de eficácia da tutela antecipada.

Parágrafo único. Salvo decisão judicial em contrário, a tutela provisória conservará a eficácia durante o período de suspensão do processo.

→ v. Arts. 313 e 314 do NCPC.
→ v. Enunciado 26 da ENFAM: Caso a demanda destinada a rever, reformar ou invalidar a tutela antecipada estabilizada seja ajuizada tempestivamente, poderá ser deferida em caráter liminar a antecipação dos efeitos da revisão, reforma ou invalidação pretendida, na forma do art. 296, parágrafo único, do CPC/2015, desde que demonstrada a existência de outros elementos que ilidam os fundamentos da decisão anterior.

Art. 297. O juiz poderá determinar as medidas que **considerar** adequadas para efetivação da tutela provisória.

Parágrafo único. A efetivação da tutela provisória observará as normas referentes ao cumprimento provisório da sentença, no que couber.

→ v. Art. 520 do NCPC.

Art. 298. Na decisão que **conceder, negar, modificar ou revogar** a tutela provisória, o juiz motivará seu convencimento de modo claro e preciso.

→ v. Art. 1.015, I do NCPC.
→ v. Enunciado 30 do FPPC: O juiz deve justificar a postergação da análise liminar da tutela antecipada de urgência sempre que estabelecer a necessidade de contraditório prévio.
→ v. Enunciado 141 do FPPC: O disposto no art. 298, CPC, aplica-se igualmente à decisão monocrática ou colegiada do Tribunal.
→ v. Enunciado 142 do FPPC: Da decisão monocrática do relator que concede ou nega o efeito suspensivo ao agravo de instrumento ou que concede, nega, modifica ou revoga, no todo ou em parte, a tutela jurisdicional nos casos de competência originária ou recursal, cabe o recurso de agravo interno nos termos do art. 1.021 do CPC.
→ v. Enunciado 490 do FPPC: São admissíveis os seguintes negócios processuais, entre outros: pacto de inexecução parcial ou total da multa coercitiva; pacto de alteração de ordem de penhora; pré-indicação de bem penhorável preferencial (art. 848, II); pré-fixação de indenização por dano processual prevista nos arts. 81, § 3º, 520, inc. I, 297, parágrafo único (cláusula penal processual); negócio de anuência prévia para aditamento ou alteração do pedido ou da causa de pedir até o saneamento (art. 329, inc. II).
→ v. Enunciado 497 do FPPC: As hipóteses de exigência de caução para a concessão de tutela provisória de urgência devem ser definidas à luz do art. 520, IV, CPC.
→ v. Enunciado 498 do FPPC: A possibilidade de dispensa de caução para a concessão de tutela provisória de urgência, prevista no art. 300, §1º, deve ser avaliada à luz das hipóteses do art. 521 do FPPC:

Art. 299. A tutela provisória será requerida ao juízo da causa e, **quando antecedente**, ao juízo competente para conhecer do pedido principal.

Parágrafo único. Ressalvada disposição especial, na ação de competência originária de tribunal e nos recursos a tutela provisória será requerida ao órgão jurisdicional competente para apreciar o mérito.

TÍTULO II
Da Tutela de Urgência

CAPÍTULO I
Disposições Gerais

Art. 300. A tutela de urgência será concedida quando houver **elementos que** evidenciem **a probabilidade do direito e o perigo de dano ou o risco ao resultado útil do processo.**

→ v. Súmula 729 do STF.
→ v. Súmulas 405, 414 e 418 do TST.
→ v. Enunciado 4 do CEAPRO: É objetiva a responsabilidade da parte favorecida com a concessão de tutela antecipada, pelos eventuais danos que este evento vier a ocasionar à parte adversa.
→ v. Enunciado 496 do FPPC: Preenchidos os pressupostos de lei, o requerimento de tutela provisória incidental pode ser formulado a qualquer tempo, não se submetendo à preclusão temporal.

§ 1º Para a concessão da tutela de urgência, o juiz pode, conforme o caso, exigir caução real ou fidejussória idônea para ressarcir os danos que a outra parte possa vir a sofrer, podendo **a caução ser dispensada se a parte economicamente hipossuficiente não puder oferecê-la.**

→ *v.* Enunciado 497 do FPPC: As hipóteses de exigência de caução para a concessão de tutela provisória de urgência devem ser definidas à luz do art. 520, IV, CPC.

→ *v.* Enunciado 498 do FPPC: A possibilidade de dispensa de caução para a concessão de tutela provisória de urgência, prevista no art. 300, § 1º, deve ser avaliada à luz das hipóteses do art. 521 do FPPC.

§ 2º A tutela de urgência pode ser concedida liminarmente ou após justificação prévia.

§ 3º A tutela de urgência de natureza antecipada não será concedida quando houver perigo de irreversibilidade dos efeitos da decisão.

→ *v.* Art. 1º da Lei 9.494/1997.

→ *v.* Lei 8.076/1990 – Estabelece hipóteses nas quais fica suspensa a concessão de medidas liminares.

→ *v.* Enunciado 25 da ENFAM: A vedação da concessão de tutela de urgência cujos efeitos possam ser irreversíveis (art. 300, § 3º, do CPC/2015 da ENFAM: pode ser afastada no caso concreto com base na garantia do acesso à Justiça (art. 5º, XXXV, da CRFB).

→ *v.* Enunciado 419 do FPPC: Não é absoluta a regra que proíbe tutela provisória com efeitos irreversíveis.

Art. 301. A tutela de urgência de natureza cautelar pode ser efetivada mediante arresto, sequestro, arrolamento de bens, registro de protesto contra alienação de bem e qualquer outra medida idônea para asseguração do direito.

Art. 302. Independentemente da reparação por dano processual, a **parte** responde pelo prejuízo que a **efetivação da tutela de urgência** causar à parte adversa, se:

I – a sentença lhe for desfavorável;

II – obtida liminarmente a tutela em caráter antecedente, **não fornecer os meios necessários para a citação do requerido** no prazo de 5 (cinco) dias;

→ *v.* Arts. 238 e ss. do NCPC.

III – ocorrer a cessação da eficácia da medida **em qualquer hipótese legal;**

→ *v.* Enunciado 499 do FPPC: Efetivada a tutela de urgência e, posteriormente, sendo o processo extinto sem resolução do mérito e sem estabilização da tutela, será possível fase de liquidação para fins de responsabilização civil do requerente da medida e apuração de danos.

IV – o juiz acolher a alegação de decadência ou prescrição da **pretensão** do autor.

Parágrafo único. A indenização será liquidada nos **autos em que a medida tiver sido concedida, sempre que possível.**

Capítulo II
Do Procedimento da Tutela Antecipada Requerida em Caráter Antecedente

Art. 303. Nos casos em que a urgência for contemporânea à propositura da ação, a petição inicial pode limitar-se ao requerimento da tutela antecipada e à indicação do pedido de tutela final, com a exposição da lide, do direito que se busca realizar e do perigo de dano ou do risco ao resultado útil do processo.

→ *v.* Art. 319 do NCPC.

§ 1º Concedida a tutela antecipada a que se refere o *caput* deste artigo:

I – o autor deverá aditar a petição inicial, com a complementação de sua argumentação, a juntada de novos documentos e a confirmação do pedido de tutela final, em 15 (quinze) dias ou em outro prazo maior que o juiz fixar;

→ *v.* Art. 321 do NCPC.

II – o réu será citado e intimado para a audiência de conciliação ou de mediação na forma do art. 334;

→ *v.* Arts. 238 e 269 do NCPC.

→ *v.* Enunciado 144 do FPPC: Ocorrendo a hipótese do art. 303, § 1º, II, será designada audiência de conciliação ou mediação e o prazo para a defesa começará a correr na forma do art. 335, I ou II.

III – não havendo autocomposição, o prazo para contestação será contado na forma do art. 335.

§ 2º Não realizado o aditamento a que se refere o inciso I do § 1º deste artigo, o processo será extinto sem resolução do mérito.

→ *v.* Art. 485, I, III e X do NCPC.

§ 3º O aditamento a que se refere o inciso I do § 1º deste artigo dar-se-á nos mesmos autos, sem incidência de novas custas processuais.

§ 4º Na petição inicial a que se refere o caput deste artigo, o autor terá de indicar o valor da causa, que deve levar em consideração o pedido de tutela final.

→ *v.* Art. 291 e ss. do NCPC.

§ 5º O autor indicará na petição inicial, ainda, que pretende valer-se do benefício previsto no *caput* deste artigo.

→ *v.* Art. 319 do NCPC.

§ 6º Caso entenda que não há elementos para a concessão de tutela antecipada, o órgão jurisdicional determinará a emenda da petição inicial em até 5 (cinco) dias, sob pena de ser indeferida e de o processo ser extinto sem resolução de mérito.

→ *v.* Arts. 6º, 321 e 485, I do NCPC.

Art. 304. A tutela antecipada, concedida nos termos do art. 303, torna-se estável se da decisão que a conceder não for interposto o respectivo recurso.

→ *v.* Enunciado 18 da ENFAM: Na estabilização da tutela antecipada, o réu ficará isento do pagamento das custas e os honorários deverão ser fixados no percentual de 5% sobre o valor da causa (art. 304, *caput*, c/c o art. 701, *caput*, do CPC/2015).

→ *v.* Enunciado 27 da ENFAM: Não é cabível ação rescisória contra decisão estabilizada na forma do art. 304 do CPC/2015.

→ *v.* Enunciado 28 da ENFAM: Admitido o recurso interposto na forma do art. 304 do CPC/2015, converte-se o rito antecedente em principal para apreciação definitiva do mérito da causa, independentemente do provimento ou não do referido recurso.

→ *v.* Enunciado 32 do FPPC: Além da hipótese prevista no art. 304, é possível a estabilização expressamente negociada da tutela antecipada de urgência satisfativa antecedente.

→ *v.* Enunciado 420 do FPPC: Não cabe estabilização de tutela cautelar.

→ *v.* Enunciado 421 do FPPC: Não cabe estabilização de tutela antecipada em ação rescisória.

→ *v.* Enunciado 500 do FPPC: O regime da estabilização da tutela antecipada antecedente aplica-se aos alimentos provisórios previstos no art. 4º da Lei 5.478/1968, observado o § 1º do art. 13 da mesma lei.

→ *v.* Enunciado 501 do FPPC: A tutela antecipada concedida em caráter antecedente não se estabilizará quando for interposto recurso pelo assistente simples, salvo se houver manifestação expressa do réu em sentido contrário.

§ 1º No caso previsto no *caput*, o processo será extinto.

→ *v.* Art. 487, I e III, "a" do NCPC.

§ 2º Qualquer das partes poderá demandar a outra com o intuito de rever, reformar ou invalidar a tutela antecipada estabilizada nos termos do *caput*.

§ 3º A tutela antecipada conservará seus efeitos enquanto não revista, reformada ou invalidada por decisão de mérito proferida na ação de que trata o § 2º.

§ 4º Qualquer das partes poderá requerer o desarquivamento dos autos em que foi concedida a medida, para instruir a petição inicial da ação a que se refere o § 2º, prevento o juízo em que a tutela antecipada foi concedida.

§ 5º O direito de rever, reformar ou invalidar a tutela antecipada, previsto no § 2º deste artigo, extingue-se após 2 (dois) anos, contados da ciência da decisão que extinguiu o processo, nos termos do § 1º.

→ *v.* Enunciado 33 do FPPC: Não cabe ação rescisória nos casos de estabilização da tutela antecipada de urgência.

§ 6º A decisão que concede a tutela não fará coisa julgada, mas a estabilidade dos respectivos efeitos só será afastada por decisão que a revir, reformar ou invalidar, proferida em ação ajuizada por uma das partes, nos termos do § 2º deste artigo.

Capítulo III
Do Procedimento da Tutela Cautelar Requerida em Caráter Antecedente

Art. 305. A petição inicial da ação que visa à prestação de tutela cautelar em caráter antecedente indicará a lide e seu fundamento, a exposição sumária do direito que se objetiva assegurar e o perigo de dano ou o risco ao resultado útil do processo.

→ *v.* Art. 319 do NCPC.

→ *v.* Enunciado 503 do FPPC: O procedimento da tutela cautelar, requerida em caráter antecedente ou incidente, previsto no Código de Processo Civil é compatível com o microssistema do processo coletivo.

Parágrafo único. Caso entenda que o pedido a que se refere o *caput* tem natureza antecipada, o juiz observará o disposto no art. 303.

→ *v.* Enunciado 502 do FPPC: Caso o juiz entenda que o pedido de tutela antecipada em caráter antecedente tenha natureza cautelar, observará o disposto no art. 305 e seguintes.

Art. 306. O réu será citado para, no prazo de 5 (cinco) dias, contestar o pedido e indicar as provas que pretende produzir.

→ v. Art. 335 do NCPC.

Art. 307. Não sendo contestado o pedido, os fatos alegados **pelo autor** presumir-se-ão aceitos pelo réu como ocorridos, caso em que o juiz decidirá dentro de 5 (cinco) dias.

→ v. Art. 344 do NCPC.

Parágrafo único. Contestado o pedido no prazo legal, observar-se-á o procedimento comum.

→ v. Art. 318 do NCPC.

→ v. Enunciado 381 do FPPC: É cabível réplica no procedimento de tutela cautelar requerida em caráter antecedente.

Art. 308. Efetivada a tutela cautelar, o pedido principal terá de ser formulado pelo autor no prazo de 30 (trinta) dias, **caso em que será apresentado nos mesmos autos em que deduzido o pedido de tutela cautelar, não dependendo do adiantamento de novas custas processuais.**

§ 1º O pedido principal pode ser formulado conjuntamente com o pedido de tutela cautelar.

§ 2º A causa de pedir poderá ser aditada no momento de formulação do pedido principal.

→ v. Art. 321 do NCPC.

§ 3º Apresentado o pedido principal, as partes serão intimadas para a audiência de conciliação ou de mediação, na forma do art. 334, por seus advogados ou pessoalmente, sem necessidade de nova citação do réu.

§ 4º Não havendo autocomposição, o prazo para contestação será contado na forma do art. 335.

Art. 309. Cessa a eficácia da tutela concedida em caráter antecedente, se:

I – o autor não deduzir o **pedido principal** no prazo legal;

II – não for **efetivada** dentro de 30 (trinta) dias;

III – o juiz **julgar improcedente o pedido principal** formulado pelo autor ou extinguir o processo sem resolução de mérito.

→ v. Enunciado 499 do FPPC: Efetivada a tutela de urgência e, posteriormente, sendo o processo extinto sem resolução do mérito e sem estabilização da tutela, será possível fase de liquidação para fins de responsabilização civil do requerente da medida e apuração de danos.

→ v. Enunciado 504 do FPPC: Cessa a eficácia da tutela cautelar concedida em caráter antecedente, se a sentença for de procedência do pedido principal, e o direito objeto do pedido foi definitivamente efetivado e satisfeito.

Parágrafo único. Se por qualquer motivo cessar a eficácia da tutela cautelar, é vedado à parte renovar o pedido, salvo sob novo fundamento.

→ v. Art. 502 do NCPC.

Art. 310. O indeferimento da **tutela cautelar** não obsta a que a parte **formule o pedido principal**, nem influi no julgamento desse, salvo se o motivo do indeferimento for o reconhecimento de decadência ou de prescrição.

→ v. Art. 487, II do NCPC.

TÍTULO III
Da Tutela da Evidência

Art. 311. A tutela da evidência será concedida, **independentemente da demonstração de perigo de dano ou de risco ao resultado útil do processo, quando:**

→ v. Art. 1º da Lei 9.494/1997.

→ v. Lei 8.076/1990 – Estabelece hipóteses nas quais fica suspensa a concessão de medidas liminares.

→ v. Enunciado 35 do FPPC: As vedações à concessão de tutela antecipada contra a Fazenda Pública não se aplicam aos casos de tutela de evidência.

→ v. Enunciado 217 do FPPC: A apelação contra o capítulo da sentença que concede, confirma ou revoga a tutela antecipada da evidência ou de urgência não terá efeito suspensivo automático.

→ v. Enunciado 422 do FPPC: A tutela de evidência é compatível com os procedimentos especiais.

→ v. Enunciado 423 do FPPC: Cabe tutela de evidência recursal.

→ v. Enunciado 496 do FPPC: Preenchidos os pressupostos de lei, o requerimento de tutela provisória incidental pode ser formulado a qualquer tempo, não se submetendo à preclusão temporal.

I – ficar caracterizado o abuso do direito de defesa ou o manifesto propósito protelatório da parte;

→ v. Enunciado 34 do FPPC: Considera-se abusiva a defesa da Administração Pública, sempre que contrariar entendimento coincidente com orientação vinculante firmada no âmbito administrativo do próprio ente público, consolidada em manifestação, parecer ou súmula administrativa, salvo se demonstrar a existência de distinção ou da necessidade de superação do entendimento.

II – as alegações de fato puderem ser comprovadas apenas documentalmente e houver tese firmada em julgamento de casos repetitivos ou em súmula vinculante;

→ v. Art. 1.032 e ss. do NCPC.

→ v. Lei 11.417/2006 – Dispõe sobre a edição, a revisão e o cancelamento de enunciado de súmula vinculante pelo Supremo Tribunal Federal, e dá outras providências.

→ v. Enunciado 30 da ENFAM: É possível a concessão da tutela de evidência prevista no art. 311, II, do CPC/2015 quando a pretensão autoral estiver de acordo com orientação firmada pelo Supremo Tribunal Federal em sede de controle abstrato de constitucionalidade ou com tese prevista em súmula dos tribunais, independentemente de caráter vinculante.

→ v. Enunciado 31 da ENFAM: A concessão da tutela de evidência prevista no art. 311, II, do CPC/2015 independe do trânsito em julgado da decisão paradigma.

III – se tratar de pedido reipersecutório fundado em prova documental adequada do contrato de depósito, caso em que será decretada a ordem de entrega do objeto custodiado, sob cominação de multa;

→ v. Enunciado 29 da ENFAM: Para a concessão da tutela de evidência prevista no art. 311, III, do CPC/2015, o pedido reipersecutório deve ser fundado em prova documental do contrato de depósito e também da mora.

IV – a petição inicial for instruída com prova documental suficiente dos fatos constitutivos do direito do autor, a que o réu não oponha prova capaz de gerar dúvida razoável.

Parágrafo único. Nas hipóteses dos incisos II e III, o juiz poderá decidir liminarmente.

LIVRO VI
DA FORMAÇÃO, DA SUSPENSÃO E DA EXTINÇÃO DO PROCESSO

TÍTULO I
Da Formação do Processo

Art. 312. Considera-se proposta a ação quando a petição inicial **for protocolada**, todavia, a propositura da ação só produz quanto ao réu os efeitos mencionados no art. 240 depois que for validamente citado.

→ v. Súmula 309 do STJ.

→ v. Enunciado 117 do FPPC: Em caso de desmembramento do litisconsórcio multitudinário ativo, os efeitos mencionados no art. 240 são considerados produzidos desde o protocolo originário da petição inicial.

TÍTULO II
Da Suspensão do Processo

Art. 313. Suspende-se o processo:

I – pela morte ou pela perda da capacidade processual de qualquer das partes, de seu representante legal ou de seu procurador;

→ v. Art. 687 do NCPC.

II – pela convenção das partes;

III – pela **arguição de impedimento ou** de **suspeição**;

→ v. Arts. 144 e 145 do NCPC.

IV – pela admissão de incidente de resolução de demandas repetitivas;

→ v. Art. 976 do NCPC.

→ v. Enunciado 92 do FPPC: A suspensão de processos prevista neste dispositivo é consequência da admissão do incidente de resolução de demandas repetitivas e não depende da demonstração dos requisitos para a tutela de urgência.

→ v. Enunciado 93 do FPPC: Admitido o incidente de resolução de demandas repetitivas, também devem ficar suspensos os processos que versem sobre a mesma questão objeto do incidente e que tramitem perante os juizados especiais no mesmo estado ou região.

V – quando a sentença de mérito:

→ v. Art. 487 do NCPC.

a) depender do julgamento de outra causa ou da declaração de existência ou de inexistência de relação jurídica que constitua o objeto principal de outro processo pendente;

b) **tiver de ser proferida somente** após a verificação de determinado fato ou a produção de certa prova, requisitada a outro juízo;

VI – por motivo de força maior;

VII – quando se discutir em juízo questão decorrente de acidentes e fatos da navegação de competência do Tribunal Marítimo;

VIII – nos demais casos que este Código regula.

→ v. Art. 134, § 3º, do NCPC.

§ 1º Na hipótese do inciso I, o juiz suspenderá o processo, nos termos do art. 689.

§ 2º Não ajuizada ação de habilitação, ao tomar conhecimento da morte, o juiz determinará a suspensão do processo e observará o seguinte:

→ v. Art. 687 do NCPC.

I – falecido o réu, ordenará a intimação do autor para que promova a citação do respectivo espólio, de quem for o sucessor ou, se for o caso, dos herdeiros, no prazo que designar, de no mínimo 2 (dois) e no máximo 6 (seis) meses;

II – falecido o autor e sendo transmissível o direito em litígio, determinará a intimação de seu espólio, de quem for o sucessor ou, se for o caso, dos herdeiros, pelos meios de divulgação que reputar mais adequados, para que manifestem interesse na sucessão processual e promovam a respectiva habilitação no prazo designado, sob pena de extinção do processo sem resolução de mérito.

§ 3º No caso de morte do procurador de qualquer das partes, ainda que iniciada a audiência de instrução e julgamento, o juiz **determinará** que a parte constitua novo mandatário, **no prazo de 15 (quinze) dias**, ao final do qual extinguirá o processo sem **resolução** de mérito, se o autor não nomear novo mandatário, ou ordenará o prosseguimento do processo à revelia do réu, se falecido o **procurador** deste.

§ 4º O prazo de suspensão do processo nunca poderá exceder 1 (um) ano nas hipóteses do inciso V e 6 (seis) meses naquela prevista no inciso II.

§ 5º O juiz determinará o prosseguimento do processo assim que esgotados os prazos previstos no § 4º.

Art. 314. Durante a suspensão é vedado praticar qualquer ato processual, podendo o juiz, todavia, determinar a realização de atos urgentes a fim de evitar dano irreparável, **salvo no caso de arguição de impedimento e de suspeição**.

→ v. Arts. 144 e 145 do NCPC.

Art. 315. Se o conhecimento do mérito depender de verificação da existência de fato delituoso, o juiz pode determinar a suspensão do processo até que se pronuncie a justiça criminal.

§ 1º Se a ação penal não for proposta no prazo de 3 (três) meses, contado da intimação do ato de suspensão, cessará o efeito desse, incumbindo ao juiz cível examinar incidentemente a questão prévia.

§ 2º Proposta a ação penal, o processo ficará suspenso pelo prazo máximo de 1 (um) ano, ao final do qual aplicar-se-á o disposto na parte final do § 1º.

TÍTULO III
Da Extinção do Processo

Art. 316. A extinção do processo dar-se-á por sentença.

→ v. Arts. 485 e 487 do NCPC.

Art. 317. Antes de proferir decisão sem resolução de mérito, o juiz deverá conceder à parte oportunidade para, se possível, corrigir o vício.

PARTE ESPECIAL

LIVRO I
DO PROCESSO DE CONHECIMENTO E DO CUMPRIMENTO DE SENTENÇA

TÍTULO I
Do Procedimento Comum

Capítulo I
Disposições Gerais

Art. 318. Aplica-se a todas as causas o procedimento comum, salvo disposição em contrário deste Código ou de lei.

→ v. Art. 24, XI, da CF/1988.

Parágrafo único. O procedimento comum aplica-se subsidiariamente **aos demais procedimentos especiais e ao processo de execução**.

Capítulo II
Da Petição Inicial

Seção I
Dos Requisitos da Petição Inicial

Art. 319. A petição inicial indicará:

→ v. Súmula 558 do STJ.
→ v. Art. 2º da Lei 5.741/1971.
→ v. Art. 37 da Lei 9.307/1996.
→ v. Art. 14 da Lei 9.099/1995.
→ v. Art. 2º-A da Lei 9.494/1997.
→ v. Arts. 106 e 287 do NCPC.
→ v. Enunciado 145 do FPPC: No processo do trabalho, é requisito da inicial a indicação do número no cadastro de pessoas físicas ou no cadastro nacional de pessoas jurídicas, bem como os endereços eletrônicos do autor e do réu, aplicando-se as regras do novo Código de Processo Civil a respeito da falta de informações pertinentes ou quando elas tornarem impossível ou excessivamente oneroso o acesso à justiça.
→ v. Enunciado 424 do FPPC: Os parágrafos do art. 319 devem ser aplicados imediatamente, inclusive para as petições iniciais apresentadas na vigência do CPC/1973 do FPPC.

I – o juízo a que é dirigida;

II – os nomes, os prenomes, o estado civil, **a existência de união estável, a profissão, o número de inscrição no Cadastro de Pessoas Físicas ou no Cadastro Nacional da Pessoa Jurídica, o endereço eletrônico,** o domicílio e a residência do autor e do réu;

→ v. Art. 246, § 1º, do NCPC.

III – o fato e os fundamentos jurídicos do pedido;

→ v. Enunciado 281 do FPPC: O enquadramento normativo dos fatos não é requisito da petição inicial e, uma vez existente, não vincula o órgão julgador.
→ v. Enunciado 282 do FPPC: Para julgar com base em enquadramento normativo diverso daquele invocado pelas partes, ao juiz cabe observar o dever de consulta, previsto no art. 10.
→ "Enunciado 283 do FPPC. Aplicam-se os arts. 319, § 1º, 396 a 404 também quando o autor não dispuser de documentos indispensáveis à propositura da ação."

IV – o pedido com as suas especificações;

V – o valor da causa;

→ v. Art. 58, III, da Lei 8.245/1991.
→ v. Arts. 291 e seguintes e 303, § 4º, do NCPC.

VI – as provas com que o autor pretende demonstrar a verdade dos fatos alegados;

VII – a opção do autor pela realização ou não de audiência de conciliação ou de mediação.

→ v. Arts. 334, §§ 4º e 5º, do NCPC.

§ 1º Caso não disponha das informações previstas no inciso II, poderá o autor, na petição inicial, requerer ao juiz diligências necessárias a sua obtenção.

→ v. Enunciado 519 do FPPC: Em caso de impossibilidade de obtenção ou de desconhecimento das informações relativas à qualificação da testemunha, a parte poderá requerer ao juiz providências necessárias para a sua obtenção, salvo em casos de inadmissibilidade da prova ou de abuso de direito.

§ 2º A petição inicial não será indeferida se, a despeito da falta de informações a que se refere o inciso II, for possível a citação do réu.

§ 3º A petição inicial não será indeferida, pelo não atendimento ao disposto no inciso II deste artigo se a obtenção de tais informações tornar impossível ou excessivamente oneroso o acesso à justiça.

Art. 320. A petição inicial será instruída com os documentos indispensáveis à propositura da ação.

→ v. Art. 46 da Lei 6.766/1979.
→ v. Arts. 434, 435, 439, 550, § 1º, 677, 720, 767, 953, e 977, parágrafo único, do NCPC.

Art. 321. O juiz, ao verificar que a petição inicial não preenche os requisitos dos arts. 319 e 320 ou que apresenta defeitos e irregularidades capazes de dificultar o julgamento de mérito, determinará que o autor, **no prazo de 15 (quinze) dias**, a emende ou a complete, **indicando com precisão o que deve ser corrigido ou completado**.

→ v. Art. 106 da Lei 11.101/2005.
→ v. Art. 216-A, § 10º, da Lei 6.015/1975.
→ v. Arts. 6º, 76, 106, § 1º, 139, IX, 303, § 6º, 700, § 5º e 801 do NCPC.
→ v. Enunciado 292 do FPPC: Antes de indeferir a petição inicial, o juiz deve aplicar o disposto no art. 321.
→ v. Enunciado 425 do FPPC: Ocorrendo simultaneamente as hipóteses dos art. 106, § 1º, e art. 321, caput, o prazo de emenda será único e de quinze dias.

Parágrafo único. Se o autor não cumprir a diligência, o juiz indeferirá a petição inicial.

→ v. Art. 330 do NCPC.

Seção II
Do Pedido

Art. 322. O pedido deve ser certo.

→ v. Súmulas 254 e 412 do STF.
→ v. Súmulas 318 e 326 do STJ.

§ 1º Compreendem-se no principal os juros legais, a correção monetária e as verbas de sucumbência, inclusive os honorários advocatícios.

→ v. Arts. 389, 404 e 406 do CC/2002.
→ v. Súmula 254 do STF.
→ v. Súmula 453 do STJ.

§ 2º A interpretação do pedido considerará o conjunto da postulação e observará o princípio da boa-fé.

→ v. Art. 5º do NCPC.
→ v. Enunciado 286 do FPPC: Aplica-se o § 2º do art. 322 à interpretação de todos os atos postulatórios, inclusive da contestação e do recurso.
→ v. Enunciado 378 do FPPC: A boa-fé processual orienta a interpretação da postulação e da sentença, permite a reprimenda do abuso de direito processual e das condutas dolosas de todos os sujeitos processuais e veda seus comportamentos contraditórios.

Art. 323. Na ação que tiver por objeto cumprimento de obrigação em prestações **sucessivas**, essas serão consideradas incluídas no pedido, independentemente de declaração expressa do autor, e serão incluídas na condenação, enquanto durar a obrigação, se o devedor, no curso do processo, deixar de pagá-las ou de consigná-las.

→ v. Art. 541 do NCPC.

→ v. Enunciado 505 do FPPC: Na ação de despejo cumulada com cobrança, julgados procedentes ambos os pedidos, são passíveis de execução, além das parcelas vencidas indicadas na petição inicial, as que se tornaram exigíveis entre a data de propositura da ação e a efetiva desocupação do imóvel locado.

Art. 324. O pedido deve ser determinado.

§ 1º É lícito, porém, formular pedido genérico:

I – nas ações universais, se o autor não puder individuar os bens demandados;

II – quando não for possível determinar, **desde logo**, as consequências do ato ou do fato;

III – quando a determinação **do objeto** ou do valor da condenação depender de ato que deva ser praticado pelo réu.

→ v. Art. 14, § 2º, da Lei 9.099/1995.
→ v. Art. 509 e seguintes do NCPC.

§ 2º O disposto neste artigo aplica-se à reconvenção.

→ v. Art. 343 e seguintes do NCPC.

Art. 325. O pedido será alternativo quando, pela natureza da obrigação, o devedor puder cumprir a prestação de mais de um modo.

Parágrafo único. Quando, pela lei ou pelo contrato, a escolha couber ao devedor, o juiz lhe assegurará o direito de cumprir a prestação de um ou de outro modo, ainda que o autor não tenha formulado pedido alternativo.

→ v. Art. 252 e seguintes do CC/2002.
→ v. Art. 543 do NCPC.

Art. 326. É lícito formular mais de um pedido em ordem **subsidiária**, a fim de que o juiz conheça do posterior, quando não acolher o anterior.

→ v. Enunciado 102 do FPPC: O pedido subsidiário (art. 326) não apreciado pelo juiz – que acolheu o pedido principal – é devolvido ao tribunal com a apelação interposta pelo réu.

→ v. Enunciado 287 do FPPC: O pedido subsidiário somente pode ser apreciado se o juiz não puder examinar ou expressamente rejeitar o principal.

→ v. Enunciado 288 do FPPC: Quando acolhido o pedido subsidiário, o autor tem interesse de recorrer em relação ao principal.

Parágrafo único. É lícito formular mais de um pedido, alternativamente, para que o juiz acolha um deles.

→ v. Arts. 547 e 548 do NCPC.

Art. 327. É **lícita** a cumulação, em um único processo, contra o mesmo réu, de vários pedidos, ainda que entre eles não haja conexão.

§ 1º São requisitos de admissibilidade da cumulação que:

I – os pedidos sejam compatíveis entre si;

→ v. Súmula 387 do STJ.

II – seja competente para conhecer deles o mesmo juízo;

→ v. Súmula 170 do STJ.

→ v. Enunciado 289 do FPPC: Se houver conexão entre pedidos cumulados, a incompetência relativa não impedirá a cumulação, em razão da modificação legal da competência.

III – seja adequado para todos os pedidos o tipo de procedimento.

§ 2º Quando, para cada pedido, corresponder tipo diverso de procedimento, será admitida a cumulação se o autor empregar o **procedimento comum, sem prejuízo do emprego das técnicas processuais diferenciadas previstas nos procedimentos especiais a que se sujeitam um ou mais pedidos cumulados, que não forem incompatíveis com as disposições sobre o procedimento comum.**

→ v. Enunciado 506 do FPPC: A expressão "procedimentos especiais" a que alude o § 2º do art. 327 engloba aqueles previstos na legislação especial.

§ 3º O inciso I do § 1º não se aplica às cumulações de pedidos de que trata o art. 326.

Art. 328. Na obrigação indivisível com pluralidade de credores, aquele que não participou do processo receberá sua parte, deduzidas as despesas na proporção de seu crédito.

→ v. Arts. 257 e seguintes do CC/2002.

Art. 329. O autor poderá:

I – até a citação, aditar **ou alterar** o pedido ou a causa de pedir, **independentemente** de **consentimento do réu;**

II – até o saneamento do processo, aditar **ou alterar o pedido e a causa de pedir, com consentimento do réu, assegurado o contraditório mediante a possibilidade de manifestação deste no prazo mínimo de 15 (quinze) dias, facultado o requerimento de prova suplementar.**

→ v. Art. 2º, § 8º, da Lei 6.830/1980.

→ v. Enunciado 490 do FPPC: São admissíveis os seguintes negócios processuais, entre outros: pacto de inexecução parcial ou total de multa coercitiva; pacto de alteração de ordem de penhora; pré-indicação de bem penhorável preferencial (art. 848, II); pré-fixação de indenização por dano processual prevista nos arts. 81, § 3º, 520, inc. I, 297, parágrafo único (cláusula penal processual); negócio de anuência prévia para aditamento ou alteração do pedido ou da causa de pedir até o saneamento (art. 329, inc. II).

Parágrafo único. Aplica-se o disposto neste artigo à reconvenção e à respectiva causa de pedir.

→ v. Art. 343 e seguintes do NCPC.

Seção III
Do Indeferimento da Petição Inicial

Art. 330. A petição inicial será indeferida quando:

→ v. Art. 10 da Lei 12.016/2009.
→ v. Art. 17, § 8º, da Lei 8.429/1992.
→ v. Enunciado 292 do FPPC: Antes de indeferir a petição inicial, o juiz deve aplicar o disposto no art. 321.

I – for inepta;

II – a parte for manifestamente ilegítima;

III – o autor carecer de interesse processual;

IV – não atendidas as prescrições dos arts. 106 e 321.

§ 1º Considera-se inepta a petição inicial quando:

I – lhe faltar pedido ou causa de pedir;

II – o pedido for indeterminado, ressalvadas as hipóteses legais em que se permite o pedido genérico;

III – da narração dos fatos não decorrer logicamente a conclusão;

IV – contiver pedidos incompatíveis entre si.

§ 2º Nas ações que tenham por objeto a revisão de obrigação decorrente de empréstimo, de financiamento ou de alienação de bens, o autor terá de, sob pena de inépcia, discriminar na petição inicial, dentre as obrigações contratuais, aquelas que pretende controverter, além de quantificar o valor incontroverso do débito.

→ v. Enunciado 290 do FPPC: A enumeração das espécies de contrato previstas no § 2º do art. 330 é exemplificativa.

§ 3º Na hipótese do § 2º, o valor incontroverso deverá continuar a ser pago no tempo e modo contratados.

→ v. Art. 1.055 do NCPC.

Art. 331. Indeferida a petição inicial, o autor poderá apelar, facultado ao juiz, no prazo de 5 (cinco) dias, retratar-se.

→ v. Art. 198, VII, do ECA.
→ v. Art. 332, §§ 3º e 4º, e 485, § 7º, do NCPC.
→ v. Enunciado 43 da ENFAM: O art. 332 do CPC/2015 se aplica ao sistema de juizados especiais e o inciso IV também abrange os enunciados e súmulas dos seus órgãos colegiados competentes.
→ v. Enunciado 291 do FPPC: Aplicam-se ao procedimento do mandado de segurança os arts. 331 e parágrafos e 332, § 3º do CPC.

§ 1º Se não houver retratação, o juiz mandará citar o réu para responder ao recurso.

§ 2º Sendo a sentença reformada pelo tribunal, o prazo para a contestação começará a correr da intimação do retorno dos autos, observado o disposto no art. 334.

§ 3º Não interposta a apelação, o réu será intimado do trânsito em julgado da sentença.

Capítulo III
Da Improcedência Liminar do Pedido

Art. 332. Nas causas que dispensem a fase instrutória, o juiz, independentemente da citação do réu, julgará liminarmente improcedente o pedido que contrariar:

→ v. Art. 17, § 8º, da Lei 8.429/1992.
→ v. Enunciado 36 do FPPC: As hipóteses de impossibilidade jurídica do pedido ensejam a improcedência liminar do pedido.
→ v. Enunciado 507 do FPPC: O art. 332 aplica-se ao sistema de Juizados Especiais.

I – enunciado de súmula do Supremo Tribunal Federal ou do Superior Tribunal de Justiça;

II – acórdão proferido pelo Supremo Tribunal Federal ou pelo Superior Tribunal de Justiça em julgamento de recursos repetitivos;

III – entendimento firmado em incidente de resolução de demandas repetitivas ou de assunção de competência;

IV – enunciado de súmula de tribunal de justiça sobre direito local.

§ 1º O juiz também poderá julgar liminarmente improcedente o pedido se verificar, desde logo, a ocorrência de decadência ou de prescrição.

→ v. Art. 10, 302, IV, 310, 487, II e parágrafo único, e 1.013, § 4º, do NCPC.

→ v. Enunciado 294 do FPPC: O julgamento liminar de improcedência, disciplinado no art. 333, salvo com relação ao § 1º, se aplica ao processo do trabalho quando contrariar: a) enunciado de súmula ou de Orientação Jurisprudencial do TST; b) acórdão proferido pelo TST em julgamento de recursos de revista repetitivos; c) entendimento firmado em resolução de demandas repetitivas.

§ 2º Não interposta a apelação, o réu será intimado do trânsito em julgado da sentença, nos termos do art. 241.

§ 3º Interposta a apelação, o juiz poderá retratar-se em 5 (cinco) dias.

→ v. Art. 331 do NCPC.

→ v. Enunciado 508 do FPPC: Interposto recurso inominado contra sentença que julga liminarmente improcedente o pedido, o juiz pode retratar-se em cinco dias.

§ 4º **Se houver retratação**, o juiz determinará o prosseguimento do processo, com a citação do réu, e, **se não houver retratação, determinará a citação do réu para apresentar contrarrazões, no prazo de 15 (quinze) dias.**

Capítulo IV
Da Conversão da Ação Individual em Ação Coletiva

Art. 333. (*Vetado*).

→ v. Redação vetada: "Art. 333. Atendidos os pressupostos da relevância social e a dificuldade de formação do litisconsórcio, o juiz, a requerimento do Ministério Público ou da Defensoria Pública, ouvido o autor, poderá converter em coletiva a ação individual que veicule pedido que:
I - tenha alcance coletivo, em razão da tutela de bem jurídico difuso ou coletivo, assim entendidos aqueles definidos pelo art. 81, parágrafo único, incisos I e II, da Lei 8.078, de 11 de setembro de 1990 (Código de Defesa do Consumidor), e cuja ofensa afete, a um só tempo, as esferas jurídicas do indivíduo e da coletividade;
II - tenha por objetivo a solução de conflito de interesse relativo a uma mesma relação jurídica plurilateral, cuja solução, por sua natureza ou por disposição de lei, deva ser necessariamente uniforme, assegurando-se tratamento isonômico para todos os membros do grupo.
§ 1º Além do Ministério Público e da Defensoria Pública, podem requerer a conversão os legitimados referidos no art. 5º da Lei 7.347, de 24 de julho de 1985, e no art. 82 da Lei 8.078, de 11 de setembro de 1990 (Código de Defesa do Consumidor).
§ 2º A conversão não pode implicar a formação de processo coletivo para a tutela de direitos individuais homogêneos.
§ 3º Não se admite a conversão, ainda, se:
I - já iniciada, no processo individual, a audiência de instrução e julgamento; ou
II - houver processo coletivo pendente com o mesmo objeto; ou
III - o juízo não tiver competência para o processo coletivo que seria formado.
§ 4º Determinada a conversão, o juiz intimará o autor do requerimento para que, no prazo fixado, adite ou emende a petição inicial, para adaptá-la à tutela coletiva.
§ 5º Havendo aditamento ou emenda da petição inicial, o juiz determinará a intimação do réu para, querendo, manifestar-se no prazo de 15 (quinze) dias.
§ 6º O autor originário da ação individual atuará na condição de litisconsorte unitário do legitimado para condução do processo coletivo.
§ 7º O autor originário não é responsável por nenhuma despesa processual decorrente da conversão do processo individual em coletivo.
§ 8º Após a conversão, observar-se-ão as regras do processo coletivo.
§ 9º A conversão poderá ocorrer mesmo que o autor tenha cumulado pedido de natureza estritamente individual, hipótese em que o processamento desse pedido dar-se-á em autos apartados.
§ 10. O Ministério Público deverá ser ouvido sobre o requerimento previsto no caput, salvo quando ele próprio o houver formulado."

→ v. Razões de veto.

Capítulo V
Da Audiência de Conciliação ou de Mediação

Art. 334. Se a petição inicial preencher os requisitos essenciais e não for o caso de improcedência liminar do pedido, o juiz designará audiência de conciliação ou de mediação com antecedência mínima de 30 (trinta) dias, devendo ser citado o réu com pelo menos 20 (vinte) dias de antecedência.

→ v. Arts. 3º, §§ 2º e 3º e 165 a 175, e 694, do NCPC.

→ v. Resolução 125 do CNJ – Dispõe sobre a Política Judiciária Nacional de tratamento adequado dos conflitos de interesses no âmbito do Poder Judiciário.

→ v. Lei 13.140/2015 - Dispõe sobre a mediação entre particulares como meio de solução de controvérsias e sobre a autocomposição de conflitos no âmbito da administração pública.

→ v. Enunciado 56 da ENFAM: Nas atas das sessões de conciliação e mediação, somente serão registradas as informações expressamente autorizadas por todas as partes.

→ v. Enunciado 57 da ENFAM: O cadastro dos conciliadores, mediadores e câmaras privadas deve ser realizado nos núcleos judiciais ou regionais de conciliação (Núcleos Permanentes de Métodos Consensuais de Solução de Conflitos – NUPEMEC), que atuarão como órgãos de gestão do sistema de autocomposição.

→ v. Enunciado 58 da ENFAM: As escolas judiciais e da magistratura têm autonomia para formação de conciliadores e mediadores, observados os requisitos mínimos estabelecidos pelo CNJ.

→ v. Enunciado 59 da ENFAM: O conciliador ou mediador não cadastrado no tribunal, escolhido na forma do § 1º do art. 168 do CPC/2015, deverá preencher o requisito de capacitação mínima previsto no § 1º do art. 167.

→ v. Enunciado 61 da ENFAM: Somente a recusa expressa de ambas as partes impedirá a realização da audiência de conciliação ou mediação prevista no art. 334 do CPC/2015, não sendo a manifestação de desinteresse externada por uma das partes justificativa para afastar a multa de que trata o art. 334, § 8º.

→ v. Enunciado 62 da ENFAM: O conciliador e o mediador deverão advertir os presentes, no início da sessão ou audiência, da extensão do princípio da confidencialidade a todos os participantes do ato.

→ v. Enunciado 509 do FPPC: Sem prejuízo da adoção das técnicas de conciliação e mediação, não se aplicam no âmbito dos juizados especiais os prazos previstos no art. 334 do FPPC.

§ 1º O conciliador ou mediador, onde houver, atuará necessariamente na audiência de conciliação ou de mediação, observando o disposto neste Código, bem como as disposições da lei de organização judiciária.

§ 2º Poderá haver mais de uma sessão destinada à conciliação e à mediação, não podendo exceder a 2 (dois) meses da data de realização da primeira sessão, desde que necessárias à composição das partes.

§ 3º A intimação do autor para a audiência será feita na pessoa de seu advogado.

→ v. Art. 250, IV, do NCPC.

§ 4º A audiência não será realizada:
I – se ambas as partes manifestarem, expressamente, desinteresse na composição consensual;
II – quando não se admitir a autocomposição.

§ 5º O autor deverá indicar, na petição inicial, seu desinteresse na autocomposição, e o réu deverá fazê-lo, por petição, apresentada com 10 (dez) dias de antecedência, contados da data da audiência.

§ 6º Havendo litisconsórcio, o desinteresse na realização da audiência deve ser manifestado por todos os litisconsortes.

§ 7º A audiência de conciliação ou de mediação pode realizar-se por meio eletrônico, nos termos da lei.

§ 8º O não comparecimento injustificado do autor ou do réu à audiência de conciliação é considerado ato atentatório à dignidade da justiça e será sancionado com multa de até dois por cento da vantagem econômica pretendida ou do valor da causa, revertida em favor da União ou do Estado.

→ v. Enunciado 273 do FPPC: Ao ser citado, o réu deverá ser advertido de que sua ausência injustificada à audiência de conciliação ou mediação configura ato atentatório à dignidade da justiça, punível com a multa do art. 334, § 8º, sob pena de sua inaplicabilidade.

§ 9º As partes devem estar acompanhadas por seus advogados ou defensores públicos.

§ 10. A parte poderá constituir representante, por meio de procuração específica, com poderes para negociar e transigir.

→ v. Art. 661 do CC/2002.

§ 11. A autocomposição obtida será reduzida a termo e homologada por sentença.

→ v. Art. 487, III, do NCPC.

§ 12. A pauta das audiências de conciliação ou de mediação será organizada de modo a respeitar o intervalo mínimo de 20 (vinte) minutos entre o início de uma e o início da seguinte.

→ v. Enunciado 151 do FPPC: Na Justiça do Trabalho, as pautas devem ser preparadas com intervalo mínimo de uma hora entre as audiências designadas para instrução do feito. Para as audiências para simples tentativa de conciliação, deve ser respeitado o intervalo mínimo de vinte minutos.

→ v. Enunciado 295 do FPPC: As regras sobre intervalo mínimo entre as audiências do CPC só se aplicam aos processos em que o ato for designado após sua vigência.

Capítulo VI
Da Contestação

Art. 335. O réu poderá **oferecer contestação**, por petição, no prazo de 15 (quinze) dias, cujo termo inicial será a data:

→ v. Enunciado 510 do FPPC: Frustrada a tentativa de autocomposição na audiência referida no art. 21 da Lei 9.099/1995, configura prejuízo para a defesa a realização imediata da instrução quando a citação não tenha ocorrido com a antecedência mínima de quinze dias.

I – da audiência de conciliação ou de mediação, ou da última sessão de conciliação, quando qualquer parte não comparecer ou, comparecendo, não houver autocomposição;

II – do protocolo do pedido de cancelamento da audiência de conciliação ou de mediação apresentado pelo réu, quando ocorrer a hipótese do art. 334, § 4º, inciso I;

III – prevista no art. 231, de acordo com o modo como foi feita a citação, nos demais casos.

§ 1º No caso de litisconsórcio passivo, **ocorrendo a hipótese do art. 334, § 6º, o termo inicial previsto no inciso II será, para cada um dos réus, a data de apresentação de seu respectivo pedido de cancelamento da audiência.**

§ 2º **Quando ocorrer a hipótese do art. 334, § 4º, inciso II, havendo litisconsórcio passivo** e o autor desistir da ação em relação a réu ainda não citado, o prazo para resposta correrá **da data de intimação** da decisão que **homologar** a desistência.

Art. 336. Incumbe ao réu alegar, na contestação, toda a matéria de defesa, expondo as razões de fato e de direito com que impugna o pedido do autor e especificando as provas que pretende produzir.

→ v. Arts. 155, IV, 434, 435, 544 e 556 do NCPC.

→ v. Enunciado 248 do FPPC: Quando a desconsideração da personalidade jurídica for requerida na petição inicial, incumbe ao sócio ou à pessoa jurídica, na contestação, impugnar não somente a própria desconsideração, mas também os demais pontos da causa.

→ v. Enunciado 1 do CEAPRO: A aceitação pelo autor da indicação do sujeito passivo pelo réu com a alteração da petição inicial, não está submetida ao prévio controle judicial.

→ v. Enunciado 2 do CEAPRO: A alegação da ilegitimidade com a indicação do correto sujeito passivo na relação jurídica deve ser feita pelo réu em contestação.

→ v. Enunciado 3 do CEAPRO: A aceitação do autor, após a alegação da ilegitimidade com a indicação do correto sujeito passivo da relação jurídica, deve ser feita no prazo de 15 dias após a intimação para se manifestar sobre a contestação ou sobre essa alegação do réu.

Art. 337. Incumbe ao réu, antes de discutir o mérito, alegar:

I – inexistência ou nulidade da citação;
→ v. Art. 238 e seguintes do NCPC.

II – incompetência absoluta **e relativa**;
→ v. Art. 64 e seguintes do NCPC.

III – incorreção do valor da causa;
→ v. Art. 291 e seguintes do NCPC.

IV – inépcia da petição inicial;
→ v. Art. 330, I, do NCPC.

V – perempção;
→ v. Art. 486, § 3º, do NCPC.

VI – litispendência;

VII – coisa julgada;

VIII – conexão;

→ v. Art. 55 do NCPC.

IX – incapacidade da parte, defeito de representação ou falta de autorização;
→ v. Art. 76 do NCPC.

X – convenção de arbitragem;
→ v. Art. 3º da Lei 9.307/1996.

XI – ausência de legitimidade ou de interesse processual;

XII – falta de caução ou de outra prestação que a lei exige como preliminar;
→ v. Art. 83 do NCPC.

XIII – indevida concessão do benefício de gratuidade de justiça.
→ v. Art. 1º e seguintes da Lei 1.060/1950.
→ v. Arts. 99 a 102, e 1.072, III, do NCPC.

§ 1º Verifica-se a litispendência ou a coisa julgada quando se reproduz ação anteriormente ajuizada.

§ 2º Uma ação é idêntica a outra quando possui as mesmas partes, a mesma causa de pedir e o mesmo pedido.

§ 3º Há litispendência quando se repete ação que está em curso.

§ 4º Há coisa julgada quando se repete ação que já foi decidida por **decisão transitada em julgado**.

§ 5º Excetuadas a **convenção de arbitragem e a incompetência relativa**, o juiz conhecerá de ofício das matérias enumeradas neste artigo.

§ 6º A ausência de alegação da existência de convenção de arbitragem, na forma prevista neste Capítulo, implica aceitação da jurisdição estatal e renúncia ao juízo arbitral.

Art. 338. Alegando o réu, na contestação, ser parte ilegítima ou não ser o responsável pelo prejuízo invocado, o juiz facultará ao autor, em 15 (quinze) dias, a alteração da petição inicial para substituição do réu.

→ v. Enunciado 296 do FPPC: Quando conhecer liminarmente e de ofício a ilegitimidade passiva, o juiz facultará ao autor a alteração da petição inicial, para substituição do réu, nos termos dos arts. 339 e 340, sem ônus sucumbenciais.

→ v. Enunciado 510 do FPPC: Frustrada a tentativa de autocomposição na audiência referida no art. 21 da Lei 9.099/1995, configura prejuízo para a defesa a realização imediata da instrução quando a citação não tenha ocorrido com a antecedência mínima de quinze dias.

→ v. Enunciado 511 do FPPC: A técnica processual prevista nos arts. 338 e 339 pode ser usada, no que couber, para possibilitar a correção da autoridade coatora, bem como da pessoa jurídica, no processo de mandado de segurança.

Parágrafo único. Realizada a substituição, o autor reembolsará as despesas e pagará os honorários ao procurador do réu excluído, que serão fixados entre três e cinco por cento do valor da causa ou, sendo este irrisório, nos termos do art. 85, § 8º.

Art. 339. Quando alegar sua ilegitimidade, incumbe ao réu indicar o sujeito passivo da relação jurídica discutida sempre que tiver conhecimento, sob pena de arcar com as despesas processuais e de indenizar o autor pelos prejuízos decorrentes da falta de indicação.

→ v. Enunciado 42 do FPPC: O dispositivo aplica-se mesmo a procedimentos especiais que não admitem intervenção de terceiros, bem como aos juizados especiais cíveis, pois se trata de mecanismo saneador, que excepciona a estabilização do processo.

→ v. Enunciado 44 do FPPC: A responsabilidade a que se refere o art. 339 é subjetiva.

→ v. Enunciado 239 do FPPC: Fica superado o enunciado n. 472 da súmula do STF ("A condenação do autor em honorários de advogado, com fundamento no art. 64 do Código de Processo Civil, depende de reconvenção"), pela extinção da nomeação à autoria.

§ 1º O autor, ao aceitar a indicação, procederá, no prazo de 15 (quinze) dias, à alteração da petição inicial para a substituição do réu, observando-se, ainda, o parágrafo único do art. 338.

§ 2º No prazo de 15 (quinze) dias, o autor pode optar por alterar a petição inicial para incluir, como litisconsorte passivo, o sujeito indicado pelo réu.

→ v. Enunciado 152 do FPPC: Nas hipóteses dos §§ 1º e 2º do art. 339, a aceitação do autor deve ser feita no prazo de 15 dias destinado à sua manifestação sobre a contestação ou sobre essa alegação de ilegitimidade do réu.

Art. 340. Havendo alegação de incompetência relativa ou absoluta, a contestação poderá ser protocolada no foro de domicílio do réu, fato que será imediatamente comunicado ao juiz da causa, preferencialmente por meio eletrônico.

→ v. Art. 64 e seguintes do NCPC.
→ v. Enunciado 426 do FPPC: O juízo para o qual foi distribuída a contestação ou a carta precatória só será considerado prevento se o foro competente for o local onde foi citado.

§ 1º A contestação será submetida a livre distribuição, ou, se o réu houver sido citado por meio de carta precatória, juntada aos autos dessa carta, seguindo-se a sua imediata remessa para o juízo da causa.

§ 2º Reconhecida a competência do foro indicado pelo réu, o juízo para o qual for distribuída a contestação ou a carta precatória será considerado prevento.

→ v. Enunciado 426 do FPPC: O juízo para o qual foi distribuída a contestação ou a carta precatória só será considerado prevento se o foro competente for o local onde foi citado.

§ 3º Alegada a incompetência nos termos do *caput*, será suspensa a realização da audiência de conciliação ou de mediação, se tiver sido designada.

§ 4º Definida a competência, o juízo competente designará nova data para a audiência de conciliação ou de mediação.

→ v. Art. 334 e seguintes do NCPC.

Art. 341. Incumbe também ao réu manifestar-se precisamente sobre as **alegações** de fato constantes da petição inicial, presumindo-se verdadeiras as não impugnadas, salvo se:

I – não for admissível, a seu respeito, a confissão;
→ v. Art. 213 do CC/2002.
→ v. Art. 391 do NCPC.

II – a petição inicial não estiver acompanhada de instrumento que a lei considerar da substância do ato;

→ *v.* Art. 108 do CC/2002.
→ *v.* Art. 406 do NCPC.

III – estiverem em contradição com a defesa, considerada em seu conjunto.

Parágrafo único. O ônus da impugnação especificada dos fatos não se aplica ao **defensor público**, ao advogado dativo e ao curador especial.

→ *v.* Arts. 72, 185 e 186 do NCPC.

Art. 342. Depois da contestação, só é lícito ao réu deduzir novas alegações quando:

I – relativas a direito ou a fato superveniente;

II – competir ao juiz conhecer delas de ofício;

III – por expressa autorização legal, puderem ser formuladas em qualquer tempo **e grau de jurisdição**.

Capítulo VII
Da Reconvenção

Art. 343. Na contestação, é lícito ao réu propor reconvenção para manifestar pretensão própria, conexa com a ação principal ou com o fundamento da defesa.

→ *v.* Súmula 237 e 258 do STF.
→ *v.* Súmula 292 do STJ.
→ *v.* Art. 31 da Lei 9.099/1995.
→ *v.* Art. 36 da Lei 6.515/1977.
→ *v.* Art. 16, § 3º, da Lei 6.830/1980.
→ *v.* Enunciado 239 do FPPC: Fica superado o enunciado n. 472 da súmula do STF ("A condenação do autor em honorários de advogado, com fundamento no art. 64 do Código de Processo Civil, depende de reconvenção"), pela extinção da nomeação à autoria.

§ 1º Proposta a reconvenção, o autor será intimado, na pessoa de seu **advogado**, para apresentar resposta no prazo de 15 (quinze) dias.

§ 2º A desistência da ação ou a ocorrência de causa extintiva que impeça o exame de seu mérito não obsta ao prosseguimento do processo quanto à reconvenção.

→ *v.* Súmula 240 do STJ.

§ 3º A reconvenção pode ser proposta contra o autor e terceiro.

§ 4º A reconvenção pode ser proposta pelo réu em litisconsórcio com terceiro.

→ *v.* Enunciado 46 do FPPC: A reconvenção pode veicular pedido de declaração de usucapião, ampliando subjetivamente a relação processual, observando-se o art. 259, I. Ampliação do Enunciado 237 da Súmula do STF.

§ 5º Se o autor for substituto processual, o reconvinte deverá afirmar ser titular de direito em face do substituído, e a reconvenção deverá ser proposta em face do autor, também na qualidade de substituto processual.

§ 6º O réu pode propor reconvenção independentemente de oferecer contestação.

Capítulo VIII
Da Revelia

Art. 344. Se o réu não contestar a ação, **será considerado revel** e presumir-se-ão verdadeiras as alegações de fato formuladas pelo autor.

→ *v.* Art. 20 da Lei 9.099/1995.
→ *v.* Arts. 72, II, 503, § 1º, II 525, § 1º, I, e 963, II, do NCPC.

Art. 345. A revelia não produz o efeito mencionado no art. 344 se:

I – havendo pluralidade de réus, algum deles contestar a ação;

II – o litígio versar sobre direitos indisponíveis;

→ *v.* Art. 213 do CC/2002.
→ *v.* Art. 392 do NCPC.

III – a petição inicial não estiver acompanhada de instrumento que a lei considere indispensável à prova do ato;

→ *v.* Art. 108 do CC/2002.
→ *v.* Art. 341 e 406 do NCPC.

IV – as alegações de fato formuladas pelo autor forem inverossímeis ou estiverem em contradição com prova constante dos autos.

Art. 346. Os prazos contra o revel que não tenha patrono nos autos fluirão da data de publicação do ato decisório no órgão oficial.

→ *v.* Súmula 196 do STJ.
→ *v.* Art. 357, II, 513, § 2º, IV, e 889, parágrafo único, do NCPC.

Parágrafo único. O revel poderá intervir no processo em qualquer fase, recebendo-o no estado em que se encontrar.

→ *v.* Súmula 231 do STF.
→ *v.* Art. 349 do NCPC.

Capítulo IX
Das Providências Preliminares e do Saneamento

Art. 347. Findo o prazo para a **contestação**, o juiz tomará, conforme o caso, as providências preliminares constantes das seções deste Capítulo.

Seção I
Da Não Incidência dos Efeitos da Revelia

Art. 348. Se o réu não contestar a ação, o juiz, verificando a inocorrência do efeito da revelia **previsto no art.** 344, **ordenará** que o autor especifique as provas que pretenda produzir, se ainda não as tiver indicado.

Art. 349. Ao réu revel será lícita a produção de provas, contrapostas às alegações do autor, desde que se faça representar nos autos a tempo de praticar os atos processuais indispensáveis a essa produção.

→ *v.* Art. 346, parágrafo único, do NCPC.

Seção II
Do Fato Impeditivo, Modificativo ou Extintivo do Direito do Autor

Art. 350. Se o réu alegar fato impeditivo, modificativo ou extintivo do direito do autor, este será ouvido **no prazo de 15 (quinze) dias**, permitindo-lhe o juiz a produção de prova.

→ *v.* Enunciado 381 do FPPC: É cabível réplica no procedimento de tutela cautelar requerida em caráter antecedente.

Seção III
Das Alegações do Réu

Art. 351. Se o réu alegar qualquer das matérias enumeradas no art. 337, o juiz determinará a oitiva do autor **no prazo de 15 (quinze) dias**, permitindo-lhe a produção de prova.

Art. 352. Verificando a existência de irregularidades ou de **vícios sanáveis**, o juiz determinará sua correção em prazo nunca superior a 30 (trinta) dias.

Art. 353. Cumpridas as providências preliminares ou não havendo necessidade delas, o juiz proferirá julgamento conforme o estado do processo, observando o que dispõe o Capítulo X.

Capítulo X
Do Julgamento Conforme o Estado do Processo

Seção I
Da Extinção do Processo

Art. 354. Ocorrendo qualquer das hipóteses previstas nos arts. 485 e 487, incisos II e III, o juiz **proferirá sentença**.

Parágrafo único. A decisão a que se refere o *caput* pode dizer respeito a apenas parcela do processo, caso em que será impugnável por agravo de instrumento.

→ *v.* Arts. 90, § 1º, 356, 966, § 3º, 1.015 a 1.020, do NCPC.
→ *v.* Enunciado 103 do FPPC: A decisão parcial proferida no curso do processo com fundamento no art. 487, I, sujeita-se a recurso de agravo de instrumento.
→ *v.* Enunciado 154 do FPPC: É cabível agravo de instrumento contra ato decisório que indefere parcialmente a petição inicial ou a reconvenção.

Seção II
Do Julgamento Antecipado do Mérito

Art. 355. O juiz **julgará antecipadamente** o pedido, proferindo sentença **com resolução de mérito, quando:**

→ *v.* Enunciado 297 do FPPC: O juiz que promove julgamento antecipado do mérito por desnecessidade de outras provas não pode proferir sentença de improcedência por insuficiência de provas.

I – não houver necessidade de produção de outras provas;

→ *v.* Art. 37 da Lei 6.515/1977.
→ *v.* Art. 87, § 3º, da Lei 11.101/2005.

II – o réu for revel, **ocorrer o efeito previsto no art.** 344 **e não houver requerimento de prova, na forma do art.** 349.

→ *v.* Arts. 344 a 346 do NCPC.

Seção III
Do Julgamento Antecipado Parcial do Mérito

Art. 356. O juiz decidirá **parcialmente o mérito quando um ou mais dos pedidos formulados ou parcela deles**:

→ *v.* Art. 354, parágrafo único, e 966, § 3º, do NCPC.

→ v. Enunciado 512 do FPPC: A decisão ilíquida referida no § 1º do art. 356 somente é permitida nos casos em que a sentença também puder sê-la.

→ v. Enunciado 513 do FPPC: Postulado o despejo em cumulação com outro(s) pedido(s), e estando presentes os requisitos exigidos pelo art. 356, o juiz deve julgar parcialmente o mérito de forma antecipada, para determinar a desocupação do imóvel locado.

→ v. Enunciado 13 do CEAPRO: O efeito suspensivo automático do recurso de apelação, aplica-se ao agravo de instrumento interposto contra a decisão parcial do mérito prevista no art. 356.

I – mostrar-se incontroverso;

→ v. Arts. 374, II e III, do NCPC.

II – estiver em condições de imediato julgamento, nos termos do art. 355.

§ 1º A decisão que julgar parcialmente o mérito poderá reconhecer a existência de obrigação líquida ou ilíquida.

§ 2º A parte poderá liquidar ou executar, desde logo, a obrigação reconhecida na decisão que julgar parcialmente o mérito, independentemente de caução, ainda que haja recurso contra essa interposto.

→ v. Enunciado 49 da ENFAM: No julgamento antecipado parcial de mérito, o cumprimento provisório da decisão inicia-se independentemente de caução (art. 356, § 2º, do CPC/2015), sendo aplicável, todavia, a regra do art. 520, IV.

§ 3º Na hipótese do § 2º, se houver trânsito em julgado da decisão, a execução será definitiva.

§ 4º A liquidação e o cumprimento da decisão que julgar parcialmente o mérito poderão ser processados em autos suplementares, a requerimento da parte ou a critério do juiz.

→ v. Art. 509, § 1º, do NCPC.

§ 5º A decisão proferida com base neste artigo é impugnável por agravo de instrumento.

→ v. Art. 1.015 a 1.020 do NCPC.

→ v. Enunciado 103 do FPPC: A decisão parcial proferida no curso do processo com fundamento no art. 487, I, sujeita-se a recurso de agravo de instrumento.

→ v. Enunciado 154 do FPPC: É cabível agravo de instrumento contra ato decisório que indefere parcialmente a petição inicial ou a reconvenção.

Seção IV
Do Saneamento e da Organização do Processo

Art. 357. Não ocorrendo nenhuma das hipóteses deste Capítulo, deverá o juiz, em decisão de saneamento e de organização do processo:

I – resolver as questões processuais pendentes, se houver;

II – delimitar as questões de fato sobre as quais recairá a atividade probatória, especificando os meios de prova admitidos;

III – definir a distribuição do ônus da prova, observado o art. 373;

IV – delimitar as questões de direito relevantes para a decisão do mérito;

V – designar, se necessário, audiência de instrução e julgamento.

§ 1º Realizado o saneamento, as partes têm o direito de pedir esclarecimentos ou solicitar ajustes, no prazo comum de 5 (cinco) dias, findo o qual a decisão se torna estável.

§ 2º As partes podem apresentar ao juiz, para homologação, delimitação consensual das questões de fato e de direito a que se referem os incisos II e IV, a qual, se homologada, vincula as partes e o juiz.

→ v. Arts. 190 e 191 do NCPC.

→ v. Enunciado 427 do FPPC: A proposta de saneamento consensual feita pelas partes pode agregar questões de fato até então não deduzidas.

§ 3º Se a causa apresentar complexidade em matéria de fato ou de direito, deverá o juiz designar audiência para que o saneamento seja feito em cooperação com as partes, oportunidade em que o juiz, se for o caso, convidará as partes a integrar ou esclarecer suas alegações.

→ v. Art. 6º do NCPC.

→ v. Enunciado 298 do FPPC: A audiência de saneamento e organização do processo em cooperação com as partes poderá ocorrer independentemente de a causa ser complexa.

→ v. Enunciado 299 do FPPC: O juiz pode designar audiência também (ou só) com objetivo de ajustar com as partes a fixação de calendário para fase de instrução e decisão.

→ v. Enunciado 428 do FPPC: A integração e o esclarecimento das alegações nos termos do art. 357, § 3º, não se confundem com o aditamento do ato postulatório previsto no art. 329 do FPPC.

§ 4º Caso tenha sido determinada a produção de prova testemunhal, o juiz fixará prazo comum não superior a 15 (quinze) dias para que as partes apresentem rol de testemunhas.

§ 5º Na hipótese do § 3º, as partes devem levar, para a audiência prevista, o respectivo rol de testemunhas.

§ 6º O número de testemunhas arroladas não pode ser superior a 10 (dez), sendo 3 (três), no máximo, para a prova de cada fato.

§ 7º O juiz poderá limitar o número de testemunhas levando em conta a complexidade da causa e dos fatos individualmente considerados.

→ v. Enunciado 300 do FPPC: O juiz poderá ampliar ou restringir o número de testemunhas a depender da complexidade da causa e dos fatos individualmente considerados.

§ 8º Caso tenha sido determinada a produção de prova pericial, o juiz deve observar o disposto no art. 465 e, se possível, estabelecer, desde logo, calendário para sua realização.

§ 9º As pautas deverão ser preparadas com intervalo mínimo de 1 (uma) hora entre as audiências.

→ v. Enunciado 151 do FPPC: Na Justiça do Trabalho, as pautas devem ser preparadas com intervalo mínimo de uma hora entre as audiências designadas para instrução do feito. Para as audiências para simples tentativa de conciliação, deve ser respeitado o intervalo mínimo de vinte minutos.

→ v. Enunciado 295 do FPPC: As regras sobre intervalo mínimo entre as audiências do CPC só se aplicam aos processos em que o ato for designado após sua vigência.

Capítulo XI
Da Audiência de Instrução e Julgamento

Art. 358. No dia e na hora designados, o juiz declarará aberta a audiência de instrução e julgamento e mandará apregoar as partes e os respectivos advogados, **bem como outras pessoas que dela devam participar**.

Art. 359. Instalada a audiência, o juiz tentará conciliar as partes, independentemente do emprego anterior de outros métodos de solução consensual de conflitos, como a mediação e a arbitragem.

→ v. Arts. 139, V, 165 a 175 do NCPC.

→ v. Enunciado 429 do FPPC: A arbitragem a que se refere o art. 359 é aquela regida pela Lei 9.307/1996 do FPPC.

Art. 360. O juiz exerce o poder de polícia, **incumbindo-lhe**:

I – manter a ordem e o decoro na audiência;

II – ordenar que se retirem da sala de audiência os que se comportarem inconvenientemente;

→ v. Art. 459, § 2º, do NCPC.

III – requisitar, quando necessário, força policial;

→ v. Art. 139, VII, do NCPC.

IV – tratar com urbanidade as partes, os advogados, os membros do Ministério Público e da Defensoria Pública e qualquer pessoa que participe do processo;

→ v. Art. 78 do NCPC.

V – registrar em ata, com exatidão, todos os requerimentos apresentados em audiência.

Art. 361. As provas **orais** serão produzidas em audiência, ouvindo-se nesta ordem, preferencialmente:

→ v. Art. 139, VI, do NCPC.

→ v. Enunciado 430 do FPPC: A necessidade de licença concedida pelo juiz, prevista no parágrafo único do art. 361, é aplicável também aos Defensores Públicos.

I – o perito e os assistentes técnicos, que responderão aos quesitos de esclarecimentos requeridos no prazo e na forma do art. 477, **caso não respondidos anteriormente por escrito**;

II – o autor e, em seguida, o réu, que prestarão depoimentos pessoais;

III – as testemunhas arroladas pelo autor e pelo réu, que serão inquiridas.

→ v. Art. 434, parágrafo único, do NCPC.

Parágrafo único. Enquanto depuserem o perito, os assistentes técnicos, as partes e as testemunhas, não poderão os advogados **e o Ministério Público** intervir ou apartear, sem licença do juiz.

→ v. Enunciado 430 do FPPC: A necessidade de licença concedida pelo juiz, prevista no parágrafo único do art. 361, é aplicável também aos Defensores Públicos.

Art. 362. A audiência poderá ser adiada:

I – por convenção das partes;

II – se não puder comparecer, por motivo justificado, **qualquer pessoa que dela deva necessariamente participar**;

III – por atraso injustificado de seu início em tempo superior a 30 (trinta) minutos do horário marcado.

§ 1º O impedimento **deverá ser comprovado até a abertura da audiência**, e, não o sendo, o juiz procederá à instrução.

§ 2º O juiz poderá dispensar a produção das provas requeridas pela parte cujo advogado ou **defensor público** não tenha comparecido à audiência, **aplicando-se a mesma regra ao Ministério Público**.

§ 3º Quem der causa ao adiamento responderá pelas despesas acrescidas.

Art. 363. Havendo antecipação ou adiamento da audiência, o juiz, de ofício ou a requerimento da parte, determinará a intimação dos advogados ou da sociedade de advogados para ciência da nova designação.

Art. 364. Finda a instrução, o juiz dará a palavra ao advogado do autor e do réu, bem como ao **membro** do Ministério Público, **se for o caso de sua intervenção**, sucessivamente, pelo prazo de 20 (vinte) minutos para cada um, prorrogável por 10 (dez) minutos, a critério do juiz.

§ 1º Havendo litisconsorte ou **terceiro interveniente**, o prazo, que formará com o da prorrogação um só todo, dividir-se-á entre os do mesmo grupo, se não convencionarem de modo diverso.

§ 2º Quando a causa apresentar questões complexas de fato ou de direito, o debate oral poderá ser substituído **por razões finais escritas, que serão apresentadas pelo autor e pelo réu, bem como pelo Ministério Público, se for o caso de sua intervenção, em prazos sucessivos de 15 (quinze) dias, assegurada vista dos autos**.

→ v. Art. 139, VI, do NCPC.

Art. 365. A audiência é una e contínua, **podendo ser excepcional e justificadamente cindida na ausência de perito ou de testemunha, desde que haja concordância das partes**.

Parágrafo único. Diante da impossibilidade de realização da instrução, do debate e do julgamento no mesmo dia, o juiz marcará seu prosseguimento para a data mais próxima possível, **em pauta preferencial**.

Art. 366. Encerrado o debate ou oferecidas as razões finais, o juiz proferirá sentença em audiência **ou no prazo de 30 (trinta) dias**.

→ v. Art. 226, III, do NCPC.

Art. 367. O **servidor** lavrará, sob ditado do juiz, termo que conterá, em resumo, o ocorrido na audiência, bem como, por extenso, os despachos, as decisões e a sentença, se proferida no ato.

→ v. Enunciado 7 do CEAPRO: O NCPC estabelece um dever-poder instrutório do magistrado

§ 1º Quando o termo **não for registrado em meio eletrônico**, o juiz rubricar-lhe-á as folhas, que serão encadernadas em volume próprio.

§ 2º Subscreverão o termo o juiz, os advogados, o **membro** do Ministério Público e o escrivão **ou chefe de secretaria, dispensadas as partes, exceto quando houver ato de disposição para cuja prática os advogados não tenham poderes**.

§ 3º O escrivão ou chefe de secretaria trasladará para os autos cópia autêntica do termo de audiência.

§ 4º Tratando-se de autos eletrônicos, observar-se-á o disposto neste Código, **em legislação específica e nas normas internas dos tribunais**.

§ 5º A audiência poderá ser integralmente gravada em imagem e em áudio, em meio digital ou analógico, desde que assegure o rápido acesso das partes e dos órgãos julgadores, observada a legislação específica.

§ 6º A gravação a que se refere o § 5º também pode ser realizada diretamente por qualquer das partes, independentemente de autorização judicial.

Art. 368. A audiência será pública, ressalvadas as exceções legais.

→ v. Arts. 11 e 189 do NCPC.

Capítulo XII
Das Provas

Seção I
Disposições Gerais

Art. 369. As partes têm o **direito** de empregar todos os meios legais, bem como os moralmente legítimos, ainda que não especificados neste Código, para provar a verdade dos fatos em que se funda o **pedido** ou a defesa **e influir eficazmente na convicção do juiz.**

→ v. Art. 5º, LVI, da CF/1988.
→ v. Arts. 212 a 232 do CC/2002.
→ v. Art. 155 do CPP.
→ v. Arts. 5º, 32 a 37 da Lei 9.099/1995.
→ v. Enunciado 50 do FPPC: Os destinatários da prova são aqueles que dela poderão fazer uso, sejam juízes, partes ou demais interessados, não sendo a única função influir eficazmente na convicção do juiz.
→ v. Enunciado 301 do FPPC: Aplicam-se ao processo civil, por analogia, as exceções previstas nos §§1º e 2º do art. 157 do Código de Processo Penal, afastando a ilicitude da prova.

Art. 370. Caberá ao juiz, de ofício ou a requerimento da parte, determinar as provas necessárias ao julgamento do mérito.

→ v. Enunciado 6 do CEAPRO: A hipossuficiência justificadora da atribuição do ônus da prova é a informativa e não a econômica.

Parágrafo único. O juiz indeferirá, em decisão fundamentada, as diligências inúteis ou meramente protelatórias.

→ v. Art. 139, III, do NCPC.
→ v. Enunciado 514 do FPPC: O juiz não poderá revogar a decisão que determinou a produção de prova de ofício sem que consulte as partes a respeito.

Art. 371. O juiz apreciará a prova constante dos autos, independentemente do sujeito que a tiver promovido, e indicará na decisão as razões da formação de seu convencimento.

→ v. Arts. 11 e 489, § 1º, do NCPC.
→ v. Enunciado 515 do FPPC: Aplica-se o disposto no art. 489, § 1°, também em relação às questões fáticas da demanda.

Art. 372. O juiz poderá admitir a utilização de prova produzida em outro processo, atribuindo-lhe o valor que considerar adequado, observado o contraditório.

→ v. Enunciado 52 do FPPC: Para a utilização da prova emprestada, faz-se necessária a observância do contraditório no processo de origem, assim como no processo de destino, considerando-se que, neste último, a prova mantenha a sua natureza originária.

Art. 373. O ônus da prova incumbe:

I – ao autor, quanto ao fato constitutivo de seu direito;

II – ao réu, quanto à existência de fato impeditivo, modificativo ou extintivo do direito do autor.

§ 1º Nos casos previstos em lei ou diante de peculiaridades da causa relacionadas à impossibilidade ou à excessiva dificuldade de cumprir o encargo nos termos do caput ou à maior facilidade de obtenção da prova do fato contrário, poderá o juiz atribuir o ônus da prova de modo diverso, desde que o faça por decisão fundamentada, caso em que deverá dar à parte a oportunidade de se desincumbir do ônus que lhe foi atribuído.

→ v. Arts. 6º, VIII, e 51, VI, do CDC.
→ v. Art. 927, parágrafo único, do CC/2002.
→ v. Enunciado 302 do FPPC: Aplica-se o art. 373, §§ 1º e 2º, ao processo do trabalho, autorizando a distribuição dinâmica do ônus da prova diante de peculiaridades da causa relacionadas à impossibilidade ou à excessiva dificuldade da parte de cumprir o seu encargo probatório, ou, ainda, à maior facilidade de obtenção da prova do fato contrário. O juiz poderá, assim, atribuir o ônus da prova de modo diverso, desde que de forma fundamentada, preferencialmente antes da instrução e necessariamente antes da sentença, permitindo à parte se desincumbir do ônus que lhe foi atribuído.
→ v. Enunciado 18 do CEAPRO: A Súmula 375 do STJ não impede a atribuição diversa do ônus da prova, de que tratam os § 1º e 2º do art. 373.

§ 2º A decisão prevista no § 1º deste artigo não pode gerar situação em que a desincumbência do encargo pela parte seja impossível ou excessivamente difícil.

§ 3º A distribuição diversa do ônus da prova **também pode ocorrer por convenção das partes**, salvo quando:

I – recair sobre direito indisponível da parte;

→ v. Art. 841 do CC/2002.
→ v. Art. 190 do NCPC.

II – tornar excessivamente difícil a uma parte o exercício do direito.

→ v. Art. 190, parágrafo único, do NCPC.

§ 4º A convenção de que trata o § 3º pode ser celebrada antes ou durante o processo.

Art. 374. Não dependem de prova os fatos:

→ v. Súmula 403 do STJ.

I – notórios;

II – afirmados por uma parte e confessados pela parte contrária;

III – admitidos no processo como incontroversos;

IV – em cujo favor milita presunção legal de existência ou de veracidade.

→ v. Súmula 301 do STJ.
→ v. Arts. 231 e 231 do CC/2002.

Art. 375. O juiz aplicará as regras de experiência comum subministradas pela observação do que ordinariamente acontece e, ainda, as regras de experiência técnica, ressalvado, quanto a estas, o exame pericial.

→ v. Enunciado 517 do FPPC: A decisão judicial que empregar regras de experiência comum, sem indicar os motivos pelos quais a conclusão adotada decorre daquilo que ordinariamente acontece, considera-se não fundamentada.

Art. 376. A parte que alegar direito municipal, estadual, estrangeiro ou consuetudinário provar-lhe-á o teor e a vigência, se assim o juiz determinar.

→ v. Art. 14 da LINDB.

Art. 377. A carta precatória, a carta rogatória **e o auxílio direto** suspenderão o julgamento da causa no caso previsto no art. 313, inciso V, alínea "*b*", quando, tendo sido requeridos antes da decisão de saneamento, a prova neles solicitada for imprescindível.

Parágrafo único. A carta precatória e a carta rogatória não devolvidas no prazo ou concedidas sem efeito suspensivo **poderão ser juntadas aos autos a qualquer momento.**

→ v. Arts. 69 e 260 a 268 do NCPC.

Art. 378. Ninguém se exime do dever de colaborar com o Poder Judiciário para o descobrimento da verdade.

→ v. Art. 6º do NCPC.

Art. 379. Preservado o direito de não produzir prova contra si própria, incumbe à parte:

→ v. Art. 5º, LXIII, da CF/1988.
→ v. Art. 231 e 232 do CC/2002.
→ v. Enunciado 51 do FPPC: A compatibilização do disposto nestes dispositivos c/c o art. 5º, LXIII, da CF/1988, assegura à parte, exclusivamente, o direito de não produzir prova contra si em razão de reflexos no ambiente penal.

I – comparecer em juízo, respondendo ao que lhe for interrogado;

II – **colaborar com o juízo na realização** de inspeção judicial que for considerada necessária;

III – praticar o ato que lhe for determinado.

→ v. Art. 5º, II, da CF/1988.

Art. 380. Incumbe ao terceiro, em relação a qualquer causa:

I – informar ao juiz os fatos e as circunstâncias de que tenha conhecimento;

II – exibir coisa ou documento que esteja em seu poder.

Parágrafo único. Poderá o juiz, em caso de descumprimento, determinar, além da imposição de multa, outras medidas indutivas, coercitivas, mandamentais ou sub-rogatórias.

→ v. Art. 77, I e IV, do NCPC.

Seção II
Da Produção Antecipada da Prova

Art. 381. A produção antecipada da prova será admitida nos casos em que:

I – **haja fundado receio de que venha a tornar-se impossível ou muito difícil a verificação de certos fatos na pendência da ação;**

II – **a prova a ser produzida seja suscetível de viabilizar a autocomposição ou outro meio adequado de solução de conflito;**

III – o prévio conhecimento dos fatos possa justificar ou evitar o ajuizamento de ação.

→ v. Súmula 455 do STF.

§ 1º O arrolamento de bens observará o disposto nesta Seção quando tiver por finalidade apenas a realização de documentação e não a prática de atos de apreensão.

§ 2º A produção antecipada da prova é da competência do juízo do foro onde esta deva ser produzida ou do foro de domicílio do réu.

§ 3º A produção antecipada da prova não previne a competência do juízo para a ação que venha a ser proposta.

§ 4º O juízo estadual tem competência para produção antecipada de prova requerida em face da União, de entidade autárquica ou de empresa pública federal se, na localidade, não houver vara federal.

→ v. Art. 109, § 3º, da CF/1988.

§ 5º Aplica-se o disposto nesta Seção àquele que pretender justificar a existência de algum fato ou relação jurídica para simples documento e sem caráter contencioso, que exporá, em petição circunstanciada, a sua intenção.

→ v. Súmula 32 do STJ.
→ v. Arts. 46, § 3º, 69, § 2º, 89, e 113 da Lei 6.015/1973.

Art. 382. Na petição, o requerente apresentará as razões que justificam a necessidade de antecipação da prova e mencionará com precisão os fatos sobre os quais a prova há de recair.

§ 1º O juiz determinará, de ofício ou a requerimento da parte, a citação de interessados na produção da prova ou no fato a ser provado, salvo se inexistente caráter contencioso.

§ 2º O juiz não se pronunciará sobre a ocorrência ou a inocorrência do fato, nem sobre as respectivas consequências jurídicas.

→ v. Enunciado 5 do CEAPRO: No depoimento pessoal, a parte contrária deve ter o mesmo tratamento da parte depoente, ou seja, cabe ao magistrado a definição prévia acerca da permanência das partes quando do depoimento da parte contrária.

§ 3º Os interessados poderão requerer a produção de qualquer prova no mesmo procedimento, desde que relacionada ao mesmo fato, salvo se a sua produção conjunta acarretar excessiva demora.

§ 4º Neste procedimento, não se admitirá defesa ou recurso, salvo contra decisão que indeferir totalmente a produção da prova pleiteada pelo requerente originário.

Art. 383. Os autos permanecerão em cartório **durante** 1 (um) **mês para extração de cópias e certidões pelos interessados.**

Parágrafo único. Findo o prazo, os autos serão entregues ao promovente da medida.

→ v. Art. 112 da Lei 6.015/1973.

Seção III
Da Ata Notarial

→ v. Lei 8.935/1994 – Regulamenta o art. 236 da Constituição Federal, dispondo sobre serviços notariais e de registro (Lei dos cartórios).

Art. 384. A existência e o modo de existir de algum fato podem ser atestados ou documentados, a requerimento do interessado, mediante ata lavrada por tabelião.

Parágrafo único. Dados representados por imagem ou som gravados em arquivos eletrônicos poderão constar da ata notarial.

Seção IV
Do Depoimento Pessoal

Art. 385. Cabe à parte requerer o depoimento pessoal da outra parte, a fim de que esta seja interrogada na audiência de instrução e julgamento, sem prejuízo do poder do juiz de ordená-lo de ofício.

§ 1º Se a parte, pessoalmente intimada para prestar depoimento pessoal e advertida da pena de confesso, não comparecer ou, comparecendo, se recusar a depor, o juiz aplicar-lhe-á a pena.

→ v. Súmula 74 do TST.

§ 2º É vedado a quem ainda não depôs assistir ao interrogatório da outra parte.

§ 3º O depoimento pessoal da parte que residir em comarca, seção ou subseção judiciária diversa daquela onde tramita o processo poderá ser colhido por meio de videoconferência ou outro recurso tecnológico de transmissão de sons e imagens em tempo real, o que poderá ocorrer, inclusive, durante a realização da audiência de instrução e julgamento.

→ v. Arts. 236, § 3º, 453, § 1º, 461, § 2º, 937, § 4º, do NCPC.

Art. 386. Quando a parte, sem motivo justificado, deixar de responder ao que lhe for perguntado ou empregar evasivas, o juiz, apreciando as demais circunstâncias e os elementos de prova, declarará, na sentença, se houve recusa de depor.

Art. 387. A parte responderá pessoalmente sobre os fatos articulados, não podendo servir-se de escritos anteriormente preparados, permitindo-lhe o juiz, todavia, a consulta a notas breves, desde que objetivem completar esclarecimentos.

Art. 388. A parte não é obrigada a depor sobre fatos:

I – criminosos ou torpes que lhe forem imputados;

II – a cujo respeito, por estado ou profissão, deva guardar sigilo;

III – acerca dos quais não possa responder sem desonra própria, de seu cônjuge, de seu companheiro ou de parente em grau sucessível;

IV – que coloquem em perigo a vida do depoente ou das pessoas referidas no inciso III.

Parágrafo único. Esta disposição não se aplica **às ações de estado e de família.**

Seção V
Da Confissão

Art. 389. Há confissão, judicial ou extrajudicial, quando a parte admite a verdade de fato contrário ao seu interesse e favorável ao do adversário.

→ v. Arts. 167, § 1º, II, e 212, I, do CC/2002.

Art. 390. A confissão judicial pode ser espontânea ou provocada.

§ 1º A confissão espontânea pode ser feita pela própria parte ou por **representante** com poder especial.

§ 2º A confissão provocada constará do termo de depoimento pessoal.
→ v. Art. 385 do NCPC.

Art. 391. A confissão judicial faz prova contra o confitente, não prejudicando, todavia, os litisconsortes.

Parágrafo único. Nas ações que versarem sobre bens imóveis ou **direitos reais** sobre imóveis alheios, a confissão de um cônjuge **ou companheiro** não valerá sem a do outro, **salvo se o regime de casamento for o de separação absoluta de bens.**
→ v. Art. 1.647, I, do CC/2002.

Art. 392. Não vale como confissão a admissão, em juízo, de fatos relativos a direitos indisponíveis.
→ v. Art. 213 do CC/2002.

§ 1º A confissão será ineficaz se feita por quem não for capaz de dispor do direito a que se referem os fatos confessados.

§ 2º A confissão feita por um representante somente é eficaz nos limites em que este pode vincular o representado.
→ v. Art. 1.602 do CC/2002.

Art. 393. A confissão é irrevogável, mas pode ser anulada se decorreu de erro de fato ou de coação.
→ v. Art. 214 do CC/2002.
→ v. Art. 966, § 4º, do NCPC.

Parágrafo único. A legitimidade para a ação prevista no *caput* é **exclusiva** do confitente e pode ser transferida a seus herdeiros **se ele falecer após a propositura.**

Art. 394. A confissão extrajudicial, quando feita oralmente, só terá eficácia nos casos em que a lei não exija prova literal.

Art. 395. A confissão é, em regra, indivisível, não podendo a parte que a quiser invocar como prova aceitá-la no tópico que a beneficiar e rejeitá-la no que lhe for desfavorável, porém cindir-se-á quando o confitente a ela aduzir fatos novos, **capazes** de constituir fundamento de defesa de direito material ou de reconvenção.

Seção VI
Da Exibição de Documento ou Coisa

Art. 396. O juiz pode ordenar que a parte exiba documento ou coisa que se encontre em seu poder.
→ v. Súmulas 260 e 390 do STF.
→ v. Súmula 372 do STJ.
→ v. Art. 1.191 do CC/2002.
→ v. Art. 41, parágrafo único, da Lei 6.830/1980.
→ v. Enunciado 518 do FPPC: Em caso de exibição de documento ou coisa em caráter antecedente, a fim de que seja autorizada a produção, tem a parte autora o ônus de adiantar os gastos necessários, salvo hipóteses em que o custeio incumbir ao réu.

Art. 397. O pedido formulado pela parte conterá:

I – a individuação, tão completa quanto possível, do documento ou da coisa;

II – a finalidade da prova, indicando os fatos que se relacionam com o documento ou com a coisa;

III – as circunstâncias em que se funda o requerente para afirmar que o documento ou a coisa existe e se acha em poder da parte contrária.

Art. 398. O requerido dará sua resposta nos 5 (cinco) dias subsequentes à sua intimação.

Parágrafo único. Se o requerido afirmar que não possui o documento ou a coisa, o juiz permitirá que o requerente prove, por qualquer meio, que a declaração não corresponde à verdade.

Art. 399. O juiz não admitirá a recusa se:

I – o requerido tiver obrigação legal de exibir;
→ v. Art. 5º, II, da CF/1988.
→ v. Art. 195 do CTN.

II – o requerido tiver aludido ao documento ou à coisa, no processo, com o intuito de constituir prova;

III – o documento, por seu conteúdo, for comum às partes.

Art. 400. Ao decidir o pedido, o juiz admitirá como verdadeiros os fatos que, por meio do documento ou da coisa, a parte pretendia provar se:

I – o requerido não efetuar a exibição nem fizer nenhuma declaração no prazo do art. 398;

II – a recusa for havida por ilegítima.

Parágrafo único. Sendo necessário, o juiz pode adotar medidas indutivas, coercitivas, mandamentais ou sub-rogatórias para que o documento seja exibido.
→ v. Súmula 372 do STJ.
→ v. Enunciado 54 do FPPC: Fica superado o enunciado 372 da súmula do STJ ("Na ação de exibição de documentos, não cabe a aplicação de multa cominatória") após a entrada em vigor do NCPC, pela expressa possibilidade de fixação de multa de natureza coercitiva na ação de exibição de documento.
→ v. Enunciado 53 do FPPC: Na ação de exibição não cabe a fixação, nem a manutenção de multa quando a exibição for reconhecida como impossível.

Art. 401. Quando o documento ou a coisa estiver em poder de terceiro, o juiz ordenará sua citação para responder **no prazo de 15 (quinze) dias**.

Art. 402. Se o terceiro negar a obrigação de exibir ou a posse do documento ou da coisa, o juiz designará audiência especial, tomando-lhe o depoimento, bem como o das partes e, se necessário, o de testemunhas, e em seguida proferirá decisão.

Art. 403. Se o terceiro, sem justo motivo, se recusar a efetuar a exibição, o juiz ordenar-lhe-á que proceda ao respectivo depósito em cartório ou em outro lugar designado, no prazo de 5 (cinco) dias, impondo ao requerente que o ressarça pelas despesas que tiver.

Parágrafo único. Se o terceiro descumprir a ordem, o juiz expedirá mandado de apreensão, requisitando, se necessário, força policial, sem prejuízo da responsabilidade por crime de desobediência, **pagamento de multa e outras medidas indutivas, coercitivas, mandamentais ou sub-rogatórias necessárias para assegurar a efetivação da decisão.**
→ v. Enunciado 53 do FPPC: Na ação de exibição não cabe a fixação, nem a manutenção de multa quando a exibição for reconhecida como impossível.

Art. 404. A parte e o terceiro se escusam de exibir, em juízo, o documento ou a coisa se:

I – concernente a negócios da própria vida da família;

II – sua apresentação puder violar dever de honra;

III – sua publicidade redundar em desonra à parte ou ao terceiro, bem como a seus parentes consanguíneos ou afins até o terceiro grau, ou lhes representar perigo de ação penal;

IV – sua exibição acarretar a divulgação de fatos a cujo respeito, por estado ou profissão, devam guardar segredo;
→ v. Art. 5º, XIV, da CF/1988.
→ v. Art. 34, VII, da Lei 8.906/1994.

V – subsistirem outros motivos graves que, segundo o prudente arbítrio do juiz, justifiquem a recusa da exibição;

VI – houver disposição legal que justifique a recusa da exibição.

Parágrafo único. Se os motivos de que tratam os incisos I a VI do *caput* disserem respeito a apenas uma parcela do documento, **a parte ou o terceiro exibirá a outra em cartório, para dela ser extraída cópia reprográfica, de tudo sendo lavrado auto circunstanciado.**

Seção VII
Da Prova Documental

Subseção I
Da Força Probante dos Documentos

Art. 405. O documento público faz prova não só da sua formação, mas também dos fatos que o escrivão, **o chefe de secretaria**, o tabelião ou o servidor declarar que ocorreram em sua presença.

Art. 406. Quando a lei exigir instrumento público como da substância do ato, nenhuma outra prova, por mais especial que seja, pode suprir-lhe a falta.
→ v. Arts. 108 e 215 do CC/2002.

Art. 407. O documento feito por oficial público incompetente ou sem a observância das formalidades legais, sendo subscrito pelas partes, tem a mesma eficácia probatória do documento particular.

Art. 408. As declarações constantes do documento particular escrito e assinado ou somente assinado presumem-se verdadeiras em relação ao signatário.
→ v. Art. 219 do CC/2002.

Parágrafo único. Quando, todavia, contiver declaração de ciência de determinado fato, o documento particular prova a **ciência, mas não o fato em si**, incumbindo o ônus de prová-lo ao interessado em sua veracidade.

Art. 409. A data do documento particular, quando a seu respeito surgir dúvida ou impugnação entre os litigantes, provar-se-á por todos os meios de direito.

Parágrafo único. Em relação a terceiros, considerar-se-á datado o documento particular:

I – no dia em que foi registrado;

II – desde a morte de algum dos signatários;

III – a partir da impossibilidade física que sobreveio a qualquer dos signatários;

IV – da sua apresentação em repartição pública ou em juízo;

V – do ato ou do fato que estabeleça, de modo certo, a anterioridade da formação do documento.

Art. 410. Considera-se autor do documento particular:

I – aquele que o fez e o assinou;

II – aquele por conta de quem ele foi feito, estando assinado;

III – aquele que, mandando compô-lo, não o firmou porque, conforme a experiência comum, não se costuma assinar, como livros empresariais e assentos domésticos.

Art. 411. Considera-se autêntico o documento quando:

I – o tabelião reconhecer a firma do signatário;

II – a autoria estiver identificada por qualquer outro meio legal de certificação, inclusive eletrônico, nos termos da lei;

III – não houver impugnação da parte contra quem foi produzido o documento.

Art. 412. O documento particular de cuja autenticidade não se duvida prova que o seu autor fez a declaração que lhe é atribuída.

Parágrafo único. O documento particular admitido expressa ou tacitamente é indivisível, sendo vedado à parte que pretende utilizar-se dele aceitar os fatos que lhe são favoráveis e recusar os que são contrários ao seu interesse, **salvo se provar que estes não ocorreram.**

Art. 413. O telegrama, o radiograma ou qualquer outro meio de transmissão tem a mesma força probatória do documento particular se o original constante da estação expedidora tiver sido assinado pelo remetente.

Parágrafo único. A firma do remetente poderá ser reconhecida pelo tabelião, declarando-se essa circunstância no original depositado na estação expedidora.

Art. 414. O telegrama ou o radiograma presume-se conforme com o original, provando as datas de sua expedição e de seu recebimento pelo destinatário.

Art. 415. As cartas e os registros domésticos provam contra quem os escreveu quando:

I – enunciam o recebimento de um crédito;

II – contêm anotação que visa a suprir a falta de título em favor de quem é apontado como credor;

III – expressam conhecimento de fatos para os quais não se exija determinada prova.

Art. 416. A nota escrita pelo credor em qualquer parte de documento representativo de obrigação, ainda que não assinada, faz prova em benefício do devedor.

Parágrafo único. Aplica-se essa regra tanto para o documento que o credor conservar em seu poder quanto para aquele que se achar em poder do devedor ou de terceiro.

Art. 417. Os livros **empresariais** provam contra seu autor, sendo lícito ao **empresário**, todavia, demonstrar, por todos os meios permitidos em direito, que os lançamentos não correspondem à verdade dos fatos.

Art. 418. Os livros **empresariais** que preencham os requisitos exigidos por lei provam a favor de seu autor no litígio entre **empresários.**

Art. 419. A escrituração contábil é indivisível, e, se dos fatos que resultam dos lançamentos, uns são favoráveis ao interesse de seu autor e outros lhe são contrários, ambos serão considerados em conjunto, como unidade.

Art. 420. O juiz pode ordenar, a requerimento da parte, a exibição integral dos livros empresariais e dos documentos do arquivo:

→ v. Súmula 260 do STF.
→ v. Art. 194 do CTN.
→ v. Art. 1º, I, da Lei 8.137/1990.
→ v. Art. 105 da Lei 6.404/1976.

I – na liquidação de sociedade;

II – na sucessão por morte de sócio;

III – quando e como determinar a lei.

Art. 421. O juiz pode, de ofício, ordenar à parte a exibição parcial dos livros e dos documentos, extraindo-se deles a suma que interessar ao litígio, bem como reproduções autenticadas.

Art. 422. Qualquer reprodução mecânica, como a fotográfica, a cinematográfica, a fonográfica ou de outra espécie, tem aptidão para fazer prova dos fatos ou das coisas representadas, **se a sua conformidade com o documento original não for impugnada por aquele contra quem foi produzida.**

→ v. Lei 5.433/1968 – Regula a microfilmagem de documentos oficiais.

§ 1º As fotografias digitais e as extraídas da rede mundial de computadores fazem prova das imagens que reproduzem, devendo, se impugnadas, ser apresentada a respectiva autenticação eletrônica ou, não sendo possível, realizada perícia.

→ v. Lei 12.960/2014 – Estabelece princípios, garantias, direitos e deveres para o uso da Internet no Brasil (Marco Civil da Internet).

§ 2º Se se tratar de fotografia publicada em jornal ou revista, será exigido um exemplar original do periódico, caso impugnada a veracidade pela outra parte.

§ 3º Aplica-se o disposto neste artigo à forma impressa de mensagem eletrônica.

Art. 423. As reproduções dos documentos particulares, fotográficas ou obtidas por outros processos de repetição, valem como certidões sempre que o escrivão ou o chefe de secretaria certificar sua conformidade com o original.

Art. 424. A cópia de documento particular tem o mesmo valor probante que o original, cabendo ao escrivão, intimadas as partes, proceder à conferência e certificar a conformidade entre a cópia e o original.

Art. 425. Fazem a mesma prova que os originais:

I – as certidões textuais de qualquer peça dos autos, do protocolo das audiências ou de outro livro a cargo do escrivão **ou do chefe de secretaria**, se extraídas por ele ou sob sua vigilância e por ele subscritas;

II – os traslados e as certidões extraídas por oficial público de instrumentos ou documentos lançados em suas notas;

III – as reproduções dos documentos públicos, desde que autenticadas por oficial público ou conferidas em cartório com os respectivos originais;

IV – as cópias reprográficas de peças do próprio processo judicial declaradas autênticas pelo advogado, sob sua responsabilidade pessoal, se não lhes for impugnada a autenticidade;

V – os extratos digitais de bancos de dados públicos e privados, desde que atestado pelo seu emitente, sob as penas da lei, que as informações conferem com o que consta na origem;

VI – as reproduções digitalizadas de qualquer documento público ou particular, quando juntadas aos autos pelos órgãos da justiça e seus auxiliares, pelo Ministério Público e seus auxiliares, **pela Defensoria Pública e seus auxiliares, pelas procuradorias,** pelas repartições públicas em geral e por advogados, ressalvada a alegação motivada e fundamentada de adulteração.

§ 1º Os originais dos documentos digitalizados mencionados no inciso VI deverão ser preservados pelo seu detentor até o final do prazo para propositura de ação rescisória.

§ 2º Tratando-se de cópia digital de título executivo extrajudicial ou de documento relevante à instrução do processo, o juiz poderá determinar seu depósito em cartório ou secretaria.

Art. 426. O juiz apreciará **fundamentadamente** a fé que deva merecer o documento, quando em ponto substancial e sem ressalva contiver entrelinha, emenda, borrão ou cancelamento.

→ v. Art. 489, § 1º, NCPC.

Art. 427. Cessa a fé do documento público ou particular sendo-lhe declarada judicialmente a falsidade.

Parágrafo único. A falsidade consiste em:

I – formar documento não verdadeiro;

II – alterar documento verdadeiro.

Art. 428. Cessa a fé do documento particular quando:

I – for **impugnada** sua autenticidade e enquanto não se comprovar sua veracidade;

II – assinado em branco, **for impugnado seu conteúdo**, por preenchimento abusivo.

Parágrafo único. Dar-se-á abuso quando aquele que recebeu documento assinado com texto não escrito no todo ou em parte formá-lo ou completá-lo por si ou por meio de outrem, violando o pacto feito com o signatário.

Art. 429. Incumbe o ônus da prova quando:

I – se tratar de falsidade de documento **ou de preenchimento abusivo**, à parte que a arguir;

II – se tratar de **impugnação da autenticidade**, à parte que produziu o documento.

Subseção II
Da Arguição de Falsidade

Art. 430. A falsidade deve ser suscitada na contestação, **na réplica ou no prazo de 15 (quinze) dias**, contado a partir da intimação da juntada do documento aos autos.

Parágrafo único. Uma vez arguida, a falsidade será resolvida como questão incidental, salvo se a parte requerer que o juiz a decida como questão principal, nos termos do inciso II do art. 19.

Art. 431. A parte arguirá a **falsidade** expondo os motivos em que funda a sua pretensão e os meios com que provará o alegado.

Art. 432. Depois de ouvida a outra parte **no prazo de 15 (quinze) dias**, será realizado o exame pericial.

Parágrafo único. Não se procederá ao exame pericial se a parte que produziu o documento concordar em retirá-lo.

Art. 433. A declaração sobre a falsidade do documento, **quando suscitada como questão principal, constará da parte dispositiva da sentença e sobre ela incidirá também a autoridade** da **coisa julgada**.

→ v. Arts. 19, II, e 503, § 1º, do NCPC.

Subseção III
Da Produção da Prova Documental

Art. 434. Incumbe à parte instruir a petição inicial ou **a contestação** com os documentos destinados a provar suas alegações.

→ v. Arts. 320 e 336 do NCPC.

Parágrafo único. Quando o documento consistir em reprodução cinematográfica ou fonográfica, a parte deverá trazê-lo nos termos do caput, mas sua exposição será realizada em audiência, intimando-se previamente as partes.

→ v. Art. 361 do NCPC.

Art. 435. É lícito às partes, em qualquer tempo, juntar aos autos documentos novos, quando destinados a fazer prova de fatos ocorridos depois dos articulados ou para contrapô-los aos que foram produzidos nos autos.

Parágrafo único. Admite-se também a juntada posterior de documentos formados após a petição inicial ou a contestação, bem como dos que se tornaram conhecidos, acessíveis ou disponíveis após esses atos, cabendo à parte que os produzir comprovar o motivo que a impediu de juntá-los anteriormente e incumbindo ao juiz, em qualquer caso, avaliar a conduta da parte de acordo com o art. 5º.

→ v. Art. 1.014 do NCPC.

Art. 436. A parte, intimada a falar sobre documento constante dos autos, poderá:

I – impugnar a admissibilidade da prova documental;

II – impugnar sua autenticidade;

III – suscitar sua falsidade, com ou sem deflagração do incidente de arguição de falsidade;

IV – manifestar-se sobre seu conteúdo.

Parágrafo único. Nas hipóteses dos incisos II e III, a impugnação deverá basear-se em argumentação específica, não se admitindo alegação genérica de falsidade.

Art. 437. O réu manifestar-se-á na contestação sobre os documentos anexados à inicial, e o autor manifestar-se-á na réplica sobre os documentos anexados à contestação.

§ 1º Sempre que uma das partes requerer a juntada de documento aos autos, o juiz ouvirá, a seu respeito, a outra parte, **que disporá do prazo de 15 (quinze) dias para adotar qualquer das posturas indicadas no art. 436.**

§ 2º Poderá o juiz, a requerimento da parte, dilatar o prazo para manifestação sobre a prova documental produzida, levando em consideração a quantidade e a complexidade da documentação.

→ v. Art. 139, VI, do NCPC.

→ v. Enunciado 107 do FPPC: O juiz pode, de ofício, dilatar o prazo para a parte se manifestar sobre a prova documental produzida.

Art. 438. O juiz requisitará às repartições públicas, em qualquer tempo ou grau de jurisdição:

I – as certidões necessárias à prova das alegações das partes;

→ v. Art. 5º, XXXIV, b, da CF/1988.

II – os procedimentos administrativos nas causas em que forem interessados a União, os Estados, **o Distrito Federal**, os Municípios ou entidades da administração indireta.

→ v. Art. 41, parágrafo único, da Lei 6.830/1980.

→ v. Decreto 70.235/1972 – Dispõe sobre o processo administrativo fiscal.

§ 1º Recebidos os autos, o juiz mandará extrair, **no prazo máximo e improrrogável de 1 (um) mês**, certidões ou reproduções fotográficas das peças que indicar e das que forem indicadas pelas partes, e, em seguida, devolverá os autos à repartição de origem.

§ 2º As repartições públicas poderão fornecer todos os documentos em meio eletrônico, conforme disposto em lei, certificando, pelo mesmo meio, que se trata de extrato fiel do que consta em seu banco de dados ou no documento digitalizado.

Seção VIII
Dos Documentos Eletrônicos

Art. 439. A utilização de documentos eletrônicos no processo convencional dependerá de sua conversão à forma impressa e da verificação de sua autenticidade, na forma da lei.

Art. 440. O juiz apreciará o valor probante do documento eletrônico não convertido, assegurado às partes o acesso ao seu teor.

Art. 441. Serão admitidos documentos eletrônicos produzidos e conservados com a observância da legislação específica.

→ v. Art. 11 da Lei 11.419/2006.

Seção IX
Da Prova Testemunhal

Subseção I
Da Admissibilidade e do Valor da Prova Testemunhal

Art. 442. A prova testemunhal é sempre admissível, não dispondo a lei de modo diverso.

→ v. Art. 1.543 e parágrafo único, do CC/2002.

Art. 443. O juiz indeferirá a inquirição de testemunhas sobre fatos:

I – já provados por documento ou confissão da parte;

II – que só por documento ou por exame pericial puderem ser provados.

Art. 444. Nos casos em que a lei exigir **prova escrita da obrigação**, é admissível a prova testemunhal quando houver começo de prova por escrito, emanado da parte contra a qual se pretende produzir a prova.

→ v. Súmula 149 do STJ.

Art. 445. Também se admite a prova testemunhal quando o credor não pode ou não podia, moral ou materialmente, obter a prova escrita da obrigação, em casos como o de parentesco, de depósito necessário ou de hospedagem em hotel **ou em razão das práticas comerciais do local onde contraída a obrigação.**

Art. 446. É lícito à parte provar com testemunhas:

I – nos contratos simulados, a divergência entre a vontade real e a vontade declarada;

II – nos contratos em geral, os vícios de consentimento.

→ v. Arts. 138 a 155, 166, VII, e 167 do CC/2002.

Art. 447. Podem depor como testemunhas todas as pessoas, exceto as incapazes, impedidas ou suspeitas.

→ v. Art. 228 do CC/2002.

§ 1º São incapazes:

→ v. art. 6º da Lei 13.146/2015.

I – o interdito **por enfermidade ou deficiência** mental;

II – o que, acometido por enfermidade ou **retardamento mental**, ao tempo em que ocorreram os fatos, não podia discerni-los, ou, ao tempo em que deve depor, não está habilitado a transmitir as percepções;

→ v. Art. 3º do CC/2002.

III – o **que tiver menos de** 16 (dezesseis) anos;

IV – o cego e o surdo, quando a ciência do fato depender dos sentidos que lhes faltam.

§ 2º São impedidos:

I – o cônjuge, **o companheiro**, o ascendente e o descendente em qualquer grau e o colateral, até o terceiro grau, de alguma das partes, por consanguinidade ou afinidade, salvo se o exigir o interesse público ou, tratando-se de causa relativa ao estado da pessoa, não se puder obter de outro modo a prova que o juiz repute necessária ao julgamento do mérito;

II – o que é parte na causa;

III – o que intervém em nome de uma parte, como o tutor, o representante legal da pessoa jurídica, o juiz, o advogado e outros que assistam ou tenham assistido as partes;

§ 3º São suspeitos:

I – o inimigo da parte ou o seu amigo íntimo;

II – o que tiver interesse no litígio.

§ 4º Sendo necessário, **pode o juiz admitir** o depoimento das testemunhas **menores**, impedidas ou suspeitas.

§ 5º Os depoimentos referidos no § 4º serão prestados independentemente de compromisso, e o juiz lhes atribuirá o valor que possam merecer.

Art. 448. A testemunha não é obrigada a depor sobre fatos:

I – que lhe acarretem grave dano, bem como ao seu cônjuge **ou companheiro** e aos seus parentes consanguíneos ou afins, em linha reta ou colateral, **até o terceiro grau;**

II – a cujo respeito, por estado ou profissão, deva guardar sigilo.

→ v. Art. 7º, XIX, da Lei 8.906/1994.

Art. 449. Salvo disposição especial em contrário, as **testemunhas** devem ser ouvidas na sede do juízo.

→ v. Art. 454 do NCPC.

Parágrafo único. Quando a parte ou a testemunha, por enfermidade ou por outro motivo relevante, estiver impossibilitada de comparecer, mas não de prestar depoimento, o juiz designará, conforme as circunstâncias, dia, hora e lugar para inquiri-la.

Subseção II
Da Produção da Prova Testemunhal

Art. 450. O rol de testemunhas conterá, sempre que possível, o nome, a profissão, **o estado civil, a idade, o número** de inscrição no Cadastro de Pessoas Físicas, o número de **registro de identidade** e o endereço completo da residência e do local de trabalho.

→ v. Enunciado 519 do FPPC: Em caso de impossibilidade de obtenção ou de desconhecimento das informações relativas à qualificação da testemunha, a parte poderá requerer ao juiz providências necessárias para a sua obtenção, salvo em casos de inadmissibilidade da prova ou de abuso de direito.

Art. 451. Depois de apresentado o rol de que tratam os §§ 4º e 5º do art. 357, a parte só pode substituir a testemunha:

I – que falecer;

II – que, por enfermidade, não estiver em condições de depor;

III – que, tendo mudado de residência ou de local de trabalho, não for encontrada.

Art. 452. Quando for arrolado como testemunha, o juiz da causa:

I – declarar-se-á impedido, se tiver conhecimento de fatos que possam influir na decisão, caso em que será vedado à parte que o incluiu no rol desistir de seu depoimento;

→ v. Art. 144, I, do NCPC.

II – se nada souber, mandará excluir o seu nome.

Art. 453. As testemunhas depõem, na audiência de instrução **e julgamento**, perante o juiz da causa, exceto:

I – as que prestam depoimento antecipadamente;

→ v. Arts. 381 a 383 do NCPC.

II – as que são inquiridas por carta.

→ v. Art. 260 e seguintes do NCPC.

§ 1º A oitiva de testemunha que residir em comarca, seção ou subseção judiciária diversa daquela onde tramita o processo poderá ser realizada por meio de videoconferência ou outro recurso tecnológico de transmissão e recepção de sons e imagens em tempo real, o que poderá ocorrer, inclusive, durante a audiência de instrução e julgamento.

→ v. Arts. 236, § 3º, 385, § 3º, 461, § 2º, e 937, § 4º, do NCPC.

§ 2º Os juízos deverão manter equipamento para a transmissão e recepção de sons e imagens a que se refere o § 1º.

Art. 454. São inquiridos em sua residência ou onde exercem sua função:

→ v. Art. 33, I, da LC 35/1979.
→ v. Art. 40, I, Lei 8.625/1993.

I – o presidente e o vice-presidente da República;

II – os ministros de Estado;

III – os ministros do Supremo Tribunal Federal, **os conselheiros do Conselho Nacional de Justiça** e os ministros do Superior Tribunal de Justiça, do Superior Tribunal Militar, do Tribunal Superior Eleitoral, do Tribunal Superior do Trabalho e do Tribunal de Contas da União;

IV – o procurador-geral da República **e os conselheiros do Conselho Nacional do Ministério Público;**

V – o advogado-geral da União, o procurador-geral do Estado, o procurador-geral do Município, o defensor público-geral federal e o defensor público-geral do Estado;

VI – os senadores e os deputados federais;

VII – os governadores dos Estados e do Distrito Federal;

VIII – o prefeito;

IX – os deputados estaduais **e distritais**;

X – os desembargadores dos Tribunais de Justiça, dos Tribunais Regionais Federais, dos Tribunais Regionais do Trabalho e dos Tribunais Regionais Eleitorais e os conselheiros dos Tribunais de Contas dos Estados e do Distrito Federal;

XI – o procurador-geral de justiça;

XII – o embaixador de país que, por lei ou tratado, concede idêntica prerrogativa a agente diplomático do Brasil.

§ 1º O juiz solicitará à autoridade que indique o dia, hora e local a fim de ser inquirida, remetendo-lhe cópia da petição inicial ou da defesa oferecida pela parte que a arrolou como testemunha.

§ 2º Passado 1 (um) mês sem manifestação da autoridade, o juiz designará dia, hora e local para o depoimento, preferencialmente na sede do juízo.

§ 3º O juiz também designará dia, hora e local para o depoimento, quando a autoridade não comparecer, injustificadamente, à sessão agendada para a colheita de seu testemunho no dia, hora e local por ela mesma indicados.

Art. 455. Cabe ao advogado da parte informar ou intimar a testemunha por ele arrolada do dia, da hora e do local da audiência designada, dispensando-se a intimação do juízo.

§ 1º A intimação **deverá** ser realizada por carta com **aviso de recebimento, cumprindo ao advogado juntar aos autos, com antecedência de pelo menos 3 (três) dias da data da audiência, cópia da correspondência de intimação e do comprovante de recebimento.**

§ 2º A parte pode comprometer-se a levar a testemunha à audiência, independentemente da intimação de que trata o § 1º, presumindo-se, caso a testemunha não compareça, que a parte desistiu de sua inquirição.

§ 3º A inércia na realização da intimação a que se refere o § 1º importa desistência da inquirição da testemunha.

§ 4º A intimação será feita pela via judicial quando:

→ v. Enunciado 155 do FPPC: No processo do trabalho, as testemunhas somente serão intimadas judicialmente nas hipóteses mencionadas no § 4º do art. 455 cabendo à parte informar ou intimar as testemunhas da data da audiência.

I – for frustrada a intimação prevista no § 1º deste artigo;

II – sua necessidade for devidamente demonstrada pela parte ao juiz;

III – figurar no rol de testemunhas servidor público ou militar, hipótese em que o juiz o requisitará ao chefe da repartição ou ao comando do corpo em que servir;

IV – a testemunha houver sido arrolada pelo Ministério Público ou pela Defensoria Pública;

V – a testemunha for uma daquelas previstas no art. 454.

§ 5º A testemunha que, intimada na forma do § 1º ou do § 4º, deixar de comparecer sem motivo justificado será conduzida e responderá pelas despesas do adiamento.

Art. 456. O juiz inquirirá as testemunhas separada e sucessivamente, primeiro as do autor e depois as do réu, e providenciará para que uma não ouça o depoimento das outras.

Parágrafo único. O juiz poderá alterar a ordem estabelecida no *caput* se as partes concordarem.

→ v. Art. 139, VI, do NCPC.

Art. 457. Antes de depor, a testemunha será qualificada, declarará ou confirmará seus dados e informará se tem relações de parentesco com a parte ou interesse no objeto do processo.

§ 1º É lícito à parte contraditar a testemunha, arguindo-lhe a incapacidade, o impedimento ou a suspeição, bem como, caso a testemunha negue os fatos que lhe são imputados, provar a contradita com documentos ou com testemunhas, até 3 (três), apresentadas no ato e inquiridas em separado.

§ 2º Sendo provados ou confessados os fatos a que se refere o § 1º, o juiz dispensará a testemunha ou lhe tomará o depoimento como informante.

§ 3º A testemunha pode requerer ao juiz que a escuse de depor, alegando os motivos previstos neste Código, decidindo o juiz de plano após ouvidas as partes.

→ v. Art. 388 do NCPC.

Art. 458. Ao início da inquirição, a testemunha prestará o compromisso de dizer a verdade do que souber e lhe for perguntado.

Parágrafo único. O juiz advertirá à testemunha que incorre em sanção penal quem faz afirmação falsa, cala ou oculta a verdade.

→ *v.* Art. 342 do CP.

Art. 459. As perguntas serão formuladas pelas partes diretamente à testemunha, começando pela que a arrolou, não admitindo o juiz aquelas que puderem induzir a resposta, não tiverem relação com as questões de fato objeto da atividade probatória ou importarem repetição de outra já respondida.

→ *v.* Art. 212 do CPP.
→ *v.* Enunciado 156 do FPPC: Não configura induzimento, constante do art. 459, *caput*, a utilização de técnica de arguição direta no exercício regular de direito.

§ 1º O juiz poderá inquirir a testemunha tanto antes quanto depois da inquirição feita pelas partes.

→ *v.* Enunciado 157 do FPPC: Deverá ser facultada às partes a formulação de perguntas de esclarecimento ou complementação decorrentes da inquirição do juiz.

§ 2º As testemunhas devem ser tratadas com urbanidade, não se lhes fazendo perguntas ou considerações impertinentes, capciosas ou vexatórias.

§ 3º As perguntas que o juiz indeferir serão transcritas no termo, se a parte o requerer.

→ *v.* Enunciado 158 do FPPC: Constitui direito da parte a transcrição de perguntas indeferidas pelo juiz.

Art. 460. O depoimento poderá ser documentado por meio de gravação.

§ 1º Quando digitado ou registrado por taquigrafia, estenotipia ou outro método idôneo de documentação, o depoimento será assinado pelo juiz, pelo depoente e pelos procuradores.

§ 2º Se houver recurso em processo em autos não eletrônicos, o depoimento somente será digitado quando for impossível o envio de sua documentação eletrônica.

§ 3º Tratando-se de autos eletrônicos, observar-se-á o disposto neste Código **e na legislação específica sobre a prática eletrônica de atos processuais.**

→ *v.* Lei 11.419/2006 – Dispõe sobre a informatização do processo judicial.

Art. 461. O juiz pode ordenar, de ofício ou a requerimento da parte:

→ *v.* Art.370 do NCPC.

I – a inquirição de testemunhas referidas nas declarações da parte ou das testemunhas;

II – a acareação de 2 (duas) ou mais testemunhas ou de alguma delas com a parte, quando, sobre fato determinado que possa influir na decisão da causa, divergirem as suas declarações.

§ 1º Os acareados serão reperguntados para que expliquem os pontos de divergência, reduzindo-se a termo o ato de acareação.

§ 2º A acareação pode ser realizada por videoconferência ou por outro recurso tecnológico de transmissão de sons e imagens em tempo real.

→ *v.* Arts. 236, § 3º, 385, § 3º, 453, § 1º, 937, § 4º, do NCPC.

Art. 462. A testemunha pode requerer ao juiz o pagamento da despesa que efetuou para comparecimento à audiência, devendo a parte pagá-la logo que arbitrada ou depositá-la em cartório dentro de 3 (três) dias.

Art. 463. O depoimento prestado em juízo é considerado serviço público.

Parágrafo único. A testemunha, quando sujeita ao regime da legislação trabalhista, não sofre, por comparecer à audiência, perda de salário nem desconto no tempo de serviço.

Seção X
Da Prova Pericial

Art. 464. A prova pericial consiste em exame, vistoria ou avaliação.

→ *v.* Art. 231 do CC/2002.
→ *v.* Art. 3º, VI, da Lei 1.060/1950.
→ *v.* Arts. 422, § 1º e 872, do NCPC.

§ 1º O juiz indeferirá a perícia quando:

I – a prova do fato não depender de conhecimento especial de técnico;

II – for desnecessária em vista de outras provas produzidas;

III – a verificação for impraticável.

§ 2º De ofício ou a requerimento das partes, o juiz poderá, em substituição à perícia, determinar a produção de prova técnica simplificada, quando o ponto controvertido for de menor complexidade.

§ 3º A prova técnica simplificada consistirá apenas na inquirição de especialista, pelo juiz, sobre ponto controvertido da causa que demande especial conhecimento científico ou técnico.

→ *v.* Art. 35 da Lei 9.099/1995.

§ 4º Durante a arguição, o especialista, que deverá ter formação acadêmica específica na área objeto de seu depoimento, poderá valer-se de qualquer recurso tecnológico de transmissão de sons e imagens com o fim de esclarecer os pontos controvertidos da causa.

Art. 465. O juiz nomeará perito **especializado no objeto da perícia** e fixará de imediato o prazo para a entrega do laudo.

→ *v.* Art. 10 da Lei 12.153/2009.
→ *v.* Art. 12 da Lei 10.259/2001.
→ *v.* Arts. 156, 157, 579 a 587, 595 a 597, 604, III, e 756, § 2º, do NCPC.

§ 1º Incumbe às partes, **dentro de 15 (quinze) dias** contados da intimação do despacho de nomeação do perito:

→ *v.* Art. 163, II, do NCPC.

I – arguir o impedimento ou a suspeição do perito, se for o caso;

II – indicar assistente técnico;

III – apresentar quesitos.

§ 2º Ciente da nomeação, o perito apresentará em 5 (cinco) dias:

I – proposta de honorários;

II – currículo, com comprovação de especialização;

III – contatos profissionais, em especial o endereço eletrônico, para onde serão dirigidas as intimações pessoais.

§ 3º As partes serão intimadas da proposta de honorários para, querendo, manifestar-se no prazo comum de 5 (cinco) dias, após o que o juiz arbitrará o valor, intimando- se as partes para os fins do art. 95.

→ *v.* Arts. 91, § 1º e 95, do NCPC.

§ 4º O juiz poderá autorizar o pagamento de até cinquenta por cento dos honorários arbitrados a favor do perito no início dos trabalhos, devendo o remanescente ser pago apenas ao final, depois de entregue o laudo e prestados todos os esclarecimentos necessários.

§ 5º Quando a perícia for inconclusiva ou deficiente, o juiz poderá reduzir a remuneração inicialmente arbitrada para o trabalho.

§ 6º Quando tiver de realizar-se por carta, poder-se-á proceder à nomeação de perito e à indicação de assistentes técnicos no juízo ao qual se requisitar a perícia.

Art. 466. O perito cumprirá escrupulosamente o encargo que lhe foi cometido, independentemente de termo de compromisso.

§ 1º Os assistentes técnicos são de confiança da parte e não estão sujeitos a impedimento ou suspeição.

→ *v.* Art. 95 do NCPC.

§ 2º O perito deve assegurar aos assistentes das partes o acesso e o acompanhamento das diligências e dos exames que realizar, com prévia comunicação, comprovada nos autos, com antecedência mínima de 5 (cinco) dias.

Art. 467. O perito pode escusar-se ou ser recusado por impedimento ou suspeição.

→ *v.* Art. 163, II, do NCPC.

Parágrafo único. O juiz, ao aceitar a escusa ou ao julgar procedente a impugnação, nomeará novo perito.

→ *v.* Art. 148 e §§ do NCPC.

Art. 468. O perito pode ser substituído quando:

I – faltar-lhe conhecimento técnico ou científico;

II – sem motivo legítimo, deixar de cumprir o encargo no prazo que lhe foi assinado.

§ 1º No caso previsto no inciso II, o juiz comunicará a ocorrência à corporação profissional respectiva, podendo, ainda, impor multa ao perito, fixada tendo em vista o valor da causa e o possível prejuízo decorrente do atraso no processo.

§ 2º O perito substituído restituirá, no prazo de 15 (quinze) dias, os valores recebidos pelo trabalho não realizado, sob pena de ficar impedido de atuar como perito judicial pelo prazo de 5 (cinco) anos.

§ 3º Não ocorrendo a restituição voluntária de que trata o § 2º, a parte que tiver realizado o adiantamento dos honorários poderá promover execução contra o perito, na forma dos arts. 513 e seguintes deste Código, com fundamento na decisão que determinar a devolução do numerário.

Art. 469. As partes poderão apresentar quesitos suplementares durante a diligência, **que poderão ser respondidos pelo perito previamente ou na audiência de instrução e julgamento.**

Parágrafo único. O escrivão dará à parte contrária ciência da juntada dos quesitos aos autos.

Art. 470. Incumbe ao juiz:

I – indeferir quesitos impertinentes;

II – formular **os quesitos** que entender necessários ao esclarecimento da causa.

→ v. Art. 370, parágrafo único, do NCPC.

Art. 471. As partes podem, de comum acordo, escolher o perito, indicando-o mediante requerimento, desde que:

I – sejam plenamente capazes;

II – a causa possa ser resolvida por autocomposição.

→ v. Art. 190 do NCPC.

§ 1º As partes, ao escolher o perito, já devem indicar os respectivos assistentes técnicos para acompanhar a realização da perícia, que se realizará em data e local previamente anunciados.

§ 2º O perito e os assistentes técnicos devem entregar, respectivamente, laudo e pareceres em prazo fixado pelo juiz.

§ 3º A perícia consensual substitui, para todos os efeitos, a que seria realizada por perito nomeado pelo juiz.

Art. 472. O juiz poderá dispensar prova pericial quando as partes, na inicial e na contestação, apresentarem, sobre as questões de fato, pareceres técnicos ou documentos elucidativos que considerar suficientes.

→ v. Art. 370, parágrafo único, do NCPC.

Art. 473. O laudo pericial deverá conter:

I – a exposição do objeto da perícia;

II – a análise técnica ou científica realizada pelo perito;

III – a indicação do método utilizado, esclarecendo-o e demonstrando ser predominantemente aceito pelos especialistas da área do conhecimento da qual se originou;

IV – resposta conclusiva a todos os quesitos apresentados pelo juiz, pelas partes e pelo órgão do Ministério Público.

§ 1º No laudo, o perito deve apresentar sua fundamentação em linguagem simples e com coerência lógica, indicando como alcançou suas conclusões.

§ 2º É vedado ao perito ultrapassar os limites de sua designação, bem como emitir opiniões pessoais que excedam o exame técnico ou científico do objeto da perícia.

§ 3º Para o desempenho de sua função, o perito e os assistentes técnicos podem valer-se de todos os meios necessários, ouvindo testemunhas, obtendo informações, solicitando documentos que estejam em poder da parte, **de terceiros** ou em repartições públicas, bem como instruir o laudo com **planilhas, mapas,** plantas, desenhos, fotografias **ou outros elementos necessários ao esclarecimento do objeto da perícia.**

Art. 474. As partes terão ciência da data e do local designados pelo juiz ou indicados pelo perito para ter início a produção da prova.

Art. 475. Tratando-se de perícia complexa que abranja mais de uma área de conhecimento especializado, o juiz poderá nomear mais de um perito, e a parte, indicar mais de um assistente técnico.

Art. 476. Se o perito, por motivo justificado, não puder apresentar o laudo dentro do prazo, o juiz poderá conceder-lhe, por uma vez, prorrogação pela metade do prazo originalmente fixado.

Art. 477. O perito **protocolará o laudo em juízo**, no prazo fixado pelo juiz, pelo menos 20 (vinte) dias antes da audiência de instrução e julgamento.

§ 1º As partes serão intimadas para, querendo, manifestar-se sobre o laudo do perito do juízo **no prazo comum de 15 (quinze) dias**, podendo o assistente técnico de cada uma das partes, em igual prazo, apresentar seu respectivo parecer.

§ 2º O perito do juízo tem o dever de, no prazo de 15 (quinze) dias, esclarecer ponto:

I – sobre o qual exista divergência ou dúvida de qualquer das partes, do juiz ou do órgão do Ministério Público;

II – divergente apresentado no parecer do assistente técnico da parte.

§ 3º Se ainda houver necessidade de esclarecimentos, a parte requererá ao juiz que mande intimar o perito ou o assistente técnico a comparecer à audiência de instrução e julgamento, formulando, desde logo, as perguntas, sob forma de quesitos.

→ v. Arts. 361, I, e 365, do NCPC.

§ 4º O perito ou o assistente técnico será intimado **por meio eletrônico, com pelo menos 10 (dez) dias de antecedência da audiência.**

Art. 478. Quando o exame tiver por objeto a autenticidade ou a falsidade de documento ou for de natureza médico-legal, o perito será escolhido, de preferência, entre os técnicos dos estabelecimentos oficiais especializados, a cujos diretores o juiz autorizará a remessa dos autos, bem como do material sujeito a exame.

→ v. Arts. 430 a 433, 753 e §§, e 756 e §§, do NCPC.

§ 1º Nas hipóteses de gratuidade de justiça, os órgãos e as repartições oficiais deverão cumprir a determinação judicial com preferência, no prazo estabelecido.

→ v. Art. 95, §§ 3º a 5º, do NCPC.

§ 2º A prorrogação do prazo referido no § 1º pode ser requerida motivadamente.

§ 3º Quando o exame tiver por objeto a autenticidade da letra e da firma, o perito poderá requisitar, para efeito de comparação, documentos existentes em repartições públicas e, na falta destes, poderá requerer ao juiz que a pessoa a quem se atribuir a autoria do documento lance em folha de papel, por cópia ou sob ditado, dizeres diferentes, para fins de comparação.

Art. 479. O juiz **apreciará a prova pericial de acordo com o disposto no art.** 371, indicando na sentença os motivos que o levaram a considerar ou a deixar de considerar as conclusões do laudo, levando em conta o método utilizado pelo perito.

Art. 480. O juiz **determinará**, de ofício ou a requerimento da parte, a realização de nova perícia quando a matéria não estiver suficientemente esclarecida.

→ v. Art. 715, § 2º, do NCPC.

§ 1º A segunda perícia tem por objeto os mesmos fatos sobre os quais recaiu a primeira e destina-se a corrigir eventual omissão ou inexatidão dos resultados a que esta conduziu.

§ 2º A segunda perícia rege-se pelas disposições estabelecidas para a primeira.

§ 3º A segunda perícia não substitui a primeira, cabendo ao juiz apreciar o valor de uma e de outra.

Seção XI
Da Inspeção Judicial

Art. 481. O juiz, de ofício ou a requerimento da parte, pode, em qualquer fase do processo, inspecionar pessoas ou coisas, a fim de se esclarecer sobre fato que interesse à decisão da causa.

→ v. Art. 35, parágrafo único, da Lei 9.099/1995.

Art. 482. Ao realizar a inspeção, o juiz poderá ser assistido por um ou mais peritos.

Art. 483. O juiz irá ao local onde se encontre a pessoa ou a coisa quando:

I – julgar necessário para a melhor verificação ou interpretação dos fatos que deva observar;

II – a coisa não puder ser apresentada em juízo sem consideráveis despesas ou graves dificuldades;

III – determinar a reconstituição dos fatos.

Parágrafo único. As partes têm sempre direito a assistir à inspeção, prestando esclarecimentos e fazendo observações que considerem de interesse para a causa.

Art. 484. Concluída a diligência, o juiz mandará lavrar auto circunstanciado, mencionando nele tudo quanto for útil ao julgamento da causa.

Parágrafo único. O auto poderá ser instruído com desenho, gráfico ou fotografia.

Capítulo XIII
Da Sentença e da Coisa Julgada

Seção I
Disposições Gerais

Art. 485. O juiz não resolverá o mérito quando:

I – indeferir a petição inicial;

→ v. Art. 330 do NCPC.

II – o processo ficar parado durante mais de 1 (um) ano por negligência das partes;

III – por não promover os atos e as diligências que lhe incumbir, o autor abandonar a causa por mais de 30 (trinta) dias;

→ v. Súmula 631 do STF.
→ v. Súmula 240 do STJ.

IV – verificar a ausência de pressupostos de constituição e de desenvolvimento válido e regular do processo;

V – **reconhecer a existência** de perempção, de litispendência ou de coisa julgada;

→ v. Art. 5º, XXXVI, da CF/1988.
→ v. Art. 337, §§ 1º a 4º, do NCPC.

VI – verificar ausência de legitimidade ou de interesse processual;

→ v. Arts. 17 e 18 do NCPC.

VII – acolher a alegação de existência de convenção de arbitragem **ou quando o juízo arbitral reconhecer sua competência;**
→ v. Art. 3º e 8º, da Lei 9.307/1996.
→ v. Enunciado 434 do FPPC: O reconhecimento da competência pelo juízo arbitral é causa para a extinção do processo judicial sem resolução de mérito.
→ v. Enunciado 435 do FPPC: Cabe agravo de instrumento contra a decisão do juiz que, diante do reconhecimento de competência pelo juízo arbitral, se recusar a extinguir o processo judicial sem resolução de mérito.

VIII – homologar a desistência da ação;
→ v. Art. 200, parágrafo único, do NCPC.

IX – em caso de morte da parte, a ação for considerada intransmissível por disposição legal; e

X – nos demais casos prescritos neste Código.

§ 1º Nas hipóteses descritas nos incisos II e III, a parte será intimada pessoalmente **para suprir a falta no prazo de** 5 **(cinco) dias.**

§ 2º No caso do § 1º, quanto ao inciso II, as partes pagarão proporcionalmente as custas, e, quanto ao inciso III, o autor será condenado ao pagamento das despesas e dos honorários de advogado.

§ 3º O juiz conhecerá de ofício da matéria constante dos incisos IV, V, VI e IX, em qualquer tempo e grau de jurisdição, **enquanto não ocorrer o trânsito em julgado**.
→ v. Art. 10 do NCPC.

§ 4º Oferecida a contestação, o autor não poderá, sem o consentimento do réu, desistir da ação.

§ 5º A desistência da ação pode ser apresentada até a sentença.

§ 6º Oferecida a contestação, a extinção do processo por abandono da causa pelo autor depende de requerimento do réu.

§ 7º Interposta a apelação em qualquer dos casos de que tratam os incisos deste artigo, o juiz terá 5 (cinco) dias para retratar-se.
→ v. Art. 198, VII, do ECA.
→ v. Arts. 331, 332, §§ 3º e 4º, e 485, § 7º, do NCPC.
→ v. Enunciado 159 do FPPC: No processo do trabalho, o juiz pode retratar-se no prazo de cinco dias, após a interposição do recurso contra sentença que extingue o processo sem resolução do mérito.
→ v. Enunciado 520 do FPPC: Interposto recurso inominado contra sentença sem resolução de mérito, o juiz pode se retratar em cinco dias.

Art. 486. O pronunciamento judicial que não resolve o mérito não obsta a que a parte proponha de novo a ação.

§ 1º No caso de extinção em razão de litispendência e nos casos dos incisos I, IV, VI e VII do art. 485, a propositura da nova ação depende da correção do vício que levou à sentença sem resolução do mérito.

§ 2º A petição inicial, todavia, não será despachada sem a prova do pagamento ou do depósito das custas e dos honorários de advogado.

§ 3º Se o autor der causa, por 3 (três) vezes, a sentença fundada em abandono da causa, não poderá propor nova ação contra o réu com o mesmo objeto, ficando-lhe ressalvada, entretanto, a possibilidade de alegar em defesa o seu direito.

Art. 487. Haverá resolução de mérito quando **o juiz:**

I – acolher ou rejeitar o pedido formulado **na ação ou na reconvenção**;
→ v. Enunciado 160 do FPPC: A sentença que reconhece a extinção da obrigação pela confusão é de mérito.

II – decidir, **de ofício ou a requerimento**, sobre a ocorrência de decadência ou prescrição;
→ v. Arts. 302, IV, 310, e 332, § 1º, do NCPC.
→ v. Enunciado 161 do FPPC: É de mérito a decisão que rejeita a alegação de prescrição ou de decadência.

III – homologar:

a) o reconhecimento da procedência do pedido formulado na ação **ou na reconvenção**;

b) a transação;

c) a renúncia à pretensão formulada na ação **ou na reconvenção.**

Parágrafo único. Ressalvada a hipótese do § 1º do art. 332, a prescrição e a decadência não serão reconhecidas sem que antes seja dada às partes oportunidade de manifestar-se.
→ v. Art. 10 do NCPC.
→ v. Enunciado 521 do FPPC: Apenas a decadência fixada em lei pode ser conhecida de ofício pelo juiz.

Art. 488. Desde que possível, o juiz resolverá o mérito sempre que a decisão for favorável à parte a quem aproveitaria eventual pronunciamento nos termos do art. 485.
→ v. Art. 282, § 2º, do NCPC.

Seção II
Dos **Elementos** e dos Efeitos da Sentença

Art. 489. São **elementos** essenciais da sentença:
→ v. Art. 93, IX, da CF/1988.
→ v. Art. 99 da Lei 11.101/2005.
→ v. Art. 38 da Lei 9.099/1995.
→ v. Enunciado 47 da ENFAM: O art. 489 do CPC/2015 não se aplica ao sistema de juizados especiais.
→ v. Enunciado 304 do FPPC: As decisões judiciais trabalhistas, sejam elas interlocutórias, sentenças ou acórdãos, devem observar integralmente o disposto no art. 489, sobretudo o seu § 1º, sob pena de se reputarem não fundamentadas e, por conseguinte, nulas.
→ v. Enunciado 309 do FPPC: O disposto no § 1º do art. 489 do CPC é aplicável no âmbito dos Juizados Especiais.

I – o relatório, que conterá os nomes das partes, a identificação do caso, com a suma do pedido e da **contestação**, e o registro das principais ocorrências havidas no andamento do processo;
→ v. Enunciado 522 do FPPC: O relatório nos julgamentos colegiados tem função preparatória e deverá indicar as questões de fato e de direito relevantes para o julgamento e já submetidas ao contraditório.

II – os fundamentos, em que o juiz analisará as questões de fato e de direito;

III – o dispositivo, em que o juiz resolverá as questões principais que as partes lhe submeterem.

§ 1º Não se considera fundamentada qualquer decisão judicial, seja ela interlocutória, sentença ou acórdão, que:
→ v. Enunciado 303 do FPPC: As hipóteses descritas nos incisos do § 1º do art. 489 são exemplificativas.
→ v. Enunciado 307 do FPPC: Reconhecida a insuficiência da sua fundamentação, o tribunal decretará a nulidade da sentença e, preenchidos os pressupostos do § 3º do art. 1.013, decidirá desde logo o mérito da causa.
→ v. Enunciado 308 do FPPC: Aplica-se o art. 489, § 1º, a todos os processos pendentes de decisão ao tempo da entrada em vigor do CPC.
→ v. Enunciado 431 do FPPC: O julgador, que aderir aos fundamentos do voto vencedor do relator, há de seguir, por coerência, o precedente que ajudou a construir no julgamento da mesma questão em processos subsequentes, salvo se demonstrar a existência de distinção ou superação.
→ v. Enunciado 462 do FPPC: É nula, por usurpação de competência funcional do órgão colegiado, a decisão do relator que julgar monocraticamente o mérito do recurso, sem demonstrar o alinhamento de seu pronunciamento judicial com um dos padrões decisórios descritos no art. 932 do FPPC.
→ v. Enunciado 515 do FPPC: Aplica-se o disposto no art. 489, § 1º, também em relação às questões fáticas da demanda.
→ v. Enunciado 516 do FPPC: Para que se considere fundamentada a decisão sobre os fatos, o juiz deverá analisar todas as provas capazes, em tese, de infirmar a conclusão adotada.
→ v. Enunciado 517 do FPPC: A decisão judicial que empregar regras de experiência comum, sem indicar os motivos pelos quais a conclusão adotada decorre daquilo que ordinariamente acontece, considera-se não fundamentada.

I – se limitar à indicação, à reprodução ou à paráfrase de ato normativo, sem explicar sua relação com a causa ou a questão decidida;

II – empregar conceitos jurídicos indeterminados, sem explicar o motivo concreto de sua incidência no caso;

III – invocar motivos que se prestariam a justificar qualquer outra decisão;

IV – não enfrentar todos os argumentos deduzidos no processo capazes de, em tese, infirmar a conclusão adotada pelo julgador;
→ v. Enunciado 9 da ENFAM: É ônus da parte, para os fins do disposto no art. 489, § 1º, V e VI, do CPC/2015, identificar os fundamentos determinantes ou demonstrar a existência de distinção no caso em julgamento ou a superação do entendimento, sempre que invocar jurisprudência, precedente ou Enunciado de súmula.
→ v. Enunciado 11 da ENFAM: Os precedentes a que se referem os incisos V e VI do § 1º do art. 489 do CPC/2015 são apenas os mencionados no art. 927 e no inciso IV do art. 332.
→ v. Enunciado 12 da ENFAM: Não ofende a norma extraível do inciso IV do § 1º do art. 489 do CPC/2015 a decisão que deixar de apreciar questões cujo exame tenha ficado prejudicado em razão da análise anterior de questão subordinante.
→ v. Enunciado 13 da ENFAM: O art. 489, § 1º, IV, do CPC/2015 não obriga o juiz a enfrentar os fundamentos jurídicos invocados pela parte, quando já tenham sido enfrentados na formação dos precedentes obrigatórios.
→ v. Enunciado 19 da ENFAM: A decisão que aplica a tese jurídica firmada em julgamento de casos repetitivos não precisa enfrentar os fundamentos já analisados na decisão paradigma, sendo suficiente, para fins de atendimento das exigências constantes

no art. 489, § 1º, do CPC/2015, a correlação fática e jurídica entre o caso concreto e aquele apreciado no incidente de solução concentrada.

→ v. Enunciado 128 do FPPC: No processo em que há intervenção do *amicus curiae*, a decisão deve enfrentar as alegações por ele apresentadas, nos termos do inciso IV do § 1º do art. 489.

→ v. Enunciado 305 do FPPC: No julgamento de casos repetitivos, o tribunal deverá enfrentar todos os argumentos contrários e favoráveis à tese jurídica discutida.

→ v. Enunciado 523 do FPPC: O juiz é obrigado a enfrentar todas as alegações deduzidas pelas partes capazes, em tese, de infirmar a decisão, não sendo suficiente apresentar apenas os fundamentos que a sustentam.

→ v. Enunciado 524 do FPPC: O art. 489, § 1º, IV, NCPC obriga o órgão julgador a enfrentar os fundamentos jurídicos deduzidos no processo e já enfrentados na formação da decisão paradigma, sendo necessário demonstrar a correlação fática e jurídica entre o caso concreto e aquele já apreciado.

→ v. Enunciado 394 do FPPC: As partes podem opor embargos de declaração para corrigir vício da decisão relativo aos argumentos trazidos pelo *amicus curiae*.

V – se limitar a invocar precedente ou enunciado de súmula, sem identificar seus fundamentos determinantes nem demonstrar que o caso sob julgamento se ajusta àqueles fundamentos;

→ v. Enunciado 162 do FPPC: Para identificação do precedente, no processo do trabalho, a decisão deve conter a identificação do caso, a suma do pedido, as alegações das partes e os fundamentos determinantes adotados pela maioria dos membros do colegiado, cujo entendimento tenha ou não sido sumulado.

→ v. Enunciado 166 do FPPC: A aplicação dos enunciados das súmulas deve ser realizada a partir dos precedentes que os formaram e dos que os aplicaram posteriormente.

→ v. Enunciado 459 do FPPC: As normas sobre fundamentação adequada quanto à distinção e superação e sobre a observância somente dos argumentos submetidos ao contraditório são aplicáveis a todo o microssistema de formação dos precedentes.

VI – deixar de seguir enunciado de súmula, jurisprudência ou precedente invocado pela parte, sem demonstrar a existência de distinção no caso em julgamento ou a superação do entendimento.

→ v. Enunciado 306 do FPPC: O precedente vinculante não será seguido quando o juiz ou tribunal distinguir o caso sob julgamento, demonstrando, fundamentadamente, tratar-se de situação particularizada por hipótese fática distinta, a impor solução jurídica diversa.

§ 2º No caso de colisão entre normas, o juiz deve justificar o objeto e os critérios gerais da ponderação efetuada, enunciando as razões que autorizam a interferência na norma afastada e as premissas fáticas que fundamentam a conclusão.

→ v. Enunciado 562 do FPPC: Considera-se omissa a decisão que não justifica o objeto e os critérios de ponderação do conflito entre normas.

§ 3º A decisão judicial deve ser interpretada a partir da conjugação de todos os seus elementos e em conformidade com o princípio da boa-fé.

→ v. Art. 5º do NCPC.

→ v. Enunciado 378 do FPPC: A boa fé processual orienta a interpretação da postulação e da sentença, permite a repressão ao abuso de direito processual e das condutas dolosas de todos os sujeitos processuais e veda seus comportamentos contraditórios.

Art. 490. O juiz resolverá o mérito acolhendo ou rejeitando, no todo ou em parte, os pedidos formulados pelas **partes**.

→ v. Art. 487 do NCPC.

Art. 491. Na ação relativa à obrigação de pagar quantia, ainda que formulado pedido genérico, a decisão definirá desde logo a extensão da obrigação, o índice de correção monetária, a taxa de juros, o termo inicial de ambos e a periodicidade da capitalização dos juros, se for o caso, salvo quando:

I – não for possível determinar, de modo definitivo, o montante devido;

II – a apuração do valor devido depender da produção de prova de realização demorada ou excessivamente dispendiosa, assim reconhecida na sentença.

→ v. Art. 38, parágrafo único, da Lei 9.099/1995.

§ 1º Nos casos previstos neste artigo, seguir-se-á a apuração do valor devido por liquidação.

→ v. Arts. 509 e seguintes do NCPC.

§ 2º O disposto no *caput* também se aplica quando o acórdão alterar a sentença.

Art. 492. É vedado ao juiz proferir **decisão** de natureza diversa da pedida, bem como condenar a parte em quantidade superior ou em objeto diverso do que lhe foi demandado.

→ v. Arts. 2º e 141 do NCPC.

→ v. Enunciado 525 do FPPC: A produção do resultado prático equivalente pode ser determinada por decisão proferida na fase de conhecimento.

Parágrafo único. A **decisão** deve ser certa, ainda que resolva relação jurídica condicional.

Art. 493. Se, depois da propositura da ação, algum fato constitutivo, modificativo ou extintivo do direito influir no julgamento do mérito, caberá ao **juiz** tomá-lo em consideração, de ofício ou a requerimento da parte, no momento de proferir a **decisão**.

→ v. Súmula 394 do TST.

Parágrafo único. Se constatar de ofício o fato novo, o juiz ouvirá as partes sobre ele antes de decidir.

→ v. Art. 10 do NCPC.

Art. 494. Publicada a sentença, o juiz só poderá alterá-la:

I – para corrigir-lhe, de ofício ou a requerimento da parte, inexatidões materiais ou erros de cálculo;

II – por meio de embargos de declaração.

→ v. Art. 1.022 do NCPC.

Art. 495. A **decisão** que condenar o réu ao pagamento de prestação consistente em dinheiro **e a que determinar a conversão de prestação de fazer, de não fazer ou de dar coisa em prestação pecuniária** valerão como título constitutivo de hipoteca judiciária.

→ v. Art. 167, I, 2, da Lei 6.015/1975.

→ v. Art. 1.473 e seguintes do CC/2002.

→ v. Enunciado 310 do FPPC: Não é título constitutivo de hipoteca judiciária a decisão judicial que condena à entrega de coisa distinta de dinheiro.

§ 1º A **decisão** produz a hipoteca judiciária:

I – embora a condenação seja genérica;

II – ainda que o credor possa promover o cumprimento provisório da sentença ou esteja pendente arresto sobre bem do devedor;

III – mesmo que impugnada por recurso dotado de efeito suspensivo.

§ 2º A hipoteca judiciária poderá ser realizada mediante apresentação de cópia da sentença perante o cartório de registro imobiliário, independentemente de ordem judicial, de declaração expressa do juiz ou de demonstração de urgência.

§ 3º No prazo de até 15 (quinze) dias da data de realização da hipoteca, a parte informá-la-á ao juízo da causa, que determinará a intimação da outra parte para que tome ciência do ato.

§ 4º A hipoteca judiciária, uma vez constituída, implicará, para o credor hipotecário, o direito de preferência, quanto ao pagamento, em relação a outros credores, observada a prioridade no registro.

§ 5º Sobrevindo a reforma ou a invalidação da decisão que impôs o pagamento de quantia, a parte responderá, independentemente de culpa, pelos danos que a outra parte tiver sofrido em razão da constituição da garantia, devendo o valor da indenização ser liquidado e executado nos próprios autos.

Seção III
Da Remessa Necessária

Art. 496. Está sujeita ao duplo grau de jurisdição, não produzindo efeito senão depois de confirmada pelo tribunal, a sentença:

→ v. Súmula 620 do STF.

→ v. Súmulas 45, 253, 325, 390 e 490 do STJ.

→ v. Art. 13 da Lei 10.259/2001.

→ v. Art. 11 da Lei 12.153/2009.

→ v. Art. 19 da Lei 4.717/1965.

→ v. Art. 14, § 3º, da Lei 12.016/2009.

→ v. Art. 28, § 1º, do Dec.-lei 3.365/1941.

→ v. Enunciado 164 do FPPC: A sentença arbitral contra a Fazenda não está sujeita à remessa necessária.

→ v. Enunciado 311 do FPPC: A regra sobre remessa necessária é aquela vigente ao tempo da prolação da sentença, de modo que a limitação de seu cabimento no CPC não prejudica os reexames estabelecidos no regime do art. 475 CPC/1973.

I – proferida contra a União, os Estados, o Distrito Federal, os Municípios e suas respectivas autarquias e fundações de direito público;

II – que julgar procedentes, no todo ou em parte, os embargos à **execução fiscal**.

§ 1º Nos casos previstos neste artigo, não interposta **a apelação** no prazo legal, o juiz ordenará a remessa dos autos ao tribunal, e, se não o fizer, o presidente do respectivo tribunal avocá-los-á.

→ v. Enunciado 432 do FPPC: A interposição de apelação parcial não impede a remessa necessária.

§ 2º **Em qualquer dos casos** referidos no § 1º, **o tribunal julgará a remessa necessária**.

§ 3º Não se aplica o disposto neste artigo quando a condenação ou o proveito econômico obtido na causa for de valor certo e **líquido** inferior a:

I – 1.000 (**mil**) **salários mínimos para** a União e as respectivas autarquias e fundações de direito público;

II – 500 (**quinhentos**) **salários mínimos para** os Estados, o Distrito Federal, as respectivas autarquias e fundações de direito público e os Municípios que constituam capitais dos Estados;

III – 100 (**cem**) **salários mínimos para todos** os demais Municípios e respectivas autarquias e fundações de direito público.

§ 4º Também não se aplica o disposto neste artigo quando a sentença estiver fundada em:

I – súmula de tribunal superior;

II – acórdão proferido pelo Supremo Tribunal Federal ou pelo Superior Tribunal de Justiça em julgamento de recursos repetitivos;
→ v. Arts. 1.036 e seguintes do NCPC.

III – **entendimento firmado em incidente de resolução de demandas repetitivas ou de assunção de competência;**
→ v. Arts. 976 e seguintes do NCPC.
→ v. Arts. 947 e seguintes do NCPC.

IV – entendimento coincidente com orientação vinculante firmada no âmbito administrativo do próprio ente público, consolidada em manifestação, parecer ou súmula administrativa.
→ v. Enunciado 312 do FPPC: O inciso IV do § 4º do art. 496 do CPC aplica-se ao procedimento do mandado de segurança.
→ v. Enunciado 432 do FPPC: A interposição de apelação parcial não impede a remessa necessária.

Seção IV
Do Julgamento das Ações Relativas às Prestações de Fazer, de Não Fazer e de Entregar Coisa

Art. 497. Na ação que tenha por objeto **a prestação de fazer ou de não fazer**, o juiz, se procedente o pedido, concederá a tutela específica ou determinará providências que assegurem a obtenção de tutela pelo resultado prático equivalente.
→ v. Súmula 410 do STJ.
→ v. Art. 247 a 249 do CC/2002.
→ v. Art. 84 do CDC.
→ v. Art. 213 do ECA.
→ v. Art. 52, V, da Lei 9.099/1995.
→ v. Art. 11 da Lei 7.347/1985.
→ v. Enunciado 525 do FPPC: A produção do resultado prático equivalente pode ser determinada por decisão proferida na fase de conhecimento.
→ v. Enunciado 526 do FPPC: A multa aplicada por descumprimento de ordem protetiva, baseada no art. 22, incisos I a V, da Lei 11.340/2006 (Lei Maria da Penha), é passível de cumprimento provisório, nos termos do art. 537, § 3º.

Parágrafo único. Para a concessão da tutela específica destinada a inibir a prática, a reiteração ou a continuação de um ilícito, ou a sua remoção, é irrelevante a demonstração da ocorrência de dano ou da existência de culpa ou dolo.

Art. 498. Na ação que tenha por objeto a entrega de coisa, o juiz, ao conceder a tutela específica, fixará o prazo para o cumprimento da obrigação.
→ v. Art. 311, III, do NCPC.

Parágrafo único. Tratando-se de entrega de coisa determinada pelo gênero e pela quantidade, o autor individualizá-la-á na petição inicial, se lhe couber a escolha, ou, se a escolha couber ao réu, este a entregará individualizada, no prazo fixado pelo juiz.

Art. 499. A obrigação somente será convertida em perdas e danos se o autor o requerer ou se impossível a tutela específica ou a obtenção de tutela pelo resultado prático **equivalente**.

Art. 500. A indenização por perdas e danos dar-se-á sem prejuízo da multa **fixada periodicamente para compelir o réu ao cumprimento específico da obrigação.**

Art. 501. Na ação que tenha por objeto a emissão de declaração de vontade, a sentença que julgar **procedente o pedido**, uma vez transitada em julgado, produzirá todos os efeitos da declaração não emitida.
→ v. Art. 16 do Dec.-Lei 58/1937.

Seção V
Da Coisa Julgada

Art. 502. Denomina-se coisa julgada material a **autoridade** que torna imutável e indiscutível a decisão de mérito não mais sujeita a recurso.
→ v. Súmula 423 do STF.
→ v. Art. 5º, XXXVI, da CF/1988.
→ v. Art. 6º, § 3º, da LINDB.
→ v. Art. 103 do CDC.
→ v. Art. 16 da Lei 7.347/1985.
→ v. Art. 337, §§ 1º a 4º, do NCPC.
→ v. Enunciado 436 do FPPC: Preenchidos os demais pressupostos, a decisão interlocutória e a decisão unipessoal (monocrática) são suscetíveis de fazer coisa julgada.

Art. 503. A decisão que julgar total ou parcialmente **o mérito** tem força de lei nos limites da **questão principal expressamente** decidida.
→ v. Enunciado 338 do FPPC: Cabe ação rescisória para desconstituir a coisa julgada formada sobre a resolução expressa da questão prejudicial incidental.

§ 1º O disposto no *caput* aplica-se à resolução de questão prejudicial, decidida expressa e incidentemente no processo, se:
→ v. Enunciado 111 do FPPC: Persiste o interesse no ajuizamento de ação declaratória quanto à questão prejudicial incidental.
→ v. Enunciado 8 do CEAPRO: Deve o julgador enunciar expressamente no dispositivo quais questões prejudiciais serão acobertadas pela coisa julgada material, até por conta do disposto no inciso I do art. 505.
→ v. Enunciado 437 do FPPC: A coisa julgada sobre a questão prejudicial incidental se limita à existência, inexistência ou modo de ser de situação jurídica, e à autenticidade ou falsidade de documento.
→ v. Enunciado 438 do FPPC: É desnecessário que a resolução expressa da questão prejudicial incidental esteja no dispositivo da decisão para ter aptidão de fazer coisa julgada.
→ v. Enunciado 439 do FPPC: Nas causas contra a Fazenda Pública, além do preenchimento dos pressupostos previstos no art. 503, §§ 1º e 2º, a coisa julgada sobre a questão prejudicial incidental depende de remessa necessária, quando for o caso.

I – dessa resolução depender o julgamento do mérito;

II – a seu respeito tiver havido contraditório prévio e efetivo, não se aplicando no caso de revelia;

III – o juízo tiver competência em razão da matéria e da pessoa para resolvê-la como questão principal.
→ v. Enunciado 313 do FPPC: São cumulativos os pressupostos previstos nos § 1º e seus incisos, observado o § 2º do art. 503.

§ 2º A hipótese do § 1º não se aplica se no processo houver restrições probatórias ou limitações à cognição que impeçam o aprofundamento da análise da questão prejudicial.

Art. 504. Não fazem coisa julgada:
→ v. Súmulas 239 e 304 do STF.
→ v. Súmula 344 do STJ.

I – os motivos, ainda que importantes para determinar o alcance da parte dispositiva da sentença;

II – a verdade dos fatos, estabelecida como fundamento da sentença.

Art. 505. Nenhum juiz decidirá novamente as questões já decididas relativas à mesma lide, salvo:

I – se, tratando-se de relação jurídica **de trato continuado**, sobreveio modificação no estado de fato ou de direito, caso em que poderá a parte pedir a revisão do que foi estatuído na sentença;
→ v. Art. 15 da Lei 5.478/1968.

II – nos demais casos prescritos em lei.
→ v. Arts. 304, § 6º, e 310, do NCPC.

Art. 506. A sentença faz coisa julgada às partes entre as quais é dada, não prejudicando terceiros.
→ v. Art. 103 do CDC.
→ v. Art. 16 da Lei 7.347/1985.
→ v. Enunciado 436 do FPPC: Preenchidos os demais pressupostos, a decisão interlocutória e a decisão unipessoal (monocrática) são suscetíveis de fazer coisa julgada.

Art. 507. É vedado à parte discutir no curso do processo as questões já decididas a cujo respeito se operou a preclusão.
→ v. Arts. 63, § 4º, 209, § 2º, 278, 293 e 1.009, § 1º, do NCPC.

Art. 508. Transitada em julgado a decisão de mérito, considerar-se-ão deduzidas e repelidas todas as alegações e as defesas que a parte poderia opor tanto ao acolhimento quanto à rejeição do pedido.

Capítulo XIV
Da Liquidação de Sentença

Art. 509. Quando a sentença **condenar ao pagamento de quantia ilíquida**, proceder-se-á à sua liquidação, a **requerimento do credor ou** do **devedor**:
→ v. Súmulas 344 e 453 do STJ.
→ v. Art. 234, § 1º, do NCPC.

I – por arbitramento, quando determinado pela sentença, convencionado pelas partes ou exigido pela natureza do objeto da liquidação;

II – pelo procedimento comum, quando houver necessidade de alegar e provar fato novo.

§ 1º Quando na sentença houver uma parte líquida e outra ilíquida, ao credor é lícito promover simultaneamente a execução daquela e, em autos apartados, a liquidação desta.

§ 2º Quando a apuração do valor depender apenas de cálculo aritmético, **o credor poderá promover, desde logo**, o cumprimento da sentença.

§ 3º O Conselho Nacional de Justiça desenvolverá e colocará à disposição dos interessados programa de atualização financeira.

§ 4º Na liquidação é vedado discutir de novo a lide ou modificar a sentença que a julgou.

→ v. Súmula 551 do STJ.

Art. 510. Na liquidação por arbitramento, o juiz intimará as partes para a apresentação de pareceres ou documentos elucidativos, no prazo que fixar, e caso não possa decidir de plano, nomeará perito, observando-se, no que couber, o procedimento da prova pericial.

→ v. Arts 464 a 480 do NCPC.

Art. 511. Na liquidação pelo procedimento comum, o juiz determinará a intimação do requerido, na pessoa de seu advogado ou da sociedade de advogados a que estiver vinculado, para, querendo, apresentar contestação no prazo de 15 (quinze) dias, observando-se, a seguir, no que couber, o disposto no Livro I da Parte Especial deste Código.

Art. 512. A liquidação poderá ser **realizada** na pendência de recurso, processando-se em autos apartados no juízo de origem, cumprindo ao liquidante instruir o pedido com cópias das peças processuais pertinentes.

TÍTULO II
Do Cumprimento da Sentença

Capítulo I
Disposições Gerais

Art. 513. O cumprimento da sentença será feito segundo as regras deste Título, observando-se, no que couber e conforme a natureza da obrigação, o disposto no Livro II da Parte Especial deste Código.

§ 1º O cumprimento da sentença que reconhece o dever de pagar quantia, provisório ou definitivo, far-se-á a requerimento do exequente.

§ 2º O devedor será intimado para cumprir a sentença:

I – pelo Diário da Justiça, na pessoa de seu advogado constituído nos autos;

II – por carta com aviso de recebimento, quando representado pela Defensoria Pública ou quando não tiver procurador constituído nos autos, ressalvada a hipótese do inciso IV;

→ v. Sumula 410 do STJ.

III – por meio eletrônico, quando, no caso do § 1º do art. 246, não tiver procurador constituído nos autos;

IV – por edital, quando, citado na forma do art. 256, tiver sido revel na fase de conhecimento.

→ v. Art. 346 do NCPC.

§ 3º Na hipótese do § 2º, incisos II e III, considera-se realizada a intimação quando o devedor houver mudado de endereço sem prévia comunicação ao juízo, observado o disposto no parágrafo único do art. 274.

§ 4º Se o requerimento a que alude o § 1º for formulado após 1 (um) ano do trânsito em julgado da sentença, a intimação será feita na pessoa do devedor, por meio de carta com aviso de recebimento encaminhada ao endereço constante dos autos, observado o disposto no parágrafo único do art. 274 e no § 3º deste artigo.

§ 5º O cumprimento da sentença não poderá ser promovido em face do fiador, do coobrigado ou do corresponsável que não tiver participado da fase de conhecimento.

Art. 514. Quando o juiz decidir relação jurídica sujeita a condição ou termo, **o cumprimento da sentença dependerá de demonstração de que se realizou a** condição ou de que ocorreu o termo.

→ v. Art. 798, I, "c", do NCPC.

Art. 515. São títulos executivos judiciais, **cujo cumprimento dar-se-á de acordo com os artigos previstos neste Título**:

I – as **decisões** proferidas no processo civil que reconheçam a exigibilidade de obrigação de pagar quantia, de fazer, de não fazer ou de entregar coisa;

II – a decisão homologatória de **autocomposição judicial**;

→ v. Arts. 22, parágrafo único, e 74, da Lei 9.099/1995.

→ v. Arts. 3º, §§ 2º e 3º, 334, § 11, e 487, III, do NCPC.

III – a **decisão homologatória de autocomposição** extrajudicial de qualquer natureza;

→ v. Art. 57, caput, da Lei 9.099/1995.

IV – o formal e a certidão de partilha, exclusivamente em relação ao inventariante, aos herdeiros e aos sucessores a título singular ou universal;

→ v. Art. 655 e parágrafo único, do NCPC.

V – o crédito de auxiliar da justiça, quando as custas, emolumentos ou honorários tiverem sido aprovados por decisão judicial;

→ v. Enunciado 527 do FPPC: Os créditos referidos no art. 515, inc. V, e no art. 784, inc. X e XI do CPC/2015 constituídos ao tempo do CPC/1973 são passíveis de execução de título judicial e extrajudicial, respectivamente.

VI – a sentença penal condenatória transitada em julgado;

→ v. Art. 387 do CPP.

VII – a sentença arbitral;

→ v. Art. 31 da Lei 9.307/1996.

VIII – a sentença estrangeira homologada pelo Superior Tribunal de Justiça;

→ v. Art. 105, I, "i", da CF/1988.

→ v. Art. 960 a 965 do NCPC.

IX – a decisão interlocutória estrangeira, após a concessão do exequatur à carta rogatória pelo Superior Tribunal de Justiça;

→ v. Arts. 35 e 960, § 1º, do NCPC.

→ v. Enunciado 440 do FPPC: O art. 516, III e o seu parágrafo único aplicam-se à execução de decisão interlocutória estrangeira, após a concessão do exequatur à carta rogatória.

X – (Vetado).

→ v. Redação vetada: "X – o acórdão proferido pelo Tribunal Marítimo quando do julgamento de acidentes e fatos da navegação."

→ v. Razões de veto.

§ 1º Nos casos dos incisos VI a IX, o devedor será citado no juízo cível **para o cumprimento da sentença ou para a liquidação no prazo de 15 (quinze)** dias.

§ 2º A autocomposição judicial pode envolver sujeito estranho ao processo e versar sobre relação jurídica que não tenha sido deduzida em juízo.

Art. 516. O cumprimento da sentença efetuar-se-á perante:

I – os tribunais, nas causas de sua competência originária;

II – o juízo que **decidiu** a causa no primeiro grau de jurisdição;

III – o juízo cível competente, quando se tratar de sentença penal condenatória, de sentença arbitral, de sentença estrangeira ou de acórdão proferido pelo Tribunal Marítimo.

→ v. Enunciado 440 do FPPC: O art. 516, III e o seu parágrafo único aplicam-se à execução de decisão interlocutória estrangeira, após a concessão do exequatur à carta rogatória.

Parágrafo único. Nas hipóteses dos incisos II e III, o exequente poderá optar pelo juízo do atual domicílio do executado, pelo juízo do local onde se encontrem os bens sujeitos à **execução** ou pelo juízo do local **onde deva ser executada a obrigação de fazer ou de não fazer**, casos em que a remessa dos autos do processo será solicitada ao juízo de origem.

→ v. Art. 54 do NCPC.

Art. 517. A decisão judicial transitada em julgado poderá ser levada a protesto, nos termos da lei, depois de transcorrido o prazo para pagamento voluntário previsto no art. 523.

→ v. Lei 9.492/1997 – Regulamenta os serviços concernentes ao protesto de títulos e outros documentos de dívida.

§ 1º Para efetivar o protesto, incumbe ao exequente apresentar certidão de teor da decisão.

§ 2º A certidão de teor da decisão deverá ser fornecida no prazo de 3 (três) dias e indicará o nome e a qualificação do exequente e do executado, o número do processo, o valor da dívida e a data de decurso do prazo para pagamento voluntário.

§ 3º O executado que tiver proposto ação rescisória para impugnar a decisão exequenda pode requerer, a suas expensas e sob sua responsabilidade, a anotação da propositura da ação à margem do título protestado.

→ v. Arts. 966 a 975 do NCPC.

§ 4º A requerimento do executado, o protesto será cancelado por determinação do juiz, mediante ofício a ser expedido ao cartório, no prazo de 3 (três) dias, contado da data de protocolo do requerimento, desde que comprovada a satisfação integral da obrigação.

→ v. Art. 26 da Lei 9.492/1997.

→ v. Enunciado 538 do FPPC: Aplica-se o procedimento do § 4º do art. 517 ao cancelamento da inscrição de cadastro de inadimplentes do § 4º do art. 782 do FPPC.

Art. 518. Todas as questões relativas à validade do procedimento de cumprimento da sentença e dos atos executivos subsequentes poderão ser arguidas pelo executado nos próprios autos e nestes serão decididas pelo juiz.
→ *v.* Art. 277 do NCPC.

Art. 519. Aplicam-se as disposições relativas ao cumprimento da sentença, provisório ou definitivo, e à liquidação, no que couber, às decisões que concederem tutela provisória.
→ *v.* Arts. 294 a 311 do NCPC.

Capítulo II
Do Cumprimento Provisório da Sentença que Reconhece a Exigibilidade de Obrigação de Pagar Quantia Certa

Art. 520. O **cumprimento** provisório da sentença **impugnada por recurso desprovido de efeito suspensivo** será realizado da mesma forma que o **cumprimento** definitivo, sujeitando-se ao seguinte regime:
→ *v.* Art. 14, § 3º, da Lei 12.016/2009.
→ *v.* Art. 14 da Lei 7.347/1985.
→ *v.* Art. 58, V, da Lei 8.245/1991.
→ *v.* Art. 43 da Lei 9.099/1995.
→ *v.* Arts. 702, § 4º, 995, 1.012, § 1º, e 1.026, do NCPC.

I – corre por iniciativa e responsabilidade do exequente, que se obriga, se a sentença for reformada, a reparar os danos que o executado haja sofrido;
→ *v.* Arts. 402 a 405 do CC/2002.
→ *v.* Enunciado 490 do FPPC: São admissíveis os seguintes negócios processuais, entre outros: pacto de inexecução parcial ou total de multa coercitiva; pacto de alteração de ordem de penhora; pré-indicação de bem penhorável preferencial (art. 848, II); pré-fixação de indenização por dano processual prevista nos arts. 81, § 3º, 520, inc. I, 297, parágrafo único (cláusula penal processual); negócio de anuência prévia para aditamento ou alteração do pedido ou da causa de pedir até o saneamento (art. 329, inc. II).

II – fica sem efeito, sobrevindo **decisão** que modifique ou anule a sentença objeto da execução, restituindo-se as partes ao estado anterior e liquidando-se eventuais prejuízos nos mesmos autos;

III – se a sentença objeto de cumprimento provisório for modificada ou anulada apenas em parte, somente nesta ficará sem efeito a execução;

IV – o levantamento de depósito em dinheiro e a prática de atos que importem **transferência de posse** ou alienação de propriedade **ou de outro direito real**, ou dos quais possa resultar grave dano ao executado, dependem de caução suficiente e idônea, arbitrada de plano pelo juiz e prestada nos próprios autos.
→ *v.* Enunciado 497 do FPPC: As hipóteses de exigência de caução para a concessão de tutela provisória de urgência devem ser definidas à luz do art. 520, IV, CPC.

§ 1º No cumprimento provisório da sentença, o executado poderá apresentar impugnação, se quiser, nos termos do art. 525.

§ 2º A multa e os honorários a que se refere o § 1º do art. 523 são devidos no cumprimento provisório de sentença condenatória ao pagamento de quantia certa.
→ *v.* Enunciado 528 do FPPC: No cumprimento provisório de sentença por quantia certa iniciado na vigência do CPC-1973, sem garantia da execução, deve o juiz, após o início de vigência do CPC-2015 e a requerimento do exequente, intimar o executado nos termos dos arts. 520, § 2º, 523, § 1º e 525, caput.

§ 3º Se o executado comparecer tempestivamente e depositar o valor, com a finalidade de isentar-se da multa, o ato não será havido como incompatível com o recurso por ele interposto.
→ *v.* Art. 1.000 do NCPC.

§ 4º A restituição ao estado anterior a que se refere o inciso II não implica o desfazimento da transferência de posse ou da alienação de propriedade ou de outro direito real eventualmente já realizada, ressalvado, sempre, o direito à reparação dos prejuízos causados ao executado.

§ 5º Ao cumprimento provisório de sentença que reconheça obrigação de fazer, de não fazer ou de dar coisa aplica-se, no que couber, o disposto neste Capítulo.
→ *v.* Art. 536 a 538 do NCPC.

Art. 521. A caução prevista no inciso IV do art. 520 poderá ser dispensada nos casos em que:
→ *v.* Enunciado 498 do FPPC: A possibilidade de dispensa de caução para a concessão de tutela provisória de urgência, prevista no art. 300, § 1º, deve ser avaliada à luz das hipóteses do art. 521 do FPPC.

I – o crédito for de natureza alimentar, independentemente de sua origem;

II – o credor demonstrar situação de necessidade;

III – pender o agravo do art. 1.042;
→ Inciso III com redação alterada pela Lei 13.256/2016, em vigor no início da vigência da Lei 13.105/2015 – Novo CPC (*v.* art. 4º da Lei 13.256/2016).
→ **Anterior redação**: III – pender o agravo fundado nos incisos II e III do art. 1.042; (...);

IV – a sentença a ser provisoriamente cumprida estiver em consonância com súmula da jurisprudência do Supremo Tribunal Federal ou do Superior Tribunal de Justiça ou em conformidade com acórdão proferido no julgamento de casos repetitivos.

Parágrafo único. A exigência de caução será mantida quando da dispensa possa resultar manifesto risco de grave dano de difícil ou incerta reparação.

Art. 522. O cumprimento provisório da sentença será requerido por petição dirigida ao juízo competente.

Parágrafo único. Não sendo eletrônicos os autos, a petição **será acompanhada de cópias das seguintes peças do processo**, cuja autenticidade poderá ser certificada pelo próprio advogado, sob sua responsabilidade pessoal:

I – **decisão** exequenda;

II – certidão de interposição do recurso não dotado de efeito suspensivo;
→ *v.* Arts. 995, 1.012, § 1º, e 1.026, do NCPC.

III – procurações outorgadas pelas partes;

IV – decisão de habilitação, se for o caso;

→ *v.* Arts. 995, 1.012, § 1º, e 1.026, do NCPC.

V – facultativamente, outras peças processuais consideradas necessárias **para demonstrar a existência do crédito**.

Capítulo III
Do Cumprimento Definitivo da Sentença que Reconhece a Exigibilidade de Obrigação de Pagar Quantia Certa

Art. 523. No caso de condenação em quantia certa, ou já fixada em liquidação, e no caso de decisão **sobre parcela incontroversa**, o cumprimento definitivo da sentença far-se-á a requerimento do exequente, sendo o executado intimado para pagar o débito, no prazo de 15 (quinze) dias, acrescido de custas, se houver.
→ *v.* Enunciado 12 do FPPC: A aplicação das medidas atípicas sub-rogatórias e coercitivas é cabível em qualquer obrigação no cumprimento de sentença ou execução de título executivo extrajudicial. Essas medidas, contudo, serão aplicadas de forma subsidiária às medidas tipificadas, com observação do contraditório, ainda que diferido, e por meio de decisão à luz do art. 489, § 1º, I e II.
→ *v.* Enunciado 529 do FPPC: As averbações previstas nos arts. 799, IX e 828 são aplicáveis ao cumprimento de sentença.

§ 1º Não ocorrendo pagamento voluntário no prazo do *caput*, o débito será acrescido de multa de dez por cento e, também, de honorários de advogado de dez por cento.
→ *v.* Enunciado 528 do FPPC: No cumprimento provisório de sentença por quantia certa iniciado na vigência do CPC-1973, sem garantia da execução, deve o juiz, após o início de vigência do CPC-2015 e a requerimento do exequente, intimar o executado nos termos dos arts. 520, § 2º, 523, § 1º e 525, caput.

§ 2º Efetuado o pagamento parcial no prazo previsto no *caput*, a multa e os honorários previstos no § 1º incidirão sobre o restante.

§ 3º Não efetuado tempestivamente o pagamento voluntário, será expedido, desde logo, mandado de penhora e avaliação, seguindo-se os atos de expropriação.

Art. 524. O requerimento previsto no art. 523 será instruído com demonstrativo discriminado e atualizado do crédito, devendo a petição conter:

I – o nome completo, o número de inscrição no Cadastro de Pessoas Físicas ou no Cadastro Nacional da Pessoa Jurídica do exequente e do executado, observado o disposto no art. 319, §§ 1º a 3º;

II – o índice de correção monetária adotado;

III – os juros aplicados e as respectivas taxas;

IV – o termo inicial e o termo final dos juros e da correção monetária utilizados;

V – a periodicidade da capitalização dos juros, se for o caso;

VI – especificação dos eventuais descontos obrigatórios realizados;

VII – indicação dos bens passíveis de penhora, **sempre que possível**.

§ 1º Quando o valor apontado no demonstrativo aparentemente exceder os limites da condenação, a execução será iniciada pelo valor pretendido, mas a penhora terá por base a importância que o juiz entender adequada.

§ 2º Para a verificação dos cálculos, o juiz poderá valer-se de contabilista do juízo, que terá o prazo máximo de 30 (trinta) dias para efetuá-la, exceto se outro lhe for determinado.

§ 3º Quando a elaboração do demonstrativo depender de dados em poder de terceiros ou do executado, o juiz poderá requisitá-los, sob cominação do crime de desobediência.

→ v. Arts. 401 a 403 do NCPC.

§ 4º Quando a complementação do demonstrativo depender de dados adicionais em poder do executado, o juiz poderá, a requerimento do exequente, requisitá-los, fixando prazo de até 30 (trinta) dias para o cumprimento da diligência.

§ 5º Se os dados adicionais a que se refere o § 4º não forem apresentados pelo executado, sem justificativa, no prazo designado, reputar-se-ão corretos os cálculos apresentados pelo exequente apenas com base nos dados de que dispõe.

→ v. Arts. 396 a 400 do NCPC.

Art. 525. Transcorrido o prazo previsto no art. 523 sem o pagamento voluntário, inicia-se o prazo de 15 (quinze) dias para que o executado, independentemente de penhora ou nova intimação, apresente, nos próprios autos, sua impugnação.

→ v. Enunciado 528 do FPPC: No cumprimento provisório de sentença por quantia certa iniciado na vigência do CPC-1973, sem garantia da execução, deve o juiz, após o início de vigência do CPC-2015 e a requerimento do exequente, intimar o executado nos termos dos arts. 520, § 2º, 523, § 1º e 525, caput.

→ v. Enunciado 530 do FPPC: Após a entrada em vigor do CPC-2015, o juiz deve intimar o executado para apresentar impugnação ao cumprimento de sentença, em quinze dias, ainda que sem depósito, penhora ou caução, caso tenha transcorrido o prazo para cumprimento espontâneo da obrigação na vigência do CPC-1973 e não tenha àquele tempo garantido o juízo.

§ 1º Na impugnação, o executado **poderá** alegar:

I – falta ou nulidade da citação se, **na fase de conhecimento**, o processo correu à revelia;

II – ilegitimidade de **parte**;

III – **inexequibilidade** do título ou **inexigibilidade da obrigação**;

IV – penhora incorreta ou avaliação errônea;

→ v. Art. 831 e seguintes do NCPC.

V – excesso de execução **ou cumulação indevida de execuções;**

→ v. Arts. 917, § 2º e 780 do NCPC.

VI – incompetência absoluta ou relativa do juízo da execução;

→ v. Art. 516 do NCPC.

VII – qualquer causa modificativa ou extintiva da obrigação, como pagamento, novação, compensação, transação ou prescrição, desde que supervenientes à sentença.

→ v. Enunciado 56 do FPPC: É cabível alegação de causa modificativa ou extintiva da obrigação na impugnação de executado, desde que tenha ocorrido após o início do julgamento da apelação, e, uma vez alegada pela parte, tenha o tribunal superior se recusado ou omitido de apreciá-la.

→ v. Enunciado 57 do FPPC: A prescrição prevista nos arts. 525 § 1º, VII e 535, VI, é exclusivamente da pretensão executiva.

§ 2º A alegação de impedimento ou suspeição observará o disposto nos arts. 146 e 148.

§ 3º Aplica-se à impugnação o disposto no art. 229.

§ 4º Quando o executado alegar que o exequente, em excesso de execução, pleiteia quantia superior à resultante da sentença, cumprir-lhe-á declarar de imediato o valor que entende correto, **apresentando demonstrativo discriminado e atualizado de seu cálculo.**

§ 5º Na hipótese do § 4º, não **apontado o valor correto ou não apresentado o demonstrativo,** a impugnação será liminarmente rejeitada, **se o excesso de execução for o seu único fundamento,** ou, **se houver outro, a impugnação será processada, mas o juiz não examinará a alegação de excesso de execução.**

→ v. Art. 917, § 2º, do NCPC.

→ v. Enunciado 55 da ENFAM: Às hipóteses de rejeição liminar a que se referem os arts. 525, § 5º, 535, § 2º, e 917 do CPC/2015 (excesso de execução) não se aplicam os arts. 9º e 10 desse código.

§ 6º **A apresentação de impugnação não impede a prática dos atos executivos, inclusive os de expropriação,** podendo o juiz, **a requerimento do executado e desde que garantido o juízo com penhora, caução ou depósito suficientes, atribuir**-lhe **efeito suspensivo,** se seus fundamentos forem relevantes e se o prosseguimento da execução for manifestamente suscetível de causar ao executado grave dano de difícil ou incerta reparação.

→ v. Enunciado 531 do FPPC: É possível, presentes os pressupostos do § 6º do art. 525, a concessão de efeito suspensivo à simples petição em que se alega fato superveniente ao término do prazo de oferecimento da impugnação ao cumprimento de sentença.

§ 7º **A concessão de efeito suspensivo a que se refere o § 6º não impedirá a efetivação dos atos de substituição, de reforço ou de redução da penhora e de avaliação dos bens.**

§ 8º Quando o efeito suspensivo atribuído à impugnação disser respeito apenas a parte do objeto da execução, esta prosseguirá quanto à parte restante.

§ 9º A concessão de efeito suspensivo à impugnação deduzida por um dos executados não suspenderá a execução contra os que não impugnaram, quando o respectivo fundamento disser respeito exclusivamente ao impugnante.

§ 10. Ainda que atribuído efeito suspensivo à impugnação, é lícito ao exequente requerer o prosseguimento da execução, oferecendo e prestando, **nos próprios autos**, caução suficiente e idônea a ser arbitrada pelo juiz.

§ 11. As questões relativas a fato superveniente ao término do prazo para apresentação da impugnação, assim como aquelas relativas à validade e à adequação da penhora, da avaliação e dos atos executivos subsequentes, podem ser arguidas por simples petição, tendo o executado, em qualquer dos casos, o prazo de 15 (quinze) dias para formular esta arguição, contado da comprovada ciência do fato ou da intimação do ato.

§ 12. Para efeito do disposto no inciso III do § 1º deste artigo, considera-se também inexigível a obrigação reconhecida em título executivo judicial fundado em lei ou ato normativo considerado inconstitucional pelo Supremo Tribunal Federal, ou fundado em aplicação ou interpretação da lei ou do ato normativo tido pelo Supremo Tribunal Federal como incompatível com a Constituição Federal, em controle de constitucionalidade concentrado ou difuso.

§ 13. No caso do § 12, os efeitos da decisão do Supremo Tribunal Federal poderão ser modulados no tempo, em atenção à segurança jurídica.

→ v. Arts. 11, § 1º, e 27, da Lei 9.868/1999.

→ v. Enunciado 58 do FPPC: As decisões de inconstitucionalidade a que se referem os art. 525 §§ 12 e 13 e art. 535 §§ 5º e 6º devem ser proferidas pelo plenário do STF.

→ v. Enunciado 176 do FPPC: Compete exclusivamente ao Supremo Tribunal Federal modular os efeitos da decisão prevista no § 13 do art. 525.

§ 14. A decisão do Supremo Tribunal Federal referida no § 12 deve ser anterior ao trânsito em julgado da decisão exequenda.

§ 15. Se a decisão referida no § 12 for proferida após o trânsito em julgado da decisão exequenda, caberá ação rescisória, cujo prazo será contado do trânsito em julgado da decisão proferida pelo Supremo Tribunal Federal.

Art. 526. É lícito ao réu, antes de ser intimado para o cumprimento da sentença, comparecer em juízo e oferecer em pagamento o valor que entender devido, apresentando memória discriminada do cálculo.

§ 1º O autor será ouvido no prazo de 5 (cinco) dias, podendo impugnar o valor depositado, sem prejuízo do levantamento do depósito a título de parcela incontroversa.

§ 2º Concluindo o juiz pela insuficiência do depósito, sobre a diferença incidirão multa de dez por cento e honorários advocatícios, também fixados dez por cento, seguindo-se a execução com penhora e atos subsequentes.

§ 3º Se o autor não se opuser, o juiz declarará satisfeita a obrigação e extinguirá o processo.

Art. 527. Aplicam-se as disposições deste Capítulo ao cumprimento provisório da sentença, no que couber.

→ v. Arts. 520 a 522 do NCPC.

Capítulo IV
Do Cumprimento de Sentença que Reconheça a Exigibilidade de Obrigação de Prestar Alimentos

→ v. Arts. 1.694 a 1.710 do CC/2002.

→ v. Lei 5.478/1968 – Dispõe sobre ação de alimentos e dá outras providências.

→ v. Lei 11.804/2008 – Disciplina o direito a alimentos gravídicos e a forma como ele será exercido e dá outras providências.

Art. 528. No **cumprimento** de sentença que condene ao pagamento de prestação alimentícia ou de decisão interlocutória que fixe alimentos, o juiz, a requerimento do exequente, mandará intimar o executado pessoalmente para, em 3 (três) dias, pagar o débito, provar que o fez ou justificar a impossibilidade de efetuá-lo.

§ 1º Caso o executado, no prazo referido no *caput*, não efetue o pagamento, não prove que o efetuou ou não apresente justificativa da impossibilidade de efetuá-lo, o juiz mandará protestar o pronunciamento judicial, aplicando-se, no que couber, o disposto no art. 517.

§ 2º Somente a comprovação de fato que gere a impossibilidade absoluta de pagar justificará o inadimplemento.

§ 3º Se o **executado** não pagar **ou** se **a** justificativa **apresentada** não for aceita, **o juiz, além de mandar protestar o pronunciamento judicial na forma do** § 1º, decretar-lhe-á a prisão pelo prazo de 1 (um) a 3 (três) meses.

→ *v.* Art. 5º, LXVII, da CF/1988.

§ 4º A prisão será cumprida em regime fechado, devendo o preso ficar separado dos presos comuns.

§ 5º O cumprimento da pena não exime o **executado** do pagamento das prestações vencidas e vincendas.

§ 6º Paga a prestação alimentícia, o juiz suspenderá o cumprimento da ordem de prisão.

§ 7º O débito alimentar que autoriza a prisão civil do alimentante é o que compreende até as 3 (três) prestações anteriores ao ajuizamento da execução e as que se vencerem no curso do processo.

→ *v.* Súmula 309 do STJ.

§ 8º O exequente pode optar por promover o cumprimento da sentença ou decisão desde logo, nos termos do disposto neste Livro, Título II, Capítulo III, caso em que não será admissível a prisão do executado, e, recaindo a penhora em dinheiro, a concessão de efeito suspensivo à impugnação não obsta a que o exequente levante mensalmente a importância da prestação.

§ 9º Além das opções previstas no art. 516, parágrafo único, o exequente pode promover o cumprimento da sentença ou decisão que condena ao pagamento de prestação alimentícia no juízo de seu domicílio.

Art. 529. Quando o **executado** for funcionário público, militar, diretor ou gerente de empresa ou empregado sujeito à legislação do trabalho, o **exequente poderá requerer** o desconto em folha de pagamento da importância da prestação alimentícia.

§ 1º Ao proferir a decisão, o juiz oficiará à autoridade, à empresa ou ao empregador, determinando, sob pena de crime de desobediência, o desconto a partir da primeira remuneração posterior do executado, a contar do protocolo do ofício.

§ 2º O **ofício** conterá o nome e o número de inscrição no Cadastro de Pessoas Físicas do **exequente** e do **executado**, a importância a ser descontada mensalmente, o tempo de sua duração e a conta na qual deve ser feito o depósito.

§ 3º Sem prejuízo do pagamento dos alimentos vincendos, o débito objeto de execução pode ser descontado dos rendimentos ou rendas do executado, de forma parcelada, nos termos do *caput* deste artigo, contanto que, somado à parcela devida, não ultrapasse cinquenta por cento de seus ganhos líquidos.

→ *v.* Art. 833, § 2º, do NCPC.

Art. 530. Não cumprida a obrigação, observar-se-á o disposto nos arts. 831 e seguintes.

Art. 531. O disposto neste Capítulo aplica-se aos alimentos definitivos ou provisórios.

§ 1º A execução dos alimentos provisórios, bem como a dos alimentos fixados em sentença ainda não transitada em julgado, se processa em autos apartados.

§ 2º O cumprimento definitivo da obrigação de prestar alimentos será processado nos mesmos autos em que tenha sido proferida a sentença.

→ *v.* Art. 516, II, do NCPC.

Art. 532. Verificada a conduta procrastinatória do executado, o juiz deverá, se for o caso, dar ciência ao Ministério Público dos indícios da prática do crime de abandono material.

→ *v.* Art. 244 do Código Penal.

Art. 533. Quando a indenização por ato ilícito incluir prestação de alimentos, **caberá ao executado, a requerimento do exequente**, constituir capital cuja renda assegure o pagamento do valor mensal da pensão.

§ 1º O capital a que se refere o *caput*, representado por imóveis **ou por direitos reais sobre imóveis suscetíveis de alienação**, títulos da dívida pública ou aplicações financeiras em banco oficial, será inalienável e impenhorável enquanto durar a obrigação do **executado, além de constituir-se em patrimônio de afetação**.

§ 2º O juiz poderá substituir a constituição do capital pela inclusão do **exequente** em folha de pagamento de pessoa jurídica de notória capacidade econômica ou, a requerimento do executado, por fiança bancária ou garantia real, em valor a ser arbitrado de imediato pelo juiz.

§ 3º Se sobrevier modificação nas condições econômicas, poderá a parte requerer, conforme as circunstâncias, redução ou aumento da prestação.

§ 4º A prestação alimentícia poderá ser fixada tomando por base o salário mínimo.

→ *v.* Súmula Vinculante 4 do STF.
→ *v.* Súmula 490 do STF.
→ *v.* Art. 7º, IV, da CF/1988.

§ 5º **Finda** a obrigação de prestar alimentos, o juiz mandará liberar o capital, cessar o desconto em folha ou cancelar as garantias prestadas.

Capítulo V
Do Cumprimento de Sentença que Reconheça a Exigibilidade de Obrigação de Pagar Quantia Certa pela Fazenda Pública

Art. 534. No cumprimento de sentença que impuser à Fazenda Pública o dever de pagar quantia certa, o exequente apresentará demonstrativo discriminado e atualizado do crédito contendo:

I – o nome completo e o número de inscrição no Cadastro de Pessoas Físicas ou no Cadastro Nacional da Pessoa Jurídica do exequente;

II – o índice de correção monetária adotado;

III – os juros aplicados e as respectivas taxas;

IV – o termo inicial e o termo final dos juros e da correção monetária utilizados;

→ *v.* Art. 1º-F da Lei 9.494/1997.
→ *v.* ADI n. 4.357/DF e ADI n. 4.425/DF, STF.

V – a periodicidade da capitalização dos juros, se for o caso;

VI – a especificação dos eventuais descontos obrigatórios realizados.

§ 1º Havendo pluralidade de exequentes, cada um deverá apresentar o seu próprio demonstrativo, aplicando-se à hipótese, se for o caso, o disposto nos §§ 1º e 2º do art. 113.

§ 2º A multa prevista no § 1º do art. 523 não se aplica à Fazenda Pública.

Art. 535. A Fazenda Pública será intimada na pessoa de seu representante judicial, por carga, remessa ou meio eletrônico, para, querendo, no prazo de 30 (trinta) dias e nos próprios autos, impugnar a execução, podendo arguir:

I – falta ou nulidade da citação se, na fase de conhecimento, o processo correu à revelia;

II – ilegitimidade de parte;

III – inexequibilidade do título ou inexigibilidade da obrigação;

IV – excesso de execução ou cumulação indevida de execuções;

V – incompetência absoluta ou relativa do juízo da execução;

VI – qualquer causa modificativa ou extintiva da obrigação, como pagamento, novação, compensação, transação ou prescrição, desde que supervenientes ao trânsito em julgado da sentença.

→ *v.* Enunciado do 57 FPPC: A prescrição prevista nos arts. 525, § 1º, VII e 535, VI, é exclusivamente da pretensão executiva.

§ 1º A alegação de impedimento ou suspeição observará o disposto nos arts. 146 e 148.

§ 2º Quando se alegar que o exequente, em excesso de execução, pleiteia quantia superior à resultante do título, cumprirá à executada declarar de imediato o valor que entende correto, sob pena de não conhecimento da arguição.

→ *v.* Art. 917, § 2º, do NCPC.
→ *v.* Enunciado 55 da ENFAM: Às hipóteses de rejeição liminar a que se referem os arts. 525, § 5º, 535, § 2º, e 917 do CPC/2015 (excesso de execução) não se aplicam os arts. 9º e 10 desse código.

§ 3º Não impugnada a execução ou rejeitadas as arguições da executada:

→ *v.* Enunciado 532 do FPPC: A expedição do precatório ou da RPV depende do trânsito em julgado da decisão que rejeita as arguições da Fazenda Pública executada.
→ *v.* Enunciado 533 do FPPC: Se o executado descumprir ordem judicial, conforme indicado pelo § 3º do art. 536, incidirá a pena por ato atentatório à dignidade da justiça (art. 774, IV), sem prejuízo da sanção por litigância de má-fé.

I – expedir-se-á, por intermédio do presidente do tribunal competente, precatório em favor do exequente, observando-se o disposto na Constituição Federal;

→ *v.* Art. 100 da CF/1988.
→ *v.* Art. 1º-E da Lei 9.494/1997.

II – por ordem do juiz, dirigida à autoridade na pessoa de quem o ente público foi citado para o processo, o pagamento de obrigação de pequeno valor será realizado no prazo de 2 (dois) meses contado da entrega da requisição, mediante depósito na agência de banco oficial mais próxima da residência do exequente.

→ *v.* Art. 17 da Lei 10.259/2001.
→ *v.* Art. 13 da Lei 12.153/2009.

§ 4º Tratando-se de impugnação parcial, a parte não questionada pela executada será, desde logo, objeto de cumprimento.

§ 5º Para efeito do disposto no inciso III do *caput* deste artigo, considera-se também inexigível a obrigação reconhecida em título executivo judicial fundado em lei ou ato normativo considerado inconstitucional pelo Supremo Tribunal Federal, ou fundado em aplicação ou interpretação da lei ou do ato normativo tido pelo Supremo Tribunal Federal como incompatível com a Constituição Federal, em controle de constitucionalidade concentrado ou difuso.

§ 6º No caso do § 5º, os efeitos da decisão do Supremo Tribunal Federal poderão ser modulados no tempo, de modo a favorecer a segurança jurídica.

→ *v.* Arts. 11, § 1º, e 27, da Lei 9.868/1999.
→ *v.* Enunciado 58 do FPPC: As decisões de inconstitucionalidade a que se referem os art. 525, §§ 12 e 13 e art. 535 §§ 5º e 6º devem ser proferidas pelo plenário do STF.
→ *v.* Enunciado 176 do FPPC: Compete exclusivamente ao Supremo Tribunal Federal modular os efeitos da decisão prevista no § 13 do art. 525.

§ 7º A decisão do Supremo Tribunal Federal referida no § 5º deve ter sido proferida antes do trânsito em julgado da decisão exequenda.

§ 8º Se a decisão referida no § 5º for proferida após o trânsito em julgado da decisão exequenda, caberá ação rescisória, cujo prazo será contado do trânsito em julgado da decisão proferida pelo Supremo Tribunal Federal.

Capítulo VI
Do Cumprimento de Sentença que Reconheça a Exigibilidade de Obrigação de Fazer, de Não Fazer ou de Entregar Coisa

Seção I
Do Cumprimento de Sentença que Reconheça a Exigibilidade de Obrigação de Fazer ou de Não Fazer

Art. 536. No cumprimento de sentença que reconheça a exigibilidade de obrigação de fazer ou de não fazer, o juiz pod**erá, de ofício ou a requerimento, para a efetivação da tutela específica ou a obtenção de tutela pelo resultado prático equivalente, determinar as medidas necessárias à satisfação do exequente.

→ *v.* Enunciado 12 do FPPC: A aplicação das medidas atípicas sub-rogatórias e coercitivas é cabível em qualquer obrigação no cumprimento de sentença ou execução de título executivo extra-judicial. Essas medidas, contudo, serão aplicadas de forma subsidiária às medidas tipificadas, com observação do contraditório, ainda que diferido, e por meio de decisão à luz do art. 489, § 1º, I e II.

§ 1º **Para atender ao disposto no *caput*, o juiz poderá determinar, entre outras medidas**, a imposição de multa, a busca e apreensão, a remoção de pessoas e coisas, o desfazimento de obras e o impedimento de atividade nociva, podendo, caso necessário, requisitar o auxílio de força policial.

§ 2º O mandado de busca e apreensão de pessoas e coisas será cumprido por 2 (dois) oficiais de justiça, observando-se o disposto no art. 846, §§ 1º a 4º, se houver necessidade de arrombamento.

§ 3º O executado incidirá nas penas de litigância de má-fé quando injustificadamente descumprir a ordem judicial, sem prejuízo de sua responsabilização por crime de desobediência.

→ *v.* Art. 81 do NCPC.

§ 4º No cumprimento de sentença que reconheça a exigibilidade de obrigação de fazer ou de não fazer, aplica-se o art. 525, no que couber.

§ 5º O disposto neste artigo aplica-se, no que couber, ao cumprimento de sentença que reconheça deveres de fazer e de não fazer de natureza não obrigacional.

→ *v.* Enunciado 441 do FPPC: O § 5º do art. 536 e o § 5º do art. 537 alcançam situação jurídica passiva correlata a direito real.
→ *v.* Enunciado 442 do FPPC: O § 5º do art. 536 e o § 5º do art. 537 alcançam os deveres legais.

Art. 537. A multa independe de requerimento da parte e poderá ser aplicada na fase de conhecimento, em tutela provisória ou na sentença, ou na fase de execução, desde que seja suficiente e compatível com a obrigação e que se determine prazo razoável para cumprimento do preceito.

§ 1º O juiz poderá, de ofício ou **a requerimento**, modificar o valor ou a periodicidade da multa **vincenda ou excluí-la**, caso verifique que:

I – se tornou insuficiente ou excessiva;

II – o obrigado demonstrou cumprimento parcial superveniente da obrigação ou justa causa para o descumprimento.

§ 2º O valor da multa será devido ao exequente.

§ 3º A decisão que fixa a multa é passível de cumprimento provisório, devendo ser depositada em juízo, permitido o levantamento do valor após o trânsito em julgado da sentença favorável à parte.

→ § 3º com redação alterada pela Lei 13.256/2016, em vigor no início da vigência da Lei 13.105/2015 – Novo CPC (*v.* art. 4º da Lei 13.256/2016).
→ *v.* Arts. 520 a 522 do NCPC.
→ *v.* Enunciado 526 do FPPC: A multa aplicada por descumprimento de ordem protetiva, baseada no art. 22, incisos I a V, da Lei 11.340/2006 (Lei Maria da Penha), é passível de cumprimento provisório, nos termos do art. 537, § 3º.
→ **Anterior redação:** § 3º A decisão que fixa a multa é passível de cumprimento provisório, devendo ser depositada em juízo, permitido o levantamento do valor após o trânsito em julgado da sentença favorável à parte ou na pendência do agravo fundado nos incisos II ou III do art. 1.042.

§ 4º A multa será devida desde o dia em que se configurar o descumprimento da decisão e incidirá enquanto não for cumprida a decisão que a tiver cominado.

→ *v.* Súmula 410 do STJ.

§ 5º O disposto neste artigo aplica-se, no que couber, ao cumprimento de sentença que reconheça deveres de fazer e de não fazer de natureza não obrigacional.

Seção II
Do Cumprimento de Sentença que Reconheça a Exigibilidade de Obrigação de Entregar Coisa

Art. 538. Não cumprida a obrigação **de entregar coisa** no prazo estabelecido **na sentença**, será expedido mandado de busca e apreensão ou de imissão na posse em favor do credor, conforme se tratar de coisa móvel ou imóvel.

§ 1º A existência de benfeitorias deve ser alegada na fase de conhecimento, em contestação, de forma discriminada e com atribuição, sempre que possível e justificadamente, do respectivo valor.

→ *v.* Arts. 96, 97 e 1.219 a 1.222 do CC/2002.

§ 2º O direito de retenção por benfeitorias deve ser exercido na contestação, na fase de conhecimento.

§ 3º Aplicam-se ao procedimento previsto neste artigo, no que couber, as disposições sobre o cumprimento de obrigação de fazer ou de não fazer.

TÍTULO III
Dos Procedimentos Especiais

Capítulo I
Da Ação de Consignação em Pagamento

Art. 539. Nos casos previstos em lei, poderá o devedor ou terceiro requerer, com efeito de pagamento, a consignação da quantia ou da coisa devida.

→ *v.* Arts. 334 a 345 do CC/2002.
→ *v.* Arts. 156, VIII e 164 do CTN.
→ *v.* Art. 67 da Lei 8.245/1991.

§ 1º Tratando-se de obrigação em dinheiro, poderá o valor ser depositado em estabelecimento bancário, oficial onde houver, situado no lugar do pagamento, cientificando-se o credor por carta com aviso de recebimento, assinado o prazo de 10 (dez) dias para a manifestação de recusa.

→ *v.* Resolução Banco Central (BACEN) 2.814/2001: dispõe sobre procedimentos a serem observados pelas instituições financeiras no acolhimento de depósitos de consignação em pagamento extra-judicial.
→ *v.* Art. 38, § 1º, da Lei 6.766/1976.

§ 2º Decorrido o prazo do § 1º, contado do retorno do aviso de recebimento, sem a manifestação de recusa, considerar-se-á o devedor liberado da obrigação, ficando à disposição do credor a quantia depositada.

§ 3º Ocorrendo a recusa, manifestada por escrito ao estabelecimento bancário, poderá ser proposta, **dentro de** 1 (**um**) **mês**, a ação de consignação, instruindo-se a inicial com a prova do depósito e da recusa.

§ 4º Não proposta a ação no prazo do § 3º, ficará sem efeito o depósito, podendo levantá-lo o depositante.

Art. 540. Requerer-se-á a consignação no lugar do pagamento, cessando para o devedor, **à data do depósito**, os juros e os riscos, salvo se a demanda for julgada improcedente.

→ *v.* Enunciado 59 do FPPC: Em ação de consignação e pagamento, quando a coisa devida for corpo que deva ser entregue no lugar em que está, poderá o devedor requerer a consignação no foro em que ela se encontra. A supressão do parágrafo único do art. 891 do Código de Processo Civil de 1973 é inócua, tendo em vista o art. 341 do Código Civil.

Art. 541. Tratando-se de prestações **sucessivas, consignada uma delas**, pode o devedor continuar a depositar, no mesmo processo e sem mais formalidades, as que se forem vencendo, desde que o faça em até 5 (cinco) dias contados da data do respectivo vencimento.

→ *v.* Art. 67, III, da Lei 8.245/1991.

→ *v.* Enunciado 60 do FPPC: Na ação de consignação em pagamento que tratar de prestações sucessivas, consignada uma delas, pode o devedor continuar a consignar sem mais formalidades as que se forem vencendo, enquanto estiver pendente o processo.

Art. 542. Na petição inicial, o autor requererá:

I – o depósito da quantia ou da coisa devida, a ser efetivado no prazo de 5 (cinco) dias contados do deferimento, ressalvada a hipótese do art. 539, § 3º;

II – a citação do réu para levantar o depósito ou oferecer **contestação**.

Parágrafo único. Não realizado o depósito no prazo do inciso I, o processo será extinto sem resolução do mérito.

Art. 543. Se o objeto da prestação for coisa indeterminada e a escolha couber ao credor, será este citado para exercer o direito dentro de 5 (cinco) dias, se outro prazo não constar de lei ou do contrato, ou para aceitar que o devedor a faça, devendo o juiz, ao despachar a petição inicial, fixar lugar, dia e hora em que se fará a entrega, sob pena de depósito.

→ *v.* Arts. 252 e 342 do CC/20002.

Art. 544. Na contestação, o réu poderá alegar que:

I – não houve recusa ou mora em receber a quantia ou a coisa devida;

II – foi justa a recusa;

III – o depósito não se efetuou no prazo ou no lugar do pagamento;

IV – o depósito não é integral.

Parágrafo único. No caso do inciso IV, a alegação somente será admissível se o réu indicar o montante que entende devido.

Art. 545. Alegada a insuficiência do depósito, é lícito ao autor completá-lo, **em** 10 (**dez**) **dias**, salvo se corresponder a prestação cujo inadimplemento acarrete a rescisão do contrato.

§ 1º No caso do *caput*, poderá o réu levantar, desde logo, a quantia ou a coisa depositada, com a consequente liberação parcial do autor, prosseguindo o processo quanto à parcela controvertida.

→ *v.* Enunciado 61 do FPPC: É permitido ao réu da ação de consignação em pagamento levantar "desde logo" a quantia ou coisa depositada em outras hipóteses além da prevista no § 1º do art. 545 (insuficiência do depósito), desde que tal postura não seja contraditória com fundamento da defesa.

§ 2º A sentença que concluir pela insuficiência do depósito determinará, sempre que possível, o montante devido e valerá como título executivo, facultado ao credor promover-lhe o cumprimento nos mesmos autos, **após liquidação, se necessária**.

Art. 546. Julgado procedente o pedido, o juiz declarará extinta a obrigação e condenará o réu ao pagamento de custas e honorários advocatícios.

Parágrafo único. Proceder-se-á do mesmo modo se o credor receber e der quitação.

Art. 547. Se ocorrer dúvida sobre quem deva legitimamente receber o pagamento, o autor requererá o depósito e a citação dos possíveis titulares do crédito para provarem o seu direito.

→ *v.* Art. 326 do NCPC.

Art. 548. No caso do art. 547:

I – não comparecendo pretendente algum, converter-se-á o depósito em arrecadação de coisas vagas;

II – comparecendo apenas um, o juiz decidirá de plano;

III – comparecendo mais de um, o juiz declarará efetuado o depósito e extinta a obrigação, continuando o processo a correr unicamente entre os presuntivos credores, observado o procedimento comum.

→ *v.* Enunciado 62 do FPPC: A regra prevista no art. 548, III, que dispõe que, em ação de consignação em pagamento, o juiz declarará efetuado o depósito extinguindo a obrigação em relação ao devedor, prosseguindo o processo unicamente entre os presuntivos credores, só se aplicará ao valor do depósito não for controvertido, ou seja, não terá aplicação caso o montante depositado seja impugnado por qualquer dos presuntivos credores.

→ *v.* Enunciado 534 do FPPC: A decisão a que se refere o inciso III do art. 548 faz coisa julgada quanto à extinção da obrigação.

→ *v.* Enunciado 535 do FPPC: Cabe ação rescisória contra a decisão prevista no inciso III do art. 548 do FPPC:

Art. 549. Aplica-se o procedimento estabelecido neste Capítulo, no que couber, ao resgate do aforamento.

Capítulo II
Da Ação de **Exigir** Contas

Art. 550. Aquele que **afirmar ser titular do direito de exigir** contas requererá a citação do réu para que as preste ou ofereça contestação no prazo de **15 (quinze) dias**.

→ *v.* Súmulas 259 e 477 do STJ.

§ 1º Na petição inicial, o autor especificará, detalhadamente, as razões pelas quais exige as contas, instruindo-a com documentos comprobatórios dessa necessidade, se existirem.

§ 2º Prestadas as contas, o autor terá **15 (quinze) dias** para se manifestar, **prosseguindo-se o processo na forma do Capítulo X do Título I deste Livro**.

§ 3º A impugnação das contas apresentadas pelo réu deverá ser fundamentada e específica, com referência expressa ao lançamento questionado.

§ 4º Se o réu não contestar o pedido, observar-se-á o disposto no art. 355.

§ 5º A **decisão** que julgar procedente o pedido condenará o réu a prestar as contas no **prazo de 15 (quinze) dias**, sob pena de não lhe ser lícito impugnar as que o autor apresentar.

→ *v.* Enunciado 177 do FPPC: A decisão interlocutória que julga procedente o pedido para condenar o réu a prestar contas, por ser de mérito, é recorrível por agravo de instrumento.

§ 6º Se o réu apresentar as contas no prazo previsto no § 5º, seguir-se-á o procedimento do § 2º, caso contrário, o autor apresentá-las-á no **prazo de 15 (quinze) dias**, podendo o juiz determinar a realização de exame pericial, se necessário.

Art. 551. As contas do réu serão apresentadas na forma **adequada**, especificando-se as receitas, a aplicação das despesas e os investimentos, se houver.

§ 1º Havendo impugnação específica e fundamentada pelo autor, o juiz estabelecerá prazo razoável para que o réu apresente os documentos justificativos dos lançamentos individualmente impugnados.

§ 2º As contas do autor, para os fins do art. 550, § 5º, serão apresentadas na forma **adequada**, já instruídas com os documentos justificativos, especificando-se as receitas, a aplicação das despesas **e os investimentos, se houver**, bem como o respectivo saldo.

Art. 552. A sentença apurará o saldo **e constituirá título executivo judicial**.

Art. 553. As contas do inventariante, do tutor, do curador, do depositário e de qualquer outro administrador serão prestadas em apenso aos autos do processo em que tiver sido nomeado.

Parágrafo único. Se qualquer dos referidos no *caput* for condenado a pagar o saldo e não o fizer no prazo legal, o juiz poderá destituí-lo, sequestrar os bens sob sua guarda, glosar o prêmio ou a gratificação a que teria direito **e determinar as medidas executivas necessárias à recomposição do prejuízo**.

Capítulo III
Das Ações Possessórias

Seção I
Disposições Gerais

Art. 554. A propositura de uma ação possessória em vez de outra não obstará a que o juiz conheça do pedido e outorgue a proteção legal correspondente àquela cujos pressupostos estejam provados.

§ 1º No caso de ação possessória em que figure no polo passivo grande número de pessoas, serão feitas a citação pessoal dos ocupantes que forem encontrados no local e a citação por edital dos demais, determinando-se, ainda, a intimação do Ministério Público e, se envolver pessoas em situação de hipossuficiência econômica, da Defensoria Pública.

> → v. Enunciado 63 do FPPC: No caso de ação possessória em que figure no polo passivo grande número de pessoas, a ampla divulgação prevista no § 3º do art. 554 contempla a inteligência do art. 301, com a possibilidade de determinação de registro de protesto para consignar a informação do litígio possessório na matrícula imobiliária respectiva.

§ 2º Para fim da citação pessoal prevista no § 1º, o oficial de justiça procurará os ocupantes no local por uma vez, citando-se por edital os que não forem encontrados.

§ 3º O juiz deverá determinar que se dê ampla publicidade da existência da ação prevista no § 1º e dos respectivos prazos processuais, podendo, para tanto, valer-se de anúncios em jornal ou rádio locais, da publicação de cartazes na região do conflito e de outros meios.

Art. 555. É lícito ao autor cumular ao pedido possessório o de:

I – condenação em perdas e danos;
> → v. Arts. 402 a 405 do CC/2002.

II – indenização dos frutos.
> → v. Arts. 1.214 a 1.216 do CC/2002.

Parágrafo único. Pode o autor requerer, ainda, imposição de medida necessária e adequada para:

I – evitar nova turbação ou esbulho;

II – cumprir-se a tutela provisória ou final.

Art. 556. É lícito ao réu, na contestação, alegando que foi o ofendido em sua posse, demandar a proteção possessória e a indenização pelos prejuízos resultantes da turbação ou do esbulho cometido pelo autor.

Art. 557. Na pendência de **ação possessória** é vedado, tanto ao autor quanto ao réu, propor ação de reconhecimento do domínio, **exceto se a pretensão for deduzida em face de terceira pessoa**.

> → v. Súmula 487 do STF.
> → v. Enunciado 65 do FPPC: O art. 557 do projeto não obsta a cumulação pelo autor de ação reivindicatória e de ação possessória, se os fundamentos forem distintos.
> → v. Enunciado 443 do FPPC: Em ação possessória movida pelo proprietário é possível ao réu alegar a usucapião como matéria de defesa, sem violação ao art. 557 do FPPC.

Parágrafo único. Não obsta à manutenção ou à reintegração de posse a alegação de propriedade ou de outro direito sobre a coisa.

Art. 558. Regem o procedimento de manutenção e de reintegração de posse as normas da Seção II deste Capítulo quando a ação for proposta dentro de ano e dia da turbação ou do esbulho **afirmado na petição inicial**.

Parágrafo único. Passado o prazo referido no *caput*, será comum o procedimento, não perdendo, contudo, o caráter possessório.

Art. 559. Se o réu provar, em qualquer tempo, que o autor provisoriamente mantido ou reintegrado na posse carece de idoneidade financeira para, no caso de sucumbência, responder por perdas e danos, o juiz designar-lhe-á o prazo de 5 (cinco) dias para requerer caução, real ou fidejussória, sob pena de ser depositada a coisa litigiosa, **ressalvada a impossibilidade da parte economicamente hipossuficiente**.

> → v. Enunciado 179 do FPPC: O prazo de cinco dias para prestar caução pode ser dilatado, nos termos do art. 139, VI.
> → v. Enunciado 180 do FPPC: A prestação de caução prevista no art. 559 poderá ser determinada pelo juiz, caso o réu obtenha a proteção possessória, nos termos no art. 556.

Seção II
Da Manutenção e da Reintegração de Posse

Art. 560. O possuidor tem direito a ser mantido na posse em caso de turbação e reintegrado em caso de esbulho.

> → v. Arts. 1.197 e 1.210 do CC/2002.

Art. 561. Incumbe ao autor provar:

I – a sua posse;
> → v. Súmula 415 do STF.
> → v. Arts. 1.196 a 1.124 do CC/2002.

II – a turbação ou o esbulho praticado pelo réu;

III – a data da turbação ou do esbulho;

IV – a continuação da posse, embora turbada, na ação de manutenção, ou a perda da posse, na ação de reintegração.

Art. 562. Estando a petição inicial devidamente instruída, o juiz deferirá, sem ouvir o réu, a expedição do mandado liminar de manutenção ou de reintegração, caso contrário, determinará que o autor justifique previamente o alegado, citando-se o réu para comparecer à audiência que for designada.

> → v. Súmula 262 do STF.
> → v. Enunciado 178 do FPPC: O valor da causa nas ações fundadas em posse, tais como as ações possessórias, os embargos de terceiro e a oposição, deve considerar a expressão econômica da posse, que não obrigatoriamente coincide com o valor da propriedade.

Parágrafo único. Contra as pessoas jurídicas de direito público não será deferida a manutenção ou a reintegração liminar sem prévia audiência dos respectivos representantes judiciais.

Art. 563. Considerada suficiente a justificação, o juiz fará logo expedir mandado de manutenção ou de reintegração.

Art. 564. Concedido ou não o mandado liminar de manutenção ou de reintegração, o autor promoverá, nos 5 (cinco) dias subsequentes, a citação do réu para, querendo, contestar a ação **no prazo de 15 (quinze) dias**.

> → v. Art. 1.212 do CC/2002.

Parágrafo único. Quando for ordenada a justificação prévia, o prazo para contestar será contado da intimação **da decisão** que deferir ou não a medida liminar.

Art. 565. No litígio coletivo pela posse de imóvel, quando o esbulho ou a turbação afirmado na petição inicial houver ocorrido há mais de ano e dia, o juiz, antes de apreciar o pedido de concessão da medida liminar, deverá designar audiência de mediação, a realizar-se em até 30 (trinta) dias, que observará o disposto nos §§ 2º e 4º.

> → v. Enunciado 66 do FPPC: A medida liminar referida no art. 565 é hipótese de tutela antecipada.
> → v. Enunciado 67 do FPPC: A audiência de mediação referida no art. 565 (e seus parágrafos) deve ser compreendida como a sessão de mediação ou de conciliação, conforme as peculiaridades do caso concreto.

§ 1º Concedida a liminar, se essa não for executada no prazo de 1 (um) ano, a contar da data de distribuição, caberá ao juiz designar audiência de mediação, nos termos dos §§ 2º a 4º deste artigo.

§ 2º O Ministério Público será intimado para comparecer à audiência, e a Defensoria Pública será intimada sempre que houver parte beneficiária de gratuidade da justiça.

§ 3º O juiz poderá comparecer à área objeto do litígio quando sua presença se fizer necessária à efetivação da tutela jurisdicional.

§ 4º Os órgãos responsáveis pela política agrária e pela política urbana da União, de Estado ou do Distrito Federal e de Município onde se situe a área objeto do litígio poderão ser intimados para a audiência, a fim de se manifestarem sobre seu interesse no processo e sobre a existência de possibilidade de solução para o conflito possessório.

> → v. Enunciado 328 do FPPC: Os arts. 554 e 565 do CPC aplicam-se nas ações de usucapião coletiva (art. 10 da Lei 10.258/2001) e no processo em que exercício do direito a que se referem os §§ 4º e 5º do art. 1.228, Código Civil, especialmente quanto à necessidade de ampla publicidade da ação e da participação do Ministério Público, da Defensoria Pública e dos órgãos estatais responsáveis pela reforma agrária e política urbana.

§ 5º Aplica-se o disposto neste artigo ao litígio sobre propriedade de imóvel.

> → v. Art. 5º, XXIII, da CF/1988.
> → v. Art. 1.228, § 1º, do CC/20002.

Art. 566. Aplica-se, quanto ao mais, o procedimento **comum**.

> → v. Art. 318 e seguintes do NCPC.

Seção III
Do Interdito Proibitório

Art. 567. O possuidor direto ou indireto que tenha justo receio de ser molestado na posse poderá requerer ao juiz que o segure da turbação ou esbulho iminente, mediante mandado proibitório em que se comine ao réu determinada pena pecuniária caso transgrida o preceito.

> → v. Súmula 228 do STJ.

Art. 568. Aplica-se ao interdito proibitório o disposto na Seção II deste Capítulo.

Capítulo IV
Da Ação de Divisão e da Demarcação de Terras Particulares
Seção I
Disposições Gerais

Art. 569. Cabe:

I – ao proprietário a ação de demarcação, para obrigar o seu confinante a estremar os respectivos prédios, fixando-se novos limites entre eles ou aviventando-se os já apagados;

→ v. Arts. 1.297 e 1.298 do CC/2002.

→ v. Enunciado 68 do FPPC: Também possuem legitimidade para a ação demarcatória os titulares de direito real de gozo e fruição, nos limites dos seus respectivos direitos e títulos constitutivos de direito real. Assim, além da propriedade, aplicam-se os dispositivos do Capítulo sobre ação demarcatória, no que for cabível, em relação aos direitos reais de gozo e fruição.

→ v. Enunciado 69 do FPPC: Cabe ao proprietário ação demarcatória para extremar a demarcação entre o seu prédio e do confinante, bem como fixar novos limites, aviventar rumos apagados e a renovar marcos destruídos (art. 1.297 do Código Civil)

II – ao condômino a ação de divisão, para obrigar os demais consortes a **estremar os quinhões**.

→ v. Art. 1.320 do CC/2002.

Art. 570. É lícita a cumulação dessas ações, caso em que deverá processar-se primeiramente a demarcação total ou parcial da coisa comum, citando-se os confinantes e os condôminos.

Art. 571. A demarcação e a divisão poderão ser realizadas por escritura pública, desde que maiores, capazes e concordes todos os interessados, observando-se, no que couber, os dispositivos deste Capítulo.

→ v. Art. 214 da Lei 6.015/1973.

→ v. Lei 6.766/1976 – Dispõe sobre o parcelamento do solo urbano

→ v. Arts. 610, § 1º, 659 e 733 do NCPC.

Art. 572. Fixados os marcos da linha de demarcação, os confinantes considerar-se-ão terceiros quanto ao processo divisório, ficando-lhes, porém, ressalvado o direito de vindicar os terrenos de que se julguem despojados por invasão das linhas limítrofes constitutivas do perímetro ou de reclamar indenização correspondente ao seu valor.

§ 1º **No caso do** *caput*, serão citados para a ação todos os condôminos, se a sentença homologatória da divisão ainda não houver transitado em julgado, e todos os quinhoeiros dos terrenos vindicados, se a ação for proposta posteriormente.

§ 2º Neste último caso, a sentença que julga procedente a ação, condenando a restituir os terrenos ou a pagar a indenização, valerá como título executivo em favor dos quinhoeiros para haverem dos outros condôminos que forem parte na divisão ou de seus sucessores a título universal, na proporção que lhes tocar, a composição pecuniária do desfalque sofrido.

Art. 573. Tratando-se de imóvel georreferenciado, com averbação no registro de imóveis, pode o juiz dispensar a realização de prova pericial.

→ Sobre georreferenciamento v. art. 176, § 3º, da Lei 6.015/1973.

→ v. Art. 10 do Dec.-Lei 4.449/2002.

Seção II
Da Demarcação

→ v. Lei 6.383/1976 – Dispõe sobre o Processo Discriminatório de Terras Devolutas da União, e dá outras providências.

Art. 574. Na petição inicial, instruída com os títulos da propriedade, designar-se-á o imóvel pela situação e pela denominação, descrever-se-ão os limites por constituir, aviventar ou renovar e nomear-se-ão todos os confinantes da linha demarcanda.

Art. 575. Qualquer condômino é parte legítima para promover a demarcação do imóvel comum, requerendo a intimação dos demais para, querendo, **intervir no processo**.

Art. 576. A citação dos réus **será feita por correio**, observado o disposto no art. 247.

Parágrafo único. Será publicado edital, nos termos do inciso III do art. 259.

Art. 577. Feitas as citações, terão os réus o prazo comum de **15 (quinze) dias para contestar**.

Art. 578. Após o prazo de resposta do réu, observar-se-á o procedimento comum.

Art. 579. Antes de proferir a sentença, o juiz nomeará **um ou mais peritos** para levantar o traçado da linha demarcanda.

Art. 580. Concluídos os estudos, os peritos apresentarão minucioso laudo sobre o traçado da linha demarcanda, considerando os títulos, os marcos, os rumos, a fama da vizinhança, as informações de antigos moradores do lugar e outros elementos que coligirem.

→ v. Enunciado 70 do FPPC: Do laudo pericial que traçar a linha demarcanda, deverá ser oportunizada a manifestação das partes interessadas, em prestígio ao princípio do contraditório e da ampla defesa.

Art. 581. A sentença que julgar procedente o pedido determinará o traçado da linha demarcanda.

Parágrafo único. A sentença proferida na ação demarcatória determinará a restituição da área invadida, se houver, declarando o domínio ou a posse do prejudicado, ou ambos.

Art. 582. Transitada em julgado a sentença, o perito efetuará a demarcação e colocará os marcos necessários.

Parágrafo único. Todas as operações serão consignadas em planta e memorial descritivo com as referências convenientes para a identificação, em qualquer tempo, dos pontos assinalados, **observada a legislação especial que dispõe sobre a identificação do imóvel rural**.

→ v. Art. 176, § 3º, da Lei 6.015/1973.
→ v. Art. 10 do Dec.-Lei 4.449/2002.

Art. 583. As plantas serão acompanhadas das cadernetas de operações de campo e do memorial descritivo, que conterá:

I – o ponto de partida, os rumos seguidos e a aviventação dos antigos com os respectivos cálculos;

II – os acidentes encontrados, as cercas, os valos, os marcos antigos, os córregos, os rios, as lagoas e outros;

III – a indicação minuciosa dos novos marcos cravados, **dos antigos aproveitados**, das culturas existentes e da sua produção anual;

IV – a composição geológica dos terrenos, bem como a qualidade e a extensão dos campos, das matas e das capoeiras;

V – as vias de comunicação;

VI – as distâncias **a pontos de referência, tais como rodovias federais e estaduais, ferrovias, portos, aglomerações urbanas e polos comerciais**;

VII – a indicação de tudo o mais que for útil para o levantamento da linha ou para a identificação da linha já levantada.

Art. 584. É obrigatória a colocação de marcos tanto na estação inicial, dita marco primordial, quanto nos vértices dos ângulos, salvo se algum desses últimos pontos for assinalado por acidentes naturais de difícil remoção ou destruição.

Art. 585. A linha será percorrida pelos peritos, que examinarão os marcos e os rumos, consignando em relatório escrito a exatidão do memorial e da planta apresentados pelo agrimensor ou as divergências porventura encontradas.

Art. 586. Juntado aos autos o relatório dos peritos, o juiz determinará que as partes se manifestem sobre ele no prazo comum **de 15 (quinze) dias**.

Parágrafo único. Executadas as correções e as retificações que o juiz **determinar**, lavrar-se-á, em seguida, o auto de demarcação em que os limites demarcandos serão minuciosamente descritos de acordo com o memorial e a planta.

Art. 587. Assinado o auto pelo juiz e **pelos peritos**, será proferida a sentença homologatória da demarcação.

Seção III
Da Divisão

Art. 588. A petição inicial será instruída com os títulos de domínio do promovente e conterá:

→ v. Arts. 1.320 a 1.322 do CC/2002.

I – a indicação da origem da comunhão e a denominação, a situação, os limites e as características do imóvel;

II – o nome, o estado civil, a profissão e a residência de todos os condôminos, especificando-se os estabelecidos no imóvel com benfeitorias e culturas;

III – as benfeitorias comuns.

Art. 589. Feitas as citações como preceitua o art. 576, prosseguir-se-á na forma dos arts. 577 e 578.

Art. 590. O juiz nomeará um ou mais peritos para promover a medição do imóvel e as operações de divisão, observada a legislação especial que dispõe sobre a identificação do imóvel rural.

Parágrafo único. O perito deverá indicar as vias de comunicação existentes, as construções e as benfeitorias, com a indicação dos seus valores e dos respectivos proprietários e ocupantes, as águas principais que banham o imóvel e quaisquer outras informações que possam concorrer para facilitar a partilha.

Art. 591. Todos os condôminos serão intimados a apresentar, dentro de 10 (dez) dias, os seus títulos, se ainda não o tiverem feito, e a formular os seus pedidos sobre a constituição dos quinhões.

Art. 592. O juiz ouvirá as partes **no prazo comum de 15 (quinze) dias.**

§ 1º Não havendo impugnação, o juiz determinará a divisão geodésica do imóvel.

§ 2º Havendo impugnação, o juiz proferirá, no prazo de 10 (dez) dias, decisão sobre os pedidos e os títulos que devam ser atendidos na formação dos quinhões.

Art. 593. Se qualquer linha do perímetro atingir benfeitorias permanentes dos confinantes feitas há mais de 1 (um) ano, serão elas respeitadas, bem como os terrenos onde estiverem, os quais não se computarão na área dividenda.

Art. 594. Os confinantes do imóvel dividendo podem demandar a restituição dos terrenos que lhes tenham sido usurpados.

§ 1º Serão citados para a ação todos os condôminos, se a sentença homologatória da divisão ainda não houver transitado em julgado, e todos os quinhoeiros dos terrenos vindicados, se a ação for proposta posteriormente.

§ 2º Nesse último caso terão os quinhoeiros o direito, pela mesma sentença que os obrigar à restituição, a haver dos outros condôminos do processo divisório ou de seus sucessores a título universal a composição pecuniária proporcional ao desfalque sofrido.

Art. 595. Os peritos proporão, em laudo fundamentado, a forma da divisão, devendo consultar, quanto possível, a comodidade das partes, respeitar, para adjudicação a cada condômino, a preferência dos terrenos contíguos às suas residências e benfeitorias e evitar o retalhamento dos quinhões em glebas separadas.

Art. 596. Ouvidas as partes, **no prazo comum de 15 (quinze) dias,** sobre o cálculo e o plano da divisão, o juiz deliberará a partilha.

Parágrafo único. Em cumprimento dessa decisão, o perito procederá à demarcação dos quinhões, observando, além do disposto nos arts. 584 e 585, as seguintes regras:

I – as benfeitorias comuns que não comportarem divisão cômoda serão adjudicadas a um dos condôminos mediante compensação;

II – instituir-se-ão as servidões que forem indispensáveis em favor de uns quinhões sobre os outros, incluindo o respectivo valor no orçamento para que, não se tratando de servidões naturais, seja compensado o condômino aquinhoado com o prédio serviente;

III – as benfeitorias particulares dos condôminos que excederem à área a que têm direito serão adjudicadas ao quinhoeiro vizinho mediante reposição;

IV – se outra coisa não acordarem as partes, as compensações e as reposições serão feitas em dinheiro.

Art. 597. Terminados os trabalhos e desenhados na planta os quinhões e as servidões aparentes, o perito organizará o memorial descritivo.

§ 1º Cumprido o disposto no art. 586, o escrivão, em seguida, lavrará o auto de divisão, acompanhado de uma folha de pagamento para cada condômino.

§ 2º Assinado o auto pelo juiz e pelo perito, será proferida sentença homologatória da divisão.

§ 3º O auto conterá:

I – a confinação e a extensão superficial do imóvel;

II – a classificação das terras com o cálculo das áreas de cada consorte e com a respectiva avaliação ou, quando a homogeneidade das terras não determinar diversidade de valores, a avaliação do imóvel na sua integridade;

III – o valor e a quantidade geométrica que couber a cada condômino, declarando-se as reduções e as compensações resultantes da diversidade de valores das glebas componentes de cada quinhão.

§ 4º Cada folha de pagamento conterá:

I – a descrição das linhas divisórias do quinhão, mencionadas as confinantes;

II – a relação das benfeitorias e das culturas do próprio quinhoeiro e das que lhe foram adjudicadas por serem comuns ou mediante compensação;

III – a declaração das servidões instituídas, especificados os lugares, a extensão e o modo de exercício.

Art. 598. Aplica-se às divisões o disposto nos arts. 575 a 578.

Capítulo V
Da Ação de Dissolução Parcial de Sociedade

Art. 599. A ação de dissolução parcial de sociedade pode ter por objeto:

I – a resolução da sociedade empresária contratual ou simples em relação ao sócio falecido, excluído ou que exerceu o direito de retirada ou recesso; e

II – a apuração dos haveres do sócio falecido, excluído ou que exerceu o direito de retirada ou recesso; ou

III – somente a resolução ou a apuração de haveres.

→ v. Arts. 1.077 e 1.028 a 1.030 do CC/2002.
→ v. Art. 1º, III, do Dec.-lei 368/1968.

§ 1º A petição inicial será necessariamente instruída com o contrato social consolidado.

§ 2º A ação de dissolução parcial de sociedade pode ter também por objeto a sociedade anônima de capital fechado quando demonstrado, por acionista ou acionistas que representem cinco por cento ou mais do capital social, que não pode preencher o seu fim.

Art. 600. A ação pode ser proposta:

I – pelo espólio do sócio falecido, quando a totalidade dos sucessores não ingressar na sociedade;

II – pelos sucessores, após concluída a partilha do sócio falecido;

III – pela sociedade, se os sócios sobreviventes não admitirem o ingresso do espólio ou dos sucessores do falecido na sociedade, quando esse direito decorrer do contrato social;

IV – pelo sócio que exerceu o direito de retirada ou recesso, se não tiver sido providenciada, pelos demais sócios, a alteração contratual consensual formalizando o desligamento, depois de transcorridos 10 (dez) dias do exercício do direito;

V – pela sociedade, nos casos em que a lei não autoriza a exclusão extrajudicial; ou

VI – pelo sócio excluído.

Parágrafo único. O cônjuge ou companheiro do sócio cujo casamento, união estável ou convivência terminou poderá requerer a apuração de seus haveres na sociedade, que serão pagos à conta da quota social titulada por este sócio.

Art. 601. Os sócios e a sociedade serão citados para, no prazo de 15 (quinze) dias, concordar com o pedido ou apresentar contestação.

Parágrafo único. A sociedade não será citada se todos os seus sócios o forem, mas ficará sujeita aos efeitos da decisão e à coisa julgada.

Art. 602. A sociedade poderá formular pedido de indenização compensável com o valor dos haveres a apurar.

Art. 603. Havendo manifestação expressa e unânime pela concordância da dissolução, o juiz a decretará, passando-se imediatamente à fase de liquidação.

§ 1º Na hipótese prevista no *caput*, não haverá condenação em honorários advocatícios de nenhuma das partes, e as custas serão rateadas segundo a participação das partes no capital social.

§ 2º Havendo contestação, observar-se-á o procedimento comum, mas a liquidação da sentença seguirá o disposto neste Capítulo.

Art. 604. Para apuração dos haveres, o juiz:

I – fixará a data da resolução da sociedade;

II – definirá o critério de apuração dos haveres à vista do disposto no contrato social; e

III – nomeará o perito.

§ 1º O juiz determinará à sociedade ou aos sócios que nela permanecerem que depositem em juízo a parte incontroversa dos haveres devidos.

§ 2º O depósito poderá ser, desde logo, levantado pelo ex-sócio, pelo espólio ou pelos sucessores.

§ 3º Se o contrato social estabelecer o pagamento dos haveres, será observado o que nele se dispõe no depósito judicial da parte incontroversa.

Art. 605. A data da resolução da sociedade será:

I – no caso de falecimento do sócio, a do óbito;

II – na retirada imotivada, o sexagésimo dia seguinte ao do recebimento, pela sociedade, da notificação do sócio retirante;

III – no recesso, o dia do recebimento, pela sociedade, da notificação do sócio dissidente;

IV – na retirada por justa causa de sociedade por prazo determinado e na exclusão judicial de sócio, a do trânsito em julgado da decisão que dissolver a sociedade; e

V – na exclusão extrajudicial, a data da assembleia ou da reunião de sócios que a tiver deliberado.
→ v. Art. 1.032 do CC/2002.

Art. 606. Em caso de omissão do contrato social, o juiz definirá, como critério de apuração de haveres, o valor patrimonial apurado em balanço de determinação, tomando-se por referência a data da resolução e avaliando- se bens e direitos do ativo, tangíveis e intangíveis, a preço de saída, além do passivo também a ser apurado de igual forma.
→ v. Art. 1.031 do CC/2002.

Parágrafo único. Em todos os casos em que seja necessária a realização de perícia, a nomeação do perito recairá preferencialmente sobre especialista em avaliação de sociedades.

Art. 607. A data da resolução e o critério de apuração de haveres podem ser revistos pelo juiz, a pedido da parte, a qualquer tempo antes do início da perícia.

Art. 608. Até a data da resolução, integram o valor devido ao ex-sócio, ao espólio ou aos sucessores a participação nos lucros ou os juros sobre o capital próprio declarados pela sociedade e, se for o caso, a remuneração como administrador.

Parágrafo único. Após a data da resolução, o ex-sócio, ou espólio ou os sucessores terão direito apenas à correção monetária dos valores apurados e aos juros contratuais ou legais.

Art. 609. Uma vez apurados, os haveres do sócio retirante serão pagos conforme disciplinar o contrato social e, no silêncio deste, nos termos do § 2º do art. 1.031 da Lei nº 10.406, de 10 de janeiro de 2002 (Código Civil).
→ v. Arts. 1.003 e 1.031 do CC/2002.
→ v. Súmula 265 do STF.

Capítulo VI
Do Inventário e da Partilha

→ v. Art. 5º, XXVII e XXX da CF/1988.
→ v. Art. 1.784 e seguintes do CC/2002.

Seção I
Disposições Gerais

Art. 610. Havendo testamento ou interessado incapaz, proceder-se-á ao inventário judicial.

§ 1º Se todos forem capazes e concordes, o inventário e a partilha poderão ser feitos por escritura pública, a qual constituirá documento hábil **para qualquer ato de registro, bem** como **para levantamento de importância depositada em instituições financeiras.**

§ 2º O tabelião somente lavrará a escritura pública se todas as partes interessadas estiverem assistidas por advogado ou por defensor público, cuja qualificação e assinatura constarão do ato notarial.
→ v. Resolução CNJ 35/2007 – Disciplina a realização de inventários, partilhas, separações e divórcios consensuais por escritura pública.
→ v. Provimento CFOAB 118/2007 – Disciplina as atividades profissionais dos advogados na realização de inventários, partilhas, separações e divórcios consensuais por escritura pública.

Art. 611. O processo de inventário e de partilha deve ser instaurado dentro de 2 (dois) meses, a contar da abertura da sucessão, ultimando-se nos 12 (doze) meses subsequentes, podendo o juiz prorrogar esses prazos, de ofício ou a requerimento de parte.
→ v. Súmula 542 do STF.
→ v. Art. 1.796 do CC/2012.

Art. 612. O juiz decidirá todas as questões de direito **desde que os fatos relevantes estejam provados por documento**, só remetendo para as vias ordinárias as questões que dependerem de outras provas.

Art. 613. Até que o inventariante preste o compromisso, continuará o espólio na posse do administrador provisório.
→ v. Art. 1.797 do CC/2002
→ v. Arts. 159 a 161 do NCPC.

Art. 614. O administrador provisório representa ativa e passivamente o espólio, é obrigado a trazer ao acervo os frutos que desde a abertura da sucessão percebeu, tem direito ao reembolso das despesas necessárias e úteis que fez e responde pelo dano a que, por dolo ou culpa, der causa.
→ v. Arts. 75, VII e § 1º, e 159 a 161, do NCPC.

Seção II
Da Legitimidade para Requerer o Inventário

Art. 615. O requerimento de inventário e de partilha incumbe a quem estiver na posse e na administração do espólio, no prazo estabelecido no art. 611.

Parágrafo único. O requerimento será instruído com a certidão de óbito do autor da herança.
→ v. Art. 1.785 do CC/2002
→ v. Arts. 23, II e 48, do NCPC.

Art. 616. Têm, contudo, legitimidade concorrente:
I – o cônjuge ou **companheiro** supérstite;
II – o herdeiro;
III – o legatário;
IV – o testamenteiro;
V – o cessionário do herdeiro ou do legatário;
VI – o credor do herdeiro, do legatário ou do autor da herança;
VII – o Ministério Público, havendo herdeiros incapazes;
VIII – a Fazenda Pública, quando tiver interesse;
IX – o **administrador judicial** da falência do herdeiro, do legatário, do autor da herança ou do cônjuge ou **companheiro** supérstite.

Seção III
Do Inventariante e das Primeiras Declarações

Art. 617. O juiz nomeará inventariante **na seguinte ordem**:
I – o cônjuge ou companheiro sobrevivente, desde que estivesse convivendo com o outro ao tempo da morte deste;

II – o herdeiro que se achar na posse e na administração do espólio, se não houver cônjuge ou companheiro sobrevivente ou se estes não puderem ser nomeados;
III – qualquer herdeiro, quando nenhum deles estiver na posse e na administração do espólio;
IV – o herdeiro menor, por seu representante legal;
V – o testamenteiro, se lhe tiver sido confiada a administração do espólio ou se toda a herança estiver distribuída em legados;
VI – o cessionário do herdeiro ou do legatário;
VII – o inventariante judicial, se houver;
VIII – pessoa estranha idônea, quando não houver inventariante judicial.

Parágrafo único. O inventariante, intimado da nomeação, prestará, dentro de 5 (cinco) dias, o compromisso de bem e fielmente desempenhar a função.

Art. 618. Incumbe ao inventariante:
I – representar o espólio ativa e passivamente, em juízo ou fora dele, observando-se, quanto ao dativo, o disposto no art. 75, § 1º;
→ v. Art. 75, VII, do NCPC.

II – administrar o espólio, velando-lhe os bens com a mesma diligência que teria se seus fossem;
→ v. Art. 1.991 do CC/2002

III – prestar as primeiras e as últimas declarações pessoalmente ou por procurador com poderes especiais;
→ v. Arts. 620 e 636 do NCPC.

IV – exibir em cartório, a qualquer tempo, para exame das partes, os documentos relativos ao espólio;
V – juntar aos autos certidão do testamento, se houver;
VI – trazer à colação os bens recebidos pelo herdeiro ausente, renunciante ou excluído;
VII – prestar contas de sua gestão ao deixar o cargo ou sempre que o juiz lhe determinar;
VIII – requerer a declaração de insolvência.
→ v. Art. 1.052 do NCPC.

Art. 619. Incumbe ainda ao inventariante, ouvidos os interessados e com autorização do juiz:
I – alienar bens de qualquer espécie;
II – transigir em juízo ou fora dele;
→ v. Arts. 840 a 850 do CC/2002.

III – pagar dívidas do espólio;
IV – fazer as despesas necessárias para a conservação e o melhoramento dos bens do espólio.

Art. 620. Dentro de 20 (vinte) dias contados da data em que prestou o compromisso, o inventariante fará as primeiras declarações, das quais se lavrará termo circunstanciado, assinado pelo juiz, pelo escrivão e pelo inventariante, no qual serão exarados:

I – o nome, o estado, a idade e o domicílio do autor da herança, o dia e o lugar em que faleceu e se deixou testamento;

II – o nome, o estado, a idade, o **endereço eletrônico** e a residência dos herdeiros e, havendo cônjuge ou **companheiro** supérstite, **além dos respectivos dados pessoais**, o regime de bens do casamento ou da **união estável**;

III – a qualidade dos herdeiros e o grau de parentesco com o inventariado;

IV – a relação completa e individualizada de todos os bens do espólio, **inclusive aqueles que devem ser conferidos à colação**, e dos bens alheios que nele forem encontrados, descrevendo-se:

a) os imóveis, com as suas especificações, nomeadamente local em que se encontram, extensão da área, limites, confrontações, benfeitorias, origem dos títulos, números das matrículas e ônus que os gravam;

b) os móveis, com os sinais característicos;

c) os semoventes, seu número, suas espécies, suas marcas e seus sinais distintivos;

d) o dinheiro, as joias, os objetos de ouro e prata e as pedras preciosas, declarando-se-lhes especificadamente a qualidade, o peso e a importância;

e) os títulos da dívida pública, bem como as ações, as quotas e os títulos de sociedade, mencionando-se-lhes o número, o valor e a data;

f) as dívidas ativas e passivas, indicando-se-lhes as datas, os títulos, a origem da obrigação e os nomes dos credores e dos devedores;

g) direitos e ações;

h) o valor corrente de cada um dos bens do espólio.

§ 1º O juiz determinará que se proceda:

I – ao balanço do estabelecimento, se o autor da herança era empresário individual;

II – à apuração de haveres, se o autor da herança era sócio de sociedade que não anônima.

→ *v.* Art. 1.028 CC/2002.
→ *v.* Art. 599, II, do NCPC.

§ 2º As declarações podem ser prestadas mediante petição, firmada por procurador com poderes especiais, à qual o termo se reportará.

Art. 621. Só se pode arguir sonegação ao inventariante depois de encerrada a descrição dos bens, com a declaração, por ele feita, de não existirem outros por inventariar.

→ *v.* Art. 1.996 do CC/2002.

Art. 622. O inventariante será removido **de ofício ou a requerimento:**

I – se não prestar, no prazo legal, as primeiras ou as últimas declarações;

→ *v.* Arts. 620 e 636 do NCPC.

II – se não der ao inventário andamento regular, se suscitar dúvidas infundadas ou se praticar atos meramente protelatórios;

III – se, por culpa sua, bens do espólio se deteriorarem, forem dilapidados ou sofrerem dano;

IV – se não defender o espólio nas ações em que for citado, se deixar de cobrar dívidas ativas ou se não promover as medidas necessárias para evitar o perecimento de direitos;

V – se não prestar contas ou se as que prestar não forem julgadas boas;

→ *v.* Art. 553 do NCPC.

VI – se sonegar, ocultar ou desviar bens do espólio.

→ *v.* Arts. 1.992 a 1.996 do CC/2002

Art. 623. Requerida a remoção com fundamento em qualquer dos incisos do art. 622, será intimado o inventariante para, **no prazo de 15 (quinze) dias**, defender-se e produzir provas.

Parágrafo único. O incidente da remoção correrá em apenso aos autos do inventário.

Art. 624. Decorrido o prazo, com a defesa do inventariante ou sem ela, o juiz decidirá.

Parágrafo único. Se remover o inventariante, o juiz nomeará outro, observada a ordem estabelecida no art. 617.

Art. 625. O inventariante removido entregará imediatamente ao substituto os bens do espólio e, caso deixe de fazê-lo, será compelido mediante mandado de busca e apreensão ou de imissão na posse, conforme se tratar de bem móvel ou imóvel, **sem prejuízo da multa a ser fixada pelo juiz em montante não superior a três por cento do valor dos bens inventariados**.

→ *v.* Art. 553 do NCPC.

Seção IV
Das Citações e das Impugnações

Art. 626. Feitas as primeiras declarações, o juiz mandará citar, para os termos do inventário e da partilha, o cônjuge, o companheiro, os herdeiros e os legatários e intimar a Fazenda Pública, o Ministério Público, se houver herdeiro incapaz ou ausente, e o testamenteiro, se houver testamento.

→ *v.* Art. 671 do NCPC.

§ 1º **O cônjuge ou o companheiro**, os herdeiros **e** os legatários **serão citados pelo correio**, observado o disposto no art. 247, sendo, ainda, publicado edital, nos termos do inciso III do art. 259.

§ 2º Das primeiras declarações extrair-se-ão tantas cópias quantas forem as partes.

§ 3º A citação será acompanhada de cópia das primeiras declarações.

§ 4º Incumbe ao escrivão remeter cópias à Fazenda Pública, ao Ministério Público, ao testamenteiro, se houver, e ao advogado, se a parte já estiver representada nos autos.

Art. 627. Concluídas as citações, abrir-se-á vista às partes, em cartório e p**elo prazo comum de 15 (quinze) dias**, para que se manifestem sobre as primeiras declarações, incumbindo às partes:

I – arguir erros, omissões e sonegação de bens;

II – reclamar contra a nomeação de inventariante;

III – contestar a qualidade de quem foi incluído no título de herdeiro.

§ 1º Julgando procedente a impugnação referida no inciso I, o juiz mandará retificar as primeiras declarações.

§ 2º Se acolher o pedido de que trata o inciso II, o juiz nomeará outro inventariante, observada a preferência legal.

§ 3º Verificando que a disputa sobre a qualidade de herdeiro a que alude o inciso III **demanda produção de provas que não a documental, o juiz remeterá** a parte às vias ordinárias e sobrestará, até o julgamento da ação, a entrega do quinhão que na partilha couber ao herdeiro admitido.

Art. 628. Aquele que se julgar preterido poderá demandar sua admissão no inventário, requerendo-a antes da partilha.

§ 1º Ouvidas as partes **no prazo de 15 (quinze) dias**, o juiz decidirá.

§ 2º **Se para solução da questão for necessária a produção de provas que não a documental**, o juiz remeterá o requerente às vias ordinárias, mandando reservar, em poder do inventariante, o quinhão do herdeiro excluído até que se decida o litígio.

Art. 629. A Fazenda Pública, **no prazo de 15 (quinze) dias**, após a vista de que trata o art. 627, informará ao juízo, de acordo com os dados que constam de seu cadastro imobiliário, o valor dos bens de raiz descritos nas primeiras declarações.

Seção V
Da Avaliação e do Cálculo do Imposto

Art. 630. Findo o prazo previsto no art. 627 sem impugnação ou decidida a impugnação que houver sido oposta, o juiz nomeará, se for o caso, perito para avaliar os bens do espólio, se não houver na comarca avaliador judicial.

Parágrafo único. Na hipótese prevista no art. 620, § 1º, o juiz nomeará perito para avaliação das quotas sociais ou apuração dos haveres.

Art. 631. Ao avaliar os bens do espólio, o perito observará, no que for aplicável, o disposto nos arts. 872 e 873.

Art. 632. Não se expedirá carta precatória para a avaliação de bens situados fora da comarca onde corre o inventário se eles forem de pequeno valor ou perfeitamente conhecidos do perito nomeado.

Art. 633. Sendo capazes todas as partes, não se procederá à avaliação se a Fazenda Pública, intimada **pessoalmente**, concordar de forma expressa com o valor atribuído, nas primeiras declarações, aos bens do espólio.

Art. 634. Se os herdeiros concordarem com o valor dos bens declarados pela Fazenda Pública, a avaliação cingir-se-á aos demais.

Art. 635. Entregue o laudo de avaliação, o juiz mandará que as partes se manifestem no prazo de **15 (quinze) dias**, que correrá em cartório.

§ 1º Versando a impugnação sobre o valor dado pelo perito, o juiz a decidirá de plano, à vista do que constar dos autos.

§ 2º Julgando procedente a impugnação, o juiz determinará que o perito retifique a avaliação, observando os fundamentos da decisão.

Art. 636. Aceito o laudo ou resolvidas as impugnações suscitadas a seu respeito, lavrar-se-á em seguida o termo de últimas declarações, no qual o inventariante poderá emendar, aditar ou completar as primeiras.

Art. 637. Ouvidas as partes sobre as últimas declarações **no prazo comum de 15 (quinze) dias**, proceder-se-á ao cálculo do tributo.

Art. 638. Feito o cálculo, sobre ele serão ouvidas todas as partes no prazo comum de 5 (cinco) dias, que correrá em cartório, e, em seguida, a Fazenda Pública.

§ 1º Se acolher eventual impugnação, o juiz ordenará nova remessa dos autos ao contabilista, determinando as alterações que devam ser feitas no cálculo.

§ 2º Cumprido o despacho, o juiz julgará o **cálculo do tributo**.

→ *v.* Súmulas 11, 112, 113, 114, 115, 116, 331 e 590 do STF.

Seção VI
Das Colações

Art. 639. No prazo estabelecido no art. 627, o herdeiro obrigado à colação conferirá por termo nos autos ou **por petição à qual o termo se reportará** os bens que recebeu ou, se já não os possuir, trar-lhes-á o valor.

→ *v.* Arts. 2002 a 2004 do CC/2002.

Parágrafo único. Os bens a serem conferidos na partilha, assim como os acessões e as benfeitorias que o donatário fez, calcular-se-ão pelo valor que tiverem ao tempo da abertura da sucessão.

Art. 640. O herdeiro que renunciou à herança ou o que dela foi excluído não se exime, pelo fato da renúncia ou da exclusão, de conferir, para o efeito de repor a parte inoficiosa, as liberalidades que obteve do doador.

→ *v.* Arts. 2.007 a 2.008 do CC/2002

§ 1º É lícito ao donatário escolher, dentre os bens doados, tantos quantos bastem para perfazer a legítima e a metade disponível, entrando na partilha o excedente para ser dividido entre os demais herdeiros.

§ 2º Se a parte inoficiosa da doação recair sobre bem imóvel que não comporte divisão cômoda, o juiz determinará que sobre ela se proceda a licitação entre os herdeiros.

§ 3º O donatário poderá concorrer na licitação referida no § 2º e, em igualdade de condições, terá preferência sobre os herdeiros.

Art. 641. Se o herdeiro negar o recebimento dos bens ou a obrigação de os conferir, o juiz, ouvidas as partes no prazo comum de **15 (quinze) dias**, decidirá à vista das alegações e das provas produzidas.

§ 1º Declarada improcedente a oposição, se o herdeiro, **no prazo improrrogável de 15 (quinze) dias**, não proceder à conferência, o juiz mandará sequestrar-lhe, para serem inventariados e partilhados, os bens sujeitos à colação ou imputar ao seu quinhão hereditário o valor deles, se já não os possuir.

§ 2º Se a matéria **exigir dilação probatória diversa da documental**, o juiz remeterá as partes às **vias** ordinárias, não podendo o herdeiro receber o seu quinhão hereditário, enquanto pender a demanda, sem prestar caução correspondente ao valor dos bens sobre os quais versar a conferência.

Seção VII
Do Pagamento das Dívidas

Art. 642. Antes da partilha, poderão os credores do espólio requerer ao juízo do inventário o pagamento das dívidas vencidas e exigíveis.

→ *v.* Arts. 1.997 a 2.001 do CC/2002.
→ *v.* Arts. 131, II e III, e 187 a 189, do CTN.
→ *v.* Art. 4º, III e VI, da Lei 6.830/1980.

§ 1º A petição, acompanhada de prova literal da dívida, será distribuída por dependência e autuada em apenso aos autos do processo de inventário.

§ 2º Concordando as partes com o pedido, o juiz, ao declarar habilitado o credor, mandará que se faça a separação de dinheiro ou, em sua falta, de bens suficientes para o pagamento.

§ 3º Separados os bens, tantos quantos forem necessários para o pagamento dos credores habilitados, o juiz mandará aliená-los, **observando-se as disposições deste Código relativas à expropriação**.

→ *v.* Art. 876 e seguintes do NCPC.

§ 4º Se o credor requerer que, em vez de dinheiro, lhe sejam adjudicados, para o seu pagamento, os bens já reservados, o juiz deferir-lhe-á o pedido, concordando todas as partes.

§ 5º Os donatários serão chamados a pronunciar-se sobre a aprovação das dívidas, sempre que haja possibilidade de resultar delas a redução das liberalidades.

Art. 643. Não havendo concordância de todas as partes sobre o pedido de pagamento feito pelo credor, será o pedido remetido às vias ordinárias.

Parágrafo único. O juiz mandará, porém, reservar, em poder do inventariante, bens suficientes para pagar o credor quando a dívida constar de documento que comprove suficientemente a obrigação e a impugnação não se fundar em quitação.

Art. 644. O credor de dívida líquida e certa, ainda não vencida, pode requerer habilitação no inventário.

Parágrafo único. Concordando as partes com o pedido referido no *caput*, o juiz, ao julgar habilitado o crédito, mandará que se faça separação de bens para o futuro pagamento.

Art. 645. O legatário é parte legítima para manifestar-se sobre as dívidas do espólio:

→ *v.* Arts. 1.912 a 1.922 do CC/2002.

I – quando toda a herança for dividida em legados;

→ *v.* Enunciado 181 do FPPC: A previsão do parágrafo único do art. 647 é aplicável aos legatários na hipótese do inciso I do art. 645 desde que reservado patrimônio que garanta o pagamento do espólio.

II – quando o reconhecimento das dívidas importar redução dos legados.

Art. 646. Sem prejuízo do disposto no art. 860, é lícito aos herdeiros, ao separarem bens para o pagamento de dívidas, autorizar que o inventariante os indique à penhora no processo em que o espólio for executado.

Seção VIII
Da Partilha

Art. 647. Cumprido o disposto no art. 642, § 3º, o juiz facultará às partes que, **no prazo comum de 15 (quinze) dias**, formulem o pedido de quinhão e, em seguida, proferirá a decisão de deliberação da partilha, resolvendo os pedidos das partes e designando os bens que devam constituir quinhão de cada herdeiro e legatário.

→ *v.* Arts. 1.787, 2.013 a 2.021, do CC/2002.
→ *v.* Art. 10, § 2º, da LINDB.

Parágrafo único. O juiz poderá, em decisão fundamentada, deferir antecipadamente a qualquer dos herdeiros o exercício dos direitos de usar e de fruir de determinado bem, com a condição de que, ao término do inventário, tal bem integre a cota desse herdeiro, cabendo a este, desde o deferimento, todos os ônus e bônus decorrentes do exercício daqueles direitos.

→ *v.* Enunciado 181 do FPPC: A previsão do parágrafo único do art. 647 é aplicável aos legatários na hipótese do inciso I do art. 645, desde que reservado patrimônio que garanta o pagamento do espólio.

→ *v.* Enunciado 182 do FPPC: Aplica-se aos legatários o disposto no parágrafo único do art. 647, quando ficar evidenciado que os pagamentos do espólio não irão reduzir os legados.

Art. 648. Na partilha, serão observadas as seguintes regras:

I – a máxima igualdade possível quanto ao valor, à natureza e à qualidade dos bens;

→ *v.* Art. 2.017 do CC/2002.

II – a prevenção de litígios futuros;

III – a máxima comodidade dos coerdeiros, do cônjuge ou do companheiro, se for o caso.

Art. 649. Os bens insuscetíveis de divisão cômoda que não couberem na parte do cônjuge ou companheiro supérstite ou no quinhão de um só herdeiro serão licitados entre os interessados ou vendidos judicialmente, partilhando-se o valor apurado, salvo se houver acordo para que sejam adjudicados a todos.

→ *v.* Art. 2.019 do CC/2002.

Art. 650. Se um dos interessados for nascituro, o quinhão que lhe caberá será reservado em poder do inventariante até o seu nascimento.

Art. 651. O partidor organizará o esboço da partilha de acordo com a decisão judicial, observando nos pagamentos a seguinte ordem:

→ *v.* Enunciado 182 do FPPC: Aplica-se aos legatários o disposto no parágrafo único do art. 647, quando ficar evidenciado que os pagamentos do espólio não irão reduzir os legados.

I – dívidas atendidas;

II – meação do cônjuge;

III – meação disponível;

IV – quinhões hereditários, a começar pelo coerdeiro mais velho.

Art. 652. Feito o esboço, as partes manifestar-se-ão sobre esse no prazo comum de 15 (quinze) dias, e, resolvidas as reclamações, a partilha será lançada nos autos.

Art. 653. A partilha constará:

I – de auto de orçamento, que mencionará:

a) os nomes do autor da herança, do inventariante, do cônjuge ou **companheiro** supérstite, dos herdeiros, dos legatários e dos credores admitidos;

b) o ativo, o passivo e o líquido partível, com as necessárias especificações;

c) o valor de cada quinhão;

II – de folha de pagamento para cada parte, declarando a quota a pagar-lhe, a razão do pagamento e a relação dos bens que lhe compõem o quinhão, as características que os individualizam e os ônus que os gravam.

Parágrafo único. O auto e cada uma das folhas serão assinados pelo juiz e pelo escrivão.

Art. 654. Pago o imposto de transmissão a título de morte e juntada aos autos certidão ou informação negativa de dívida para com a Fazenda Pública, o juiz julgará por sentença a partilha.

→ v. Art. 192 do CTN.

Parágrafo único. A existência de dívida para com a Fazenda Pública não impedirá o julgamento da partilha, desde que o seu pagamento esteja devidamente garantido.

→ v. Enunciado 71 do FPPC: Poderá ser dispensada a garantia mencionada no parágrafo único do art. 654, para efeito de julgamento da partilha, se a parte hipossuficiente não puder oferecê-la, aplicando-se por analogia o disposto no art. 300, § 1º.

Art. 655. Transitada em julgado a sentença mencionada no art. 654, receberá o herdeiro os bens que lhe tocarem e um formal de partilha, do qual constarão as seguintes peças:

I – termo de inventariante e título de herdeiros;

II – avaliação dos bens que constituírem o quinhão do herdeiro;

III – pagamento do quinhão hereditário;

IV – quitação dos impostos;

V – sentença.

Parágrafo único. O formal de partilha poderá ser substituído por certidão de pagamento do quinhão hereditário quando esse não exceder a 5 (cinco) vezes o salário mínimo, caso em que se transcreverá nela a sentença de partilha transitada em julgado.

→ v. Art. 515, IV, do NCPC.

Art. 656. A partilha, mesmo depois de transitada em julgado a sentença, pode ser emendada nos mesmos autos do inventário, convindo todas as partes, quando tenha havido erro de fato na descrição dos bens, podendo o juiz, de ofício ou a requerimento da parte, a qualquer tempo, corrigir-lhe as inexatidões materiais.

Art. 657. A partilha amigável, lavrada em instrumento público, reduzida a termo nos autos do inventário ou constante de escrito particular homologado pelo juiz, pode ser anulada por dolo, coação, erro essencial ou intervenção de incapaz, **observado o disposto no § 4º do art. 966.**

→ v. Enunciado 138 do FPPC: A partilha amigável extrajudicial e a partilha amigável judicial homologada por decisão ainda não transitada em julgado são impugnáveis por ação anulatória.

Parágrafo único. O direito à anulação de partilha amigável extingue-se em 1 (um) ano, contado esse prazo:

→ v. Arts 171 e. 2.027, parágrafo único, do CC/2002.

I – no caso de coação, do dia em que ela cessou;

II – no caso de erro ou dolo, do dia em que se realizou o ato;

III – quanto ao incapaz, do dia em que cessar a incapacidade.

Art. 658. É rescindível a partilha julgada por sentença:

I – nos casos mencionados no art. 657;

II – se feita com preterição de formalidades legais;

III – se preteriu herdeiro ou incluiu quem não o seja.

→ v. Enunciado 183 do FPPC: A ação rescisória de partilha com fundamento na preterição de herdeiro, prevista no inciso III do art. 658, está vinculada à hipótese do art. 628, não se confundindo com a ação de petição de herança (art. 1.824 do Código Civil), cujo fundamento é o reconhecimento do direito sucessório e a restituição da herança por aquele que não participou, de qualquer forma, do processo de inventário e partilha.

Seção IX
Do Arrolamento

Art. 659. A partilha amigável, celebrada entre partes capazes, **nos termos da lei**, será homologada de plano pelo juiz, **com observância dos arts. 660 a 663.**

→ v. Art. 2.015 do CC/2002.

→ v. Resolução CNJ 35/2007 – Disciplina a realização de inventários, partilhas, separações e divórcios consensuais por escritura pública.

→ v. Provimento CFOAB 118/2007 – Disciplina as atividades profissionais dos advogados na realização de inventários, partilhas, separações e divórcios consensuais por escritura pública.

§ 1º O disposto neste artigo aplica-se, também, ao pedido de adjudicação, quando houver herdeiro único.

§ 2º Transitada em julgado a sentença de homologação de partilha ou de adjudicação, **será lavrado o formal de partilha ou elaborada a carta de adjudicação** e, em **seguida, serão expedidos os alvarás referentes aos bens** e às **rendas por ele abrangidos, intimando-se o fisco para lançamento administrativo do imposto de transmissão e de outros tributos porventura incidentes, conforme dispuser a legislação tributária, nos termos do § 2º do art. 662.**

Art. 660. Na petição de inventário, que se processará na forma de arrolamento sumário, independentemente da lavratura de termos de qualquer espécie, os herdeiros:

I – requererão ao juiz a nomeação do inventariante que designarem;

II – declararão os títulos dos herdeiros e os bens do espólio, **observado o disposto no art. 630;**

III – atribuirão valor aos bens do espólio, para fins de partilha.

Art. 661. Ressalvada a hipótese prevista no parágrafo único do art. 663, não se procederá à avaliação dos bens do espólio para nenhuma finalidade.

Art. 662. No arrolamento, não serão conhecidas ou apreciadas questões relativas ao lançamento, ao pagamento ou à quitação de taxas judiciárias e de tributos incidentes sobre a transmissão da propriedade dos bens do espólio.

§ 1º A taxa judiciária, se devida, será calculada com base no valor atribuído pelos herdeiros, cabendo ao fisco, se apurar em processo administrativo valor diverso do estimado, exigir a eventual diferença pelos meios adequados ao lançamento de créditos tributários em geral.

§ 2º O imposto de transmissão será objeto de lançamento administrativo, conforme dispuser a legislação tributária, não ficando as autoridades fazendárias adstritas aos valores dos bens do espólio atribuídos pelos herdeiros.

Art. 663. A existência de credores do espólio não impedirá a homologação da partilha ou da adjudicação, se forem reservados bens suficientes para o pagamento da dívida.

Parágrafo único. A reserva de bens será realizada pelo valor estimado pelas partes, salvo se o credor, regularmente notificado, impugnar a estimativa, caso em que se promoverá a avaliação dos bens a serem reservados.

Art. 664. Quando o valor dos bens do espólio for igual ou inferior a **1.000 (mil) salários mínimos**, o inventário processar-se-á na forma de arrolamento, cabendo ao inventariante nomeado, independentemente de assinatura de termo de compromisso, apresentar, com suas declarações, a atribuição de valor aos bens do espólio e o plano da partilha.

§ 1º Se qualquer das partes ou o Ministério Público impugnar a estimativa, o juiz nomeará avaliador, que oferecerá laudo em 10 (dez) dias.

§ 2º Apresentado o laudo, o juiz, em audiência que designar, deliberará sobre a partilha, decidindo de plano todas as reclamações e mandando pagar as dívidas não impugnadas.

§ 3º Lavrar-se-á de tudo um só termo, assinado pelo juiz, **pelo inventariante** e pelas partes presentes **ou por seus advogados**.

§ 4º Aplicam-se a essa espécie de arrolamento, no que couber, as disposições do art. 672, relativamente ao lançamento, ao pagamento e à quitação da taxa judiciária e do imposto sobre a transmissão da propriedade dos bens do espólio.

§ 5º Provada a quitação dos tributos relativos aos bens do espólio e às suas rendas, o juiz julgará a partilha.

Art. 665. O inventário processar-se-á também na forma do art. 664, ainda que haja interessado incapaz, desde que concordem todas as partes e o Ministério Público.

Art. 666. Independerá de inventário ou de arrolamento o pagamento dos valores previstos na Lei nº 6.858, de 24 de novembro de 1980.
→ *v.* Lei 6.858/1980 – Dispõe sobre o Pagamento, aos Dependentes ou Sucessores, de Valores Não Recebidos em Vida pelos Respectivos Titulares.

Art. 667. Aplicam-se subsidiariamente a esta Seção as disposições das **Seções VII e VIII deste Capítulo**.

Seção X
Disposições Comuns a *Todas* as Seções

Art. 668. Cessa a eficácia da **tutela provisória** prevista nas Seções deste Capítulo:

I – se a ação não for proposta em 30 (trinta) dias contados da data em que a decisão foi intimado o impugnante, o herdeiro excluído ou o credor não admitido;

II – se o juiz extinguir o processo de inventário com ou sem **resolução** de mérito.

Art. 669. São sujeitos à sobrepartilha os bens:

I – sonegados;

II – da herança descobertos após a partilha;
→ *v.* Art. 2.022 do CC/2002.

III – litigiosos, assim como os de liquidação difícil ou morosa;

IV – situados em lugar remoto da sede do juízo onde se processa o inventário.
→ *v.* Art. 2.021 do CC/2002.

Parágrafo único. Os bens mencionados nos incisos III e IV serão reservados à sobrepartilha sob a guarda e a administração do mesmo ou de diverso inventariante, a consentimento da maioria dos herdeiros.

Art. 670. Na sobrepartilha dos bens, observar-se-á o processo de inventário e de partilha.

Parágrafo único. A sobrepartilha correrá nos autos do inventário do autor da herança.

Art. 671. O juiz nomeará curador especial:

I – ao ausente, se não o tiver;

II – ao incapaz, se concorrer na partilha com o seu representante, **desde que exista colisão de interesses**.
→ *v.* Art. 72, I, do NCPC.

Art. 672. É lícita a cumulação de inventários para a partilha de heranças de pessoas diversas quando houver:

I – identidade de pessoas entre as quais devam ser repartidos os bens;

II – heranças deixadas pelos dois cônjuges ou companheiros;

III – dependência de uma das partilhas em relação à outra.

Parágrafo único. No caso previsto no inciso III, se a dependência for parcial, por haver outros bens, o juiz pode ordenar a tramitação separada, se melhor convier ao interesse das partes ou à celeridade processual.

Art. 673. No caso previsto no art. 672, inciso II, prevalecerão as primeiras declarações, assim como o laudo de avaliação, salvo se alterado o valor dos bens.

Capítulo VII
Dos Embargos de Terceiro

Art. 674. Quem, não sendo parte no processo, sofrer **constrição ou ameaça de constrição sobre bens que possua ou sobre os quais tenha direito incompatível com o ato constritivo, poderá requerer seu desfazimento** ou sua inibição **por meio de embargos de terceiro**.

§ 1º Os embargos podem ser de **terceiro proprietário, inclusive fiduciário**, ou possuidor.
→ *v.* Súmula 621 do STF.
→ *v.* Súmula 84 do STJ.

§ 2º Considera-se terceiro, para ajuizamento dos embargos:

I – o cônjuge ou **companheiro**, quando defende a posse de bens próprios ou de sua meação, **ressalvado o disposto no art.** 843;
→ *v.* Súmula 134 do STJ.

II – o adquirente de bens cuja constrição decorreu de decisão que declara a ineficácia da alienação realizada em fraude à execução;
→ *v.* Art. 792 do NCPC.

III – quem sofre constrição judicial de seus bens por força de desconsideração da personalidade jurídica, de cujo incidente não fez parte;
→ *v.* Arts. 133 a 137 do NCPC.

IV – o credor com garantia real para obstar **expropriação** judicial do objeto **de direito real de garantia, caso não tenha sido intimado, nos termos legais dos atos expropriatórios respectivos.**
→ *v.* Arts. 799, I e 835, § 3º, do NCPC.

Art. 675. Os embargos podem ser opostos a qualquer tempo no processo de conhecimento enquanto não transitada em julgado a sentença, **e, no cumprimento de sentença** ou no processo de execução, até 5 (cinco) dias depois da adjudicação, da alienação **por iniciativa particular ou da arrematação**, mas sempre antes da assinatura da respectiva carta.
→ *v.* Enunciado 184 do FPPC: Os embargos de terceiro também são oponíveis na fase de cumprimento de sentença e devem observar, quanto ao prazo, a regra do processo de execução.
→ *v.* Enunciado 191 do FPPC: O prazo de quinze dias para opor embargos de terceiro, disposto no § 4º do art. 792, é aplicável exclusivamente aos casos de declaração de fraude à execução; os demais casos de embargos de terceiro são regidos pelo prazo do *caput* do art. 675.

Parágrafo único. Caso identifique a existência de terceiro titular de interesse em embargar o ato, o juiz mandará intimá-lo pessoalmente.
→ *v.* Arts. 792, § 4º e 799, I a VII, do NCPC.
→ *v.* Enunciado 185 do FPPC: O juiz deve ouvir as partes antes de determinar a intimação pessoal do terceiro.

Art. 676. Os embargos serão distribuídos por dependência ao **juízo** que ordenou a constrição e autuados em apartado.

Parágrafo único. Nos casos de ato de constrição realizado por carta, os embargos serão oferecidos no juízo deprecado, salvo se indicado pelo juízo deprecante o bem constrito ou se já devolvida a carta.

→ *v.* Súmula 46 do STJ.

Art. 677. Na petição inicial, o embargante fará a prova sumária de sua posse **ou** de seu **domínio** e da qualidade de terceiro, oferecendo documentos e rol de testemunhas.
→ *v.* Enunciado 178 do FPPC: O valor da causa nas ações fundadas em posse, tais como as ações possessórias, os embargos de terceiro e a oposição, deve considerar a expressão econômica da posse, que não obrigatoriamente coincide com o valor da propriedade.
→ *v.* Enunciado 186 do FPPC: A alusão a "posse" ou a "domínio" nos arts. 677, 678 e 681 deve ser interpretada em consonância com o art. 674 *caput*, que, de forma abrangente, admite os embargos de terceiro para afastar constrição ou ameaça de constrição sobre bens que possua ou sobre quais tenha "direito incompatível com o ato constritivo".

§ 1º É facultada a prova da posse em audiência preliminar designada pelo juiz.

§ 2º O possuidor direto pode alegar, além da sua posse, o domínio alheio.
→ *v.* Art. 1.197 do CC/2002.

§ 3º A citação será pessoal, se o embargado não tiver procurador constituído nos autos da ação principal.

§ 4º Será legitimado passivo o sujeito a quem o ato de constrição aproveita, assim como o será seu adversário no processo principal quando для sua a indicação do bem para a constrição judicial.

Art. 678. A decisão que reconhecer suficientemente provado o domínio ou a posse determinará a suspensão **das medidas constritivas sobre os bens litigiosos objeto dos embargos**, bem como a manutenção ou a reintegração provisória da posse, se o embargante a houver requerido.
→ *v.* Enunciado 186 do FPPC: A alusão à "posse" ou a "domínio" nos arts. 677, 678 e 681 deve ser interpretada em consonância com o art. 674, *caput*, que, de forma abrangente, admite os embargos de terceiro para afastar constrição ou ameaça de constrição sobre bens que possua ou sobre quais tenha "direito incompatível com o ato constritivo".

Parágrafo único. O juiz poderá condicionar a ordem de manutenção ou de reintegração provisória de posse à prestação de caução pelo requerente, **ressalvada a impossibilidade da parte economicamente hipossuficiente**.

Art. 679. Os embargos poderão ser contestados no **prazo de 15 (quinze) dias**, findo o qual se seguirá o procedimento comum.
→ *v.* Art. 318 e seguintes do NCPC.

Art. 680. Contra os embargos do credor com garantia real, o embargado somente poderá alegar que:
→ *v.* Arts. 799, I e 835, § 3º, do NCPC.

I – o devedor comum é insolvente;

II – o título é nulo ou não obriga a terceiro;

III – outra é a coisa dada em garantia.

Art. 681. Acolhido o pedido inicial, o ato de constrição judicial indevida será cancelado, com o reconhecimento do domínio, da manutenção da posse ou da reintegração definitiva do bem ou do direito ao embargante.
→ *v.* Súmulas 95 e 303 do STJ.

Capítulo VIII
Da Oposição

Art. 682. Quem pretender, no todo ou em parte, a coisa ou o direito sobre que controvertem autor e réu poderá, até ser proferida a sentença, oferecer oposição contra ambos.

Art. 683. O oponente deduzirá o pedido em observação aos requisitos exigidos para propositura da ação.

Parágrafo único. Distribuída a oposição por dependência, serão os opostos citados, na pessoa de seus respectivos advogados, para contestar o pedido no prazo comum de 15 (quinze) dias.

Art. 684. Se um dos opostos reconhecer a procedência do pedido, contra o outro prosseguirá o oponente.

Art. 685. Admitido o processamento, a **oposição** será apensada aos autos e tramitará simultaneamente à ação originária, sendo ambas julgadas pela mesma sentença.

Parágrafo único. Se a oposição for proposta após o início da audiência de instrução, **o juiz suspenderá o curso do processo ao fim da produção das provas, salvo se concluir que a unidade da instrução atende** melhor **ao princípio da duração razoável do processo.**

→ v. Art. 5º, LXXVIII da CF/1988.
→ v. Art. 4º do NCPC.

Art. 686. Cabendo ao juiz decidir simultaneamente a ação **originária** e a oposição, desta conhecerá em primeiro lugar.

Capítulo IX
Da Habilitação

Art. 687. A habilitação ocorre quando, por falecimento de qualquer das partes, os interessados houverem de suceder-lhe no processo.

Art. 688. A habilitação pode ser requerida:

I – pela parte, em relação aos sucessores do falecido;

II – pelos sucessores do falecido, em relação à parte.

Art. 689. Proceder-se-á à habilitação nos autos do processo principal, **na instância em que estiver, suspendendo-se, a partir de então, o processo.**

→ v. Art. 313, § 2º, do NCPC.

Art. 690. Recebida a petição, o juiz ordenará a citação dos requeridos **para se pronunciarem** no prazo de 5 (cinco) dias.

Parágrafo único. A citação será pessoal, se a parte não tiver procurador constituído nos autos.

Art. 691. O juiz decidirá o pedido de habilitação imediatamente, salvo se este for impugnado e houver necessidade de dilação probatória diversa da documental, caso em que determinará que o pedido seja autuado em apartado e disporá sobre a instrução.

Art. 692. Transitada em julgado a sentença de habilitação, o processo principal retomará o seu curso, e **cópia da sentença será juntada aos autos respectivos.**

Capítulo X
Das Ações de Família

Art. 693. As normas deste Capítulo aplicam-se aos processos contenciosos de divórcio, separação, reconhecimento e extinção de união estável, guarda, visitação e filiação.

→ v. Enunciado 72 do FPPC: O rol do art. 693 não é exaustivo, sendo aplicáveis os dispositivos previstos no Capítulo X a outras ações de caráter contencioso envolvendo o Direito de Família.

Parágrafo único. A ação de alimentos e a que versar sobre interesse de criança ou de adolescente observarão o procedimento previsto em legislação específica, aplicando-se, no que couber, as disposições deste Capítulo.

→ v. Lei 5.478/1968 – Dispõe sobre a ação de alimentos.
→ v. Lei 8.069/90 – Estatuto da Criança e do Adolescente.

Art. 694. Nas ações de família, todos os esforços serão empreendidos para a solução consensual da controvérsia, devendo o juiz dispor do auxílio de profissionais de outras áreas de conhecimento para a mediação e conciliação.

Parágrafo único. A requerimento das partes, o juiz pode determinar a suspensão do processo enquanto os litigantes se submetem a mediação extrajudicial ou a atendimento multidisciplinar.

→ v. Arts. 3º, §§ 2º e 3º e 165 a 175, do NCPC..
→ v. Resolução 125 do Conselho Nacional de Justiça – Dispõe sobre a Política Judiciária Nacional de tratamento adequado dos conflitos de interesses no âmbito do Poder Judiciário.
→ v. Lei 13.140/2015 - Dispõe sobre a mediação entre particulares como meio de solução de controvérsias e sobre a autocomposição de conflitos no âmbito da administração pública.
→ v. Enunciado 187 do FPPC: No emprego de esforços para a solução consensual do litígio familiar, são vedadas iniciativas de constrangimento ou intimidação para que as partes concilem, assim como as de aconselhamento sobre o objeto da causa.

Art. 695. Recebida a petição inicial, e, se for o caso, tomadas as providências referentes à tutela provisória, o juiz ordenará a citação do réu para comparecer à audiência de mediação e conciliação, observado o disposto no art. 694.

§ 1º O mandado de citação conterá apenas os dados necessários à audiência e deverá estar desacompanhado de cópia da petição inicial, assegurado ao réu o direito de examinar seu conteúdo a qualquer tempo.

§ 2º A citação ocorrerá com antecedência mínima de 15 (quinze) dias da data designada para a audiência.

§ 3º A citação será feita na pessoa do réu.

§ 4º Na audiência, as partes deverão estar acompanhadas de seus advogados ou de defensores públicos.

→ v. Art. 334, § 9º, do NCPC.

Art. 696. A audiência de mediação e conciliação poderá dividir-se em tantas sessões quantas sejam necessárias para viabilizar a solução consensual, sem prejuízo de providências jurisdicionais para evitar o perecimento do direito.

Art. 697. Não realizado o acordo, passarão a incidir, a partir de então, as normas do procedimento comum, observado o art. 335.

Art. 698. Nas ações de família, o Ministério Público somente intervirá quando houver interesse de incapaz e deverá ser ouvido previamente à homologação de acordo.

Art. 699. Quando o processo envolver discussão sobre fato relacionado a abuso ou a alienação parental, o juiz, ao tomar o depoimento do incapaz, deverá estar acompanhado por especialista.

Capítulo XI
Da Ação Monitória

Art. 700. A ação monitória pode ser proposta por **aquele que afirmar**, com base em prova escrita sem eficácia de título executivo, **ter direito de exigir do devedor capaz:**

→ v. Enunciado 446 do FPPC: Cabe ação monitória mesmo quando o autor for portador de título executivo extrajudicial.

I – o pagamento de quantia em dinheiro;

→ v. Súmulas 247, 299, 384, 503 e 504 do STJ.

II – a entrega de coisa fungível ou infungível ou de bem móvel ou imóvel;

III – o adimplemento de obrigação de fazer ou de não fazer.

§ 1º A prova escrita pode consistir em prova oral documentada, produzida antecipadamente nos termos do art. 381.

§ 2º Na petição inicial, incumbe ao autor explicitar, conforme o caso:

I – a importância devida, instruindo-a com memória de cálculo;

II – o valor atual da coisa reclamada;

III – o conteúdo patrimonial em discussão ou o proveito econômico perseguido.

§ 3º O valor da causa deverá corresponder à importância prevista no § 2º, incisos I a III.

→ v. Art. 292 do NCPC.

§ 4º Além das hipóteses do art. 330, a petição inicial será indeferida quando não atendido o disposto no § 2º deste artigo.

§ 5º Havendo dúvida quanto à idoneidade de prova documental apresentada pelo autor, o juiz intimá-lo-á para, querendo, emendar a petição inicial, adaptando-a ao procedimento comum.

→ v. Art. 6º do NCPC.
→ v. Enunciado 188 do FPPC: Com a emenda da inicial, o juiz pode entender idônea a prova e admitir o seguimento da ação monitória.

§ 6º É admissível ação monitória em face da Fazenda Pública.

→ v. Súmula 339 do STJ.

§ 7º Na ação monitória, admite-se citação por qualquer dos meios permitidos para o procedimento comum.

→ v. Súmula 282 do STJ.
→ v. Art. 246 do NCPC.

Art. 701. Sendo evidente o direito do autor, o juiz deferirá a expedição de mandado de pagamento, de entrega de coisa **ou para execução de obrigação de fazer ou de não fazer,**

concedendo ao réu prazo de 15 (quinze) dias para o cumprimento e o pagamento de honorários advocatícios de cinco por cento do valor atribuído à causa.

§ 1º O réu será isento do pagamento de custas processuais se cumprir o mandado no prazo.

§ 2º Constituir-se-á de pleno direito o título executivo judicial, independentemente de qualquer formalidade, se não realizado o pagamento e não apresentados os embargos previstos no art. 702, observando-se, no que couber, o Título II do Livro I da Parte Especial.

§ 3º É cabível ação rescisória da decisão prevista no *caput* quando ocorrer a hipótese do § 2º.

→ *v.* Art. 966 e seguintes do NCPC.

§ 4º Sendo a ré Fazenda Pública, não apresentados os embargos previstos no art. 702, aplicar-se-á o disposto no art. 496, observando-se, a seguir, no que couber, o Título II do Livro I da Parte Especial.

§ 5º Aplica-se à ação monitória, no que couber, o art. 916.

Art. 702. Independentemente de prévia segurança do juízo, o réu poderá opor, nos próprios autos, no prazo previsto no art. 701, embargos à ação monitória.

§ 1º Os embargos podem se fundar em matéria passível de alegação como defesa no procedimento comum.

§ 2º Quando o réu alegar que o autor pleiteia quantia superior à devida, cumprir-lhe-á declarar de imediato o valor que entende correto, apresentando demonstrativo discriminado e atualizado da dívida.

§ 3º Não apontado o valor correto ou não apresentado o demonstrativo, os embargos serão liminarmente rejeitados, se esse for o seu único fundamento, e, se houver outro fundamento, os embargos serão processados, mas o juiz deixará de examinar a alegação de excesso.

§ 4º A oposição dos embargos suspende a **eficácia da decisão referida no *caput* do art. 701 até o julgamento em primeiro grau**.

→ *v.* Art. 1.012, § 1º, do NCPC.

→ *v.* Enunciado 16 do CEAPRO: A apelação contra a sentença que julga os embargos ao mandado monitório não é dotada de efeito suspensivo automático.

§ 5º O autor será intimado para responder aos embargos no prazo de 15 (quinze) dias.

§ 6º Na ação monitória admite-se a reconvenção, sendo vedado o oferecimento de reconvenção à reconvenção.

→ *v.* Súmula 292 do STJ.

§ 7º A critério do juiz, os embargos serão autuados em apartado, se parciais, constituindo-se de pleno direito o título executivo judicial em relação à parcela incontroversa.

§ 8º Rejeitados os embargos, constituir-se-á de pleno direito o título executivo judicial, prosseguindo-se o processo em observância ao disposto no **Título II do Livro I da Parte Especial, no que for cabível**.

§ 9º Cabe apelação contra a sentença que acolhe ou rejeita os embargos.

→ *v.* Art. 1.009 e seguintes do NCPC.

§ 10. O juiz condenará o autor de ação monitória proposta indevidamente e de má-fé ao pagamento, em favor do réu, de multa de até dez por cento sobre o valor da causa.

→ *v.* Arts. 79 a 81 do NCPC.

§ 11. O juiz condenará o réu que de má-fé opuser embargos à ação monitória ao pagamento de multa de até dez por cento sobre o valor atribuído à causa, em favor do autor.

Capítulo XII
Da Homologação do Penhor Legal

Art. 703. Tomado o penhor legal nos casos previstos em lei, requererá o credor, ato contínuo, a homologação.

§ 1º Na petição inicial, instruída com o **contrato de locação** ou a conta pormenorizada das despesas, a tabela dos preços e a relação dos objetos retidos, o credor pedirá a citação do devedor para pagar ou contestar **na audiência preliminar que for designada**.

→ *v.* Arts. 1.467 a 1.472 do CC/2002.

§ 2º A homologação do penhor legal poderá ser promovida pela via extrajudicial mediante requerimento, que conterá os requisitos previstos no § 1º deste artigo, do credor a notário de sua livre escolha.

→ *v.* Enunciado 73 do FPPC: No caso de homologação do penhor legal promovida pela via extrajudicial, incumbem-se nas contas do crédito as despesas com o notário, constantes do § 2º, do art. 703

§ 3º Recebido o requerimento, o notário promoverá a notificação extrajudicial do devedor para, no prazo de 5 (cinco) dias, pagar o débito ou impugnar sua cobrança, alegando por escrito uma das causas previstas no art. 704, hipótese em que o procedimento será encaminhado ao juízo competente para decisão.

§ 4º Transcorrido o prazo sem manifestação do devedor, o notário formalizará a homologação do penhor legal por escritura pública.

Art. 704. A defesa só pode consistir em:

I – nulidade do processo;

II – extinção da obrigação;

III – não estar a dívida compreendida entre as previstas em lei ou não estarem os bens sujeitos a penhor legal;

IV – alegação de haver sido ofertada caução idônea, rejeitada pelo credor.

→ *v.* Enunciado 74 do FPPC: No rol do art. 704, que enumera as matérias de defesa da homologação do penhor legal, deve-se incluir a hipótese do art. 1.468 do Código Civil, não tendo o texto projetado revogado o citado dispositivo.

Art. 705. A partir da audiência preliminar, observar-se-á o procedimento comum.

→ *v.* Art. 318 e seguintes do NCPC.

Art. 706. Homologado **judicialmente** o penhor legal, **consolidar-se-á a posse do autor sobre o objeto**.

§ 1º Negada a homologação, o objeto será entregue ao réu, ressalvado ao autor o direito de cobrar a dívida **pelo procedimento comum, salvo se acolhida a alegação de extinção da obrigação**.

§ 2º Contra a sentença caberá apelação, e, na pendência de recurso, poderá o relator ordenar que a coisa permaneça depositada ou em poder do autor.

Capítulo XIII
Da Regulação de Avaria Grossa

Art. 707. Quando inexistir consenso acerca da nomeação de um regulador de avarias, o juiz de direito da comarca do primeiro porto onde o navio houver chegado, provocado por qualquer parte interessada, nomeará um de notório conhecimento.

→ *v.* Enunciado 75 do FPPC: No mesmo ato em que nomear o regulador de avaria grossa, o juiz deverá determinar a citação das partes interessadas.

Art. 708. O regulador declarará justificadamente se os danos são passíveis de rateio na forma de avaria grossa e exigirá das partes envolvidas a apresentação de garantias idôneas para que possam ser liberadas as cargas aos consignatários.

§ 1º A parte que não concordar com o regulador quanto à declaração de abertura da avaria grossa deverá justificar suas razões ao juiz, que decidirá no prazo de 10 (dez) dias.

§ 2º Se o consignatário não apresentar garantia idônea a critério do regulador, este fixará o valor da contribuição provisória com base nos fatos narrados e nos documentos que instruírem a petição inicial, que deverá ser caucionado sob a forma de depósito judicial ou de garantia bancária.

§ 3º Recusando-se o consignatário a prestar caução, o regulador requererá ao juiz a alienação judicial de sua carga na forma dos arts. 879 a 903.

§ 4º É permitido o levantamento, por alvará, das quantias necessárias ao pagamento das despesas da alienação a serem arcadas pelo consignatário, mantendo-se o saldo remanescente em depósito judicial até o encerramento da regulação.

Art. 709. As partes deverão apresentar nos autos os documentos necessários à regulação da avaria grossa em prazo razoável a ser fixado pelo regulador.

Art. 710. O regulador apresentará o regulamento da avaria grossa no prazo de até 12 (doze) meses, contado da data da entrega dos documentos nos autos pelas partes, podendo o prazo ser estendido a critério do juiz.

§ 1º Oferecido o regulamento da avaria grossa, dele terão vista as partes pelo prazo comum de 15 (quinze) dias, e, não havendo impugnação, o regulamento será homologado por sentença.

§ 2º Havendo impugnação ao regulamento, o juiz decidirá no prazo de 10 (dez) dias, após a oitiva do regulador.

Art. 711. Aplicam-se ao regulador de avarias os arts. 156 a 158, no que couber.

Capítulo XIV
Da Restauração de Autos

Art. 712. Verificado o desaparecimento dos autos, **eletrônicos ou não**, pode **o juiz, de**

ofício, qualquer das partes **ou o Ministério Público**, se for o caso, promover-lhes a restauração.

→ *v.* Art. 47 da Lei 6.515/1977.

Parágrafo único. Havendo autos suplementares, nesses prosseguirá o processo.

Art. 713. Na petição inicial, declarará a parte o estado do processo ao tempo do desaparecimento dos autos, oferecendo:

I – certidões dos atos constantes do protocolo de audiências do cartório por onde haja corrido o processo;

II – cópia **das peças que tenha em seu poder**;

III – qualquer outro documento que facilite a restauração.

Art. 714. A parte contrária será citada para contestar o pedido no prazo de 5 (cinco) dias, cabendo-lhe exibir as cópias, as contrafés e as reproduções dos atos e dos documentos que estiverem em seu poder.

§ 1º Se a parte concordar com a restauração, lavrar-se-á o auto que, assinado pelas partes e homologado pelo juiz, suprirá o processo desaparecido.

§ 2º Se a parte não contestar ou se a concordância for parcial, observar-se-á o **procedimento comum**.

Art. 715. Se a **perda** dos autos tiver ocorrido depois da produção das provas em audiência, o juiz, **se necessário**, mandará repeti-las.

§ 1º Serão reinquiridas as mesmas testemunhas, que, em caso de impossibilidade, poderão ser substituídas de ofício ou a requerimento.

§ 2º Não havendo certidão ou cópia do laudo, far-se-á nova perícia, sempre que possível pelo mesmo perito.

§ 3º Não havendo certidão de documentos, esses serão reconstituídos mediante cópias ou, na falta dessas, pelos meios ordinários de prova.

§ 4º Os serventuários e os auxiliares da justiça não podem eximir-se de depor como testemunhas a respeito de atos que tenham praticado ou assistido.

§ 5º Se o juiz houver proferido sentença da qual ele próprio **ou o escrivão** possua cópia, esta será juntada aos autos e terá a mesma autoridade da original.

Art. 716. Julgada a restauração, seguirá o processo os seus termos.

Parágrafo único. Aparecendo os autos originais, neles se prosseguirá, sendo-lhes apensados os autos da restauração.

→ *v.* Enunciado 76 do FPPC: Localizados os autos originários, neles devem ser praticados os atos processuais subsequentes, dispensando-se a repetição dos atos que tenham sido ultimados nos autos da restauração, em consonância com a garantia constitucional da duração razoável do processo (CF/1988, 5º, LXXVIII) e inspiração no art. 964 do Código de Processo Civil Português.

Art. 717. Se o desaparecimento dos autos tiver ocorrido no tribunal, o **processo de restauração** será distribuído, sempre que possível, ao relator do processo.

§ 1º A restauração far-se-á no juízo de origem quanto aos atos nele realizados.

§ 2º Remetidos os autos ao tribunal, nele completar-se-á a restauração e proceder-se-á ao julgamento.

Art. 718. Quem houver dado causa ao desaparecimento dos autos responderá pelas custas da restauração e pelos honorários de advogado, sem prejuízo da responsabilidade civil ou penal em que incorrer.

Capítulo XV
Dos Procedimentos de Jurisdição Voluntária

Seção I
Disposições Gerais

Art. 719. Quando este Código não estabelecer procedimento especial, regem os procedimentos de jurisdição voluntária as disposições constantes desta **Seção**.

Art. 720. O procedimento terá início por provocação do interessado, do Ministério Público ou **da Defensoria Pública**, cabendo-lhes formular o pedido devidamente instruído com os documentos necessários e com a indicação da providência judicial.

Art. 721. Serão citados todos os interessados, bem como intimado o Ministério Público, nos casos do art. 178, **para que se manifestem, querendo, no prazo de 15 (quinze) dias**.

Art. 722. A Fazenda Pública será sempre ouvida nos casos em que tiver interesse.

Art. 723. O juiz decidirá o pedido no prazo de 10 (dez) dias.

Parágrafo único. O juiz não é obrigado a observar critério de legalidade estrita, podendo adotar em cada caso a solução que considerar mais conveniente ou oportuna.

→ *v.* Art. 6º da Lei 9.099/1995.

Art. 724. Da sentença caberá apelação.

→ *v.* Art. 1.009 e seguintes do NCPC.

Art. 725. Processar-se-á na forma estabelecida nesta Seção o pedido de:

I – emancipação;

→ *v.* Art. 5º, parágrafo único, do CC/2002.
→ *v.* Arts. 90 a 95 da Lei 6.015/1973.

II – sub-rogação;

III – alienação, arrendamento ou oneração de bens de crianças ou adolescentes, de órfãos e de interditos;

→ *v.* Arts. 1.748 a 1.750 do CC/2002.

IV – alienação, locação e administração da coisa comum;

→ *v.* Art. 1.320 do CC/2002.

V – alienação de quinhão em coisa comum;

→ *v.* Art. 1.320 do CC/2002.

VI – extinção de usufruto, **quando não decorrer da morte do usufrutuário, do termo da sua duração ou da consolidação**, e de fideicomisso, **quando decorrer de renúncia ou quando ocorrer antes do evento que caracterizar a condição resolutória**;

VII – expedição de alvará judicial;

→ *v.* Lei 6.858/1980 – Dispõe sobre o Pagamento, aos Dependentes ou Sucessores, de Valores Não Recebidos em Vida pelos Respectivos Titulares.

VIII – homologação de autocomposição extrajudicial, de qualquer natureza ou valor.

→ *v.* Art. 57, *caput*, da Lei 9.099/1995.
→ *v.* Art. 515, III, do NCPC.

Parágrafo único. As normas desta Seção aplicam-se, no que couber, aos procedimentos regulados nas seções seguintes.

Seção II
Da Notificação e da Interpelação

Art. 726. Quem tiver interesse em manifestar formalmente sua vontade a outrem sobre assunto juridicamente relevante poderá notificar pessoas participantes da mesma relação jurídica para dar-lhes ciência de seu propósito.

§ 1º Se a pretensão for a de dar conhecimento geral ao público, mediante edital, o juiz só a deferirá se a tiver por fundada e necessária ao resguardo de direito.

§ 2º Aplica-se o disposto nesta Seção, no que couber, ao protesto judicial.

Art. 727. Também poderá o interessado interpelar o requerido, no caso do art. 726, para que faça ou deixe de fazer o que o requerente entenda ser de seu direito.

Art. 728. O requerido será previamente ouvido antes do deferimento da notificação ou do respectivo edital:

I – se houver suspeita de que o requerente, por meio da notificação ou do edital, pretende alcançar fim ilícito;

II – se tiver sido requerida a averbação da notificação em registro público.

Art. 729. Deferida e realizada a notificação ou interpelação, os autos serão entregues ao requerente.

→ *v.* Súmula 76 do STJ.
→ *v.* Art. 32 da Lei 6.766/1976.
→ *v.* Art. 31 do Dec.-Lei 70/1966.
→ *v.* Art. 1º do Dec.-Lei 745/1969.

Seção III
Da Alienação Judicial

Art. 730. Nos casos expressos em lei, **não havendo acordo entre os interessados sobre o modo como se deve realizar a alienação do bem**, o juiz, de ofício ou a requerimento dos interessados ou do depositário, mandará aliená-lo em leilão, **observando-se o disposto na Seção I deste Capítulo e, no que couber, o disposto nos arts. 879 a 903**.

→ *v.* Art. 2.019 do CC/2002.

Seção IV
*Do Divórcio e da Separação Consensuais, da **Extinção Consensual de União Estável e da Alteração do Regime de Bens do Matrimônio***

→ *v.* EC. 66/2010 – Dá nova redação ao § 6º do art. 226 da CF, que dispõe sobre a dissolubilidade do casamento civil pelo divórcio, suprimindo o requisito de prévia separação judicial por mais de 1 (um) ano ou de comprovada separação de fato por mais de 2 (dois) anos.

→ v. Arts. 1.571 a 1.582 do CC/2002.

Art. 731. A **homologação do divórcio ou da** separação consensuais, **observados os requisitos legais,** poderá ser requerida em petição assinada por ambos os cônjuges, da qual constarão:

→ v. Arts. 19 a 23 da Lei 6.515/1977.

I – as disposições relativas à descrição e à partilha dos bens comuns;

II – as disposições relativas à pensão alimentícia entre os cônjuges;

→ v. Súmulas 226 e 379 do STF.
→ v. Súmula 336 do STJ.
→ v. Art. 4º da Lei 6.515/1976.

III – o acordo relativo à guarda dos filhos incapazes e ao regime de visitas; e

→ v. Arts. 1.583 a 1.590 do CC.
→ v. Arts. 9º e 15 da Lei 6.515/1976.

IV – o valor da contribuição para criar e educar os filhos.

→ v. Arts. 1.694 a 1.710 do CC.
→ v. Art. 20 da Lei 6.515/1976.

Parágrafo único. Se os cônjuges não acordarem sobre a partilha dos bens, far-se-á esta depois de **homologado o divórcio,** na forma estabelecida nos **arts. 647 a 658.**

→ v. Súmula 197 do STJ.

Art. 732. As disposições relativas ao processo de homologação judicial de divórcio ou de separação consensuais aplicam-se, no que couber, ao processo de homologação da extinção consensual de união estável.

Art. 733. O divórcio consensual, a separação consensual **e a extinção consensual de união estável,** não havendo **nascituro** ou filhos incapazes e observados os requisitos legais, poderão ser realizados por escritura pública, da qual constarão as disposições de que trata o art. 731.

→ v. Resolução CNJ 35/2007 – Disciplina a realização de inventários, partilhas, separações e divórcios consensuais por escritura pública.
→ v. Provimento CFOAB 118/2007 – Disciplina as atividades profissionais dos advogados na realização de inventários, partilhas, separações e divórcios consensuais por escritura pública.

§ 1º A escritura não depende de homologação judicial e constitui título hábil para qualquer ato de registro, **bem como para levantamento de importância depositada em instituições financeiras.**

§ 2º O tabelião somente lavrará a escritura se os **interessados** estiverem assistidos por advogado ou por defensor público, cuja qualificação e assinatura constarão do ato notarial.

Art. 734. A alteração do regime de bens do casamento, observados os requisitos legais, poderá ser requerida, motivadamente, em petição assinada por ambos os cônjuges, na qual serão expostas as razões que justificam a alteração, ressalvados os direitos de terceiros.

→ v. Art. 1.639, § 2º, do CC/2002.

§ 1º Ao receber a petição inicial, o juiz determinará a intimação do Ministério Público e a publicação de edital que divulgue a pretendida alteração de bens, somente podendo decidir depois de decorrido o prazo de 30 (trinta) dias da publicação do edital.

§ 2º Os cônjuges, na petição inicial ou em petição avulsa, podem propor ao juiz meio alternativo de divulgação da alteração do regime de bens, a fim de resguardar direitos de terceiros.

§ 3º Após o trânsito em julgado da sentença, serão expedidos mandados de averbação aos cartórios de registro civil e de imóveis e, caso qualquer dos cônjuges seja empresário, ao Registro Público de Empresas Mercantis e Atividades Afins.

Seção V
Dos Testamentos e dos Codicilos

Art. 735. Recebendo testamento cerrado, o juiz, **se não achar vício externo que o torne suspeito de nulidade ou falsidade,** o abrirá e mandará que o escrivão o leia em presença do apresentante.

→ v. Arts. 1.868 a 1.875 do CC/2002.

§ 1º Do termo de abertura constarão o nome do apresentante e como ele obteve o testamento, a data e o lugar do falecimento do testador, com as respectivas provas, e qualquer circunstância digna de nota.

§ 2º Depois de ouvido o Ministério Público, **não havendo dúvidas a serem esclarecidas,** o juiz mandará registrar, arquivar e cumprir o testamento.

→ v. Art. 1.875 do CC/2002.

§ 3º Feito o registro, será intimado o testamenteiro para assinar o termo da testamentária.

§ 4º Se não houver testamenteiro nomeado ou se ele estiver ausente ou não aceitar o encargo, o juiz nomeará testamenteiro dativo, observando-se a preferência legal.

§ 5º O testamenteiro deverá cumprir as disposições testamentárias e prestar contas em juízo do que recebeu e despendeu, observando--se o disposto em lei.

→ v. Art. 1.980 do CC/2002.

Art. 736. Qualquer interessado, exibindo o traslado ou a certidão de testamento público, poderá requerer ao juiz que ordene o seu cumprimento, **observando- se, no que couber, o disposto nos parágrafos do art.** 735.

→ v. Arts. 1.864 a 1.867 do CC/2002.

Art. 737. A publicação do testamento particular poderá ser requerida, depois da morte do testador, pelo herdeiro, pelo legatário ou pelo testamenteiro, **bem como pelo terceiro detentor do testamento, se impossibilitado de entregá-lo a algum dos outros legitimados para requerê-la.**

→ v. Arts. 1.876 a 1.880 do CC/2002.

§ 1º Serão intimados os herdeiros que não tiverem requerido a publicação do testamento.

§ 2º **Verificando a presença dos requisitos da lei, ouvido o** Ministério Público, o juiz confirmará o testamento.

§ 3º Aplica-se o disposto neste artigo ao codicilo e aos testamentos marítimo, aeronáutico, militar e nuncupativo.

→ v. Arts. 1.888 a 1.896 do CC/2002.

§ 4º Observar-se-á, no cumprimento do testamento, o disposto nos parágrafos do art. 735.

Seção VI
Da Herança Jacente

Art. 738. Nos casos em que a lei considere jacente a herança, o juiz em cuja comarca tiver domicílio o falecido procederá **imediatamente** à arrecadação dos respectivos bens.

→ v. Arts. 1.819 a 1.823 do CC/2002.

Art. 739. A herança jacente ficará sob a guarda, a conservação e a administração de um curador até a respectiva entrega ao sucessor legalmente habilitado ou até a declaração de vacância.

§ 1º Incumbe ao curador:

I – representar a herança em juízo ou fora dele, com intervenção do Ministério Público;

→ v. Art. 75, VI, do NCPC.

II – ter em boa guarda e conservação os bens arrecadados e promover a arrecadação de outros porventura existentes;

III – executar as medidas conservatórias dos direitos da herança;

IV – apresentar mensalmente ao juiz balancete da receita e da despesa;

V – prestar contas ao final de sua gestão.

§ 2º Aplica-se ao curador o disposto nos arts. 159 a 161.

Art. 740. O juiz ordenará que o oficial de justiça, acompanhado do escrivão **ou do chefe de secretaria** e do curador, arrole os bens e descreva-os em auto circunstanciado.

§ 1º Não podendo comparecer ao local, o juiz requisitará à autoridade policial que proceda à arrecadação e ao arrolamento dos bens, com 2 (duas) testemunhas, que assistirão às diligências.

§ 2º Não estando ainda nomeado o curador, o juiz designará depositário e lhe entregará os bens, mediante simples termo nos autos, depois de compromissado.

→ v. Arts. 159 a 161 do NCPC.

§ 3º Durante a arrecadação, o juiz **ou a autoridade policial** inquirirá os moradores da casa e da vizinhança sobre a qualificação do falecido, o paradeiro de seus sucessores e a existência de outros bens, lavrando-se de tudo auto de inquirição e informação.

§ 4º O juiz examinará reservadamente os papéis, as cartas missivas e os livros domésticos e, verificando que não apresentam interesse, mandará empacotá-los e lacrá-los para serem assim entregues aos sucessores do falecido ou queimados quando os bens forem declarados vacantes.

§ 5º Se constar ao juiz a existência de bens em outra comarca, mandará expedir carta precatória a fim de serem arrecadados.

§ 6º Não se fará a arrecadação, ou essa será suspensa, quando, iniciada, apresentarem-se para reclamar os bens o cônjuge **ou companheiro,** o herdeiro ou o testamenteiro notoriamente reconhecido e não houver oposição motivada do curador, de qualquer interessado, do Ministério Público ou do representante da Fazenda Pública.

Art. 741. Ultimada a arrecadação, o juiz mandará expedir edital, que será publicado na rede mundial de computadores, no sítio do tribunal a que estiver vinculado o juízo e na plataforma de editais do Conselho Nacional de Justiça, onde permanecerá por 3 (três) meses, ou, não havendo sítio, no **órgão oficial e** na imprensa da comarca, por 3 (três) vezes com intervalos **de** 1 (**um**) **mês**, para que os sucessores do falecido venham a habilitar-se no prazo de 6 (seis) meses contado da primeira publicação.

§ 1º Verificada a existência de sucessor ou de testamenteiro em lugar certo, far-se-á a sua citação, sem prejuízo do edital.

§ 2º Quando o **falecido** for estrangeiro, será também comunicado o fato à autoridade consular.

§ 3º Julgada a habilitação do herdeiro, reconhecida a qualidade do testamenteiro ou provada a identidade do cônjuge **ou companheiro**, a arrecadação converter-se-á em inventário.

§ 4º Os credores da herança poderão habilitar-se como nos inventários ou propor a ação de cobrança.

Art. 742. O juiz poderá autorizar a alienação:

I – de bens móveis, se forem de conservação difícil ou dispendiosa;

II – de semoventes, quando não empregados na exploração de alguma indústria;

III – de títulos e papéis de crédito, havendo fundado receio de depreciação;

IV – de ações de sociedade quando, reclamada a integralização, não dispuser a herança de dinheiro para o pagamento;

V – de bens imóveis:

a) se ameaçarem ruína, não convindo a reparação;

b) se estiverem hipotecados e vencer-se a dívida, não havendo dinheiro para o pagamento.

§ 1º Não se procederá, entretanto, à venda se a Fazenda Pública ou o habilitando adiantar a importância para as despesas.

§ 2º Os bens com valor de afeição, como retratos, objetos de uso pessoal, livros e obras de arte, só serão alienados depois de declarada a vacância da herança.

Art. 743. Passado 1 (um) ano da primeira publicação do edital e não havendo herdeiro habilitado nem habilitação pendente, será a herança declarada vacante.

→ v. Art. 1.820 do CC/2002.

§ 1º Pendendo habilitação, a vacância será declarada pela mesma sentença que a julgar improcedente, aguardando-se, no caso de serem diversas as habilitações, o julgamento da última.

§ 2º Transitada em julgado a sentença que declarou a vacância, o cônjuge, o companheiro, os herdeiros e os credores só poderão reclamar o seu direito por ação direta.

→ v. Art. 1.822 do CC/2002.

Seção VII
Dos Bens dos Ausentes

Art. 744. Declarada a ausência nos casos previstos em lei, **o juiz** mandará arrecadar os bens do ausente e nomear-lhes-á curador na forma estabelecida na **Seção VI**, observando-se o disposto em **lei**.

→ v. Arts. 22 a 39 do CC/2002.

→ v. Lei 9.140/1995 – Reconhece como mortas pessoas desaparecidas em razão de participação, ou acusação de participação, em atividades políticas, no período de 2 de setembro de 1961 a 15 de agosto de 1979.

Art. 745. Feita a arrecadação, o juiz mandará publicar editais **na rede mundial de computadores, no sítio do tribunal a que estiver vinculado e na plataforma de editais do Conselho Nacional de Justiça**, onde permanecerá por 1 (um) ano, ou, **não havendo sítio**, no órgão oficial e na imprensa da comarca, durante 1 (um) ano, reproduzida de 2 (dois) em 2 (dois) meses, anunciando a arrecadação e chamando o ausente a entrar na posse de seus bens.

§ 1º **Findo o prazo previsto no edital**, poderão os interessados requerer a abertura da sucessão provisória, **observando-se o disposto em lei**.

§ 2º O interessado, ao requerer a abertura da sucessão provisória, pedirá a citação pessoal dos herdeiros presentes e do curador e, por editais, a dos ausentes para requererem habilitação, **na forma dos arts.** 689 a 692.

§ 3º **Presentes os requisitos legais**, poderá ser requerida a conversão da sucessão provisória em definitiva.

→ v. Art. 37 do CC/2002

→ v. Art. 105, parágrafo único, da Lei 6.015/1973

§ 4º Regressando o ausente ou algum de seus descendentes ou ascendentes para requerer ao juiz a entrega de bens, **serão citados para contestar o pedido os sucessores provisórios ou definitivos, o Ministério Público e o representante da Fazenda Pública, seguindo-se o procedimento comum**.

→ v. Art. 36 do CC/2002.

Seção VIII
Das Coisas Vagas

Art. 746. Recebendo do descobridor coisa alheia perdida, **o juiz mandará** lavrar o respectivo auto, do qual constará a descrição do bem e as declarações do descobridor.

§ 1º **Recebida a coisa por autoridade policial**, esta a remeterá em seguida ao juízo competente.

§ 2º Depositada a coisa, o juiz mandará publicar edital **na rede mundial de computadores, no sítio do tribunal a que estiver vinculado e na plataforma de editais do Conselho Nacional de Justiça ou, não havendo sítio, no órgão oficial e** na imprensa da comarca, para que o dono ou o legítimo possuidor a reclame, salvo se se tratar de coisa de pequeno valor **e não** for **possível a publicação no sítio do tribunal**, caso em que o edital será apenas afixado no átrio do edifício do fórum.

§ 3º Observar-se-á, quanto ao mais, o disposto em lei.

→ v. Arts. 1.233 a 1.237 do CC/2002.

Seção IX
Da Interdição

→ v. Lei 13.146/2015 - Estatuto da Pessoa com Deficiência.

Art. 747. A interdição pode ser promovida:

→ v. art. 1.768 do CC.

I – pelo cônjuge **ou companheiro**;

II – **pelos parentes** ou tutores;

III – pelo representante da entidade em que se encontra abrigado o interditando;

IV – pelo Ministério Público.

Parágrafo único. A legitimidade deverá ser comprovada por documentação que acompanhe a petição inicial.

Art. 748. O Ministério Público só promoverá interdição **em caso de doença mental grave**:

→ v. art. 1.769 do CC.

I – se as pessoas designadas nos incisos I, II e III do art. 747 não existirem ou não promoverem a interdição;

II – se, existindo, forem incapazes as pessoas mencionadas nos incisos I e II do art. 747.

Art. 749. Incumbe ao autor, na petição inicial, **especificar os fatos que demonstram a incapacidade do interditando para administrar seus bens e, se for o caso,** para **praticar atos da vida civil, bem como o momento em que a incapacidade se revelou**.

Parágrafo único. Justificada a urgência, o juiz pode nomear curador provisório ao interditando para a prática de determinados atos.

Art. 750. O requerente deverá juntar laudo médico para fazer prova de suas alegações ou informar a impossibilidade de fazê-lo.

Art. 751. O interditando será citado para, em dia designado, comparecer perante o juiz, que o **entrevistará** minuciosamente acerca de sua vida, negócios, bens, **vontades, preferências e laços familiares e afetivos** e sobre o que mais lhe parecer necessário para **convencimento quanto à sua capacidade para** praticar **atos da vida civil**, devendo ser reduzidas a termo as perguntas e respostas.

→ v. art. 1.771 do CC.

§ 1º Não podendo o interditando deslocar-se, o juiz o ouvirá no local onde estiver.

§ 2º A entrevista poderá ser acompanhada por especialista.

§ 3º Durante a entrevista, é assegurado o emprego de recursos tecnológicos capazes de permitir ou de auxiliar o interditando a expressar suas vontades e preferências e a responder às perguntas formuladas.

§ 4º A critério do juiz, poderá ser requisitada a oitiva de parentes e de pessoas próximas.

Art. 752. Dentro do **prazo de 15 (quinze) dias** contado da entrevista, o interditando poderá impugnar o pedido.

§ 1º O Ministério Público **intervirá como fiscal da ordem jurídica**.

§ 2º O interditando poderá constituir advogado, e, caso não o faça, deverá ser nomeado **curador especial**.

→ v. Art. 72 do NCPC.

§ 3º Caso o interditando não constitua advogado, o seu cônjuge, companheiro ou qualquer parente sucessível poderá intervir como assistente.

Art. 753. Decorrido o prazo previsto no art. 752, o juiz determinará a produção de prova pericial para **avaliação da capacidade do interditando para** praticar **atos da vida civil.**

§ 1º A perícia pode ser realizada por equipe composta por expertos com formação multidisciplinar.

§ 2º O laudo pericial indicará especificadamente, se for o caso, os atos para os quais haverá necessidade de curatela.

Art. 754. Apresentado o laudo, produzidas as demais provas e ouvidos os interessados, o juiz proferirá sentença.

Art. 755. Na sentença que decretar a interdição, o juiz:

I – nomeará curador, **que poderá ser o requerente da interdição, e fixará os limites da curatela, segundo o estado e o desenvolvimento mental** do interdito;

→ v. Art. 1.782 do CC/2002.

II – considerará as características pessoais do interdito, observando suas potencialidades, habilidades, vontades e preferências.

→ v. art. 1.772 do CC.

§ 1º A curatela deve ser atribuída a quem melhor possa atender aos interesses do curatelado.

→ v. Arts. 1.775 e 1.775-A do CC/2002.

§ 2º Havendo, ao tempo da interdição, pessoa incapaz sob a guarda e a responsabilidade do interdito, o juiz atribuirá a curatela a quem melhor puder atender aos interesses do interdito e do incapaz.

§ 3º A sentença de interdição **será inscrita no registro de pessoas naturais e imediatamente publicada na rede mundial de computadores, no sítio do tribunal a que estiver vinculado o juízo e na plataforma de editais do Conselho Nacional de Justiça, onde permanecerá por 6 (seis) meses,** na imprensa local, 1 (uma) vez, e no órgão oficial, por 3 (três) vezes, com intervalo de 10 (dez) dias, constando do edital os nomes do interdito e do curador, a causa da interdição, os limites da curatela e, não sendo total a interdição, os atos que o interdito poderá praticar autonomamente.

→ v. Art. 9º, III, do CC/2002.
→ v. Arts. 29, V, 92, 93, 104 e 107 da Lei 6.015/1973.

Art. 756. Levantar-se-á a curatela quando cessar a causa que a determinou.

§ 1º O pedido de levantamento da curatela poderá ser feito pelo interdito, **pelo curador ou pelo Ministério Público** e será apensado aos autos da interdição.

§ 2º O juiz nomeará perito **ou equipe multidisciplinar** para proceder ao exame do interdito e designará audiência de instrução e julgamento após a apresentação do laudo.

§ 3º Acolhido o pedido, o juiz decretará o levantamento da interdição e **determinará** a publicação da sentença, após o trânsito em julgado, **na forma do art. 755, § 3º, ou, não sendo possível,** na imprensa local e no órgão oficial, por 3 (três) vezes, com intervalo de 10 (dez) dias, seguindo-se a averbação no registro de pessoas naturais.

§ 4º A interdição poderá ser levantada parcialmente quando demonstrada a capacidade do interdito para praticar alguns atos da vida civil.

Art. 757. A autoridade do curador estende-se à pessoa e aos bens do incapaz que se encontrar sob a guarda e a responsabilidade do curatelado ao tempo da interdição, salvo se o juiz considerar outra solução como mais conveniente aos interesses do incapaz.

Art. 758. O curador deverá buscar tratamento e apoio apropriados à conquista da autonomia pelo interdito.

→ v. Art. 1.776 do CC/2002.

Seção X
Disposições Comuns à Tutela e à Curatela

Art. 759. O tutor ou o curador será intimado a prestar compromisso no prazo de 5 (cinco) dias contado da:

I – nomeação feita em conformidade com a lei;

II – intimação do despacho que mandar cumprir o testamento ou o instrumento público que o houver instituído.

§ 1º O tutor ou o curador prestará o compromisso por termo em livro rubricado pelo juiz.

§ 2º Prestado o compromisso, o tutor ou o curador assume a administração dos bens do tutelado ou do interditado.

Art. 760. O tutor ou o curador poderá eximir-se do encargo apresentando escusa ao juiz no prazo de 5 (cinco) dias contado:

→ v. Art. 1.738 do CC/2002.

I – antes de aceitar o encargo, da intimação para prestar compromisso;

II – depois de entrar em exercício, do dia em que sobrevier o motivo da escusa.

§ 1º Não sendo requerida a escusa no prazo estabelecido neste artigo, considerar-se-á renunciado o direito de alegá-la.

§ 2º O juiz decidirá de plano o pedido de escusa, e, não o admitindo, exercerá o nomeado a tutela ou a curatela enquanto não for dispensado por sentença transitada em julgado.

→ v. Art. 1.739 do CC/2002.

Art. 761. Incumbe ao Ministério Público ou a quem tenha legítimo interesse requerer, nos casos previstos em lei, a remoção do tutor ou do curador.

→ v. Arts. 1.735 e 1.766 do CC/2002.
→ v. Art. 201, III e IV, do ECA.

Parágrafo único. O tutor ou curador será citado para contestar a arguição no prazo de 5 (cinco) dias, findo o qual **observar-se-á o procedimento comum.**

Art. 762. Em caso de extrema gravidade, o juiz poderá suspender o tutor ou o curador do exercício de suas funções, nomeando substituto interino.

Art. 763. Cessando as funções do tutor ou do curador pelo decurso do prazo em que era obrigado a servir, ser-lhe-á lícito requerer a exoneração do encargo.

§ 1º Caso o tutor ou o curador não requeira a exoneração do encargo dentro dos 10 (dez) dias seguintes à expiração do termo, entender-se-á reconduzido, salvo se o juiz o dispensar.

§ 2º Cessada a tutela ou a curatela, é indispensável a prestação de contas pelo tutor ou pelo curador, na forma da lei civil.

Seção XI
Da Organização e da Fiscalização das Fundações

Art. 764. O juiz decidirá sobre a aprovação do estatuto das fundações e de suas alterações sempre que o requeira o interessado, quando:

I – ela for negada previamente pelo Ministério Público ou por este forem exigidas modificações com as quais o interessado não concorde;

II – o interessado discordar do estatuto elaborado pelo Ministério Público.

→ v. Arts. 66 a 68 do CC/2002.

§ 1º O estatuto das fundações deve observar o disposto na Lei n. 10.406, de 10 de janeiro de 2002 (Código Civil).

§ 2º Antes de suprir a aprovação, o juiz poderá mandar fazer no estatuto modificações a fim de adaptá-lo ao objetivo do instituidor.

Art. 765. Qualquer interessado ou o Ministério Público promoverá em juízo a extinção da fundação quando:

I – se tornar ilícito o seu objeto;

II – for impossível a sua manutenção;

III – vencer o prazo de sua existência.

→ v. Art. 69 do CC/2002.
→ v. Enunciado 189 do FPPC: O art. 765 deve ser interpretado em consonância com o art. 69 do Código Civil, para admitir a extinção da fundação quando inútil a finalidade a que visa.

Seção XII
Da Ratificação dos Protestos Marítimos e dos Processos Testemunháveis Formados a Bordo

Art. 766. Todos os protestos e os processos testemunháveis formados a bordo e lançados no livro Diário da Navegação deverão ser apresentados pelo comandante ao juiz de direito do primeiro porto, nas primeiras 24 (vinte e quatro) horas de chegada da embarcação, para sua ratificação judicial.

Art. 767. A petição inicial conterá a transcrição dos termos lançados no livro Diário da Navegação e deverá ser instruída com cópias das páginas que continham os termos que serão ratificados, dos documentos de identificação do comandante e das testemunhas arroladas, do rol de tripulantes, do documento de registro da embarcação e, quando for o caso, do manifesto das cargas sinistradas e a qualificação de seus consignatários, traduzidos, quando for o caso, de forma livre para o português.

Art. 768. A petição inicial deverá ser distribuída com urgência e encaminhada ao juiz, que ouvirá, sob compromisso a ser prestado no mesmo dia, o comandante e as testemunhas em número mínimo de 2 (duas) e máximo de 4 (quatro), que deverão comparecer ao ato independentemente de intimação.

> → v. Enunciado 79 do FPPC: Não sendo possível a inquirição tratada no art. 768 sem prejuízo aos compromissos comerciais da embarcação, o juiz expedirá carta precatória itinerante para a tomada dos depoimentos em um dos portos subsequentes de escala.

§ 1º Tratando-se de estrangeiros que não dominem a língua portuguesa, o autor deverá fazer-se acompanhar por tradutor, que prestará compromisso em audiência.

§ 2º Caso o autor não se faça acompanhar por tradutor, o juiz deverá nomear outro que preste compromisso em audiência.

Art. 769. Aberta a audiência, o juiz mandará apregoar os consignatários das cargas indicados na petição inicial e outros eventuais interessados, nomeando para os ausentes curador para o ato.

Art. 770. Inquiridos o comandante e as testemunhas, o juiz, convencido da veracidade dos termos lançados no Diário da Navegação, em audiência, ratificará por sentença o protesto ou o processo testemunhável lavrado a bordo, dispensado o relatório.

Parágrafo único. Independentemente do trânsito em julgado, o juiz determinará a entrega dos autos ao autor ou ao seu advogado, mediante a apresentação de traslado.

LIVRO II
DO PROCESSO DE EXECUÇÃO
TÍTULO I
Da Execução Em Geral

Capítulo I
Disposições Gerais

Art. 771. Este Livro regula o procedimento da execução fundada em título extrajudicial, e suas disposições aplicam-se, também, no que couber, aos procedimentos especiais de execução, aos atos executivos realizados no procedimento de cumprimento de sentença, bem como aos efeitos de atos ou fatos processuais a que a lei atribuir força executiva.

> → v. Enunciado 12 do FPPC: A aplicação das medidas atípicas sub-rogatórias e coercitivas é cabível em qualquer obrigação no cumprimento de sentença ou execução de título executivo extrajudicial. Essas medidas, contudo, serão aplicadas de forma subsidiária às medidas tipificadas, com observação do contraditório, ainda que diferido, e por meio de decisão à luz do art. 489, § 1º, I e II.

Parágrafo único. Aplicam-se subsidiariamente à execução as disposições do **Livro I da Parte Especial.**

> → v. Enunciado 444 do FPPC: Para o processo de execução de título extrajudicial de obrigação de não fazer, não é necessário propor a ação de conhecimento para que o juiz possa aplicar as normas decorrentes dos arts. 536 e 537 do FPPC.

Art. 772. O juiz pode, em qualquer momento do processo:

I – ordenar o comparecimento das partes;

II – advertir o **executado** de que seu procedimento constitui ato atentatório à dignidade da justiça;

III – determinar que sujeitos indicados pelo exequente forneçam informações em geral relacionadas ao objeto da execução, tais como documentos e dados que tenham em seu poder, assinando-lhes prazo razoável.

> → v. Enunciado 536 do FPPC: O juiz poderá, na execução civil, determinar a quebra de sigilo bancário e fiscal.

Art. 773. O juiz poderá, de ofício ou a requerimento, determinar as medidas necessárias ao cumprimento da ordem de entrega de documentos e dados.

Parágrafo único. Quando, em decorrência do disposto neste artigo, o juízo receber dados sigilosos para os fins da execução, o juiz adotará as medidas necessárias para assegurar a confidencialidade.

> → v. Enunciado 536 do FPPC: O juiz poderá, na execução civil, determinar a quebra de sigilo bancário e fiscal.

Art. 774. Considera-se atentatória à dignidade da justiça **a conduta comissiva ou omissiva** do executado que:

> → v. Enunciado 537 do FPPC: A conduta comissiva ou omissiva caracterizada como atentatória à dignidade da justiça no procedimento da execução fiscal enseja a aplicação da multa do parágrafo único do art. 774 do CPC/2015 do FPPC.

I – frauda a execução;

> → v. Arts. 792 e 856, § 3º do NCPC.

II – se opõe maliciosamente à execução, empregando ardis e meios artificiosos;

III – dificulta ou embaraça a realização da penhora;

IV – resiste injustificadamente às ordens judiciais;

V – intimado, não indica ao juiz quais são e onde estão os bens sujeitos à penhora e os respectivos valores, nem **exibe prova de sua propriedade e, se for o caso, certidão negativa de ônus.**

> → v. Art. 835 do NCPC.

Parágrafo único. Nos casos previstos **neste artigo**, o juiz **fixará multa** em montante não superior a vinte por cento do valor atualizado do débito **em execução**, a qual será revertida em proveito do exequente, exigível nos próprios autos do processo, sem prejuízo de outras sanções de natureza processual ou material.

> → v. Arts. 77 a 81 do NCPC.

Art. 775. O exequente tem o **direito** de desistir de toda a execução ou de apenas alguma medida executiva.

> → v. Arts. 105 e 200, parágrafo único do NCPC.

Parágrafo único. Na desistência da execução, observar-se-á o seguinte:

I – serão extintos **a impugnação e** os embargos que versarem apenas sobre questões processuais, pagando o **exequente** as custas **processuais** e os honorários advocatícios;

> → v. Arts. 525, 535 e 914 do NCPC.

II – nos demais casos, a extinção dependerá da concordância do **impugnante** ou do embargante.

Art. 776. O **exequente** ressarcirá ao **executado** os danos que este sofreu, quando a sentença, transitada em julgado, declarar inexistente, no todo ou em parte, a obrigação que ensejou a execução.

Art. 777. A cobrança de multas ou de indenizações decorrentes de litigância de má-fé ou de prática de ato atentatório à dignidade da justiça será promovida nos próprios autos do processo.

> → v. Arts. 79 a 81 do NCPC.

Capítulo II
Das Partes

Art. 778. Pode promover a execução forçada o credor a quem a lei confere título executivo.

> → v. Arts. 97 a 100 do CDC.
> → v. Art. 15 da Lei 7.347/1985.
> → v. Arts. 16 e 17 da Lei 4.717/1965.
> → v. Arts. 515 e 784 do NCPC.

§ 1º Podem promover a execução forçada ou nela prosseguir, **em sucessão ao exequente originário:**

I – o Ministério Público, nos casos previstos em lei;

> → v. Art. 176 do NCPC.

II – o espólio, os herdeiros ou os sucessores do credor, sempre que, por morte deste, lhes for transmitido o direito resultante do título executivo;

> → v. Arts. 75, VII, 110; 485, IX e 687 a 692 do NCPC.

III – o cessionário, quando o direito resultante do título executivo lhe for transferido por ato entre vivos;

> → v. Arts. 286 a 298 do CC/2002.
> → v. Art. 109 do NCPC.

IV – o sub-rogado, nos casos de sub-rogação legal ou convencional.

> → v. Arts. 346 a 351 e 831 do CC/2002.
> → v. Art. 857 do NCPC.

§ 2º A sucessão prevista no § 1º independe de consentimento do executado.

Art. 779. A execução pode ser promovida contra:

I – o devedor, reconhecido como tal no título executivo;

> → v. Art. 789 do NCPC.

II – o espólio, os herdeiros ou os sucessores do devedor;

> → v. Arts. 75, VII, 515, IV e 687 a 692 do NCPC.

III – o novo devedor que assumiu, com o consentimento do credor, a obrigação resultante do título executivo;

> → v. Arts. 299 a 303 do CC/2002.
> → v. Art. 109 do NCPC.

IV – o fiador **do débito constante em título extrajudicial;**

> → v. Art. 794 do NCPC.
> → v. Súmulas 214 e 268 do STJ.
> → v. Enunciado 445 do FPPC: O fiador judicial também pode ser sujeito passivo da execução.

V – o responsável titular do bem vinculado por garantia real ao pagamento do débito;

> → v. Art. 835, § 3º do NCPC.

VI – o responsável tributário, assim definido em lei.

→ v. Arts. 121 e 128 a 138 do CTN.

Art. 780. O exequente pode cumular várias execuções, ainda que fundadas em títulos diferentes, quando o executado for o mesmo e desde que para todas elas seja competente o mesmo juízo e idêntico o procedimento.
→ v. Súmula 27 do STJ.
→ v. Arts. 292, VI, 327, 525, § 1º, V, 535, IV e 917, III do NCPC.

Capítulo III
Da Competência

Art. 781. A execução fundada em título extrajudicial será processada perante o juízo competente, **observando-se o seguinte**:
→ v. Art. 98, § 2º do CDC.
→ v. Súmulas 58 e 66 STJ.
→ v. Art. 46, § 5º do NCPC.

I – a execução poderá ser proposta no foro de domicílio do executado, de eleição constante do título ou, ainda, de situação dos bens a ela sujeitos;
→ v. Arts. 70 a 78 do CC/2002.
→ v. Art. 63 do NCPC.

II – tendo mais de um domicílio, o executado poderá ser demandado no foro de qualquer deles;

III – sendo incerto ou desconhecido o domicílio do executado, a execução poderá ser proposta no lugar onde for encontrado ou no foro de domicílio do exequente;

IV – havendo mais de um devedor, com diferentes domicílios, a execução será proposta no foro de qualquer deles, à escolha do exequente;

V – a execução poderá ser proposta no foro do lugar em que se praticou o ato ou em que ocorreu o fato que deu origem ao título, mesmo que nele não mais resida o executado.

Art. 782. Não dispondo a lei de modo diverso, o juiz determinará os atos executivos, e o oficial de justiça os cumprirá.
→ v. Arts. 154 e 155 do NCPC.

§ 1º O oficial de justiça poderá cumprir os atos executivos determinados pelo juiz também nas comarcas contíguas, de fácil comunicação, e nas que se situem na mesma região metropolitana.
→ v. Art. 255 do NCPC.

§ 2º Sempre que, para efetivar a execução, for necessário o emprego de força policial, o juiz a requisitará.
→ v. Arts. 846, § 2º, do NCPC.

§ 3º A requerimento da parte, o juiz pode determinar a inclusão do nome do executado em cadastros de inadimplentes.
→ v. Enunciado 190 do FPPC: O art. 782, § 3º, não veda a inclusão extrajudicial do nome do executado em cadastros de inadimplentes, pelo credor ou diretamente pelo órgão de proteção ao crédito.

§ 4º A inscrição será cancelada imediatamente se for efetuado o pagamento, se for garantida a execução ou se a execução for extinta por qualquer outro motivo.
→ v. Enunciado 538 do FPPC: Aplica-se o procedimento do § 4º do art. 517 ao cancelamento da inscrição de cadastro de inadimplentes do § 4º do art. 782 do FPPC.

§ 5º O disposto nos §§ 3º e 4º aplica-se à execução definitiva do título judicial.

Capítulo IV
Dos Requisitos Necessários para Realizar Qualquer Execução

Seção I
Do Título Executivo

Art. 783. A execução para cobrança de crédito fundar-se-á sempre em título de obrigação certa, líquida e exigível.
→ v. Arts. 786 e 803, I do NCPC.

Art. 784. São títulos executivos extrajudiciais:
→ v. Súmula 27 do STJ.

I – a letra de câmbio, a nota promissória, a duplicata, a debênture e o cheque;
→ v. Súmulas 387 e 600 do STF.
→ v. Súmulas 248 e 258 do STJ.
→ v. Arts. 52 a 74 da Lei 6.404/1976.
→ v. Lei 5.474/1968 – Dispõe sobre as Duplicatas.
→ v. Lei 7.357/1985 – Dispõe sobre o cheque.
→ v. Decreto 2.044/1908 – Define a letra de câmbio e a nota promissória e regula as Operações Cambiais.
→ v. Decreto 57.595/1966 – Lei uniforme em matéria de cheque.
→ v. Decreto 57.663/1966 – Lei uniforme sobre letras de câmbio e notas promissórias.

II – a escritura pública ou outro documento público assinado pelo devedor;
→ v. Art. 215 do CC/2002.

III – o documento particular assinado pelo devedor e por 2 (duas) testemunhas;
→ v. Súmulas 233, 286 e 300 do STJ.

IV – o instrumento de transação referendado pelo Ministério Público, pela Defensoria Pública, **pela Advocacia Pública**, pelos advogados dos transatores ou **por conciliador ou mediador credenciado** por **tribunal**;
→ v. Arts. 165 a 175 do NCPC.
→ v. Art. 3º, § 6º, da Lei 7.347/1985.
→ v. Art. 211 do ECA.
→ v. Art. 57, parágrafo único, da Lei 9.099/1995.
→ v. Art. 13 da Lei 10.741/2003.

V – o contrato garantido por hipoteca, penhor, anticrese **ou outro direito real de garantia** e aquele garantido por caução;
→ v. art. 1.424 do CC/2002.
→ v. Arts. 9º a 28 do Dec.-lei 70/1966.
→ v. Lei 492/1937 – Regula o penhor rural e a cédula pignoratícia.

VI – o contrato de seguro de vida **em caso de morte**;
→ v. Arts. 789 a 802 do CC/2002.
→ v. Dec.-lei 5.384/1943 – Beneficiários do seguro de vida.

VII – o crédito decorrente de foro e laudêmio;
→ v. Art. 2.038 do CC/2002.

VIII – o crédito, documentalmente comprovado, decorrente de aluguel de imóvel, bem como de encargos acessórios, tais como taxas e despesas de condomínio;
→ v. Lei 8.245/1991 – Dispõe sobre as locações dos imóveis urbanos e os procedimentos a elas pertinentes.

IX – a certidão de dívida ativa da Fazenda Pública da União, dos Estados, do Distrito Federal e dos Municípios, correspondente aos créditos inscritos na forma da lei;
→ v. Súmula 392 do STJ.
→ v. Arts. 201 a 204 do CTN.
→ v. Arts. 2º e 3º da Lei 6.830/1980.

X – o crédito referente às contribuições ordinárias ou extraordinárias de condomínio edilício, previstas na respectiva convenção ou aprovadas em assembleia geral, desde que documentalmente comprovadas;
→ v. Arts. 1.334, I e 1.336, I e § 1º do CC/2002.
→ v. Enunciado 527 do FPPC: Os créditos referidos no art. 515, inc. V, e no art. 784, inc. X e XI do CPC/2015 constituídos ao tempo do CPC/1973 são passíveis de execução de título judicial e extrajudicial, respectivamente.

XI – a certidão expedida por serventia notarial ou de registro relativa a valores de emolumentos e demais despesas devidas pelos atos por ela praticados, fixados nas tabelas estabelecidas em lei;

XII – todos os demais títulos aos quais, por disposição expressa, a lei atribuir força executiva.
→ v. Súmula 93 do STJ.
→ v. Art. 107, I da Lei 6.404/1976.
→ v. Art. 24 da Lei 8.906/1994.
→ v. Arts. 20 e 28 da Lei 10.931/2004.
→ v. Art. 142 da Lei 11.101/2005.
→ v. Dec.-lei 167/1967 – Dispõe sobre títulos de crédito rural.
→ v. Dec.-lei 413/1969 – Dispõe sobre títulos de crédito industrial.

§ 1º A propositura de qualquer ação relativa a débito constante de título executivo não inibe o credor de promover-lhe a execução.
→ v. Art. 49, § 1º da Lei 11.101/2005.

§ 2º Os títulos executivos extrajudiciais oriundos de país estrangeiro não dependem de homologação para serem executados.

§ 3º O título estrangeiro só terá eficácia executiva quando satisfeitos os requisitos de formação exigidos pela lei do lugar de sua celebração e quando o Brasil for indicado como o lugar de cumprimento da obrigação.
→ v. Art. 21, II do NCPC.

Art. 785. A existência de título executivo extrajudicial não impede a parte de optar pelo processo de conhecimento, a fim de obter título executivo judicial.
→ v. Art. 485, VI do NCPC.
→ v. Enunciado 446 do FPPC: Cabe ação monitória mesmo quando o autor for portador de título executivo extrajudicial.

Seção II
Da Exigibilidade da Obrigação

Art. 786. A execução pode ser instaurada caso o devedor não satisfaça a obrigação certa, líquida e exigível consubstanciada em título executivo.
→ v. Arts. 783 e 803, I do NCPC.

Parágrafo único. A necessidade de simples operações aritméticas para apurar o crédito exequendo não retira a liquidez da obrigação constante do título.

Art. 787. Se o devedor não for obrigado a satisfazer sua prestação senão mediante a

contraprestação do credor, este deverá provar que a adimpliu ao requerer a execução, sob pena de extinção do processo.
→ v. Arts. 476 e 477 do CC/2002.
→ v. Arts. 798, I, d, e 917, § 2º, IV do NCPC.

Parágrafo único. O executado poderá **eximir-se da obrigação**, depositando em juízo a prestação ou a coisa, caso em que o juiz não permitirá que o credor a receba sem cumprir a contraprestação que lhe tocar.

Art. 788. O credor não poderá iniciar a execução ou nela prosseguir se o devedor cumprir a obrigação, mas poderá recusar o recebimento da prestação se ela não corresponder ao direito ou à obrigação estabelecidos no título executivo, caso em que poderá requerer a execução forçada, ressalvado ao devedor o direito de embargá-la.
→ v. Art. 914 do NCPC.
→ v. Art. 313 do CC/2002.

Capítulo V
Da Responsabilidade Patrimonial

Art. 789. O devedor responde com todos os seus bens presentes e futuros para o cumprimento de suas obrigações, salvo as restrições estabelecidas em lei.
→ v. Art. 824 do NCPC.

Art. 790. São sujeitos à execução os bens:
→ v. Súmula 554 do STJ.
→ v. Art. 779 do NCPC.

I – do sucessor a título singular, tratando-se de execução fundada em direito real ou obrigação reipersecutória;

II – do sócio, nos termos da lei;
→ v. Art. 795 do NCPC.

III – do devedor, ainda que em poder de terceiros;
→ v. Art. 674 do NCPC.

IV – do cônjuge **ou companheiro**, nos casos em que seus bens próprios ou de sua meação respondem pela dívida;
→ v. Art. 1.639 e seguintes, do CC/2002.
→ v. Súmula 251 do STJ.

V – alienados ou gravados com ônus real em fraude à execução;
→ v. Art. 792 do NCPC.

VI – cuja alienação ou gravação com ônus real tenha sido anulada em razão do reconhecimento, em ação autônoma, de fraude contra credores;
→ v. Arts. 158 a 165 e 171, II, do CC/2002.
→ v. Art. 129 da Lei 11.101/2005.

VII – do responsável, nos casos de desconsideração da personalidade jurídica.
→ v. Art. 50 do CC/2002.
→ v. Art. 28 do CDC.
→ v. Arts. 133 a 137 do NCPC.

Art. 791. Se a execução tiver por objeto obrigação de que seja sujeito passivo o proprietário de terreno submetido ao regime do direito de superfície, ou o superficiário, responderá pela dívida, exclusivamente, o direito real do qual é titular o executado, recaindo a penhora ou outros atos de constrição exclusivamente sobre o terreno, no primeiro caso, ou sobre a construção ou a plantação, no segundo caso.

→ v. Arts. 1.369 a 1.377 do CC/2002.

§ 1º Os atos de constrição a que se refere o *caput* serão averbados separadamente na matrícula do imóvel, com a identificação do executado, do valor do crédito e do objeto sobre o qual recai o gravame, devendo o oficial destacar o bem que responde pela dívida, se o terreno, a construção ou a plantação, de modo a assegurar a publicidade da responsabilidade patrimonial de cada um deles pelas dívidas e pelas obrigações que a eles estão vinculadas.

§ 2º Aplica-se, no que couber, o disposto neste artigo à enfiteuse, à concessão de uso especial para fins de moradia e à concessão de direito real de uso.
→ v. Arts. 1.225, XI e XII, e 2.038 do CC/2002.

Art. 792. A alienação ou a oneração de bem é considerada fraude à execução:
→ v. Art. 179 do CP.
→ v. Art. 216 da Lei 6.015/1973.
→ v. Arts. 54, parágrafo único e 55 da Lei 13.097/2015.
→ v. Arts. 774, I, 808 e 856, § 3º do NCPC.

I – quando sobre o bem pender ação fundada em direito real **ou com pretensão reipersecutória, desde que a pendência do processo tenha sido averbada no respectivo registro público, se houver;**

II – quando tiver sido averbada, no registro do bem, a pendência do processo de execução, na forma do art. 828;

III – quando tiver sido averbado, no registro do bem, hipoteca judiciária ou outro ato de constrição judicial originário do processo onde foi arguida a fraude;
→ v. Art. 240 da Lei 6.015/1973.
→ v. Art. 844 do NCPC.

IV – quando, ao tempo da alienação ou da oneração, **tramitava** contra o devedor ação **capaz** de reduzi-lo à insolvência;
→ v. Súmula 375 do STJ.

V – nos demais casos expressos em lei.
→ v. Art. 185 do CTN.

§ 1º A alienação em fraude à execução é ineficaz em relação ao exequente.

§ 2º No caso de aquisição de bem não sujeito a registro, o terceiro adquirente tem o ônus de provar que adotou as cautelas necessárias para a aquisição, mediante a exibição das certidões pertinentes, obtidas no domicílio do vendedor e no local onde se encontra o bem.

§ 3º Nos casos de desconsideração da personalidade jurídica, a fraude à execução verifica-se a partir da citação da parte cuja personalidade se pretende desconsiderar.
→ v. Arts. 135 e 137 do NCPC.
→ v. Enunciado 52 da ENFAM: A citação a que se refere o art. 792, § 3º, do CPC/2015 (fraude à execução) é a do executado originário, e não aquela prevista para o incidente de desconsideração da personalidade jurídica (art. 135 do CPC/2015).

§ 4º Antes de declarar a fraude à execução, o juiz deverá intimar o terceiro adquirente, que, se quiser, poderá opor embargos de terceiro, no prazo de 15 (quinze) dias.
→ v. Art. 674 do NCPC.
→ v. Enunciado 54 da ENFAM: A ausência de oposição de embargos de terceiro no prazo de 15 (quinze) dias prevista no art. 792, § 4º, do CPC/2015 implica preclusão para fins do art. 675, *caput*, do mesmo código.
→ v. Enunciado 191 do FPPC: O prazo de quinze dias para opor embargos de terceiro, disposto no § 4º do art. 792, é aplicável exclusivamente aos casos de declaração de fraude à execução; os demais casos de embargos de terceiro são regidos pelo prazo do *caput* do art. 675.

Art. 793. O **exequente** que estiver, por direito de retenção, na posse de coisa pertencente ao devedor não poderá promover a execução sobre outros bens senão depois de excutida a coisa que se achar em seu poder.
→ v. Arts. 578, 644, 681, 708, 1.219, 1.220, 1.423, 1.433, II, e 1.507, § 2º, do CC/2002.
→ v. Art. 35 da Lei 8.245/1991.
→ v. Art. 116, I da Lei 11.101/2005.

Art. 794. O fiador, quando executado, **tem o direito de exigir que primeiro sejam executados os bens do devedor situados na mesma comarca, livres e desembargados, indicando-os pormenorizadamente à penhora.**
→ v. Arts. 827 e 828 do CC/2002.

§ 1º Os bens do fiador ficarão sujeitos à execução se os do devedor, **situados na mesma comarca que os seus,** forem insuficientes à satisfação do direito do credor.

§ 2º O fiador que pagar a dívida poderá executar o afiançado nos autos do mesmo processo.

§ 3º O disposto no *caput* não se aplica se o fiador houver renunciado ao benefício de ordem.

Art. 795. Os bens particulares dos sócios não respondem pelas dívidas da sociedade, senão nos casos previstos em lei.
→ v. Arts. 134, VII e 135, I, do CTN.
→ v. Art. 790, II, do NCPC.

§ 1º O sócio **réu, quando responsável pelo pagamento da dívida da sociedade,** tem o direito de exigir que **primeiro sejam** excutidos os bens da sociedade.
→ v. Arts. 1.023 e 1.024 do CC/2002.

§ 2º Incumbe ao sócio que alegar o benefício do § 1º nomear quantos bens da sociedade situados na mesma comarca, livres e desembargados, bastem para pagar o débito.

§ 3º O sócio que pagar a dívida poderá executar a sociedade nos autos do mesmo processo.

§ 4º Para a desconsideração da personalidade jurídica é obrigatória a observância do incidente previsto neste Código.
→ v. Arts. 133 a 137 do NCPC.

Art. 796. O espólio responde pelas dívidas do falecido, mas, feita a partilha, cada herdeiro responde por elas **dentro das forças da herança e** na proporção da parte que lhe coube.
→ v. Arts. 1.792, 1.821 e 1.997 do CC/2002.

TÍTULO II
Das Diversas Espécies de Execução

Capítulo I
Disposições Gerais

Art. 797. Ressalvado o caso de insolvência do devedor, em que tem lugar o concurso uni-

versal, realiza-se a execução no interesse do **exequente** que adquire, pela penhora, o direito de preferência sobre os bens penhorados.
- → *v.* Arts. 905, I, 908 e 909 do NCPC.

Parágrafo único. Recaindo mais de uma penhora sobre o mesmo bem, cada **exequente** conservará o seu título de preferência.
- → *v.* Art. 187, parágrafo único do CTN.
- → *v.* Súmula 244 do TFR.
- → *v.* Art. 908 do NCPC.

Art. 798. Ao propor a execução, incumbe ao exequente:
- → *v.* Súmula 559 do STJ. I – instruir a petição inicial com:
- → *v.* Arts. 319 a 321 e 771, parágrafo único, do NCPC.

a) o título executivo extrajudicial;
- → *v.* Art. 784 do NCPC.

b) o demonstrativo do débito atualizado até a data de propositura da ação, quando se tratar de execução por quantia certa;

c) a prova de que se verificou a condição ou ocorreu o termo, se for o caso;
- → *v.* Arts. 121 a 131 e 135 do CC/2002.
- → *v.* Arts. 514, 803, III, e 917, § 2º, V, do NCPC.

d) **a prova, se for o caso, de** que adimpliu a contraprestação que lhe corresponde ou que lhe assegura o cumprimento, se o executado não for obrigado a satisfazer a sua prestação senão mediante a contraprestação do **exequente**;
- → *v.* Art. 787 do NCPC.

II – indicar:

a) a espécie de execução de sua preferência, quando por mais de um modo **puder ser realizada**;
- → *v.* Art. 805 do NCPC.

b) os nomes completos do exequente e do executado e seus números de inscrição no Cadastro de Pessoas Físicas ou no Cadastro Nacional da Pessoa Jurídica;
- → *v.* Art. 319, II do NCPC.

c) os bens suscetíveis de penhora, sempre que possível.
- → *v.* Art. 829, § 2º do NCPC.

Parágrafo único. O demonstrativo do débito deverá conter:

I – o índice de correção monetária adotado;
- → *v.* Súmula 288 do STJ.
- → *v.* Lei 6.899/1981 e Decreto 86.649/1981.

II – a taxa de juros aplicada;
- → *v.* Súmulas 596 e 648 do STF.
- → *v.* Súmulas 176, 283, 296, 379, 382 e 472 do STJ.
- → *v.* Art. 405 do CC/2002.
- → *v.* Art. 161, § 2º do CTN.
- → *v.* Art. 1º do Decreto 22.626/1933.
- → *v.* Art. 13 da Lei 9.065/1995.

III – os termos inicial e final de incidência do índice de correção monetária e da taxa de juros utilizados;
- → *v.* Arts. 406 e 407 do CC/2002.

IV – a periodicidade da capitalização dos juros, se for o caso;
- → *v.* Súmula 121 do STF.
- → *v.* Súmula 93 do STJ.
- → *v.* Art. 4º do Decreto 22.626/1933.

V – a especificação de desconto obrigatório realizado.

Art. 799. Incumbe ainda ao exequente:
- → *v.* Arts. 804 e 889 do NCPC.
- → *v.* Enunciado 447 do FPPC: O exequente deve providenciar a intimação da União, Estados e Municípios no caso de penhora de bem tombado.
- → *v.* Enunciado 529 do FPPC: As averbações previstas nos arts. 799, IX e 828 são aplicáveis ao cumprimento de sentença.

I – requerer a intimação do credor pignoratício, hipotecário, anticrético **ou fiduciário**, quando a penhora recair sobre bens gravados por penhor, hipoteca, anticrese ou **alienação fiduciária**;

II – requerer a intimação do titular de usufruto, uso ou habitação, quando a penhora recair sobre bem gravado por usufruto, uso ou habitação;

III – requerer a intimação do promitente comprador, quando a penhora recair sobre bem em relação ao qual haja promessa de compra e venda registrada;

IV – requerer a intimação do promitente vendedor, quando a penhora recair sobre direito aquisitivo derivado de promessa de compra e venda registrada;

V – requerer a intimação do superficiário, enfiteuta ou concessionário, em caso de direito de superfície, enfiteuse, concessão de uso especial para fins de moradia ou concessão de direito real de uso, quando a penhora recair sobre imóvel submetido ao regime do direito de superfície, enfiteuse ou concessão;

VI – requerer a intimação do proprietário de terreno com regime de direito de superfície, enfiteuse, concessão de uso especial para fins de moradia ou concessão de direito real de uso, quando a penhora recair sobre direitos do superficiário, do enfiteuta ou do concessionário;

VII – requerer a intimação da sociedade, no caso de penhora de quota social ou de ação de sociedade anônima fechada, para o fim previsto no art. 876, § 7º;

VIII – pleitear, **se for o caso, medidas urgentes;**
- → *v.* Arts. 300 a 302 do NCPC.
- → *v.* Enunciado 448 do FPPC: As medidas urgentes previstas no art. 799, VIII, englobam a tutela provisória urgente antecipada.

IX – proceder à averbação em registro público do ato de propositura da execução e dos atos de constrição realizados, para conhecimento de terceiros.
- → *v.* Arts. 792, II e III, 828 e 844 do NCPC.
- → *v.* Enunciado 539 do FPPC: A certidão a que se refere o art. 828 não impede a obtenção e a averbação de certidão da propositura da execução (art. 799).

Art. 800. Nas obrigações alternativas, quando a escolha couber ao devedor, esse será citado para exercer a opção e realizar a prestação dentro de 10 (dez) dias, se outro prazo não lhe foi determinado em lei ou em contrato.
- → *v.* Arts. 252 a 256 do CC/2002.
- → *v.* Art. 325 do NCPC.

§ 1º Devolver-se-á ao credor a opção, se o devedor não a **exercer** no prazo determinado.

§ 2º **A escolha será indicada na petição inicial da execução quando couber ao credor exercê-la.**

Art. 801. Verificando que a petição inicial está incompleta ou que não está acompanhada dos documentos indispensáveis à propositura da execução, o juiz determinará que o **exequente** a corrija, **no prazo de 15 (quinze) dias**, sob pena de indeferimento.
- → *v.* Art. 321 do NCPC.

Art. 802. Na execução, o despacho que ordena a citação, desde que realizada em observância ao disposto no § 2º do art. 240, interrompe a prescrição, ainda que proferido por juízo incompetente.
- → *v.* Súmula 150 do STF.
- → *v.* Art. 312 do NCPC.

Parágrafo único. A interrupção da prescrição retroagirá à data de propositura da ação.

Art. 803. É nula a execução se:

I – o título executivo extrajudicial não corresponder a obrigação certa, líquida e exigível;
- → *v.* Arts. 783 e 786 do NCPC.

II – o **executado** não for regularmente citado;
- → *v.* Art. 239 do NCPC.

III – for instaurada antes de se verificar a condição ou de ocorrer o termo.
- → *v.* Arts. 121 a 131 e 135 do CC/2002.
- → *v.* Arts. 514, 798, I, c, e 917, § 2º, V, do NCPC.

Parágrafo único. A nulidade de que cuida este artigo será pronunciada pelo juiz, de ofício ou a requerimento da parte, independentemente de embargos à execução.

Art. 804. A alienação de bem gravado por penhor, hipoteca ou anticrese será ineficaz em relação ao credor pignoratício, hipotecário ou anticrético não intimado.
- → *v.* Art. 1.501 do CC/2002.
- → *v.* Arts. 799, I a VI e 889, I a VII, do NCPC.
- → *v.* Enunciado 447 do FPPC: O exequente deve providenciar a intimação da União, Estados e Municípios no caso de penhora de bem tombado.

§ 1º A alienação de bem objeto de promessa de compra e venda ou de cessão registrada será ineficaz em relação ao promitente comprador ou ao cessionário não intimado.

§ 2º A alienação de bem sobre o qual tenha sido instituído direito de superfície, seja do solo, da plantação ou da construção, será ineficaz em relação ao concedente ou ao concessionário não intimado.

§ 3º A alienação de direito aquisitivo de bem objeto de promessa de venda, de promessa de cessão ou de alienação fiduciária será ineficaz em relação ao promitente vendedor, ao promitente cedente ou ao proprietário fiduciário não intimado.

§ 4º A alienação de imóvel sobre o qual tenha sido instituída enfiteuse, concessão de uso especial para fins de moradia ou concessão de direito real de uso, será ineficaz em relação ao enfiteuta ou concessionário não intimado.

§ 5º A alienação de direitos do enfiteuta, do concessionário de direito real de uso ou do concessionário de uso especial para fins de moradia será ineficaz em relação ao proprietário do respectivo imóvel não intimado.

§ 6º A alienação de bem sobre o qual tenha sido instituído usufruto, uso ou habitação será ineficaz em relação ao titular desses direitos reais não intimado.

Art. 805. Quando por vários meios o **exequente** puder promover a execução, o juiz mandará que se faça pelo modo menos gravoso para o **executado**.

→ v. Súmula 417 do STJ.
→ v. Arts. 798, II, a, 829, § 2º, 847 e 867 do NCPC.

Parágrafo único. Ao executado que alegar ser a medida executiva mais gravosa incumbe indicar outros meios mais eficazes e menos onerosos, sob pena de manutenção dos atos executivos já determinados.

Capítulo II
Da Execução para a Entrega de Coisa

Seção I
Da Entrega de Coisa Certa

Art. 806. O devedor de obrigação de entrega de coisa certa, constante de título executivo extrajudicial, será citado para, **em 15 (quinze) dias**, satisfazer a obrigação.

→ v. Art. 35, I, do CDC.
→ v. Arts. 233 a 242 do CC/2002.
→ v. Art. 231 do NCPC.

§ 1º Ao despachar a inicial, o juiz poderá fixar multa por dia de atraso no cumprimento da obrigação, ficando o respectivo valor sujeito a alteração, caso se revele insuficiente ou excessivo.

→ v. Art. 52, V da Lei 9.099/1995.
→ v. Enunciado 12 do FPPC: A aplicação das medidas atípicas sub-rogatórias e coercitivas é cabível em qualquer obrigação no cumprimento de sentença ou execução de título executivo extrajudicial. Essas medidas, contudo, serão aplicadas de forma subsidiária às medidas tipificadas, com observação do contraditório, ainda que diferido, e por meio de decisão à luz do art. 489, § 1º, I e II.

§ 2º Do mandado de citação constará ordem para imissão na posse ou busca e apreensão, conforme se tratar de bem imóvel ou móvel, cujo cumprimento se dará de imediato, se o executado não satisfizer a obrigação no prazo que lhe foi designado.

Art. 807. Se o executado entregar a coisa, **será lavrado** o termo respectivo e **considerada satisfeita a obrigação, prosseguindo-se a execução** para o pagamento de frutos ou o ressarcimento de prejuízos, **se houver**.

→ v. Arts. 924, II e 925 do NCPC.

Art. 808. Alienada a coisa quando já litigiosa, **será expedido** mandado contra o terceiro adquirente, que somente será ouvido após depositá-la.

→ v. Arts. 109, 240, 674 e 792 do NCPC.

Art. 809. O **exequente** tem direito a receber, além de perdas e danos, o valor da coisa, quando essa se deteriorar, não lhe for entregue, não for encontrada ou não for reclamada do poder de terceiro adquirente.

§ 1º Não constando do título o valor da coisa e sendo impossível sua avaliação, o exequente apresentará estimativa, sujeitando-a ao arbitramento judicial.

§ 2º Serão apurados em liquidação o valor da coisa e os prejuízos.

Art. 810. Havendo benfeitorias indenizáveis feitas na coisa pelo **executado** ou por terceiros de cujo poder ela houver sido tirada, a liquidação prévia é obrigatória.

Parágrafo único. Havendo saldo:

I – em favor do executado ou de terceiros, o exequente o depositará ao requerer a entrega da coisa;

II – em favor do exequente, esse poderá cobrá-lo nos autos do mesmo processo.

→ v. Arts. 96, 242 e 1.219 a 1.222 do CC/2002.

Seção II
Da Entrega de Coisa Incerta

Art. 811. Quando a execução recair sobre coisa determinada pelo gênero e pela quantidade, o executado será citado para entregá-la individualizada, se lhe couber a escolha.

Parágrafo único. Se a escolha couber ao **exequente**, esse deverá indicá-la na petição inicial.

→ v. Arts. 243 a 246 do CC/2002.
→ v. Art. 15 da Lei 8.929/1994 – Cédula de produto rural.

Art. 812. Qualquer das partes poderá, **no prazo de 15 (quinze) dias**, impugnar a escolha feita pela outra, e o juiz decidirá de plano ou, se necessário, ouvindo perito de sua nomeação.

Art. 813. Aplicar-se-ão à execução para entrega de coisa incerta, no que couber, **as disposições da Seção I deste Capítulo**.

Capítulo III
Da Execução das Obrigações de Fazer ou de Não Fazer

Seção I
Disposições Comuns

Art. 814. Na execução de obrigação de fazer ou de não fazer fundada em título extrajudicial, ao despachar a inicial, o juiz fixará multa por **período** de atraso no cumprimento da obrigação e a data a partir da qual será devida.

Parágrafo único. Se o valor da multa estiver previsto no título e for excessivo, o juiz poderá reduzi-lo.

→ v. Arts. 498 e 536, § 1º do NCPC.
→ v. Enunciado 12 do FPPC: A aplicação das medidas atípicas sub-rogatórias e coercitivas é cabível em qualquer obrigação no cumprimento de sentença ou execução de título executivo extrajudicial. Essas medidas, contudo, serão aplicadas de forma subsidiária às medidas tipificadas, com observação do contraditório, ainda que diferido, e por meio de decisão à luz do art. 489, § 1º, I e II.

Seção II
Da Obrigação de Fazer

Art. 815. Quando o objeto da execução for obrigação de fazer, o **executado** será citado para satisfazê-la no prazo que o juiz lhe designar, se outro não estiver determinado no título executivo.

→ v. Súmula 410 do STJ.
→ v. Arts. 247 a 249 do CC/2002.

Art. 816. Se o executado não satisfizer a obrigação no prazo designado, é lícito ao **exequente**, nos próprios autos do processo, requerer a satisfação da obrigação à custa do executado ou perdas e danos, **hipótese** em que se converterá em indenização.

→ v. Art. 249 do CC/2002.
→ v. Arts. 35 e 84 do CDC.
→ v. Art. 820 do NCPC.

Parágrafo único. O valor das perdas e danos será apurado em liquidação, seguindo-se a execução para cobrança de quantia certa.

→ v. Arts. 509 a 512 e 824 e seguintes do NCPC.

Art. 817. Se a obrigação puder ser satisfeita por terceiro, é lícito ao juiz **autorizar**, a requerimento do exequente, que aquele a **satisfaça** à custa do executado.

Parágrafo único. O exequente adiantará as quantias previstas na proposta que, ouvidas as partes, o juiz houver aprovado.

→ v. Art. 819 do NCPC.

Art. 818. Realizada a prestação, o juiz ouvirá as partes no prazo de 10 (dez) dias e, não havendo impugnação, **considerará satisfeita** a obrigação.

→ v. Art. 924, II do NCPC.

Parágrafo único. Caso haja impugnação, o juiz a decidirá.

Art. 819. Se o terceiro contratado não **realizar a prestação** no prazo ou se o **fizer** de modo incompleto ou defeituoso, poderá o **exequente** requerer ao juiz, **no prazo de 15 (quinze) dias**, que o autorize a concluí-la ou a repará-la à custa do contratante.

Parágrafo único. Ouvido o contratante **no prazo de 15 (quinze) dias**, o juiz mandará avaliar o custo das despesas necessárias e o condenará a pagá-lo.

Art. 820. Se o exequente quiser executar ou mandar executar, sob sua direção e vigilância, as obras e os trabalhos necessários à realização da prestação, terá preferência, em igualdade de condições de oferta, em relação ao terceiro.

Parágrafo único. O direito de preferência deverá ser exercido no prazo de **5 (cinco) dias**, após aprovada a proposta do terceiro.

Art. 821. Na obrigação de fazer, quando se convencionar que o **executado** a satisfaça pessoalmente, o **exequente** poderá requerer ao juiz que lhe assine prazo para cumpri-la.

Parágrafo único. Havendo recusa ou mora do **executado**, sua obrigação pessoal será **convertida** em perdas e danos, caso em que se observará o **procedimento de execução por quantia certa**.

→ v. Art. 247 do CC/2002.

Seção III
Da Obrigação de Não Fazer

Art. 822. Se o **executado** praticou ato a cuja abstenção estava obrigado por lei ou por contrato, o **exequente** requererá ao juiz que assine prazo **ao executado** para desfazê-lo.

→ v. Art. 251 do CC/2002.
→ v. Enunciado 444 do FPPC: Para o processo de execução de título extrajudicial de obrigação de não fazer, não é necessário propor a ação de

conhecimento para que o juiz possa aplicar as normas decorrentes dos arts. 536 e 537 do FPPC.

Art. 823. Havendo recusa ou mora do **executado**, o **exequente** requererá ao juiz que mande desfazer o ato à custa **daquele, que responderá** por perdas e danos.

Parágrafo único. Não sendo possível desfazer-se o ato, a obrigação resolve-se em perdas e danos, **caso em que, após a liquidação, se observará o procedimento de execução por quantia certa.**

→ v. Arts. 509 a 512 e 824 e seguintes do NCPC.
→ v. Enunciado 444 do FPPC: Para o processo de execução de título extrajudicial de obrigação de não fazer, não é necessário propor a ação de conhecimento para que o juiz possa aplicar as normas decorrentes dos arts. 536 e 537 do FPPC.

Capítulo IV
Da Execução por Quantia Certa

Seção I
Disposições Gerais

Art. 824. A execução por quantia certa realiza-se **pela expropriação** de bens do **executado, ressalvadas** as **execuções especiais.**

→ v. Arts. 31 a 38 do Dec.-lei 70/1966.
→ v. Lei 6.830/1980.
→ v. Arts. 789 a 791 e 910 a 913 do NCPC.
→ v. Enunciado 12 do FPPC: A aplicação das medidas atípicas sub-rogatórias e coercitivas é cabível em qualquer obrigação no cumprimento de sentença ou execução de título executivo extrajudicial. Essas medidas, contudo, serão aplicadas de forma subsidiária às medidas tipificadas, com observação do contraditório, ainda que diferido, e por meio de decisão à luz do art. 489, § 1º, I e II.

Art. 825. A expropriação consiste em:

I – adjudicação;
→ v. Arts. 876 a 878 do NCPC.

II – alienação;
→ v. Arts. 879 a 903 do NCPC.

III – **apropriação de** frutos e **rendimentos de empresa ou de estabelecimentos e de outros bens.**
→ v. Arts. 867 a 869 do NCPC.

Art. 826. Antes de adjudicados ou alienados os bens, o executado pode, a todo tempo, remir a execução, pagando ou consignando a importância atualizada da dívida, acrescida de juros, custas e honorários advocatícios.

→ v. Arts. 304 e 305 do CC/2002.
→ v. Art. 19, I e II, da Lei 6.830/1980.
→ v. Arts. 902, 903 e 924, II do NCPC.

Seção II
Da Citação do Devedor e do Arresto

Art. 827. Ao despachar a inicial, o juiz fixará, de plano, os honorários **advocatícios de dez por cento**, a serem pagos pelo executado.

→ v. Art. 85 do NCPC.

§ 1º No caso de integral pagamento no prazo de 3 (três) dias, **o valor dos honorários advocatícios** será reduzido pela metade.

§ 2º O valor dos honorários poderá ser elevado até vinte por cento, quando rejeitados os embargos à execução, podendo a majoração, caso não opostos os embargos, ocorrer ao final do procedimento executivo, levando-se em conta o trabalho realizado pelo advogado do exequente.

→ v. Enunciado 51 da ENFAM: A majoração de honorários advocatícios prevista no art. 827, § 2º, do CPC/2015 não é aplicável à impugnação ao cumprimento de sentença.
→ v. Enunciado 450 do FPPC: Aplica-se a regra decorrente do art. 827, § 2º, ao cumprimento de sentença.

Art. 828. O exequente poderá obter certidão **de que a execução foi admitida pelo juiz**, com identificação das partes e do valor da causa, para fins de averbação no registro de imóveis, de veículos ou de outros bens sujeitos a penhora, arresto **ou indisponibilidade.**

→ v. Arts. 54, 56 e 57 da Lei 13.097/2015.
→ v. Arts. 792, II e III, 799, IX e 844 do NCPC.
→ v. Enunciado 130 do FPPC: A obtenção da certidão prevista no art. 828 independe de decisão judicial.
→ v. Enunciado 529 do FPPC: As averbações previstas nos arts. 799, IX e 828 são aplicáveis ao cumprimento de sentença.
→ v. Enunciado 539 do FPPC: A certidão a que se refere o art. 828 não impede a obtenção e a averbação de certidão da propositura da execução (art. 799).

§ 1º No prazo de 10 (dez) dias de sua concretização, o exequente deverá comunicar ao juízo as averbações efetivadas.

§ 2º Formalizada penhora sobre bens suficientes para cobrir o valor da dívida, **o exequente providenciará, no prazo de 10 (dez) dias,** o cancelamento das averbações relativas àqueles não penhorados.

§ 3º **O juiz determinará o cancelamento das averbações, de ofício ou a requerimento, caso o exequente não o faça no prazo.**

§ 4º Presume-se em fraude à execução a alienação ou a oneração de bens efetuada após a averbação.

→ v. Art. 792, II do NCPC.

§ 5º O exequente que promover averbação manifestamente indevida **ou não cancelar as averbações nos termos do § 2º** indenizará a parte contrária, processando-se o incidente em autos apartados.

Art. 829. O executado será citado para **pagar a dívida** no prazo de 3 (três) dias, **contado da citação.**

§ 1º **Do mandado de citação constarão, também, a ordem de penhora e a avaliação a serem cumpridas pelo oficial de justiça tão logo verificado o não pagamento no prazo assinalado, de tudo lavrando-se auto, com intimação do executado.**

§ 2º A **penhora recairá** sobre os bens indicados pelo exequente, salvo se outros forem indicados pelo executado e aceitos pelo juiz, **mediante demonstração de que a constrição proposta lhe será menos onerosa e não trará prejuízo ao exequente.**

→ v. Arts. 798, II, c, 805 e 847 do NCPC.

Art. 830. Se o oficial de justiça não encontrar o executado, arrestar-lhe-á tantos bens quantos bastem para garantir a execução.

§ 1º Nos 10 (dez) dias seguintes à efetivação do arresto, o oficial de justiça procurará o executado 2 (duas) vezes em dias distintos e, **havendo suspeita de ocultação, realizará a citação com hora certa**, certificando pormenorizadamente o ocorrido.

→ v. Arts. 252 a 254 do NCPC.

§ 2º **Incumbe ao exequente requerer a citação por edital, uma vez frustradas a pessoal e a com hora certa.**

→ v. Súmula 196 do STJ.
→ v. Arts. 256 a 258 do NCPC.

§ 3º **Aperfeiçoada a citação e transcorrido o prazo de pagamento, o arresto converter-se-á em penhora, independentemente de termo.**

Seção III
Da Penhora, do Depósito e da Avaliação

Subseção I
Do Objeto da Penhora

Art. 831. A penhora deverá recair sobre tantos bens quantos bastem para o pagamento do principal atualizado, dos juros, das custas e dos honorários advocatícios.

→ v. Súmula 560 do STJ.
→ v. Súmula 44 do TFR.
→ v. Arts. 212, § 2º, 838 e 921, III, do NCPC.

Art. 832. Não estão sujeitos à execução os bens que a lei considera impenhoráveis ou inalienáveis.

→ v. Súmulas 205, 449 ,e 486 e 549 do STJ.
→ v. Arts. 1.711 a 1.722 do CC/2002.
→ v. Lei 8.009/1990 – Dispõe sobre a impenhorabilidade do bem de família.

Art. 833. São impenhoráveis:

→ v. Súmulas 205, e 364 e 549 do STJ.
→ v. Art. 69 do Dec.-lei 167/1967.
→ v. Art. 57 do Dec.-lei 413/1969.
→ v. Art. 5º, parágrafo único, do Dec.-lei 911/1969.
→ v. Art. 10 da Lei 6.830/1980.
→ v. Art. 108, § 4º da Lei 11.101/2005.
→ v. Lei 4.673/1965 – Aplica aos bens penhorados em execuções fiscais as normas de impenhorabilidade do art. 942 do Código do Processo Civil.

I – os bens inalienáveis e os declarados, por ato voluntário, não sujeitos à execução;

→ v. Art. 1.911 do CC/2002.

II – os móveis, os pertences e as utilidades domésticas que guarneçam a residência do executado, salvo os de elevado valor ou os que ultrapassem as necessidades comuns correspondentes a um médio padrão de vida;

III – os vestuários, bem como os pertences de uso pessoal do executado, salvo se de elevado valor;

IV – os vencimentos, os subsídios, os soldos, os salários, as remunerações, os proventos de aposentadoria, as pensões, os pecúlios e os montepios, **bem como** as quantias recebidas por liberalidade de terceiro e destinadas ao sustento do devedor e de sua família, os ganhos de trabalhador autônomo e os honorários de profissional liberal, **ressalvado o § 2º**;

→ v. Art. 114 da Lei 8.213/1991.

V – os livros, as máquinas, as ferramentas, os utensílios, os instrumentos ou outros bens móveis necessários ou úteis ao exercício da profissão do executado;

→ v. Súmula 451 do STJ.
→ v. Art. 5º, parágrafo único, do Dec.-lei 911/1969.

VI – o seguro de vida;

VII – os materiais necessários para obras em andamento, salvo se essas forem penhoradas;

VIII – a pequena propriedade rural, assim definida em lei, desde que trabalhada pela família;
→ v. Art. 5º, XXVI, da CF/1988.
→ v. Art. 4º, § 2º da Lei 8.009/1990.

IX – os recursos públicos recebidos por instituições privadas para aplicação compulsória em educação, saúde ou assistência social;

X – a quantia depositada em caderneta de poupança, até o limite de 40 (quarenta) salários mínimos;

XI – os recursos públicos do fundo partidário recebidos por partido político, nos termos da lei;
→ v. Arts. 38 a 44 da Lei 9.096/1995.
→ v. Art. 854, § 9º do NCPC.

XII – os créditos oriundos de alienação de unidades imobiliárias, sob regime de incorporação imobiliária, vinculados à execução da obra.
→ v. Art. 28 e seguintes da Lei 4.591/1964.

§ 1º A impenhorabilidade não é oponível à execução de dívida relativa ao próprio bem, inclusive àquela contraída para sua aquisição.

§ 2º O disposto nos incisos IV e X do caput não se aplica à hipótese de penhora para pagamento de prestação alimentícia, independentemente de sua origem, bem como às importâncias excedentes a 50 (cinquenta) salários mínimos mensais, devendo a constrição observar o disposto no art. 528, § 8º, e no art. 529, § 3º.
→ v. Arts. 911 a 913 do NCPC.

§ 3º Incluem-se na impenhorabilidade prevista no inciso V do caput os equipamentos, os implementos e as máquinas agrícolas pertencentes a pessoa física ou a empresa individual produtora rural, exceto quando tais bens tenham sido objeto de financiamento e estejam vinculados em garantia a negócio jurídico ou que respondam por dívida de natureza alimentar, trabalhista ou previdenciária.

Art. 834. Podem ser penhorados, à falta de outros bens, os frutos e os rendimentos dos bens inalienáveis.

Art. 835. A penhora observará, preferencialmente, a seguinte ordem:
→ v. Súmula 560 do STJ.
→ v. Art. 11 da Lei 6.830/1980.

I – dinheiro, em espécie ou em depósito ou aplicação em instituição financeira;
→ v. Súmulas 328 e 417 do STJ.
→ v. Art. 854 do NCPC.

II – títulos da dívida pública da União, dos Estados e do Distrito Federal com cotação em mercado;

III – títulos e valores mobiliários com cotação em mercado;

IV – veículos de via terrestre;

V – bens imóveis;

→ v. Arts. 79 a 81 do CC/2002.

VI – bens móveis em geral;
→ v. Arts. 82 a 84 do CC/2002.

VII – semoventes;
→ v. Art. 862 do NCPC.

VIII – navios e aeronaves;
→ v. Art. 155 da Lei 7.565/1986.
→ v. Art. 864 do NCPC.

IX – ações e quotas de sociedades **simples** e empresárias;
→ v. Art. 860 do NCPC.
→ v. Súmula 451 do STJ.

X – percentual do faturamento de empresa devedora;
→ v. Art. 866 do NCPC.

XI – pedras e metais preciosos;
→ v. Art. 840, § 3º do NCPC.

XII – direitos aquisitivos derivados de promessa de compra e venda e de alienação fiduciária em garantia;

XIII – outros direitos.
→ v. Arts. 855 a 860 e 867 a 869 do NCPC.

§ 1º É prioritária a penhora em dinheiro, podendo o juiz, nas demais hipóteses, alterar a ordem prevista no *caput* de acordo com as circunstâncias do caso concreto.
→ v. Súmula 417 do STJ.

§ 2º **Para fins de substituição da penhora, equiparam-se a dinheiro** a fiança bancária e o seguro garantia judicial, **desde que** em valor não inferior ao do débito constante da inicial, acrescido de trinta por cento.
→ v. Art. 9º, II e § 3º, da Lei 6.830/1980.
→ v. Art. 848, parágrafo único, do NCPC.

§ 3º Na execução de crédito com **garantia real**, a penhora recairá sobre a coisa dada em garantia, e, se a coisa pertencer a terceiro garantidor, este também será intimado da penhora.
→ v. Arts. 674, § 2º, IV e 779, V, do NCPC.

Art. 836. Não se levará a efeito a penhora quando ficar evidente que o produto da execução dos bens encontrados será totalmente absorvido pelo pagamento das custas da execução.

§ 1º **Quando não encontrar bens penhoráveis, independentemente de determinação judicial expressa**, o oficial **de justiça** descreverá na certidão os bens que guarnecem a residência ou o estabelecimento **do executado, quando este for pessoa jurídica.**
→ v. Art. 921, III, do NCPC.

§ 2º Elaborada a lista, o executado ou seu representante legal será nomeado depositário provisório de tais bens até ulterior determinação do juiz.
→ v. Art. 839 do NCPC.

Subseção II
Da Documentação da Penhora,
de seu Registro e do Depósito

Art. 837. Obedecidas as normas de segurança instituídas sob critérios uniformes **pelo Conselho Nacional de Justiça**, a penhora de **dinheiro** e as averbações de penhoras de bens imóveis e móveis podem ser realizadas por meio eletrônico.
→ v. Arts. 193 e 854 do NCPC.

Art. 838. A penhora será realizada mediante auto **ou termo**, que conterá:
→ v. Arts. 154, I, 845, § 1º e 872 do NCPC.

I – a indicação do dia, do mês, do ano e do lugar em que foi feita;

II – os nomes do **exequente** e do **executado**;

III – a descrição dos bens penhorados, com as suas características;

IV – a nomeação do depositário dos bens.
→ v. Súmula 319 do STJ.
→ v. Art. 862 do NCPC.

Art. 839. Considerar-se-á feita a penhora mediante a apreensão e o depósito dos bens, lavrando-se um só auto se as diligências forem concluídas no mesmo dia.

Parágrafo único. Havendo mais de uma penhora, serão lavrados autos individuais.

Art. 840. Serão preferencialmente depositados:
→ v. Art. 32 da Lei 6.830/1980.
→ v. Arts. 856, § 1º, 866, § 2º e 868 do NCPC.

I – **as quantias em dinheiro, os papéis de crédito e as pedras e os metais preciosos**, no Banco do Brasil, **na Caixa Econômica Federal** ou em banco do qual o Estado **ou o Distrito Federal** possua mais da metade do capital social integralizado, ou, na falta desses estabelecimentos, em qualquer **instituição** de crédito designada pelo juiz;
→ v. Arts. 35, § 2º e 38, § 1º, da Lei 6.766/1979.
→ v. Dec.-lei 1.737/1979.
→ v. Súmula 257 do TFR.

II – os móveis, **os semoventes**, os imóveis urbanos **e os direitos aquisitivos sobre imóveis urbanos**, em poder do depositário judicial;
→ v. Art. 862 do NCPC.

III – os imóveis rurais, os direitos aquisitivos sobre imóveis rurais, as máquinas, os utensílios e os instrumentos necessários ou úteis à atividade agrícola, mediante caução idônea, em poder do executado.

§ 1º No caso do inciso II do *caput*, se não houver depositário judicial, os bens ficarão em poder do exequente.

§ 2º Os bens poderão ser depositados em poder do executado **nos casos de difícil remoção ou quando anuir o exequente**.

§ 3º As joias, as pedras e os objetos preciosos deverão ser depositados com registro do valor estimado de resgate.

Art. 841. Formalizada a penhora por qualquer dos meios legais, dela será imediatamente intimado o executado.

§ 1º A intimação da penhora será feita ao advogado do executado ou à sociedade de advogados a que aquele pertença.
→ v. Arts. 269 a 275 do NCPC.

§ 2º Se não houver constituído advogado nos autos, o executado será intimado pessoalmente, de preferência por via postal.

§ 3º O disposto no § 1º não se aplica aos casos de penhora realizada na presença do executado, que se reputa intimado.

§ 4º Considera-se realizada a intimação a que se refere o § 2º quando o executado houver mudado de endereço sem prévia comunicação ao juízo, observado o disposto no parágrafo único do art. 274.

Art. 842. Recaindo a penhora sobre bem imóvel **ou direito real sobre imóvel,** será intimado também o cônjuge do executado, **salvo se forem casados em regime de separação absoluta de bens.**
→ v. Arts. 1.641, 1.687 e 1.688 do CC/2002.

Art. 843. Tratando-se de penhora de bem indivisível, **o equivalente à quota-parte do coproprietário ou** do cônjuge alheio à execução recairá sobre o produto da alienação do bem.
→ v. Enunciado 329 do FPPC: Na execução trabalhista deve ser preservada a quota parte de bem indivisível do coproprietário ou do cônjuge alheio à execução, sendo-lhe assegurado o direito de preferência na arrematação do bem em igualdade de condições.

§ 1º É reservada ao coproprietário ou ao cônjuge não executado a preferência na arrematação do bem em igualdade de condições.

§ 2º Não será levada a efeito expropriação por preço inferior ao da avaliação na qual o valor auferido seja incapaz de garantir, ao coproprietário ou ao cônjuge alheio à execução, o correspondente à sua quota-parte calculado sobre o valor da avaliação.

Art. 844. Para presunção absoluta de conhecimento por terceiros, **cabe ao exequente providenciar a averbação do arresto ou da penhora no registro competente,** mediante apresentação de **cópia do auto ou do termo,** independentemente de mandado judicial.
→ v. Súmula 375 do STJ.
→ v. Art. 167, I-5, da Lei 6.015/1973.
→ v. Arts. 792, III e 799, IX, do NCPC.

Subseção III
Do Lugar de Realização da Penhora

Art. 845. Efetuar-se-á a penhora onde se encontrem os bens, ainda que sob a posse, a detenção ou a guarda de terceiros.

§ 1º A penhora de imóveis, independentemente de onde se localizem, quando apresentada certidão da respectiva matrícula, **e a penhora de veículos automotores, quando apresentada certidão que ateste a sua existência,** serão realizadas por termo nos autos.

§ 2º Se o **executado** não tiver bens no foro do processo, **não sendo possível a realização da penhora nos termos do § 1º,** a execução **será feita** por carta, penhorando-se, avaliando-se e alienando-se os bens no foro da situação.
→ v. Súmula 46 do STJ.
→ v. Súmulas 32 e 33 do TFR.
→ v. Arts. 260 a 268 e 914, § 2º, do NCPC.

Art. 846. Se o **executado** fechar as portas da casa a fim de obstar a penhora dos bens, o oficial de justiça comunicará o fato ao juiz, solicitando-lhe ordem de arrombamento.

§ 1º Deferido o pedido, 2 (dois) oficiais de justiça cumprirão o mandado, arrombando **cômodos** e móveis **em que se presuma estarem** os bens, e lavrarão de tudo auto circunstanciado, que será assinado por 2 (duas) testemunhas presentes à diligência.

§ 2º Sempre que necessário, o juiz requisitará força policial, a fim de auxiliar os oficiais de justiça na penhora dos bens.
→ v. Art. 782, § 2º, do NCPC.

§ 3º Os oficiais de justiça lavrarão em duplicata o auto da **ocorrência,** entregando uma via ao escrivão **ou ao chefe de secretaria,** para ser juntada aos autos, e a outra à autoridade policial **a quem couber a apuração criminal dos eventuais delitos de desobediência ou de resistência.**
→ v. Arts. 329 e 330 do CP.

§ 4º Do auto da **ocorrência** constará o rol de testemunhas, com a respectiva qualificação.

Subseção IV
Das Modificações da Penhora

Art. 847. O executado pode, no prazo de 10 (dez) dias contado da intimação da penhora, requerer a substituição do bem penhorado, desde que comprove que lhe será menos onerosa e não trará prejuízo ao exequente.
→ v. Art. 15, I, da Lei 6.830/1980.
→ v. Art. 805 do NCPC.

§ 1º **O juiz só autorizará a substituição se o executado**:

I – **comprovar** as respectivas matrículas e os registros **por certidão do correspondente ofício,** quanto aos bens imóveis;

II – **descrever** os bens móveis, **com todas as suas propriedades e características,** bem como o estado deles e o lugar onde se encontram;

III – **descrever** os semoventes, **com indicação de espécie,** de **número,** de **marca ou sinal e** do **local** onde se encontram;

IV – **identificar** os créditos, **indicando quem seja** o devedor, qual a origem da dívida, o título que a representa e a data do vencimento; e

V – atribuir, **em qualquer caso,** valor aos bens indicados à penhora, **além de especificar os ônus e os encargos a que estejam sujeitos.**

§ 2º Requerida a substituição do bem penhorado, o executado deve indicar onde se encontram os bens sujeitos à execução, exibir a prova de sua propriedade e a certidão negativa ou positiva de ônus, bem como abster-se de qualquer atitude que dificulte ou embarace a realização da penhora.
→ v. Art. 774 do NCPC.

§ 3º O executado somente poderá oferecer bem imóvel em substituição caso o requeira com a expressa anuência do cônjuge, **salvo se o regime for o de separação absoluta de bens.**
→ v. Arts. 1.641, 1.687 e 1.688 do CC/2002.

§ 4º O juiz intimará o exequente para manifestar- se sobre o requerimento de substituição do bem penhorado.

Art. 848. As partes poderão requerer a substituição da penhora se:
→ v. Súmula 406 do STJ.

I – ela não obedecer à ordem legal;
→ v. Art. 11 da Lei 6.830/1980.

→ v. Art. 835 do NCPC.

II – ela não incidir sobre os bens designados em lei, contrato ou ato judicial para o pagamento;
→ v. Enunciado 490 do FPPC: São admissíveis os seguintes negócios processuais, entre outros: pacto de inexecução parcial ou total de multa coercitiva; pacto de alteração de ordem de penhora; pré-indicação de bem penhorável preferencial (art. 848, II); pré-fixação de indenização por dano processual prevista nos arts. 81, § 3º, 520, inc. I, 297, parágrafo único (cláusula penal processual); negócio de anuência prévia para aditamento ou alteração do pedido ou da causa de pedir até o saneamento (art. 329, inc. II).

III – havendo bens no foro da execução, outros tiverem sido penhorados;

IV – havendo bens livres, ela tiver recaído sobre bens já penhorados ou objeto de gravame;

V – ela incidir sobre bens de baixa liquidez;

VI – fracassar a tentativa de alienação judicial do bem; ou

VII – o executado não indicar o valor dos bens ou omitir qualquer das indicações previstas em lei.

Parágrafo único. A penhora pode ser substituída por fiança bancária ou por seguro garantia judicial, em valor não inferior ao do débito constante da inicial, acrescido de trinta por cento.
→ v. Art. 15, I, da Lei 6.830/1980.
→ v. Art. 835, § 2º, do NCPC.

Art. 849. Sempre que ocorrer a substituição dos bens inicialmente penhorados, será lavrado novo termo.
→ v. Art. 838 do NCPC.

Art. 850. Será admitida a redução ou a ampliação da penhora, bem como sua transferência para outros bens, se, no curso do processo, o valor de mercado dos bens penhorados sofrer alteração significativa.
→ v. Art. 15, II, da Lei 6.830/1980.

Art. 851. Não se procede à segunda penhora, salvo se:

I – a primeira for anulada;

II – executados os bens, o produto da alienação não bastar para o pagamento do **exequente**;
→ v. Súmula 224 do TFR.
→ v. Art. 872, II, do NCPC.

III – o **exequente** desistir da primeira penhora, por serem litigiosos os bens ou por estarem **submetidos a constrição judicial.**

Art. 852. O juiz determinará a alienação antecipada dos bens penhorados quando:
→ v. Art. 730 do NCPC.

I – **se tratar de veículos automotores, de pedras e metais preciosos e de outros bens móveis** sujeitos à depreciação ou à deterioração;

II – houver manifesta vantagem.

Art. 853. Quando uma das partes requerer alguma das medidas previstas nesta Subseção, o juiz ouvirá sempre a outra, **no prazo de 3 (três) dias,** antes de decidir.

Parágrafo único. O juiz decidirá de plano qualquer questão suscitada.

Subseção V
Da Penhora de Dinheiro em Depósito ou em Aplicação Financeira

Art. 854. Para possibilitar a penhora de dinheiro em depósito ou em aplicação financeira, o juiz, a requerimento do exequente, **sem dar ciência prévia do ato ao executado, determinará às instituições financeiras, por meio de sistema eletrônico gerido pela autoridade supervisora do sistema financeiro nacional, que torne indisponíveis ativos financeiros existentes** em nome do executado, **limitando-se a indisponibilidade ao** valor indicado na execução.

→ v. Súmula 560 do STJ.
→ v. Art. 837 do NCPC.
→ v. Enunciado 540 do FPPC: A disciplina procedimental para penhora de dinheiro prevista no art. 854 é aplicável ao procedimento de execução fiscal.

§ 1º No prazo de 24 (vinte e quatro) horas a contar da resposta, de ofício, o juiz determinará o cancelamento de eventual indisponibilidade excessiva, o que deverá ser cumprido pela instituição financeira em igual prazo.

§ 2º Tornados indisponíveis os ativos financeiros do executado, este será intimado na pessoa de seu advogado ou, não o tendo, pessoalmente.

§ 3º Incumbe ao executado, no prazo de 5 (cinco) dias, comprovar que:

I – as quantias tornadas indisponíveis são impenhoráveis;

→ v. Art. 833 do NCPC.

II – ainda remanesce indisponibilidade excessiva de ativos financeiros.

§ 4º Acolhida qualquer das arguições dos incisos I e II do § 3º, o juiz determinará o cancelamento de eventual indisponibilidade irregular ou excessiva, a ser cumprido pela instituição financeira em 24 (vinte e quatro) horas.

§ 5º Rejeitada ou não apresentada a manifestação do executado, converter-se-á a indisponibilidade em penhora, sem necessidade de lavratura de termo, devendo o juiz da execução determinar à instituição financeira depositária que, no prazo de 24 (vinte e quatro) horas, transfira o montante indisponível para conta vinculada ao juízo da execução.

§ 6º Realizado o pagamento da dívida por outro meio, o juiz determinará, imediatamente, por sistema eletrônico gerido pela autoridade supervisora do sistema financeiro nacional, a notificação da instituição financeira para que, em até 24 (vinte e quatro) horas, cancele a indisponibilidade.

§ 7º As transmissões das ordens de indisponibilidade, de seu cancelamento e de determinação de penhora previstas neste artigo far-se-ão por meio de sistema eletrônico gerido pela autoridade supervisora do sistema financeiro nacional.

§ 8º A instituição financeira será responsável pelos prejuízos causados ao executado em decorrência da indisponibilidade de ativos financeiros em valor superior ao indicado na execução ou pelo juiz, bem como na hipótese de não cancelamento da indisponibilidade no prazo de 24 (vinte e quatro) horas, quando assim determinar o juiz.

→ v. Enunciado 541 do FPPC: A responsabilidade que trata o art. 854, § 8º, é objetiva e as perdas e danos serão liquidadas de forma incidental, devendo ser imediatamente intimada a instituição financeira para preservação do contraditório.

§ 9º Quando se tratar de execução contra partido político, o juiz, a requerimento do exequente, **determinará às instituições financeiras, por meio de sistema eletrônico gerido por autoridade supervisora do sistema bancário, que** tornem **indisponíveis ativos financeiros somente** em nome do órgão partidário que tenha contraído a dívida executada ou que tenha dado causa à violação de direito ou ao dano, ao qual cabe exclusivamente a responsabilidade pelos atos praticados, **na forma da lei.**

→ v. Art. 15-A da Lei 9.096/1995.

Subseção VI
Da Penhora de Créditos

Art. 855. Quando recair em crédito do **executado**, enquanto não ocorrer a hipótese prevista **no art.** 856, considerar-se-á feita a penhora pela intimação:

I – ao terceiro devedor para que não pague ao executado, seu credor;

→ v. Art. 312 do CC/2002.

II – **ao executado**, credor do terceiro, para que não pratique ato de disposição do crédito.

Art. 856. A penhora de crédito representado por letra de câmbio, nota promissória, duplicata, cheque ou outros títulos far-se-á pela apreensão do documento, esteja ou não este em poder do **executado**.

§ 1º Se o título não for apreendido, mas o terceiro confessar a dívida, será **este tido** como depositário da importância.

§ 2º O terceiro só se exonerará da obrigação depositando em juízo a importância da dívida.

→ v. Art. 312 do CC/2002.

§ 3º Se o terceiro negar o débito em conluio com o **executado**, a quitação que este lhe der **caracterizará** fraude à execução.

→ v. Art. 792 do NCPC.

§ 4º A requerimento do **exequente**, o juiz determinará o comparecimento, em audiência especialmente designada, do **executado** e do terceiro, a fim de lhes tomar os depoimentos.

Art. 857. Feita a penhora em direito e ação do **executado**, e não tendo ele oferecido embargos ou sendo estes rejeitados, o **exequente** ficará sub-rogado nos direitos do executado até a concorrência de seu crédito.

→ v. Art. 349 do CC/2002.
→ v. Art. 915 do NCPC.

§ 1º O **exequente** pode preferir, em vez da sub-rogação, a alienação judicial do direito penhorado, caso em que declarará sua vontade no prazo de 10 (dez) dias contado da realização da penhora.

→ v. Art. 730 do NCPC.

§ 2º A sub-rogação não impede o sub-rogado, se não receber o crédito do **executado**, de prosseguir na execução, nos mesmos autos, penhorando outros bens.

Art. 858. Quando a penhora recair sobre dívidas de dinheiro a juros, de direito a rendas ou de prestações periódicas, o **exequente** poderá levantar os juros, os rendimentos ou as prestações à medida que forem sendo depositados, abatendo-se do crédito as importâncias recebidas, conforme as regras de imputação do pagamento.

→ v. Arts. 352 a 355 do CC/2002.

Art. 859. Recaindo a penhora sobre direito a prestação ou a restituição de coisa determinada, o **executado** será intimado para, no vencimento, depositá-la, correndo sobre ela a execução.

Art. 860. Quando o direito estiver sendo pleiteado em juízo, a penhora que recair sobre ele **será averbada, com destaque,** nos autos pertinentes ao direito e na ação correspondente à penhora, a fim de que esta seja efetivada nos bens que forem adjudicados ou que vierem a caber ao **executado**.

→ v. Art. 642 do NCPC.

Subseção VII
Da Penhora das Quotas ou das Ações de Sociedades Personificadas

Art. 861. Penhoradas as quotas ou as ações de sócio em sociedade simples ou empresária, o juiz assinará prazo razoável, não superior a 3 (três) meses, para que a sociedade:

→ v. Art. 43, § 2º, da Lei 6.404/1976.

I – apresente balanço especial, na forma da lei;

II – ofereça as quotas ou as ações aos demais sócios, observado o direito de preferência legal ou contratual;

III – não havendo interesse dos sócios na aquisição das ações, proceda à liquidação das quotas ou das ações, depositando em juízo o valor apurado, em dinheiro.

§ 1º Para evitar a liquidação das quotas ou das ações, a sociedade poderá adquiri-las sem redução do capital social e com utilização de reservas, para manutenção em tesouraria.

§ 2º O disposto no caput e no § 1º não se aplica à sociedade anônima de capital aberto, cujas ações serão adjudicadas ao exequente ou alienadas em bolsa de valores, conforme o caso.

→ v. Arts. 871, III, 876 a 878, 881, § 2º, e 886, parágrafo único, do NCPC.

§ 3º Para os fins da liquidação de que trata o inciso III do caput, o juiz poderá, a requerimento do exequente ou da sociedade, nomear administrador, que deverá submeter à aprovação judicial a forma de liquidação.

§ 4º O prazo previsto no caput poderá ser ampliado pelo juiz, se o pagamento das quotas ou das ações liquidadas:

I – superar o valor do saldo de lucros ou reservas, exceto a legal, e sem diminuição do capital social, ou por doação; ou

II – colocar em risco a estabilidade financeira da sociedade simples ou empresária.

§ 5º Caso não haja interesse dos demais sócios no exercício de direito de preferência, não ocorra a aquisição das quotas ou das ações pela sociedade e a liquidação do inciso III do caput seja excessivamente onerosa para a sociedade, o juiz poderá determinar o leilão judicial das quotas ou das ações.

Subseção VIII
Da Penhora de Empresa, de Outros Estabelecimentos e de Semoventes

Art. 862. Quando a penhora recair em estabelecimento comercial, industrial ou agrícola, bem como em semoventes, plantações ou edifícios em construção, o juiz nomeará **administrador-depositário**, determinando-lhe que apresente em 10 (dez) dias o plano de administração.

→ v. Art. 825, III, do NCPC.

§ 1º Ouvidas as partes, o juiz decidirá.

§ 2º É lícito às partes **ajustar** a forma de administração e escolher o depositário, hipótese em que o juiz homologará por despacho a indicação.

§ 3º Em relação aos edifícios em construção sob regime de incorporação imobiliária, a penhora somente poderá recair sobre as unidades imobiliárias ainda não comercializadas pelo incorporador.

§ 4º Sendo necessário afastar o incorporador da administração da incorporação, será ela exercida pela comissão de representantes dos adquirentes ou, se se tratar de construção financiada, por empresa ou profissional indicado pela instituição fornecedora dos recursos para a obra, devendo ser ouvida, neste último caso, a comissão de representantes dos adquirentes.

Art. 863. A penhora de empresa que funcione mediante concessão ou autorização far-se-á, conforme o valor do crédito, sobre a renda, sobre determinados bens ou sobre todo o patrimônio, e o juiz nomeará como depositário, de preferência, um de seus diretores.

§ 1º Quando a penhora recair sobre a renda ou sobre determinados bens, o **administrador-depositário** apresentará a forma de administração e o esquema de pagamento, observando-se, quanto ao mais, o disposto em relação **ao regime de penhora de frutos e rendimentos de coisa móvel e imóvel**.

→ v. Arts. 867 a 869 do NCPC.

§ 2º Recaindo a penhora sobre todo o patrimônio, prosseguirá a execução em seus ulteriores termos, ouvindo-se, antes da arrematação ou da adjudicação, o **ente** público que houver outorgado a concessão.

Art. 864. A penhora de navio ou de aeronave não obsta que continuem navegando ou operando até a alienação, mas o juiz, ao conceder a autorização para tanto, não permitirá que **saiam** do porto ou do aeroporto antes que o **executado** faça o seguro usual contra riscos.

→ v. Art. 155 da Lei 7.565/1986.

Art. 865. A penhora de que trata esta Subseção somente será determinada se não houver outro meio eficaz para a efetivação do crédito.

→ v. Art. 805 do NCPC.

Subseção IX
Da Penhora de Percentual de Faturamento de Empresa

Art. 866. Se o executado não tiver outros bens penhoráveis ou se, tendo-os, esses forem de difícil alienação ou insuficientes para saldar o crédito executado, o juiz poderá ordenar a penhora de percentual de faturamento de empresa.

§ 1º O juiz fixará percentual que propicie a satisfação do crédito exequendo em tempo razoável, mas que não torne inviável o exercício da atividade empresarial.

§ 2º O juiz nomeará administrador-depositário, o qual submeterá à aprovação judicial a forma de sua atuação e prestará contas mensalmente, entregando em juízo as quantias recebidas, com os respectivos balancetes mensais, a fim de serem imputadas no pagamento da dívida.

→ v. Arts. 352 a 355 do CC/2002.

§ 3º Na penhora de percentual de faturamento de empresa, observar-se-á, no que couber, o disposto quanto ao regime de penhora de frutos e rendimentos de coisa móvel e imóvel.

Subseção X
Da Penhora de Frutos e Rendimentos de Coisa Móvel ou Imóvel

Art. 867. O juiz pode **ordenar a penhora de frutos e rendimentos de coisa móvel ou imóvel** quando a considerar mais eficiente para o recebimento do crédito e menos gravosa ao executado.

→ v. Art. 805 do NCPC.

Art. 868. Ordenada a penhora de frutos e rendimentos, o juiz nomeará administrador-depositário, que será investido de todos os poderes que concernem à administração do bem e à fruição de seus frutos e utilidades, perdendo o executado o direito de gozo **do bem**, até que o exequente seja pago do principal, dos juros, das custas e dos honorários advocatícios.

§ 1º **A medida** terá eficácia em relação a terceiros a partir da publicação da decisão que a conceda **ou de sua averbação no ofício imobiliário, em caso de imóveis**.

§ 2º O exequente providenciará a averbação no ofício imobiliário mediante a apresentação de certidão de inteiro teor do ato, independentemente de mandado judicial.

Art. 869. O juiz **poderá nomear administrador-depositário o exequente ou o executado, ouvida a parte contrária**, e, **não havendo acordo**, nomeará profissional qualificado para o desempenho da função.

§ 1º O administrador submeterá à aprovação judicial a forma de administração e a de prestar contas periodicamente.

§ 2º Havendo **discordância entre as partes ou entre essas e o administrador**, o juiz decidirá a melhor forma **de administração do bem**.

§ 3º Se o imóvel estiver arrendado, o inquilino pagará o aluguel diretamente ao **exequente**, salvo se houver administrador.

§ 4º O exequente ou o **administrador** poderá celebrar locação do móvel ou do imóvel, ouvido o executado.

§ 5º As quantias recebidas pelo administrador serão entregues ao exequente, a fim de serem imputadas ao pagamento da dívida.

→ v. Arts. 352 a 355 do CC/2002.

§ 6º O exequente dará ao executado, por termo nos autos, quitação das quantias recebidas.

Subseção XI
Da Avaliação

Art. 870. A avaliação será feita pelo oficial de justiça.

→ v. Art. 154, V, do NCPC.

Parágrafo único. Se forem necessários conhecimentos especializados **e o valor da execução o comportar**, o juiz nomeará avaliador, fixando-lhe prazo não superior a 10 (dez) dias para entrega do laudo.

→ v. Art. 13 da Lei 6.830/1980.

Art. 871. Não se procederá à avaliação quando:

I – **uma das partes** aceitar a estimativa feita pela outra;

→ v. Art. 1.484 do CC/2002.

II – se tratar de títulos ou de mercadorias que tenham cotação em bolsa, comprovada por certidão ou publicação no órgão oficial;

III – **se tratar** de títulos da dívida pública, de ações de sociedades e de títulos de crédito negociáveis em bolsa, **cujo valor** será o da cotação oficial do dia, comprovada por certidão ou publicação no órgão oficial;

→ v. Arts. 861, § 2º, 881, § 2º e 886, parágrafo único, do NCPC.

IV – se tratar de veículos automotores ou de outros bens cujo preço médio de mercado possa ser conhecido por meio de pesquisas realizadas por órgãos oficiais ou de anúncios de venda divulgados em meios de comunicação, caso em que caberá a quem fizer a nomeação o encargo de comprovar a cotação de mercado.

Parágrafo único. Ocorrendo a hipótese do inciso I deste artigo, a avaliação poderá ser realizada quando houver fundada dúvida do juiz quanto ao real valor do bem.

Art. 872. A avaliação realizada pelo oficial de justiça constará de vistoria e de laudo anexados ao auto de penhora ou, em caso de perícia realizada por avaliador, de laudo apresentado no prazo fixado pelo juiz, devendo-se, em qualquer hipótese, especificar:

I – os bens, com as suas características, e o estado em que se encontram;

II – o valor dos bens.

§ 1º Quando o imóvel for suscetível de cômoda divisão, **a avaliação**, tendo em conta o crédito reclamado, **será realizada** em partes, sugerindo-se, **com a apresentação de memorial descritivo**, os possíveis desmembramentos **para alienação**.

→ v. Art. 893 do NCPC.

§ 2º Realizada a avaliação e, sendo o caso, apresentada a proposta de desmembramento, as partes serão ouvidas no prazo de 5 (cinco) dias.

Art. 873. É admitida nova avaliação quando:

I – qualquer das partes arguir, fundamentadamente, a ocorrência de erro na avaliação ou dolo do avaliador;

II – se verificar, posteriormente à avaliação, que houve majoração ou diminuição no valor do bem;

III – **o juiz tiver** fundada dúvida sobre o valor atribuído ao bem **na primeira avaliação**.

→ *v.* Arts. 847, § 1º, V e 878 do NCPC.

Parágrafo único. Aplica-se o art. 480 à nova avaliação prevista no inciso III do *caput* deste artigo.

Art. 874. Após a avaliação, o juiz poderá, a requerimento do interessado e ouvida a parte contrária, mandar:

I – reduzir a penhora aos bens suficientes ou transferi-la para outros, se o valor dos bens penhorados for consideravelmente superior ao crédito do exequente e dos acessórios;

II – ampliar a penhora ou transferi-la para outros bens mais valiosos, se o valor dos bens penhorados for inferior ao crédito **do exequente**.

→ *v.* Art. 851, II do NCPC.

Art. 875. Realizadas a penhora e a avaliação, o juiz dará início aos atos de expropriação do bem.

Seção IV
Da Expropriação de Bens
Subseção I
Da Adjudicação

Art. 876. É lícito ao exequente, oferecendo preço não inferior ao da avaliação, requerer que lhe sejam adjudicados os bens penhorados.

§ 1º Requerida a adjudicação, o executado será intimado do pedido:

I – pelo Diário da Justiça, na pessoa de seu advogado constituído nos autos;

II – por carta com aviso de recebimento, quando representado pela Defensoria Pública ou quando não tiver procurador constituído nos autos;

III – por meio eletrônico, quando, sendo o caso do § 1º do art. 246, não tiver procurador constituído nos autos.

§ 2º Considera-se realizada a intimação quando o executado houver mudado de endereço sem prévia comunicação ao juízo, observado o disposto no art. 274, parágrafo único.

§ 3º Se o executado, citado por edital, não tiver procurador constituído nos autos, é dispensável a intimação prevista no § 1º.

→ *v.* Art. 346 do NCPC.

§ 4º Se o valor do crédito for:

I – inferior ao dos bens, o **requerente da adjudicação** depositará de imediato a diferença, que ficará à disposição do executado;

II – superior ao dos bens, a execução prosseguirá pelo saldo remanescente.

§ 5º Idêntico direito pode ser exercido **por aqueles indicados no art. 889, incisos II a VIII**, pelos credores concorrentes que hajam penhorado o mesmo bem, pelo cônjuge, **pelo companheiro**, pelos descendentes ou pelos ascendentes do executado.

§ 6º **Se houver** mais de um pretendente, proceder-se-á a licitação entre eles, **tendo prefe-rência, em caso de igualdade de oferta**, o cônjuge, **o companheiro**, o descendente ou o ascendente, nessa ordem.

§ 7º No caso de penhora de quota social ou de **ação de sociedade anônima fechada** realizada em favor de exequente alheio à sociedade, esta será intimada, **ficando responsável por informar aos sócios a ocorrência da penhora**, assegurando-se a estes a preferência.

→ *v.* Arts. 799, VII, e 861 do NCPC.

Art. 877. Transcorrido o prazo de 5 (cinco) dias, contado da última intimação, e decididas eventuais questões, o juiz ordenará a lavratura do auto de adjudicação.

§ 1º Considera-se perfeita e acabada a adjudicação com a lavratura e a assinatura do auto pelo juiz, pelo **adjudicatário**, pelo escrivão **ou chefe de secretaria**, e, se estiver presente, pelo executado, expedindo-se:

I – a carta de adjudicação **e o mandado de imissão na posse**, quando se tratar de bem imóvel;

II – a ordem de entrega **ao adjudicatário**, quando se tratar de bem móvel.

§ 2º A carta de adjudicação conterá a descrição do imóvel, com remissão à sua matrícula e aos seus registros, a cópia do auto de adjudicação e a prova de quitação do imposto de transmissão.

§ 3º No caso de penhora de bem hipotecado, o executado poderá remi-lo até a assinatura do auto de adjudicação, oferecendo preço igual ao da avaliação, se não tiver havido licitantes, ou ao do maior lance oferecido.

§ 4º Na hipótese de falência ou de insolvência do devedor hipotecário, o direito de remição previsto no § 3º será deferido à massa ou aos credores em concurso, não podendo o exequente recusar o preço da avaliação do imóvel.

Art. 878. Frustradas as tentativas de alienação do bem, será reaberta oportunidade para requerimento de adjudicação, caso em que também se poderá pleitear a realização de nova avaliação.

→ *v.* Art. 921, IV, do NCPC.

Subseção II
Da Alienação

Art. 879. A alienação far-se-á:

I – por iniciativa particular;

II – em leilão judicial eletrônico ou presencial.

Art. 880. Não **efetivada** a adjudicação, o exequente poderá requerer **a alienação** por sua própria iniciativa ou por intermédio de corretor **ou leiloeiro público** credenciado perante o **órgão** judiciário.

→ *v.* Enunciado 192 do FPPC: Alienação por iniciativa particular realizada por corretor ou leiloeiro não credenciado perante o órgão judiciário não invalida o negócio jurídico, salvo se o executado comprovar prejuízo.

§ 1º O juiz fixará o prazo em que a alienação deve ser efetivada, a forma de publicidade, o preço mínimo, as condições de pagamento, as garantias e, se for o caso, a comissão de corretagem.

→ *v.* Art. 870 do NCPC.

§ 2º A alienação será formalizada por termo nos autos, com a assinatura do juiz, do exequente, do adquirente e, se estiver presente, do executado, expedindo-se:

I – a carta de alienação **e o mandado de imissão na posse**, quando se tratar de bem imóvel;

II – a ordem de entrega ao adquirente, quando se tratar de bem móvel.

§ 3º Os tribunais poderão editar disposições complementares sobre o procedimento da alienação prevista neste artigo, **admitindo**, quando for o caso, o concurso de meios eletrônicos, e dispor sobre o credenciamento dos corretores **e leiloeiros públicos**, os quais deverão estar em exercício profissional **por não menos que** 3 (três) anos.

§ 4º Nas localidades em que não houver corretor ou leiloeiro público credenciado nos termos do § 3º, a indicação será de livre escolha do exequente.

Art. 881. A alienação far-se-á em leilão judicial se não efetivada a adjudicação ou a alienação por iniciativa particular.

§ 1º O leilão do bem penhorado será realizado por leiloeiro público.

→ *v.* Decreto 21.981/1932 – Regula a profissão de leiloeiro.

§ 2º Ressalvados os casos de alienação a cargo de corretores de bolsa de valores, todos os demais bens serão alienados em leilão público.

→ *v.* Arts. 860, § 2º, 871, II e III, e 886, parágrafo único, do NCPC.

Art. 882. Não sendo possível a sua realização por meio eletrônico, o leilão será presencial.

§ 1º A alienação judicial por meio eletrônico será realizada, observando-se as garantias processuais das partes, de acordo com regulamentação específica do Conselho Nacional de Justiça.

§ 2º A alienação judicial por meio eletrônico deverá atender aos requisitos de ampla publicidade, autenticidade e segurança, com observância das regras estabelecidas na legislação sobre certificação digital.

→ *v.* Medida Provisória 2.200/2001 – Institui a Infraestrutura de Chaves Públicas Brasileira.

→ *v.* Lei 11.419/2006 – Dispõe sobre a informatização do processo judicial.

§ 3º O leilão presencial será realizado no local designado pelo juiz.

Art. 883. Caberá ao juiz a designação do leiloeiro público, que poderá ser indicado pelo exequente.

Art. 884. Incumbe ao leiloeiro **público**:

I – publicar o edital, anunciando a alienação;

II – realizar o leilão onde se encontrem os bens ou no lugar designado pelo juiz;

III – expor aos pretendentes os bens ou as amostras das mercadorias;

IV – receber e depositar, **dentro de 1 (um) dia**, à ordem do juiz, o produto da alienação;

V – prestar contas **nos 2 (dois) dias** subsequentes ao depósito.

Parágrafo único. O leiloeiro tem o direito de receber do arrematante a comissão estabelecida em lei ou arbitrada pelo juiz.
→ *v.* Art. 23, § 2º da Lei 6.830/1980.

Art. 885. O juiz da execução estabelecerá o preço mínimo, as condições de pagamento e as garantias que poderão ser prestadas pelo arrematante.
→ *v.* Art. 892 do NCPC.
→ *v.* Enunciado 193 do FPPC: Não justifica o adiamento do leilão, nem é causa de nulidade da arrematação, a falta de fixação, pelo juiz, do preço mínimo para a arrematação.

Art. 886. O leilão será precedido de publicação de edital, que conterá:
→ *v.* Art. 22 da Lei 6.830/1980.
→ *v.* Art. 894, § 2º do NCPC.

I – a descrição do bem penhorado, com suas características, e, tratando-se de imóvel, sua situação e suas divisas, com remissão à matrícula e aos registros;

II – o valor pelo qual o bem **foi avaliado, o preço mínimo pelo qual poderá ser alienado, as condições de pagamento e, se for o caso, a comissão do leiloeiro designado;**
→ *v.* Enunciado 193 do FPPC: Não justifica o adiamento do leilão, nem é causa de nulidade da arrematação, a falta de fixação, pelo juiz, do preço mínimo para a arrematação.

III – o lugar onde estiverem os móveis, os veículos e os semoventes e, **tratando-se de créditos** ou direitos, a **identificação** dos autos do processo em que foram penhorados;

IV – **o sítio, na rede mundial de computadores, e o período em que se realizará o leilão, salvo se este se der de modo presencial, hipótese em que** serão indicados o local, o dia e a hora de sua realização;

V – a indicação de local, dia e hora de segundo leilão presencial, para a hipótese de não haver interessado no primeiro;
→ *v.* Súmula 128 do STJ.

VI – menção da existência de ônus, recurso ou processo pendente sobre os bens **a serem leiloados**.
→ *v.* Art. 908, § 1º do NCPC.
→ *v.* Art. 130, parágrafo único, do CTN.

Parágrafo único. No caso de **títulos da dívida pública e** de **títulos** negociados **em bolsa,** constará do edital o valor da última cotação.
→ *v.* Arts. 861, § 2º, 871, II e III, e 881, § 2º, do NCPC.

Art. 887. O leiloeiro público designado adotará providências para a ampla divulgação da alienação.

§ 1º A publicação do edital deverá ocorrer pelo menos 5 (cinco) dias antes da data marcada para o leilão.

§ 2º O edital será publicado na rede mundial de computadores, em sítio designado pelo juízo da execução, e conterá descrição detalhada e, sempre que possível, ilustrada dos bens, informando expressamente se o leilão se realizará de forma eletrônica ou presencial.
→ *v.* Art. 882 do NCPC.

§ 3º **Não sendo possível a publicação na rede mundial de computadores ou considerando o juiz, em atenção às condições da sede do juízo, que esse modo de divulgação é insuficiente ou inadequado,** o edital será afixado em local de costume e publicado, em resumo, pelo menos uma vez em jornal de ampla circulação local.

§ 4º Atendendo ao valor dos bens e às condições da **sede do juízo,** o juiz poderá alterar a forma e a frequência da publicidade na imprensa, mandar **publicar o edital em local de ampla circulação de pessoas e** divulgar avisos em emissora **de rádio ou televisão** local, **bem como em sítios distintos do indicado no § 2º**.

§ 5º Os editais **de leilão de imóveis e de veículos automotores** serão publicados pela imprensa **ou por outros meios de divulgação,** preferencialmente na seção ou no local reservados à publicidade dos **respectivos** negócios.

§ 6º O juiz poderá determinar a reunião de publicações em listas referentes a mais de uma execução.

Art. 888. Não se realizando o leilão por qualquer motivo, o juiz mandará publicar a transferência, observando-se o disposto no art. 887.

Parágrafo único. O escrivão, **o chefe de secretaria** ou o leiloeiro que culposamente der causa à transferência responde pelas despesas da nova publicação, podendo o juiz aplicar-lhe a pena de suspensão **por** 5 (**cinco**) **dias a 3 (três) meses, em procedimento administrativo regular**.

Art. 889. Serão cientificados da alienação judicial, com pelo menos 5 (cinco) dias de antecedência:
→ *v.* Arts. 799, I a VII e 804 do NCPC.

I – o executado, por **meio** de seu advogado ou, se não tiver procurador constituído nos autos, por carta registrada, mandado, edital ou outro meio idôneo;
→ *v.* Súmula 121 do STJ.

II – o coproprietário de bem indivisível do qual tenha sido penhorada fração ideal;

III – o titular de usufruto, uso, habitação, enfiteuse, direito de superfície, concessão de uso especial para fins de moradia ou concessão de direito real de uso, quando a penhora recair sobre bem gravado com tais direitos reais;

IV – o proprietário do terreno submetido ao regime de direito de superfície, enfiteuse, concessão de uso especial para fins de moradia ou concessão de direito real de uso, quando a penhora recair sobre tais direitos reais;

V – o credor pignoratício, hipotecário, anticrético, fiduciário ou com penhora anteriormente averbada, quando a penhora recair sobre bens com tais gravames, caso não seja o credor, de qualquer modo, parte na execução;
→ *v.* Art. 1.501 do CC/2002.

VI – o promitente comprador, quando a penhora recair sobre bem em relação ao qual haja promessa de compra e venda registrada;

VII – o promitente vendedor, quando a penhora recair sobre direito aquisitivo derivado de promessa de compra e venda registrada;

VIII – a União, o Estado e o Município, no caso de alienação de bem tombado.
→ *v.* Art. 892, § 3º, do NCPC.
→ *v.* Enunciado 447 do FPPC: O exequente deve providenciar a intimação da União, Estados e Municípios no caso de penhora de bem tombado.

Parágrafo único. Se o executado for revel e não tiver advogado constituído, não constando dos autos seu endereço atual ou, ainda, não sendo ele encontrado no endereço constante do processo, a intimação considerar-se-á feita por meio do próprio edital de leilão.
→ *v.* Art. 346 do NCPC.

Art. 890. Pode oferecer lance quem estiver na livre administração de seus bens, com exceção:

I – dos tutores, dos curadores, dos testamenteiros, dos administradores ou dos liquidantes, quanto aos bens confiados à sua guarda e à sua responsabilidade;
→ *v.* Art. 1.753 do CC/2002.

II – dos mandatários, quanto aos bens de cuja administração ou alienação estejam encarregados;

III – do juiz, do membro do Ministério Público e da Defensoria Pública, do escrivão, **do chefe de secretaria e dos** demais servidores e auxiliares da justiça, **em relação aos bens e direitos objeto de alienação na localidade onde servirem ou a que se estender a sua autoridade;**

IV – dos servidores públicos em geral, quanto aos bens ou aos direitos da pessoa jurídica a que servirem ou que estejam sob sua administração direta ou indireta;

V – dos leiloeiros e seus prepostos, quanto aos bens de cuja venda estejam encarregados;

VI – dos advogados de qualquer das partes.

Art. 891. Não será aceito lance que ofereça preço vil.

Parágrafo único. Considera-se vil o preço inferior ao mínimo estipulado pelo juiz e constante do edital, e, não tendo sido fixado preço mínimo, considera-se vil o preço inferior a cinquenta por cento do valor da avaliação.
→ *v.* Arts. 870, 883 e 884, II, do NCPC.
→ *v.* Enunciado 193 do FPPC: Não justifica o adiamento do leilão, nem é causa de nulidade da arrematação, a falta de fixação, pelo juiz, do preço mínimo para a arrematação.

Art. 892. Salvo pronunciamento judicial em sentido diverso, o pagamento deverá ser realizado de imediato pelo arrematante, por depósito judicial ou por meio eletrônico.
→ *v.* Art. 886, II, do NCPC.

§ 1º Se o exequente arrematar os bens **e for o único credor,** não estará obrigado a exibir o preço, mas, se o valor dos bens exceder ao seu crédito, depositará, dentro de 3 (três) dias, a diferença, sob pena de **tornar-se** sem efeito a arrematação e, nesse caso, realizar-se-á novo leilão, à custa do exequente.

§ 2º Se houver mais de um pretendente, proceder-se-á entre eles à licitação, e, no caso de igualdade de oferta, terá preferência o cônjuge, o companheiro, o descendente ou o ascendente do executado, nessa ordem.

§ 3º No caso de leilão de bem tombado, a União, os Estados e os Municípios terão, nessa ordem, o direito de preferência na arrematação, em igualdade de oferta.

→ v. Art. 889, VIII, do NCPC.

Art. 893. Se o leilão for de diversos bens e houver mais de um lançador, terá preferência aquele que se propuser a arrematá-los **todos, em conjunto**, oferecendo, para os **bens** que não tiverem **lance**, preço igual ao da avaliação e, para os demais, **preço igual ao do maior lance que, na tentativa de arrematação individualizada, tenha sido oferecido para eles.**

→ v. Art. 23, § 1º, da Lei 6.830/1980.

Art. 894. Quando o imóvel admitir cômoda divisão, o juiz, a requerimento do **executado**, ordenará a alienação judicial de parte dele, desde que suficiente para **o pagamento do exequente e para a satisfação das despesas da execução**.

→ v. Art. 872, § 1º, do NCPC.

§ 1º Não havendo lançador, far-se-á a alienação do imóvel em sua integridade.

§ 2º A alienação por partes deverá ser requerida a tempo de permitir a avaliação das glebas destacadas e sua inclusão no edital, e, nesse caso, caberá ao executado instruir o requerimento com planta e memorial descritivo subscritos por profissional habilitado.

Art. 895. O interessado em adquirir o bem penhorado em prestações poderá apresentar, por escrito:

→ v. Enunciado 330 do FPPC: Na Justiça do trabalho, o juiz pode deferir a aquisição parcelada do bem penhorado em sede de execução, na forma do art. 895 e seus parágrafos.

I – até o início do primeiro leilão, proposta de aquisição do bem por valor não inferior ao da avaliação;

→ v. Art. 870 do NCPC.

II – até o início do segundo leilão, proposta de aquisição do bem por valor que não seja considerado vil.

→ v. Art. 891 do NCPC.

§ 1º **A proposta conterá, em qualquer hipótese, oferta de pagamento de pelo menos vinte e cinco por cento do valor do lance à vista e o restante parcelado em até 30 (trinta) meses, garantido por caução idônea, quando se tratar de móveis, e por hipoteca do próprio bem, quando se tratar de imóveis.**

§ 2º As propostas para aquisição em prestações indicarão o prazo, a modalidade, **o indexador de correção monetária** e as condições de pagamento do saldo.

§ 3º (*Vetado*).

→ v. Redação vetada: "§ 3º As prestações, que poderão ser pagas por meio eletrônico, serão corrigidas mensalmente pelo índice oficial de atualização financeira, a ser informado, se for o caso, para a operadora do cartão de crédito."

→ v. Razões de veto.

§ 4º No caso de atraso no pagamento de qualquer das prestações, incidirá multa de dez por cento sobre a soma da parcela inadimplida com as parcelas vincendas.

§ 5º O inadimplemento autoriza o exequente a pedir a resolução da arrematação ou promover, em face do arrematante, a execução do valor devido, devendo ambos os pedidos ser formulados nos autos da execução em que se deu a arrematação.

→ v. Art. 903, § 1º, III, do NCPC.

§ 6º A apresentação da proposta prevista neste artigo não suspende o leilão.

§ 7º A proposta de pagamento do lance à vista sempre prevalecerá sobre as propostas de pagamento parcelado.

§ 8º Havendo mais de uma proposta de pagamento parcelado:

I – em diferentes condições, o juiz decidirá pela mais vantajosa, assim compreendida, sempre, a de maior valor;

II – em iguais condições, o juiz decidirá pela formulada em primeiro lugar.

§ 9º No caso de arrematação a prazo, os pagamentos feitos pelo arrematante pertencerão ao exequente até o limite de seu crédito, e os subsequentes, ao executado.

→ v. Art. 130, parágrafo único, do CTN.
→ v. Art. 908, § 1º, do NCPC.

Art. 896. Quando o imóvel de incapaz não alcançar em leilão pelo menos oitenta por cento do valor da avaliação, o juiz o confiará à guarda e à administração de depositário idôneo, adiando a alienação por prazo não superior a 1 (um) ano.

§ 1º Se, durante o adiamento, algum pretendente assegurar, mediante caução idônea, o preço da avaliação, o juiz ordenará a alienação em leilão.

§ 2º Se o pretendente à arrematação se arrepender, o juiz impor-lhe-á multa de vinte por cento sobre o valor da avaliação, em benefício do incapaz, valendo a decisão como título executivo.

→ v. Art. 784, XII, do NCPC.

§ 3º Sem prejuízo do disposto **nos §§ 1º e 2º**, o juiz poderá autorizar a locação do imóvel no prazo do adiamento.

§ 4º Findo o prazo do adiamento, o imóvel será submetido a **novo leilão**.

Art. 897. Se o arrematante ou seu fiador não pagar o preço no prazo estabelecido, o juiz impor-lhe-á, em favor do exequente, a perda da caução, voltando os bens a novo leilão, do qual não serão admitidos a participar o arrematante e o fiador remissos.

→ v. Art. 903, § 1º, III, do NCPC.

Art. 898. O fiador do arrematante que pagar o valor do lance e a multa poderá requerer que a arrematação lhe seja transferida.

Art. 899. Será suspensa a arrematação logo que o produto da alienação dos bens **for suficiente** para o pagamento do credor **e** para a **satisfação das despesas da execução.**

Art. 900. O leilão prosseguirá no dia útil imediato, à mesma hora em que teve início, independentemente de novo edital, **se for ultrapassado o horário de expediente forense**.

→ v. Art. 212 do NCPC.

Art. 901. A arrematação constará de auto que será lavrado de imediato **e poderá abranger bens penhorados em mais de uma execução**, nele mencionadas as condições nas quais foi alienado o bem.

§ 1º A ordem de entrega do bem móvel ou a carta de arrematação do bem imóvel, **com o respectivo mandado de imissão na posse**, será expedida depois de efetuado o depósito ou prestadas as garantias pelo arrematante, **bem como realizado o pagamento da comissão do leiloeiro e das demais despesas da execução.**

→ v. Arts. 826 e 903, § 3º, do NCPC.

§ 2º A carta de arrematação conterá a descrição do imóvel, com remissão à sua matrícula ou individuação e aos seus registros, a cópia do auto de arrematação e a prova de pagamento do imposto de transmissão, além da indicação da existência de eventual ônus real ou gravame.

Art. 902. No caso de leilão de bem hipotecado, o executado poderá remi-lo até a assinatura do auto de arrematação, oferecendo preço igual ao do maior lance oferecido.

→ v. Art. 825 do NCPC.

Parágrafo único. No caso de falência, ou insolvência, do devedor hipotecário, o direito de remição previsto no *caput* defere-se à massa, ou aos credores em concurso, não podendo o exequente recusar o preço da avaliação do imóvel.

Art. 903. Qualquer que seja a modalidade de leilão, assinado o auto pelo juiz, pelo arrematante e pelo leiloeiro, a arrematação **será considerada** perfeita, acabada e irretratável, ainda que venham a ser julgados procedentes os embargos do executado **ou a ação autônoma de que trata o § 4º deste artigo, assegurada a possibilidade de reparação pelos prejuízos sofridos.**

§ 1º Ressalvadas outras situações previstas neste Código, a arrematação poderá, no entanto, ser:

→ v. Enunciado 542 do FPPC: Na hipótese de expropriação de bem por arrematante arrolado no art. 890, é possível o desfazimento da arrematação.

I – invalidada, quando realizada por preço vil ou com outro vício;

→ v. Art. 891 do NCPC.

II – considerada ineficaz, se não observado o disposto no art. 804;

III – **resolvida**, se não for pago o preço ou se não for prestada a caução.

→ v. Arts. 892, 895, § 5º, e 897 do NCPC.

§ 2º O juiz decidirá acerca das situações referidas no § 1º, se for provocado em até 10 (dez) dias após o aperfeiçoamento da arrematação.

§ 3º Passado o prazo previsto no § 2º sem que tenha havido alegação de qualquer das situações previstas no § 1º, será expedida a carta de arrematação e, conforme o caso, a ordem de entrega ou mandado de imissão na posse.

§ 4º **Após a expedição da carta de arrematação ou da ordem de entrega, a invalidação da arrematação poderá ser pleiteada por ação autônoma, em cujo processo o arrematante figurará como litisconsorte necessário.**

§ 5º **O arrematante poderá desistir da arrematação, sendo-lhe imediatamente devolvido o depósito que tiver feito**:

I – se provar, nos 10 (dez) dias seguintes, a existência de ônus real ou gravame não mencionado no edital;

II – se, antes de expedida a carta de arrematação ou a ordem de entrega, o executado alegar alguma das situações previstas no § 1º;

III – uma vez citado para responder a ação autônoma de que trata o § 4º deste artigo, desde que apresente a desistência no prazo de que dispõe para responder a essa ação.

§ 6º Considera-se ato atentatório à dignidade da justiça a suscitação infundada de vício com o objetivo de ensejar a desistência do arrematante, devendo o suscitante ser condenado, sem prejuízo da responsabilidade por perdas e danos, ao pagamento de multa, a ser fixada pelo juiz e devida ao exequente, em montante não superior a vinte por cento **do valor atualizado do bem.**

→ v. Art. 774 do NCPC.

Seção V
Da Satisfação do Crédito

Art. 904. A satisfação do crédito exequendo far-se-á:

I – pela entrega do dinheiro;

II – pela adjudicação dos bens penhorados.

Art. 905. O juiz autorizará que o **exequente** levante, até a satisfação integral de seu crédito, o dinheiro depositado para segurar o juízo ou o produto dos bens alienados, **bem como do faturamento de empresa ou de outros frutos e rendimentos de coisas ou empresas penhoradas,** quando:

→ v. Arts. 858 e 866 a 869 do NCPC.

I – a execução for movida só a benefício do **exequente** singular, a quem, por força da penhora, cabe o direito de preferência sobre os bens penhorados e alienados;

→ v. Arts. 797 e 908 do NCPC.

II – não houver sobre os bens alienados outros privilégios ou preferências instituídos anteriormente à penhora.

Parágrafo único. Durante o plantão judiciário, veda-se a concessão de pedidos de levantamento de importância em dinheiro ou valores ou de liberação de bens apreendidos.

Art. 906. Ao receber o mandado de levantamento, o **exequente** dará ao **executado**, por termo nos autos, quitação da quantia paga.

Parágrafo único. A expedição de mandado de levantamento poderá ser substituída pela transferência eletrônica do valor depositado em conta vinculada ao juízo para outra indicada pelo exequente.

Art. 907. Pago ao **exequente** o principal, os juros, as custas e os honorários, a importância que **sobrar** será restituída ao executado.

→ v. Art. 924, II, do NCPC.

Art. 908. Havendo pluralidade de credores ou exequentes, o dinheiro lhes será distribuído e entregue consoante a ordem das respectivas **preferências.**

→ v. Súmula 244 do TFR.
→ v. Súmula 478 do STJ.
→ v. Arts. 956 a 965 do CC/2002.
→ v. Art. 99 do CDC.
→ v. Art. 24, *caput*, da Lei 8.906/1994.
→ v. Art. 187, parágrafo único, do CTN.

→ v. Art. 797 do NCPC.

§ 1º No caso de adjudicação ou alienação, os créditos que recaem sobre o bem, inclusive os de natureza *propter rem*, sub-rogam-se sobre o respectivo preço, observada a ordem de preferência.

→ v. Art. 130, parágrafo único, do CTN.

§ 2º Não havendo título legal à preferência, o dinheiro será distribuído entre os concorrentes, observando-se a anterioridade de cada penhora.

Art. 909. Os **exequentes** formularão as suas pretensões, **que versarão** unicamente sobre o direito de preferência e a anterioridade da penhora, e, apresentadas as razões, o juiz decidirá.

Capítulo V
Da Execução Contra a Fazenda Pública

Art. 910. Na execução **fundada em título extrajudicial**, a Fazenda Pública será citada para opor embargos **em 30 (trinta) dias**.

→ v. Súmulas 144 e 339 do STJ.
→ v. Art. 100 da CF/1988.
→ v. Arts. 78, 86, 87 e 97 do ADCT.
→ v. Arts. 100 e 101 do CC/2002.
→ v. Arts. 128 e 130 da Lei 8.213/1991.
→ v. Art. 17, § 1º, da Lei 10.259/2001.
→ v. Art. 13 da Lei 12.153/2009.
→ v. Enunciado 240 do FPPC: São devidos honorários nas execuções fundadas em título executivo extrajudicial contra a Fazenda Pública, a serem arbitrados na forma do § 3º do art. 85.
→ v. Art. 247, III do NCPC.

§ 1º Não opostos embargos ou transitada em julgado a decisão que os rejeitar, expedir-se-á precatório ou requisição de pequeno valor em favor do exequente, observando-se o disposto no art. 100 da Constituição Federal.

§ 2º Nos embargos, a Fazenda Pública poderá alegar qualquer matéria que lhe seria lícito deduzir como defesa no processo de conhecimento.

→ v. Arts. 914 a 920 do NCPC.

§ 3º Aplica-se a este Capítulo, no que couber, o disposto nos artigos 534 e 535.

Capítulo VI
Da Execução de Alimentos

→ v. Arts. 1.694 a 1.710 do CC/2002.
→ v. Art. 244 do CP.
→ v. Lei 5.478/1968 – Dispõe sobre ação de alimentos.
→ v. Lei 11.804/2008 – Disciplina o direito a alimentos gravídicos.

Art. 911. Na execução **fundada em título executivo extrajudicial que contenha obrigação alimentar**, o juiz mandará citar o **executado** para, em 3 (três) dias, efetuar o pagamento das **parcelas anteriores ao início da execução e das que se vencerem no seu curso**, provar que o fez ou justificar a impossibilidade de fazê-lo.

→ v. Súmula 309 do STJ.
→ v. Art. 5º, LXVII, da CF/1988.

Parágrafo único. Aplicam-se, no que couber, os §§ 2º a 7º do art. 528.

Art. 912. Quando o **executado** for funcionário público, militar, diretor ou gerente de empresa, bem como empregado sujeito à legislação do trabalho, o **exequente poderá requerer** o desconto em folha de pagamento **de pessoal** da importância da prestação alimentícia.

→ v. Art. 462 da CLT.
→ v. Art. 115, IV, da Lei 8.213/1991.
→ v. Arts. 528, § 8º, 529, § 3º, e 833, § 2º, do NCPC.

§ 1º Ao despachar a inicial, o juiz oficiará à autoridade, à empresa ou ao empregador, determinando, sob pena de crime de desobediência, o desconto a partir da primeira remuneração posterior do executado, a contar do protocolo do ofício.

→ v. Art. 22, parágrafo único, da Lei 5.478/1968.

§ 2º O ofício conterá os nomes e o número de inscrição no Cadastro de Pessoas Físicas **do exequente e do executado**, a importância **a ser descontada mensalmente, a conta na qual** deve **ser feito o depósito e, se for o caso**, o tempo de sua duração.

Art. 913. Não requerida a execução nos termos deste Capítulo, observar-se-á o disposto no art. 824 e seguintes, com a ressalva de que, recaindo a penhora em dinheiro, a concessão de efeito suspensivo aos embargos à execução não obsta a que o exequente levante mensalmente a importância da prestação.

→ v. Arts. 528, § 8º, e 919, § 1º, do NCPC.

TÍTULO III
Dos Embargos à Execução

Art. 914. O executado, independentemente de penhora, depósito ou caução, poderá **se opor** à execução por meio de embargos.

→ v. Art. 910, § 2º, do NCPC.
→ v. Enunciado 543 do FPPC: Em execução de título executivo extrajudicial, o juízo arbitral é o competente para conhecer das matérias de defesa abrangidas pela convenção de arbitragem.
→ v. Enunciado 544 do FPPC: Admite-se a celebração de convenção de arbitragem, ainda que a obrigação esteja representada em título executivo extrajudicial.

§ 1º Os embargos à execução serão distribuídos por dependência, autuados em apartado e instruídos com cópias das peças processuais relevantes, que poderão ser declaradas autênticas pelo próprio advogado, sob sua responsabilidade pessoal.

§ 2º Na execução por carta, os embargos serão oferecidos no juízo deprecante ou no juízo deprecado, mas a competência para julgá-los é do juízo deprecante, salvo se versarem unicamente sobre vícios ou defeitos da penhora, da avaliação ou da alienação dos bens **efetuadas no juízo deprecado**.

→ v. Art. 20 da Lei 6.830/1980.
→ v. Súmula 46 do STJ.
→ v. Súmulas 32 e 33 do TFR.
→ v. Arts. 260 a 268, 676 e 845, § 2º, do NCPC.

Art. 915. Os embargos serão oferecidos no prazo de 15 (quinze) dias, contado, **conforme o caso, na forma do art. 231.**

→ v. Art. 910, § 2º, do NCPC.

§ 1º Quando houver mais de um executado, o prazo para cada um deles embargar conta-se a partir da juntada do respectivo **comprovante da citação**, salvo no caso de cônjuges ou de companheiros, quando será contado a partir da juntada do último.

§ 2º Nas execuções por carta, **o prazo para embargos será contado:**
→ v. Art. 845, § 2º, do NCPC.

I – da juntada, **na carta, da certificação da citação**, quando versarem unicamente sobre vícios ou defeitos da penhora, da **avaliação** ou da **alienação dos bens**;

II – da juntada, nos autos de origem, do comunicado de que trata o § 4º deste artigo, ou, não havendo este, da juntada da carta devidamente cumprida, quando versarem sobre questões diversas da prevista no inciso I deste parágrafo.

§ 3º Em relação ao prazo para oferecimento dos embargos à execução, não se aplica o disposto no art. 229.

§ 4º Nos atos de comunicação por carta precatória, rogatória ou de ordem, a realização da citação será imediatamente informada, por meio eletrônico, pelo juiz deprecado ao juiz deprecante.
→ v. Art. 232 do NCPC.

Art. 916. No prazo para embargos, reconhecendo o crédito do exequente e comprovando o depósito de trinta por cento do valor em execução, acrescido de custas e de honorários de advogado, o executado poderá requerer que lhe seja permitido pagar o restante em até 6 (seis) parcelas mensais, acrescidas de correção monetária e de juros de um por cento ao mês.
→ v. Enunciado 331 do FPPC: O pagamento da dívida objeto de execução trabalhista pode ser requerido pelo executado nos moldes do art. 916.

§ 1º O exequente será intimado para manifestar-se sobre o preenchimento dos pressupostos do *caput*, e o juiz decidirá o requerimento em 5 (cinco) dias.

§ 2º Enquanto não apreciado o requerimento, o executado terá de depositar as parcelas vincendas, facultado ao exequente seu levantamento.

§ 3º Deferida a proposta, o exequente levantará a quantia depositada, e serão suspensos os atos executivos.

§ 4º Indeferida a proposta, seguir-se-ão os atos executivos, mantido o depósito, que será convertido em penhora.

§ 5º O não pagamento de qualquer das prestações **acarretará cumulativamente:**

I – o vencimento das **prestações** subsequentes e o prosseguimento do processo, com o imediato reinício dos atos executivos;

II – **a imposição** ao executado de multa de dez por cento sobre o valor das prestações não pagas.

§ 6º A opção pelo parcelamento de que trata este artigo importa renúncia ao direito de opor embargos.

§ 7º O disposto neste artigo não se aplica ao cumprimento da sentença.

→ v. Art. 513 e seguintes do NCPC.

Art. 917. Nos embargos **à execução**, o executado poderá alegar:
→ v. Enunciado 55 da ENFAM: Às hipóteses de rejeição liminar a que se referem os arts. 525, § 5º, 535, § 2º, e 917 do CPC/2015 (excesso de execução) não se aplicam os arts. 9º e 10 desse código.

I – inexequibilidade do título ou inexigibilidade da obrigação;
→ v. Arts. 783 e 803, I, do NCPC.

II – penhora incorreta ou avaliação errônea;
→ v. Arts. 831 e 833 do NCPC.

III – excesso de execução ou cumulação indevida de execuções;
→ v. Art. 780 do NCPC.

IV – retenção por benfeitorias necessárias ou úteis, nos casos de execução para entrega de coisa certa;
→ v. Art. 806 e seguintes do NCPC.

V – incompetência absoluta ou relativa do juízo da execução;
→ v. Arts. 46, § 5º, 62, 63 e 781 do NCPC.

VI – qualquer matéria que lhe seria lícito deduzir como defesa em processo de conhecimento.
→ v. Art. 910, § 2º, do NCPC.

§ 1º A incorreção da penhora ou da avaliação poderá ser impugnada por simples petição, no prazo de 15 (quinze) dias, contado da ciência do ato.

§ 2º Há excesso de execução **quando:**

I – o **exequente** pleiteia quantia superior à do título;

II – ela recai sobre coisa diversa daquela declarada no título;

III – ela **se processa** de modo diferente do que foi determinado **no título;**

IV – o **exequente**, sem cumprir a prestação que lhe corresponde, exige o adimplemento da prestação do **executado;**
→ v. Arts. 476 e 477 do CC/2002.
→ v. Arts. 787 e 798, I, *d*, do NCPC.

V – o **exequente** não prova que a condição se realizou.
→ v. Arts. 121 a 131 e 135 do CC/2002.
→ v. Arts. 798, I, *c*, e 803, III, do NCPC.

§ 3º Quando alegar que o exequente, em excesso de execução, pleiteia quantia superior à do título, o embargante **declarará** na petição inicial o valor que entende correto, apresentando demonstrativo discriminado e atualizado de seu cálculo.

§ 4º Não apontado o valor correto ou não apresentado o demonstrativo, os embargos à execução:

I – serão liminarmente rejeitados, sem resolução de mérito, se o excesso de execução for o seu único fundamento;

II – serão processados, se houver outro fundamento, mas o juiz não examinará a alegação de excesso de execução.

§ 5º Nos embargos de retenção por benfeitorias, o exequente poderá requerer a compensação de seu valor com o dos frutos ou dos danos considerados devidos pelo executado, cumprindo ao juiz, para a apuração dos respectivos valores, nomear perito, **observando-se, então, o art. 464.**
→ v. Arts. 96 e 97 do CC/2002.

§ 6º O exequente poderá a qualquer tempo ser imitido na posse da coisa, prestando caução ou depositando o valor devido pelas benfeitorias ou resultante da compensação.

§ 7º A arguição de impedimento e suspeição observará o disposto nos arts. 146 e 148.

Art. 918. O juiz rejeitará liminarmente os embargos:
→ v. Art. 1.012, § 1º, III, do NCPC.

I – quando intempestivos;
→ v. Enunciado 545 do FPPC: Aplicam-se à impugnação, no que couber, as hipóteses previstas nos incisos I e III do art. 918 e no seu parágrafo único.

II – nos casos de indeferimento da petição inicial e de improcedência liminar do pedido;
→ v. Arts. 330 a 332 do NCPC.

III – manifestamente protelatórios.
→ v. Enunciado 50 da ENFAM: O oferecimento de impugnação manifestamente protelatória ao cumprimento de sentença será considerado conduta atentatória à dignidade da Justiça (art. 918, III, parágrafo único, do CPC/2015), ensejando a aplicação da multa prevista no art. 774, parágrafo único.

Parágrafo único. Considera-se conduta atentatória à dignidade da justiça o oferecimento de embargos manifestamente protelatórios.
→ v. Art. 774 do NCPC.

Art. 919. Os embargos à execução não terão efeito suspensivo.

§ 1º O juiz poderá, a requerimento do embargante, atribuir efeito suspensivo aos embargos quando **verificados os requisitos para a concessão da tutela provisória**, e desde que a execução já esteja garantida por penhora, depósito ou caução suficientes.
→ v. Arts. 300, 311 e 921, II, do NCPC.
→ v. Enunciado 80 do FPPC: A tutela antecipada prevista nestes dispositivos pode ser de urgência ou de evidência.
→ v. Enunciado 546 do FPPC: O efeito suspensivo dos embargos à execução pode ser requerido e deferido a qualquer momento do seu trâmite, observados os pressupostos legais.
→ v. Enunciado 547 do FPPC: O efeito suspensivo dos embargos à execução pode ser parcial, limitando-se ao impedimento ou à suspensão de um único ou de apenas alguns atos executivos.

§ 2º Cessando as circunstâncias que a motivaram, a decisão relativa aos efeitos dos embargos poderá, a requerimento da parte, ser modificada ou revogada a qualquer tempo, em decisão fundamentada.

§ 3º Quando o efeito suspensivo atribuído aos embargos disser respeito apenas a parte do objeto da execução, esta prosseguirá quanto à parte restante.

§ 4º A concessão de efeito suspensivo aos embargos oferecidos por um dos executados não suspenderá a execução contra os que não embargaram, quando o respectivo fundamento disser respeito exclusivamente ao embargante.

§ 5º A concessão de efeito suspensivo não impedirá a efetivação dos atos **de substituição, de reforço ou** de **redução da** penhora e de avaliação dos bens.

Art. 920. Recebidos os embargos:

I – o exequente será ouvido no prazo de 15 (quinze) dias;

II – a seguir, o juiz julgará imediatamente o pedido ou designará audiência;

III – **encerrada a instrução,** o juiz proferirá sentença.

→ v. Art. 17 da Lei 6.830/1980.
→ v. Art. 1.012, § 1º, III, do NCPC.

TÍTULO IV
DA SUSPENSÃO E DA EXTINÇÃO DO PROCESSO DE EXECUÇÃO
CAPÍTULO I
Da Suspensão do Processo de Execução

Art. 921. Suspende-se a execução:

I – nas hipóteses **dos arts. 313 e 315, no que couber;**

II – no todo ou em parte, quando recebidos com efeito suspensivo os embargos à execução;

→ v. Art. 919, § 1º, do NCPC.

III – quando o **executado** não possuir bens penhoráveis;

→ v. Art. 40 da Lei 6.830/1980.

IV – se a alienação dos bens penhorados não se realizar por falta de licitantes e o exequente, em 15 (quinze) dias, não requerer a adjudicação nem indicar outros bens penhoráveis;

→ v. Súmula 224 do TFR.
→ v. Art. 878 do NCPC.

V – quando concedido o parcelamento de que trata o art. 916.

§ 1º Na hipótese do inciso III, o juiz suspenderá a execução pelo prazo de 1 (um) ano, durante o qual se suspenderá a prescrição.

→ v. Enunciado 452 do FPPC: Durante a suspensão do processo prevista no art. 982 não corre o prazo de prescrição intercorrente.

§ 2º Decorrido o prazo máximo de 1 (um) ano sem que seja localizado o executado ou que sejam encontrados bens penhoráveis, o juiz ordenará o arquivamento dos autos.

§ 3º Os autos serão desarquivados para prosseguimento da execução se a qualquer tempo forem encontrados bens penhoráveis.

→ v. Enunciado 548 do FPPC: O simples desarquivamento dos autos é insuficiente para interromper a prescrição.

§ 4º Decorrido o prazo de que trata o § 1º sem manifestação do exequente, começa a correr o prazo de prescrição intercorrente.

→ v. Súmula 150 do STF.
→ v. Súmula 314 do STJ.
→ v. Enunciado 195 do FPPC: O prazo de prescrição intercorrente previsto no art. 921, § 4º, tem início automaticamente um ano após a intimação da decisão de suspensão de que trata o seu § 1º.
→ v. Enunciado 196 do FPPC: O prazo de prescrição intercorrente é o mesmo da ação.

§ 5º O juiz, depois de ouvidas as partes, no prazo de 15 (quinze) dias, poderá, de ofício, reconhecer a prescrição de que trata o § 4º e extinguir o processo.

Art. 922. Convindo as partes, o juiz declarará suspensa a execução durante o prazo concedido pelo **exequente** para que o **executado** cumpra voluntariamente a obrigação.

→ v. Art. 313, II, do NCPC.

Parágrafo único. Findo o prazo sem cumprimento da obrigação, o processo retomará o seu curso.

Art. 923. Suspensa a execução, **não serão praticados** atos processuais, podendo o juiz, entretanto, **salvo no caso de arguição de impedimento ou** de **suspeição**, ordenar providências urgentes.

→ v. Art. 314 do NCPC.

CAPÍTULO II
Da Extinção do Processo de Execução

Art. 924. Extingue-se a execução quando:

I – a petição inicial for indeferida;

→ v. Arts. 330, 331, 798 e 799 do NCPC.

II – a obrigação **for satisfeita;**

→ v. Arts. 304 a 307 do CC/2002.
→ v. Arts. 807, 818, 828 e 907 do NCPC.

III – o **executado** obtiver, por qualquer outro meio, a **extinção** total da dívida;

→ v. Arts. 385 a 388 e 840 a 850 do CC/2002.
→ v. Art. 487, III, b, do NCPC.

IV – o **exequente** renunciar ao crédito;

→ v. Art. 487, III, c, do NCPC.

V – ocorrer a prescrição intercorrente.

→ v. Súmula 150 do STF.
→ v. Súmula 314 do STJ.
→ v. Art. 40 da Lei 6.830/1980.
→ v. Arts. 921, §§ 1º a 5º, e 1.056 do NCPC.

Art. 925. A extinção só produz efeito quando declarada por sentença.

→ v. Arts. 203, § 1º e 494 do NCPC.

LIVRO III
DOS PROCESSOS NOS TRIBUNAIS E DOS MEIOS DE IMPUGNAÇÃO DAS DECISÕES JUDICIAIS
TÍTULO I
DA ORDEM DOS PROCESSOS E DOS PROCESSOS DE COMPETÊNCIA ORIGINÁRIA DOS TRIBUNAIS
CAPÍTULO I
Disposições Gerais

→ v. Art. 103-A da CF/1988.
→ v. Lei 11.417/2006 – Disciplina a edição, a revisão e o cancelamento de enunciado de súmula vinculante pelo Supremo Tribunal Federal.

Art. 926. Os tribunais devem uniformizar sua jurisprudência e mantê-la estável, íntegra e coerente.

→ v. Art. 489, VI, do NCPC.
→ v. Enunciado 380 do FPPC: A expressão "ordenamento jurídico", empregada pelo Código de Processo Civil, contempla os precedentes vinculantes.
→ v. Enunciado 431 do FPPC: O julgador, que aderir aos fundamentos do voto vencedor do relator, há de seguir, por coerência, o precedente que ajudou a construir no julgamento da mesma questão em processos subsequentes, salvo se demonstrar a existência de distinção ou superação.
→ v. Enunciado 453 do FPPC: A estabilidade a que se refere o caput do art. 926 consiste no dever de os tribunais observarem os próprios precedentes.
→ v. Enunciado 454 do FPPC: Uma das dimensões da coerência a que se refere o caput do art. 926 consiste em os tribunais não ignorarem seus próprios precedentes.
→ v. Enunciado 455 do FPPC: Uma das dimensões do dever de coerência significa o dever de não contradição, ou seja, o dever de os tribunais não decidirem casos análogos contrariamente às decisões anteriores, salvo distinção ou superação.
→ v. Enunciado 456 do FPPC: Uma das dimensões do dever de integridade consiste em os tribunais decidirem em conformidade com a unidade do ordenamento jurídico.
→ v. Enunciado 457 do FPPC: Uma das dimensões do dever de integridade previsto no caput do art. 926 consiste na observância das técnicas de distinção e superação dos precedentes, sempre que necessário para adequar esse entendimento à interpretação contemporânea do ordenamento jurídico.
→ v. Enunciado 458 do FPPC: Para a aplicação, de ofício, de precedente vinculante, o órgão julgador deve intimar previamente as partes para que se manifestem sobre ele.
→ v. Enunciado 459 do FPPC: As normas sobre fundamentação adequada quanto à distinção e superação e sobre a observância somente dos argumentos submetidos ao contraditório são aplicáveis a todo o microssistema de formação dos precedentes.

§ 1º Na forma estabelecida e segundo os pressupostos fixados no regimento interno, os tribunais editarão enunciados de súmula correspondentes a sua jurisprudência dominante.

→ v. Arts. 102 e 354-A do RISTF.
→ v. Art. 122 e seguintes do RISTJ.
→ v. Resolução STF n. 381/2008 – Estabelece procedimentos para a edição, a revisão e o cancelamento de súmulas vinculantes.
→ v. Resolução STF n. 388/2008 – Disciplina o processamento de proposta de edição, revisão e cancelamento de súmulas e dá providências correlatas.

§ 2º Ao editar enunciados de súmula, os tribunais devem ater-se às circunstâncias fáticas dos precedentes que motivaram sua criação.

Art. 927. Os juízes e os tribunais observarão:

→ v. Enunciado 431 do FPPC: O julgador, que aderir aos fundamentos do voto vencedor do relator, há de seguir, por coerência, o precedente que ajudou a construir no julgamento da mesma questão em processos subsequentes, salvo se demonstrar a existência de distinção ou superação.
→ v. Enunciado 549 do FPPC: O rol do art. 927 e os precedentes da Turma Nacional de Uniformização dos Juizados Especiais Federais deverão ser observados no âmbito dos Juizados Especiais.

I – as decisões do Supremo Tribunal Federal em controle concentrado de constitucionalidade;

→ v. Art. 102, § 2º, da CF/1988.
→ v. Lei 9.868/1999 – Dispõe sobre o processo e julgamento da ação direta de inconstitucionalidade e da ação declaratória de constitucionalidade perante o Supremo Tribunal Federal.
→ v. Lei 9.882/1999 – Dispõe sobre o processo e julgamento da arguição de descumprimento de preceito fundamental, nos termos do § 1º do art. 102 da Constituição Federal.
→ v. Arts. 525, § 12, e 988, III, do NCPC.

II – os enunciados de súmula vinculante;

→ v. Arts. 311, II, e 988, IV, do NCPC.

III – os acórdãos em incidente de assunção de competência ou de resolução de demandas repetitivas e em julgamento de recursos extraordinário e especial repetitivos;

→ v. Arts. 311, II, 332, II e III, 496, § 4º, III, 521, IV, 932, IV e V, 947, 955, parágrafo único, II, 976, 988, IV, 1.022, parágrafo único, I, 1.032 e seguintes do NCPC.

→ Enunciado 558 do FPPC: Caberá reclamação contra decisão que contrarie acórdão proferido no julgamento dos incidentes de resolução de demandas repetitivas ou de assunção de competência para o tribunal cujo precedente foi desrespeitado, ainda que este não possua competência para julgar o recurso contra a decisão impugnada.

IV – os enunciados das súmulas do Supremo Tribunal Federal em matéria constitucional e do Superior Tribunal de Justiça em matéria infraconstitucional;

→ v. Arts. 332, I, 496, § 4º, 521, IV, 932, IV e V, 955, parágrafo único, I, 988, IV, e 1.032, § 3º, I, do NCPC.

V – a orientação do plenário ou do órgão especial aos quais estiverem vinculados.

§ 1º Os juízes e os tribunais observarão o disposto no art. 10 e no art. 489, § 1º, quando decidirem com fundamento neste artigo.

→ v. Enunciado 458 do FPPC: Para a aplicação, de ofício, de precedente vinculante, o órgão julgador deve intimar previamente as partes para que se manifestem sobre ele.

→ v. Enunciado 460 do FPPC: O microssistema de aplicação e formação dos precedentes deverá respeitar as técnicas de ampliação do contraditório para amadurecimento da tese, como a realização de audiências públicas prévias e participação de *amicus curiae*.

§ 2º A alteração de tese jurídica adotada em enunciado de súmula ou em julgamento de casos repetitivos poderá ser precedida de audiências públicas e da participação de pessoas, órgãos ou entidades que possam contribuir para a rediscussão da tese.

→ v. Art. 138 do NCPC.

→ v. Enunciado 461 do FPPC: O disposto no § 2º do art. 927 aplica-se ao incidente de assunção de competência.

§ 3º Na hipótese de alteração de jurisprudência dominante do Supremo Tribunal Federal e dos tribunais superiores ou daquela oriunda de julgamento de casos repetitivos, pode haver modulação dos efeitos da alteração no interesse social e no da segurança jurídica.

→ v. Art. 27 da Lei 9.868/1999.

→ v. Art. 11 da Lei 9.882/1999.

§ 4º A modificação de enunciado de súmula, de jurisprudência pacificada ou de tese adotada em julgamento de casos repetitivos observará a necessidade de fundamentação adequada e específica, considerando os princípios da segurança jurídica, da proteção da confiança e da isonomia.

→ v. Art. 5º da CF/1988.

§ 5º Os tribunais darão publicidade a seus precedentes, organizando-os por questão jurídica decidida e divulgando-os, preferencialmente, na rede mundial de computadores.

→ v. Art. 93, IX, da CF/1988.

→ v. Enunciado 433 do FPPC: Cabe à Administração Pública dar publicidade às suas orientações vinculantes, preferencialmente pela rede mundial de computadores.

Art. 928. Para os fins deste Código, considera-se julgamento de casos repetitivos a decisão proferida em:

→ v. Enunciado 480 do FPPC: Aplica-se no âmbito dos juizados especiais a suspensão dos processos em trâmite no território nacional, que versem sobre a questão submetida ao regime de julgamento de recursos especiais e extraordinários repetitivos, determinada com base no art. 1.037, II.

I – incidente de resolução de demandas repetitivas;

→ v. Art. 976 do NCPC.

II – recursos especial e extraordinário repetitivos.

→ v. Art. 1.036 do NCPC.

Parágrafo único. O julgamento de casos repetitivos tem por objeto questão de direito material ou processual.

Capítulo II
Da Ordem dos Processos no Tribunal

Art. 929. Os autos serão **registrados** no protocolo do tribunal no dia de sua entrada, cabendo à secretaria ordená-los, com imediata distribuição.

Parágrafo único. A critério do tribunal, os serviços de protocolo poderão ser descentralizados, mediante delegação a ofícios de justiça de primeiro grau.

Art. 930. Far-se-á a distribuição de acordo com o regimento interno do tribunal, observando-se a alternatividade, o sorteio eletrônico e a publicidade.

Parágrafo único. O primeiro recurso protocolado no tribunal tornará prevento o relator para eventual recurso subsequente interposto no mesmo processo ou em processo conexo.

→ v. Arts. 1.012, § 3º, I, 1.029, § 5º, I, e 1.037, § 3º, do NCPC.

Art. 931. Distribuídos, os autos serão imediatamente conclusos ao relator, que, em 30 (trinta) dias, depois de elaborar o voto, restituí-los-á, com relatório, à secretaria.

→ v. Enunciado 522 do FPPC: O relatório nos julgamentos colegiados tem função preparatória e deverá indicar as questões de fato e de direito relevantes para o julgamento e já submetidas ao contraditório.

Art. 932. Incumbe ao relator:

→ v. Enunciado 462 do FPPC: É nula, por usurpação de competência funcional do órgão colegiado, a decisão do relator que julgar monocraticamente o mérito do recurso, sem demonstrar o alinhamento de seu pronunciamento judicial com um dos padrões decisórios descritos no art. 932 do FPPC.I – dirigir e ordenar o processo no tribunal, inclusive em relação à produção de prova, bem como, quando for o caso, homologar autocomposição das partes;

II – apreciar o pedido de tutela provisória nos recursos e nos processos de competência originária do tribunal;

→ v. Arts. 1.012, § 3º, II, 1.019, I, e 1.029, § 5º, II, do NCPC.

III – não conhecer de recurso inadmissível, prejudicado ou que não tenha impugnado especificamente os fundamentos da decisão recorrida;

→ v. Súmula 288 do STF.

IV – negar provimento a recurso que for contrário a:

a) súmula do Supremo Tribunal Federal, do Superior Tribunal de Justiça ou do próprio tribunal;

→ v. Art. 926, § 1º, do NCPC.

b) acórdão proferido pelo Supremo Tribunal Federal ou pelo Superior Tribunal de Justiça em julgamento de recursos repetitivos;

→ v. Art. 1.036 do NCPC.

c) entendimento firmado em incidente de resolução de demandas repetitivas ou de assunção de competência;

→ v. Arts. 947 e 976 do NCPC.

V – depois de facultada a apresentação de contrarrazões, dar provimento ao recurso se a decisão recorrida for contrária a:

a) súmula do Supremo Tribunal Federal, do Superior Tribunal de Justiça ou do próprio tribunal;

b) acórdão proferido pelo Supremo Tribunal Federal ou pelo Superior Tribunal de Justiça em julgamento de recursos repetitivos;

c) entendimento firmado em incidente de resolução de demandas repetitivas ou de assunção de competência;

VI – decidir o incidente de desconsideração da personalidade jurídica, quando este for instaurado originariamente perante o tribunal;

→ v. Art. 133 e seguintes do NCPC.

VII – determinar a intimação do Ministério Público, quando for o caso;

→ v. Art. 178 do NCPC.

VIII – exercer outras atribuições estabelecidas no regimento interno do tribunal.

Parágrafo único. Antes de considerar inadmissível o recurso, o relator concederá o prazo de 5 (cinco) dias ao recorrente para que seja sanado vício ou complementada a documentação exigível.

→ v. Enunciado 82 do FPPC: É dever do relator, e não faculdade, conceder o prazo ao recorrente para sanar o vício ou complementar a documentação exigível, antes de inadmitir qualquer recurso, inclusive os excepcionais.

→ v. Enunciado 83 do FPPC: Fica superado o enunciado 115 da súmula do STJ após a entrada em vigor do CPC ("Na instância especial é inexistente recurso interposto por advogado sem procuração nos autos").

→ v. Enunciado 197 do FPPC: Aplica-se o disposto no parágrafo único do art. 932 a todos os vícios de forma dos recursos.

→ v. Enunciado 463 do FPPC: O art. 932, parágrafo único, deve ser aplicado aos recursos interpostos antes da entrada em vigor do CPC de 2015 e ainda pendentes de julgamento.

→ v. Enunciado 550 do FPPC: A inexistência de repercussão geral da questão constitucional discutida no recurso extraordinário é vício insanável, não se aplicando o dever de prevenção de que trata o parágrafo único do art. 932, sem prejuízo do disposto no art. 1.033 do FPPC.

→ v. Enunciado 551 do FPPC: Cabe ao relator, antes de não conhecer do recurso por intempestividade, conceder o prazo de cinco dias úteis para que o recorrente prove qualquer causa de prorrogação, suspensão ou interrupção do prazo recursal a justificar a tempestividade do recurso.

Art. 933. Se o relator constatar a ocorrência de fato superveniente à decisão recorrida ou a existência de questão apreciável de ofício ainda não examinada que devam ser considerados no julgamento do recurso, intimará as partes para que se manifestem no prazo de 5 (cinco) dias.

§ 1º Se a constatação ocorrer durante a sessão de julgamento, esse será imediatamente suspenso a fim de que as partes se manifestem especificamente.

§ 2º Se a constatação se der em vista dos autos, deverá o juiz que a solicitou encaminhá-los ao relator, que tomará as providências previstas no caput e, em seguida, solicitará a inclusão do feito em pauta para prosseguimento do julgamento, com submissão integral da nova questão aos julgadores.

Art. 934. Em seguida, os autos serão apresentados ao presidente, que designará dia para julgamento, ordenando, em todas as hipóteses previstas neste Livro, a publicação da pauta no órgão oficial.

Art. 935. Entre a data de publicação da pauta e a da sessão de julgamento decorrerá, pelo menos, o **prazo de 5 (cinco) dias**, incluindo-se em nova pauta os processos **que não tenham sido** julgados, **salvo** aqueles **cujo julgamento tiver sido expressamente adiado para a primeira sessão seguinte.**

→ v. Enunciado 84 do FPPC: A ausência de publicação da pauta gera nulidade do acórdão que decidiu o recurso, ainda que não haja previsão de sustentação oral, ressalvada, apenas, a hipótese da primeira parte do art. 1.037, na qual a publicação da pauta é dispensável.

→ v. Enunciado 198 do FPPC: Identificada a ausência ou a irregularidade de publicação da pauta, antes de encerrado o julgamento, incumbe ao órgão julgador determinar sua correção, procedendo a nova publicação.

§ 1º Às partes será permitida vista dos autos em cartório após a publicação da pauta de julgamento.

§ 2º Afixar-se-á a pauta na entrada da sala em que se realizar a sessão de julgamento.

Art. 936. Ressalvadas as preferências legais e regimentais, os recursos, a remessa necessária e os processos de competência originária serão julgados na seguinte ordem:

→ v. Art. 12 do NCPC.

I – aqueles nos quais houver sustentação oral, observada a ordem dos requerimentos;

II – os requerimentos de preferência apresentados até o início da sessão de julgamento;

III – aqueles cujo julgamento tenha iniciado em sessão anterior; e,

IV – os demais casos.

Art. 937. Na sessão de julgamento, depois da exposição da causa pelo relator, o presidente dará a palavra, sucessivamente, ao recorrente, ao recorrido e, nos casos de sua intervenção, **ao membro do Ministério Público**, pelo prazo improrrogável de 15 (quinze) minutos para cada um, a fim de sustentarem suas razões, nas seguintes hipóteses, nos termos da parte final do caput do art. 1.021:

I – no recurso de apelação;

II – no recurso ordinário;

III – no recurso especial;

IV – no recurso extraordinário;

V – nos embargos de divergência;

VI – na ação rescisória, no mandado de segurança e na reclamação;

VII – (Vetado).

→ v. Redação Vetada: "VII - no agravo interno originário de recurso de apelação, de recurso ordinário, de recurso especial ou de recurso extraordinário;"

→ v. Razões de veto.

VIII – no agravo de instrumento interposto contra decisões interlocutórias que versem sobre tutelas provisórias de urgência ou da evidência;

IX – em outras hipóteses previstas em lei ou no regimento interno do tribunal.

§ 1º A sustentação oral no incidente de resolução de demandas repetitivas observará o disposto no art. 984, no que couber.

§ 2º O procurador que desejar proferir sustentação oral poderá requerer, até o início da sessão, que o processo seja julgado em primeiro lugar, sem prejuízo das preferências legais.

§ 3º Nos processos de competência originária previstos no inciso VI, caberá sustentação oral no agravo interno interposto contra decisão de relator que o extinga.

§ 4º É permitido ao advogado com domicílio profissional em cidade diversa daquela onde está sediado o tribunal realizar sustentação oral por meio de videoconferência ou outro recurso tecnológico de transmissão de sons e imagens em tempo real, desde que o requeira até o dia anterior ao da sessão.

Art. 938. A questão preliminar suscitada no julgamento será decidida antes do mérito, deste não se conhecendo caso seja incompatível com a decisão.

§ 1º Constatada a ocorrência de vício **sanável, inclusive aquele que possa ser conhecido de ofício, o relator determinará a realização ou a renovação do ato processual, no próprio tribunal ou em primeiro grau** de jurisdição, **intimadas as partes.**

→ v. Enunciado 82 do FPPC: É dever do relator, e não faculdade, conceder o prazo ao recorrente para sanar o vício ou complementar a documentação exigível, antes de inadmitir qualquer recurso, inclusive os excepcionais.

→ v. Enunciado 199 do FPPC: No processo do trabalho, constatada a ocorrência de vício sanável, inclusive aquele que possa ser conhecido de ofício pelo órgão jurisdicional, o relator determinará a realização ou a renovação do ato processual, no próprio tribunal ou em primeiro grau, intimadas as partes; cumprida a diligência, sempre que possível, prosseguirá no julgamento do recurso.

→ v. Enunciado 332 do FPPC: Considera-se vício sanável, tipificado no art. 938, § 1º, a apresentação da procuração e da guia de custas e depósito recursal em cópia, cumprindo ao relator assinalar prazo para a parte renovar o ato processual com a juntada dos originais.

§ 2º **Cumprida a diligência de que trata o § 1º, o relator, sempre que possível, prosseguirá no julgamento do recurso.**

→ v. Enunciado 333 do FPPC: Em se tratando de guia de custas e depósito recursal inseridos no sistema eletrônico, estando o arquivo corrompido, impedido de ser executado ou de ser lido, deverá o relator assegurar a possibilidade de sanar o vício, nos termos do art. 938, § 1º.

§ 3º Reconhecida a necessidade de produção de prova, o relator converterá o julgamento em diligência, que se realizará no tribunal ou em primeiro grau de jurisdição, decidindo-se o recurso após a conclusão da instrução.

§ 4º Quando não determinadas pelo relator, as providências indicadas nos §§ 1º e 3º poderão ser determinadas pelo órgão competente para julgamento do recurso.

Art. 939. Se a preliminar for rejeitada ou se a apreciação do mérito for com ela compatível, seguir-se-ão a discussão e o julgamento da matéria principal, sobre a qual deverão se pronunciar os juízes vencidos na preliminar.

Art. 940. O relator ou outro juiz que não se considerar habilitado a proferir imediatamente seu voto poderá solicitar vista pelo prazo máximo de 10 (dez) dias, após o qual o recurso será reincluído em pauta para julgamento na sessão seguinte à data da devolução.

→ v. Art. 121 da LC 35/1979.

§ 1º Se os autos não forem devolvidos tempestivamente ou se não for solicitada pelo juiz prorrogação de prazo de no **máximo mais** 10 **(dez) dias**, o presidente do órgão fracionário os requisitará para julgamento do recurso na sessão ordinária subsequente, com publicação da pauta em que for incluído.

§ 2º Quando requisitar os autos na forma do § 1º, se aquele que fez o pedido de vista ainda não se sentir habilitado a votar, o presidente convocará substituto para proferir voto, na forma estabelecida no regimento interno do tribunal.

Art. 941. Proferidos os votos, o presidente anunciará o resultado do julgamento, designando para redigir o acórdão o relator ou, se vencido este, o autor do primeiro voto vencedor.

§ 1º O voto poderá ser alterado até o momento da proclamação do resultado pelo presidente, salvo aquele já proferido por juiz afastado ou substituído.

§ 2º No julgamento de apelação ou de agravo de instrumento, a decisão será tomada, no órgão colegiado, pelo voto de 3 (três) juízes.

§ 3º O voto vencido será necessariamente declarado e considerado parte integrante do acórdão para todos os fins legais, inclusive de pré-questionamento.

→ v. Enunciado 200 do FPPC: Fica superado o enunciado 320 da súmula do STJ ("A questão federal somente ventilada no voto vencido não atende ao requisito do prequestionamento").

Art. 942. Quando o resultado da apelação for não unânime, o julgamento terá prosseguimento em sessão a ser designada com a presença de outros julgadores, que serão convocados nos termos previamente definidos no regimento interno, em número suficiente para garantir a possibilidade de inversão do resultado inicial, assegurado às partes e a eventuais terceiros o direito de sustentar oralmente suas razões perante os novos julgadores.

- → *v.* Enunciado 466 do FPPC: A técnica do art. 942 não se aplica aos embargos infringentes pendentes ao tempo do início da vigência do CPC, cujo julgamento deverá ocorrer nos termos dos arts. 530 e seguintes do CPC de 1973 do FPPC.
- → *v.* Enunciado 552 do FPPC: Não se aplica a técnica de ampliação do colegiado em caso de julgamento não unânime no âmbito dos Juizados Especiais.

§ 1º Sendo possível, o prosseguimento do julgamento dar-se-á na mesma sessão, colhendo-se os votos de outros julgadores que porventura componham o órgão colegiado.

§ 2º Os julgadores que já tiverem votado poderão rever seus votos por ocasião do prosseguimento do julgamento.

§ 3º A técnica de julgamento prevista neste artigo aplica-se, igualmente, ao julgamento não unânime proferido em:

I – ação rescisória, quando o resultado for a rescisão da sentença, devendo, nesse caso, seu prosseguimento ocorrer em órgão de maior composição previsto no regimento interno;

II – agravo de instrumento, quando houver reforma da decisão que julgar parcialmente o mérito.

§ 4º Não se aplica o disposto neste artigo ao julgamento:

I – do incidente de assunção de competência e ao de resolução de demandas repetitivas;

II – da remessa necessária;

III – não unânime proferido, nos tribunais, pelo plenário ou pela corte especial.

Art. 943. Os votos, os acórdãos e os demais atos processuais podem ser registrados em documento eletrônico inviolável e assinados eletronicamente, na forma da lei, devendo ser impressos para juntada aos autos do processo quando este não for eletrônico.

§ 1º Todo acórdão conterá ementa.

§ 2º Lavrado o acórdão, sua ementa será publicada no órgão oficial no prazo de 10 (dez) dias.

Art. 944. Não publicado o acórdão no prazo de 30 (trinta) dias, contado da data da sessão de julgamento, as notas taquigráficas o substituirão, para todos os fins legais, independentemente de revisão.

Parágrafo único. No caso do *caput*, o presidente do tribunal lavrará, de imediato, as conclusões e a ementa e mandará publicar o acórdão.

Art. 945. *(Revogado pela Lei 13.256/2016, em vigor no início da vigência da Lei 13.105/2015 – Novo CPC (v. art. 4º da Lei 13.256/2016)).*

- → **Anterior redação:** Art. 945. A critério do órgão julgador, o julgamento dos recursos e dos processos de competência originária que não admitem sustentação oral poderá realizar-se por meio eletrônico. § 1º O relator cientificará as partes, pelo Diário da Justiça, de que o julgamento se fará por meio eletrônico. § 2º Qualquer das partes poderá, no prazo de 5 (cinco) dias, apresentar memoriais ou discordância do julgamento por meio eletrônico. § 3º A discordância não necessita de motivação, sendo apta a determinar o julgamento em sessão presencial. § 4º Caso surja alguma divergência entre os integrantes do órgão julgador durante o julgamento eletrônico, este ficará imediatamente suspenso, devendo a causa ser apreciada em sessão presencial.

Art. 946. O agravo de instrumento será julgado antes da apelação interposta no mesmo processo.

Parágrafo único. Se ambos os recursos de que trata o *caput* houverem de ser julgados na mesma sessão, terá precedência o **agravo de instrumento**.

Capítulo III
Do Incidente de Assunção de Competência

Art. 947. É admissível a assunção de competência quando o julgamento de recurso, de remessa necessária ou de processo de competência originária envolver relevante questão de direito, com grande repercussão social, sem repetição em múltiplos processos.

- → *v.* Enunciado 201 do FPPC: Aplicam-se ao incidente de assunção de competência as regras previstas no art. 983 e 984.
- → *v.* Enunciado 334 do FPPC: Por força da expressão "sem repetição em diversos processos", não cabe o incidente de assunção de competência quando couber julgamento de casos repetitivos.
- → *v.* Enunciado 335 do FPPC: O incidente de assunção de competência aplica-se ao processo do trabalho.
- → *v.* Enunciado 461 do FPPC: O disposto no § 2º do art. 927 aplica-se ao incidente de assunção de competência.
- → *v.* Enunciado 467 do FPPC: O Ministério Público deve ser obrigatoriamente intimado no incidente de assunção de competência.
- → *v.* Enunciado 468 do FPPC: O incidente de assunção de competência aplica-se em qualquer tribunal.
- → *v.* Enunciado 469 do FPPC: A "grande repercussão social", pressuposto para a instauração do incidente de assunção de competência, abrange, dentre outras, repercussão jurídica, econômica ou política.

§ 1º Ocorrendo a hipótese de assunção de competência, o relator proporá, de ofício ou a requerimento da parte, do Ministério Público ou da Defensoria Pública, que seja o recurso, a remessa necessária ou o processo de competência originária julgado pelo órgão colegiado que o regimento indicar.

- → *v.* Enunciado 202 do FPPC: O órgão colegiado a que se refere o § 1º do art. 947 deve atender aos mesmos requisitos previstos pelo art. 978.

§ 2º O órgão colegiado julgará o recurso, a remessa necessária ou o processo de competência originária se reconhecer interesse público na assunção de competência.

§ 3º O acórdão proferido em assunção de competência vinculará todos os juízes e órgãos fracionários, exceto se houver revisão de tese.

- → *v.* Enunciado 167 do FPPC: Os tribunais regionais do trabalho estão vinculados aos enunciados de suas próprias súmulas e aos seus precedentes em incidente de assunção de competência ou de resolução de demandas repetitivas.
- → *v.* Enunciado 558 do FPPC: Caberá reclamação contra decisão que contrarie acórdão proferido no julgamento dos incidentes de resolução de demandas repetitivas ou de assunção de competência para o tribunal cujo precedente foi desrespeitado, ainda que este não possua competência para julgar o recurso contra a decisão impugnada.

§ 4º Aplica-se o disposto neste artigo quando ocorrer relevante questão de direito a respeito da qual seja conveniente a prevenção ou a composição de divergência entre câmaras ou turmas do tribunal.

Capítulo IV
Do Incidente de Arguição de Inconstitucionalidade

- → *v.* Arts. 52, X, 97, 102, I, *a*, e III, 103, 125 e, da CF/1988.
- → *v.* Lei 9.868/1999 – Dispõe sobre o processo e julgamento da ação direta de inconstitucionalidade e da ação declaratória de constitucionalidade perante o Supremo Tribunal Federal.

Art. 948. Arguida, **em controle difuso**, a inconstitucionalidade de lei ou de ato normativo do poder público, o relator, após ouvir o Ministério Público **e as partes**, submeterá a questão à turma ou à câmara à qual competir o conhecimento do processo.

Art. 949. Se a arguição for:

I – rejeitada, prosseguirá o julgamento;

II – acolhida, **a questão será submetida ao plenário do tribunal ou ao seu órgão especial, onde houver.**

Parágrafo único. Os órgãos fracionários dos tribunais não submeterão ao plenário ou ao órgão especial a arguição de inconstitucionalidade quando já houver pronunciamento destes ou do plenário do Supremo Tribunal Federal sobre a questão.

Art. 950. Remetida cópia do acórdão a todos os juízes, o presidente do tribunal designará a sessão de julgamento.

§ 1º As pessoas jurídicas de direito público responsáveis pela edição do ato questionado poderão manifestar-se no incidente de inconstitucionalidade se assim o requererem, observados os prazos e as condições previstos no regimento interno do tribunal.

§ 2º A parte legitimada à propositura das ações previstas no art. 103 da Constituição Federal poderá manifestar-se, por escrito, sobre a questão constitucional objeto de apreciação, no prazo previsto pelo regimento interno, sendo-lhe assegurado o direito de apresentar memoriais ou de requerer a juntada de documentos.

§ 3º Considerando a relevância da matéria e a representatividade dos postulantes, o relator poderá admitir, por despacho irrecorrível, a manifestação de outros órgãos ou entidades.

- → *v.* Art. 138 do NCPC.

Capítulo V
Do Conflito de Competência

- → *v.* Art. 66 do NCPC.

Art. 951. O conflito de competência pode ser suscitado por qualquer das partes, pelo Ministério Público ou pelo juiz.

Parágrafo único. O Ministério Público somente será ouvido nos conflitos de competência relativos aos processos previstos no art. 178, mas terá qualidade de parte nos conflitos que suscitar.

Art. 952. Não pode suscitar conflito a parte que, no processo, arguiu incompetência relativa.

Parágrafo único. O conflito de competência não obsta, porém, a que a parte que não o arguiu suscite a incompetência.

Art. 953. O conflito será suscitado ao tribunal:

→ v. Súmula 59 do STJ.

I – pelo juiz, por ofício;

II – pela parte e pelo Ministério Público, por petição.

Parágrafo único. O ofício e a petição serão instruídos com os documentos necessários à prova do conflito.

Art. 954. Após a distribuição, o relator determinará a oitiva dos juízes em conflito ou, se um deles for suscitante, apenas do suscitado.

Parágrafo único. No prazo designado pelo relator, incumbirá ao juiz ou aos juízes prestar as informações.

Art. 955. O relator poderá, de ofício ou a requerimento de qualquer das partes, determinar, quando o conflito for positivo, o sobrestamento do processo e, nesse caso, bem como no de conflito negativo, designará um dos juízes para resolver, em caráter provisório, as medidas urgentes.

→ v. Arts. 313, VII, e 314 do NCPC.

Parágrafo único. O relator poderá julgar de plano o conflito de competência quando sua decisão se fundar em:

I – súmula do Supremo Tribunal Federal, do Superior Tribunal de Justiça ou do próprio tribunal;

II – tese firmada em julgamento de casos repetitivos ou em incidente de assunção de competência.

Art. 956. Decorrido o prazo designado pelo relator, será ouvido o Ministério Público, no prazo de 5 (cinco) dias, ainda que as informações não tenham sido prestadas, e, em seguida, o conflito irá a julgamento.

→ v. Art. 178 do NCPC.

Art. 957. Ao decidir o conflito, o tribunal declarará qual o juízo competente, pronunciando-se também sobre a validade dos atos do juízo incompetente.

→ v. Arts. 64, §§ 3º e 4º, e 282 do NCPC.

Parágrafo único. Os autos do processo em que se manifestou o conflito serão remetidos ao juiz declarado competente.

Art. 958. No conflito que envolva órgãos fracionários dos tribunais, desembargadores e juízes em exercício no tribunal, observar-se-á o que dispuser o regimento interno do tribunal.

→ v. Art. 24 da Lei 8.038/1990.
→ v. Art. 163 e seguintes do RISTF.
→ v. Art. 193 e seguintes do RISTJ.

Art. 959. O regimento interno do tribunal regulará o processo e o julgamento do conflito de atribuições entre autoridade judiciária e autoridade administrativa.

→ v. Art. 105, I, g, da CF/1988.

Capítulo VI
Da Homologação de Decisão Estrangeira e da Concessão do *Exequatur* à Carta Rogatória

→ v. Art. 105, I, i, da CF/1988.
→ v. Art. 109, X, da CF/1988.
→ v. Art. 15 do LINDB.
→ v. Arts. 36 e 38 da Lei 9.307/1996.
→ v. Resolução STJ 9/2005.
→ v. Arts. 24, parágrafo único, 26 e seguintes e 40 do NCPC.

Art. 960. A homologação de decisão estrangeira será requerida por ação de homologação de decisão estrangeira, salvo disposição especial em sentido contrário prevista em tratado.

→ v. Enunciado 86 do FPPC: O art. 964 não se aplica à homologação da sentença arbitral estrangeira, que se sujeita aos tratados em vigor no País e à legislação aplicável, na forma do § 3º do art. 960.

§ 1º A decisão interlocutória estrangeira poderá ser executada no Brasil por meio de carta rogatória.

§ 2º A homologação obedecerá ao que dispuserem **os tratados em vigor no Brasil** e o Regimento Interno do Superior Tribunal de Justiça.

§ 3º A homologação de decisão arbitral estrangeira obedecerá ao disposto em tratado e em lei, aplicando-se, subsidiariamente, as disposições deste Capítulo.

Art. 961. A decisão estrangeira somente terá eficácia no Brasil **após a homologação de sentença estrangeira ou a concessão do** *exequatur* **às cartas rogatórias, salvo disposição em sentido contrário de lei ou tratado.**

→ v. EC 45/2004 alterou a competência prevista no art. 105, I, i, da CF.

§ 1º É passível de homologação a decisão judicial definitiva, bem como a decisão não judicial que, pela lei brasileira, teria natureza jurisdicional.

→ v. Enunciado 553 do FPPC: A sentença arbitral parcial estrangeira submete-se ao regime de homologação.

§ 2º A decisão estrangeira poderá ser homologada parcialmente.

§ 3º A autoridade judiciária brasileira poderá deferir pedidos de urgência e realizar atos de execução provisória no processo de homologação de decisão estrangeira.

§ 4º Haverá homologação de decisão estrangeira para fins de execução fiscal quando prevista em tratado ou em promessa de reciprocidade apresentada à autoridade brasileira.

§ 5º A sentença estrangeira de divórcio consensual produz efeitos no Brasil, independentemente de homologação pelo Superior Tribunal de Justiça.

§ 6º Na hipótese do § 5º, competirá a qualquer juiz examinar a validade da decisão, em caráter principal ou incidental, quando essa questão for suscitada em processo de sua competência.

Art. 962. É passível de execução a decisão estrangeira concessiva de medida de urgência.

§ 1º A execução no Brasil de decisão interlocutória estrangeira concessiva de medida de urgência dar-se-á por carta rogatória.

§ 2º A medida de urgência concedida sem audiência do réu poderá ser executada, desde que garantido o contraditório em momento posterior.

§ 3º O juízo sobre a urgência da medida compete exclusivamente à autoridade jurisdicional prolatora da decisão estrangeira.

§ 4º Quando dispensada a homologação para que a sentença estrangeira produza efeitos no Brasil, a decisão concessiva de medida de urgência dependerá, para produzir efeitos, de ter sua validade expressamente reconhecida pelo juiz competente para dar-lhe cumprimento, dispensada a homologação pelo Superior Tribunal de Justiça.

Art. 963. Constituem requisitos indispensáveis à homologação da decisão:

I – ser proferida por autoridade competente;

II – ser precedida de citação regular, ainda que verificada a revelia;

III – ser eficaz no país em que foi proferida;

IV – não ofender a coisa julgada brasileira;

V – estar acompanhada de tradução oficial, salvo disposição que a dispense prevista em tratado;

VI – não conter manifesta ofensa à ordem pública.

Parágrafo único. Para a concessão do *exequatur* às cartas rogatórias, observar-se-ão os pressupostos previstos no caput deste artigo e no art. 962, § 2º.

Art. 964. Não será homologada a decisão estrangeira na hipótese de competência exclusiva da autoridade judiciária brasileira.

Parágrafo único. O dispositivo também se aplica à concessão do *exequatur* à carta rogatória.

→ v. Art. 23 do NCPC.

Art. 965. O cumprimento de decisão estrangeira far-se-á perante o juízo federal competente, a requerimento da parte, conforme as normas estabelecidas para o cumprimento de decisão nacional.

Parágrafo único. O pedido de execução deverá ser instruído com cópia autenticada da decisão homologatória ou do *exequatur*, conforme o caso.

Capítulo VII
Da Ação Rescisória

→ v. Súmula 514 do STF.
→ v. Súmula 401 do STJ.
→ v. Súmula 100 do TST.
→ v. Art. 836 da CLT.
→ v. Art. 59 da Lei 9.099/1995.
→ v. Arts. 701, § 3º, e 937 do NCPC.

Art. 966. A **decisão** de mérito, transitada em julgado, pode ser rescindida quando:

→ v. Enunciado 203 do FPPC: Não se admite ação rescisória de sentença arbitral.
→ v. Enunciado 336 do FPPC: Cabe ação rescisória contra decisão interlocutória de mérito.

→ *v.* Enunciado 338 do FPPC: Cabe ação rescisória para desconstituir a coisa julgada formada sobre a resolução expressa da questão prejudicial incidental

I – se verificar que foi **proferida** por força de prevaricação, concussão ou corrupção do juiz;
→ *v.* Arts. 316, 317 e 319 do CP.

II – for proferida por juiz impedido ou por juízo absolutamente incompetente;
→ *v.* Arts. 62, 64 e 144 do NCPC.

III – resultar de dolo **ou coação** da parte vencedora em detrimento da parte vencida ou, ainda, de **simulação** ou colusão entre as partes, a fim de fraudar a lei;
→ *v.* Arts. 145, 151 e 167 do CC/2002.
→ *v.* Art. 142 do NCPC.

IV – ofender a coisa julgada;
→ *v.* Art. 502 e seguintes do NCPC.
→ *v.* Enunciado 554 do FPPC: Na ação rescisória fundada em violação ao efeito positivo da coisa julgada, haverá o rejulgamento da causa após a desconstituição da decisão rescindenda.

V – violar manifestamente norma jurídica;
→ *v.* Súmula 343 do STF.

VI – for fundada em prova cuja falsidade tenha sido apurada em processo criminal ou venha a ser demonstrada na própria ação rescisória;
→ *v.* Arts. 19, 427 e 478 do NCPC.

VII – obtiver o autor, **posteriormente ao trânsito em julgado, prova nova** cuja existência ignorava ou de que não pôde fazer uso, capaz, por si só, de lhe assegurar pronunciamento favorável;

VIII – for fundada em erro de fato **verificável** do exame dos autos.

§ 1º Há erro de fato quando a **decisão rescindenda** admitir fato inexistente ou quando considerar inexistente fato efetivamente ocorrido, sendo indispensável, em ambos os casos, que o fato não represente **ponto controvertido** sobre o qual o juiz deveria ter se pronunciado.
→ *v.* Art. 138 do CC/2002.

§ 2º Nas hipóteses previstas nos incisos do *caput*, será rescindível a decisão transitada em julgado que, embora não seja de mérito, impeça:
→ *v.* Enunciado 555 do FPPC: Nos casos em que tanto a decisão de inadmissibilidade do recurso quanto a decisão recorrida apresentem vícios rescisórios, ambas serão rescindíveis, ainda que proferidas por órgãos jurisdicionais diversos.

I – nova propositura da demanda; ou

II – admissibilidade do recurso correspondente.

§ 3º A ação rescisória pode ter por objeto apenas 1 (um) capítulo da decisão.
→ *v.* Enunciado 337 do FPPC: A competência para processar a ação rescisória contra capítulo de decisão deverá considerar o órgão jurisdicional que proferiu o capítulo rescindendo.

§ 4º Os atos **de disposição de direitos, praticados pelas partes ou por outros participantes do processo e homologados pelo juízo, bem como os atos homologatórios praticados no curso da execução, estão sujeitos à anulação**, nos termos da lei.
→ *v.* Art. 166 e seguintes do CC/2002.
→ *v.* Enunciado 138 do FPPC: A partilha amigável extrajudicial e a partilha amigável judicial homologada por decisão ainda não transitada em julgado são impugnáveis por ação anulatória.

§ 5º Cabe ação rescisória, com fundamento no inciso V do *caput* deste artigo, contra decisão baseada em enunciado de súmula ou acórdão proferido em julgamento de casos repetitivos que não tenha considerado a existência de distinção entre a questão discutida no processo e o padrão decisório que lhe deu fundamento.
→ § 5º acrescentado pela Lei 13.256/2016, em vigor no início da vigência da Lei 13.105/2015 – Novo CPC (*v.* art. 4º da Lei 13.256/2016).

§ 6º Quando a ação rescisória fundar-se na hipótese do § 5º deste artigo, caberá ao autor, sob pena de inépcia, demonstrar, fundamentadamente, tratar-se de situação particularizada por hipótese fática distinta ou de questão jurídica não examinada, a impor outra solução jurídica.
→ § 6º acrescentado pela Lei 13.256/2016, em vigor no início da vigência da Lei 13.105/2015 – Novo CPC (*v.* art. 4º da Lei 13.256/2016).

Art. 967. Têm legitimidade para propor a ação rescisória:

I – quem foi parte no processo ou o seu sucessor a título universal ou singular;
→ *v.* Art. 108 e seguintes do NCPC.

II – o terceiro juridicamente interessado;
→ *v.* Arts. 119 e seguintes e 996 do NCPC.

III – o Ministério Público:
→ *v.* Art. 127 e 129 da CF/1988.

a) se não foi ouvido no processo em que lhe era obrigatória a intervenção;
→ *v.* Art. 178 do NCPC.

b) quando a **decisão rescindenda** é o efeito de **simulação ou** de colusão das partes, a fim de fraudar a lei;
→ *v.* Art. 167 do CC/2002.
→ *v.* Art. 142 do NCPC.

c) em outros casos em que se imponha sua atuação;

IV – aquele que não foi ouvido no processo em que lhe era obrigatória a intervenção.
→ *v.* Art. 135 do NCPC.
→ *v.* Enunciado 339 do FPPC: O CADE e a CVM, caso não tenham sido intimados, quando obrigatório, para participar do processo (art. 118, Lei n. 12.529/2011; art. 31, Lei n. 6.385/1976), têm legitimidade para propor ação rescisória contra a decisão ali proferida, nos termos do inciso IV do art. 967.

Parágrafo único. Nas hipóteses do art. 178, o Ministério Público será intimado para intervir como fiscal da ordem jurídica quando não for parte.

Art. 968. A petição inicial será elaborada com observância dos requisitos essenciais do art. 319, devendo o autor:
→ *v.* Enunciado 284 do FPPC: Aplica-se à ação rescisória o disposto no art. 321.

I – cumular ao pedido de rescisão, se for o caso, o de novo julgamento do processo;

II – depositar a importância de cinco por cento sobre o valor da causa, **que se converterá** em multa caso a ação seja, por unanimidade de votos, declarada inadmissível ou improcedente.

→ *v.* Art. 836 da CLT.
→ *v.* Súmula 175 do STJ.
→ *v.* Súmula 129 do TFR.
→ *v.* Arts. 96 e 974 do NCPC.

§ 1º Não se aplica o disposto no inciso II à União, aos Estados, ao Distrito Federal, aos Municípios, às **suas respectivas autarquias e fundações de direito público**, ao Ministério Público, **à Defensoria Pública e aos que tenham obtido o benefício** de **gratuidade** da **justiça**.
→ *v.* Art. 98 e seguintes do NCPC.

§ 2º O depósito previsto no inciso II do *caput* deste artigo não será superior a 1.000 (mil) salários mínimos.

§ 3º Além dos casos previstos no art. 330, a petição inicial será indeferida quando não efetuado o depósito exigido pelo inciso II do *caput* deste artigo.

§ 4º Aplica-se à ação rescisória o disposto no art. 332.

§ 5º Reconhecida a incompetência do tribunal para julgar a ação rescisória, o autor será intimado para emendar a petição inicial, a fim de adequar o objeto da ação rescisória, quando a decisão apontada como rescindenda:
→ *v.* Enunciado 488 do FPPC: No mandado de segurança, havendo equivocada indicação da autoridade coatora, o impetrante deve ser intimado para emendar a petição inicial e, caso haja alteração de competência, o juiz remeterá os autos ao juízo competente.

I – não tiver apreciado o mérito e não se enquadrar na situação prevista no § 2º do art. 966;

II – tiver sido substituída por decisão posterior.
→ *v.* Art. 1.008 do NCPC.

§ 6º Na hipótese do § 5º, após a emenda da petição inicial, será permitido ao réu complementar os fundamentos de defesa, e em seguida, os autos serão remetidos ao tribunal competente.

Art. 969. A propositura da ação rescisória não impede o cumprimento da **decisão** rescindenda, ressalvada a concessão de tutela provisória.
→ *v.* Arts. 294 e seguintes e 517, § 3º, do NCPC.
→ *v.* Enunciado 80 do FPPC: A tutela antecipada prevista nestes dispositivos pode ser de urgência ou de evidência.
→ *v.* Enunciado 421 do FPPC: Não cabe estabilização de tutela antecipada em ação rescisória.

Art. 970. O relator ordenará a citação do réu, designando-lhe prazo nunca inferior a 15 (quinze) dias nem superior a 30 (trinta) para, querendo, apresentar resposta, **ao fim do qual, com ou sem contestação, observar-se-á, no que couber, o procedimento comum**.
→ *v.* Art. 318 do NCPC.

Art. 971. Na ação rescisória, devolvidos os autos pelo relator, a secretaria do tribunal expedirá cópias do relatório e as distribuirá entre os juízes que compuserem o órgão competente para o julgamento.

Parágrafo único. A escolha de relator recairá, sempre que possível, em juiz que não haja participado do julgamento rescindendo.
→ *v.* Súmula 252 do STF.

Art. 972. Se os fatos alegados pelas partes dependerem de prova, o relator poderá delegar a competência **ao órgão que proferiu a decisão rescindenda**, fixando **prazo de** 1 (**um**) **a** 3 (**três**) **meses** para a devolução dos autos.

→ v. Art. 67 e seguintes do NCPC.
→ v. Enunciado 340 do FPPC: Observadas as regras de distribuição, o relator pode delegar a colheita de provas para juízo distinto do que proferiu a decisão rescindenda.

Art. 973. Concluída a instrução, será aberta vista ao autor e ao réu para razões finais, sucessivamente, pelo prazo de 10 (dez) dias.

Parágrafo único. Em seguida, os autos serão conclusos ao relator, procedendo-se ao julgamento **pelo órgão competente**.

→ v. Art. 101, § 3°, da LC 35/1979.
→ v. Súmulas 249 e 515 do STF

Art. 974. Julgando procedente **o pedido**, o tribunal rescindirá a decisão, proferirá, se for o caso, novo julgamento e determinará a restituição do depósito **a que se refere o inciso** II **do art.** 968.

Parágrafo único. Considerando, **por unanimidade**, inadmissível ou improcedente **o pedido**, o tribunal determinará a reversão, em favor do réu, da importância do depósito, sem prejuízo do disposto no § 2° do art. 82.

Art. 975. O direito à rescisão se extingue em 2 (dois) anos contados do trânsito em julgado da **última decisão** proferida no processo.

→ v. Súmula 514 do STF.
→ v. Súmula 401 do STJ.
→ v. Súmula 100 do TST.
→ v. Art. 425, § 1°, do NCPC.
→ v. Enunciado 341 do FPPC: O prazo para ajuizamento de ação rescisória é estabelecido pela data do trânsito em julgado da decisão rescindenda, de modo que não se aplicam as regras dos §§ 2° e 3° do art. 975 do CPC à coisa julgada constituída antes de sua vigência.

§ 1° Prorroga-se até o primeiro dia útil imediatamente subsequente o prazo a que se refere o *caput*, quando expirar durante férias forenses, recesso, feriados ou em dia em que não houver expediente forense.

→ v. Arts. 214, 215 e 216 do NCPC.

§ 2° Se fundada a ação no inciso VII do art. 966, o termo inicial do prazo será a data de descoberta da prova nova, observado o prazo máximo de 5 (cinco) anos, contado do trânsito em julgado da última decisão proferida no processo.

§ 3° Nas hipóteses de simulação ou de colusão das partes, o prazo começa a contar, para o terceiro prejudicado e para o Ministério Público, que não interveio no processo, a partir do momento em que têm ciência da simulação ou da colusão.

→ v. Art. 167 do CC/2002.
→ v. Art. 142 do NCPC.

Capítulo VIII
Do Incidente de Resolução de Demandas Repetitivas

→ v. Arts. 12, 138, 139, X, 311, II, 313, 332, II e III, 964, § 4°, II e III, 521, IV, 927, III, 928, 932, IV e V, 937, § 1°, 955, parágrafo único, II, 988, IV, 1.022, e 1.036, § 4° do NCPC.

Art. 976. É cabível a instauração do incidente de resolução de demandas repetitivas quando houver, simultaneamente:

→ v. Enunciado 20 da ENFAM: O pedido fundado em tese aprovada em IRDR deverá ser julgado procedente, respeitados o contraditório e a ampla defesa, salvo se for o caso de distinção ou de houver superação do entendimento pelo tribunal competente.
→ v. Enunciado 21 da ENFAM: O IRDR pode ser suscitado com base em demandas repetitivas em curso nos juizados especiais.
→ v. Enunciado 22 da ENFAM: A instauração do IRDR não pressupõe a existência de processo pendente no respectivo tribunal.
→ v. Enunciado 44 da ENFAM: Admite-se o IRDR nos juizados especiais, que deverá ser julgado por órgão colegiado de uniformização do próprio sistema.
→ v. Enunciado 88 do FPPC: Não existe limitação de matérias de direito passíveis de gerar a instauração do incidente de resolução de demandas repetitivas e, por isso, não é admissível qualquer interpretação que, por tal fundamento, restrinja seu cabimento.
→ v. Enunciado 89 do FPPC: Havendo apresentação de mais de um pedido de instauração do incidente de resolução de demandas repetitivas perante o mesmo tribunal todos deverão ser apensados e processados conjuntamente; os que forem oferecidos posteriormente à decisão de admissão serão apensados e sobrestados, cabendo ao órgão julgador considerar as razões neles apresentadas.
→ v. Enunciado 90 do FPPC: É admissível a instauração de mais de um incidente de resolução de demandas repetitivas versando sobre a mesma questão de direito perante tribunais de 2° grau diferentes.
→ v. Enunciado 204 do FPPC: Quando se deparar com diversas demandas individuais repetitivas, poderá o juiz oficiar o Ministério Público, a Defensoria Pública e os demais legitimados a que se refere o art. 977, II, para que, querendo, ofereça o incidente de resolução de demandas repetitivas, desde que atendidos os seus respectivos requisitos.
→ v. Enunciado 342 do FPPC: O incidente de resolução de demandas repetitivas aplica-se a recurso, a remessa necessária ou a qualquer causa de competência originária.
→ v. Enunciado 343 do FPPC. O incidente de resolução de demandas repetitivas compete a tribunal de justiça ou tribunal regional.
→ v. Enunciado 344 do FPPC. A instauração do incidente pressupõe a existência de processo pendente no respectivo tribunal.

I – efetiva repetição de processos que contenham controvérsia sobre a mesma questão unicamente de direito;

II – risco de ofensa à isonomia e à segurança jurídica.

§ 1° A desistência ou o abandono do processo não impede o exame de mérito do incidente.

→ v. Arts. 200, 785 e 998 do NCPC.

§ 2° Se não for o requerente, o Ministério Público intervirá obrigatoriamente no incidente e deverá assumir sua titularidade em caso de desistência ou de abandono.

→ v. Art. 176 do NCPC.
→ v. Enunciado 467 do FPPC: O Ministério Público deve ser obrigatoriamente intimado no incidente de assunção de competência.

§ 3° A inadmissão do incidente de resolução de demandas repetitivas por ausência de qualquer de seus pressupostos de admissibilidade não impede que, uma vez satisfeito o requisito, seja o incidente novamente suscitado.

→ v. Arts. 139, IX, 152 e 486 do NCPC.

§ 4° É incabível o incidente de resolução de demandas repetitivas quando um dos tribunais superiores, no âmbito de sua respectiva competência, já tiver afetado recurso para definição de tese sobre questão de direito material ou processual repetitiva.

§ 5° Não serão exigidas custas processuais no incidente de resolução de demandas repetitivas.

→ v. Art. 82 do NCPC.

Art. 977. O pedido de instauração do incidente será dirigido ao presidente de tribunal:

I – pelo juiz ou relator, por ofício;

II – pelas partes, por petição;

III – pelo Ministério Público ou pela Defensoria Pública, por petição.

Parágrafo único. O ofício ou a petição será instruído com os documentos necessários à demonstração do preenchimento dos pressupostos para a instauração do incidente.

Art. 978. O julgamento do incidente caberá ao órgão indicado pelo regimento interno dentre aqueles responsáveis pela uniformização de jurisprudência do tribunal.

Parágrafo único. O órgão colegiado incumbido de julgar o incidente e de fixar a tese jurídica julgará igualmente o recurso, a remessa necessária ou o processo de competência originária de onde se originou o incidente.

Art. 979. A instauração e o julgamento do incidente serão sucedidos da mais ampla e específica divulgação e publicidade, por meio de registro eletrônico no Conselho Nacional de Justiça.

§ 1° Os tribunais manterão banco eletrônico de dados atualizados com informações específicas sobre questões de direito submetidas ao incidente, comunicando-o imediatamente ao Conselho Nacional de Justiça para inclusão no cadastro.

§ 2° Para possibilitar a identificação dos processos abrangidos pela decisão do incidente, o registro eletrônico das teses jurídicas constantes do cadastro conterá, no mínimo, os fundamentos determinantes da decisão e os dispositivos normativos a ela relacionados.

§ 3° Aplica-se o disposto neste artigo ao julgamento de recursos repetitivos e da repercussão geral em recurso extraordinário.

Art. 980. O incidente será julgado no prazo de 1 (um) ano e terá preferência sobre os demais feitos, ressalvados os que envolvam réu preso e os pedidos de *habeas corpus*.

Parágrafo único. Superado o prazo previsto no *caput*, cessa a suspensão dos processos prevista no art. 982, salvo decisão fundamentada do relator em sentido contrário.

→ v. Art. 313 do NCPC.

Art. 981. Após a distribuição, o órgão colegiado competente para julgar o incidente procederá ao seu juízo de admissibilidade, considerando a presença dos pressupostos do art. 976.

→ v. Enunciado 91 do FPPC: Cabe ao órgão colegiado realizar o juízo de admissibilidade do incidente de resolução de demandas repetitivas, sendo vedada a decisão monocrática.

→ v. Enunciado 556 do FPPC: É irrecorrível a decisão do órgão colegiado que, em sede de juízo de admissibilidade, rejeita a instauração do incidente de resolução de demandas repetitivas, salvo o cabimento dos embargos de declaração.

Art. 982. Admitido o incidente, o relator:

→ v. Enunciado 452 do FPPC: Durante a suspensão do processo prevista no art. 982 não corre o prazo de prescrição intercorrente.

I – suspenderá os processos pendentes, individuais ou coletivos, que tramitam no Estado ou na região, conforme o caso;

→ v. Art. 313 do NCPC.

→ v. Enunciado 92 do FPPC: A suspensão de processos prevista neste dispositivo é consequência da admissão do incidente de resolução de demandas repetitivas e não depende da demonstração dos requisitos para a tutela de urgência.

→ v. Enunciado 93 do FPPC: Admitido o incidente de resolução de demandas repetitivas, também devem ficar suspensos os processos que versem sobre a mesma questão objeto do incidente e que tramitem perante os juizados especiais no mesmo estado ou região.

→ v. Enunciado 94 do FPPC: A parte que tiver o seu processo suspenso nos termos do inciso I do art. 982 poderá interpor recurso especial ou extraordinário contra o acórdão que julgar o incidente de resolução de demandas repetitivas.

→ v. Enunciado 470 do FPPC: Aplica-se no âmbito dos juizados especiais a suspensão prevista no art. 982, I.

II – poderá requisitar informações a órgãos em cujo juízo tramita processo no qual se discute o objeto do incidente, que as prestarão no prazo de 15 (quinze) dias;

III – intimará o Ministério Público para, querendo, manifestar-se no prazo de 15 (quinze) dias.

→ v. Enunciado 467 do FPPC: O Ministério Público deve ser obrigatoriamente intimado no incidente de assunção de competência.

§ 1º A suspensão será comunicada aos órgãos jurisdicionais competentes.

→ v. Enunciado 205 do FPPC: Havendo cumulação de pedidos simples, a aplicação do art. 982, I e § 3º, poderá provocar apenas a suspensão parcial do processo, não impedindo o prosseguimento em relação ao pedido não abrangido pela tese a ser firmada no incidente de resolução de demandas repetitivas.

§ 2º Durante a suspensão, o pedido de tutela de urgência deverá ser dirigido ao juízo onde tramita o processo suspenso.

→ v. Art. 294 do NCPC.

§ 3º Visando à garantia da segurança jurídica, qualquer legitimado mencionado no art. 977, incisos II e III, poderá requerer, ao tribunal competente para conhecer do recurso extraordinário ou especial, a suspensão de todos os processos individuais ou coletivos em curso no território nacional que versem sobre a questão objeto do incidente já instaurado.

→ v. Enunciado 471 do FPPC: Aplica-se no âmbito dos juizados especiais a suspensão prevista no art. 982, § 3º.

§ 4º Independentemente dos limites da competência territorial, a parte no processo em curso no qual se discuta a mesma questão objeto do incidente é legitimada para requerer a providência prevista no § 3º deste artigo.

§ 5º Cessa a suspensão a que se refere o inciso I do caput deste artigo se não for interposto recurso especial ou recurso extraordinário contra a decisão proferida no incidente.

Art. 983. O relator ouvirá as partes e os demais interessados, inclusive pessoas, órgãos e entidades com interesse na controvérsia, que, no prazo comum de 15 (quinze) dias, poderão requerer a juntada de documentos, bem como as diligências necessárias para a elucidação da questão de direito controvertida, e, em seguida, manifestar-se-á o Ministério Público, no mesmo prazo.

→ v. Enunciado 201 do FPPC: Aplicam-se ao incidente de assunção de competência as regras previstas nos arts. 983 e 984.

§ 1º Para instruir o incidente, o relator poderá designar data para, em audiência pública, ouvir depoimentos de pessoas com experiência e conhecimento na matéria.

§ 2º Concluídas as diligências, o relator solicitará dia para o julgamento do incidente.

Art. 984. No julgamento do incidente, observar-se-á a seguinte ordem:

I – o relator fará a exposição do objeto do incidente;

II – poderão sustentar suas razões, sucessivamente:

a) o autor e o réu do processo originário e o Ministério Público, pelo prazo de 30 (trinta) minutos;

b) os demais interessados, no prazo de 30 (trinta) minutos, divididos entre todos, sendo exigida inscrição com 2 (dois) dias de antecedência.

§ 1º Considerando o número de inscritos, o prazo poderá ser ampliado.

§ 2º O conteúdo do acórdão abrangerá a análise de todos os fundamentos suscitados concernentes à tese jurídica discutida, sejam favoráveis ou contrários.

→ v. Art. 489, § 1º, do NCPC.

→ v. Enunciado 305 do FPPC: No julgamento de casos repetitivos, o tribunal deverá enfrentar todos os argumentos contrários e favoráveis à tese jurídica discutida.

Art. 985. Julgado o incidente, a tese jurídica será aplicada:

→ v. Art. 927, III, do NCPC.

→ v. Enunciado 167 do FPPC: Os tribunais regionais do trabalho estão vinculados aos enunciados de suas próprias súmulas e aos seus precedentes em incidente de assunção de competência ou de resolução de demandas repetitivas.

I – a todos os processos individuais ou coletivos que versem sobre idêntica questão de direito e que tramitem na área de jurisdição do respectivo tribunal, inclusive àqueles que tramitem nos juizados especiais do respectivo Estado ou região;

→ v. Art. 496, § 4º, do NCPC.

→ v. Enunciado 472 do FPPC: Aplica-se o inciso I do art. 985 ao julgamento de recursos repetitivos e ao incidente de assunção de competência.

→ v. Enunciado 480 do FPPC: Aplica-se no âmbito dos juizados especiais a suspensão dos processos em trâmite no território nacional, que versem sobre a questão submetida ao regime de julgamento de recursos especiais e extraordinários repetitivos, determinada com base no art. 1.037, II.

→ v. Enunciado 524 do FPPC: O art. 489, § 1º, IV, não obriga o órgão julgador a enfrentar os fundamentos jurídicos deduzidos no processo e já enfrentados na formação da decisão paradigma, sendo necessário demonstrar a correlação fática e jurídica entre o caso concreto e aquele já apreciado.

→ v. Enunciado 557 do FPPC: O agravo de instrumento previsto no art. 1.037, § 13, I, também é cabível contra a decisão prevista no art. 982, inc. I.

II – aos casos futuros que versem idêntica questão de direito e que venham a tramitar no território de competência do tribunal, salvo revisão na forma do art. 986.

→ v. Arts. 311 e 332, I, do NCPC.

§ 1º Não observada a tese adotada no incidente, caberá reclamação.

→ v. Art. 988, IV, do NCPC.

§ 2º Se o incidente tiver por objeto questão relativa a prestação de serviço concedido, permitido ou autorizado, o resultado do julgamento será comunicado ao órgão, ao ente ou à agência reguladora competente para fiscalização da efetiva aplicação, por parte dos entes sujeitos à regulação, da tese adotada.

→ v. Art. 1.040, IV, do NCPC.

Art. 986. A revisão da tese jurídica firmada no incidente far-se-á pelo mesmo tribunal, de ofício ou mediante requerimento dos legitimados mencionados no art. 977, inciso III.

→ v. Art. 927, §§ 2º, 3º e 4º, do NCPC.

→ v. Enunciado 473 do FPPC: A possibilidade de o tribunal revisar de ofício a tese jurídica do incidente de resolução de demandas repetitivas autoriza as partes a requerê-la.

Art. 987. Do julgamento do mérito do incidente caberá recurso extraordinário ou especial, conforme o caso.

→ v. Enunciado 94 do FPPC: A parte que tiver o seu processo suspenso nos termos do inciso I do art. 982 poderá interpor recurso especial ou extraordinário contra o acórdão que julgar o incidente de resolução de demandas repetitivas.

§ 1º O recurso tem efeito suspensivo, presumindo-se a repercussão geral de questão constitucional eventualmente discutida.

→ v. Art. 1.035 do NCPC.

§ 2º Apreciado o mérito do recurso, a tese jurídica adotada pelo Supremo Tribunal Federal ou pelo Superior Tribunal de Justiça será aplicada no território nacional a todos os processos individuais ou coletivos que versem sobre idêntica questão de direito.

Capítulo IX
Da Reclamação

→ v. Súmula 734 STF.

→ v. Arts. 102, I, l, § 2º, 103-A, § 3º, e 105, I, f, da CF/1988.

→ v. Art. 156 e seguintes do RISTF.

→ v. Art. 187 e seguintes do RISTJ.

→ v. Lei 9.868/1999 – Dispõe sobre o processo e julgamento da ação direta de inconstitucionalidade e da ação declaratória de constitucionalidade perante o Supremo Tribunal Federal.

→ v. Lei 9.882/1999 – Dispõe sobre o processo e julgamento da arguição de descumprimento de preceito fundamental, nos termos do § 1o do art. 102 da Constituição Federal.
→ v. Lei 11.417/2006 – Disciplina a edição, a revisão e o cancelamento de enunciado de súmula vinculante pelo Supremo Tribunal Federal.

Art. 988. Caberá reclamação da parte interessada ou do Ministério Público para:

I – preservar a competência do tribunal;
→ v. Enunciado 207 do FPPC: Cabe reclamação, por usurpação da competência do tribunal de justiça ou tribunal regional federal, contra a decisão de juiz de 1º grau que inadmitir recurso de apelação.
→ v. Enunciado 208 do FPPC: Cabe reclamação, por usurpação da competência do Superior Tribunal de Justiça, contra a decisão de juiz de 1º grau que inadmitir recurso ordinário, no caso do art. 1.027, II, 'b'.
→ v. Enunciado 209 do FPPC: Cabe reclamação, por usurpação da competência do Superior Tribunal de Justiça, contra a decisão de presidente ou vice-presidente do tribunal de 2º grau que inadmitir recurso ordinário interposto com fundamento no art. 1.027, II, "a".
→ v. Enunciado 211 do FPPC: Cabe reclamação, por usurpação da competência do Superior Tribunal de Justiça, contra a decisão de presidente ou vice-presidente do tribunal de 2º grau que inadmitir recurso especial não repetitivo.
→ v. Enunciado 212 do FPPC: Cabe reclamação, por usurpação da competência do Supremo Tribunal Federal, contra a decisão de presidente ou vice-presidente do tribunal de 2º grau que inadmitir recurso extraordinário não repetitivo.

II – garantir a autoridade das decisões do tribunal;
→ v. Art. 927 do NCPC.

III – garantir a observância de enunciado de súmula vinculante e de decisão do Supremo Tribunal Federal em controle concentrado de constitucionalidade;
→ Inciso III com redação alterada pela Lei 13.256/2016, em vigor no início da vigência da Lei 13.105/2015 – Novo CPC (v. art. 4º da Lei 13.256/2016).
→ v. Art. 927 do NCPC.
→ **Anterior redação:** III – garantir a observância de decisão do Supremo Tribunal Federal em controle concentrado de constitucionalidade; (...).

IV – garantir a observância de acórdão proferido em julgamento de incidente de resolução de demandas repetitivas ou de incidente de assunção de competência;
→ Inciso IV com redação alterada pela Lei 13.256/2016, em vigor no início da vigência da Lei 13.105/2015 – Novo CPC (v. art. 4º da Lei 13.256/2016).
→ v. Arts. 928, 947, 976 e 1.036 do NCPC.
→ v. Enunciado 558 do FPPC: Caberá reclamação contra decisão que contrarie acórdão proferido no julgamento dos incidentes de resolução de demandas repetitivas ou de assunção de competência para o tribunal cujo precedente foi desrespeitado, ainda que este não possua competência para julgar o recurso contra a decisão impugnada.
→ **Anterior redação:** IV – garantir a observância de enunciado de súmula vinculante e de precedente proferido em julgamento de casos repetitivos ou em incidente de assunção de competência. (...).

§ 1º A reclamação pode ser proposta perante qualquer tribunal, e seu julgamento compete ao órgão jurisdicional cuja competência se busca preservar ou cuja autoridade se pretenda garantir.

§ 2º A reclamação deverá ser instruída com prova documental e dirigida ao presidente do tribunal.

§ 3º Assim que recebida, a reclamação será autuada e distribuída ao relator do processo principal, sempre que possível.

§ 4º As hipóteses dos incisos III e IV compreendem a aplicação indevida da tese jurídica e sua não aplicação aos casos que a ela correspondam.

§ 5º É inadmissível a reclamação:
→ *Caput* do § 5º com redação alterada pela Lei 13.256/2016, em vigor no início da vigência da Lei 13.105/2015 – Novo CPC (v. art. 4º da Lei 13.256/2016).

I – proposta após o trânsito em julgado da decisão reclamada;
→ Inciso I acrescentado pela Lei 13.256/2016, em vigor no início da vigência da Lei 13.105/2015 – Novo CPC (v. art. 4º da Lei 13.256/2016).

II – proposta para garantir a observância de acórdão de recurso extraordinário com repercussão geral reconhecida ou de acórdão proferido em julgamento de recursos extraordinário ou especial repetitivos, quando não esgotadas as instâncias ordinárias.
→ Inciso II acrescentado pela Lei 13.256/2016, em vigor no início da vigência da Lei 13.105/2015 – Novo CPC (v. art. 4º da Lei 13.256/2016).
→ v. Súmula 734 STF.
→ **Anterior redação:** § 5º É inadmissível a reclamação proposta após o trânsito em julgado da decisão (...).

§ 6º A inadmissibilidade ou o julgamento do recurso interposto contra a decisão proferida pelo órgão reclamado não prejudica a reclamação.

Art. 989. Ao despachar a reclamação, o relator:

I – requisitará informações da autoridade a quem for imputada a prática do ato impugnado, que as prestará no prazo de 10 (dez) dias;

II – se necessário, ordenará a suspensão do processo ou do ato impugnado para evitar dano irreparável;
→ v. Art. 294 do NCPC.

III – determinará a citação do beneficiário da decisão impugnada, que terá prazo de 15 (quinze) dias para apresentar a sua contestação.

Art. 990. Qualquer interessado poderá impugnar o pedido do reclamante.

Art. 991. Na reclamação que não houver formulado, o Ministério Público terá vista do processo por 5 (cinco) dias, após o decurso do prazo para informações e para o oferecimento da contestação pelo beneficiário do ato impugnado.

Art. 992. Julgando procedente a reclamação, o tribunal cassará a decisão exorbitante de seu julgado ou determinará medida adequada à solução da controvérsia.

Art. 993. O presidente do tribunal determinará o imediato cumprimento da decisão, lavrando-se o acórdão posteriormente.

TÍTULO II
Dos Recursos

→ v. Art. 5º, LV, § 2º, da CF/1988.
→ v. Art. 25 da Convenção Americana sobre Direitos Humanos.

Capítulo I
Disposições Gerais

Art. 994. São cabíveis os seguintes recursos:

I – apelação;
→ v. Art. 1.009 e seguintes do NCPC.

II – agravo **de instrumento**;
→ v. Art. 1.015 e seguintes do NCPC.

III – agravo **interno**;
→ v. Art. 1.021 do NCPC.

IV – embargos de declaração;
→ v. Art. 1.022 e seguintes do NCPC.

V – recurso ordinário;
→ v. Art. 1.027 e seguintes do NCPC.

VI – recurso especial;
→ v. Art. 1.029 e seguintes do NCPC.

VII – recurso extraordinário;
→ v. Art. 1.029 e seguintes do NCPC.

VIII – agravo em recurso especial ou extraordinário;
→ v. Art. 1.042 do NCPC.

IX – embargos de divergência.
→ v. Súmulas 158, 168, 315, 316 e 420 do STJ.
→ v. Arts. 1.043 e 1044 do NCPC.

Art. 995. Os **recursos** não impedem **a eficácia da decisão**, salvo disposição legal ou decisão judicial em sentido diverso.
→ v. Enunciado 559 do FPPC: O efeito suspensivo *ope legis* do recurso de apelação não obsta a eficácia das decisões interlocutórias nele impugnadas.

Parágrafo único. A eficácia da decisão recorrida poderá ser suspensa por decisão do relator, se da imediata produção de seus efeitos houver risco de dano grave, de difícil ou impossível reparação, e ficar demonstrada a probabilidade de provimento do recurso.
→ v. Enunciado 465 do FPPC: A concessão do efeito suspensivo ao recurso inominado cabe exclusivamente ao relator na turma recursal.
→ v. Enunciado 423 do FPPC: Cabe tutela de evidência recursal.

Art. 996. O recurso pode ser interposto pela parte vencida, pelo terceiro prejudicado e pelo Ministério Público, **como parte ou** como **fiscal da ordem jurídica**.
→ v. Súmulas 99, 202 e 226 do STJ.

Parágrafo único. Cumpre ao terceiro **demonstrar a possibilidade** de a decisão sobre a relação jurídica submetida à apreciação judicial **atingir direito de que se afirme titular ou que possa discutir em juízo como substituto processual**.

Art. 997. Cada parte interporá o recurso independentemente, no prazo e com observância das exigências legais.

§ 1º Sendo vencidos autor e réu, ao recurso interposto por qualquer deles poderá aderir o outro.

§ 2º O recurso adesivo fica subordinado ao recurso **independente**, **sendo-lhe aplicáveis as mesmas regras deste quanto aos requisitos de admissibilidade e julgamento no tribunal**, salvo disposição legal diversa, observado, ainda, o seguinte:

I – será **dirigido** ao órgão perante o qual o recurso independente fora interposto, no prazo de que a parte dispõe para responder;

II – será admissível na apelação, no recurso extraordinário e no recurso especial;

III – não será conhecido, se houver desistência do recurso principal ou se for ele considerado inadmissível.

Art. 998. O recorrente poderá, a qualquer tempo, sem a anuência do recorrido ou dos litisconsortes, desistir do recurso.

Parágrafo único. A desistência do recurso não impede a análise de questão cuja repercussão geral já tenha sido reconhecida e daquela objeto de julgamento de recursos extraordinários ou especiais repetitivos.

→ v. Enunciado 213 do FPPC: No caso do art. 998, parágrafo único, o resultado do julgamento não se aplica ao recurso de que se desistiu.

Art. 999. A renúncia ao direito de recorrer independe da aceitação da outra parte.

→ v. Art. 200 do NCPC.

Art. 1.000. A parte que aceitar expressa ou tacitamente a decisão não poderá recorrer.

Parágrafo único. Considera-se aceitação tácita a prática, sem nenhuma reserva, de ato incompatível com a vontade de recorrer.

Art. 1.001. Dos despachos não cabe recurso.

Art. 1.002. A **decisão** pode ser impugnada no todo ou em parte.

Art. 1.003. O prazo para interposição de recurso conta-se da data em que os advogados, **a sociedade de advogados, a Advocacia Pública, a Defensoria Pública ou o Ministério Público** são intimados da decisão.

→ v. Arts. 231, 270, 272 e 274 do NCPC.

§ 1º Os sujeitos previstos no *caput* considerar-se-ão intimados em audiência quando nesta for proferida a **decisão**.

§ 2º Aplica-se o disposto no art. 231, incisos I a VI, ao prazo de interposição de recurso pelo réu contra decisão proferida anteriormente à citação.

§ 3º No prazo para interposição de recurso, a petição será protocolada em cartório ou conforme as normas de organização judiciária, **ressalvado o disposto em regra especial**.

§ 4º Para aferição da tempestividade do recurso remetido pelo correio, será considerada como data de interposição a data de postagem.

→ v. Enunciado 96 do FPPC: Fica superado o enunciado 216 da súmula do STJ após a entrada em vigor do NCPC ("A tempestividade de recurso interposto no Superior Tribunal de Justiça é aferida pelo registro no protocolo da Secretaria e não pela data da entrega na agência do correio").

§ 5º **Excetuados os embargos de declaração**, o prazo para interpor os recursos e para responder-lhes é de 15 (quinze) dias.

→ v. Arts. 180, 183, 186 e 229 do NCPC.

→ v. Enunciado 46 da ENFAM: O § 5º do art. 1.003 do CPC/2015 (prazo recursal de 15 dias) não se aplica ao sistema de juizados especiais.

§ 6º O recorrente comprovará a ocorrência de feriado local no ato de interposição do recurso.

Art. 1.004. Se, durante o prazo para a interposição do recurso, sobrevier o falecimento da parte ou de seu advogado ou ocorrer motivo de força maior que suspenda o curso do processo, será tal prazo restituído em proveito da parte, do herdeiro ou do sucessor, contra quem começará a correr novamente depois da intimação.

→ v. Arts. 110 e 313 do NCPC.

Art. 1.005. O recurso interposto por um dos litisconsortes a todos aproveita, salvo se distintos ou opostos os seus interesses.

Parágrafo único. Havendo solidariedade passiva, o recurso interposto por um devedor aproveitará aos outros quando as defesas opostas ao credor lhes forem comuns.

Art. 1.006. Certificado o trânsito em julgado, com **menção expressa da data de sua ocorrência**, o escrivão **ou o chefe de secretaria**, independentemente de despacho, providenciará a baixa dos autos ao juízo de origem, no prazo de 5 (cinco) dias.

Art. 1.007. No ato de interposição do recurso, o recorrente comprovará, quando exigido pela legislação pertinente, o respectivo preparo, inclusive porte de remessa e de retorno, sob pena de deserção.

§ 1º São dispensados de preparo, inclusive **porte de remessa e de retorno**, os recursos interpostos pelo Ministério Público, pela União, **pelo Distrito Federal**, pelos Estados, pelos Municípios, e respectivas autarquias, e pelos que gozam de isenção legal.

§ 2º A insuficiência no valor do preparo, **inclusive porte de remessa e de retorno**, implicará deserção se o recorrente, intimado **na pessoa de seu advogado**, não vier a supri-lo no prazo de 5 (cinco) dias.

→ v. Enunciado 98 do FPPC: O disposto nestes dispositivos aplica-se aos Juizados Especiais.

→ v. Enunciado 106 do FPPC: Não se pode reconhecer a deserção do recurso, em processo trabalhista, quando houver recolhimento insuficiente das custas e do depósito recursal, ainda que ínfima a diferença, cabendo ao juiz determinar a sua complementação.

→ v. Enunciado 214 do FPPC: Diante do § 2º do art. 1.007, fica prejudicada a OJ nº 140 da SDI-I do TST ("Ocorre deserção do recurso pelo recolhimento insuficiente das custas e do depósito recursal, ainda que a diferença em relação ao "quantum" devido seja ínfima, referente a centavos").

§ 3º É dispensado o recolhimento do porte de remessa e de retorno no processo em autos eletrônicos.

§ 4º O recorrente que não comprovar, no ato de interposição do recurso, o recolhimento do preparo, inclusive porte de remessa e de retorno, será intimado, na pessoa de seu advogado, para realizar o recolhimento em dobro, sob pena de deserção.

→ v. Enunciado 97 do FPPC: É de cinco dias o prazo para efetuar o preparo.

→ v. Enunciado 214 do FPPC: Diante do § 2º do art. 1.007, fica prejudicada a OJ nº 140 da SDI-I do TST ("Ocorre deserção do recurso pelo recolhimento insuficiente das custas e do depósito recursal, ainda que a diferença em relação ao "quantum" devido seja ínfima, referente a centavos").

§ 5º É vedada a complementação se houver insuficiência parcial do preparo, inclusive porte de remessa e de retorno, no recolhimento realizado na forma do § 4º.

§ 6º Provando o recorrente justo impedimento, o relator relevará a pena de deserção, por decisão irrecorrível, fixando-lhe prazo de 5 (cinco) dias para efetuar o preparo.

§ 7º O equívoco no preenchimento da guia de custas não implicará a aplicação da pena de deserção, cabendo ao relator, na hipótese de dúvida quanto ao recolhimento, intimar o recorrente para sanar o vício no prazo de 5 (cinco) dias.

Art. 1.008. O julgamento proferido pelo tribunal substituirá a decisão impugnada no que tiver sido objeto de recurso.

Capítulo II
Da Apelação

Art. 1.009. Da sentença cabe apelação.

→ v. Art. 203 do NCPC.

→ v. Art. 316 do NCPC.

→ v. Art. 485 e seguintes do NCPC.

→ v. Enunciado 9 do FPPC: A decisão que não redistribui o ônus da prova não é impugnável por agravo de instrumento, conforme dispõem os arts. 373, § 1º, e 108, havendo preclusão na ausência de protesto, na forma do art. 1.009, §§ 1º e 2º.

§ 1º As questões resolvidas na fase de conhecimento, se a decisão a seu respeito não comportar agravo de instrumento, não são cobertas pela preclusão e devem ser suscitadas em preliminar de apelação, eventualmente interposta contra a decisão final, ou nas contrarrazões.

→ v. Enunciado 559 do FPPC: O efeito suspensivo *ope legis* do recurso de apelação não obsta a eficácia das decisões interlocutórias nele impugnadas.

§ 2º Se as questões referidas no § 1º forem suscitadas em contrarrazões, o recorrente será intimado para, em 15 (quinze) dias, manifestar-se a respeito delas.

§ 3º O disposto no *caput* deste artigo aplica-se mesmo quando as questões mencionadas no art. 1.015 integrarem capítulo da sentença.

→ v. Enunciado 390 do FPPC: Resolvida a desconsideração da personalidade jurídica na sentença, caberá apelação.

Art. 1.010. A apelação, interposta por petição dirigida ao juízo de primeiro grau, conterá:

I – os nomes e a qualificação das partes;

II – a **exposição** do fato e do direito;

III – as razões do pedido de reforma ou de decretação de nulidade;

IV – o pedido de nova decisão.

§ 1º O apelado será intimado para apresentar contrarrazões no prazo de 15 (quinze) dias.

§ 2º Se o apelado interpuser apelação adesiva, o juiz intimará o apelante para apresentar contrarrazões.

§ 3º Após as formalidades previstas nos §§ 1º e 2º, os autos serão remetidos ao tribunal pelo juiz, independentemente de juízo de admissibilidade.

→ *v.* Enunciado 99 do FPPC: O órgão *a quo* não fará juízo de admissibilidade da apelação.

→ *v.* Enunciado 207 do FPPC: Cabe reclamação, por usurpação da competência do tribunal de justiça ou tribunal regional federal, contra a decisão de juiz de 1º grau que inadmitir recurso de apelação.

→ *v.* Enunciado 208 do FPPC: Cabe reclamação, por usurpação da competência do Superior Tribunal de Justiça, contra a decisão de juiz de 1º grau que inadmitir recurso ordinário, no caso do art. 1.027, II, 'b'.

→ *v.* Enunciado 293 do FPPC: Se considerar intempestiva a apelação contra sentença que indefere a petição inicial ou julga liminarmente improcedente o pedido, não pode o juízo *a quo* retratar-se.

→ *v.* Enunciado 10 do CEAPRO: No processamento da apelação em primeiro grau não haverá decisão sobre a admissibilidade e nem sobre os efeitos do recurso.

→ *v.* Enunciado 474 do FPPC: O recurso inominado interposto contra sentença proferida nos juizados especiais será remetido à respectiva turma recursal independentemente de juízo de admissibilidade.

Art. 1.011. Recebido o recurso de apelação no tribunal e distribuído imediatamente, o relator:

I – decidi-lo-á monocraticamente apenas nas hipóteses do art. 932, incisos III a V;

II – se não for o caso de decisão monocrática, elaborará seu voto para julgamento do recurso pelo órgão colegiado.

Art. 1.012. A apelação terá efeito suspensivo.

→ *v.* Art. 995 do NCPC.

→ *v.* Enunciado 559 do FPPC: O efeito suspensivo *ope legis* do recurso de apelação não obsta a eficácia das decisões interlocutórias nele impugnadas.

→ *v.* Enunciado 21 do CEAPRO: O efeito suspensivo automático do art. 1.012, aplica-se ao agravo de instrumento interposto contra a decisão parcial do mérito.

§ 1º Além de outras hipóteses previstas em lei, começa a produzir efeitos imediatamente após a sua publicação a sentença que:

I – homologa divisão ou demarcação **de terras**;

II – condena a **pagar** alimentos;

III – extingue sem resolução do mérito ou julga improcedentes os embargos do executado;

→ *v.* Súmulas 317e 331 do STJ.

IV – julga procedente o pedido de instituição de arbitragem;

V – confirma, **concede ou revoga** tutela provisória;

→ *v.* Enunciado 217 do FPPC: A apelação contra o capítulo da sentença que concede, confirma ou revoga a tutela antecipada da evidência ou de urgência não terá efeito suspensivo automático.

VI – decreta a interdição.

§ 2º Nos casos do § 1º, o apelado poderá promover o pedido de cumprimento provisório depois de publicada a sentença.

§ 3º O pedido de concessão de efeito suspensivo nas hipóteses do § 1º poderá ser formulado por requerimento dirigido ao:

→ *v.* Enunciado 465 do FPPC: A concessão do efeito suspensivo ao recurso inominado cabe exclusivamente ao relator na turma recursal.

I – tribunal, no período compreendido entre a interposição da apelação e sua distribuição, ficando o relator designado para seu exame prevento para julgá-la;

II – relator, se já distribuída a apelação.

§ 4º Nas hipóteses do § 1º, a eficácia da sentença poderá ser suspensa pelo relator se o apelante demonstrar a probabilidade de provimento do recurso ou se, sendo relevante a fundamentação, houver risco de dano grave ou de difícil reparação.

→ *v.* Art. 294 do NCPC.

→ *v.* Enunciado 423 do FPPC: Cabe tutela de evidência recursal.

Art. 1.013. A apelação devolverá ao tribunal o conhecimento da matéria impugnada.

→ *v.* Arts. 141 e 492 do NCPC.

§ 1º Serão, porém, objeto de apreciação e julgamento pelo tribunal todas as questões suscitadas e discutidas no processo, ainda que **não tenham sido solucionadas, desde que relativas ao capítulo impugnado.**

→ *v.* Enunciado 100 do FPPC: Não é dado ao tribunal conhecer de matérias vinculadas ao pedido transitado em julgado pela ausência de impugnação.

→ *v.* Enunciado 102 do FPPC: O pedido subsidiário (art. 326) não apreciado pelo juiz – que acolheu o pedido principal – é devolvido ao tribunal com a apelação interposta pelo réu.

§ 2º Quando o pedido ou a defesa tiver mais de um fundamento e o juiz acolher apenas um deles, a apelação devolverá ao tribunal o conhecimento dos demais.

§ 3º Se o processo estiver em condições de imediato julgamento, o tribunal deve decidir desde logo o mérito quando:

I – reformar sentença fundada no art. 485;

II – decretar a nulidade da sentença por não ser ela congruente com os limites do pedido ou da causa de pedir;

→ *v.* Art. 492 do NCPC.

III – constatar a omissão no exame de um dos pedidos, hipótese em que poderá julgá-lo;

→ *v.* Enunciado 7 do FPPC: O pedido, quando omitido em decisão judicial transitada em julgado, pode ser objeto de ação autônoma.

→ *v.* Enunciado 8 do FPPC: Fica superado o enunciado 453 da súmula do STJ após a entrada em vigor do NCPC ("Os honorários sucumbenciais, quando omitidos em decisão transitada em julgado, não podem ser cobrados em execução ou em ação própria").

IV – decretar a nulidade de sentença por falta de fundamentação.

→ *v.* Art. 489, § 1º, do NCPC.

→ *v.* Enunciado 307 do FPPC: Reconhecida a insuficiência da sua fundamentação, o tribunal decretará a nulidade da sentença e, preenchidos os pressupostos do § 3º do art. 1.013, decidirá desde logo o mérito da causa.

§ 4º Quando reformar sentença que reconheça a decadência ou a prescrição, o tribunal, se possível, julgará o mérito, examinando as demais questões, sem determinar o retorno do processo ao juízo de primeiro grau.

→ *v.* Arts. 332, § 1º, e 487, II, do NCPC.

§ 5º O capítulo da sentença que confirma, concede ou revoga a tutela provisória é impugnável na apelação.

Art. 1.014. As questões de fato não propostas no juízo inferior poderão ser suscitadas na apelação, se a parte provar que deixou de fazê-lo por motivo de força maior.

Capítulo III
Do Agravo **de Instrumento**

Art. 1.015. Cabe agravo de instrumento contra as decisões interlocutórias que versarem sobre:

→ *v.* Súmula 255 do STJ.

→ *v.* Art. 7º, § 1º, da Lei 12.016/2009.

→ *v.* Art. 100 da Lei 11.101/2005.

→ *v.* Art. 203 do NCPC.

→ *v.* Enunciado 154 do FPPC: É cabível agravo de instrumento contra ato decisório que indefere parcialmente a petição inicial ou a reconvenção.

I – tutelas provisórias;

→ *v.* Enunciado 29 do FPPC: decisão que condicionar a apreciação da tutela antecipada incidental ao recolhimento de custas ou a outra exigência não prevista em lei equivale a negá-la, sendo impugnável por agravo de instrumento.

→ *v.* Enunciado 560 do FPPC: As decisões de que tratam os arts. 22, 23 e 24 da Lei 11.340/2006 (Lei Maria da Penha), quando enquadradas nas hipóteses do inciso I, do art. 1.015, podem desafiar agravo de instrumento.

II – mérito do processo;

→ *v.* Enunciado 103 do FPPC: A decisão parcial proferida no curso do processo com fundamento no art. 487, I, sujeita-se a recurso de agravo de instrumento.

→ *v.* Enunciado 177 do FPPC: A decisão interlocutória que julga procedente o pedido para condenar o réu a prestar contas, por ser de mérito, é recorrível por agravo de instrumento.

III – rejeição da alegação de convenção de arbitragem;

→ *v.* Enunciado 435 do FPPC: Cabe agravo de instrumento contra a decisão do juiz que, diante do reconhecimento de competência pelo juízo arbitral, se recusar a extinguir o processo judicial sem resolução de mérito.

IV – incidente de desconsideração da personalidade jurídica;

→ *v.* Enunciado 390 do FPPC: Resolvida a desconsideração da personalidade jurídica na sentença, caberá apelação.

V – rejeição do pedido de gratuidade da justiça ou acolhimento do pedido de sua revogação;

VI – exibição ou posse de documento ou coisa;

VII – exclusão de litisconsorte;

VIII – rejeição do pedido de limitação do litisconsórcio;

IX – admissão ou inadmissão de intervenção de terceiros;

X – concessão, modificação ou revogação do efeito suspensivo aos embargos à execução;

XI – redistribuição do ônus da prova nos termos do art. 373, § 1º;

XII – (*Vetado*);

→ *v.* Redação vetada: "XII - conversão da ação individual em ação coletiva";

→ *v.* Razões de veto.

XIII – outros casos expressamente referidos em lei;

Parágrafo único. Também caberá agravo de instrumento contra decisões interlocutórias proferidas na fase de liquidação de sentença ou de cumprimento de sentença, no processo de execução e no processo de inventário.

Art. 1.016. O agravo de instrumento será dirigido diretamente ao tribunal competente, por meio de petição com os seguintes requisitos:

→ v. Art. 1.003, § 4º, do NCPC.

I – os nomes das partes;

II – a exposição do fato e do direito;

III – as razões do pedido de reforma ou **de invalidação da decisão e o próprio pedido**;

IV – o nome e o endereço completo dos advogados constantes do processo.

Art. 1.017. A petição de agravo de instrumento será instruída:

I – obrigatoriamente, com cópias da petição inicial, **da contestação, da petição que enseojou a decisão agravada**, da própria decisão agravada, da certidão da respectiva intimação **ou outro documento oficial que comprove a tempestividade** e das procurações outorgadas aos advogados do agravante e do agravado;

→ v. Súmula 235 do TFR.

II – com declaração de inexistência de qualquer dos documentos referidos no inciso I, feita pelo advogado do agravante, sob pena de sua responsabilidade pessoal;

III – facultativamente, com outras peças que o agravante reputar úteis.

§ 1º Acompanhará a petição o comprovante do pagamento das respectivas custas e do porte de retorno, quando devidos, conforme tabela publicada pelos tribunais.

→ v. Art. 1.007 do NCPC.

§ 2º No prazo do recurso, o agravo será interposto por:

I – protocolo realizado **diretamente** no tribunal competente para julgá-lo;

II – **protocolo realizado na própria comarca, seção ou subseção judiciárias**;

III – postagem, sob registro, com aviso de recebimento;

→ v. Art. 1.003, § 4º, do NCPC.

IV – **transmissão de dados tipo fac-símile, nos termos da lei**;

→ v. Lei 9.800/1999 – Permite às partes a utilização de sistema de transmissão de dados para a prática de atos processuais.

V – outra forma prevista em lei.

§ 3º Na falta da cópia de qualquer peça ou no caso de algum outro vício que comprometa a admissibilidade do agravo de instrumento, deve o relator aplicar o disposto no art. 932, **parágrafo único**.

§ 4º Se o recurso for interposto por sistema de transmissão de dados tipo fac-símile ou similar, as peças devem ser juntadas no momento de protocolo da petição original.

§ 5º Sendo eletrônicos os autos do processo, dispensam-se as peças referidas nos incisos I e II do *caput*, facultando-se ao agravante anexar outros documentos que entender úteis para a compreensão da controvérsia.

Art. 1.018. O agravante **poderá requerer a juntada**, aos autos do processo, de cópia da petição do agravo de instrumento, do comprovante de sua interposição e da relação dos documentos que instruíram o recurso.

§ 1º Se o juiz comunicar que reformou inteiramente a decisão, o relator considerará prejudicado o agravo de instrumento.

§ 2º Não sendo eletrônicos os autos, o agravante tomará a providência prevista no *caput*, no prazo de 3 (três) dias a contar da interposição do agravo de instrumento.

→ v. Enunciado 15 do CEAPRO: A exigência de juntada aos autos do processo de cópia da petição do agravo de instrumento se aplica exclusivamente quando os autos do agravo não forem eletrônicos.

§ 3º O descumprimento da exigência de que trata o § 2º, desde que arguido e provado pelo agravado, importa inadmissibilidade do agravo de instrumento.

→ v. Súmula 221 do TFR.

Art. 1.019. Recebido o agravo de instrumento no tribunal e distribuído imediatamente, **se não for o caso de aplicação do art.** 932, **incisos III e IV**, o relator, **no prazo de** 5 (cinco) dias:

I – poderá atribuir efeito suspensivo ao recurso ou deferir, em antecipação de tutela, total ou parcialmente, a pretensão recursal, comunicando ao juiz sua decisão;

→ v. Art. 995 do NCPC.
→ v. Enunciado 423 do FPPC: Cabe tutela de evidência recursal.

II – ordenará a intimação do agravado **pessoalmente, por carta com aviso de recebimento, quando não tiver procurador constituído, ou pelo Diário da Justiça ou por carta** com aviso de recebimento **dirigida ao seu advogado**, para que responda **no prazo de 15 (quinze) dias**, facultando-lhe juntar a documentação que entender necessária ao julgamento do recurso;

III – determinará a intimação do Ministério Público, **preferencialmente por meio eletrônico, quando for** o **caso de sua intervenção**, para que se manifeste no **prazo de 15 (quinze) dias**.

→ v. Art. 178 do NCPC.

Art. 1.020. O relator solicitará dia para julgamento em prazo não superior a 1 (um) mês da intimação do agravado.

Capítulo IV
Do Agravo Interno

Art. 1.021. Contra decisão proferida pelo relator caberá agravo interno para o respectivo órgão colegiado, observadas, quanto ao processamento, as regras do regimento interno do tribunal.

→ v. Art. 317 e seguintes do RISTF.
→ v. Art. 317 e seguintes do RISTF.
→ v. Arts. 258 e 259 do RISTJ.
→ v. Enunciado 142 do FPPC: Da decisão monocrática do relator que concede ou nega o efeito suspensivo ao agravo de instrumento ou que concede, nega, modifica ou revoga, no todo ou em parte, a tutela jurisdicional nos casos de competência originária ou recursal, cabe o recurso de agravo interno nos termos do art. 1.021 do CPC.
→ v. Enunciado 464 do FPPC: A decisão unipessoal (monocrática) do relator em Turma Recursal é impugnável por agravo interno.

§ 1º Na petição de agravo interno, o recorrente impugnará especificadamente os fundamentos da decisão agravada.

§ 2º O agravo será dirigido ao relator, que intimará o agravado para manifestar-se sobre o recurso no prazo de 15 (quinze) dias, ao final do qual, não havendo retratação, o relator levá-lo-á a julgamento pelo órgão colegiado, com inclusão em pauta.

§ 3º É vedado ao relator limitar-se à reprodução dos fundamentos da decisão agravada para julgar improcedente o agravo interno.

→ v. Art. 489, § 1º, do NCPC.

§ 4º Quando o agravo interno for declarado manifestamente inadmissível ou improcedente em votação unânime, o órgão colegiado, em decisão fundamentada, condenará o agravante a pagar ao agravado multa fixada entre um e cinco por cento do valor atualizado da causa.

→ v. Art. 80 do NCPC.

§ 5º A interposição de qualquer outro recurso está condicionada ao depósito prévio do valor da multa prevista no § 4º, à exceção da Fazenda Pública e do beneficiário de gratuidade da justiça, que farão o pagamento ao final.

→ v. Art. 98 e seguintes do NCPC.

Capítulo V
Dos Embargos de Declaração

Art. 1.022. Cabem embargos de declaração **contra qualquer decisão judicial** para:

→ v. Art. 494, II, do NCPC.
→ v. Enunciado 475 do FPPC: Cabem embargos de declaração contra decisão interlocutória no âmbito dos juizados especiais.
→ v. Enunciado 561 do FPPC: A decisão que julgar procedente ou improcedente o pedido em arguição de descumprimento de preceito fundamental é impugnável por embargos de declaração, aplicando-se por analogia o art. 26 da Lei 9.868/1999 do FPPC.

I – **esclarecer** obscuridade ou **eliminar** contradição;

II – **suprir** omissão de ponto ou questão sobre o qual devia se pronunciar o juiz **de ofício ou a requerimento**;

→ v. Enunciado 394 do FPPC: As partes podem opor embargos de declaração para corrigir vício da decisão relativo aos argumentos trazidos pelo *amicus curiae*.

III – corrigir erro material.

Parágrafo único. Considera-se omissa a decisão que:

→ v. Enunciado 453 do FPPC: A estabilidade a que se refere o *caput* do art. 926 consiste no dever de os tribunais observarem os próprios precedentes.
→ v. Enunciado 454 do FPPC: Uma das dimensões da coerência a que se refere o *caput* do art. 926 consiste em os tribunais não ignorarem seus próprios precedentes.

I – deixe de se manifestar sobre tese firmada em julgamento de casos repetitivos ou em incidente de assunção de competência aplicável ao caso sob julgamento;

II – incorra em qualquer das condutas descritas no art. 489, § 1º.

→ v. Enunciado 562 do FPPC: Considera-se omissa a decisão que não justifica o objeto e os critérios de ponderação do conflito entre normas.

Art. 1.023. Os embargos serão opostos, no prazo de 5 (cinco) dias, em petição dirigida ao **juiz, com indicação do erro**, obscuridade, contradição ou omissão, e não se sujeitam a preparo.

§ 1º Aplica-se aos embargos de declaração o art. 229.

§ 2º O juiz intimará o embargado para, querendo, manifestar-se, no prazo de 5 (cinco) dias, sobre os embargos opostos, caso seu eventual acolhimento implique a modificação da decisão embargada.

Art. 1.024. O juiz julgará os embargos em 5 (cinco) dias.

§ 1º Nos tribunais, o relator apresentará os embargos em mesa na sessão subsequente, proferindo voto, e, não havendo julgamento nessa sessão, será o recurso incluído em pauta automaticamente.

→ v. Art. 935 do NCPC.

§ 2º Quando os embargos de declaração forem opostos contra decisão de relator ou outra decisão unipessoal proferida em tribunal, o órgão prolator da decisão embargada decidi-los-á monocraticamente.

§ 3º O órgão julgador conhecerá dos embargos de declaração como agravo interno se entender ser este o recurso cabível, desde que determine previamente a intimação do recorrente para, no prazo de 5 (cinco) dias, complementar as razões recursais, de modo a ajustá-las às exigências do art. 1.021, § 1º.

→ v. Enunciado 104 do FPPC: O princípio da fungibilidade recursal é compatível com o NCPC e alcança todos os recursos, sendo aplicável de ofício.

§ 4º Caso o acolhimento dos embargos de declaração implique modificação da decisão embargada, o embargado que já tiver interposto outro recurso contra a decisão originária tem o direito de complementar ou alterar suas razões, nos exatos limites da modificação, no prazo de 15 (quinze) dias, contado da intimação da decisão dos embargos de declaração.

§ 5º Se os embargos de declaração forem rejeitados ou não alterarem a conclusão do julgamento anterior, o recurso interposto pela outra parte antes da publicação do julgamento dos embargos de declaração será processado e julgado independentemente de ratificação.

→ v. Enunciado 23 do FPPC: Fica superado o enunciado 418 da súmula do STJ após a entrada em vigor do NCPC ("É inadmissível o recurso especial interposto antes da publicação do acórdão dos embargos de declaração, sem posterior ratificação").

→ v. Enunciado 476 do FPPC: O direito ao recurso nasce com a publicação em cartório, secretaria da vara ou inserção nos autos eletrônicos da decisão a ser impugnada, o que primeiro ocorrer.

Art. 1.025. Consideram-se incluídos no acórdão os elementos que o embargante suscitou, para fins de pré-questionamento, ainda que os embargos de declaração sejam inadmitidos ou rejeitados, caso o tribunal superior considere existentes erro, omissão, contradição ou obscuridade.

→ v. Súmula 282 do STF.
→ v. Súmula 356 do STF.
→ v. Súmula 211 do STJ.

Art. 1.026. Os embargos de declaração **não possuem efeito suspensivo** e interrompem o prazo para a interposição de recurso.

→ v. Art. 995 do NCPC.

→ v. Enunciado 218 do FPPC: A inexistência de efeito suspensivo dos embargos de declaração não autoriza o cumprimento provisório da sentença nos casos em que a apelação tenha efeito suspensivo.

→ v. Enunciado 477 do FPPC: Publicada em cartório ou inserida nos autos eletrônicos a decisão que julga embargos de declaração sob a vigência do CPC de 2015, computar-se-ão apenas os dias úteis no prazo para o recurso subsequente, ainda que a decisão embargada tenha sido proferida ao tempo do CPC de 1973, tendo em vista a interrupção do prazo prevista no art. 1.026 do FPPC.

→ v. Enunciado 563 do FPPC: Os embargos de declaração no âmbito do Supremo Tribunal Federal interrompem o prazo para a interposição de outros recursos.

§ 1º A eficácia da decisão monocrática ou colegiada poderá ser suspensa pelo respectivo juiz ou relator se demonstrada a probabilidade de provimento do recurso ou, sendo relevante a fundamentação, se houver risco de dano grave ou de difícil reparação.

→ v. Enunciado 423 do FPPC: Cabe tutela de evidência recursal.

§ 2º Quando manifestamente protelatórios os embargos de declaração, o juiz ou o tribunal, em **decisão fundamentada**, condenará o embargante a pagar ao embargado multa **não excedente a dois por cento** sobre o valor atualizado da causa.

§ 3º Na reiteração de embargos de declaração manifestamente protelatórios, a multa será elevada a até dez por cento sobre o valor atualizado da causa, e a interposição de qualquer recurso ficará condicionada ao depósito prévio do valor da multa, **à exceção** da Fazenda Pública e **do beneficiário de gratuidade da justiça, que a recolherão ao final**.

→ v. Súmula 98 do STJ.
→ v. Art. 98 e seguintes do NCPC.

§ 4º Não serão admitidos novos embargos de declaração se os 2 (dois) anteriores houverem sido considerados protelatórios.

Capítulo VI
Dos Recursos para o Supremo Tribunal Federal e para o Superior Tribunal de Justiça

→ v. Arts. 101 a 105 da CF/1988.

Seção I
Do Recurso Ordinário

→ v. Art. 307 e seguintes do RISTF.
→ v. Art. 244 e seguintes do RISTJ.

Art. 1.027. Serão julgados em recurso ordinário:

I – pelo Supremo Tribunal Federal, os mandados de segurança, os *habeas data* e os mandados de injunção decididos em única instância pelos tribunais superiores, quando denegatória a decisão;

→ v. Enunciado 210 do FPPC: Cabe reclamação, por usurpação da competência do Supremo Tribunal Federal, contra a decisão de presidente ou vice-presidente de tribunal superior que inadmitir recurso ordinário interposto com fundamento no art. 1.027, I.

II – pelo Superior Tribunal de Justiça:

→ v. Enunciado 209 do FPPC: Cabe reclamação, por usurpação da competência do Superior Tribunal de Justiça, contra a decisão de presidente ou vice-presidente do tribunal de 2º grau que inadmitir recurso ordinário interposto com fundamento no art. 1.027, II, "a".

a) os mandados de segurança decididos em única instância pelos tribunais regionais federais ou pelos tribunais de justiça dos Estados e do Distrito Federal e Territórios, quando denegatória a decisão;

b) os processos em que forem partes, de um lado, Estado estrangeiro ou organismo internacional e, de outro, Município ou pessoa residente ou domiciliada no País.

→ v. Enunciado 207 do FPPC: Cabe reclamação, por usurpação da competência do tribunal de justiça ou tribunal regional federal, contra a decisão de juiz de 1º grau que inadmitir recurso de apelação.

→ v. Enunciado 208 do FPPC: Cabe reclamação, por usurpação da competência do Superior Tribunal de Justiça, contra a decisão de juiz de 1º grau que inadmitir recurso ordinário, no caso do art. 1027, II, 'b'.

§ 1º Nos processos referidos no inciso II, alínea "b", contra as decisões interlocutórias caberá **agravo de instrumento** dirigido ao Superior Tribunal de Justiça, nas hipóteses do art. 1.015.

§ 2º Aplica-se ao recurso ordinário o disposto nos arts. 1.013, § 3º, e 1.029, § 5º.

Art. 1.028. Ao recurso mencionado no art. 1.027, inciso II, alínea "*b*",, aplicam-se, quanto aos requisitos de admissibilidade e ao procedimento, as disposições **relativas à apelação e o** Regimento Interno **do Superior Tribunal de Justiça.**

§ 1º Na hipótese do art. 1.027, § 1º, aplicam-se as disposições relativas ao agravo de instrumento e o Regimento Interno do Superior Tribunal de Justiça.

§ 2º O recurso previsto no art. 1.027, incisos I e II, alínea "a", deve ser interposto perante o tribunal de origem, cabendo ao seu presidente ou vice-presidente determinar a intimação do recorrido para, em 15 (quinze) dias, apresentar as contrarrazões.

§ 3º Findo o prazo referido no § 2º, os autos serão remetidos ao respectivo tribunal superior, independentemente de juízo de admissibilidade.

→ v. Enunciado 209 do FPPC: Cabe reclamação, por usurpação da competência do Superior Tribunal de Justiça, contra a decisão de presidente ou vice-presidente do tribunal de 2º grau que inadmitir recurso ordinário interposto com fundamento no art. 1.027, II, "a".

→ v. Enunciado 210 do FPPC: Cabe reclamação, por usurpação da competência do Supremo Tribunal Federal, contra a decisão de presidente ou vice-presidente de tribunal superior que inadmitir recurso ordinário interposto com fundamento no art. 1.027, I.

Seção II
Do Recurso Extraordinário e do Recurso Especial

Subseção I
Disposições Gerais

→ v. Arts. 102, III, e 105, III, da CF/1988.
→ v. Arts. 321 a 329 do RISTF.
→ v. Arts. 255 a 257 do RISTJ.

Art. 1.029. O recurso extraordinário e o recurso especial, nos casos previstos na Constituição Federal, serão interpostos perante o presidente ou o vice-presidente do tribunal recorrido, em petições distintas que conterão:

I – a exposição do fato e do direito;

II – a demonstração do cabimento do recurso interposto;

III – as razões do pedido de reforma ou de invalidação da decisão recorrida.

§ 1º Quando o recurso fundar-se em dissídio jurisprudencial, o recorrente fará a prova da divergência com a certidão, cópia ou citação do repositório de jurisprudência, oficial ou credenciado, inclusive em mídia eletrônica, em que houver sido publicado o acórdão divergente, ou ainda com a reprodução de julgado disponível **na rede mundial de computadores**, com indicação da respectiva fonte, devendo-se, em qualquer caso, mencionar as circunstâncias que identifiquem ou assemelhem os casos confrontados.

§ 2º *(Revogado pela Lei 13.256/2016, em vigor no início da vigência da Lei 13.105/2015 – Novo CPC (v. art. 4º da Lei 13.256/2016)).*

→ **Anterior redação**: § 2º Quando o recurso estiver fundado em dissídio jurisprudencial, é vedado ao tribunal inadmiti-lo com base em fundamento genérico de que as circunstâncias fáticas são diferentes, sem demonstrar a existência da distinção. (...).

§ 3º O Supremo Tribunal Federal ou o Superior Tribunal de Justiça poderá desconsiderar vício formal de recurso tempestivo ou determinar sua correção, desde que não o repute grave.

→ *v.* Enunciado 83 do FPPC: Fica superado o enunciado 115 da súmula do STJ após a entrada em vigor do NCPC ("*Na instância especial é inexistente recurso interposto por advogado sem procuração nos autos*").

→ *v.* Enunciado 219 do FPPC: O relator ou o órgão colegiado poderá desconsiderar o vício formal de recurso tempestivo ou determinar sua correção, desde que não o repute grave.

→ *v.* Enunciado 220 do FPPC: O Supremo Tribunal Federal ou o Superior Tribunal de Justiça inadmitirá o recurso extraordinário ou o recurso especial quando o recorrente não sanar o vício formal do qual foi intimado para corrigi-lo.

§ 4º Quando, por ocasião do processamento do incidente de resolução de demandas repetitivas, o presidente do Supremo Tribunal Federal ou do Superior Tribunal de Justiça receber requerimento de suspensão de processos em que se discuta questão federal constitucional ou infraconstitucional, poderá, considerando razões de segurança jurídica ou de excepcional interesse social, estender a suspensão a todo o território nacional, até ulterior decisão do recurso extraordinário ou do recurso especial a ser interposto.

→ *v.* Art. 976 e seguintes do NCPC.

§ 5º O pedido de concessão de efeito suspensivo a recurso extraordinário ou a recurso especial poderá ser formulado por requerimento dirigido:

→ *v.* Enunciado 221 do FPPC: Fica superado o enunciado 634 da súmula do STF após a entrada em vigor do NCPC ("Não compete ao Supremo Tribunal Federal conceder medida cautelar para dar efeito suspensivo a recurso extraordinário que ainda não foi objeto de juízo de admissibilidade na origem").

→ *v.* Enunciado 222 do FPPC: Fica superado o enunciado 635 da súmula do STF após a entrada em vigor do NCPC ("Cabe ao presidente do tribunal de origem decidir o pedido de medida cautelar em recurso extraordinário ainda pendente do seu juízo de admissibilidade").

→ *v.* Enunciado 423 do FPPC: Cabe tutela de evidência recursal.

I – ao tribunal superior respectivo, no período compreendido entre a publicação da decisão de admissão do recurso e sua distribuição, ficando o relator designado para seu exame prevento para julgá-lo;

→ Inciso I com redação alterada pela Lei 13.256/2016, em vigor no início da vigência da Lei 13.105/2015 – Novo CPC (*v.* art. 4º da Lei 13.256/2016).

→ **Anterior redação**: I – ao tribunal superior respectivo, no período compreendido entre a interposição do recurso e sua distribuição, ficando o relator designado para seu exame prevento para julgá-lo; (...).

II – ao relator, se já distribuído o recurso;

III – ao presidente ou ao vice-presidente do tribunal recorrido, no período compreendido entre a interposição do recurso e a publicação da decisão de admissão do recurso, assim como no caso de o recurso ter sido sobrestado, nos termos do art. 1.037.

→ Inciso III com redação alterada pela Lei 13.256/2016, em vigor no início da vigência da Lei 13.105/2015 – Novo CPC (*v.* art. 4º da Lei 13.256/2016).

→ **Anterior redação**: III – ao presidente ou vice-presidente do tribunal local, no caso de o recurso ter sido sobrestado, nos termos do art. 1.037.

Art. 1.030. Recebida a petição do recurso pela secretaria do tribunal, o recorrido será intimado para apresentar contrarrazões no prazo de 15 (quinze) dias, findo o qual os autos serão conclusos ao presidente ou ao vice-presidente do tribunal recorrido, que deverá:

→ Artigo com redação alterada pela Lei 13.256/2016, em vigor no início da vigência da Lei 13.105/2015 – Novo CPC (*v.* art. 4º da Lei 13.256/2016).

I – negar seguimento:

a) a recurso extraordinário que discuta questão constitucional à qual o Supremo Tribunal Federal não tenha reconhecido a existência de repercussão geral ou a recurso extraordinário interposto contra acórdão que esteja em conformidade com entendimento do Supremo Tribunal Federal exarado no regime de repercussão geral;

b) a recurso extraordinário ou a recurso especial interposto contra acórdão que esteja em conformidade com entendimento do Supremo Tribunal Federal ou do Superior Tribunal de Justiça, respectivamente, exarado no regime de julgamento de recursos repetitivos;

II – encaminhar o processo ao órgão julgador para realização do juízo de retratação, se o acórdão recorrido divergir do entendimento do Supremo Tribunal Federal ou do Superior Tribunal de Justiça exarado, conforme o caso, nos regimes de repercussão geral ou de recursos repetitivos;

III – sobrestar o recurso que versar sobre controvérsia de caráter repetitivo ainda não decidida pelo Supremo Tribunal Federal ou pelo Superior Tribunal de Justiça, conforme se trate de matéria constitucional ou infraconstitucional;

IV – selecionar o recurso como representativo de controvérsia constitucional ou infraconstitucional, nos termos do § 6º do art. 1.036;

V – realizar o juízo de admissibilidade e, se positivo, remeter o feito ao Supremo Tribunal Federal ou ao Superior Tribunal de Justiça, desde que:

a) o recurso ainda não tenha sido submetido ao regime de repercussão geral ou de julgamento de recursos repetitivos;

b) o recurso tenha sido selecionado como representativo da controvérsia; ou

c) o tribunal recorrido tenha refutado o juízo de retratação.

§ 1º Da decisão de inadmissibilidade proferida com fundamento no inciso V caberá agravo ao tribunal superior, nos termos do art. 1.042.

→ *v.* Enunciado 478 do FPPC: Os pedidos de uniformização previstos no art. 14 da Lei 10.259/2001 e nos arts. 18 e 19 da Lei 12.153/2009 formulados contra acórdão proferido pela Turma Recursal devem ser remetidos à Turma Nacional de Uniformização ou à Turma Regional de Uniformização respectiva independentemente de juízo de admissibilidade, aplicando-se por analogia a regra decorrente do art. 1.030, parágrafo único.

§ 2º Da decisão proferida com fundamento nos incisos I e III caberá agravo interno, nos termos do art. 1.021.

→ **Anterior redação**: Art. 1.030. Recebida a petição do recurso pela secretaria do tribunal, o recorrido será intimado para apresentar contrarrazões no prazo de 15 (quinze) dias, findo o qual os autos serão remetidos ao respectivo tribunal superior. Parágrafo único. A remessa de que trata o *caput* dar-se-á independentemente de juízo de admissibilidade.

Art. 1.031. Na hipótese de interposição conjunta de recurso extraordinário e recurso especial, os autos serão remetidos ao Superior Tribunal de Justiça.

§ 1º Concluído o julgamento do recurso especial, os autos serão remetidos ao Supremo Tribunal Federal para apreciação do recurso extraordinário, se este não estiver prejudicado.

§ 2º Se o relator do recurso especial considerar prejudicial o recurso extraordinário, em decisão irrecorrível, sobrestará o julgamento e remeterá os autos ao Supremo Tribunal Federal.

§ 3º Na hipótese do § 2º, se o relator do recurso extraordinário, em decisão irrecorrível, **rejeitar a prejudicialidade,** devolverá os autos ao Superior Tribunal de Justiça para o julgamento do recurso especial.

Art. 1.032. Se o relator, no Superior Tribunal de Justiça, entender que o recurso especial versa sobre questão constitucional, deverá conceder prazo de 15 (quinze) dias para que o recorrente demonstre a existência de repercussão geral e se manifeste sobre a questão constitucional.

→ *v.* Enunciado 564 do FPPC: Os arts. 1.032 e 1.033 devem ser aplicados aos recursos interpostos antes da entrada em vigor do CPC de 2015 e ainda pendentes de julgamento.

→ *v.* Enunciado 565 do FPPC: Na hipótese de conversão de recurso extraordinário em recurso especial ou vice-versa, após a manifestação do recorrente, o recorrido será intimado para, no prazo do *caput* do art. 1.032, complementar suas contrarrazões.

Parágrafo único. Cumprida a diligência de que trata o *caput*, o relator remeterá o recurso ao Supremo Tribunal Federal, que, em juízo de admissibilidade, poderá devolvê-lo ao Superior Tribunal de Justiça.

→ *v.* Enunciado 566 do FPPC: Na hipótese de conversão do recurso extraordinário em recurso especial, nos termos do art. 1.033, cabe ao relator conceder o prazo do caput do art. 1.032 para que o recorrente adapte seu recurso e se manifeste sobre a questão infraconstitucional.

Art. 1.033. Se o Supremo Tribunal Federal considerar como reflexa a ofensa à Constituição afirmada no recurso extraordinário, por pressupor a revisão da interpretação de lei federal ou de tratado, remetê-lo-á ao Superior Tribunal de Justiça para julgamento como recurso especial.

Art. 1.034. Admitido o recurso extraordinário ou o recurso especial, o Supremo Tribunal Federal ou o Superior Tribunal de Justiça julgará o processo, aplicando o direito.

→ *v.* Súmulas 456 do STF.

Parágrafo único. Admitido o recurso extraordinário ou o recurso especial por um fundamento, devolve-se ao tribunal superior o conhecimento dos demais fundamentos para a solução do capítulo impugnado.

→ *v.* Enunciado 223 do FPPC: Fica superado o enunciado 528 da súmula do STF após a entrada em vigor do NCPC ("Se a decisão contiver partes autônomas, a admissão parcial, pelo presidente do tribunal 'a quo', de recurso extraordinário que, sobre qualquer delas se manifestar, não limitará a apreciação de todas pelo supremo tribunal federal, independentemente de interposição de agravo de instrumento").

Art. 1.035. O Supremo Tribunal Federal, em decisão irrecorrível, não conhecerá do recurso extraordinário quando a questão constitucional nele versada não tiver repercussão geral, nos termos deste artigo.

§ 1º Para efeito de repercussão geral, será considerada a existência ou não de questões relevantes do ponto de vista econômico, político, social ou jurídico que ultrapassem os interesses subjetivos do processo.

§ 2º O recorrente deverá demonstrar a existência de repercussão geral para apreciação exclusiva pelo Supremo Tribunal Federal.

→ *v.* Enunciado 224 do FPPC: A existência de repercussão geral terá de ser demonstrada de forma fundamentada, sendo dispensável sua alegação em preliminar ou em tópico específico.

§ 3º Haverá repercussão geral sempre que o recurso impugnar acórdão que:

I – contrarie súmula ou jurisprudência dominante do Supremo Tribunal Federal;

→ *v.* Súmulas 286 do STF.

II – *(Revogado pela Lei 13.256/2016, em vigor no início da vigência da Lei 13.105/2015 – Novo CPC (v. art. 4º da Lei 13.256/2016)).*

→ **Anterior redação:** II – tenha sido proferido em julgamento de casos repetitivos; (...).

III – tenha reconhecido a inconstitucionalidade de tratado ou de lei federal, nos termos do art. 97 da Constituição Federal.

§ 4º O relator poderá admitir, na análise da repercussão geral, a manifestação de terceiros, subscrita por procurador habilitado, nos termos do Regimento Interno do Supremo Tribunal Federal.

§ 5º Reconhecida a repercussão geral, o relator no Supremo Tribunal Federal determinará a suspensão do processamento de todos os processos pendentes, individuais ou coletivos, que versem sobre a questão e tramitem no território nacional.

→ *v.* Art. 313 do NCPC.

§ 6º O interessado pode requerer, ao presidente ou ao vice-presidente do tribunal de origem, que exclua da decisão de sobrestamento e inadmita o recurso extraordinário que tenha sido interposto intempestivamente, tendo o recorrente o prazo de 5 (cinco) dias para manifestar-se sobre esse requerimento.

§ 7º Da decisão que indeferir o requerimento referido no § 6º ou que aplicar entendimento firmado em regime de repercussão geral ou em julgamento de recursos repetitivos caberá agravo interno.

→ § 7º com redação alterada pela Lei 13.256/2016, em vigor no início da vigência da Lei 13.105/2015 – Novo CPC (*v. art. 4º da Lei 13.256/2016*).

→ **Anterior redação:** § 7º Da decisão que indeferir o requerimento referido no § 6º caberá agravo, nos termos do art. 1.042.

§ 8º Negada a repercussão geral, o presidente ou o vice-presidente do tribunal de origem **negará seguimento** aos recursos extraordinários sobrestados na origem que versem sobre matéria idêntica.

§ 9º O recurso que tiver a repercussão geral reconhecida deverá ser julgado no prazo de 1 (um) ano e terá preferência sobre os demais feitos, ressalvados os que envolvam réu preso e os pedidos de *habeas corpus*.

§ 10. *(Revogado pela Lei 13.256/2016, em vigor no início da vigência da Lei 13.105/2015 – Novo CPC (v. art. 4º da Lei 13.256/2016)).*

→ **Anterior redação:** § 10. Não ocorrendo o julgamento no prazo de 1 (um) ano a contar do reconhecimento da repercussão geral, cessa, em todo o território nacional, a suspensão dos processos, que retomarão seu curso normal.

§ 11. A súmula da decisão sobre repercussão geral constará de ata, que será publicada no diário oficial e valerá como acórdão.

Subseção II
Do Julgamento dos Recursos Extraordinário e Especial Repetitivos

Art. 1.036. Sempre que houver multiplicidade de recursos extraordinários ou especiais com fundamento em idêntica **questão de direito**, haverá afetação para julgamento **de acordo com as disposições desta Subseção**, observado o disposto no Regimento Interno do Supremo Tribunal Federal **e no do Superior Tribunal de Justiça**.

→ *v.* Art. 321 e seguintes do RISTF.
→ *v.* Art. 255 e seguintes do RISTJ.

§ 1º **O presidente ou o vice-presidente de tribunal de justiça ou de tribunal regional federal selecionará 2 (dois) ou mais recursos representativos da controvérsia, que serão encaminhados ao Supremo Tribunal Federal ou ao Superior Tribunal de Justiça para fins de afetação, determinando a suspensão do trâmite de todos os processos pendentes, individuais ou coletivos, que tramitem no Estado ou na região, conforme o caso.**

→ *v.* Art. 311 do NCPC.

→ *v.* Enunciado 23 da ENFAM: É obrigatória a determinação de suspensão dos processos pendentes, individuais e coletivos, em trâmite nos Estados ou regiões, nos termos do § 1º do art. 1.036 do CPC/2015, bem como nos termos do art. 1.037 do mesmo código.

§ 2º O interessado pode requerer, ao presidente ou ao vice-presidente, que exclua da decisão de sobrestamento e inadmita o recurso especial ou o recurso extraordinário que tenha sido interposto intempestivamente, tendo o recorrente o prazo de 5 (cinco) dias para manifestar-se sobre esse requerimento.

§ 3º Da decisão que indeferir o requerimento referido no § 2º caberá apenas agravo interno.

→ § 3º com redação alterada pela Lei 13.256/2016, em vigor no início da vigência da Lei 13.105/2015 – Novo CPC (*v. art. 4º da Lei 13.256/2016*).

→ **Anterior redação:** § 3º Da decisão que indeferir este requerimento caberá agravo, nos termos do art. 1.042.

§ 4º A escolha feita pelo presidente ou vice-presidente do tribunal de justiça ou do tribunal regional federal não vinculará o relator no tribunal superior, que poderá selecionar outros recursos representativos da controvérsia.

§ 5º O relator em tribunal superior também poderá selecionar 2 (dois) ou mais recursos representativos da controvérsia para julgamento da questão de direito independentemente da iniciativa do presidente ou do vice-presidente do tribunal de origem.

§ 6º Somente podem ser selecionados recursos admissíveis que contenham abrangente argumentação e discussão a respeito da questão a ser decidida.

Art. 1.037. Selecionados os recursos, o relator, no tribunal superior, constatando a presença do pressuposto do *caput* do art. 1.036, proferirá decisão de afetação, na qual:

→ *v.* Enunciado 24 da ENFAM: O prazo de um ano previsto no art. 1.037 do CPC/2015 deverá ser aplicado aos processos já afetados antes da vigência dessa norma, com o seu cômputo integral a partir da entrada em vigor do novo estatuto processual.

I – identificará com precisão a questão a ser submetida a julgamento;

II – determinará a suspensão do processamento de todos os processos pendentes, individuais ou coletivos, que versem sobre a questão e tramitem no território nacional;

→ *v.* Art. 313 do NCPC.

→ *v.* Enunciado 480 do FPPC: Aplica-se no âmbito dos juizados especiais a suspensão dos processos em trâmite no território nacional, que versem sobre a questão submetida ao regime de julgamento de recursos especiais e extraordinários repetitivos, determinada com base no art. 1.037, II.

III – poderá requisitar aos presidentes ou aos vice-presidentes dos tribunais de justiça ou dos tribunais regionais federais a remessa de um recurso representativo da controvérsia.

§ 1º Se, após receber os recursos selecionados pelo presidente ou pelo vice-presidente de tribunal de justiça ou de tribunal regional federal, não se proceder à afetação, o relator, no tribunal superior, comunicará o fato ao presidente ou ao vice-presidente que os houver enviado, para que seja revogada a decisão de suspensão referida no art. 1.036, § 1º.

§ 2º *(Revogado pela Lei 13.256/2016, em vigor no início da vigência da Lei 13.105/2015 – Novo CPC (v. art. 4º da Lei 13.256/2016)).*

→ **Anterior redação:** § 2º É vedado ao órgão colegiado decidir, para os fins do art. 1.040, questão não delimitada na decisão a que se refere o inciso I do caput.

§ 3º Havendo mais de uma afetação, será prevento o relator que primeiro tiver proferido a decisão a que se refere o inciso I do *caput*.

§ 4º Os recursos afetados deverão ser julgados no prazo de 1 (um) ano e terão preferência sobre os demais feitos, ressalvados os que envolvam réu preso e os pedidos de *habeas corpus*.

§ 5º *(Revogado pela Lei 13.256/2016, em vigor no início da vigência da Lei 13.105/2015 – Novo CPC (v. art. 4º da Lei 13.256/2016)).*

→ **Anterior redação:** § 5º Não ocorrendo o julgamento no prazo de 1 (um) ano a contar da publicação da decisão de que trata o inciso I do caput, cessam automaticamente, em todo o território nacional, a afetação e a suspensão dos processos, que retomarão seu curso normal.

§ 6º Ocorrendo a hipótese do § 5º, é permitido a outro relator do respectivo tribunal superior afetar 2 (dois) ou mais recursos representativos da controvérsia na forma do art. 1.036.

§ 7º Quando os recursos requisitados na forma do inciso III do *caput* contiverem outras questões além daquela que é objeto da afetação, caberá ao tribunal decidir esta em primeiro lugar e depois as demais, em acórdão específico para cada processo.

§ 8º As partes deverão ser intimadas da decisão de suspensão de seu processo, a ser proferida pelo respectivo juiz ou relator quando informado da decisão a que se refere o inciso II do *caput*.

§ 9º Demonstrando distinção entre a questão a ser decidida no processo e aquela a ser julgada no recurso especial ou extraordinário afetado, a parte poderá requerer o prosseguimento do seu processo.

→ *v.* Enunciado 481 do FPPC: O disposto nos §§ 9º e 13 do art. 1.037 aplica-se, no que couber, ao incidente de resolução de demandas repetitivas.

§ 10. O requerimento a que se refere o § 9º será dirigido:

I – ao juiz, se o processo sobrestado estiver em primeiro grau;

II – ao relator, se o processo sobrestado estiver no tribunal de origem;

III – ao relator do acórdão recorrido, se for sobrestado recurso especial ou recurso extraordinário no tribunal de origem;

IV – ao relator, no tribunal superior, de recurso especial ou de recurso extraordinário cujo processamento houver sido sobrestado.

§ 11. A outra parte deverá ser ouvida sobre o requerimento a que se refere o § 9º, no prazo de 5 (cinco) dias.

§ 12. Reconhecida a distinção no caso:

I – dos incisos I, II e IV do § 10, o próprio juiz ou relator dará prosseguimento ao processo;

II – do inciso III do § 10, o relator comunicará a decisão ao presidente ou ao vice-presidente que houver determinado o sobrestamento, para que o recurso especial ou o recurso extraordinário seja encaminhado ao respectivo tribunal superior, na forma do art. 1.030, **parágrafo único**.

§ 13. Da decisão que resolver o requerimento a que se refere o § 9º caberá:

I – agravo de instrumento, se o processo estiver em primeiro grau;

→ *v.* Enunciado 557 do FPPC: O agravo de instrumento previsto no art. 1.037, § 13, I, também é cabível contra a decisão prevista no art. 982, inc. I.

II – agravo interno, se a decisão for de relator.

Art. 1.038. O relator poderá:

I – solicitar ou admitir manifestação de pessoas, órgãos ou entidades com interesse na controvérsia, **considerando a relevância da matéria e consoante dispuser o regimento interno**;

→ *v.* Art. 178 do NCPC.

II – fixar data para, em audiência pública, ouvir depoimentos de pessoas com experiência e conhecimento na matéria, com a finalidade de instruir o procedimento;

III – requisitar informações aos tribunais inferiores a respeito da controvérsia e, cumprida a diligência, intimará o Ministério Público para manifestar-se.

§ 1º No caso do inciso III, os prazos respectivos são de 15 (quinze) dias, e os atos serão praticados, sempre que possível, por meio eletrônico.

§ 2º Transcorrido o prazo para o Ministério Público e remetida cópia do relatório aos demais ministros, haverá inclusão em pauta, devendo ocorrer o julgamento com preferência sobre os demais feitos, ressalvados os que envolvam réu preso e os pedidos de *habeas corpus*.

§ 3º O conteúdo do acórdão abrangerá a análise dos fundamentos relevantes da tese jurídica discutida.

→ § 3º com redação alterada pela Lei 13.256/2016, em vigor no início da vigência da Lei 13.105/2015 – Novo CPC (*v.* art. 4º da Lei 13.256/2016).

→ **Anterior redação:** § 3º O conteúdo do acórdão abrangerá a análise de todos os fundamentos da tese jurídica discutida, favoráveis ou contrários.

Art. 1.039. Decididos os recursos afetados, os órgãos colegiados declararão prejudicados os demais recursos versando sobre idêntica controvérsia ou os decidirão aplicando a tese firmada.

Parágrafo único. Negada a existência de repercussão geral no recurso extraordinário afetado, serão considerados automaticamente inadmitidos **os recursos extraordinários cujo processamento tenha sido sobrestado**.

Art. 1.040. Publicado o acórdão paradigma:

→ *v.* Enunciado 12 do CEAPRO: Não se exige o trânsito em julgado do acórdão paradigma mas apenas a conclusão do julgamento, o que incluiria eventuais embargos de declaração opostos, para que se encerre a suspensão dos RE/RESP até então sobrestados.

I – o presidente ou o vice-presidente do tribunal de origem negará seguimento aos recursos especiais ou extraordinários sobrestados na origem, se o acórdão recorrido coincidir com a orientação do tribunal superior;

→ *v.* Enunciado 482 do FPPC: Aplica-se o art. 1.040, I, aos recursos extraordinários interpostos nas turmas ou colégios recursais dos juizados especiais cíveis, federais e da fazenda pública.

II – o órgão que proferiu o acórdão recorrido, na origem, reexaminará o processo de competência originária, a remessa necessária ou o recurso anteriormente julgado, se o acórdão recorrido contrariar a orientação do tribunal superior;

III – os processos suspensos em primeiro e segundo graus de jurisdição retomarão o curso para julgamento e aplicação da tese firmada pelo tribunal superior;

IV – se os recursos versarem sobre questão relativa a prestação de serviço público objeto de concessão, permissão ou autorização, o resultado do julgamento será comunicado ao órgão, ao ente ou à agência reguladora competente para fiscalização da efetiva aplicação, por parte dos entes sujeitos a regulação, da tese adotada.

→ *v.* Arts. 489, § 1º, e 927 do NCPC.

§ 1º A parte poderá desistir da ação em curso no primeiro grau de jurisdição, antes de proferida a sentença, se a questão nela discutida for idêntica à resolvida pelo recurso representativo da controvérsia.

§ 2º Se a desistência ocorrer antes de oferecida contestação, a parte ficará isenta do pagamento de custas e de honorários de sucumbência.

→ *v.* Art. 90 do NCPC.

§ 3º A desistência apresentada nos termos do § 1º independe de consentimento do réu, ainda que apresentada contestação.

Art. 1.041. Mantido o acórdão divergente pelo tribunal de origem, o recurso especial ou extraordinário será remetido ao respectivo tribunal superior, na forma do art. 1.036, § 1º.

§ 1º Realizado o juízo de retratação, com alteração do acórdão divergente, o tribunal de origem, se for o caso, decidirá as demais questões ainda não decididas cujo enfrentamento se tornou necessário em decorrência da alteração.

§ 2º Quando ocorrer a hipótese do inciso II do *caput* do art. 1.040 e o recurso versar sobre outras questões, caberá ao presidente ou ao vice-presidente do tribunal recorrido, depois do reexame pelo órgão de origem e independentemente de ratificação do recurso, sendo positivo o juízo de admissibilidade, determinar a remessa do recurso ao tribunal superior para julgamento das demais questões.

→ § 2º com redação alterada pela Lei 13.256/2016, em vigor no início da vigência da Lei 13.105/2015 – Novo CPC (*v.* art. 4º da Lei 13.256/2016).

→ **Anterior redação:** § 2º Quando ocorrer a hipótese do inciso II do *caput* do art. 1.040 e o recurso versar sobre outras questões, caberá ao presidente do tribunal, depois do reexame pelo órgão de origem e independentemente de ratificação do recurso ou de juízo de admissibilidade, determinar a remessa do recurso ao tribunal superior para julgamento das demais questões.

Seção III
Do Agravo em Recurso Especial e em Recurso Extraordinário

→ v. Art. 253 do RISTJ.

Art. 1.042. Cabe agravo contra decisão do presidente ou do vice-presidente do tribunal recorrido que inadmitir recurso extraordinário ou recurso especial, salvo quando fundada na aplicação de entendimento firmado em regime de repercussão geral ou em julgamento de recursos repetitivos.

→ *Caput* com redação alterada pela Lei 13.256/2016, em vigor no início da vigência da Lei 13.105/2015 – Novo CPC (*v. art. 4º da Lei 13.256/2016*).

→ **Anterior redação**: Art. 1.042. Cabe agravo contra decisão de presidente ou de vice-presidente do tribunal que: (...).

I – *(Revogado pela Lei 13.256/2016, em vigor no início da vigência da Lei 13.105/2015 – Novo CPC (v. art. 4º da Lei 13.256/2016)).*

→ **Anterior redação**: I – indeferir pedido formulado com base no art. 1.035, § 6º, ou no art. 1.036, § 2º, de inadmissão de recurso especial ou extraordinário intempestivo (...).

II – *(Revogado pela Lei 13.256/2016, em vigor no início da vigência da Lei 13.105/2015 – Novo CPC (v. art. 4º da Lei 13.256/2016)).*

→ **Anterior redação**: II – inadmitir, com base no art. 1.040, inciso I, recurso especial ou extraordinário sob o fundamento de que o acórdão recorrido coincide com a orientação do tribunal superior;. (...).

III – *(Revogado pela Lei 13.256/2016, em vigor no início da vigência da Lei 13.105/2015 – Novo CPC (v. art. 4º da Lei 13.256/2016)).*

→ **Anterior redação**: III – inadmitir recurso extraordinário, com base no art. 1.035, § 8º, ou no art. 1.039, parágrafo único, sob o fundamento de que o Supremo Tribunal Federal reconheceu a inexistência de repercussão geral da questão constitucional discutida. (...).

§ 1º *(Revogado pela Lei 13.256/2016, em vigor no início da vigência da Lei 13.105/2015 – Novo CPC (v. art. 4º da Lei 13.256/2016)).*

→ **Anterior redação**: § 1º Sob pena de não conhecimento do agravo, incumbirá ao agravante demonstrar, de forma expressa:

I – *(Revogado pela Lei 13.256/2016, em vigor no início da vigência da Lei 13.105/2015 – Novo CPC (v. art. 4º da Lei 13.256/2016)).*

→ **Anterior redação**: I – a intempestividade do recurso especial ou extraordinário sobrestado, quando o recurso fundar-se na hipótese do inciso I do *caput* deste artigo; (...).

II – *(Revogado pela Lei 13.256/2016, em vigor no início da vigência da Lei 13.105/2015 – Novo CPC (v. art. 4º da Lei 13.256/2016)).*

→ **Anterior redação**: II – a existência de distinção entre o caso em análise e o precedente invocado, quando a inadmissão do recurso: (...).

a) *(Revogada pela Lei 13.256/2016, em vigor no início da vigência da Lei 13.105/2015 – Novo CPC (v. art. 4º da Lei 13.256/2016)).*

→ **Anterior redação**: a) especial ou extraordinário fundar-se em entendimento firmado em julgamento de recurso repetitivo por tribunal superior; (...).

b) *(Revogada pela Lei 13.256/2016, em vigor no início da vigência da Lei 13.105/2015 – Novo CPC (v. art. 4º da Lei 13.256/2016)).*

→ **Anterior redação**: b) extraordinário fundar-se em decisão anterior do Supremo Tribunal Federal de inexistência de repercussão geral da questão constitucional discutida. (...).

§ 2º A petição de agravo será dirigida ao presidente ou ao vice-presidente do tribunal de origem e independe do pagamento de custas e despesas postais, aplicando-se a ela o regime de repercussão geral e de recursos repetitivos, inclusive quanto à possibilidade de sobrestamento e do juízo de retratação.

→ § 2º com redação alterada pela Lei 13.256/2016, em vigor no início da vigência da Lei 13.105/2015 – Novo CPC (*v. art. 4º da Lei 13.256/2016*).

→ v. Súmula 286 do STF.

→ v. Súmula 83 do STJ.

→ **Anterior redação**: § 2º A petição de agravo será dirigida ao presidente ou vice-presidente do tribunal de origem e independe do pagamento de custas e despesas postais. (...).

§ 3º O agravado será intimado, de imediato, para oferecer resposta no **prazo de 15 (quinze) dias.**

§ 4º Após o prazo de resposta, não havendo retratação, o agravo será remetido ao tribunal superior competente.

→ v. Enunciado 228 do FPPC: Fica superado o enunciado 639 da súmula do STF após a entrada em vigor do NCPC ("Aplica-se a súmula 288 quando não constarem do traslado do agravo de instrumento as cópias das peças necessárias à verificação da tempestividade do recurso extraordinário não admitido pela decisão agravada").

→ v. Enunciado 229 do FPPC: Fica superado o enunciado 288 da súmula do STF após a entrada em vigor do NCPC ("Nega-se provimento a agravo para subida de recurso extraordinário, quando faltar no traslado o despacho agravado, a decisão recorrida, a petição de recurso extraordinário ou qualquer peça essencial à compreensão da controvérsia").

§ 5º O agravo poderá ser julgado, conforme o caso, conjuntamente com o recurso especial ou extraordinário, assegurada, neste caso, sustentação oral, observando-se, ainda, o disposto no regimento interno do tribunal respectivo.

§ 6º **Na hipótese de interposição conjunta de recursos extraordinário e especial,** o agravante deverá interpor um agravo para cada recurso não admitido.

§ 7º Havendo apenas um agravo, o recurso será remetido ao tribunal competente, e, havendo interposição conjunta, os autos serão remetidos ao Superior Tribunal de Justiça.

→ v. Art. 1.031 do NCPC.

§ 8º Concluído o julgamento do agravo pelo Superior Tribunal de Justiça e, se for o caso, do recurso especial, independentemente de pedido, os autos serão remetidos ao Supremo Tribunal Federal para apreciação do agravo a ele dirigido, salvo se estiver prejudicado.

→ v. Art. 1.031, § 1º, do NCPC.

Seção IV
Dos Embargos de Divergência

→ v. Súmulas 158, 168, 169 e 316 do STJ.
→ v. Arts. 330 a 336 do RISTF.
→ v. Arts. 266 e 267 do RISTJ.

Art. 1.043. É embargável o acórdão de órgão fracionário que:

→ v. Enunciado 230 do FPPC: Cabem embargos de divergência contra acórdão que, em agravo interno ou agravo extraordinário, decide recurso especial ou extraordinário.

I – em recurso extraordinário ou em recurso especial, divergir do julgamento de qualquer outro órgão do mesmo tribunal, **sendo os acórdãos, embargado e paradigma, de mérito**;

II – *(Revogado pela Lei 13.256/2016, em vigor no início da vigência da Lei 13.105/2015 – Novo CPC (v. art. 4º da Lei 13.256/2016)).*

→ **Anterior redação**: II – em recurso extraordinário ou em recurso especial, divergir do julgamento de qualquer outro órgão do mesmo tribunal, sendo os acórdãos, embargado e paradigma, relativos ao juízo de admissibilidade; (...).

III – em recurso extraordinário ou em recurso especial, divergir do julgamento de qualquer outro órgão do mesmo tribunal, sendo um acórdão de mérito e outro que não tenha conhecido do recurso, embora tenha apreciado a controvérsia.

IV – *(Revogado pela Lei 13.256/2016, em vigor no início da vigência da Lei 13.105/2015 – Novo CPC (v. art. 4º da Lei 13.256/2016)).*

→ **Anterior redação**: IV – nos processos de competência originária, divergir do julgamento de qualquer outro órgão do mesmo tribunal.

§ 1º Poderão ser confrontadas teses jurídicas contidas em julgamentos de recursos e de ações de competência originária.

§ 2º A divergência que autoriza a interposição de embargos de divergência pode verificar-se na aplicação do direito material ou do direito processual.

§ 3º Cabem embargos de divergência quando o acórdão paradigma for da mesma turma que proferiu a decisão embargada, desde que sua composição tenha sofrido alteração em mais da metade de seus membros.

→ v. Enunciado 232 do FPPC: Fica superado o enunciado 353 da súmula do STF após a entrada em vigor do NCPC ("São incabíveis os embargos da Lei 623, de 19.02.49, com fundamento em divergência entre decisões da mesma turma do Supremo Tribunal Federal").

§ 4º O recorrente provará a divergência com certidão, cópia ou citação de repositório oficial ou credenciado de jurisprudência, inclusive em mídia eletrônica, onde foi publicado o acórdão divergente, ou com a reprodução de julgado disponível na rede mundial de computadores, indicando a respectiva fonte, e mencionará as circunstâncias que identificam ou assemelham os casos confrontados.

→ v. Art. 1.029, § 1º, do NCPC.

§ 5º *(Revogado pela Lei 13.256/2016, em vigor no início da vigência da Lei 13.105/2015 – Novo CPC (v. art. 4º da Lei 13.256/2016)).*

→ **Anterior redação**: § 5º É vedado ao tribunal inadmitir o recurso com base em fundamento genérico de que as circunstâncias fáticas são diferentes, sem demons-trar a existência da distinção.

Art. 1.044. No recurso de embargos de divergência, será observado o procedimento estabelecido no regimento interno do respectivo tribunal superior.

§ 1º A interposição de embargos de divergência no Superior Tribunal de Justiça interrompe o prazo para interposição de recurso extraordinário por qualquer das partes.

§ 2º Se os embargos de divergência forem desprovidos ou não alterarem a conclusão do julgamento anterior, o recurso extraordinário interposto pela outra parte antes da publicação do julgamento dos embargos de divergência será processado e julgado independentemente de ratificação.

→ v. Art. 1.024, § 5º, do NCPC.

LIVRO COMPLEMENTAR
DISPOSIÇÕES FINAIS E TRANSITÓRIAS

Art. 1.045. Este Código entra em vigor após decorrido 1 (um) ano da data de sua publicação oficial.

Art. 1.046. Ao entrar em vigor este Código, suas disposições se aplicarão desde logo aos processos pendentes, ficando revogada a Lei nº 5.869, de 11 de janeiro de 1973.

→ v. Enunciado 267 do FPPC: Os prazos processuais iniciados antes da vigência do CPC serão integralmente regulados pelo regime revogado.

→ v. Enunciado 268 do FPPC: A regra de contagem de prazos em dias úteis só se aplica aos prazos iniciados após a vigência do Novo Código.

→ v. Enunciado 275 do FPPC: Nos processos que tramitam eletronicamente, a regra do art. 277, § 1º, não se aplica aos prazos já iniciados no regime anterior.

→ v. Enunciado 295 do FPPC: As regras sobre intervalo mínimo entre as audiências do CPC só se aplicam aos processos em que o ato for designado após sua vigência.

→ v. Enunciado 308 do FPPC: Aplica-se o art. 489, § 1º, a todos os processos pendentes de decisão ao tempo da entrada em vigor do CPC.

→ v. Enunciado 311 do FPPC: A regra sobre remessa necessária é aquela vigente ao tempo da prolação da sentença, de modo que a limitação de seu cabimento no CPC não prejudica os reexames estabelecidos no regime do art. 475 CPC/1973.

→ v. Enunciado 341 do FPPC: O prazo para ajuizamento de ação rescisória é estabelecido pela data do trânsito em julgado da decisão rescindenda, de modo que não se aplicam as regras dos §§ 2º e 3º do art. 975 do CPC à coisa julgada constituída antes de sua vigência.

→ v. Enunciado 479 do FPPC: As novas regras de competência relativa previstas no CPC de 2015 não afetam os processos cujas petições iniciais foram protocoladas na vigência do CPC-73 do FPPC.

→ v. Enunciado 568 do FPPC: As disposições do CPC-1973 relativas aos procedimentos cautelares que forem revogadas aplicar-se-ão às ações propostas e não sentenciadas até o início da vigência do CPC/2015 do FPPC.

§ 1º As disposições da Lei nº 5.869, de 11 de janeiro de 1973, relativas ao procedimento sumário e aos procedimentos especiais que forem revogadas aplicar-se-ão às ações propostas e não sentenciadas até o início da vigência deste Código.

→ v. Enunciado 567 do FPPC: Invalidado o ato processual praticado à luz do CPC de 1973, a sua repetição observará o regramento do CPC-2015, salvo nos casos de incidência do art. 1047 do CPC-2015 e no que refere às disposições revogadas relativas ao procedimento sumário, aos procedimentos especiais e às cautelares.

§ 2º Permanecem em vigor as disposições especiais dos procedimentos regulados em outras leis, aos quais se aplicará supletivamente este Código.

§ 3º Os processos mencionados no art. 1.218 da Lei nº 5.869, de 11 de janeiro de 1973, cujo procedimento ainda não tenha sido incorporado por lei submetem-se ao procedimento comum previsto neste Código.

§ 4º As remissões a disposições do Código de Processo Civil revogado, existentes em outras leis, passam a referir-se às que lhes são correspondentes neste Código.

§ 5º A primeira lista de processos para julgamento em ordem cronológica observará a antiguidade da distribuição entre os já conclusos na data da entrada em vigor deste Código.

Art. 1.047. As disposições de direito probatório adotadas neste Código aplicam-se apenas às provas requeridas ou determinadas de ofício a partir da data de início de sua vigência.

→ v. Enunciado 569 do FPPC: O art. 1.047 não impede convenções processuais em matéria probatória, ainda que relativas a provas requeridas ou determinadas sob vigência do CPC-1973 do FPPC.

Art. 1.048. Terão prioridade de tramitação, em qualquer juízo ou tribunal, os procedimentos judiciais:

I – em que figure como parte ou interessado pessoa com idade igual ou superior a 60 (sessenta) anos ou portadora de doença grave, assim compreendida qualquer das enumeradas no art. 6º, inciso XIV, da Lei nº 7.713, de 22 de dezembro de 1988;

II – regulados pela Lei nº 8.069, de 13 de julho de 1990 (Estatuto da Criança e do Adolescente).

§ 1º A pessoa interessada na obtenção do benefício, juntando prova de sua condição, deverá requerê-lo à autoridade judiciária competente para decidir o feito, que determinará ao cartório do juízo as providências a serem cumpridas.

§ 2º Deferida a prioridade, os autos receberão identificação própria que evidencie o regime de tramitação prioritária.

§ 3º Concedida a prioridade, essa não cessará com a morte do beneficiado, estendendo-se em favor do cônjuge supérstite ou do companheiro em união estável.

§ 4º A tramitação prioritária independe de deferimento pelo órgão jurisdicional e deverá ser imediatamente concedida diante da prova da condição de beneficiário.

Art. 1.049. Sempre que a lei remeter a procedimento previsto na lei processual sem especificá-lo, será observado o procedimento comum previsto neste Código.

Parágrafo único. Na hipótese de a lei remeter ao procedimento sumário, será observado o procedimento comum previsto neste Código, com as modificações previstas na própria lei especial, se houver.

→ v. Enunciado 570 do FPPC: As ações revisionais de aluguel ajuizadas após a entrada em vigor do Código de Processo Civil deverão tramitar pelo procedimento comum, aplicando-se, com as adaptações procedimentais que se façam necessárias, as disposições dos arts. 68 a 70 da Lei 8.245/1991 do FPPC.

Art. 1.050. A União, os Estados, o Distrito Federal, os Municípios, suas respectivas entidades da administração indireta, o Ministério Público, a Defensoria Pública e a Advocacia Pública, no prazo de 30 (trinta) dias a contar da data da entrada em vigor deste Código, deverão se cadastrar perante a administração do tribunal no qual atuem para cumprimento do disposto nos arts. 246, § 2º, e 270, parágrafo único.

Art. 1.051. As empresas públicas e privadas devem cumprir o disposto no art. 246, § 1º, no prazo de 30 (trinta) dias, a contar da data de inscrição do ato constitutivo da pessoa jurídica, perante o juízo onde tenham sede ou filial.

Parágrafo único. O disposto no *caput* não se aplica às microempresas e às empresas de pequeno porte.

Art. 1.052. Até a edição de lei específica, as execuções contra devedor insolvente, em curso ou que venham a ser propostas, permanecem reguladas pelo Livro II, Título IV, da Lei nº 5.869, de 11 de janeiro de 1973.

Art. 1.053. Os atos processuais praticados por meio eletrônico até a transição definitiva para certificação digital ficam convalidados, ainda que não tenham observado os requisitos mínimos estabelecidos por este Código, desde que tenham atingido sua finalidade e não tenha havido prejuízo à defesa de qualquer das partes.

Art. 1.054. O disposto no art. 503, § 1º, somente se aplica aos processos iniciados após a vigência deste Código, aplicando-se aos anteriores o disposto nos arts. 5º, 325 e 470 da Lei nº 5.869, de 11 de janeiro de 1973.

Art. 1.055. (*Vetado*).

→ v. Redação vetada: "Art. 1.055. O devedor ou arrendatário não se exime da obrigação de pagamento dos tributos, das multas e das taxas incidentes sobre os bens vinculados e de outros encargos previstos em contrato, exceto se a obrigação de pagar não for de sua responsabilidade, conforme contrato, ou for objeto de suspensão em tutela provisória."

→ v. Razões de veto.

Art. 1.056. Considerar-se-á como termo inicial do prazo da prescrição prevista no art. 924, inciso V, inclusive para as execuções em curso, a data de vigência deste Código.

Art. 1.057. O disposto no art. 525, §§ 14 e 15, e no art. 535, §§ 7º e 8º, aplica-se às decisões transitadas em julgado após a entrada em vigor deste Código, e, às decisões transitadas em julgado anteriormente, aplica-se o disposto no art. 475-L, § 1º, e no art. 741, parágrafo único, da Lei nº 5.869, de 11 de janeiro de 1973.

Art. 1.058. Em todos os casos em que houver recolhimento de importância em dinheiro, esta será depositada em nome da parte ou do interessado, em conta especial movimentada por ordem do juiz, nos termos do art. 840, inciso I.

Art. 1.059. À tutela provisória requerida contra a Fazenda Pública aplica-se o disposto nos arts. 1º a 4º da Lei nº 8.437, de 30 de junho de 1992, e no art. 7º, § 2º, da Lei nº 12.016, de 7 de agosto de 2009.

Art. 1.060. O inciso II do art. 14 da Lei nº 9.289, de 4 de julho de 1996, passa a vigorar com a seguinte redação:

"Art. 14. [...]

II – aquele que recorrer da sentença **adiantará** a outra metade das custas, **comprovando o adiantamento no ato de interposição do recurso, sob pena de deserção**, observado o disposto nos §§ 1º a 7º do art. 1.007 do Código de Processo Civil;

[...]"

Art. 1.061. O § 3º do art. 33 da Lei nº 9.307, de 23 de setembro de 1996 (Lei de Arbitragem), passa a vigorar com a seguinte redação:

"Art. 33. [...]

§ 3º A decretação da nulidade da sentença arbitral também poderá ser **requerida na impugnação ao cumprimento da sentença, nos termos** dos arts. 525 **e seguintes do Código de Processo Civil, se houver execução judicial.**"

Art. 1.062. O incidente de desconsideração da personalidade jurídica aplica-se ao processo de competência dos juizados especiais.

Art. 1.063. Até a edição de lei específica, os juizados especiais cíveis previstos na Lei nº 9.099, de 26 de setembro de 1995, continuam competentes para o processamento e julgamento das causas previstas no art. 275, inciso II, da Lei nº 5.869, de 11 de janeiro de 1973.

Art. 1.064. O *caput* do art. 48 da Lei nº 9.099, de 26 de setembro de 1995, passa a vigorar com a seguinte redação:

"Art. 48. Caberão embargos de declaração **contra** sentença ou acórdão **nos casos previstos no Código de Processo Civil**.

[...]"

→ *v.* Enunciado 475 do FPPC: Cabem embargos de declaração contra decisão interlocutória no âmbito dos juizados especiais.

Art. 1.065. O art. 50 da Lei nº 9.099, de 26 de setembro de 1995, passa a vigorar com a seguinte redação:

"Art. 50. Os embargos de declaração **interrompem o prazo para a interposição** de recurso."

→ *v.* Enunciado 483 do FPPC: Os embargos de declaração no sistema dos juizados especiais interrompem o prazo para a interposição de recursos e propositura de reclamação constitucional para o Superior Tribunal de Justiça.

Art. 1.066. O art. 83 da Lei nº 9.099, de 26 de setembro de 1995, passam a vigorar com a seguinte redação:

"Art. 83. **Cabem** embargos de declaração quando, em sentença ou acórdão, houver obscuridade, contradição ou omissão.

[...]

§ 2º Os embargos de declaração **interrompem o prazo para a interposição** de recurso.

"[...]"

Art. 1.067. O art. 275 da Lei nº 4.737, de 15 de julho de 1965 (Código Eleitoral), passa a vigorar com a seguinte redação:

"Art. 275. São admissíveis embargos de declaração **nas hipóteses previstas no Código de Processo Civil**.

§ 1º Os embargos de declaração serão opostos no prazo de 3 (três) dias, **contado da data de publicação da decisão embargada**, em petição dirigida ao **juiz** ou relator, com a indicação do ponto **que lhes deu causa**.

§ 2º Os embargos de declaração não estão sujeitos a preparo.

§ 3º **O juiz julgará os embargos em** 5 (**cinco**) **dias**.

§ 4º Nos **tribunais**:

I – o relator **apresentará** os embargos em mesa na sessão subsequente, proferindo voto;

II – não **havendo julgamento** na **sessão** referida no inciso I, **será o recurso incluído em pauta**;

III – vencido o relator, outro será designado para lavrar o acórdão.

§ 5º Os embargos de declaração **interrompem** o prazo para a interposição de recurso.

§ 6º Quando manifestamente protelatórios os embargos de declaração, **o juiz ou o tribunal, em decisão fundamentada, condenará o embargante a pagar ao embargado multa não excedente a** 2 (**dois**) **salários mínimos**.

§ 7º **Na reiteração de embargos de declaração manifestamente protelatórios, a multa será elevada a até** 10 (**dez**) **salários mínimos**."

Art. 1.068. O art. 274 e o *caput* do art. 2.027 da Lei nº 10.406, de 10 de janeiro de 2002 (Código Civil), passam a vigorar com a seguinte redação:

"Art. 274. O julgamento contrário a um dos credores solidários não atinge os demais, mas o julgamento favorável aproveita-lhes, **sem prejuízo** de exceção pessoal **que o devedor tenha direito de invocar em relação a qualquer deles.**"

"Art. 2.027. A partilha é anulável pelos vícios e defeitos que invalidam, em geral, os negócios jurídicos.

[...]"(...)"

Art. 1.069. O Conselho Nacional de Justiça promoverá, periodicamente, pesquisas estatísticas para avaliação da efetividade das normas previstas neste Código.

Art. 1.070. É de 15 (quinze) dias o prazo para a interposição de qualquer agravo, previsto em lei ou em regimento interno de tribunal, contra decisão de relator ou outra decisão unipessoal proferida em tribunal.

Art. 1.071. O Capítulo III do Título V da Lei nº 6.015, de 31 de dezembro de 1973 (Lei de Registros Públicos), passa a vigorar acrescida do seguinte art. 216-A:

"Art. 216-A. Sem prejuízo da via jurisdicional, é admitido o pedido de reconhecimento extrajudicial de usucapião, que será processado diretamente perante o cartório do registro de imóveis da comarca em que estiver situado o imóvel usucapiendo, a requerimento do interessado, representado por advogado, instruído com:

I – ata notarial lavrada pelo tabelião, atestando o tempo de posse do requerente e seus antecessores, conforme o caso e suas circunstâncias;

II – planta e memorial descritivo assinado por profissional legalmente habilitado, com prova de anotação de responsabilidade técnica no respectivo conselho de fiscalização profissional, e pelos titulares de direitos reais e de outros direitos registrados ou averbados na matrícula do imóvel usucapiendo e na matrícula dos imóveis confinantes;

III – certidões negativas dos distribuidores da comarca da situação do imóvel e do domicílio do requerente;

IV – justo título ou quaisquer outros documentos que demonstrem a origem, a continuidade, a natureza e o tempo da posse, tais como o pagamento dos impostos e das taxas que incidirem sobre o imóvel.

§ 1º O pedido será autuado pelo registrador, prorrogando-se o prazo da prenotação até o acolhimento ou a rejeição do pedido.

§ 2º Se a planta não contiver a assinatura de qualquer um dos titulares de direitos reais e de outros direitos registrados ou averbados na matrícula do imóvel usucapiendo e na matrícula dos imóveis confinantes, esse será notificado pelo registrador competente, pessoalmente ou pelo correio com aviso de recebimento, para manifestar seu consentimento expresso em 15 (quinze) dias, interpretado o seu silêncio como discordância.

§ 3º O oficial de registro de imóveis dará ciência à União, ao Estado, ao Distrito Federal e ao Município, pessoalmente, por intermédio do oficial de registro de títulos e documentos, ou pelo correio com aviso de recebimento, para que se manifestem, em 15 (quinze) dias, sobre o pedido.

§ 4º O oficial de registro de imóveis promoverá a publicação de edital em jornal de grande circulação, onde houver, para a ciência de terceiros eventualmente interessados, que poderão se manifestar em 15 (quinze) dias.

§ 5º Para a elucidação de qualquer ponto de dúvida, poderão ser solicitadas ou realizadas diligências pelo oficial de registro de imóveis.

§ 6º Transcorrido o prazo de que trata o § 4º deste artigo, sem pendência de diligências na forma do § 5º deste artigo e achando-se em ordem a documentação, com inclusão da concordância expressa dos titulares de direitos reais e de outros direitos registrados ou averbados na matrícula do imóvel usucapiendo e na matrícula dos imóveis confinantes, o oficial de registro de imóveis registrará a aquisição do imóvel com as descrições apresentadas, sendo permitida a abertura de matrícula, se for o caso.

§ 7º Em qualquer caso, é lícito ao interessado suscitar o procedimento de dúvida, nos termos desta Lei.

§ 8º Ao final das diligências, se a documentação não estiver em ordem, o oficial de registro de imóveis rejeitará o pedido.

§ 9º A rejeição do pedido extrajudicial não impede o ajuizamento de ação de usucapião.

§ 10. Em caso de impugnação do pedido de reconhecimento extrajudicial de usucapião, apresentada por qualquer um dos titulares de direito reais e de outros direitos registrados ou averbados na matrícula do imóvel usucapiendo e na matrícula dos imóveis confinantes, por algum dos entes públicos ou por algum terceiro interessado, o oficial de registro de imóveis remeterá os autos ao juízo competente da comarca da situação do imóvel, cabendo ao requerente emendar a petição inicial para adequá-la ao procedimento comum."

→ *v.* Enunciado 25 do FPPC: A inexistência de procedimento judicial especial para a ação de usucapião e regulamentação da usucapião extrajudicial não implicam vedação da ação, que remanesce no sistema legal, para qual devem ser observadas as peculiaridades que lhe são próprias, especialmente a necessidade de citação dos confinantes e a ciência da União, do Estado, do Distrito Federal e do Município.

Art. 1.072. Revogam-se:

I – o art. 22 do Decreto-Lei nº 25, de 30 de novembro de 1937;

→ *v.* Enunciado 447 do FPPC: O exequente deve providenciar a intimação da União, Estados e Municípios no caso de penhora de bem tombado.

II – os arts. 227, *caput*, 229, 230, 456, 1.482, 1.483 e 1.768 a 1.773 da Lei nº 10.406, de 10 de janeiro de 2002 (Código Civil);

→ *v.* Art. 114 da Lei 13.146/2015.

III – os arts. 2º, 3º, 4º, 6º, 7º, 11, 12 e 17 da Lei nº 1.060, de 5 de fevereiro de 1950;

IV – os arts. 13 a 18, 26 a 29 e 38 da Lei nº 8.038, de 28 de maio de 1990;

V – os arts. 16 a 18 da Lei nº 5.478, de 25 de julho de 1968; e

→ *v.* Enunciado 484 do FPPC: A revogação dos arts. 16 a 18 da Lei de Alimentos, que tratam da gradação dos meios de satisfação do direito do credor, não implica supressão da possibilidade de penhora sobre créditos originários de alugueis de prédios ou de quaisquer outros rendimentos do devedor.

VI – o art. 98, § 4º, da Lei nº 12.529, de 30 de novembro de 2011.

Brasília, 16 de março de 2015; 194º da Independência e 127º da República.

Dilma Rousseff

José Eduardo Cardozo

Jaques Wagner

Joaquim Vieira Ferreira Levy

Luís Inácio Lucena Adams

(Publicação no *D.O.U.* de 17.3.2015)

Índice Remissivo do Novo Código de Processo Civil

A

AÇÃO
- condições da: Art. 17, 485, VI e 337, IX e § 5º
- desistência da ação: Art. 200, parágrafo único e 485, VIII
- propositura da ação: Art. 312 e 238

AÇÃO ACESSÓRIA: Art. 61

AÇÃO DE DIVISÃO E DA DEMARCAÇÃO: Arts. 569 a 598
- da demarcação: Arts. 574 a 587
- da divisão: Arts. 588 a 598

AÇÃO DECLARATÓRIA: Art. 19

AÇÃO DE EXIGIR CONTAS: Arts. 550 a 553

AÇÃO DE DISSOLUÇÃO PARCIAL DE SOCIEDADE: Arts. 599 a 609

AÇÃO DE CONSIGNAÇÃO EM PAGAMENTO: Art. 539 a 549

AÇÃO MONITÓRIA: Arts. 700 a 702

AÇÃO RESCISÓRIA
- cabimento: Art. 966
- citação do réu: Art. 970
- indeferimento da petição inicial: Art. 968, § 3º
- julgamento procedente: Art. 974
- legitimidade: Art. 967
- prazo decadencial: Art. 975
- produção de prova: Art. 972
- razões finais: Art. 973
- requisitos essenciais: Art. 968
- rescisória de atos judiciais: Art. 966, § 4º
- suspensão dos efeitos da sentença: Art. 969

AÇÕES DE FAMÍLIA: Arts. 693 a 699

AÇÕES POSSESSÓRIAS: Arts. 554 a 568
- interdito proibitório: Arts. 567 e 568
- manutenção e reintegração de posse: Arts. 560 a 566

ADVOCACIA PÚBLICA: Arts. 182 a 184

ADVOGADO
- causa própria: Art. 106
- capacidade postulatória: Art. 104
- honorários: Arts. 85 a 92
- prerrogativas do: Art. 107
- procuração geral: Art. 105
- renúncia ao mandato: Art. 112
- representação em juízo: Art. 103
- revogação do mandato: Art. 111

AGRAVO DE INSTRUMENTO
- competência: Art. 1.016, *caput*
- petição instruída: Art. 1.017
- requisitos: Art. 1.016, I a III
- juntada de cópia do agravo aos autos: Art. 1.018
- prazo para julgamento do: Art. 1.020
- recebimento do agravo no tribunal: Art. 1.019
- decisões interlocutórias recorríveis: Art. 1.015

AGRAVO EM RESP E EM RE: Art. 1.042

AGRAVO INTERNO: Art. 1.021
- Art. 1.021, § 2º

ALIENAÇÕES JUDICIAIS: Art. 730

AMICUS CURIAE: Art. 138

ARREMATAÇÃO
- carta de arrematação: Art. 901, § 1º
- edital: Art. 887, § 3º
- fiador do arrematante: Art. 898
- imóvel; alienação de parte: Art. 894
- imóvel de incapaz; depositário idôneo: Art. 896
- lavratura do auto de arrematação: Arts. 901 a 903
- leilão eletrônico: Art. 882
- leilão público: Art. 881, § 2º
- leiloeiro: Arts. 883 e 884
- legitimidade de arrematar: Art. 890
- pagamento: Art. 895, § 2º
- perda da caução: Art. 897
- praça ou leilão; continuação: Art. 900
- praça ou leilão; preferência: Art. 893
- preço vil: Art. 881

ARRESTO
- ato do oficial de justiça: Art. 154, I
- constrição cautelar determinada pelo juiz: Art. 301
- arresto executivo: Art. 830

APELAÇÃO: Arts. 1.009 a 1.014
- cabimento: Art. 1.009
- conteúdo da: Art. 1.010
- contrarrazões: 1.010, § 2º
- efeito devolutivo ao tribunal: Art. 1.013
- questão de fato: Art. 1.014
- recebimento da; efeito devolutivo ou suspensivo: Art. 1.012

APLICAÇÃO DAS NORMAS PROCESSUAIS: Arts. 13 a 15

ASSISTÊNCIA: Arts. 119 a 124
- assistência litisconsorcial: Art. 124
- assistência simples: Arts. 121 a 123
- estabilidade da decisão (justiça da decisão): Art. 123
- conceito: Art. 119
- desistência da ação: Art. 122
- interesse jurídico: Art. 120, parágrafo único
- poderes: Art. 121

ATOS DA PARTE
- conceito: Art. 200
- cotas marginais ou interlineares; vedação: Art. 202
- desistência da ação: Art. 198, parágrafo único
- protocolo oficial: Art. 200

ATOS DO ESCRIVÃO OU CHEFE DE SECRETARIA
- atos inadmissíveis: Art. 211
- autuação da petição inicial: Art. 206
- documentação dos atos: Art. 208
- numeração e rubrica das folhas: Art. 207
- por escrito: Art. 209
- taquigrafia: Art. 210

ATOS DO JUIZ
- assinatura dos: Art. 205
- assinatura eletrônica: Art. 205, § 3º
- acórdão; definição: Art. 204
- espécies de: Art. 203
- publicação: Art. 205, § 3º

ATOS PROCESSUAIS
- *v.* ATOS DA PARTE
- *v.* ATOS DO ESCRIVÃO OU CHEFE DE SECRETARIA
- *v.* ATOS DO JUIZ
- *v.* PRAZOS
- autocomposição: Art. 190
- comunicação dos: Arts. 233 a 275
- distribuição e registro dos processos: Arts. 284 a 290
- do lugar: Art. 217
- do tempo dos: Arts. 212 a 216
- documento redigido em língua estrangeira: Art. 192, parágrafo único
- eletrônicos: Arts. 193 a 199
- forma dos: Art. 189
- publicidade: Art. 189, 1ª parte
- segredo de justiça: Art. 189, 2ª parte
- uso do vernáculo: Art. 192

AUDIÊNCIA DE CONCILIAÇÃO OU DE MEDIAÇÃO
- ausência injustificada e multa: Art. 334, § 8º
- atuação do conciliador ou mediador: Art. 334, § 1º
- intimação Art. 334, § 3º
- litisconsórcio: Art. 334, § 6º
- possibilidade de mais de uma sessão: Art. 334, § 2º

- realização por meios eletrônicos: Art. 334, § 7º
- requisitos: Art. 334, *caput*

AUDIÊNCIA DE INSTRUÇÃO E JULGAMENTO
- adiamento da: Art. 362
- antecipação ou adiamento; intimação: Art. 363
- impedimento; prazo de comprovação: Art. 352, § 1º
- interrupção do depoimento: Art. 361, parágrafo único
- instrução e julgamento: Arts. 358 a 368
- instrução e julgamento; abertura e pregão: Art. 358
- instrução e julgamento; pontos controvertidos: Art. 444
- instrução e julgamento; produção de provas orais: Art. 361
- instrução e julgamento; tentativa de conciliação: Art. 359
- juiz; poder de polícia: Art. 360
- pública: Art. 368
- razões finais: Art. 364
- sentença: Art. 366
- una e contínua: Art. 365

AUSENTES
- arrecadação dos bens: Arts. 744 e 745
- bens dos: Art. 744
- declaração de ausência: Art. 744
- regresso do ausente: Art. 745, § 4º
- sucessão provisória; abertura; interessados: Art. 745
- sucessão provisória; conversão em definitiva: Art. 745, § 3º
- sucessão provisória; sentença: Art. 744

AUXILIARES DA JUSTIÇA
- conceito: Art. 149
- conciliadores e mediadores judiciais: Arts. 165 a 175
- depositário e administrador: Arts. 159 a 161
- impedimento e suspeição: Art. 148
- intérprete: Art. 162 a 164
- perito: Arts. 156 a 158
- serventuário e o oficial de justiça: Arts. 150 a 155

AUXÍLIO DIRETO: Arts. 28 a 34

B

BENS
- *v.* AUSENTES

C

CAPACIDADE PROCESSUAL
- curatela especial; Defensoria Pública: Art. 72, parágrafo único
- incapaz; curador especial: Art. 72
- incapazes; representação: Art. 71
- outorga uxória: Arts. 73 e 74
- partes processuais: Art. 70
- representação em juízo: Art. 75
- vício relativo a; saneamento: Art. 76

CARTAS DE ORDEM, PRECATÓRIA E ROGATÓRIA
- arbitral: 260, § 3º
- caráter itinerante: Art. 262
- pagamento das custas: Art. 268
- prazo de cumprimento: Art. 261
- precatória; recusa judicial: Art. 267
- requisitos essenciais: art. 260
- urgência; transmissão por outros meios: Arts. 263 a 266

CITAÇÃO
- carta rogatória: Arts. 36
- conceito: Art. 238
- citação do réu; indispensável: Art. 239
- com hora certa: Arts. 252 a 254
- formas de: Art. 246
- local da: Art. 243
- mandado; conteúdo: Art. 250
- modificação do pedido; após a: Art. 329, II
- pelo correio: Arts. 247 e 248
- pessoal; réu, representante ou procurador: Art. 242
- por edital: Art. 256
- por edital; multa: Art. 258
- por edital; requisitos: Art. 257
- por oficial de justiça: Art. 249
- por oficial de justiça; comarcas contíguas: Art. 255
- por oficial de justiça; procedimento: Art. 251
- proibições: Arts. 244 e 245
- validade da: Art. 241

CHAMAMENTO AO PROCESSO: Arts. 130 a 132

CÓDIGO DE PROCESSO CIVIL
- direito intertemporal: Art. 1.046
- prioridade na tramitação do processo; idoso e pessoa portadora de doença grave: Arts . 1.048 e 1.049

COISA JULGADA
- coisa julgada formal; preclusão: Art. 507
- coisa julgada material; conceito: Art. 502
- limites subjetivos; partes e terceiro: Art. 506
- eficácia preclusiva: Art. 508
- não faz coisa julgada: Art. 504
- preclusão: art. 505
- limites objetivos:
  – questão principal: Art. 503
  – questão prejudicial coberta pela coisa julgada: Art. 503, § 1º
  – questão prejudicial não coberta pela coisa julgada: Art. 503, § 2º
- coisa julgada *rebus sic stantibus* de- relação continuativa: Art. 505, I
- sentença; força de lei: Art. 503

COISAS VAGAS: Arts. 746

COMPETÊNCIA
- *v.* CONFLITO DE COMPETÊNCIA

- *v.* INCOMPETÊNCIA
- causas cíveis: Art. 42
- critérios de fixação de competência territorial: Arts. 46 a 53
- cooperação internacional: Arts. 26 e 41
- determinação da competência: Art. 44
- execução fiscal: Art. 46, § 5º
- internacional: Art. 21
- internacional; limites à jurisdição brasileira: Arts. 24 e 25
- modificações da: Arts. 54 a 63
- *perpetuatio jurisdicionis*: Art. 43
- remessa ao juízo federal: Art. 45
- tribunal estrangeiro; ausência de litispendência: Art. 24

COMPETÊNCIA EM RAZÃO DA MATÉRIA
- inderrogável: Arts. 62 e 63

CONDIÇÕES DA AÇÃO
- interesse: Art. 17
- legitimidade: Art. 17
- decisão sem mérito: Art. 485, VI:

CONEXÃO: Art. 55
- conceito: Art. 55
- reunião de ações: Art. 55, § 1º

CONFISSÃO
- anuência do cônjuge ou companheiro: Art. 391, parágrafo único
- conceito: Art. 389
- direitos indisponíveis: Art. 392
- espontânea: Art. 390, § 1º
- extrajudicial: Art. 394
- indivisível: Art. 395
- ineficaz: art. 392, § 1º
- judicial: Art. 390, *caput*
- judicial; confitente: Art. 391
- provocada: Art. 390, § 2º
- revogação da: Art. 393

CONFLITO DE COMPETÊNCIA
- hipóteses: Art. 66
- legitimidade: Arts. 951 e 959
- procedimento: Arts. 64 a 66; 954 a 959
- prorrogação da competência relativa: Art. 65

CONTESTAÇÃO
- alegação de incompetência; comunicação eletrônica: Art. 340
- defesa de mérito indireta: Arts. 351 e 353
- exposição da matéria de defesa: Arts. 336 e 337
- ilegitimidade de parte; prazo para substituição: Art. 338
- ilegitimidade de parte; indicação do sujeito passivo: Art. 339
- impugnação específica dos fatos: Art. 341
- novas alegações; após a: art. 342
- prazo de oferecimento: Art. 335, *caput*
- princípio da eventualidade: Art. 336
- ônus da impugnação especificada: Art. 341
- vários réus; prazo comum: Art. 335, § 1º

ÍNDICE REMISSIVO DO NOVO CPC

COOPERAÇÃO INTERNACIONAL
- auxílio direto: Arts. 28 a 34
- disposições gerais: arts. 26 e 27

COOPERAÇÃO NACIONAL: Arts. 67 a 69

CONTINÊNCIA: Art. 56
- reunião de ações: Art. 57

CURADOR ESPECIAL: Art. 72
- advertência: Arts. 253, § 4º e 257, IV
- e ônus da impugnação especificada: Art. 341, parágrafo único
- no inventário e na partilha: Art. 671
- na interdição: Art. 752, § 2º

CURATELA DOS INTERDITOS: Arts. 747 a 758
- *v.* TUTOR OU CURADOR

D

DECLARAÇÃO DE INCONSTITUCIONALIDADE: Arts. 948 a 950

DEFENSORIA PÚBLICA: Arts. 185 a 187
- e ação possessória: Arts. 554, § 1º e 565, § 2º
- e curatela especial: Art. 72
- e despesas processuais: Art. 91
- dispensa de procuração: Art. 287, parágrafo único
- prazo em dobro: Art. 186
- responsabilidade: Art. 187

DEFESA
- *v.* CONTESTAÇÃO
- abuso do direito de defesa; tutela da evidência: Art. 311
- na carta rogatória: Art. 36, § 1º
- complementação na ação rescisória: Art. 968, § 6º
- isonomia aos meios de defesa: Art. 7º
- na homologação do penhor legal: Art. 704
- incapaz; réu revel; curador especial: Art. 72
- princípio da eventualidade: Art. 336
- ônus da impugnação especificada: Art. 341

DENUNCIAÇÃO DA LIDE
- admissibilidade: Art. 125
- citação do denunciado: Art. 126
- denunciação sucessiva: Art. 125, § 2º
- petição inicial; aditamento: Art. 127
- possibilidades do denunciado: Art. 128
- julgamento: Art. 129

DEPOIMENTO PESSOAL
- *v.* PROVAS
- escrito preparado; proibição: Art. 387
- interrogatório: Art. 385
- não há obrigação de depor sobre fatos: Art. 388
- recusa de depor: Art. 386

DEPOSITÁRIO E ADMINISTRADOR: Arts. 159 a 161
- *v.* AUXILIARES DA JUSTIÇA
- guarda e conservação: Art. 159
- remuneração: Art. 160

- responsabilidade pelos prejuízos: Art. 161

DESCONSIDERAÇÃO DA PERSONALIDADE JURÍDICA
- cabimento: Art. 134
- decisão: Arts. 136 e 137
- desconsideração inversa: Art. 133
- embargos de terceiro: Art. 674, § 2º
- nos juizados especiais: Art. 1.062
- legitimidade: Art. 133
- obrigatoriedade do incidente: Art. 795, § 4º
- sujeição à execução: Art. 790

DESPESAS PROCESSUAIS
- *v.* GRATUIDADE DE JUSTIÇA
- assistente; responsabilidade: Art. 94
- autor que reside no estrangeiro: Art. 83
- desistência; reconhecimento do pedido; renúncia ao direito de ação: Art. 90
- destinação das sanções por litigância de má-fé: Art. 96
- dever das partes: Art. 82
- fundo de modernização do Poder Judiciário: Art. 97
- honorários advocatícios: Art. 82, § 2º
- honorários da Fazenda Pública: Art. 84, § 2º
- juízos divisórios: Art. 89
- jurisdição voluntária: Art. 88
- Ministério Público e Fazenda Pública: Art. 91
- pagamento das; condição para intentar nova ação: Art. 92
- responsabilidade; adiamento culposo de atos: Art. 93
- sucumbência: Art. 82, § 1º

DISTRIBUIÇÃO
- alternada e aleatória: Art. 285
- cancelamento da: Art. 290
- erro ou falta de; compensação: Art. 288
- por dependência: Art. 286
- processos; regra: Art. 284
- publicidade dos atos; fiscalização: Art. 289

DIVÓRCIO E SEPARAÇÃO CONSENSUAIS: Arts. 731 a 734

DOCUMENTO
- arguição de falsidade: Arts. 430 a 433
- autenticidade na cooperação jurídica internacional: Art. 41
- eletrônico: Arts. 439 a 441
- exibição: Arts. 396 a 404
- força probante: Arts. 405 a 429
- particular: Arts. 408 a 410
- público: Arts. 405 a 407
- redigido em língua estrangeira: Art. 192, parágrafo único
- reproduções e cópia: Arts. 423 e 424

E

EMBARGOS À EXECUÇÃO: Arts. 914 a 920
- efeito suspensivo: Art. 919
- fundamentos: Art. 917

- manifestamente protelatórios: Art. 918, parágrafo único
- pagamento parcelado: Art. 916
- prazo: Art. 915
- procedimento: Art. 920
- rejeição liminar: Art. 918

EMBARGOS DE DECLARAÇÃO
- do *amicus curiae*: Art. 138, § 1º
- cabimento: Art. 1.022
- efeito suspensivo; decisão monocrática ou colegiada: Art. 1.026, § 1º
- fungibilidade: Art. 1.024, § 2º
- interrupção do prazo: Art. 1.026
- julgamento; prazo: Art. 1.024
- manifestação; prazo: Art. 1.023, § 2º
- prazo: Art. 1.023
- e pré-questionamento: Art. 1.025
- protelatórios; multa: Art. 1.026, § 2º

EMBARGOS DE DIVERGÊNCIA: Arts. 1.043 e 1.044

EMBARGOS DE TERCEIRO
- cabimento: Art. 674
- cancelamento da constrição judicial: Art. 681
- contestação; prazo: Art. 679
- embargos do credor com garantia real; alegações do embargado: Art. 680
- legitimidade ativa: Art. 674
- legitimidade passiva: Art. 677, § 4º
- liminar: Art. 678, parágrafo único
- suspensão das medidas constritivas: Art. 678
- prazo: Art. 675
- prova sumária da posse: Art. 677

EMBARGOS DO DEVEDOR
- *v.* EMBARGOS À EXECUÇÃO

ESCRIVÃO
- *v.* SERVENTUÁRIO E OFICIAL DE JUSTIÇA

EXECUÇÃO
- *v.* CUMPRIMENTO DE SENTENÇA
- *v.* PENHORA
- *v.* RESPONSABILIDADE PATRIMONIAL
- de alimentos: Arts. 911 a 913
- ato atentatório à dignidade da Justiça: Art. 774
- averbação da execução: Art. 828
- bens impenhoráveis ou inalienáveis: Art. 832 a 834
- competência: Art. 781
- comprovação da condição ou termo: Art. 798, I
- concurso de credores: Art. 908
- contra a Fazenda Pública: Art. 910
- cumprimento dos atos executivos: Art. 782
- cumulação de várias execuções: Art. 780
- desistência da: Art. 775
- emenda da inicial: Art. 801
- entrega de coisa certa: Art. 806 a 810
- entrega de coisa incerta: Arts. 811 a 813

- execução indevida; ressarcimento do dano: Art. 776
- exigibilidade da obrigação: Arts. 786 a 788
- extinção da execução: Arts. 924 e 925
- força policial: Art. 782, § 2º
- legitimidade ativa: Art. 778
- legitimidade passiva: Art. 779
- levantamento do dinheiro pelo exequente: Art. 905
- modo menos gravoso: Art. 805
- normas do processo de conhecimento; aplicação subsidiária: Art. 771, parágrafo único
- nulidade da: Art. 803
- obrigações alternativas: Art. 800
- obrigação certa, líquida e exigível: Art. 783
- de obrigação de fazer: Arts. 815 a 821
- de obrigação de não fazer: Arts. 822 e 823
- pagamento ao credor: Art. 905
- poderes do juiz: Arts. 772 e 773
- por carta; embargos: Arts. 845, § 2º e 914, § 2º
- por quantia certa: Arts. 824 a 909
- restituição de valor ao devedor: Art. 907
- suspensão do processo de execução: Arts. 921 a 923
- títulos executivos extrajudiciais: Art. 784

EXIBIÇÃO DE DOCUMENTO OU COISA
- em poder de terceiro; citação: Arts. 401 a 404
- escusas de exibir: Art. 404
- exibição forçada: Art. 396
- pedido o: Art. 397
- presunção da veracidade dos fatos: Art. 400
- recusa de exibição ilegítima: Art. 399
- resposta; prazo: Art. 398

EXPROPRIAÇÃO
- v. EXECUÇÃO
- v. PENHORA
- adjudicação: Arts. 876 a 878
- alienação: Arts. 879 a 903
  – por iniciativa particular: Art. 880
  – em leilão: Arts. 881 a 903
- espécies: Art. 825

EXTINÇÃO DO PROCESSO
- de execução: Arts. 924 e 925
- nova ação; prova do pagamento ou depósito de custas e honorários: Art. 486
- sem resolução de mérito: Art. 485
- com resolução de mérito: Art. 487

F

FALSIDADE DOCUMENTAL
- Arguição; prazo: Art. 430
- prazo de resposta: Art. 432
- efeitos da declaração: Art. 431

FAZENDA PÚBLICA
- ação monitória; cabimento: Art. 700, § 6º
- cumprimento de sentença contra a: Arts. 534 e 535
- execução de título extrajudicial contra a: Art. 910
- honorários advocatícios; fixação: Art. 85, § 3º
- prazo em dobro: Art. 183
- tutela provisória: Art. 1.059

FUNDAÇÃO: Arts. 764 e 765

G

GRATUIDADE DE JUSTIÇA: Art. 98 a 102
- abrangência: Art. 98
- recurso: Arts. 101 e 1.015
- requisitos: Art. 99

H

HABILITAÇÃO: Arts. 687 a 692

HERANÇA JACENTE: Arts. 738 a 743

HOMOLOGAÇÃO DO PENHOR LEGAL: Arts. 703 a 706

HOMOLOGAÇÃO DE DECISÃO ESTRANGEIRA: Arts. 960 a 965

HONORÁRIOS ADVOCATÍCIOS: Art. 85
- e Fazenda Pública: Art. 85, § 3º
- sucumbência de litisconsortes; princípio da proporcionalidade: Art. 87
- sucumbência recíproca: Arts. 85, § 14 e 86

HONORÁRIOS PERICIAIS
- pagamentos pela parte: Art. 95

I

IMPEDIMENTOS
- v. INCIDENTE DE IMPEDIMENTO E SUSPEIÇÃO
- auxiliares da Justiça: Art. 148
- conceito e hipóteses: arts. 144 e 147
- Ministério Público: Art. 148

INAFASTABILIDADE DA APRECIAÇÃO JURISDICIONAL: Art. 3º

INCAPAZES
- citação: Art. 245
- curador especial: Art. 72
- representação: Art. 70

INCIDENTE DE ARGUIÇÃO DE INCONSTITUCIONALIDADE: Arts. 948 a 950

INCIDENTE DE ASSUNÇÃO DE COMPETÊNCIA: Art. 947

INCIDENTE DE DESCONSIDERAÇÃO DA PERSONALIDADE JURÍDICA: Arts. 133 a 137
- v. DESCONSIDERAÇÃO DA PERSONALIDADE JURÍDICA

INCIDENTE DE IMPEDIMENTO E SUSPEIÇÃO: ARTS. 146 A 148
- v. IMPEDIMENTOS
- v. SUSPEIÇÃO

INCIDENTE DE RESOLUÇÃO DE DEMANDAS REPETITIVAS: Arts. 976 a 987

INCOMPETÊNCIA
- absoluta: Art. 64, § 1º
- relativa: Art. 64
- relativa; prorrogação da competência: Art. 65

INSPEÇÃO JUDICIAL: Arts. 481 a 484

INTERDIÇÃO: Arts. 747 a 758
- v. TUTOR OU CURADOR

INTÉRPRETE: Art. 162 e 163
- v. AUXILIARES DA JUSTIÇA
- deveres: Art. 164
- nomeação: Art. 162
- proibidos de ser: Art. 163

INTIMAÇÃO
- conceito: Art. 269
- ex officio: Art. 271
- modalidades da: Art. 275
- prazo; interposição de recurso: Art. 1.003

INVENTÁRIO E PARTILHA
- abertura do inventário: Art. 615
- arrolamento: Arts. 659 a 667
- avaliação e cálculo do imposto: Arts. 630 a 638
- citações e impugnações: Arts. 626 a 629
- colações: Arts. 639 a 641
- curador especial: Art. 671
- inventariante: Art. 617
- inventariante; atribuições: Arts. 618 e 619
- inventariante; remoção: Arts. 622 a 625
- legitimidade concorrente: Art. 616
- pagamento das dívidas: Arts. 642 a 646
- partilha: Arts. 647 a 658
- primeiras declarações; prazo e conteúdo: Art. 620
- sobrepartilha: Arts. 669 e 670
- sonegação; arguição: Art. 621
- tutela provisória; cessação da eficácia: Art. 668

J

JUIZ
- decisão de mérito nos limites em que ação foi proposta: Art. 141
- decisão por equidade: Art. 140, parágrafo único
- deveres do: Arts. 139 e 140
- impedimento e suspeição do: Arts. 144 a 147
- ordem cronológica de conclusão para sentença ou acórdão: Art. 12
- poderes instrutórios do juiz: Art. 370
- princípio do livre convencimento do juiz: Art. 371
- prazos para o: Art. 226
- processo simulado ou fraudulento: Art. 142
- responsabilidade pessoal do juiz: Art. 143

JULGAMENTO CONFORME O ESTADO DO

PROCESSO
- extinção do processo: Art. 354
- julgamento antecipado do mérito: Art. 355
- julgamento antecipado parcial do mérito: Art. 356
- saneamento e da organização do processo: Art. 357

JURISDIÇÃO
- civil: Art. 16

L

LEGITIMIDADE
- ordinária e extraordinária: Art. 18

LITIGÂNCIA DE MÁ-FÉ
- destinação das sanções; Art. 96
- hipóteses de: art. 80
- indenização; condenação: art. 81
- multa; condenação: Art. 81
- responsabilidade por perdas e danos: Art. 79

LITISCONSÓRCIO
- conceito: Art. 113
- intimação individual dos atos: Art. 118
- litisconsórcio necessário: Art. 114
- litisconsórcio unitário: Art. 116
- relação autônoma dos litisconsortes: Art. 117

M

MANDATO
- procuração geral: Art. 105
- renúncia ao: Art. 112
- revogação do: Art. 111

MINISTÉRIO PÚBLICO
- atuação: Art. 176
- direito de ação: Art. 177
- intervenção como fiscal da ordem jurídica: Art. 178
- poderes do: Art. 179
- prazo em dobro: Art. 180
- responsabilidade civil: art. 181

N

NULIDADES
- erro de forma: Art. 283
- Ministério Público; ausência de intimação: Art. 279
- nulidade dos atos subsequentes: Art. 281
- e preclusão: Art. 278
- princípio da instrumentalidade das formas: Art. 277
- repetição ou retificação dos atos: Art. 282
- vício da citação e intimação: Art. 280

O

OFICIAL DE JUSTIÇA
- v. SERVENTUÁRIO E O OFICIAL DE JUSTIÇA

OPOSIÇÃO
- cabimento: Art. 682
- do caráter prejudicial da: Art. 686
- procedimento: Art. 683
- reconhecimento da procedência do pedido: Art. 684
- tramitação da: Art. 685

ORDEM DOS PROCESSOS E DOS PROCESSOS DE COMPETÊNCIA ORIGINÁRIA DOS TRIBUNAIS
- disposições gerais: Arts. 926 a 928
- ordem dos processos no tribunal: Arts. 929 a 946

P

PARTES E PROCURADORES – DEVERES: Arts. 77 a 81
- abuso de direito; sanção: art. 77, §§ 2º e 3º
- litigância de má-fé; indenização: art. 81
- litigância de má-fé; multa: art. 81
- responsabilidade por dano processual: art. 79

PARTES E PROCURADORES – SUBSTITUIÇÃO
- alienação da coisa ou do direito litigioso: Art. 109
- sucessão *causa mortis*: Art. 110
- sucessão processual; substituição voluntária: Art. 108

PEDIDO
- aditamento do pedido: Art. 329
- cumulação de ações: Art. 327
- interpretação do pedido: Art. 322, § 2º
- modificação do; depois da citação: Art. 329, II
- obrigação indivisível e pluralidade de credores: Art. 328
- pedido alternativo: Art. 325
- pedido determinado: Art. 324
- pedido genérico; hipóteses: Art. 324, § 1º
- pedido sucessivo: Art. 326
- prestações periódicas: Art. 323

PENHORA
- absolutamente impenhoráveis: Art. 833
- adjudicação: Arts. 876 e 877, § 1º
- alienação antecipada: Art. 852
- alienação em hasta pública ou arrematação: Art. 886 a 903
- alienação por iniciativa particular: Art. 881
- ampliação: Art. 874
- arresto executivo: Art. 830
- ato atentatório à dignidade da justiça: Art. 774, III
- auto de penhora; conteúdo: Art. 838
- auto de penhora, apreensão e depósito: Art. 839
- avaliação da: Arts. 870 a 875
- averbação da execução: Art. 828
- bem indivisível: Art. 843
- benefício da ordem: Art. 794
- bens impenhoráveis ou inalienáveis: Art. 832
- citação do executado e indicação de bens para: Art. 829
- concurso de credores: Art. 797, parágrafo único
- comarcas contíguas: Art. 225
- de aeronave: Art. 866
- de créditos: Art. 855 a 860
- de dinheiro: Art. 854
- de direitos: Art. 859 e 860
- de faturamento: Art. 866
- de frutos: Art. 867 a 869
- de empresa: Arts. 862 e 863
- de estabelecimentos: Arts. 862 e 863
- de navio: Art. 864
- de quotas ou ações de sociedades personificadas: Art. 861
- de percentual de faturamento de empresa: Art. 866
- de rendimentos: Art. 867 a 869
- de semoventes: Art. 862
- depositário: Art. 840
- direito de preferência: Art. 797
- direito de superfície: Art. 791
- documentação. Arts. 837 a 844
- expropriação; conceito: Art. 825
- frustrada: Art 836
- indicação de bens: Arts. 524, VII, 774, V,
- intimação do cônjuge: Art. 842
- intimação do executado: Art. 841
- intimação do credor com garantia real sobre o bem: Art. 799, I
- intimação do promitente comprador: Art. 799, III
- intimação do titular do usufruto, uso ou habitação: Art. 799, II
- intimação da sociedade no caso de penhora de cotas: Art. 799, VII
- intimação do superficiário, enfiteuta ou concessionário (art. 799, V e VI).
- lugar: Art. 845 e 846
- modificação: Art. 847
- objeto: Art. 831
- ordem de arrombamento: Art. 846
- ordem preferencial dos bens: Art. 835
- penhora *on-line* ou eletrônica: Arts. 837 e 854
- penhora por carta: Art. 845, § 2º
- petição inicial; instrução: Art. 798
- prescrição; interrompida: Art. 802
- procedimento: Art. 831
- redução: Arts. 850 e 874
- relativamente impenhoráveis: Art. 834
- resistência: Arts. 846, §§ 2º e 3º
- segunda penhora; cabimento: Art. 851
- substituição da penhora: Arts. 847 a 849

PERITO: Arts. 156 a 158
- v. AUXILIARES DA JUSTIÇA
- cadastramento: Art. 156, §§ 2º e 3º
- deveres: Arts. 157 e 466
- disposições gerais: Art. 156
- escolha pelas partes: Art. 471
- impedimento: Arts. 148, II, e 465, § 1º

- laudo: Arts. 437, 477 e 580
- nomeação: Art. 465 e 604, III
- oitiva em audiência: Art. 361
- remuneração: Art. 95 e 465, § 3º
- remuneração; gratuidade judiciária; isenção: Art. 98, § 1º, VI
- responsabilidade civil: Art. 158
- substituição: Art. 468
- suspeição: Arts. 148, II, e 465, § 1º

PERPETUATIO JURISDICIONIS: Art. 43

PETIÇÃO INICIAL
- aditamento, na tutela antecipada deferida: Art. 303, § 1º, I
- alteração; substituição do réu: Art. 339, § 1º
- documentos indispensáveis: Arts. 287 e 320
- documentos indispensáveis; ação de dissolução parcial: Art. 599, § 1º
- documentos indispensáveis; na execução: Art. 798
- documentos indispensáveis; procuração: Art. 287
- emenda da: Art. 321
- emenda da; na execução: Art. 801
- emenda da; na tutela antecipada antecedente indeferida: Art. 303, § 6º
- indeferimento da: Art. 321, parágrafo único, 330 e 485, I
- juízo de retratação: Art. 331
- juntada de documentos: Art. 434
- requisitos da: Art. 319
- requisitos da: na ação de exigir comtas: Art. 550, § 1º
- requisitos da; nas ações revisionais de empréstimo ou financiamento: 330, § 2º
- requisitos da; nas cautelares antecedentes: Art. 305
- requisitos da; na consignação em pagamento: Art. 542
- requisitos da; na divisão: Art. 588
- requisitos da; na interdição: Art. 749
- requisitos da; no penhor legal: Art. 703, § 1º
- requisitos da; na ratificação de protestos marítimos: Art. 767
- requisitos da: na restauração de autos: Art. 713

PRAZO
- alegação de impedimento e suspeição: Art. 146
- atos processuais: Arts. 218 a 232
- atos processuais; eletrônicos: Art. 213
- carga rápida; prazo comum: Art. 107, § 3º
- contagem do: Art. 231
- contagem do; dias úteis. Art. 219
- constituição de novo advogado: Art. 111, parágrafo único
- contagem do; interposição de recurso: Art. 1.003
- dilação pelo juiz: Art. 139, VI
- do juiz: Art. 226
- do serventuário: Art. 228
- em dobro: Arts. 180, 183 e 186
- manifestação do MP como fiscal da ordem jurídica: Art. 178
- para citação: Art. 239, 2º
- procuração; apresentação: Art. 104, § 1o
- recursos: 1.003, § 5º
- suspensão: Arts. 220, 221,
- verificação e penalidades: Arts. 235 a 235
- vista do processo; advogado: Art. 107

PRESTAÇÃO DE ALIMENTOS
- execução de: Arts. 528 a 533

PREVENÇÃO
- ações conexas: Art. 59
- imóvel; situado em mais de um Estado: Art. 60

PRINCÍPIO DA AÇÃO: Art. 2º

PRINCÍPIO DA CONCENTRAÇÃO DOS ATOS PROCESSUAIS: Art. 281

PRINCÍPIO DA CONSERVAÇÃO DOS ATOS PROCESSUAIS: Art. 282

PRINCÍPIO DO CONTRADITÓRIO E DA AMPLA DEFESA: Arts. 9º e 10

PRINCÍPIO DA CORRELAÇÃO DO PEDIDO E A SENTENÇA: Arts. 141 e 491

PRINCÍPIO DA RAZOÁVEL DURAÇÃO DO PROCESSO: Art. 4º

PRINCÍPIO DA INÉRCIA DA JURISDIÇÃO: Art. 2º

PRINCÍPIO DA INSTRUMENTALIDADE DAS FORMAS: Art. 277

PRINCÍPIO DA SUCUMBÊNCIA: Art. 82, § 2º

PRINCÍPIO DO IMPULSO OFICIAL: Art. 2º

PRINCÍPIO DO LIVRE CONVENCIMENTO DO JUIZ: Art. 370

PROCEDIMENTO COMUM
- tutela de urgência: Art. 300
- aplicação: Art. 318
- espécie: Art. 318, parágrafo único
- procedimento cumum: Arts. 318 a 512

PROCEDIMENTO ESPECIAL
- aplicação: Art. 318, parágrafo único
- de jurisdição voluntária, disposições gerais: Arts. 719 a 725

PROCEDIMENTO ORDINÁRIO
- citação do réu: Art. 319, § 2º
- documentos indispensáveis: art. 320
- improcedência liminar: Art. 332
- pedido: Arts. 322 a 329
- petição inicial. emenda: Art. 321
- petição inicial; requisitos: Art. 319

PROCESSO
- formação do: art. 2º
- prioridade na tramitação do; idoso e pessoa portadora de doença grave: Art. 1.048
- segredo de justiça: Art. 11, parágrafo único

PROCESSO NO TRIBUNAL
- acórdão; ementa: Art. 943, § 1º
- acórdão; publicação: Art. 943, § 2º
- apelação ou agravo; julgamento: Arts. 942, § 2º e 946
- distribuição; regimento interno: Art. 931
- julgamento: Arts. 935 a 946
- protocolização do recurso: Art. 929
- questão preliminar: Arts. 938 e 939
- recurso inadmissível: Art. 932, III
- sessão de julgamento: Art. 937
- sustentação oral: Arts. 937, §§ 1º a 4º

PROCESSO SIMULADO OU FRAUDULENTO: Art. 142

PROCURADORES
- v. ADVOGADO

PROVA DOCUMENTAL
- autoria do documento particular: Art. 410
- cartas e registros domésticos: Art. 415
- cópia de documento particular autenticada: Art. 423
- cópias reprográficas; valor probante: Art. 424
- documento ad probationem: Art. 425
- documento feito por oficial público incompetente; valor probatório: Art. 407
- declarações particulares; presunção de veracidade: Art. 408
- documento público; valor probante: Art. 405
- escrituração contábil: Art. 419
- exame pericial: Art. 432
- exibição parcial; extração de suma: Art. 421
- falsidade documental; cessa a fé: Art. 427 e 428
- incidente de falsidade: Arts. 430 a 433
- livre apreciação da fé no documento pelo juiz: Art. 426
- livros comerciais: Arts. 417 a 421
- nota escrita de credor: Art. 416
- ônus da prova: Art. 429
- presunção entre as partes: Art. 412
- produção da: Arts. 434 a 438
- prova da data do documento particular: Art. 409
- reconhecimento de firma: Art. 412
- reprodução mecânica, fotográfica, cinematográfica, fonográfica e outras: Arts. 422 e 423
- telegrama, radiograma ou outro meio; força probante: Arts. 413 e 414

PROVA PERICIAL
- consiste em: Art. 464, *caput*
- dispensa da: Art. 472
- incumbe ao juiz: Art. 470
- indeferimento da perícia: Art. 464, § 1º
- laudo; apresentação: Art. 477
- laudo; conteúdo: Art. 473
- laudo; prorrogação do prazo: Art. 476

ÍNDICE REMISSIVO DO NOVO CPC

- livre convencimento do juiz: Art. 479
- nova perícia: Art. 480
- perícia complexa: Art. 475
- perito; desempenho da função: Art. 473, § 3º
- perito; dever: Art. 466
- perito; escusa ou recusa: Art. 467
- perito; escolha pelas partes: Art. 471
- perito; intimação à audiência: Art. 477, § 3º
- perito; substituição: Art. 468
- perito; técnico de estabelecimento oficial especializado: Art. 478
- por carta: Art. 465, § 6º
- procedimentos: Art. 465
- produção da prova; ciência às partes: Art. 474
- quesitos: Art. 469

PROVA TESTEMUNHAL
- admissibilidade: art. 442
- admissibilidade; contrato: Arts. 444 e 445
- inadmissibilidade: Art. 443, I e II
- não podem testemunhar; fatos: Art. 448
- não podem testemunhar; pessoas: Art. 447
- produção da: Arts. 450 a 463

PROVAS
- carta precatória e rogatória: Art. 377
- dever de colaboração com o judiciário: Art. 378
- deveres da parte: Art. 379
- deveres de terceiro: Art. 380
- fatos que independem de prova: Art. 374
- legais e moralmente legítimos: Art. 369
- legislação local ou estrangeira; prova do teor e vigência: Art. 376
- ônus da prova: Art. 373
- produção em audiência: Art. 361
- regras de experiência comum: Art. 375

R

RECONVENÇÃO: Art. 342

RECLAMAÇÃO: Arts. 988 a 993

RECURSOS
- espécies: Art. 994
- impugnação da sentença: Art. 1.002
- julgado o mérito do recurso; efeito substitutivo: Art. 1.008
- legitimidade para recorrer: Art. 996
- não cabe recurso; despachos: Art. 1.001
- não pode recorrer: Art. 1.000
- prazo de interposição e de resposta: Art. 1.003, § 2º
- prazo de interposição do recurso; morte ou 1.004
- recurso; desistência: Art. 998
- recurso adesivo: Art. 997
- recurso de agravo de instrumento; efeito suspensivo: Art. 995

- recurso interposto; efeito expansivo: Art. 1.005
- recursos extraordinário e especial; efeito suspensivo: Art. 995
- renúncia ao direito de recorrer: Art. 999
- retorno dos autos ao juízo de origem: Art. 1.006

RECURSOS EXTRAORDINÁRIO E ESPECIAL: Arts. 1.029 a 1.041

RECURSOS ORDINÁRIOS: Arts. 1.027 e 1.028

REGULAÇÃO DE AVARIA GROSSA: arts. 707 a 711

REPRESENTAÇÃO EM JUÍZO: Art. 75

RESPONSABILIDADE
- adiamento culposo de atos: Art. 93
- litigância de má-fé: Arts. 79 a 81
- reverte-se para: Art. 96

RESPONSABILIDADE PATRIMONIAL
- v. EXECUÇÃO
- desconsideração da personalidade jurídica: Art. 795
- direito de retenção: Art. 793
- espólio e do herdeiro: Art. 796
- execução dos bens do: Art. 790
- fiador: Art. 794
- fraude de execução: Art. 792
- responsabilidade executiva: Art. 789

RESPOSTA DO RÉU
- v. CONTESTAÇÃO
- conclusão dos autos: Art. 346
- espécies de: Art. 335

RESTAURAÇÃO DE AUTOS: Arts. 712 a 718

REVELIA
- dispensa da intimação: Art. 346
- presunção da veracidade dos fatos: Art. 344
- presunção da veracidade dos fatos; não ocorrência: Arts. 345, 348 e 349

S

SEGREDO DE JUSTIÇA: Art. 11, parágrafo único

SENTENÇA
- acolhimento ou rejeição do pedido: Art. 490
- alteração da sentença: Art. 494
- contrato não cumprido; sentença: Art. 495
- correlação do pedido e a sentença: Art. 492
- declaração de vontade; sentença: Art. 501
- fato novo ou superveniente: Art. 493
- hipoteca judiciária: Art. 495
- liquidação de sentença: Arts. 509 a 512
- obrigação de fazer ou não fazer; concessão de tutela específica: Art. 536
- pedido certo; sentença líquida: Art. 490
- requisitos essenciais: Art. 489

SENTENÇA – DA LIQUIDAÇÃO: Arts. 509 a 512
- apuração do valor: Art. 509, § 2º
- conceito: Art. 509
- liquidação por arbitramento: Art. 509, II
- modificação de sentença; proibição: Art. 509, § 4º

SENTENÇA – DO CUMPRIMENTO: Arts. 513 a 538
- disposição geral: Art. 513
- do cumprimento da sentença; competência: Art. 516
- efeito suspensivo: Art. 525, § 6º
- execução provisória: Art. 520
- impugnação: Art. 525
- indenização por ato ilícito; prestação de alimentos: Art. 533
- não pagamento; multa; penhora e avaliação: Art. 523
- títulos executivos judiciais: Art. 515

SEPARAÇÃO CONSENSUAL: Arts. 731 a 734

SERVENTUÁRIO E OFICIAL DE JUSTIÇA: Arts. 150 a 155
- v. AUXILIARES DA JUSTIÇA
- deveres do escrivão: Art. 152
- deveres do oficial de justiça: art. 154
- escrivão substituto: Art. 152, § 2º
- normas de organização judiciária: Art. 150
- responsabilidade civil: Art. 155

SUCESSÃO
- causa mortis: Art. 110
- processual: Art. 108

SUCUMBÊNCIA
- litisconsortes; princípio da proporcionalidade: Art. 87
- princípio da: Art. 82, § 2º
- recíproca: Art. 86

SUSPEIÇÃO
- auxiliares da Justiça: Art. 148
- conceito: Art. 144
- hipóteses: Art. 145
- Ministério Público: Art. 148

SUSPENSÃO DO PROCESSO
- hipóteses: Art. 313
- nulidade dos atos processuais praticados: Art. 314

T

TESTAMENTOS E CODICILOS
- v. HERANÇA JACENTE
- execução dos testamentos: Arts. 737, § 4º
- testamento cerrado; procedimento: Art. 735
- testamento militar, marítimo, nuncupativo e do codicilo: Art. 737, § 3º
- testamento particular: Arts. 737
- testamento público: Art. 736
- registro do testamento: Art. 735, § 3º
- termo de testamentaria; assinatura: Art. 735, § 3º

TUTELA ANTECIPADA EM CARÁTER ANTECEDENTE: Arts. 303 e 304
– procedimento: Arts. 305 a 310

TUTELAS DE URGÊNCIA
– ajuizamento da ação principal: Art. 308
– arresto: Arts. 301
– arrolamento de bens: Art. 381, § 1º
– produção antecipada de provas: Arts. 381 a 383
– cessação da eficácia da medida: Art. 309
– citação do requerido: Art. 306
– contestação: Art. 307
– indeferimento da medida: Art. 310
– fundamento: Art. 294
– juiz competente: Art. 299
– medidas cautelares nominadas e inominadas: Art. 297
– petição; conteúdo: Art. 305
– responsabilidade do requerente: Art. 302

TUTOR OU CURADOR
  v. TUTELA E CURATELA.

– escusas do: Art. 760
– Ministério Público: Art. 761
– prestar compromisso: Art. 759
– remoção ou dispensa: Arts. 761 a 763

V

VALOR DA CAUSA
– critérios do: Art. 292
– impugnação ao: Art. 293
– prestações vencidas e vincendas: Art. 292, §§ 1º e 2º
– valor certo; obrigatoriedade: Art. 291

Razões de Veto

DESPACHOS DA PRESIDENTA DA REPÚBLICA

Nº 56, de 16 de março de 2015.

Senhor Presidente do Senado Federal,

Comunico a Vossa Excelência que, nos termos do § 1º do art. 66 da Constituição, decidi vetar parcialmente, por contrariedade ao interesse público, o Projeto de Lei 166, de 2010 (nº 8.046/10 na Câmara dos Deputados), que institui o "Código de Processo Civil".

Ouvidos, o Ministério da Justiça e a Advocacia-Geral da União manifestaram-se pelo veto ao seguinte dispositivo:

Art. 35

"Art. 35. Dar-se-á por meio de carta rogatória o pedido de cooperação entre órgão jurisdicional brasileiro e órgão jurisdicional estrangeiro para prática de ato de citação, intimação, notificação judicial, colheita de provas, obtenção de informações e cumprimento de decisão interlocutória, sempre que o ato estrangeiro constituir decisão a ser executada no Brasil."

Razões do veto

"Consultados o Ministério Público Federal e o Superior Tribunal de Justiça, entendeu-se que o dispositivo impõe que determinados atos sejam praticados exclusivamente por meio de carta rogatória, o que afetaria a celeridade e efetividade da cooperação jurídica internacional que, nesses casos, poderia ser processada pela via do auxílio direto."

A Advocacia-Geral da União manifestou-se pelo veto aos seguintes dispositivos:

Art. 333

"Art. 333. Atendidos os pressupostos da relevância social e da dificuldade de formação do litisconsórcio, o juiz, a requerimento do Ministério Público ou da Defensoria Pública, ouvido o autor, poderá converter em coletiva a ação individual que veicule pedido que:

I - tenha alcance coletivo, em razão da tutela de bem jurídico difuso ou coletivo, assim entendidos aqueles definidos pelo art. 81, parágrafo único, incisos I e II, da Lei 8.078, de 11 de setembro de 1990 (Código de Defesa do Consumidor), e cuja ofensa afete, a um só tempo, as esferas jurídicas do indivíduo e da coletividade;

II - tenha por objetivo a solução de conflito de interesse relativo a uma mesma relação jurídica plurilateral, cuja solução, por sua natureza ou por disposição de lei, deva ser necessariamente uniforme, assegurando-se tratamento isonômico para todos os membros do grupo.

§ 1º Além do Ministério Público e da Defensoria Pública, podem requerer a conversão os legitimados referidos no art. 5º da Lei 7.347, de 24 de julho de 1985, e no art. 82 da Lei 8.078, de 11 de setembro de 1990 (Código de Defesa do Consumidor).

§ 2º A conversão não pode implicar a formação de processo coletivo para a tutela de direitos individuais homogêneos.

§ 3º Não se admite a conversão, ainda, se:

I - já iniciada, no processo individual, a audiência de instrução e julgamento; ou

II - houver processo coletivo pendente com o mesmo objeto; ou

III - o juízo não tiver competência para o processo coletivo que seria formado.

§ 4º Determinada a conversão, o juiz intimará o autor do requerimento para que, no prazo fixado, adite ou emende a petição inicial, para adaptá-la à tutela coletiva.

§ 5º Havendo aditamento ou emenda da petição inicial, o juiz determinará a intimação do réu para, querendo, manifestar-se no prazo de 15 (quinze) dias.

§ 6º O autor originário da ação individual atuará na condição de litisconsorte unitário do legitimado para condução do processo coletivo.

§ 7º O autor originário não é responsável por nenhuma despesa processual decorrente da conversão do processo individual em coletivo.

§ 8º Após a conversão, observar-se-ão as regras do processo coletivo.

§ 9º A conversão poderá ocorrer mesmo que o autor tenha cumulado pedido de natureza estritamente individual, hipótese em que o processamento desse pedido dar-se-á em autos apartados.

§ 10. O Ministério Público deverá ser ouvido sobre o requerimento previsto no *caput*, salvo quando ele próprio o houver formulado."

Inciso XII do art. 1.015

"XII - conversão da ação individual em ação coletiva;"

Razões dos vetos

"Da forma como foi redigido, o dispositivo poderia levar à conversão de ação individual em ação coletiva de maneira pouco criteriosa, inclusive em detrimento do interesse das partes. O tema exige disciplina própria para garantir a plena eficácia do instituto. Além disso, o novo Código já contempla mecanismos para tratar demandas repetitivas. No sentido do veto manifestou-se também a Ordem dos Advogados do Brasil - OAB."

O Ministério da Defesa manifestou-se pelo veto ao seguinte dispositivo:

Inciso X do art. 515

"X - o acórdão proferido pelo Tribunal Marítimo quando do julgamento de acidentes e fatos da navegação."

Razões do veto

"Ao atribuir natureza de título executivo judicial às decisões do Tribunal Marítimo, o controle de suas decisões poderia ser afastado do Poder Judiciário, possibilitando a interpretação de que tal colegiado administrativo passaria a dispor de natureza judicial."

Ouvido ainda o Ministério da Fazenda, manifestou-se pelo veto ao dispositivo a seguir transcrito:

§ 3º do art. 895

"§ 3º As prestações, que poderão ser pagas por meio eletrônico, serão corrigidas mensalmente pelo índice oficial de atualização financeira, a ser informado, se for o caso, para a operadora do cartão de crédito."

Razões do veto

"O dispositivo institui correção monetária mensal por um índice oficial de preços, o que caracteriza indexação. Sua introdução potencializaria a memória inflacionária, culminando em uma indesejada inflação inercial."

O Ministério da Justiça solicitou, ainda, veto ao dispositivo a seguir transcrito:

Inciso VII do art. 937

"VII - no agravo interno originário de recurso de apelação, de recurso ordinário, de recurso especial ou de recurso extraordinário;"

Razões do veto

"A previsão de sustentação oral para todos os casos de agravo interno resultaria em perda de celeridade processual, princípio norteador do novo Código, provocando ainda sobrecarga nos Tribunais."

O Ministério da Justiça e o Ministério da Fazenda acrescentaram veto ao seguinte dispositivo:

Art. 1.055

"Art. 1.055. O devedor ou arrendatário não se exime da obrigação de pagamento dos tributos, das multas e das taxas incidentes sobre os bens vinculados e de outros encargos previstos em contrato, exceto se a obrigação de pagar não for de sua responsabilidade, conforme contrato, ou for objeto de suspensão em tutela provisória."

Razões do veto

"Ao converter em artigo autônomo o § 2º do art. 285-B do Código de Processo Civil de 1973, as hipóteses de sua aplicação, hoje restritas, ficariam imprecisas e ensejariam interpretações equivocadas, tais como possibilitar a transferência de responsabilidade tributária por meio de contrato."

Essas, Senhor Presidente, as razões que me levaram a vetar os dispositivos acima mencionados do projeto em causa, as quais ora submeto à elevada apreciação dos Senhores Membros do Congresso Nacional.

SÚMULAS SELECIONADAS E ENUNCIADOS

Súmulas Selecionadas e Enunciados

SÚMULAS VINCULANTES DO SUPREMO TRIBUNAL FEDERAL – STF

3. Nos processos perante o Tribunal de Contas da União asseguram-se o contraditório e a ampla defesa quando da decisão puder resultar anulação ou revogação de ato administrativo que beneficie o interessado, excetuada a apreciação da legalidade do ato de concessão inicial de aposentadoria, reforma e pensão. (*D.O.U.* 6.6.2007)

4. Salvo nos casos previstos na Constituição, o salário mínimo não pode ser usado como indexador de base de cálculo de vantagem de servidor público ou de empregado, nem ser substituído por decisão judicial. (*D.O.U.* 9.5.2008)

5. A falta de defesa técnica por advogado no processo administrativo disciplinar não ofende a Constituição. (*D.O.U.* 16.5.2008)

8. São inconstitucionais o parágrafo único do artigo 5º do Decreto-lei 1.569/1977 e os artigos 45 e 46 da Lei 8.212/1991, que tratam de prescrição e decadência de crédito tributário. (*D.O.U.* 20.6.2008)

10. Viola a cláusula de reserva de plenário (CF, artigo 97) a decisão de órgão fracionário de Tribunal que, embora não declare expressamente a inconstitucionalidade de lei ou ato normativo do poder público, afasta sua incidência, no todo ou em parte. (*D.O.U.* 27.6.2008)

17. Durante o período previsto no § 1º do artigo 100 da Constituição, não incidem juros de mora sobre os precatórios que nele sejam pagos. (*D.O.U.* 10.11.2009)

21. É inconstitucional a exigência de depósito ou arrolamento prévios de dinheiro ou bens para admissibilidade de recurso administrativo. (*D.O.U.* 10.11.2009)

22. A Justiça do Trabalho é competente para processar e julgar as ações de indenização por danos morais e patrimoniais decorrentes de acidente de trabalho propostas por empregado contra empregador, inclusive aquelas que ainda não possuíam sentença de mérito em primeiro grau quando da promulgação da Emenda Constitucional 45/2004. (*D.O.U.* 11.12.2009)

23. A Justiça do Trabalho é competente para processar e julgar ação possessória ajuizada em decorrência do exercício do direito de greve pelos trabalhadores da iniciativa privada. (*D.O.U.* 11.12.2009)

25. É ilícita a prisão civil de depositário infiel, qualquer que seja a modalidade do depósito. (*D.O.U* 23.12.2009)

27. Compete à Justiça estadual julgar causas entre consumidor e concessionária de serviço público de telefonia, quando a Anatel não seja litisconsorte passiva necessária, assistente, nem oponente. (*D.O.U.* 23.12.2009)

28. É inconstitucional a exigência de depósito prévio como requisito de admissibilidade de ação judicial na qual se pretenda discutir a exigibilidade de crédito tributário. (*D.O.U.* 17.2.2010)

37. Não cabe ao poder judiciário, que não tem função legislativa, aumentar vencimentos de servidores públicos sob o fundamento de isonomia. (*D.O.U* 24.10.2014)

SÚMULAS DO SUPREMO TRIBUNAL FEDERAL – STF

40. A elevação da entrância da comarca não promove automaticamente o juiz, mas não interrompe o exercício de suas funções na mesma comarca.

72. No julgamento de questão constitucional, vinculada a decisão do Tribunal Superior Eleitoral, não estão impedidos os ministros do Supremo Tribunal Federal que ali tenham funcionado no mesmo processo, ou no processo originário.

101. O mandado de segurança não substitui a ação popular.

109. É devida a multa prevista no art. 15, § 6º, da Lei 1.300, de 28.12.1950, ainda que a desocupação do imóvel tenha resultado da notificação e não haja sido proposta ação de despejo.

112. O Imposto de Transmissão *Causa Mortis* é devido pela alíquota vigente ao tempo da abertura da sucessão.

113. O Imposto de Transmissão *Causa Mortis* é calculado sobre o valor dos bens na data da avaliação.

114. O Imposto de Transmissão *Causa Mortis* não é exigível antes da homologação do cálculo.

115. Sobre os honorários do advogado contratado pelo inventariante, com a homologação do juiz, não incide o Imposto de Transmissão *Causa Mortis*.

116. Em desquite ou inventário, é legítima a cobrança do chamado Imposto de Reposição, quando houver desigualdade nos valores partilhados.

122. O enfiteuta pode purgar a mora enquanto não decretado o comisso por sentença.

123. Sendo a locação regida pelo Decreto 24.150, de 20.4.1934, o locatário não tem direito à purgação da mora prevista na Lei 1.300, de 28.12.1950.

147. A prescrição de crime falimentar começa a correr da data em que deveria estar encerrada a falência, ou do trânsito em julgado da sentença que a encerrar ou que julgar cumprida a concordata.

149. É imprescritível a ação de investigação de paternidade, mas não o é a de petição de herança.

150. Prescreve a execução no mesmo prazo de prescrição da ação.

151. Prescreve em um ano a ação do segurador sub-rogado para haver indenização por extravio ou perda de carga transportada por navio.

153. Simples protesto cambiário não interrompe a prescrição.

154. Simples vistoria não interrompe a prescrição.

163. Salvo contra a Fazenda Pública, sendo a obrigação ilíquida, contam-se os juros moratórios desde a citação inicial para a ação.

A primeira parte da Súmula 163 não mais subsiste em face do art. 1º da Lei 4.414/1964 – RE 109156, *D.J.* 7.8.1987.

164. No processo de desapropriação, são devidos juros compensatórios desde a antecipada imissão de posse, ordenada pelo juiz, por motivo de urgência.

166. É inadmissível o arrependimento no compromisso de compra e venda sujeito ao regime do Decreto-lei 58, de 10.12.1937.

167. Não se aplica o regime do Decreto-lei 58, de 10.12.1937, ao compromisso de compra e venda não inscrito no Registro Imobiliário, salvo se o promitente vendedor se obrigou a efetuar o registro.

168. Para os efeitos do Decreto-lei 58, de 10.12.1937, admite-se a inscrição imobiliária do compromisso de compra e venda no curso da ação.

169. Depende de sentença a aplicação da pena de comisso.

173. Em caso de obstáculo judicial admite-se a purga da mora, pelo locatário, além do prazo legal.

174. Para a retomada do imóvel alugado, não é necessária a comprovação dos requisitos legais na notificação prévia.

176. O promitente comprador, nas condições previstas na Lei 1.300, de 28.12.1950, pode retomar o imóvel locado.

178. Não excederá de cinco anos a renovação judicial de contrato de locação, fundada no Decreto 24.150, de 20.4.1934.

179. O aluguel arbitrado judicialmente nos termos da Lei 3.085, de 29.12.1956, art. 6º, vigora a partir da data do laudo pericial.

180. Na ação revisional do art. 31 do Decreto 24.150, de 20.4.1934, o aluguel arbitrado vigora a partir do laudo pericial.

181. Na retomada, para construção mais útil de imóvel sujeito ao Decreto 24.150, de 20.4.1934, é sempre devida indenização para despesas de mudança do locatário.

185. Em processo de reajustamento pecuário, não responde a União pelos honorários do advogado do credor ou do devedor.

188. O segurador tem ação regressiva contra o causador do dano, pelo que efetivamente pagou, até ao limite previsto no contrato de seguro.

192. Não se inclui no crédito habilitado em falência a multa fiscal com efeito de pena administrativa.

211. Contra a decisão proferida sobre o agravo no auto do processo, por ocasião do julgamento da apelação, não se admitem embargos infringentes ou de nulidade.

218. É competente o Juízo da Fazenda Nacional da Capital do Estado, e não o da situação da coisa, para a desapropriação promovida por empresa de energia elétrica, se a União Federal intervém como assistente.

222. O princípio da identidade física do juiz não é aplicável às Juntas de Conciliação e Julgamento da Justiça do Trabalho.

223. Concedida isenção de custas ao empregado, por elas não responde o sindicato que o representa em juízo.

224. Os juros da mora, nas reclamações trabalhistas, são contados desde a notificação inicial.

225. Não é absoluto o valor probatório das anotações da carteira profissional.

226. Na ação de desquite, os alimentos são devidos desde a inicial e não da data da decisão que os concede.

230. A prescrição da ação de acidente do trabalho conta-se do exame pericial que comprovar a enfermidade ou verificar a natureza da incapacidade.

231. O revel, em processo cível, pode produzir provas, desde que compareça em tempo oportuno.

233. Salvo em caso de divergência qualificada (Lei 623/1949), não cabe recurso de embargos contra decisão que nega provimento a agravo ou não conhece de recurso extraordinário, ainda que por maioria de votos.

234. São devidos honorários de advogado em ação de acidente do trabalho julgada procedente.

235. É competente para a ação de acidente do trabalho a Justiça Cível Comum, inclusive em segunda instância, ainda que seja parte autarquia seguradora.

236. Em ação de acidente do trabalho, a autarquia seguradora não tem isenção de custas.

237. O usucapião pode ser arguido em defesa.

239. Decisão que declara indevida a cobrança do imposto em determinado exercício não faz coisa julgada em relação aos posteriores.

240. O depósito para recorrer, em ação de acidente do trabalho, é exigível do segurador sub-rogado, ainda que autarquia.

242. O agravo no auto do processo deve ser apreciado, no julgamento da apelação, ainda que o agravante não tenha apelado.

247. O relator não admitirá os embargos da Lei 623, de 19.2.1949, nem deles conhecerá o Supremo Tribunal Federal, quando houver jurisprudência firme do Plenário no mesmo sentido da decisão embargada.

248. É competente, originariamente, o Supremo Tribunal Federal, para mandado de segurança contra ato do Tribunal de Contas da União.

249. É competente o Supremo Tribunal Federal para a ação rescisória, quando, embora não tendo conhecido do recurso extraordinário, ou havendo negado provimento ao agravo, tiver apreciado a questão federal controvertida.

250. A intervenção da União desloca o processo do juízo cível comum para o fazendário.

251. Responde a Rede Ferroviária Federal S.A. perante o foro comum e não perante o juízo especial da Fazenda Nacional, a menos que a União intervenha na causa.

252. Na ação rescisória, não estão impedidos juízes que participaram do julgamento rescindendo.

253. Nos embargos da Lei 623, de 19.2.1949, no Supremo Tribunal Federal, a divergência somente será acolhida, se tiver sido indicada na petição de recurso extraordinário.

254. Incluem-se os juros moratórios na liquidação, embora omisso o pedido inicial ou a condenação.

255. Sendo ilíquida a obrigação, os juros moratórios, contra a Fazenda Pública, incluídas as autarquias, são contados do trânsito em julgado da sentença de liquidação.

256. É dispensável pedido expresso para condenação do réu em honorários, com fundamento nos arts. 63 ou 64 do Código de Processo Civil.

Referido Código de Processo Civil é o de 1939.

257. São cabíveis honorários de advogado na ação regressiva do segurador contra o causador do dano.

258. É admissível reconvenção em ação declaratória.

259. Para produzir efeito em juízo não é necessária a inscrição, no Registro Público, de documentos de procedência estrangeira, autenticados por via consular.

260. O exame de livros comerciais, em ação judicial, fica limitado às transações entre os litigantes.

261. Para a ação de indenização, em caso de avaria, é dispensável que a vistoria se faça judicialmente.

262. Não cabe medida possessória liminar para liberação alfandegária de automóvel.

263. O possuidor deve ser citado pessoalmente para a ação de usucapião.

264. Verifica-se a prescrição intercorrente pela paralisação da ação rescisória por mais de cinco anos.

265. Na apuração de haveres não prevalece o balanço não aprovado pelo sócio falecido, excluído ou que se retirou.

266. Não cabe mandado de segurança contra lei em tese.

267. Não cabe mandado de segurança contra ato judicial passível de recurso ou correição.

268. Não cabe mandado de segurança contra decisão judicial com trânsito em julgado.

269. O mandado de segurança não é substitutivo de ação de cobrança.

270. Não cabe mandado de segurança para impugnar enquadramento da Lei 3.780, de 12.7.1960, que envolva exame de prova ou de situação funcional complexa.

271. Concessão de mandado de segurança não produz efeitos patrimoniais em relação a período pretérito, os quais devem ser reclamados administrativamente ou pela via judicial própria.

272. Não se admite como ordinário recurso extraordinário de decisão denegatória de mandado de segurança.

273. Nos embargos da Lei 623, de 19.2.1949, a divergência sobre questão prejudicial ou preliminar, suscitada após a interposição do recurso extraordinário, ou do agravo, somente será acolhida se o acórdão-padrão for anterior à decisão embargada.

275. Está sujeita a recurso *ex officio* sentença concessiva de reajustamento pecuário anterior à vigência da Lei 2.804, de 25.6.1956.

276. Não cabe recurso de revista em ação executiva fiscal.

277. São cabíveis embargos, em favor da Fazenda Pública, em ação executiva fiscal, não sendo unânime a decisão.

278. São cabíveis embargos em ação executiva fiscal contra decisão reformatória da de primeira instância, ainda que unânime.

279. Para simples reexame de prova não cabe recurso extraordinário.

280. Por ofensa a direito local não cabe recurso extraordinário.

281. É inadmissível o recurso extraordinário, quando couber na Justiça de origem, recurso ordinário da decisão impugnada.

282. É inadmissível o recurso extraordinário, quando não ventilada, na decisão recorrida, a questão federal suscitada.

283. É inadmissível o recurso extraordinário, quando a decisão recorrida assenta em mais de um fundamento suficiente e o recurso não abrange todos eles.

284. É inadmissível o recurso extraordinário, quando a deficiência na sua fundamentação não permitir a exata compreensão da controvérsia.

285. Não sendo razoável a arguição de inconstitucionalidade, não se conhece do recurso extraordinário fundado na letra *c* do art. 101, III, da Constituição Federal.

Referida Constituição é a de 1946.

286. Não se conhece do recurso extraordinário fundado em divergência jurisprudencial, quando a orientação do plenário do Supremo Tribunal Federal já se firmou no mesmo sentido da decisão recorrida.

287. Nega-se provimento ao agravo, quando a deficiência na sua fundamentação, ou na do recurso extraordinário, não permitir a exata compreensão da controvérsia.

288. Nega-se provimento a agravo para subida de recurso extraordinário, quando faltar no traslado do despacho agravado, a decisão recorrida, a petição de recurso extraordinário ou qualquer peça essencial à compreensão da controvérsia.

289. O provimento do agravo por uma das Turmas do Supremo Tribunal Federal ainda que sem ressalva, não prejudica a questão do cabimento do recurso extraordinário.

290. Nos embargos da Lei 623, de 19.2.1949, a prova de divergência far-se-á por certidão, ou mediante indicação do *Diário da Justiça* ou de repertório de jurisprudência autorizado, que a tenha publicado, com a transcrição do trecho que configure a divergência, mencionadas as circunstâncias que identifiquem ou assemelhem os casos confrontados.

291. No recurso extraordinário pela letra *d* do art. 101, III, da Constituição, a prova do dissídio jurisprudencial far-se-á por certidão, ou mediante indicação do *Diário da Justiça* ou de repertório de jurisprudência autorizado, com a transcrição do trecho que configure a divergência, mencionadas as circunstâncias que identifiquem ou assemelhem os casos confrontados.

Referida Constituição é a de 1946.

292. Interposto o recurso extraordinário por mais de um dos fundamentos indicados no art. 101, III, da Constituição, a admissão apenas por um deles não prejudica o seu conhecimento por qualquer dos outros.

Referida Constituição é a de 1946.

293. São inadmissíveis embargos infringentes contra decisão em matéria constitucional submetida ao plenário dos Tribunais.

294. São inadmissíveis embargos infringentes contra decisão do Supremo Tribunal Federal em mandado de segurança.

295. São inadmissíveis embargos infringentes contra decisão unânime do Supremo Tribunal Federal em ação rescisória.

296. São inadmissíveis embargos infringentes sobre matéria não ventilada, pela Turma, no julgamento do recurso extraordinário.

299. O recurso ordinário e o extraordinário interpostos no mesmo processo de mandado de segurança, ou de *habeas corpus*, serão julgados conjuntamente pelo Tribunal Pleno.

300. São incabíveis os embargos da Lei 623, de 19.2.1949, contra provimento de agravo para subida de recurso extraordinário.

304. Decisão denegatória de mandado de segurança, não fazendo coisa julgada contra o impetrante, não impede o uso da ação própria.

305. Acordo de desquite ratificado por ambos os cônjuges não é retratável unilateralmente.

310. Quando a intimação tiver lugar na sexta-feira, ou a publicação com efeito de intimação for feita nesse dia, o prazo judicial terá início na segunda-feira imediata, salvo se não houver expediente, caso em que começará no primeiro dia útil que se seguir.

311. No típico acidente do trabalho, a existência de ação judicial não exclui a multa pelo retardamento da liquidação.

314. Na composição do dano por acidente do trabalho, ou de transporte, não é contrário à lei tomar para base da indenização o salário mínimo do tempo da perícia ou da sentença.

315. Indispensável o traslado das razões da revista, para julgamento, pelo Tribunal Superior do Trabalho, do agravo para sua admissão.

317. São improcedentes os embargos declaratórios, quando não pedida a declaração do julgado anterior, em que se verificou a omissão.

319. O prazo do recurso ordinário para o Supremo Tribunal Federal, em *habeas corpus* ou mandado de segurança, é de cinco dias.

320. A apelação despachada pelo juiz no prazo legal não fica prejudicada pela demora da juntada, por culpa do cartório.

322. Não terá seguimento pedido ou recurso dirigido ao Supremo Tribunal Federal, quando manifestamente incabível, ou apresentado fora do prazo, ou quando for evidente a incompetência do Tribunal.

325. As emendas ao Regimento do Supremo Tribunal Federal, sobre julgamento de questão constitucional, aplicam-se aos pedidos ajuizados e aos recursos interpostos anteriormente a sua aprovação.

327. O direito trabalhista admite a prescrição intercorrente.

330. O Supremo Tribunal Federal não é competente para conhecer de mandado de segurança contra atos dos Tribunais de Justiça dos Estados.

335. É válida a cláusula de eleição do foro para os processos oriundos do contrato.

338. Não cabe ação rescisória no âmbito da Justiça do Trabalho.

339. Não cabe ao Poder Judiciário, que não tem função legislativa, aumentar vencimentos de servidores públicos sob fundamento de isonomia.

340. Desde a vigência do Código Civil, os bens dominicais, como os demais bens públicos, não podem ser adquiridos por usucapião.

Referido Código Civil é o de 1916.

342. Cabe agravo no auto do processo, e não agravo de petição, do despacho que não admite a reconvenção.

343. Não cabe ação rescisória por ofensa a literal disposição de lei, quando a decisão rescindenda se tiver baseado em texto legal de interpretação controvertida nos tribunais.

345. Na chamada desapropriação indireta, os juros compensatórios são devidos a partir da perícia, desde que tenha atribuído valor atual ao imóvel.

347. O Tribunal de Contas, no exercício de suas atribuições, pode apreciar a constitucionalidade das leis e dos atos do Poder Público.

349. A prescrição atinge somente as prestações de mais de dois anos, reclamadas com fundamento em decisão normativa da Justiça do Trabalho, ou em convenção coletiva de trabalho, quando não estiver em causa a própria validade de tais atos.

353. São incabíveis os embargos da Lei 623, de 19.2.1949, com fundamento em divergência entre decisões da mesma Turma do Supremo Tribunal Federal.

354. Em caso de embargos infringentes parciais, é definitiva a parte da decisão embargada em que não houve divergência na votação.

355. Em caso de embargos infringentes parciais, é tardio o recurso extraordinário interposto após o julgamento dos embargos, quanto à parte da decisão embargada que não fora por eles abrangida.

356. O ponto omisso da decisão, sobre o qual não foram opostos embargos declaratórios, não pode ser objeto de recurso extraordinário, por faltar o requisito do prequestionamento.

357. É lícita a convenção pela qual o locador renuncia, durante a vigência do contrato, à ação revisional do art. 31 do Decreto 24.150, de 20.4.1934.

360. Não há prazo de decadência para a representação de inconstitucionalidade prevista no art. 8º, parágrafo único, da Constituição Federal.

Referida Constituição é a de 1946.

363. A pessoa jurídica de direito privado pode ser demandada no domicílio da agência, ou estabelecimento, em que se praticou o ato.

365. Pessoa jurídica não tem legitimidade para propor ação popular.

368. Não há embargos infringentes no processo de reclamação.

369. Julgados do mesmo tribunal não servem para fundamentar o recurso extraordinário por divergência jurisprudencial.

370. Julgada improcedente a ação renovatória da locação, terá o locatário, para desocupar o imóvel, o prazo de seis meses, acrescido de tantos meses quantos forem os anos da ocupação, até o limite total de dezoito meses.

376. Na renovação de locação, regida pelo decreto 24150, de 20/4/1934, o prazo do novo contrato conta-se da transcrição da decisão exequenda no registro de títulos e documentos; começa, porém, da terminação do contrato anterior, se esta tiver ocorrido antes do registro.

378. Na indenização por desapropriação incluem-se honorários do advogado do expropriado.

379. No acordo de desquite não se admite renúncia aos alimentos, que poderão ser pleiteados ulteriormente, verificados os pressupostos legais.

380. Comprovada a existência de sociedade de fato entre os concubinos, é cabível a sua dissolução judicial, com a partilha do patrimônio adquirido pelo esforço comum.

381. Não se homologa sentença de divórcio obtida, por procuração, em país de que os cônjuges não eram nacionais.

387. A cambial emitida ou aceita com omissões, ou em branco, pode ser completada pelo credor de boa-fé antes da cobrança ou do protesto.

389. Salvo limite legal, a fixação de honorários de advogado, em complemento da condenação, depende das circunstâncias da causa, não dando lugar a recurso extraordinário.

390. A exibição judicial de livros comerciais pode ser requerida como medida preventiva.

391. O confinante certo deve ser citado, pessoalmente, para a ação de usucapião.

392. O prazo para recorrer de acórdão concessivo de segurança conta-se da publicação oficial de suas conclusões, e não da anterior ciência à autoridade para cumprimento da decisão.

399. Não cabe recurso extraordinário, por violação de lei federal, quando a ofensa alegada for a regimento de tribunal.

400. Decisão que deu razoável interpretação à lei, ainda que não seja a melhor, não autoriza recurso extraordinário pela letra *a* do art. 101, III, da Constituição Federal.

Referida Constituição é a de 1946.

401. Não se conhece do recurso de revista, nem dos embargos de divergência, do processo trabalhista, quando houver jurisprudência firme do Tribunal Superior do Trabalho no mesmo sentido da decisão impugnada, salvo se houver colisão com a jurisprudência do Supremo Tribunal Federal.

403. É de decadência o prazo de trinta dias para instauração do inquérito judicial, a contar da suspensão, por falta grave, de empregado estável.

405. Denegado o mandado de segurança pela sentença, ou no julgamento do agravo, dela interposto, fica sem efeito a liminar concedida, retroagindo os efeitos da decisão contrária.

409. Ao retomante, que tenha mais de um prédio alugado, cabe optar entre eles, salvo abuso de direito.

412. No compromisso de compra e venda com cláusula de arrependimento, a devolução do sinal, por quem o deu, ou a sua restituição em dobro, por quem o recebeu, exclui indenização maior a título de perdas e danos, salvo os juros moratórios e os encargos do processo.

413. O compromisso de compra e venda de imóveis, ainda que não loteados, dá direito à execução compulsória, quando reunidos os requisitos legais.

415. Servidão de trânsito não titulada, mas tornada permanente, sobretudo pela natureza das obras realizadas, considera-se aparente, conferindo direito à proteção possessória.

416. Pela demora no pagamento do preço da desapropriação não cabe indenização complementar além dos juros.

420. Não se homologa sentença proferida no estrangeiro sem prova do trânsito em julgado.

423. Não transita em julgado a sentença por haver omitido o recurso *ex officio*, que se considera interposto *ex lege*.

424. Transita em julgado o despacho saneador de que não houve recurso, excluídas as questões deixadas, explícita ou implicitamente, para a sentença.

425. O agravo despachado no prazo legal não fica prejudicado pela demora da juntada, por culpa do cartório; nem o agravo entregue em cartório no prazo legal, embora despachado tardiamente.

426. A falta do termo específico não prejudica o agravo no auto do processo, quando oportuna a interposição por petição ou no termo da audiência.

427. A falta de petição de interposição não prejudica o agravo no auto do processo tomado por termo.

428. Não fica prejudicada a apelação entregue em cartório no prazo legal, embora despachada tardiamente.

429. A existência de recurso administrativo com efeito suspensivo não impede o uso do mandado de segurança contra omissão da autoridade.

430. Pedido de reconsideração na via administrativa não interrompe o prazo para o mandado de segurança.

Referida Constituição é a de 1946.

432. Não cabe Recurso Extraordinário com fundamento no art. 101, III, "d", da Constituição Federal, quando a divergência alegada for entre decisões da Justiça do Trabalho.

433. É competente o Tribunal Regional do Trabalho para julgar mandado de segurança contra ato de seu presidente em execução de sentença trabalhista.

434. A controvérsia entre seguradores indicados pelo empregador na ação de acidente do trabalho não suspende o pagamento devido ao acidentado.

443. A prescrição das prestações anteriores ao período previsto em lei não ocorre, quando não tiver sido negado, antes daquele prazo, o próprio direito reclamado, ou a situação jurídica de que ele resulta.

448. O prazo para o assistente recorrer, supletivamente, começa a correr imediatamente após o transcurso do prazo do Ministério Público.

449. O valor da causa, na consignatória de aluguel, corresponde a uma anuidade.

450. São devidos honorários de advogado sempre que vencedor o beneficiário de Justiça gratuita.

454. Simples interpretação de cláusulas contratuais não dá lugar a recurso extraordinário.

455. Da decisão que se seguir ao julgamento de constitucionalidade pelo Tribunal Pleno, são inadmissíveis embargos infringentes quanto à matéria constitucional.

456. O Supremo Tribunal Federal, conhecendo do recurso extraordinário, julgará a causa, aplicando o direito à espécie.

457. O tribunal Superior do Trabalho, conhecendo da revista, julgará a causa, aplicando o direito à espécie.

458. O processo da execução trabalhista não exclui a remição pelo executado.

472. A condenação do autor em honorários de advogado, com fundamento no art. 64 do Código de Processo Civil, depende de reconvenção.

473. A administração pode anular seus próprios atos, quando eivados de vícios que os tornam ilegais, porque deles não se originam direitos; ou revogá-los, por motivo de conveniência ou oportunidade, respeitados os direitos adquiridos, e ressalvada, em todos os casos, a apreciação judicial.

474. Não há direito líquido e certo, amparado pelo mandado de segurança, quando se escuda em lei cujos efeitos foram anulados por outra, declarada constitucional pelo Supremo Tribunal Federal.

475. A Lei 4.686, de 21.6.1965, tem aplicação imediata nos processos em curso, inclusive em grau de recurso extraordinário.

476. Desapropriadas as ações de uma sociedade, o poder desapropriante, imitido na posse, pode exercer, desde logo, todos os direitos inerentes aos respectivos títulos.

478. O provimento em cargos de Juízes substitutos do Trabalho, deve ser feito independentemente de lista tríplice, na ordem de classificação dos candidatos.

481. Se a locação compreende, além do imóvel, fundo de comércio, com instalações e pertences, como no caso de teatros, cinemas e hotéis, não se aplicam ao retomante as restrições do art. 8º, *e*, parágrafo único, do Decreto 24.150, de 20.4.1934.

482. O locatário, que não for sucessor ou cessionário do que o precedeu na locação, não pode somar os prazos concedidos a este, para pedir a renovação do contrato, nos termos do Decreto 24.150.

483. É dispensável a prova da necessidade, na retomada de prédio situado em localidade para onde o proprietário pretende transferir residência, salvo se mantiver, também, a anterior, quando dita prova será exigida.

484. Pode, legitimamente, o proprietário pedir o prédio para a residência de filho, ainda que solteiro, de acordo com o art. 11, III, da Lei 4.494, de 25.11.1964.

485. Nas locações regidas pelo Decreto 24.150, de 20.4.1934, a presunção de sinceridade do retomante é relativa, podendo ser ilidida pelo locatário.

486. Admite-se a retomada para sociedade da qual o locador, ou seu cônjuge, seja sócio, com participação predominante no capital social.

487. Será deferida a posse a quem, evidentemente, tiver o domínio, se com base neste for ela disputada.

493. O valor da indenização, se consistente em prestações periódicas e sucessivas, compreenderá, para que se mantenha inalterável na sua fixação, parcelas compensatórias do Imposto de Renda, incidente sobre os juros do capital gravado ou caucionado, nos termos dos arts. 911 e 912 do Código de Processo Civil.

Referido Código de Processo Civil é o de 1939.

500. Não cabe a ação cominatória para compelir-se o réu a cumprir obrigação de dar.

501. Compete à Justiça ordinária estadual o processo e o julgamento, em ambas as instâncias, das causas de acidente do trabalho, ainda que promovidas contra a União, suas autarquias, empresas públicas ou sociedades de economia mista.

502. Na aplicação do art. 839 do Código de Processo Civil, com a redação da Lei 4.290, de 5.12.1963, a relação valor da causa e salário mínimo vigente na Capital do Estado, ou do Território, para o efeito de alçada, deve ser considerada na data do ajuizamento do pedido.

Referido Código de Processo Civil é o de 1939.

504. Compete à Justiça Federal, em ambas as instâncias, o processo e o julgamento das causas fundadas em contrato de seguro marítimo.

505. Salvo quando contrariarem a Constituição, não cabe recurso para o Supremo Tribunal Federal, de quaisquer decisões da Justiça do Trabalho, inclusive dos presidentes de seus Tribunais.

506. O agravo a que se refere o art. 4º da Lei 4348, de 26/6/1964, cabe, somente, do despacho do presidente do supremo tribunal federal que defere a suspensão da liminar, em mandado de segurança; não do que a "denega".

507. A ampliação dos prazos a que se refere o art. 32 do Código de Processo Civil aplica-se aos executivos fiscais.

Referido Código de Processo Civil é o de 1939.

508. Compete à Justiça Estadual, em ambas as instâncias, processar e julgar as causas em que for parte o Banco do Brasil S.A.

509. A Lei 4.632, de 18.5.1965, que alterou o art. 64 do Código de Processo Civil, aplica-se aos processos em andamento, nas instâncias ordinárias.

Referido Código de Processo Civil é o de 1939.

510. Praticado o ato por autoridade, no exercício de competência delegada, contra ela cabe o mandado de segurança ou a medida judicial.

511. Compete à Justiça Federal, em ambas as instâncias, processar e julgar as causas entre autarquias federais e entidades públicas locais, inclusive mandados de segurança, ressalvada a ação fiscal, nos termos da Constituição Federal de 1967, art. 119, § 3º.

512. Não cabe condenação em honorários de advogado na ação de mandado de segurança.

513. A decisão que enseja a interposição de recurso ordinário ou extraordinário não é a do Plenário, que resolve o incidente de inconstitucionalidade, mas a do órgão (Câmaras, Grupos ou Turmas) que completa o julgamento do feito.

514. Admite-se ação rescisória contra sentença transitada em julgado, ainda que contra ela não se tenha esgotado todos os recursos.

515. A competência para a ação rescisória não é do Supremo Tribunal Federal, quando a questão federal, apreciada no recurso extraordinário ou no agravo de instrumento, seja diversa da que foi suscitada no pedido rescisório.

516. O Serviço Social da Indústria (SESI) está sujeito à jurisdição da Justiça Estadual.

517. As sociedades de economia mista só têm foro na Justiça Federal, quando a União intervém como assistente ou oponente.

518. A intervenção da União, em feito já julgado pela segunda instância e pendente de embargos, não desloca o processo para o Tribunal Federal de Recursos.

519. Aplica-se aos executivos fiscais o princípio da sucumbência a que se refere o art. 64 do código de Processo Civil.

527. Após a vigência do Ato Institucional 6, que deu nova redação ao art. 114, III, da Constituição Federal de 1967, não cabe recurso extraordinário das decisões do juiz singular.

528. Se a decisão contiver partes autônomas, a admissão parcial, pelo Presidente do Tribunal *a quo*, de recurso extraordinário que, sobre qualquer delas se manifestar, não limitará a apreciação de todas pelo Supremo Tribunal Federal, independentemente de interposição de agravo de instrumento.

542. Não é inconstitucional a multa instituída pelo Estado-membro, como sanção pelo retardamento do início ou da ultimação do inventário.

552. Com a regulamentação do art. 15 da Lei 5.316/1967, pelo Decreto 71.037/1972, tornou-se exequível a exigência da exaustão da via administrativa antes do início da ação de acidente do trabalho.

556. É competente a Justiça Comum para julgar as causas em que é parte sociedade de economia mista.

557. É competente a Justiça Federal para julgar as causas em que são partes a COBAL e a CIBRAZEM.

558. É constitucional o art. 27 do Decreto-lei 898, de 29.9.1969.

561. Em desapropriação, é devida a correção monetária até a data do efetivo pagamento da indenização, devendo proceder-se à atualização do cálculo, ainda que por mais de uma vez.

562. Na indenização de danos materiais decorrentes de ato ilícito cabe a atualização de seu valor, utilizando-se, para esse fim, dentre outros critérios, dos índices de correção monetária.

597. Não cabem embargos infringentes de acórdão que, em mandado de segurança decidiu, por maioria de votos, a apelação.

598. Nos embargos de divergência não servem como padrão de discordância os mesmos paradigmas invocados para demonstrá-la mas repelidos como não dissidentes no julgamento do recurso extraordinário.

600. Cabe ação executiva contra o emitente e seus avalistas, ainda que não apresentado o cheque ao sacado no prazo legal, desde que não prescrita a ação cambiária.

614. Somente o procurador-geral da Justiça tem legitimidade para propor ação direta interventiva por inconstitucionalidade de lei municipal.

616. É permitida a cumulação da multa contratual com os honorários de advogado, após o advento do Código de Processo Civil vigente.

617. A base de cálculo dos honorários de advogado em desapropriação é a diferença entre a oferta e a indenização, corrigidas ambas monetariamente.

618. Na desapropriação, direta ou indireta, a taxa dos juros compensatórios é de 12% (doze por cento) ao ano.

620. A sentença proferida contra autarquias não está sujeita a reexame necessário, salvo quando sucumbente em execução de dívida ativa.

621. Não enseja embargos de terceiro à penhora a promessa de compra e venda não inscrita no registro de imóveis.

622. Não cabe agravo regimental contra decisão do relator que concede ou indefere liminar em mandado de segurança.

623. Não gera por si só a competência originária do Supremo Tribunal Federal para conhecer do mandado de segurança com base no art. 102, I, *n*, da Constituição, dirigir-se o pedido contra deliberação administrativa do tribunal de origem, da qual haja participado a maioria ou a totalidade de seus membros.

624. Não compete ao Supremo Tribunal Federal conhecer originariamente de mandado de segurança contra atos de outros tribunais.

625. Controvérsia sobre matéria de direito não impede concessão de mandado de segurança.

626. A suspensão da liminar em mandado de segurança, salvo determinação em contrário da decisão que a deferir, vigorará até o trânsito em julgado da decisão definitiva de concessão da segurança ou, havendo recurso, até a sua manutenção pelo Supremo Tribunal Federal,

SÚMULAS STF 481

desde que o objeto da liminar deferida coincida, total ou parcialmente, com o da impetração.

627. No mandado de segurança contra a nomeação de magistrado da competência do Presidente da República, este é considerado autoridade coatora, ainda que o fundamento da impetração seja nulidade ocorrida em fase anterior do procedimento.

628. Integrante de lista de candidatos a determinada vaga da composição de tribunal é parte legítima para impugnar a validade da nomeação de concorrente.

629. A impetração de mandado de segurança coletivo por entidade de classe em favor dos associados independe da autorização destes.

630. A entidade de classe tem legitimação para o mandado de segurança ainda quando a pretensão veiculada interesse apenas a uma parte da respectiva categoria.

631. Extingue-se o processo de mandado de segurança se o impetrante não promove, no prazo assinado, a citação do litisconsorte passivo necessário.

632. É constitucional lei que fixa o prazo de decadência para a impetração de mandado de segurança.

633. É incabível a condenação em verba honorária nos recursos extraordinários interpostos em processo trabalhista, exceto nas hipóteses previstas na Lei 5.584/1970.

634. Não compete ao Supremo Tribunal Federal conceder medida cautelar para dar efeito suspensivo a recurso extraordinário que ainda não foi objeto de juízo de admissibilidade na origem.

635. Cabe ao Presidente do Tribunal de origem decidir o pedido de medida cautelar em recurso extraordinário ainda pendente do seu juízo de admissibilidade.

636. Não cabe recurso extraordinário por contrariedade ao princípio constitucional da legalidade, quando a sua verificação pressuponha rever a interpretação dada a normas infraconstitucionais pela decisão recorrida.

637. Não cabe recurso extraordinário contra acórdão de Tribunal de Justiça que defere pedido de intervenção estadual em Município.

638. A controvérsia sobre a incidência, ou não, de correção monetária em operações de crédito rural é de natureza infraconstitucional, não viabilizando recurso extraordinário.

639. Aplica-se a Súmula 288 quando não constarem do traslado do agravo de instrumento as cópias das peças necessárias à verificação da tempestividade do recurso extraordinário não admitido pela decisão agravada.

640. É cabível recurso extraordinário contra decisão proferida por juiz de primeiro grau nas causas de alçada, ou por turma recursal de juizado especial cível e criminal.

641. Não se conta em dobro o prazo para recorrer, quando só um dos litisconsortes haja sucumbido.

642. Não cabe ação direta de inconstitucionalidade de lei do Distrito Federal derivada da sua competência legislativa municipal.

643. O Ministério Público tem legitimidade para promover ação civil pública cujo fundamento seja a ilegalidade de reajuste de mensalidades escolares.

644. Ao titular do cargo de procurador de autarquia não se exige a apresentação de instrumento de mandato para representá-la em juízo.

Redação alterada em 26.11.2003.

649. É inconstitucional a criação, por Constituição estadual, de órgão de controle administrativo do Poder Judiciário do qual participem representantes de outros poderes ou entidades.

652. Não contraria a Constituição o art. 15, § 1º, do Decreto-lei 3365/1941 (Lei da Desapropriação por Utilidade Pública).

654. A garantia da irretroatividade da lei, prevista no art. 5º, XXXVI, da Constituição da República, não é invocável pela entidade estatal que a tenha editado.

655. A exceção prevista no art. 100, *caput*, da Constituição, em favor dos créditos de natureza alimentícia, não dispensa a expedição de precatório, limitando-se a isentá-los da observância da ordem cronológica dos precatórios decorrentes de condenações de outra natureza.

667. Viola a garantia constitucional de acesso à jurisdição a taxa judiciária calculada sem limite sobre o valor da causa.

704. Não viola as garantias do juiz natural, da ampla defesa e do devido processo legal a atração por continência ou conexão do processo do corréu ao foro por prerrogativa de função de um dos denunciados.

727. Não pode o magistrado deixar de encaminhar ao Supremo Tribunal Federal o agravo de instrumento interposto da decisão que não admite recurso extraordinário, ainda que referente a causa instaurada no âmbito dos juizados especiais.

728. É de três dias o prazo para a interposição de recurso extraordinário contra decisão do Tribunal Superior Eleitoral, contado, quando for o caso, a partir da publicação do acórdão, na própria sessão de julgamento, nos termos do art. 12 da Lei 6.055/1974, que não foi revogado pela Lei 8.950/1994.

729. A decisão na Ação Direta de Constitucionalidade 4 não se aplica à antecipação de tutela em causa de natureza previdenciária.

733. Não cabe recurso extraordinário contra decisão proferida no processamento de precatórios.

734. Não cabe reclamação quando já houver transitado em julgado o ato judicial que se alega tenha desrespeitado decisão do Supremo Tribunal Federal.

735. Não cabe recurso extraordinário contra acórdão que defere medida liminar.

736. Compete à Justiça do Trabalho julgar as ações que tenham como causa de pedir o descumprimento de normas trabalhistas relativas à segurança, higiene e saúde dos trabalhadores.

SÚMULAS DO SUPERIOR TRIBUNAL DE JUSTIÇA – STJ

1. O foro do domicílio ou da residência do alimentando é o competente para a ação de investigação de paternidade, quando cumulada com a de alimentos.

2. Não cabe o *habeas data* (CF, art. 5º, LXXII, letra *a*) se não houve recusa de informações por parte da autoridade administrativa.

3. Compete ao Tribunal Regional Federal dirimir conflito de competência verificado, na respectiva Região, entre Juiz Federal e Juiz Estadual investido de jurisdição federal.

4. Compete à Justiça Estadual julgar causa decorrente do processo eleitoral sindical.

5. A simples interpretação de cláusula contratual não enseja recurso especial.

6. Compete à Justiça Comum Estadual processar e julgar delito decorrente de acidente de trânsito envolvendo viatura de Polícia Militar, salvo se autor e vítima forem policiais militares em situação de atividade.

7. A pretensão de simples reexame de prova não enseja recurso especial.

11. A presença da União ou de qualquer de seus entes, na ação de usucapião especial, não afasta a competência do foro da situação do imóvel.

12. Em desapropriação, são cumuláveis juros compensatórios e moratórios.

13. A divergência entre julgados do mesmo Tribunal não enseja recurso especial.

14. Arbitrados os honorários advocatícios em percentual sobre o valor da causa, a correção monetária incide a partir do respectivo ajuizamento.

15. Compete à Justiça Estadual processar e julgar os litígios decorrentes de acidente do trabalho.

22. Não há conflito de competência entre o Tribunal de Justiça e Tribunal de Alçada do mesmo Estado-membro.

23. O Banco Central do Brasil é parte legítima nas ações fundadas na Resolução 1.154/1986.

25. Nas ações da lei de falências o prazo para a interposição de recurso conta-se da intimação da parte.

27. Pode a execução fundar-se em mais de um título extrajudicial relativos ao mesmo negócio.

29. No pagamento em juízo para elidir falência, são devidos correção monetária, juros e honorários de advogado.

32. Compete à Justiça Federal processar justificações judiciais destinadas a instruir pedidos perante entidades que nela têm exclusividade de foro, ressalvada a aplicação do art. 15, II da Lei 5.010/1966.

33. A incompetência relativa não pode ser declarada de ofício.

34. Compete à Justiça Estadual processar e julgar causa relativa a mensalidade escolar, cobrada por estabelecimento particular de ensino.

37. São cumuláveis as indenizações por dano material e dano moral oriundos do mesmo fato.

41. O Superior Tribunal de Justiça não tem competência para processar e julgar, originariamente, mandado de segurança contra ato de outros tribunais ou dos respectivos órgãos.

42. Compete à Justiça Comum Estadual processar e julgar as causas cíveis em que é parte sociedade de economia mista e os crimes praticados em seu detrimento.

45. No reexame necessário, é defeso, ao tribunal, agravar a condenação imposta à Fazenda Pública.

46. Na execução por carta, os embargos do devedor serão decididos no juízo deprecante, salvo se versarem unicamente vícios ou defeitos da penhora, avaliação ou alienação dos bens.

55. Tribunal Regional Federal não é competente para julgar recurso de decisão proferida por juiz estadual não investido de jurisdição federal.

57. Compete à Justiça Comum Estadual processar e julgar ação de cumprimento fundada em acordo ou convenção coletiva não homologados pela Justiça do Trabalho.

58. Proposta a execução fiscal, a posterior mudança de domicílio do executado não desloca a competência já fixada.

59. Não há conflito de competência se já existe sentença com trânsito em julgado, proferida por um dos juízos conflitantes.

62. Compete à Justiça Estadual processar e julgar o crime de falsa anotação na Carteira de Trabalho e Previdência Social, atribuído à empresa privada.

66. Compete à Justiça Federal processar e julgar execução fiscal promovida por Conselho de Fiscalização Profissional.

67. Na desapropriação, cabe a atualização monetária, ainda que por mais de uma vez, independente do decurso de prazo superior a 1 (um) ano entre o cálculo e o efetivo pagamento da indenização.

69. Na desapropriação direta, os juros compensatórios são devidos desde a antecipada imissão na posse e, na desapropriação indireta, a partir da efetiva ocupação do imóvel.

70. Os juros moratórios, na desapropriação direta ou indireta, contam-se desde o trânsito em julgado da sentença.

72. A comprovação da mora é imprescindível à busca e apreensão do bem alienado fiduciariamente.

76. A falta de registro do compromisso de compra e venda de imóvel não dispensa a prévia interpelação para constituir em mora o devedor.

77. A Caixa Econômica Federal é parte ilegítima para figurar no polo passivo das ações relativas às contribuições para o Fundo PIS/PASEP.

82. Compete à Justiça Federal, excluídas as reclamações trabalhistas, processar e julgar os feitos relativos a movimentação do FGTS.

83. Não se conhece do recurso especial pela divergência, quando a orientação do Tribunal se firmou no mesmo sentido da decisão recorrida.

84. É admissível a oposição de embargos de terceiro fundados em alegação de posse advinda do compromisso de compra e venda de imóvel, ainda que desprovido do registro.

85. Nas relações jurídicas de trato sucessivo em que a Fazenda Pública figure como devedora, quando não tiver sido negado o próprio direito reclamado, a prescrição atinge apenas as prestações vencidas antes do quinquênio anterior à propositura da ação.

86. Cabe recurso especial contra acórdão proferido no julgamento de agravo de instrumento.

89. A ação acidentária prescinde do exaurimento da via administrativa.

92. A terceiro de boa-fé não é oponível a alienação fiduciária não anotada no Certificado de Registro do veículo automotor.

97. Compete à Justiça do Trabalho processar e julgar reclamação de servidor público relativamente a vantagens trabalhistas anteriores à instituição do Regime Jurídico Único.

98. Embargos de declaração manifestados com notório propósito de prequestionamento não têm caráter protelatório.

99. O Ministério Público tem legitimidade para recorrer no processo em que oficiou como fiscal da lei, ainda que não haja recurso da parte.

101. A ação de indenização do segurado em grupo contra a seguradora prescreve em um ano.

102. A incidência dos juros moratórios sobre os compensatórios, nas ações expropriatórias, não constitui anatocismo vedado em lei.

105. Na ação de mandado de segurança não se admite condenação em honorários advocatícios.

106. Proposta a ação no prazo fixado para o seu exercício, a demora na citação, por motivos inerentes ao mecanismo da Justiça, não justifica o acolhimento da arguição de prescrição ou decadência.

108. São admissíveis embargos infringentes em processo falimentar.

109. O reconhecimento do direito a indenização, por falta de mercadoria transportada via marítima, independe de vistoria.

110. A isenção do pagamento de honorários advocatícios, nas ações acidentárias, é restrita ao segurado.

111. Os honorários advocatícios, nas ações previdenciárias, não incidem sobre as prestações vencidas após a sentença.

Redação alterada em 27.9.2006.

113. Os juros compensatórios, na desapropriação direta, incidem a partir da imissão na posse, calculados sobre o valor da indenização, corrigido monetariamente.

114. Os juros compensatórios, na desapropriação indireta, incidem a partir da ocupação, calculados sobre o valor da indenização, corrigido monetariamente.

115. Na instância especial é inexistente recurso interposto por advogado sem procuração nos autos.

116. A Fazenda Pública e o Ministério Público têm prazo em dobro para interpor agravo regimental no Superior Tribunal de Justiça.

117. A inobservância do prazo de 48 (quarenta e oito) horas, entre a publicação de pauta e o julgamento sem a presença das partes, acarreta nulidade.

118. O agravo de instrumento é o recurso cabível da decisão que homologa a atualização do cálculo da liquidação.

121. Na execução fiscal o devedor deverá ser intimado, pessoalmente, do dia e hora da realização do leilão.

123. A decisão que admite, ou não, o recurso especial deve ser fundamentada, com o exame dos seus pressupostos gerais e constitucionais.

126. É inadmissível recurso especial, quando o acórdão recorrido assenta em fundamentos constitucional e infraconstitucional, qualquer deles suficiente, por si só, para mantê-lo, e a parte vencida não manifesta recurso extraordinário.

128. Na execução fiscal haverá segundo leilão, se no primeiro não houver lanço superior à avaliação.

131. Nas ações de desapropriação incluem-se no cálculo da verba advocatícia as parcelas relativas aos juros compensatórios e moratórios, devidamente corrigidas.

134. Embora intimado da penhora em imóvel do casal, o cônjuge do executado pode opor embargos de terceiro para defesa de sua meação.

137. Compete à Justiça Comum Estadual processar e julgar ação de servidor público municipal, pleiteando direitos relativos ao vínculo estatutário.

139. Cabe à Procuradoria da Fazenda Nacional propor execução fiscal para cobrança de crédito relativo ao ITR.

141. Os honorários de advogado em desapropriação direta são calculados sobre a diferença entre a indenização e a oferta, corrigidas monetariamente.

143. Prescreve em cinco anos a ação de perdas e danos pelo uso de marca comercial.

144. Os créditos de natureza alimentícia gozam de preferência, desvinculados os precatórios da ordem cronológica dos créditos de natureza diversa.

150. Compete à Justiça Federal decidir sobre a existência de interesse jurídico que justifique a presença, no processo, da União, suas autarquias ou empresas públicas.

153. A desistência da execução fiscal, após o oferecimento dos embargos, não exime o exequente dos encargos da sucumbência.

158. Não se presta a justificar embargos de divergência o dissídio com acórdão de Turma ou Seção que não mais tenha competência para a matéria neles versada.

162. Na repetição de indébito tributário, a correção monetária incide a partir do pagamento indevido.

168. Não cabem embargos de divergência, quando a jurisprudência do Tribunal se firmou no mesmo sentido do acórdão embargado.

169. São inadmissíveis embargos infringentes no processo de mandado de segurança.

173. Compete à Justiça Federal processar e julgar o pedido de reintegração em cargo público federal, ainda que o servidor tenha sido dispensado antes da instituição do Regime Jurídico Único.

175. Descabe o depósito prévio nas ações rescisórias propostas pelo INSS.

177. O Superior Tribunal de Justiça é incompetente para processar e julgar, originariamente, mandado de segurança contra ato de órgão colegiado presidido por Ministro de Estado.

178. O INSS não goza de isenção do pagamento de custas e emolumentos, nas ações acidentárias e de benefícios, propostas na Justiça Estadual.

179. O estabelecimento de crédito que recebe dinheiro, em depósito judicial, responde pelo pagamento da correção monetária relativa aos valores recolhidos.

180. Na lide trabalhista, compete ao Tribunal Regional do Trabalho dirimir conflito de competência verificado, na respectiva região, entre Juiz Estadual e Junta de Conciliação e Julgamento.

181. É admissível ação declaratória, visando a obter certeza quanto à exata interpretação de cláusula contratual.

182. É inviável o agravo do art. 545 do CPC que deixa de atacar especificamente os fundamentos da decisão agravada.

185. Nos depósitos judiciais, não incide o Imposto sobre Operações Financeiras.

187. É deserto o recurso interposto para o Superior Tribunal de Justiça, quando o recorrente não recolhe, na origem, a importância das despesas de remessa e retorno dos autos.

188. Os juros moratórios, na repetição do indébito tributário, são devidos a partir do trânsito em julgado da sentença.

189. É desnecessária a intervenção do Ministério Público nas execuções fiscais.

190. Na execução fiscal, processada perante a Justiça Estadual, cumpre à Fazenda Pública antecipar o numerário destinado ao custeio das despesas com o transporte dos oficiais de justiça.

193. O direito de uso de linha telefônica pode ser adquirido por usucapião.

195. Em embargos de terceiro não se anula ato jurídico, por fraude contra credores.

196. Ao executado que, citado por edital ou por hora certa, permanecer revel, será nomeado curador especial, com legitimidade para apresentação de embargos.

199. Na execução hipotecária de crédito vinculado ao Sistema Financeiro da Habitação, nos termos da Lei 5.741/1971, a petição inicial deve ser instruída com, pelo menos, dois avisos de cobrança.

201. Os honorários advocatícios não podem ser fixados em salários mínimos.

202. A impetração de segurança por terceiro, contra ato judicial, não se condiciona à interposição de recurso.

203. Não cabe recurso especial contra decisão proferida por órgão de segundo grau dos Juizados Especiais.

204. Os juros de mora nas ações relativas a benefícios previdenciários incidem a partir da citação válida.

205. A Lei 8.009/1990 aplica-se à penhora realizada antes de sua vigência.

206. A existência de vara privativa, instituída por lei estadual, não altera a competência territorial resultante das leis de processo.

207. É inadmissível recurso especial quando cabíveis embargos infringentes contra o acórdão proferido no tribunal de origem.

208. Compete à Justiça Federal processar e julgar prefeito municipal por desvio de verba sujeita à prestação de contas perante órgão federal.

209. Compete à Justiça Estadual processar e julgar prefeito por desvio de verba transferida e incorporada ao patrimônio municipal.

210. A ação de cobrança das contribuições para o FGTS prescreve em 30 (trinta) anos.

211. Inadmissível recurso especial quanto à questão que, a despeito da oposição de embargos declaratórios, não foi apreciada pelo tribunal *a quo*.

212. A compensação de créditos tributários não pode ser deferida em ação cautelar ou por medida liminar cautelar ou antecipatória.

213. O mandado de segurança constitui ação adequada para a declaração do direito à compensação tributária.

216. A tempestividade de recurso interposto no Superior Tribunal de Justiça é aferida pelo registro no protocolo da Secretaria e não pela data da entrega na agência do correio.

218. Compete à Justiça dos Estados processar e julgar ação de servidor estadual decorrente de direitos e vantagens estatutárias no exercício de cargo em comissão.

222. Compete à Justiça Comum processar e julgar as ações relativas à contribuição sindical prevista no art. 578 da CLT.

223. A certidão de intimação do acórdão recorrido constitui peça obrigatória do instrumento de agravo.

224. Excluído do feito o ente federal, cuja presença levara o Juiz Estadual a declinar da competência, deve o Juiz Federal restituir os autos e não suscitar conflito.

225. Compete ao Tribunal Regional do Trabalho apreciar recurso contra sentença proferida por órgão de primeiro grau da Justiça Trabalhista, ainda que para declarar-lhe a nulidade em virtude de incompetência.

226. O Ministério Público tem legitimidade para recorrer na ação de acidente do trabalho, ainda que o segurado esteja assistido por advogado.

228. É inadmissível o interdito proibitório para a proteção do direito autoral.

232. A Fazenda Pública, quando parte no processo, fica sujeita à exigência do depósito prévio dos honorários do perito.

233. O contrato de abertura de crédito, ainda que acompanhado de extrato da conta-corrente, não é título executivo.

235. A conexão não determina a reunião dos processos, se um deles já foi julgado.

236. Não compete ao Superior Tribunal de Justiça dirimir conflitos de competência entre juízos trabalhistas vinculados a Tribunais do Trabalho diversos.

239. O direito à adjudicação compulsória não se condiciona ao registro do compromisso de compra e venda no cartório de imóveis.

240. A extinção do processo, por abandono da causa pelo autor, depende de requerimento do réu.

242. Cabe ação declaratória para reconhecimento de tempo de serviço para fins previdenciários.

247. O contrato de abertura de crédito em conta-corrente, acompanhado do demonstrativo de débito, constitui documento hábil para o ajuizamento da ação monitória.

248. Comprovada a prestação dos serviços, a duplicata não aceita, mas protestada, é título hábil para instruir pedido de falência.

249. A Caixa Econômica Federal tem legitimidade passiva para integrar processo em que se discute correção monetária do FGTS.

251. A meação só responde pelo ato ilícito quando o credor, na execução fiscal, provar que o enriquecimento dele resultante aproveitou ao casal.

253. O art. 557 do CPC, que autoriza o relator a decidir o recurso, alcança o reexame necessário.

254. A decisão do Juízo Federal que exclui da relação processual ente federal não pode ser reexaminada no Juízo Estadual.

255. Cabem embargos infringentes contra acórdão, proferido por maioria, em agravo retido, quando se tratar de matéria de mérito.

258. A nota promissória vinculada a contrato de abertura de crédito não goza de autonomia em razão da iliquidez do título que a originou.

259. A ação de prestação de contas pode ser proposta pelo titular de conta-corrente bancária.

264. É irrecorrível o ato judicial que apenas manda processar a concordata preventiva.

268. O fiador que não integrou a relação processual na ação de despejo não responde pela execução do julgado.

270. O protesto pela preferência de crédito, apresentado por ente federal em execução que tramita na Justiça Estadual, não desloca a competência para a Justiça Federal.

271. A correção monetária dos depósitos judiciais independe de ação específica contra o banco depositário.

277. Julgada procedente a investigação de paternidade, os alimentos são devidos a partir da citação.

279. É cabível execução por título extrajudicial contra a Fazenda Pública.

282. Cabe a citação por edital em ação monitória.

291. A ação de cobrança de parcelas de complementação de aposentadoria pela previdência privada prescreve em 5 (cinco) anos.

292. A reconvenção é cabível na ação monitória, após a conversão do procedimento em ordinário.

299. É admissível a ação monitória fundada em cheque prescrito.

300. O instrumento de confissão de dívida, ainda que originário de contrato de abertura de crédito, constitui título executivo extrajudicial.

301. Em ação investigatória, a recusa do suposto pai a submeter-se ao exame de DNA induz presunção *juris tantum* de paternidade.

303. Em embargos de terceiro, quem deu causa à constrição indevida deve arcar com os honorários advocatícios.

304. É ilegal a decretação da prisão civil daquele que não assume expressamente o encargo de depositário judicial.

305. É descabida a prisão civil do depositário quando, decretada a falência da empresa, sobrevém a arrecadação do bem pelo síndico.

306. Os honorários advocatícios devem ser compensados quando houver sucumbência recíproca, assegurado o direito autônomo do advogado à execução do saldo sem excluir a legitimidade da própria parte.

309. O débito alimentar que autoriza a prisão civil do alimentante é o que compreende as três prestações anteriores ao ajuizamento da execução e as que se vencerem no curso do processo.

Redação alterada em 22.3.2006.

311. Os atos do presidente do tribunal que disponham sobre processamento e pagamento de precatório não têm caráter jurisdicional.

313. Em ação de indenização, procedente o pedido, é necessária a constituição de capital ou caução fidejussória para a garantia de pagamento da pensão, independentemente da situação financeira do demandado.

314. Em execução fiscal, não localizados bens penhoráveis, suspende-se o processo por um ano, findo o qual se inicia o prazo da prescrição quinquenal intercorrente.

315. Não cabem embargos de divergência no âmbito do agravo de instrumento que não admite recurso especial.

316. Cabem embargos de divergência contra acórdão que, em agravo regimental, decide recurso especial.

317. É definitiva a execução de título extrajudicial, ainda que pendente apelação contra sentença que julgue improcedentes os embargos.

318. Formulado pedido certo e determinado, somente o autor tem interesse recursal em arguir o vício da sentença ilíquida.

319. O encargo de depositário de bens penhorados pode ser expressamente recusado.

320. A questão federal somente ventilada no voto vencido não atende ao requisito do prequestionamento.

321. O Código de Defesa do Consumidor é aplicável às entidades abertas de previdência complementar, não incidindo nos contratos previdenciários celebrados com entidades fechadas.

324. Compete à Justiça Federal processar e julgar ações de que participa a Fundação Habitacional do Exército, equiparada à entidade autárquica federal, supervisionada pelo Ministério do Exército.

325. A remessa oficial devolve ao Tribunal o reexame de todas as parcelas da condenação suportadas pela Fazenda Pública, inclusive dos honorários de advogado.

326. Na ação de indenização por dano moral, a condenação em montante inferior ao postulado na inicial não implica sucumbência recíproca.

327. Nas ações referentes ao Sistema Financeiro da Habitação, a Caixa Econômica Federal tem legitimidade como sucessora do Banco Nacional da Habitação.

328. Na execução contra instituição financeira, é penhorável o numerário disponível, excluídas as reservas bancárias mantidas no Banco Central.

329. O Ministério Público tem legitimidade para propor ação civil pública em defesa do patrimônio público.

331. A apelação interposta contra sentença que julga embargos à arrematação tem efeito meramente devolutivo.

333. Cabe mandado de segurança contra ato praticado em licitação promovida por sociedade de economia mista ou empresa pública.

339. É cabível ação monitória contra a Fazenda Pública.

344. A liquidação por forma diversa da estabelecida na sentença não ofende a coisa julgada.

345. São devidos honorários advocatícios pela Fazenda Pública nas execuções individuais de sentença proferida em ações coletivas, ainda que não embargadas.

349. Compete à Justiça Federal ou aos juízes com competência delegada o julgamento das execuções fiscais de contribuições devidas pelo empregador ao FGTS.

354. A invasão do imóvel é causa de suspensão do processo expropriatório para fins de reforma agrária.

358. O cancelamento de pensão alimentícia de filho que atingiu a maioridade está sujeito à decisão judicial, mediante contraditório, ainda que nos próprios autos.

361. A notificação do protesto, para requerimento de falência da empresa devedora, exige a identificação da pessoa que a recebeu.

362. A correção monetária do valor da indenização do dano moral incide desde a data do arbitramento.

363. Compete à Justiça estadual processar e julgar a ação de cobrança ajuizada por profissional liberal contra cliente.

364. O conceito de impenhorabilidade de bem de família abrange também o imóvel pertencente a pessoas solteiras, separadas e viúvas.

365. A intervenção da União como sucessora da Rede Ferroviária Federal S.A. (RFFSA) desloca a competência para a Justiça Federal ainda que a sentença tenha sido proferida por Juízo estadual.

367. A competência estabelecida pela EC n. 45/2004 não alcança os processos já sentenciados.

368. Compete à Justiça comum estadual processar e julgar os pedidos de retificação de dados cadastrais da Justiça Eleitoral.

372. Na ação de exibição de documentos, não cabe a aplicação de multa cominatória.

373. É ilegítima a exigência de depósito prévio para admissibilidade de recurso administrativo.

374. Compete à Justiça Eleitoral processar e julgar a ação para anular débito decorrente de multa eleitoral.

375. O reconhecimento da fraude à execução depende do registro da penhora do bem alienado ou da prova de má-fé do terceiro adquirente.

376. Compete a turma recursal processar e julgar o mandado de segurança contra ato de juizado especial.

383. A competência para processar e julgar as ações conexas de interesse de menor é, em princípio, do foro do domicílio do detentor de sua guarda.

384. Cabe ação monitória para haver saldo remanescente oriundo de venda extrajudicial de bem alienado fiduciariamente em garantia.

387. É lícita a cumulação das indenizações de dano estético e dano moral.

389. A comprovação do pagamento do "custo do serviço" referente ao fornecimento de certidão de assentamentos constantes dos livros da companhia é requisito de procedibilidade da ação de exibição de documentos ajuizada em face da sociedade anônima.

390. Nas decisões por maioria, em reexame necessário, não se admitem embargos infringentes.

392. A Fazenda Pública pode substituir a certidão de dívida ativa (CDA) até a prolação da sentença de embargos, quando se tratar de correção de erro material ou formal, vedada a modificação do sujeito passivo da execução.

393. A exceção de pré-executividade é admissível na execução fiscal relativamente às matérias conhecíveis de ofício que não demandem dilação probatória.

394. É admissível, em embargos à execução, compensar os valores de imposto de renda retidos indevidamente na fonte com os valores restituídos apurados na declaração anual.

Redação republicada no *D.J.E.* de 21.10.2009.

396. A Confederação Nacional da Agricultura tem legitimidade ativa para a cobrança da contribuição sindical rural.

401. O prazo decadencial da ação rescisória só se inicia quando não for cabível qualquer recurso do último pronunciamento judicial.

405. A ação de cobrança do seguro obrigatório (DPVAT) prescreve em 3 (três) anos.

406. A Fazenda Pública pode recusar a substituição do bem penhorado por precatório.

409. Em execução fiscal, a prescrição ocorrida antes da propositura da ação pode ser decretada de ofício (art. 219, § 5º, do CPC).

410. A prévia intimação pessoal do devedor constitui condição necessária para a cobrança de multa pelo descumprimento de obrigação de fazer ou não fazer.

414. A citação por edital na execução fiscal é cabível quando frustradas as demais modalidades.

417. Na execução civil, a penhora de dinheiro na ordem de nomeação de bens não tem caráter absoluto.

418. É inadmissível o recurso especial interposto antes da publicação do acórdão dos embargos de declaração, sem posterior ratificação.

419. Descabe a prisão civil do depositário judicial infiel.

420. Incabível, em embargos de divergência, discutir o valor de indenização por danos morais.

421. Os honorários advocatícios não são devidos à Defensoria Pública quando ela atua contra a pessoa jurídica de direito público à qual pertença.

426. Os juros de mora na indenização do seguro DPVAT fluem a partir da citação.

427. A ação de cobrança de diferenças de valores de complementação de aposentadoria prescreve em 5 (cinco) anos contados da data do pagamento.

428. Compete ao Tribunal Regional Federal decidir os conflitos de competência entre juizado especial federal e juízo federal da mesma seção judiciária.

429. A citação postal, quando autorizada por lei, exige o aviso de recebimento.

434. O pagamento da multa por infração de trânsito não inibe a discussão judicial do débito.

447. Os Estados e o Distrito Federal são partes legítimas na ação de restituição de imposto de renda retido na fonte proposta por seus servidores.

449. A vaga de garagem que possui matrícula própria no registro de imóveis não constitui bem de família para efeito de penhora.

451. É legítima a penhora da sede do estabelecimento comercial.

452. A extinção das ações de pequeno valor é faculdade da Administração Federal, vedada a atuação judicial de ofício.

453. Os honorários sucumbenciais, quando omitidos em decisão transitada em julgado, não podem ser cobrados em execução ou em ação própria.

460. É incabível o mandado de segurança para convalidar a compensação tributária realizada pelo contribuinte.

461. O contribuinte pode optar por receber, por meio de precatório ou por compensação, o indébito tributário certificado por sentença declaratória transitada em julgado.

462. Nas ações em que representa o FGTS, a CEF, quando sucumbente, não está isenta de reembolsar as custas antecipadas pela parte vencedora.

467. Prescreve em 5 (cinco) anos, contados do término do processo administrativo, a pretensão da Administração Pública de promover a execução da multa por infração ambiental.

469. Aplica-se o Código de Defesa do Consumidor aos contratos de plano de saúde.

470. O Ministério Público não tem legitimidade para pleitear, em ação civil pública, a indenização decorrente do DPVAT em benefício do segurado.

478. Na execução de crédito relativo a cotas condominiais, este tem preferência sobre o hipotecário.

480. O juízo da recuperação judicial não é competente para decidir sobre a constrição de bens não abrangidos pelo plano de recuperação da empresa.

481. Faz jus ao benefício da justiça gratuita a pessoa jurídica com ou sem fins lucrativos que demonstrar sua impossibilidade de arcar com os encargos processuais.

482. A falta de ajuizamento da ação principal no prazo do art. 806 do CPC acarreta a perda da eficácia da liminar deferida e a extinção do processo cautelar.

483. O INSS não está obrigado a efetuar depósito prévio do preparo por gozar das prerrogativas e privilégios da Fazenda Pública.

484. Admite-se que o preparo seja efetuado no primeiro dia útil subsequente, quando a interposição do recurso ocorrer após o encerramento do expediente bancário.

485. A Lei de Arbitragem aplica-se aos contratos que contenham cláusula arbitral, ainda que celebrados antes da sua edição

486. É impenhorável o único imóvel residencial do devedor que esteja locado a terceiros, desde que a renda obtida com a locação seja revertida para a subsistência ou a moradia da sua família.

487. O parágrafo único do art. 741 do CPC não se aplica às sentenças transitadas em julgado em data anterior à da sua vigência.

488. O § 2º do art. 6º da Lei 9.469/1997, que obriga à repartição dos honorários advocatícios, é inaplicável a acordos ou transações celebrados em data anterior à sua vigência.

489. Reconhecida a continência, devem ser reunidas na Justiça Federal as ações civis públicas propostas nesta e na Justiça estadual.

490. A dispensa de reexame necessário, quando o valor da condenação ou do direito controvertido for inferior a sessenta salários mínimos, não se aplica a sentenças ilíquidas.

497. Os créditos das autarquias federais preferem aos créditos da Fazenda estadual desde que coexistam penhoras sobre o mesmo bem.

503. O prazo para ajuizamento de ação monitória em face do emitente de cheque sem força executiva é quinquenal, a contar do dia seguinte à data de emissão estampada na cártula.

504. O prazo para ajuizamento de ação monitória em face do emitente de nota promissória sem força executiva é quinquenal, a contar do dia seguinte ao vencimento do título.

505. A competência para processar e julgar as demandas que têm por objeto obrigações decorrentes dos contratos de planos de previdência privada firmados com a Fundação Rede Ferroviária de Seguridade Social – REFER é da Justiça estadual.

506. A Anatel não é parte legítima nas demandas entre a concessionária e o usuário de telefonia decorrentes de relação contratual.

515. A reunião de execuções fiscais contra o mesmo devedor constitui faculdade do juiz.

517. São devidos honorários advocatícios no cumprimento de sentença, haja ou não impugnação, depois de escoado o prazo para pagamento voluntário, que se inicia após a intimação do advogado da parte executada.

518. Para fins do art. 105, III, a, da Constituição Federal, não é cabível recurso especial fundado em alegada violação de enunciado de súmula.

519. Na hipótese de rejeição da impugnação ao cumprimento de sentença, não são cabíveis honorários advocatícios.

521. A legitimidade para execução fiscal de multa pendente de pagamento imposta em sentença condenatória é exclusiva da Procuradoria da Fazenda Pública.

525. A Câmara de Vereadores não possui personalidade jurídica, apenas personalidade judiciária, somente podendo demandar em juízo para defender os seus direitos institucionais.

529. No seguro de responsabilidade civil facultativo, não cabe o ajuizamento de ação pelo terceiro prejudicado direta e exclusivamente em face da seguradora do apontado causador do dano.

531. Em ação monitória fundada em cheque prescrito ajuizada contra o emitente, é dispensável a menção ao negócio jurídico subjacente à emissão da cártula.

537. Em ação de reparação de danos, a seguradora denunciada, se aceitar a denunciação ou contestar o pedido do autor, pode ser condenada, direta e solidariamente junto com o segurado, ao pagamento da indenização devida à vítima, nos limites contratados na apólice.

540. Na ação de cobrança do seguro DPVAT, constitui faculdade do autor escolher entre os foros do seu domicílio, do local do acidente ou ainda do domicílio do réu.

549. É válida a penhora de bem de família pertencente a fiador de contrato de locação.

551. Nas demandas por complementação de ações de empresas de telefonia, admite-se a condenação ao pagamento de dividendos e juros sobre capital próprio independentemente de pedido expresso. No entanto, somente quando previstos no título executivo, poderão ser objeto de cumprimento de sentença.

553. Nos casos de empréstimo compulsório sobre o consumo de energia elétrica, é competente a Justiça estadual para o julgamento de demanda proposta exclusivamente contra a Eletrobrás. Requerida a intervenção da União no feito após a prolação de sentença pelo juízo estadual, os autos devem ser remetidos ao Tribunal Regional Federal competente para o julgamento da apelação se deferida a intervenção.

554. Na hipótese de sucessão empresarial, a responsabilidade da sucessora abrange não apenas os tributos devidos pela sucedida, mas também as multas moratórias ou punitivas referentes a fatos geradores ocorridos até a data da sucessão.

558. Em ações de execução fiscal, a petição inicial não pode ser indeferida sob o argumento da falta de indicação do CPF e/ou RG ou CNPJ da parte executada.

559. Em ações de execução fiscal, é desnecessária a instrução da petição inicial com o demonstrativo de cálculo do débito, por tratar-se de requisito não previsto no art. 6º da Lei n. 6.830/1980.

560. A decretação da indisponibilidade de bens e direitos, na forma do art. 185-A do CTN, pressupõe o exaurimento das diligências na busca por bens penhoráveis, o qual fica caracterizado quando infrutíferos o pedido de constrição sobre ativos financeiros e a expedição de ofícios aos registros públicos do domicílio do executado, ao Denatran ou Detran.

564. No caso de reintegração de posse em arrendamento mercantil financeiro, quando a soma da importância antecipada a título de valor residual garantido (VRG) com o valor da venda do bem ultrapassar o total do VRG previsto contratualmente, o arrendatário terá direito de receber a respectiva diferença, cabendo, porém, se estipulado no contrato, o prévio desconto de outras despesas ou encargos pactuados.

ENUNCIADOS DO FÓRUM PERMANENTE DE PROCESSUALISTAS CIVIS – FPPC

1. Cancelado *(III FPPC-Rio)*.

2. Para a formação do precedente, somente podem ser usados argumentos submetidos ao contraditório.

3. Cancelado *(III FPPC-Rio)*.

4. A carta arbitral tramitará e será processada no Poder Judiciário de acordo com o regime previsto no Código de Processo Civil, respeitada a legislação aplicável.

5. O pedido de cooperação jurisdicional poderá ser realizado também entre o árbitro e o Poder Judiciário.

6. O negócio jurídico processual não pode afastar os deveres inerentes à boa-fé e à cooperação.

7. O pedido, quando omitido em decisão judicial transitada em julgado, pode ser objeto de ação autônoma.

8. Fica superado o enunciado 453 da súmula do STJ após a entrada em vigor do CPC ("Os honorários sucumbenciais, quando omitidos em decisão transitada em julgado, não podem ser cobrados em execução ou em ação própria").

9. Cancelado (*VI FPPC-Curitiba*)

10. Em caso de desmembramento do litisconsórcio multitudinário, a interrupção da prescrição retroagirá à data de propositura da demanda original.

11. O litisconsorte unitário, integrado ao processo a partir da fase instrutória, tem direito de especificar, pedir e produzir provas, sem prejuízo daquelas já produzidas, sobre as quais o interveniente tem o ônus de se manifestar na primeira oportunidade em que falar no processo.

12. A aplicação das medidas atípicas sub-rogatórias e coercitivas é cabível em qualquer obrigação no cumprimento de sentença ou execução de título executivo extrajudicial. Essas medidas, contudo, serão aplicadas de forma subsidiária às medidas tipificadas, com observação do contraditório, ainda que diferido, e por meio de decisão à luz do art. 489, § 1º, I e II.

13. O disposto no inciso IV do art. 189 abrange todo e qualquer ato judicial relacionado à arbitragem, desde que a confidencialidade seja comprovada perante o Poder Judiciário, ressalvada em qualquer caso a divulgação das decisões, preservada a identidade das partes e os fatos da causa que as identifiquem.

14. Cancelado *(III FPPC-Rio)*.

15. As arbitragens que envolvem a Administração Pública respeitarão o princípio da publicidade, observadas as exceções legais (*vide* art. 2º, § 3º, do Projeto nº 406/2013).

16. O controle dos requisitos objetivos e subjetivos de validade da convenção de procedimento deve ser conjugado com a regra segundo a qual não há invalidade do ato sem prejuízo.

17. As partes podem, no negócio jurídico processual, estabelecer outros deveres e sanções para o caso do descumprimento da convenção.

18. Há indício de vulnerabilidade quando a parte celebra acordo de procedimento sem assistência técnico-jurídica.

19. São admissíveis os seguintes negócios processuais, dentre outros: pacto de impenhorabilidade, acordo de ampliação de prazos das partes de qualquer natureza, acordo de rateio de despesas processuais, dispensa consensual de assistente técnico, acordo para retirar o efeito suspensivo da apelação, acordo para não promover execução provisória.

20. Não são admissíveis os seguintes negócios bilaterais, dentre outros: acordo para modificação da competência absoluta, acordo para supressão da primeira instância.

21. São admissíveis os seguintes negócios, dentre outros: acordo para realização de sustentação oral, acordo para ampliação do tempo de sustentação oral, julgamento antecipado do mérito convencional, convenção sobre prova, redução de prazos processuais.

22. O Tribunal não poderá julgar extemporâneo ou intempestivo recurso, na instância ordinária ou na extraordinária, interposto antes da abertura do prazo.

23. Fica superado o enunciado 418 da súmula do STJ após a entrada em vigor do CPC.

24. Independentemente dos locais em que se realizem os atos da arbitragem, a carta arbitral poderá ser expedida diretamente ao órgão do Poder Judiciário do local da efetivação da medida ou decisão.

25. A inexistência de procedimento judicial especial para a ação de usucapião e de regulamentação da usucapião extrajudicial não implica vedação da ação, que remanesce no sistema legal, para qual devem ser observadas as peculiaridades que lhe são próprias, especialmente a necessidade de citação dos confinantes e a ciência da União, do Estado, do Distrito Federal e do Município.

26. Os requisitos legais mencionados no inciso I do art. 267 são os previstos no art. 260.

27. Não compete ao juízo estatal revisar o mérito da medida ou decisão arbitral cuja efetivação se requer por meio da carta arbitral.

28. Cancelado (*V FPPC-Vitória*)

29. A decisão que condicionar a apreciação da tutela antecipada incidental ao recolhimento de custas ou a outra exigência não prevista em lei equivale a negá-la, sendo impugnável por agravo de instrumento.

30. O juiz deve justificar a postergação da análise liminar da tutela antecipada de urgência sempre que estabelecer a necessidade de contraditório prévio.

31. O poder geral de cautela está mantido no CPC.

32. Além da hipótese prevista no art. 304, é possível a estabilização expressamente negociada da tutela antecipada de urgência satisfativa antecedente.

33. Não cabe ação rescisória nos casos estabilização da tutela antecipada de urgência.

34. Considera-se abusiva a defesa da Administração Pública, sempre que contrariar entendimento coincidente com orientação vinculante firmada no âmbito administrativo do próprio ente público, consolidada em manifestação, parecer ou súmula administrativa, salvo se demonstrar a existência de distinção ou da necessidade de superação do entendimento.

35. As vedações à concessão de tutela antecipada contra a Fazenda Pública não se aplicam aos casos de tutela de evidência.

36. Cancelado (*V FPPC-Vitória*)

37. É presumida a relevância social na hipótese do inciso I do art. 333, sendo dispensável a verificação da "dificuldade de formação do litisconsórcio".

38. Os requisitos de relevância social e de dificuldade de formação do litisconsórcio são alternativos.

39. É dever do juiz intimar os legitimados do art. 333 do CPC para, se for o caso, requerer a conversão, aplicando-se, por analogia, o art. 139, X, do CPC.

40. Havendo requerimento de conversão, o juiz, antes de decidir, ouvirá o autor e, caso já tenha sido citado, o réu.

41. A oposição das partes à conversão da ação individual em coletiva limita-se à alegação do não preenchimento dos seus pressupostos.

42. O dispositivo aplica-se mesmo a procedimentos especiais que não admitem intervenção de terceiros, bem como aos juizados especiais cíveis, pois se trata de mecanismo saneador, que excepciona a estabilização do processo.

43. Cancelado (*III FPPC-Rio*).

44. A responsabilidade a que se refere o art. 339 é subjetiva.

45. Para que se considere proposta a reconvenção, não há necessidade de uso desse ***nomen iuris***, ou dedução de um capítulo próprio. Contudo, o réu deve manifestar inequivocamente o pedido de tutela jurisdicional qualitativa ou quantitativamente maior que a simples improcedência da demanda inicial.

46. A reconvenção pode veicular pedido de declaração de usucapião, ampliando subjetivamente o processo, desde que se observem os arts. 259, I, e 328, § 1º, II. Ampliação do Enunciado 237 da Súmula do STF

47. A competência do juízo estatal deverá ser analisada previamente à alegação de convenção de arbitragem.

48. A alegação de convenção de arbitragem deverá ser examinada à luz do princípio da competência-competência.

49. Cancelado (*III FPPC-Rio*).

50. Os destinatários da prova são aqueles que dela poderão fazer uso, sejam juízes, partes ou demais interessados, não sendo a única função influir eficazmente na convicção do juiz.

51. A compatibilização do disposto nestes dispositivos c/c o art. 5º, LXIII, da CF/1988, assegura à parte, exclusivamente, o direito de não produzir prova contra si em razão de reflexos no ambiente penal.

52. Para a utilização da prova emprestada, faz-se necessária a observância do contraditório no processo de origem, assim como no processo de destino, considerando-se que, neste último, a prova mantenha a sua natureza originária.

53. Na ação de exibição não cabe a fixação, nem a manutenção de multa quando a exibição for reconhecida como impossível.

54. Fica superado o enunciado 372 da súmula do STJ ("Na ação de exibição de documentos, não cabe a aplicação de multa cominatória") após a entrada em vigor do CPC, pela expressa possibilidade de fixação de multa de natureza coercitiva na ação de exibição de documento.

55. Pelos pressupostos do § 3º do art. 927, a modificação do precedente tem, como regra, eficácia temporal prospectiva. No entanto, pode haver modulação temporal, no caso concreto.

56. É cabível alegação de causa modificativa ou extintiva da obrigação na impugnação de executado, desde que tenha ocorrido após o início do julgamento da apelação, e, uma vez alegada pela parte, tenha o tribunal superior se recusado ou omitido de apreciá-la.

57. A prescrição prevista nos arts. 525, §1º, VII e 535, VI, é exclusivamente da pretensão executiva.

58. As decisões de inconstitucionalidade a que se referem os art. 525, §§ 12 e 13 e art. 535 §§ 5º e 6º devem ser proferidas pelo plenário do STF.

59. Em ação de consignação e pagamento, quando a coisa devida for corpo que deva ser entregue no lugar em que está, poderá o devedor requerer a consignação no foro em que ela se encontra. A supressão do parágrafo único do art. 891 do Código de Processo Civil de 1973 é inócua, tendo em vista o art. 341 do Código Civil.

60. Na ação de consignação em pagamento que tratar de prestações sucessivas, consignada uma delas, pode o devedor continuar a consignar sem mais formalidades as que forem vencendo, enquanto estiver pendente o processo.

61. É permitido ao réu da ação de consignação em pagamento levantar "desde logo" a quantia ou coisa depositada em outras hipóteses além da prevista no §1º do art. 545 (insuficiência do depósito), desde que tal postura não seja contraditória com fundamento da defesa.

62. A regra prevista no art. 548, III, que dispõe que, em ação de consignação em pagamento, o juiz declarará efetuado o depósito extinguindo a obrigação em relação ao devedor, prosseguindo o processo unicamente entre os presuntivos credores, só se aplicará se o valor do depósito não for controvertido, ou seja, não terá aplicação caso o montante depositado seja impugnado por qualquer dos presuntivos credores.

63. No caso de ação possessória em que figure no polo passivo grande número de pessoas, a ampla divulgação prevista no §3º do art. 554 contempla a inteligência do art. 301, com a possibilidade de determinação de registro de protesto para consignar a informação do litígio possessório na matrícula imobiliária respectiva.

64. Cancelado, em razão de duplicidade (enunciado n. 59).

65. O art. 557 do projeto não obsta a cumulação pelo autor de ação reivindicatória e de ação possessória, se os fundamentos forem distintos.

66. A medida liminar referida no art. 565 é hipótese de tutela antecipada.

67. A audiência de mediação referida no art. 565 (e seus parágrafos) deve ser compreendida como a sessão de mediação ou de conciliação, conforme as peculiaridades do caso concreto.

68. Também possuem legitimidade para a ação demarcatória os titulares de direito real de gozo e fruição, nos limites dos seus respectivos direitos e títulos constitutivos de direito real. Assim, além da propriedade, aplicam-se os dispositivos do Capítulo sobre ação demarcatória, no que for cabível, em relação aos direitos reais de gozo e fruição.

69. Cabe ao proprietário ação demarcatória para extremar a demarcação entre o seu prédio e do confinante, bem como fixar novos limites, aviventar rumos apagados e a renovar marcos destruídos (art. 1.297 do Código Civil).

70. Do laudo pericial que traçar a linha demarcanda, deverá ser oportunizada a manifestação das partes interessadas, em prestígio ao princípio do contraditório e da ampla defesa.

71. Poderá ser dispensada a garantia mencionada no parágrafo único do art. 654, para efeito de julgamento da partilha, se a parte hipossuficiente não puder oferecê-la, aplicando-se por analogia o disposto no art. 300, § 1º.

72. O rol do art. 693 não é exaustivo, sendo aplicáveis os dispositivos previstos no Capítulo X a outras ações de caráter contencioso envolvendo o Direito de Família.

73. No caso de homologação do penhor legal promovida pela via extrajudicial, incluem-se nas contas do crédito as despesas com o notário, constantes do §2º, do art. 703.

74. No rol do art. 704, que enumera as matérias de defesa da homologação do penhor legal, deve-se incluir a hipótese do art. 1.468 do Código Civil, não tendo o CPC revogado o citado dispositivo.

75. No mesmo ato em que nomear o regulador da avaria grossa, o juiz deverá determinar a citação das partes interessadas.

76. Localizados os autos originários, neles devem ser praticados os atos processuais subsequentes, dispensando-se a repetição dos atos que tenham sido ultimados nos autos da restauração, em consonância com a garantia constitucional da duração razoável do processo (CF/88, 5º, LXXVIII) e inspiração no art. 964 do Código de Processo Civil Português.

77. Cancelado *(III FPPC-Rio)*.

78. Cancelado *(III FPPC-Rio)*.

79. Não sendo possível a inquirição tratada no art. 768 sem prejuízo aos compromissos comerciais da embarcação, o juiz expedirá carta precatória itinerante para a tomada dos depoimentos em um dos portos subsequentes de escala.

80. A tutela antecipada prevista nestes dispositivos pode ser de urgência ou de evidência.

81. Por não haver prejuízo ao contraditório, é dispensável a oitiva do recorrido antes do provimento monocrático do recurso, quando a decisão recorrida: (a) indeferir a inicial; (b) indeferir liminarmente a justiça gratuita; ou (c) alterar liminarmente o valor da causa.

82. É dever do relator, e não faculdade, conceder o prazo ao recorrente para sanar o vício ou complementar a documentação exigível, antes de inadmitir qualquer recurso, inclusive os excepcionais.

83. Fica superado o enunciado 115 da súmula do STJ após a entrada em vigor do CPC ("Na instância especial é inexistente recurso interposto por advogado sem procuração nos autos").

84. A ausência de publicação da pauta gera nulidade do acórdão que decidiu o recurso, ainda que não haja previsão de sustentação oral, ressalvada, apenas, a hipótese do § 1º do art. 1.024, na qual a publicação da pauta é dispensável.

85. Deve prevalecer a regra de direito mais favorável na homologação de sentença arbitral estrangeira em razão do princípio da máxima eficácia. (art. 7º da Convenção de Nova York – Decreto nº 4.311/2002).

86. O art. 964 não se aplica a homologação da sentença arbitral estrangeira, que se sujeita aos tratados em vigor no País e à legislação aplicável, na forma do § 3º do art. 960.

87. A instauração do incidente de resolução de demandas repetitivas não pressupõe a existência de grande quantidade de processos versando sobre a mesma questão, mas preponderantemente o risco de quebra da isonomia e de ofensa à segurança jurídica.

88. Não existe limitação de matérias de direito passíveis de gerar a instauração do incidente de resolução de demandas repetitivas e, por isso, não é admissível qualquer interpretação que, por tal fundamento, restrinja seu cabimento.

89. Havendo apresentação de mais de um pedido de instauração do incidente de resolução de demandas repetitivas perante o mesmo tribunal todos deverão ser apensados e processados conjuntamente; os que forem oferecidos posteriormente à decisão de admissão serão apensados e sobrestados, cabendo ao órgão julgador considerar as razões neles apresentadas.

90. É admissível a instauração de mais de um incidente de resolução de demandas repetitivas versando sobre a mesma questão de direito perante tribunais de 2º grau diferentes.

91. Cabe ao órgão colegiado realizar o juízo de admissibilidade do incidente de resolução de demandas repetitivas, sendo vedada a decisão monocrática.

92. A suspensão de processos prevista neste dispositivo é consequência da admissão do incidente de resolução de demandas repetitivas e não depende da demonstração dos requisitos para a tutela de urgência.

93. Admitido o incidente de resolução de demandas repetitivas, também devem ficar suspensos os processos que versem sobre a mesma questão objeto do incidente e que tramitem perante os juizados especiais no mesmo estado ou região.

94. A parte que tiver o seu processo suspenso nos termos do inciso I do art. 982 poderá interpor recurso especial ou extraordinário contra o acórdão que julgar o incidente de resolução de demandas repetitivas.

95. A suspensão de processos na forma deste dispositivo depende apenas da demonstração da existência de múltiplos processos versando sobre a mesma questão de direito em tramitação em mais de um estado ou região.

96. Fica superado o enunciado 216 da súmula do STJ após a entrada em vigor do CPC ("A tempestividade de recurso interposto no Superior Tribunal de Justiça é aferida pelo registro no protocolo da Secretaria e não pela data da entrega na agência do correio").

97. É de cinco dias o prazo para efetuar o preparo.

98. O disposto nestes dispositivos aplica-se aos Juizados Especiais.

99. O órgão *a quo* não fará juízo de admissibilidade da apelação.

100. Não é dado ao tribunal conhecer de matérias vinculadas ao pedido transitado em julgado pela ausência de impugnação.

101. Cancelado *(III FPPC-Rio)*.

102. O pedido subsidiário (art. 326) não apreciado pelo juiz – que acolheu o pedido principal – é devolvido ao tribunal com a apelação interposta pelo réu.

103. A decisão parcial proferida no curso do processo com fundamento no art. 487, I, sujeita-se a recurso de agravo de instrumento.

104. O princípio da fungibilidade recursal é compatível com o CPC e alcança todos os recursos, sendo aplicável de ofício.

105. Cancelado *(III FPPC-Rio)*.

106. Não se pode reconhecer a deserção do recurso, em processo trabalhista, quando houver recolhimento insuficiente das custas e do depósito recursal, ainda que ínfima a diferença, cabendo ao juiz determinar a sua complementação.

107. O juiz pode, de ofício, dilatar o prazo para a parte se manifestar sobre a prova documental produzida.

108. No processo do trabalho, não se proferirá decisão contra uma das partes, sem que esta seja previamente ouvida e oportunizada a produção de prova, bem como não se pode decidir com base em causa de pedir ou fundamento de fato ou de direito a respeito do qual não se tenha oportunizado manifestação das partes e a produção de prova, ainda que se trate de matéria apreciável de ofício.

109. No processo do trabalho, quando juntadas novas provas ou alegado fato novo, deve o juiz conceder prazo, para a parte interessada se manifestar a respeito, sob pena de nulidade.

110. Havendo substituição processual, e sendo possível identificar o substituto, o juiz deve determinar a intimação deste último para, querendo, integrar o processo.

111. Persiste o interesse no ajuizamento de ação declaratória quanto à questão prejudicial incidental.

112. No processo do trabalho, se a transação ocorrer antes da sentença, as partes ficam dispensadas do pagamento das custas processuais, se houver.

113. Na Justiça do Trabalho, o empregador pode ser beneficiário da gratuidade da justiça, na forma do art. 98.

114. Cancelado *(IV FPPC-BH)*.

115. O negócio jurídico celebrado nos termos do art. 190 obriga herdeiros e sucessores.

116. Quando a formação do litisconsórcio multitudinário for prejudicial à defesa, o juiz poderá substituir a sua limitação pela ampliação de prazos, sem prejuízo da possibilidade de desmembramento na fase de cumprimento de sentença.

117. Em caso de desmembramento do litisconsórcio multitudinário ativo, os efeitos mencionados no art. 240 são considerados produzidos desde o protocolo originário da petição inicial.

118. O litisconsorte unitário ativo, uma vez convocado, pode optar por ingressar no processo na condição de litisconsorte do autor ou de assistente do réu.[1]

119. Em caso de relação jurídica plurilateral que envolva diversos titulares do mesmo direito, o juiz deve convocar, por edital, os litisconsortes unitários ativos incertos e indeterminados (art. 259, III), cabendo-lhe, na hipótese de dificuldade de formação do litisconsórcio, oficiar o Ministério Público, a Defensoria Pública ou outro legitimado para que possa requerer a conversão da ação individual em coletiva (art. 333).[2]

120. A ausência de denunciação da lide gera apenas a preclusão do direito de a parte promovê-la, sendo possível ação autônoma de regresso.

121. O cumprimento da sentença diretamente contra o denunciado é admissível em qualquer hipótese de denunciação da lide fundada no inciso II do art. 125.

122. Vencido o denunciante na ação principal e não tendo havido resistência à denunciação da lide, não cabe a condenação do denunciado nas verbas de sucumbência.

123. É desnecessária a intervenção do Ministério Público, como fiscal da ordem jurídica, no incidente de desconsideração da personalidade jurídica, salvo nos casos em que deva intervir obrigatoriamente, previstos no art. 178.

124. A desconsideração da personalidade jurídica no processo do trabalho deve ser processada na forma dos arts. 133 a 137, podendo o incidente ser resolvido em decisão interlocutória ou na sentença.

125. Há litisconsórcio passivo facultativo quando requerida a desconsideração da personalidade jurídica, juntamente com outro pedido formulado na petição inicial ou incidentemente no processo em curso.

126. No processo do trabalho, da decisão que resolve o incidente de desconsideração da personalidade jurídica na fase de execução cabe agravo de petição, dispensado o preparo.

127. A representatividade adequada exigida do *amicus curiae* não pressupõe a concordância unânime daqueles a quem representa.

---

1   O enunciado foi formulado com base na versão da Câmara dos Deputados, aprovada em 26.03.2014; na versão final do CPC-2015, o dispositivo que previa expressamente a intervenção *iussu iudicis* foi suprimido.

2   O enunciado foi formulado com base na versão da Câmara dos Deputados, aprovada em 26.03.2014; na versão final do CPC-2015, o dispositivo que previa expressamente a intervenção *iussu iudicis* foi suprimido.

128. No processo em que há intervenção do *amicus curiae,* a decisão deve enfrentar as alegações por ele apresentadas, nos termos do inciso IV do § 1º do art. 489.

129. A autorização legal para ampliação de prazos pelo juiz não se presta a afastar preclusão temporal já consumada.

130. A obtenção da certidão prevista no art. 844 independe de decisão judicial.

131. Aplica-se ao processo do trabalho o disposto no art. 190 no que se refere à flexibilidade do procedimento por proposta das partes, inclusive quanto aos prazos.

132. Além dos defeitos processuais, os vícios da vontade e os vícios sociais podem dar ensejo à invalidação dos negócios jurídicos atípicos do art. 190.

133. Salvo nos casos expressamente previstos em lei, os negócios processuais do art. 190 não dependem de homologação judicial.

134. Negócio jurídico processual pode ser invalidado parcialmente.

135. A indisponibilidade do direito material não impede, por si só, a celebração de negócio jurídico processual.

136. A citação válida no processo judicial interrompe a prescrição, ainda que o processo seja extinto em decorrência do acolhimento da alegação de convenção de arbitragem.

137. Contra sentença transitada em julgado que resolve partilha, ainda que homologatória, cabe ação rescisória.

138. A partilha amigável extrajudicial e a partilha amigável judicial homologada por decisão ainda não transitada em julgado são impugnáveis por ação anulatória.

139. No processo do trabalho, é requisito da petição inicial a indicação do endereço, eletrônico ou não, do advogado, cabendo-lhe atualizá-lo, sempre que houver mudança, sob pena de se considerar válida a intimação encaminhada para o endereço informado nos autos.

140. A decisão que julga improcedente o pedido final gera a perda de eficácia da tutela antecipada.

141. O disposto no art. 298, CPC, aplica-se igualmente à decisão monocrática ou colegiada do Tribunal.

142. Da decisão monocrática do relator que concede ou nega o efeito suspensivo ao agravo de instrumento ou que concede, nega, modifica ou revoga, no todo ou em parte, a tutela jurisdicional nos casos de competência originária ou recursal, cabe o recurso de agravo interno nos termos do art. 1.021 do CPC.

143. A redação do art. 300, *caput,* superou a distinção entre os requisitos da concessão para a tutela cautelar e para a tutela satisfativa de urgência, erigindo a probabilidade e o perigo na demora a requisitos comuns para a prestação de ambas as tutelas de forma antecipada.

144. Cancelado (*V FPPC-Vitória*)

145. No processo do trabalho, é requisito da inicial a indicação do número no cadastro de pessoas físicas ou no cadastro nacional de pessoas jurídicas, bem como os endereços eletrônicos do autor e do réu, aplicando-se as regras do novo Código de Processo Civil a respeito da falta de informações pertinentes ou quando elas tornarem impossível ou excessivamente oneroso o acesso à justiça.

146. Na aplicação do inciso I do art. 333, o juiz observará o inciso IV do caput do art. 927.

147. O autor poderá requerer a intimação, prevista no *caput* do art. 334, para a conversão da ação individual em coletiva.

148. Nos casos em que o juiz reconhecer a ilegitimidade do autor individual para requerer a tutela de interesse de alcance coletivo, será possível a conversão, como forma de saneamento do vício, no prazo de noventa dias.

149. Caso o aditamento ou emenda da petição inicial para a ação coletiva não seja realizado no prazo fixado pelo juiz ou não seja recebido, o processo seguirá como individual.

150. O prazo do art. 333, § 5º, poderá ser dilatado, nos termos do art. 139, I e VI, para assegurar direito ao contraditório e à ampla defesa.

151. Na Justiça do Trabalho, as pautas devem ser preparadas com intervalo mínimo de uma hora entre as audiências designadas para instrução do feito. Para as audiências para simples tentativa de conciliação, deve ser respeitado o intervalo mínimo de vinte minutos.

152. Nas hipóteses dos §§ 1º e 2º do art. 339, a aceitação do autor deve ser feita no prazo de quinze dias destinado à sua manifestação sobre a contestação ou sobre essa alegação de ilegitimidade do réu.

153. A superveniente instauração de procedimento arbitral, se ainda não decidida a alegação de convenção de arbitragem, também implicará a suspensão do processo, à espera da decisão do juízo arbitral sobre a sua própria competência.

154. É cabível agravo de instrumento contra ato decisório que indefere parcialmente a petição inicial ou a reconvenção.

155. No processo do trabalho, as testemunhas somente serão intimadas judicialmente nas hipóteses mencionadas no § 4º do art. 455, cabendo à parte informar ou intimar as testemunhas da data da audiência.

156. Não configura induzimento, constante do art. 466, *caput*, a utilização de técnica de arguição direta no exercício regular de direito.

157. Deverá ser facultada às partes a formulação de perguntas de esclarecimento ou complementação decorrentes da inquirição do juiz.

158. Constitui direito da parte a transcrição de perguntas indeferidas pelo juiz.

159. No processo do trabalho, o juiz pode retratar-se no prazo de cinco dias, após a interposição do recurso contra sentença que extingue o processo sem resolução do mérito.

160. A sentença que reconhece a extinção da obrigação pela confusão é de mérito.

161. É de mérito a decisão que rejeita a alegação de prescrição ou de decadência.

162. Para identificação do precedente, no processo do trabalho, a decisão deve conter a identificação do caso, a suma do pedido, as alegações das partes e os fundamentos determinantes adotados pela maioria dos membros do colegiado, cujo entendimento tenha ou não sido sumulado.

163. Cancelado (*IV FPPC-Curitiba*)

164. A sentença arbitral contra a Fazenda Pública não está sujeita à remessa necessária.

165. Independentemente de provocação, a análise de questão prejudicial incidental, desde que preencha os pressupostos dos parágrafos do art. 503, está sujeita à coisa julgada.

166. A aplicação dos enunciados das súmulas deve ser realizada a partir dos precedentes que os formaram e dos que os aplicaram posteriormente.

167. Os tribunais regionais do trabalho estão vinculados aos enunciados de suas próprias súmulas e aos seus precedentes em incidente de assunção de competência ou de resolução de demandas repetitivas.

168. Os fundamentos determinantes do julgamento de ação de controle concentrado de constitucionalidade realizado pelo STF caracterizam a *ratio decidendi* do precedente e possuem efeito vinculante para todos os órgãos jurisdicionais.

169. Os órgãos do Poder Judiciário devem obrigatoriamente seguir os seus próprios precedentes, sem prejuízo do disposto nos § 9º do art. 1.037 e §4º do art. 927.

170. As decisões e precedentes previstos nos incisos do *caput* do art. 927 são vinculantes aos órgãos jurisdicionais a eles submetidos.

171. Os juízes e tribunais regionais do trabalho estão vinculados aos precedentes do TST em incidente de assunção de competência em matéria infraconstitucional relativa ao direito e ao processo do trabalho, bem como às suas súmulas.

172. A decisão que aplica precedentes, com a ressalva de entendimento do julgador, não é contraditória.

173. Cada fundamento determinante adotado na decisão capaz de resolver de forma suficiente a questão jurídica induz os efeitos de precedente vinculante, nos termos do Código de Processo Civil.

174. A realização da distinção compete a qualquer órgão jurisdicional, independentemente da origem do precedente invocado.

175. O relator deverá fundamentar a decisão que inadmitir a participação de pessoas, órgãos ou entidades e deverá justificar a não realização de audiências públicas.

176. Compete exclusivamente ao Supremo Tribunal Federal modular os efeitos da decisão prevista no § 13 do art. 525.

177. A decisão interlocutória que julga procedente o pedido para condenar o réu a prestar contas, por ser de mérito, é recorrível por agravo de instrumento.

178. O valor da causa nas ações fundadas em posse, tais como as ações possessórias, os embargos de terceiro e a oposição, deve considerar a expressão econômica da posse, que não obrigatoriamente coincide com o valor da propriedade.

179. O prazo de cinco dias para prestar caução pode ser dilatado, nos termos do art. 139, inciso VI.

180. A prestação de caução prevista no art. 559 poderá ser determinada pelo juiz, caso o réu obtenha a proteção possessória, nos termos no art. 556.

181. A previsão do parágrafo único do art. 647 é aplicável aos legatários na hipótese do inciso I do art. 645, desde que reservado patrimônio que garanta o pagamento do espólio.

182. Aplica-se aos legatários o disposto no parágrafo único do art. 647, quando ficar evidenciado que os pagamentos do espólio não irão reduzir os legados.

183. A ação rescisória de partilha com fundamento na preterição de herdeiro, prevista no inciso III do art. 658, está vinculada à hipótese do art. 628, não se confundindo com a ação de petição de herança (art. 1.824 do Código Civil), cujo fundamento é o reconhecimento do direito sucessório e a restituição da herança por aquele que não participou, de qualquer forma, do processo de inventário e partilha.

184. Os embargos de terceiro também são oponíveis na fase de cumprimento de sentença e devem observar, quanto ao prazo, a regra do processo de execução.

185. O juiz deve ouvir as partes antes de determinar a intimação pessoal do terceiro.

186. A alusão à "posse" ou a "domínio" nos arts. 677, 678 e 681 deve ser interpretada em consonância com o art. 674, *caput*, que, de forma abrangente, admite os embargos de terceiro para afastar constrição ou ameaça de constrição sobre bens que possua ou sobre quais tenha "direito incompatível com o ato constritivo".

187. No emprego de esforços para a solução consensual do litígio familiar, são vedadas iniciativas de constrangimento ou intimidação para que as partes conciliem, assim como as de aconselhamento sobre o objeto da causa.

188. Com a emenda da inicial, o juiz pode entender idônea a prova e admitir o seguimento da ação monitoria.

189. O art. 765 deve ser interpretado em consonância com o art. 69 do Código Civil, para admitir a extinção da fundação quando inútil a finalidade a que visa.

190. O art. 782, § 3°, não veda a inclusão extrajudicial do nome do executado em cadastros de inadimplentes, pelo credor ou diretamente pelo órgão de proteção ao crédito.

191. O prazo de quinze dias para opor embargos de terceiro, disposto no § 4º do art. 792, é aplicável exclusivamente aos casos de declaração de fraude à execução; os demais casos de embargos de terceiro são regidos pelo prazo do *caput* do art. 675.

192. Alienação por iniciativa particular realizada por corretor ou leiloeiro não credenciado perante o órgão judiciário não invalida o negócio jurídico, salvo se o executado comprovar prejuízo.

193. Não justifica o adiamento do leilão, nem é causa de nulidade da arrematação, a falta de fixação, pelo juiz, do preço mínimo para a arrematação.

194. A prescrição intercorrente pode ser reconhecida no procedimento de cumprimento de sentença.

195. O prazo de prescrição intercorrente previsto no art. 921, § 4°, tem início automaticamente um ano após a intimação da decisão de suspensão de que trata o seu § 1°.

196. O prazo da prescrição intercorrente é o mesmo da ação.

197. Aplica-se o disposto no parágrafo único do art. 945 a todos os vícios de forma dos recursos.

198. Identificada a ausência ou a irregularidade de publicação da pauta, antes de encerrado o julgamento, incumbe ao órgão julgador determinar sua correção, procedendo a nova publicação.

199. No processo do trabalho, constatada a ocorrência de vício sanável, inclusive aquele que possa ser conhecido de ofício pelo órgão jurisdicional, o relator determinará a realização ou a renovação do ato processual, no próprio tribunal ou em primeiro grau, intimadas as partes; cumprida a diligência, sempre que possível, prosseguirá no julgamento do recurso.

200. Fica superado o enunciado 320 da súmula do STJ ("A questão federal somente ventilada no voto vencido não atende ao requisito do prequestionamento").

201. Aplicam-se ao incidente de assunção de competência as regras previstas nos arts. 983 e 984.

202. O órgão colegiado a que se refere o § 1º do art. 947 deve atender aos mesmos requisitos previstos pelo art. 978.

203. Não se admite ação rescisória de sentença arbitral.

204. Cancelado (*V FPPC-Vitória*)

205. Havendo cumulação de pedidos simples, a aplicação do art. 982, I e §3°, poderá provocar apenas a suspensão parcial do processo, não impedindo o prosseguimento em relação ao pedido não abrangido pela tese a ser firmada no incidente de resolução de demandas repetitivas.

206. A prescrição ficará suspensa até o trânsito em julgado do incidente de resolução de demandas repetitivas.[3]

207. Cabe reclamação, por usurpação da competência do tribunal de justiça ou tribunal regional federal, contra a decisão de juiz de 1º grau que inadmitir recurso de apelação.

208. Cabe reclamação, por usurpação da competência do Superior Tribunal de Justiça, contra a decisão de juiz de 1º grau que inadmitir recurso ordinário, no caso do art. 1.027, II, 'b'.

209. Cabe reclamação, por usurpação da competência do Superior Tribunal de Justiça, contra a decisão de presidente ou vice-presidente do tribunal de 2º grau que inadmitir recurso ordinário interposto com fundamento no art. 1.027, II, "a".

210. Cabe reclamação, por usurpação da competência do Supremo Tribunal Federal, contra a decisão de presidente ou vice-presidente de tribunal superior que inadmitir recurso ordinário interposto com fundamento no art. 1.027, I.

---

3 O enunciado foi formulado com base na versão da Câmara dos Deputados, aprovada em 26.03.2014; na versão final do CPC-15, o dispositivo foi suprimido, sem que haja qualquer outro que lhe seja correspondente.

211. Cabe reclamação, por usurpação da competência do Superior Tribunal de Justiça, contra a decisão de presidente ou vice-presidente do tribunal de 2º grau que inadmitir recurso especial não repetitivo.

212. Cabe reclamação, por usurpação da competência do Supremo Tribunal Federal, contra a decisão de presidente ou vice-presidente do tribunal de 2º grau que inadmitir recurso extraordinário não repetitivo.

213. No caso do art. 998, parágrafo único, o resultado do julgamento não se aplica ao recurso de que se desistiu.

214. Diante do § 2º do art. 1.007, fica prejudicada a OJ 140 da SDI-I do TST ("Ocorre deserção do recurso pelo recolhimento insuficiente das custas e do depósito recursal, ainda que a diferença em relação ao "quantum" devido seja ínfima, referente a centavos").

215. Fica superado o enunciado 187 da súmula do STJ ("É deserto o recurso interposto para o Superior Tribunal de Justiça, quando o recorrente não recolhe, na origem, a importância das despesas de remessa e retorno dos autos").

216. Cancelado *(IV FPPC-BH)*.

217. A apelação contra o capítulo da sentença que concede, confirma ou revoga a tutela antecipada da evidência ou de urgência não terá efeito suspensivo automático.[4]

218. A inexistência de efeito suspensivo dos embargos de declaração não autoriza o cumprimento provisório da sentença nos casos em que a apelação tenha efeito suspensivo.

219. O relator ou o órgão colegiado poderá desconsiderar o vício formal de recurso tempestivo ou determinar sua correção, desde que não o repute grave.

220. O Supremo Tribunal Federal ou o Superior Tribunal de Justiça inadmitirá o recurso extraordinário ou o recurso especial quando o recorrente não sanar o vício formal de cuja falta foi intimado para corrigir.

221. Fica superado o enunciado 634 da súmula do STF após a entrada em vigor do CPC ("Não compete ao Supremo Tribunal Federal conceder medida cautelar para dar efeito suspensivo a recurso extraordinário que ainda não foi objeto de juízo de admissibilidade na origem").

222. Fica superado o enunciado 635 da súmula do STF após a entrada em vigor do CPC ("Cabe ao presidente do tribunal de origem decidir o pedido de medida cautelar em recurso extraordinário ainda pendente do seu juízo de admissibilidade").

223. Fica superado o enunciado 528 da súmula do STF após a entrada em vigor do CPC ("Se a decisão contiver partes autônomas, a admissão parcial, pelo presidente do tribunal 'a quo', de recurso extraordinário que, sobre qualquer delas se manifestar, não limitará a apreciação de todas pelo supremo tribunal federal, independentemente de interposição de agravo de instrumento").

224. A existência de repercussão geral terá de ser demonstrada de forma fundamentada, sendo dispensável sua alegação em preliminar ou em tópico específico.

225. O agravo em recurso especial ou extraordinário será interposto nos próprios autos.

226. Fica superado o entendimento firmado pelo Supremo Tribunal Federal na Questão de Ordem no AI 760358 após a entrada em vigor do CPC ("Questão de Ordem. Repercussão Geral. Inadmissibilidade de agravo de instrumento ou reclamação da decisão que aplica entendimento desta Corte aos processos múltiplos. Competência do Tribunal de origem. Conversão do agravo de instrumento em agravo regimental. 1. Não é cabível agravo de instrumento da decisão do tribunal de origem que, em cumprimento do disposto no § 3º do art. 543-B, do CPC, aplica decisão de mérito do STF em questão de repercussão geral. 2. Ao decretar o prejuízo de recurso ou exercer o juízo de retratação no processo em que se interposto o recurso extraordinário, o tribunal de origem não está exercendo competência do STF, mas atribuição própria, de forma que a remessa dos autos individualmente ao STF apenas se justificará, nos termos da lei, na hipótese em que houver expressa negativa de retratação. 3. A maior ou menor aplicabilidade aos processos múltiplos do quanto assentado pela Suprema Corte ao julgar o mérito das matérias com repercussão geral dependerá da abrangência da questão constitucional decidida. 4. Agravo de instrumento que se converte em agravo regimental, a ser decidido pelo tribunal de origem.").

227. Fica superado o entendimento firmado pelo Superior Tribunal de Justiça na Questão de Ordem no Ag n. 1154599/SP ("Não cabe agravo de instrumento contra decisão que nega seguimento a recurso especial com base no art. 543, § 7º, inciso I, do CPC").

228. Fica superado o enunciado 639 da súmula do STF após a entrada em vigor do CPC ("Aplica-se a súmula 288 quando não constarem do traslado do agravo de instrumento as cópias das peças necessárias à verificação da tempestividade do recurso extraordinário não admitido pela decisão agravada").

229. Fica superado o enunciado 288 da súmula do STF após a entrada em vigor do CPC ("Nega-se provimento a agravo para subida de recurso extraordinário, quando faltar no traslado o despacho agravado, a decisão recorrida, a petição de recurso extraordinário ou qualquer peça essencial à compreensão da controvérsia").

230. Cabem embargos de divergência contra acórdão que, em agravo interno ou agravo em recurso especial ou extraordinário, decide recurso especial ou extraordinário.

231. Fica superado o enunciado 315 da súmula do STJ após a entrada em vigor do CPC ("Não cabem embargos de divergência no âmbito do agravo de instrumento que não admite recurso especial").

232. Fica superado o enunciado 353 da súmula do STF após a entrada em vigor do CPC ("São incabíveis os embargos da Lei 623, de 19.02.49, com fundamento em divergência entre decisões da mesma turma do Supremo Tribunal Federal").

233. Ficam superados os enunciados 88, 169, 207, 255 e 390 da súmula do STJ como consequência da eliminação dos embargos infringentes ("São admissíveis embargos infringentes em processo falimentar"; "São inadmissíveis embargos infringentes no processo de mandado de segurança"; "É inadmissível recurso especial quando cabíveis embargos infringentes contra o acórdão proferido no tribunal de origem"; "Cabem embargos infringentes contra acórdão, proferido por maioria, em agravo retido, quando se tratar de matéria de mérito"; "Nas decisões por maioria, em reexame necessário, não se admitem embargos infringentes").

234. A decisão de improcedência na ação proposta pelo credor beneficia todos os devedores solidários, mesmo os que não foram partes no processo, exceto se fundada em defesa pessoal.

235. Aplicam-se ao procedimento do mandado de segurança os arts. 7º, 9º e 10 do CPC.

236. O art. 44 não estabelece uma ordem de prevalência, mas apenas elenca as fontes normativas sobre competência, devendo ser observado o art. 125, § 1º, da Constituição Federal.

237. O rol do art. 55, § 2º, I e II, é exemplificativo.

238. O aproveitamento dos efeitos de decisão proferida por juízo incompetente aplica-se tanto à competência absoluta quanto à relativa.

239. Fica superado o enunciado n. 472 da súmula do STF ("A condenação do autor em honorários de advogado, com fundamento no art. 64 do Código de Processo Civil, depende de reconvenção"), pela extinção da nomeação à autoria.

240. São devidos honorários nas execuções fundadas em título executivo extrajudicial contra a Fazenda Pública, a serem arbitrados na forma do § 3º do art. 85.

241. Os honorários de sucumbência recursal serão somados aos honorários pela sucumbência em primeiro grau, observados os limites legais.

242. Os honorários de sucumbência recursal são devidos em decisão unipessoal ou colegiada.

243. No caso de provimento do recurso de apelação, o tribunal redistribuirá os honorários fixados em primeiro grau e arbitrará os honorários de sucumbência recursal.

244. Ficam superados o enunciado 306 da súmula do STJ ("Os honorários advocatícios devem ser compensados quando houver sucumbência recíproca, assegurado o direito autônomo do advogado à execução do saldo sem excluir a legitimidade da própria parte") e a tese firmada no REsp Repetitivo n. 963.528/PR, após a entrada em vigor do CPC, pela expressa impossibilidade de compensação.

245. O fato de a parte, pessoa natural ou jurídica, estar assistida por advogado particular não impede a concessão da justiça gratuita na Justiça do Trabalho.

---

[4] O enunciado foi formulado com base na versão da Câmara dos Deputados, aprovada em 26.03.2014; na versão final do CPC-2015, a redação do dispositivo foi alterada. Na redação, final, o termo "tutela antecipada", tal como constava da versão da Câmara, foi substituído por "tutela provisória"; de outro lado, o termo "satisfativa", que constava da versão da Câmara, foi substituído por "antecipada".

246. Dispensa-se o preparo do recurso quando houver pedido de justiça gratuita em sede recursal, consoante art. 99, §6º, aplicável ao processo do trabalho. Se o pedido for indeferido, deve ser fixado prazo para o recorrente realizar o recolhimento.

247. Aplica-se o incidente de desconsideração da personalidade jurídica no processo falimentar.

248. Quando a desconsideração da personalidade jurídica for requerida na petição inicial, incumbe ao sócio ou a pessoa jurídica, na contestação, impugnar não somente a própria desconsideração, mas também os demais pontos da causa.

249. A intervenção do *amicus curiae* é cabível no mandado de segurança.

250. Admite-se a intervenção do *amicus curiae* nas causas trabalhistas, na forma do art. 138, sempre que o juiz ou relator vislumbrar a relevância da matéria, a especificidade do tema objeto da demanda ou a repercussão geral da controvérsia, a fim de obter uma decisão respaldada na pluralidade do debate e, portanto, mais democrática.

251. O inciso VI do art. 139 do CPC aplica-se ao processo de improbidade administrativa.

252. O descumprimento de uma convenção processual válida é matéria cujo conhecimento depende de requerimento.

253. O Ministério Público pode celebrar negócio processual quando atua como parte.

254. É inválida a convenção para excluir a intervenção do Ministério Público como fiscal da ordem jurídica.

255. É admissível a celebração de convenção processual coletiva.

256. A Fazenda Pública pode celebrar negócio jurídico processual.

257. O art. 190 autoriza que as partes tanto estipulem mudanças do procedimento quanto convencionem sobre os seus ônus, poderes, faculdades e deveres processuais.

258. As partes podem convencionar sobre seus ônus, poderes, faculdades e deveres processuais, ainda que essa convenção não importe ajustes às especificidades da causa.

259. A decisão referida no parágrafo único do art. 190 depende de contraditório prévio.

260. A homologação, pelo juiz, da convenção processual, quando prevista em lei, corresponde a uma condição de eficácia do negócio.

261. O art. 200 aplica-se tanto aos negócios unilaterais quanto aos bilaterais, incluindo as convenções processuais do art.190.

262. É admissível negócio processual para dispensar caução no cumprimento provisório de sentença.

263. A mera juntada de decisão aos autos eletrônicos não necessariamente lhe confere publicidade em relação a terceiros.

264. Salvo hipóteses de segredo de justiça, nos processos em que se realizam intimações exclusivamente por portal eletrônico, deve ser garantida ampla publicidade aos autos eletrônicos, assegurado o acesso a qualquer um.

265. É possível haver documentos transitoriamente confidenciais no processo eletrônico.

266. Aplica-se o art. 218, §4º, ao processo do trabalho, não se considerando extemporâneo ou intempestivo o ato realizado antes do termo inicial do prazo.

267. Os prazos processuais iniciados antes da vigência do CPC serão integralmente regulados pelo regime revogado.

268. A regra de contagem de prazos em dias úteis só se aplica aos prazos iniciados após a vigência do Novo Código.

269. A suspensão de prazos de 20 de dezembro a 20 de janeiro é aplicável aos Juizados Especiais.

270. Aplica-se ao processo do trabalho o art. 224, § 1º.

271. Quando for deferida tutela provisória a ser cumprida diretamente pela parte, o prazo recursal conta a partir da juntada do mandado de intimação, do aviso de recebimento ou da carta precatória; o prazo para o cumprimento da decisão inicia-se a partir da intimação da parte.

272. Não se aplica o § 2º do art. 231 ao prazo para contestar, em vista da previsão do § 1º do mesmo artigo.

273. Ao ser citado, o réu deverá ser advertido de que sua ausência injustificada à audiência de conciliação ou mediação configura ato atentatório à dignidade da justiça, punível com a multa do art. 335, § 8º, sob pena de sua inaplicabilidade.

274. Aplica-se a regra do § 6º do art. 272 ao prazo para contestar, quando for dispensável a audiência de conciliação e houver poderes para receber citação.

275. Nos processos que tramitam eletronicamente, a regra do art. 229, § 1º, não se aplica aos prazos já iniciados no regime anterior.

276. Os atos anteriores ao ato defeituoso não são atingidos pela pronúncia de invalidade.

277. Para fins de invalidação, o reconhecimento de que um ato subsequente é dependente de um ato defeituoso deve ser objeto de fundamentação específica à luz de circunstâncias concretas.

278. O CPC adota como princípio a sanabilidade dos atos processuais defeituosos.

279. Para os fins de alegar e demonstrar prejuízo, não basta a afirmação de tratar-se de violação a norma constitucional.

280. O prazo de quinze dias a que se refere o art. 290 conta-se da data da intimação do advogado.

281. O enquadramento normativo dos fatos não é requisito da petição inicial e, uma vez existente, não vincula o órgão julgador.

282. Para julgar com base em enquadramento normativo diverso daquele invocado pelas partes, ao juiz cabe observar o dever de consulta, previsto no art. 10.

283. Aplicam-se os arts. 319, § 1º, 396 a 404 também quando o autor não dispuser de documentos indispensáveis à propositura da ação.

284. Aplica-se à ação rescisória o disposto no art. 321.

285. A interpretação do pedido e dos atos postulatórios em geral deve levar em consideração a vontade da parte, aplicando-se o art. 112 do Código Civil.

286. Aplica-se o § 2º do art. 322 à interpretação de todos os atos postulatórios, inclusive da contestação e do recurso.

287. O pedido subsidiário somente pode ser apreciado se o juiz não puder examinar ou expressamente rejeitar o principal.

288. Quando acolhido o pedido subsidiário, o autor tem interesse de recorrer em relação ao principal.

289. Se houver conexão entre pedidos cumulados, a incompetência relativa não impedirá a cumulação, em razão da modificação legal da competência.

290. A enumeração das espécies de contrato previstas no § 2º do art. 330 é exemplificativa.

291. Aplicam-se ao procedimento do mandado de segurança os arts. 331 e parágrafos e 332, §3º do CPC.

292. Antes de indeferir a petição inicial, o juiz deve aplicar o disposto no art. 321.

293. Se considerar intempestiva a apelação contra sentença que indefere a petição inicial ou julga liminarmente improcedente o pedido, não pode o juízo *a quo* retratar-se.

294. O julgamento liminar de improcedência, disciplinado no art. 333, salvo com relação ao §1º, se aplica ao processo do trabalho quando contrariar: a) enunciado de súmula ou de Orientação Jurisprudencial do TST; b) acórdão proferido pelo TST em julgamento de recursos de revista repetitivos; c) entendimento firmado em resolução de demandas repetitivas.

295. As regras sobre intervalo mínimo entre as audiências do CPC só se aplicam aos processos em que o ato for designado após sua vigência.

296. Quando conhecer liminarmente e de ofício a ilegitimidade passiva, o juiz facultará ao autor a alteração da petição inicial, para substituição do réu, nos termos dos arts. 339 e 340, sem ônus sucumbenciais.

297. O juiz que promove julgamento antecipado do mérito por desnecessidade de outras provas não pode proferir sentença de improcedência por insuficiência de provas.

298. A audiência de saneamento e organização do processo em cooperação com as partes poderá ocorrer independentemente de a causa ser complexa.

299. O juiz pode designar audiência também (ou só) com objetivo de ajustar com as partes a fixação de calendário para fase de instrução e decisão.

300. O juiz poderá ampliar ou restringir o número de testemunhas a depender da complexidade da causa e dos fatos individualmente considerados.

301. Aplicam-se ao processo civil, por analogia, as exceções previstas nos §§1º e 2º do art. 157 do Código de Processo Penal, afastando a ilicitude da prova.

302. Aplica-se o art. 373, §§ 1º e 2º, ao processo do trabalho, autorizando a distribuição dinâmica do ônus da prova diante de peculiaridades da causa relacionadas à impossibilidade ou à excessiva dificuldade da parte de cumprir o seu encargo probatório, ou, ainda, à maior facilidade de obtenção da prova do fato contrário.

O juiz poderá, assim, atribuir o ônus da prova de modo diverso, desde que de forma fundamentada, preferencialmente antes da instrução e necessariamente antes da sentença, permitindo à parte se desincumbir do ônus que lhe foi atribuído.

303. As hipóteses descritas nos incisos do §1º do art. 499 são exemplificativas.

304. As decisões judiciais trabalhistas, sejam elas interlocutórias, sentenças ou acórdãos, devem observar integralmente o disposto no art. 499, sobretudo o seu § 1º, sob pena de se reputarem não fundamentadas e, por conseguinte, nulas.

305. No julgamento de casos repetitivos, o tribunal deverá enfrentar todos os argumentos contrários e favoráveis à tese jurídica discutida.

306. O precedente vinculante não será seguido quando o juiz ou tribunal distinguir o caso sob julgamento, demonstrando, fundamentadamente, tratar-se de situação particularizada por hipótese fática distinta, a impor solução jurídica diversa.

307. Reconhecida a insuficiência da sua fundamentação, o tribunal decretará a nulidade da sentença e, preenchidos os pressupostos do §3º do art. 1.013, decidirá desde logo o mérito da causa.

308. Aplica-se o art. 489, § 1º, a todos os processos pendentes de decisão ao tempo da entrada em vigor do CPC.

309. O disposto no § 1º do art. 489 do CPC é aplicável no âmbito dos Juizados Especiais.

310. Não é título constitutivo de hipoteca judiciária a decisão judicial que condena à entrega de coisa distinta de dinheiro.

311. A regra sobre remessa necessária é aquela vigente ao tempo da prolação da sentença, de modo que a limitação de seu cabimento no CPC não prejudica os reexames estabelecidos no regime do art. 475 CPC/1973.

312. O inciso IV do § 4º do art. 496 do CPC aplica-se ao procedimento do mandado de segurança.

313. São cumulativos os pressupostos previstos nos §1º e seus incisos, observado o §2º do art. 503.

314. As decisões judiciais devem respeitar os precedentes do Supremo Tribunal Federal, em matéria constitucional, e do Superior Tribunal de Justiça, em matéria infraconstitucional federal.

315. Nem todas as decisões formam precedentes vinculantes.

316. A estabilidade da jurisprudência do tribunal depende também da observância de seus próprios precedentes, inclusive por seus órgãos fracionários.

317. O efeito vinculante do precedente decorre da adoção dos mesmos fundamentos determinantes pela maioria dos membros do colegiado, cujo entendimento tenha ou não sido sumulado.

318. Os fundamentos prescindíveis para o alcance do resultado fixado no dispositivo da decisão (*obiter dicta*), ainda que nela presentes, não possuem efeito de precedente vinculante.

319. Os fundamentos não adotados ou referendados pela maioria dos membros do órgão julgador não possuem efeito de precedente vinculante.

320. Os tribunais poderão sinalizar aos jurisdicionados sobre a possibilidade de mudança de entendimento da corte, com a eventual superação ou a criação de exceções ao precedente para casos futuros.

321. A modificação do entendimento sedimentado poderá ser realizada nos termos da Lei 11.417, de 19 de dezembro de 2006, quando se tratar de enunciado de súmula vinculante; do regimento interno dos tribunais, quando se tratar de enunciado de súmula ou jurisprudência dominante; e, incidentalmente, no julgamento de recurso, na remessa necessária ou causa de competência originária do tribunal.

322. A modificação de precedente vinculante poderá fundar-se, entre outros motivos, na revogação ou modificação da lei em que ele se baseou, ou em alteração econômica, política, cultural ou social referente à matéria decidida.

323. A formação dos precedentes observará os princípios da legalidade, da segurança jurídica, da proteção da confiança e da isonomia.

324. Lei nova, incompatível com o precedente judicial, é fato que acarreta a não aplicação do precedente por qualquer juiz ou tribunal, ressalvado o reconhecimento de sua inconstitucionalidade, a realização de interpretação conforme ou a pronúncia de nulidade sem redução de texto.

325. A modificação de entendimento sedimentado pelos tribunais trabalhistas deve observar a sistemática prevista no art. 927, devendo se desincumbir do ônus argumentativo mediante fundamentação adequada e específica, modulando, quando necessário, os efeitos da decisão que supera o entendimento anterior.

326. O órgão jurisdicional trabalhista pode afastar a aplicação do precedente vinculante quando houver distinção entre o caso sob julgamento e o paradigma, desde que demonstre, fundamentadamente, tratar-se de situação particularizada por hipótese fática distinta, a impor solução jurídica diversa.

327. Os precedentes vinculantes podem ter por objeto questão de direito material ou processual.

328. Os arts. 554 e 565 do CPC aplicam-se à ação de usucapião coletiva (art. 10 da Lei 10.258/2001) e ao processo em que exercido o direito a que se referem os §§ 4º e 5º do art. 1.228, Código Civil, especialmente quanto à necessidade de ampla publicidade da ação e da participação do Ministério Público, da Defensoria Pública e dos órgãos estatais responsáveis pela reforma agrária e política urbana.

329. Na execução trabalhista deve ser preservada a quota parte de bem indivisível do coproprietário ou do cônjuge alheio à execução, sendo-lhe assegurado o direito de preferência na arrematação do bem em igualdade de condições.

330. Na Justiça do trabalho, o juiz pode deferir a aquisição parcelada do bem penhorado em sede de execução, na forma do art. 895 e seus parágrafos.

331. O pagamento da dívida objeto de execução trabalhista pode ser requerido pelo executado nos moldes do art. 916.

332. Considera-se vício sanável, tipificado no art. 938, §1º, a apresentação da procuração e da guia de custas ou depósito recursal em cópia, cumprindo ao relator assinalar prazo para a parte renovar o ato processual com a juntada dos originais.

333. Em se tratando de guia de custas e depósito recursal inseridos no sistema eletrônico, estando o arquivo corrompido, impedido de ser executado ou de ser lido, deverá o relator assegurar a possibilidade de sanar o vício, nos termos do art. 938, § 1º.

334. Por força da expressão "sem repetição em múltiplos processos", não cabe o incidente de assunção de competência quando couber julgamento de casos repetitivos.

335. O incidente de assunção de competência aplica-se ao processo do trabalho.

336. Cabe ação rescisória contra decisão interlocutória de mérito.

337. A competência para processar a ação rescisória contra capítulo de decisão deverá considerar o órgão jurisdicional que proferiu o capítulo rescindindo.

338. Cabe ação rescisória para desconstituir a coisa julgada formada sobre a resolução expressa da questão prejudicial incidental.

339. O CADE e a CVM, caso não tenham sido intimados, quando obrigatório, para participar do processo (art. 118, Lei n. 12.529/2011; art. 31, Lei n. 6.385/1976), têm legitimidade para propor ação rescisória contra a decisão ali proferida, nos termos do inciso IV do art. 967.

340. Observadas as regras de distribuição, o relator pode delegar a colheita de provas para juízo distinto do que proferiu a decisão rescindenda.

341. O prazo para ajuizamento de ação rescisória é estabelecido pela data do trânsito em julgado da decisão rescindenda, de modo que não se aplicam as regras dos §§ 2 º e 3º do art. 975 do CPC à coisa julgada constituída antes de sua vigência.

342. O incidente de resolução de demandas repetitivas aplica-se a recurso, a remessa necessária ou a qualquer causa de competência originária.

343. O incidente de resolução de demandas repetitivas compete a tribunal de justiça ou tribunal regional.

344. A instauração do incidente pressupõe a existência de processo pendente no respectivo tribunal.

345. O incidente de resolução de demandas repetitivas e o julgamento dos recursos extraordinários e especiais repetitivos formam um microssistema de solução de casos repetitivos, cujas normas de regência se complementam reciprocamente e devem ser interpretadas conjuntamente.

346. A Lei nº 13.015, de 21 de julho de 2014, compõe o microssistema de solução de casos repetitivos.

347. Aplica-se ao processo do trabalho o incidente de resolução de demandas repetitivas, devendo ser instaurado quando houver efetiva repetição de processos que contenham controvérsia sobre a mesma questão de direito.

348. Os interessados serão intimados da suspensão de seus processos individuais, podendo requerer o prosseguimento ao juiz ou tribunal onde tramitarem, demonstrando a distinção entre a questão a ser decidida e aquela a ser julgada no incidente de resolução de demandas repetitivas, ou nos recursos repetitivos.

349. Cabe reclamação para o tribunal que julgou o incidente de resolução de demandas repetitivas caso afrontada a autoridade dessa decisão.

350. Cabe reclamação, na Justiça do Trabalho, da parte interessada ou do Ministério Público, nas hipóteses previstas no art. 988, visando a preservar a competência do tribunal e garantir a autoridade das suas decisões e do precedente firmado em julgamento de casos repetitivos.

351. O regime da recorribilidade das interlocutórias do CPC aplica-se ao procedimento do mandado de segurança.

352. É permitida a desistência do recurso de revista repetitivo, mesmo quando eleito como representativo da controvérsia, sem necessidade de anuência da parte adversa ou dos litisconsortes; a desistência, contudo, não impede a análise da questão jurídica objeto de julgamento do recurso repetitivo.

353. No processo do trabalho, o equívoco no preenchimento da guia de custas ou de depósito recursal não implicará a aplicação da pena de deserção, cabendo ao relator, na hipótese de dúvida quanto ao recolhimento, intimar o recorrente para sanar o vício no prazo de cinco dias.

354. O art. 1009, § 1º, não se aplica às decisões proferidas antes da entrada em vigor do CPC.

355. Se, no mesmo processo, houver questões resolvidas na fase de conhecimento em relação às quais foi interposto agravo retido na vigência do CPC/1973, e questões resolvidas na fase de conhecimento em relação às quais não se operou a preclusão por força do art. 1.009, §1º, do CPC, aplicar-se-á ao recurso de apelação o art. 523, §1º, do CPC/1973 em relação àquelas, e o art. 1.009, § 1º, do CPC em relação a estas.

356. Aplica-se a regra do art. 1.010, § 3º, às apelações pendentes de admissibilidade ao tempo da entrada em vigor do CPC, de modo que o exame da admissibilidade destes recursos competirá ao Tribunal de 2º grau.

357. Aplicam-se ao recurso ordinário os arts. 1.013 e 1.014.

358. A aplicação da multa prevista no art. 1.021, § 4º, exige manifesta inadmissibilidade ou manifesta improcedência.

359. A aplicação da multa prevista no art. 1.021, § 4º, exige que a manifesta inadmissibilidade seja declarada por unanimidade.

360. A não oposição de embargos de declaração em caso de erro material na decisão não impede sua correção a qualquer tempo.

361. Na hipótese do art. 1.026, § 4º, não cabem embargos de declaração e, caso opostos, não produzirão qualquer efeito.

362. O recurso extraordinário interposto contra acórdão proferido pela Turma Recursal será remetido ao Supremo Tribunal Federal, independentemente de juízo de admissibilidade.

363. O procedimento dos recursos extraordinários e especiais repetitivos aplica-se por analogia às causas repetitivas de competência originária dos tribunais superiores, como a reclamação e o conflito de competência.

364. O sobrestamento da causa em primeira instância não ocorrerá caso se mostre necessária a produção de provas para efeito de distinção de precedentes.

365. Aplica-se a regra do art. 1.030, parágrafo único, aos recursos extraordinário e especial pendentes de admissibilidade ao tempo da entrada em vigor do CPC, de modo que o exame da admissibilidade destes recursos competirá ao STF e STJ.

366. O protesto genérico por provas, realizado na petição inicial ou na contestação ofertada antes da vigência do CPC, não implica requerimento de prova para fins do art. 1047.

367. Para fins de interpretação do art. 1.054, entende-se como início do processo a data do protocolo da petição inicial.

368. A impugnação ao reconhecimento extrajudicial da usucapião necessita ser feita mediante representação por advogado.

369. O rol de normas fundamentais previsto no Capítulo I do Título Único do Livro I da Parte Geral do CPC não é exaustivo.

370. Norma processual fundamental pode ser regra ou princípio.

371. Os métodos de solução consensual de conflitos devem ser estimulados também nas instâncias recursais.

372. O art. 4º tem aplicação em todas as fases e em todos os tipos de procedimento, inclusive em incidentes processuais e na instância recursal, impondo ao órgão jurisdicional viabilizar o saneamento de vícios para examinar o mérito, sempre que seja possível a sua correção.

373. As partes devem cooperar entre si; devem atuar com ética e lealdade, agindo de modo a evitar a ocorrência de vícios que extingam o processo sem resolução do mérito e cumprindo com deveres mútuos de esclarecimento e transparência.

374. O art. 5º prevê a boa-fé objetiva.

375. O órgão jurisdicional também deve comportar-se de acordo com a boa-fé objetiva.

376. A vedação do comportamento contraditório aplica-se ao órgão jurisdicional.

377. A boa-fé objetiva impede que o julgador profira, sem motivar a alteração, decisões diferentes sobre uma mesma questão de direito aplicável às situações de fato análogas, ainda que em processos distintos.

378. A boa fé processual orienta a interpretação da postulação e da sentença, permite a repressão ao abuso de direito processual e das condutas dolosas de todos os sujeitos processuais e veda seus comportamentos contraditórios.

379. O exercício dos poderes de direção do processo pelo juiz deve observar a paridade de armas das partes.

380. A expressão "ordenamento jurídico", empregada pelo Código de Processo Civil, contempla os precedentes vinculantes.

381. É cabível réplica no procedimento de tutela cautelar requerida em caráter antecedente.

382. No juízo onde houver cumulação de competência de processos dos juizados especiais com outros procedimentos diversos, o juiz poderá organizar duas listas cronológicas autônomas, uma para os processos dos juizados especiais e outra para os demais processos.

383. As autarquias e fundações de direito público estaduais e distritais também poderão ajustar compromisso recíproco para prática de ato processual por seus procuradores em favor de outro ente federado, mediante convênio firmado pelas respectivas procuradorias.

384. A lei regulamentadora não poderá suprimir a titularidade e o direito à percepção dos honorários de sucumbência dos advogados públicos.

385. Havendo risco de perecimento do direito, o poder do juiz de exigir do autor a comprovação dos pressupostos legais para a concessão da gratuidade não o desincumbe do dever de apreciar, desde logo, o pedido liminar de tutela de urgência.

386. A limitação do litisconsórcio facultativo multitudinário acarreta o desmembramento do processo.

387. A limitação do litisconsórcio multitudinário não é causa de extinção do processo.

388. O assistente simples pode requerer a intervenção de *amicus curiae*

389. As hipóteses previstas no art. 122 são meramente exemplificativas.

390. Resolvida a desconsideração da personalidade jurídica na sentença, caberá apelação.

391. O *amicus curiae* pode recorrer da decisão que julgar recursos repetitivos.

392. As partes não podem estabelecer, em convenção processual, a vedação da participação do amicus curiae".

393. É cabível a intervenção de *amicus curiae* no procedimento de edição, revisão e cancelamento de enunciados de súmula pelos tribunais.

394. As partes podem opor embargos de declaração para corrigir vício da decisão relativo aos argumentos trazidos pelo *amicus curiae*.

395. Os requisitos objetivos exigidos para a intervenção do *amicus curiae* são alternativos.

396. As medidas do inciso IV do art. 139 podem ser determinadas de ofício, observado o art. 8º.

397. A estrutura para autocomposição, nos Juizados Especiais, deverá contar com a conciliação e a mediação.

398. As câmaras de mediação e conciliação têm competência para realização da conciliação, no âmbito administrativo, de conflitos judiciais e extrajudiciais.

399. Os arts. 180 e 183 somente se aplicam aos prazos que se iniciarem na vigência do CPC de 2015, aplicando-se a regulamentação anterior aos prazos iniciados sob a vigência do CPC de 1973 do FPPC.

400. O art. 183 se aplica aos processos que tramitam em autos eletrônicos.

401. Para fins de contagem de prazo da Fazenda Pública nos processos que tramitam em autos eletrônicos, não se considera como intimação pessoal a publicação pelo Diário da Justiça Eletrônico.

402. A eficácia dos negócios processuais para quem deles não fez parte depende de sua anuência, quando lhe puder causar prejuízo.

403. A validade do negócio jurídico processual, requer agente capaz, objeto lícito, possível, determinado ou determinável e forma prescrita ou não defesa em lei.

404. Nos negócios processuais, atender-se-á mais à intenção consubstanciada na manifestação de vontade do que ao sentido literal da linguagem.

405. Os negócios jurídicos processuais devem ser interpretados conforme a boa-fé e os usos do lugar de sua celebração.

406. Os negócios jurídicos processuais benéficos e a renúncia a direitos processuais interpretam-se estritamente.

407. Nos negócios processuais, as partes e o juiz são obrigados a guardar nas tratativas, na conclusão e na execução do negócio o princípio da boa-fé.

408. Quando houver no contrato de adesão negócio jurídico processual com previsões ambíguas ou contraditórias, dever-se-á adotar a interpretação mais favorável ao aderente.

409. A convenção processual é autônoma em relação ao negócio em que estiver inserta, de tal sorte que a invalidade deste não implica necessariamente a invalidade da convenção processual.

410. Aplica-se o Art. 142 do CPC ao controle de validade dos negócios jurídicos processuais.

411. O negócio processual pode ser distratado.

412. A aplicação de negócio processual em determinado processo judicial não impede, necessariamente, que da decisão do caso possa vir a ser formado precedente.

413. O negócio jurídico processual pode ser celebrado no sistema dos juizados especiais, desde que observado o conjunto dos princípios que o orienta, ficando sujeito a controle judicial na forma do parágrafo único do art. 190 do CPC.

414. O disposto no §1º do artigo 191 refere-se ao juízo.

415. Os prazos processuais no sistema dos Juizados Especiais são contados em dias úteis.

416. A contagem do prazo processual em dias úteis prevista no art. 219 aplica-se aos Juizados Especiais Cíveis, Federais e da Fazenda Pública.

417. São requisitos para o cumprimento da carta arbitral: indicação do árbitro ou do tribunal arbitral de origem e do órgão do Poder Judiciário de destino; ii) inteiro teor do requerimento da parte, do pronunciamento do árbitro ou do Tribunal arbitral e da procuração conferida ao representante da parte, se houver; iii) especificação do ato processual que deverá ser praticado pelo juízo de destino; iv) encerramento com a assinatura do árbitro ou do presidente do tribunal arbitral conforme o caso.

418. As tutelas provisórias de urgência e de evidência são admissíveis no sistema dos Juizados Especiais.

419. Não é absoluta a regra que proíbe tutela provisória com efeitos irreversíveis.

420. Não cabe estabilização de tutela cautelar.

421. Não cabe estabilização de tutela antecipada em ação rescisória.

422. A tutela de evidência é compatível com os procedimentos especiais.

423. Cabe tutela de evidência recursal.

424. Os parágrafos do art. 319 devem ser aplicados imediatamente, inclusive para as petições iniciais apresentadas na vigência do CPC-1973.

425. Ocorrendo simultaneamente as hipóteses dos art. 106, § 1°, e art. 321, *caput*, o prazo de emenda será único e de quinze dias.

426. O juízo para o qual foi distribuída a contestação ou a carta precatória só será considerado prevento se o foro competente for o local onde foi citado.

427. A proposta de saneamento consensual feita pelas partes pode agregar questões de fato até então não deduzidas.

428. A integração e o esclarecimento das alegações nos termos do art. 357, §3°, não se confundem com o aditamento do ato postulatório previsto no art. 329.

429. A arbitragem a que se refere o art. 359 é aquela regida pela Lei 9.307/1996.

430. A necessidade de licença concedida pelo juiz, prevista no parágrafo único do art. 361, é aplicável também aos Defensores Públicos.

431. O julgador, que aderir aos fundamentos do voto-vencedor do relator, há de seguir, por coerência, o precedente que ajudou a construir no julgamento da mesma questão em processos subsequentes, salvo se demonstrar a existência de distinção ou superação.

432. A interposição de apelação parcial não impede a remessa necessária.

433. Cabe à Administração Pública dar publicidade às suas orientações vinculantes, preferencialmente pela rede mundial de computadores.

434. O reconhecimento da competência pelo juízo arbitral é causa para a extinção do processo judicial sem resolução de mérito.

435. Cabe agravo de instrumento contra a decisão do juiz que, diante do reconhecimento de competência pelo juízo arbitral, se recusar a extinguir o processo judicial sem resolução de mérito.

436. Preenchidos os demais pressupostos, a decisão interlocutória e a decisão unipessoal (monocrática) são suscetíveis de fazer coisa julgada.

437. A coisa julgada sobre a questão prejudicial incidental se limita à existência, inexistência ou modo de ser de situação jurídica, e à autenticidade ou falsidade de documento.

438. É desnecessário que a resolução expressa da questão prejudicial incidental esteja no dispositivo da decisão para ter aptidão de fazer coisa julgada.

439. Nas causas contra a Fazenda Pública, além do preenchimento dos pressupostos previstos no art. 503, §§ 1° e 2°, a coisa julgada sobre a questão prejudicial incidental depende de remessa necessária, quando for o caso.

440. O art. 516, III e o seu parágrafo único aplicam-se à execução de decisão interlocutória estrangeira, após a concessão do *exequatur* à carta rogatória.

441. O § 5° do art. 536 e o § 5° do art. 537 alcançam situação jurídica passiva correlata a direito real.

442. O § 5° do art. 536 e o § 5° do art. 537 alcançam os deveres legais.

443. Em ação possessória movida pelo proprietário é possível ao réu alegar a usucapião como matéria de defesa, sem violação ao art. 557. (Grupo: Procedimentos Especiais)88

444. Para o processo de execução de título extrajudicial de obrigação de não fazer, não é necessário propor a ação de conhecimento para que o juiz possa aplicar as normas decorrentes dos arts. 536 e 537.

445. O fiador judicial também pode ser sujeito passivo da execução.

446. Cabe ação monitória mesmo quando o autor for portador de título executivo extrajudicial.

447. O exequente deve providenciar a intimação da União, Estados e Municípios no caso de penhora de bem tombado.

448. As medidas urgentes previstas no art. 799, VIII, englobam a tutela provisória urgente antecipada.

449. O art. 806 do CPC de 1973 aplica-se às cautelares propostas antes da entrada em vigor do CPC de 2015.

450. Aplica-se a regra decorrente do art. 827, §2°, ao cumprimento de sentença.

451. A regra decorrente do *caput* e do §1° do art. 827 aplica-se às execuções fundadas em título executivo extrajudicial de obrigação de fazer, não fazer e entrega de coisa.

452. Durante a suspensão do processo prevista no art. 982 não corre o prazo de prescrição intercorrente.

453. A estabilidade a que se refere o *caput* do art. 926 consiste no dever de os tribunais observarem os próprios precedentes.

454. Uma das dimensões da coerência a que se refere o *caput* do art. 926 consiste em os tribunais não ignorarem seus próprios precedentes.

455. Uma das dimensões do dever de coerência significa o dever de não contradição, ou seja, o dever de os tribunais não decidirem casos análogos contrariamente às decisões anteriores, salvo distinção ou superação.

456. Uma das dimensões do dever de integridade consiste em os tribunais decidirem em conformidade com a unidade do ordenamento jurídico.

457. Uma das dimensões do dever de integridade previsto no *caput* do art. 926 consiste na observância das técnicas de distinção e superação dos precedentes, sempre que necessário para adequar esse entendimento à interpretação contemporânea do ordenamento jurídico.

458. Para a aplicação, de ofício, de precedente vinculante, o órgão julgador deve intimar previamente as partes para que se manifestem sobre ele.

459. As normas sobre fundamentação adequada quanto à distinção e superação e sobre a observância somente dos argumentos submetidos ao contraditório são aplicáveis a todo o microssistema de formação dos precedentes.

460. O microssistema de aplicação e formação dos precedentes deverá respeitar as técnicas de ampliação do contraditório para amadurecimento da tese, como a realização de audiências públicas prévias e participação de *amicus curiae*.

461. O disposto no § 2º do art. 927 aplica-se ao incidente de assunção de competência.

462. É nula, por usurpação de competência funcional do órgão colegiado, a decisão do relator que julgar monocraticamente o mérito do recurso, sem demonstrar o alinhamento de seu pronunciamento judicial com um dos padrões decisórios descritos no art. 932.

463. O art. 932, parágrafo único, deve ser aplicado aos recursos interpostos antes da entrada em vigor do CPC de 2015 e ainda pendentes de julgamento.

464. A decisão unipessoal (monocrática) do relator em Turma Recursal é impugnável por agravo interno.

465. A concessão do efeito suspensivo ao recurso inominado cabe exclusivamente ao relator na turma recursal.

466. A técnica do art. 942 não se aplica aos embargos infringentes pendentes ao tempo do início da vigência do CPC, cujo julgamento deverá ocorrer nos termos dos arts. 530 e seguintes do CPC de 1973.

467. O Ministério Público deve ser obrigatoriamente intimado no incidente de assunção de competência.

468. O incidente de assunção de competência aplica-se em qualquer tribunal.

469. A "grande repercussão social", pressuposto para a instauração do incidente de assunção de competência, abrange, dentre outras, repercussão jurídica, econômica ou política.

470. Aplica-se no âmbito dos juizados especiais a suspensão prevista no art. 982, I.

471. Aplica-se no âmbito dos juizados especiais a suspensão prevista no art. 982, §3º.

472. Aplica-se o inciso I do art. 985 ao julgamento de recursos repetitivos e ao incidente de assunção de competência.

473. A possibilidade de o tribunal revisar de ofício a tese jurídica do incidente de resolução de demandas repetitivas autoriza as partes a requerê-la.

474. O recurso inominado interposto contra sentença proferida nos juizados especiais será remetido à respectiva turma recursal independentemente de juízo de admissibilidade.

475. Cabem embargos de declaração contra decisão interlocutória no âmbito dos juizados especiais.

476. O direito ao recurso nasce com a publicação em cartório, secretaria da vara ou inserção nos autos eletrônicos da decisão a ser impugnada, o que primeiro ocorrer.

477. Publicada em cartório ou inserida nos autos eletrônicos a decisão que julga embargos de declaração sob a vigência do CPC de 2015, computar-se-ão apenas os dias úteis no prazo para o recurso subsequente, ainda que a decisão embargada tenha sido proferida ao tempo do CPC de 1973, tendo em vista a interrupção do prazo prevista no art. 1.026 do FPPC.

478. Os pedidos de uniformização previstos no art. 14 da Lei 10.259/2001 e nos arts. 18 e 19 da Lei 12.153/2009 formulados contra acórdão proferido pela Turma Recursal devem ser remetidos à Turma Nacional de Uniformização ou à Turma Regional de Uniformização respectiva independentemente de juízo de admissibilidade, aplicando-se por analogia a regra decorrente do art. 1.030, parágrafo único.

479. As novas regras de competência relativa previstas no CPC de 2015 não afetam os processos cujas petições iniciais foram protocoladas na vigência do CPC-73.

480. Aplica-se no âmbito dos juizados especiais a suspensão dos processos em trâmite no território nacional, que versem sobre a questão submetida ao regime de julgamento de recursos especiais e extraordinários repetitivos, determinada com base no art. 1.037, II.

481. O disposto nos §§ 9º a 13 do art. 1.037 aplica-se, no que couber, ao incidente de resolução de demandas repetitivas.

482. Aplica-se o art. 1.040, I, aos recursos extraordinários interpostos nas turmas ou colégios recursais dos juizados especiais cíveis, federais e da fazenda pública.

483. Os embargos de declaração no sistema dos juizados especiais interrompem o prazo para a interposição de recursos e propositura de reclamação constitucional para o Superior Tribunal de Justiça.

484. A revogação dos arts. 16 a 18 da Lei de Alimentos, que tratam da gradação dos meios de satisfação do direito do credor, não implica supressão da possibilidade de penhora sobre créditos originários de aluguéis de prédios ou de quaisquer outros rendimentos do devedor.

485. É cabível a audiência de conciliação e mediação no processo de execução, na qual é admissível, entre outras coisas, a apresentação de plano de cumprimento da prestação.

486. A inobservância da ordem cronológica dos julgamentos não implica, por si, a invalidade do ato decisório.

487. No mandado de segurança, havendo substituição processual, o substituído poderá ser assistente litisconsorcial do impetrante que o substituiu.

488. No mandado de segurança, havendo equivocada indicação da autoridade coatora, o impetrante deve ser intimado para emendar a petição inicial e, caso haja alteração de competência, o juiz remeterá os autos ao juízo competente.

489. Observado o dever de revelação, as partes celebrantes de convenção de arbitragem podem afastar, de comum acordo, de forma expressa e por escrito, hipótese de impedimento ou suspeição do árbitro.

490. São admissíveis os seguintes negócios processuais, entre outros: pacto de inexecução parcial ou total de multa coercitiva; pacto de alteração de ordem de penhora; pré-indicação de bem penhorável preferencial (art. 848, II); pré-fixação de indenização por dano processual prevista nos arts. 81, § 3º, 520, inc. I, 297, parágrafo único (cláusula penal processual); negócio de anuência prévia para aditamento ou alteração do pedido ou da causa de pedir até o saneamento (art. 329, inc. II).

491. É possível negócio jurídico processual que estipule mudanças no procedimento das intervenções de terceiros, observada a necessidade de anuência do terceiro quando lhe puder causar prejuízo.

492. O pacto antenupcial e o contrato de convivência podem conter negócios processuais.

493. O negócio processual celebrado ao tempo do CPC-1973 é aplicável após o início da vigência do CPC-2015.

494. A admissibilidade de autocomposição não é requisito para o calendário processual.

495. O distrato do negócio processual homologado por exigência legal depende de homologação.

496. Preenchidos os pressupostos de lei, o requerimento de tutela provisória incidental pode ser formulado a qualquer tempo, não se submetendo à preclusão temporal.

497. As hipóteses de exigência de caução para a concessão de tutela provisória de urgência devem ser definidas à luz do art. 520, IV, CPC.

498. A possibilidade de dispensa de caução para a concessão de tutela provisória de urgência, prevista no art. 300, §1º, deve ser avaliada à luz das hipóteses do art. 521.

499. Efetivada a tutela de urgência e, posteriormente, sendo o processo extinto sem resolução do mérito e sem estabilização da tutela, será possível fase de liquidação para fins de responsabilização civil do requerente da medida e apuração de danos.

500. O regime da estabilização da tutela antecipada antecedente aplica-se aos alimentos provisórios previstos no art. 4º da Lei 5.478/1968, observado o §1º do art. 13 da mesma lei.

501. A tutela antecipada concedida em caráter antecedente não se estabilizará quando for interposto recurso pelo assistente simples, salvo se houver manifestação expressa do réu em sentido contrário.

502. Caso o juiz entenda que o pedido de tutela antecipada em caráter antecedente tenha natureza cautelar, observará o disposto no art. 305 e seguintes.

503. O procedimento da tutela cautelar, requerida em caráter antecedente ou incidente, previsto no Código de Processo Civil é compatível com o microssistema do processo coletivo.

504. Cessa a eficácia da tutela cautelar concedida em caráter antecedente, se a sentença for de procedência do pedido principal, e o direito objeto do pedido foi definitivamente efetivado e satisfeito.

505. Na ação de despejo cumulada com cobrança, julgados procedentes ambos os pedidos, são passíveis de execução, além das parcelas vencidas indicadas na petição inicial, as que se tornaram exigíveis entre a data de propositura da ação e a efetiva desocupação do imóvel locado.

506. A expressão "procedimentos especiais" a que alude o §2º do art. 327 engloba aqueles previstos na legislação especial.

507. O art. 332 aplica-se ao sistema de Juizados Especiais.

508. Interposto recurso inominado contra sentença que julga liminarmente improcedente o pedido, o juiz pode retratar-se em cinco dias.

509. (art. 334; Lei n.º 9.099/1995) Sem prejuízo da adoção das técnicas de conciliação e mediação, não se aplicam no âmbito dos juizados especiais os prazos previstos no art. 334.

510. (art. 335; arts. 21 e 27 da Lei 9.099/1995) Frustrada a tentativa de autocomposição na audiência referida no art. 21 da Lei 9.099/1995, configura prejuízo para a defesa a realização imediata da instrução quando a citação não tenha ocorrido com a antecedência mínima de quinze dias.

511. A técnica processual prevista nos arts. 338 e 339 pode ser usada, no que couber, para possibilitar a correção da autoridade coatora, bem como da pessoa jurídica, no processo de mandado de segurança.

512. A decisão ilíquida referida no §1º do art. 356 somente é permitida nos casos em que a sentença também puder sê-la.

513. Postulado o despejo em cumulação com outro(s) pedido(s), e estando presentes os requisitos exigidos pelo art. 356, o juiz deve julgar parcialmente o mérito de forma antecipada, para determinar a desocupação do imóvel locado.

514. O juiz não poderá revogar a decisão que determinou a produção de prova de ofício sem que consulte as partes a respeito.

515. Aplica-se o disposto no art. 489, § 1º, também em relação às questões fáticas da demanda.

516. Para que se considere fundamentada a decisão sobre os fatos, o juiz deverá analisar todas as provas capazes, em tese, de infirmar a conclusão adotada.

517. A decisão judicial que empregar regras de experiência comum, sem indicar os motivos pelos quais a conclusão adotada decorre daquilo que ordinariamente acontece, considera-se não fundamentada.

518. Em caso de exibição de documento ou coisa em caráter antecedente, a fim de que seja autorizada a produção, tem a parte autora o ônus de adiantar os gastos necessários, salvo hipóteses em que o custeio incumbir ao réu.

519. Em caso de impossibilidade de obtenção ou de desconhecimento das informações relativas à qualificação da testemunha, a parte poderá requerer ao juiz providências necessárias para a sua obtenção, salvo em casos de inadmissibilidade da prova ou de abuso de direito.

520. Interposto recurso inominado contra sentença sem resolução de mérito, o juiz pode se retratar em cinco dias.

521. Apenas a decadência fixada em lei pode ser conhecida de ofício pelo juiz.

522. O relatório nos julgamentos colegiados tem função preparatória e deverá indicar as questões de fato e de direito relevantes para o julgamento e já submetidas ao contraditório.

523. O juiz é obrigado a enfrentar todas as alegações deduzidas pelas partes capazes, em tese, de infirmar a decisão, não sendo suficiente apresentar apenas os fundamentos que a sustentam.

524. O art. 489, § 1º, IV, não obriga o órgão julgador a enfrentar os fundamentos jurídicos deduzidos no processo e já enfrentados na formação da decisão paradigma, sendo necessário demonstrar a correlação fática e jurídica entre o caso concreto e aquele já apreciado.

525. A produção do resultado prático equivalente pode ser determinada por decisão proferida na fase de conhecimento.

526. A multa aplicada por descumprimento de ordem protetiva, baseada no art. 22, incisos I a V, da Lei 11.340/2006 (Lei Maria da Penha), é passível de cumprimento provisório, nos termos do art. 537, §3º.

527. Os créditos referidos no art. 515, inc. V, e no art. 784, inc. X e XI do CPC-2015 constituídos ao tempo do CPC-1973 são passíveis de execução de título judicial e extrajudicial, respectivamente.

528. No cumprimento provisório de sentença por quantia certa iniciado na vigência do CPC-1973, sem garantia da execução, deve o juiz, após o início de vigência do CPC-2015 e a requerimento do exequente, intimar o executado nos termos dos arts. 520, §2º, 523, §1º e 525, caput.

529. As averbações previstas nos arts. 799, IX e 828 são aplicáveis ao cumprimento de sentença.

530. Após a entrada em vigor do CPC-2015, o juiz deve intimar o executado para apresentar impugnação ao cumprimento de sentença, em quinze dias, ainda que sem depósito, penhora ou caução, caso tenha transcorrido o prazo para cumprimento espontâneo da obrigação na vigência do CPC-1973 e não tenha àquele tempo garantido o juízo.

531. É possível, presentes os pressupostos do § 6º do art. 525, a concessão de efeito suspensivo à simples petição em que se alega fato superveniente ao término do prazo de oferecimento da impugnação ao cumprimento de sentença.

532. A expedição do precatório ou da RPV depende do trânsito em julgado da decisão que rejeita as arguições da Fazenda Pública executada.

533. Se o executado descumprir ordem judicial, conforme indicado pelo § 3º do art. 536, incidirá a pena por ato atentatório à dignidade da justiça (art. 774, IV), sem prejuízo da sanção por litigância de má-fé.

534. A decisão a que se refere o inciso III do art. 548 faz coisa julgada quanto à extinção da obrigação.

535. Cabe ação rescisória contra a decisão prevista no inciso III do art. 548.

536. O juiz poderá, na execução civil, determinar a quebra de sigilo bancário e fiscal. .

537. A conduta comissiva ou omissiva caracterizada como atentatória à dignidade da justiça no procedimento da execução fiscal enseja a aplicação da multa do parágrafo único do art. 774 do CPC/15.

538. Aplica-se o procedimento do § 4º do art. 517 ao cancelamento da inscrição de cadastro de inadimplentes do § 4º do art. 782.

539. A certidão a que se refere o art. 828 não impede a obtenção e a averbação de certidão da propositura da execução (art. 799).

540. A disciplina procedimental para penhora de dinheiro prevista no art. 854 é aplicável ao procedimento de execução fiscal.

541. A responsabilidade que trata o art. 854, § 8º, é objetiva e as perdas e danos serão liquidadas de forma incidental, devendo ser imediatamente intimada a instituição financeira para preservação do contraditório.

542. Na hipótese de expropriação de bem por arrematante arrolado no art. 890, é possível o desfazimento da arrematação.

543. Em execução de título executivo extrajudicial, o juízo arbitral é o competente para conhecer das matérias de defesa abrangidas pela convenção de arbitragem.

544. Admite-se a celebração de convenção de arbitragem, ainda que a obrigação esteja representada em título executivo extrajudicial.

545. Aplicam-se à impugnação, no que couber, as hipóteses previstas nos incisos I e III do art. 918 e no seu parágrafo único. .

546. O efeito suspensivo dos embargos à execução pode ser requerido e deferido a qualquer momento do seu trâmite, observados os pressupostos legais.

547. O efeito suspensivo dos embargos à execução pode ser parcial, limitando-se ao impedimento ou à suspensão de um único ou de apenas alguns atos executivos.

548. O simples desarquivamento dos autos é insuficiente para interromper a prescrição.

549. O rol do art. 927 e os precedentes da Turma Nacional de Uniformização dos Juizados Especiais Federais deverão ser observados no âmbito dos Juizados Especiais.

550. A inexistência de repercussão geral da questão constitucional discutida no recurso extraordinário é vício insanável, não se aplicando o dever de prevenção de que trata o parágrafo único do art. 932, sem prejuízo do disposto no art. 1.033.

551. Cabe ao relator, antes de não conhecer do recurso por intempestividade, conceder o prazo de cinco dias úteis para que o recorrente prove qualquer causa de prorrogação, suspensão ou interrupção do prazo recursal a justificar a tempestividade do recurso.

552. Não se aplica a técnica de ampliação do colegiado em caso de julgamento não unânime no âmbito dos Juizados Especiais.

553. A sentença arbitral parcial estrangeira submete-se ao regime de homologação.

554. Na ação rescisória fundada em violação ao efeito positivo da coisa julgada, haverá o rejulgamento da causa após a desconstituição da decisão rescindenda.

555. Nos casos em que tanto a decisão de inadmissibilidade do recurso quanto a decisão recorrida apresentem vícios rescisórios, ambas serão rescindíveis, ainda que proferidas por órgãos jurisdicionais diversos.

556. É irrecorrível a decisão do órgão colegiado que, em sede de juízo de admissibilidade, rejeita a instauração do incidente de resolução de demandas repetitivas, salvo o cabimento dos embargos de declaração.

557. O agravo de instrumento previsto no art. 1.037, §13, I, também é cabível contra a decisão prevista no art. 982, inc. I.

558. Caberá reclamação contra decisão que contrarie acórdão proferido no julgamento dos incidentes de resolução de demandas repetitivas ou de assunção de competência para o tribunal cujo precedente foi desrespeitado, ainda que este não possua competência para julgar o recurso contra a decisão impugnada.

559. O efeito suspensivo *ope legis* do recurso de apelação não obsta a eficácia das decisões interlocutórias nele impugnadas.

560. As decisões de que tratam os arts. 22, 23 e 24 da Lei 11.340/2006 (Lei Maria da Penha), quando enquadradas nas hipóteses do inciso I, do art. 1.015, podem desafiar agravo de instrumento.

561. A decisão que julgar procedente ou improcedente o pedido em arguição de descumprimento de preceito fundamental é impugnável por embargos de declaração, aplicando-se por analogia o art. 26 da Lei 9.868/1999.

562. Considera-se omissa a decisão que não justifica o objeto e os critérios de ponderação do conflito entre normas.

563. Os embargos de declaração no âmbito do Supremo Tribunal Federal interrompem o prazo para a interposição de outros recursos.

564. Os arts. 1.032 e 1.033 devem ser aplicados aos recursos interpostos antes da entrada em vigor do CPC de 2015 e ainda pendentes de julgamento.

565. Na hipótese de conversão de recurso extraordinário em recurso especial ou vice-versa, após a manifestação do recorrente, o recorrido será intimado para, no prazo do *caput* do art. 1.032, complementar suas contrarrazões.

566. Na hipótese de conversão do recurso extraordinário em recurso especial, nos termos do art. 1.033, cabe ao relator conceder o prazo do *caput* do art. 1.032 para que o recorrente adapte seu recurso e se manifeste sobre a questão infraconstitucional.

567. Invalidado o ato processual praticado à luz do CPC de 1973, a sua repetição observará o regramento do CPC-2015, salvo nos casos de incidência do art. 1.047 do CPC-2015 e no que refere às disposições revogadas relativas ao procedimento sumário, aos procedimentos especiais e às cautelares.

568. As disposições do CPC-1973 relativas aos procedimentos cautelares que forem revogadas aplicar-se-ão às ações propostas e não sentenciadas até o início da vigência do CPC/2015.

569. O art. 1.047 não impede convenções processuais em matéria probatória, ainda que relativas a provas requeridas ou determinadas sob vigência do CPC-1973.

570. As ações revisionais de aluguel ajuizadas após a entrada em vigor do Código de Processo Civil deverão tramitar pelo procedimento comum, aplicando-se, com as adaptações procedimentais que se façam necessárias, as disposições dos artigos 68 a 70 da Lei 8.245/1991.

571. A previsão no edital de licitação não é pressuposto para que a Administração Pública e o contratado celebrem convenção arbitral.

572. A Administração Pública direta ou indireta pode submeter-se a uma arbitragem *ad hoc* ou institucional.

Enunciados da Escola Nacional de Formação e Aperfeiçoamento de Magistrados – ENFAM

1. Entende-se por "fundamento" referido no art. 10 do CPC/2015 o substrato fático que orienta o pedido, e não o enquadramento jurídico atribuído pelas partes.

2. Não ofende a regra do contraditório do art. 10 do CPC/2015, o pronunciamento jurisdicional que invoca princípio, quando a regra jurídica aplicada já debatida no curso do processo é emanação daquele princípio.

3. É desnecessário ouvir as partes quando a manifestação não puder influenciar na solução da causa.

4. Na declaração de incompetência absoluta não se aplica o disposto no art. 10, parte final, do CPC/2015.

5. Não viola o art. 10 do CPC/2015 a decisão com base em elementos de fato documentados nos autos sob o contraditório.

6. Não constitui julgamento surpresa o lastreado em fundamentos jurídicos, ainda que diversos dos apresentados pelas partes, desde que embasados em provas submetidas ao contraditório.

7. O acórdão, cujos fundamentos não tenham sido explicitamente adotados como razões de decidir, não constitui precedente vinculante.

8. Os enunciados das súmulas devem reproduzir os fundamentos determinantes do precedente.

9. É ônus da parte, para os fins do disposto no art. 489, § 1º, V e VI, do CPC/2015, identificar os fundamentos determinantes ou demonstrar a existência de distinção no caso em julgamento ou a superação do entendimento, sempre que invocar jurisprudência, precedente ou enunciado de súmula.

10. A fundamentação sucinta não se confunde com a ausência de fundamentação e não acarreta a nulidade da decisão se forem enfrentadas todas as questões cuja resolução, em tese, influencie a decisão da causa.

11. Os precedentes a que se referem os incisos V e VI do § 1º do art. 489 do CPC/2015 são apenas os mencionados no art. 927 e no inciso IV do art. 332.

12. Não ofende a norma extraível do inciso IV do § 1º do art. 489 do CPC/2015 a decisão que deixar de apreciar questões cujo exame tenha ficado prejudicado em razão da análise anterior de questão subordinante.

13. O art. 489, § 1º, IV, do CPC/2015 não obriga o juiz a enfrentar os fundamentos jurídicos invocados pela parte, quando já tenham sido enfrentados na formação dos precedentes obrigatórios.

14. Em caso de sucumbência recíproca, deverá ser considerada proveito econômico do réu, para fins do art. 85, § 2º, do CPC/2015, a diferença entre o que foi pleiteado pelo autor e o que foi concedido, inclusive no que se refere às condenações por danos morais.

15. Nas execuções fiscais ou naquelas fundadas em título extrajudicial promovidas contra a Fazenda Pública, a fixação dos honorários deverá observar os parâmetros do art. 85, § 3º, do CPC/2015.

16. Não é possível majorar os honorários na hipótese de interposição de recurso no mesmo grau de jurisdição (art. 85, § 11, do CPC/2015).

17. Para apuração do "valor atualizado da causa" a que se refere o art. 85, § 2º, do CPC/2015, deverão ser utilizados os índices previstos no programa de atualização financeira do CNJ a que faz referência o art. 509, § 3º.

18. Na estabilização da tutela antecipada, o réu ficará isento do pagamento das custas e os honorários deverão ser fixados no percentual de 5% sobre o valor da causa (art. 304, *caput*, c/c o art. 701, *caput*, do CPC/2015).

19. A decisão que aplica a tese jurídica firmada em julgamento de casos repetitivos não precisa enfrentar os fundamentos já analisados na decisão paradigma, sendo suficiente, para fins de atendimento das exigências constantes no art. 489, § 1º, do CPC/2015, a correlação fática e jurídica entre o caso concreto e aquele apreciado no incidente de solução concentrada.

20. O pedido fundado em tese aprovada em IRDR deverá ser julgado procedente, respeitados o contraditório e a ampla defesa, salvo se for o caso de distinção ou se houver superação do entendimento pelo tribunal competente.

21. O IRDR pode ser suscitado com base em demandas repetitivas em curso nos juizados especiais.

22. A instauração do IRDR não pressupõe a existência de processo pendente no respectivo tribunal.

23. É obrigatória a determinação de suspensão dos processos pendentes, individuais e coletivos, em trâmite nos Estados ou regiões, nos termos do § 1º do art. 1.036 do CPC/2015, bem como nos termos do art. 1.037 do mesmo código.

24. O prazo de um ano previsto no art. 1.037 do CPC/2015 deverá ser aplicado aos processos já afetados antes da vigência dessa norma, com o seu cômputo integral a partir da entrada em vigor do novo estatuto processual.

25. A vedação da concessão de tutela de urgência cujos efeitos possam ser irreversíveis (art. 300, § 3º, do CPC/2015) pode ser afastada no caso concreto com base na garantia do acesso à Justiça (art. 5º, XXXV, da CRFB).

26. Caso a demanda destinada a rever, reformar ou invalidar a tutela antecipada estabilizada seja ajuizada tempestivamente, poderá ser deferida em caráter liminar a antecipação dos efeitos da revisão, reforma ou invalidação pretendida, na forma do art. 296, parágrafo único, do CPC/2015, desde que demonstrada a existência de outros elementos que ilidam os fundamentos da decisão anterior.

27. Não é cabível ação rescisória contra decisão estabilizada na forma do art. 304 do CPC/2015.

28. Admitido o recurso interposto na forma do art. 304 do CPC/2015, converte-se o rito antecedente em principal para apreciação definitiva do mérito da causa, independentemente do provimento ou não do referido recurso.

29. Para a concessão da tutela de evidência prevista no art. 311, III, do CPC/2015, o pedido reipersecutório deve ser fundado em prova documental do contrato de depósito e também da mora.

30. É possível a concessão da tutela de evidência prevista no art. 311, II, do CPC/2015 quando a pretensão autoral estiver de acordo com orientação firmada pelo Supremo Tribunal Federal em sede de controle abstrato de constitucionalidade ou com tese prevista em súmula dos tribunais, independentemente de caráter vinculante.

31. A concessão da tutela de evidência prevista no art. 311, II, do CPC/2015 independe do trânsito em julgado da decisão paradigma.

32. O rol do art. 12, § 2º, do CPC/2015 é exemplificativo, de modo que o juiz poderá, fundamentadamente, proferir sentença ou acórdão fora da ordem cronológica de conclusão, desde que preservadas a moralidade, a publicidade, a impessoalidade e a eficiência na gestão da unidade judiciária.

33. A urgência referida no art. 12, § 2º, IX, do CPC/2015 é diversa da necessária para a concessão de tutelas provisórias de urgência, estando autorizada, portanto, a prolação de sentenças e acórdãos fora da ordem cronológica de conclusão, em virtude de particularidades gerenciais da unidade judicial, em decisão devidamente fundamentada.

34. A violação das regras dos arts. 12 e 153 do CPC/2015 não é causa de nulidade dos atos praticados no processo decidido/cumprido fora da ordem cronológica, tampouco caracteriza, por si só, parcialidade do julgador ou do serventuário.

35. Além das situações em que a flexibilização do procedimento é autorizada pelo art. 139, VI, do CPC/2015, pode o juiz, de ofício, preservada a previsibilidade do rito, adaptá-lo às especificidades da causa, observadas as garantias fundamentais do processo.

36. A regra do art. 190 do CPC/2015 não autoriza às partes a celebração de negócios jurídicos processuais atípicos que afetem poderes e deveres do juiz, tais como os que: a) limitem seus poderes de instrução ou de sanção à litigância ímproba; b) subtraiam do Estado/juiz o controle da legitimidade das partes ou do ingresso de *amicus curiae*; c) introduzam novas hipóteses de recorribilidade, de rescisória ou de sustentação oral não previstas em lei; d) estipulem o julgamento do conflito com base em lei diversa da nacional vigente; e e) estabeleçam prioridade de julgamento não prevista em lei.

37. São nulas, por ilicitude do objeto, as convenções processuais que violem as garantias constitucionais do processo, tais como as que: a) autorizem o uso de prova ilícita; b) limitem a publicidade do processo para além das hipóteses expressamente previstas em lei; c) modifiquem o regime de competência absoluta; e d) dispensem o dever de motivação.

38. Somente partes absolutamente capazes podem celebrar convenção pré-processual atípica (arts. 190 e 191 do CPC/2015).

39. Não é válida convenção pré-processual oral (art. 4º, § 1º, da Lei n. 9.307/1996 e 63, § 1º, do CPC/2015).

40. Incumbe ao recorrente demonstrar que o argumento reputado omitido é capaz de infirmar a conclusão adotada pelo órgão julgador.

41. Por compor a estrutura do julgamento, a ampliação do prazo de sustentação oral não pode ser objeto de negócio jurídico entre as partes.

42. Não será declarada a nulidade sem que tenha sido demonstrado o efetivo prejuízo por ausência de análise de argumento deduzido pela parte.

43. O art. 332 do CPC/2015 se aplica ao sistema de juizados especiais e o inciso IV também abrange os enunciados e súmulas dos seus órgãos colegiados competentes.

44. Admite-se o IRDR nos juizados especiais, que deverá ser julgado por órgão colegiado de uniformização do próprio sistema.

45. A contagem dos prazos em dias úteis (art. 219 do CPC/2015) aplica-se ao sistema de juizados especiais.

46. O § 5º do art. 1.003 do CPC/2015 (prazo recursal de 15 dias) não se aplica ao sistema de juizados especiais.

47. O art. 489 do CPC/2015 não se aplica ao sistema de juizados especiais.

48. O art. 139, IV, do CPC/2015 traduz um poder geral de efetivação, permitindo a aplicação de medidas atípicas para garantir o cumprimento de qualquer ordem judicial, inclusive no âmbito do cumprimento de sentença e no processo de execução baseado em títulos extrajudiciais.

49. No julgamento antecipado parcial de mérito, o cumprimento provisório da decisão inicia-se independentemente de caução (art. 356, § 2º, do CPC/2015), sendo aplicável, todavia, a regra do art. 520, IV.

50. O oferecimento de impugnação manifestamente protelatória ao cumprimento de sentença será considerado conduta atentatória à dignidade da Justiça (art. 918, III, parágrafo único, do CPC/2015), ensejando a aplicação da multa prevista no art. 774, parágrafo único.

51. A majoração de honorários advocatícios prevista no art. 827, § 2º, do CPC/2015 não é aplicável à impugnação ao cumprimento de sentença.

52. A citação a que se refere o art. 792, § 3º, do CPC/2015 (fraude à execução) é a do executado originário, e não aquela prevista para o incidente de desconsideração da personalidade jurídica (art. 135 do CPC/2015).

53. O redirecionamento da execução fiscal para o sócio-gerente prescinde do incidente de desconsideração da personalidade jurídica previsto no art. 133 do CPC/2015.

54. A ausência de oposição de embargos de terceiro no prazo de 15 (quinze) dias prevista no art. 792, § 4º, do CPC/2015 implica preclusão para fins do art. 675, *caput*, do mesmo código.

55. Às hipóteses de rejeição liminar a que se referem os arts. 525, § 5º, 535, § 2º, e 917 do CPC/2015 (excesso de execução) não se aplicam os arts. 9º e 10 desse código.

56. Nas atas das sessões de conciliação e mediação, somente serão registradas as informações expressamente autorizadas por todas as partes.

57. O cadastro dos conciliadores, mediadores e câmaras privadas deve ser realizado nos núcleos estaduais ou regionais de conciliação (Núcleos Permanentes de Métodos Consensuais de Solução de Conflitos – NUPEMEC), que atuarão como órgãos de gestão do sistema de autocomposição.

58. As escolas judiciais e da magistratura têm autonomia para formação de conciliadores e mediadores, observados os requisitos mínimos estabelecidos pelo CNJ.

59. O conciliador ou mediador não cadastrado no tribunal, escolhido na forma do § 1º do art. 168 do CPC/2015, deverá preencher o requisito de capacitação mínima previsto no § 1º do art. 167.

60. À sociedade de advogados a que pertença o conciliador ou mediador aplicam-se os impedimentos de que tratam os arts. 167, § 5º, e 172 do CPC/2015.

61. Somente a recusa expressa de ambas as partes impedirá a realização da audiência de conciliação ou mediação prevista no art. 334 do CPC/2015, não sendo a manifestação de desinteresse externada por uma das partes justificativa para afastar a multa de que trata o art. 334, § 8º.

62. O conciliador e o mediador deverão advertir os presentes, no início da sessão ou audiência, da extensão do princípio da confidencialidade a todos os participantes do ato.

Enunciados do Centro de Estudos Avançados de Processo – CEAPRO

1. A aceitação pelo autor da indicação do sujeito passivo pelo réu com a alteração da petição inicial, não está submetida ao prévio controle judicial (art. 339, §§ 1º e 2º).

2. A alegação da ilegitimidade com a indicação do correto sujeito passivo da relação jurídica deve ser feita pelo réu em contestação (arts. 337, XI, 338 e 339).

3. A aceitação do autor, após a alegação da ilegitimidade com a indicação do correto sujeito passivo da relação jurídica, deve ser feita no prazo de 15 dias após a intimação para se manifestar sobre a contestação ou sobre essa alegação do réu (art. 339, §§ 1º e 2º).

4. É objetiva a responsabilidade da parte favorecida com a concessão de tutela antecipada, pelos eventuais danos que este evento vier a ocasionar à parte adversa (art. 302).

5. No depoimento pessoal, a parte contrária deve ter o mesmo tratamento da parte depoente, ou seja, cabe ao magistrado a definição prévia acerca da permanência das partes quando do depoimento da parte contrária (art. 385, § 2º).

6. A hipossuficiência justificadora da atribuição do ônus da prova é a informativa e não a econômica (art. 373).

7. O NCPC estabelece um dever-poder instrutório do magistrado (art. 370).

8. Deve o julgador enunciar expressamente no dispositivo quais questões prejudiciais serão acobertadas pela coisa julgada material, até por conta do disposto no inciso I do art. 505 (artigo 503, § 1º).

9. A reclamação, quando ajuizada dentro do prazo recursal, impede, por si só, o trânsito em julgado da decisão reclamada (art. 998, §§ 5º e 6º).

10. No processamento da apelação em primeiro grau não haverá decisão sobre a admissibilidade e nem sobre os efeitos do recurso (art. 1.012, § 3º).

11. A limitação à dispensa da caução no cumprimento provisório de obrigação de pagar quantia poderá ser afastada, excepcionalmente, à luz das particularidades do caso concreto, em decisão fundamentada (art. 521, parágrafo único).

12. Não se exige o transito em julgado do acórdão paradigma mas apenas a conclusão do julgamento, o que incluiria eventuais embargos de declaração opostos, para que se encerre a suspensão dos RE/RESP até então sobrestados (art. 1.040, III).

13. O efeito suspensivo automático do recurso de apelação, aplica-se ao agravo de instrumento interposto contra a decisão parcial do mérito prevista no art. 356 (art. 1.015).

14. O juiz deve estimular a adoção da autocomposição, sendo a ele vedada a condução da sessão consensual por força dos princípios da imparcialidade e confidencialidade (art. 139, V, 166, § 1º, CPC).

15. A exigência de juntada aos autos do processo de cópia da petição do agravo de instrumento se aplica exclusivamente quando os autos do agravo não forem eletrônicos (no art. 1.018, § 2º).

16. A apelação contra a sentença que julga os embargos ao mandado monitório não é dotada de efeito suspensivo automático (art. 702, § 4º).

17. O pleito de decretação de nulidade de sentença arbitral em impugnação ao cumprimento de sentença está sujeito ao prazo decadencial de 90 (noventa) dias previsto no §1º do art. 33 da Lei de Arbitragem (art. 525).

18. A Súmula 375 do STJ não impede a atribuição diversa do ônus da prova, de que tratam os § 1º e 2 do Art. 373 (§§ 1º e 2º do art. 373).

19. A hipótese do parágrafo único do art. 121 não configura substituição processual, prevista no artigo 18. Por consequência, o regime jurídico permanece o da assistência (arts. 18 e 121).

20. É admissível a tutela inibitória com fundamento no parágrafo único, do art.497, tanto nas obrigações de fazer como nas de não fazer, seja para evitar a ocorrência, reiteração ou continuação do ilícito, ou a sua remoção (parágrafo único, art. 497).

21. O efeito suspensivo automático do art. 1.012, aplica-se ao agravo de instrumento interposto contra a decisão parcial do mérito" (art. 356).